심리학과의 만남

Richard A. Griggs · Sherri L. Jackson 지음

신성만 · 박권생 · 박승호 옮김

Σ 시그마프레스

심리학과의 만남, 제6판

발행일 | 2022년 2월 10일 1쇄 발행

저　자 | Richard A. Griggs, Sherri L. Jackson
역　자 | 신성만, 박권생, 박승호
발행인 | 강학경
발행처 | ㈜시그마프레스
디자인 | 이상화, 우주연, 김은경, 고유진
편　집 | 류미숙, 김은실, 이호선, 윤원진
마케팅 | 문정현, 송치헌, 김인수, 김미래, 김성옥

등록번호 | 제10-2642호
주소 | 서울시 영등포구 양평로 22길 21 선유도코오롱디지털타워 A401~402호
전자우편 | sigma@spress.co.kr
홈페이지 | http://www.sigmapress.co.kr
전화 | (02)323-4845, (02)2062-5184~8
팩스 | (02)323-4197

ISBN | 979-11-6226-367-9

PSYCHOLOGY : A Concise Introduction, 6th Edition

First published in the United States by Worth Publishers

Copyright © 2020, 2017, 2014, 2012 Worth Publishers

All rights reserved.

Korean language edition © 2022 by Sigma Press, Inc. published by arrangement with Worth Publishers

＊ 책값은 책 뒤표지에 있습니다.

역자 서문

2006년 Richard A. Griggs 교수의 심리학과의 만남, 제1판을 처음 접하고, 제6판이 나오기까지 벌써 15년의 세월이 흘렀다. 그때는 역자가 미국에서 박사학위를 마치고 한국으로 돌아와 한동대학교 교수에 부임한 시기이니 대학 강단에서 교수로 가르쳤던 시간 대부분을 이 책과 함께한 셈이다. 좋은 책을 만난다는 것은 여러 가지 의미가 있다. 이 책으로 심리학을 처음 접했던 제자들이 이제는 국내외 유수 대학교 심리학과의 어엿한 교수가 되었다. 제자들과 학문의 한 세대를 함께 지나왔다는 느낌이 나에게는 더 의미 있게 다가온다. Griggs 교수도 이제는 현역에서 물러나면서 새로운 공저자로 Sherri L. Jackson 교수를 맞이하였다. 한국과 미국에서 학문의 세대가 이어져 가는 모습에 역자는 만감이 교차함을 느낀다.

새로운 저자의 합류에 힘입은 바가 크겠지만 심리학과의 만남, 제6판은 대단히 시의적절하고 중요한 내용을 많이 포함하고 있다.

총 10장으로 구성된 이 책은 한 학기에 심리학의 내용을 가르쳐야 하는 교수와 심리학의 핵심 내용을 이해하고자 하는 학생 모두의 요구에 부응하는 책이다. 이 책은 다른 심리학 개론서에 비해 신중하게 엄선된 주요 주제들을 다루면서도 풍부한 예시와 자료를 소개하고 있어 독자들이 심리학을 학습하는 데 흥미를 느끼도록 구성되었다. 또한 독자들은 각 장에 정리된 개념점검과 연습문제를 통해 학습한 내용을 점검할 수 있을 뿐만 아니라 특정 주제에 대해 깊이 있게 생각해볼 수 있다. 이러한 특징은 심리학 전반에 관한 내용을 간결하게 전달하면서도 중요한 내용을 깊이 있게 다루고 있는 이 책의 세심함을 보여준다. 특히 이번 판에서는 불필요한 그림이나 내용은 과감히 축약시키고, 명확한 예시를 추가하였다. 또한 논란이 있는 연구결과는 삭제하고, 최신 연구결과를 추가하여 심리학의 핵심적 내용을 전달하고자 하는 이 책의 목적에 부합될 수 있도록 더욱 노력을 기울였다.

존경하는 박권생 교수님과 박승호 교수님을 모시고 이번 판에서도 함께 번역 작업을 이어나갈 수 있었음에 감사드린다. 또한 이 책이 알차게 개정된 데에는 (주)시그마프레스 편집부의 노고와 강학경 사장님의 변함없는 관심과 지지에 힘입은 바가 크다. 그리고 많은 내용의 점검과 교정을 도와준 한동대학교 상담센터의 오성은 선생에게도 고마움을 표한다.

역자 대표
신성만

저자 소개

Sherri, Lucy, Rich

Richard A. Griggs

플로리다대학교 심리학과 명예교수이다. 인디애나대학교에서 인지심리학 박사학위를 받은 후 플로리다대학교에 자리를 잡았고, 그곳에서 학자로서의 모든 경력을 보냈다. 플로리다대학교에 재직하는 동안 대학 및 지역 주(state) 수준에서 여러 차례 교편을 잡았고, 1994년 APA로부터 올해의 4년제 대학 심리학 강사로 선정되었다. 10년 이상 *Teaching of Psychology* 저널의 편집위원회에서 교과서 검토를 위한 현대 심리상담 담당 편집자 및 *Thinking and Reasoning* 저널의 부편집자 등을 역임했다. 그의 두 가지 주요 연구 분야는 인간의 추론과 심리학 교육이다. 심리학 교육 저널에 기재한 51편을 포함하여 150편 이상의 학회지 논문, 리뷰 논문, 도서를 출판했다. 또한 심리학 교육학회의 온라인 자료 *A Compendium of Introductory Psychology Textbooks*의 창간자이자 개발자 중 한 명이었고, *Handbook for Teaching Introductory Psychology*, 제3권의 편집자, *Teaching Introductory Psychology: Tips from ToP*와 *Teaching Statistics and Research Methods: Tips from ToP*의 공동 편집자이다. 취미는 걷기, 독서, 정원 가꾸기, 골프이다.

Sherri L. Jackson

잭슨빌대학교의 부학장 겸 심리학 교수이다. 플로리다대학교에서 인지심리학 석사와 박사학위를 받은 후 잭슨빌대학교에 자리를 잡았고, 이 대학교에서 31년을 보냈다. 올해의 교수상, 올해의 대학 여성상, 교육, 학문, 전문가 활동 및 서비스에서의 우수 대학 교수상을 포함한 많은 교수상을 받았다. *Jacksonville Business Journal*의 권위 있는 상인 영향력 있는 여성상 수상자이기도 하다. 미국 내외의 대학에서 채택된 네 권의 교과서 *Research Methods and Statistics: A Critical Thinking Approach*, *Statistics: Plain and Simple*, *Research Methods: A Modular Approach*, *A Concise Guide to Statistical Analyses Using Excel, SPSS, and the Ti84 Calculator*의 저자이다. 또한 16개 교과서의 부록과 19개의 심리학 교재를 포함한 다수의 학술지 논문을 저술했다. 그녀는 심리학 교육학회의 온라인 자료인 *A Compendium of Introductory Psychology Textbooks*의 창간자이자 개발자 중 한 명이었으며, *Teaching Introductory Psychology: Tips from ToP and Teaching Statistics and Research Methods: Tips from ToP*의 공동 편집자이다. 취미는 피트니스 트레이닝, 물건 재활용하기, 독서이다.

저자 서문

심리학의 많은 하위 분야에서 연구가 확산함에 따라 심리학은 그 어느 때보다도 광범위해졌다. 지속적인 연구가 증가하면서 최신 연구결과를 반영하려는 심리학 개론서 저자들의 노력이 결과적으로는 한 학기에 전부 다루기 어려운 책을 만들어냈다. 좀 더 간략한 버전의 개론서조차도 진정한 의미의 '간결'은 아니다. 어떤 주제를 수록하고 얼마나 깊이 다룰 것인가에 대한 선택은 어려운 결정이었다. 강사들은 결국 전체 장을 생략하거나 학생에게 최선의 학습을 위해 지나치게 빠른 속도로 읽으라고 요구한다. 이 책은 심리학 입문 시 필수적인 핵심 내용을 포함하는 적당한 분량(10개의 장)으로 구성되어 있다. 시장의 반응 또한 매우 만족스러웠다. 심리학과의 만남은 단 10개의 장으로 구성되어 있어 학기 및 분기 단위의 개론 과정에 적합하다. 각기 다른 현장에서 이 교재를 접하는 독자의 반응도 만족스러웠다. 이 책은 2년제 대학교부터 연구 기관에 이르기까지 모든 종류의 단과대학에서 성공적으로 사용되었다. 우리는 이 책을 필수적인 내용은 빠뜨리지 않고 합리적인 가격으로 한 학기 만에 다룰 수 있는 교재로 만들자는 목표를 달성한 것 같다. 이러한 성공을 고려하여 제6판을 어떻게 수정했는지, 무엇이 유지되었고 무엇이 바뀌었는지에 대해 이야기해볼 것이다.

학습 주제

10개 장의 주제는 이전 판과 동일하다. 본문 초판의 장 주제를 잘 선택하기 위해 Benjamin Miller와 Barbara Gentile가 490개 학교에 근무하는 761명의 심리학 개론 강사를 대상으로 실시한 전국 단위의 설문조사를 참고하였다(Miller & Gentile, 1998). 그들은 이 강사들에게 심리학 개론 수업을 진행할 때 25개의 다른 주제가 갖는 중요성과 필요성을 평가해 달라고 요청했다. 교재의 첫 번째 장이 과학으로서의 심리학을 다루는 것을 고려하여 우리는 Miller와 Gentile의 연구에서 가장 높은 평가를 받은 11개의 주제를 다른 장의 주제로 선택했다. 선택한 장들을 9개의 장으로 줄이고, 주제의 순서는 도

입/방법, 신경과학, 감각/인식, 학습, 기억, 사고/지능, 발달심리, 성격, 사회심리, 이상심리 순으로 정리하였다. 감정, 동기, 의식 상태에 대한 주제는 선택된 주제의 바로 아래 단계로 평가되었기 때문에 이를 '신경과학'과 '학습' 장의 동기 부분에 포함시켰다. 우리가 장별로 선정한 주제는 107개의 심리학 개론 과정 강의 계획서의 주제 범위에 대한 Scott Bates의 분석으로 검증되었다(Bates, 2004). 그가 강의 계획서 분석을 기반으로 선정한 주제 범위는 우리가 장별로 선정한 주제와 거의 완벽하게 일치했다.

이 10개의 장 주제는 심리학 입문 과정을 가르치기 위한 미국심리학회 교육위원회 실무진의 모델에 부합한다(Gurung et al., 2016). 그들은 5개의 특정 주제 축에서 최소한 두 개의 주제를 다룰 것을 권고하였는데, 이 책의 장 주제는 입문 과정의 강사가 10개 장을 모두 가르치지 않고도 이 권고사항을 충족하도록 한다. 이는 일부 장의 주제가 둘 이상의 축에 속하기 때문이다. 이 책의 감각과 지각 장이 좋은 예시이다. 이 두 주제는 서로 다른 축에 속해 있어서 여러분이 이 책을 가르친다면, 두 개의 축 각각의 주제를 다루게 된다. 이를 요약하면 총 10개의 장이 있지만 특정 장의 주제는 강사가 선택했을 때 유연하게 권고사항을 충족할 수 있도록 한다. 또한 미국심리학회 실무진은 대다수의 입문 과정이 한 학기 과정임을 고려하여 5개 축의 다양한 주제를 포괄적으로 다루지 않도록 경고한다. 이러한 경고는 우리 교재의 간결한 특성에 녹아 있는 논리와 잘 맞아떨어진다.

학습 프로그램

심리학과의 만남을 개정하면서 우리는 포괄적인 주제를 흥미롭고 회화적으로 전달하기 위해 노력하였다. 삽화는 모두 컬러로 하였으며, 교육학적으로 잘 표현되었다. 교육학적 프로그램은 학습 과정의 필수적인 부분이기 때문에 각각의 표와 그림, 삽화가 교육학적인 기능을 명확히 수행하고 있는지 확인하기 위해 신중하게 검토했고, 그렇지 못한 부분은 삭제하였다. 또한 프로그램은 학생의 학습을 구조화하기 위한 교수 지원과 학습을 돕는 연습문제를 포함하고 있다. 각 장은 주제별 개요로 시작하고, 주요 용어는 굵은 글씨체로 표시하고, 본문 좌우에 용어를 정의해 두었으며, 책 맨 마지막에 따로 정리하여 용어해설로 수록하였다. 각 절의 상세한 요약은 절이 끝날 때마다 제공된다. 이와 함께 각 절에서 배운 내용을 점검할 수 있는 '개념점검' 문제를 끝으로 절은 마무리되는데, 개념점검 질문을 통해 학생은 해당 절의 내용에 대해 더 깊이 생각하게 된다. 예를 들어 학생은 개념 간 차이를 이해하기 위해 개념을 대조하거나, 새로운 상황에 심리학 개념을 적용할 수 있다. 각 장의 마지막에는 핵심용어 목록과 용어의 이해를 평가하는 핵심용어 문제, 그리고 각 장의 내용과 관련된 객관식 연습문제가 있다. 핵심용어 문제, 개념점검, 객관식 연습문제의 정답도 각 장의 끝에 제공된다.

새롭게 개정된 내용

제6판 개정 과정을 시작하기 전에 우리는 먼저 이전 판의 본문 분량을 분석했다. 그 결과 전체적으로 146페이지가량이 증가한 것을 발견했다. 따라서 제6판의 주요 목표는 제5판과 거의 같은 분량을 유지하되 가능하면 간략하게 만드는 것이었다. 추가할 내용과 삭제할 내용 간의 균형을 맞추기 위해 이러한 작업이 신중하게 이루어졌다.

그림의 경우 약 70%는 양이 많은 장에서, 30%는 나머지 장에서 삭제되었다. 대다수는 주요 심리학자의 사진이었다. 소수의 인물 사진을 본문 내용과 함께 삭제하였다. 10개의 만화는 교육적 가치가 충분하지 않다는 판단으로 삭제하였다. 이전 판에서는 본문 일부가 다소 어수선하였는데, 그림 삭제 등의 과정을 거치면서 전체적으로 더욱 명확해졌다.

본문 내용은 학생의 이해를 돕기 위해 더 직접적인 방식으로 다시 작성하였고 입문 과정에 중요하지 않다고 판단한 내용은 삭제하여 일부 본문을 축소하였다. 예를 들어 위약효과에 관한 제1장의 긴 논의는 상당히 줄어들어 중요한 개념과 연구, 특히 임상 연구에서 위약집단이 왜 필요한지에 대한 이해에 초점을 맞추었다. 내용 삭제로 인한 본문 분량 감소의 또 다른 예로는 입문 과정에서 핵심 내용이 아닌 것으로 간주한 의학 가설에 관한 제6장의 긴 하위 절들을 삭제한 것이다. 실증적 연구결과 제6장의 전진형 기억상실증에서 하노이 탑 연습이 사고와 지능에 미치는 영향에 대한 연구가 일관되지 않아 일부 삭제가 필요했다. 때로는 내용과 장의 주제 사이에 더 잘 들어맞게 하고 장 분량의 균형을 맞추기 위해 한 장의 내용을 다른 장으로 옮겼다. 또한 감각상호작용, 맥거크 효과, 공감각(여각)의 논의를 신경과학에 관한 제2장에서 감각과 지각에 관한 제3장으로 옮기는 것이 더 이치에 맞다고 판단했다. 마지막으로 일부 주제 토론에 대한 논의는 추가된 사항과 균형을 맞추기 위해 축약되었다. 이에 대한 좋은 예는 제9장 '사회심리학'에서 스탠포드 감옥실험에 대한 최근 기록에 추가된 내용과 균형을 맞추기 위해 논란의 여지가 있는 밀그램의 복종연구에 대한 논의 중 일부를 삭제한 것이다. 그러나 논쟁의 여지가 있는 두 가지 고전에 대한 논의가 여전히 상당하다는 점에도 주목할 필요가 있다.

   본문 내용을 추가할 때는 내용의 중요성과 입문생과의 관련성에 근거하여 신중하게 결정하고 작성하였다. 대표적인 예로 제3장 '감각과 지각'에서 소개된 최근 아동과 청소년의 근시 비율이 전 세계적으로 급증하고 있고, 이는 자연광에 불충분하게 노출되는 것이 아동과 청소년의 시력 발달에 부정적 영향을 미치기 때문이라는 논의점을 추가하였다. 제5장 '기억'에서는 학습방식의 신화에 대한 논의가 추가되었고, 최근 연구에서는 수업 시간에 손으로 필기하는 것이 컴퓨터로 필기하는 것보다 더 나은 시험성적으로 이어진다는 것을 보여주었다. 제4장 '학습'에서는 고정비율 계획의 예시를 비디오 게임과 관련하여 제시하였고, 유지시연의 경우에는 새로운 전화번호를 사용자의 연락처 목록에 입력하여 기억을 유지시키는 예시로 대체하였다.

   이와 같이 다양한 개정 사항이 제6판의 내용을 이전 판보다 훨씬 좋게 만들었다고 자부한다. 종합하면 학생들은 새로운 개정판을 통해 이전보다 심리학을 훨씬 더 쉽게 배울 수 있을 것이다.

요약 차례

차례

6 사고와 지능

7 발달심리학

8 성격 이론과 성격 평가

9

사회심리학

10

이상심리학

심리학과의 만남

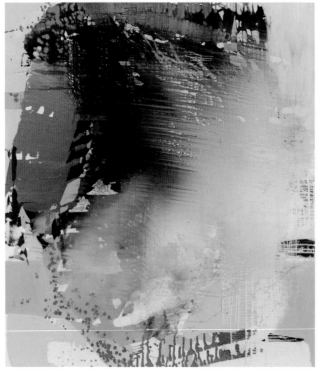

Jackie Saccoccio and Van Doren Waxter, NY.

1 심리학이라는 과학

심리학자들의 주업은 무엇일까? 대부분의 사람들은 '심리학자' 하면 정신적인 문제로 고통받는 사람들을 상담하는 치료사 정도로 생각한다. 알고 있는 심리학자의 이름을 대보라고 하면 지그문트 프로이트를 들먹이곤 한다. 그러나 이 책의 주된 관심은 프로이트나 심리치료를 주업으로 하는 사람들에 있지 않다. 물론 그들에 관한 논의도 있지만, 그러한 논의는 일부에 지나지 않을 것이다. 심리학은 과학이지 정신건강 전문직이 아니다. 심리학이라는 과학의 주제는 우리 인간이다. 연구에 동물을 이용하는 심리학자들도 있지만, 그들의 궁극적인 목적도 인간을 이해하는 데 있다. **심리학**(psychology)은 인간의 행동과 정신과정을 다루는 과학이다. 심리학자들은 말이나 몸놀림과 같은 관찰 가능한 행동뿐 아니라 기억이나 사고 같은 직접 관찰이 불가한 정신과정까지 이해하려 한다. 심리학자들이 맡은 역할은 교육, 연구, 자문, 상담 등 매우 다양하다. 그러나 이 책은 심리학자들이 수행하는 연구 과정과 그 결과에 초점을 맞추고 있다.

연구 중심 심리학자들은 우리의 뇌는 어떻게 작동하는 것일까라는 문제에서부터 우리는 어떻게 보고 들으며, 어떻게 생각하고 결정은 어떻게 내리는 것일까라는 문제에 이르기까지 인간의 행동과 정신활동 및 그와 관련된 모든 문제를 다룬다. 미국심리학회(APA)에 등록된 분과 학회의 수는 54개에 이르는데, 이는 인간의 행동 및 정신과정이 이만큼 다양한 측면으로 분화되어 연구되고 있다는 뜻이다. 이들 각 분야와 심리학 전공자의 직업에 관해 궁금한 게 있으면 www.apa.org/careers/resources/guides/careers.aspx를 찾아보기 바란다. 심리학자들이 연구하는 분야가 이처럼 다양하기는 하지만 이들 주제에 대한 연구의 주된 관점은 생물적, 인지적, 행동적, 사회문화적 관점, 이 네 가지에 불과하다. 먼저 이 네 가지의 관점부터 살펴본 후 관점에 관계없이 심리학의 모든 분야에 적용되는 주요 연구방법이 소개될 것이다. 이들 네 가지 관점과 연구방법을 이해하고 나면 여러분도 심리학자(과학자)처럼 생각할 수 있게 될 것이다.

심리학에는 또 다른 관점도 있다. 그러나 이들 관점은 근본적으로 임상 장면(심리치료 장면)에서 취하는 관점이다. 예컨대 정신분석적 관점(이 관점은 무의식적 힘과 어린 시절의 경험 간 상호작용이 성격 발달에 중요하게 작용한다고 강조한다)과 인본주의적 관점(이 관점에서는 각자의 성장 동기를 강조한다)은 성격 이론 및 검사를 다루는 제8장에서, 그리고 이 두 관점을 기반으로 개발된 심리치료법에 관한 논의는 이상심리학을 다루는 제10장에서 논의할 것이다.

연구의 주요 관점 네 가지

심리학적 연구는 생물적, 인지적, 행동적, 사회문화적 관점이라고 하는 네 가지 관점에서 이루어진다. 이들 관점은 상호 배타적이 아니라 상호 보완적이라는 점을 명심하기 바란다. 이들 관점에서 확보된 연구결과는 조각 맞추기 게임의 조각과 같아서, 이들 결과를 모두 짜 맞추어야 보다 완벽한 그림이 만들어진다. 그러므로 어느 관점이 다른 관점보다 나을 수가 없다. 많은 경우 상이한 관점을 채택한 심리학자들이 공동 연구를 함으로써 인간의 행동 및 정신과정을 보다 정확하게 설명하려고 노력한다.

심리학 행동과 정신과정을 다루는 과학

3

이 네 가지 관점의 차이를 이해하는 좋은 방법 중 하나는 심리학자들이 달성하고자 하는 연구 목적을 고려하는 것이다. 심리학자들의 주된 연구 목적은 인간행동 및 정신과정을 설명하는 것이다. 여기서 말하는 설명이란 특정 현상을 야기한 원인을 밝혀내는 것을 일컫는다. 때문에 심리학자들의 주된 목적은 인간행동과 정신과정의 원인을 밝혀내는 것이 된다. 네 가지 관점 중 두 가지는 내적 요인에서 그 원인을 찾으려 하고 다른 두 가지는 외적 요인에서 그 원인을 찾으려 한다. 생물적 관점과 인지적 관점은 인간 내부에서 유발되는 원인(내적 요인)에 초점을 맞추고 있는데, 행동적 관점과 사회문화적 관점은 인간 외부에서 시작되는 원인(외적 요인)에 초점을 맞추고 있다. 이들 네 가지 관점을 두 쌍으로 나누어 논의한 후 이들 관점이 서로 상호 보완적이라는 사실을 보여주는 좋은 보기로 발달심리학을 간략하게 소개할 것이다.

내적 요인을 강조하는 관점

생물적 관점과 인지적 관점은 내적 요인에 초점을 맞추고 있다. **생물적 관점**(biological perspective)에서는 우리의 생리적 하드웨어(특히 뇌와 신경계)가 행동 및 정신활동을 결정하는 주된 요인이라고 간주한다. 인간 생리의 유전적 기초와 진화적 기초도 중요한 요인으로 간주된다. 이에 반해 **인지적 관점**(cognitive perspective)에서는 지각, 기억, 문제해결과 같은 정신 작용이 어떻게 작동하며, 우리의 행동에 어떤 영향을 미치는지를 묘사하려 한다. 정신 작용을 뇌(하드웨어의 핵심)를 움직이는 소프트웨어 또는 프로그램에 비유하면 이 관점이 생물적 관점과 좋은 대조를 이룬다는 것을 알게 된다. 이제 이 두 관점을 좀 더 자세히 살펴보기로 하자.

생물적 관점　우리 인간은 생물체이다. 따라서 인간행동 및 정신활동을 생물적 관점에서 설명하려는 시도는 자연스러운 일이다. 생물심리학자들은 인간행동 및 정신활동의 원인을 인간의 생리, 유전 및 진화에서 찾으려 한다. 그들은 인간의 활동 및 사고가 인간의 생물성에 의해 결정된다고 주장한다. 우울증이라는 '심리적' 장애를 예로 들어 설명해보자. 사람들은 왜 우울증에 빠지는 것일까? 생물심리학자들은 이 장애의 원인을 신경계에 필요한 특정 화학물질의 활동이 부족하기 때문이라고 생각하기도 한다. 그러므로 우울증을 이 관점에 맞추어 치료하려 한다면 화학물질의 활동과 관련된 문제를 바로잡아야 한다. 어떻게? 프로작이나 졸로프

생물적 관점　뇌와 신경계 및 기타 생리적 기제가 행동과 정신과정을 유발하는 방식에다 설명의 초점을 맞추는 관점

인지적 관점　지각, 기억, 문제해결 같은 정신과정이 작동하는 방식과 이들이 행동에 영향을 미치는 방식에다 설명의 초점을 맞추는 관점

트 같은 항우울제를 처방할 수도 있을 것이다. 이들 약물은 우울증을 유발한다고 생각되는 신경화학물질의 활동을 증가시키고, 이 활동 증가는 기분 변화를 유발한다. 특별한 일이 없는 경우 2~3주 동안 약물을 복용하고 나면 우울증은 사라진다. 그러므로 우리 기분이 뇌의 화학물질에 따라 달라진다는 것도 어느 정도는 사실이다. 물론 건전하지 못한 사고방식, 학습된 무기력, 어려운 주변 환경 등 여러 가지 비생물적 요인 때문에 우울증이 발생할 수도 있다. 그러므로 연구문제건 임상문제건 어떤 문제를 다룰 때는 여러 가지 관점을 상호 보완적으로 활용해야만 보다 정확한 해결책을 확보할 수 있다는 점을 명심해야 할 것이다.

생물심리학자들은 신경화학물질의 영향력 외에도 우리의 행동과 정신과정에 관여하는 뇌와 신경계의 다양한 부분에 관해서도 공부한다. 예컨대 우리의 '눈'이 실제로는 뇌의 뒷부분에 위치하며, 우리가 이 세상을 볼 수 있는 것은 뇌의 뒷부분 때문이라는 것을 밝혀냈다. 그렇기 때문에 "우리의 눈은 우리 머리의 뒤에 있다."는 표현이 더욱 정확하다고 하겠다. 뇌는 시각에만 중요한 게 아니라 우리의 행동 및 정신과정의 거의 모든 것을 관장하는 통제 센터로 작용한다. 신경과학을 다루는 제2장에서는 뇌가 이 임무를 수행하는 방식, 신경계의 다른 부분에서 수행하는 역할, 그리고 신경계 내 정보전달에 관여하는 여러 가지 화학물질에 관한 이야기가 소개될 것이다. 감각 및 지각을 다루는 제3장에서는 우리의 주요 감각기관 중 시각과 청각이 작동하는 방식을 공부하게 될 것이다.

인지적 관점　인지심리학자들은 지각에서부터 문제해결 및 추리 같은 고차적 정신활동에 이르기까지 인지 작용의 모든 측면을 공부한다. 인지 작용에 대한 통찰력을 제공하는 간단한 연습을 하나 해보자. 범주 이름을 하나 댈 테니 그 범주에 속하는 보기를 하나만 최대한 빨리 들어보기 바란다. 준비! '과일!' 이 경우 대부분의 학생들은 '사과'나 '오렌지'를 보기로 든다. 한 번 더 해보자. 준비! '가구!' 이때는 대부분 '의자'나 '소파'를 보기로 든다. 그러면 왜 학생들은 '밤'이나 '대추'를 과일의 보기로 들지 않는 것일까? 사람들이 범주에 대한 정보를 어떻게 조직하기에 이러한 보기가 제일 먼저 머릿속에 떠오르는 것일까? 간단히 말해 우리는 범주 정보를 조직할 때 특정 범주의 가장 전형적인 보기 또는 가장 대표적인 보기를 중심으로 조직하기 때문에 이런 일이 벌어진다는 것이 인지심리학자들의 연구결과이다(Rosch, 1973). 과일이라는 범주의 경우 사과나 오렌지 같은 보기가 과일이라는 범주의 원형(prototypes)이며, 그 범주를 생각할 때면 그 범주의 원형이 제일 먼저 떠오른다는 말이다.

보다 광범한 인지 작용에 대한 의문으로는 사람들은 학습한 것을 어떻게 기억해내는 것일까라는 의문을 꼽을 수 있다. 아마 여러분도 분명히 기억해두었다고 믿었던 정보를 인출해내지 못한 적이 있었을 것이다. 시험 때 이런 일이 벌어지면 정말 짜증나는 일이 아닐 수 없다. 또는 그 반대로 전혀 생각지도 못했던 사건이나 사람이 생각난 일도 있었을 것이다. 왜 그런 일이 벌어지는 것일까? 문제를 해결하려 하거나, 추리를 하려할 때, 또는 결정을 내리려 할 때는 더욱 복잡한 의문이 발생한다. 그 예로 단순한데도 불구하고 대부분의 사람들이 정답을 대지 못하는 문제를 고려해보자. 다음 빈칸에 들어갈 문자는? OTTFFSS_. 정답은 "O"다. 이 문제가 그렇게 어려운 이유는 무엇일까? 이들 의문에 대한 답을 찾기 위한 인지심리학자들의 노력과 그 성과는 기억을 다루는 제5장과 사고와 지능을 다루는 제6장에서 논의될 것이다.

외적 요인을 강조하는 관점

행동적 관점과 사회문화적 관점에서는 인간의 행동과 정신과정을 외적 요인으로 설명하려 한다. **행동적 관점**(behavioral perspective)에서는 주변의 환경 변화에 따른 행동 변화(즉, 조건형성)를 강조하며, 관찰 불가능한 정신활동보다는 관찰 가능한 행동을 더 강조한다. **사회문화적 관점**(sociocultural perspective)에서도 외부 환경이 인간의 행동 및 정신과정에 미치는 영향을 강조하지만, 특히 다른 사람 및 문화의 영향에 초점을 맞춘다. 사회문화적 관점에서는 조건형성을 통한 학습은 물론 관찰학습이나 모방학습 같은 인지적 학습도 중시한다. 때문에 이 관점을 취하는 학자들은 관찰 가능한 행동은 물론 정신활동도 강조한다고 할 것이다.

행동적 관점 행동적 관점에서는 우리가 지금처럼 행동하는 이유를 주변 환경 및 과거 경험에서 찾으려 한다. 주변 환경에 따른 행동의 변화를 조건형성이라고들 하는데, 조건형성은 고전적 조건형성과 도구적 조건형성으로 나뉜다. 고전적 조건형성을 보여준 가장 유명한 연구인 파블로프의 연구(Pavlov, 1927/1960)에 대해서는 여러분도 이미 알고 있을지 모르겠다. 이 연구에서 파블로프는 개에게 부저소리를 들려주고는 즉시 개의 입에다 먹이를 넣어주었다. 이 두 가지 일/사건이 거의 동시에 벌어지는 일이 여러 번 반복되면, 개는 부저소리만 듣고도 먹이를 예상하며 침을 흘리게

행동적 관점 외부 환경이 행동을 조형하는 과정에다 설명의 초점을 맞추는 관점
사회문화적 관점 타인과 문화가 인간의 행동 및 정신과정에다 미치는 영향에 설명의 초점을 맞추는 관점

된다. 순차적으로 벌어진 이 두 가지 외적 일/사건(부저소리를 들려주는 일과 입에 먹이를 넣어주는 일)에 의해 부저소리에 대한 반응으로 침을 흘리게 된 것이다. 부저소리 뒤에는 먹이가 따라온다는 사실을 개가 학습한 것이다. 행동주의 심리학자들은 이러한 학습을 고전적 조건형성이라고 일컬으며, 공포 및 기타 정서적 반응학습, 맛 혐오학습 등 많은 학습된 행동을 이러한 고전적 조건형성으로 설명할 수 있다고 믿는다.

우리의 행동을 결정하는 요인으로는 고전적 조건형성도 중요하지만, 도구적 조건형성이 더 중요하다는 게 행동주의 심리학자들의 믿음이다. 도구적 조건형성은 행동과 그 행동의 결과(보상 또는 처벌) 간 관계를 기초로 이루어진다. 간단하게 말해 어떤 행동의 결과가 보상이면 그 행동이 재발할 확률은 증가하지만, 처벌이면 그 확률이 줄어든다. 예컨대 학생들이 수업시간에 질문을 했을 때, 교수가 매우 훌륭한 질문이라면서 칭찬한 후 자세하게 그리고 알기 쉽게 대답을 해주면, 학생들은 질문을 더 자주하게 될 것이다. 그러나 교수가 말도 되지 않는 질문이라며 핀잔을 주고 대답도 제대로 해주지 않으면 학생들은 더 이상 질문을 하려 하지 않을 것이다. 이처럼 우리의 행동은 그 행동 뒤에 따르는 외부 사건/일(예 : 교수의 반응)이 보상이냐 처벌이냐에 의해 통제되고 있는 것이다. 이상에서 소개한 두 가지 조건형성에 관해서는 제4장에서 더 자세히 논의될 것이다. 여기서 기억할 것은 외부 환경이 우리의 행동을 변화시키는 원인이 될 수 있다는 사실이다.

사회문화적 관점　이 관점에서는 주변의 다른 사람들(개인 또는 집단)과 문화적 환경이 우리의 행동 및 정신활동에 미치는 영향을 중시한다. 우리는 사회적 동물이기 때문에 우리에게는 다른 사람들이 중요하며, 그들은 우리가 행동하고 생각하는 방식에 막대한 영향을 미친다. 이러한 사회적 '힘'에 영향을 받지 않는 사람은 없다. 우리 중 누가 다른 사람, 특히 가까운 사람들의 영향을 받지 않고 자란 사람이 있겠는가? 사회문화적 연구에 대한 논의에서는 이러한 사회적 힘이 우리의 행동 및 정신활동에 미치는 영향이 강조될 것이다.

사회문화적 연구의 본질에 대한 이해를 돕기 위해 한 세트의 유명한 실험을 고려해보자. 이들 실험은 1964년 뉴욕시에서 발생한 비극에 작용한 사회적 힘을 설명하기 위해 실시되었다(Latané & Darley, 1970). 이 비극의 주인공 키티 제노비스는 밤에 퇴근하던 중 자기가 살던 아파트 단지 안에서 폭행 및 강간을 당한 후 칼에 찔려 비참하게 살해되었다. "살인 목격자 37명, 아무도 경찰에 신고하지 않아"란 표제로 마틴 갠스버그(1964)가 뉴욕타임스에 게재한 기사에는 "한 여인의 뒤를 따라오던 살인자가 아파트 단지에서 그 여인을 칼로 찔러 살해했다. 살인은 세 차례의 폭행 끝에 벌어졌다. 퀸스 주민 38명은 한 시간 이상 이 사건을 지켜봤다…. 이 만행이 벌어지는 동안 단 한 명도 경찰에 전화하지 않았다. 목격자 한 명이 경찰에 알린 것은 그 여인이 죽은 후였다."(p. 1) 이 기사의 편집장이었던 A. M. 로젠탈은 이 이야기를 바탕으로 *Thirty-Eight Witnesses*(1964)를 저술하였다. 최근 연구(Manning, Levine, & Collins, 2007)에서 이 이야기의 주요 특징(예 : 목격자의 수가 많다는 점)에 관한 증거가 확실하지 않은 것으로 드러났다. 하지만 이 이야기에 자극을 받은 사회심리학자 빕 라탄과 존 달리는 그 38명 중 아무도 제때 도움을 제공하지 않은 원인을 규명하기 위해 일련의 실험을 실시하였다. 이제 이 두 연구자가 한 일이 무엇인지를 살펴보기로 하자.

보고된 목격자의 수가 많았기 때문에 라탄과 달리는 목격자의 수가 희생자를 도울지 말지를 결정하는 데 중요하게 작용한 요인이었을 것이라는 가설을 수립하였다. 그러고는 실험용 응급상황을 목격한 구경꾼의 수를 조작해보았다. 그들은 이 실험을 통해 방관자 효과(bystander effect 또는 제노비스 증후군)라는 흥미로운 현상을 발견하였다. 방관자 효과란 긴급상황에서 피해자가 도움을 받을 확률은 구경꾼이 많을 때보다 적을 때가 더 높다는 사실을 일컫는다. 간단히 말해 다른 사람들이 있다는 사실 때문에 도움을 주지 않게 됐다는 말이다. 그럼 이 현상이 키티 제노비스 사건과는 어떻게 연결된다는 것일까? 라탄과 달리는 그 상황에 작용했던 사회적 힘이 구경꾼들의 도움행동을 제지했다고 설명했다. 구경꾼 각자는 자기 이외의 다른 사람이 어떤 일을 했을 것이고 누군가가 분명히 경찰에 전화를 했을 것이라고 믿었고, 그 결과 아무도 도움을 주지 않는 비극이 벌어졌다는 설명이다. 이 연구를 비롯하여 그 결과가 파괴적일 것이 뻔한데도 사람들은 동조를 하고 복종을 하는 등 사회적 힘이 관여하는 흥미진진한 주제는 사회심리학을 다루는 제9장에서 소개될 것이다.

이제 여러분도 표 1.1에 요약해놓은 네 가지 주요 관점에 대해 대략적인 감은 잡았을 것이다. 이들 관점은 서로 상보적이기 때문에 여러 관점을 함께 이용할 때 인간행동과 정신과정을 보다 폭넓게 이해하게 될 것이라는 점을 잊지 말기 바란다. 연구문제를 다룰 때 여러 관점에서 접근하는 것이 이롭다는 점을 보여주는 대표적인 연구 분야는 발달심리학(전 생애에 걸쳐 전개되는 인간의 발달을 연구하는 심리학의 한 분야)이다. 이러한 견해를 입증하는 좋은 보기로 아이들이 언어를 습득하는 방식에 관한 연구를 들 수 있을 것이다. 초창기에는 강화와 모방이라는 행동주의 학습 원리만으로도 아이들의

표 1.1	심리학 연구의 네 가지 주요 관점
연구 관점	강조점
생물적	인간의 생리(특히 뇌와 신경계)가 인간행동 및 정신과정을 유발하는 방식 및 유전과 진화가 인간의 생리에 미친 영향력
인지적	지각, 기억, 문제해결과 같은 인간의 정신과정이 작동하는 방식과 이들 과정이 행동에 미치는 영향
행동적	환경 속에서 벌어지는 일/사건이 관찰 가능한 행동을 조건화하는 방식
사회문화적	다른 사람과 문화적 상황이 인간행동 및 정신과정에 영향을 미치는 방식

언어습득을 충분히 설명할 수 있을 것이라고 생각했다. 이들 원리가 중요한 것은 사실이다(Whitehurst & Valdez-Menchaca, 1988). 하지만 언어발달을 연구하는 오늘날의 학자들은 대부분 언어학습에는 아동의 생물적 발달과 인지 및 사회문화적 맥락이 결정적인 역할을 한다고 믿는다(Pinker, 1994; Tomasello, 2003). 예컨대 뇌를 연구한 결과 언어습득에는 뇌의 특정 영역이 관여하는 것으로 밝혀지고 있다. 인지과정 역시 중요하게 작용하는 것으로 드러났다. 예를 들어 아이들은 새로운 개념을 습득하면서 그 개념을 가리키는 이름까지 함께 배워 자신의 어휘력도 확장시킨다. 또한 아이들은 언어가 사용되는 사회문화적 맥락을 통해 언어의 실용적 기능도 배우는 것으로 밝혀졌다. 예컨대 아이들은 단어를 배울 때 성인들이 보이는 관심의 초점 같은 화용적 단서를 이용하기도 한다. 발달심리학자들은 네 가지 연구 관점을 모두 이용했기 때문에 아이들의 언어습득 방식에 관한 이해의 폭을 훨씬 크게 확장시킬 수 있었던 것이다. 이처럼 여러 연구 관점을 이용함으로써 발달에 관한 이해의 폭이 넓어졌다는 사실은 발달심리학을 다루는 제7장에서 소개될 것이다.

후속되는 여러 장에서는 심리학의 여러 분야에서 이용되는 핵심 개념과 이론 및 연구결과에 대한 자세한 내용이 소개될 것이다. 이러한 이론과 발견을 터득해 감에 따라 **혜안편파**(hindsight bias: I-knew-it-all-along phenomenon, 나는–이미–알고–있었어 현상)—결과를 알고 난 다음에는 자기도 그런 예측을 할 수 있었다는 오만에 빠지는 경향성—에 빠지지 않도록 조심하기 바란다. 속담에 의하면 "혜안 시력은 2.0이다." 혜안편파에 대한 연구는 광범하게 실시되었다. 혜안편파를 다룬 학술논문만 800편이 넘는다(Roese & Vohs, 2012). 여러 나라에서도 그리고 어린이를 대상으로 한 연구에서도 성인을 대상으

혜안편파 결과를 알고 난 후에는 자기도 그 결과를 예측할 수 있었다고 자신의 능력을 과대평가하는 경향성

로 한 연구에서도 혜안편파가 관찰되었다(Blank, Musch, & Pohl, 2007). 연구결과에 의하면 일단 실험결과를 알고 난 사람들에게는 그 결과가 뻔한 것처럼 보인다(Slovic & Fischhoff, 1977). 거의 모든 심리학적 발견은 그것을 알고 난 후에는 누구에게나 그냥 뻔한 상식처럼 보인다는 말이다. 연구결과 '극과 극은 서로를 당기는' 것으로 드러났다고 말하면, 사람들은 "그것 뻔한 것 아닌가요?"라고 반문할지도 모른다. 그런 후 '유유상종'이라는 말을 듣게 되면, 이번에도 "뻔한 이야기를 하고 있네!"라며 고개를 돌릴지도 모른다. 혜안편파를 갖게 되면 서로 상충되는 두 가지 연구결과마저 전혀 문제가 없어 보인다(Teigen, 1986). 그러니까 심리학자들이 인간에 관해 밝혀 놓은 사실을 공부할 때는 특히 혜안편파에 빠지지 않도록 조심해야 할 것이다. 그렇지 않으면 이 책에 소개된 많은 내용이 실제보다 훨씬 쉽게 보일 수도 있다. 많은 내용이 이미 알고 있는 것인 양 보이기 때문에 공부를 철저하게 하지 않아 시험을 망칠 수도 있다. 혜안편파는 그 자체에서도 일어난다. 즉, 여러분 중에는 이 편파에 대해 이미 알고 있다고 생각하는 사람도 있을 것이다. 우연일지는 몰라도 '끼리끼리 모인다'는 것은 사실이지만 '극과 극은 서로를 당긴다'는 것은 사실이 아니라는 것이 사회심리학자들에 의해 밝혀졌다(Myers, 2013; Youyou, Stillwell, Schwartz, & Kosinski, 2017).

　심리학자들이 내린 결론은 과학적 연구를 기초로 내린 것이기 때문에 인간행동과 정신과정에 관련된 질문에 대한 가장 확실한 답이라 할 것이다. 이 답이 때로는 뻔해 보일 수도 있고 또 일반상식과 흡사할 수도 있지만 중요한 것은 그게 아니다. 중요한 것은 심리학자들이 연구를 수행하는 방식, 즉 스스로 제기한 문제에 대한 최선의 답을 찾기 위해 과학적 연구를 수행하는 방식을 이해하는 것이다. 다음 절에서는 그들이 애용하는 연구방법을 소개할 것이다.

요약

이 절에서는 심리학자들이 취하는 주요 연구 관점 네 가지를 살펴보았다. 이 중 두 가지, 생물적 관점과 인지적 관점은 우리의 행동 및 정신과정에 영향을 미치는 내적 원인에다 연구의 초점을 맞춘다. 생물적 관점은 우리의 행동 및 정신과정을 인간의 생리적 작용(특히 뇌와 신경계의 작용)으로 설명하려 한다. 인지적 관점은 우리의 정신과정이 어떻게 작동하는지 그리고 행동에 어떤 영향을 미치는지를 밝혀내려 한다. 생물적 관점은 생리 또는 뇌의 하드웨어에 초점을 맞추는데, 인지적 관점은 정신과정 또는 뇌의 소프트웨어에 연구의 초점을 맞춘다.

　행동적 관점과 사회문화적 관점은 외적 원인을 강조한다. 행동적 관점은 우리의 행동이 외적 환경 요인에 의해 조건화되는 방식을 강조하며, 사회문화적 관점은 다른 사람(사회적 힘) 및 문화적 상황이 우리의 행동 및 정신활동에 미치는 영향을 강조한다.

　심리학자들은 인간의 행동 및 정신과정을 보다 정확하게 이해하기 위해 이들 네 가지 관점을 모두 이용한다. 이들 관점은 서로 상보적이기 때문에 보다 낫고 못한 게 없다. 발달심리학자들의 연구를 보면 이들 관점의 상보성을 쉽게 이해할 수 있다.

　혜안편파를 간략하게 논의하기도 하였다. 이 편견 때문에 사람들은 심리학자들의 연구결과를 실제와는 달리 뻔한 것으로 받아들이곤 한다. 이 책의 나머지 부분에서 소개되는 기초연구의 결과와 이론을 공부할 때 특히 이 편견에 빠지지 않도록 조심해야 한다. 이 편견 때문에 책 내용이 실제보다 훨씬 쉬워 보일 수 있다. 심리학자들은 과학적 방법에 따라 연구를 수행하기 때문에 인간행동과 정신과정에 관한 문제에 대해 자기들이 구할 수 있는 최선의 답을 얻게 된다는 사실을 명심하기 바란다.

개념점검 | 1

- 인간행동 및 정신과정을 설명하는 데 있어 생물적 관점과 인지적 관점의 차이를 설명하라.
- 인간행동 및 정신과정을 설명하는 데 있어 행동적 관점과 사회문화적 관점의 차이를 설명하라.

심리학 연구방법

관점에 관계없이 심리학자들은 동일한 연구방법을 이용한다. 이들 방법은 기술연구법, 상관연구법, 실험연구법으로 대분된다. 이 중 실험연구법이 가장 많이 이용되는데, 그 이유는 실험연구법만이 인과관계에 대한 탐구를 허용하기 때문이다. 심리학의 주된 목적은 인간행동 및 정신과정을 (인과관계로) 설명하는 데 있다. 그러나 경우에 따라 실험을 할 수 없을 때도 있다. 예컨대 간접흡연이 아동들에게 미치는 효과를 검증하기 위한 실험을 한다는 것은 윤리적으로 허용되지 않는다. 어떻게 아동들에게 간접적으로나마 흡연을 하도록 할 수 있겠는가? 이러한 경우에는 상관연구법이나 기술연구법 같은 다른 연구법을 통해서도 많은 것을 배울 수 있다. 부모가 흡연을 하는 가정에서 자라는 어린이들의 건강 상태를 세밀하게 관찰하여 기술하거나, 많은 가정을 조사하여 부모의 흡연 정도와 자녀의 감염 빈도 간 상관관계를 조사할 수도 있을 것이다. 이들 다른 연구방법으로 확보된 결과는 실험을 통해 검증해야 할 가설(인과관계에 관한 검증 가능한 예측) 개발에 필요한 자료를 제공하기도 한다. 이제 이 세 가지 연구방법에 대해 좀 더 구체적으로 살펴보기로 하자.

기술연구

기술연구법(descriptive methods)은 다시 관찰법, 사례연구법, 설문연구법으로 나뉜다. 이들 세 가지 연구법의 주된 목적은 행동과 정신과정을 상세하고 객관적으로 묘사/기술하는 것이다. 그러나 이렇게 기술된 자료를 가지고는 인과관계에 관한 추측밖에 할 수가 없다. 즉, 인과관계에 관한 가설 개발을 가능하게 한다. 개발된 가설은 실험을 통해 검증된다. 이제 이 중요한 단점을 염두에 두고 이들 세 가지 기술연구법을 하나씩 살펴보기로 하자.

관찰법 관찰법은 말 그대로 연구자가 관심대상의 행동을 눈에 띄지 않게 관찰하는 기법이다. 실험실에서 이루어지는 관찰법을 **실험실 관찰법**(laboratory observation)이라 한다. 예컨대 실험실에서 일방경을 통해 아동들의 행동을 관찰할 수도 있다. 그러나 실험실에서의 행동은 자연스럽지 못할 수 있다. 이 때문에 연구자들은 **자연 관찰법**(naturalistic observation)을 이용하곤 한다. 자연 관찰법이란 자연적인 조건에서 자연스럽게 전개되는 행동을 눈에 띄지 않게 관찰하여 기록하는 기법이다. 자연 관찰법은 인간이나 동물이 자연환경 속에서 남의 눈을 의식하지 않고 자연스럽게 행동하는 방식에 관심을 가진 연구자들이 주로 이용하는 기법이다. 이들 연구자들은 자연환경 속에서 벌어지는 행동과 그 행동들 간 관계를 객관적으로 그리고 철저하게 기술하려 한다. 이 기법을 이용해 동물의 행동을 기록한 연구 중에는 널리 알려진 연구도 많다. 예를 들어 아프리카 밀림에서 수행된 다이앤 포시(1983)의 고릴라 연구는 '정글 속의 고릴라(Gorillas in the Mist)'란 영화로 제작되었으며, 역시 아프리카에서 진행된 제인 구달(1986)의 침팬지에 관한 연구 또한 잘 알려져 있다. 이 기법은 동물을 연구하는 데만 이용되는 기법이 아니다. 작업장이나 학교 같은 상황 또는 식당 같은 사회적 환경에서 벌어지는 인간행동을 연구하는 데도 자주 이용된다.

기술연구법 행동과 정신과정을 객관적이고도 상세하게 묘사하는 일을 주된 목적으로 하는 연구방법

실험실 관찰법 실험실에 초대된 관찰대상의 행동을 관찰대상이 관찰당한다는 사실을 모르는 상태에서 관찰하여 기록하는 기법

자연 관찰법 자연적인 조건에서 벌어지는 행동을 관찰자의 개입 없이 있는 그대로 관찰하고 기록하는 방법

그러나 관찰법은 심각한 잠재적 문제점을 안고 있다. 관찰자가 관찰대상의 행동에 영향을 미칠 수 있다는 점이다. 그렇기 때문에 관찰자는 될 수 있는 한 관찰대상의 눈에 띄지 않아야 한다. 그래야 관찰자의 출현으로 관찰결과가 오염될 가능성이 제거된다. 이러한 문제점을 극복하기 위해 연구자들은 종종 **참여 관찰법**(participant observation)을 이용하기도 한다. 참여 관찰법이란 관찰자가 관찰대상자 집단의 구성원이 되어 그들의 행동을 관찰하

는 기법이다. 관찰연구의 경우 시작은 그렇지 않
았더라도 나중에 가서는 참여 관찰법을 이용하기
도 한다. 예컨대 앞서 언급한 다이앤 포시의 고릴
라 연구의 경우 결국에는 다이앤이 고릴라 집단
의 구성원으로 수용됨으로써 참여 관찰법을 이용
한 연구가 되어버렸다. 그러나 참여 관찰법을 이
용하는 대부분의 연구는 실험실에서건 자연 조건
에서건 관찰자가 처음부터 집단 구성원으로 참
여한다. 이러한 연구는 스파이를 이용하는 작업
과 흡사하다. 이러한 연구의 예로 심리학자들이
정신병 환자로 가장하여 정신병원에 입원하고는
정신과 의사가 실제 환자와 가짜 환자(심리학자)
를 구별할 수 있는지를 검토한 연구를 들 수 있다

침팬지를 연구하는 숙녀, 숙녀를 연구하는 침팬지

Ralph Hagen/Cartoon Stock.

(Rosenhan, 1973). Rosenhan에 따르면 의사와 직원들은 가짜 환자와 진짜 환자를 구별
하지 못했다. 그런데 실제 환자들은 진짜와 가짜를 구별할 수 있었다. 정신병동에 입원
된 후부터 가짜 환자들은 정상적으로 행동했고, 퇴원시켜달라고 요구했다. 이들이 어
떻게 되었는지에 관해서는 이상심리학을 다루는 제10장에서 알게 될 것이다.

사례연구법　세밀한 관찰은 사례연구법에서도 이루어진다. 특정 **사례연구법**(case study)
에서는 연구대상에 대한 깊이 있는 연구가 오랜 시간 지속된다. 간단히 말해 연구자
는 연구대상에 관해 가능한 한 많은 것을 알아내고자 한다. 특정 개인의 생애를 연구
하며 여러 가지 검사를 통한 자료 수집이 이루어진다. 사례연구법은 특정 질환이나 문
제 때문에 고통을 겪고 있는 환자를 대상으로 이루어지는 경우가 가장 많다. 이런 사
례연구법의 주된 목적은 환자의 치료에 도움이 되는 정보를 수집하는 데 있다. 사례연
구법의 결과는 일반화시킬 수 없다. 그 결과는 연구대상에게만 한정된 것이기 때문이
다. 그러나 사례연구법의 결과는 실험을 통해 검증할 수 있는 가설을 개발하는 데 필요
한 자료로 이용되곤 한다. 이러한 사례연구법의 대표적인 예로는
헨리 몰레이슨이라는 기억상실증 환자에 대한 연구를 꼽을 수 있
다(Scoville & Miller, 1957). 헨리를 검토한 연구자만 100명에 가깝
다(Corkin, 2002). 그는 신경과학 역사상 가장 많이 연구된 인물로

참여 관찰법　관찰자가 관찰대상 집단의
구성원이 되어 관찰하는 연구방법
사례연구법　특정 개인의 행동을 오랜 시
간에 걸쳐 깊이 있게 탐구하는 연구

지목되고 있다(Squire, 2009). 그는 2008년 향년 82세로 타계했는데, 그가 살아 있을 때는 비밀보장을 목적으로 'HM'이라는 이름으로 50년이 넘도록 100여 편의 연구에 참여했다. 따라서 이 책에서도 그를 지칭할 때는 HM을 이용할 것이다. HM의 사례에 관해서는 기억을 다루는 제5장에서 자세하게 소개될 것이다. 그러나 이 단락을 마감하기 전에 HM에 관한 이야기 중 일부를 이용하여 가설 개발과 그렇게 설정된 가설을 검증하기 위한 실험에서 사례연구법의 중요성을 예증하기로 한다.

　건강문제로 HM은 어릴 적에 해마(뇌 속 대뇌피질 아래에 위치한 변연계의 일부)를 제거하는 수술을 받았다. 그에 대한 사례연구에는 수술 후 실시된 기억력 검사도 포함되었다. 수술을 받기 직전 2~3일 동안에 벌어졌던 사건 일부를 제외하고는 그 전에 학습한 정보에 대한 기억은 정상이었다. 그런데 새로운 정보는 학습을 할 수 없는 것 같았다. 예를 들어 수술 전에 만난 사람이 아니고는 몇 번을 만나도 그 사람의 이름을 기억하지 못했다. 똑같은 잡지를 읽고 또 읽으면서도 그 전에 그 잡지를 읽었다는 사실을 기억하지 못했다. 아침식사로 무엇을 먹었는지조차 기억하지 못했다. 그러한 기억력 결함을 기초로 새로운 정보를 기억하는 데는 해마가 중요한 역할을 수행한다는 가설을 세울 수 있었고, 이 가설은 후속 실험을 통해 입증되었다(Cohen & Eichenbaum, 1993). 지금쯤 알고 있겠지만 사례연구의 결과만으로는 인과관계를 진술할 수 없다. 하지만 위의 논의는 사례연구의 결과가 실험을 통해 검증될 수 있는 가설설정에 긴요하게 이용될 수 있음을 확실하게 보여주고 있다.

설문연구법　마지막으로 소개되는 기술연구방법은 여러분도 본 적이 있을 법한 설문연구법이다. 전화나 우편 또는 면담을 통해 설문지를 작성해보았을 것이다. **설문연구법**(survey research)에서는 특정 집단에 속한 사람들의 행동, 믿음, 태도 등에 관한 정보를 질문지와 인터뷰를 통해 수집한다. 이 연구에서는 사람들이 질문에 정확하게 대답하려 하고 또 정확하게 대답할 수 있다고 가정한다. 그러나 설문지의 구조, 질문 속 어순, 그리고 질문하는 방식 등에 따라 사람들의 반응이 기울어질 수 있다(Schwartz, 1999). 그뿐 아니다. 설문에 참여한 사람들은 자신들이 실제로 생각하고 행동하는 것을 그대로 대답하지 않고, 사회에서 인정되는 방식으로 반응하는 경향성이 있다. 때문에 질문지

설문연구법　특정 집단을 대상으로 질문지와 면담을 통해 그들의 행동, 신념, 태도 등에 관한 정보를 수집하는 연구

를 제작하는 사람들이 그러한 편파에 빠지지 않도록 문항을 조심스럽게 만들어야 한다. 공정한 문항을 만들고 훌륭하게 조직하는 것은 시간도 많이 걸리며 결코 쉬운 일이 아니다. 그러나 설문연

구법에서는 반드시 이루어져야 하는 일이다.

설문연구법의 또 다른 필수 사항은 모집단을 대표할 수 있는 표본을 설문대상으로 삼아야 한다는 점이다. **모집단**(population)이란 연구에서 질문대상이 될 수 있는 모든 사람을 일컫는다. 시간이나 돈 또는 다른 문제 때문에 모집단에 속하는 모든 사람에게 질문을 하는 것이 불가능할 때가 많다. 그렇기 때문에 연구자들은 모집단의 일부인 **표본**(sample)을 선정하여 이들에게만 질문을 한다. 표본에서 수집한 자료가 쓸모 있는 자료가 되기 위해서는 그 표본이 모집단을 제대로 대표할 수 있어야 한다. 표본이 그러한 대표성을 잃게 되면 그 설문조사의 결과는 모집단에 일반화할 수 없다.

"다음 질문 : 인생은 기쁨과 슬픔의 주기적인 반복 속에서 도덕성과 필연성 간 균형을 유지하려는 끊임없는 노력이다. 동의하나요? 동의하지 않나요?"

대표성이 없는 표본에서 수집된 결과를 모집단에 일반화하는 우를 범한 대표적 연구 중 하나는 하이트(1987)의 여성과 사랑에 관한 설문연구일 것이다(Jackson, 2016). 쉬어 하이트의 연구에 이용된 표본은 주로 여성 단체 및 정치 집단에 뽑힌 사람들 그리고 연구자가 토크 쇼에 출연한 후 설문에 응한 여성들로 구성되었다. 이러한 표본은 미국 여성 전체를 대표한다고 할 수 없기 때문에 그 결과도 미국 여성 전체를 대표하는 결과가 되지 못한다. 예컨대 불륜 관계를 맺고 있는 여성의 수와 그런 관계에서 벗어난 여성의 수가 크게 과대 추정되었던 것이다. 때문에 연구자들은 모집단을 대표할 수 있는 표본을 확보하고 싶어 하고, 그러기 위해 대개는 무선표집을 이용한다.

무선표집(random sampling)에서는 모집단 구성원 각자가 표본에 뽑힐 확률이 동일하다. 여기서 '뽑힐 확률이 동일하다'는 말을 이해하려면, 여러 사람의 이름을 적은 종이쪽지를 모자 속에 넣고 잘 섞은 후, 그중에서 한 사람의 이름을 선별하는 방법을 상상해보라. 이 경우 특정인이 뽑힐 확률은 다른 사람이 뽑힐 확률과 동일할 것이다. 실제로 통계학자들도 모자에서 사람을 무선으로 뽑는 이런 방식과 대등한 방식으로 표본을 확보하는 방법을 개발해두었다. 여러분이 다니는 대학 1학년 중에서 일정한 수(예 : 100명)의 표본을 무선으로 확보할 방안을 강구해보라. 이때 심리학 과목을 수강하는 학생 중에서 100명을 무선으로 뽑는다고 해도 그 표본은 1학년을 대표하는 표본이 될 수 없다. 그렇게 하면 1학년생 모두가 표본

모집단 연구자가 연구대상으로 삼은 모든 사람

표본 연구에 실제로 참여한 모집단의 일부(부분집합)

무선표집 모집단 구성원 각자가 표본에 뽑힐 확률을 동일하게 하여 모집단을 대표할 수 있는 표본을 추출하는 표집방법

에 뽑힐 확률이 동일했다고 말할 수 없기 때문이다. 어떻게 해서든 1학년에 등록한 학생 모두의 명단을 확보한 후, 학생 100명을 그 명단에서 그것도 무선으로 뽑아야 한다. 명심해야 할 사항은 설문연구법에서는 모집단을 대표할 수 있는 표본을 상대로 자료를 수집해야만 그 결과를 모집단의 결과로 일반화할 수 있다는 점이다.

상관연구

상관연구(correlational study)에서는 변인 두 개를 측정하여 두 변인이 서로 관련되어 있는지(둘 중 하나의 측정치로 다른 변인의 측정치를 예측할 수 있는 정도)를 결정한다. **변인**(variable)이란 두 가지 이상의 값을 취할 수 있는 요인(연구대상의 특성)을 일컫는다. 예컨대 나이, 키, 평균 평점, 지능지수는 모두 변인이 된다. 상관연구를 할 때면 연구자는 먼저 연구대상이 되는 모집단을 대표하는 표본을 선정한다. 그런 다음 이들 표본으로부터 두 세트의 측정치를 확보한다. 예컨대 표본에 포함된 사람들 한 명, 한 명의 지능 검사점수와 키를 측정할 수 있다.

상관계수 두 변인이 관련된 정도를 검토하기 위해 연구자는 **상관계수**(correlation coefficient)라는 통계치(statistics)를 계산한다. 상관계수는 두 변인이 관련된 정도 및 그 유형을 알려주는 통계치로 −1.0에서 +1.0 사이의 값을 취한다. +/− 기호는 각각 상관이 정적 상관인지 부적 상관인지를 나타낸다. **정적 상관**(positive correlation)은 두 변인의 값이 함께 변한다는 뜻이다. 즉, 한 변인의 값이 증가하면 다른 변인의 값도 증가하고 한 변인의 값이 감소하면 다른 변인의 값도 감소한다는 뜻이다. 몸무게와 키와의 상관관계를 생각해보라. 이 두 변인은 정적 상관관계에 있다. 일반적으로 키가 크면 몸무게도 많이 나간다. 수능 점수와 대학 1학년 평균 평점도 정적 상관관계일 가능성이 크다. 수능 점수가 높은 학생은 대학 1학년 때의 성적도 높을 가능성이 크다는 뜻이다.

상관연구 두 변인을 측정하여 두 변인 간 관계가 얼마나 밀접한지를 검토하는 연구
변인 둘 이상의 값을 가질 수 있는 요인
상관계수 두 변인 간 관계의 유형과 강도를 나타내는 통계치
정적 상관 두 변인의 값이 정비례하는 관계
부적 상관 두 변인의 값이 반비례하는 관계

부적 상관(negative correlation)은 두 변인의 값이 서로 반대로 변한다는 뜻이다. 즉, 한 변인의 값이 증가/감소하면 다른 변인의 값은 감소/증가한다. 부적 상관의 좋은 보기로는 초등학생의 TV 시청 시간과 학교 성적을 들 수 있다. TV 시청 시간이 길수록 성적은 낮아지는 것으로 드러났다(Ridley-Johnson, Cooper, & Chance, 1983). 등산을 해본 사람은 알겠지만 고도와 온도도 부적 상관관계에 있다. 높이 올라가면 갈수록 온도는 낮아진다. 한마디

로 요약하면 상관계수의 기호는 두 변인 간 상관관계의 유형을 나타낸다. +는 정비례 관계를 나타내고 −는 반비례 관계를 나타낸다.

상관계수의 두 번째 부분인 0과 1 사이의 절대치는 두 변인 간 관계가 밀접한 정도를 나타낸다. 0과 0에 가까운 값은 상관이 없다는 뜻이고, 1에 가까울수록 그 관계는 더욱 밀접해진다는 뜻이다. 상관의 강도에 관한 한 기호는 아무런 의미가 없고 절대치만 그 의미를 갖는다. 그러니까 상관계수를 수직선상 숫자 같이 생각해서는 안 된다. 수직선상 숫자는 양수가 음수보다 크지만 상관계수의 경우 관계의 강도는 그 절대치로만 말한다. 예컨대 상관계수 −.50은 +.25보다 두 변인 간의 관계가 더 강하다는 뜻이다. 관계의 강도가 높을수록 두 변인 간 관계에 대한 예측이 더욱 정확해진다. 상관계수가 +(−) 1.0이라면 한 변인의 값을 기초로 다른 변인의 값을 완벽하게 예측할 수 있다. 상관계수 +1.0은 한 변인에서 일어나는 모든 변화 하나하나와 대등한 변화가 다른 변인에서도 같은 방향으로 일어난다는 뜻이고, 상관계수 −1.0은 한 변인에서 일어나는 모든 변화 하나하나와 대등한 변화가 다른 변인에서는 반대 방향으로 일어난다는 뜻이다. 그러나 심리학 연구에서 발견되는 상관계수는 사실상 전부 다 그 절대치가 1.0보다 작다. 그러므로 실제로는 어떤 경우이든 완벽한 예측은 할 수가 없다. 상관관계가 매우 강해도 거의 항상 예외가 존재한다는 뜻이다. 예외의 개수는 상관계수의 크기에 따라 달라진다. 상관계수의 절대치가 클수록 예외의 개수는 줄어들고 상관계수의 절대치가 작을수록 예외의 개수는 늘어난다. 예외가 존재한다고 해서 상관관계가 나타내는 일반적인 경향성이 사라지는 것은 아니다. 예외는 두 변인 간의 관계가 완벽하지 않다고 말할 뿐이다. 상관계수의 예측력에 대한 이해를 촉진하기 위해 상관관계를 시각적으로 묘사하는 산포도를 소개하기로 한다.

산포도와 예측력 상관계수의 예측력을 이해하는 좋은 방법 중 하나는 **산포도**(scatterplot)를 검토하는 것이다. 산포도는 상관연구를 통해 수집된 자료를 시각적으로 묘사하는 그림이다. 산포도의 각 점은 표본의 구성원 각자에서 측정한 두 변인의 점수를 나타낸다. 그림 1.1은 여러 개의 산포도를 보여준다. 상관연구는 대부분 많은 대상을 상대로 자료를 수집하기 때문에 산포도는 대부분 많은 점으로 구성된다. 그러나 그림 1.1은 산포도를 해석하는 방법을 예시하기 위해 그려진 것이기 때문에 각 산포도에는 15개의 점밖에 없다. 그 결과를 그림 1.1 속 각각의 산포도로 그려놓은 가상의 상관연구 각각에는 참가자가 15명씩이었

산포도 상관연구의 자료를 시각적으로 묘사한 그림

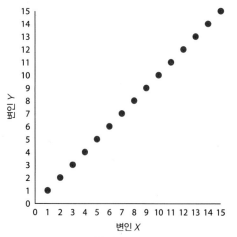

(a) 완전 정적 상관

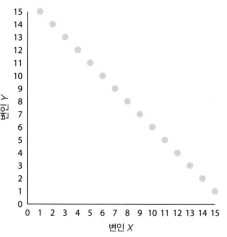

(b) 완전 부적 상관

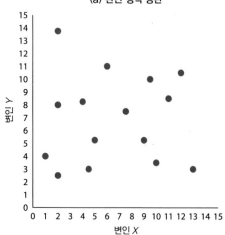

(c) 무상관

그림 1.1 몇 가지 산포도

(a)와 (b)는 완전 상관을 나타낸다. 모든 점이 직선상에 놓여 있음을 주목하라. (a)는 정적 상관으로 변인 X의 값이 커짐에 따라 변인 Y의 값도 커진다는 것을 나타내며, (b)는 부적 상관으로 변인 X의 값이 커짐에 따라 변인 Y의 값은 작아진다는 것을 나타낸다. (c)는 두 변인이 거의 무관(상관계수가 거의 0이다)함을 보여주는 산포도이다. 점이 사방에 흩어져 있음을 주목하라. (d)는 상당이 밀접한 또는 강한 정적 상관을 그리고 (e)는 상당이 강한 부적 상관을 나타낸다. (d)에서는 X의 값이 증가함에 따라 Y의 값도 증가하는 경향이, 그리고 (e)에서는 (d)와 반대의 경향이 강함을 주목하라.

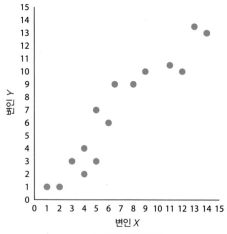

(d) 강한 정적 상관

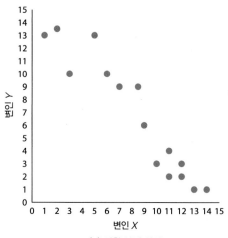

(e) 강한 부적 상관

다는 뜻이다.

그림 1.1(a)와 (b)는 완전상관(상관계수 1.0)을 나타낸다. (a)는 완전 정적 상관을 그리고 그림 (b)는 완전 부적 상관을 나타낸다. 산포도의 모든 점이 직선상에 놓여 있다. 그렇기 때문에 이 직선을 나타내는 방정식을 이용하면 한 변인의 값을 기초로 다른 변인의 값을 정확하게 예측할 수 있다. 예측력이 최대라는 뜻이다. (a)와 (b) 사이의 차이는 직선의 방향이 다른 것뿐이다. (a)에서처럼 점들이 좌측 하단에서 우측 상단으로 올라가는 경향이 있으면 산포도는 정적 상관을 나타낸다. 한 변인에서 낮은 점수는 다른 변인에서 낮은 점수와 짝을 이루고, 높은 점수는 높은 점수와 짝을 이루고 있다. 이런 관계를 정비례 관계라 한다. 그러나 부적 상관을 나타내는 (b)에서는 점들이 좌측 상단에서 우측 하단으로 내려가는 경향을 보인다. 즉, 한 변인에서 낮은 점수가 다른 변인에서 높은 점수와 짝을 이루고, 높은 점수는 낮은 점수와 짝을 이룬다. 이런 관계를 반비례 관계라 한다.

그림 1.1(c)의 산포도는 두 변인 사이에 상관이 없음을 보여준다. 점수들이 특정 방향으로 모이는 경향을 보이지 않고 아무렇게나 흩어져 있다. 이런 경우 상관계수는 0에 가깝고 예측력은 최소가 된다. 이제 (d)와 (e)를 고려해보자. 먼저 (d)는 산포도의 점들이 좌측 하단에서 우측 상단으로 흩어져 있기 때문에 정적 상관을 나타내는데, (e)는 점들이 좌측 상단에서 우측 하단으로 흩어져 있기 때문에 부적 상관을 나타낸다. 이 밖에도 (d)와 (e)의 점들은 (a)와 (b)에서와는 달리 직선을 이루고 있지 않다. 그렇다고 (c)에서처럼 아무렇게나 흩어져 있는 것도 아니다. 그렇기 때문에 (d)와 (e)의 상관계수는 0보다는 크지만 1.0보다는 작아야 한다. 산포도의 점들이 사방에 골고루 흩어져 있을수록 상관관계의 강도는 낮아진다. 그러면 (d)와 (e)의 상관관계 강도는 어느 정도일까? 모든 점이 아무렇게나 흩어져 있는 것은 아니기 때문에 이들의 상관관계는 상당히 강하다고 할 수 있다. 흩어진 정도가 커질수록 관계는 약해지며 예측력은 낮아진다는 사실을 기억할 것이다. 때문에 (c)에서처럼 흩어진 정도가 최대이면 관계의 강도는 0에 가깝고 예측력은 거의 없다.

제3변인 문제 관계가 밀접(강)할수록 예측력은 증가한다. 그러나 아무리 관계가 강(밀접)해도 두 변인 간 관계가 인과관계라는 결론은 내릴 수 없다. 상관관계는 인과관계의 필수조건일 뿐 충분조건은 되지 않기 때문이다. 상관연구로 수집된 자료로는 인과관계에 관한 결론을 내릴 수 없다. 변인 간 인과관계에 관한 논의는 엄격한 실험을 통해 수집된 자료가 있을 때만 가능해진다. 상관관계에 있는 두 변인이 인과관계로 맺어질 수 없다는 뜻은 아니다. 인과관계에 있을 수도 있고 그렇지 않을 수도 있다. 다만 상관관계를 나타내는 자료로는 두 변인의 인과관계를 결정할 수 없다는 뜻이다. 그 이유를 따져보자.

자긍심과 우울증 간의 부적 상관관계를 예로 들어 따져보자. 자긍심(self-esteem)이 낮아질수록 우울증은 높아진다. 그러나 자긍심이 낮아지기 때문에 우울증이 높아진다고는 말할 수 없다. 첫째, 우울증이 높아져 자긍심이 낮아졌을 수도 있기 때문이다. 우울증 때문에 자긍심이 낮아졌을 수도 있지 않은가? 둘째, 이 두 변인 간 관계의 배후에 제3변인이 관여하고 있을 수도 있다. 예컨대 낮은 자긍심과 높은 우울증을 경험하도록 하는 성향을 가지고 태어난 사람도 있을 수 있고, 뇌 속 특정 화학물질의 작용 때문에 자긍심은 낮아지고 우울증은 높아질 수도 있다. 또한 낮은 자긍심도 높은 우울증도 모두 지금 겪고 있는 스트레스를 유발하는 힘든 사건들 때문에 나타난 효과일 수도 있다. 이처럼 전혀 엉뚱한 다른 변인 때문에 두 변인 사이의 관계가 밀접하게 나타날 수도 있는데, 이런 문제를 **제3변인 문제**(third-variable problem)라 한다. 간단히 말해 상관연구에서는 이런 제3변인이 통제되지 않기 때문에 두 변인 간 관계가 인과관계인지를 결정할 수가 없다.

제3변인 문제에 관한 이해를 확고하게 하기 위해 유명한 예(Li, 1975; Stanovich, 2010에 소개됨)를 하나 들어보기로 한다. 피임 도구 이용을 가장 잘 예측할 수 있는 변인을 찾아내기 위한 상관연구가 타이완에서 실시되었다. 여러 가지 변인에 관한 상관 자료가 수집되었다. 그 결과 피임 도구 이용과 가장 강한 관계에 있는 변인은 각 가정에 있는 가전제품의 수인 것으로 드러났다! 설마 TV, 냉장고, 전자레인지 등 가전제품을 많이 보유한 것이 피임 도구 사용의 원인으로 작용했을 리 없다! 이 관계에 간여할 제3변인으로는 어떤 것을 꼽

제3변인 문제 두 변인 간의 상관관계가 제3의 변인 때문에 관찰되었을 가능성에서 야기되는 해석의 어려움

을 수 있을까? 가능성이 가장 높은 변인은 교육 수준일 것이다. 교육 수준이 높은 사람들일수록 피임에 관해 더 많은 것을 알고 있을 것이고 또 사회경제적 수준도 높을 것이다. 전자 덕분에 피임 도구 사용률이 높아졌고, 후자 덕분에 가전제품의 수가 많아졌을 수도 있다. Whalen(2013)의 저서 *Naked Statistics*란 책에는 이와 비슷한 제3변인 문제가 소개되어 있다. 학생들의 수능성적(SAT 점수)과 자기 집에 있는 TV 대수 간 정적 상관관계를 고려해보자. 이 사실을 기초로 자기 집 아이들의 수능 성적을 높이기 위해 TV를 사 모으는 부모가 있을까? 수능성적을 높이기 위해 TV 시청에 더 많은 시간을 보내는 학생도 없을 것이다. 부모의 교육 수준이 높은 가정일수록 TV를 더 많이 구입할 형편이 되었을 것이고, 아울러 그런 가정의 아이들이 공부를 더 잘하게 되었을 것이라는 추측이 가장 그럴듯해 보인다. 따라서 집에 있는 TV 대수와 아이들의 수능성적 둘 모두 제3변인에 해당하는 부모의 교육 정도에 따라 변했을 뿐이다.

이제 여러분도 제3변인의 문제를 알았을 테니까 아이스크림 판매량과 산불 발생 횟수 사이에 발견된 정적 상관관계(Silver, 2012)를 생각해보자. 이 상관관계를 유발한 제3변인은 무엇일까? 한여름의 땡볕이다. 아이스크림 판매도 산불 발생도 여름에 더 자주 일어난다. 이처럼 다른 변인들에 의해 유발된 상관관계를 피상적 상관관계라고 한다. **피상적 상관**(spurious correlation)이란 변인 간 관계가 서로 간의 직접적 관련성이 아니라 이들 각각과 다른 변인들과의 비인과적 관련성을 통해 간접적으로 설정된 상관관계를 일컫는다. 피상적 상관에 대해 예를 들어보자. 초등학생들의 경우 신발 크기와 읽기 성적 간에 정적 상관관계가 나타난다. 발이 크기 때문에 읽기 성적이 높아졌다고 믿을 사람은 아무도 없을 것이다. 이 경우에는 어떤 변인이 제3변인으로 작용한 것일까? 키? 몸무게? 나이? 나이였다. 나이가 많은 학생들이 일반적으로 발도 크고 읽기도 더 잘한다.

위에서 논의한 피상적 상관관계에 관한 보기만 보면 그런 상관관계는 실생활에서 별로 중요하지 않을 것 같다는 생각이 들지도 모르겠다. 하지만 그렇지 않다. 왜 그런 상관관계가 실제로 중요할 수 있는지를 이해할 수 있도록 유명한 보기를 하나 소개하기로 한다. 의학 연구에서 벌어진 일이다. 펠라그라(pellagra, 홍반병)의 원인을 찾기 위한 연구에서 발견된 피상적 상관관계 때문에 연구자들이 혼란에 빠지는 일이 벌어졌다. 1900년대에는 펠라그라 환자의 사망률이 3명 중 1명꼴이었고, 전반적으로 미국 동남부 지역에서 매년 약 10만 명이 이 병으로 사망했다(Bronfenbrenner & Mahonye, 1975;

> **피상적 상관** 두 변인 간의 상관관계가 인과관계로 직결된 것이 아니라 여타 변인과의 관계를 통해 간접적으로 형성된 상관관계

Kraut, 2003). 의학계 연구자들은 치료법을 개발하기 위해 그 질환의 원인을 서로 먼저 찾아내려고 다투고 있었다. 그러던 중 한 상관연구에서 그 질환의 발병률과 공중위생 조건 간에 부적 상관관계가 발견되었다(Stanovich, 2010). 배수 및 하수구 시설이 양호한 지역에서는 환자가 거의 발생하지 않았으나, 그 시설이 열악한 지역의 발병률은 매우 높았다. 이 상관관계는 그 병이 미생물에 의해 번진다는 당시의 전염병 모형과 일치했다. 때문에 연구자들은 그 관계가 제3변인에 기인한 피상적 상관관계일 수도 있다는 점을 망각한 채 열악한 공중위생 조건 때문에 펠라그라가 환자의 배설물 속 미생물에 의해 확산된다고 결론지었다. 미국 공중위생국장으로부터 그 병의 원인을 판정하라는 임무를 부여받은 조셉 골드버거는 당시 관찰됐던 상관관계가 피상적 상관관계일 수 있다는 사실을 알아차렸다. 골드버거는 "그렇다면 무엇이 제3변인이었을까?"라고 자문했고, 그 질문에 대한 답으로 당시 미국 남부에 만연했던 빈곤을 꼽았다. 공중위생시설이 양호한 지역의 거주자는 경제적으로 윤택했는데, 열악한 지역의 거주자는 경제적으로 궁핍했다. 하지만 빈곤이 어떻게 질병을 유발했단 말인가? 이에 대한 골드버거의 답은 영양결핍이었다. 영양실조가 그 병의 원인이라는 생각이었다. 경제적으로 궁핍한 사람들은 동물성 단백질은 거의 섭취하지 못하고 탄수화물이 많은 강냉이가 주식인데 반해, 경제적으로 윤택한 사람들의 음식물은 동물성 단백질이 포함된 균형 잡힌 식품이었다.

하지만 전염병 가설보다는 영양실조 가설이 선호된 이유는 무엇일까? 두 가설 모두 수집된 상관 자료와 일치하지 않는가? 의학 연구자들 대다수는 골드버거의 제안을 무시하고 전염병 가설을 추적했다. 많은 사람들이 죽어가는 등 상황이 긴급하게 전개되었기 때문에 골드버거는 전염병 가설을 단번에 확실하게 기각시켜버릴 특단의 조치를 취해야겠다고 느꼈다. 그는 일련의 시범을 통해 자신과 자원자들을 그 병의 원인에 노출시키는 시험을 하였다. 골드버거는 자신의 아내와 14명의 자원자와 함께 일련의 '오물 파티', 즉 오물을 가지고 잔치를 벌였다(Kraut, 2003, p. 147). 이 파티에 참여한 사람들은 펠라그라 환자의 소변, 대변 찌꺼기, 똥물 등을 수거하여 밀가루와 섞어 구슬 모양의 덩어리를 만들어 삼켰다(Kraut, 2003). 그들은 전염병 가설을 완전히 반박하기 위해 펠라그라 환자의 뾰루지에서 떼어 낸 딱지까지 그 덩어리에 첨가했고, 또 환자들에게서 뽑은 피를 자기들에게 주입하게 했으며, 그 환자들의 목과 코의 분비물을 면봉으로 찍어내어 자신들의 코와 목에 묻히기까지 했다. 결과는? 아무도 펠라그라에 걸리지 않았다. 전염병 가설을 완벽하게 잠재울 수 있었던 것이다. 여러분도 의아해 할 것이다. 골드버거와 자원자들은 어떻게 오물을 이용한 시범에 참여할 수 있을 정도로 굳건한 믿음을 가질 수 있었던 것일까? 사실 골드버거는 고아원, 주립교도소, 주립보호시설 등에서 자신이 실시한 규정식 연구를 통해 영양실조 가설을 지지하는 자료를 충분히 모아두었다. 그 자료로도 그를 반대하는 사람들의 믿음까지는 바꾸지 못했어도 자기 아내와 자원자들로 하여금 골드버거가 옳다는 믿음을 굳히게 하는 데는 충분했던 것이다(Kraut, 2003). 펠라그라의 구체적인 원인이 영양실조 가설과 일치하는 나이아신(niacin)으로 확정된 것은 1930년이었는데, 딱하게도 골드버거는 그 소식을 접하지 못한 채 1929년 신장암으로 사망하였다.

요컨대 상관연구를 통해 연구자가 할 수 있는 것은 인과관계에 관한 가설 개발밖에 없다. 이렇게 개발된 가설의 타당성, 즉 실제로 두 변인이 인과관계로 연결되어 있는지를 판단하기 위해서는 실험을 실시해야만 한다. 이 실험에서는 두 변인 중 하나를 조작하고 그 조작이 다른 변인에 미치는 효과를 측정한다. 이때 알게 모르게 이 두 번째 변인에 영향을 미칠 수 있는 제3변인을 포함한 모든 다른 변인은 엄격하게 통제되어야 한다. 예컨대 위에서 소개한 '오물 파티'에 앞서 실시된 골드버거의 연구 중에는 주립교도소 재소자 중 자원자를 대상으로 실시한 실험연구도 있었다(Kraut, 2003). 이 실험에서 골드버거는 자원자 집단에게 제공되는 식단을 조작하고, 이들 중 몇 명한테서 펠라그라가 발생하는지를 관찰하였다. 구체적으로 펠라그라가 영양실조로 유발되었다는 자신의 가설에 맞추어, 실험에 참여한 자원자들에게 동물성 단백질은 빼고 옥수수 기반 음식만 배식하여 이들 중에서 펠라그라 발병률을 측정하였다. 자발적으로 실험에 참여하여 실험 식단에 맞추어 식사한 11명 중 대다수가 펠라그라에 걸린데 반해 균형 잡힌 평상시의 식단에 맞추어 식사한 재소자 중에서는 아무도 펠라그라에 걸리지 않았다. 이들 두 집단 간 유일한 차이는 그들이 섭취한 음식물밖에 없었기 때문에 골드버거는 펠라그라의 원인이 영양결핍이라는 결론을 내릴 수 있었다. 그럼 실험을 통해 펠라그라에 걸린 사람들에게는 어떤 일이 벌어졌을까? 그들은 실험이 끝난 후 사면을 받는다는 조건으로 실험에 자원 참여했었다. 골드버거는 펠라그라에 걸린 사람 모두에게 석방되기 전에 치료를 해주겠다고 제안했고, 대부분은 그곳에 남아 완치된 후에 출소했으나 일부는 그 제안을 거부하고 치료를 받지 않고 출소해버렸다. 누가 봐도 이 실험은 참여자의 건강에 위협을 가하는 윤리적으로 문제가 될 수 있는 실험이었다. 여기서 굳이 이 실험을 소개한 이유는 실험연구의 핵심 요소인 통제와 조작과 측정을 명확하게 예시할 수 있었기 때문이다.

다음에서는 이들 요소와 실험연구법이 논의될 것이다.

실험연구

실험연구의 핵심은 실험자가 실험장면을 통제한다는 데 있다. 변하는 것이 있다면 그 것은 연구자가 조작하는 변인이어야만 한다. 바로 이러한 통제 때문에 실험결과에 대한 인과관계 진술이 가능한 것이다. 실험 통제는 주로 두 가지 작업으로 이루어진다. 하나는 제3변인 때문에 발생할 수 있는 영향력을 통제하는 작업이다. 이 작업의 목적은 만약 제3변인이 작용한다면, 그 영향력을 모든 실험조건에 동일하게 하려는 것이다. 두 번째는 실험에 참여하는 사람들의 개인적 특성(예 : 지능) 때문에 생길 수 있는 영향력을 통제하는 작업이다. 이는 **무선배치**(random assignment)를 통해 이루어진다. 무선배치란 참여자를 각 실험조건에 무선으로 배치함으로써 참여자의 특징이 조건별로 동등하게 하려는 작업이다. 실험을 시작할 때 조건별 참여자들의 평균 특징이 대등하면 실험의 끝에서 발견되는 실험 조건/집단 간 차이는 각 집단/조건에 배치된 피험자의 특징이 다르기 때문에 생긴 차이라는 주장을 할 수 없게 된다.

무선표집과 무선배치 간의 차이를 알아두기 바란다. 무선표집이란 모집단을 대표할 수 있는 표본을 뽑는 기법이다. 때문에 이는 실험연구에만 이용되는 게 아니고 상관연구, 설문연구 등 다른 연구법에서도 이용된다. 무선배치는 실험연구에서만 이용되는 통제작업으로 실험에 참여하는 사람들(표본)을 실험의 조건/집단에 분배하는 기법이다. 무선표집은 결과를 관련 모집단에 일반화할 수 있게 해주는데 반해, 무선배치는 실험 참가자들의 개인적 특성이 관심대상 행동에 미칠 수 있는 엉뚱한 영향력을 통제함으로써 연구결과의 타당성을 제고한다. 표 1.2는 무선표집과 무선배치 간의 이러한 차이를 요약하고 있다.

실험설계   실험설계는 두 변인 간 인과관계에 관한 가설(검증될 예측) 설정으로 시작된다. 두 변인 중 하나는 원인일 것으로 예상되는 변인이고, 다른 하나는 그 원인의 영향을 받을 것으로 예상되는 변인이다. 둘 중 원인으로 예상되는 변인이 **독립변인**(independent variable)이고 실험자는 이 변인을 조작한다. 독립변인의 영향을 받아 그 값이 변할 것이라고 예상되는 변인이 **종속변인**(dependent variable)이고, 실험자는 이 변인을 측정한다. 그러므로 **실험**(experiment)에서 연구

무선배치   실험의 각 집단에 따라 참여자의 특성이 달라질 가능성을 줄이기 위해 참여자를 각 집단에 무작위로 분배하는 절차

독립변인   실험에서 원인이 될 것으로 가정하고 실험자가 그 값을 조작하는 변인

종속변인   독립변인의 영향을 받을 것으로 가정하고 그 값을 측정하는 변인

표 1.2	무선표집과 무선배치 간 차이점	
무선표집		**무선배치**
모집단을 대표할 수 있는 표본을 뽑는 기법 중 하나이다.		표본 구성원이 실험의 여러 조건(예 : 실험조건과 통제조건)에 무작위로 배치되도록 통제하는 방법이다.
실험연구, 상관연구 및 질문지법에도 이용된다.		실험연구에서만 이용된다.
연구결과를 모집단으로 일반화할 수 있게 해준다.		참여자의 특징이 연구대상 행동(종속변인)에 미칠 수 있는 영향을 사전에 통제할 수 있게 해준다.

자는 종속변인에 영향을 미칠 수 있는 기타 변인을 모두 통제한 상태에서 독립변인을 조작하고 그 효과를 종속변인에서 측정한다. 만약 독립변인과 종속변인 사이에 인과관계가 존재하면 종속변인을 측정한 값이 독립변인의 값에 따라 달라질 것이다. 독립변인에 따라 변하는 변인이라는 뜻에서 종속변인이라는 이름이 붙여진 것이다. 연구문제에 따라 두 가지 이상의 원인과 두 가지 이상의 효과에 관한 가설을 설정할 수도 있다. 물론 이런 경우에는 두 가지 이상의 독립변인을 동시에 조작하고 또 두 가지 이상의 종속변인을 동시에 측정한다. 이제 이들 용어와 기법을 익히는 데 필요한 예를 들어보기로 하자.

먼저 집단이 2개뿐인 간단한 실험부터 고려해보자. 집단 간 차이를 통제하기 위해 참여자를 두 집단에 무선배치한다. 한 집단은 독립변인에 노출시키고 다른 집단은 노출시키지 않는다. 독립변인에 노출된 집단을 **실험집단**(experimental group), 노출되지 않은 집단을 **통제집단**(control group)이라 한다. 유산소 운동이 불안을 감소시킬 것이라는 가설을 검증하기 위해 이 실험을 설계했다고 하자. 조작될 독립변인은 '유산소 운동'이고, 측정될 종속변인은 '불안수준'이다. 실험집단은 일정한 유산소 운동 프로그램에 참여하고 통제집단은 프로그램에 참여하지 않는다. 유산소 운동이 불안에 미칠 효과를 측정하기 위해 연구자는 실험을 시작하기 전에 각 집단 참여자들의 불안수준을 측정해둔다. 그리고 실험조작이 끝난 후에 또 한 번 측정한다. 두 집단이 대등한 집단이라면 독립변인을 조작하기 전에 측정한 불안수준에서는 집단 간 차이가 나지 않아야 한다. 유산소 운동이 실제로 불안을 감소시킨다면 조작이 끝난 후에 측정한 불안수준에서는 집단 간 차이가 기록돼야 한다.

실험 연구자가 종속변인에 영향을 미칠 수 있는 기타 변인을 모두 통제한 상태에서 독립변인을 조작하고 그 효과를 종속변인에서 관찰/측정하는 일

실험집단 독립변인의 조작/처치에 노출된 집단

통제집단 독립변인의 조작/처치에 노출되지 않은 집단

"여보, 애한테 가서 이야기 좀 해. 애가 방금 자신이 위약임을 알아버렸어."

실험에서의 독립변인과 종속변인은 반드시 조작적으로 정의되어야 한다. **조작적 정의**(operational definition)란 연구자가 독립변인을 조작하고 종속변인을 측정할 때 사용하는 작업이나 절차나 방법을 기술해 놓은 것이다. 위의 예에서 유산소 운동에 대한 조작적 정의는 실험에 이용될 유산소 운동의 종류와 그 운동의 강도 및 시간으로 구성될 것이다. 불안수준에 대한 조작적 정의로는 불안을 측정할 방법(예 : 특정 불안검사를 이용하여 측정된 참여자의 점수)을 명시하면 된다. 조작적 정의는 연구자가 그 변인을 어떻게 정의했는지를 명백하게 보여줄 뿐 아니라 다른 연구자들이 그 실험을 보다 쉽게 반복할 수 있도록 해준다. 이러한 반복실험은 과학의 주춧돌로 작용한다(Moonesinghe, Khoury, & Janssens, 2007).

다시 유산소 운동 실험으로 돌아가 보자. 실험집단과 통제집단이 있었지만 이 실험의 경우 또 다른 통제집단이 있어야 한다. 첫 번째 통제집단(유산소 운동에 참여하지 않는 집단)은 불안수준의 기준, 즉 실험집단의 불안수준을 비교할 기초를 제공한다. 다시 말해 이 통제집단은 유산소 운동 이외의 다른 이유 때문에 시간이 지남에 따라 변하는 불안수준을 통제한다. 그러나 이 연구의 실험집단에서 발견되는 불안수준의 감소 중 일부 또는 전부가 **위약효과**(placebo effect)일 수도 있다. 위약효과란 처치를 받기 때문에 호전될 것이라는 기대로 인해 종속변인의 값이 달라지는 현상을 일컫는다. 이런 이유 때문에 연구자들은 있을 수도 있는 위약효과를 통제하기 위한 두 번째 통제집단인 위약집단을 추가한다. **위약집단**(placebo group)이란 실제로는 처치를 받지 않는데도 처치를 받는다고 믿는 집단을 말한다. 이 집단은 **위약**(placebo)—실제로는 효과가 없는 약이나 처치—에 노출된다. 위에서 예로 든 유산소 운동 실험의 경우 위약집단에게는 항불안제라는 약물을 투여한다고 말하고는 항불안제의 약성분이 전혀 없는 약을 투여할 수도 있다. 그림 1.2는 유산소 운동 실험의 완전한 설계를 보여주고 있다. 이 설계에는 지금까지 소개한 실험집단, 위약집단, 통제집단도 포함되어 있다.

실험결과를 기초로 위약효과가 있었다는 결론을 내릴 수 있기

조작적 정의 특정 변인을 조작하거나 측정하는 절차에 대한 기술

위약효과 처치를 받았기 때문에 향상될 것이라는 기대 덕분에 생기는 향상

위약집단 위약효과를 통제하기 위해 마련한 집단으로 실험처치를 받지 않는데도 받는다고 믿는 집단

위약 실제로는 효과가 없는 것으로 알려진 약물이나 처치

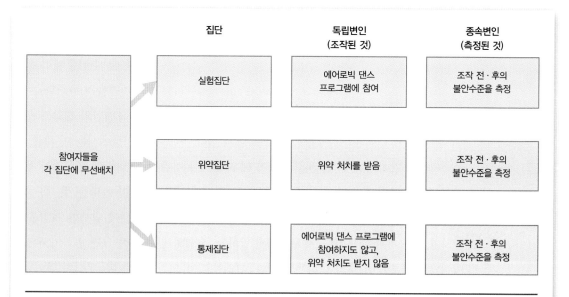

그림 1.2 유산소 운동과 불안 간 관계를 검증하기 위한 실험설계
참여자들의 특징을 동등하게 하기 위해 참여자들을 세 집단에 무선배치한다. 이 실험에서 위약집단은 위약효과를 통제하기 위해, 통제집단은 어떠한 처치도 받지 않았을 경우 우연히 불안수준이 감소할 수 있는 정도를 측정하기 위해 설정되었다. 불안수준의 감소 정도를 결정하기 위해 독립변인(에어로빅 댄스 프로그램 참여)의 조작 전/후의 종속변인(불안수준)을 비교하였다.

위해서는 위약집단에서 관찰된 불안수준의 감소가 통제집단에서 기록된 불안수준 감소보다 유의하게(significantly) 커야 한다. 왜냐하면 통제집단의 불안수준 감소는 실험이 실시되는 동안 위약 이외의 다른 요인 때문에 생길 수 있는 경감의 기준이 되기 때문이다(Benedetti, 2014). 그러한 요인의 좋은 보기 중 하나로 단순 시간경과를 꼽을 수 있다. 사람들의 불안 정도는 시간이 지남에 따라 그냥 자연적 수준으로 회귀할 수 있다. 따라서 위약효과도 오염되었을 수 있다. 위약효과에 순수한 위약의 효과만 들어 있는 게 아니라 시간경과라는 통제되지 않은 요인의 효과도 들어 있을 수 있다는 뜻이다. 비슷한 이치로 실험집단의 불안 감소가 유산소 운동 때문에 생긴 효과이지 위약효과나 다른 요인의 효과가 아니라는 결론을 내릴 수 있기 위해서는 실험집단에서 기록된 불안수준 감소가 위약집단 및 통제집단에서 관찰된 불안수준 감소보다 유의하게 커야 한다. 왜냐하면 실험집단에서 기록된 불안수준의 감소에는 유산소 운동의 효과만 들어 있는 게 아니라 운동을 했으니까 좋아질 것이라는 기대에서 발생한 위약효과도 들어 있고, 또 단순한 시간경과 같은 통제할 수 없는 요인 때문에 자연적으로 줄어든 효과도 들어 있기 때문이다.

추리통계적 분석 연구결과가 우연에 의해 산출되었을 확률을 기초로 그 결과에 관한 결론을 내리는 과정. 이 확률이 .05 이하이면 통계적으로 유의하다고 한다.

이중맹목법 참여자는 물론 실험자도 어느 집단이 실험집단이고 어느 집단이 위약집단인지를 모르게 하는 방법

여기서 '유의하게 큰'이란 무슨 뜻일까라는 생각을 했을 수도 있다. 통계적 분석이라는 개념을 소개할 때가 된 것이다. 연구자들은 연구결과에 관한 결론을 도출할 때 **추리통계적 분석**(inferential statistical analyses)이라는 분석기법을 이용한다. 이런 분석을 통해 연구자는 연구에서 관찰된 종속변인의 변화가 우연히 발생했을 확률을 알게 된다. 연구자의 입장에서는 이 확률, 즉 종속변인의 값이 우연히 변했을 확률이 매우 낮기를 바란다. 왜냐하면 연구자는 독립변인을 조작하면 종속변인도 변할 것이라는 자신의 예측(가설)이 옳다는 것, 즉 종속변인에서 관찰된 변화는 우연이 아닌, 독립변인을 조작했기 때문에 발생한 것임을 입증하고 싶어 하기 때문이다. 통계학에서 말하는 '유의하게 큰'이란 그런 변화가 우연히 일어났을 확률이 .05보다 낮다는 뜻이다. 그러므로 '유의한' 발견이란 우연히 일어났다고 말하기 어려운 일이 벌어졌다는 의미이다.

통계적으로 유의하다는 말은 연구결과가 우연히 벌어진 일이 아닐 것이라는 뜻일 뿐 그 결과가 일상생활에도 중요하거나 실질적인 가치를 지닌다는 뜻은 아니다. 실질적인 가치는 거의 없는데도 통계적으로는 유의한 발견이 있을 수 있다는 뜻인데, 이런 발견은 연구에 사용된 표본의 크기가 매우 클 경우 자주 발생한다. 표본의 크기가 매우 클 경우에는 집단 간 차이가 작은데도 통계적으로는 유의할 가능성이 커지기 때문이다. 출생 순위가 지능검사 점수에 미친 효과를 검토한 Belmont와 Marolla(1973)의 발견이 그런 예에 속한다. 이들의 연구에 이용된 19세의 네덜란드 남성은 모두 40만 명에 가까웠다. 출생 순위의 효과는 명백했다. 첫째가 둘째보다 그리고 둘째는 셋째보다 지능검사 점수가 유의하게 높은 것으로 드러난 것이다. 그러나 그 점수 차이는 1~2점에 불과했기 때문에 실질적인 의미는 거의 없다. 그러므로 통계적으로 유의한 발견이라고 해도 실제로는 전혀 중요한 발견이 아닐 수도 있다.

유산소 운동 실험의 경우 또 다른 통제법(이중맹목법)을 적용할 필요가 있다. **이중맹목법**(doubleblind procedure)이란 참여자는 물론 실험자도 어느 집단이 실험집단이고 어느 집단이 위약집단인지를 모르게 하는 방법이다. 이중맹목이란 이름이 붙은 이유는 실험자와 참여자 둘 다 어느 집단이 실험집단이고 어느 집단이 위약집단인지를 모른다는 데 있다. 대개의 경우 참여자들은 자신이 어떤 집단에 배치되었는지를 알지 못한다. 특히 위약집단에 배치된 참여자들은 자신이 위약집단에 배치되었다는 사실을 몰라야 한다. 그 사실을 아는 순간 그들은 자신의 조건이 호전될 것이라는 기대는 사라질 것이

고 그리하여 위약효과도 나타나지 않을 것이기 때문이다. 그러면 실험자는 왜 몰라야 하는 것일까? 실험자 기대효과라는 것을 통제하기 위해서이다(Rosenthal, 1966, 1994). 실험자가 어느 집단이 실험집단이고 어느 집단이 위약집단인지를 알게 되면 자신도 모르는 사이에 이 두 집단을 대하는 태도가 달라질 수 있고, 그 결과 각 집단에 상이한 영향을 미칠 수 있다. 또한 실험자가 각 집단에서 관찰된 결과에 대한 판단을 해야 한다면 실험자는 자신도 모르는 사이에 참여자의 행동(위에서 소개한 실험의 경우 불안수준)을 다르게 기록하고 해석하는 일이 벌어질 수도 있다. 이중맹목법을 이용한 실험에서는 참여자를 각 집단에 배치한 열쇠를 제3자가 보관하고 있다가 실험이 끝난 후에 실험자에게 건넨다.

"삼중맹목검사가 되어버렸어. 환자도 누가 진짜 약을 먹었는지 모르고, 의사도 누가 먹었는지 모르고, 연구자인 나도 누가 먹었는지 몰라."

이제 위에서 소개한 독립변인(유산소 운동)이 하나이고 비교집단이 셋(즉, 통제집단, 위약집단, 실험집단)이었던 실험보다 더 복잡한 실험을 고려해보자. 대부분의 실험에서 연구자는 독립변인의 여러 수준/조건을 검토한다. 유산소 운동을 독립변인으로 설정했을 경우 운동의 종류(A 운동 대 B 운동) 혹은 운동시간(30분 대 60분 대 90분)에 따른 효과의 차이를 검토할 수도 있다. 그러한 조작을 통해 우리는 유산소 운동이 불안에 미치는 효과를 보다 세밀하게 검토할 수 있다. 또한 독립변인을 두 개 이상 조작해 볼 수도 있다. 예컨대 유산소 운동과 함께 식단을 조작할 수도 있을 것이다. 식단의 종류(단백질 위주 식단 대 탄수화물 위주 식단)에 따라 불안수준이 낮아지는 방식이 달라질 수도 있기 때문이다. 또한 이 두 변인(유산소 운동과 식단) 간 상호작용을 통해 불안수준이 감소될 수도 있다. 연구자는 종속변인의 수를 늘릴 수도 있다. 예를 들면 위에서 예로 든 실험에서 유산소 운동만 조작했더라도 불안수준은 물론 우울수준도 측정해 볼 수도 있다. 유산소 운동이 불안수준을 감소시킨다면 우울수준도 감소시킬 수 있을 것이기 때문이다. 독립변인의 수준을 증가시키거나, 독립변인의 개수를 증가시키거나, 또는 종속변인의 개수를 증가시키는 일 등은 모두 변인 간 관계에 관한 지식을 확장시켜 준다. 따라서 대부분의 실험은 위에서 예로 든 실험집단 하나와 통제집단 둘만으로 구성된 단순한 실험보다 훨씬 복잡하다. 하지만 독립변인이든 종속변인이든 4개 이상을 조작하고 측정하는 실험은 드물다. 그렇게 많은 독립변인을 조작하거나 그렇게 많

메타분석 한 문제를 연구한 여러 편의 실험결과를 조합하여 그 문제에 대한 전반적인 결론(답)을 도출하는 통계적 기법

은 종속변인을 측정하는 실험은 실시하기도 어렵지만 그 결과를 해석하기도 어렵기 때문이다. 또한 단 하나의 문제를 다루는 일에도 반복실험을 포함해 여러 번의 실험을 해야 할 때도 많다. 이제는 **메타분석**(meta-analysis)이라는 통계기법이 개발되어, 한 문제를 두고 연구한 여러 세트의 실험결과를 조합하여 그 문제에 대한 전반적인 결론(답)을 한 번의 분석으로 도출할 수 있게 되었다. 메타분석에는 많은 세트의 연구결과가 이용되기 때문에 메타분석의 결과가 개별적 실험결과보다 훨씬 강력한 증거로 간주된다.

이상에서 소개한 여러 가지 연구방법을 표 1.3에 요약하였다. 각 연구방법의 목적과 자료수집 절차가 요약되어 있다. 다음 절에서는 이들 방법으로 확보된 연구결과를 해석(이해)하는 방법이 소개된다. 다음 절로 넘어가기 전에 이들 방법을 분명하게 이해해두기 바란다. 이해되지 않는 방법이 있다면 앞으로 되돌아가 다시 읽어서라도 모든 방법을 이해해두어야 할 것이다.

표 1.3	연구방법의 요약	
연구방법	목적	자료수집 절차
실험실 관찰	기술	연구대상의 행동을 실험실에서 관찰. 연구대상은 자신이 관찰당하고 있다는 사실을 모름
자연 관찰	기술	연구대상의 행동을 자연적 조건에서 관찰. 연구대상은 자신이 관찰당하고 있다는 사실을 모름
참여 관찰	기술	관찰자가 관찰대상 집단의 구성원이 되어서 그들의 행동을 관찰
사례연구	기술	특정 개인을 오랜 기간 깊이 있게 탐구
설문연구	기술	특정 집단을 대표하는 표본을 대상으로 설문이나 면담을 실시하여 그들의 행동, 신념, 태도 등을 검토
상관연구	예측	두 변인을 측정하여 두 변인 간 관련성 결정
실험연구	설명	다른 변인이 통제된 조건에서 하나 이상의 독립변인을 조작하고 이 조작이 하나 이상의 종속변인에 미치는 영향력 측정

요약

연구방법은 기술연구법, 상관연구법, 실험연구법으로 대분된다. 기술연구법은 다시 관찰법, 사례연구법, 설문연구법으로 세분된다. 관찰법은 실험실(실험실 관찰법)에서도 그리고 자연스러운 환경(자연 관찰법)에서도 실시될 수 있다. 두 가지 관찰법 모두 연구자는 연구대상의 행동을 관찰할 때 관찰당하는 대상이 관찰당하고 있다는 사실을 모르게 해야만 한다. 때로는 참여 관찰법이 이용되기도 한다. 참여 관찰이란 연구자가 관찰대상 집단의 구성원이 되어 그 집단 구성원들의 행동을 관찰하는 방법이다. 모든 관찰의 주된 목적은 행동에 관한 정확하고 세밀한 기록을 확보하는 일이다. 사례연구법은 특정 개인을 깊이 있게 연구하는 방법이다. 임상장면에서 확보된 사례연구 결과를 바탕으로 개발된 가설은 중요한 실험적 발견을 이끌어내기도 한다. 설문연구법의 목적은 특정 모집단(일군의 사람들)의 행동, 태도, 신념을 기술하는 데 있다. 설문연구법에서는 모집단을 대표할 수 있는 표본을 확보하는 일이 필수적이다. 이를 위해 모집단의 각 구성원이 표본에 뽑힐 확률을 동일하게 하는 무선표집이 자주 이용된다.

　기술연구법은 있는 그대로를 묘사만 한다. 그러나 상관연구는 변인 간 관계에 관한 예측을 할 수 있게 한다. 상관연구에서는 두 개의 변인을 측정하여 그 측정치를 비교함으로써 이들 두 변인이 관련되어 있는지를 결정한다. 상관계수라는 통계치는 상관의 유형(정적 상관과 부적 상관)과 관계의 강도를 알려준다. 상관계수의 기호(+/−)는 상관의 유형을 나타내고, 상관계수의 절대치(0에서 1.0까지)는 관계의 강도를 나타낸다. 상관계수가 0이거나 0에 가까우면 두 변인 간에 상관이 없다는 뜻이고 1.0에 가까울수록 상관이 밀접하다는 뜻이다. 상관 자료는 산포도로 묘사될 수도 있다. 정적 상관은 산포도 내 점들이 좌 하단에서 우 상단으로 이어지며, 산포도 속 점들이 좌 상단에서 우 하단으로 이어지는 모습은 부적 상관을 나타낸다. 상관의 강도(밀접한 정도)는 점들이 흩어진 정도로 나타나는데, 흩어진 정도가 낮을수록 강도는 높아진다. 상관계수 1.0은 두 변인에 관한 완벽한 예측을 가능하게 하지만, 이들 두 변인 간 관계가 인과관계라는 진술은 허용하지 않는다. 왜냐 하면 두 변인 간의 관계가 제3변인 때문에 관찰된 피상적 상관일 수도 있기 때문이다.

　인과관계라는 결론을 지으려면 잘 통제된 실험을 해야 한다. 간단한 실험에서는 하나의 독립변인(원인으로 가정된 변인)을 조작하고 이 조작이 종속변인(영향을 받을 것으로 가정된 변인)에 미치는 효과를 측정한다. 이들 변인을 조작적으로 정의함으로써 각각이 어떻게 조작되고 측정되었는지를 다른 연구자들도 정확하게 이해할 수 있도록 해야 한다. 보다 복잡한 실험에서는 둘 이상의 독립변인이 조작되거나 둘 이상의 종속변인이 측정된다. 실험은 개입 가능한 제3변인을 모두 일정하게 고정시켜 놓은, 즉 통제된 조건에서 실시된다. 예컨대 참여자의 개인적 특성에서 나는 차이는 참여자를 실험집단 또는 실험조건에 무선으로 배치함으로써 통제한다. 실험에 자주 이용되는 통제기법에는 실험조작에 노출되지 않는 통제집단 활용하기, 가짜약을 처치하는 위약집단 활용하기, 그리고 실험자도 참여자도 누가 통제집단에 속하고 누가 실험집단에 속하는지를 모르게 하는 이중맹목법 등이 있다. 위약집단 활용은 위약효과를 통제하기 위한 기법이며, 이중맹목법은 실험자와 참여자의 기대효과를 통제하기 위한 기법이다. 실험결과를 해석할 때는 추리통계를 이용한다. 추리통계에서는 실험결과가 우연히 발생했을 확률을 결정한다. 결과가 통계적으로 유의하기 위해서는 실험효과가 우연히 발생했을 확률이 .05보다 낮아야 한다. 통계적으로 유의한 결과라고 해서 실제 생활에서도 중요하고 가치 있을 것이라고 주장할 수는 없다. 그럴 수도 있지만 그렇지 않을 수도 있기 때문이다. 중요한 연구문제는 대부분 한 번의 연구로 해결되지 않고 반복연구를 비롯한 다른 많은 연구를 필요로 한다. 따라서 동일한 연구문제를 다룬 많은 연구결과를 종합적으로 분석하는 메타분석을 이용하여 전반적인 결론을 도출하는 경우도 늘어나고 있다.

- 사례연구의 결과를 일반화할 수 없는 이유를 설명하라.
- 무선표집과 무선배치의 차이를 기술하라.
- 상관계수가 +.90인 산포도와 −.90인 산포도의 차이를 기술하라.
- Waldman, Nicholson, Adilov, Williams(2008)는 학령기 아동 중 자폐증 유병률이 강수량과 정적 상관관계에 있음을 발견하였다. 즉, 연중 강수량이 많은 나라에서 자폐아가 더 많이 발견되었다는 뜻이다. 이런 관계를 유발했을 제3변인을 찾아보라.
- 위약집단이 있는 실험에서는 이중맹목법이 필요한 이유를 설명하라.

연구결과 이해방법

실험이 끝나면 실험결과를 이해하고 명료하게 기술하여 다른 사람들도 그 결과를 이해할 수 있도록 해야 한다. 이때 우리는 통계학 지식을 이용한다. 통계적 방법에는 기술통계와 추리통계가 있다. 앞에서 실험연구의 결과를 해석하는 방법을 논의할 때 추리통계를 소개한 바 있다. 여기서는 **기술통계**(descriptive statistics)를 논의하기로 한다. 기술통계란 연구에서 수집된 자료를 간략하게 요약 정리하는 방법을 다룬다. 앞서 논의했던 상관계수는 상관연구의 결과를 간략하게 기술하게 해주는 기술통계치에 속한다. 실험결과를 요약할 때는 두 가지의 기술통계치(집중 경향성을 나타내는 값과 변산성을 나타내는 값)가 필요하다. 또한 자료를 이용해 빈도분포표를 작성하기도 한다. 그래프나 표로 요약되는 **빈도분포**(frequency distribution)는 종속변인을 측정하여 확보된 측정치 각각을 받은 참여자의 수(빈도)를 나타낸다. 가장 널리 알려진 빈도분포로는 정상분포를 꼽을 수 있다. 그러면 자료를 요약하는 데 필요한 두 가지 기술통계치인 집중경향치(집중 경향성을 수량화한 값)와 전범위 및 표준편차(변산성을 수량화한 값)부터 살펴보기로 하자.

기술통계

실험의 경우 참여자를 대상으로 측정한 종속변인의 값이 자료가 된다. 이들 수치를 정연하게 나열해 놓은 것을 점수분포라 한다. 사실 어떤 수치든 일련의 수치를 나열해 놓은 것은 모두 점수분포가 된다. 이러한 점수분포를 간결하게 요약하기 위해 이용되는 측정치가 집중경향 측정치(또는 집중경향치)와 변산성 측정치이다.

기술통계 연구결과를 간략한 형태로 요약 정리하는 통계적 기법

빈도분포 특정 변인의 각 점수를 받은 사람의 수를 표나 그림으로 정리한 것

집중경향치 집중경향치란 점수분포의 '전형적인' 값을 일컫는다. 이 전형적인 값은 그것을 정의하는 방법에 따라 평균치, 중앙치, 최빈치로 나뉜다. 여러분도 잘 알고 있을 법한 **평균치**(mean)는 점수분포의 산술평균을 일컫는다. 평균치는 점수분포를 구성하는 모든 점수를 합한 후 그 합에 이용된 점수의 개수로 나누어 계산한다. 두 번째 집중경향치인 **중앙치**(median)는 모든 점수를 크기에 따라 낮은 점수부터 높은 점수로 정돈했을 때, 이들 점수를 상하 절반으로 나누는 점수를 일컫는다. 점수분포가 홀수로 구성되면 분포의 중앙에 있는 점수가 중앙치가 된다. 점수분포가 짝수로 구성되면 분포의 중앙에 있는 두 점수의 중간점이 중앙치가 된다. 세 번째 집중경향치인 **최빈치**(mode)는 말 그대로 점수분포를 구성하는 여러 점수 중에서 가장 자주 발견되는 점수를 일컫는다. 가장 자주 발견되는 점수가 2개 이상일 때는 최빈치가 2개 이상이 되기도 한다. 이제 조그마한 점수분포를 가지고 이들 집중경향치가 어떻게 계산되는지를 살펴보자.

한 반 학생 5명이 시험을 쳤다고 가정해보자. 그 결과 5개의 점수로 구성된 점수분포가 하나 형성된다. 70, 80, 80, 85, 85가 그 점수분포라 하자. 평균치부터 먼저 계산해보자. 이들 5개의 점수를 합하면 400이고, 이를 점수의 개수 5로 나누면 80이니까, 이 점수분포의 평균치는 80이다. 중앙치는 얼마일까? 분포를 구성하는 점수는 5개로 홀수이기 때문에, 점수를 낮은 점수에서 높은 점수로 정돈했을 때 그 중앙에 위치한(세 번째) 점수가 중앙치가 된다. 따라서 이 점수분포의 중앙치는 80이다. 그러나 분포가 70, 80, 85, 85에서처럼 짝수 개의 점수로 구성되면, 중앙에 위치한 두 점수의 중간점(이 경우 80과 85의 중간점인 82.5)이 중앙치가 된다. 그러면 이 분포의 최빈치는? 80점과 85점이 각각 두 번씩 가장 자주 나타난 점수들이므로 이 분포의 경우 80과 85가 최빈치가 된다. 한 분포에서 최빈치는 2개 이상 있을 수 있다.

세 가지 집중경향치 중 가장 널리 이용되는 것은 평균치이다. 그 주된 이유는 평균치가 추리통계에 널리 이용되기 때문이다. 그러나 평균치는 소수의 극단치(아주 낮거나 아주 높은 점수)에 의해 왜곡될 수도 있다. 이런 경우에는 이들 극단치의 영향을 받지 않는 중앙치를 이용하는 것이 현명한 처사이다. 극단치의 영향력을 고려하기 위해 위에서 예로 든 점수분포에서 최하점이 70이 아니고 20이었다고 해보자. 그러면 평균치는 70(350/5)이 되는데 중앙치는 여전히 80으로 변하지 않았다. 평균치가 달라지는 이유는 평균치 계산에는 분포를 구성하는 모든 점수가 다 포함되기 때문이다. 한편 중앙치는 단지 위치를 가리키는 값이기 때문에 개별 점수의 크기에는 영향

평균치 점수분포의 산술평균

중앙치 모든 점수를 크기에 따라 낮은 점수부터 높은 점수로 정렬했을 때 이들 점수를 상하 절반으로 나누는 점수

최빈치 점수분포를 구성하는 점수 중에서 가장 많이 발견되는 점수

전범위 분포를 구성하는 점수 중에서 가장 높은 점수와 가장 낮은 점수 사이의 간격

표준편차 특정 분포의 점수들이 그 분포의 평균치로부터 떨어진 정도의 평균

을 받지 않는다.

변산성 측정치 특정 분포의 전형적인 점수를 알아야 할 뿐 아니라 점수들 사이의 변산성도 측정할 필요가 있다. 예컨대 분포 2개의 평균치는 동일한데 하나는 점수들 간 변산성이 매우 작은데 다른 하나의 변산성은 매우 클 수가 있다. 그럼 변산성은 어떻게 측정되는 것일까? 분포의 변산성을 나타내는 여러 측정치 중 여기서는 전범위와 표준편차만을 소개하기로 한다. **전범위**(range)는 분포를 구성하는 점수 중에서 가장 높은 점수와 가장 낮은 점수 간 차이로 정의된다. 그러므로 위에서 예로 든 첫 번째 분포의 경우 전범위는 85－70, 즉 15가 된다. 계산은 간단하지만 전범위는 평균치처럼 극단치의 영향을 크게 받는다. 이 분포의 최저치 70을 20으로 바꾸어 만들어진 두 번째 분포에서는 전범위가 85－20, 즉 65나 된다. 그러나 5개의 점수 중 4개가 80에서 85 사이에 있기 때문에 65를 적절한 변산성 측정치로 간주하는 것은 적절치 못한 처사이다.

변산성 측정치로 가장 널리 이용되는 것은 표준편차이다. **표준편차**(standard deviation)란 특정 분포의 점수들이 그 분포의 평균치로부터 떨어진 정도의 평균을 일컫는다. 다시 말해 점수들이 서로 떨어져 있는 정도를 나타낸다. 따라서 평균치 가까이 모여 있는 점수가 많으면 표준편차는 작아지고, 평균치로부터 멀리 떨어져 있는 점수가 많으면 표준편차는 커진다. 위에서 예로 든 점수분포(70, 80, 80, 85, 85)의 경우 점수들이 평균치(80)와 크게 다르지 않다. 그렇기 때문에 표준편차도 별로 크지 않을 것이다. 그러나

표 1.4	기술통계치에 대한 설명
기술통계치	설명
상관계수	두 변인 사이의 관계를 나타내는 값으로 −1.0에서 +1.0 사이의 값을 취하며, 그 +/− 기호는 상관이 정적인지 부적인지를 나타내고, 그 절대치(0~1.0)는 관계의 강도(관계가 밀접한 정도)를 나타낸다.
평균치	특정 점수분포의 산술평균
중앙치	특정 점수분포의 모든 점수를 낮은 점수부터 차례로 정렬했을 때 점수의 개수를 상하 절반씩으로 나누는 위치의 값
최빈치	특정 점수분포 내에서 가장 자주 발견되는 점수
전범위	특정 점수분포에서 가장 높은 점수와 가장 낮은 점수 간의 차이
표준편차	특정 점수분포의 점수들이 그 분포의 평균치로부터 떨어진 정도의 평균치

20, 40, 80, 120, 140이라는 점수분포의 경우 평균치는 역시 80이지만, 점수들이 이 평균치로부터 떨어진 정도가 매우 크기 때문에 이 분포의 표준편차 역시 매우 클 것이다.

> **정상분포** 종 모양의 빈도분포로 전체 점수의 약 68%는 평균치로부터 1 표준편차 이내에, 약 95%는 2 표준편차 이내에, 그리고 약 99%는 3 표준편차 이내에 속함

표 1.4는 표준편차를 포함하여 지금까지 논의한 여러 가지 통계치를 간략하게 정리한 것이다. 이 표를 살펴보면서 각 통계치를 분명하게 이해해두기 바란다. 표준편차는 특히 정상분포와의 관련성이 높다. 사고와 지능을 다루는 제6장에 가면 지능검사 점수가 정상분포 내의 표준편차 단위로 결정된다는 것을 알게 될 것이다. 우선 다음 소절에서는 정상분포와 두 종류의 편포를 소개하기로 한다.

빈도분포

빈도분포란 수집된 점수를 일목요연하게 정돈하여 각각의 점수가 몇 개씩인지를 쉽게 알 수 있도록 정리해 놓은 것이다. 이 분포를 보면 각 점수가 얼마나 자주 관찰되었는지를 쉽게 알 수 있다. 빈도분포는 표나 그림으로 제시되는데, 여기서는 그림을 다루기로 한다. 키, 몸무게, 지능 등 인간의 특성을 측정한 점수의 빈도분포를 그림으로 그리면 대개는 종 모양의 그림이 된다. 예를 들어 미국 성인의 키는 평균치 178cm를 중심으로 한 종 모양으로 분포되어 있다(Wheelan, 2013). 사실 어떠한 특성이든 많은 사람을 상대로 측정하면 그 측정치의 빈도분포는 종 모양이 된다. 그림 1.3이 보여주는 이 종 모양의 빈도분포를 통계학자들은 **정상분포**(normal distribution)라 한다.

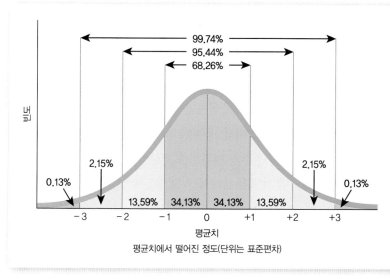

그림 1.3 정상분포
정상분포는 중앙을 중심으로 완전한 좌우대칭을 이루기 때문에 평균치, 중앙치, 최빈치가 모두 같다. 그리고 전체 점수의 약 68%는 평균치로부터 1 표준편차 내에 속하며, 약 95%는 2 표준편차 내, 약 99%는 3 표준편차 내에 속한다.

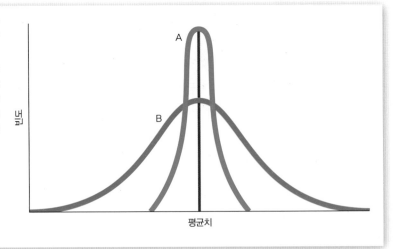

그림 1.4 그 표준편차가 서로 다른 두 개의 정상분포
이 두 분포는 평균치는 같은데 표준편차가 서로 다르다. 분포 A의 표준편차가 분포 B의 표준편차보다 작다. 표준편차가 작은 정상분포일수록 종 모양이 좁아지고 꼭짓점은 높아진다.

정상분포 정상분포에서 특기할 점은 두 가지이다. 첫째, 평균치와 중앙치 및 최빈치가 동일하다는 점이다. 이는 정상분포는 중앙을 중심으로 좌우대칭을 이루고 있기 때문에 생기는 현상이다. 세 가지 집중경향치가 동일하기 때문에 어느 것을 선택해야 할지를 고민할 필요가 없다. 중앙의 점수(평균치)보다 높은 점수의 개수와 낮은 점수의 개수 역시 똑같다. 둘째, 평균치와 특정 표준편차 사이에 속하는 점수의 백분율이 일정하다는 점이다. 전체 점수의 약 68%는 평균치와 1 표준편차 떨어진 점수 사이에 속하고, 약 95%는 2 표준편차 떨어진 점수 사이에, 그리고 약 99%는 3 표준편차 떨어진 점수 사이에 속한다. 이러한 백분율 때문에 정상분포는 종 모양을 취하게 된다. 이 백분율은 점수분포의 표준편차가 크든 작든 똑같이 적용된다. 그림 1.4에는 평균치는 같지만 표준편차가 서로 다른 2개의 정상분포가 그려져 있다. 둘 다 종 모양이다. 그러나 표준편차가 작은 분포(A)가 폭은 좁고 높이는 더 높다. 표준편차가 커지면 높이는 낮아지고 폭은 넓어진다(분포 B처럼).

정상분포의 경우 평균치로부터 일정한 표준편차만큼 떨어진 정도와 그 사이(평균치와 그 표준편차 사이)에 속한 점수들의 상대적 개수(%) 간 관계는 변하지 않는다. 이 덕분에 우리는 정상분포를 구성하는 각 점수의 백분위를 계산할 수 있는 것이다. **백분위**(percentile rank)란 점수분포 내의 특정 점수보다 낮은 점수들의 백분율을 일컫는다. 특정 점수가 평균치로부터 몇 표준편차 떨어져 있는지만 알면, 우리는 그 점수의 백분위를 계산할 수 있다는 뜻이다. 이를테면 정상분포에서 평균치보다 1 표준편차 높은 점수의 백분위는 약 84%가

백분위 점수분포에서 특정 점수보다 낮은 점수들의 백분율

된다. 정상분포는 평균치를 중심으로 좌우대칭을 이루고 있기 때문에 평균치보다 낮은 점수가 전체의 50%이고 나머지 50%는 평균치보다 높다. 그러므로 평균치보다 1 표준편차 높은 점수의 백분위는 평균치까지의 50%에다 평균치에서 1 표준편차까지의 34%를 더한 값, 즉 84%가 된다.

이제 여러분 차례이다. 평균치보다 1 표준편차 낮은 점수의 백분위는 얼마인가? 다시 한 번 말하지만 백분위는 주어진 분포에서 이 점수보다 낮은 점수의 개수가 전체의 몇 %인지를 나타낸다. 이제 그림 1.3을 보고 평균치보다 1 표준편차 낮은 점수의 백분위가 얼마인지를 찾아보라. 약 16%임을 알 수 있을 것이다. 어떤 분포에서든 백분위가 100인 점수는 있을 수가 없지만(점수분포의 모든 점수보다 높은 점수는 있을 수 없다), 백분위가 0인 점수는 있다. 점수분포에서 가장 낮은 점수의 백분위는 0이다. 지능검사 점수와 TOEFL, TOEIC 점수도 정상분포에 기초를 두고 있기 때문에 이들 점수의 백분위도 쉽게 계산할 수 있다. 제6장에서 지능검사 점수를 논할 때 정상분포에 관한 이야기를 다시 하게 될 것이다.

편포 정상분포 말고도 두 가지 편포에 대해서도 알아둘 필요가 있다. 편포는 비대칭적 점수분포를 일컫는다. 그림 1.5는 주요 편포 두 가지를 보여주고 있다. **우측편포**(right-skewed distribution)는 소수의 극단적으로 높은 점수를 가지는 분포(그림 1.5a)를 일컫고 **좌측편포**(left-skewed distribution)는 얼마 안 되는 극단적으로 낮은 점수를 가지는 분포(그림 1.5b)를 일컫는다. 이 둘을 쉽게 구별하는 방법 중 하나는 분포의 꼬리가 어느 쪽에 있느냐를 기억하는 것이다. 우측편포의 꼬리는 우측에 있고 좌측편포의 꼬리는 왼쪽에 있다. 통계학에서는 우측편포를 정적 편포라 하고 좌측편포를 부적 편포라고도 한다.

이제 우측편포와 좌측편포를 알았으니 각각의 예를 고려함으로써 이들 분포에 대한 이해를 굳혀보자. 이 보기를 읽으면서 그 분포의 모양을 머릿속에 그려보기 바란다. 우측편포의 꼬리는 오른쪽(높은 점수 쪽)으로 그리고 좌측편포의 꼬리는 왼쪽(낮은 점수 쪽)으로 뻗어 있다는 점을 상기하라. 또한 편포의 경우 그 꼬리가 매우 길 수 있다는 점도 명심해야 할 것이다. 우측편포의 대표적인 보기로는 사람들의 수입을 꼽을 수 있다. 대다수 사람들의 소득은 낮은 쪽으로 기운다. 그러나 일부는 많은 돈을 벌며, 그 수는 적지만 극히 많은 돈을 버는 사람도 있다. 가족 내 아이들의 수도

우측편포 소수의 극히 높은 점수를 가진 비대칭형 빈도분포로 평균치가 중앙치보다 큼

좌측편포 소수의 극히 낮은 점수를 가진 비대칭형 빈도분포로 평균치가 중앙치보다 작음

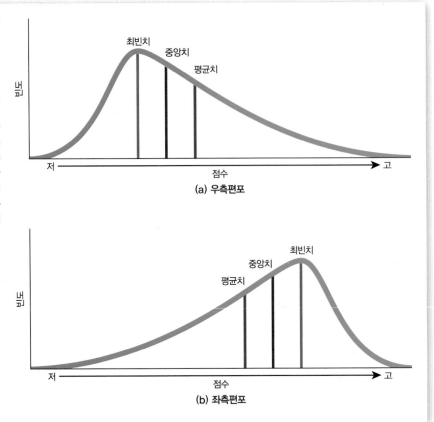

그림 1.5 우측편포와 좌측편포의 견본

(a)는 우측편포의 견본으로 분포의 꼬리가 오른쪽으로 늘어져 있다. 우측편포에서는 소수의 극히 높은 점수 때문에 평균치가 중앙치보다 크다. (b)는 좌측편포의 견본으로 분포의 꼬리가 왼쪽으로 늘어져 있다. 좌측편포에서는 소수의 극히 낮은 점수 때문에 평균치가 중앙치보다 작다.

우측편포에 속한다. 대부분의 가족은 아이들이 많지 않다. 아이들의 수가 많아질수록 그런 가족의 수는 줄어든다. 좌측편포의 대표적인 보기로는 퇴직 연령을 꼽을 수 있다. 대부분은 60세를 전후로 퇴직한다. 그러나 50대에 퇴직하는 사람들도 더러 있다. 그러나 40대 또는 그 이전에 퇴직하는 사람은 비교적 드물다. 시험이 비교적 쉬운 경우에도 그 점수분포는 좌측편포를 그린다. 이 경우 대부분의 학생들은 A나 B를 받고 일부는 C를 소수는 D를 받고 F를 받는 학생은 거의 없는 것으로 나타난다.

극단적으로 높거나 낮은 점수는 평균치를 왜곡시키는 경향이 있기 때문에 편포의 경우 평균치가 한쪽으로 치우치곤 한다. 우측편포의 경우 소수의 높은 점수 때문에 평균치가 커지고, 그 결과 평균치가 중앙치보다 높게 나타난다. 이에 반해 좌측편포에서는 소수의 낮은 점수 때문에 평균치가 작아지고, 그 결과 평균치가 중앙치보다 낮아진다. 앞서도 언급했지만 편포가 심할 경우에는 평균치보다 중앙치를 그 분포의 집중경향치, 즉 그 분포를 대표하는 점수로 이용하는 것이 더 현명한 선택이다. 알고 있겠지만 중앙치는 극단적인 점수의 영향을 받지 않기 때문이다. 다음 예를 고려해보자(Wheelan, 2013). 동네 맥주집을 찾은 손님 10명이 받는 연봉의 중앙치가 3,600만 원이라고 하자. 이때 이재용 부회장이 손님으로 가담했다고 하자. 그러면 이들 손님 11명의 연봉 평균치는 엄청나게 증가할 것이다. 하지만 이 손님들의 연봉 중앙치는 별로 변하지 않는다. 잠시 후 빌 게이츠까지 맥주를 마시러 이 집에 왔다고 하자. 이들 12명의 연봉 평균치는 다시 한 번 크게 증가할 것이다. 하지만 연봉 중앙치는 크게 변하지 않는다. 왜냐고? 이재용이나 빌 게이츠의 연봉은 일반인의 전형적인 연봉과 크게 다른데, 이런 비전형적인 수치로는 평균치를 바꿀 수는 있어도 중앙치를 바꾸지는 못하기 때문이다. 바로 이런 이유 때문에 어떤 통계치를 집중경향치(특정 집단을 대표하는 값)로 사용할 것인지를 결정하기 전에 자료의 특징을 나타내는 빈도분포가 어떤 모양인지를 살펴봐야 한다고 했던 것이다. 경우에 따라 편포가 심한데도 불구하고 중앙치 대신 평균치를 집중경향치로 보고함으로써 평균치를 오용할 때도 있으니 조심하기 바란다(Huff, 1954).

편포에 관해 알아두는 것이 중요한 이유는 일상생활의 다양한 측면(예 : 질병의 치사율 같은 의학적 동향)에서도 편포를 자주 마주치게 되기 때문이다. 편포에 대한 이해의 중요성을 예를 들어 고려해보자(Gould, 1985). 스티븐 제이 굴드는 하버드대학교에서 근무한 유명한 과학자로 2002년에 타계했다. 그는 사망하기 20년 전에 이미 복부 중피종이라는 치명적인 암 진단을 받았었다. 그때 그는 "이 암 진단을 받은 후부터 죽을 때까지의 기간은 대개 (중앙치로) 8개월"이란 말을 들었다. 이런 말을 듣는 대부분의 환자는 8개월밖에 더 살지 못하겠구나 하고 생각할 것이다. 그러나 굴드는 달랐다. 그는 자기가 얼마나 더 살 수 있는지에 대한 예상은 이 암으로 죽은 사람들의 빈도분포의 모양에 따라 달라진다는 것을 알고 있었다. 그리고 자기가 들은 통계치가 평균치가 아닌 중앙치라는 사실은 그 분포가 편포되어 있음을 의미한다는 것도 알고 있었다. 여러분이 굴드였다면, 그 분포가 우측편포였길 바랐겠는가, 좌측편포였길 바랐겠는가? 많은 사람들이 좌측편포가 낫겠다고 생각했다. 하지만 좌측편포를 선택하면 안 된다. 왜냐하면 그 분포가 좌측편포라면, 그 암에 걸린 사람은 모두 1년 이내에 죽는다는 것을 의미하기 때문이다. 그림 1.5(b)를 보라. 분포에서 가장 낮은 점(암에 걸린 시점)부터 중앙치까지가 8개월이라면, 중앙치부터 분포의 마지막 점(이 암에 걸린 모든 사람이 죽는 시점)까지는 기껏해야 4개월밖에 되지 않는다. 그렇기 때문에 여러분은 우측편포, 그것도 꼬리가 우측으로 수십 년 길게 늘어진 우측편포를 원했어야 한다. 굴드가 의학 문헌을 뒤져 찾아낸 것도 바로 이런 편포였다. 굴드는 운도 좋았다. 긴 꼬리의 오른쪽에 속해 20년 이상이나 살았으니 말이다. 사실 굴드의 사망원인은 진단받은 것과는 다른 암이었던 것으로 드러났다(Blastland & Dilnot, 2009).

굴드는 그가 쓴 유명한 논문 'The Median Isn't the Message'에서 이렇게 주장하였다. "통계에 관한 지식 덕분에 자신은 8개월 안에 죽게 될 것이라는 잘못된 결론을 범하지 않게 되었다."라고. 그 어려움에 직면했을 때 굴드는 과학자답게 생각했다. 과학적 사고 덕분에 그 자신은 물론, 그의 논문을 읽은 많은 독자들도 극히 어려운 의료장면을 보다 정확하게 이해할 수 있게 되었다. 과학자처럼 생각하면 우리 모두는 자신은 물론 다른 사람들 그리고 우리가 살고 있는 이 세상을 보다 정확하게 이해하게 된다. 과학적 사고방식과 과학적 연구 덕분에 심리학자들은 인간행동 및 정신활동에 관해 훨씬 더 많은 것을 이해할 수 있게 되었다. 이러한 과학적 연구의 기본적인 발견이 이 책의 전반에 걸쳐 소개될 것이다. 여러분은 이러한 발견에 대해 알게 됨으로써 그리고 일상생활에서 과학자처럼 생각함으로써 더 많은 득을 보게 될 것이다.

요약

연구결과를 이해하기 위해 심리학자들은 통계학(자료를 기술하고 분석하는 절차를 논하는 수학의 한 분야)을 이용한다. 이 절에서는 기술통계를 다루었다. 집중경향치는 특정 점수분포의 '전형적인' 점수를 간략하게 묘사한다. 집중경향치에는 평균치, 중앙치, 최빈치가 있다. 평균치는 단순한 산술 평균치이고, 중앙치는 분포를 구성하는 점수를 낮은 점수부터 차례로 정렬했을 때 그 정렬의 중간에 위치하는 값이며, 최빈치는 특정 분포에서 그 개수가 가장 많은 점수이다. 세 가지 집중경향치 중에서 평균치가 가장 널리 이용된다. 그러나 점수분포 속에 극단적으로 높거나 낮은 점수가 있어 평균치를 왜곡시킬 경우에는 중앙치를 이용하는 것이 현명한 처사이다. 전형적인 점수인 집중경향치 이외에도 점수분포의 변산성을 측정하는 것이 필요하다. 변상성 측정치로 가장 높은 점수와 가장 낮은 점수 간 차이인 전범위를 이용할 수도 있다. 그러나 특히 낮은 점수나 특히 높은 점수가 있으면 이 역시 왜곡되기 때문에 표준편차가 주로 이용된다. 표준편차란 특정 분포에 속하는 점수들이 그 분포의 평균치로부터 떨어진 정도를 평균해서 얻는 값이다.

표준편차가 특히 유용하게 이용되는 경우는 정상분포에서이다. 정상분포를 이루는 점수의 약 68%는 평균치로부터 1 표준편차 이내에 속하며, 약 95%는 2 표준편차, 그리고 약 99%가 3 표준편차 이내에 속한다. 이 백분율은 표준편차의 크기에 관계없이 모든 정상분포에 일정하게 적용된다. 바로 이 특성 때문에 정상분포 속의 어떤 점수이든 우리는 그 점수의 백분위를 계산할 수 있다. 어떤 점수의 백분위는 그 점수가 속하는 분포에서 그 점수보다 낮은 점수가 전체 점수의 몇 %인지를 나타낸다. 그러나 모든 점수분포가 정상분포처럼 좌우대칭을 이루지는 않는다. 비대칭 분포는 우측편포와 좌측편포로 구분되는데, 우측편포는 분포 속의 몇몇 점수가 극히 높아서 평균치가 중앙치보다 높은 분포를 일컫고, 좌측편포는 그 반대로 소수의 점수가 극히 낮아 평균치가 중앙치보다 낮은 분포를 일컫는다. 이 두 가지 분포 모두 평균치가 왜곡되기 때문에 중앙치가 그 분포의 전형적인 점수로 이용된다.

개념점검 | 3

- 집중경향치와 변산성 측정치는 각각 특정 점수분포에 관해 어떤 정보를 제공하나?
- 정상분포는 왜 종 모양을 취하는 것일까?
- 편포에서는 평균치와 중앙치가 어떤 관계에 있는지를 설명하라.

학습 가이드

핵심용어

여러분은 다음 핵심용어를 명확하게 정의할 수 있어야 한다. 분명하게 정의할 수 없는 것이 있으면, 책을 다시 읽어서라도 이해해둬야 할 것이다. 모든 용어를 이해했다고 판단되면, 연습문제를 풀어보라.

기술연구법	사회문화적 관점	위약집단	중앙치
기술통계	산포도	위약효과	참여 관찰법
독립변인	상관계수	이중맹목법	최빈치
메타분석	상관연구	인지적 관점	추리통계적 분석
모집단	생물적 관점	자연관찰법	통제집단
무선배치	설문연구법	전범위	평균치
무선표집	실험	정상분포	표본
백분위	실험실 관찰법	정적 상관	표준편차
변인	실험집단	제3변인 문제	피상적 상관
부적 상관	심리학	조작적 정의	행동적 관점
빈도분포	우측편포	종속변인	혜안편파
사례연구법	위약	좌측편포	

핵심용어 문제

다음 각 진술이 정의하는 용어를 적으라.

1. 두 변인 간 관계가 이 관계에 개입했을 것으로 판단되는 또 다른 변인으로 설명되는 현상

   _____

2. 실험에서 어느 집단이 처치집단이고 어느 집단이 위약집단인지를 참여자는 물론 실험자도 모르도록 하는 통제방법

   _____

3. 점수분포의 모든 점수를 낮은 점수에서 높은 점수로 정렬했을 때 그 중간 지점에 해당하는 점수

   _____

4. 점수분포에서 소수의 극히 높은 점수 때문에 평균치가 중앙치보다 훨씬 높게 나타나는 편포

   _____

5. 처치를 받기 때문에 나아질 것이라는 기대를 갖게 되어 향상되는 현상

   _____

6. 두 변인 간 반비례 관계

   _____

7. 실험에 이용되는 통제방법으로 참여자들의 특성이 실험집단 간에 동등하도록 참여자를 배치하는 절차

   _____

8. 점수분포에서 특정 점수보다 낮은 점수들의 수량을 백분율로 나타낸 값

   _____

9. 뇌와 신경계와 기타 생리적 기제가 행동 및 정신과정에 관여하는 방식에 설명을 초점을 맞추는 연구 관점

    _____

10. 연구자가 특정 변인을 조작하거나 측정하는 절차에 대한 구체적인 진술

    _____

11. 결과를 알고 난 후에야 자기도 그런 결과를 예측할 수 있었다고 자신의 능력을 과대평가하는 사람들의 경향성

    _____

12. 상관자료를 제시한 그림으로 이 그림 속 각 점은 두 변인에서 측정된 참여자 각자의 점수를 나타낸다. 이 그림은?

    _____

13. 특정 연구의 대상자 전체로 구성된 집단

    _____

14. 특정 점수분포에서 최고치와 최저치 사이의 간격

    _____

15. 통계적 분석법 중 연구결과에 대한 결론을 도출할 때 그 결과가 우연히 유발되었을 확률을 결정할 수 있게 하는 기법

    _____

연습문제

다음은 이 장의 내용에 관한 선다형 연습문제이다. 해답은 개념점검 모범답안 뒤에 있다.

1. 외부 환경에 의한 조건형성을 행동의 주된 원인으로 간주하는 연구 관점은?
    a. 생물적 관점　　b. 인지적 관점
    c. 행동적 관점　　d. 사회문화적 관점

2. 여러분이 다니는 학교의 학생들을 대표할 표본을 뽑는 방식으로 가장 적절한 것은?
    a. 학생회관에 와 있는 학생들 중에서 무선으로 표집한다.
    b. 도서관에서 공부하는 학생들 중에서 무선으로 표집한다.

c. 동아리 소속 학생들 중에서 무선으로 표집한다.
    d. 학교 재학생 명부에서 무선으로 표집한다.

3. 변인 간 인과관계를 진술할 수 있게 하는 연구법은?
    a. 기술연구　　b. 상관연구
    c. 실험연구　　d. 사례연구

4. 키와 몸무게는 _____ 상관을 이루며, 고도와 온도는 _____ 상관관계에 있다.
    a. 정적, 정적　　b. 정적, 부적
    c. 부적, 정적　　d. 부적, 부적

5. 다음 상관계수 중 가장 밀접한 관계를 나타내는 것은?
    a. +.75　　b. −.81
    c. +1.25　　d. 0.00

6. 조작과 측정 간 관계는 _____과 _____ 간 관계와 같다.
    a. 정적 상관, 부적 상관
    b. 부적 상관, 정적 상관
    c. 독립변인, 종속변인
    d. 종속변인, 독립변인

7. 실험에서 _____집단은 효과가 없는 가짜 처치를 받으면서도 실제의 처치를 받는 것으로 알고 있다.
    a. 실험　　b. 통제
    c. 위약　　d. 제3변인

8. 한 점수분포에서 가장 많은 점수를 _____라 하며, 모든 점수를 더한 후 더한 점수의 개수로 나눈 값을 _____라 한다.
    a. 최빈치, 평균치　　b. 평균치, 최빈치
    c. 중앙치, 평균치　　d. 평균치, 중앙치

9. 정상분포에서는 약 _____%의 점수들이 −1 표준편차와 +1 표준편차 사이에 속한다.
    a. 34　　b. 68
    c. 95　　d. 99

10. 좌측편포에서는 평균치가 중앙치보다 _____, 우측편포에서는 평균치가 중앙치보다 _____
    a. 크고, 크다　　b. 크고, 작다
    c. 작고, 크다　　d. 작고, 작다

11. 여성과 사랑에 관한 한 설문연구(Hite, 1987)의 결과가 잘못된 이유는 _____을(를) 이용하지 않았기 때문이다.
    a. 위약집단
    b. 이중맹목법
    c. 무선배치
    d. 무선표집

12. 박 교수는 지난 학기 가르친 심리학개론 기말고사 점수분포에서 표준편차가 매우 작다는 것을 발견했다. 이는 _____.
    a. 학급의 크기가 매우 작았음을 의미한다.
    b. 시험이 학생들의 실력을 잘못 측정했음을 의미한다.
    c. 학생들의 점수가 서로 비슷했음을 의미한다.
    d. 학생들 점수의 평균치가 중앙치보다 낮았음을 의미한다.

13. 정규분포에서 평균치보다 1 표준편차 낮은 점수의 백분위는 대략 %이다.
    a. 16
    b. 34
    c. 68
    d. 84

14. 다이앤 포시의 고릴라 연구는 _____의 좋은 보기에 속한다.
    a. 자연 관찰
    b. 참여 관찰
    c. 참여 관찰로 변해버린 자연 관찰
    d. 사례연구

15. 다음 중 약한 부적 상관을 나타내는 산포도는?
    a. 좌 상단에서 우 하단으로 가면서 흩어진 정도가 매우 큰 산포도
    b. 좌 상단에서 우 하단으로 가면서 흩어진 정도가 매우 작은 산포도
    c. 좌 하단에서 우 상단으로 가면서 흩어진 정도가 매우 큰 산포도
    d. 좌 하단에서 우 상단으로 가면서 흩어진 정도가 매우 작은 산포도

개념점검 1 모범답안

- 이 두 가지 관점은 모두 인간행동과 정신과정에 대한 설명에서 내적 원인을 강조한다. 생물적 관점은 인간의 생리적 구조, 특히 뇌와 신경계의 역할을 강조하는데 반해, 인지적 관점은 정신과정의 역할(뇌 속 '프로그램')을 강조한다. 예컨대 생물적 설명에는 뇌의 특정 부위나 화학물질에 대한 언급이 있을 수 있다. 그러나 인지적 설명에는 지각이나 기억 같은 정신작용을 언급할 것이다. 그러므로 생물적 관점과 인지적 관점은 내적 요인의 두 가지 수준(실제 생리적 기제와 이러한 기제에서 전개되는 정신작용)의 설명을 제공한다.

- 이 두 가지 관점은 모두 인간행동과 정신과정에 대한 설명에서 외적 원인을 강조한다. 행동적 관점은 우리의 행동이 외적 환경조건에 의해 변해가는 과정을 강조하는데, 사회문화적 관점은 다른 사람 또는 우리의 문화가 우리의 행동 및 정신과정에 미치는 영향을 강조한다. 따라서 이 두 가지 관점은 상이한 유형의 외적 요인을 강조한다. 그리고 행동적 관점에서는 주로 관찰가능한 행동의 학습을 강조하는데 반해, 사회문화적 관점에서는 관찰할 수 없는 정신과정도 강조하며 조건형성 이외의 학습도 중시한다.

개념점검 2 모범답안

- 사례연구의 결과는 연구대상이었던 특정 개인한테서 확보된 것이기 때문에 일반 대중에게 일반화할 수 없다. 모집단을 대표할 수 있는 표본을 대상으로 실시된 연구여야만 그 결과를 모집단에 일반화할 수 있다. 그러나 사례연구의 결과를 기초로 가설을 개발한 후, 실험을 통해 인과관계를 결정함으로써 그 결과를 모집단에 일반화할 수 있는지를 검토할 수는 있다.

- 무선표집은 특정 모집단을 대표할 수 있는 표본을 확보하는 방법이다. 무선배치는 표본의 구성원을 실험의 여러 집단에 무선으로 할당하는 통제기법이다. 무선표집은 표본을 대상으로 수집된 결과를 모집단에 일반화할 수 있도록 해준다. 그러나 무선배치는 집단 간에 나타날 수 있는 참여자의 특성을 동등하도록 통제해준다. 그리고 무선배치는 실험연구에서만 이용되는데, 무선표집은 상관연구나 설문연구 등 다른 연구방법에도 이용된다.

- 상관의 강도가 똑같기 때문에 두 개의 산포도에서 점수들이 흩어진 정도는 동일할 것이다. 그리고 상관계수가 매우 크기(.90) 때문에 점수들이 흩어진 정도는 매우 낮을 것이다. 따라서 상관계수가 +.90인 산포도에서는 점

수들이 좌측 하단에서 우측 상단을 연결하는 직선 가까이에 흩어져 있을 것이다. 그러나 상관계수가 −.90인 산포도에서는 점수들이 좌측 상단에서 우측 하단으로 이어지는 직선 가까이에 흩어져 있을 것이다. 따라서 점수들이 흩어진 방향은 서로 반대일 것이다.

- 날씨가 궂은 날이 많기 때문에 자폐증에 취약한 아동들이 실외 활동보다는 실내 활동을 더 많이 했을 것이고, 이 사실에서 제3변인으로 작용했을 여러 가지 요인을 찾을 수 있다. 연구의 저자는 그런 요인의 예로 TV 및 비디오 시청 시간 증가, 햇볕에 노출된 시간 감소에 따른 비타민 D 결핍, 그리고 가정용품에서 방출된 화학물질에 대한 노출 증가 등을 꼽았다. 이 밖에도 강수에 의해 외부에서 실내로 들어온 화학물질도 더 많았을 수도 있다. 이들 모든 요인이 강수량과 자폐증 환자 사이에서 발견된 상관관계에 제3변인으로 작용했을 수 있다.

- 위약집단을 이용하는 실험에서는 이중맹목법이 필요한데, 그 이유는 두 가지이다. 첫째, 위약집단의 참여자는 자신들도 처치를 받고 있다고 믿어야 한다. 그렇지 않으면 위약효과가 나타나지 않을 것이기 때문이다. 따라서 이 집단에게 당신들은 처치를 받고 있지 않다는 말을 할 수가 없다. 둘째, 실험자의 기대효과를 통제하기 위해서는 실험자도 어느 집단이 실험집단이고 어느 집단이 위약집단인지를 몰라야 한다. 그렇지 않으면 실험자는 자신도 모르는 사이에 실험집단과 위약집단을 다르게 대할 수 있기 때문이다.

개념점검 3 모범답안

- 집중경향치는 어떤 점수분포에서 '전형적인' 점수가 어떤 것인지를 알려준다. 평균치는 모든 점수를 합한 다음 그 값을 합한 점수의 개수로 나눈 값이며, 중앙치는 점수를 낮은 것부터 차례로 정돈했을 때 그 정렬의 중간에 위치한 점수이고, 최빈치는 가장 잦은 점수이다. 변산성 측정치는 분포를 구성하는 점수들이 서로 다른 정도를 나타낸다. 전범위는 가장 높은 점수와 가장 낮은 점수 간의 차이로 정의되며, 표준편차는 점수들이 평균치로부터 떨어진 정도를 평균한 값으로 정의된다.

- 정상분포가 종 모양을 취하게 되는 이유는 분포를 구성하는 점수들이 평균치를 중심으로 좌우대칭을 이루며 흩어져 있으며, 대다수의 점수(약 68%)가 평균치 가까이(−1 표준편차에서 +1 표준편차 사이)에 흩어져 있고 또 평균치에서 멀어질수록 그에 해당하는 점수의 개수 역시 대칭적으로 적어지기 때문이다.

- 우측편포에서는 평균치가 중앙치보다 크다. 왜냐하면 이 분포에는 극단적으로 큰 점수들이 다소 포함되어 있는데, 평균치는 이들 극단적인 점수의 영향을 크게 받아 오른쪽으로 기울어지기 때문이다. 좌측편포에서는 이와 반대되는 현상이 일어난다. 즉, 평균치가 중앙치보다 작을 것인데, 이 분포에서는 극단적으로 작은 값이 있어 평균치를 왼쪽으로 끌어내릴 것이기 때문이다.

핵심용어 문제의 답

1. 제3변인 문제
2. 이중맹목법
3. 중앙치
4. 우측편포
5. 위약효과
6. 부적 상관
7. 무선배치
8. 백분위
9. 생물적 접근
10. 조작적 정의
11. 혜안편파
12. 산포도
13. 모집단
14. 전범위
15. 추리통계적 분석

연습문제의 답

1. c
2. d
3. c
4. b
5. b
6. c
7. c
8. a
9. b
10. c
11. d
12. c
13. a
14. c
15. a

Jackie Saccoccio and Van Doren Waxter, NY.

2 신경과학

우리의 뇌는 우리가 하는 거의 모든 일을 통제한다. 뇌는 지각, 의식, 기억, 언어, 지능, 성격 등 우리를 인간답게 만드는 모든 것을 책임지고 있다. 약 1.3kg에 불과한 구조물이 이런 엄청난 일을 맡고 있다는 것은 놀라운 일이 아닐 수 없다. 하지만 그 작은 뇌를 구성하는 신경세포의 수는 약 1,000억 개 정도로 추정되어 왔다. 뇌를 구성하는 세포의 조직에 관한 최근의 한 연구에서는 그 개수를 860억 개로 추정하였다(Azvedo et al., 2009). 각 신경세포는 수천 개의 다른 신경세포로부터 신호를 받아들일 수 있다. 따라서 뇌

"우리 몸은 수천억 개의 빵가루로 이루어져 있어요."

속 신경세포들 간 연결 개수는 실로 천문학적 수치(수조 개 이상)로 추정된다. 많게는 1×10^{15}개로 추정되기도 한다(Sweeney, 2009). 우리의 DNA 속 뉴클레오티드의 전체 배열을 유전체(genome)라 하듯, 우리 신경계를 구성하는 신경세포들 간 연결의 총체를 신경체(conntectome)라 부르기도 한다(Seung, 2012). 그러나 유전체는 수태 시 결정되는데 반해, 신경체는 전생애에 걸쳐 변한다. 이처럼 엄청난 규모의 신경체가 끊임없이 변한다는 사실 때문에 인간의 뇌는 우리가 알고 있는 우주 내에서 가장 복잡한 장치로 간주되기도 한다(Buonomano, 2011). 그 복잡성 때문에 우리는 인간의 뇌를 영원히 이해할 수 없을지도 모른다. 그런데도 인간의 뇌는 그 자체의 작동방식을 구명하려 한다. 놀랍지 않은가?

이 장은 **신경과학**(neuroscience), 즉 뇌와 신경계에 관한 과학적 탐구를 다룬다. 먼저 신경계를 구성하는 단위요소인 신경세포부터 살펴볼 것이다. 신경세포가 신호를 전달하고 통합하는 방식, 약물과 독물이 이들 과정에 간여하는 방식, 그리고 우리의 행동과 정신작용을 변화시키는 방식을 검토할 것이다. 또한 신호전달 문제와 관련된 질병과 장애에 관해서도 살펴볼 것이다.

일단 신경세포의 작동방식을 이해한 후 신경계의 위계적 구조를 살펴보고, 신경계의 하위구조인 중추신경계와 말초신경계를 논의할 것이다. 아울러 신체의 또 다른 신호전달 시스템인 내분비계도 고려할 것이다. 또한 정서경험이 야기되는 과정도 고려할 것인데 이때는 정서와 말초신경계의 일부인 자율신경계의 역할도 함께 논의할 것이다.

그런 다음 뇌의 주요 부위 및 그 기능을 자세하게 소개할 것이다. 인간의 고등 정신기능을 책임지고 있는 대뇌피질을 집중적으로 살필 것이다. 마지막으로 의식이 무엇인지를 생각해보고, 잠잘 때(의식이 휴식을 취하는 동안) 전개되는 뇌의 활동이 수면의 5단계 및 꿈의 본질에 관해 무엇을 알려주는지를 살펴볼 것이다.

신경과학 뇌와 신경계에 관한 과학적 탐구

신경세포

심리학자들이 신경세포의 작동방식에 관심을 갖는 이유는 무엇일까? 신경세포에 관한 문제는 생물학 문제이지 심리학 문제가 아니지 않는가? 그렇지만도 않다. 인간은 생물성 유기체이다. 인간의 행동 및 정신과정을 이해하기 위해서는 행동 및 정신활동의 생물적 기반을 이해해야 하고, 이 이해는 신경세포에 대한 탐구에서 시작된다. 신경세포의 활동이 없다면, 우리는 느낄 수도 지각할 수도 학습할 수도 없고 기억도 생각도 할 수 없다. 때문에 개별 신경세포의 작동방식과 신경세포 서로 간 신호전달 방식에 대한 이해는 인간의 행동 및 정신과정을 이해하는 데 중요한 밑천이 된다.

신경세포의 작동방식을 설명할 때는 신경세포 간 신호전달 방식이 소개될 것이다. 신경세포 간 신호전달 방식에 관해서는 상당히 많은 것이 밝혀져 있다. 그러나 이들 신경세포를 기초로 만들어진 대규모 신경 연결망인 뇌가 우리가 하는 일을 관리하는 방식과 인간을 인간답게 만드는 방식에 관해서는 밝혀진 것이 많지 않다. 이들 더욱 복잡한 문제는 앞으로 해결돼야 할 핵심 과제로 남아 있다. 이 절에서는 주로 뇌의 작동방식에 관한 이야기 중 가장 널리 알려진 이야기, 즉 뇌를 구성하는 가장 작은 요소인 신경세포의 작동방식을 다룰 것이다. 신경세포의 구조부터 살펴보기로 하자.

신경세포의 구조

뇌와 신경계는 신경세포와 교세포로 구성되어 있다. **신경세포**(neuron)는 신경계 내에서 벌어지는 정보전달을 관장한다. 뇌와 신경계 내에서 정보를 받아들이고 통합하고 내보내는 일을 하는 것이 신경세포라는 말이다. **교세포**(glial cells)는 신경세포를 지지하는 시스템으로 작용한다. 예를 들어 교세포는 신경세포의 부산물을 청소하고, 신경세포 주변의 화학적 환경을 안정 상태로 유지시킴으로써 신경세포를 보호함과 동시에 신경세포가 하는 일의 효율성을 제고한다. 신경세포의 수도 많지만 교세포의 수는 더 많은 것으로 추정된다. 교세포가 신경세포보다 10배나 더 많다는 추정치도 있고 심지어는 50배나 더 많다는 추정치도 있다. 하지만 이 문제에 관한 연구결과를 검토한 Yuhas와 Jabr(2012)는 이렇게 큰 차이를 지지하는 연구는 한 편도 발견하지 못했다. 따라서 신경세포보다 교세포가 훨씬 많다는 주장은 아직까지 입증되지 않은 것으로 보인다(Jarrett, 2015; von Bartheld, 2018). 최근의 연구에서는 그 비율을 1:1, 즉 뇌 속 교

신경세포 신경계 내에서 정보전달을 담당하는 신경세포

교세포 신경계 내에서 신경세포 지지 시스템을 구성하는 세포

세포의 개수도 약 1,000억 정도로 추정하였다(Azevedo et al., 2009; Hilgetag & Barbas, 2009; von Bartheld, Bahney, & Herculano-Houzel, 2016). 뇌 속에 있는 신경세포 전체와 교세포 전체의 비율은 1:1이라고 하더라도 뇌 속 부위에 따라 그 비율이 달라진다는 사실을 주목할 필요가 있다(Herculano-Houzel, 2014).

최근의 연구자들은 교세포의 주된 기능이 신경세포를 지지하는 일뿐이라는 주장을 의심하고 있다(Barres, 2008; Fields, 2009, 2011; Koop, 2009). 신경세포와 교세포는 서로 정보를 주고받기도 하고 또 교세포는 교세포대로 신경망과 대등한 망을 구성하여 자기들끼리만 신호를 주고받음으로써 뇌 활동에 영향을 미치는 것처럼 보인다. 교세포는 시냅스 형성에도 영향을 미치며, 신경세포 간 연결 중 강화시켜야 할 것과 약화시켜야 할 것을 선별하는 일에도 관여하는 것처럼 보인다. 신경세포 간 연결을 강화 또는 약화시키는 작업은 학습과 기억에 필수 과정이다. 그밖에도 교세포는 조현병이나 우울증 같은 정신장애에도 또 파킨슨병이나 알츠하이머병 같은 신경퇴화에도 중요한 역할을 하는 것 같다. 많은 신경과학자들은 이러한 가능성과 지금까지 거의 무시되어 온 교세포에 대한 연구 가능성을 두고 크게 기뻐하고 있다. 하지만 인간의 신경계에서 벌어

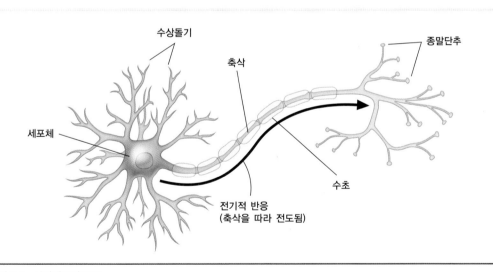

그림 2.1 신경세포의 구조

신경세포에는 수상돌기, 세포체, 축삭이라는 세 부분이 있다. 수상돌기는 다른 신경세포로부터 정보를 받아들여 세포체로 보낸다. 세포체는 받아들인 정보를 또 다른 신경세포로 전달할 것인지 말 것인지를 결정한다. 전달해야 할 것으로 결정되면, 그 정보는 전기적 반응을 통해 세포체에서 가늘게 뻗어나온 섬유, 즉 축삭을 따라 전달된다. 그림 속의 축삭은 수초로 둘러싸여 있다. 수초에 틈이 반복해서 나타나고 있다는 사실을 주목하라. 축삭을 따라 전도되는 전기적 반응은 세포체 쪽 틈에서 다음 틈으로 뛰어넘는 식으로 전도된다. 반응이 축삭의 종말단추에 도달하면, 다음 신경세포로의 화학적 신호전달이 촉발된다.

지는 신호전달에서 가장 중요한 세포는 아직도 신경세포로 간주되고 있다. 따라서 이 책에서의 논의도 그 초점은 신경세포에 둘 것이다.

모든 신경세포는 기본적으로 동일한 구성요소와 구조로 이루어지며, 작동방식 또한 동일하다. 그림 2.1은 주요 구성요소를 모두 갖춘 일반적인 신경세포를 보여준다. 신경세포의 주요 구성요소는 수상돌기와 세포체 그리고 축삭이다. 먼저 이 세 가지 구성요소의 주된 기능 및 서로 간 관계부터 살펴보기로 하자.

세포체에서 나뭇가지처럼 뻗어 나온 섬유가 **수상돌기**(dendrites)이다. 수상돌기의 주된 기능은 다른 신경세포로부터 정보를 받아들이는 일이다. 받아들인 정보는 세포체로 전달된다. **세포체**(cell body)에는 세포의 핵 그리고 세포의 생존에 필요한 생물성 기계장치가 들어 있다. 세포체도 수상돌기로부터 받아들인 정보를 다른 신경세포로 전달할 것인지를 결정한다. 전달해야 하는 것으로 결정되면 그 정보는 축삭을 따라 전달된다. **축삭**(axon)은 세포체에서 가늘고 길게 뻗어 나온 섬유를 일컫는다. 축삭의 끝은 여러 개의 종말단추로 나뉜다. 축삭의 주된 기능은 정보를 세포체로부터 축삭종말까지 전송함으로써 다음 신경세포로의 정보 전달을 촉발하는 일이다. 축삭은 아주 짧은 것에서부터 척수에서 발가락 끝까지 가는 아주 긴 것까지 길이가 천차만별이다. 신경세포의 일반적 구조를 알았으므로 이제 신경세포의 주된 기능인 정보전달이 어떻게 이루어지는지를 살펴보기로 하자.

신경세포의 신호전달 방식

신경세포 간(때로는 신경세포와 근육 간 그리고 신경세포와 내분비샘 간) 신호전달 과정에서 주목해야 할 첫 번째 사항은 그 과정의 일부는 전기적이며 일부는 화학적이라는 사실이다. 신경세포 내의 신호전달은 전기적이다. 실제로 전기적 반응이 생성되어 축삭을 따라 전도된다. 그러나 신경세포 간 신호전달은 화학적으로 이루어진다. 신경세포와 신경세포는 서로 붙어 있지 않고 아주 미세한 간격을 두고 떨어져 있다. 이 공간을 건너는 신호전달은 화학물질의 이동으로 이루어진다. 먼저 전기적 신호전달 과정을 살펴본 다음 화학적 신호전달 방식을 살펴보기로 하자.

수상돌기 신경세포의 세포체에서 뻗어 나온 섬유로 다른 신경세포로부터 신호를 받아들이는 일을 함

세포체 세포의 핵과 그 세포가 살아가는 데 필요한 생물성 기계장치를 담고 있는 부분. 세포체는 수상돌기로부터 받아들인 정보를 다른 신경세포로 전달해야 할 것인지 말아야 할 것인지를 결정함

축삭 세포체에서 기다랗게 뻗어나온 섬유. 축삭의 끝은 여러 개의 종말단추로 나뉜다. 축삭의 주된 기능은 정보를 세포체로부터 종말단추까지 전송함으로써 정보가 다음 신경세포로 전달되도록 돕는 것임

전기적 신호전달 전기적 신호전달은 다른 신경세포에서 보내는 신

호를 수상돌기에서 받아들이는 데서 시작된다. 수상돌기에서 받아들인 신호는 흥분성(전기반응을 생성하라는 신호)이거나 억제성(전기반응을 생성하지 말라는 신호)이다. 세포체는 이들 신호를 종합하여 신경반응을 생성할 것인지 말 것인지를 결정한다. 흥분성 신호가 억제성 신호보다 충분히 강하면 세포체는 전기적 신경반응을 생성한다. 생성된 반응은 축삭을 따라 축삭종말까지 전도된다. 전도방식은 실무율을 따른다. 반응은 존재하거나 존재하지 않을 뿐이며, 일단 반응이 생성되면 그 반응은 자극의 강도에 관계없이 축삭종말까지 일정한 속도로 전도된다는 뜻이다. 그렇다면 회초리로 맞는 것과 몽둥이로 맞는 것처럼 신체에 가해지는 자극의 강약은 어떻게 부호화되는 것일까? 이 의문의 답은 간단하다. 자극의 강약에 따라 반응하는 신경세포의 개수와 각 신경세포에 의해 생성되는 반응의 초당 횟수, 즉 발화율이 달라진다. 자극이 강할수록 반응을 생성하는 신경세포의 수가 많아지며, 각 신경세포의 반응 또한 잦아진다(발화율이 높아진다). 즉, 몽둥이로 맞았을 때 더 많은 신경세포가 더 자주 반응한다는 뜻이다.

신경반응이 전도되는 속도는 신경세포에 따라 다르지만 최고 속도는 시속 322km에 이른다(Dowling, 1998). 빠른 것 같지만 전류의 속도와 컴퓨터의 처리 속도에 비하면 턱없이 느린 편이다. 신경반응의 전도 속도를 결정하는 요인 중 하나는 축삭이 **수초**(myelin sheath: 축삭을 둘러싸고 있는 백색의 지방질)로 덮여 있느냐는 것이다. 수초로 덮여 있지 않은 축삭의 신경반응은 폭죽의 도화선이 타들어가듯 고정된 속도로 느리게 전도된다. 수초로 덮여 있는 축삭의 신경반응은 빠르게 전도되는데, 그 이유는 반응이 수초와 수초 사이에 있는 작은 틈에서만 재생되기 때문이다. 수초로 덮여 있는 축삭(그림 2.1 참조)은 소시지를 한 줄로 이어 놓은 것 같고, 각 소시지 사이에 작은 틈이 존재한다. 신경반응은 틈이 있는 곳에서만 다시 생성되기 때문에, 축삭을 따라 쭉 전도되는 것이 아니고 소시지를 하나씩 건너뛰는 식으로 전도된다. 이 두 경우의 전도 속도에서 나는 차이는 앞뒤 발꿈치를 맞추며 걸어가는 것과 풀쩍풀쩍 뛰어가는 것 간의 차이에 비유되기도 한다.

수초가 손상되면 심각한 문제가 발생한다. 다발성 경화증에서 이런 문제가 발생한다. 이 질병은 수초를 퇴화시키기 때문에 신경반응이 건너뛰기 식으로 전도될 수 없고, 결국에는 아예 전도되지도 않는다. 따라서 이 병에 걸리면 정보전달 속도가 매우 느려진다. 그 결과 다발성 경화증을 앓고 있는 사람들은 몸을 자유자재로 놀릴 수 없게 된다. 아직까지 이 병을 치료하는 방법은 없다. 그런데 줄기세포(특화된 세포로 발달할 수 있는데도 아직 특화되

> **수초** 신경세포 내 신호전달을 빠르게 하기 위해 축삭을 덮어 분리시킨 막

지 않은 상태로 체내에 있는 세포) 이식을 이용한 최근 연구에서는 다소 고무적인 결과
가 확보되기도 했다(Burt et al., 2015).

수초는 흰색이기 때문에 뇌에서 회질과 백질을 구분하는 기초가 되기도 한다. 수초
로 둘러싸인 축삭의 군집은 '백질(white matter)'을 이루고, 수초가 없는 세포체와 수상
돌기의 군집은 '회질(gray matter)'을 이룬다. 수초로 덮여 있는 축삭의 군집이 백색으로
보이는 이유는 수초 색깔이 흰색이기 때문이다. 만약 우리가 대뇌피질을 육안으로 들
여다볼 수만 있다면, 그 색깔은 회색일 것이다. 대뇌피질의 바깥층은 거의 수초가 없는
세포체로 구성되어 있기 때문이다.

신경세포 간 화학적 신호전달   전기적 반응이 축삭종말에 도달하면 어떤 일이 벌어질까?
이 질문의 답은 그림 2.2에 제시되어 있다. 축삭종말에는 신경전달물질이라는 화학물
질을 싸고 있는 작은 보따리(시냅스 낭)가 들어 있다. 시냅스 낭 속에 들어 있는 화학물
질이 신경전달물질이다. **신경전달물질**(neurotransmitter)은 신경계의 신호전달에 사용
하기 위해 우리 몸이 특별히 제작해 놓은 천연 화학물질이다. 축삭을 따라 축삭종말에
도달한 신경반응은 시냅스 낭을 **시냅스 간극**(synaptic gap) 쪽으로 밀어붙인 다음, 그 낭
을 터뜨려 속에 들어 있는 신경전달물질을 시냅스 간극에 방출시킨다. 시냅스 간극의
너비는 우리 머리카락 굵기의 1/2,000밖에 되지 않는다(Lynch & Granger, 2008). 방출
된 신경전달물질은 시냅스 간극을 건너 그다음 신경세포의 수상돌기에 있는 수용기 부
위(receptor site)로 들어간다. 마치 열쇠(신경전달물질)가 자물쇠(수용기)에 들어가듯 이
루어지는 이 작업을 결합이라고도 한다. 이런 과정을 거쳐 신호전달이라는 임무를 완
수한 신경전달물질은 다시 시냅스 간극으로 빠져나와 효소에 의해 분해되거나 방출되
었던 축삭종말로 되들어간다. 되들어간 신경전달물질은 물론 다시 사용된다. 시냅스는
신경세포 간 신호전달의 통로인 동시에 뇌가 제 할 일의 거의 모두를 이뤄내는 수단이
기 때문에 인간의 강녕에 결정적인 역할을 수행한다. 우리의 마음과 행동이 시냅스에
의해 통제된다는 뜻이다. 이러한 사실을 신경과학자 조셉 르도는 자신의 저서 *Synaptic
Self*(2002, p. ix)에서 "우리는 우리의 시냅스다."라고 표현하고
있다.

신경전달물질 신경세포 간 신호전달을
위해 특화된 화학물질로 신경계 내에서 자
연적으로 생성됨

시냅스 간극 신경세포와 신경세포 사이
의 미세간격으로, 신경전달물질에 의한 신
경세포 간 신호전달이 이루어지는 곳

뇌 영상기법   신경세포가 그 중요한 임무인 신호전달을 수행하기
위해서는 영양분(예 : 혈당)과 산소가 제공되어야만 한다. 아마 이

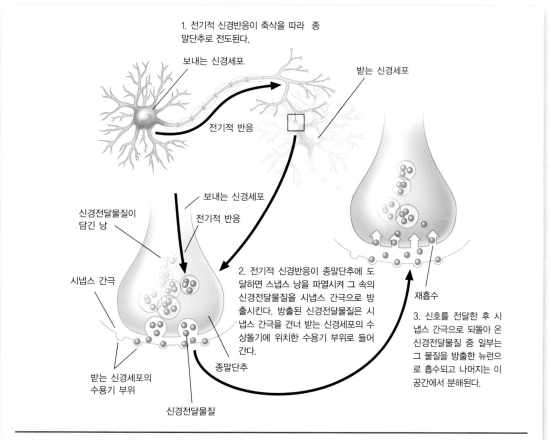

1. 전기적 신경반응이 축삭을 따라 종말단추로 전도된다.

보내는 신경세포

받는 신경세포

전기적 반응

보내는 신경세포

전기적 반응

신경전달물질이 담긴 낭

시냅스 간극

2. 전기적 신경반응이 종말단추에 도달하면 스냅스 낭을 파열시켜 그 속의 신경전달물질을 시냅스 간극으로 방출시킨다. 방출된 신경전달물질은 시냅스 간극을 건너 받는 신경세포의 수상돌기에 위치한 수용기 부위로 들어간다.

재흡수

3. 신호를 전달한 후 시냅스 간극으로 되돌아 온 신경전달물질 중 일부는 그 물질을 방출한 뉴런으로 흡수되고 나머지는 이 공간에서 분해된다.

받는 신경세포의 수용기 부위

종말단추

신경전달물질

그림 2.2 시냅스에서 벌어지는 신경세포 간 신호전달
신경세포 간 신호전달은 화학적으로 이루어진다. 그림에서 설명하였듯 이 화학적 신호전달은 세 단계를 거친다. (1) 종말단추에 도달한 전기적 신경반응이 시냅스 낭 속의 신경전달물질을 시냅스 간극에 방출시킨다. (2) 방출된 신경전달물질은 시냅스 간극을 건너 그다음 신경세포의 수상돌기와 세포체에 널려 있는 수용기 부위에 부착되어 신호를 전달한다. (3) 신경전달물질은 다시 시냅스 간극으로 돌아와 효소에 의해 분해되거나 종말단추로 되돌아가 재활용된다.

때문에 우리 몸속 혈액의 20%와 우리가 소비하는 칼로리의 20~30%를 뇌에서 사용할 것이다. 산소가 없으면 신경세포는 수분 내에 죽고 만다. 일을 많이 하는 신경세포일수록 더 많은 산소와 영양분을 필요로 한다. 뇌 영상을 만들어내는 여러 기법은 바로 이 사실을 기초로 개발되었다. 뇌 영상기법에도 여러 가지가 있는데, 여기서는 심리학 연구에 자주 이용되는 두 가지만 소개하기로 한다.

양전자방출단층촬영법(positron emission tomography, PET 스캔)에서는 먼저 몸에 해가 되지 않을 정도로 소량의 방사성 포도당을 혈류를 따라 주입한다. 이 포도당은 뇌에서 열심히 활동하는

양전자방출단층촬영법 방사성 포도당이 대사활동을 통해 변형되어 방출되는 양전자의 양을 측정하여 뇌 속 각 영역이 활동했던 정도를 시각화한 영상

싸구려
뇌
스캔

Tony Zuvela/Cartoonstock.com.

신경세포가 많은 곳으로 더 많이 흘러들어간다. 신경세포 속으로 들어간 포도당이 그 세포에 벌어진 대사활동에 의해 변형되면 양전자(방사성 물질에서 방출된 입자)가 방출된다. 이때 컴퓨터를 이용하여 방출된 양전자를 찾아내어 그 양을 측정한다. 측정 결과를 이미지로 바꾸면 활동이 왕성한 부분일수록 밝은색을 띤다. 따라서 PET 스캔을 이용하면 사람들이 특정 과제(예 : 읽기나 말하기)를 수행할 때 가장 활발하게 활동한 뇌의 부위가 어느 곳인지를 찾아낼 수 있다.

기능성자기공명영상법(functional magnetic resonance imaging, fMRI)으로 알려진 또 다른 뇌영상기법에서는 방사성 물질을 뇌에 주입하지 않는다. 그 대신 뇌의 각 부위에서 산소가 모이는 양을 측정한다. 활동이 많은 부위일수록 더 많은 산소를 필요로 할 것이고, 더 많은 양의 산소를 공급하기 위해서는 더 많은 양의 혈액이 그쪽으로 흘러들어야 한다. fMRI는 바로 이 부위를 찾아내어 이미지를 만든다. 따라서 fMRI는 뇌의 각 부위에서 벌어지는 혈류와 관련된 변화를 이미지 속 색깔의 차이로 나타낸다. PET 스캔처럼 fMRI도 뇌의 각 부위 및 위치에서 담당하는 기능을 밝혀내는 데 자주 이용된다. 실제로 fMRI가 PET보다 선호되는 이유는 방사능 물질을 투입하지 않아도 되고 또 이미지도 PET 이미지보다 선명하기 때문이다.

신경전달물질, 약물, 독물

우리 신경계에서 신경전달물질로 작용하는 화학물질은 50~100가지 정도이다 (Valenstein, 2005). 이 소절에서는 이들 중 가장 널리 알려진 7가지, 아세틸콜린, 도파민, 세로토닌, 노르에피네프린, GABA(gamma-aminobutyric acid), 글루탐산, 엔도르핀을 살펴보기로 하자. 먼저 이들 신경전달물질 각각이 중요하게 작용하는 행동 및 정신과정을 소개할 것이다. 시냅스에서 벌어지는 특정 신경전달물질의 신호전달 작용에 독물 및 약물이 영향을 미치는 방식을 예시하고, 특정 신경전달물질의 활동이 지나치거나 부족하여 질병 및 장애를 초래하는 방식을 설명할 것이다. 약물과 독물의 효과를 논의할 때는 작용제와 대항

기능성자기공명영상법 뇌 내 여러 영역의 활동 정도를 이들 각 영역에 모인 산소의 양을 측정하여 시각화한 영상

제를 구분할 것이다. **작용제**(agonist)는 신경전달물질의 활동을 증가시키는 약물이나 독물을 일컫고 **대항제**(antagonist)는 신경전달물질의 활동을 감소시키는 약물이나 독물을 일컫는다. 이들 약물 및 독물이 그 효과를 발휘하는 방식이 여러 가지라는 것도 알게 될 것이다.

> **작용제** 신경전달물질의 효과를 증가시키는 약물이나 독물
> **대항제** 신경전달물질의 효과를 감소시키는 약물이나 독물
> **아세틸콜린** 기억과 근육 움직임에 관여하는 신경전달물질

아세틸콜린 아세틸콜린(acetylcholine, ACh)은 학습, 기억, 근육 움직임에 관여하는 신경전달물이다. 뇌에 있는 ACh은 학습과 기억에 영향을 미친다. 알츠하이머병 환자들의 뇌 속에는 ACh의 양이 상대적으로 적은 편이다. 신경세포와 근육이 만나는 곳에서는 ACh이 근육을 수축시키는 작용을 한다. 그 덕분에 우리는 신체의 여러 부위를 움직일 수 있다. 근육 움직임에 관여하는 ACh의 역할을 보면 독물이 작용제 또는 대항제로 작용하여 신경전달물질의 활동에 영향을 미치는 방식을 어렵지 않게 이해할 수 있다. 독물 중에는 ACh이 유발하는 근육 수축작용을 방해함으로써 우리 몸을 마비시키는 것도 있다. 이들 독물 중 세 가지를 골라 각각이 어떻게 작용하기에 동일한 효과를 유발하는 방식이 서로 다른지를 살펴보기로 하자.

먼저 식중독을 유발하는 보툴리눔(botulinum) 독소를 고려해보자. 이 균은 ACh이 신경종말에서 근육으로 방출되는 일을 방해하는 대항제로 작용한다. 그 결과는 근육 마비로 이어진다. 따라서 치료를 하지 않으면 가슴과 횡격막이 마비되어 숨을 쉴 수 없게 되고 죽음을 맞게 된다. 얼굴의 주름살을 펴는 데 이용되는 '보톡스' 치료에는 이 독물을 극소량 이용하여 얼굴 근육을 마비시켜 주름이 생기지 않게 한다. 쿠라레(curare)는 남미 인디언들이 창끝과 화살촉에 발랐던 독물이다. 보툴리눔과 마찬가지로 쿠라레도 ACh 대항제이다. 이 독물은 ACh을 받아들여야 할 수용기 부위를 차지해버린다. 그 결과 ACh이 갈 곳이 없어지고 신호전달 기능을 수행할 수 없게 된다. 이로 인한 근육 마비 역시 죽음을 초래할 수도 있다. 또 다른 독물인 '검은 과부 거미'의 독물은 ACh 작용제로 작용하여 근육을 마비시켜 죽음을 유발하기도 한다. 검은 과부 거미의 독은 ACh 방출을 지속시켜 ACh이 시냅스에 넘쳐나게 만들어버린다. 처음에는 작용제로 활동하여 주체할 수 없는 발작성 몸놀림을 유발한다. 그러다가 ACh이 고갈되어 더 이상 방출되지 않으면 몸이 마비되어 죽음에 이른다. 그러나 이 거미의 독은 다른 곤충을 잡는 데 쓰이는 것이기 때문에 사람이 물려 죽는 일은 드물다.

도파민   도파민(dopamine)은 각성 및 기분, 사고, 그리고 몸놀림에 영향을 미치는 신경전달물질이다. 그 작용방식은 ACh의 작용방식과 판이하다. 뇌의 기저핵(이에 대해서는 나중에 논의할 것임)에 도파민 수준이 낮아지면 **파킨슨병**(Parkinson's disease)을 앓게 된다. 이 병은 근육이 떨리고 몸을 움직이기가 어려워지고 몸놀림 자체가 굳어지는 증상으로 나타난다. 의사들은 이 병을 치료하기 위해 도파민을 혈관으로 주입해 보았다. 그러나 이런 식으로는 치료를 할 수가 없었다. 도파민이 혈-뇌 장벽을 통과할 수 없었기 때문이다. **혈-뇌 장벽**(blood-brain barrier)이란 위험한 물질이 미세혈관을 통해 뇌로 들어가는 일을 예방하는 기제를 일컫는다. 그러나 파킨슨병을 치료할 수 있는 도파민과 같은 유용한 물질도 통과시키지 않는 단점도 있다. 다행히 도파민 합성에 필요한 **L-도파**(L-dopa)는 이 장벽을 통과할 수 있기 때문에 이 물질이 파킨슨병 치료제로 이용되었다. 도파민 선구물질을 가진 L-도파가 혈-뇌 장벽을 통과한 후에는 도파민으로 변하게 된다. 그리하여 도파민 생성이 증가한다. 그러니까 L-도파는 도파민 작용제인 셈이다. 그러나 문제는 L-도파가 파킨슨병을 앓는 모든 환자에게 효과가 있는 것도 아니고 효과가 있는 환자들도 오래 사용하면 그 약효가 떨어진다는 데 있다.

또 다른 문제는 L-도파의 부작용으로 조현병과 유사한 증상이 나타난다는 점이다. 조현병이란 현실감 상실, 환상이나 망상, 주의결핍 같은 지각 및 인지 기능의 결손을 그 대표적 증상으로 하는 정신장애이다. 조현병은 도파민 활동이 지나쳐서 발생하는 병이며, 도파민은 사고활동에 영향을 미치는 신경전달물질이라는 사실을 감안하면, 이런 부작용은 일어날 수밖에 없는 현상이다. 사실 전통적 조현병 치료제는 도파민 수용기를 모두 차단하여 도파민의 활동을 줄여주는 도파민 대항제로 작용하였다. 역으로 조현병 치료제의 부작용은 파킨슨병을 닮은 몸놀림의 어눌함을 초래하였다. 그 이유는 이 약물의 효과가 강력하여 기저핵이 관여하는 몸놀림 시스템의 도파민 활동을 줄여버렸기 때문으로 풀이된다.

도파민 주의, 사고과정, 보상중추 및 몸놀림에 관여하는 신경전달물질

파킨슨병 몸놀림의 어려움이 주된 증상으로 기저핵에서 벌어지는 도파민의 활동이 부족하여 발생하는 질환

혈-뇌 장벽 위험한 물질이 미세혈관을 통해 뇌에 잠입하는 것을 예방하는 기제

L-도파 파킨슨병을 치료하기 위해 개발된 도파민 선구물질을 포함하는 약물로 뇌에 들어간 후 도파민으로 변화됨

암페타민(amphetamine)이나 코카인 같은 중독성 약물의 효과는 도파민이 각성 및 기분상태에도 관여한다는 증거이다. 암페타민은 축삭종말에서 도파민 방출을 조장하여 시냅스에서 활동하는 도파민의 양을 증가시킨다. 코카인은 시냅스에 방출된 도파민이 재흡수되는 일을 방해함으로써 시냅스에서의 도파민 활동을 증가시킨다. 그 결과 시냅스에 방출된 도파민의 활동이 정상보다 더 오래 지속된다. 문제는 도파민 활동이 증가하여 평상시보다 높아

진 기분 좋은 상태가 잠시 지속되고 나면 도파민이 고갈되어 기분이 갑자기 '추락하는' 상태가 발생한다는 점이다. 이들 중독성 자극제(약물)가 기분에 미치는 효과는 뇌의 보상중추에서 일어나는 도파민의 활동이 높아지기 때문에 발생하는 것으로 해석된다. 진통제, 카페인, 니코틴 같은 다른 중독성 약물도 바로 이 보상중추의 도파민 활동수준을 높인다.

세로토닌과 노르에피네프린 코카인은 도파민 작용을 증가시킬 뿐 아니라 세로토닌과 노르에피네프린이 재흡수되는 일도 차단한다. **세로토닌**(serotonin)과 **노르에피네프린**(norepinephrine)은 각성수준, 기분, 수면, 그리고 섭식행동에 관여한다. 이 두 신경전달물질은 우울증과 같은 기분장애에 주된 역할을 담당한다. 가장 잘 알려져 있고 가장 널리 처방되는 항우울제인 프로작(Prozac), 팍실(Paxil), 졸로프트(Zoloft)는 **선별적 세로토닌 재흡수 억제제**(selective serotonin reuptake inhibitor, SSRI)로 작용한다. 이들 약물은 말 그대로 세로토닌의 재흡수만을 억제함으로써 세로토닌 작용제 효과를 발휘한다. SSRI는 코카인과는 달리 재흡수를 부분적으로 차단하기 때문에 세로토닌을 고갈시키지는 못하며, 따라서 급작스러운 기분의 '추락'도 발생하지 않는다. 심볼타(Cymbalta), 프리스틱(Pristiq), 이펙소어(Effexor) 같은 항우울제는 세로토닌은 물론 노르에피네프린의 재흡수까지 차단한다. 따라서 이들 약물을 **선별적 세로토닌-노르에피네프린 재흡수 억제제**(selective serotoninand norepinephrine reuptake inhibitor, SSNRI)라 한다. SSRI, SSNRI, 그리고 다른 항우울제에 관한 더 자세한 논의는 제10장의 생의학적 치료법을 다룰 때 소개할 것이다.

GABA와 글루탐산 **GABA**(gamma-aminobutyric acid)는 신경계에서 주된 억제성 신경전달물질이다. 그 일차적 기능은 뇌의 각성수준을 일정한 수준으로 유지하는 일이다. GABA는 자동차의 브레이크와 같이 정신활동이나 행동이 점검되지 않은 채 진행되는 일을 예방한다. 예컨대 각성 및 불안수준을 낮추어 주며 몸놀림의 조절을 돕는다. 항불안제(진정제)는 GABA 작용제로 GABA의 활동을 높임으로써 불안을 감소시킨다. GABA의 활동이 없어지면 간질이 발생하기도 한다. 간질이란 주체할 수 없는 몸놀림이나 발작을 유발하는 뇌장애의 일종이다. 발륨(Valium)과 리브륨

세로토닌, 노르에피네프린 각성/흥분 수준과 기분에 관여하는 신경전달물질

선별적 세로토닌 재흡수 억제제 세로토닌의 재흡수를 차단함으로써 세로토닌 작용제 효과를 나타내는 약물

선별적 세로토닌-노르에피네프린 재흡수 억제제 세로토닌과 노르에피네프린의 재흡수를 선택적으로 차단함으로써 작용제 효과를 나타내는 항우울제

GABA 각성 및 불안수준을 낮추고 몸놀림 조절에 관여하는 대표적인 억제성 신경전달물질

(Librium) 같은 진정제가 간질발작을 차단하는 것으로 밝혀짐에 따라 이들 진정제가 간질병 치료제로 이용되기도 한다.

글루탐산(glutamate)은 신경계에서 주된 흥분성 신경전달물질이다. 글루탐산은 기억과 통증 지각에 관여하는 것으로 알려져 있다. 그러나 글루탐산의 활동이 지나치면 신경세포가 죽어버리는 일이 벌어지기도 한다. 예컨대 뇌졸중은 글루탐산 시냅스에 과도한 자극을 유발하여 결국에는 신경세포 자체를 죽게 만든다. 글루탐산 활동의 결함도 문제를 유발한다. 글루탐산의 수준이 너무 낮아지면 혼수상태에 빠지기도 한다. 글루탐산 활동수준의 비정상이 조현병의 신경화학적 작용에 핵심적인 역할을 하는 것으로 밝혀졌다(Goff & Coyle, 2001; Javitt & Coyle, 2007). 따라서 일부 제약회사에서는 글루탐산의 활동에 영향을 미치는 정신병 치료제가 조현병에 미치는 효과를 검토하고 있다(Papanastasiou, Stone, & Shergill, 2013; Stone, 2011).

엔도르핀 **엔도르핀**(endorphin)은 쾌감 및 통증 감소에 관여하는 일군의 신경전달물질이다. 이들은 신경계에서 자연적으로 생성되는 통증 제거제로 알려져 있다. 엔도르핀이 방출되면 우리는 고통을 적게 느끼고 도취감에 빠지게 된다. 따라서 마라톤을 한 후에는 핏속의 엔도르핀 수준이 평상시보다 높아진다는 점(Mahler, Cunningham, Skrinar, Kraemer, & Colice, 1989)을 감안하면, 마라톤을 한 후 고통이 아닌 즐거움을 느낀다는 이야기도 쉽게 이해된다. 모르핀과 헤로인 같은 통증 제거제는 엔도르핀 수용기에 부착되어 엔도르핀 활동을 강화시키는 엔도르핀 작용제이다(Pert & Snyder, 1973). (영어에서 '엔도르핀'은 '내생 모르핀'을 뜻한다.) 이들 통증 제거제는 뇌의 보상 중추를 자극함으로써 도파민 방출을 조장하기도 한다.

통증을 줄이는 위약효과의 생물학적 설명을 가능하게 하는 것도 엔도르핀이다. 이미 알고 있겠지만 위약이란 약물 효력이 없는 불활성 물질이다. 위약을 먹고서도 진짜약을 복용한 것으로 착각하는 사람의 맘속에 약을 먹었으니 상태가 호전될 것이라는 기대가 형성되자 그 기대에 의해 엔도르핀이 방출되었고, 그 결과 실제로 통증이 감소하게 되었다는 설명이 가능해진다. 이와 비슷한 논리를 이용하면 침술로 통증이 제거되는 현상까지 설명된다(Pert, 1997).

표 2.1에는 이상에서 소개한 신경전달물질에 관한 내용이 요약되어 있다. 이들 신경전달물질이 주된 역할을 수행하는 행동 및 정신활동도 함께 소개되어 있다.

Frank and Ernest

표 2.1	신경전달물질과 그 기능의 일부
신경전달물질	관여하는 일
아세틸콜린(ACh)	학습, 기억, 근육 놀림
도파민(DA)	각성/흥분 및 기분상태, 사고과정, 신체 움직임
세로토닌, 노르에피네프린	각성/흥분 및 기분상태, 수면, 섭식행동
GABA(주요 억제성 물질)	각성/흥분 및 불안 감소
글루탐산(주요 흥분성 물질)	기억 저장, 통증 지각, 뇌졸중, 조현병(정신분열증)
엔도르핀	통증 완화 및 쾌감 유발

요약

이 절에서는 신경계를 구성하는 기본 단위인 신경세포가 작동하는 방식과 그들 간 신호전달 방식을 소개하였다. 신호전달에는 신경세포의 수상돌기와 세포체 그리고 축삭이 모두 관여한다. 수상돌기는 다른 신경세포로부터 신호를 받아들여 그 신호를 세포체로 보내고, 세포체는 받아들인 신호를 다음 신경세포로 전달할 것인지 말 것인지를 결정한다. 전달해야 한다는 결정이 나면 전기적 반응이 생성되고, 그렇게 생성된 반응은 축삭을 따라 축삭종말로 전도된다. 신호(반응)가 축삭종말에 도달하면 거기에 있던 신경전달물질이 시냅스 간극으로 방출되어, 그 신호를 다음 신경세포로 전달한다. 신호전달 임무를 완수한 신경전달물질은 분해되거나 방출되었던 축삭종말로 재흡수되어 재활용된다. 이러한 전기화학적 작용 덕분에 신경계 내에서의 신호 전달 및 신호 통합이 가능해지고, 그 결과 우리는 지각, 기억, 사고는 물론 몸놀림까지 마음대로 할 수 있게 되는 것이다. 교세포는 이러한 정보전달 과정이 원활하게 이루어지도록 돕는 일을 한다.

　우리가 행하는 행동 및 정신과정의 여러 측면에 많은 영향력을 행사하는 주요 신경전달물질 7가지로 아세틸콜린(ACh), 도파민, 세로토닌, 노르에피네프린, GABA, 글루탐산, 엔도르핀이 소개되었다. 우리를 괴롭히는 장애나 질환 중 일부는 특정 신경전달물질의 활동수준이 지나치게 높거나 낮아서 발생한다. 그리고 약물이나 독물은 특정 신경전달물질의 작용제 또는 대항제로 작용함으로써 그 효력을 발휘한다.

작용제는 신경전달물질의 활동을 증가시키고 대항제는 신경전달물질의 활동을 감소시킨다. 우리가 행하는 모든 행동과 정신활동은 이러한 신경화학적 작용을 기초로 이루어진다. 그러나 우리는 신경세포들 사이에서 벌어지는 이러한 화학적 활동은 의식하지 못하고 다만 그 결과(행동 및 정신활동)만을 의식한다. 다음 절에서는 신경계를 보다 거시적인 수준에서 중추신경계와 말초신경계로 대분하여 검토할 것이다. 더불어 우리 신체 내에 있는 또 다른 신호전달 장치인 내분비 시스템도 소개할 것이다.

- 신경세포를 미시적 의사결정 장치로 간주할 수 있는 이유를 설명하라.
- 왜 수초로 덮인 축삭의 신경반응이 무수초 축삭의 신경반응보다 빠르게 전도되는지를 설명하라.
- 신경전달물질의 재흡수를 차단하는 약물이 작용제로 간주되는 이유를 설명하라.
- 파킨슨병의 치료제인 L-도파의 부작용이 조현병 증상으로 나타나는 이유와 전통적 정신병 치료제의 부작용이 파킨슨병 증상으로 나타나는 이유를 설명하라.

신경계와 내분비계

이 절에서는 신경계와 신체 내의 또 다른 커뮤니케이션 시스템인 내분비계를 소개한다. 신경계에서 발견되는 세 가지 신경세포에 관해서도 논의할 것이다. 그림 2.3은 신경계를 주요 부위로 나누어 놓은 것이다. 신경계는 뇌와 척수로 구성된 **중추신경계**(central nervous system, CNS)와 뇌와 척수를 제외한 나머지 신경세포로 구성된 **말초신경계**(peripheral nervous system, PNS)로 나뉜다. 말초신경계는 감각수용기, 근육, 내분비샘을 중추신경계와 연결시키는 역할을 맡고 있다. 말초신경계의 일부인 자율신경계는 정서경험에 중요한 역할을 수행한다. 이들 역할에 대한 보다 자세한 것은 신경계와 그 구성요소, 그리고 내분비계의 일반적 특성을 소개한 다음에 설명하기로 한다.

신경계에는 세 가지 신경세포가 있다. 중추신경계 내에만 존재하는 **사이신경세포**(inter neuron)는 중추신경계 내의 정보가 신경세포들끼리의 커뮤니케이션을 통해 통합되는 일을 돕는다. 척수에서는 감각신경과 운동신경 사이의 커뮤니케이션에 개입하기도 한다. **감각신경세포**(sensory neuron)는 감각수용기(예 : 눈에 있는 간상체와 추상체)와 근육 그리고 내분비샘의 정보를 중추신경계로 전달하며, **운동신경세포**(motor neuron)는 중추신경계의 운동명령을 체내의 곳곳으로 전달한다. 감각신경세포의 다발을 통

중추신경계 뇌와 척수

말초신경계 중추신경계를 신체의 수용기와 근육 및 내분비샘과 연결하는 신경

사이신경세포 중추신경계 내에서 정보를 통합하는 신경세포

감각신경세포 감각수용기, 근육 및 내분비샘에서 중추신경계로 정보를 전달하는 말초신경계의 신경세포

운동신경세포 중추신경계의 운동명령을 신체로 전달하는 말초신경계의 신경세포

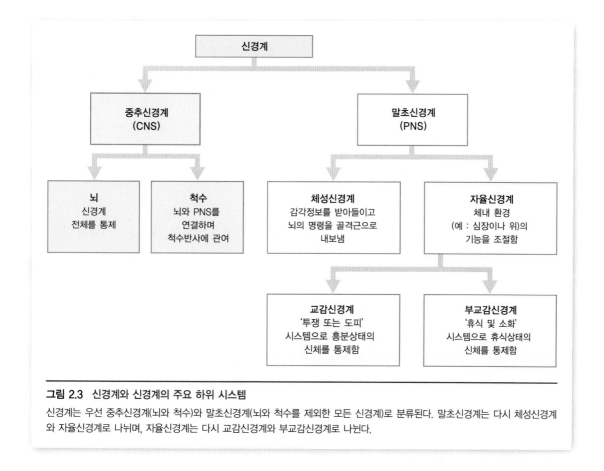

그림 2.3 신경계와 신경계의 주요 하위 시스템
신경계는 우선 중추신경계(뇌와 척수)와 말초신경계(뇌와 척수를 제외한 모든 신경계)로 분류된다. 말초신경계는 다시 체성신경계
와 자율신경계로 나뉘며, 자율신경계는 다시 교감신경계와 부교감신경계로 나뉜다.

틀어 감각신경이라 하는데, 대부분의 감각신경은 척수를 거쳐 중추신경계로 들어오지
만, 일부는 척수를 거치지 않고 두개골에 난 구멍을 통해 들어오기도 한다. 그리고 운동
신경세포의 다발을 통틀어 운동신경이라 하며, 운동신경은 주로 척수를 거쳐서 중추신
경계를 빠져나가거나 머리에서는 두개골에 난 구멍을 통해 곧바로 나가기도 한다. 이제
이들 신경세포가 수행하는 역할을 살펴보기로 하자. 중추신경계와 척수의 역할부터 살
펴본다.

중추신경계

중추신경계를 구성하는 뇌와 척수는 둘 다 뼈의 보호를 받고 있다. 뇌는 두개골 속에
들어 있고 척수는 척추로 둘러싸여 있다. 이 둘은 뇌수액에 둘러싸여 또 한 번의 보호
를 받는다. 여기서는 척수의 역할만 논의하고 뇌의 역할은 이 장의 마지막 부분에서 논
의하기로 한다.

척수 뇌와 말초신경계 사이에서 들어오는 감각정보와 나가는 몸놀림 명령을 전달하는 경로

척수반사 무릎반사와 같이 뇌의 관여 없이 척수에서만 벌어지는 자율활동

체성/골격신경계 감각입력을 중추신경계로 전달하고 중추신경계로부터 근육 움직임 명령을 골격근으로 내보내는 말초신경계의 일부

뇌 자락에서 목과 척추의 중앙을 따라 내려가는 **척수**(spinal cord)는 두 가지 주요 기능을 수행한다. 첫째는 감각기관을 통해 들어오는 감각정보를 받아들이고 체내의 근육으로 내려가는 운동 명령을 내보내는 통로의 기능이다. 이 때문에 척수가 손상되면 사지가 마비되며 호흡 곤란을 일으키기도 한다. 척수의 두 번째 기능은 척수반사이다. **척수반사**(spinal reflex)는 뇌의 관여 없이 일어나는 자율활동으로 무릎반사를 그 좋은 예로 꼽을 수 있다. 무릎을 가볍게 두드리면 정강이가 앞으로 들리는 이 반사행동에는 감각신경과 운동신경만 관여한다. 무릎반사는 아무런 소용이 없어 보이지만 자세를 바로잡을 때와 물건을 들어 올릴 때는 중요한 역할을 수행하는 뻗침(stretching) 반사에 해당한다.

하지만 대부분의 척수반사는 사이신경세포의 개입으로 이루어진다. 감각신경세포는 척수에서 사이신경세포와 연결되고, 그런 다음 운동신경세포와 연결된다. 감각정보는 사이신경세포를 통해 뇌에까지 전달되지만 대부분의 경우 뇌는 반사행동에 개입하지 않는다. 이러한 척수반사의 대표적 예로 움츠림(withdrawal) 반사를 들 수 있다. 우리 몸은 몹시 뜨거운 또는 고통스러운 것에 닿으면 순간적으로 움츠리며 그 대상에서 떨어진다. 이런 반사행동이 즉시 일어날 수 있는 것은 뇌가 개입을 하지 않기 때문이다. 물론 뇌가 개입하여 척수반사를 중지시킬 수는 있지만 일반적으로 뇌는 그런 간섭을 하지 않는다.

뇌는 모든 신경계를 관장하는 통제센터로 작용한다. 그러나 바깥세상과 신체활동에 관한 정보를 제공하는 기관과 뇌가 내리는 명령을 이행할 기관이 없으면 뇌도 그 역할을 수행할 수가 없다. 그럼 뇌가 필요로 하는 이러한 지지기능을 수행하는 말초신경계부터 살펴보기로 하자.

말초신경계

말초신경계는 신체 내외의 환경 변화에 관한 정보를 모으는 역할과 뇌에서 내리는 명령을 신체의 곳곳으로 전달하는 통로 역할을 한다. 정보 모음은 감각신경을 통해 이루어지고 명령 전달은 운동신경을 통해 이루어진다. 그리고 이 과제는 말초신경계를 구성하는 체성/골격신경계와 자율신경계의 협력으로 수행된다.

체성/골격신경계(somatic/skeletal nervous system)는 수용기에서 수집한 감각정보를 뇌로 전달하며, 몸놀림을 통제하기 위해 뇌에서 골격근으로 하달하는 명령을 전달

하기도 한다. 골격근이란 팔과 다리의 근육 등 뼈에 부착된 근육
을 일컫는다. 이들 근육 움직임에 주로 관여하는 신경전달물질이
아세틸콜린(ACh)이라는 점은 이미 언급한 바 있다. **자율신경계**
(autonomic nervous system)는 신체의 내부 환경(내분비샘과 위,
폐, 심장 같은 기관)의 기능을 조절한다. 체성/골격신경계의 활동
은 수의적인 것으로 간주되는데 반해, 자율신경계의 활동은 대개

불수의적인 것으로 간주된다. 심장박동이나 호흡 그리고 소화 같은 내적 기능은 자율
신경계에 의해 자동으로 조절된다는 뜻이다. 그리고 이 때문에 우리는 자율신경계가
하는 일을 거의 의식하지 못한다.

자율신경계는 다시 교감신경계와 부교감신경계로 나뉜다. 평상시에는 이 두 신경
계가 협력하여 우리 신체의 내적 상태를 일정하게 유지한다. 그러나 긴급상황에서처
럼 흥분된 상태에서 방어행동을 해야 하는 조건에서는 **교감신경계**(sympathetic nervous
system)가 통제권을 잡는다. 그리고 긴급상황이 해제되어 신체를 흥분이 가라앉은 정상
적인 상태로 되돌려 놓을 때는 통제권이 **부교감신경계**(parasympathetic nervous system)
로 넘어 온다. 표 2.2는 이 두 자율신경계가 내분비샘과 근육에 미치는 영향 중 일부를
소개하고 있다. 일반적으로 교감신경계는 에너지를 소비하는 쪽으로 작동하며 부교감
신경계는 에너지를 비축하는 쪽으로 작동한다. 내분비샘과 체내 기관 각각에는 이 두

표 2.2 교감신경계와 부교감신경계의 기능 중 일부	
교감신경계	부교감신경계
동공 확대	동공 수축
혈관 수축	혈관 확대
심장박동률 증가	심장박동률 감소
호흡률 증가	호흡률 감소
타액분비 억제	타액분비 활성화
소화 억제	소화 촉진
땀샘 활성화	땀샘 억압

자율신경계를 구성하는 교감신경계와 부교감신경계는 서로 협력하여 심장이나 위 그리고 내분비샘의 활동 같은 신체
내적 기능을 조절한다. 일반적으로 교감신경계는 몸의 각성수준을 높여 에너지를 소비하는 작용을 하고, 부교감신경계
는 몸의 흥분상태를 가라앉힘으로써 에너지를 비축하는 작용을 한다.

신경계 모두가 연결되어 있다. 하지만 대개의 경우 이들 두 신경계는 상반되는 효과를 낳는다. 예를 들어 교감신경계는 동공을 확장시키고 심장박동률을 높이며 소화를 억제하는데 반해, 부교감신경계는 동공을 수축시키고 심장박동률을 낮추며 소화를 촉진시킨다. 이러한 활동을 기초로 사람들은 교감신경계를 일컬어 '투쟁 또는 도피' 시스템(fight or flight system)이라고 한다. 긴급상황에 처했을 때 싸움 또는 도망에 필요한 준비태세를 갖추는 것이 교감신경계라는 뜻이다. 이에 반해 부교감신경계는 '휴식 및 소화' 시스템(rest and digest system)이라고 한다(Dowling, 1998).

내분비계

신체 내부에 있는 또 다른 커뮤니케이션 시스템인 **내분비계**(endocrine glandular system)는 신경계가 아니다. 신경계와 내분비계는 서로 연결된 상태에서 신체 내적 기능을 정상적으로 유지시킨다. 내분비계는 자율신경과 함께 스트레스에 반응하며, 성행동 및 섭식행동 같은 원초적 행동 그리고 신진대사, 생식 및 성장 같은 정상적 신체 기능에도 중요한 역할을 수행한다.

　내분비계의 커뮤니케이션은 혈류 속 전령을 통해 이루어진다. 내분비샘은 체내의 화학물질을 혈류에다 분비한다. 이에 반해 외분비샘은 땀이나 눈물 같은 물질을 신체 밖으로 분비한다. 내분비샘에서 분비되는 화학물질을 호르몬이라 한다. 따라서 **호르몬**(hormone)은 내분비샘에서 방출되어 혈관을 따라 체내의 표적 위치로 흘러가는 화학적 전령인 셈이다. 부신에서 방출되는 아드레날린이나 노르아드레날린 같은 호르몬은 각각 에피네프린이나 노르에피네프린 같은 신경전달물질과 흡사하다. 그러나 신경전달물질은 표적 신경세포가 있는 곳에서 방출되는데 반해, 호르몬은 피 속에 방출되고 혈류를 따라 표적 위치로 흘러간다. 예를 들어 남성 호르몬인 테스토스테론은 남성 성샘에서 분비되어 혈관을 따라 그 표적이 있는 얼굴로 올라가 수염이 자라도록 한다.

내분비계 호르몬을 혈관에 방출시켜 그 목적을 달성하는 신체 내의 또 다른 커뮤니케이션 시스템

호르몬 내분비샘에서 분비되어 혈관을 따라 이동하는 전령 역할을 수행하는 화학물질

뇌하수체 내분비계에서 가장 영향력이 큰 내분비샘으로 주로 성장 호르몬과 다른 내분비샘을 자극하는 호르몬을 방출함

　내분비계는 그와 연결된 시상하부(뇌의 일부인데 나중에 소개됨)의 통제를 받는다. 뇌의 일부인 시상하부는 내분비계에서 영향력이 가장 큰 뇌하수체를 통제한다. **뇌하수체**(pituitary gland)는 성장에 필수적인 성장 호르몬을 분비하며 다른 내분비샘을 자극하는 호르몬도 분비한다. 이를테면 남성 호르몬인 테스토스테론을 방출케 하기 위해 남성 성샘을 자극하는 것도 뇌하수체이다. 뇌의 기저 가까이 위치한 뇌하수체는 내분비계의 수장 역할을 맡

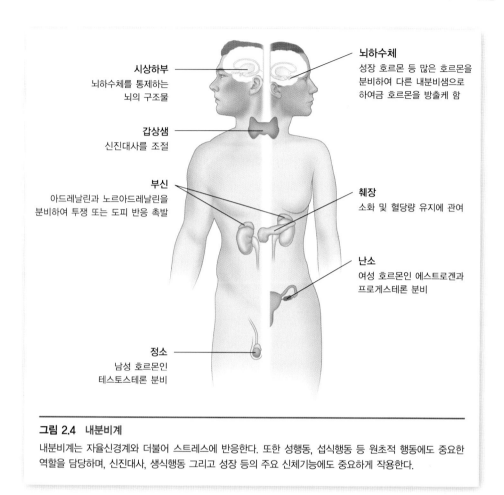

시상하부
뇌하수체를 통제하는
뇌의 구조물

뇌하수체
성장 호르몬 등 많은 호르몬을
분비하여 다른 내분비샘으로
하여금 호르몬을 방출케 함

갑상샘
신진대사를 조절

부신
아드레날린과 노르아드레날린을
분비하여 투쟁 또는 도피 반응 촉발

췌장
소화 및 혈당량 유지에 관여

난소
여성 호르몬인 에스트로겐과
프로게스테론 분비

정소
남성 호르몬인
테스토스테론 분비

그림 2.4 내분비계
내분비계는 자율신경계와 더불어 스트레스에 반응한다. 또한 성행동, 섭식행동 등 원초적 행동에도 중요한
역할을 담당하며, 신진대사, 생식행동 그리고 성장 등의 주요 신체기능에도 중요하게 작용한다.

고 있기 때문에 '주샘(master gland)'이라고도 한다. 이처럼 시상하부는 뇌하수체를 통
제함으로써 내분비계를 조절한다.

갑상샘이나 부신, 췌장, 성샘/생식샘 등 다른 내분비샘은 체내의 이곳저곳에 위치한
다. 인간의 성장 및 성숙에 영향을 미치는 갑상샘은 목에 위치한다. 신진대사에 관여하
며 자율신경계의 명령에 따라 '투쟁 또는 도피' 반응 촉발을 돕는 부신은 신장/콩팥 위
에 위치한다. 신장 사이에 위치한 췌장은 소화 및 혈당량 유지에 관여한다. 고환과 난
소는 성 호르몬을 분비한다. 그림 2.4는 주요 내분비샘과 그들의 기능을 보여준다.

정서와 자율신경계

사람들은 누구나 화를 내고, 두려워하고, 즐거워하고, 사랑하고, 미워하는 등 많은 정
서를 경험하며 살아간다. 정서가 우리의 삶에 중요한 부분을 차지한다는 데는 이견이

없다. 이러한 정서를 경험하고 표현하는 일에 중요한 역할을 맡고 있는 것이 자율신경계 중에서도 특히 교감신경계이다. 긴장감이 고조된 상태 그리고 다양한 정서와 함께 생겨나는 신체적 느낌을 상상해보자. 혈압이 높아지는 것, 심장이 뛰는 것, 몸이 떨리는 것, 또는 숨이 차는 것을 느낄 수도 있을 것이다. 이러한 신체적 변화와 느낌은 자율신경계의 활동에서 비롯된다. 우리의 몸은 자율신경계의 이러한 활동을 통해 정서적으로 반응할 태세를 갖추게 된다. 그럼 정서란 도대체 무엇이며 어떻게 유발되는 것일까?

정서의 구성요소 세 가지 심리학자들은 **정서**(emotion)를 다음 세 가지 요소로 구성된 복합적인 마음상태라고 정의한다. (1) 신체적 요소 : 자율신경계의 작용으로 고조된 생리적 상태, (2) 행동적 요소 : 몸놀림과 얼굴표정 등의 외현적 표현, (3) 인지적 요소 : 우리가 처한 장면에 대한 평가, 이 평가에 의해 우리가 경험하는 정서의 종류와 강도가 결정된다.

먼저 정서의 신체적 요소부터 고려해보자. 정서를 야기하는 상황에 처하면 자율신경계의 작용에 의해 생리적인 흥분/각성이 높아진다. 교감신경계는 '투쟁 또는 도피' 상태에 돌입하며, 그에 따라 심장박동과 호흡이 빨라지고, 혈압이 올라가며, 땀을 흘리게 되고, 동공이 커지며, 사지가 떨리고, 소화 활동이 중단되는 등등의 일이 벌어진다. 이런 흥분/각성 상태는 그 장면에 적절한 정서반응(예 : 위협으로부터의 도피, 연인과의 포옹, 친구의 농담에 박장대소)을 일으킬 채비인 셈이다. 정서가 달라짐에 따라 자율신경계의 각성/흥분 양상도 미묘하게 달라진다(Levenson, 1992). 정서가 달라짐에 따라 그 상태를 묘사하는 말이 달라지는 것은 이들 정서에 상응하는 자율신경계의 흥분/각성 양상이 다름을 반영한다(Oatley & Duncan, 1994). 예를 들어 화가 나면 '속에 불이 난다'고 말하고, 두려울 때는 '발이 얼어붙었다'고 말하는데, 이런 표현은 이들 정서를 경험할 때 나타나는 체내의 온도변화와 일치한다. 즉, 화가 날 때는 체온이 평상시보다 높아지며, 두려울 때는 평상시보다 낮아진다.

정서의 행동적 요소는 체성신경계의 산물이다. 체성신경계는 정서의 비언어적 표현 행동을 가능하게 한다. 미소나 찡그림 같은 얼굴표정, 제스처 같은 몸놀림, 주먹을 불끈 쥐는 등의 행동이 이런 표현 행동에 속한다. 어떤 정서학자는 안면 피드백 가설, 즉

정서 생리적 각성, 행동적 표현, 상황에 대한 인지적 평가 등이 복합적으로 관여하는 마음상태

우리의 뇌는 얼굴 근육에서 뇌로 전달되는 신호를 기초로 우리가 경험하는 정서가 어떤 정서인지를 알아차린다고 주장한다(Izard, 1990; Soussignan, 2002; Wagenmakers et al., 2016). 구체적으로

가슴 깊이 사랑하면서도 오랫동안 만나지 못했던 사람을 만나면 우리는 자동적으로 미소를 머금게 되며, 이때 일어나는 얼굴 근육의 변화가 뇌로 전달되고, 뇌에서는 이 변화를 기초로 우리가 어떤 정서를 표출하고 있는지를 알게 된다는 주장이다. 실제로 다른 사람의 얼굴표정을 보면, 우리 자신의 얼굴 근육이 그 표정에 맞추어 변하기도 한다(Dinberg & Ihunberg, 1998). 웃는 얼굴을 보면 우리도 웃게 된다는 뜻이다. 얼굴 근육뿐만 아니라 모든 운동신경계에서 뇌로 신호를 보내어 정서에 대한 인지적 요소에 기여한다.

인지적 요소는 우리가 처한 장면에 대한 평가를 통해 우리가 경험하는 정서가 어떤 정서인지를 깨닫게 되는 과정을 일컫는다. 우리는 우리가 처한 장면 속에서 신체의 생리적 흥분/각성과 행동반응을 인지하고는 기억 속에 저장해뒀던 정서에 관한 지식을 이용하여 현재 우리가 경험하고 있는 정서가 어떤 정서인지를 결정한다. 예를 들어 손에 땀이 나고, 가슴이 답답하며, 입안이 바싹 말라가는 이 순간이 대중 앞에서 연설을 하기 위해 연단에 올라서는 순간이라면, 우리의 뇌는 이 모든 변화를 종합하여 지금 내가 극도로 두려워하고 있구나! 라는 결론을 내리게 된다는 주장이다.

아래에서 주요 정서 이론 몇 가지를 소개할 때 우리의 정서경험이 창출되는 방식이 이러한 정서의 인지적 요소가 정서의 행동적 요소 및 신체적 요소와의 상호작용을 통해 결정된다고 주장하는 이론도 고려될 것이다.

정서 이론　지난 한 세기 동안 정서를 설명하기 위한 많은 이론이 제안되었다. 그중에서 제임스-랑게 이론과 캐넌-바드 이론 그리고 샥터-싱어 이론 등 세 가지만 고려하기로 한다.

이들 이론의 차이점을 부각시키기 위해 정서에 대한 보통 사람들의 생각(상식)부터 고려하기로 한다. 일반인의 상식에 의하면 정서라는 반응은 자극에 대한 주관적 경험(느낌)에서 시작하여 생리적 흥분/각성이 야기되고 그런 후 행동반응이 일어난다. 예를 들어 깊은 산속에서 곰(정서를 유발하는 자극)을 만났다고 하자. 그러면 우리는 위험한 상황임을 인지하고 두려움이라는 정서적 반응을 보이게 된다. 이 두려움이라는 주관적 경험/느낌이 자율신경계를 자극하여 심장박동은 빨라지고, 입은 마르게 하는 등의 신체적/생리적 변화를 유발한다. 그러고는 서서히 뒤로 물러서는 행동적 반응을 유발한다는 것이 보통 사람들의 생각이다. (곰을 만났을 때 도망치는 건 곰의 추적본능을 자극하는 것이다.) 이런 상식적 설명에 따르면 이때 벌어지는 사건의 순서는 다음과 같다. 두려움을 먼저 느끼면(주관적 경험), 생리적 흥분이 일어나고, 뒤이어 적절한 반응(행동)이 나타난다. 다시 말해 두렵기 때문에 가슴이 두근거리고 식은땀을 흘리면서 뒤로 물러선다는 생각이다.

미국 심리학자 윌리엄 제임스와 덴마크 심리학자 칼 랑게는 최초 정서 이론 중 하나를 개발하였다(Lange & James, 1922). 그들은 정서반응에서 일어나는 사건의 순서가 일반인의 상식과는 다르다고 주장하였다. 그들은 정서적 느낌(즉, 주관적 경험)이 생리적 각성/흥분 및 행동적 반응에 앞서는 것이 아니라 뒤따른다고 주장했다. **제임스-랑게 이론**(James-Lange theory)에서는 생리적 각성/흥분과 뒷걸음질은 곰과의 만남(자극)에 대한 반응이고, 두려움은 이러한 생리적 반응과 행동적 반응을 해석한 결과라고 주장한다. 즉, 곰을 보는 순간 우리는 사지가 후들거리고 등골이 젖으며 심장은 쿵쿵거리고 다리는 뒤로 물러서는 행동을 하게 되는데, 바로 이러한 신체 내외의 변화 때문에 우리는 우리가 두려워하고 있다는 느낌을 갖게 된다는 뜻이다. 한마디로 주관적 경험인 느낌은 생리적 흥분과 행동적 반응 때문에 일어난다는 주장이다. 구체적으로 어떤 느낌을 경험하게 되는지는 그때 전개되는 생리적 흥분/각성과 행동적 반응양상에 따라 달라진다는 것이 이 이론의 가정이다.

자율신경계의 기능을 찾아내는 데 가장 큰 공을 세운 생리학자 월터 캐넌은 정서에서 생리적 흥분/각성이 맡은 역할을 다르게 생각하였다. 그와 또 한 사람의 생리학자 필립 바드는 **캐넌-바드 이론**(Cannon-Bard theory)을 개발하였다(Bard, 1934; Cannon, 1927). 이 이론은 정서를 유발하는 자극이 다른데도 그들 자극에 대한 생리적 반응은 너무 흡사하기 때문에 생리적 반응의 차이가 정서경험의 차이로 이어지는 일은 있을 수 없는 일이라고 주장한다. 그 대신 정서 유발 자극(예 : 곰)이 보내는 신호는 말초신경계와 뇌에 동시에 전달된다고 주장한다. 말초신경계 중 자율신경계로 전달된 신호는 생리적 각성/흥분(예 : 심박률 증가)을 유발하고, 운동신경계로 전달된 신호는 행동적 반응(예 : 물러나는 반응)을 야기하며, 뇌로 전달된 신호는 주관적 느낌(예 : 두려움)을 초래한다고 보았다. 이들 세 가지 반응이 모두 동시에 그리고 상호 독립적으로 일어난다. 따라서 캐넌-바드 이론에서는 생리적 흥분/각성과 행동반응이 주관적 느낌을 유발하는 것도 아니고, 주관적 경험이 행동이나 생리적 반응을 야기하는 것도 아니라고 본다. 모두가 동시에 전개된다고 본다.

이 두 이론은 후속 연구결과의 큰 지지를 받지 못하였다. 인지

제임스-랑게 이론 생리적 각성과 신체적 반응에 대한 인지적 해석을 통해 정서경험이 결정된다는 정서 이론

캐넌-바드 이론 동시에 전개되는 생리적 각성, 신체적 반응, 인지적 해석에 의해 정서경험이 결정된다는 정서 이론

적 과정(요소)의 역할이 생각했던 것보다 더 큰 것으로 드러났던 것이다. 상식적 이론과 위에서 소개한 두 이론에서는 인지적 요소를 중요하게 생각하지 않았다. 이들 이론에 반해 여기서 논의할 마지막 이론인 스탠리 샥터와 제롬 싱어(1962)의 2-요인 이론은 인지작용의 중요성을 강조한다. 샥터와 싱어는 생리적 각성/흥분이 정서경험에 중요하게 작용한다는 제임스-랑게 주장을 수용하였다. 그러나 이들 생리적 각성상태의 서로 간 차이가 너무 미미하기 때문에 그 차이에 따라 정서경험이 달라지는 일은 없을 것이라는 캐넌-바드의 견해도 수용하였다. **샥터-싱어의 2-요인 이론**(Schachter-Singer two-factor theory)에 따르면 우리의 정서경험은 두 가지 요인, 즉 생리적 각성/흥분 상태와 인지적 평가에 의해 결정된다. 생리적 각성/흥분의 정도는 정서경험의 강도를 알려주고, 심장이 쿵쿵대는 생리적 흥분상태, 주춤주춤 뒤로 물러서는 행동반응, 산속에서 혼자 곰을 마주하고 있는 장면 등 전체 상황에 대한 인지적 평가는 그때 겪는 정서경험이 무엇인지(예 : 공포)를 깨닫게 해주고, 그 결과가 정서적 느낌(예 : 두려움)으로 이어진다는 주장이다. 그러니까 이 2-요인 이론은 인지적 평가가 정서경험에 선행한다고 생각하고 있고, 바로 이 점이 생리적 각성/흥분과 정서경험이 동시에 일어난다고 가정하는 캐넌-바드 이론과 다르다. 그림 2.5는 2-요인 이론을 앞서 소개한 세 가지 이론과 대조하고 있다.

자신들의 이론을 검증하기 위한 샥터와 싱어의 실험연구는 그들의 이론을 부분적으로만 지지하는 결과를 낳고 말았다. 그러나 샥터와 싱어의 이론은 정서에 관여하는 인지적 평가의 역할에 많은 관심을 불러일으켰다. 앞서 언급했듯이 정서에 따라 그에 상응하는 자율신경계의 흥분 양상은 동일하지 않다. 그러나 이러한 차이가 정서경험에서의 차이를 유발할 만큼 크지 않다는 주장도 만만찮다(Lang, 1994). 그렇지만 정서에 따라 각각에 상응하는 뇌의 활동 양상도 다르다는 점을 지적할 필요가 있다(Damasio et al., 2000). 다양한 정서경험을 구분하는 일에 뇌 활동에서 발견되는 이러한 차이점이 이용되는 것은 아닐까?

이 궁금증을 해결하기 위해 조셉 르도(1996, 2000)는 정서경험이 다르면 그에 관여하는 뇌 속 시스템도 다르다는 점을 주목하였다. 어떤 정서반응은 인지적 평가 없이 반사적으로 작용하는 뇌줄기(뇌간)의 산물일 수도 있는데, 공포반응이 그런 정서반응 중 하나일 것이라고 르도는 주장한다. 실제로 르도는 적어도 공포반응은 장면에 대한 인지적 평가가 일어나기 전에 즉각적으로 형성될 수 있다는 증거까지 어느 정도 확보하였다. 진화론의 관점에서 볼

샥터-싱어의 2-요인 이론 정서경험은 생리적 각성 및 외부 환경 전체에 대한 해석을 통해 결정된다는 정서 이론

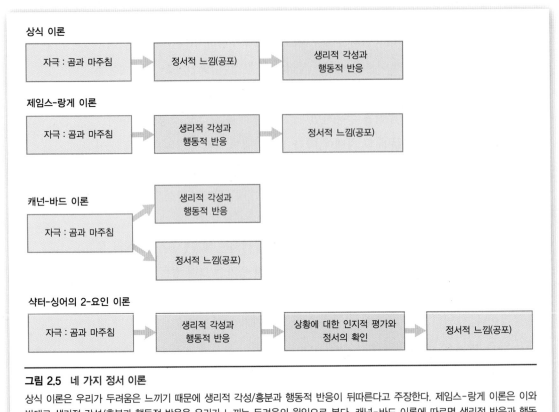

그림 2.5 네 가지 정서 이론
상식 이론은 우리가 두려움은 느끼기 때문에 생리적 각성/흥분과 행동적 반응이 뒤따른다고 주장한다. 제임스-랑게 이론은 이와 반대로 생리적 각성/흥분과 행동적 반응을 우리가 느끼는 두려움의 원인으로 본다. 캐넌-바드 이론에 따르면 생리적 반응과 행동적 반응 그리고 두려운 느낌이 모두 동시에 일어난다. 샥터-싱어의 2-요인 이론에서는 생리적 각성/흥분과 행동적 반응 그리고 그때의 전반적 장면에 대한 인지적 평가를 기초로 우리가 느끼는 정서의 정체성 '공포'가 확정되고, 그 결과로 우리는 두려움을 느낀다고 주장한다.

때 진행 속도가 느린 인지적 평가를 거치지 않고 일어나는 이런 즉각적 반응은 위협에 신속하게 대응함으로써 생존 가능성을 높여주는 장점이 있다.

그러나 다른 정서에 관여하는 뇌 속 시스템은 과거의 정서경험을 이용하는 인지적 평가에 의존하는 시스템일 수도 있다. 물론 이러한 시스템은 사랑이나 죄책감 같은 보다 복합적인 경험으로 즉각적인 반응을 필요로 하지 않는 그런 정서에 관여할 것이다. 요약하면 이 이론은 정서에 관해 우리가 알고 있는 많은 사실을 설명할 수 있다. 그리고 정서경험에 관여하는 여러 가지 뇌 속 구조의 역할을 밝히는 데 필요한 연구기반을 제공하고 있다. 이쯤에서 이들 뇌의 구조에 대한 논의를 시작하기로 하자. 지금까지 알려진 뇌의 다양한 구조물과 그 역할이 소개되는 다음 절에서는 정서와 관련된 구조물 및 역할뿐 아니라 사고, 언어, 기억, 그리고 다른 많은 정보처리 활동과 관련된 것들까지 논의할 것이다.

요약

이 절에서는 체내에서 작용하는 두 가지 주요 커뮤니케이션 시스템인 신경계와 내분비계를 논의하였다. 신경계는 신경전달물질을 이용해 그리고 내분비계는 호르몬을 이용해 신호를 주고받는다. 신경계는 뇌와 척수로 구성된 중추신경계 그리고 체내의 감각수용기와 근육 및 내분비샘을 중추신경계와 연결시켜주는 말초신경계로 나뉜다. 감각신경은 정보를 말초신경계에서 중추신경계로 전달하고 운동신경은 운동명령을 중추신경계에서 말초신경계로 전달한다. 척수는 이러한 신호전달의 통로로 작용한다. 아울러 뇌의 개입 없이 자율적으로 벌어지는 척수반사를 관장하기도 한다. 중추신경계 내에서 벌어지는 모든 정보통합은 사이신경세포의 작업이다.

말초신경계는 다시 체성/골격신경계와 자율신경계로 나뉘며, 이들 두 신경계는 상호 협력하에 작용한다. 골격/체성신경계는 감각정보를 중추신경으로 전달할 뿐만 아니라 몸놀림을 관장하기 위한 중추신경계의 명령을 골격근으로 하달하기도 한다. 자율신경계는 체내 환경을 조절하는데, 이 작업은 자율신경계를 구성하는 교감신경계와 부교감신경계의 상반되는 기능으로 이루어진다. 교감신경계의 작용은 에너지를 소비하는 쪽으로 전개되는데, 부교감신경계의 작용은 에너지를 보존하는 쪽으로 진행된다. 긴급상황이 벌어지면 교감신경계가 주도권을 행사하여 재빠른 방어행동을 펼칠 수 있도록 한다. 긴급상황이 끝나면 부교감신경계가 주도권을 넘겨받아 우리의 몸을 일상적인 휴식상태로 되돌려 놓는다.

내분비계는 신경계가 아니지만 신경계와의 협력을 통해 신체 내적 기능을 정상적으로 유지하는 일을 한다. 내분비계는 섭식이나 성행동 같은 원초적인 행동과 신진대사, 성장, 번식과 같은 정상적인 신체기능에 중요한 역할을 담당한다. 뇌는 시상하부를 통해 내분비계를 제어하는데, 시상하부는 내분비계의 주샘인 뇌하수체를 통제한다.

또한 자율신경계는 우리가 겪는 정서경험의 생리적/신체적 작용에도 결정적인 역할을 한다. 무엇보다도 자율신경계는 우리의 정서적 반응에 필요한 생리적 흥분/각성을 촉발한다. 정서란 생리적 요소(생리적 각성/흥분)와 행동적 요소(정서의 외적 표현) 그리고 인지적 요소(전체 장면을 평가하여 우리가 경험하게 될 정서를 결정하는 요소)의 상호작용으로 나타나는 반응이다. 정서에 대한 주요 이론은 이들 요소의 상호 관련성 및 상대적 중요성에 대해 서로 다른 주장을 펼친다. 샥터와 싱어의 2-요인 이론 같은 보다 최근의 정서 이론은 인지적 평가를 강조하며, 인지가 정서에 선행한다는 생각을 강조한다. 그러나 이 주장이 항상 옳은 것은 아니다. 르도는 상이한 정서(예 : 인지적 평가에 기초한 정서와 인지적 평가 없이 유발되는 정서)의 밑바탕에는 상이한 뇌의 기제가 관여한다고 주장한다. 르도의 주장은 정서가 인지에 선행하는 정서반응도 그리고 인지가 정서에 선행하는 정서반응도 설명할 수 있다는 장점이 있다.

개념점검 | 2

- 감각신경, 운동신경, 사이신경세포 간 차이를 그 기능과 위치를 기준으로 설명하라.
- 교감신경계를 '투쟁 또는 도피' 시스템 그리고 부교감신경계를 '휴식 및 소화' 시스템이라고 하는 이유를 설명하라.
- 신경전달물질과 호르몬의 차이를 비교하라.
- 뇌하수체를 '주샘'이라고 하는 이유를 설명하라.
- 제임스-랑게 이론과 캐넌-바드 이론의 차이를 설명하라.

뇌

뇌는 뇌줄기(brainstem, 뇌를 척수에서 대뇌피질까지를 연결시켜 주는 구조물)에서 진화되었다. 뇌줄기 위쪽으로 올라갈수록 하는 일이 더 복잡해진다. 사실 사람의 뇌와 다른 동물의 뇌를 구분해주는 것은 뇌줄기의 맨 위에 있는 대뇌피질이다. 의사결정, 언어, 지각 같은 복잡한 정신작용을 가능하게 하는 것도 대뇌피질이다. 그렇지만 행동과 정신활동이 정상적으로 전개되기 위해서는 대뇌피질뿐 아니라 그 아래의 모든 구조물도 반드시 필요하다. 이러한 주장이 사실이라는 점은 뇌라고 하는 복합적 상호작용 시스템에서 이들 각 구조물이 수행하는 역할을 살펴보면 분명해질 것이다.

뇌줄기의 위쪽

척수와 피질 사이에는 중심핵과 변연계라고 하는 두 세트의 구조물이 자리 잡고 있다. 뇌줄기와 그 주변 구조물(소뇌, 시상, 기저핵)은 뇌의 중심핵으로 간주된다. 그리고 뇌줄기의 위쪽을 둘러싸고 있는 구조물(시상하부, 해마, 편도체)이 변연계이다. 중심핵을 구성하는 구조물부터 살펴본 다음 변연계를 구성하는 구조물을 살펴보기로 하자.

중심핵 그림 2.6은 뇌의 중심부를 구성하는 구조물을 보여준다. 뇌줄기는 척수에서 시상까지 뻗어 있다. 뇌줄기를 구성하는 첫 번째 구조물은 **숨뇌**(medulla)이다. 숨뇌는 척수와 뇌를 이어주고 있으며 심장박동, 호흡, 혈압, 소화, 삼키기 같은 원초적 신체기능 조절에 관여한다. 숨뇌의 이러한 기능 때문에 숨뇌가 손상되거나 약물 과다 복용으로 숨뇌의 적절한 기능이 억압되면 목숨을 잃게 된다. 숨뇌 바로 위의 부푼 곳에 자리 잡은 것이 교뇌이다. **교뇌**(pons)도 숨뇌와 함께 뇌에서 척수로 오르내리는 신경신호의 통로로 작용한다. 소뇌와 대뇌를 연결시켜 주는 교량 역할을 하는 교뇌는 수면과 꿈꾸기에 관여한다.

숨뇌 심장박동, 호흡, 혈압, 소화, 삼키기 등 원초적 신체기능에 관여하는 뇌줄기의 일부
교뇌 뇌줄기의 일부로 대뇌와 뇌의 나머지 영역을 연결해주는 다리 역할을 하는 구조물이며 수면과 꿈에 관여함
망상체 뇌줄기의 중심부에 위치한 신경세포의 연결망으로 각성과 의식에 관여함

망상체(reticular formation)는 뇌줄기의 중심에 위치하여 시상까지 뻗쳐 있는 신경세포의 망으로 각성수준 및 의식수준 조절에 관여한다. 망상체가 이러한 기능을 수행한다는 것은 고양이를 이용한 Moruzzi와 Magoun(1949)의 연구에서 밝혀졌다. 잠든 고양이의 망상체를 자극하자 그 고양이가 잠에서 깨어나 '정신을 바짝 차리는' 것이었다. 그런데 수술을 통해 망상체와 그 위쪽 구조물

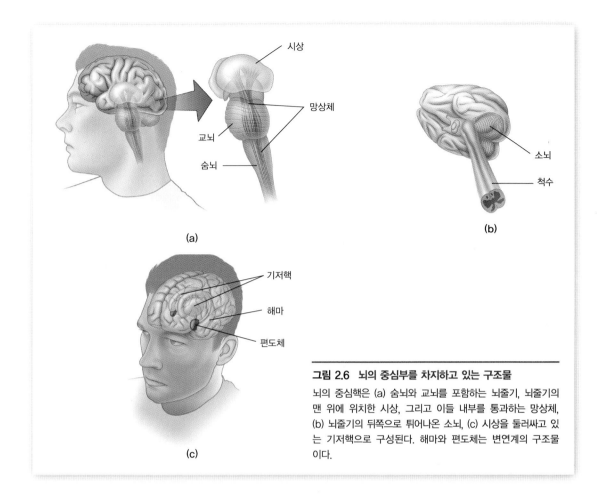

(a)

(b)

기저핵

해마

편도체

(c)

그림 2.6 뇌의 중심부를 차지하고 있는 구조물
뇌의 중심핵은 (a) 숨뇌와 교뇌를 포함하는 뇌줄기, 뇌줄기의
맨 위에 위치한 시상, 그리고 이들 내부를 통과하는 망상체,
(b) 뇌줄기의 뒤쪽으로 튀어나온 소뇌, (c) 시상을 둘러싸고 있
는 기저핵으로 구성된다. 해마와 편도체는 변연계의 구조물
이다.

을 분리시키자 그 고양이는 혼수상태에 빠져 다시는 깨어나지 않았다. 망상체는 입력
되는 감각신호 중에서 의식해야 할 것을 선별해내는 주의집중의 역할도 맡고 있다.

　소뇌(cerebellum)는 몸놀림 조정 및 균형 감각 그리고 운동학습에 관여한다. 소뇌는
뇌줄기의 뒤쪽에 붙어 있는 2개의 작은 반구처럼 보인다. 소뇌의 주름을 펼친 후 그 면
적을 계산하면 대뇌 한쪽 반구의 면적과 거의 같다(Bower & Parsons, 2007). 그런데도
그 속에 있는 신경세포의 크기가 훨씬 작기 때문에 차지하는 공간도 작다. 소뇌는 뇌
전체 무게의 약 10%밖에 차지하지 않는다(Rilling & Insel, 1998). 그런 소뇌를 구성하는
신경세포는 약 700억 개로 추정된다(Azevedo et al., 2009). 따라서 소뇌에 있는 신경세
포의 개수가 뇌의 나머지 부분을 구성하는 신경세포의 개수보다
두 배 이상 많은 셈이다. 그런데도 그 크기가 크지 않은 것은 소뇌
를 구성하는 신경세포 대부분이 과립 신경세포여서 밀도가 매우

소뇌 몸놀림 조절, 균형감각, 운동학습에
관여하는 뇌의 일부

시상 뇌로 들어오는 감각정보의 중계소 역할을 담당하는 뇌의 일부

기저핵 몸놀림을 시작하고 이행하는 일에 관여하는 뇌의 부위

높기 때문이다. 소뇌는 걷기, 달리기, 춤추기 등 우리의 모든 몸놀림을 조절한다. 따라서 소뇌가 손상되면 몸놀림에 균형을 잃게 된다. 술에 취한 사람의 걸음걸이가 부자연스러워지는 이유 중 일부도 알코올이 소뇌의 기능을 억제하기 때문이다. 또한 소뇌는 자전거 타기나 타자 치기 같은 운동학습을 관장한다. 최근에 부상하는 증거에 따르면 소뇌가 움직임만 조절하는 게 아니라 감각입력을 통합하고 조직하는 역할 그리고 기획 같은 정신작용에도 관여하는 것 같다(Bower & Parsons, 2007). 마지막으로 소뇌 손상으로부터 그리고 어릴 적 소뇌 제거로부터의 회복은 비교적 양호한데, 그 이유는 아직 밝혀지지 않고 있다.

뇌줄기의 맨 위에 위치한 **시상**(thalamus)은 감각정보를 중계하는 역할을 한다. 다시 말해 시상은 시각, 청각, 미각, 촉각 등의 감각기관에서 입력되는 감각정보를 대뇌피질의 적소로 보내는 역할을 맡고 있다. 시상을 통과하지 않는 감각정보는 후각정보뿐이다. 후각정보는 후각 수용기에서 뇌로 직접 전달된다. 시상을 둘러싸고 있는 **기저핵**(basal ganglia)은 주로 몸놀림을 시작하여 완수하는 일에 관여한다. 기저핵도 소뇌처럼 알코올의 영향을 받는다. 이 때문에 음주운전이 어려운 것이다. 실제로 기저핵은 일군의 상호작용하는 뇌 영역으로 구성되어 있다. 앞서 언급한 것처럼 기저핵을 구성하는 특정 영역의 도파민 활동이 지나치게 낮으면 파킨슨병이 생긴다. 몸놀림 통제의 어려움으로 나타나는 헌팅턴 무도병(Huntington's chorea)도 기저핵을 구성하는 특정 영역에 GABA와 아세틸콜린이 결핍되어 유발된다. 표 2.3은 중심핵을 구성하는 모든 구조물과 각각의 주요 기능을 요약한 것이다.

표 2.3	중심핵을 구성하는 구조물과 각각의 주요 기능
중심핵의 구조물	기능
숨뇌	심장박동, 숨쉬기, 혈압, 삼키기 등 원초적 신체기능에 관여
교뇌	소뇌와 대뇌를 이어주는 교량 역할, 수면과 꿈꾸기에 관여
망상체	각성/흥분 및 의식의 수준 관장
소뇌	몸놀림 조절, 균형감각, 그리고 운동학습에 관여
시상	감각정보(후각정보 제외)를 대뇌피질의 적소로 전달하는 중계소 역할
기저핵	몸놀림을 시작하고 실행하는 일에 관여

변연계 뇌줄기의 위쪽을 둘러싸고 있는 **변연계**(limbic system)는 시상하부와 편도체와 해마로 구성되어 있다. 변연계는 생존, 기억 및 정서에 중요한 역할을 맡고 있다. 그림 2.7은 변연계를 구성하는 3개의 구조물을 보여준다. **시상하부**(hypothalamus)는 무게가 약 15g에 불과한 아주 작은 구조물로 시상 아래에 위치한다는 뜻에서 붙여진 이름이다. 시상하부는 뇌하수체를 통제하며(이를 통해 내분비계를 관리하며) 자율신경계를 통제하여 체온 유지 같은 신체 내적 환경을 보존한다. 또한 먹기, 마시기, 성행동 같은 원초적 충동을 조절하는 역할도 맡고 있다. 따라서 이 작은 구조물이 우리의 행동 및 생존에 막중한 역할을 맡고 있다.

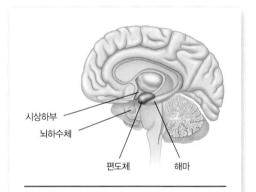

그림 2.7 변연계
뇌줄기의 위쪽을 둘러싸고 있는 변연계는 시상하부, 해마, 편도체로 구성된다.

그 외모가 '해마(seahorse)'를 닮았다 하여 **해마**(hippocampus)라는 이름이 붙은 구조물은 주로 기억 형성에 관여한다. 제1장에서 소개되었던 HM을 기억할 것이다. 그는 좌우반구에 있는 해마를 둘 다 제거하는 수술을 받아야 했고, 그 결과 심각한 기억장애로 고생했다(Corkin, 1984). HM과 다른 기억상실증 환자들에 대한 연구를 통해 해마가 특정 유형의 기억 형성에 결정적인 역할을 담당하고 있음이 밝혀졌다(Cohen & Eichenbaum, 1993). 이에 대한 자세한 사항은 제5장에서 소개될 것이다.

해마는 신경생성(neurogenesis)이라고 하는 작용, 즉 새로운 신경세포를 만들어내는 일도 하는 것으로 밝혀졌다(Gage, 2003; Kempermann & Gage, 1999). 인간의 신경생성을 입증하는 데 가장 많은 기여를 한 연구진은 프레드 게이지의 연구진이었다. 뇌영상기법으로는 신경세포의 성장을 탐지할 수 없다. 인간의 신경성장을 탐지하기 위한 수술도 윤리적으로 허용되지 않는다. 따라서 게이지의 연구진은 신경성장을 입증하기 위한 특이한 방법을 고안해야만 했다. BrdU는 암치료 과정에서 암이 번지는 속도를 추적하기 위해 이용되는 물질이다. BrdU는 분열준비 중인 세포의 DNA에 통합된다. 따라서 이 물질은 새로 분열되는 세포와 그 모든 자손이 지닌 DNA의 일부가 된다. 그리하여 BrdU는 새로 생긴 세포의 표시물로 작용하게 된다. BrdU는 건강한 사람에게는 주입할 수 없는 물질이기 때문에 게이지의 연구진은 암 환자들이 살아 있을 때 BrdU를 주입하고, 환자들이 죽은 후에 그들의 해

변연계 시상하부, 해마, 편도체 등으로 구성되어 생존, 기억, 정서에 중요한 역할을 담당하는 뇌의 구조물

시상하부 원초적 충동을 담당하는 뇌의 부위로 뇌하수체 통제를 통해 내분비샘을 관장함

해마 기억 형성에 관여하는 뇌의 부위

표 2.4	변연계를 구성하는 구조물과 각각의 주요 기능
변연계의 구조물	기능
시상하부	먹기, 마시기, 성행동 등 원초적 욕구 조절, 내분비계 관장, 그리고 신체의 내적 환경 유지에 관여
해마	기억 형성에 관여하며, 신경생성을 통한 우울증 유발에 관여할 수도 있음
편도체	분노와 두려움 그리고 공격에 영향을 미침, 기억에다 정서적 요소를 가미하며 타인의 정서적 표현을 해석하는 일에 관여

편도체 공격, 분노, 두려움 등의 정서에 관여하는 뇌의 부위로 기억 속의 정서를 일깨우고 얼굴표정에 담긴 정서를 해석하는 데 관여함

대뇌피질 좌우반구를 덮고 있는 신경세포들의 연결망으로 신경계 내의 정보처리 중추로 작용하며 지각, 기억, 사고, 언어, 의사결정 등 고등 정신기능을 관장함

마 조직을 검사하여 암 세포가 아닌 다른 새로 생긴 세포에 BrdU가 들어 있는 것을 발견했다(Eriksson et al., 1998; van Praag et al., 2002). 인간의 해마에서 일어나는 신경생성의 목적이 분명하게 밝혀진 것은 아니다. 하지만 우울증에 핵심적 역할을 수행한다고 주장하는 연구자도 있다(Jacobs, van Praag, & Gage, 2000a, 2000b). 다른 연구자들은 해마에서 벌어지는 신경생성이 학습 및 망각에 개입할 가능성(Yau, Li, & So, 2015)과 알츠하이머병에 개입되었을 가능성(Lazarov & Hollands, 2016)까지 제안했다.

해마 바로 앞쪽 끝에 붙은 구조물이 **편도체**(amygdala)이다. 편도체는 우리의 정서 경험, 특히 두려움, 노여움, 공격성을 조절한다. 또한 피질의 관여 없이 일어나는 즉각적인 정서반응도 관리한다(LeDoux, 2000). 편도체가 정서행동에 관여한다는 첫 번째 증거는 붉은털원숭이한테서 발견되었다(Klüver & Bucy, 1939). 이 원숭이의 편도체를 수술로 제거해버리자 난폭하던 놈이 갑자기 온순해졌다. 편도체가 제거되자 원숭이의 정서행동이 변해버린 것이다. 편도체는 우리의 기억에 정서적 요소를 첨가하며 다른 사람의 정서표현을 해석하는 데도 도움을 주는 것으로 드러났다(Kim et al., 2014; LeDoux, 1996).

표 2.4는 변연계를 구성하는 세 가지 구조물과 각각의 주요 기능을 요약하고 있다.

대뇌피질에서 벌어지는 정보처리

지금까지 논의한 뇌의 구조물은 모두 우리의 행동과 생존에 중요한 역할을 수행한다. 그러나 뇌에서 가장 중요한 구조물은 **대뇌피질**(cerebral cortex)이다. 대뇌피질은 신경계를 통제하고 정보를 처리하는 센터로 작용한다. 지각, 기억, 결정짓기, 언어처리 등

모든 고등 정신활동이 전개되는 곳이 대뇌피질이다. 대
뇌피질은 그 부피도 커서 뇌의 구조물 중 뇌줄기의 맨
아랫부분과 소뇌를 제외한 모든 구조물을 뒤덮고 있다.
뇌에서 가장 큰 구조물로 뇌 전체 부피의 80%를 차지할
정도이다(Kolb & Whishaw, 2001). 대뇌피질은 많은 신
경세포가 서로 연결된 여러 층으로 구성되어 있으며, 좌
우반구로 나뉘는 대뇌반구(cerebral hemispheres)를 덮
고 있다. 좌반구와 우반구를 이어주는 것이 **뇌량**(corpus
callosum)이다. 뇌량은 좌우반구 간 커뮤니케이션 통로
로 작용하는 신경섬유로 구성되어 있다.

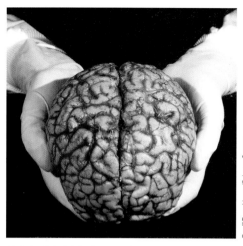

인간의 대뇌피질은 우글쭈글한 모양이라서 넓은 피질이
좁은 두개골 속에 들어 있을 수 있었을 것이다. 피질의 실
제 면적은 A4 용지 4장 넓이 정도 된다.

　대뇌피질은 표면적은 매우 넓은데도 몹시 우글쭈글한
모양이라 조그마한 두개골 속에 들어갈 수 있었다. 대뇌
피질을 펼쳐 놓으면 그 넓이가 A4 용지 넉 장 크기만 하다. 바지 주머니에 신문지를 넣
으려면 쭈그리거나 접지 않으면 넣을 수 없다. 작은 두개골 속에 표면적이 넓은 피질을
집어넣는 데도 바로 이런 원리가 이용되었을 것이다. 인간이 복잡한 인지과정을 수행할
수 있는 것도 그리고 우리의 뇌가 다른 동물의 뇌와 다른 것도 바로 대뇌피질의 면적이
이렇게 넓은 덕분이다. 대뇌피질의 어느 곳에서 어떤 작업이 벌어지는지를 이해하기 위
해서는 좌우반구가 배열된 방식부터 알아야 한다. 배열된 방식은 의외로 단순하다. 각
반구의 표면은 네 개의 엽으로 나뉜다. 이들 엽부터 살펴보기로 하자.

네 개의 엽　그림 2.8은 좌반구에 있는 네 개의 엽을 보여준다. 우
반구의 엽도 이와 동일하다. 이들 엽의 이름은 그 위치에 따라 붙
여진 것이다. 4개 중 3개는 뚜렷한 2개의 열로 구분된다. 중앙 열
(central fissure 또는 the fissure of Rolando)은 각 반구를 앞뒤로 가
르는 틈이며 외측 열(lateral fissure 또는 the Sylvian fissure)은 각 반
구를 아래위로 가르는 틈이다. **전두엽**(frontal lobe, 이마엽)은 중
앙 열의 앞쪽과 외측 열의 위쪽 영역, **두정엽**(parietal lobe, 마루
엽)은 중앙 열의 뒤쪽과 외측 열의 위쪽 영역을 일컫는다. **측두엽**
(temporal lobe, 관자엽)은 외측 열 아래쪽 영역을 일컫고, 나머지
부분에 해당하는 **후두엽**(occipital lobe, 뒤통수엽)은 말 그대로 반

뇌량　좌반구와 우반구를 연결시켜 주는
교량

전두엽(이마엽)　대뇌 각 반구에서 중앙
열의 앞쪽, 외측 열의 위쪽에 위치하며 운
동피질이 있는 영역

두정엽(마루엽)　대뇌 각 반구에서 중앙
열의 뒤쪽, 외측 열의 위쪽에 위치하며 체
성감각피질이 있는 영역

측두엽(관자엽)　대뇌 각 반구에서 외측
열 아래쪽에 위치하며 일차 청각피질이 있
는 영역

후두엽(뒤통수엽)　대뇌 각 반구에서 뒤쪽
에 위치하며 일차 시각피질이 있는 영역

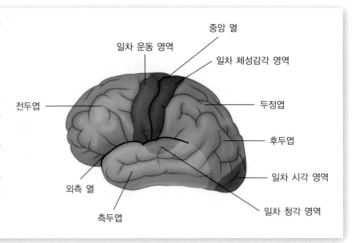

그림 2.8 네 개의 엽과 감각-운동 영역
이 그림은 좌반구를 구성하는 네 개의 엽을 보여준다. 우반구도 이와 동일한 영역들로 구성된다. 중앙 열은 전두엽과 두정엽을 구분시켜준다. 측두엽은 반구의 옆쪽에서 그 반구를 아래와 위로 갈라놓는 외측 열 아래쪽에 위치하며, 후두엽은 반구의 뒤쪽에 위치한다. 운동 영역은 중앙 열 앞쪽에 위치하고 전두엽에 속하며, 체성감각 영역은 중앙 열 바로 뒤쪽에 위치하며 두정엽에 속한다. 청각정보 처리는 측두엽에서 전개되고 시각정보 처리는 후두엽에서 전개된다.

(그림 내 명칭)
중앙 열
일차 운동 영역
일차 체성감각 영역
전두엽
두정엽
후두엽
일차 시각 영역
외측 열
일차 청각 영역
측두엽

구의 뒤쪽에 자리 잡은 영역이다. Brynie(2009)는 후두엽 찾는 방법을 다음과 같이 설명한다. 뒷목에다 손바닥을 대고 위로 쓸어 올리면 툭 튀어나온 곳과 마주치게 되는데, 그 돌출부 안쪽에서 손바닥과 마주하고 있는 부분이 후두엽이라고 생각하면 된다. 4개 중 가장 큰 전두엽은 반구의 앞쪽 그러니까 이마 바로 뒤에 위치하고 있다. 엽 4개의 위치를 파악했으므로 이제 이들 각 엽에서 어떤 형태의 정보처리가 전개되는지를 살펴보기로 하자. 먼저 손을 들거나 주먹을 쥐는 등의 자의적 몸놀림을 관장하는 영역과 시각, 촉각, 청각 등 감각정보를 처리하는 영역부터 살펴보기로 한다.

운동피질 각 반구의 전두엽에서 중앙 열과 접해 있는 띠에 해당하는 부분이 **운동피질** (motor cortex)이다. 운동피질은 몸놀림을 제어한다. 좌우반구의 운동피질은 각각 몸통의 반대쪽에 있는 신체부분의 수의적 움직임을 통제한다. 좌반구에 있는 운동피질은 몸통 우측(예 : 오른팔)의 움직임을 관장하고 우반구에 있는 운동피질은 몸통 좌측(예 : 왼발)의 움직임을 관장한다는 뜻이다. 재미있는 것은 운동피질에 의해 통제되는 몸의 영역이 크다고 그 통제를 담당하는 운동피질의 부위도 큰 것은 아니라는 점이다. 통제되는 부위의 크기보다는 몸놀림의 복잡성이나 정밀성에 따라 그 영역을 통제하는 운동피질의 부위가 커지고 작아진다. 예컨대 복잡하고 정밀한 움직임을 수행하는 손가락은 복잡하고 정밀한 움직임을 수행할 수 없는 몸통보다 신체의 영역으로 봐

운동피질 대뇌 각 반구에서 중앙 열 바로 앞쪽에 위치하며 몸놀림을 관장하는 피질의 일부

서는 훨씬 작다. 그러나 운동피질에서는 손가락을 통제하는 부위가 몸통을 통제하는 부위보다 훨씬 크다. 그림 2.9는 호문쿨루스 (homunculus)를 그려 운동피질이 통제하는 몸의 각 부위를 예시

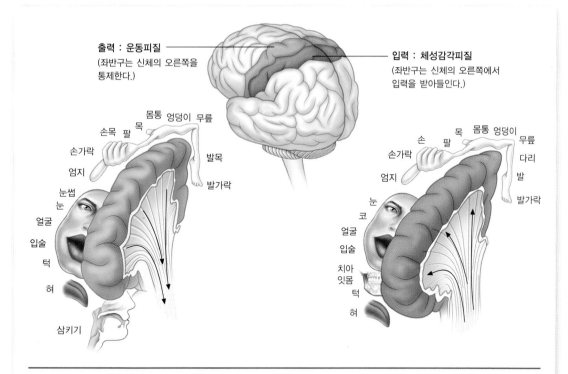

그림 2.9 운동피질과 체성감각피질을 나타내는 호문쿨루스

이 두 호문쿨루스는 좌반구 속 호문쿨루스이다. 그러니까 그림 속 운동피질은 몸의 오른쪽 부위에서 일어나는 몸놀림을 통제하며, 체성감각피질은 몸의 오른쪽 부위에서 수집된 감각정보를 처리한다. 각 신체부위를 통제하는 운동피질 각 영역의 면적은 그 영역이 통제하는 몸놀림의 복합성과 정밀성에 따라 그 크기가 달라지며, 체성감각피질은 각 영역이 담당하는 신체부위의 민감도에 따라 그 크기가 달라진다. 두 피질 모두 각각의 신체부위를 담당하는 영역이 질서정연하게 배열되어 있다는 점을 주목하기 바란다.

하고 있다. 그림에서 손가락이 다른 신체부위에 비해 상대적으로 크게 그려진 것은 운동피질에서 손가락의 움직임을 관장하는 부위가 그만큼 크다는 뜻이다. 이 그림은 또한 신체 각 부위를 관장하는 신경세포들이 운동피질의 어느 곳에 모여 있는지도 보여준다. 구체적으로 발가락을 통제하는 신경세포는 정수리 쪽 그리고 혀의 놀림을 담당하는 운동신경은 귀 쪽에 모여 있음을 알 수 있다.

체성감각피질　각 반구의 두정엽에서 중앙 열과 접한 **체성감각피질**(somatosensory cortex)은 피부와 근육에서 들어오는 체성감각정보(예 : 피부에 가해지는 압력과 온기/냉기, 사지의 위치, 통증)가 처리되는 곳이다. 또한 체성감각피질은 근육과 힘줄에서도 정보를 받아들이기 때문에 우리 몸의 각 부위(손, 발, 머리 등)가 처해 있는 위치 및 상태까지 감시할 수 있

> **체성감각피질**　대뇌 각 반구에서 중앙 열 바로 뒤쪽에 위치하며 신체의 각 부위에서 일어나는 일을 감지하는 피질의 일부

다. 운동피질에서와 마찬가지로 몸통의 왼쪽에서는 우반구에 있는 체성감각피질로 정보를 전달하며, 몸통의 오른쪽에서 수집된 정보는 좌반구에 있는 체성감각피질로 전달된다. 체성감각피질 또한 피질 내 영역에 따라 관장하는 신체부위가 달라지며, 각 영역의 크기는 그 영역에서 담당하는 신체부위의 크기가 아닌 민감도에 따라 달라진다. 가령 입술이나 얼굴, 손가락은 몸통이나 다리에 비해 훨씬 더 민감하기 때문에 그런 부위에서 입력되는 정보처리를 담당하는 체성감각피질 내 영역이 더 크다. 그림 2.9를 보면 운동피질을 나타내는 호문쿨루스와 체성감각피질을 나타내는 호문쿨루스의 자세, 모양, 위치 및 크기가 흡사하다는 것을 알 수 있다.

운동피질과 체성감각피질을 나타내는 호문쿨루스의 배열이 어떻게 발견되었는지가 궁금할 수도 있을 것이다. 이는 캐나다 신경외과 의사 와일드 펜필드에 의해 확보된 수술-전 뇌 검사 결과를 기초로 발견되었다. 펜필드는 간질수술을 실행하기 전에 환자의 뇌에다 자극을 가해보았다. 자극은 단일 전극을 통해 흘려보낸 약한 전류였다 (Buonomano, 2011; Seung, 2012). 뇌에는 통증 수용기가 없다. 때문에 이 검사는 두피에서 절개해야 할 부분만 부분마취한 상태에서 실시될 수 있었다. 따라서 환자는 의식이 온전한 상태였다. 두피를 절개한 후 두개골을 열어 뇌를 노출시킨 다음, 뇌의 이곳저곳을 자극하면서 각 자극에 대한 환자의 반응을 꼼꼼하게 기록하였다. 이 검사에는 500명이 넘는 환자가 참여하였다. 펜필드는 이런 절차를 거쳐 간질발작의 근원이 되는 비정상 조직을 찾아내고, 또 수술을 통해 손상시키지 말아야 할 조직이 있는 주변 영역을 정확하게 그려낼 수 있었다. 펜필드는 이런 기법을 적용하여 수술-전 검사를 실시함으로써 많은 검사결과를 확보할 수 있었고, 그 결과 대뇌피질의 각 영역이 수행하는 기능을 세밀하게 꼬집어낼 수 있었다(Penfield & Boldrey, 1937; Penfield & Rasmussen, 1968). 펜필드는 운동피질의 특정 영역을 자극했을 때는 환자의 신체 내 특정 부위가 움직이고, 체성감각피질의 특정 영역을 자극했을 때는 환자가 자신의 신체 내 특정 부위에서 감각경험을 느낀다는 사실을 알게 되었다. 이렇게 확보된 자료가 운동피질의 호문쿨루스와 체성감각피질의 호문쿨루스를 만드는 데 이용되었다. 후대의 연구자들은 fMRI를 이용해 펜필드가 만든 호문쿨루스가 정확한지를 검토하였다(Seung, 2012). 이 연구자들은 운동피질 내 어떤 영역이 활성화되는지를 관찰할 때는 피험자로 하여금 신체의 각 부분을 움직여 보라고 하고 체성감각피질 내 어떤 영역이 활성화되는지를 관찰할 때는 참여자 신체의 이곳저곳을 건드려 보았다.

시각피질과 청각피질 대뇌피질에는 감각정보를 처리하는 주요 영역이 두 곳 더 있다. 시각피질과 청각피질인데, 각각은 시각정보와 청각정보를 일차적으로 처리하는 영역이다. 시각피질은 후두엽에 위치하며, 청각피질은 측두엽에 위치한다. 그림 2.8은 좌반구에서

> **연합피질** 일차 감각처리 및 일차 운동처리에 관여하는 피질 외의 모든 영역으로 모든 고등 정신활동이 이곳에서 벌어지는 것으로 알려져 있음

이 두 영역이 위치한 곳을 보여준다. 우반구에서 이들이 차지하는 위치는 좌반구에서와 동일하다. 일차 시각피질과 일차 청각피질은 각각 대뇌피질에서 시각정보와 청각정보를 일차적으로(맨 먼저) 처리하는 유일한 곳이다. 이들 일차 처리 영역은 그곳에서 분석(처리)된 시각정보와 청각정보를 피질의 다른 엽으로 전달함으로써 시각 및 청각 정보에 대한 해석을 완료할 수 있게 한다. 이처럼 일차적으로 처리된 정보를 모아 이차적으로 처리(통합)하는 영역을 **연합피질**(association cortex)이라 한다. 연합피질은 감각 및 운동 정보에 대한 일차적 처리를 담당하는 영역 이외의 모든 영역으로 구성된다.

표 2.5는 대뇌피질을 구성하는 네 개의 엽과 각 엽에서 처리되는 감각/운동정보의 유형을 요약하고 있다.

연합피질 대뇌피질 중 일차 감각피질(시각피질, 청각피질, 체성감각피질)과 일차 운동피질 이외의 모든 곳을 연합피질이라고 한다. 따라서 대뇌피질의 약 70%가 연합피질에 속한다. 결정하기, 사고, 언어, 지각 등 모든 고등 정신활동은 연합피질에서 이루어진다. 이 영역을 연합피질이라고 하는 이유는 이들 고등 정신활동이 여러 가지 정보를 연합(통합)함으로써 이루어지기 때문이다. 연합피질에 대한 과학적 연구가 시작된 것은 100년이 넘었지만 연합피질의 기능에 대한 이해는 최근에야 시작되었다. 이러한 성과는 PET, fMRI 등 최근에 개발된 뇌 영상기술의 발달에 힘입은 바가 크다. 예를 들어 Sergent, Ohta, MacDonald(1992) 그리고 Kanwisher, McDermott, Chun(1997)은 각각

표 2.5	대뇌피질의 엽 네 개와 각 엽에서 처리되는 감각/운동정보의 유형
대뇌피질의 엽	처리되는 감각/운동정보의 유형
전두엽	운동피질에서 신체의 각 부분에서 일어나는 움직임 관련 정보처리
두정엽	체성감각피질에서 촉감, 온냉감, 사지의 위치, 통증 관련 정보처리
측두엽	청각피질에서 귀로 받아들인 정보처리
후두엽	시각피질에서 눈으로 받아들인 정보처리

PET와 fMRI를 이용하여 측두엽과 후두엽이 만나는 지점 부근의 측두엽 아래쪽에 위치한 작은 영역이 얼굴에 극히 강렬하게 반응한다는 사실을 발견하였다. Kanwisher와 그녀의 동료들은 이 부분을 방추상얼굴영역(fusiform face area, FFA)이라 불렀고, 이 영역이 다양한 얼굴 지각과제에 개입한다는 사실은 그 후의 fMRI 연구에서 확인되었다(Tong, Nakayama, Moscovitch, Weinrib, & Kanwisher, 2000). 우반구의 FFA가 훨씬 크다는 사실(FFA의 비대칭성) 때문에 얼굴재인은 우반구의 특화 작업으로 간주되기 시작했다(Kanwisher, 2006; Kanwisher & Yovel, 2009). 우리가 얼굴을 지각할 때 필요한 작업이 주로 우반구에서 벌어진다는 뜻이다. FFA의 손상은 얼굴실인증에도 개입하는 것으로 밝혀졌다. 얼굴실인증이란 일가친척, 친구, 지인의 얼굴 또는 심지어는 거울에 비친 자신의 얼굴 지각 능력이 훼손된 조건을 일컫는다(Greuter, 2007; Hadjikhani & de Gelder, 2002). 얼굴실인증은 불치 증상이다. 하지만 이 증상으로 고생하는 사람들은 사람을 인식하는 다른 방법(예 : 사람들이 말하는 모습, 걸음걸이, 헤어스타일을 기억하는 방법)을 터득한다.

지난 19세기와 20세기의 대부분은 뇌 속을 촬영할 수 없는 시기였기 때문에 연합피질에 관한 연구에는 다른 방법이 이용되었다. 한 가지 주요 방법은 사고나 뇌졸중 또는 수술 등으로 뇌에 손상을 입은 환자들의 행동을 연구하는 것이었다. 그 결과 피질의 어느 부위가 손상되느냐에 따라 겉으로 나타나는 행동 및 정신활동의 결함이 달라진다는 것을 알게 되었다. 예를 들어 전두엽에서 전개되는 정보처리의 유형에 관한 단서를 포착할 수 있었던 것은 1848년 철도건설 현장의 일꾼에게 일어난 비극적 사건 덕분이었다(Macmillan, 2000). 피니어스 게이지는 쇠막대를 이용하여 암석에다 화약을 집어넣는 작업 중 잠시 휴식을 취하고 있었다. 정신을 깜박하는 바람에 들고 있던 쇠막대를 놓치게 되었고 그 쇠막대가 바위를 치면서 점화가 일어나 화약이 폭발하는 사고가 발생했다. 이 사고로 화약을 다져 넣는 도구로 이용되던 길이 약 1m, 지름 약 3cm, 무게 약 5kg 되는 쇠막대가 게이지의 좌측 볼 아래를 뚫고 들어와 전두엽을 통과해 버렸다(Ratiu, Talos, Haker, Lieberman, & Everett, 2004; Van Horn et al., 2012). Ratiu 등의 연구가 발표되기 전에는 대다수 연구자들은 좌우반구 전두엽 둘 다가 손상됐다고 믿었다. 그러나 Ratiu 등의 연구에 의해 피질에 입은 손상은 좌반구 전두엽뿐인 것으로 밝혀졌다. 이들이 확보한 게이지의 두개골에 대한 CT 영상을 보면 이 사실이 분명해진다. 그리고 그 손상이 좌반구 전두엽에 국한됐다는 이 사실은 Van Horn 등의 연구에서 확증되었다.

게이지는 살아남았지만 성격은 완전히 변해 버렸다. 그를 치료한 의사와 그의 친구들은 "게이지는 예전의 게이지가 아니었다."라고 말했다(Fleischman, 2002). 책임감도 없고 충동적이며 무질서했다. 의사결정과 추리에도 많은 어려움을 겪었으며 남을 욕하는 일도 잦아졌다. 이러한 행동적 증거를 기초로 신경과학자들은 위에서 나열한 일을 관장하는 일이 전두엽의 역할이라는 가설을 세웠다. 이 가설은 유사한 환자들에게서 수집된 증거 및 뇌 영상기법 등 다양한 기법을 통해 수집된 연구결과에 의해 확증되었다(Klein & Kihlstrom, 1998). 전두엽은 기획, 의사결정, 판단, 충동 통제 및 성격의 정서적 측면에 주된 역할을 맡고 있다. 20세기 중반까지만 해도 정신과 환자 수백 명이 전두엽 절제수술을 받았다. 전두엽 절제수술은 근본적으로 전두엽의 앞부분을 뇌의 나머지 부분과 절단시키는 수술이었다. 게이지의 좌

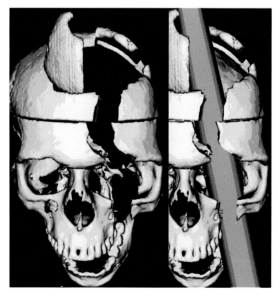

왼쪽 사진은 피니어스 게이지의 부상을 3D로 재구성한 것이고 오른쪽 사진은 그 사진에다 쇠막대까지 포함시킨 것이다. 이 재구성 작업은 게이지의 두개골을 발굴하여 CT 촬영한 영상이 이용되었다. 사진을 보면 좌우반구 전두엽이 모두 훼손되었다는 이전의 주장과 달리, 게이지의 대뇌피질에 입은 손상된 좌반구 전두엽에 한정되었음이 분명하다.

출처 : Ratiu, P., Talos, I.-F., Haker, S., Lieberman, D., & Everett, P. (2004). The tale of Phineas Gage, digitally remastered. *Journal of Neurotrauma, 21*(5), 637–643. Copyright © 2004 Mary Ann Liebert, Inc.

반구 전두엽에서 파손된 부분(이마 바로 뒤쪽과 일차 운동피질 앞쪽에 있는 전전두피질)은 바로 이 전두엽 절제수술로 제거되는 피질의 왼쪽 부분과 일치했다. 또한 10대 아이들이 주로 벌이는 무모한 의사결정 및 위험한 행동의 원인 중 적어도 일부는 전두엽이 덜 발달되었기 때문으로 돌리기도 한다. 전두엽의 발달은 10대 후반 또는 20대 초반이 지나야 완료되기 때문이다(Sabbagh, 2006).

피니어스 게이지는 어떻게 되었을까? 세밀한 것까지 정확하게는 알 수 없지만, Fleichman(2002)은 그의 삶을 대략 다음과 같이 소개하였다. 퇴원 후 철도건설 현장에서 원래 하던 현장 감독직을 수행하려 했다. 그러나 성격이 변해버린 게이지는 야비하고 믿을 수 없는 행동을 자주 했기 때문에 회사에서는 그를 해고할 수밖에 없었다. 그 후 얼마 동안 자신을 그렇게 만든 쇠막대를 과시하며 미국의 동북부 지역(뉴잉글랜드)을 떠돌다가 뉴욕에 와서는 P. T. 바넘 서커스에 출연하기도 했다. 그는 말을 다루는 재주가 좋았기 때문에 그 후 한참 동안은 뉴햄프셔주 고향 근처에 있는 말 보관소에서 일을 했다. 1852년 다시 집을 떠나서 말을 돌보는 일을 하기 위해 남아메리카로 갔다. 그

때도 그는 그 쇠막대를 가지고 다녔고 칠레에서 역마차 마부로 일하기도 했다. 1859년 그는 건강상의 문제로 가족이 이사해 살고 있던 캘리포니아로 돌아왔다. 건강이 회복된 후에는 농가에서 일을 하게 되었다. 그런데 1860년에 간질발작이 나타나기 시작했고(철도공사 사고에서 손상된 뇌의 조직이 서서히 변해서 일어난 병일 가능성이 크다), 결국에는 의사도 발작을 통제하지 못하게 되자, 사고 후 11년 반 만에 죽음을 맞을 수밖에 없었다. 사망의 직접적 원인은 아마 발작으로 인해 신체가 내부 온도를 통제할 수 없게 되어 생긴 저체온증이었을 것이다.

Macmillan과 Lena(2010)는 게이지가 자신이 입은 부상에 놀라울 정도로 잘 순응했다는 논증을 다음과 같이 전개하였다. 그의 심리적 변화는 생각했던 것만큼 그렇게 오래 지속되지 않았다. 시간이 지나면서 그는 보다 고차적인 지적 작업을 수행할 수 있게 되고 다른 사람들과의 관계도 개선되었다. Macmillan과 Lena는 그의 이러한 재활을 도운 주된 요인으로 칠레에서 8년 가까이 역마차 마부라는 아주 체계적인 일을 하며 살았다는 사실과 그 일을 하는 데는 사회적 기술이 있어야 했고 책임감도 강해야 했으며 또 많은 어려움을 극복해야 했다는 사실을 꼽았다. 예를 들어 말 여섯 마리가 팀이 되어 끄는 역마차를 몰기 위해서는 여섯 마리 말 각각을 도로 사정에 맞추어 개별적으로 통제해야만 하는데, 이 통제작업은 복잡한 감각-운동기능 및 인지기능을 필요로 한다. 그리고 외국에서 영어를 말하지 못하는 손님들을 대할 때는 사회적 기술을 아주 효율적으로 발휘해야만 했을 것이다.

Katowicz(2007)는 게이지의 회복에 관해 이렇게 지적하였다. 게이지가 사고를 당한 후 1년 넘게 그를 연구했고 또 자신이 관찰한 결과를 발표한 것(Bigelow, 1850)으로 알려진 인물은 하버드대학교 외과의사 헨리 비글로뿐인데, 그는 게이지가 완전히 회복됐다고 보고했었다. 그밖에 Macmillan과 Lena도 게이지가 칠레에서 일하고 있을 때 그곳에 살면서 게이지를 잘 알고 있는 의사 헨리 트레빗이 쓴 진술서를 하나 발견하였다. 트레빗은 그 진술서에다 "게이지는 정신적 능력에는 아무런 손상을 보이지 않고 자신의 양호한 건강상태를 즐기고 있었다."(p. 648)라고 보고하였다. 이는 게이지의 회복이 아주 양호한 상태였음을 암시한다. 비글로의 보고와 트레빗의 진술이 사고 후 오랜 시간이 지난 다음에 작성되었다는 사실을 감안하면, 사고 후 오래되지 않았을 때 게이지가 보인 행동 중 일부는 망가져버린 자신의 얼굴에 적응해 가는 과정에서 발생한 일탈행동이라고 보면 충분히 이해할 수 있는 일이라고 Katowicz는 주장한다. Macmillan과 Lena는 게이지가 완전히 회복되어 예전의 게이지로 되돌아왔다고는 생각하지 않지만

"일반인이 믿고 있는 것보다는 훨씬 더 예전의 그에 가까운 것 같다."고 결론지 었다(p. 665). 신경가소성과 뇌의 자체 치유력에 관한 우리의 현재 지식을 기준 으로 보면 게이지의 회복에 대한 이러한 결론이 더 타당해 보인다.

초창기에 벌어진 뇌 연구에서는 죽은 사람의 뇌를 분석하여 그 결과를 생전의 행동과 연관시키기도 했다. 19세기 뇌 과학자 폴 브로카와 칼 베르니케가 이 기법을 이용하였다. 이들은 각각 실어증 환자를 연구하여 뇌에서 벌어지는 언어 활동에 관한 중요한 사실을 발견하였다.

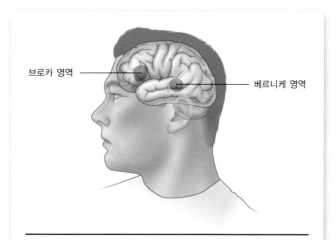

그림 2.10　브로카 영역과 베르니케 영역의 위치
브로카 영역과 베르니케 영역은 각각 언어생성과 언어이해를 책임지는 영역들이다. 왼손잡이 오른손잡이를 막론하고 대부분의 사람들은 좌반구에 이 두 영역을 가지고 있다.

살아 있을 때 말을 유창하게 하지 못했던 환자의 뇌를 부검한 프랑스의 브로카는 발화 행동을 책임지는 뇌 영역이 좌반구의 전두엽 왼쪽에 자리 잡고 있다는 사실을 발견하 였다. 그 영역은 그의 이름을 따 **브로카 영역**(Broca's area)이라 불린다(그림 2.10 참조). 브로카 영역이 손상되면 남이 하는 말을 이해할 수도 있고 또 묵독도 할 수도 있지만, 유창하게 말하는 능력은 잃게 된다. 이러한 증상을 브로카 실어증(aphasia)이라 한다.

몸놀림을 관장하는 운동 영역과 감각정보를 처리하는 감각 영역은 좌우반구 모두에 있지만, 대다수의 경우 브로카 영역은 왼손잡이 오른손잡이를 막론하고 좌반구에만 위 치한다. 발화행동, 즉 말을 하는 일은 좌반구의 특수 기능이라는 뜻이다. (좌반구의 브 로카 영역에 상응하는 우반구의 영역은 일반적으로 언어생성에 관여하지 않는다.) 그 러면 우반구의 이 영역은 어디에 이용되는 것일까? 노래하기와 음악에 이용될 것이라 는 주장이 제기되기도 했다. 브로카 영역이 손상된 사람도 노래하는 능력은 손상되지 않은 경우가 많다(Besson, Faita, Peretz, Bonnel, & Requin, 1998). 이러한 결과는 노래 하기와 말하기에 관여하는 뇌의 영역이 다르다는 점을 암시한다. 그러면 귀가 먹어 수 화를 이용하는 사람들의 경우는 어떠할까? 브로카 영역이 손상되면 이들의 수화능력 도 손상되는 것으로 밝혀졌다. 따라서 브로카 영역은 말하기와 수 화 모두에 중요한 기능을 담당하는 영역으로 간주된다(Corina, 1998).

브로카 영역　언어생성을 담당하는 피질 의 한 영역으로 대개는 좌반구 전두엽에 위치함

브로카 영역이 손상된 사람들도 다른 사람의 말을 이해하는 능력이나 소리를 내지 않고 글을 읽는 묵독능력은 훼손되지 않는다. 말 하기와 말 이해 및 독서에 관여하는 뇌의 영역이 다르다는 뜻이다. 말 이해에 관여하는 영역 중에는 좌반구 측두엽에 위치한 **베르니케 영역**(Wernicke's area)이란 곳도 있다. 독일의 뇌 과학자 베르니케의 이름을 따 붙여진 베르니케 영역은 말 이해 및 읽기에 중요한 역할을 담당한다. 그림 2.10은 브로카 영역과 베르니케 영역의 위치를 보여준다. 베르니케 영역이 손상되면 베르니케 실어증이 나타난다. 베르니케 실어증으로 고생하는 사람들은 다른 사람의 말을 이해하지 못하고 글을 읽지도 못하며, 말을 하기는 하지만 일관성이 없는 말을 한다. 베르니케 영역은 언어를 이해하는 데 중추적인 역할을 수행한다. 요약하면 브로카와 베르니케의 노력으로 언어생성과 언어이해 간 이중분리(double dissociation)가 발견되었다. 여기서 말하는 이중분리란 브로카 영역 손상은 언어이해는 그대로 둔 채 언어생성만 못하게 하고 베르니케 영역 손상은 언어생성 (의미 없는 말이기는 하지만) 자체는 그대로 둔 채 언어이해만 방해하는 일이 벌어진다는 뜻이다.

브로카 영역과 마찬가지로 대다수 사람들의 베르니케 영역도 좌반구에만 위치한다. 이는 손잡이와도 무관하다. 많은 사람들은 왼손잡이의 언어 중추는 우반구에 위치하고 오른손잡이의 언어 중추는 좌반구에 위치한다고 생각한다. 하지만 이는 잘못 알고 있는 것이다. 오른손잡이의 95% 그리고 왼손잡이의 70% 정도는 언어생성 및 언어이해 중추가 좌반구에 위치한다(Springer & Deutsch, 1998).

브로카와 베르니케는 뇌 속 언어 중추를 찾아내기 위해 언어문제로 고생한 사람들이 죽은 후 그들의 뇌를 검토하였다. 그렇다면 이런 기법을 이용하여 소위 천재들이 죽은 후 그들의 뇌를 분석해보면 지적 능력의 신경기반을 찾아낼 수 있지 않을까? 자타가 공인하는 천재 아인슈타인의 뇌는 어떠할까? 이들 질문에 대한 답이 긍정적이기는 하나 설득력은 크지 않다. 그의 뇌에 대한 연구가 세심하고 체계적으로 이루어지지 않았기 때문이다. 아인슈타인 뇌의 여정은 정말 기구했다(Abraham, 2001). 아인슈타인의 뇌와 눈을 제외한 신체는 1955년 그가 죽은 날 화장되었다. 하지만 지금껏 그의 유해가 위치한 곳을 아는 사람은 아무도 없는 것 같다(Lepore, 2001). 아인슈타인이 사망한 프린스턴 병원의 병리학자 토마스 하비는 그의 뇌를 끄집어내어 그 세포조직을 240조각으로 분해하기 전에 통째로 그리고 절단된 채로 여남 장의 사진을 촬영한 후 슬라이드를 마련하여 나중에 필요할 경우 조각을 모아 원상태로 조립할 수 있게 해두었다.

베르니케 영역 언어이해를 담당하는 피질의 한 영역으로 대개는 좌반구 측두엽에 위치함

하비는 아인슈타인의 뇌를 꼼꼼하게 보존했고 또 그 조각의 일부는 소수의 연구자들에게만 배분하기도 했다. 그럼에도 불구하고 23년이 지난 1978년 하비와의 인터뷰가 이루어졌을 때까지 그의 뇌에 대해 발표된 것은 아무것도 없었다(Lepore, 2001). 그동안 하비는 그 뇌의 대부분을 숨겨두고 개인의 연구에만 이용했었다. 그는 조각난 뇌를 포름알데히드가 들어 있는 유리병에 넣어 이름표를 붙여 자기 연구실 상자에 보관하고 있었다. 하비는 여행을 할 때도 대개는 그 뇌를 지니

아인슈타인의 뇌에서 잘라낸 일부가 담겨 있는 유리병을 들고 있는 토마스 하비 박사의 사진

고 다녔다. 아인슈타인의 손녀를 만나기 위해 미국 대륙을 횡단했을 때도 하비가 운전하는 자동차 트렁크 속에는 프롬알데히드 용기가 들어 있었고 그 용기 속에는 아인슈타인의 뇌 조각 일부가 담겨 있었다(Paterniti, 2000).

1980년대부터 하비는 아인슈타인의 뇌가 담긴 사진과 슬라이드를 연구자들에게 좀 더 노출시켰다. 그 결과 6편의 논문과 보통 사람의 뇌와 아인슈타인의 뇌 사이에 몇 가지 미심쩍은 차이까지 발표되었다(Falk, Lepore, & Noe, 2013). 예컨대 Diamond, Scheibel, Murphy와 Harvey(1985)는 좌반구 두정엽에서 교세포 대 신경세포의 비율이 더 높다는 사실을 발견했고 Witelson, Kigar과 Harvey(1999)는 아인슈타인의 뇌에 대한 육안 해부에서 두정엽을 빼고는 일반인의 뇌와 다른 점을 발견하지 못했다. 이러한 결과를 기초로 아인슈타인의 비상한 두정엽이 그의 시공간기능 및 수학기능의 신경기반으로 작용했을 것이라는 가설이 제안되기도 했다. 이 가설은 역사상 가장 위대한 수학자 중 한 명인 카를 가우스의 두정엽도 컸었다는 발견과 일치한다(Seung, 2012). 2007년, 하비도 죽었다. 그의 유산 승계자는 아인슈타인의 뇌 전체(1955년에 마지막으로 보인 모습)가 담긴 사진 14장과 절단된 뇌 조직을 담은 슬라이드 중 일부 그리고 슬라이드 속에 담긴 조직의 뇌 내 위치를 그려놓은 그림 등을 미국 국립보건 및 의료박물관에 기증하였다(Falk et al., 2013).

이들 재료를 이용할 수 있게 된 Falk 등(2013)은 아인슈타인 뇌의 대뇌피질에 대한 육안 해부를 보통 사람 81명의 뇌와 비교할 수 있었다. 이들 사진에서는 그 전에 분석했던 사진에서는 보이지 않았던 구조가 보였다. Falk 등은 아인슈타인 뇌의 크기는 보통

이었으나 그 형태가 매우 이상하다는 사실을 발견했다. 전전두엽, 두정엽, 시각피질, 그리고 일차운동피질 및 체성감각피질이 얽히고 접힌 양상 및 복잡성 때문에 이들 영역의 표면적이 보통 사람들의 뇌에 비해 훨씬 컸다. Falk 등은 자신들이 발견한 이런 사실의 의미까지 상상해 놓았다. 예컨대 그들은 보통 사람보다 더 넓은 아인슈타인의 전전두피질이 그의 놀라운 지적 능력을 지지하는 기반 중 일부로 작용했을 것이고 두정엽이 비상했던 것은 그의 시공간 및 수학적 능력을 받치는 신경기반으로 작용했을 것이라는 이전의 가설과 일치한다고 생각했다. 그러나 아인슈타인의 뇌가 거쳐 온 길고도 이상한 여정은 아직도 끝나지 않았다. 2012년에는 그의 뇌를 담은 슬라이드 중 일부가 디지털화되어 아이패드 애플리케이션으로 일반인에게 노출되었다. 자신의 뇌가 담긴 영상이 과학자가 아닌 사람들에게 9.99달러에 팔리는 이런 현실이 아인슈타인이 원했던 일일까?

좌반구와 우반구의 특화

이제 언어 구사와 얼굴 지각 이외의 다른 기능도 좌반구 또는 우반구에 특화되어 있는지를 살펴보기로 하자. 우리의 능력 중 언어능력 이외의 다른 능력도 좌반구 또는 우반구에만 편재된 것이 있을까? 이 문제의 답을 찾기 위해 연구자들은 좌반구와 우반구를 잇는 뇌량이 절단된 환자들을 검토하였다. 간질발작으로 크게 고생하는 환자들을 치료하기 위해 뇌량을 잘라버리는 뇌-분리(split-brain) 수술은 1940년 윌리엄 반 웨그넌이 처음 시술하였다(Gazzaniga, 2008). 그러나 이 수술을 받은 사람은 그렇게 많지 않다. 오늘날에는 제약기술이 향상되고 다른 치료법도 개발되었기 때문에 이 수술이 거의 시술되지 않는다. 극심한 간질증상을 줄이기 위해 실시된 이 수술의 근거는 발작이 처음 시작된 반구에서 다른 반구로 넘어가는 일을 뇌량을 절단해서 차단해버리면 그 증상도 그만큼(예 : 전신발작에서 반신발작으로) 줄어들 것이라는 생각이었다. 실제로 수술은 효과가 있었다. 그러나 문제는 이 수술을 받은 사람들의 경우 좌우반구 간 신호전달이 이루어지지 않은 데서 불거졌다. 이 수술을 받은 사람들을 '분리-뇌 환자'라고도 하는데, 결과적으로 이 수술은 위에서 제기한 반구 특화 연구에 필요한 이상적인 집단(분리-뇌 환자)을 제공하게 된 셈이다. 그러나 Gazzaniga(2008)에 따르면 엄격한 검사를 받은 분리-뇌 환자는 10명밖에 되지 않는다. 우선 이 문제를 해결하기 위해 분리-뇌 환자가 참여한 실험의 일반적 절차부터 살펴보기로 하자.

좌우반구 연구　좌우반구 연구에 이용된 실험절차를 이해하기 위해서는 우선 시야와 눈 그리고 대뇌피질과의 관계부터 알아야 한다. 그림 2.11은 이들 간의 관계를 그려놓은 것이다. 우리의 시야는 좌측 시야와 우측 시야로 나뉜다. 그리고 우리 눈의 망막(안구의 뒷벽) 역시 오른쪽과 왼쪽으로 나뉜다. 좌측 시야는 우리 시선이 집중되어 있는 점을 중심으로 한 수직선분의 좌측을 일컫고 우측 시야는 그 수직선분의 우측을 일컫는다. 눈의 위치를 막론하고 좌측 시야에서 들어오는 빛은 망막의 오른쪽으로 가고 우측 시야에서 들어오는 빛은 망막의 왼쪽으로 간다는 점을 주목하라. 시야의 좌측에서 들어오는 정보는 각 눈의 망막 오른쪽에서, 시야의 우측에서 들어오는 정보는 각 눈의 망막 왼쪽에서 처리되는 셈이다. 그런데 오른쪽 눈이든 왼쪽 눈이든 망막의 오른쪽에서 처리된 정보는 대뇌피질의 우반구로 전달되고 망막의 왼쪽에서 처리된 정보는 대뇌피질의 좌반구로 전달된다. 요약하면 좌측 시야의 정보는 왼쪽 눈과 오른쪽 눈의 망막 오른쪽에서 처리되어 우반구 시각피질로 전달되고 우측 시야의 정보는 왼쪽 눈과 오른쪽 눈의 망막 왼쪽에서 처리되어 좌반구 시각피질로 전달된다. 좌반구 시각피질은 시야의 우측만 보고 우반구 시각피질은 시야의 좌측만 '보는' 셈이다. 이상의 내용을 도표로 요약하면 다음과 같다.

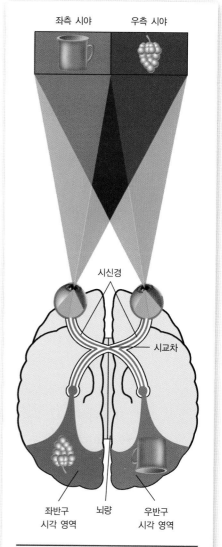

그림 2.11 좌측 시야와 우측 시야의 정보가 처리되는 경로
좌측 시야의 정보는 각 안구 속 망막의 오른쪽을 거쳐 우반구로 전달된다. 우측 시야의 정보는 각 안구의 뒷벽에 있는 망막의 왼쪽을 거쳐 좌반구로 전달된다. 각 안구에서 빠져나가는 시신경의 절반은 시교차를 건너 반대쪽 반구로 들어간다. 즉, 왼쪽 눈의 오른쪽에서 빠져나가는 시신경은 우반구로 가고 오른쪽 눈의 왼쪽에서 빠져나가는 시신경은 좌반구로 간다.

시야와 눈과 시각피질 간에 존재하는 이러한 관계 덕분에 우리는 좌우 시야에서 각 반구로 전달되는 정보를 조작할 수 있다. 시야의 좌측과 우측에 서로 다른 자극을 제시함으로써 좌우반구에서 서로 다른 정보가 처리되도록 할 수 있다는 뜻이다. 좌반구와 우반구 간 정보전달은 뇌량을 통해 이루어지기 때문에 뇌량이 절단된 환자를 실험에 참여시키면, 반구 간 정보전달을 막을 수 있다. 따라서 이 논리를 확장시켜 분리-뇌 환자들에게 다양한 감각정보(후각, 시각, 촉각)를 제시하고 제시된 정보가 어떻게 처리되는지를 검토하면 반구 특화에 관한 연구를 할 수 있게 된다.

대부분 사람들의 언어중추(브로카 영역과 베르니케 영역)는 좌반구에 위치한다는 주장을 기억할 것이다. 이 주장이 사실이라면 분리-뇌 환자들은 좌반구, 즉 우측 시야에 제시된 언어정보만을 처리할 수 있어야 한다. 이 예측은 적중했다. 예를 들어 숟가락을 담은 사진을 좌측 시야에 잠깐 제시한 후, 사진 속에 있던 것이 무엇이었냐고 물으면, 분리-뇌 환자들은 그것이 숟가락이었다고 말하지 못한다. 그러나 보이지 않는 곳에 숟가락을 포함한 여러 개의 물건을 섞어놓고, 사진 속에 있었던 물체를 왼손을 이용하여 촉감으로 골라보라고 하면 숟가락을 골라내는 것으로 드러났다(Gazzaniga, 1992). 왼손을 이용하라고 한 이유는 왼손 촉감을 처리하는 체성감각 영역이 우반구에 위치하기 때문이다. 더욱 흥미로운 것은 왼손으로 사진 속 물체를 집어냈으면서도 그것이 무엇이냐고 물으면 여전히 말로는 대답을 하지 못한다는 점이다. 이제 왼손으로 골라낸 물체를 오른손으로 만져보라고 한 후 그것이 무엇이냐고 물으면 어떤 일이 벌어질 것 같은가? 이번에는 그 환자도 숟가락이라고 말할 수 있게 된다. 오른손의 촉감은 좌반구에서 처리하고 그 결과가 좌반구에 위치한 언어 중추에 전달되기 때문에 이런 일이 가능한 것이다.

이 밖에 분리-뇌 환자들에게 시각 자극을 제시한 후, 제시되었던 자극을 왼손 또는 오른손 손가락을 이용하여 가리켜 보라고 요구하는 실험도 실시되었다. 다음은 심리학자들의 독창성을 엿볼 수 있는 좋은 예이다. 좌측 시야에는 사과를 우측 시야에는 오렌지를 동시에 잠깐 제시한다. 이렇게 하면 사과에 관한 정보는 우반구에서 처리되고 오렌지에 관한 정보는 좌반구에서 처리된다는 점을 주목하라. 그런 후 사과와 오렌지를 포함한 여러 물체를 내어놓고, 자극물로 제시되었던 물체를 손가락으로 가리켜 보라고 하면, 왼손가락으로는 좌측 시야에 제시되었던 사과를 가리키는데, 오른손가락으로는 우측 시야에 제시되었던 오렌지를 가리키는 일이 벌어진다.

좌우반구에 관해 알려진 사실 분리-뇌 관련 연구에서 가장 두각을 나타낸 두 사람은 로저 스페리와 마이클 가자니가였다. 분리-뇌에 관한 초기의 연구는 거의 스페리가 주도했다. 대뇌반구의 기능적 특화에 관한 스페리의 업적을 기리기 위해 1981년 생리학/

의학 노벨상이 그에게 수여되었다. 그러나 1960년대 초 캘리포니아 공과대학에서 분리-뇌 환자를 대상으로 한 최초 실험을 수행한 사람은 스페리의 제자 가자니가였다 (Gazzaniga, 2015; Gazzania, Bogen, & Sperry, 1962). 스페리와 신경외과 의사 조셉 보겐의 지도하에 그 실험을 실시했던 가자니가는 지난 50년 동안 이 분야의 연구를 계속해 왔다(Gazzaniga, 2005, 2008). 여기서 분리-뇌 환자를 대상으로 실시된 이들 연구를 통해 알려진 반구 특화에 관한 사실을 정리해보기로 하자.

우리는 언어 중추가 좌반구에 위치한다는 사실을 이미 알고 있다. 이 때문에 좌반구를 언어반구라고도 한다. 그렇다고 우반구에는 언어처리 능력이 전무한 것은 아니다. 말은 할 수 없지만 우반구도 간단한 언어는 이해할 수 있다. 또한 수학 및 논리에서는 좌반구가 우반구보다 우세하다. 하지만 공간지각, 공간문제 해결 및 그림 그리기에서는 우반구가 우세하다. 얼굴재인에서 우세한 곳 또한 우반구이다. 방추상얼굴영역(FFA)의 비대칭성 때문에 얼굴은 우측보다 좌측 시야에 제시되었을 때 더 빨리 인식되며, 이런 일은 분리-뇌 환자(Stone, Nisenson, Eliassen, & Gazzaniga, 1996)뿐 아니라 보통 사람들한테서도 똑같이 일어난다(Yovel, Tambini, & Brandman, 2008). 일반적으로 좌반구는 분석, 즉 전체를 구성요소로 쪼개는 편인데 반해, 우반구는 정보를 총체적 처리, 즉 여러 구성요소를 하나로 통합하는 쪽으로 작용한다(Reuter-Lorenz & Miller, 1998). 우반구는 큰 그림('숲')을 찾는다면 좌반구는 세밀한 것('나무')에 집중하는 편이다. 정보처리 스타일에서 발견되는 이런 반구 간 차이를 전역적 처리 대 국지적 처리라고도 한다.

정보처리 스타일에 발견되는 반구 간 차이를 지지하는 증거는 또 있다. 이 증거는 뇌 손상 환자를 대상으로 한 연구에다 David Navon(1977)이 개발한 위계적 자극을 적용함으로써 확보되었다. 그림 2.12에서 볼 수 있듯이, 이 자극은 작은 문자(국지적 또는 분석적 수준)로 구성된 큰 문자(전역적 또는 전체적 수준)였다. 그림 2.12(a)에 제시된 자극은 큰 문자 **H**가 작은 문자 **A**로 구성되어 있음을 주목하라. Delis, Robertson, Efron(1986)은 뇌 손상 환자들에게서 벌어지는 지각적 부호화 과정을 연구하기 위해 이러한 자극을 이용하였다. 환자들은 이 자극을 살펴본 후 잠시 동안 교란과제를 수행해야 했다. 그런 다음 기억을 되살려 앞서 살펴봤던 자극을 그림으로 그려야 했다. 우반구가 손상되어 좌반구의 힘으로 이 과제를 수행해야 하는 환자들은 **A**자를 무질서하게 그리는 경우가 많았다(그림 2.12b 참조). 이들은 자극의 전반적 모양인 **H**자는 기억하지 못하면서 구성요소였던 **A**자는 기억하고 있었던 것이다. 이에 반해 좌반구가 손상되

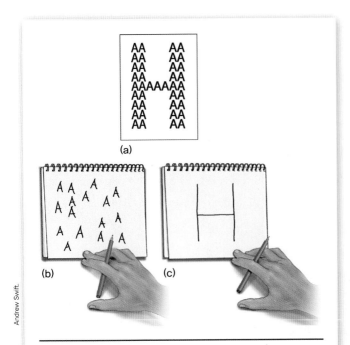

Andrew Swift.

그림 2.12   위계적 자극의 표본 및 뇌 손상 환자를 대상으로 확보된 연구결과

(a) 표본자극은 작은 **A**자들로 구성된 큰 **H**자이다. (b) 우반구가 손상된 환자들은 자극의 구성요소(**A**자들)는 기억할 수 있었으나 전반적 모양(**H**자)은 기억하지 못하였다. (c) 좌반구가 손상된 환자들은 자극의 전반적 모양(**H**자)은 기억할 수 있었으나 구성요소(**A**자들)는 기억하지 못하였다.

어 우반구의 힘으로 이 과제를 수행해야 했던 환자들은 **H**자는 그리면서도 **A**자는 그리지 못하는 경우가 많았다(그림 2.12c 참조). 이들은 자극의 전반적 모양은 기억하고 있었으나 구성요소는 기억하지 못했던 것이다. 그러니까 우반구는 자극의 전체 모양을 종합하는 일에 전문화된데 반해, 좌반구는 자극의 구성요소를 분석해 내는 일에 전문화되어 있었던 것이다. 반구에 따라 처리 스타일이 다르다는 증거는 Navon의 자극을 정상인에게 제시한 후, **H**자(전역적 수준) 또는 **A**자(국지적 수준)에 관심을 기울이게 하고는 PET 스캔으로 뇌 속 활동을 영상화한 Fink 등(1996)에 의해서도 확보되었다.

분리–뇌 환자에서 발견된 이러한 차이를 기초로 사람들은 특정인에게서 발견되는 우수한 기능이 좌반구의 역할이냐 우반구의 역할이냐에 따라 그 사람을 '좌뇌인' 또는 '우뇌인'으로 분류하기도 한다. 그러나 명심해야 할 사실은 이러한 과제수행에서 발견되는 반구 간 차이는 좌우반구 간 정보전달이 단절된 사람들에게서 관찰된 차이라는 점이다. 정상인의 경우 좌우반구 간 정보처리는 끊임없는 상호작용을 통해 이루어지며, 두 반구는 서로의 정보를 공유한다. 따라서 정상인이 어떤 과제를 수행할 때 좌반구 또는 우반구만 활용해야 할 이유가 전혀 없다. 특정 과제를 수행할 때 좌반구의 역할이 클 수도 있고 우반구의 역할이 클 수도 있지만, 그 과제수행에도 좌우반구 모두가 관여한다는 점을 명심해야 한다(Corballis, 2007; Hellige, 1993; Jarrett, 2015; Nielsen, Zielinski, Ferguson, Lainhart, & Anderson, 2013). 이것이 바로 어떤 사람을 '좌뇌인' 아니면 '우뇌인'으로 분류하는 것이 잘못된 이유이다. 이러한 분류 자체를 하지 않는 것이 최선이다. 우리는 거의 모두가 '전뇌인간'이기 때문이다.

의식과 잠든 뇌

뇌와 그 기능에 관해 신경과학자들이 해결해야 할 문제는 아직도 많다. 그중 가장 흥미로운 문제는 인간의 의식에 관한 문제이다. 의식이란 무엇이며 의식의 신경 기반은 무엇일까? 의식을 고려하는 가장 좋은 방법은 **의식**(consciousness)을 주변 환경 및 자신의 내적 상태(사고 및 느낌)에 대한 자각(awareness)으로 간주하는 것이다. 그러므로 의식은 내적인 것(자신의 생각과 느낌)인 동시에 외적인 것(주변 환경에서 벌어지는 일에 대한 깨달음)이라 하겠다.

뇌와 신체 작용의 대부분은 우리가 의식하지 못하는 사이에 전개된다. 예를 들어 여러분은 지금 읽고 있는 단어와 문장은 인식할 것이다. 그러나 이러한 인식이 벌어질 때 머릿속에서 벌어지는 내적 과정(문자가 나열된 것을 눈으로 보고 그 뜻을 이해하기까지의 과정)은 의식하지 못할 것이다. 인식작용의 결과만 의식할 뿐 그 작용이 뇌에서 벌어지는 과정은 의식하지 못한다는 뜻이다. 우리는 우리의 뇌 속에서 벌어지는 활동을 의식하고 싶어도 그럴 수가 없다. 지금 이 순간 여러분의 뇌를 구성하는 수천만 신경세포 사이에서 벌어지는 신호전달을 생각해보라. 신경계에서 벌어지는 이러한 정보처리 활동을 의식하는 사람은 아무도 없다. 우리는 이러한 처리의 결과 중 일부만을 의식할 수 있을 뿐이다.

우리는 의식을 자신의 내부 및 외부 세계에 주의를 집중하는 것으로 생각할 수도 있다. 그러나 그 기저에 깔린 것이 무엇이며(즉, 어떻게 의식이 생성되며) 의식이 발달하게 된 이유가 무엇인지는 여전히 해결해야 할 과제로 남아 있다. 잠(수면)에 대해서도 비슷한 문제가 제기된다. 잠이란 자연적으로 변화된 의식상태라고 할 수 있다. 그러면 우리는 왜 잠을 자야만 하는 것일까? 이 문제 역시 아직도 해결해야 할 문제로 남아 있다. 그러나 잠을 자는 동안 뇌에서 어떤 일이 벌어지는지에 관해서는 상당히 많은 것이 밝혀져 있다. 잠을 자는 동안 뇌의 전기적 활동을 기록해보면 잠이 여러 단계를 거쳐 진행된다는 것을 알 수 있다. 언제 꿈을 꾸는지도 알 수 있다. 그러므로 먼저 잠의 단계를 살펴본 후 각 단계와 꿈과의 관계를 검토하고, 잠을 자야만 하는 이유와 꿈을 꾸는 이유를 설명하기 위해 제안된 이론을 간략하게 논의하는 일로 이 장을 닫기로 하자.

수면의 다섯 단계　수면의 단계는 뇌파 기록 장치를 이용하여 뇌의 전기적 활동을 기록함으로써 확정되었다. 두피의 이곳저곳에 작은 전극을 부착하여 전극이 부착된 두개골 안쪽의 피질에서 벌어

> **의식**　자신의 사고와 느낌 및 외부 환경에 대한 자신만의 앎

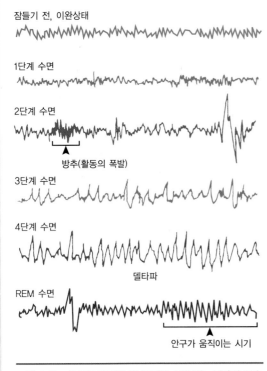

잠들기 전, 이완상태

1단계 수면

2단계 수면

방추(활동의 폭발)

3단계 수면

4단계 수면

델타파

REM 수면

안구가 움직이는 시기

그림 2.13 수면의 단계와 각 단계에 상응하는 뇌파의 모습
여러 가지 수면의 단계는 뇌파(EEG)의 변화로 나타난다. 잠이
들어 숙면단계(3, 4단계)로 빠져듦에 따라 뇌파는 커지고 느려
진다. 숙면단계가 끝나면 3단계, 2단계를 거꾸로 거쳐 REM 단
계로 접어든다. REM 단계의 뇌파는 1단계의 뇌파와 모양이 비
슷하다.

지는 전기적 활동을 실시간에 기록한 것을 뇌파(electroencephalograph, EEG)라 한다. 그림 2.13은 잠들기 전 긴장이 풀린 상태에서 기록된 EEG와 수면의 각 단계에서 기록된 EEG를 보여준다. 마지막 단계에 붙여진 이름은 수면 시 벌어지는 안구 움직임의 특징을 기반으로 붙여진 이름이다. 마지막 단계(5단계)에서는 빠른 안구 움직임(rapid eye movement, REM)이 벌어진다. 때문에 5단계의 수면을 REM 수면이라고도 한다. 한편 5단계에서와는 달리 1~4단계에서는 안구 움직임이 빠르지 않기(non-rapid) 때문에 1~4단계의 수면을 NREM 수면이라고도 한다. 잠에 들어 처음 네 단계의 NREM 수면을 거치는 동안 우리의 뇌파는 점점 느려지면서 진폭은 커지고 파형은 불규칙적으로 변한다. 이러한 양상의 변화는 특히 3~4단계에서 두드러진다. 약 5분에 걸친 1단계가 끝나면 약 20분 동안 지속되는 2단계 수면으로 넘어간다. 2단계 수면의 특징은 수면방추(sleep spindle)라고 하는 급속한 활동이 주기적으로 폭발한다는

점이다. 수면방추의 역할을 두고 감각입력에 대한 뇌의 민감성을 감소시킴으로써 깊은 잠에 빠져들게 하는 작용이라고 믿는 사람도 있다. 노인이 되면 수면방추의 수가 줄어들고, 또 노인들은 자주 잠을 깨는 경향이 있다는 사실은 이러한 믿음과 일치한다.

다음 두 단계는 서파(slow-wave) 수면단계인데, 3단계는 짧은 국면 전환용 수면이고 4단계는 숙면단계이다. 이 두 단계, 특히 4단계 수면의 특징은 뇌파가 크고 느린 델타파로 구성된다는 점이다. 이 단계에 들면 완전히 잠에 빠진 상태라 할 수 있는데, 잠든 후 처음 시작되는 이 서파 수면(3~4단계 수면)은 약 30분 동안 지속된다. 숙면단계에서는 부교감신경계가 지배적인 역할을 수행한다. 따라서 근육은 이완되고 심장 뛰는 속도는 느려지며 혈압은 낮아지고 소화작용은 빨라진다. 신기한 점은 이런 상태에서도 우리의 뇌는 외부 환경을 감시한다는 점이다. 물론 우리는 이 사실을 의식하지 못한다.

그러나 아이의 울음소리처럼 중요한 자극이나 창문이 깨지는 소리 같은 강한 자극은 수면에 의해 구축된 지각의 장벽을 무너뜨리고 우리의 잠을 깨우기도 한다.

잠든 후 약 한 시간 쯤 지나 첫 번째 숙면이 끝나면, 우리의 잠은 3단계와 2단계를 차례로 거친 후 **REM 수면**(rapid eye movement sleep) 단계에 들어간다. 가장 많은 관심을 끌고 있는 REM 수면의 특징은 뇌파가 1단계 수면의 뇌파처럼 빠르다는 점이다. 뇌파를 보면 1단계 수면과 비슷해 깊이 잠든 상태가 아닌 것처럼 보이지만 사실은 깊은 잠에 빠진 상태이다. REM 수면 단계에 들면 근육은 깊은 잠에 빠져 있을 때처럼 이완되는데 반해, 뇌를 비롯한 여타 신체기관은 매우 활동적이어서 깨어 있는 상태와 비슷하다. 이 때문에 REM 수면을 역설적 수면이라고도 한다. 심박률이 높아지고 호흡도 빨라지며 눈은 감긴 상태이지만 안구는 급속도로 움직이고 성기가 발기되는 일이 벌어진다. 뇌가 활발하게 활동한다는 것은 산소 소비량과 혈류가 증가한다는 사실에서 알 수 있다. 이상한 것은 이러한 모든 내적 상태가 활발한데도 근육은 이따금씩 꿈틀거리는 것 말고는 여전히 이완돼 있기 때문에 실제로는 신체가 마비된 상태나 다름없다는 점이다.

REM 수면은 꿈을 꾸기 시작했음을 의미하기도 한다. 대부분의 꿈은 REM 단계에서 전개되기 때문이다. 그걸 어떻게 아냐고? 1단계부터 4단계까지의 각 단계에서 잠을 깨우면, 꿈을 꾸고 있었다고 말하는 사람이 거의 없다. 그러나 REM 단계에서 잠을 깨우면, 대개는 꾸고 있던 꿈에 관한 이야기를 한다. 심지어 꿈을 꾼 적이 거의 없다고 말하는 사람도 REM 단계에 있을 때 잠을 깨우면 꿈을 꾸고 있었다고 말하곤 한다. 이러한 발견은 우리가 꿈을 꾸지 않는 것이 아니라 꾼 꿈을 기억하지 못할 뿐이라는 의미로 해석된다. 약 10분 동안 지속되는 이 REM 단계를 끝으로 수면의 첫 주기는 끝난다. 1단계에서 4단계를 거쳐 REM 단계로 끝나는 수면주기는 약 90분 간격으로 반복된다. 수면주기가 반복됨에 따라 숙면단계(3, 4단계)는 점점 짧아져 끝내는 사라져버리는 반면, 2단계와 REM 단계는 상대적으로 길어진다. 따라서 수면기간의 전반부는 대부분이 NREM 수면이고 REM 수면은 많지 않은데, 후반부는 대부분이 REM 수면이고 NREM 수면은 거의 없다(그림 2.14). 대부분의 사람들은 밤새 너댓 차례의 REM 단계를 거친다. 이렇게 계산하면 REM 수면시간은 전체 수면시간의 20~25%를 차지한다. Walker(2017)에 따르면 우리 인간이 REM 수면으로 보내는 시간은 다른 영장류의 평균 9%보다 훨씬 긴 편이다. 그런데 이상하게도 우리 인간의 하루 평균 수면시간 8시간은 다른 영

> **REM 수면** 안구가 빠르게 움직이고 뇌파가 각성상태의 뇌파와 흡사하며 대부분의 꿈이 일어나는 수면의 한 단계

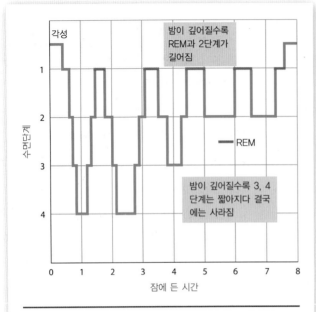

밤이 깊어질수록 REM과 2단계가 길어짐

REM

밤이 깊어질수록 3, 4단계는 짧아지다 결국에는 사라짐

그림 2.14 밤잠을 자는 동안 반복해서 관찰되는 수면단계의 주기
처음 4단계까지의 수면을 거친 후 잠은 3단계, 2단계를 거쳐 REM 수면으로 접어든다. REM 수면이 끝나면 수면의 첫 주기도 끝나고, 이 주기가 반복됨에 따라 숙면단계(3, 4단계)는 짧아져 결국에는 사라지고 2단계와 REM 단계는 상대적으로 길어진다.

장류의 10~15시간보다 짧다. 그러니까 잠은 적게 자면서도 꿈은 많이 꾸는 셈이다.

우리는 매일 밤 약 2시간 가까이 꿈을 꾼다. 현재의 평균 수명으로 계산하면 평생 약 6년을 꿈을 꾸며 보낸다. 하지만 우리가 기억하는 꿈은 거의 없다. 기억에 남는 꿈은 대개 마지막 주기의 REM 단계 그러니까 잠에서 깨기 직전에 꾸는 꿈이다. 우리는 정서적으로 불쾌한 꿈을 많이 꾼다. 예를 들어 공격을 당하거나 쫓기는 꿈이 많다는 뜻이다. REM 수면 동안에는 전두엽(이성적 사고를 책임지는 영역)은 폐쇄되는 반면, 정서경험과 기억 형성에 중요한 역할을 맡고 있는 편도체와 해마는 활동적이어서 비합리적 심상 및 정서경험을 창출하기 때문일 것이다. 꿈이 주로 시각적이라는 점을 감안하면 맹인들의 꿈은 어떠할까라는 의문이 생긴다. 태어날 때부터 맹인이거나 출생 후 곧 맹인이 된 사람들의 꿈은 시각적인 꿈이 아닌 것으로 드러났다. 그들의 꿈도 정서적인 면이 강하기는 하지만 소리와 같이 시각과는 다른 감각 양식인 것으로 밝혀졌다.

잠을 자고 꿈을 꾸는 이유 왜 잠을 자야 하는지는 아무도 모른다. 그러나 잠을 자야만 한다는 것은 안다. 잠을 자지 않고 배길 수 있는 사람은 없기 때문이다. 잠을 제대로 자지 못하면 치러야 하는 대가가 매우 크다. 잠을 박탈당하면 정신집중이 어려워지고 체력이 감퇴되며 불쾌감을 느끼게 되고 심지어 환각까지 경험하게 된다. 수면 박탈은 면역계를 억제하여 감염과 질환 퇴치능력을 떨어뜨린다. 사고를 당할 위험도 높아진다(Coren, 1993). 매일 7~8시간 잠을 자는 사람이 만성적인 수면부족 상태로 살아가는 사람들보다 수명이 긴 것도 이러한 이유 때문일 것이다(Dement, 1999). 특히 많은 대학생들이 수면부족 상태에서 살고 있다. 대학생의 약 80%가 잠을 충분히 자지 못하는 것으로 집계되었다. 수면 박탈의 부정적 효과를 간과하지 말기 바란다. 수면 박탈은 집중을 어렵게 하고 공부는 물론 시험까지 어렵게 만든다. 한마디로 잠을 충분히 자지 않는 것은 스스로를 '바보로 만드는 일'이다(Dement, 1999, p. 231).

누구나 잠을 자야 한다. 그러나 얼마나 많이 자야 하는가는 사람에 따라 천차만별이다. 평균적으로 우리는 인생의 3분의 1을 잠으로 보낸다. 왜 그 많은 시간을 잠으로 보내야 하는 것일까? 네 가지 이유가 제안되었다. 그러나 실제로는 이 네 가지 이유 모두 때문에 우리는 잠을 잔다고 할 것이다. 첫째, 잠의 회복기능이다. 잠은 낮에 벌어진 활동으로 지쳐버린 뇌와 신체에 휴식 및 회복의 기회를 제공한다. 뇌와 몸이 정상적으로 작동하기 위해서는 잠이 필수적이라는 주장이다. 예컨대 최근의 연구결과에 의하면, 뇌는 잠을 자는 동안에 신진대사 활동의 독성 부산물을 정화하는 것으로 드러났다(Xie et al., 2013). 신진대사 활동의 항상성(homeostasis)이 수면을 통해 확보된다는 이 사실은 신경장애(예 : 알츠하이머병)가 수면장애와도 관련이 있다고 암시한다. 수면장애 때문에 뇌가 스스로를 정화하지 못해 누적된 독성 찌꺼기는 뇌를 손상시키는 원인으로 작용할 수 있다. 둘째, 수면 중 벌어지는 유전자 활동으로 수초를 구성하는 지방질인 미엘린(myelin) 생산이 크게 증가하는데, 이 미엘린은 뇌의 신경회로를 보호하고 신호전달 속도를 높인다(Bellisi et al., 2013). 따라서 잠은 오랜 시간을 두고 뇌를 보호하는 물질인 미엘린 생산을 주도함으로써 뇌를 튼튼하게 만든다. 셋째, 잠은 우리가 학습한 것을 처리할 수 있게 돕는다. 낮에 경험한 것이 기억 속에 저장될 기회를 제공하는 것이 잠이다. 실제로 잠을 자고 난 후에 기억력이 증진된다는 증거도 있다(Stickgold & Ellenbogen, 2009). 기억에 특히 중요한 것은 REM 수면이다. 학습을 하고 난 후에 REM 수면을 박탈당하면 학습한 것에 대한 기억이 훼손된다(Dujardin, Guerrien, & LeConte, 1990). 그러나 다른 단계의 수면을 방해했을 때는 이러한 기억 훼손이 발생하지 않는다. 넷째, 잠이 적응의 과정으로 진화했을 수 있다. 인류의 진화과정에서 잠이 보호기능(예 : 침략당할 기회를 줄이고 어둠 속을 헤매다 마주칠 위험을 아예 차단해 버리는 기능)을 수행함으로써 생존확률을 높였다는 뜻이다. 밤에 돌아다니는 사람들보다 동굴에 남아서 잠을 잔 사람들이 더욱 오래 살아남았을 것이고, 그들의 유전인자가 후대에 전해졌을 것이라는 생각이다.

이처럼 잠을 자는 행위는 명백한 장점이 있다. 그러면 꿈은 왜 꾸는 것일까? 한 가지 이유는 REM 수면과 학습과의 관계에서 발견된다. REM 수면은 새로 학습한 정보가 기억 속에서 굳어질 기회를 제공한다(Stickgold, Hobson, Fosse, & Fosse, 2001). 다른 이유도 있다. 약 100년 전 프로이트는 무의식 상태에서 벌어지는 내적 갈등이 변장한 모습으로 퇴출되는 게 꿈이라고 주장했다(Freud, 1900/1953a). 그러나 현대 연구자들은 과학적 증거가 없다는 이유로 이 견해를 기각해버렸다. 꿈을 꾸는 이유를 설명하려 한 이론은 많지만 비판을 받지 않은 이론은 없다. 그런데도 많은 관심을 모으고 있는 이론 중 하나로 활성-종합 이론(activation-synthesis theory; Hobson, 2003; Hobson & McCarley, 1977; Hobson, Pace-Scott, & Stickgold, 2000)을 꼽을 수 있다. 이 이론에 따르면 REM 수면 동안에는 교뇌에 있는 신경세포가 자발적으로 반응하는 일이 벌어진다. 이 반응으로 피질의 여러 영역 및 변연계의 정서 관련 영역에 아무런 의미도 없는 무선적 신호가 전달된다. 이 신호는 무의미한 신호인데도 우리의 뇌는 그 의미를 파악하려 하고, 결국에는 그럴듯한 이야기를 꾸며낸다. 즉, 이 이론은 뇌줄기에서 생성된 신호가 피질 및 변연계에서 종합적으로 해석된 것이 꿈이라고 주장한다. 그런데 이들 신호에 의해 유발되는 기억과 심상 역시 무선적이기 때문에 이렇게 생성된 기억과 심상을 기초로는 일관성 있는 이야기를 만들기가 어렵다. 그런 어려움을 겪는 우리의 뇌는 결국 기이하고 혼란스러운 이야기(꿈)를 만들어내게 된다. 그러나 우리가 꾸는 꿈 이야기는 이 이론이 예측하는 것보다 훨씬 그럴듯하고 일관성도 있으며 우리가 깨어 있을 때의 문제와 불안으로 구성된다. 바로 이점이 활성-종합 이론의 결정적인 문제점이다(Domhoff, 2003). 그런 문제를 안고 있음에도 불구하고 이 이론은 꿈을 구성하는 신경계에 관한 많은 연구를 조장했고, 그리하여 꿈의 생리적 기초에 대한 우리의 지식을 한층 넓혀 놓았다.

활성-종합 이론과는 대조적으로 신경인지 이론에서는 깨어 있을 때의 인지활동과 꿈과의 유사성을 강조한다(Domhoff, 2011). 또한 신경인지 이론은 꿈을 무선적 신경반응에 대한 주관적 해석으로 설명하는 것은 지나치게 단순한 견해라고 비판한다. 꿈도 우리가 가진 지적 능력의 중요한 산물로 깨어 있을 때의 인지와 꿈속에서의 인지 간에는 연속성도 있다고 주장한다. 꿈의 내용은 대부분 꾸는 사람이 잘 알고 있는 사람이나 활동에 관한 이야기이며, 그 사람 생시의 걱정이나 성격이나 정서 및 관심을 반영한다(Domhoff, 1996; Nir & Tononi, 2010). 신경인지 이론에 의하면 9~10세 이하의 아이들이 꾸는 꿈은 어른들이 꾸는 꿈보다 단순하며 정서성과 기괴함이 덜하다. 그 이유는 꿈의 발달과 인지(예 : 상상력) 발달이 함께 점진적으로 향상되기 때문이라고 주장한다. 일단 아이들의 인지능력이 향상되고 나면 꿈도 보다 복잡해진다. 간단히 말해 꿈도 우리 인간의 정상적 인지작용의 산물이다. 하지만 꿈에는 깨어 있을 때 수집되는 외적 감각정보가 아니라 잠을 자는 동안 내부에서 생성된 감각정보가 이용된다는 점이 다를 뿐이라는 생각이다.

우리가 꿈을 꾸는 이유에 대한 수면학자들의 의견은 일치하지 않는다. 그러나 REM 수면이 필요하다는 점에는 동의한다. REM 수면의 필수성은 REM 수면 반등효과로 입증되었다. REM 수면 반등효과란 REM 수면이 박탈되면 그 후에 REM 수면기간이 길어지는 현상을 일컫는다. REM 수면과 REM 수면 반등효과는 다른 동물에서도 발견되는데, 이는 REM 수면이 생리적 욕구라는 의미이다. 그러나 이 욕구의 정확한 본질이 무엇인지는 미해결 문제로 남아 있다.

요약

이 절에서는 뇌의 주요 구조물을 소개하였다. 척수와 대뇌피질 사이에는 중심부와 변연계라는 두 세트의 구조물이 자리 잡고 있다. 중심부는 숨뇌, 망상체(뇌줄기의 일부), 소뇌, 시상, 기저핵(뇌줄기 가까이 있는 구조물)으로 구성된다. 숨뇌는 호흡 및 혈압조절 같은 원초적 신체기능을 조절한다. 교뇌는 소뇌와 대뇌를 연결하는 교량 역할을 한다. 망상체는 흥분과 각성수준 제어에 관여한다. 소뇌는 몸놀림 조절 및 운동학습에 관여하고, 시상은 감각정보 중계소 역할을 수행하며, 기저핵은 몸놀림을 시작하고 실행하는 일에 관여하며, 중심부의 위쪽을 덮고 있는 변연계(시상하부, 해마, 편도체)는 생존과 기억과 정서에 중요한 역할을 수행한다.

뇌줄기에서 대뇌피질 쪽으로 올라갈수록 기능은 더욱 복잡해진다. 언어, 지각, 결정짓기 등 복합적인 능력을 제공하고 우리를 '인간답게' 만들어 주는 것이 대뇌피질이다. 각 반구는 전두엽, 두정엽, 측두엽, 후두엽으로 나뉜다. 신체 움직임은 전두엽의 운동피질이 관장하고 촉감, 온감, 사지의 위치, 통증 등 신체감각은 두정엽에 위치한 체성감각피질이 처리한다. 각 반구의 운동피질과 체성감각피질은 각각 신체의 반대쪽을 담당한다. 즉, 좌반구의 운동피질은 몸통 오른쪽의 몸놀림을 통제하고 우반구의 운동피질은 몸통 왼쪽 부위의 몸놀림을 통제한다. 그리고 좌반구와 우반구의 체성감각피질은 각각 몸통 오른쪽과 왼쪽 부위에서 감지되는 감각정보를 처리한다. 일차 시각피질은 후두엽에 위치하고 일차 청각피질은 측두엽에 위치한다. 전체 피질의 약 70%를 차지하는 그 밖의 피질을 연합피질이라 한다. 지각이나 결정짓기 등 모든 고등 정신활동은 연합피질에서 전개된다. 이들 정신활동은 여러 가지 정보를 종합함으로써 가능해진다는 뜻이다.

전두엽은 계획, 추리, 충동 억제, 성격, 특히 성격의 정서적 측면에 중요한 역할을 수행하는 것으로 밝혀졌다. 대부분의 경우 왼손잡이든 오른손잡이든 언어처리 영역은 좌반구에만 위치한다. 좌반구 전두엽 좌측에 위치한 브로카 영역은 언어생성에 관여하며, 좌반구 측두엽 좌측에 위치한 베르니케 영역은 언어(말과 글)이해를 책임지고 있다. 분리-뇌 환자(뇌량이 절단되어 좌반구와 우반구 간 소통이 단절된 사람들)를 검토한 연구결과, 각 반구의 주요 기능이 다르다는 것을 알게 되었다. 예컨대 좌반구는 언어, 수학, 논리에 특화되고 우반구는 공간지각, 얼굴인식, 그리기에 특화된 것으로 밝혀졌다. 또한 좌반구는 자극을 구성요소로 분석하는데 반해, 우반구는 자극을 통째로 처리한다. 그러나 정상인의 경우 좌반구와 우반구는 끊임없이 상호작용한다는 점을 잊어서는 안 된다. 어느 한 반구가 특정 과제를 수행하는 일에 주된 역할을 담당할지는 몰라도 그 과제를 수행하는 데는 두 반구 모두가 관여한다.

신경과학자들은 뇌뿐 아니라 의식도 연구한다. 의식이란 자신의 내적 상태(생각과 느낌)에 대한 자각 및 외적 환경에 대한 자각이라고 할 수 있다. 변화된 의식상태로 정의되는 수면은 자연적으로 벌어지는 현상이다. 수면에 관한 많은 것은 잠을 자는 동안 뇌에서 벌어지는 전기적 활동을 기록한 뇌파(EEG)를 통해 알게 되었다. 뇌파를 검토하면 수면은 다섯 단계로 진행된다는 것을 알게 된다. 특히 꿈은 대개 REM 수면단계에서 일어나는 것으로 밝혀졌다. 아직도 우리는 왜 잠을 자야 하고 꿈을 꾸는지에 대한 확고한 답을 찾지 못했다. 그러나 적어도 이 두 가지가 반드시 필요한 것임은 안다. 수면을 박탈당하면 정신집중이 어려워지고 면역계가 손상되는 등 다양한 결과가 야기된다. 그리고 REM 수면이 박탈당한 후에는 REM 수면기간이 길어지는 REM 수면 반등효과도 관찰된다.

개념점검 | 3

- 왼쪽 뺨을 손바닥으로 치면, 대뇌피질 중 어느 반구, 어느 엽, 어느 영역, 어느 부분이 활발하게 반응할 것 같은지를 구체적으로 설명해보라.
- 다른 사람의 말을 따라 말할 때는 대뇌피질의 어느 영역이 어떻게 관여할 것 같은지를 설명해보라.
- 소뇌가 손상된 사람한테서는 어떠한 행동적 결함이 관찰될 것 같은지를 설명해보라.
- 분리-뇌 환자는 자신의 좌측 시야에 잠깐 제시되었던 자극이 무엇인지를 말로는 표현하지 못하지만 알고는 있다는 사실을 어떻게 입증할 것인지를 설명해보라.
- 400년 묵은 아래 그림 베르툼누스 (Vertumnus)는 16세기 이탈리아 화가 주세페 아르침볼도의 작품이다. 아르침볼도는 과일, 채소, 꽃, 책 등 여러 물체를 이용하여 상상형 초상화를 그리는 화가로 유명하다. 베르툼누스는 아르침볼도가 과일, 꽃, 채소를 이용하여 그린 프라하의 루돌프 II세의 초상화이다. 이 초상화를 이용하여 좌우반구에서 벌어지는 정보처리의 차이 그리고 시야와 반구와의 관계에 관한 여러분의 이해도를 검토해보기로 하자. 베르툼누스를 분리-뇌 환자의 좌측 시야에 잠시만 제시한 후, '얼굴'과 '과일'이라는 단어를 보여주며 앞서 제시되었던 자극이 이 둘 중 어느 것인지를 손가락으로 지적해보라고 주문하면 어떤 손으로 어떤 단어를 가리킬 것 같은가? 그 이유는 무엇인가? 이제 이 그림을 그 환자의 우측 시야에 잠시만 제시한 후, 앞서와 같은 주문을 했다면 어떤 일이 벌어질 것 같은가? 그 이유는 무엇인가?

- REM 수면을 역설적 수면이라고도 하는 이유를 설명하라.

학습 가이드

핵심용어 문제

다음 각 진술이 정의하는 용어를 적으라.

1. 내분비샘에서 생성되어 혈관을 따라 체내의 표적 지점으로 옮아가는 화학물질

   _____

2. 몸놀림 조절, 균형감각, 그리고 운동학습에 관여하는 뇌의 부위

   _____

3. 백색의 지방질로 축삭을 감싸 신경반응의 전도 속도를

   빠르게 하는 물질

4. 뇌에 주입된 방사성 글루코스가 뇌의 대사활동으로 누적되어 양전자가 방출될 때 그 양을 탐지함으로써 뇌의 각 부위에서 벌어지는 활동 정도를 시각화해 놓은 것

   _____

5. 신경계에서 자연적으로 생성되는 화학물질로 신경세포 간 정보전달의 특수 임무를 수행하는 것

_____

6. 대뇌피질 중에서 일차 감각처리와 일차 운동처리를 담당하는 영역 이외의 영역

_____

7. 신경전달물질의 활동을 감소시키는 약물이나 독물

_____

8. 말초신경계의 일부로 수용기로부터의 감각신호를 중추신경계로 전달하고, 중추신경계에서 몸놀림을 통제하기 위해 내린 명령을 골격근으로 전달하는 것

_____

9. 좌반구와 우반구의 신경세포를 연결하는 다리

_____

10. 신경계의 주요 억제성 신경전달물질

_____

11. 신경계 내에서 신경세포를 지지하는 시스템을 구성하는 세포

_____

12. 세로토닌만 골라 재흡수를 방해함으로써 세로토닌 작용효과를 내는 약물

_____

13. 통증을 줄여주고 쾌감을 주는 일에 관여하는 약물의 통칭

_____

14. 뇌줄기를 구성하는 구조물로 심장박동, 호흡, 혈압, 소화, 삼키기 같은 원초적 신체기능에 관여하는 부위

_____

15. 각 반구의 중앙 열 뒤쪽 그리고 외측 열의 위쪽에 위치한 영역으로 체성감각피질을 담고 있는 엽

_____

연습문제

다음은 이 장의 내용에 관한 선다형 연습문제이다. 해답은 개념점검 모범답안 뒤에 있다.

1. _____의 주된 기능은 다른 신경세포로부터 정보를 받아들이는 일이다.
   a. 수상돌기
   b. 세포체
   c. 축삭
   d. 축삭종말

2. 다음 중 작용제는?
   a. 큐라레
   b. GABA
   c. 보툴리눔독물
   d. 암페타민

3. SSRI는 _____의 재흡수를 방해한다.
   a. 도파민
   b. 세로토닌
   c. 노르에피네프린
   d. GABA

4. 다음 중 정보를 중추신경계에서 말초신경계로 전달하는 신경세포는?
   a. 감각신경세포
   b. 운동신경세포
   c. 사이신경세포
   d. 교세포

5. 다음 중 부교감신경계의 활동인 것은?
   a. 동공 확장
   b. 소화 촉진
   c. 심박률 증가
   d. 혈당량 높임

6. 다음 중 뇌하수체의 활동을 통제하는 것은?
   a. 해마
   b. 편도체
   c. 시상하부
   d. 숨뇌

7. 변연계는 _____로 구성된다.
   a. 시상, 시상하부, 편도체

b. 시상하부, 숨뇌, 망상체

c. 편도체, 시상하부, 해마

d. 기저핵, 편도체, 소뇌

8. 대다수 사람들의 경우 브로카 영역은 _____반구에 위치하며 베르니케 영역은 _____반구에 위치한다.

 a. 우, 우   b. 우, 좌

 c. 좌, 우   d. 좌, 좌

9. 좌측 시야에서 제공되는 정보는 망막의 _____측에서 받아들여 _____측 후두엽으로 전달된다.

 a. 좌, 좌   b. 좌, 우

 c. 우, 우   d. 우, 좌

10. 다음 중 역설적 수면단계로 알려진 단계는?

 a. 2단계   b. 3단계

 c. 4단계   d. REM 수면

11. 생리적 각성/흥분, 행동적 반응, 그리고 정서적 느낌이 모두 동시에 그러나 상호 독립적으로 일어난다고 주장하는 정서 이론은 _____ 이론이다.

 a. 샥터-싱어의 2-요인

 b. 캐넌-바드

 c. 제임스-랑게

 d. 상식

12. 저녁밥을 먹기 위해 종호가 숟가락을 집어든다. 이때 종호의 _____신경계는 손가락 놀림을 통제하고 _____신경계는 종호의 위를 조절하면서 소화를 통제한다.

 a. 자율, 자율   b. 자율, 체성

 c. 체성, 자율   d. 체성, 체성

13. 우반구가 손상된 사람에게 일어날 확률이 가장 높은 장애는 _____ 능력이다.

 a. 통장 잔고 점검

 b. 얼굴인식

 c. 논리적 문제해결

 d. 말하기

14. 보툴리눔 중독에 의한 마비는 _____ 분비가 억제되기 때문에 발생하고, 큐라레는 _____ 수용기 부위를 점령함으로써 마비를 유발한다.

a. 아세틸콜린, 아세틸콜린

b. 아세틸콜린, GABA

c. GABA, 아세틸콜린

d. GABA, GABA

15. 운동피질에서 신체의 각 부위에 배당된 영역의 크기는 _____.

 a. 신체 내 해당 부위의 크기에 비례한다.

 b. 신체 내 해당 부위가 실행할 수 있는 움직임의 복잡성과 정밀성에 비례한다.

 c. 동일하다.

 d. 손보다 몸통에 해당하는 부분이 더 크다.

개념점검 1의 모범답안

• 세포체는 다른 신경세포로부터 받아들인 정보를 기초로 전기적 반응을 일으켜야 할 것인지 말아야 할 것인지를 결정한다. 이런 의미에서 신경세포는 결정을 짓는 장치로 간주되곤 한다. 흥분성 신호가 억제성 신호보다 충분히 크면 세포체는 반응을 일으켜야 한다고 결정할 것이다.

• 수초로 덮인 축삭의 신경반응 전도 속도는 수초로 덮이지 않은 축삭의 신경반응 전도 속도보다 빠르다. 전자의 경우는 신경반응이 전류가 축삭을 따라 물이 흐르듯 전도되는 것이 아니라 수초로 덮인 마디마디를 건너뛰는 방식으로 전도되기 때문이다.

• 신경전달물질의 재흡수를 방해하는 약물이 작용제로 간주되는 이유는 재흡수를 방해함으로써 흡수되지 않은 신경전달물질이 시냅스 간극에서 활동할 시간을 늘려주기 때문이다. 다시 말해 재흡수되지 않은 신경전달물질이 같은 정보를 반복해서 보내게 되기 때문이라는 뜻이다.

• L-도파의 부작용으로 조현병 환자의 사고장애와 유사한 효과가 나타난다. 그 이유는 L-도파는 뇌에서 도파민의 활동을 증가시키는데, 도파민의 뇌 내 활동이 지나치면 조현병증상이 나타나기 때문이다. 이와 비슷한 논리로 항정신성 약물은 파킨슨병과 같은 부작용을 유발하는데, 그 이유는 이들 약물이 뇌 내 도파민 활동을 감소시키기 때문이다. 기저핵과 같이 몸놀림을 통제하는 영역의 도파민 활동이 줄어들면 파킨슨병과 같은 증상

이 나타나게 된다.

모두 동일한 시간에 일어난다는 주장이다.

개념점검 2의 모범답안

- 그것이 발견되는 위치로 볼 때 감각신경세포와 운동신경세포는 PNS에만 존재하며, 사이신경세포는 CNS에만 존재한다. 기능으로 볼 때 감각신경세포는 감각수용기, 내장기관, 근육, 내분비샘 및 신체 등으로부터의 정보를 CNS로 전달하며, 운동신경세포는 사지를 움직이는 데 필요한 CNS의 운동명령을 신체로 내려보낸다. 그리고 사이신경세포는 CNS 내에서 정보를 통합하는 역할을 수행한다.
- 교감신경계를 '투쟁 또는 도피' 시스템이라 하는 이유는 위협상황에서 투쟁이나 도피에 필요한 준비 태세를 갖추게 해주는 것이 교감신경계이기 때문이다. 부교감신경계를 '휴식 및 소화' 시스템이라 하는 이유는 부교감신경계의 활동이 교감신경계의 활동과 반대여서 우리의 몸이 휴식을 취하도록 하며 소화작용을 정상상태로 되돌려 놓기 때문이다.
- 호르몬과 신경전달물질은 둘 다 화학적 전령이다. 그러나 호르몬은 혈관을 따라 멀리 위치한 목적지에 도달하기 때문에 신호전달이 느린 반면, 신경전달물질은 신경계 내의 목적지와 가까운 곳에서 방출되기 때문에 그 효과가 빠르다.
- 뇌하수체를 '주샘(master gland)'이라 부르는 이유는 다른 내분비샘을 자극하는 호르몬을 방출하기 때문이다. 이러한 의미에서 뇌하수체는 내분비계의 수장 역할을 수행한다고 할 수 있다.
- 제임스-랑게 이론에 의하면 우리의 정서는 자율신경계의 활동상태 및 행동반응 양상을 기초로 결정된다. 정서적 느낌은 이러한 신경계의 반응 및 행동 반응이 일어난 후에 그 결과로 유발된다는 주장이다. 따라서 정서적 느낌이 다른 것은 이들의 반응 양상이 다르기 때문이다. 그러나 캐넌-바드 이론에 의하면 신경계의 반응 양상은 너무나 흡사하기 때문에 상이한 느낌을 야기할 수 없다고 주장한다. 캐넌과 바드는 신경계의 활동, 행동반응, 그리고 정서적 느낌이 모두 동시에 그러나 독립적으로 일어나는 현상이라고 주장한다. 제임스-랑게 이론과는 달리 자율신경계의 활성화, 행동반응, 정서적 느낌이

개념점검 3의 모범답안

- 얼굴의 왼쪽 뺨을 맞았다고 느끼려면, 우반구 두정엽의 일차 감각피질 아래쪽에 위치한 체성감각피질이 활성화되어야 한다. 보다 정확한 위치를 알고 싶으면 그림 2.9에 그려진 호문쿨루스의 뺨이 위치한 곳을 찾아보라. 맞은 뺨이 왼쪽이기 때문에 활성화되어야 하는 곳은 우반구의 그곳이어야 한다.
- 우리가 다른 사람이 하는 말을 따라 할 때, 청각기관으로 입력되는 그 사람의 말소리는 먼저 측두엽의 청각피질로 전달된다. 그런 다음 베르니케 영역으로 전달되어 그 말의 의미를 이해하게 된다. 그러고는 브로카 영역으로 전달되어 발성 프로그램을 만들고, 그 프로그램을 운동피질로 보내면 그 프로그램이 실행되어 발성에 필요한 근육이 움직이게 된다.
- 소뇌에 손상을 입은 사람들은 몸놀림이 조화롭지 못하고 균형을 잡는 데 어려움을 겪는다. 몸놀림이 매끄럽지 못하고, 비틀거리며, 특히 균형을 잡는 일에 큰 어려움을 겪게 된다.
- 왼손의 감각을 이용하여 그 대상이 무엇인지를 맞혀 보라고 한다. 그러면 촉각으로 받아들인 정보를 우반구에 있는 기억 속 정보와 맞추어 볼 수 있기 때문에 올바른 반응을 할 수 있을 것이다.
- 분리-뇌 환자의 좌측 시야에 베르툼누스를 잠시 제시했다면, 이 자극은 환자의 우반구에서 처리될 것이다. 우반구의 운동피질은 몸통 왼쪽 부분의 움직임을 관장하기 때문에 반응은 왼손으로 할 것이다. 그리고 우반구는 얼굴인식에 특화되어 있으며, 전체 처리를 선호하는 편이고 또 자극의 전반적 모습은 얼굴을 나타내고 있기 때문에 환자는 '얼굴'을 지적할 것이다. 그러나 그 자극이 환자의 오른쪽 시야에 제시되었더라면, 그림은 좌반구에서 처리되었을 것이고, 좌반구는 오른손을 통제하기 때문에 오른손으로 반응했을 것이다. 그런데 좌반구는 분석적 처리를 선호하는 편이기 때문에 베르툼누스는 구성요소(과일, 꽃, 채소)로 분석되었을 것이고, 그 자극의 얼굴을 구성하는 주요 요소가 과일이기 때문에 환자의 오른손가락은 '과일'을 가리켰을 것이다. 가지니가는

분리-뇌 환자가 과제를 수행한 실험에서 실제로 아르침 볼도의 그림을 이용했고 그 결과는 위에서 소개한 예측과 일치했다.

- REM 수면을 역설적 수면이라고도 하는 이유는 이 수면 단계에서는 신체근육이 완전히 이완되어 움직일 수 없는 숙면상태인데 반해, 뇌파는 대부분 깨어 있는 상태와 비슷하고 산소 소비량과 혈류가 증가하기 때문이다. 다시 말해 뇌는 깨어 있는 것 같은데, 몸은 잠들어 있는 것 같다는 데서 '역설적'이란 형용사가 붙었다고 하겠다.

연습문제의 답

1. a
2. d
3. b
4. b
5. b
6. c
7. c
8. d
9. c
10. d
11. b
12. c
13. b
14. a
15. b

핵심용어 문제의 답

1. 호르몬
2. 소뇌
3. 수초
4. PET 스캔
5. 신경전달물질
6. 연합피질
7. 대항제
8. 체성/골격신경계
9. 뇌량
10. GABA
11. 교세포
12. 선별적 세로토닌 재흡수 억제제(SSRI)
13. 엔도르핀
14. 숨뇌
15. 두정엽

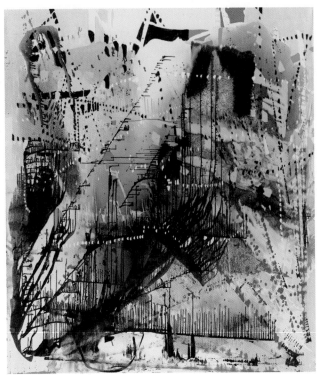

Jackie Saccoccio and Van Doren Waxter, NY.

3 | 감각과 지각

우리는 감각기관, 즉 세상을 향해 뚫린
'창'을 통해 세상을 이해한다. 우리가 경
험하는 현실은 감각과 지각이라고 하
는 두 가지 기본 과정에 의해 결정된다.
이러한 현상을 이해하기 위해서는 먼
저 우리의 행동 및 정신과정의 기초가
되는 정보수집(감각) 및 정보해석(지각)
과정부터 이해해야 한다. 감각과 지각
은 우리가 이 세상을 이해하는 데 필요
한 정보와 그 속에서 살아가는 데 필요
한 정보를 제공한다. 하지만 지각은 바
깥세상을 있는 그대로 복제하지 않는다.
Martinez-Conde와 Macknik(2010)가
지적했듯 "우리가 경험하는 모든 것도
사실은 우리가 상상해낸 허구일 뿐이고,
이건 신경과학적 진실이다. 우리의 감각
경험은 정확하고 진실인 것 같지만, 바
깥세상의 물리적 실재를 있는 그대로 재
생한다고 할 수 없다."(p. 4)

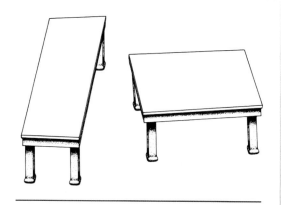

그림 3.1 착각의 예

그림 속 탁자의 상판은 크기도 모양도 서로 다른 것처럼 보인
다. 그러나 이 둘의 실제 크기와 모양은 동일하다. 한쪽 탁자
의 상판 크기와 모양을 오려 다른 탁자의 상판 위에 겹쳐보라.
이 둘이 같다는 사실을 알면서도 우리는 이 둘을 다르게 지각
하는 뇌의 지각방식을 바꾸지 못한다.

출처 : "Turning the Tables, An Example of a Misperception," from Shepard, R. N.
(1990). *Mind sights: Original visual illusions, ambiguities, and other anomalies, with a
commentary on the play of mind in perception and art.* New York, NY: Freeman. Copy-
right © 1990 by Roger N. Shepard. Used by permission of Henry Holt and Company.
All rights reserved.

우리가 '보는' 세상은 우리의 뇌가 만들어낸 주관적인 세상이고, 이 작업에는 가지고 태어나거나 과
거의 지각경험을 통해 개발된 가정과 원리가 이용된다(Hoffman, 1998). 우리가 지각하는 세상은 우리
의 뇌가 지각한다고 우리에게 말해주는 세상이다. 우리가 보는(지각하는) 세상이 정확하지 않을 수도 있
다는 뜻이다. 그림 3.1에 그려진 탁자의 상판을 보면 모양과 크기가 달라 보인다. 그러나 이 그림을 복사
한 후 왼쪽 탁자의 상판을 오려서 오른쪽 탁자의 상판 위에 겹쳐 보면 두 상판의 크기가 동일하다는 것
을 알게 될 것이다. Lilienfeld, Lynn, Ruscio, Beyerstein(2010)이 지적했듯이 "보는 것이 믿는 것이
다. 하지만 그 믿음이 반드시 옳은 것은 아니다."(p. 7) 이 착시에 대해서는 이 장의 뒷부분에서 다시 설
명할 것이다. 그러나 그림 3.1에 제시된 착각에 대한 일반적인 설명은 우리의 뇌가 정보를 잘못 해석하
여 일어난 결과라는 주장이다(Shepard, 1990). 여기서 중요한 것은 우리의 뇌가 실재를 잘못 지각하고
있다는 점, 그리고 그 잘못을 알면서도 우리는 그러한 뇌의 잘못을 억제할 수 없다는 점이다. 지각경험
을 생성하는 것은 우리의 뇌인데, 우리는 그 뇌에 손을 쓸 수가 없다. 그러니까 세상사의 지각을 통제하
는 것은 우리의 뇌이지 우리가 아니다. 우리의 뇌는 복사기처럼 작동하지 않는다. 즉, 실재하는 그대로를
복사하지 않는다. 우리의 지각경험은 감각기관을 통해 수집한 정보를 뇌에서 해석한 결과이다. 아름다움
은 보는 사람의 눈에 있는 것이 아니라 보는 사람의 뇌에 있다는 뜻이다.

감각과 지각이 작동하는 방식을 이해하기 위해서는 외부의 물리적 세계와 내부의 심리적 세계가 서
로 어떤 관계에 있는지부터 알아야 한다. 이 문제를 해결하려 하다 보면, 실험심리학의 근원과 19세
기 독일 과학자들이 연구한 정신물리학을 공부하게 된다. 그 당시 과학자들은 심리학자라기보다는 생
리학자이자 물리학자였다. 이들은 실험을 이용하여 자극의 물리적 속성이 변함에 따라 그 속성에 대한

심리적 경험(지각경험)이 변하는 모습을 밝히고 싶어 했다. 이 때문에 이들의 연구 분야를 정신물리학 (psychophysics)이라 한다. 정신물리학자들은 인간의 정신활동도 양적으로 측정될 수 있음을 입증하였다. 이들의 발견 중 주요 결과를 논의한 후 시각기관과 청각기관이 외부 환경으로부터 정보를 수집하여 처리하는 방식을 살펴볼 것이다. 특히 색채 지각과 소리의 음고변별 과정이 집중적으로 거론될 것이다. 마지막으로 시지각의 일반적 과정을 논의하면서 뇌가 시각정보를 조직하고 인식하는 방식, 깊이지각에 필요한 거리 판단 방식, 그리고 그림 3.1에서와 같은 착각을 만들어내는 방식을 살펴볼 것이다.

물리적 세계와 심리적 세계와의 관계

정신물리학의 주된 관심은 물리적 세계와 심리적 세계와의 관계에 있다. 초창기 정신물리학자들은 "빛이나 소리 같은 물리적 에너지의 강도가 어떻게 처리될까?"와 같은 아주 기본적인 질문의 답을 찾고 싶어 했다. 여기서는 그들이 해결하고자 했던 세 가지 문제, 즉 탐지문제, 변별문제, 크기추정문제를 살펴보기로 하자.

탐지문제와 변별문제는 감각기관의 한계를 찾는 문제이다. 탐지문제는 우리의 감각기관이 탐지할 수 있는 자극의 최소 강도가 얼마인지를 알고 싶어 한다. 우리가 탐지해낼 수 있는 가장 약한 자극의 강도는 얼마나 될까라는 질문의 답을 찾고 싶어 했다는 뜻이다. 그러니까 "우리가 빛을 볼 수 있기 위해서는 그 빛의 강도가 얼마 이상이어야 할까?" 또는 "우리가 소리를 들을 수 있기 위해서는 그 소리의 크기가 얼마 이상이어야 할까?" 같은 문제가 탐지(detection)문제에 속한다. 변별문제는 2개의 자극이 얼마나 달라야 우리는 그 둘이 다르다는 것을 알아차릴 수 있을까라는 문제이다. "두 갈래 빛의 밝기가 얼마나 달라야 그 둘을 다르다고 할까?", "두 가지 소리가 다른 소리로 들리기 위해서는 그 크기가 얼마나 달라야 할까?" 등이 변별(differentiation)문제에 속한다. 이들 두 가지 문제와는 달리 크기추정문제는 감각기관의 한계를 묻지 않는다. 보통 강도/크기의 자극을 제시하고 그에 대한 지각경험이 어떻게 달라지는지를 알고 싶어 하기 때문이다. 즉, 물리적 자극의 강도/크기와 그 자극에 대한 심리적 경험과의 관계에 관심을 둔다는 뜻이다. 예를 들어 "빛의 물리적 강도(밝기)를 2배로 증가시키면, 우리는 그 빛이 2배로 밝아졌다고 느낄까?", "소리의 크기를 3배로 증가시키면 우리는 그 소리가 3배로 더 커졌다고 판단할까?" 이들 두 질문에 대한 답은 "그렇지 않다."는 것이다. 놀랍지 않은가! 물리적 크기/강도의 변화가 지각된 크기/강도의 변화에 그대로 반영되지 않는다면, 자극의 크기/강도 변화와 지각된 크기/강도 변화 사이에는 어떤 관계가

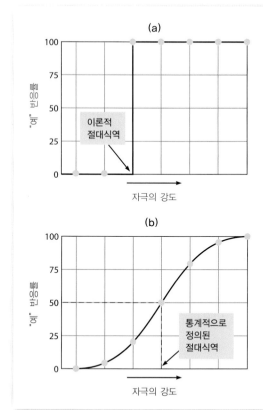

그림 3.2 절대식역 : 이론과 실제

(a)는 정신물리학자들이 탐지실험에서 관찰될 것으로 예측했던 결과를 보여준다. 이론적으로 절대식역은 특정 자극을 탐지하는 데 필요한 그 자극의 최소 에너지(자극의 최소 강도)를 일컫는다. 그 에너지가 이에 미치지 못하면 그 자극은 절대 탐지되어서는 안 되지만, 그 에너지의 양이 절대식역에 해당하거나 그보다 크면 그 자극은 항상 탐지되어야 한다. (b)는 정신물리학 실험에서 실제로 관찰된 결과를 나타낸다. 연구자들이 예측했던 자극의 최소 강도[그림 (a)와 같은 강도]는 발견되지 않았다. 이러한 결과 때문에 절대식역은 탐지될 확률이 50% 되는 자극의 강도라는 통계적 정의를 갖게 되었다.

있는 것일까? 크기추정(scaling)문제는 자극 강도/크기의 물리적 변화와 지각된 강도/크기라는 심리적 변화 사이에 존재하는 관계를 밝히고 싶어 한다.

탐지문제

우리가 탐지할 수 있는 가장 희미한 빛이나 가장 약한 소리는 그 크기/강도가 얼마나 될까? 정신물리학자들은 인간 탐지능력의 한계에 관한 이러한 문제의 답을 찾기 위해 감각자극의 에너지 양(빛의 강도, 소리의 강도)을 바꾸어 가며 자극으로 제시하였다 (즉, 보여주거나 들려주었다). 실험 참가자들에게는 그 자극을 탐지했으면(즉, 봤거나 들었으면) "예"로 답하고 탐지하지 못했으면 "아니요"라고 답하라고 주문했다. 자극을 탐지하는 데 필요한 최소 에너지가 얼마인지, 즉 절대식역을 측정하고자 했던 것이다. 초기의 정신물리학자들은 자극의 강도가 이렇게 측정된 최소한의 에너지 양(절대식역)을 넘어설 경우에는 모두 탐지될 수 있을 것이라고 생각했다. 달리 말해 강도가 이 최소한의 에너지보다 낮은 자극에 대해서는 모두 "아니요"라고 대답할 것이고, 이 최소한의 에너지와 같거나 높은 자극에 대해서는 항상 "예"라고 대답할 것이라고 예상했다. 그림 3.2(a)는 정신물리학자들이 기대했던 결과를 그림으로 나타낸 것이다.

절대식역   실제 실험의 결과는 예상과 달랐다. 탐지하지 못했음을 의미하는 "아니요" 반응에서 탐지했음을 의미하는 "예" 반응으로의 갑작스러운 전환이 일어나지 않았다. 그보다는 자극의 강도가 점증함에 따라 "예"라고 반응할 확률도 점증하는 것으로 드러났다. 그림 3.2(b)는 이러한 반응 양상을 시각화한 것이다. 결과가 이러했기 때문에 정신물리학자들은 **절대식역**(absolute threshold)을 통계적(즉, 확률적)으로 정의할 수밖에 없었다. 실험에서 자극이 제시된 전체 횟수의 50%가 탐지되는 자극의 강도를 절대식역으로 정의하게 되었다는 말이다. 다시 말해 절대식역이란 탐지될 확률과 탐지되지 않을 확률이 동일한 자극의 강도를 의미하게 되었다. 이러한 정의를 기초로 절대식역을 측정했을 때, 아주 약한 자극을 탐지해내는 인간의 능력은 대단한 것으로 밝혀졌다. 예컨대 쾌청한 어두운 밤 주변에 아무런 불빛이 없으면 우리는 약 50km 떨어진 곳에 위치한 촛불을 볼 수 있으며, 고요한 조건에서는 약 6m 떨어진 곳에 있는 손목시계의 초침소리까지 들을 수 있는 것으로 밝혀졌다(Galanter, 1962).

절대식역을 이런 식으로 정의하고 나니까 역하자극, 다시 말해 탐지될 확률이 50%(절대식역) 이하의 자극에 대한 정의까지 이상하게 되어 버렸다. 즉, 탐지될 확률이 49%인 자극도 역하자극(subliminal stimulus)이 되어 버린다. 이 정의는 보통 사람들이 일상생활에서 말하는 역하자극의 의미, 즉 의식적으로 탐지되지 않는 자극이란 의미와 일치하지 않는다. 그러나 이러한 일상생활의 정의를 따르면, 우리가 알아차리지 못하는 역하자극에 대한 지각이 정말 일어날 수 있는 것일까라는 의문이 생긴다. 역하자극을 이용한 광고를 통해 소비자의 행동을 바꿀 수 있다는 주장이 제기되기도 했다. 그러나 역하자극을 이용한 설득이 가능하다는 증거는 없다(Moore, 1988, 1992; Pratkanis, 1992; Pratkanis & Greenwald, 1988; Trappey, 1996). TV나 음악 등의 매체에서 역하자극을 이용해 사람을 조종하는 일은 일어나지 않을 테니 걱정할 필요가 없다는 뜻이다. 그러면 역하 녹음테이프를 이용하여 기억력을 향상시킨다거나 체중을 줄일 수 있다는 등의 주장은 어떻게 받아들여야 할까? 이런 주장도 믿을 수 없는 것으로 드러났다(Greenwald, Spangenberg, Pratkanis, & Eskenazi, 1991). 기실 Lilienfeld 등(2010)은 역하자극(메시지)으로 사람들을 설득시켜 물건을 구입하게 만들 수 있다는 주장을 대중심리학의 50대 신화 중

절대식역   제시된 자극의 강도가 약해 탐지될 확률이 50%인 조건에서 측정된 자극의 강도

하나로 꼽았다. Garfield(1994)는 "역하 광고는 대중의 의식에서만 존재할 뿐 소비자 광고에는 존재하지 않는다. 아무도 그런 광고를 괘념치 않는다. 왜냐하면 [노골적인] 이미지로 자극을 해도 사람들의 마음을 사는 일은 어렵기 때문이다."(p. 41)라며 이 주장을 반박하였다.

하지만 엄격하게 통제된 실험실에서 실시된 역하자극 지각에 대한 연구결과 (Bar & Biederman, 1998; Marcel, 1983), 우리가 의식하지 못하는 감각자극도 뇌에는 등록이 되는 것으로 밝혀졌다. 그

초능력 검사

러나 그런 지각은 잠깐 만에 사라져버리기 때문에 우리의 행동에는 장기적인 영향은 미치지 못한다(Greenwald, Draine, & Abrams, 1996; Greenwald, Klinger, & Schuh, 1995). 역하자극에 대한 지각을 초감각 지각(ESP, extrasensory perception)과 혼동해서는 안 된다. 초감각 지각이란 텔레파시(타인의 생각을 알아차리는 일)처럼 흔히 말하는 감각기관을 통하지 않고 이루어지는 지각을 의미한다. 역하자극을 이용해 사람을 설득할 수 있다는 증거가 없는 것처럼 초감각 지각을 지지하는 증거도 없다(Druckman & Swets, 1988; Galak, LeBoeuf, Nelson, & Simmons, 2012; Milton & Wiseman, 1999). 과학적으로 이해할 수 없는 주장의 허점을 폭로하는 데 명수였던 마술사 제임스 랜디는 1964년 엄격하게 통제된 조건에서 초감각능력을 입증할 수 있는 사람에게는 그 누구든 1,000달러를 상금으로 주겠다는 제안까지 했었고, 나중에는 그 상금을 100만 달러까지 올렸다. 수백 명이 도전을 했으나 아무도 그 상금을 가져가지 못했다. 이 '내기'는 2015년 랜디의 은퇴와 함께 끝났다. 요컨대 수십 년 동안 연구했음에도 그 누구도 신뢰할만한 초감각능력의 존재를 입증하지 못했다.

신호탐지 이론 현대 정신물리학자들은 단순해 보이는 탐지과제를 수행하는 데도 감각처리뿐 아니라 의사결정이라고 하는 고차적 인지과정이 관여한다고 믿는다. 그래서 아주 약한 자극을 탐지할 수 있는 능력을 측정하기 위해 신호탐지 이론을 이용하고 있다(Green & Swets, 1966; Swets, 1964). **신호탐지 이론**(signal detection theory)에서는 아

신호탐지 이론 아주 약한 자극을 탐지하는 능력은 그 자극에 대한 민감도뿐만 아니라 관찰자의 판단준거에 따라 달라진다고 가정하는 이론

주 약한 감각 신호(자극)를 탐지하는 일도 결정을 짓는 작업으로 간주한다. 그리고 이 작업은 신호에 대한 사람들의 생리적 민감성과 사람들이 이용하는 결정 기준에 의해 달라진다고 본다. 생리적 민감성은 감각적 요인이며 결정 기준은 성격, 기대, 각성수준, 동기 같은 감각 외 요인이라는 점을 주목하라. 탐지과제가 주어지면 사람들은 가용한 감각 증거를 기초로 결정(신호가 제시되었다 또는 제시되지 않았다는 판단)을 내려야 한다. 자극(신호)이 제시되었다고 말할 증거가 충분한가라는 문제에 답을 해야 한다는 뜻이다. 이는 법정에서 판사가 내려야 하는 결정과 흡사하다. 판사는 검사가 제시한 증거를 기초로 피고에 대한 유죄/무죄 판단/결정을 지어야 한다. 판사의 믿음과 성격에 따라 그 판단/결정의 준거(유죄라는 판결을 내리는 데 필요하다고 생각하는 증거의 질과 양)는 달라질 수 있다. 마찬가지로 감각자극이 유발한 생리적 변화는 동일할지라도 자극 탐지 여부를 결정하는 준거가 다르면 그 자극을 탐지했다거나 하지 못했다는 판단은 달라질 수밖에 없다.

신호탐지 연구에 이용되는 실험실 과제는 절대식역 측정에 이용되는 과제와 다르다. 시행마다 강도가 다른 신호를 제시하는 대신, 절반의 시행에서는 일정한 강도의 희미한 신호를 제시하고 나머지 절반의 시행에서는 아무 신호도 제시하지 않는다. 참여자는 각 시행에 "예" 또는 "아니요"로 반응해야 한다. 신호가 제시되었다고 판단되면 "예"라고 반응하고 신호가 제시되지 않았었다고 판단되면 "아니요"라고 반응한다. 그러므로 시행마다 벌어질 수 있는 사건은 다음 네 가지이다. 신호가 제시되었고 반응이 "예"인 사건(적중), 신호가 제시되었는데 반응은 "아니요"인 사건(놓침), 신호가 제시되지 않았는데 반응이 "예"인 사건(오경보), 신호도 제시되지 않았고 반응도 "아니요"인 사건(옳은 기각). 이들 중 두 가지(적중과 옳은 기각)는 정반응이고 나머지 두 가지(놓침과 오경보)는 오반응이다. 표 3.1은 이 네 가지 사건을 요약하고 있다.

많은 시행을 실시하여 이런 결과를 확보한 후 그 결과를 위의 네 가지 사건으로 분류하여 두 가지 값을 계산한다. 하나는 희미한 자극에 대한 관찰자의 생리적 민감도를 나타내는 값이고 다른 하나는 관찰자의 판단기준("예" 반응에 이용된 증거의 양/정도)을 나타내는 값

표 3.1	신호탐지 실험의 결과로 나올 수 있는 사건 네 가지		
		신호	
		제시됨	제시되지 않음
관찰자의 반응	"예"	적중	오경보
	"아니요"	놓침	옳은 기각

이다. 민감도를 나타내는 값이 중요하다는 점을 알고 있을 것이다. 그러나 판단기준을 나타내는 값은 왜 필요한 것일까? 실생활에서 벌어지는 신호탐지 장면을 예로 들어보자. X-레이 필름 속에서 암을 나타내는 반점이 있는지를 판단해야 하는 상황을 상상해 보라. 이 판단에는 두 가지 오류가 있을 수 있다. 하나는 반점이 없는데도 있다고 말하는 '오경보'이고, 다른 하나는 반점이 있는데도 없다고 말하는 '놓침'이다. 어떤 오류든 그 대가는 매우 심각하다. '오경보'를 범하면 불필요한 추가 검사 또는 수술을 받아야 할 수도 있다. 그리고 '놓침'을 범하면 필요한 치료를 하지 않아 죽음으로 이어질 수도 있다.

관찰자의 판단기준을 나타내는 값(측정치)을 알면, 우리는 신호탐지 과제에서 관찰자가 오류를 범할 확률을 추정할 수 있게 된다. 예컨대 판단기준이 엄격하지 않아 증거가 미약한데도 "예"라고 말하는 사람의 경우에는 '놓침'은 별로 범하지 않는 대신 많은 '오경보'를 범할 것이다. 거의 모든 시행에서 "예"라고 반응할 것이기 때문이다. 판단기준이 엄격하여 증거가 확실한 경우에만 "예"라고 말하는 사람의 경우에는 이와 반대되는 현상이 벌어진다. 즉, '오경보'는 거의 범하지 않는 대신 '놓침'을 범하는 일은 많을 것이다. 대부분의 시행에서 "아니요"라고 반응할 것이기 때문이다. 그러므로 현명한 처신은 이 두 가지 오류의 대가를 계산하여 그에 따라 판단기준을 바꿈으로써 오판에 따른 손실을 최소화하는 일일 것이다. 지금까지 논의의 요점은 희미한 신호를 탐지하는 일에까지 주관이 개입된다는 점이다. 주관적 과정에는 감각 외 요인이 많이 작용한다는 사실을 유념하기 바란다. 이제 희미한 자극을 탐지하는 능력의 한계에 관한 많은 사실을 알았으니까 신호 두 개 간 차이를 탐지해내는 능력을 연구한 결과를 살펴보기로 하자.

변별문제

두 갈래의 빛(예 : 촛불)의 밝기가 얼마나 달라야 우리는 그 둘이 다르다고 알아차릴까? 앞뒤 소리의 강도가 얼마나 달라야 우리는 그 두 소리가 다르다고 알아차릴까? 자극 둘의 최소 차이가 얼마일 때 우리는 그 둘을 다른 자극으로 인식할까라는 변별문제를 해결하기 위해 정신물리학자들은 물리적 에너지(강도)가 서로 다른 두 개의 자극을 제시한다. 관찰자는 두 자극이 다르다고 판단되면 "예"라고 대답하고, 다르지 않다고 판단되면 "아니요"라고 대답한다. 물론 이 두 자극의 강도는 절대식역을 훨씬 초과한다. 이러한 절차를 따르면 두 개의 자극이 다르게 지각되는 데 필요한 강도의 최소 차이(차이식역)를 측정할 수 있을 것으로 예상했다. 그러나 그 예상은 빗나갔다. 절대식역 측정 실험에서처럼 일정한 차이식역은 발견되지 않았다. 결국 **차이식역**(difference threshold)

도 통계적/확률적으로 정의할 수밖에 없었다. 즉, 그 차이가 일정한 자극 둘이 상이한 자극으로 지각될 확률이 50% 되는 차이를 차이식역으로 정의하게 되었다. 이렇게 측정된 차이식역을 가까스로 탐지할 수 있는 차이(just noticeable difference)라고도 한다.

베버의 법칙　특정인의 차이식역을 측정할 때는 시행(자극을 제시하고 그에 대한 반응을 측정하는 일)마다 두 가지 자극이 제시된다. 이 두 자극 간 차이의 크기는 시행과 함께 달라진다. 먼저 각 시행에서 제시되는 두 자극 간 차이가 조작되는 방식부터 살펴보자. 일반적으로 두 가지 자극 중 하나의 강도는 그대로 두고 다른 자극의 강도만을 바꾸어 제시한다. 시행이 바뀌어도 변하지 않는 자극을 기준자극이라고 하고 시행마다 그 크기/강도/길이가 바뀌는 자극을 비교자극이라 한다. 예를 들어 추의 무게에 대한 차이식역을 측정하기 위해 무게가 10kg인 추를 기준자극으로 이용한다고 하자. 그러면 비교자극으로 그 무게가 10kg 이상/이하인 추가 이용될 것이다. 따라서 비교자극으로 제시된 추의 무게는 첫 시행에서는 11kg, 두 번째 시행에서는 12kg, 세 번째 시행에서는 8kg, 네 번째 시행에서는 9kg 등으로 달라질 수 있을 것이다.

　19세기 독일의 정신물리학자 에른스트 베버는 차이식역과 차이식역을 측정할 때 이용된 기준자극의 강도 사이에서 매우 규칙적인 관계를 발견하였다. **베버의 법칙**(Weber's law)으로 알려진 이 관계는 "차이식역은 그 식역을 측정하기 위해 이용된 기준자극의 강도에 정비례한다."로 진술된다. 베버의 법칙에 따르면 차이식역을 측정할 때 이용된 기준자극의 강도로 차이식역을 나누면 그 값은 상수가 된다는 말이다. 그런데 이 상수는 자극에 따라 달라진다. 예컨대 빛의 밝기를 자극으로 했을 때는 그 상수가 .08이지만 소리의 크기를 자극으로 했을 때는 .05로 밝혀졌다(Teghtsoonian, 1971). 이 상수가 작으면 작을수록 차이식역 역시 작아진다. 즉, 차이가 작은 자극도 쉽게 변별된다. 다음 문제를 풀어보면 베버의 법칙을 정확하게 이해했는지를 점검할 수 있을 것이다. 무게의 차이식역을 측정한 실험에서 상수가 .02로 드러났다고 하자. 이 실험에 이용된 기준자극이 10kg이었다면, 차이식역은 몇 kg이었을까? (베버의 법칙을 공식으로 바꾸면 '상수 = 차이식역/기준자극'이란 등식이 성립된다. 따라서 상수 .02와 기준자극 10kg을 이 공식에 대입하면, 0.02 = 차이식역/10kg이므로, 차이식역 = 0.2kg이 된다.) 베버의 법칙은 자극의 강도가 매우 높거나 매우 낮은 경우를 제외하고는 거의 모든 감각자극 판단에 적용되는 것으로 밝혀졌다

차이식역　일정한 차이가 있는 두 자극이 다른 자극으로 지각될 확률이 50%가 되는 차이

베버의 법칙　차이식역을 측정에 이용된 기준자극의 강도로 나누면 일정한 상수가 된다는 법칙. 이 상수의 크기는 자극의 종류에 따라 달라짐

(Gesheider, 1976).

베버의 법칙을 일상생활에 적용해보자. 이 법칙은 어떤 차이를 지각할 수 있는 우리의 능력이 일정한 배경자극의 강도에 따라 달라진다고 말한다. 예컨대 촛불이 하나밖에 없는 방에 촛불을 하나 더 켜면 방이 훨씬 밝아졌다고 느끼지만, 이미 여러 개의 촛불을 켜 놓아 방이 환한 경우에는 촛불을 하나 더 켜도 더 밝아졌다는 느낌이 들지 않는다. 이 두 경우 모두 늘어난 촛불의 개수는 하나씩이기 때문에 밝아진 빛의 강도는 동일하다. 그런데도 전자의 경우에는 그 밝아진 차이를 알아차리고 후자의 경우에는 알아차리지 못하는 것이다. 우리의 감각기관은 자극의 절대적 차이에 민감한 것이 아니라 상대적 차이에 민감하다는 뜻이다. 그러면 두 자극의 차이가 차이식역보다 훨씬 큰 자극이 제시되었을 경우에 우리가 지각하는 차이와 자극의 실제 차이는 같을까, 다를까? 이 문제를 크기추정문제라 한다.

크기추정문제

탐지문제와 변별문제는 둘 다 식역을 측정하는 문제였다. 전자는 얼마만큼 약한 자극까지 지각할 수 있는가를 측정하고, 후자는 자극과 자극 사이에 존재하는 얼마나 작은 차이까지 변별할 수 있는가를 측정하는 문제였다. 그러나 일상에서 지각하는 자극의 강도는 대개 이들 식역을 훨씬 넘어선다. 그러므로 우리는 일상적인 일에서 벌어지는 자극의 강도 변화를 지각하는 방식도 이해해야 한다. 이 때문에 제기된 것이 크기추정문제, 즉 자극의 물리적 등급 변화와 그에 대한 심리적 등급의 변화 간에는 어떤 관계가 존재하는 것일까라는 문제였다. 자극의 유형을 막론하고 거의 모든 자극에서 이 두 등급의 변화는 서로 달랐지만, 그 관계는 규칙적이었다.

스티븐스의 지수법칙　여러 가지 감각자극에 대한 크기 추정 실험을 실시한 사람은 20세기 미국 심리학자 스탠리 스티븐스였다. 이런 실험을 통해 그는 자극의 지각된 크기와 물리적 크기 사이에 존재하는 재미나는 관계를 발견하였다(Stevens, 1962, 1975). 그는 특정 자극의 지각된 크기(빛이 밝아 보이는 정도 또는 소리가 크게 들리는 정도)가 그 자극의 물리적 크기를 일정한 값으로 제곱한 크기와 같다는 사실을 발견했던 것이다. 이런 관계를 **스티븐스의 지수법칙**(Stevens's power law)이라 한다.

이 법칙이 의미하는 바가 무엇인지를 예를 들어 고려해보자. 먼저 지수법칙에서 말하는 지수가 1이라 함은 특정 자극

> **스티븐스의 지수법칙**　지각된 자극의 크기는 그 자극의 물리적 크기를 일정한 값으로 제곱한 크기와 같다는 법칙

감각적응 변하지 않고 반복적으로 제시되는 자극에 대한 민감도가 서서히 낮아지는 현상

에 대한 지각된 크기와 그 자극의 실제 크기가 일치함을 뜻한다. 예컨대 선분의 길이를 추정하라는 실험에서 자극선분의 길이를 10cm에서 20cm로 증가시키면, 사람들은 두 번째 선분의 길이가 첫 번째 선분보다 2배 길어 보인다고 말한다. 그리고 30cm 선분을 보고는 첫 번째 선분보다 3배 길게 보인다고 말한다. 그러나 선분의 길이를 추정하는 경우를 제외하고는 그 지수가 1인 조건은 거의 없다. 대개의 경우 지수가 1보다 크거나 작다. 지수가 1보다 크다는 것은 지각된 크기가 실제 크기보다 크다는 뜻이고 지수가 1보다 작다는 것은 지각된 크기가 실제 크기보다 작다는 뜻이다. 빛의 밝기나 소리의 크기에 대한 추정치가 실제 크기보다 작은 대표적인 경우에 해당한다. 주어진 빛을 2배 더 밝아 보이게 하기 위해서는 그 빛의 물리적 강도를 8~9배 증가시켜야 한다. 지수가 1보다 큰 대표적 자극은 전기충격이다. 전기충격의 강도를 2배로 증가시키면 사람들은 그 충격의 강도가 10배 정도 증가했다고 말한다. 요약하면 그 유형을 막론하고 자극의 크기를 판단하게 했을 때, 거의 모든 자극에서 우리가 지각한 크기와 그 자극의 실제 크기는 일치하지 않는다. 지각경험은 우리 내부에서 전개되는 변형의 결과라는 뜻이다.

감각적응이라는 현상도 자극의 강도가 처리되는 방식을 이해하는 데 도움을 준다. **감각적응**(sensory adaptation)이란 동일 자극이 반복해서 제시되면 그 자극에 대한 민감도가 줄어드는 현상을 일컫는다. 예를 들어 처음 손목시계를 찼을 때는 손목을 자극하는 시계의 촉감을 알게 되지만, 그 촉감은 순식간에 사라져버린다. 왜 그럴까? 우리의 감각기관은 환경에서 벌어지는 변화를 탐지하도록 만들어졌다. 그렇기 때문에 변하지 않거나 반복 제시되는 자극에 대한 민감성이 줄어드는 것이다. 감각적응을 진화론적 관점에서 보면 이해가 용이해진다. 환경 속에서는 변하지 않는 것보다 변하는 것을 탐지할 수 있어야 생존에 득이 된다. 왜냐하면 변화는 위험신호일 가능성이 크기 때문이다. 그러나 감각적응에도 한계는 있다. 가령 심한 치통이나 엄청나게 큰 소리처럼 그 강도가 너무 커서 고통스러운 자극에 대한 적응은 일어나지 않는다. 또한 변하지 않는 시각자극에 대한 적응도 잘 일어나지 않는데, 그 이유는 자극물체는 변하지 않는데도 우리의 안구가 쉬지 않고 움직여서 망막 위에 맺힌 상이 변하기 때문이다.

이 절에서 소개된 내용을 정리할 수 있도록 표 3.2에 세 가지 정신물리학적 문제와 그 문제에 대한 답을 요약해두었다. 이 표에서 분명하게 이해되지 않는 부분이 있으면 다음 절로 넘어가기 전에 다시 공부하기 바란다.

표 3.2	정신물리학적 문제 세 가지와 그 문제에 대한 답
문제	답
탐지문제 : 인간이 탐지할 수 있는 자극 에너지의 최소 강도는?	절대식역 : 절반(50%)의 시행에서만 탐지되는 자극의 강도 신호탐지 이론 : 희미한 자극이 탐지될 가능성은 그 자극에 대한 관찰자의 생리적 민감도뿐 아니라 탐지했다는 결정에 이용되는 기준에 따라서도 달라진다. 판단의 기준은 감각 외적 요인이다.
변별문제 : 두 자극 간 에너지 차이로 인간이 탐지할 수 있는 최소 차이는?	차이식역 : 두 자극 간 에너지 차이의 최소 값으로 절반(50%)의 시행에서만 탐지되는 차이 값 베버의 법칙 : 측정된 차이식역을 측정에 이용된 기준자극의 에너지 값(강도)으로 나누면 상수가 된다. 이 상수의 크기는 자극의 종류에 따라 달라진다.
크기추정문제 : 자극의 물리적 측정치와 그에 대해 지각된 값은 어떤 관계?	스티븐스의 지수법칙 : 지각된 자극의 크기는 자극의 물리적 크기(또는 강도)를 일정한 값으로 제곱한 크기와 같다.

요약

이 절에서는 정신물리학자들이 발견한 기본적 연구결과를 논의하였다. 먼저 정신물리학자들이 제기한 문제 세 가지, 즉 탐지문제, 변별문제, 크기추정문제를 고려하였다. 탐지문제에 답하기 위해 정신물리학자들은 절대식역, 즉 제시된 회수의 50%만 탐지할 수 있을 만큼 약한 자극의 강도를 측정하였다. 이렇게 측정된 절대식역을 보면 아주 약한 자극을 탐지해내는 우리의 능력이 정말 대단하다는 것을 알 수 있다. 그러나 이 정의에 의하면 자극을 탐지하는 과정이 준거를 필요로 하는 결정의 과정이 되기 때문에 정신물리학자들은 우리의 탐지능력을 보다 정확하게 측정하기 위해 신호탐지 이론을 개발하였다. 그 결과 자극에 대한 사람들의 민감도뿐 아니라 사람들이 이용하는 판단/결정 준거까지 밝혀낼 수 있게 되었다. 따라서 특정 관찰자가 범하게 될 탐지오류(오경보 또는 놓침)의 대가가 매우 크면, 그 관찰자의 판단준거를 바꾸도록 유도하여 그 오류율을 줄일 수 있게 되었다. 그러나 측정방법이나 분석방법을 바꾸어도 어느 누구도 역하자극을 통한 설득이나 초감각능력의 존재를 입증할 수 없었다. 역하자극에 대한 지각이 일어난다는 증거가 확보되기는 했으나, 그 지각경험은 금방 사라져버려 우리의 실제 행동에는 영향을 미치지 못하는 것으로 밝혀졌다.

변별문제는 차이식역을 측정함으로써 해결되었다. 차이식역이란 두 자극 간의 차이가 제시된 시행의 50%만 탐지될 수 있는 차이를 일컫는다. 차이식역과 차이식역을 측정하기 위해 이용된 기준자극의 강도 사이에는 일정한 관계가 있는 것으로 밝혀졌다. 이 관계를 베버의 법칙이라 하는데, 이 법칙은 "차이식역을 기준자극 강도로 나누면 그 값이 상수가 되어야 한다."고 선언한다. 이 상수는 자극의 종류에 따라 달라진다. 그 값이 작다는 것은 두 자극의 강도 차이가 작아도 서로 다른 자극으로 구별하기가 어렵지 않다는 뜻이다.

크기추정의 문제를 연구한 결과는 놀라웠다. 자극의 물리적 강도/크기와 그 자극이 지각된 크기/강도

간의 관계가 일-대-일인 경우가 드문 것으로 밝혀진 것이다. 스티븐스의 지수법칙에 의하면 자극의 지각된 크기 변화는 그 자극의 실제 강도를 일정한 값으로 제곱한 것과 같아진다. 이 일정한 값, 즉 지수는 자극의 종류에 따라 달라진다. 이 지수의 값이 1이면 자극의 실제 크기와 지각된 크기가 정비례한다. 그러나 거의 모든 자극에서 이 지수는 1보다 크거나 작은 것으로 드러났다. 이는 지각된 크기 변화가 자극의 실제 크기 변화보다 크거나 작다는 뜻이다. 추정 대상이 빛의 밝기 또는 소리 크기인 경우에는 지수 값이 1보다 작다. 지각된 밝기나 크기의 변화가 빛과 소리의 물리적 강도 변화에 크게 못 미친다는 뜻이다. 이에 반해 전기충격은 지수가 1보다 훨씬 크다. 충격 강도가 실제로는 2배밖에 증가하지 않았는데도 사람들에게는 9~10배나 증가한 것으로 지각된다는 뜻이다. 감각적응이란 극단적인 자극 이외에는 변하지 않고 일정하게 지속되는 자극에 대한 우리 민감도가 감소하는 현상을 일컫는다. 이 역시 우리의 뇌가 자극의 강도를 처리하는 방식을 이해하는 데 도움이 된다.

개념점검 | 1

- 절대식역과 차이식역을 통계적/확률적으로 정의한 이유는 무엇인가?
- 신호탐지 이론에 따르면 신호탐지 여부를 결정할 때 느슨한 준거를 이용하던 관찰자가 엄격한 준거를 이용하게 되면 '오경보' 율과 '놓침' 율이 어떻게 달라질까?
- 베버의 법칙에서 상수가 매우 크다는 것과 차이 판단 능력과는 어떤 관계인가?
- 스티븐스의 지수법칙을 바탕으로 자극의 물리적 강도가 변할 때 그에 대한 우리의 지각/판단 행동을 평가해보라.

보기와 듣기

우리가 가장 많이 사용하는 감각은 시각과 청각이다. 이 절에서는 먼저 우리의 눈과 귀가 주변 환경으로부터 정보를 수집하여 처리하는 과정부터 살펴보기로 하자. 시각자극과 청각자극은 파의 모양(광파와 음파)을 취하는 물리적 에너지이다. 시각자극 및 청각자극이 처리되는 방식을 이해하기 위해서는 이들 파의 특성부터 이해해야 한다. 그림 3.3은 전형적인 파의 모양과 그 특성(파장, 주파수, 진폭)을 그려 놓은 것이다.

파장(wavelength)이란 한 파의 꼭짓점에서 다음 파의 꼭짓점까지의 거리를 일컫는다. 빛의 파장이 다르면 지각되는 색깔이 달라진다. 인간이 지각할 수 있는 빛의 파장은 약 400nm에서 700nm($1nm = 10^{-9}$m)까지이다. 빛의 파장이 700nm에서 400nm로 짧아짐에 따라 각 파장의 빛에 의해 생성되는 색깔은 무지개처럼 빨강에서 시작하여 주황, 노랑, 초록, 파랑, 남색을 거쳐 보라색으로 바뀐다. **진폭**(amplitude)이란 파의 높이를 일컫는

파장 이어지는 파의 한 꼭짓점에서 그다음 꼭짓점까지의 거리

진폭 이어지는 파의 가장 낮은 꼭짓점과 가장 높은 꼭짓점 간의 간격

다. 진폭은 에너지의 양 또는 강도를 나타낸다. 광파(light wave)의 경우 진폭은 빛의 강도를 결정한다. 즉, 진폭이 큰 빛일수록 더 밝은 빛이 된다. [역자 주 : 역자(박권생)는 이 진술을 수용하지 않는다.

> **주파수** 파의 주기가 1초 동안 반복되는 횟수

다. 빛의 강도는 광원(예 : 태양, 촛불)에서 방출되는 에너지(광자)의 양에 의해 결정된다고 믿기 때문이다.]

청각자극을 기술할 때는 파장보다는 주파수란 용어를 이용한다. **주파수**(frequency)란 초당 음파의 주기가 반복되는 횟수로 측정된다. 따라서 파장이 길수록 주파수는 낮아지고 파장이 짧을수록 주파수는 높아진다. 주파수를 측정하는 단위인 Hz(헤르츠)는 소리를 연구한 19세기 독일 물리학자 하인리히 헤르츠의 이름에서 따온 말로 파의 주기가 1초에 반복된 횟수를 나타낸다. 그러니까 어떤 소리의 주파수가 50Hz란 말은 그 음파의 주기가 초당 50회 반복된다는 뜻이다. 사람이 들을 수 있는 주파수의 범위는 약 20~20,000Hz 사이이다. 음파의 주파수는 음고(pitch), 즉 소리의 높낮이를 결정한다. 대개의 경우 여성의 목소리가 남성의 목소리보다 주파수가 높기 때문에 더 높은 소리(고음)로 들린다. 음파의 진폭은 우리가 듣는 소리의 강약을 결정한다. 음파의 진폭이 높아질수록 큰 소리로 들린다.

여기서 우리는 시각과 청각을 따로따로 설명할 것이다. 하지만 모든 감각기관이 그러하듯 시각과 청각은 서로서로 영향을 주고받는다는 사실을 명심하기 바란다. 감각기관끼리 서로 영향을 주고받는 이런 일을 감각상호작용(sensory interaction)이라고도 한다. 우리의 뇌는 우리가 지닌 모든 감각기관에서 수집된 정보를 종합하여 세상을 해석

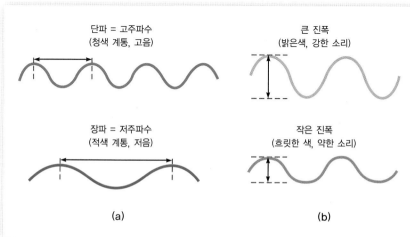

그림 3.3 파의 전형적인 유형과 그 특징
파장은 파고 2개 간 거리를 일컫고, 주파수는 1초에 파의 주기가 몇 회 반복되는지를 나타낸다. 그러니까 파장이 길수록 주파수는 낮아진다. 진폭은 파에 담긴 에너지의 양 또는 강도를 나타내며, 파의 높이로 측정된다.

한다. 그럼 두 가지 이상의 감각기관에서 보내온 정보가 일치하지 않으면 어떤 일이 벌어질까? 이 궁금증을 명확하게 해소해줄 좋은 보기로는 맥거크 효과(McGurk effect)를 꼽을 수 있다. 맥거크 효과는 우리의 뇌가 말소리를 처리할 때 시각정보와 청각정보를 통합한다는 사실을 보여주는 현상이다. 이 효과는 스코틀랜드 심리학자 해리 맥거크와 그의 조교 존 맥도널드에 의해 발견되었다(McGurk & McDonald, 1976). 맥거크 효과는 시각정보와 청각정보가 상치될 때 발생한다. 예를 들어 녹음기에는 음절 '바' 소리를 녹음하고 비디오에는 음절 '가'를 말하는 입술 모습을 녹화한다. 그런 후 귀로는 이어폰을 통해 '바' 소리를 반복해 들려주면서 동시에 눈으로는 화면을 통해서는 '가'라고 말하는 입술 모습을 반복해 보여준다. 이 상황에 처한 사람들은 '바'도 '가'도 아닌 '다'라는 소리를 듣는다. 청각과 시각을 통해 입력된 두 가지 정보가 뇌에서 통합되었을 때 생성되는 최선의 추측이 '다'이기 때문일 것이다. 인터넷에서 '맥거크 효과'를 검색해보면 이 효과를 직접 경험해볼 수 있을 것이다. 이처럼 맥거크 효과는 청각정보 처리에 시각정보가 미치는 강력한 영향력을 여실히 보여주고 있다. 그러나 이 효과는 감각기관 간 상호작용을 예시하는 단 하나의 보기에 불과하다. 음식물의 냄새가 맛에 영향을 미치는 경우도 있다. 이들 현상을 통해 알게 되는 것은 우리의 뇌는 주변 세상의 변화를 해석할 때 감각기관을 통해 수집되는 모든 정보를 통합한다는 사실이다.

그러나 위에서 소개한 감각상호작용을 여각(與覺, synesthesia: 공감각이라고들 함)과 혼동해서는 안 된다. 감각상호작용은 정상적인 감각기관을 가진 우리 모두가 겪는 일이다. 이에 반해 여각은 신경학적으로 희귀한 조건으로 극소수만 경험하는 현상으로 알려져 있다. 구체적으로 다른 모든 면에서는 정상적인 사람이 한 가지 감각자극에서 두 가지 이상의 상이한 감각경험을 불수의적으로 함께하게 되는 조건을 일컫는다. 예컨대 소리가 맛까지 유발한다든지 색깔을 통해 냄새까지 맡을 수 있는 경우가 여각에 해당한다. 또한 모양(예 : 숫자) 지각이 같은 시각에서의 이상한 지각(예 : 색상)을 유발할 수도 있다. 문자-색상 여각(검은색 낱자나 단어 또는 숫자를 색깔이 들어 있는 낱자나 단어나 숫자로 지각하는 일)과 소리-색상 여각(소리를 색깔로 보는 일)이 가장 흔한 유형의 여각이다(Brang & Ramachandran, 2011). 하지만 그 정확한 가짓수가 알려지지 않았을 정도로 다른 유형도 많다. 여각능력을 지닌 사람들 중에는 이 능력을 통해 예술적 영감을 얻는 것 같다(Ramachandran & Blakeslee, 1998). 예컨대 러시아 화가 바실리 칸딘스키는 색깔을 볼 때면 함께 들리는 음악 덕분에 자신만의 추상화를 개발하게 됐다고 말한 바 있다(Bakeslee & Blakeslee, 2008). 음악을 화폭에 옮기는 것과 같다. 여각

능력을 지닌 사람은 전체 인구의 2~4%밖에 되지 않는다. 여각은
정상적으로는 서로 분리되어 있어야 할 뇌 속 영역이 서로 간에
영향을 주고받아 발생하는 혼선 때문에 나타나는 것으로 간주된

> **변환** 물리적 에너지가 뇌가 이해할 수 있
> 는 신경신호로 바뀌는 일

다(Brang & Ramachandran, 2011). 가계 분석을 통해 강한 유전적 요소가 작용하는 것
으로 드러나긴 했지만, 여각에 개입된 정확한 유전인자는 밝혀지지 않았다. 또한 왜 이
런 유전적 변이가 우리의 유전자 속에 남아 있는지도 불가사의로 남아 있다. 여각을 유
발하는 작은 유전적 변이에 대한 논의에서 "뇌 속 배선에서 일어난 미시적 변화가 상이
한 실상을 초래할 수도 있다."라는 Eagleman(2011, p. 80)의 지적은 실상은 대부분의 사
람들이 생각하는 것보다 더 주관적이라는 사실을 다시 한 번 강조하고 있다.

우리의 뇌는 위에서 소개한 음파나 광파 같은 물리적 에너지를 직접 처리할 수가 없
다. 때문에 우리의 뇌가 받아들인 감각정보를 처리하는 방식을 이해하는 일도 중요하
다. 눈과 귀를 통해 받아들인 물리적 에너지(즉, 감각정보)는 망막(시각의 경우)과 기저
막(청각의 경우) 위에 위치한 수용기 세포(그냥 '수용기'라고도 함)에 의해 뇌가 처리할
수 있는 신경신호로 바뀌게 된다. 이처럼 물리적 에너지가 신경신호로 바뀌는 공정을
변환(transduction)이라 한다. 변환된 시각 및 청각 신호는 뇌로 전달되는 도중에도 처
리되고 뇌 속에서도 처리되며, 그 신호의 의미가 파악될 때까지 계속해서 처리된다. 그
럼 눈과 귀에서 벌어지는 변환 및 초기 처리에 관해 보다 자세히 살펴보기로 하자. 이
들 과정에 대한 소개는 색채지각 및 음고지각을 중심으로 전개될 것이다.

눈이 작동하는 방식

빛에 민감하게 반응하는 수용기 세포는 눈(안구)의 가장 뒤쪽에 있는 망막에 자리 잡고
있다. 때문에 각막 및 동공을 통과한 빛이 안구를 통과한 후에야 신경신호로 변환된다.
그림 3.4는 빛이 안구를 통과하는 경로와 안구의 구성요소를 보여준다. 안구의 맨 앞쪽
에 위치한 투명한 막이 각막이다. 눈으로 들어오는 빛의 초점이 망막 위에 형성되도록
하기 위해서는 들어오는 빛을 굴절시켜야 하는데, 그 굴절을 처음 유발하는 곳이 각막
이다. 각막을 통과한 빛은 동공이라고 하는 작은 구멍을 통과한다. 동공을 둘러싸고 있
으면서 우리의 눈 색깔을 결정하는 것이 홍채다. 홍채는 유채색 근육으로 동공의 크기
를 조절함으로써 안구로 들어가는 빛의 양을 통제한다. 눈으로 들어가는 빛의 양을 줄
여야 할 때는 동공의 크기를 작게 만들고, 늘려야 할 때는 동공의 크기를 키운다. 따라
서 빛이 강한 곳(예 : 대낮 야외)에서는 동공이 작아지고 빛이 약한 곳(예 : 저녁이나 그

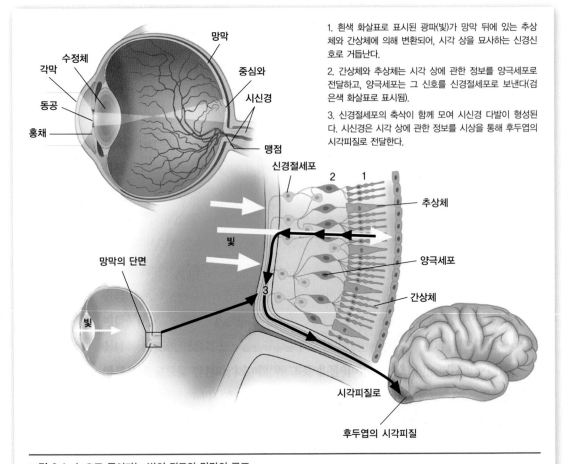

1. 흰색 화살표로 표시된 광파(빛)가 망막 뒤에 있는 추상체와 간상체에 의해 변환되어, 시각 상을 묘사하는 신경신호로 거듭난다.

2. 간상체와 추상체는 시각 상에 관한 정보를 양극세포로 전달하고, 양극세포는 그 신호를 신경절세포로 보낸다(검은색 화살표로 표시됨).

3. 신경절세포의 축삭이 함께 모여 시신경 다발이 형성된다. 시신경은 시각 상에 관한 정보를 시상을 통해 후두엽의 시각피질로 전달한다.

그림 3.4 눈으로 들어가는 빛의 경로와 망막의 구조
각막을 통과한 빛은 동공과 수정체를 지나 안구 내부를 통과한 후 망막 위에 초점을 형성하게 된다. (1) 빛 에너지는 망막에 형성된 상의 특성을 묘사하는 신경신호로 변환된다. (2) 이렇게 변환된 신경신호는 양극세포로 전달되고 양극세포에서 다시 신경절세포로 전달된다. (3) 신경절세포의 축삭으로 구성된 시신경을 따라 시상을 거쳐 후두엽의 시각피질로 전달되어 해석된다.

늘진 실내)에서는 커진다. 동공이 가장 클 때 눈으로 들어오는 빛의 양은 가장 작을 때 들어오는 빛의 양보다 약 16배나 된다(Matlin & Foley, 1997).

동공을 통과한 빛은 투명한 수정체(렌즈)를 통과해야 한다. 수정체는 그 두께를 조절하여 물체에서 반사되어 눈으로 들어오는 빛의 초점이 망막 위에 맺히도록 한다. 이 작용을 **조절**(accommodation)이라 한다. 그 이유는 이 기능을 수행할 때 수정체의 모양이 바뀌기 때문이다. 앞서 언급했듯이 눈으로 들어오는 빛은 각막을 통과할 때 한 번 굴절되고, 수정체를 통과할 때 또 한 번 굴절된다. 먼 거리(약 6m 이상의 거리)에 있는 물체를 바라볼 때는 수정

조절 물체에 의해 반사된 빛의 초점이 망막 위에 맺히도록 수정체의 두께가 바뀌는 과정

체의 모양이 바뀌지 않은(조절되지 않은) 얇은 상태에 있어도 물체에 의해 반사된 빛의 초점이 망막 위에 맺힌다. 그러나 그보다 가까이 있는 물체를 바라볼 때는 수정체의 모양이 두껍게 바뀌어야만 물체에서 반사되어 눈으로 들어오는 빛의 초점이 망막 위에 맺힌다. 빛은 직선으로 이동하기 때문에 망막 위에 맺히는 망막

상(retinal image)은 상하좌우가 거꾸로 바뀐다. 그러나 뇌에서 벌어지는 처리과정 덕분에 우리는 똑바로 선 물체를 지각한다.

수정체의 결함이나 안구 모양의 결함 때문에 물체의 상이 망막 위에 초점을 형성하지 못하면 시각에 문제가 생긴다. **근시**(nearsightedness)는 멀리 위치한 물체에서 반사된 빛이 망막에 도달하기 전에 초점을 형성하기 때문에 그 물체의 상이 흐려지는 조건이다. **원시**(farsightedness)는 그 반대로 가까이 있는 물체에서 반사된 빛이 망막을 지나서 초점을 형성하기 때문에 그 물체의 상이 흐려지는 조건이다. 따라서 근시는 멀리 있는 물체는 보기가 어려운데 가까이 있는 물체는 잘 보이고, 원시는 가까이 있는 물체는 보기가 어려운데 멀리 있는 물체는 잘 보이는 조건이다.

원시의 일반적인 원인은 안구의 앞뒤 길이가 너무 짧아 눈으로 들어오는 빛의 초점이 망막 위에 형성되지 않기 때문이다. 원시와 노안은 구분되어야 하는데, 노안은 연로해지면서 수정체의 조절능력 감쇠로 생기는 현상이다. 가까이 있는 물체에서 반사된 빛의 초점이 망막 위에 맺히려면 수정체가 두꺼워져 빛의 굴절률을 높여야 하는데, 나이가 들면서 수정체를 두껍게 만드는 조절능력이 감퇴하여 그 빛의 초점이 망막 위에 맺히지 못하게 되는 조건이 노안이다. 주로 40대 중반부터 시작되는 노안을 겪지 않은 노인은 거의 없다. 노인들이 손에 든 물건을 자세히 보고 싶을 때 팔을 쭉 뻗어 멀찌감치 두고 보는 이유도 여기에 있다. 노인들이 글을 읽을 때 돋보기를 쓰는 것은 감쇠된 수정체 조절능력을 보완하기 위함이다.

문제로 따졌을 때 더 심각한 것은 근시이다. 근시가 심할 경우 백내장, 녹내장, 망막탈리 등 병적인 안구 변화를 유발할 가능성이 증가하기 때문이다. 이들 질환은 모두 불가역적 시력상실을 초래할 수 있다(Holden et al., 2016). 이 사실을 근래에 세계적으로 어린이 및 10대 청소년 중에서 근시의 비율이 극적으로 폭등했다는 사실과 함께 고려하면, 시력상실과 관련된 우려가 전 세계적 관심사임을 알게 된다. 현재 싱가포르, 한국, 타이완, 일본, 중국의 고졸자 중 근시 비율이 80~90%이고 미국과 유럽의 젊은 성인 중에서는 약 50%가 근시인 것으로 기록되었다(Dolgin, 2015; Kwon, 2017). 어떻게

이런 급작스러운 폭증이 발생한 것일까? 유전적 기질도 근시의 원인 중 하나에 속한다. 하지만 이런 극적인 폭증이 전 세계적으로 그것도 이렇게 갑작스럽게 발생한 현상을 서서히 진행되는 유전적 변화로는 설명할 수 없다. 그렇기 때문에 환경적 요인일 수밖에 없는데, 교육 연한과 근시 간에 연관이 있는 것으로 드러났다. 즉, 교육을 많이 받았을수록 근시일 가능성이 컸다(Mountjoy et al., 2018). 교육을 많이 받을수록 책도 더 많이 읽고 컴퓨터도 더 자주 이용하는 등 가까이 있는 대상을 상대로 눈을 자주 사용하는 일을 하기 때문에 그런 관계가 관찰됐을 것이라는 생각이 들 수도 있다. 그러나 사실은 그와 다른 것 같다. 물론 그런 활동이 근시와 교육 연한과의 관계 형성에 매개요인으로 작용했을 수는 있다.

연구자들의 생각은 이렇다. 교육을 많이 받을수록 가까이 있는 물체를 대상으로 실내에서 일하는 시간이 길어지고, 그에 따라 햇볕에 노출되는 시간은 줄어든다. 햇볕 보는 시간이 짧다는 것이 문제가 되는 이유는 햇볕이 정상적인 시력발달에 결정적 요인으로 작용하기 때문이다(Mountjoy et al., 2018). 그런데 공부한다, 비디오 게임한다, 컴퓨터 쓴다 등등의 이유로 실내에서 보내는 시간이 너무 많아져 눈이 정상적으로 발달할 수 없게 되었다. 그런데 바로 이런 조건이 아동기 초반부터 시작되어 학교공부를 마칠 때까지 지속되고 있는 것이다. 눈이 발달하는 동안 가장 중요한 것은 눈을 화창한 햇볕에 노출시키는 일인 것 같다. 햇빛의 자극으로 신경전달물질 도파민이 망막에 방출되고, 이 도파민은 안구가 발달할 때 앞뒤로 길어지는 일을 예방한다. 그러니까 밝은 햇볕에 노출되는 시간이 줄어들면 안구가 앞뒤로 길어져 결국에는 근시로 이어진다는 생각이다. 현재 교육계에서는 학생들이 실외에서 노는 시간을 늘리는 등으로 햇볕에 노출되는 시간을 조작하여 그 효과를 검토하는 실험을 하고 있는 중이다. 동남아시아에서는 온실 같은 교실을 만드는 것도 고려 중인 것으로 보고되었다(Kwon, 2017). 요약컨대 건강한 눈을 지키기 위해서는 학령기 전 단계에 시작하여 학령기를 거쳐 성인이 될 때까지 많은 시간을 실외에서 보내며 햇볕 쬐는 시간을 늘려야 할 것이다.

망막의 구조 물체의 상이 거꾸로 맺힌다는 것을 제외하면, 빛이 망막에 도달하기까지는 아무런 처리도 일어나지 않는다. 그림 3.4에서 볼 수 있듯이 빛에 민감한 **망막**(retina)은 세 가지 신경세포, 즉 수용기(간상체와 추상체), 양극세포, 신경절세포로 구성된 두께 .5mm밖에 되지 않는 얇은 막이다(Brynie, 2009). 눈으로 들어온 빛은 그 빛을 처리하는 간상체

> **망막** 수용기 세포(추상체와 간상체), 양극세포, 신경절세포로 구성된 얇은 막으로 안구의 뒷벽에 붙어 있음

SergiyN/Fotolia LLC.

April D/Fotolia LLC.

그림 3.5 맹점 찾아보기
왼쪽 눈의 맹점을 찾으려면 팔을 끝까지 뻗은 상태에서 이 책을 펴들고 옆의 그림을 바라보라. 그런 다음 오른쪽 눈은 감고, 왼쪽 눈으로 그림 오른쪽에 있는 오렌지에 시선을 고정한 상태에서 책을 서서히 눈앞으로 끌어당겨 보라. 왼쪽에 있는 사과의 상이 왼쪽 눈의 맹점에 맺히는 순간 사과가 사라질 것이다. 오른쪽 눈의 맹점을 찾아보려면, 왼쪽 눈을 감고 오른쪽 눈으로 사과에 시선을 고정한 상태에서 책을 코앞으로 당겨 보라. 이번에는 오렌지의 상이 오른쪽 눈의 맹점에 맺히는 순간 오렌지가 보이지 않게 될 것이다.

와 추상체에 도달하기 전에 먼저 신경절세포와 양극세포를 통과한다. 그 후 빛은 간상체와 추상체 속에 있는 광색소(빛에 민감한 화학물질)에 흡수되어 망막에 맺힌 시각 상(visual image)의 특징을 묘사하는 신경반응으로 변환된다. 이렇게 생성된 신경정보는 양극세포를 통해 신경절세포로 전달되고, 신경절세포에 도달한 신경정보는 시신경을 따라 뇌로 전달된다. 신경절세포의 축삭으로 구성된 시신경(optic nerve)이 안구를 빠져나가는 곳에는 맹점이 생긴다. 맹점(blidspot)에는 수용기세포가 존재하지 않기 때문에 눈앞에 있는 물체의 상이 맹점에 맺히면, 그 상은 신경반응을 유발할 수 없다. 따라서 그 물체는 보이지 않게 된다(Ramachandran, 1992). 그림 3.5의 지시를 따라 해보면 각 눈의 맹점을 경험할 수 있을 것이다. 그러면 왜 보통 때는 맹점을 알아차리지 못하는 것일까? 우리의 뇌가 하향처리를 통해 주변의 정보로 이곳을 채워 넣기 때문인데, 이에 대해서는 다음 절에서 논의할 것이다(Churchland & Ramachandran, 1996; Ramachandran & Gregory, 1991).

시신경은 시각정보를 시상으로 보내고, 시상은 이 정보를 후두엽의 일차 시각피질로 보낸다. 그럼 시각피질에서는 망막에서 전달된 이 정보를 어떻게 처리할까? 이 문제의 답은 휴블과 위즐의 연구에서 찾을 수 있다. 이들은 고양이의 시각피질을 구성하는 신경세포에다 전극을 꽂고 개별 신경세포의 반응을 기록하였다. 시각 시스템에서 벌어지는 정보처리에 관한 이 연구 덕분에 이들은 1981년 생리학/의학 분야의 노벨상을 수상하였다. 이들이 발견한 피질의 처리작업은 매우 복잡하므로 여기서는 일반적인 특징만 소개하기로 한다.

근본적으로 우리의 뇌는 눈앞의 물체를 인식(지각 또는 형태재인)하기 위해 그 물체의 기본 속성(예 : 모서리나 대각선분 등)을 분석한다. 이렇게 분해된 속성(feature)은 피질에 있는 속성탐지기(feature detector)라고 하는 신경세포에 의해 탐지된다. 그리고 탐지된 모든 속성을 다시 통합함으로써 하나의 물체를 인식할 수 있게 된다. 삼각형(△)이 인식되는 과정을 예로 들어보자. 눈에 제시된 이 삼각형은 먼저 기본 속성(아마도 /, ㅡ, \)으로 분해되고, 이들이 속성탐지기에 의해 탐지된 후, 서로 간 관계에 맞추어 재조합될 때 우리는 눈앞의 물체를 삼각형으로 인식하게 된다는 주장이다. 물체를 지각/인식할 때 우리의 뇌에서는 그 물체를 부분 부분으로 분해한 후, 다시 조합하는 일이 벌어진다는 뜻이다. 신기하지 않은가? 더욱 신기한 것은 물체의 모양과 색깔, 물체까지의 거리, 물체의 움직임이 각각 별개의 시스템에서 처리되고, 우리의 뇌는 이들 다양한 시스템에서 일구어낸 여러 가지 작업결과를 적절하게 통합하여 세상사에 관한 완전한 지각경험을 창출해낸다는 점이다(Ratey, 2001).

그럼 우리의 일차 시각피질에 심각한 손상이 생기면 어떤 일이 벌어질까? 흔히 하는 말로 눈이 멀게 될 것이다. 그러나 볼 수 있으면서도 그 사실을 모른다고 해서 붙여진 이름인 맹시라는 조건에 처할 수도 있다. **맹시**(blintsight)란 눈이 멀어 볼 수 없다고 말하면서도 특정 시각과제를 수행할 수 있는 조건을 일컫는다(Weiskrantz, 2009). 논리적으로는 말이 되지 않는 맹시라는 말을 만들어낸 사람은 옥스퍼드대학교에서 이 조건을 40년 이상 연구해 온 L. Weiskrantz였다(Weiskrantz, Wrrington, Sanders, & Marshall, 1974). 맹시인 사람들은 시각적 자극을 의식적으로는 경험하지 못하면서도 그 자극에 반응은 한다. 예컨대 이 사람들은 자기 앞에 제시된 물체를 보이지 않는다고 말한다. 그러나 그 물체가 있는 방향을 손가락으로 지적해보라고 요구하면, 못마땅해하면서도 그 요구를 들어준다. 그런데 이들이 지적한 방향은 장님이 실험자의 요청을 거절할 수 없어 아무렇게나 반응했다고 할 수 없을 만큼 정확하다. 그리고 그들이 걸어가는 길에다 큰 물체를 가져다 놓으면 그 물체를 우회하면서도 그들은 아무것도 보지 못했다고 말한다. 맹시에 관한 실험결과에도 논란의 여지가 있고(Cowey, 2010), 맹시에 관한 설명도 완결되지 않았다. 일부 연구자들은 맹시 반응의 근원이 시각정보가 전달되는 신경경로에 있다고 믿는다. 즉, 뇌 속 여러 영역 중 맹시 반응을 가능케 하는 영역으로 가는 시각정보는 손상된 시각피질을 거치지 않는 신경경로를 통해 전달된다. 그런데 이

맹시 눈이 멀어 볼 수 없다고 말하면서도 특정 시각과제를 수행할 수 있는 조건

영역은 맹시 반응에는 관여하지만 의식적인 지각경험에는 관여하지 않기 때문에 반응은 하면서도 그 반응에 대한 의식은 못한다고 설명한다(Ptito & Leh, 2007; Schmid et al., 2010). 이와 다른 설

명으로는 손상된 시각피질 속에도 소량의 조직은 아직 온전한 상태에 있는데, 남아 있는 이 조직이 의식적인 지각을 하는 데는 부족하지만 맹시반응을 하는 데는 충분할 수 있다는 주장이다(Gazzaniga, Fendrich, & Wesainger, 1994). 물론 이들 두 가지 설명 모두가 옳을 수도 있다. 맹시인 사람들 중에도 개인차는 많기 때문에 각각의 가설이 서로 다른 환자들의 반응을 설명하고 있을 수도 있다. 그러나 분명한 것은 시각을 통한 지각 경험이 정상적으로 벌어지기 위해서는 온전한 시각피질이 필요하다는 점이다.

간상체와 추상체　망막에는 두 가지 수용기 세포, 추상체와 간상체가 있다. 추상체와 간상체는 수용기 세포의 모양을 기초로 붙여진 이름이지만 그 기능도 다르다. **간상체**(rods)는 주로 빛이 약한 조건에서의 색상과는 무관한 시각작용을 책임지며 **추상체**(cones)는 빛이 강한 조건에서의 색상 관련 시각작용을 책임진다. 개수에서는 간상체가 추상체보다 약 20배 더 많다. 각 눈에는 약 1억 2천만 개의 간상체와 약 6백만 개의 추상체가 있다. 추상체는 주로 망막의 중앙에 위치한 작은 홈인 **중심와**(fovea)에 집중돼 있고 중심와 주변 사방으로 흩어져 있다. 간상체는 중심와에서 떨어진 망막의 주변에만 위치하며, 주변으로 갈수록 추상체의 개수는 줄어들고 간상체의 개수는 늘어난다. 표 3.3은 추상체와 간상체의 주요 차이점을 요약하고 있다.

어떤 물체를 선명하게 보기 위해서는 그 물체에다 시선을 집중해야 하는데, 그 이유는 추상체가 주로 망막의 중앙에 위치하고 간상체는 주로 망막의 주변에 퍼져 있기 때문이다. 대낮처럼 빛이 강해서 우리의 시각이 추상체에 의존할 때는 물체의 상이 추상체가 밀집해 있는 중심와에 맺혀야 한다. 물체를 선명하게 볼 수 있게 해주는 일은 추상체의 역할이기 때문이다. 중심와에 있는 대부분의 추상체는 양극세포와 일대일로 신호를 보내는데, 주변의 간상체는 여러 개가 모여서 하나의 양극세포로 신호를 보낸다. 그러니까 간상체에서 양극세포로 전달되는 정보는 여러 개의 간상체에서 수집된 정보가 통합된 것이고 추상체에서 양극세포로 전달되는 정보는 하나하나의 원추체에서 수집된 개별적 정보인 셈이다. 바로 이런 이유 때문에 그 초점이 중심와에 맺히는 물체는 선명하게 보이는데, 초점이 주변(간상체가 많은 곳)에 맺히는 물체는 흐릿하게 보이는 것이다. 중심와 인근에 위치한 원추체에서 수집된 정보도 통합은 되지만 간상체의 경우에 비해 그 정도가 훨씬 적다. 그러면 어두운 곳에 있는 물체는 어디에 상이 맺혀야 더 잘 보일까? 이 경우 중심와보다는 주변

간상체　망막에 있는 수용기 세포로 빛이 약한 조건과 주변 시야의 시각처리를 담당함

추상체　망막에 있는 수용기 세포로 빛이 강한 조건과 색상지각을 담당함

중심와　망막의 중앙에 위치한 작은 홈으로 원추체만 밀집된 곳

표 3.3	간상체와 추상체의 차이점	
간상체		**추상체**
각 눈에 1억 2천만 개		각 눈에 6백만 개
주로 망막의 주변에 위치		주로 중심와와 그 주변에 위치
빛이 약한 조건의 시각에 관여		빛이 강한 조건의 시각에 관여
무채색 지각을 관장		유채색 지각을 관장
시각 예민성 낮음		시각 예민성 높음

암적응 어둠 속에서 벌어지는 원추체와 간상체 속의 화학작용으로 원추체와 간상체의 빛에 대한 민감도가 점증하는 과정

에 그 상이 맺히는 물체가 더 잘 보인다. 그 이유는 주변부에는 간상체가 밀집되어 있는데, 간상체는 어두운 장면에서의 시각을 책임지기 때문이다. 그러므로 빛이 거의 없는 어둑한 곳에서 물체를 바라볼 때는 물체를 직시하여 물체의 상이 추상체가 밀집된 중심와에 맺히게 할 것이 아니라 물체에서 약간 떨어진 곳을 바라봄으로써 물체의 상이 간상체가 밀집된 주변에 맺히도록 해야 한다. 어두운 곳에서는 어차피 선명하게 보이지 않는다. 어두운 곳에서 발휘되는 간상체의 기능은 암적응에서 분명해진다. **암적응**(dark adaptation)이란 추상체와 간상체가 그 내부에서 벌어지는 화학적 변화 때문에 빛에 더욱 민감해지는 과

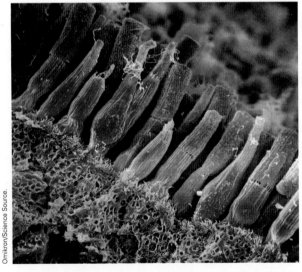

Omikron/Science Source.

간상체와 추상체를 뚜렷하게 구분하기 위해 확대 후 색깔까지 입혀 놓은 전자현미도. 길고 가는 모양의 초록색 수용기가 간상체이고 짧고 끝이 뾰족한 청색 수용기가 추상체이다.

정을 일컫는다. 추상체는 빠른 속도로(5~10분 이내에) 민감해진다. 하지만 여전히 강한 빛을 필요로 하기 때문에 추상체의 암적응은 어두운 곳에서는 별로 도움이 되지 않는다. 간상체가 적응하는 데는 보다 긴 시간(약 20분 정도)이 소요된다. 하지만 빛의 강도가 매우 낮은 곳(예 : 극장 안)에서도 우리가 희미하게나마 볼 수 있는 것은 간상체의 암적응 덕분이다. 그러나 정상적인 조건(예 : 낮)에서는 추상체가 정상적으로 작동하는 데 필요한 강한 빛이 충분하기 때문에 우리는 세상의 선명한 색깔을 볼 수 있다. 그러면 추상체가 어떤 일을 어떻게 하기에 우리는 다채로

운 색깔을 볼 수 있는 것일까? 색채지각에 작용하는 다른 요인은 없는 것일까? 이들 질문에 대한 논의는 다음에서 계속된다.

색채를 지각하는 방식

우리가 변별할 수 있는 색깔의 수는 몇 가지나 될까? 놀랄지도 모르지만 그 추정치는 약 750만 가지에 이른다(Fineman, 1996). 그럼 우리는 그 많은 색깔을 어떻게 구분할 수 있는 것일까? 알고 보면 이 엄청난 우리의 색채지각 능력도 색채지각에 관한 비교적 간단한 두 가지 이론, 삼원색 이론과 대립과정 이론의 조합으로 설명이 가능해진다. 이두 이론을 분리하여 소개한 후, 이 둘이 함께 작동하는 방식을 살펴보기로 하자.

삼원색 이론 이 이론은 3원색이라고 하는 적색, 청색, 녹색을 적절히 섞으면 세상에 존재하는 모든 색을 만들어낼 수 있다는 가정을 기초로 개발되었다. **삼원색 이론** (trichromatic theory)은 우리 망막에는 세 가지의 추상체가 있고 각가지 추상체는 가시광선을 구성하는 다양한 광파(light wave) 중 단파, 중파, 또는 장파에만 가장 활발하게 반응한다고 주장한다. 실제로 우리의 망막에는 세 가지의 추상체가 있고 각가지 추상체에 들어 있는 광색소는 세 가지 광파, 즉 단파, 중파, 장파에 대한 민감도가 다른 것으로 밝혀졌다(Wald, 1964). 삼원색 이론에서는 우리가 다양한 색깔을 경험할 수 있는 것은 망막을 자극하는 빛 속에 들어 있는 세 가지 광파의 구성 비율이 다르기 때문이라고 설명한다. 구체적으로 망막을 자극하는 빛은 수많은 광선으로 구성되어 있고 각 광선의 파장은 대부분 서로 다르기 때문에 세 가지 추상체가 활발하게 반응하는 정도 역시 다르다. 파장이 긴 광선과 짧은 광선이 골고루 섞여 있으면, 즉 파장이 긴 빛, 중간 정도인 빛, 짧은 빛의 구성 비율이 각각 33%이면, 세 가지 추상체가 반응하는 정도가 동등할 것이다. 이로 인해 우리는 흰색을 경험한다. 그러나 그 빛이 주로 긴/짧은 파장의 광선으로 구성된 경우에는 긴/짧은 파장에 민감한 원추체가 가장 활발하게 반응하기 때문에 우리는 적색/청색을 보게 된다는 게 삼원색 이론의 설명이다. 삼원색 이론은 적색, 청색, 녹색의 화소로 구성된 컬러 TV 화면을 발명하는 데도 한몫을 했다. 우리가 TV 화면에서 다양한 색깔을 볼 수 있는 것은 이 세 가지 화소의 활성화 정도가 다르다는 데서 시작한다. 화소의 활성화 정도가 다르기 때문에 화면에서 분사된 광선을 구성하는 세 가지 광파의 상대적 비율이 달라진다. 그 결과 우리 망막에 있는 세 가지 추상체

> **삼원색 이론** 세 가지 원추체가 있고, 각각은 청색, 녹색, 적색에 해당하는 광파에만 반응하며, 우리가 보는 모든 색은 이들 세 가지 원추체의 상대적 반응 강도에 따라 결정된다고 주장하는 색채지각 이론

에 가해지는 자극의 상대적 강도가 시시각각 달라지고, 그 때문에 우리는 색깔의 다채로운 변화를 경험하게 되는 것이다.

삼원색 이론을 이용하면 빛을 혼합하면 흰색이 되고 물감을 섞으면 검은색이 되는 재미나는 현상도 설명할 수 있다. **가법혼합**(additive mixture)에 해당하는 빛의 혼합에서는 섞이는 빛이 모두 첨가된다. 삼원색 빛을 섞어서 만든 빛에는 세 가지 파장이 모두 들어 있고 세 가지 파장 모두 망막을 자극하게 된다. 따라서 물감을 섞는 감법혼합과는 전혀 다른 색채경험을 유발하게 된다. 물감을 섞는 **감법혼합**(subtractive mixture)에서는 혼합 전에 있었던 파장의 일부가 흡수되어 없어져버려 빛을 받아도 반사되지 않는다. 때문에 혼합 후에는 혼합 전에 반사됐던 파장 중 일부만 반사되어 우리의 망막을 자극하게 된다. 예를 들어 적색, 황색, 청색 페인트를 동일한 비율로 섞으면 검은색(반사되는 빛이 없어짐) 페인트가 되어버린다. 그러나 동일한 강도의 적색, 녹색, 청색 빛을 섞으면 흰색으로 보인다(그림 3.6 참조).

삼원색 이론을 이용하면 가장 흔한 색맹인 적-녹 색맹을 명쾌하게 설명할 수 있다. 적-녹 색맹은 적색과 녹색을 구분하지 못하는 조건이다. 남성의 약 10%가 적-녹 색맹인데, 적-녹 색맹인 여성은 1%가 되지 않는다(Livingstone, 2002). 삼원색 이론에서는 적-녹 색맹인 사람의 경우 청색(파장이 짧은 빛)에 민감한 원추체는 정상인데, 적색에 민감한 원추체 아니면 녹색에 민감한 원추체에 결함이 있기 때문에 적색과 녹색을 구분하지 못한다고 설명한다. 그렇다면 여성보다 남성에서 적-녹 색맹이 더 많이 발견되는 이유는 무엇일까? 적색에 민감한 광색소와 녹색에 민감한 광색소 생성을 관장하는 유전자가 X-염색체에 있기 때문이라고 Livingstone은 주장한다. 알고 있겠지만 X-염색체는 여성한테는 두 개이지만 남성한테는 하나뿐이다. 따라서 특정 남성이 지닌 X-염색체 속 유전자에 결함이 있어 적색이나 녹색에 민감한 광색소가 제대로 생성되지 않는다면, 그 남성은 적-녹 색맹으로 판명될 것이다. 하지만 여성은 이와 동일한 염색체를 하나 지녔다고 해도 다른 하나의 X-염색체는 여전히 정상인 유전자를 지녔을 수 있기 때문에 그 여성이 적-녹 색맹일 가능성은 남성의 경우에 비해 매우 작을 수밖에 없다.

하지만 우리의 색상경험에는 삼원색 이론으로 설명할 수 없는 현상도 있다. 적색-녹색 쌍과 청색-황색 쌍처럼 두 가지 색을 섞으면 회색이 되는 **보색**(complementary color)이 있다는 사실을 알고 있을 것이다. 이 사실은 가법혼합으로는 적색을 띠는 녹색

가법혼합 상이한 파장의 빛이 혼합되어 모든 파장이 함께 망막을 자극하는 조건

감법혼합 상이한 파장을 반사하는 물감이 혼합되어 그 파장 중 일부는 흡수되고 나머지 일부만 망막을 자극하는 조건

보색 두 개를 합했을 때 그 색이 회색이 되는 빛의 파장

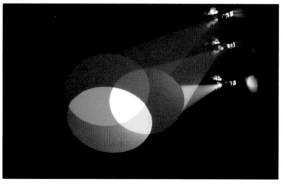

감법혼합   가법혼합
(a)   (b)

그림 3.6 **감법혼합과 가법혼합**

(a) 물감을 섞는 감법혼합에서는 일부 광파가 흡수되어 없어진다. 섞인 물감에서는 흡수되어 없어진 파장의 빛은 반사되지 않는다. 예컨대 적색, 황색, 청색 페인트를 동일한 비율로 섞었을 때 적색 페인트는 중파와 단파를 흡수하고, 황색 페인트는 장파와 단파를 흡수하며, 청색 페인트는 장파와 중파를 흡수해버린다. 따라서 아무런 광파도 반사하지 못하는 검은색이 창출된다. (b) 그러나 빛을 섞는 가법혼합에서는 적색, 녹색, 청색 빛을 동일한 비율로 섞으면 세 가지 파장 모두가 망막을 자극하게 되어 흰색 경험을 창출한다. 그림 속에서도 세 가지 빛이 함께 겹치는 부분은 흰색으로 보인다.

(reddish-green) 또는 청색을 띠는 황색(bluish-yellow)을 만들어낼 수 없음을 뜻한다. 따라서 이러한 현상은 삼원색을 적절히 섞으면 모든 색을 만들어낼 수 있다는 삼원색 이론의 주장과는 상치되는 현상이다. 삼원색 이론으로는 색채잔상이 보색으로 나타나는 현상도 설명할 수 없다. 예를 들어 적색의 원을 한참 응시한 후 백지를 바라보면, 그 백지 위에 녹색 원이 보이는데, 이러한 색채잔상 효과도 삼원색 이론으로는 설명되지 않는다. 삼원색 이론으로는 설명되지 않는 이 두 현상을 설명하기 위해 두 번째 색채지각 이론이 개발되었다(Hurvich & Jameson, 1957).

대립과정 이론   대립과정 이론(opponent-process theory)은 색채지각이 세 가지 반대-작용 시스템(적-녹, 청-황, 흑-백 시스템)에 의해 이루어진다고 주장한다. 이 세 가지 시스템을 구성하는 세포는 수용기 세포(추상체)의 작용 결과를 시각피질로 전달하는 과정에 관여하는 세포로 간주된다. 반대-작용 시스템 각각을 구성하는 두 가지 색깔은 서로 대립관계(보색관계)에 있음을 주목하자. 각 시스템을 구성하는 한 쌍의 색깔 중 하나의 활동이 활발해지면 다른 하나의 활동은 억제된다. 예를 들어 청-황 시스템의 경

> **대립과정 이론** 우리의 눈에 세 가지 유형의 세포 시스템(적-녹, 청-황, 흑-백)이 있고 각 시스템을 구성하는 두 가지 색은 서로를 억제한다고 주장하는 색채지각 이론

우 청색(파장이 짧은) 광선에 활발하게 반응할 때는 황색(파장이 중간인) 광선에 대한 반응이 억제되고, 그 반대로 황색 광선에 활발하게 반응할 때는 청색 광선에 대한 반응이 억제된다. 신경절세포의 일부와 시상 및 시각피질에 있는 세포 중 일부가 대립과정 이론에서 주장하는 방식으로 작용하는 것으로 밝혀졌다(DeValois & DeWois, 1975; Engel, 1999; Gegenfurtner & Kiper, 2003). 그러므로 반대-작용 세포(또는 대립과정 세포)가 실제로 존재한다는 뜻이다.

대립과정 이론을 이용하면 우리에게는 적색을 띠는 녹색이나 청색을 띠는 황색이 보이지 않는 이유를 쉽게 설명할 수 있다. 적-녹 대립 세포는 적색 광선과 녹색 광선에 동시에 반응할 수 없기 때문에 불그스레한 녹색은 있을 수가 없고 청-황 대립 세포는 청색 광선과 황색 광선에 동시에 반응할 수가 없기 때문에 푸르스름한 노란색이 있을 수 없는 것이다. 이 이론을 이용하면 색채잔상이 보색으로 나타나는 현상도 쉽게 설명된다. 반대-작용 시스템을 구성하는 각 쌍의 보색 중 한 가지 색을 한참 응시하면, 그 시스템에서 이 색을 처리하는 기제가 피곤해지고 그 결과 그 색의 보색을 처리하는 기제를 한동안은 억제할 수 없게 된다. 예를 들어 적색 원을 한참 응시한 후 백지를 바라보는 경우를 생각해보자. 백지에서는 적색 광선과 녹색 광선이 골고루 반사되기 때문에 적-녹 시스템의 적색 처리기제와 녹색 처리기제가 모두 반응하기 시작한다. 따라서 정상적인 상태에서는 이 두 기제의 반응이 서로를 억제하기 때문에 우리는 색깔을 지각하지 못한다. 그런데 적색 원을 한참 응시한 후에는 적색 처리기제는 이미 쇠진한 상태여서 반응을 제대로 할 수 없고, 따라서 녹색 처리기제의 반응도 억제하지 못하게 된다. 그리하여 녹색 처리기제의 반응이 적색 처리기제의 반응보다 상대적으로 더 활발한 상태가 되고, 그 결과 우리는 백지 위에서 녹색 원을 보게 된다. 그림 3.7을 약 1분

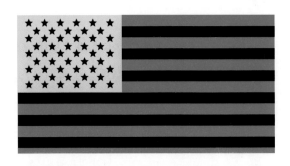

그림 3.7 색채잔상이 보색으로 나타나는 예
위의 깃발을 한참 응시한 후 그 옆의 백색 공간을 바라보라.

표 3.4	세 가지 색채지각 이론
이론	색채지각에 대한 설명
삼원색 이론	세 가지 추상체가 있고 이들 각각은 대략 적·녹·청색에 상응하는 광파에 가장 민감하게 반응한다. 우리가 경험하는 모든 색깔은 이 세 가지 추상체가 반응하는 양상에 의해 결정된다.
대립과정 이론	반대로 작용하는 처리기제로 구성된 시스템(적-녹, 청-황, 흑-백) 세 가지가 있는데, 이들은 추상체에서 일차 처리된 색채정보를 처리한다. 각 시스템을 구성하는 한 쌍의 색상 처리기제는 서로 억제한다. 예컨대 적색 처리기제가 반응하기 시작하면 녹색 처리기제의 반응은 억제된다.
혼합 이론	추상체에서는 삼원색 이론에 따라 색채정보가 처리되고 그 이후의 시각경로에서는 대립과정 이론에 따라 색채정보가 처리된다는 이론

동안 응시한 후 그 곁에 비어 있는 흰색 공간을 바라보라.

연구결과에는 삼원색 이론을 지지하는 것도 있고 대립과정 이론을 지지하는 것도 있다. 우리의 색채지각 현상을 제대로 설명하기 위해서는 두 가지 이론이 다 필요하다는 뜻이다. 이 두 이론은 시각경로의 서로 다른 지점에서 벌어지는 일을 기술한다 (Boynton, 1988). 추상체에서 벌어지는 색채정보 처리방식은 삼원색 이론의 주장과 일치하고, 수용기 세포 이후의 시각경로(양극세포, 신경절세포, 시상, 시각피질)에서 벌어지는 색채정보 처리는 대립과정 이론의 주장과 일치한다. 이 예에서 우리는 경합상태에 있던 두 이론이 상보성 이론으로 바뀌는 사실을 보게 된다. 표 3.4에는 세 가지 이론이 요약되어 있다.

색채지각 방식에 관한 이상의 논의에서 우리는 환경에서 제공되는 시각정보가 망막에서 처리되기 시작하여 시각경로를 따라가며 또다시 처리되어(분석되고, 재조직되어) 뇌에 가서 해석되는 과정을 고려하였다. 이제 청각정보 처리과정을 살펴보기로 하자.

귀가 작동하는 방식

청각 시스템은 기계적 진동 시스템이다. 이 시스템의 수용기 세포는 귓속 깊은 곳에 자리 잡고 있다. 그림 3.8에서 볼 수 있듯이 귀는 바깥귀, 중간귀, 속귀라고 하는 세 부분으로 나뉜다. 각 부분의 세부 구조도 그림 3.8에 그려져 있다. 가장 바깥쪽에 있는 귓바퀴는 소리를 모아 귓구멍을 통해 고막으로 보낸다. 귓구멍을 통해 들어온 소리는 바깥귀와 중간귀 사이에 위치한 고막을 진동시키고, 이 진동은 중간귀를 구성하는 추골

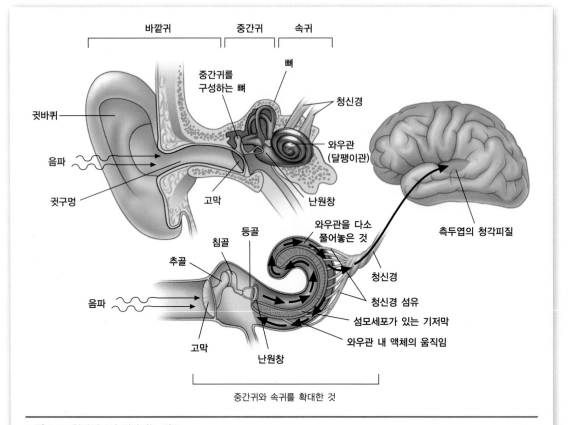

그림 3.8 청각정보가 전달되는 경로
소리는 공기의 압력 변화를 통해 귓속으로 전도된다. 귓구멍을 통과한 소리는 고막을 진동시키고, 이 진동은 중간귀에 있는 작은
연골을 움직이게 한다. 연골의 움직임은 난원창을 진동시켜 속귀에 있는 액체를 움직이게 한다. 이 액체의 움직임은 기저막을 진
동시키고 결국에는 기저막 위에 있는 섬모세포까지 움직이게 한다. 이들 섬모세포의 움직임은 신경신호를 생성하고, 이 신경신호
는 청신경을 따라 시상을 거쳐 측두엽에 위치한 일차 청각피질로 전달된다.

(hammer), 침골(anvil), 등골(stirrup)에 연쇄반응을 일으킨다. (이 3개의 뼈가 우리 몸에
서 가장 작은 연골로 알려져 있다.) 등골의 움직임은 중간귀와 속귀 사이에 위치한 얇
은 막인 난원창을 진동시킨다. 난원창은 중간귀에서 속귀로 들어가는 통로를 덮고 있
는 막이다.

　　　　　　　　　　　　　　와우관(cochlea, 달팽이관)은 속귀에 있는 달팽이 모양의 구조
물로 청각 수용기 세포가 들어 있는 곳이다. 와우관 내부를 따라
가며 그 위아래를 분리시키는 얇은 막이 기저막이고 기저막 위에
줄지어 서 있는 섬모세포(hair cells)가 청각 수용기이다. 각 귀에는
16,000개 정도의 섬모세포가 있다(Matlin & Foley, 1997). 난원창

와우관(달팽이관) 속귀를 구성하는 달팽
이 모양의 구조물로 청각 수용기 세포를
담고 있다.
섬모세포 와우관 속 기저막 위에 줄지어
배열되어 있는 청각 수용기 세포

이 진동하면 와우관 속에 있는 액체가 따라 출렁거린다. 액체의 출렁거림은 기저막을 아래위로 진동시키고, 기저막의 이 진동으로 그 위에 있는 섬모세포까지 움직이게 된다. 청각자극은 섬모세포의 움직임에 의해 신경반응으로 변환된다. 섬모세포의 움직임에 의해 생성된 신경반응은 청신경을 따라 시상으로 전달되며 시상에서 측두엽에 위치한 일차 청각피질로 전달된다.

섬모세포나 청신경이 손상되어 야기되는 청력손실을 **신경성 농**(nerve deafness)이라 한다. 신경성 농은 대부분 지나치

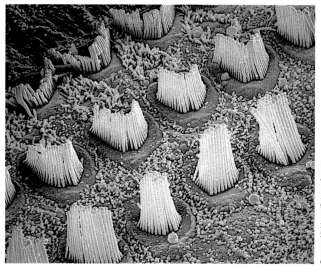

와우관 속 기저막 위에 줄지어 서 있는 섬모세포를 확대하여 색깔을 입혀 놓은 그림. 소리에 대한 반응으로 섬모가 진동하면 이 진동이 신경반응으로 변환되어 일차 청각피질로 전달된다.

게 큰 소리에 장시간 노출되거나 노쇠 때문에 야기된다. 신경세포의 손상으로 야기되는 신경성 농과는 달리 **전도성 농**(conduction deafness)은 청각정보를 와우관으로 전달하는 기계적 장치의 손상으로 야기된다. 고막이 찢어지거나 고막에 구멍이 나서 생기는 청력손실은 전도성 농에 해당한다. 전도성 농은 보청기를 이용하여 그 증상을 완화시킬 수 있다. 그러나 신경성 농은 전도성 농보다 치료하기가 훨씬 어렵다. 청력이 매우 크게 손상된 경우에는 와우관 이식술이 이용되곤 한다. 귀로 들어오는 소리가 이식된 와우관을 통해 전기적 신호로 변환되고, 이 신호가 청신경을 통해 뇌로 전달되고 되면, 뇌에서는 이 신호를 소리로 인식하게 된다.

우리의 시각기관이 모든 전자기파를 처리할 수 없듯이, 우리의 청각기관도 모든 음파를 처리하지 못한다. 우리의 청각기관은 그 주파수가 20,000Hz가 넘는 초고주파 음이나 20Hz보다 낮은 초저주파 음을 처리할 수 없다. 청각의 세계로 열린 창문은 동물에 따라 다르다. 코끼리, 고래, 기린은 우리가 들을 수 없는 초저주파 음을 들을 수 있고, 돌고래와 박쥐는 초고주파 음을 들을 수 있다. 고래와 코끼리는 원거리 커뮤니케이션에 초저주파 음을 이용하는 것으로 알려져 있다. 돌고래는 초고주파 음을 커뮤니케이션에 이용하고 박쥐는 어둠 속을 날아다니며 사냥을 하는 데 초고주파 음을 이용하는 것으로 알려져 있다. 개와 고양이는 각각 40,000Hz와 50,000Hz 이

신경성 농 속귀의 섬모세포나 청신경이 손상되어 생기는 청각장애

전도성 농 청각정보를 속귀로 전달하는 기계적 장치 중 일부가 손상되어 생기는 청각장애

상 되는 고주파 음도 들을 수 있다. 그리고 돌고래가 들을 수 있는 가장 높은 주파수는 15만 Hz에 이른다. 우리가 사는 세상에는 정말 시끄러울 정도로 수많은 소리가 있으나 우리는 그 모두를 처리할 능력이 없다.

귀의 기본 작동방식과 청각정보가 부호화되고 처리되는 방식을 알았으므로 이제부터는 부호화 과정을 보다 구체적으로 살펴볼 수 있게 되었다. 음고변별 과정을 중심으로 논의를 전개하기로 한다.

음고를 변별하는 방식

이미 알고 있겠지만 음고는 소리의 높낮이로 묘사되는 특성이고, 음파의 주파수에 의해 결정되며, 우리는 그 주파수의 약 20~20,000Hz까지의 소리를 들을 수 있다. 이 가청 범위(20~20,000Hz) 내에 속하는 주파수 각각은 별개의 음고를 자아낸다. 우리는 거의 2만 가지에 가까운 음고를 변별할 수 있다는 뜻이다. 색깔지각 능력을 설명할 때 그러했듯이, 인간의 음고변별 능력을 설명하기 위해서도 두 가지 이론, 즉 장소 이론과 주파수 이론을 조합해야 한다는 사실을 알게 될 것이다. 먼저 이 두 이론을 차례로 살펴본 후 이 둘이 어떻게 조합되는지를 검토해보기로 하자.

장소 이론　장소 이론(place theory)은 소리의 주파수에 따라 기저막에서 가장 활발하게 반응하는 부위가 다르다고 주장한다. 그러므로 기저막의 어느 곳(장소)이 가장 강렬하게 반응하는지만 알아내면 청각을 자극하는 소리의 주파수는 저절로 파악된다. 장소 이론에 따르면 뇌는 기저막에서 가장 활발하게 반응하는 장소를 찾아냄으로써 귀에 들리는 소리의 주파수(음고)가 얼마인지를 꼬집어 낸다. 인간의 시체에서 추출해낸 와우관을 이용한 실험에서 게오르크 폰 베케시는 소리가 기저막을 따라 퍼져나가는 파동을 일으킨다는 사실을 밝혀냈다. 그리고 소리의 주파수가 달라지면 그 소리에서 생성된 파동 중 파고가 가장 높은 파의 기저막 상 위치 또한 달라진다는 사실을 발견하였다(Békésy, 1960). 주파수가 높은 소리에 의해 야기되는 파동의 경우 진폭이 가장 높은 파가 기저막의 난원창 쪽에서 일어나고, 주파수가 낮아질수록 진폭이 가장 높은 파의 위치가 난원창에서 점점 멀어지는 것으로 드러났다. 그러니까 파고가 가장 높은 파의 기저막 상 위치가 그 파동을 야기한 음파, 즉 귀에 들리는 소리의 주파수를 뇌에다 알려주는 셈이다.

장소 이론　소리의 주파수에 따라 기저막에서 가장 활발하게 반응하는 부위(장소)가 달라지는 데서 우리의 뇌는 그 소리의 주파수에 관한 정보를 찾는다고 주장하는 음고지각 이론

주파수 이론 **주파수 이론**(frequency theory)은 기저막 위 섬모세포들의 초당 반응횟수(발화율)가 고막을 치는 소리의 진동횟수(주파수)와 일치한다고 주장한다. 예컨대 귀를 자극하는 소리의 주파수가 100Hz라면 섬모세포가 초당 100회씩 발화한다는 생각이다. 뇌에서는 이들 섬모세포의 발화율을 기초로 귀를 자극하는 소리의 주파수(음고)가 얼마인지를 알아낼 수 있을 것이다.

그러면 음고지각을 설명하는 데 왜 이 두 가지 이론을 모두 고려해야 하는지를 살펴보기로 하자. 무엇보다도 주파수 500Hz 이하의 낮은 소리를 제외하고는 장소 이론의 가정처럼 기저막에서 가장 활발하게 반응하는 위치와 소리의 주파수가 일치하는 것으로 밝혀진 것이다. 그리고 주파수 500Hz 이하의 저음인 경우에는 주파수 이론의 주장처럼 주파수와 섬모세포 발화율과의 관계가 밀접한 것으로 드러났다. 따라서 이들 증거는 주파수 500Hz 이상 높은 소리의 음고지각은 장소 이론으로 설명 가능하고 주파수가 낮은 소리의 음고지각은 주파수 이론으로 설명할 수 있다고 말한다. 그렇다고 해서 주파수 이론으로는 주파수 500Hz 이하의 음고지각만 설명할 수 있다는 뜻은 아니다. 어떤 신경세포도 초당 1,000번 이상은 발화할 수 없다. 그러나 일군의 신경세포가 번갈아 가며 반응한다는 **연사원리**(volley principle)를 적용하면 이들 세포의 무리는 초당 5,000번까지도 발화할 수 있기 때문에 주파수가 5,000Hz인 소리의 음고지각도 주파수 이론으로 설명할 수 있다(Zwislocki, 1981). 그러나 연사원리를 적용해도 초당 5,000회 이상의 발화는 불가능하기 때문에 주파수가 5,000~20,000Hz 사이에 속하는 소리의 음고지각은 주파수 이론으로 설명되지 않는다.

그러므로 이들 두 가지 이론을 조합한 혼합 이론을 이용하면 음고지각에 관한 발견을 보다 설득력 있게 설명할 수 있게 된다. 주파수가 낮은(<500Hz) 소리의 음고지각은 주파수 이론의 원리에 따라 주파수가 높은 소리(>5,000Hz)의 음고지각은 장소 이론의 원리에 따라 이루어진다고 가정하면, 음고지각에 관한 연구결과가 보다 자연스럽게 설명된다는 말이다. 다시 말해 우리의 뇌는 주파수가 낮은 소리의 음고를 변별할 때는 섬모세포의 발화율을 이용하고, 주파수가 높은 소리의 음고를 변별할 때는 발화율이 가장 높은 섬모세포의 기저막 상 위치를 이용한다는 생각이다. 주파수가 중간쯤(약 500Hz에서 5,000Hz 사이)에 속하는 소리의 음고를 지각하는 데는 이 두 가지 정보, 즉 섬모세포의 발화율과 섬모세포의 기저막 상 위치가 모두 이용된다. 이 때문에 주파수가 중간쯤 되는 소리의 음고지각이 보다 정확해진

주파수 이론 들리는 소리의 주파수에 관한 정보를 기저막 위에 있는 섬모세포의 발화율에서 찾는다고 주장하는 음고지각 이론

연사원리 일군의 세포가 하나씩 차례로 반응함으로써 자극의 변화에 대한 반응효율을 향상시키는 원리

다. 우리에게 가장 중요한 소리인 사람 목소리의 주파수가 이 범위에 속한다는 사실은 무엇을 의미하는 것일까? 표 3.5는 지금까지 소개한 음고지각 이론을 요약하고 있다.

표 3.5	음고지각 이론
이론	음고지각/변별에 관여하는 정보처리 방식
장소 이론	기저막에는 특정 주파수의 음파에 가장 강렬하게 반응하는 위치가 있고, 뇌는 그 위치를 찾아내어 귀를 자극하는 소리의 주파수를 계산한다.
주파수 이론	기저막 위의 섬모세포가 귀를 자극하는 소리의 주파수에 맞추어 반응한다. 뇌는 그 발화율을 기초로 귀를 자극하는 소리의 주파수를 계산해낸다.
혼합 이론	주파수가 낮은(<500Hz) 소리는 주파수 이론의 원리에 따라 처리되고, 주파수가 높은(>5,000Hz) 소리는 장소 이론의 원리에 따라 처리되며, 주파수가 중간 정도 (500~5,000Hz)인 소리를 처리하는 데는 두 가지 이론의 원리가 모두 적용된다.

요약

이 절에서는 우리에게 가장 중요한 감각인 시각과 청각을 논의하였다. 이 두 감각기관을 자극하는 빛과 소리는 각각 광파와 음파의 특성으로 기술된다. 예컨대 광파의 파장이 달라지면 우리가 지각하는 색채경험이 달라지며, 진폭이 달라지면 밝기가 달라진다고 느낀다. 음파의 경우에는 주파수가 달라지면 그 소리의 음고가 달라지고 진폭이 달라지면 크기가 달라진다고 느낀다. 우리의 뇌는 빛과 소리라고 하는 물리적 에너지를 직접 처리할 수가 없다. 따라서 빛은 망막에 있는 추상체와 간상체에서 그리고 소리는 와우관의 기저막에 있는 섬모세포에서 뇌가 이해할 수 있는 신경 에너지로 변환된다.

빛은 망막의 뒷벽에 위치한 추상체와 간상체에 의해 신경신호로 변환되기 전에 안구의 여러 부분을 통과한다. 일단 빛이 수용기에서 신경신호로 변환되고 나면 그 신호는 시신경을 따라 시상으로 전달되고, 거기서 다시 후두엽의 일차 시각피질로 전달되어 거기서 해석된다. 이 해석과정에서는 눈앞의 대상이 기본 속성으로 분석되고 나면, 각각의 기본 속성이 속성탐지기에 의해 탐지되고, 이렇게 탐지된 속성을 조합함으로써 눈앞에 있는 대상의 정체를 파악한다. 추상체와 간상체는 시각처리의 초기 작업을 나누어 수행한다. 추상체는 밝은 조건의 시각처리와 색채지각을 담당하며, 간상체는 어두운 조건과 주변 시야에서 벌어지는 시각처리를 담당한다.

색채지각 과정을 설명하기 위해 삼원색 이론과 대립과정 이론이라는 두 가지 이론이 제안되었다. 삼원색 이론은 우리의 눈에는 세 가지의 추상체가 있고 각각은 적색, 녹색, 청색에 해당하는 파장의 빛에 특히 민감하게 반응한다고 가정한다. 적색 파장에 민감한 추상체가 가장 활발하게 반응하면 우리는 눈앞에 있는 물체의 색깔을 적색으로 지각하고 청색 파장에 민감한 추상체가 가장 활발하게 반응하면 눈앞에 있는 물체의 색깔을 청색으로 지각한다는 것이다. 삼원색 이외의 모든 색은 이 세 가지 색이 섞이는 정도에 따라 결정된다. 즉, 세 가지 원추체의 상대적 반응 강도에 따라 결정된다. 세 가지 원추체가 모두 활발하게 반응하여 상대적 반응 강도가 동등하면 우리는 흰색을 경험한다. 실제로 우리 눈에는 이 세 가지 추상체가 있는 것으로 밝혀졌다. 대립과정 이론은 우리의 시각 시스템에서 망막 이후의 단계에 세 가지 유형의 색채처리 시스템(적-녹, 청-황, 흑-백)이 있다고 가정한다. 각 시스템 속 두 가지 색은 서로 보색관계에 있기 때문에 서로를 상쇄한다. 대립과정 이론은 삼원색 이론으로는 설명할 수 없는 보색 관련 현상을 설명해준다. 따라서 색채지각 관련 현상을 제대로 설명하기 위해서는 이 두 가지 이론이 모두 필요하다. 추상체의 작동방식을 설명하는 데는 삼원색 이론이 필요하고 추상체에 의한 초기 처리가 이루어진 후의 시각통로에서 벌어지는 색상처리 방식을 설명하는 데는 대립과정 이론이 필요하다.

청각기관은 기계적 진동 시스템으로 수용기인 섬모세포는 와우관의 기저막 위에 자리 잡고 있다. 귀를 자극하는 소리에 의해 생성된 진동은 와우관 속을 채우고 있는 액체를 움직이고, 액체의 움직임은 섬모세포를 움직인다. 섬모세포의 움직임에 의해 생성된 청각신호는 청신경을 따라 시상으로 전달되고, 거기서 다시 일차 청각피질에 전달되어 해석된다. 섬모세포나 청신경의 손상은 치료하기 어려운 신경성 농을 유발하고, 귀를 구성하고 있는 구조물에 생기는 손상은 치료가 비교적 용이한 전도성 농을 유발한다.

음고지각 방식을 설명하는 데도 두 가지 이론이 필요하다. 인간은 주파수가 20~20,000Hz인 소리를 들을 수 있다. 각 주파수에 가장 민감하게 반응하는 기저막 위 특정 위치가 존재한다고 가정하는 장소 이론은 주파수가 높은(약 5,000Hz 이상) 소리의 음고지각 방식을 잘 설명한다. 귀로 들어오는 소리의 주파수에 맞추어 섬모세포가 반응한다고 가정하는 주파수 이론은 주파수가 낮은(약 500Hz 이하인) 소리의 음고지각 방식을 잘 설명한다. 그러나 주파수가 500~5,000Hz인 소리의 음고지각 방식을 제대로 설명하기 위해서는 주파수 이론과 장소 이론이 모두 필요하다.

개념점검 | 2

- 초점형성의 문제를 기초로 근시와 원시의 차이점을 설명하라.
- 태극기의 중앙을 약 1분 동안 응시한 후 눈을 돌려 백지를 바라보면, 그 바탕이 어떻게 보일 것 같은지에 대한 대립과정 이론의 예측을 설명하라.
- 파장이 긴 음파의 주파수는 낮고 파장이 짧은 음파의 주파수는 높은 이유를 설명하라.
- 주파수 이론이나 장소 이론 하나만으로는 주파수가 20~20,000Hz까지의 음고지각을 설명할 수 없는 까닭을 설명하라.

지각경험 : 눈에 보이는 것을 알아차리는 방식

지금까지의 학습에서 우리는 우리의 눈과 귀가 외부에서 제공하는 시각자극과 청각자극을 받아들여 처리하도록 고안되었다는 사실을 알았다. 우리의 감각기관은 주변 환경에서 원자료를 수집한 후, 그 자료를 뇌가 이해할 수 있는 신경신호로 바꾸어 놓는다. 감각기관에서 벌어지는 초기의 정보수집 및 변환작용을 **감각과정**(sensation)이라 하고 뇌에서 벌어지는 정보해석 작업을 **지각과정**(perception)이라 한다. 그러나 사람들은 감

감각과정 감각자극이 감각기관에 의해 수집되고 부호화되는 초기 과정

지각과정 감각정보가 뇌에서 해석되는 과정

각과정은 감각 그리고 지각과정은 지각이라고 줄여 사용하기도 한다. 이 두 과정은 말로는 쉽게 구분되지만 실제로는 구분하기가 어렵다. 이 두 과정은 함께 작동하며 상당 부분 서로에게 영향을 주고받기 때문이다. 이 상호작용을 예시하기 위해 시각에서 벌어지는 상향처리와 하향처리가 먼저 소개될 것이다. 그런 다음 수집한 시각정보를 정돈하는 작업인 지각 조직화 및 항등성을 살펴볼 것이다. 그리고 세상에 대한 우리의 지각경험을 3차원의 세계로 만들어놓는 거리지각에 관한 논의로 이 장을 마감할 것이다.

상향처리와 하향처리

지각은 상향처리와 하향처리의 공동 작업으로 이루어진다. **상향처리**(bottom-up processing)는 감각기관을 통해 수집된 정보가 뇌로 전달되는 과정에서 벌어지는 작업이다. 처리의 흐름이 감각기관(하부)에서 뇌(상부)로 진행되기 때문에 붙여진 이름이다. 따라서 상향처리는 감각기관을 자극하는 신호를 변환하는 작업에서 시작된다. 주변에서 벌어지는 물리적 상태에 관한 정보(즉, 감각정보)를 수집하여 뇌로 보낼 때 전개되는 처리과정인 셈이다. 뇌에서는 상향처리의 결과를 기초로 물리적 상태의 실상을 파악하는데, 이 작업을 형태재인(pattern recognition)이라 한다. 형태재인은 상향처리의 산물과 기억 속 정보와의 비교를 통해 이루어진다. 때문에 형태재인은 기억 속 정보를 검색한 후에야 이루어진다. 그런데 우리의 기억 속에는 수없이 많은 정보가 보관되어 있어 계획 없는 정보검색은 비효율적일 수밖에 없다. 바로 이때 도움을 주는 것이 하향처리이다. **하향처리**(top-down processing)는 뇌에서 세상사에 관한 지식, 신념, 예상 등을 이용하여 감각정보를 해석하는 작업이다. 이 작업을 하향처리라 하는 이유는 뇌(상부)에서 시작되어 감각기관(하부) 쪽으로 진행되기 때문이다. 이 두 가지 처리를 명백하게 구분하기 위해 낯선 외국어로 이야기하는 사람의 말을 듣고 있다고 상상해보자. 그 사람이 말하는 소리는 들리기 때문에 분명히 상향처리는 일어나지만, 하향처리가 전개되지 않기 때문에 그 말을 이해할 수가 없다. 하향처리는 지식을 바탕으로 시작되는데, 여러분의 기억 속에는 그 말을 이해하는 데 필요한 지식이 존재하지 않기 때문에 하향처리가 전개될 수 없는 것이다. 이처럼 감각기관을 자극하는 자극물의 정체를 파악하는 일(지각과정)에 하향처리가 결정적인 역할을 한다. 하향성 신경연결이 상향성 신경연결보다 약 10배나 많은 이유도 그 때문일 것이다(Hickok, 2014).

상향처리 감각정보가 감각기관에서 뇌로 전달되는 과정에서 벌어지는 처리

하향처리 입력되는 감각정보의 해석에 지식, 믿음, 기대 등이 활용되는 과정

또 다른 예를 들어보자. 그림 3.9를 들여다보라. 그림 속에서 무

그림 3.9 지각 조직화와 하향처리
이 그림에서 여러분을 마주 보고 있는 암소 한 마리가 보이는가? 암소를 보기 위해서는 하향처리 기제가 작용하여 여러분이 알고 있는 암소의 여러 속성을 기억 속에서 인출한 후, 이들 속성에 부합되는 속성을 그림 속에서 찾아내어 조직하고는 이 기억 속의 속성과 맞추어 봐야 한다. 그래도 암소가 보이지 않으면, 그림의 왼편을 그 소의 머리가 차지하고 있다는 사실을 알고 다시 살펴보라. 일단 암소의 모습을 발견하고 나면 그 후부터는 어렵지 않게 찾아낼 수 있는데, 이는 하향처리 기제가 그림 속의 속성들을 어떻게 조직해야 하는지를 알고 있기 때문이다.

엇이 보이는가? 특별한 대상을 발견할 수 없다면 하향처리의 도움이 없기 때문이다. 암소 한 마리가 여러분을 마주 보고 있다. 머리는 그림의 약간 왼쪽에 있다. 이 암소를 보기 위해서는 먼저 하향처리를 통해 암소의 모습이 어떠한지에 관한 지식을 기억 속에서 인출해낸 다음, 그림 속의 다양한 속성을 인출해낸 그 모습에 맞추어 조직할 수 있어야 한다. 일단 이 과정을 통해 암소를 보고 난 후부터는 그림 속 암소를 보는 일이 전혀 어려워지지 않는다. 필요한 하향처리 능력을 갖추었기 때문일 것이다. 기실 이와 비슷한 자극을 이용한 연구에서 Tovee, Rolls, Ramachandran(1996)은 일단 의미 있는 형태(위의 보기에서는 암소)를 보고 난 후에는 측두엽에 있는 신경세포 간 연결상태가 영구적으로 바뀐다는 사실을 발견하였다. 검은 반점과 흰 반점을 뒤섞어 놓은 그림이지만 결국에는 개를 볼 수 있는 자극(역자 주 : 구글에서 'dalmation & top down'을 검색하면 그림을 볼 수 있음)을 이용한 연구에서도 Ramachandran, Armel, Foster(Ramachandran & Blakeslee, 1998, p. 297)는 재미나는 현상을 발견하였다. 완전히 다른 두 가지 관점에서 이 개를 바라본 모습을 담은 그림/사진을 신속하게 연이어 제시하면, 그 개를 본 적이 없는 관찰자들은 검은 반점과 흰 반점이 제멋대로 움직이는 것밖에 보지 못한다. 그런데 그 개를 본 적이 있는 관찰자들은 그 개가 뜀질을 하거나 몸을 트는 모습을 보게 된다는 사실을 발견한 것이다. 이 발견을 통해 물체에 대한 지식이 움직임 지각에 미치

지각 경향성 모호한 감각자극에 대한 지각이 그런 자극에 대한 과거의 방식대로 전개되는 경향성
맥락효과 감각정보에 대한 의미부여가 주어진 맥락에 따라 달라지는 현상

는 하향처리의 영향이 다시 한 번 입증되었다.

지각의 본질에 스며 있는 주관성은 바로 이러한 하향처리에 그 뿌리를 두고 있다. 우리의 경험과 신념, 기대가 감각정보에 대한 우리의 해석을 편향되게 하고 있는 것이다. 프랑스 소설가 아나이스 닌이 관찰했듯 "우리는 사물을 있는 그대로 보지 않고 우리 식으로 사물을 본다."(Tammet, 2009). 지각 경향성과 지각에 맥락정보를 이용하는 일은 하향처리의 편파효과를 보여주는 두 가지 보기에 해당한다. 모호한 자극에 대한 지각이 과거경험에 따라 달라지면 우리는 **지각 경향성**(perceptual set)이 작용했다고 말한다. 하향처리가 자극에 대한 해석(지각경험)을 바꾸어버리기 때문에 우리는 자극이 애매하다는 사실조차 알아차리지 못한다. 신체적 접촉이 잦은 운동경기를 관전하는 경우를 예로 들어보자. 국가 대항 경기에서 벌어진 반칙을 보면 우리는 지각 경향성의 작용에 의해 우리도 모르게 우리 편에 유리하게 해석한다. 이러한 사실은 우리는 어떤 것을 볼 때 '우리 식'으로 본다는 의미이다.

하향처리가 지각경험을 주도한다는 더욱더 강력한 증거는 맥락효과에서 발견된다. **맥락효과**(contextual effect)란 감각정보의 의미가 현재의 맥락에 따라 달라지는 현상을 일컫는다. 그림 3.10은 맥락효과를 관찰할 수 있는 간단한 보기이다. 대부분의 사람들은 윗줄의 문자를 A, B, C, D, E, F로 읽고 아랫줄의 숫자는 10, 11, 12, 13, 14로 읽을 것이다. 그러나 문자 B와 숫자 13을 다시 보라. 사실 이 둘은 똑같다. 이 동일한 자극에 대한 해석/지각을 문자와 숫자라는 맥락이 바꾸어놓은 것이다. 즉, 동일한 자극이 주변 맥락이 문자일 때는 B로 지각되고 그 맥락이 숫자일 때는 13으로 지각된 것이다.

맥락은 지각의 핵심적 요인이다. 맥락정보가 없으면 뇌는 해석을 끝낼 수 없을지도 모른다. 문자 IV를 고려해보자. 알파벳(문자 I와 V)일 수도 있고, 또는 숫자(로마자 숫자 4)가 될 수도 있다. "사고를 당해 입원한 정수는 지금 IV를 꽂고 있다."처럼 문장 속

그림 3.10 맥락이 지각에 미치는 효과
윗줄의 두 번째 문자와 아랫줄의 네 번째 숫자가 모호한 자극이다. 그런데도 윗줄에서는 문자 속에 있기 때문에 B로 지각되고 아랫줄에서는 숫자 속에 있기 때문에 13으로 지각된 것이다.

출처 : Coren, S., Ward, L. M., & Enns, J. T. (2004). *Sensation and perception* (6th ed.). New York, NY: Wiley.

A, B, C, D, E, F
10, 11, 12, 13, 14

에 다른 단어와 함께 들어 있으면, 우리는 그것을 낱자로 지각한다. 그러나 "에드워드 IV세는 15세기 영국의 왕이었다."와 같은 문장에 들어가면, 우리는 그것을 숫자로 지각한다. 정상적인 지각과정에서 추가로 제공되는 맥락정보는 뇌가 그런 모호성을 해결하는 데 필요한 하향처리를 조장한다.

지각 조직화와 지각 항등성

지각 조직화와 지각 항등성은 무질서한 감각정보를 깔끔하게 정돈하는 두 가지 과정이다. 지각 조직화부터 살펴보자. 감각기관을 통해 수집한 단편적인 자료에 의미를 부여하는 일은 그 자료를 조직하여 의미 있는 모양을 만드는 일에서 시작된다. 이러한 조직이 어떻게 이루어지는지에 관한 연구는 20세기 초 독일 형태주의 심리학자들에 의해 비롯되었다. 그들은 우리의 뇌가 시각기관을 통해 수집한 자료를 의미 있는 물체로, 그것도 자동적으로 조직한다는 사실을 발견하였다. 형태주의 심리학자들은 전체는 부분의 단순한 합 이상이라고 주장하였다. 이 주장을 지지하는 좋은 증거로 영화를 꼽을 수 있다. 영화의 장면은 움직이는 것처럼 지각된다. 그러나 그것은 착각일 뿐이다. 실제로는 약간씩 다른 정물 사진을 빠르게 연속적으로 제시한 것이 관객들에게는 움직이는 것처럼 보이는 것이다. 영화 속 움직임(전체)은 그 부분(정물 사진)에는 존재하지 않는 속성을 우리의 뇌에서 만들어낸 출현속성인 것이다. 우리는 제2장의 개념점검 3에서도 전체는 부분의 합 이상임을 보여주는 또 다른 예를 경험했었다. 과일, 꽃, 채소로 구성된 부분 부분이 일정한 원리에 따라 조직되자 사람(프라하의 루돌프 II세)의 얼굴이라는 전혀 다른 전체가 만들어졌던 것이다. 형태주의 심리학자들은 눈으로 받아들인 시각정보가 하나의 통합체로 조직되는 방식을 설명하기 위해 여러 가지 조직화 원리를 제안하였다. 그중 두 가지 전경-배경 원리와 닫힘의 원리만 고려해보기로 하자.

　형태주의 심리학자들은 지각 조직화의 기본 원리로 **전경-배경 원리**(figure-ground principle)를 개발하였다. 전경-배경 원리에 따르면 우리의 뇌는 감각자료를 전경(주의의 중심)과 배경(덜 두드러진 부분)으로 분류한다. 그림 3.11을 보면 이 원리를 쉽게 이해할 수 있을 것이다. 전경-배경이 뒤바뀌는 이 형태는 덴마크 형태주의 심리학자 에드가 루빈이 1915년 소개한 것이다(Rubin, 1921/2001). 어느 것이 전경이고 어느 것이 배경인 것 같은가? 전경과 배경이 계속해서 뒤바뀐다는 것을 알았을 것이다. 파란색 바탕 위에 화병이 보이다가 흰색 바탕 위에 마주보는 두 개의 얼굴이 보이기도 할 것이다. 이 그림에서 사람들

전경-배경 원리 형태주의 심리학자들의 지각 조직화 원리로 우리의 뇌는 감각정보를 전경과 배경으로 구분한다는 가정

그림 3.11 가역성 도형의 예

화병이라고 해야 할까, 아니면 마주보는 얼굴이라고 해야 할까? 둘 다 보이지만 한 번에 하나씩만 볼 수 있다. 변하지 않는 그림이 두 가지로 보인다는 것은 이 그림에 대한 뇌의 조직방식이 바뀌기 때문이다. 화병이 보이면 화병이 전경(대상)이고, 얼굴이 보이면 얼굴이 전경이 된다.

이 무엇을 보게 될 것인지는 관찰자의 주의가 위에서 아래로 내려오는 곡선(경계선)의 어느 쪽에 집중되느냐에 따라 결정된다(Restak & Kim, 2010). 주의가 양쪽 주변에 집중되면 얼굴을 보게 되고, 안쪽에 집중되면 화병을 보게 된다. 이런 현상을 경계선 소유권이라 한다(Rubin, 2001). 얼굴을 지각하게 되면 경계선(위에서 내려오는 곡선)이 청색 영역에 속하는 것으로 지각되지만, 화병을 지각하게 되면 그 경계선이 백색 영역에 속하는 것으로 지각된다. 관점이 바뀔 때마다 우리의 뇌는 이 그림에서 수집한 자료를 다르게 조직한다. 이런 그림을 가역성 도형이라고도 하는데, 그 이유는 해석/관점에 따라 전경과 배경이 뒤바뀌기 때문이다. 이쪽 관점에서 보면 전경이던 것이 다른 관점에서 보면 배경으로 바뀐다는 뜻이다. 맥락이 없기 때문에 하향처리로도 어떤 해석이 바른 해석인지를 결정하지 못한다. 이 경우가 쌍-안정 지각에 속한다. 변하지 않는 자극에 대한 두 가지 지각경험이 번갈아 가며 생성된다는 뜻이다(Yantis, 2014).

화병으로 보이기도 하고 얼굴로 보이기도 하는 이 모호한 도형은 전경-배경의 원리를 이해하는 데 도움이 된다. 그러나 동일 배경 위의 그림이 두 가지 이상의 의미(물체)로 해석될 수 있을 때도 모호성은 발생한다. 그림의 속성이 두 가지 이상의 형태로 조직되는 경우인데, 이러한 경우의 대표적인 보기가 그림 3.12이다. 노파가 보이는가, 젊은 여인이 보이는가? 아마 젊은 여인이 보였을 것이다. 전반적으로 젊은 여인이 먼저 보이는 경향성이 있다. 그러나 이 경향도 나이와 함께 노파 쪽으로 바뀐다(Nicholls, Churches, & Loetscher, 2018). Nicholls의 연구진은 참여자들에게 이 도형을 0.5초 동안 보여주었다. 참여자들이 여인을 봤다는 사실을 확인한 후 그 여인의 나이를 추정하게 했다. 참여자의 나이와 함께 그 추정치도 많아지는 것으로 드러났다. Nicholls의 연구진은 이런 경향이 발견된 이유를 사람들의 얼굴을 자기와 나이가 비슷한 사람의 얼굴로 처리하려는 동년배-편파 때문이라고 주장했다. 나이가 많은 쪽으로 처리하려는 경향성이 나이가 어린 얼굴 처리에 미치는 영향력을 보여준다는 생각이다. 다음은 아직도 젊은 여인 또는 노파가 보이지 않는 사람들을 위한 힌트다. 젊은 여인은 오른쪽 어깨 뒤를 바라보고 있고, 노파는 턱을 가슴에 대고 있다. 젊은 여인의 왼쪽 귀가

노파의 왼쪽 눈이다. 이처럼 그림의 속성을 어떻게 조직하느냐에 따라 젊은 여인이 보이기도 하고 노파가 보이기도 한다. 그러나 노파와 젊은 여인을 동시에 볼 수는 없다. 젊은 여인으로 보이다가도 노파로 보이고 노파로 보이다가도 젊은 여인으로 보이는 일이 반복된다. 맥락이 없기 때문에 우리의 뇌에서 시작되는 하향처리가 어떤 해석이 옳은 해석인지를 결정하지 못하고 있는 것이다.

그림 3.12 모호한 도형의 예
노파가 보이는가, 젊은 여인이 보이는가? 노파가 보이지 않으면 코가 큰 노파라고 생각하고 다시 보라. 그래도 보이지 않으면 젊은 여인의 왼쪽 뺨이 노파의 코라고 생각하고 다시 보라. 맥락이 없기 때문에 우리의 뇌는 이 그림을 노파로 보는 것이 옳은지 젊은 여인으로 보는 것이 옳은지를 판단할 수가 없고, 따라서 우리의 지각경험은 두 가지 사이를 오락가락한다.

닫힘 형태주의 심리학자들의 지각 조직
화 원리로 우리의 뇌는 불완전한 도형을
완전하게 만듦으로써 의미가 생기도록 한
다는 과정
주관적 윤곽 실제로는 존재하지 않는데
도 존재하는 것처럼 보이는 도형이나 선분

형태주의 심리학자들이 주장하는 또 하나의 중요한 조직화 원
리는 **닫힘**(closure)이다. 이 원리는 의미 있는 물체를 만들기 위해
그림을 완전하게 만드는 뇌의 경향성을 일컫는다. 그림 3.9와 3.10
에서도 닫힘 원리는 작용하고 있다. 그림 3.9에서 암소를 볼 수 있
었던 것도 그리고 그림 3.10에서 B를 볼 수 있었던 것도 닫힘 원리
덕분이었다. 프랑스 화가 폴 세잔도 자기의 그림에 닫힘의 원리를 이용했었다. 그는 화
포에다 공간을 남겨두어 보는 이로 하여금 그 빈곳을 메워 넣도록 하였다(Lehrer, 2007;
Sweeney, 2011). 그가 작품 활동을 한 시기는 형태주의 심리학자들이 지각 조직화 원리
를 개발한 시기와 일치한다. 우리는 도형을 완전한(닫힌) 것으로 만들기 위해 하향처리
를 이용한다. 때로는 이 하향처리의 영향력이 너무 강해 실제로는 존재하지 않는 것을
존재하게 만들기도 한다. 그런 예로 주관적 윤곽을 들 수 있다. **주관적 윤곽**(subjective
contours)이란 실제로는 존재하지 않는데도 존재하는 것처럼 보이는 모양이나 선분
을 일컫는다(Kanizsa, 1976). 그림 3.13을 보면 3개의 검은 원반과 하나의 삼각형 위에
또 하나의 삼각형을 보게 될 것이다. 그러나 그림의 설명을 통해 알 수 있듯이 우리에
게 보이는 삼각형은 존재하지 않는다. 실재하는 것은 작은 조각이 떨어져 나간 검은 원
반 3개와 내각이 60도인 모서리 3개뿐이다. 우리에게 보이는 2개의 삼각형은 우리의
머리가 만들어낸 것이다. 그림의 설명을 따라 해보면 맨 위의 삼각형은 실제로 존재하
지 않는다는 사실을 알 수 있을 것이다. 네 살 난 아이들도 주관적 윤곽을 지각하는 것
을 보면(Ghim, 1990), 우리의 뇌는 하향처리를 통해 누락된 정보를 채워 넣어서라도 눈
앞의 자극에 의미를 부여하도록 만들어졌다고 할 것이다(Hood, 2009). 이 주관적 윤곽
에 대해서는 우리의 시각피질도 마치 실재인 양 반응한다. Von der Heydt, Peterhans,

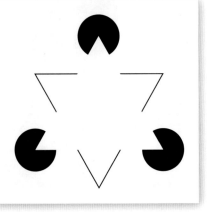

그림 3.13 주관적 윤곽의 예
밝게 빛나는 듯한 삼각형이 보일 것이다. 그러나 이 삼각형
은 실제로는 존재하지 않고, 우리의 뇌가 검은색 원판의 일
부가 떨어져 나간 것을 지각하는 과정에서 만들어낸 주관적
윤곽일 뿐이다. 이 말을 믿기 어려우면 검은색의 원판과 선
분들을 다른 종이로 덮어보라.

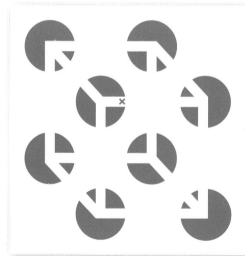

그림 3.14 모호한 도형의 예

흰색 선분이 들어 있는 파란색 원반이 보이는 게 아니라 종이 위에 떠 있는 것 같은 육면체가 보인다. 육면체의 모서리를 연결시켜 주는 원반과 원반 사이의 선분은 실제로 존재하지 않는다. 이 육면체는 정위(앞뒤)가 뒤바뀌기도 한다. 'x'에 시선을 집중하고 있으면, 그 선분이 앞 가장자리에서 뒤 가장자리로 바뀔 것이다. 이 육면체의 주관적 부분을 사라지게 할 수도 있다. 파란색 원반을 구멍이라고 생각하고 그 구멍을 통해 육면체를 들여다본다고 상상해보라. 이 경우에도 육면체는 앞뒤(정위)가 바뀌어 보일 수 있다. 따라서 이 단순해 보이는 그림을 두고도 네 가지 지각경험이 벌어질 수 있다.

Baumgartner(1984)는 이런 주관적 윤곽에 대해서도 실제 윤곽에 대해서와 흡사한 반응을 하는 세포가 우리의 시각피질에 존재한다는 사실을 발견하였다.

우리의 뇌는 주관적 윤곽만 창출하는 것이 아니라 모호한 윤곽도 창출해낸다. 모호한 주관적 윤곽의 예로는 그림 3.14에 있는 네커 육면체를 꼽을 수 있다(Bradley, Dumais, & Petry, 1976에서). 이 그림 속 네커 육면체를 지각하기 위해 우리의 뇌는 육면체의 모서리를 연결하는 실재하지 않는 선분을 창출해내고 있다. 육면체가 청색 원반을 바탕으로 하는 종이 위에 떠 있는 것처럼 보인다. 실제로 존재하는 것은 청색 원반과 원반 속의 선분뿐이다. 따라서 이 육면체의 주관적 모서리 및 입방체는 우리의 뇌가 만들어낸 것이 분명하다. 손가락을 청색 원반 위에 놓아보면, 이들이 주관적 윤곽이라는 사실을 금방 알게 된다. 또한 실제 네커 육면체에서처럼 이 주관적 육면체도 그 정위가 뒤바뀌기도 한다(쌍-안정 지각의 또 다른 예). 'x' 표시에 시선을 집중하고 있는 동안 육면체의 정위가 뒤집히면, 'x' 표시가 앞면의 가장자리에서 뒷면의 가장자리로 옮겨갈 것이다. 이 주관적 육면체에는 모호한 주관적 윤곽만 창출하는 게 아니라 주관적 가장자리를 제거할 수 있게도 해준다. 청색 원반을 구멍으로, 그리고 이들 구멍을 통해 육면체를 들여다본다고 상상해보라. 이번에는 육면체가 종이 뒤에 정지되어 있다. 이번 일은 경험하는 데 시간이 좀 더 걸릴 수도 있으니까 끈기를 가지고 기다려 보라. 일단 이런 해석을 지각하고 나면 주관적(착각성) 윤곽은 사라지지만, 육면체의 앞뒤가 바뀌는 일은 계속된다. 따라서 이 단순해 보이는 그림을 두고도 네 가지 지각경험이 가능함을 알 수 있다. 이로써 사람들은 지각경험을 적극적으로 구축한다는 사실이 또 한 번 입증된 셈이다.

또한 그림 3.14는 우리의 뇌가 시각자극에 들어 있는 2차원적 단서를 기초로 3차원적 세계(물체)를 구축해낸다는 증거도 제공하고 있다(Hoffman, 1998). 이 사실은 이 그림에서 우리가 경험할 수 있는 네커 육면체를 두고 Hoffman(2015)이 제기한 "우리가 저 그림을 보고 있지 않을 때는 네 가지 중 어떤 육면체가 거기에 있는 것일까?"라는 문제와도 관련돼 있다. 이 질문에 대한 답은 "우리가 보지 않을 때는 어떤 육면체도 존재하지 않는다."이다. 육면체는 말 그대로 3D 입방체인데, 그림 3.14는 2D인 종이 위에 그려져 있다. 따라서 육면체는 우리가 그 그림을 들여다볼 때만 존재하는 것이다. 그 육면체는 존재 자체가 우리의 지각 능력, 특히 깊이지각 능력에 의해 결정되는 것이다. 3차원 세계의 깊이지각에 대해서는 뒤에서 소개할 것이다.

우리의 뇌는 조직화를 통해 감각자극을 의미 있는 대상으로 만들어낼 수 있어야 할 뿐만 아니라 세상사에 대한 지각에서 항등성도 유지할 수 있어야 한다. **지각 항등성**(perceptual constancy)이란 친숙한 대상의 크기와 모양, 밝기와 색깔은 그 대상을 바라보는 각도나 거리 또는 조명이 달라져도 변하지 않는 현상을 일컫는다. 이 현상은 물체의 특성에 따라 크기 항등성, 모양 항등성, 밝기 항등성, 색채 항등성 등으로 분류되기도 한다. 특정 물체를 바라보는 거리나 각도에 따라 망막 위에 맺힌 그 물체의 상은 달라진다. 예컨대 눈앞에서 멀어져 가는 자동차를 바라보노라면, 망막 위에 맺힌 그 자동차의 상은 빠른 속도로 작아진다. 그런데도 우리는 그 자동차가 작아지는 것으로 지각하지 않는다. 우리의 뇌가 우리의 지각경험은 세상사에 관해 우리가 터득한 것에 맞추어 조절하는 것이다. 우리는 차의 크기가 작아지는 것이 아니라 우리로부터 멀어진다는 사실을 알고 있다. 우리의 뇌가 세상사에 관한 지식을 이용하여 지각경험을 조정하기 때문이다. 즉, 우리의 뇌가 감각자극의 변화를 무시하기 때문에 물체의 크기, 색상, 밝기, 모양 등에 대한 우리의 지각경험이 바뀌지 않는 현상, 즉 지각 항등성이 발생하는 것이다. 우리의 지각경험에 질서가 서고 일관성이 유지되는 것은 바로 이런 지각 항등성 덕분이다. 그런 점에서 지각 항등성은 적응적 가치가 매우 큰 지각적 특성이다.

한편 우리의 뇌가 이러한 항등성을 일궈내는 방식에 대한 지식을 이용하면, 우리는 우리의 뇌를 속여 착시를 경험하게 만들 수도 있다. 밝기 항등성을 고려해보자. 특정 물체의 밝기는 그 물체에서 반사되는 빛의 양에 의해서만 결정되는 게 아니라 그 물체에서 반사되는 빛의 양과 그 주변에서 반사되는 빛의 양과의 관계에 의해 결정된다. 그

지각 항등성 친숙한 대상의 크기와 모양 및 색상지각이 그 대상을 바라보는 각도나 거리 또는 조명상태가 달라져도 변하지 않는 현상

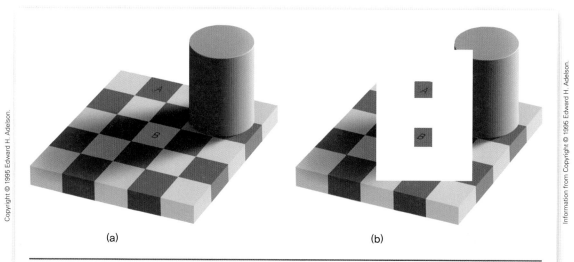

(a)   (b)

그림 3.15 아델슨의 체커 그림자 착시

(a) 정방형 A와 B 중 어느 것이 더 밝아 보이는가? B가 확실히 더 밝게 보일 것이다. 그러나 둘의 실제(물리적) 음영은 동일하다. 이 착각에는 다른 요인도 작용하고 있지만, 중요한 요인은 각각을 둘러싼 상황이 다르다는 점이다. 정방형 A가 어둡게 보이는 것은 그 주변 정방형이 더 밝기 때문이고 정방형 B가 밝아 보이는 것은 그 주변 정방형이 더 어둡기 때문이다. 전갈 : 우리가 경험하는 밝기는 상대적으로 결정된다. (b) 여기서는 정방형 A와 B를 둘러싼 주변 상황이 동일하다. 이제 둘의 음영/명암도 같아 보인다.

림 13.5(a)를 보라. 정방형 A와 B 중 어느 것이 더 밝아 보이는가? 대부분의 사람은 B가 더 밝아 보인다고 대답한다. 하지만 정방형 A와 B에서 반사되어 우리 눈으로 들어오는 빛의 양(강도)은 동일하다. 그럼 어떻게 우리에게는 A의 밝기와 B의 밝기가 같아 보이지 않는 것일까? B는 그림자 속에 있는데 A는 그렇지 않다는 사실 등 다른 요인도 작용할 수 있지만, 가장 중요한 요인은 각각을 둘러싼 주변 상황이 다르다는 점이다. 정방형 A가 어둡게 보이는 것은 그 주변의 정방형이 더 밝기 때문이고 정방형 B가 밝아 보이는 것은 그 주변의 정방형이 더 어둡기 때문이다. 우리의 뇌가 A와 B의 밝기를 결정할 때 각각에서 반사되는 빛의 양(강도)만 따지는 게 아니라 주변 정방형에서 반사되는 빛의 양(강도)도 함께 계산하기 때문에 이런 일이 벌어지는 것이다. 그림 3.15(b)를 보면 정방형 A와 B를 둘러싸고 있는 부분의 밝기(반사되는 빛의 양)가 동일하다. 이로 인해 우리의 뇌는 이 둘의 밝기가 동일하다고 판단하게 되고, 우리는 A와 B의 밝기가 같다고 경험/지각하게 되는 것이다. 이로써 특정 물체의 밝기에 대한 경험/지각이 주변 상황에 따라 달라진다는 사실이 입증되었다. 그림 3.1에서 소개됐던 탁자 상판에 관한 착시에서 두 상판의 크기와 모양이 같다는 사실을 알고 있는데도 불구하고 우리는 그 둘을 같은 것으로 지각할 수 없었다. 여기서도 똑같은 일이 벌어지고 있는 것이다. 그림 3.15(a)에 있는 정방형 A와 B가 동일하다는 사실을 알고 있는데도 불구하고 우리는 그 둘의 밝기가 같다고 지각할 수 없다. 아직도 3.15(a)에 있는 정방형 A와 B에서 반사되는 빛의 강도(양)가 동일하다는 사실을 믿지 못하겠으면, 그 그림의 복사본을 뜬 후 정방형 A와 B만 오려내어 비교해보기 바란다.

지각 항등성에도 주관적이 요소가 작용하는 것 같다. 동일한 자극을 두고도 사람에 따라 다르게 지각하기 때문이다. 그러나 그 자극에 대한 각자의 지각경험에는 항상성이 사라지지 않는다. 그 좋은 예로 2015년 인터넷에서 바이러스 감염 같았던 'The Dress' 색깔을 둘러싼 논쟁을 꼽을 수 있다. 시모/장모될 사람이 입기로 한 옷을 사진으로 찍어 인터넷에 게재하고는, 누리꾼들에게는 그 옷의 색깔이 어떻게 보이는지를 물었다. 신부 될 사람에게는 그 옷 색깔이 금색과 흰색으로 보였고 신랑 될 사람은 청색과 검은색(그 옷의 실제 색상)으로 보였기 때문이다(그림 3.16 참조). 그 결과 누리꾼들도 금색-백색 진영과 청색-흑색 진영으로 나뉘었고 대다수가 상대 진영의 색깔을 볼 수 없었던 것으로 드러났다.

그럼 색채지각에서 왜 이런 차이가 나는 것일까? 심리학자들과 시각 연구자들은 이 차이가 색채 항등성에서 나는 개인차와 관련된 것으로 간주한다(Macknik,& Martinez-Conde, 2015; Toscani, Gegenfurtner, & Doerschner, 2017; Wallisch, 2017). 색채 항등성이 일어나기 위해서는 뇌가 물체를 비추고 있는 조명등부터 알아야 한다. 따라서 사람들이 그 옷을 비추고 있는 조명등이 무엇인지를 다르게 해석하면 그 옷의 색깔은 달라질 수밖에 없는 것이다. 예를 들어 Macknik, Martinez-Conde에 따르면 자연에서의 조명등은 황금색의 태양 아니면 푸른 하늘이기 때문에 우리 뇌의 색상처리 영역에서 대부분의 조명이 이 두 가지 색이라고 가정한다. 따라서 그 옷을 바라보는 사람들은 그 옷을 비추고 있는 빛이 하늘색의 푸른빛 아니면 황금색의 햇빛으로 간주할 것이다. 만약 하늘색이라고 가정하면 색상을 처리할 때 청색이 삭감될 것이고, 그 결과 그 옷은 흰색과 금색으로 보이게 될 것이다. 하지만 조명을 햇빛이라고 가정하면 뇌에서 벌어지는 색상 처리에서 황금색이 삭감될 것이고, 그 결과 그 옷은 청색과 흑색으로 보이게 될 것이다. 밤늦게까지 일하는 사람들은 붉은색이 더 많이 섞인 인공 조명 아래서 많은 시간을 보낸다. 따라서 이 사람들이 그 옷을 볼 때에는 붉은색이 더 많이 삭감될 것이기 때문에 이들에게는 그 옷이 청색과 흑색으로 보이게 될 것이라는 주장이 제기되기도 했다(Lafer-Sousa, Hermann, & Conway, 2015). 요약건대 색채지각에서는 조명 등이 고려되기 때문에 색채 항등성이 일어나는데, 조명등에 대한 사람들의 가정이 다를

그림 3.16 'The Dress'의 색상에 대한 두 가지 해석

이 사진이 2015년 초 인터넷에서 바이러스처럼 번진 'The Dress'의 색깔에 대한 두 가지 해석이다. 누리꾼들도 그 색상을 백색-금색으로 보는 집단과 청색-흑색으로 보는 집단으로 뚜렷하게 나뉘었다. 그 옷은 실제로 청색-흑색이었다. 본문에서 설명했듯이 이 두 가지 해석의 근원은 그 옷을 비추고 있는 조명에 관한 뇌의 주관적 가정이 서로 다른 데 있었던 것 같다.

수 있고, 그 결과 옷에 대한 색상지각도 달라지는 것이다. 하지만 조명등에 대한 가정에서 나는 사람들 간 차이의 원인은 아직 밝혀지지 않았다(Mártin-Moro et al., 2018). Macknik과 Martinez-Conde의 결론처럼 "The Dress 현상을 통해 우리는 주어진 장면에서 우리의 뇌가 어떤 가정을 하느냐에 따라 그 장면에 대한 우리의 지각이 판이하게 달라질 수 있다는 사실을 알게 되었다."(p. 20)

지각에서는 지각 조직화와 지각 항등성을 일궈내는 과정이 필수적 요소이다. 이 두 과정이 없다면 우리의 지각경험은 끊임없이 변하는 의미 없는 조각들로 구성될 것이다. 이러한 일이 벌어지지 않도록 질서와 의미를 부여하는 것이 조직화와 항등성이다. 그러나 조직화와 항등성으로도 지각의 또 다른 측면인 깊이/거리 지각은 설명할 수가 없다.

깊이지각

깊이지각(depth perception)은 세상에 산재한 물체들 사이의 앞뒤 간격 그리고 관찰자로부터 특정 물체까지의 거리를 추정하는 정신활동이다. 우리의 뇌는 이 거리 추정에 여러 가지 단서를 이용하는 것으로 알려져 있다. 두 눈을 모두 이용해야만 가용한 단서(양안단서)도 있고 한쪽 눈만 이용할 때에도 가용한 단서(단안단서)도 있다. 우리의 뇌는 이들 단서에 들어 있

깊이지각 물체 간 간격 및 관찰자로부터 물체까지의 거리를 판단하는 일

제가 깊이지각을 못하는데요.
저쪽 모퉁이에 경찰이 서 있는 건가요, 아니면
당신 머리 위에 경찰 모형이 올라가 있는 건가요?

Dan Piraro, reprinted with permission of King Features Syndicate.

는 정보를 이용하여 물체 간 간격 및 눈앞에서 물체까지의 거리를 판단한다.

주요 양안단서로는 망막부등을 꼽을 수 있다. 우리의 두 눈은 좌우로 약 6.5cm 떨어져 있기 때문에 왼쪽 눈에 맺힌 시야의 상과 오른쪽 눈에 맺힌 시야의 상이 약간 다르다. 두 눈에 맺힌 상에서 발견되는 이 차이를 **망막부등**(retinal disparity)이라 한다. 망막부등이 깊이지각에 필요한 정보를 제공할 수 있는 것은 망막부등이 커질수록 물체까지의 거리가 체계적으로 줄어들기 때문이다.

망막부등과 깊이지각과의 관계를 경험하고 싶으면, 우선 주먹을 쥐고 오른팔을 앞으로 쭉 뻗은 상태에서 검지만 위로 펴고 그 손가락에 시선을 집중하라. 그리고 나서 손가락을 고정시킨 채 두 눈을 번갈아가며 감았다 떴다를 반복해보라. 손가락이 좌우로 움직이는 것처럼 보일 것이다. 이제 손가락을 눈앞으로 끌어당긴 상태에서 눈을 감았다 뜨는 일을 또다시 반복해보라. 이번에도 손가락이 좌우로 움직이는 것처럼 보일 것이다. 그러나 망막부등이 더 커졌기 때문에 움직임의 좌우 간격이 앞에서보다 훨씬 클 것이다. 손가락을 바로 눈앞에 가져다 놓으면 망막부등이 더욱 커지고, 따라서 손가락의 외견상 움직임도 덩달아 커질 것이다.

단안단서에는 여러 가지가 있지만 두 가지만 소개하기로 한다. 그중 하나인 **선형원근**(linear perspective)은 눈앞에서 전방으로 뻗어가는 평행선은 눈에서 멀어지면서 수렴한다는 사실을 일컫는다. 그러니까 수렴이 커지면 거리는 멀어진다. 철로나 쭉 뻗은 도로를 보면 거리가 멀어질수록 철로 간 간격이나 노폭이 점점 좁아지는 것처럼 보인다. 또 다른 단안단서인 **겹침**(interposition)은 관찰자의 관점에서 볼 때 한 물체가 다른 물체의 일부를 가리고 있는 상태를 말한다. 가까이 있는 물체와 멀리 있는 물체는 부분적으로 겹치게 마련이다. 한 물체가 다른 물체의 일부를 가리고 있으면, 우리는 가리고 있는 물체까지의 거리를 더 가깝게 지각한다.

우리의 뇌가 이용하는 단안단서와 양안단서 그리고 여러 가지

망막부등 두 눈에 맺힌 특정 시야의 상에서 발견되는 양눈 간 차이가 크면 클수록 그 물체까지의 거리가 가까워진다는 사실을 알려주는 양안 깊이단서

선형원근 두 개의 평행선이 눈앞에서 멀어짐에 따라 먼쪽의 간격이 좁아지는(수렴하는) 사실을 일컫는 단안 깊이단서

겹침 한 물체가 다른 물체의 일부를 가리면 가리는 물체까지의 거리가 더 가깝다는 사실을 일컫는 단안 깊이단서

(a)　　　　　　　　　　　　　　(b)

그림 3.17 폰조 착시와 테러 서브테라 착시

(a) 폰조 착시에서 가로로 놓여 있는 빨간 막대 두 개의 실제 크기는 같은데도 위의 막대가 더 굵고 길어 보인다. (b) 테러 서브테라 착시에서 앞뒤 괴물의 크기는 동일한데도 쫓는 괴물이 쫓기는 괴물보다 더 커 보인다. 크기가 같다는 말이 믿기지 않으면 자로 재어보기 바란다. 이들 착시는 우리의 뇌가 우리로부터 물체 [막대기 두 개 (a), 괴물 둘 (b)]까지의 거리를 잘못 판단하기 때문에 유발된 것으로 해석된다.

깊이지각 원리는 대개의 경우 정확한 거리 판단을 유발한다. 그러나 때로는 이들 단서와 원리도 오판을 유발하기도 한다. 우리는 잘못된 지각을 착시라 하는데, 그림 3.17에는 이러한 착시 중 두 가지가 제시되어 있다. 첫 번째 착시(a)는 이 현상을 1913년 처음 발견한 이탈리아 심리학자 마리오 폰조의 이름을 따 폰조 착시(Ponzo illusion)라 한다. 빨간 막대 두 개의 길이가 실제로는 동일하지만 위의 막대가 더 길어 보인다. 두 번째 착시(b)는 이른바 테러 서브테라 착시(Terror Subterra illusion; Shepard, 1990)인데, 뒤에서 추적하는 괴물과 앞에서 쫓기는 괴물의 실제 크기는 동일한데도, 뒤쫓는 괴물이 쫓기는 괴물보다 훨씬 커 보인다. 크기가 달라 보이는 것에 덧붙여 쫓기는 괴물의 얼굴은 두려움에 차 있는데 뒤쫓는 괴물의 얼굴은 노여움에 차 있는 것으로 지각되기도 한다. 그럼 거리단서가 어떻게 작용하기에 이러한 크기착시가 유발되는 것일까?

위 문제의 답이 어떻게 만들어지는지를 이해하기 위해서는 망막에 맺힌 물체의 상 (retinal image, 이후부턴 '망막-상')과 그 물체까지의 거리를 뇌가 어떻게 연관시키는

지부터 살펴봐야 한다. 물체까지의 거리가 멀어짐에 따라 망막-상의 크기는 작아진다. 우리의 뇌는 물체까지의 거리를 지각/판단할 때 이 간단한 기하학적 원리를 이용한다. 이제 망막-상의 크기만 봐서는 동일한 물체가 2개 있는데, 거리단서는 이 중 하나가 더 멀리 있다는 정보를 뇌로 보낸다고 해보자. 이 경우 뇌는 어떤 결론을 내려야 할까? 망막-상의 크기와 거리와의 관계에 존재하는 기하학적 원리를 이용하면, 멀리 있는 물체가 더 크다는 결론을 내릴 것이다. 멀리 있는 물체와 가까이 있는 물체에서 투사된 망막-상의 크기가 동일할 수 있는 유일한 조건은 멀리 있는 물체가 가까이 있는 물체보다 더 클 때만 조성되기 때문이다. 그러므로 뇌는 멀리 있는 물체의 크기가 더 크다는 결론을 내리게 되고, 우리는 그 추리의 결과를 의식(지각)한다. 그러나 단서에 들어 있는 거리정보가 그릇된 정보이고 실제로는 두 물체까지의 거리가 동일하면 우리는 착시라는 잘못된 지각을 경험하게 된다. 즉, 더 멀리 있는 것으로 잘못 판단했던 물체의 크기를 과대 추정하는 일이 벌어진다. 산수문제의 등식에다 실수로 잘못된 값을 대입하면 오답이 나온다. 같은 이치로 우리의 뇌가 잘못된 거리정보를 이용해 물체까지의 거리를 잘못 판단했기 때문에 착시가 일어나는 것이다. 머릿속에서 벌어지는 망막-상의 크기 계산과 물체까지의 거리 계산은 우리가 의식하지 못하는 사이에 벌어진다. 우리가 의식하는 것은 머릿속에서 벌어진 계산의 결과뿐이다.

이제 이러한 설명 방식을 위의 착시에 적용해보자. 그림 3.17(a)의 폰조 착시부터 고려해보자. 만약 이 착시가 창출되는 이유가 우리의 뇌가 두 막대까지의 거리에 관한 그릇된 정보를 이용하기 때문이라면, 그릇된 정보를 제공한 단서는 어떤 단서일까? 이미 알아차린 사람도 있겠지만 선형원근이다. 철로의 수렴은 대개 거리가 멀어질 때 생기는 현상이다. 이 단서 때문에 뇌는 위에 있는 막대가 더 먼 곳에 있다고 가정한다. 그런데 이 두 선분의 실제 길이는 같고 또 눈에서 동등한 거리에 위치하고 있기 때문에 망막에 투사된 이 두 막대의 망막-상도 크기는 동일하다. 망막에 맺힌 두 막대의 상은 동일한 크기인데, 뇌에서는 이 두 막대까지의 거리가 다르다고 생각하기 때문에(더 멀리 있는 것으로 생각됨) 위에 있는 막대가 더 크다고 판단(지각)하게 되는 것이다.

그림 3.17(b)의 테러 서브테라 착시도 동일한 방식으로 설명된다. 이 경우에도 선형원근이라는 단안단서 때문에 추적하는 괴물이 더 멀리 있다는 오판이 일어난다. 이들 괴물은 우리의 눈에서 동일한 거리에 떨어져 있고 또 실제 크기도 모양도 동일하기 때문에 이들에 의해 투사된 망막-상의 크기와 모양은 동일하다. 그런데 우리의 뇌는 뒤쫓는 괴물이 더 멀리 있다고 판단하기 때문에 그 괴물이 더 크다는 오판(착각)을 하게 된 것이

다. 폰조 착시에서와 마찬가지로 우리의 뇌는 망막-상의 크기와 물체까지의 거리 사이에 존재하는 기하학적 원리를 적용하여 괴물의 크기를 계산했지만, 이 계산에 이용된 거리정보가 잘못된 정보이기 때문에 결국에는 잘못된 판단/지각을 하게 되는 것이다.

그림 3.18(a와 b)의 뮐러-라이어 착시(Müller-Lyer illusion) 역시 뇌가 망막-상의 크기와 거리 간 관계에 존재하는 기하학적 원리를 잘못 적용하여 발생된 경우에 해당한다(Gregory, 1968). 위에서 소개한 두 가지 착시에서와 마찬가지로, 우리의 뇌가 오른쪽의 화살꼬리가 붙은 선분이 왼쪽의 화살촉이 붙은 선분보다 더 먼 곳에 있다는 그릇된 결론을 내린 결과이다. 그럼 왜 그런 결론을 내린 것일까? 이 경우 뇌가 이용하는 것은 모서리와 거리 간 관계이다. 이 관계는 기하학적 관계와는 달리 과거경험을 통해 습득된 것이다. 그림 3.18(a)는 그림 3.18(c)에서와 같이 불거져 나온 모서리를 닮았고 그림

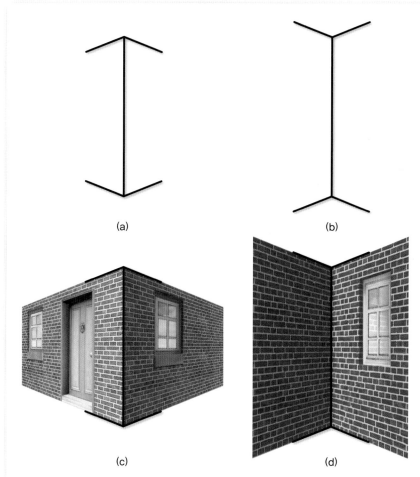

(a)

(b)

(c)

(d)

그림 3.18 뮐러-라이어 착시

(a와 b). 두 수직선분의 길이는 같다. 그런데 화살촉이 붙은 왼쪽의 선분이 화살꼬리가 붙은 오른쪽의 선분보다 짧아 보인다.
(c와 d). 그림 3.17의 착시와 같이 이 착시 역시 뇌가 망막-상의 크기와 물체까지의 거리 사이에 존재하는 기하학적 원리를 잘못 적용하여 발생된 것이다. (c)에서처럼 튀어나온 모서리와 (d)에서처럼 움푹 들어간 모서리에 대한 경험 때문에 우리의 뇌는 왼쪽 선분은 불거져 나온 모서리이고 오른쪽 선분은 움푹 들어간 모서리라고 생각한다. 그런데 이 두 선분에 의해 투사된 망막-상의 크기는 동일하기 때문에 우리의 뇌는 오른쪽 선분이 더 길다는 잘못된 판단을 내리고 우리는 그 판단만 의식/지각하게 되는 것이다.

출처 : Gregory, R. L. (1970). The intelligent eye (p. 80). London, UK: Weidenfeld & Nicolson.

3.18(b)는 그림 3.18(d)에서와 같이 움푹 들어간 모서리를 닮았다. 따라서 이들 모서리에 관한 과거경험을 기초로 우리의 뇌는 오른쪽 모서리가 더 멀리 있다는 결론을 내리게 된다.

하지만 실제로는 왼쪽 수직선분까지의 거리는 오른쪽 수직선분까지의 거리와 똑같다. 이들 두 수직선분은 그 길이가 같고 눈에서 같은 거리에 있기 때문에, 이 두 선분에 의해 망막에 맺힌 망막-상의 크기도 동일하다. 상이한 거리에 있는 물체가 망막 위에 동일한 크기의 상을 맺기 위해서는 먼 거리에 있는 물체가 더 커야만 한다. 따라서 뇌는 더 멀리 위치한 오른쪽 선분의 길이가 더 길다는 결론을 내린 것이고, 그 결과 우리에게는 오른쪽 선분이 더 길어 보이는 것이다. 이러한 설명을 지지하는 결과도 문화 간 연구에서 확보되었다. 거리단서로 이용될 수 있는 모서리[그림 3.16의 (c)와 (d) 같은 모서리]가 없는 환경에서 사는 사람들은 뮐러-라이어 착시에 훨씬 둔감한 것으로 밝혀진 것이다(Segall, Campbell, & Herskovits, 1963, 1966; Stewart, 1973).

그림 3.1의 착시도 우리의 뇌가 2차원의 그림 속 탁자를 3차원의 실제 탁자로 해석한 데서 비롯된 것이다(Shepard, 1990). 오른쪽 탁자 속 원근단서는 상판이 가로로 놓여 있는데 반해, 왼쪽 탁자 속 원근단서는 탁자가 세로로, 즉 앞뒤로 길게 놓여 있다고 지적한다. 다시 말해 아래쪽 모서리는 가깝고 위쪽 모서리는 멀리 있다고 지적한다. 따라서 우리의 뇌는 왼쪽 탁자의 망막-상이 실제보다 짧다고 생각한다. 왜냐하면 실제로 앞뒤로 길게 놓인 탁자를 바라볼 경우 관찰자의 망막에 맺히는 탁자의 상은 짧아지기 때문이다. (역자 주 : 도로 위에 적혀 있는 숫자나 글자를 옆에서 보면 이상할 정도로 길어 보이지만, 운전자가 보면 길게 보이지 않는다는 점을 상기하라.) 그런데 그림 3.1에 있는 두 탁자의 상판에서 투사된 망막-상은 그 길이(앞뒤 길이)가 동일하다. 따라서 우리의 뇌는 왼쪽 탁자의 실제 길이가 오른쪽 탁자의 실제 길이보다 더 길어야 한다고 판단한다. 한편 탁자가 놓인 상태, 상판의 깊이, 상판의 길이에 관한 이러한 추론은 우리의 머릿속에서 자동적으로 전개된다. 때문에 우리는 그런 판단이 옳지 않은 줄 알면서도 그런 판단의 결과를 지각할 수밖에 없다. 다시 말해 그림 3.1의 탁자를 보자마자 우리의 뇌는 자동적으로 그 탁자를 3차원적 물체로 해석하기 때문에 종이 위에 그려놓은 그림으로 해석할 수 없게 된다는 뜻이다.

달 착시 역시 비슷한 논리로 설명된다(Restle, 1970). 거의 모든 사람에게 중천에 떠 있는 달보다 지평선 위의 달이 더 크게 보인다. 달이 중천에 있든 지평선 위에 있든 그 크기는 일정하며 달까지의 거리도 변하지 않는다. 따라서 지평선의 달이 더 커 보이는 것은 착시임이 분명하다. 지평선 가까이 있는 여러 물체 때문에 우리의 뇌는 지평선 위에 있는 달까지의 거리가 중천에 있는 달까지의 거리보다 더 멀다고 생각한다. 지평선의 달이 더 멀리 있는데도 망막 위에 맺힌 상의 크기는 중천의 달과 똑같기 때문에 지평선의 달이 클 수밖에 없다는 것이 뇌의 결론이다. 우리는 이 결론이 도출되는 추론의 과정은 의식하지 못하고 다만 결론만을 의식하기 때문에 중천의 달보다 지평선의 달이 더 크게 보인다.

Paul Souders/Getty Images.

달은 중천에 있을 때보다 지평선 위에 있을 때 더 커 보인다. 이 현상을 달 착시라 한다. 중천에 있든 지평선 위에 있든 달의 크기나 달까지의 거리는 변하지 않기 때문에 망막에 맺힌 달의 망막-상은 동일한 크기이다. 그런데 지평선 가까이 있는 물체 때문에 뇌는 지평선 위의 달이 중천의 달보다 더 멀리 있다고 느끼게 되고, 그 결과 우리의 뇌는 지평선 위의 달이 더 크다(망막-상의 크기는 동일한데도 중천의 달보다 더 멀리 있으니까)는 잘못된 판단을 내리고 만다.

그리고 크기가 커 보이니까 이제 거리도 가까워 보인다(Gregory, 2009). 지평선 위에서 달 이외의 다른 물체가 보이지 않으면 달 착시는 사라진다. 적당한 크기의 대롱을 말아 그 구멍을 통해 지평선 위의 달을 살펴보라. 이때 달 이외의 다른 물체는 아무것도 볼 수 없도록 대롱의 크기 및 위치를 조절해보라. 그러면 뇌는 중천의 달을 볼 때처럼 달 이외의 다른 정보를 이용할 수 없게 된다. 그 결과 지평선 위에 떠 있는 달의 크기는 훨씬 작게 보일 것이다.

평행하는 두 개 이상의 선분이 우리로부터 멀어짐에 따라 선분들 간 간격이 좁아지는(수렴하는) 현상, 즉 선형원근은 여러 착시의 주요 요인으로 작용한다. 그러면 평행하는 선분들이 우리한테서 멀어지는데도 그런 수렴이 일어나지 않는 것처럼 만들어 뇌를 속이면 우리의 뇌는 이런 상황을 어떻게 처리할까? 그림 3.19는 기우는 탑 착시를 보여준다(Kingdom, Yoonessi, & Gheorghiu, 2007). 그림 속 사진 두 장은 피사의 사탑을 찍은 동일한 사진이다. 그런데도 오른쪽 사진이 좀 더 기울어져 보인다. 왜 그럴까? 우리의 시각기관은 이 둘을 같은 탑을 담은 두 개의 사진이 아니라 하나의 장면 속에 있는 두 개의 탑으로 보기 때문이라는 게 한 가지 설명이다. 인접한 쌍둥이 건물을 올려다보면 꼭대기로 갈수록 서로 간 간격이 좁아지는 게 정상이고 우리의 뇌도 그렇게 믿고 있다. 그런데 그림 3.19의 쌍둥이 건물처럼 건물 간 간격이 평행을 유지하고 있으

Fred Kingdom.

그림 3.19 기우는 탑 착시

그림 속 사진은 피사의 사탑을 찍은 같은 사진 두 장이다. 그런데도 오른쪽 탑이 더 많이 기운 것처럼 보인다. 이는 이들 사진을 두고 우리의 뇌가 잘못된 결론을 내렸기 때문에 일어난 착시일 뿐이다. 이 둘이 기운 정도가 같다는 사실을 확인하고 싶으면, 두 사진 속에서 동일한 위치에 있는 기둥을 하나씩 골라 위로 올라가며 그들 간 간격을 자로 재어보라.

면, 우리의 뇌는 두 건물 간 간격이 벌어지고 있다는 결론을 지을 수밖에 없게 된다. 실제로는 이 두 건물이 쌍둥이 건물이 아니고 하나의 건물을 찍은 두 장의 사진이라는 사실을 알아도 우리는 우리의 뇌가 지은 결론을 번복할 수가 없다.

위에서 논의한 착시가 창출될 때에도 우리의 뇌가 이용하는 원리에는 잘못된 것이 없다. 그런데도 착시가 발생하는 이유는 그 원리에 적용되는 정보(예 : 상대적 거리나 원근에 관한 정보)가 그릇된 데 있다. 요약건대 세상사를 지각할 때 우리의 뇌는 여러 가지 단서와 원리를 이용한다. 대부분의 경우 그런 단서와 원리를 활용하여 내린 결론에 별 문제가 없다. 그러나 이들 단서와 원리를 이용한 결과가 실재와 다른 경우도 더러 있는데 바로 이런 경우에 착시가 일어난다.

요약

이 절에서는 시지각을 좀 더 자세히 살펴보았다. 지각이 매끄럽고 효율적으로 이루어지기 위해서는 상향처리와 하향처리 둘 다가 필요하다는 것을 알았다. 지각 항등성에서 예시했듯이 하향처리는 적응적인 면도 있지만, 지각이 주관인 이유도 하향처리 때문이다. 지각의 편파와 맥락효과는 과거의 경험과 신념 및 기대가 세상사 지각에 영향을 미친다는 증거이다.

지각 조직화 및 지각 항등성은 감각기관을 통해 받아들인 정보를 정리-정돈하는 데 필수적인 작업이다. 형태주의 심리학자들은 전경-배경의 원리와 닫힘의 원리 등 여러 가지 지각 조직의 원리를 제안하였다. 감각정보를 조직하여 의미 있는 물체로 만드는 일 외에도 우리의 뇌는 지각경험의 항상성, 즉 지각된 물체의 밝기, 크기, 모양, 색상 등을 일정하게 유지하는 일도 해야만 한다. 지각경험의 항상성은 하향처리를 통해 유지된다.

깊이지각(물체까지의 거리 판단) 또한 시지각의 핵심적 부분이다. 깊이를 지각할 때는 망막-부등과 같은 양안단서는 물론 선형원근과 겹침 등의 단안단서에 숨어 있는 정보가 이용된다. 물체의 크기를 지각할 때는 물체까지의 거리가 고려된다. 특정 물체까지의 거리가 멀어짐에 따라 그 물체에 의해 투사된 망막-상의 크기가 작아지기 때문이다. 그러나 때로는 망막-상의 크기와 거리와의 관계에 관한 기하학적 원리가 잘못 적용되기 때문에 착시가 일어나기도 한다. 폰조 착시, 테러 서브테라 착시, 뮐러-라이어 착시, 탁자 착시, 그리고 달 착시가 그 대표적인 예이다. 이들 착시의 경우 우리의 망막에 맺힌 두 물체의 상의 크기도 그 물체까지의 거리도 동일하다. 그런데도 여러 가지 단서 때문에 우리의 뇌가 두 물체까지의 거리가 다르다는 오해를 하게 된다. 그 결과는 두 개의 물체 중 하나가 더 크다는 그릇된 결론으로 이어지고, 우리는 그 결론을 인식(지각)하게 되는 것이다.

개념점검 | 3

- 지각과정에서 상향처리와 하향처리 둘 모두가 필요한 이유를 설명하라.
- 맥락효과 유발에 관여하는 하향처리와 닫힘 원리에 관여하는 하향처리의 유사성을 설명하라.
- 학생들이 주로 이용하는 식당에서는 교수를 알아보기가 상대적으로 힘든 이유를 설명하라.
- 폰조 착시, 뮐러-라이어 착시, 달 착시는 우리의 뇌가 망막에 맺힌 상의 크기와 물체까지의 거리에 관한 기하학적 원리를 적용하기 때문에 일어난다. 이 원리를 적용한 결과가 어떻게 이런 착시를 창출하게 되는지를 설명하라

학습 가이드

핵심용어

여러분은 다음 핵심용어를 명확하게 정의할 수 있어야 한다. 분명하게 정의할 수 없는 것이 있으면, 책을 다시 읽어서라도 이해해둬야 할 것이다. 모든 용어를 이해했다고 판단되면, 연습문제를 풀어보라.

가법혼합	맥락효과	암적응	중심와
간상체	맹시	연사원리	지각 경향성
감각과정	베버의 법칙	와우관	지각과정
감각적응	변환	원시	지각 항등성
감법혼합	보색	장소 이론	진폭
겹침	삼원색 이론	전경-배경 원리	차이식역
근시	상향처리	전도성 농	추상체
깊이지각	선형원근	절대식역	파장
닫힘	섬모세포	조절	하향처리
대립과정 이론	스티븐스의 지수법칙	주관적 윤곽	
망막	신경성 농	주파수	
망막부등	신호탐지 이론	주파수 이론	

핵심용어 문제

다음 각 진술이 정의하는 용어를 적으라.

1. 눈에서 상이한 거리에 있는 물체에서 반사되어 우리 눈으로 들어온 빛의 초점이 망막 위에 선명하게 맺히도록 하는 수정체(렌즈)의 작업

   _____

2. 가까이 있는 물체에서 반사된 빛의 초점이 망막 뒤에 맺히기 때문에 그 물체가 흐리게 보이는 문제

   _____

3. 색채지각의 이론으로 우리의 눈에는 세 가지의 추상체가 있고, 이들은 각각 적색, 녹색, 청색에 해당하는 파장의 빛에 가장 활발하게 반응한다고 가정하는 이론

   _____

4. 감각정보를 해석할 때 우리의 뇌가 지식, 신념, 기대

등을 이용하는 일

   _____

5. 형태주의 심리학자들이 제안한 지각 조직의 원리 중 하나로 불완전한 도형을 완전하게 만듦으로써 의미 있는 대상을 생성한다는 형태주의 원리

   _____

6. 같은 자극이 반복해 제시될 때 그 자극에 대해 민감도가 감소하는 과정

   _____

7. 청각정보를 속귀로 전달하는 구조물이 손상됐을 때 야기되는 청각장애

   _____

8. 음파의 주기가 반복되는 초당 횟수

9. 자극의 지각된 크기는 그 자극의 물리적 강도(크기)에 다 일정한 지수를 제곱한 것과 같고, 그 지수는 자극의 종류에 따라 달라지는 현상을 요약한 법칙

10. 감각자극 두 개가 서로 다르다는 것을 전체 시행 횟수의 절반에서 탐지할 수 있는 두 자극 간 강도의 최소 차이

11. 빛의 파장 중 서로를 섞으면 그 빛이 흰색/회색이 되는 파장(색)

12. 음고지각 이론 중 귀를 자극하는 소리의 주파수가 기저막 위 섬모세포의 발화율과 일치한다고 가정하는 이론

13. 실제로는 존재하지 않는 선분이나 도형이 존재하는 것으로 지각되는 경우도 있다. 이때 우리의 뇌가 만들어 내는 것

14. 물체까지의 거리와 시각 및 조명이 바뀌는데도 불구하고 친숙한 물체의 경우 그 물체의 크기와 모양, 색상, 밝기에 대한 우리의 지각경험이 변하지 않는 현상

15. 어두운 곳에서 간상체와 추상체 속 화학물질에 변화가 생겨 이들 두 수용기 세포의 빛에 대한 민감성이 점점 높아지는 과정

연습문제

다음은 이 장의 내용에 관한 선다형 연습문제이다. 해답은 개념점검 모범답안 뒤에 있다.

1. 감각자극이 제시된 횟수의 절반(50%)에서만 탐지될 수 있을 정도의 소량의 에너지를 _____이라 한다.
   a. 차이식역   b. 절대식역

---

   c. 오경보율   d. 놓침

2. 신호탐지 과제에서 관찰자의 준거가 엄격해질수록 오경보율은 _____, 놓침율은 _____.
   a. 높아지고, 높아진다.
   b. 높아지고, 낮아진다.
   c. 낮아지고, 높아진다.
   d. 낮아지고, 낮아진다.

3. 베버의 법칙에서 상수 c=1/50이면, 단위가 100인 기준자극에 대한 차이식역은 _____이다.
   a. 1   b. 2
   c. 5   d. 10

4. 적색 빛의 파장은 _____. 보라색 빛의 파장은 _____.
   a. 길고, 길다   b. 길고, 짧다
   c. 짧고, 길다   d. 짧고, 짧다

5. 망막의 간상체는 _____ 시각을 관장하고. 추상체는 _____ 시각을 관장한다.
   a. 색채, 어두운 곳의
   b. 밝은 곳의, 어두운 곳의
   c. 색채, 밝은 곳의
   d. 어두운 곳의, 색채

6. 색채지각의 대립과정 이론에 의하면 청색 원을 한참 응시하다가 백지를 바라보면 잔상 때문에 그곳에 _____색의 원이 있는 것처럼 보이게 된다.
   a. 청색   b. 녹색
   c. 황색   d. 흑색

7. 음파를 신경신호로 변환시키는 것은?
   a. 고막   b. 난원창
   c. 추골, 침골, 등골   d. 기저막의 섬모세포

8. 주파수가 낮은(<500Hz) 음의 음고지각은 _____ 이론으로, 주파수가 높은(>5,000Hz) 음의 음고지각은 _____ 이론으로 설명된다.
   a. 장소, 장소   b. 장소, 주파수
   c. 주파수, 장소   d. 주파수, 주파수

9. 지각 경향성은 _____의 좋은 보기이다.
   a. 전경-배경 원리   b. 지각 항등성
   c. 상향처리   d. 하향처리

10. 다음 중 양안 깊이단서는?

    a. 선형원근   b. 겹침

    c. 망막부등   d. 이들 모두

11. 변환의 목적은 무엇인가?

    a. 자극의 강도를 증가시켜 뇌가 탐지하기 쉽게 만든다.

    b. 물리적 에너지를 뇌에서 이해할 수 있는 신경신호로 바꾼다.

    c. 자극의 탐지 가능 여부를 결정한다.

    d. 시각신호를 청각신호와 통합한다.

12. 와우관의 섬모세포 손상이 야기하는 농은 _____ 농이고, _____는 멀리 있는 물체에 반사된 빛이 망막에 도달하기 전에 초점을 형성할 때 일어난다.

    a. 신경성, 근시   b. 전도성, 근시

    c. 신경성, 원시   d. 전도성, 원시

13. 같이 있던 친구와 작별 후 친구가 멀어지면 여러분 망막에 맺힌 친구의 상은 작아진다. 그런데도 여러분은 친구가 작아진다고 지각하지 않는다. 이 현상을 설명하는 데 적용되는 과정은?

    a. 지각 경향성   b. 지각 항등성

    c. 암적응   d. 조절

14. 하나의 그림을 꽃병 또는 마주 보고 있는 얼굴로 지각하는 현상은 형태주의의 조직 원리 _____을 반영하고, 동일한 자극이 B로도 또 13으로도 지각되는 현상은 _____을(를) 반영한다.

    a. 닫힘, 주관적 윤곽

    b. 전경-배경, 맥락효과

    c. 닫힘, 맥락효과

    d. 전경-배경, 주관적 윤곽

15. 새로 산 손목시계를 처음 찰 때는 성가시던 것이 한참 지난 후에는 손목에 시계가 있다는 것도 모르게 된다. 이 현상은?

    a. 조절   b. 감각적응

    c. 역하지각   d. 지각 항등성

개념점검 1 모범답안

- 두 가지 유형의 식역을 통계적으로 정의한 이유는 실험의 결과가 절대적 정의를 허용하지 않았기 때문이다. 절

대식역과 차이식역을 측정하기 위한 정신물리학 실험을 실시한 결과, 특정 강도 이상의 자극은 모두 탐지되고 그 이하의 자극은 전혀 탐지되지 않는 실무율성 전환점이 발견되지 않았다.

- 결정/판단의 준거를 느슨한 상태에서 엄격한 상태로 바꾸면, 오경보율은 줄어들지만 놓침률은 증가한다. 이는 관찰자가 거의 모든 조건에서 "예"라고 반응하다가 거의 모든 조건에서 "아니요"라고 반응하기 때문에 생기는 결과이다.

- 베버의 법칙에서 상수가 매우 크다는 것은 두 자극의 차이를 찾아내기가 어렵다는 뜻이다. 비교자극이 기준자극보다 상당이 크거나 작아야 두 자극이 다르게 지각된다는 뜻이기도 하다.

- 스티븐스의 지수법칙에서 알 수 있는 것은 물리적 자극의 강도에 대한 우리의 지각경험은 그 자극의 실제(물리적) 강도와 일치할 때가 거의 없다는 사실이다. 특정 자극의 강도에 대한 우리의 지각경험, 즉 우리가 추정하는 크기는 대개 그 자극의 물리적(실제) 강도에다 일정한 지수를 곱한 것과 같다. 때문에 우리가 지각(추정)하는 물리적 강도는 우리의 뇌에서 만들어낸 변형에 해당한다. 그 결과 어떤 때는 지각(추정)된 강도/크기가 실재보다 더 크기도 하고 어떤 때는 더 작기도 한 것이다.

개념점검 2 모범답안

- 근시는 멀리 있는 물체가 잘 보이지 않는 조건을 일컫는다. 근시의 원인은 멀리 있는 물체의 상이 망막 앞에 그 초점을 형성하기 때문이다. 원시는 가까이 있는 물체를 잘 보지 못하는 조건으로 이는 가까이 있는 물체의 상이 망막 뒤에 그 초점을 형성하기 때문에 생기는 조건이다. 이러한 초점 형성의 문제는 수정체의 결함 때문에 발생할 수도 있고 안구 모양의 결함 때문에 발생할 수도 있다.

- 태극기를 한참 응시한 후에는 색채를 처리하는 세 가지 시스템(적-녹, 청-황, 흑-백 시스템) 각각에서 적색과 청색 담당 세포가 피곤해진다. 그 결과 각각은 대립되는 녹색과 황색 처리 작업을 억압하지 못하게 된다. 따라서 백지의 중앙에는 태극 마크가 잔상으로 나타날 것이고, 그 잔상에서 태극 마크의 위쪽은 녹색으로 그리고 아래쪽은 황색으로 보일 것이다. 네 귀퉁이에는 희미한 밝은

(백색) 사각형이 잔상으로 나타날 것이다. 그러나 대립하는 세포들이 피로에서 회복됨에 따라 이 잔상은 사라질 것이다.

- 파장이 길면 1초에 반복될 수 있는 파의 횟수가 줄어들기 때문에 파장이 길수록 주파수는 낮아진다. 반대로 파장이 짧으면 초당 반복되는 횟수가 많아지기 때문에 주파수는 높아진다.

- 두 이론 중 하나만으로는 20~20,000Hz에 이르는 음파의 음고지각을 제대로 설명하지 못한다. 장소 이론은 주파수가 낮은(<500Hz) 소리의 음고지각을 설명하지 못한다. 왜냐하면 낮은 주파수의 경우 주파수가 변해도 기저막에서 가장 활발하게 반응하는 부위(장소)는 달라지지 않고, 기저막 전체가 주파수에 맞추어 변하기 때문이다. 마찬가지로 주파수 이론으로는 주파수가 높은(>5,000Hz) 소리의 음고지각을 설명하지 못한다. 왜냐하면 신경세포의 발화율은 초당 최대 1,000회에 불과하며, 연사원리를 이용해도 초당 5,000회 이상은 반응할 수 없기 때문이다.

개념점검 3 모범답안

- 지각과정에는 이들 두 가지 처리가 반드시 필요하다. 상향처리가 없다는 것은 지각할 거리(재료)가 없다는 뜻이며, 하향처리 없이는 상향처리의 결과를 해석할 수 없기 때문이다.

- 두 가지 경우 모두 지각경험을 완전하게 하기 위해 하향처리가 이용된다는 점에서 비슷하다. 맥락효과의 경우 이 특정 조건에 어울리는 것은 무엇일까를 결정하는 데 하향처리가 이용되고, 닫힘의 경우 완전하지 못한 대상을 기초로 나머지 부분이 어떠해야 완전한 개체가 될 것인지를 결정하는 데 하향처리가 이용된다.

- 학생 식당에서 교수를 알아보기 힘든 이유는 맥락이 맞지 않기 때문이다. 여러분의 뇌는 맥락에 맞추어 교수의 얼굴을 여러분이 알고 있는 학생의 얼굴과 맞추려고 노력하기 때문에 교수의 얼굴을 알아차리는 데 시간이 더 오래 걸리는 것이다.

- 이들 각각의 경우 두 물체의 실제 크기는 같고 또 눈까지의 거리도 같기 때문에 망막 위에 맺히는 이들의 망막-상은 동일하다. 그런데도 주변에서 가용한 거리단서 때문에 우리의 뇌는 둘 중 하나가 더 멀리 위치한다고 판단한다. 기하학적 원리에 따르면 서로 다른 거리에 있는 물체가 동일한 크기의 망막-상을 투사하기 위해서는 멀리 있는 물체의 실제 크기가 가까이 있는 물체보다 더 커야만 한다. 그러므로 거리단서와 이 원리를 이용하는 뇌의 입장에서 보면, 두 물체가 서로 다른 크기일 수밖에 없다. 예컨대 폰조 착시의 경우 양옆에 있는 두 선분이 수렴하는 이른바 선형원근 단서 때문에 우리의 뇌는 위에 있는 수평 막대가 아래에 있는 수평 막대보다 더 멀리 있다는 잘못된 판단을 내리고 만다. 그러나 이 두 막대에 의해 맺힌 망막-상의 크기는 동일하기 때문에 기하학적 원리를 이용하는 우리의 뇌는 위에 있는 막대가 더 크다는 결론을 내리게 된다.

핵심용어 문제의 답

1. 조절	9. 스티븐스의 지수법칙
2. 원시	10. 차이식역
3. 삼원색 이론	11. 보색
4. 하향처리	12. 주파수 이론
5. 닫힘 원리	13. 주관적 윤곽
6. 감각적응	14. 지각 항등성
7. 전도성 농	15. 암적응
8. 주파수	

연습문제의 답

1. b	9. d
2. c	10. c
3. b	11. b
4. b	12. a
5. d	13. b
6. c	14. b
7. d	15. b
8. c	

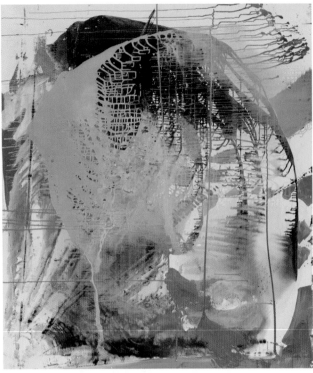

Jackie Saccoccio and Van Doren Waxter, NY.

4 학습

우리의 학습능력은 끝이 없어 보인다. 우리는 매일 새로운 것들을 배우고, 학습으로 얻은 경험과 지식을 계속해서 사용한다. 학습은 우리가 어떻게 인지하고, 기억하고, 생각하고, 행동하는가에 영향을 미친다. 이 장에서 우리는 심리학자들이 연구해 온 '우리는 어떻게 학습하는가'에 초점을 두고 살펴보려 한다.

　일반적으로 심리학자, 특히 행동심리학자들과 인지심리학자들은 다른 여러 가지 방법을 사용하여 '학습'에 대한 연구를 해왔다. 행동심리학자들은 고전적 조건형성과 조작적 조건형성을 통한 연합/결합 연구에 초점을 맞춰 왔다. 오븐에서 칠면조 굽는 냄새가 맛있는 식사의 신호가 되는 것처럼 우리 환경에서 일어나는 사건들 사이에는 학습된 연합/결합이 포함된다. 조작적 조건형성은 인간의 행동과 행동의 환경적 결과 간의 연합/결합에 초점을 두고 있다. 일반적으로 공부를 하면 할수록 성적이 더 오르는 것이 그 예이다. 반면 학습을 연구하는 인지심리학자들은 기억과 관련하여 좀 더 복잡한 유형의 학습(우리는 어떻게 기억체계 속에 정보를 부호화하고, 저장하며, 인출하는가)에 관심을 가지고 있다. 어떤 인지심리학자는 당신이 이 책을 읽으면서 정보를 어떻게 학습하는가, 어떤 유형의 공부방법이 그 정보를 최상의 기억으로 이끌 수 있을 것인가와 같은 주제에 대해 관심이 있을지도 모른다.

　이 장에서는 우선 행동심리학자들이 고전적 조건형성과 조작적 조건형성을 통해 '연합/결합'에 대해 발견한 것들이 무엇인가에 초점을 둘 것이다. 그러고 나서 학습의 생물학적 제약에 대해 살펴보고 학습의 인지적 접근에 대해서도 논의해보기로 하겠다.

고전적 조건형성을 통한 학습

'파블로프'라는 이름이 종을 울리는가? 이러한 정말 좋지 않은 농담을 이해한다면 이미 고전적 조건형성에 대해 어느 정도 익숙해져 있다는 것을 의미한다. **고전적 조건형성**(classical conditioning)은 학습의 과정으로서 하나의 자극이 다른 자극의 도착을 알려 주게 되는

> **고전적 조건형성** 이전까지 중립적이었던 자극인 조건자극(CS)이 짝지음을 통해서 무조건자극(UCS)의 도착을 알리는 신호가 됨으로써 그 자극(CS)에 대한 새로운 반응(CR)을 얻도록 하는 과정

것을 말한다. 여기에서 자극이란 사람이나 동물이 인식할 수 있는 어떤 장면, 소리, 냄새, 맛, 몸의 감각 같은 것을 말한다. 우리는 제1장에서 파블로프가 실험한 개들이 어떤 소리(일차적 자극)를 듣고 타액을 분비했는데, 그것은 그 개들이 그 소리를 들은 후에 그들의 입에 음식(이차적 자극, 두 번째 자극)이 들어올 것이라고 기대하도록 학습되었기 때문이라고 배웠다. 파블로프가 이러한 유형의 학습을 체계적으로 연구했던 첫 연구자였기 때문에 고전적 조건형성은 파블로프식 조건형성이라고 하기도 한다. 고전적 조건형성을 이해하고 학습에 있어서 고전적 조건형성의 중요성을 학습하기 위해 파블로프의 실험에 대해 좀 더 알아보기로 하자.

고전적 조건형성의 요소와 절차

이반 파블로프는 소화의 생리적 기능에 관한 연구로 1904년에 노벨 생리학·의학상을 받은 러시아 심리학자이다. 파블로프는 개의 소화과정을 연구했다. 그는 개들을 가죽끈에 묶어 두고, 소화의 첫 번째 단계인 침 분비량을 측정하기 위해 뺨에 튜브를 삽입했다. 파블로프는 개의 침이 뺨을 통해 배출되도록 침이 흐르는 방향을 전환시키는 방법을 고안해냈다. 이 연구의 일환으로 개에게 음식(고깃가루)을 제공하고 난 뒤, 침(타액)의 양을 측정했다. 여러분은 파블로프의 실험에 어떤 개를 사용했는지 궁금할 것이다. 그는 특정 품종을 고집하지 않았고, 개의 품종 선택에 까다롭지 않았다. 그는 잡종을 포함한 모든 종류의 개를 사용했다(Eveleth, 2013). 개에게 이름을 지어준 것을 보면 파블로프가 개를 사랑했음을 알 수 있다(Tully, 2003). 개의 사진과 이름은 웹사이트(https://www.smithsonianmag.com/smart-news/what-kind-of-dog-was-pavlovs-dog-22159544)에서 볼 수 있다. 소화에 관한 그의 연구에서 파블로프는 우연한 발견을 하

Science Source.

파블로프의 실험실을 찍은 사진. 개의 왼쪽 뺨을 보면 알 수 있듯이 파블로프는 개의 뺨에서 바로 타액을 내보내는 실험 장치를 고안하여, 타액 분비를 정확히 측정할 수 있었다.

게 되었는데, 그것은 개들이 고깃가루가 입속에 들어가기도 전에 타액을 분비하기 시작한다는 것이었다. 예를 들어 개들은 고깃가루를 가지고 오는 사람의 발자국 소리만 듣고도 침을 흘렸다. 파블로프는 그 이유가 알고 싶어졌고 이 발견은 그의 연구의 초점이 되었다. 그가 한 실험은 정확히 무엇일까?

무조건자극과 무조건반응   먼저 고깃가루가 입에 들어왔을 때 개가 왜 침을 흘렸을지 생각해보자. 입으로 음식이 들어올 때 침이 분비되는 것은 반사적인 반응이다. 이를 **반사**(reflex)라고 하는데, 반사란 입속의 음식물과 침처럼 자극이 자동으로 반응을 이끌어내는 자극-반응 쌍을 말한다. 자동적 반응(타액)을 일으키는 반사적 자극(입속의 음식물)을 **무조건자극**(unconditioned stimulus, UCS)이라고 하고, 무조건자극에 의해 자동으로 일어나게 된 반응을 **무조건반응**(unconditioned response,

반사 무조건자극이 무조건반응을 자동으로 이끌어내는 자극-반응 쌍

무조건자극(UCS) 무조건반응이 자동으로 일어나는 반사에서 사용된 자극

무조건반응(UCR) 무조건자극에 의해 자동으로 일어나는 반사작용에서의 반응

UCR)이라고 한다. 여기서 중요한 단어는 '무조건'이라는 것인데, 이것은 자극(음식)이 반응(침 분비)을 이끌어내는 데 어떠한 학습도 필요하지 않다는 것을 의미한다. 이러한 현상은 자연적으로 발생하는 '반사'인 것이다. 이제 어떻게 그러한 반사들이 조건형성을 이루는지 알아보자.

Mark Stivers.

중성자극, 조건자극, 조건반응 파블로프는 **중성자극**(neutral stimulus, NS)으로 시작했는데, 중성자극이란 조건화될 반응을 자연적으로 이끌어내지 않는 자극을 의미한다. 파블로프는 연구에서 버저, 메트로놈, 소리굽쇠, 전기충격 등 다양한 중성자극(NS)을 사용했지만, Todes(2014)에 따르면 파블로프는 종은 거의 사용하지 않았으며(p. 287), 개가 종소리를 들으면 침을 흘리도록 훈련시킨 적이 없다(p. 1). Todes는 파블로프가 중성자극의 지속시간과 질을 통제해야 했기 때문에 종을 사용하지 않았으며, 이것은 종으로 불가능하다고 주장했다. 그러나 Thomas(1997)는 파블로프가 고전적 조건화 연구에서 종을 사용했다는 증거가 있다고 주장했다. 따라서 그가 종을 중성자극으로 사용했는지는 분명하지 않다. 파블로프의 작업에 대한 논의에서 우리는 제1장에서 사용한 중성자극의 개념을 계속 사용할 것이다. 그가 중성자극을 사용한 것은 분명하다. 조건형성 이전에 파블로프의 실험에 사용된 개들은 이러한 자극에 자동으로 반응하지 않았다. 개들은 그 자극들에 반응하기 위해 학습(조건화되도록)되어야만 했다. 그러한 조건형성을 위해 중성자극(예 : 소리)은 무조건자극(음식물) 바로 전에 제시되었다. 여기에서 '바로 전'이라는 의미는 무엇일까? 이것은 몇 초 이전을 의미하지만 두 자극 간의 최적의 시간간격은 단지 0.5초에서 1초 정도로 매우 짧다(Mazur, 1998). 조건자극과 무조건자극 사이의 시간간격은 고전적 조건형성에 있어 매우 중요한 요소이다. 조건자극은 무조건자극보다 먼저 제시하여 무조건자극을 정확하게 예측해야 한다. 그렇지 않으면 조건화가 발생하지 않는다. 그 두 자극은 보통 몇 번의 실험에서 함께 짝지어져야만 한다.

일단 조건형성이 일어나면(고기가 입으로 들어가기도 전에 소

중성자극(NS) 고전적 조건화에서 조건화될 반응을 자연적으로 이끌어내지 않는 자극

조건자극(CS) 고전적 조건형성에서 새로운 반응(조건반응)을 이끌어내는 자극

조건반응(CR) 조건화된 자극에 의해 일어나는 반응

리만 듣고도 개가 침을 흘리는 반응이 생긴다면) 그 중성자극은 **조건자극**(conditioned stimulus, CS)이라고 할 수 있다. 이전에는 중성이었던 이 자극(소리)은 무조건자극(개의 입속의 음식, 즉 고깃가루)과 반복적으로 연합된 이후 새로운 반응(침 분비)을 이끌어내게 된다. 조건자극(소리)에 대해 학습된 반응(침 분비)을 **조건반응**(conditioned response, CR)이라고 한다.

고전적 조건형성의 요소에 대한 이해를 좀 더 확실히 하기 위해 한 가지 예를 더 들어보겠다. 눈 깜박임 반응을 조건형성하는 것인데, 인간을 대상으로 하는 고전적 조건형성 실험에 자주 쓰인다. 소리와 같은 중성자극을 눈에 바람 불어넣기(무조건자극) 바로 직전에 제시한다. 처음에는 훅 들어오는 바람(무조건자극)에 반사적으로 눈을 깜박(무조건반응)이지만, 눈에 바람을 불기 바로 직전에 소리를 들려주는 연합을 반복적으로 시행하면 연합되기 이전에 중성이던 자극(소리)이 조건화된 자극이 되어 이제는 눈에 바람을 불기도 전에 눈을 깜박이는 새로운 반응을 일으킨다. 이 실험의 경우 눈을 깜박이는 것은 눈에 들어오는 바람에 대해 적응한 방어하는 반응이 된다. 20세기 초반 주요 행동심리학자 중 한 사람인 클라크 헐은 무조건자극으로 눈에 바람 불기 대신 뺨 때리기를 선택하고 자신의 예일대학교 대학원생들을 대상으로 실험하였다(Gluck, Mercado, & Myers, 2011). 헐은 자신의 대학원생들에게 뺨을 때리면 눈을 깜박이도록 훈련시켰다. 헐 이후로 명백하게 윤리적으로 문제가 되는 뺨 때리기를 인간 대상의 고전적 조건형성 실험에서 무조건자극으로 사용한 연구자는 없다.

지연과 흔적 조건형성 지연과 흔적 조건형성을 설명하기 위해 조건자극과 무조건자극을 참조하지만, 조건자극은 조건반응이 발생하기 전까지 중성자극임을 기억하라. 그러나 한 번 발생하면 그것은 조건자극이 된다. 이 조건화는 조건자극이 무조건자극의 발생에 대한 신뢰할 수 있는 예측변수임을 학습해야 하기 때문에 조건자극은 무조건자극 바로 앞에 제시된다. 쉽게 말해 조건자극(소리)은 무조건자극(음식물-고깃가루)이 제시되기 직전에 제시되어야 한다. 그러므로 조건자극 전에 무조건자극을 제시(후진 조건형성이라 함)하거나, 또는 조건자극과 무조건자극을 동시에 제시(동시 조건형성이라 함)하면 조건형성이 아예 이루어지지 않거나 부실한 조건형성이 이루어진다. 왜냐하면 이 두 가지 경우에는 조건자극이 그 뒤에 무조건자극이 따라올 것이라는 신호로 작용하지 못하기 때문이다. 조건자극이 먼저 제시되어 그 뒤에는 무조건자극이 따라올

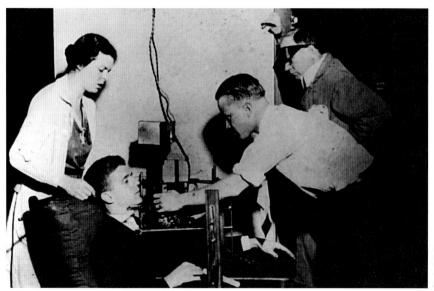

1920년대에 예일대학교에서 고전적 조건형성 실험을 지도하고 있는 클라크 헐(맨 오른쪽 챙이 있는 모자를 쓴 사람). 앉아 있는 대학원생은 소리가 들리면 바로 직후에 얼굴을 때리는 것을 예상하고 눈을 깜박이는 것이 조건형성된다. 이 실험은 흔적 조건형성의 예이다. 실제로 이 실험에 참여한 대학원생은 20세기의 가장 유명한 심리학자가 된 어니스트 힐가드이다.

것임을 확실하게 예측해야 한다. 그렇지 않으면 조건형성은 일어나지 않을 것이다. 조건자극이 먼저 제시되는 방법에는 지연 조건형성과 흔적 조건형성 두 가지가 있다.

지연 조건형성(delayed conditioning)에서는 조건자극이 무조건자극이 제시된 이후까지 남아 있으므로 결과적으로 두 자극은 동시에 일어나는 것이다. 파블로프의 경우에서는 소리가 켜지고 고깃가루가 개의 입에 들어가고 난 이후까지 그 소리는 꺼지지 않아야 한다는 의미이다. 이 절차를 '지연'이라고 하는데, 조건자극(소리)을 끄는 것(없애는 것)이 무조건자극이 시작된 이후까지 지연되기 때문이다. **흔적 조건형성**(trace conditioning)에서는 조건자극을 중단하고 무조건자극을 제시하는 것 사이에 어떤 자극도 제시되지 않는 상태로 간격을 두어야 한다. 파블로프의 경우에서는 소리를 켰다가 끈 후 개의 입에 고깃가루를 넣기 전에 잠시 시간을 두고 기다린다는 것을 의미한다. 학습된 자극 간의 연합을 위해 동물이든 (파블로프의 개의 경우) 사람이든 이후에 발생하는 무조건자극(고깃가루)과 짝지어진 조건자극(소리)의 '기억 흔적'을 유지해야만 한다. 그래서 이 조건형성을 흔적 조건형성이라고 부른다. 지연 조건형성은 고전적 조건형성 중에서 가장 효과적인

지연 조건형성 고전적 조건형성 중 하나로 조건자극이 무조건자극에 선행하되 무조건자극이 제시된 이후까지 조건자극이 남아 있는 절차로 이는 두 자극이 함께 발생하도록 하기 위함임

흔적 조건형성 또 다른 고전적 조건형성의 절차로서 두 자극이 함께 발생하지 않도록 하기 위해 조건자극이 무조건자극에 선행하지만 무조건자극이 제시되기 전에 조건자극이 제거되도록 하는 것

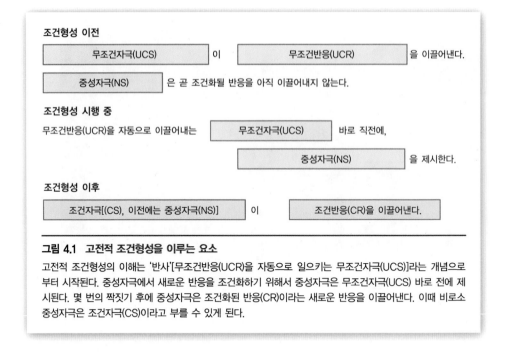

그림 4.1 고전적 조건형성을 이루는 요소
고전적 조건형성의 이해는 '반사'[무조건반응(UCR)을 자동으로 일으키는 무조건자극(UCS)]라는 개념으로부터 시작된다. 중성자극에서 새로운 반응을 조건화하기 위해서 중성자극은 무조건자극(UCS) 바로 전에 제시된다. 몇 번의 짝짓기 후에 중성자극은 조건화된 반응(CR)이라는 새로운 반응을 이끌어낸다. 이때 비로소 중성자극은 조건자극(CS)이라고 부를 수 있게 된다.

절차인 반면, 흔적 조건형성은 자극들 사이의 간격이 매우 짧을 때에만 효과적일 수 있다(Powell, Symbaluk, & MacDonald, 2002).

전체 고전적 조건형성 과정을 그림 4.1에 나타냈다. 그림 4.1은 조건형성과 연관된 다섯 가지 요소, 즉 무조건자극, 무조건반응, 조건자극(중성자극), 조건반응에 대해 더욱 확실히 이해하는 데 도움을 줄 것이다. 이제 조건형성에 대한 이해를 돕기 위해서 또 다른 유명한 실험인 '어린 앨버트 연구'에 대해 알아보고자 한다.

어린 앨버트 연구   20세기 초반의 미국 심리학자 존 브로더스 왓슨은 행동주의 심리학의 창시자였다(Watson, 1913, 1919). 그는 고전적 조건형성이 심리학을 행동에 대한 객관적 과학으로 만드는 데 사용할 수 있다는 생각에 감명을 받았다. '공포'와 같은 인간의 감정적 반응들에 있어서 고전적 조건형성의 역할을 탐구하기 위해 왓슨과 연구 보조자였던 로잘리 레이너는 앨버트라는 유아를 대상으로 실험을 설계했다(Watson & Rayner, 1920). 실험이 시작될 때 앨버트는 생후 몇 개월이었고, 연구가 끝났을 때는 거의 13개월이 되었다. 앨버트가 유아였기 때문에 이 연구는 '어린 앨버트 연구'로 알려지게 되었다.

앨버트의 연구를 고전적 조건형성의 다섯 가지 요소인 중성자극(NS), 무조건자극

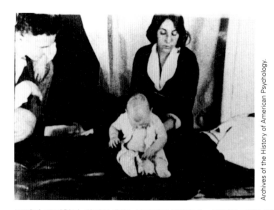

고전적 조건형성 이전인 왼쪽 사진에서 앨버트는 흰쥐에 대한 어떤 공포도 보이지 않고 오히려 가지고 놀고 있다. 하지만 흰쥐와 예기치 못한 큰 소음을 짝지은 조건형성 시행 이후에는 그 쥐에 대한 공포반응을 획득했다. 두 번째 사진은 앨버트가 이러한 조건화된 공포반응을 토끼에게 일반화하고 있는 모습이다.

(UCS), 무조건반응(UCR), 조건자극(CS), 조건반응(CR)의 관점에서 생각해보자. 연구자들은 중성자극으로 실험용 흰쥐를 사용했다. 처음에 앨버트는 그 쥐를 보고 무서워하지 않았다. 조건형성 전에 그 쥐를 봤기 때문에 앨버트는 쥐에게로 다가가기도 하고 만지기도 했다. 왓슨과 레이너가 사용한 반사는 무엇이었을까? 앨버트가 흰쥐를 바라보고 있는 동안 왓슨은 앨버트의 뒤에 조용히 숨어서 쇠붙이와 망치를 부딪쳐 소리를 냈다. 이 예기치 못했던 큰 소음(UCS)에 대한 앨버트의 반사적 반응, 즉 무조건반응(UCR)은 공포-회피 반응이었다. 왓슨과 레이너는 흰쥐를 보고 있는 것이 공포-회피 반응을 일으킬 때까지 흰쥐를 보고 있는 것(나중에 조건자극이 되는 중성자극)과 예기치 못한 큰 소음(UCS)을 몇 차례 짝지었다. 앨버트가 쥐를 두려워하는 것을 학습하기까지 단 7번의 조합(2회 이상, 1주 간격) 만에 조건형성이 일어났다.

이 연구는 물론 비윤리적이다. 요즘의 심리학자들은 이런 종류의 연구를 하지 못하도록 되어 있다. 더 비윤리적인 것은 왓슨과 레이너가 앨버트와 그의 어머니가 일하는 병원에서 언제 떠나는지, 그녀와 앨버트가 거주하는 곳이 어디인지 한 달 전부터 알고 있었음에도 앨버트에게 조건화된 공포-회피 반응을 제거하려는 시도조차 하지 않았으며 실험이 행해졌다는 점이다. 하지만 그 당시에 왓슨은 '어린 앨버트 실험' 때문이 아니라 오히려 그의 연구에 흰쥐를 사용했다는 이유로 동물 권리운동가들로부터 비판받았다(Buckly, 1989). 왓슨과 레이너의 어린 앨버트 연구는 많은 한계와 방법론적 결함(실험대상이 한 명, 두려움의 측정도구가 주관적이고 부정확함)이 있었지만, 이는 심리학에서 가장 유명한(오명) 연구 중 하나가 되었고 20세기 전반에 행동심리학 운동을 촉

Photo courtesy of Dorothy Parthree.

이 사진은 성인이 된 어린 앨버트(앨버트 바거)의 사진이다. 그는 2007년 87세의 나이로 사망했고, 1920년 왓슨과 레이너의 공포 조건화 연구의 그 유명한 어린 앨버트라는 것을 전혀 알지 못했다.

진시키는 데 크게 기여하였다.

당신은 앨버트가 어떻게 되었는지, 공포 조건화 경험의 지속적인 영향이 있었는지 궁금할 것이다. 최근까지 아무도 앨버트의 신원과 운명을 알지 못했지만 지금은 알고 있다. 수년이 걸리는 역사적인 탐색 후 가능성 있는 두 가지 신원이 제안되었지만, 그중 한 가지가 앨버트의 증거에 더 적합했다(Griggs, 2015). 우리는 이제 앨버트가 왓슨과 레이너의 연구가 시행된 병원에 거주하고 있던 유모(다른 여성의 아이들을 돌보도록 고용한 여성)의 아기가 앨버트 바거(연구에서 앨버트 B로 명명되었음을 기억하라)라는 것을 알고 있다(Bartlett, 2014; Powell, Digdon, Harris, & Smithson, 2014). 앨버트 바거는 2007년, 87세의 나이로 세상을 떠났고 장수했다. Powell 등(2014)은 바거의 조카로부터 삼촌이 전반적으로 개와 동물을 싫어한다는 것을 들었을 때 다소 놀랐다. 그러나 그러한 혐오감은 두려움에 의한 경험이 아닌 일반적인 동물 혐오에 가까운 것으로 보인다. 또한 Powell 등의 말에 따르면 앨버트의 조건화 경험은 그의 성격에 어떠한 부정적인 영향도 미치지 않았다. 앨버트는 자신이 심리학 문헌에서 유명한 '어린 앨버트'일 가능성이 크다는 것을 알지 못한 채 죽었다. 그의 조카는 이 사실을 앨버트 삼촌이 알았다면 매우 흥분했을 것이라고 말했지만 슬프게도 우리는 영원히 알 수 없게 되었다.

왓슨과 레이너가 어린 앨버트의 조건형성을 제거하지는 않았지만, 왓슨의 제자 중 하나였던 메리 커버 존스는 조건형성으로 얻은 공포반응은 다시 조건형성을 통해 제거할 수 있다고 주장했다(Jones, 1924). 그녀는 피터라는 세 살짜리 아이가 토끼에게 갖고 있던 공포를 다시 조건형성함으로써 제거했다. 우리는 제10장 '이상심리학'에서 공포증(phobia)을 치료하는 행동주의 치료에 대해 배우게 될 텐데 그것은 존스의 연구 업적에 기초한 것이다. 또한 1934년에 엘시 브레그먼은 그런 공포반응을 조건형성하는 데 한계가 있다고 주장했다. 유아들을 대상으로 한 그녀의 실험에서 나무 블록이나 커튼 천과 같은 운동성이 없는 물체에는 공포를 조건형성할 수 없었다. 이러한 결과는 다른 것들보다 특정 공포를 더 쉽게 학습하는 생물학적 기질이나 경향성이 있음을 시사한다고 볼 수 있다. 이러한 학습에 미치는 생물학적 제약에 대해서는 이 장의 끝부분에서 다룰 것이다.

고전적 조건형성이 공포와 같은 부정적인 감정반응을 조건형성하는 것을 포함할 뿐만 아니라 자극에 대한 긍정적인 감정반응을 발달시키는 데 사용될 수 있다는 것을 아는 것은 매우 중요하다. 예를 들어 고전적 조건형성은 특정 상품에 대한 긍정적 태도와 감정을 조건형성시키는 데 목적을 둔 '광고'에 사용된다(Allen & Shimp, 1990; Grossman & Trill, 1998; Olsen & Fazio, 2001). 상품과 유명 연예인을 짝짓는 광고에 대해 생각해보자. 마이클 조던이나 르브론 제임스라는 유명인물에 나이키 상품을 짝지은 것은 좋은 예이다. 이 두 운동선수는 그 계약으로 수백만 달러를 받았다. 그 이유는 무엇일까? 광고주들은 그 상품에 고객의 긍정적인 반응을 조건형성하고자 이 유명인들에 대한 우리의 긍정적 감정을 이용한 것이다. 유명인들은 무조건자극(UCS), 상품은 조건자극(CS)이라고 볼 수 있다. 이러한 유형의 광고를 **평가 고전적 조건화**(evaluative classical conditioning)라고 하는데, 해당 자극을 다른 긍정적 또는 부정적 자극과 결합함으로써 발생하는 자극에 대한 호감도의 변화를 말한다. 평가 고전적 조건화에는 조건자극에 대한 평가 응답의 변화와 조건자극의 호감도의 변화가 포함된다. 마이클 조던과 르브론 제임스의 예는 긍정적인 자극을 이용한 것이다. 고전적 조건화 용어에서 중성자극(제품)은 양성반응(긍정적 반응)을 이끌어내는 무조건자극(유명인사)과 짝을 이루어 중성자극이 양성반응을 이끌어내는 조건자극이 된다. 따라서 위의 예에서 만약 여러분이 이 농구선수들을 좋아한다면, 여러분은 광고 속의 나이키 제품을 좋아하도록 조건형성될 것이고, 제품을 사게 될 것이다. 물론 이 농구선수들을 싫어한다면(부정적인 자극으로 보는 것), 여러분은 나이키 제품을 싫어하도록 조건형성될 것이다. 이 때문에 광고주들은 소비자 대다수가 좋아할 만한 유명인사들을 고용하는 경향이 있다.

유명인과 관련된 이런 고전적 조건형성을 사용한 광고들이 상당히 효과 있다는 것이 증명되었다(Hofmann, De Houwer, Perugini, Baeyens, & Crombez, 2010). 왓슨은 학교에서 면직된 후 뉴욕에 있는 J. 월터 톰슨 광고회사의 심리 자문위원으로 일할 때 이러한 유형의 광고를 제창했다(Buckley, 1989). 왓슨은 앨버트 연구를 함께했던 연구 보조자인 로잘리 레이너와의 불륜 때문에 학교를 떠나야만 했다. 왓슨은 이혼 후 레이너와 결혼했다. 안타깝게도 레이너는 상한 과일을 먹고 이질에 걸려 36세의 나이로 사망했다. 왓슨은 재혼하지 않았

평가 고전적 조건형성 해당 자극을 다른 긍정적 또는 부정적인 자극과 결합함으로써 발생하는 자극에 대한 호감도의 변화

고 80세에 사망했다.

고전적 조건형성에서의 일반적인 학습절차

우리는 지금까지 고전적 조건형성이 어떻게 이루어지는지에 대해 살펴보았다. 새로운 반응, 즉 조건반응은 무조건자극이 이전에 제시되는 조건자극에 의해 일어난다. 조건자극에 대한 새로운 반응, 즉 조건반응을 얻는다는 의미로 이러한 반응을 학습하는 것을 **획득**(acquisition)이라고 한다. 하지만 획득 이후에 어떤 일이 일어날까? 이 새로운 반응(예 : 앨버트 연구에서는 공포-회피 반응)이 조건자극(흰쥐)과 유사한 자극(예 : 흰 토끼)까지도 일반화할 수 있을까? 만약 그렇다면 우리는 특정 자극(흰쥐)을 구별하고 그것에만 반응하는 방법을 학습할 수 있을까? 이러한 공포-회피 반응은 조건자극(흰 쥐)이 더 이상 무조건자극(기대하지 않은 큰 소음)과 짝지어지지 않을 때도 계속해서 발생할 수 있을까? 이러한 질문에 답하기 위해 이제는 고전적 조건형성에서 '획득' 이후에 따라오는 일반적 학습과정들에 대해 논의해볼 것이다.

소거와 자발적 회복 만약 무조건자극이 더 이상 조건자극에 뒤따라오지 않는다면 어떻게 될까? 조건반응은 학습되지 않은 것인가? 우리가 기억해야 할 것은 고전적 조건형성에서 조건자극은 무조건자극이 뒤따라오고 있다는 것을 확실하게 알려줘야 한다는 사실이다. 만약 조건자극이 더 이상 이러한 기능을 하지 않는다면 조건반응은 더 이상 필요하지 않을 것이고 만들어지지도 않는다. 무조건자극이 더 이상 제시되지 않기 때문에 어떠한 준비도 필요하지 않다. 파블로프의 실험을 예로 들어본다면 만약 고깃가루를 알리는 소리가 없어진다면 개는 결국 언젠가는 그 소리가 들려도 침 분비를 멈추게 될 것이다. 앨버트의 연구에서도 마찬가지로 예기치 못한 소음이 더 이상 제시되지 않을 것을 알게 된다면 앨버트가 흰쥐에 대해 갖게 된 공포도 줄어들고, 결국 시간이 지남에 따라 멈출 것이다. 하지만, 왓슨과 레이너는 결코 그런 적이 없다. 그들은 탈조건화 과정 없이 떠났다. 이처럼 학습한 내용을 잊어버리거나 탈조건화의 과정을 무조건자극이 더 이상 조건자극에 뒤따라오지 않을 때 조건반응이 줄어든다고 하여 **소거**(extinction)라고 한다.

그림 4.2는 획득과 소거과정을 시각적으로 비교한 것이다. 조건반응의 강도는 획득 기간 동안에 증가하지만 소거 동안에는 감소한다. 하지만 소거과정 동안에도 잠깐 휴식을 취한 후에는 조건반

획득 (고전적 조건형성에서) 조건자극(CS)에 대해 새로운 반응(CR)을 얻는 것

소거 (고전적 조건형성에서) 무조건자극(UCS)이 더 이상 조건자극(CS)에 뒤따라오지 않을 때 조건반응(CR)이 줄어드는 것

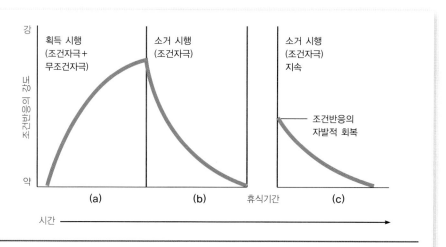

그림 4.2 획득, 소거, 자발적 회복

(a)는 조건반응의 획득을 나타낸다. 획득 기간 동안 시행마다 무조건자극이 조건자극에 뒤따라 나온다. 조건형성 시행들이 진행됨에 따라 조건반응의 획득은 그 강도가 증가한다. 소거는 (b)에 나타나는데, 소거 시행에서는 조건자극 뒤에 무조건자극이 절대 나오지 않는다. 소거 시행이 진행됨에 따라 조건반응의 강도가 감소한다. 하지만 소거 훈련 동안 휴식이 주어지면, 조건반응이 일시적으로 부분적인 회복을 보인다. 이러한 부분적 회복을 자발적 회복이라고 한다. 회복의 양은 소거가 계속 진행되면 줄어든다.

응이 어느 정도 증가한다는 것에 주목할 필요가 있다. 이것을 **자발적 회복**(spontaneous recovery)이라고 하는데, 소거 시행이 진행되는 동안 잠깐의 휴식 후에 조건반응의 강도가 부분적으로 회복되는 현상을 말한다. 그러나 소거가 계속 진행되면 휴식 동안 관찰되었던 회복은 그것이 최소화되는 지점까지 점점 줄어든다. 예컨대 개는 소리자극에 매우 적은 양의 침을 분비하거나 아예 분비하지 않을 수도 있다. 소거과정 동안 발생하는 자발적 회복은 소거가 진행된다 하더라도 조건반응이 완전히 사라지는 것이 아니라 매우 약해지거나 억제되는 것이라는 사실을 말해준다. 이 점은 파블로프 시대 이후의 많은 연구에서 증명되었다(Bouton, 1994; Rescorla, 1996).

자극 일반화와 자극 변별 이제까지 이야기한 획득, 소거, 자발적 회복 이외에 조건반응과 관련된 일반적 학습과정에는 자극 일반화와 자극 변별이라는 두 가지 개념이 더 있다. 이해하기 쉬운 개념인 자극 일반화에 대해 먼저 생각해보자. 소리라는 조건자극에 대한 침 분비라는 조건반응의 획득 이후 우리는 일반화 과정을 관찰할 수 있다. **자극 일반화**(stimulus generalization)란 조건자극과 유

자발적 회복 (고전적 조건형성에서) 소거가 진행되는 동안 휴식을 취한 후 조건반응의 강도가 부분적으로 회복되는 것

자극 일반화 (고전적 조건형성에서) 조건화된 자극과 유사한 자극에서 조건화된 반응을 이끌어내는 것. 자극이 비슷하면 비슷할수록 더 강한 반응을 얻음

사한 자극의 조건반응을 일으키는 현상을 말한다. 제시되는 자극이 조건자극과 비슷하면 비슷할수록 반응이 더 강하게 나타난다. 일반화는 일종의 적응성을 갖게 하는 과정이라고 할 수 있다. 만약 고전적 조건형성이 특정 자극들 사이의 관계만을 학습하도록 한다면 그것은 학습에 있어서 그렇게 유용한 방법은 아닐지도 모른다. 만약 어떤 개가 당신을 물었다면 그 개와 비슷한 다른 개들한테도 공포-회피 반응을 일반화하는 것이 더욱 적응적인 것이라고 볼 수 있지 않을까?

자극 일반화를 이해하기 위해서 파블로프의 개 실험을 예로 들어 생각해보기로 한다. 파블로프가 어떤 개를 1,000Hz 높이의 소리에 침을 분비하는 반응을 보이도록 조건형성시켰다고 가정해보자. (제3장에서도 말한 바 있지만 1,000Hz는 초당 1,000번을 순환하는 파장을 말한다.) 자극 일반화를 테스트하기 위해서 1,000Hz의 소리인 조건자극과 그것보다 더 높은 주파수의 소리와 더 낮은 주파수의 소리를 제시하고, 무조건자극인 고깃가루는 어떤 자극 뒤에도 제공하지 않는다. 이 세 가지 자극에 대한 조건반응(침 분비)의 강도를 측정한다. 그렇다면 1,025Hz나 975Hz의 소리가 제시되었을 때 어떤 반응이 일어날까? 그 개는 아마도 원래 1,000Hz에 보였던 조건반응과 비슷한 강도의 반응을 보이게 될 텐테 1,025Hz나 975Hz의 자극이 1,000Hz와 매우 비슷한 자극이기 때문이다. 하지만 자극이 원래 자극인 1,000Hz와 멀어지면 멀어질수록 조건반응의 강도는 약해지게 된다. 이러한 일반화 기능은 그림 4.3에 자세히 나타나 있다.

1,000Hz라는 원래의 조건자극을 중심으로 자극 일반화 실험의 결과가 좌우대칭을 이루는 것을 확인할 수 있다. 이것은 자극 일반화 실험에서 소리가 원래의 조건자극인 소리의 파장을 중심으로 높은가, 낮은가에 따라 좌우대칭을 이룬다. (즉, 높은 파장은 우측에, 낮은 파장은 좌측에 위치하게 되는데, 이 모양이 원래의 조건자극을 중심으로 대칭을 이룬다.) 하지만 왓슨과 레이너의 실험인 어린 앨버트 연구의 경우를 생각해보라. 그 실험의 본래 조건자극은 흰쥐였기 때문에 일반화 자극은 대칭을 이룰 수 없다. 그들이 일반화를 위해 무엇을 실험했다고 생각하는가? 실험자들은 실험 사진에서 볼 수 있는 것처럼 쥐와는 다른 토끼나 개와 같은 동물(흰색이 아닌)이나 레이너의 물개 모피코트 같은 것(역시 흰색이 아닌)을 사용했다. 실험자들은 또한 조금은 덜 비슷하다고 볼 수 있는 살아 있지 않은 물건, 즉 수염이 있는 산타클로스 가면, 흰색 면직물 한 꾸러미, 몇 개의 나무 블록 등을 실험에 사용했다. 일반화 자극이 흰쥐를 중심으로 정확히 대칭적인 모습으로 변화하지 않았고, 일반화 데이터의 보고가 정량적이지 않고 서술적이라는 점에서 다소 모호하지만, 일반화 결과의 특징적 패턴은 다음과 같이 나

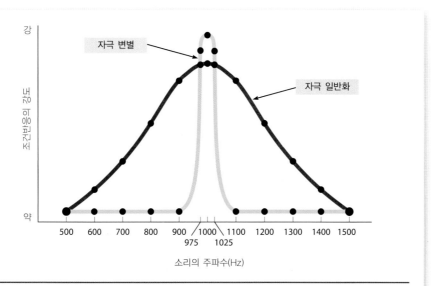

그림 4.3 자극 일반화와 자극 변별

이 도표는 고전적 조건형성을 한 이후에 1,000Hz의 조건자극에 대한 개의 침 분비반응(조건반응)을 볼 수 있는 이상적인 자극 일반화와 자극 변별의 결과를 나타낸 것이다. 1,000Hz를 제외한 모든 실험자극을 일반화할 때 자극반응의 강도는 실험자극들이 원래의 조건자극과의 유사성이 줄어들수록(1,000Hz에서 멀어질수록) 감소한다. 하지만 이러한 자극 일반화 반응들은 무조건자극(음식)이 1,000Hz 다음에만 제시되도록 하는 자극 변별 시행을 통해 소거될 수 있다. 개가 다른 것으로 인식하지 못하는 1,000Hz와 유사한 소리(975Hz와 1,025Hz)를 제외하고는 다른 소리에 대한 조건반응은 소거될 것이다.

타난다. 일반화 실험의 자극들은 흰쥐라는 조건자극과는 덜 비슷해짐에 따라 공포–회피 반응인 조건반응의 강도는 감소했다. 동물과 물개 모피코트 자극에 대한 앨버트의 반응은 가면이나 머리카락에 대한 반응보다는 강하게 나타났다. 그는 수염이 있는 산타클로스 가면과 흰색 면직물에 대해서는 약간의 부정적인 반응만 보였는데, 이는 앨버트가 그의 공포를 흰색 면에 대한 자극(연구에 사용된 자극)보다는 모피코트 자극에 더 일반화시켰음을 보여준다. 흰 쥐와 다르다는 점으로 인해 예측할 수 있겠지만, 앨버트는 나무 블록에 대해서는 두려움을 보이지 않았고, 이를 가지고 놀기도 했다.

가끔 우리는 특정 자극에 대한 우리의 반응을 좁혀야 하거나 일반화해야 할 때가 있다. 개에게 물린 경험이 있는 경우 우리는 어떤 개에게든지 지나치게 일반화하여 공포반응을 보일 수도 있다. 이것은 합리적이지 않은 반응이므로 우리는 어떤 개가 무는 개이고 어떤 개가 물지 않는 개인지를 변별할 수 있는 방법을 학습할 필요가 있다. 그러한 변별학습은 일반화와는 반대 개념으로 생각할 수 있다. 일반화가 조건반응이 더 넓은 범위의 자극들로 확대되는 것을 의미한다면 자극 변별은 조건반응이 더 좁은 범위의 자극으로 좁혀지도록 하는 것을 말한다. 고전적 조건형성에서 **자극 변별**(stimulus discrimination)은 특정 조건자극에 대해서만 조건반응을 이끌어내는 것이다. 개에게 물리는 경험에서 자극 변별이란 아주 위험한 개에 대해서만 공포반응을 일으키도록 학습하는 것을 의미한다.

　　변별훈련은 자극 변별을 가르치는 데 사용된다. 여기에서는 원래의 조건자극에만 자극반응을 제공하는 것을 학습하는 아주 간단한 경우에 대해 이야기해보겠다. 이것은 변별훈련에 대해 가장 이해하기 쉬운 유형일 뿐만 아니라 동물의 감각능력을 측정하는 절차이기도 하다. 이 유형의 변별훈련에서, 무조건자극은 실험자가 실험대상이 조건반응을 일으키기를 원하는 원래의 조건자극의 뒤에만 따라오게 한다. 그리고 훈련에서 사용되는 다른 모든 자극은 무조건자극이 따라오지 않도록 한다. 훈련이 진행되는 동안 실험자는 수많은 다른 자극들을 많이 반복하여 제시하지만 무조건자극은 원래의 조건자극의 뒤에만 제시한다. 무슨 일이 일어날까? 앞에서 고전적 조건형성에서 무조건자극이 제거될 때 일반적으로 조건반응이 소멸된다는 것을 배웠다. 원래의 조건자극이 아닌 다른 자극들에 대한 조건반응이 감소하는 이 현상이 바로 변별훈련에서 일어난다.

　　파블로프의 조건형성에서 예로 들었던 1,000Hz의 조건자극을 변별하는 훈련의 이상적인 결과는 그림 4.3에 나타나 있다. 그림 4.3이 보여주듯이 반응은 자극 일반화의 결과와 마찬가지로 1,000Hz에 집중되어 있다. 그러나 일반화 결과와는 다르게 변별훈련 이후의 반응은 자극 빈도의 범위가 훨씬 더 좁은 것을 확인할 수 있다. 피험자인 동물은 1,000Hz의 소리와 1,000Hz와 아주 유사한 소리 파장(975Hz, 1,025Hz)에만 침을 분비하도록 학습해 왔다. 하지만 그 동물은 왜 1,000Hz가 아닌 모든 소리 파장에도 침을 분비하는 것일까? 그 동물이 소리의 높이를 인식할 수 있는 완벽한 감각을 가졌다거나 모든 주파수를 변별해낼 수 있다면 1,000Hz에만 반응을 보이겠지만 그 동물에게는 그러한 능력이 없기 때문이다. 따라서 동물들은 975Hz와 1,025Hz의 좁은 범위 안의 소리 파장들을 구별해내지 못하기 때문에 이 범위 안의 모든 파장에 침을 분비하는 것이다. 말 못하는 동물들(또는 신생아들)이 무엇을 변별할 수 있는지를 연구하는 데 변별훈련을 사용하는 이유는 바로 여기에 있다. 만약 실험대상들이 모든 자극에 똑같이 반응한다면 자극 간 변별이 되지 않을 것이다.

　　다섯 가지의 일반적인 고전적 조건형성 학습과정이 표 4.1에 요약되어 있다. 표를 보고 다섯 가지 학습과정 중 하나라도 이해가 잘 되지 않는다면 본문으로 돌아가 다시 읽어 보고, 이를 그림으

자극 변별 (고전적 조건형성에서) 조건자극에 의해서만 조건반응을 이끌어내는 것 혹은 조건자극을 포함한 매우 비슷한 자극에 대해서만 조건반응을 이끌어내는 것

표 4.1	고전적 조건형성 학습과정
학습과정	과정 설명
획득	조건자극에 대한 새로운 반응(조건반응)을 획득하는 것
소거	조건자극 후에 무조건자극이 제시되지 않을 때 조건반응의 감소
자발적 회복	소거훈련 중 자극 없는 기간이 지난 이후에 조건반응이 부분적으로 회복되어 나타나는 것
자극 일반화	조건자극과 비슷한 자극이 주어졌을 때 조건반응이 나타나는 것(비슷하면 할수록 반응의 정도가 강함)
자극 변별	조건자극 또는 조건자극과 함께 그 자극과 거의 일치하는 일련의 자극들에 한해서만 조건반응이 나타나는 것

로 표현한 그림 4.2와 그림 4.3을 보면서 확실하게 이해하기 바란다. 다음 절에 소개되는 조작적 조건형성에서 이 고전적 조건형성의 학습과정들이 다시 정의될 것이기 때문에 지금 확실하게 알아두면 도움이 된다.

요약

이 단원에서는 환경에 있는 다양한 자극 사이의 '연합'의 개념에 대해 알아봄으로써, 우리가 어떻게 세상의 모든 것을 학습하는가에 대해 알아보았다. 고전적 조건형성은 조건자극의 뒤에, 무조건반응을 반사적으로 이끌어내는 무조건자극이 뒤따라 나올 것을 분명히 예측할 수 있을 때 발생한다. 파블로프 실험의 경우를 예로 들어보면, 소리(조건자극)는 침 분비(무조건반응)를 자동으로 일어나게 하는 고깃가루(무조건자극)가 나온다는 것을 예측하게 한다. 조건이 형성되기 이전의 소리는 조건화 반응(침 분비 반응)을 자연스럽게 유도하지 않았기 때문에 이를 중성자극(NS)이라고 한다. 학습은 조건자극에 대한 새로운 반응인 조건반응을 획득하는 것이다(개가 그 소리에 침을 흘리기 시작한다). 최적의 학습이 이루어지려면 조건자극이 무조건자극 바로 앞(0.5초에서 1초)에 제시되고, 무조건자극이 제시된 이후까지 자극이 남아있게 하여 두 자극이 함께 발생하도록 한다(지연 조건형성).

일단 새로운 반응(조건반응)이 획득되면 그 반응은 조건자극과 유사한 자극(조건화 과정에서 조건자극으로 사용되었던 소리의 주파수와 비슷한 주파수의 소리들)에 일반화될 것이다. 이 조건반응의 일반화는 적응과정이지만, 우리는 조건자극(조건화에 사용된 특정한 한 소리)을 다른 자극(조건화에 쓰인 그 특정한 소리와 거의 흡사한 소리를 제외한 다른 소리들)으로부터 변별하는 것을 학습할 수도 있다. 자극 변별학습이란 무조건자극이 뒤따라오는 단 하나의 자극이 조건자극이라는 것을 학습하는 것이다. 무조건자극이 어떤 자극의 뒤에 더 이상 제시되지 않으면 조건반응은 소멸한다. 하지만 조건반응은 소거과정 중에도 일시적으로 증가하기도 한다. 이러한 현상을 자발적 회복이라고 하는데 조건반응이 약하거나 제한된 형태이지만 여전히 일어날 수 있다는 가능성을 나타낸다.

평가 고전적 조건형성은 해당 자극이 다른 긍정적 또는 부정적 자극과 결합함으로써 발생하는 자극의 호감도의 변화를 광고에 이용하는 것이다. 고전적인 조건형성 용어에서 중성자극(상품)은 일반적으로 양성반응을 이끌어내는 무조건자극(유명인사)과 결합하여 중성자극이 양성반응을 이끌어내는 조건자극이 된다. 유명인들이 참여하는 평가 고전적 조건형성을 이용한 광고 캠페인은 매우 효과적인 것으로 입증되었다.

개념점검 | 1

- 파블로프가 우연히 고전적 조건형성을 발견하고 그에 대한 연구를 시작했을 때와 비슷한 시기에 펜실베이니아대학교의 대학원 과정에 재학 중이던 에드윈 트위트마이어는 박사과정 연구를 수행했다. 그의 연구는 무릎반사의 강도와 어떻게 이 반사가 주먹을 쥐는 것과 같은 다른 생리적 요소에 영향을 받을 수 있는지에 대한 것이었다. 그는 실험 중에 주먹을 꽉 쥔다는 사실을 참여자들에게 알려주기 위해 종을 울리고, 그다음에 망치로 참여자들의 무릎을 쳤다. 무릎이 반사반응을 보이면 무릎반사의 양을 측정했다. 이러한 시행을 여러 번 반복한 후에 그는 참여자들의 무릎을 치기도 전에 그들이 반사작용을 일으키는 것을 볼 수 있었다. 무릎은 종 대한 반응으로 반사반응을 일으켰다. 파블로프와 마찬가지로 그는 우연히 고전적 조건형성의 예를 발견했던 것이다. 고전적 조건형성의 이 예의 경우에서 무조건자극, 무조건반응, 조건자극, 조건반응을 확인해보라.
- 왜 자극 일반화와 자극 변별이 반대의 경우로 생각될 수 있는지 설명하라.
- 자극 변별 훈련에 사용될 수 있는 일반적인 학습과정이 있다면 설명하라.

조작적 조건형성을 통한 학습

앞 절에서는 고전적 조건형성에 대해 배웠다. 이 절에서는 조건형성의 또 다른 중요한 유형인 조작적 조건형성에 대해 논의해보기로 하자. **조작적 조건형성**(operant conditioning)이란 특정한 행동이 행동의 결과들과 연합하는 학습을 말한다. 강화된 행동은 강해지고 처벌받는 행동은 약해지는, 강화되거나 처벌받는 행동을 조작행동이라 한다. 우리는 주변 환경을 끊임없이 조작하며 그 결과로부터 학습하고 있다. 예를 들어 여러분이 좋아하고 데이트하고 싶은 사람을 만났을 때 여러분이 하는 말과 행동은 만족스러운 결과(데이트)나 불만족스러운 결과(데이트 못함) 중 하나를 만들어낼 것이다. 만약 만족스러운 결과를 얻었다면 여러분은 다음에도 그 행동을 하려고 하겠지만 결과가 불만족스러웠다면 여러분은 이전의 행동을 바꿔야겠다고 생각할 것이다.

조작적 조건형성 행동과 행동의 결과를 연합시키는 학습. 만족스러운 결과를 얻어 강화된 행동은 강해지고, 불만족스러운 결과, 즉 처벌받은 행동은 약해짐

우리가 어떻게 행동과 그 행동의 결과 간의 연합을 학습하는지에 대한 연구는 21세기에 시작되었다. 미국의 행동심리학자 에드

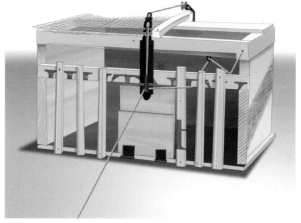

에드워드 손다이크는 고양이를 통한 고전적 학습방법을 연구하는 데 위와 같은 퍼즐상자를 사용했다. 상자의 종류는 고양이가 탈출하기 어려운 정도에 따라 다양했다. 그림 속의 상자는 손잡이 줄을 잡아당기면 빗장이 열리는 것으로 비교적 탈출하기 쉬운 상자이다. 좀 더 어렵게 고안된 상자에서는 고양이가 한 가지 이상의 적절한 반응을 보여야 했다. 퍼즐상자 실험의 결과로 손다이크는 효과의 법칙을 개발하였다.

워드 손다이크는 고양이와 다른 동물들이 퍼즐상자를 피하는 방법을 학습하는 능력을 연구했다. 그 퍼즐상자 안에서 동물이 밖으로 나가는 방법은 레버를 누르는 것, 단 한 가지밖에 없다. 손다이크는 퍼즐상자 안에 굶주린 동물 한 마리를 넣고, 외부에 음식을 보이도록 놓아두고 그 동물의 행동을 기록했다. 그 동물이 레버를 누르면 그 행동의 결과로 그 상자 밖으로 탈출해서 음식(만족스러운 결과)을 얻는다. 그 동물을 다시 상자 안에 넣는다면 그런 성공적인 행동을 반복하려고 할 것이다. 하지만 문을 밀어 본다거나 하는 다른 행동들은 탈출과 먹이 획득과는 관련이 없는 행동이었기 때문에 반복하지 않을 것이다.

퍼즐상자 실험의 결과에 기초하여 손다이크는 **효과의 법칙**(law of effect)이라는 개념을 발전시켰다. 효과의 법칙은 만족스러운 결과를 얻는 행동은 반복되고, 불만족스러운 결과를 얻게 하는 행동은 반복되지 않는다는 개념이다. 1930년대 행동심리학자 중 가장 영향력 있는 학자인 B. F. 스키너가 이 법칙을 좀 더 객관적인 용어로 재정의했고, 어떻게 우리가 조작적 조건형성을 통해 학습하는지에 대한 과학적 연구를 시작할 수 있게 되었다. 이제 스키너의 재정의와 조작적 조건형성이 어떻게 작용하는지에 대해 알아볼 것이다. 하지만 스키너는 파블로프의 고전적 조건화 연구에 마음을 빼앗겼다. 그는 하버드대학교에서 파블로프의 강의에 참석했고, 그의 사인이 담긴 사진을 받아 평생

효과의 법칙 만족스러운 결과를 얻은 행동은 반복되는 경향이 있고 불만족스러운 결과를 얻은 행동은 반복되지 않는 경향이 있다고 말한 에드워드 손다이크에 의해 발전된 법칙

자신의 사무실 벽에 붙여놓았다(Specter, 2014). 스키너는 파블로프에게 빚을 졌다고 느꼈다. 파블로프의 연구는 인간행동 연구를 조작적 조건화의 핵심인 관찰하고 정량화할 수 있는 사건과 행동의 분석으로 축소시켰다.

강화와 처벌을 통한 학습

어떻게 조작적 조건형성이 작용하는지 이해하기 위해서는 손다이크가 주관적으로 '만족스러운', '불만족스러운' 결과라고 정의했던 용어에 대해 스키너가 재정의한 내용을 알아야 한다. **강화물**(reinforcer)은 이전에 발생했던 반응의 가능성을 증가시키는 자극을 말하고, **처벌제**(punisher)는 이전의 반응이 발생할 가능성을 줄이는 자극을 말한다. 그러므로 **강화**(reinforcement)란 반응에 수반되는 강화물이 제시됨으로써 어떤 반응이 일어날 가능성이 증가하는 과정이라고 정의할 수 있으며, **처벌**(punishment)이란 반응에 수반되는 처벌제가 제시됨으로써 어떤 반응이 일어날 가능성이 감소하는 과정이라고 정의할 수 있다. 즉, 강화와 처벌은 특정한 자극(행동의 결과)이 어떤 행동의 가능성을 변화시키는 과정이다. 또한 강화물과 처벌제는 행동을 강화시키고 약화시키는 특정 자극(행동의 결과)이라고 할 수 있다.

예를 들어 생각해보자. 당신이 강아지의 '앉는' 행동을 조작적으로 조건형성하기 위해 그 개가 앉을 때마다 먹이를 줬다고 하자. 그때 먹이가 바로 강화물이 되는 것이고 이 강화물을 사용해서 그 강아지의 앉는 행동이 증가한 과정은 강화가 된다. 비슷한 예로 강아지가 당신을 향해 자꾸 뛰어오르는 행동을 멈추게 하려고 개가 점프할 때마다 강아지의 얼굴에 물을 뿌린다면, 그 물을 뿌리는 것은 처벌제가 되고, 이 처벌제를 사용함으로써 개가 점프하는 행동이 줄어드는 과정을 처벌이라고 할 수 있다.

무조건자극에 바로 이어서 조건자극이 제시될 때 고전적 조건형성이 제일 잘 되는 것과 같이 반응 후에 결과가 바로 이어지면 조작적 조건형성이 가장 잘 형성된다(Gluck et al., 2011). 때를 잘 맞추는 것은 학습에 영향을 준다. 어떤 행동 이후 그 행동으로 인한 결과가 나타나는 시간이 현저하게 늦춰지면 조건화는 일어나지 않는다. 학습자는 강화 또는 처벌을 받으면 그것을 방금 일어난 행동과 연합하는 경향이 있다. 행동과 그 행동에 대한 강화 또는 처벌 간 시간이 길어지면 학습자는 그 사이에 다른 많은 행동을 하게 되고, 전에 했던 행동에 대한 결과가 나타날 바로 그 즈음에 일어난 행동과 그 결과물을 연합하게 되어

강화물 이전에 발생했던 반응의 발생 가능성을 증가시키는 자극

처벌제 이전의 반응이 발생할 가능성을 줄이는 자극

강화 강화물이 제시됨으로써 어떤 반응이 일어날 가능성이 증가하는 과정

처벌 처벌제가 제시됨으로써 어떤 반응이 일어날 가능성이 감소하는 과정

조건형성에 방해가 된다. 이를테면 반려견을 조작적 조건화하여 앉거나 또는 주인에게 점프하여 달려들지 않도록 하는 경우를 생각해보자. 반려견이 앉는 행동을 한 후 5분이나 10분을 기다렸다가 먹이 보상을 주거나 점프하여 달려드는 행동을 한 후 5분이나 10분을 기다렸다가 얼굴에 물을 뿌렸다면 어찌되었을까? 그 반려견이 앉는 행동 또는 점프하여 달려들지 않는 행동을 쉽게 학습하였을까? 그렇지 않을 것이다. 조건화에 성공하려면 강화물이나 처벌제는 앉는 행동이나 달려드는 행동을 하자마자 제공되어야 한다.

주로 최상의 학습은 행동에 그 결과가 즉시 나타나면 이루어진다. 그러나 예외가 있다. 2주 후에 있을 심리학 시험을 치르기 위해 지금 공부를 하고 있다고 해보자. 이 공부행동의 결과(심리학 시험 점수)가 지금 하고 있는 공부행동에 바로 이어 나타나지 않을 것이다. 결과는 2주 후에나 나온다. 아니면 직장 일을 예로 생각해보자. 어떤 일을 한 후 그 일을 끝냈다고 그에 해당되는 보수를 바로 받지 않는다. 일반적으로 1주 단위, 또는 2주 단위로 보수를 받는다. 행동 이후의 즉각적인 결과가 없어도 조작적 조건화가 가능한 것은 학습자가 특정 행동과 결과 사이의 시간간격에 상관없이 이 둘을 연합할 수 있는 인지능력이 있기 때문이다. 이런 인과관계가 성립된다면 행동과 그 행동에 따른 결과 사이에 시간 차이가 있다 하더라도 조건화가 가능하다.

정적 강화와 처벌 및 부적 강화와 처벌 강화와 처벌은 모두 '정적'이거나 '부적'일 수 있기 때문에 네 가지 새로운 용어가 조합이 된다. 이 네 가지 경우는 **정적 강화, 부적 강화, 정적 처벌, 부적 처벌**이며 용어를 하나하나 살펴보도록 하자. 정적 및 부적 강화와 정적 및 부적 처벌과 같은 용어를 이해하기 위해서는 먼저 여기에서 말하는 '정적', '부적'이란 단어가 일반적으로 쓰이는 의미와는 다르다는 것을 이해해야 한다. 정적이란 단어는 자극이 제시되는 것을 의미한다. 반대로 부적이란 단어는 자극이 제거되는 것을 의미한다. 그러므로 정적 강화와 처벌에서는 자극이 제시되고, 부적 강화와 처벌에서는 자극이 제거된다. 다음으로 우리는 두 종류의 자극이 제시될 수도 있고, 제거될 수도 있다는 것을 이해할 필요가 있는데, 그 두 가지 자극은 매력적 자극과 혐오 자극이다. **매력적 자극**(appetitive stimulus)은 동물이나 사람이 즐거움을 느끼는 자극이다. **혐오 자극**(aversive stimulus)은 동물이나 사람이 즐거움과는 반대되는 불쾌함을 느끼는 자극이다. 음식, 돈, 좋은 성적 등은 대부분의 사람들에게 매력적 자극인 반면, 강한 전기충격, 낮은 성적, 병으로 인한

매력적 자극 만족스러운 자극
혐오 자극 불만족스러운 자극

	정적	부적
강화	매력적 자극 제시	혐오 자극 제거
처벌	혐오 자극 제시	매력적 자극 제거

그림 4.4 정적 강화와 처벌 및 부적 강화와 처벌
'정적'이란 의미는 무엇인가가 제시된다는 것이고, '부적'이란 의미는 무엇인가가 제거된다는 것을 의미한다.' 강화'의 뜻은 특정 행동이 강해진다는 것이며, '처벌'은 특정 행동이 약해진다는 의미이다. 그러므로 정적 강화에서는 매력적 자극이 제시되고, 정적 처벌에서는 혐오 자극이 제시된다. 부적 강화에서는 혐오 자극이 제거되고, 부적 처벌에서는 매력적 자극이 제거된다.

아픔은 대부분 혐오 자극의 예가 된다.

이제 우리는 정적, 부적의 의미가 무엇인지, 매력적 자극과 혐오 자극의 차이가 무엇인지 알았으므로 정적 강화와 처벌 및 부적 강화와 처벌의 의미를 이해할 수 있을 것이다. 강화와 처벌의 각 유형에 대한 일반적인 설명은 그림 4.4에 나와 있다. **정적 강화**(positive reinforcement)에서는 매력적 자극이 제시되지만, **정적 처벌**(positive punishment)에서는 혐오 자극이 제시된다. 집안의 허드렛일을 도와주는 아이에게 칭찬을 하는 것은 정적 강화의 예라고 볼 수 있으며, 규칙을 어긴 아이의 손바닥을 때리는 것은 정적 처벌의 예가 된다.

같은 방법으로 부적 강화와 부적 처벌에서도 자극은 제거된다. 즉, **부적 강화**(negative reinforcement)에서는 혐오 자극이 제거되고, **부적 처벌**(negative punishment)에서는 매력적 자극이 제거된다. 두통을 없애기 위해 애드빌(진통제)을 복용하는 것은 부적 강화의 예라고 할 수 있다. 두통(혐오 자극)을 제거하는 것은 애드빌을 복용하는 행동을 지속시킬 것이다. 한편 부적 처벌의 예는 통금시간을 어긴 10대 청소년에게 운전할 수 있는 권리(매력적 자극)를 빼앗는 것이 있다. 운전할 수 있는 특권을 제거하면 그 이후로는 통금시간을 더 잘 지키려고 할 것이다.

그러나 앞서 제시한 모든 예에서는 자극이 단지 강화물로 제시되었는지, 처벌제로 제시되었는지와 그 자극이 강화를 일으켰는지, 처벌을 일으켰는지를 알 수 있을 뿐이다. 예를 들어 손바닥을 때림으로써 불순종적인 행동이 멈췄다면 그것은 처벌이 되며, 칭찬이 허드렛일을 계속해서 하게 했다면 칭찬은 강화라고 볼 수 있다. 하지만 만약 불

정적 강화 매력적 자극이 제시되는 강화
정적 처벌 혐오 자극이 제시되는 처벌
부적 강화 혐오 자극을 제거시키는 강화
부적 처벌 매력적 자극을 제거시키는 처벌

순종적인 행동이 그치지 않고 계속된다면 손바닥을 때리는 것이 강화가 되지는 않았는지 생각해봐야만 한다. 또한 칭찬을 했음에도 불구하고 집안의 허드렛일을 하는 행동이 지속되지 않는다면, 칭찬은 처벌로 생각되어야 할지도 모른다. 이것은 매우 중요하다. 어떤 것이 강화와 처벌로서의 역할을

여기서 어떤 조작적 조건형성의 유형이 나타나고 있는가? 주의할 것! 아이와 부모 양쪽의 관점에서 생각해보라! 아이 편에서는 울음을 통해 부모와 같이 자는 기분 좋은 것을 얻으니 정적 강화이다. 부모 편에서는 울음이라는 불편한 것을 제거하기 위해서 아이와 같이 자는 것이기에 이는 부적 강화이다.

하는가는 각 개인에 따라, 상황에 따라, 제시되는 시기에 따라 상대적이다. 즉, 특정 자극이 일반적으로 강화물이나 처벌제로서의 역할을 한다고 말할 수는 있지만 항상 그렇다고는 볼 수 없다는 말이다. 돈의 경우를 생각해보자. 대부분의 사람들에게 100달러 정도 돈은 강화제가 될 수 있지만 수십억 달러의 수익을 올리는 빌 게이츠 같은 사람에게는 강화제가 아닐 수 있다. 기억해 두어야 할 점은 목표행동에 이은 결과가 강화의 역할이었는지 처벌의 역할이었는지를 알 수 있게 하는 것은 그 목표행동이 강화되었는가 또는 줄었는가 하는 것으로만 알 수 있다는 것이다.

강화의 본질이 상대적이라는 점을 고려해보면 강화의 역할을 하게 될 상황이 어느 상황인지 알 수 있는 방법이 있다면 좋을 것이다. **프리맥 원리**(Premack principle)가 바로 이를 가능케 하는 방법을 제시한다(Premack, 1959, 1965). 데이비드 프리맥은 강화물을 자극이 아닌 행동(예 : 음식이 아니라 그 음식을 먹는 행동)으로 여기라고 한다. 강화의 개념을 일련의 두 행동, 즉 강화 받는 행동과 이후에 바로 따라오는 강화물로서의 행동으로 생각하라는 것이다. 그렇다면 원리가 되는 것은 무엇인가? 높은 빈도의 행동을 하는 상황을 이용하여 낮은 빈도의 행동이 강화되도록 하는 것이 원리이다. 간단히 말해서 더 개연성 있는 행동(매우 빈번한 행동)은 덜 개연성 있는 행동(빈도가 낮은 행동)을 강화시킬 것이다. 핵심은 개인이 원하는 행동을 환기시킬 수 있을 정도로 가치가 높은 매우 빈번한 행동을 찾는 것이다. 예를 들어 아이들은 숙제를 하면서 시간을 보내기보다는 컴퓨터, TV, 휴대전화 혹은 게임을 하면서 시간을 보낸다. 이러한 시청시간이 숙제하는 행동을 일으키는 강화물이 되는 것이다. 프리맥 원리는 "Grandma's Law" (또는 "first and then" 법칙)로도 알려져 있다. 예를 들어 할머니들은 종종 손주들에게 "먼저 브로콜리를 먹고 나서 디저트를 먹을 수 있다."와 같은 요구를 한다. 다시 말해 프리맥 원리는 행

> **프리맥 원리** 높은 빈도의 행동을 하는 상황을 이용하여 빈도가 낮은 행동을 강화한다는 원리

일차적 강화물 본래 강화하는 특성을 지닌 자극

이차적 강화물 학습을 통해 강화하는 특성을 얻게 된 자극

행동 수정 바람직하지 않은 행동은 제거하고 더 바람직한 행동을 가르치기 위해 고전적 조건형성과 조작적 조건형성의 법칙을 적용하는 것

동이 일어날 확률을 상대적으로 따져 보고 강화물의 역할을 할 수 있는 행동을 찾아내는 것이다. 행동 발생 확률을 알아보고자 할 때는 동물이나 인간의 다양한 행동이 얼마나 자주 일어나는지 관찰한다. 가장 빈도가 높은 행동은 가장 강력한 강화제이다. 일반적인 강화물로는 효과를 볼 수 없는 임상 분야에서는 강화 역할을 할 행동을 찾아내는 방법으로 프리맥 원리가 효과 있음이 이 분야의 전문가들 사이에서 증명되었다.

일차적 강화물과 이차적 강화물   행동심리학자들은 일차적 강화물과 이차적 강화물의 차이점을 구분해 두었다. **일차적 강화물**(primary reinforcer)은 본래부터 강화물로서의 특성이 있다. 음식과 물은 일차적 강화물의 좋은 예이다. 그러나 '원래 강화하는 특성'이 있다는 말과 '항상 강화한다'는 말의 의미는 다르다. 가령 5단계 코스 음식을 방금 막 다 먹은 사람에게 음식은 강화물로서의 역할을 하지 못한다. 즉, 원래 강화물의 특성이 있다는 것은 강화하는 자극의 강화적 특성이 학습될 필요가 없다는 것을 의미한다. 반면 **이차적 강화물**(secondary reinforcer)은 본래부터 강화 속성을 지닌 것은 아니지만 학습을 통해 강화 속성을 얻는다. 대부분의 강화물은 이 범주에 들어간다. 이차적 강화물의 예로는 돈, 좋은 성적, 칭찬 등이 있다. 돈은 아주 어린 유아들에게는 강화물이 될 수 없지 않을까? '돈'은 경험을 통해 학습되어야만 강화 속성을 지니게 된다.

행동주의자들은 학교에서부터 정신장애가 있는 사람들을 위한 기관에 이르기까지 다양한 기관에서 토큰경제(token economy)를 이차적 강화물로 사용해 왔다(Allyon & Azrin, 1968). 플라스틱이나 나무 토큰 같은 것들이 이차적 강화물로 사용된다. 나중에 어떤 특별한 대접을 받거나 특권을 얻을 수 있게 하는 이 토큰을 갖게 될 때 원하는 행동은 강화된다. 그러므로 토큰은 이러한 기관 같은 환경에서는 돈과 같은 기능을 한다. 토큰경제는 조건형성 중에서도 바람직하지 못한 행동은 제거하고 바람직한 행동은 강화하는 조작적 조건형성의 원리를 적용하는 **행동 수정**(behavior modification)의 예이다. 토큰경제처럼 다른 행동 수정 기법들은 배변훈련부터 자폐아동을 가르치는 것에 이르기까지 많은 과제를 다루는 데 성공적으로 사용되고 있다(Kazdin, 2001).

조작적 조건형성에서의 일반적인 학습절차

강화물과 처벌제에 대한 이해가 좀 더 확실해졌으므로 이제 고전적 조건형성에서 논의

했던 다섯 가지 일반적 학습절차, 즉 획득, 소거, 자발적 회복, 자극 일반화, 자극 변별이 조작적 조건형성에서는 어떻게 일어나는지에 대해 알아보기로 한다. 이 학습절차들의 예시 중 몇 가지는 동물의 조작적 조건형성과 관련이 있기 때문에 그런 동물연구가 어떻게 이뤄지는지에 대해 알아보는 것이 중요하다. 또한 누적된 기록들을 어떻게 해석하는지를 아는 것도 중요한데, 이것은 그 누적기록이 일반적 학습절차들에 있어서 조작적 반응을 측정하고 표현하는 데 사용되기 때문이다.

먹이를 얻기
위해
지렛대를
누를 거야 ….

Craig Swanson/www.perspicuity.com.

자유로운 통제를 목적으로 하기 때문에 행동심리학자들은 실험연구의 상당 부분을 인간이 아닌 동물을 대상으로 삼는다. 동물을 대상으로 실험을 수행할 때 조작적 조건형성 연구자들은 큰 플라스틱 상자와 비슷한 조작적 공간을 사용한다. 하지만 이런 공간들은 흔히 우리가 알고 있는 일반적인 '상자'와는 거리가 멀다. 각각의 방에는 반응장치(예 : 실험용 쥐가 누를 수 있는 '레버'나 비둘기의 부리로 쪼을 수 있도록 만든 '키'), 다양한 자극(예 : 다양한 색깔을 제시하기 위해 키 뒤에 위치하는 램프들)과 음식을 정해진 양만큼 나오게 하는 기계장치가 설치되어 있다. 여기에서 '키'라는 것은 이 상자 벽면에 뚫린 구멍 뒤에 위치하는 투명한 플라스틱 조각을 말한다. 그 키나 혹은 다른 반응장치는 어떤 스위치와 연결되어 있는데, 이것은 그 동물들이 반응을 보일 때마다 기록을 하게 된다. 컴퓨터는 실험동물의 행동을 기록하고, 음식이 제공되는 것을 조절하며, 그 외의 상자에서 일어나는 다른 조건들을 유지하는 역할을 한다. 그러므로 이 조작적 상자는 어떤 환경 내에서 동물의 행동결과를 연구하는 데 매우 통제된 환경이라고 볼 수 있다. B. F. 스키너가 맨 처음 고안했다는 이유로 이런 조작적인 상자를 '스키너 상자'라고 부른다.

Nina Leen/Getty Images.

B. F. 스키너와 '스키너 상자'로 알려진 조작적 조건형성을 위한 실험기구. 쥐가 키를 누르면 전기신호가 작동하여 강화물(먹이조각)이 주어지도록 고안되어 있다. 누르는 키 말고도 다른 형태의 반응형태도 가능한데, 비둘기의 경우는 쪼을 수 있는 원판을 사용하기도 한다.

만약 스키너 상자 속 동물이 연구자들이 조건형성하기 원하는 반응을 보이지 않는다면 어떻게 될까? 예컨대 비둘기가 키를 부리로 쪼는 반응을 보이지 않는다면 어떨까? 실제로 그런 반응은 일어나지 않기도 하지만 행동심리학자들은 이런 상황을 쉽게 다룰 수 있다. 그들은 **조형**(shaping)이라는 용어를 사용하는데, 조형이란 동

조형 사람이나 동물을 연구자가 기대하는 반응에 연속적으로 접근하도록 강화함으로써 어떤 조작적 반응을 하도록 하는 훈련

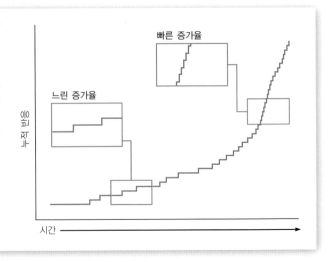

그림 4.5 누적기록을 이해하는 방법

시간의 흐름에 따른 누적된 반응들을 측정함으로써 누적기록은 반응률을 보여준다. 어떠한 반응도 일어나지 않을 때 그 기록은 기울기가 없는 상태로 평평하게 나타난다. 반응의 수가 단위 시간당 증가함에 따라 누적반응들의 증가율은 더욱 빨라진다. 반응률은 그 기록의 기울기로 나타나는데, 반응률이 빠르면 빠를수록 기울기는 더 가파르게 나타난다.

물들이 연구자가 기대하는 반응에 연속적으로 접근하도록 강화함으로써 원하는 반응을 하도록 동물을 훈련시키는 것이다. 비둘기가 키를 부리로 쪼는 반응을 예로 들어보자. 연구자는 비둘기의 행동을 관찰하고, 비둘기가 키 주변에 가면 그것을 강화함으로써 조형을 시작한다. 이렇게 함으로써 비둘기는 그 키 주변에 가는 행동을 계속하게 될 것이다. 다음 단계로 연구자는 비둘기의 머리가 그 키 주변에 가기만 하면 강화한다. 비둘기는 머리를 계속해서 그 키 주변에 가도록 할 것이고 그러다가 우연히 그 키에 머리를 댈지도 모른다. 그러면 연구자는 비둘기가 키에 머리를 부딪친 그 행동을 강화한다. 이렇게 바람직한 행동으로의 연속적인 접근을 강화함으로써 그 동물이 기대반응을 보이도록 조형할 수 있는 것이다. 이러한 연속적 접근을 통한 훈련은 사람에게도 효과적이므로 사람의 조작적 반응을 조형하는 데도 사용된다.

조작적 조건형성 실험에 있어서의 반응은 **누적기록**(cumulative record)으로 표현된다. 누적기록은 반복되는 반응에 대한 전체 수치의 기록이다. 누적기록은 반응률에 대한 시각적 표현을 제공한다. 그림 4.5는 어떻게 누적기록을 읽어야 하는지를 알려준다. 이 기록의 기울기는 반응률을 나타낸다. 이것은 시간의 흐름에 따라 반응이 어떻게 누적되는지를 시각적으로 나타낸다는 것을 꼭 기억해 두자. 만약 시간 단위당 그 동물이 보이는 반응의 숫자가 크면 그 기록의 기울기는 가파를 것이다. 즉, 누적된 전체 수치는 빨리 증가한다. 반응이 없다면 기록은 기울기가 없어지므로 평평할 것이다. 기록의 기울기 증가는 반응률이 점점 더 빨라진다는 것을 의미한다. 이제 일반적 학습과정들의 몇 가지가 누적기록에

누적기록 반응률을 시각적으로 나타내는 기록으로 시간에 따라 누적되는 조작적 반응의 총수치 기록

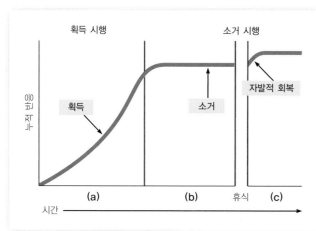

그림 4.6 획득, 소거, 자발적 회복을 나타낸 누적기록

(a) 획득 누적기록. 반응률은 학습이 발생할 때 증가하므로 누적기록은 가파른 기울기를 보인다. (b) 소거 누적기록. 반응률은 0(zero)에 가깝게 떨어진다. (c) 자발적 회복의 예. 소거 시행에서 휴식 이후에 갑작스러운 반응을 보이는 현상을 말한다. 휴식 이후에 소거가 다시 시행되면 누적기록에서 그래프의 기울기는 평평한 상태로 돌아간다.

서는 어떻게 보이는지 알아보겠다.

획득, 소거, 자발적 회복　일반적 학습과정의 첫 단계인 **획득**(acquisition)은 강화된 조작적 반응을 더 강하게 하는 것이다. 이것은 누적기록에서 어떻게 나타날까? 그림 4.6은 시간의 흐름에 따른 반응률의 증가가 어떠한지 보여준다. 이것은 고전적 조건형성에서 살펴봤던 획득 그림과 매우 비슷하지만(그림 4.2 참조) 누적기록은 반응의 강도가 아니라 시간에 따른 누적된 반응을 나타낸다는 것을 꼭 기억하도록 하자. 그러므로 더 이상 강화되지 않을 때 조작적 반응이 줄어드는 **소거**(extinction)는 고전적 조건형성과는 다르다. 그림 4.6(b)를 살펴보면 기울기가 감소하는 것은 반응이 소멸되고 있다는 것을 나타낸다. 즉, 반응률이 감소하는 것이다. 기록이 평평해지면 소거가 발생한 것이다. 그러나 고전적 조건형성에서처럼 소거 훈련 동안의 휴식기간 이후 따라오는 조작적 반응의 일시적 회복, 즉 **자발적 회복**(spontaneous recovery)은 있다. 하지만 그림 4.6(c)에서처럼 소거 훈련이 계속되면 누적기록은 반응이 없을 때 기록이었던 평평한 상태로 돌아간다.

　이해를 돕기 위해 일상생활에서 익숙한 자판기의 예를 들어 획득, 소거, 자발적 회복에 대해 살펴보겠다. 우리는 어떤 자판기에 돈을 넣으면 사탕이 나온다는 것을 '학습'으로 잘 알고 있다. 즉, 우리는 자판기에 돈을 넣는 반응을 획득한 것이다. 어느 날 돈을 넣어도 사탕이 나오지 않았다고 해보자. 그런데 그다음 몇 번을 계속 돈을 넣어도 사탕이 나오지 않는다면 더 이상 돈을 넣지 않을 것이다. 즉, 돈을 넣는 반응이 소거되고 있는 것이다. 하지만 며칠이 지난 후(휴식

획득　(조작적 조건형성에서) 강화된 조작적 반응을 더 강하게 하는 것

소거　(조작적 조건형성에서) 반응이 더 이상 강화받지 않을 때 그 조작적 반응이 감소되는 것

자발적 회복　(조작적 조건형성에서) 소거 훈련 동안의 휴식기간 이후 따라오는 반응의 일시적 회복

을 취한 후에), 다시 시도해볼 수 있다. 이러한 현상을 자발적 회복이라고 한다. 우리가 그 자판기가 수리되어 사탕을 얻기를 바란다면 반응률은 이전 상태로 돌아가겠지만 만약 그런 바람이 없다면 반응률은 계속 소거된 채로 지속될 것이다.

자극 변별과 자극 일반화 조작적 조건형성에서의 자극 변별에 대한 이해를 돕기 위해 먼저 강화되거나 처벌된 조작적 반응을 얻기 위해 제시되어야 하는 자극, 즉 **변별 자극** (discriminative stimulus)에 대해 생각해볼 필요가 있다. 조작적 조건형성에서의 변별 자극은 고전적 조건형성에서처럼 반응을 이끌어낸다기보다는 강화되거나 처벌된 반응을 위한 상황을 설정한다. 예를 들면 스키너 상자에서의 쥐를 상상해보면 쉽다. 불빛이 켜지고 쥐가 레버를 누르면 음식이 제공된다. 그러나 불빛이 꺼지면 레버를 누르는 행동을 해도 음식이 제공되지 않는다. 간단히 말해서 쥐는 레버를 누르는 행동이 음식으로 강화되는 일이 어떤 조건하에서 일어나는지 구별하는 법을 학습하는 것이다. 불빛이라는 자극이 있을 때만 레버를 누르는 조작적 반응을 해야 한다는 것을 학습하는 것, 이것이 바로 **자극 변별**(stimulus discrimination)이다. 변별 자극(불빛)을 주면 반응이 증가하고, 변별 자극을 주지 않으면 반응이 전혀 일어나지 않는다면 자극 변별이 학습된 것이다.

이제 변별 자극과 비슷한 자극들이 제공되면 조작적 반응을 보이는 **자극 일반화** (stimulus generalization)에 대해 알아보자. 불빛이 있을 때만 레버를 누르는 쥐의 학습의 예로 돌아가서, 불빛을 초록색 그림자로 만들고 그 쥐가 초록색 그림자가 있을 때만 레버를 누르도록 학습했다고 하자. 만약 노란색 같이 다른 색깔의 불빛을 제시한다면 어떻게 될까? 반응 획득 이후에 비슷한 자극들(다른 색깔의 불빛)을 제시하는 것은 일반화를 위한 실험을 구성하는 것이다. 일반화 자극에 대한 반응의 정도는 그 자극에 대한 일반화의 양이 어느 정도인지를 반영하게 된다. 고전적 조건형성(그림 4.3 참조)에서처럼 조작적 조건형성에서도 자극 일반화에 점차적인 변화가 있다. 즉, 일반화 실험 자극이 변별 자극과 덜 비슷해지면서 반응은 줄어들게 된다. 고전적 조건형성에서 보았던 것과 비슷한 자극 변별기능은 한 변별 자극(불빛)을 그 자극과 같은 종류이나 구분되는 자극(색깔이 들어간 불빛)과 변별하도록 가르치는 등의 부가적인 자극 변별 훈련에서도 볼 수 있다.

조작적 조건형성에서의 자극 변별과 자극 일반화는 색깔이 있

변별 자극 (조작적 조건형성에서) 조작적 반응을 강화하거나 처벌하기 위해 제시되어야만 하는 자극

자극 변별 (조작적 조건형성에서) 변별 자극이 제시될 때만 조작적 반응을 나타내도록 하는 학습

자극 일반화 (조작적 조건형성에서) 변별 자극과 비슷한 자극이 주어질 때 유기체가 조작적 반응을 보이는 것, 자극이 변별 자극과 유사할수록 조작적 반응률이 높음

는 불빛이나 소리 구분하기 등의 단순한 시각 또는 청각자극에 대한 변별에만 국한되어 있지 않으며, 인간뿐 아니라 심지어 동물도 자극 변별을 할 수 있다. Watanabe, Sakamoto, Wakita(1995)는 비둘기들도 인상주의 화가인 모네의 그림과 입체파 화가인 피카소의 그림을 성공적으로 변별할 수 있다는 것을 보여주었고, 훈련 이후 비둘기들은 훈련 중에 보지 않았던 모네와 피카소의 그림도 변별하였다. 더 나아가 비둘기들이 다른 인상파 화가(세잔, 르느와르)의 그림 중에서 모네 그림을 변별해낸다든가 다른 입체파 화가(브라크, 마티스)의 그림 중에서 피카소 그림을 변별해내는 일반화도 가능하다는 것을 보여주었다. Porter와 Neuringer(1984)는 비둘기가 성공적으로 음악자극 변별을 학습하여 바하의 음악과 스트라빈스키의 음악을 변별하고 비슷한 작곡가들의 음악을 일반화한다는 것도 보고하였다. Otsuka, Yanagi, Watanabe(2009)는 앞의 실험과 비슷하게 쥐도 바하 음악과 스트라빈스키 음악을 변별하는 음악 변별학습이 가능함을 보였다. 따라서 동물들도 인간처럼 복잡한 음악자극 또는 소리자극을 변별하고, 비슷한 자극에 대해서는 일반화하도록 학습하는 것이 확실하다.

조작적 조건형성의 다섯 가지 학습과정은 표 4.2에 요약되어 있다. 이 과정 중에서 어느 하나라도 이해가 되지 않는다면 학습에 대한 이해를 확실히 하기 위해 각 과정에 해당하는 부분을 찾아 읽기 바란다. 또 이들 학습과정이 고전적 조건형성(표 4.1 참조)과 어떻게 다른지 확실하게 알아두자.

지금까지 조작적 조건형성과 관련된 일반적 절차들에 대해 살펴보았다. 이제 조작적 조건형성에 의해 반응이 획득된 이후 어떻게 그 반응이 유지되는지에 대해 알아보려고 한다.

표 4.2	조작적 조건형성의 학습과정
학습과정	과정 설명
획득	강화된 조작적 반응을 강하게 하는 것
소거	더 이상 강화되지 않을 때 반응을 감소하는 것
자발적 회복	소거 훈련 중에 한동안 자극받지 않다가 잠깐 조건반응 비율이 다시 나타나는 것
자극 일반화	자극 변별에서 받았던 자극과 비슷한 자극을 받았을 때 조작반응을 보이는 것(비슷하면 비슷할수록 반응률이 더 올라감)
자극 변별	변별 자극이 주어졌을 때만 조작반응을 하도록 학습하는 것

조작적 조건형성에서의 부분적 강화계획

반응을 보일 때마다 강화하는 것을 **계속적 강화계획**(continuous schedule of reinforcement)이라고 한다. 하지만 우리는 매일 매 반응에 강화되지 않는다. 실생활에서 우리는 시간간격을 두고 강화되는 **부분적 강화계획**(partial schedules of reinforcement)을 경험한다. 부분적 강화계획은 **부분적 강화효과**(partial-reinforcement effect)를 일으킨다. 부분적 계획으로 강화된 반응은 계속적인 계획에 의해 강화된 반응보다 소거에 대한 저항이 더 강하다. 스키너는 음식으로 강화실험을 하다가 우연히 부분적 강화효과를 발견했는데, 이 효과를 이해하기 위해서 먼저 부분적 강화계획의 네 가지 개념, 즉 비율, 간격, 고정, 변동에 대해 알아보겠다.

부분적 강화계획은 반응이 일어난 횟수나 경과한 시간의 정도 중 하나로 생각해볼 수 있다. 비율계획은 반응이 일어난 횟수에 의한 것이고, 간격계획은 경과한 시간의 정도에 기초한다. 또 한 가지는 반응의 횟수나 경과된 시간의 양은 고정적일 수도 있고 변화할 수 있다. 고정계획에서는 비율계획을 위해 필요한 반응의 횟수나 간격계획을 위해 필요한 시간의 양이 고정되어 있다. 변동계획에서도 비슷하게 비율계획을 위해 요구되는 반응의 횟수와 간격계획을 위해 필요한 시간의 양은 각 시행에 따라 다양하다. 요약하면 부분계획에는 네 가지 유형, 즉 고정비율, 변동비율, 고정간격, 변동간격이 있다. 먼저 비율계획에 대해 살펴보자.

비율계획 고정비율 계획(fixed-ratio schedule)에서는 고정된 횟수만큼의 반응이 일어난 후에 강화물이 제공된다. 반응의 횟수는 반드시 한 번 이상이어야 한다. 강화물을 얻기 위해 한 번의 반응만 필요로 하는 고정비율 계획은 계속적 강화계획이 될 수 있다. 예를 들어 실험연구에서 음식으로 제공되는 강화물이 제공되기 전에 쥐는 레버를 10번 눌러야 할지도 모른다(고정비

John McPherson/Andrews McMeel Syndication.

MIT의 연구자가 실험 쥐에게 카지노 도박 효과를 연구하고 있다.

율). 쥐는 그다음 강화물을 얻으려고 10번을 더 눌러야 한다. 특정 비디오 게임을 하는 사람들은 고정비율 계획의 실제를 잘 알고 있을 것이다. 많은 비디오 게임에서는 플레이어가 게임에서 다음 단계로 진출하기 위해 정해진 수의 토큰을 수집해야 한다. 따라서 강화는 설정된(고정) 개수의 토큰이 수집된 후에 전달된다. 스키너 상자에서 쥐가 레버를 누르는 반응을 보여야만 했듯이, 그 게임 참가자는 게임이라는 강화물을 얻기 위해 토큰을 수집하는 반응을 보인다.

변동비율 계획(variable-ratio schedule)의 경우 강화물을 얻기 위한 반응의 횟수는 시행마다 다양하지만 전체 시행을 통틀어 보면 강화물이 제시되는 것은 특정 횟수만큼으로 평균을 이루게 한다. 사람, 쥐, 다른 어떤 동물이든 간에 다음 강화물을 얻기까지 얼마나 많은 반응이 필요한지 알지 못한다. 처음에 쥐가 레버를 10번 눌러서 강화물을 얻었다고 해도 그다음에는 21번이나 눌러야 강화물을 얻게 되고, 그다음 번에는 6번 만에 얻을 수도 있다는 말이다. 즉, 강화물을 얻기 위해 필요한 반응의 횟수는 다양하다. 일상생활의 좋은 예는 슬롯 머신이 작동하는 방법이다. 슬롯 머신을 당기는 사람은 언젠가는 돈이 나올 것이라는 사실은 알고 있지만 얼마나 많은 반응(슬롯 머신에 돈을 넣는 행위)을 보여야 돈을 얻을 수 있을지는 전혀 알 수 없다.

비율계획에서는 반응을 많이 보이면 보일수록 더 강화되기 때문에, 즉 반응의 횟수가 강화물의 획득을 결정하기 때문에 높은 반응률을 얻는다. 이제까지 살펴본 두 가지 비율계획에 대한 누적기록을 그림 4.7에 제시했다. 두 비율계획의 기울기가 가파르다는 것을 알 수 있는데, 이것은 반응이 높은 비율로 일어난다는 것을 말해준다. 사선으로 표시한 각각의 강화가 제시된 이후를 자세히 들여다보면 강화 후에 아주 짧은 휴식이 있다는 것을 알 수 있다. (응답하지 않은 기록을 나타내는 평평한 부분) 이 휴식은 그 동물이 강화물을 받은 이후에 반응을 아주 잠깐 쉰다는 사실을 말해준다. 이 휴식은 고정비율 계획에서 더 자주 발생하는데, 강화물을 얻기 위해 필요한 반응 횟수를 알고 있기 때문이다. 그러므로 동물이나 사람이나 반응을 다시 시작하기 전에 쉴 수 있다. 변동비율 계획은 동물이나 인간이 다음 강화로 이어지는 반응의 횟수를 알지 못하기 때문에 사용 가능한지를 확인하기 위해 계속 응답하므로 휴식 횟수가 훨씬 적다.

계속적 강화계획 조작적 조건형성에서 연구자가 원하는 조작적 반응을 보일 때마다 강화하는 것

부분적 강화계획 조작적 조건형성에서 원하는 조작적 반응을 보이는 전체 시간 중 일부에만 강화하는 것

부분적 강화효과 계속적 강화계획에 의해 강화된 반응보다 부분적 강화계획에 강화된 조작적 반응이 소거에 대해 더 저항이 강하다는 연구결과

고정비율 계획 부분적 강화계획 중 하나로 고정된 횟수의 반응이 발생할 때마다 강화물이 제시된다. 여기서 고정된 반응 횟수는 한 번 이상인 어떤 수라도 가능함

변동비율 계획 부분적 강화계획의 하나로 강화물을 얻기 위한 반응의 횟수는 시행마다 다양하지만 전체 시행을 통틀어 보았을 때 특정 횟수로 평균을 이룸

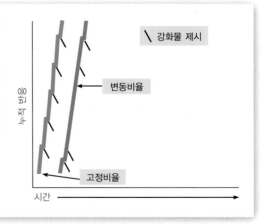

그림 4.7 **부분적 강화의 고정비율 계획과 변동비율 계획에 대한 누적기록**
두 누적기록의 가파른 그래프가 나타내듯이 두 가지 비율계획 모두 높은 반응률을 보이는 것을 알 수 있다. 각각의 사선 막대는 강화물이 제시된 시점을 나타낸다. 고정비율 계획에서는 사선이 규칙적으로 표시되어 있지만 변동비율 계획에서는 불규칙적이다. 고정비율 계획은 강화물 제시 이후에 짧은 중단이 있지만 변동비율 계획에서는 이러한 중단이 그렇게 자주 발생하지 않는다.

간격계획 간격계획에 대해 알아보자. 두 가지 간격계획에 대한 누적기록이 비율계획에서처럼 가파른 기울기를 보일 것이라고 생각하는가? **고정간격 계획**(fixed-interval schedule)에서 강화물은 일정 간격의 시간이 경과한 이후 첫 번째 반응에 따라 제공된다. 스키너 상자의 쥐를 예로 들면 1분이라는 시간간격을 고정시킬 수 있다. 즉, 1분이라는 시간이 경과한 후에 쥐가 첫 반응을 보이면 그 이후에 음식을 제공하는 것이다. 그다음에 또 1분이 흐른 뒤에 쥐가 레버를 누르는 반응을 보이면 음식을 다시 한 번 제공한다. 1분이 경과하고, 반응을 하고, 음식이 제공되는, 이러한 형태가 계속된다. 이러한 유형의 계획에 대한 누적기록이 어떻게 생길지를 예상하기 전에 학생들에게 사용할 수 있는 고정간격 계획의 예에 대해 생각해보겠다.

대부분의 수업에서 주기적으로 시험을 본다. 여기에서는 4주에 한 번이라는 주기로 시험을 본다고 해보자. 어떻게 그런 주기적 시험이 고정간격 계획을 나타내는지 알아보기 위해 공부하는 행위를 목표반응이라고 하고, 만족스러운 성적을 강화물이라고 생각해보자. 각각의 시험을 보기 전 4주라는 간격 동안 얼마나 많이 공부해야 할까? 학생들이 그 4주 간격 동안 매일매일 평균적으로 얼마나 공부할지를 생각해보자. 아마도 첫째 주와 둘째 주에는 거의 공부하는 학생이 없겠지만 시험 바로 전이 되면 벼락치기로 공부하는 양이 갑자기 증가할지 모른다. 이런 유형의 반응은 누적기록에 어떻게 나타날까? 각 시험이 끝나면 거의 반응을 보이지 않기 때문에 기울기가 평평한 구간이 길게 나타나다가 시험 바로 전에는 폭발적으로 반응이 증가하여 기울기가 가팔라질 것이다. 바로 이러한 고정간격 계획에 있어서의 누적기록을 그림 4.8에서 확인할 수 있다.

고정간격 계획 부분적 강화계획의 하나로 강화물은 일정 간격의 시간이 경과한 이후 첫 번째 반응에 따라 제공됨

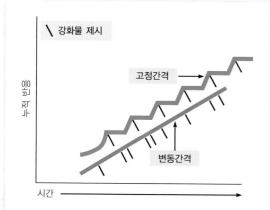

그림 4.8 부분적 강화의 고정간격 계획과 변동간격 계획에 대한 누적기록

그림 4.7에서 표현한 것처럼 사선 표시는 강화물이 각각의 두 가지 계획에 주어진 것을 표시한다. 고정간격 계획에서 강화 후 사선이 없는 부분은 거의 아무 반응이 일어나지 않는 기간을 나타낸다. 그러한 정지상태는 변동간격 계획에서는 발생하지 않는다. 변동간격 계획은 지속적인 반응을 유발한다.

이제는 당신이 교사라고 가정하고 당신이 이런 형태로 공부하는 학생들을 가르친다고 생각해보자. 학생들이 좀 더 규칙적으로 공부할 수 있게 하려면 어떻게 해야 할까? 정답은 **변동간격 계획**(variable-interval schedule)을 사용하는 것인데, 변동간격이란 시험을 매번 다른 시간간격으로 본 후에 반응에 대해 강화물을 제공하되 정해진 시간 내 시험 사이의 시간간격은 평균을 이루도록 하는 것이다. 우리가 일상에서 계획되지 않은 깜짝 시험을 보게 되는 것이 바로 이 경우이다. 이 새로운 시험계획에 따라 학생들이 시험을 잘 보려면 공부 습관을 어떻게 바꾸어야 할지 생각해보자. 언제든지 시험을 볼 가능성이 있기 때문에 학생들은 규칙적으로 공부를 해야만 할 것이다. 그뿐 아니라 시험이 진행될수록 학생들은 더욱 꾸준히 공부할 것이다. 이제 그림 4.8에 있는 변동간격을 나타내는 누적기록을 살펴보자. 고정간격 계획에서 나타났던 평평한 구간은 보이지 않는다. 기록의 기울기는 꾸준한 반응률(공부행동)을 나타내고 있다. 그 이유는 간단한데 간격의 길이가 총시험의 시행에 걸쳐 다양하기 때문이다. 간격 길이는 매우 짧거나 길 수도 있다. 학생들은 그 간격을 알지 못하기 때문에 공부를 하는 학생들의 반응은 꾸준한 상태를 유지하게 된다.

부분적 강화계획의 네 가지 종류와 각각 반응으로 이어질 효과를 표 4.3에 요약하였다. 표를 보고 복습하면서 그림 4.7이나 4.8의 누적기록을 함께 복습하여 각각의 계획이 반응에 어떤 영향을 미치는지 눈으로 확인하기 바란다.

이제는 그림 4.7과 4.8에서 주어진 부분적 강화의 네 가지 유형에 대한 누적기록을 비교해보겠다. 우선 우리가 얻은 결론에 대해 살펴보면 첫째, 비율계획은 간격계획에 비해 높은 반응률을 얻는

변동간격 계획 부분적 강화계획의 하나로 각각의 시행에서 어떤 반응이 강화물을 얻기 이전에 경과해야만 하는 시간은 시행에 따라 다양하지만 전체 시행을 통틀어 보았을 때 정해진 시간간격은 평균을 이룸

표 4.3	부분적 강화계획의 네 가지 종류와 각각의 반응률에 미치는 효과
계획	반응률에 미치는 효과
고정비율(고정된 반응 횟수를 채우면 강화물을 주는 것)	강화물을 받은 후 공백이 이어져도 높은 반응률을 보임
변동비율(반응 횟수가 매번 다르게 나타난 이후 강화물을 주는 것)	강화물을 받은 이후 공백이 고정비율 계획보다 거의 없으며 높은 반응률을 보임
고정간격(고정된 시간간격이 경과한 후 나타난 첫 반응에 강화물을 주는 것)	반응률이 높다가 마지막 시간간격 전에는 거의 반응하지 않음
변동간격(변동적인 시간간격이 경과한 후 나타난 첫 반응에 강화물을 주는 것)	시간간격 사이사이에 일정한 반응 비율

다. 비율계획의 기울기가 훨씬 더 가파른데, 그 이유는 비율계획은 반응에 의존적인 데 반해 간격계획은 시간의 경과에 의존적이기 때문이다. 둘째, 변동계획은 고정계획보다 강화물 획득 이후에 훨씬 짧은 휴식을 취하게 한다. 그 이유는 변동계획을 실시하면 다음 강화물을 얻을 때까지 얼마나 많은 반응을 해야 하는지 혹은 얼마나 시간이 경과해야 하는지에 대해 전혀 알 수 없기 때문이다.

소거의 관점에서 부분적 강화계획을 생각해보자. 이 절의 앞부분에서 부분적 강화효과(부분적 강화계획이 계속적 강화계획보다 소거에 대해 저항력이 강하다는 결과)에 대해 이야기했었다. 다른 말로 하면 계속적 강화계획을 사용할 때보다 부분적 강화계획 중 하나를 사용할 때 반응이 더 느리게 소거된다는 것이다. 반응할 때마다 강화물이 지속적으로 주어진다면 반응이 더 쉽게 소거된다는 것은 명백한 사실이다. 어떤 반응을 했음에도 불구하고 강화되지 않는다면, 그 반응해야만 하는 대상은 이제까지 반응마다 강화물을 받았기 때문에 즉시 무엇인가 잘못되고 있음을 깨닫게 된다. 하지만 부분계획을 사용할 때는 반응을 보이고 강화물이 주어지지 않는다고 해도 그 대상은 무엇이 잘못되었다고 생각하지 않는다. 그러므로 소거가 일어나는 데까지 더 오랜 시간이 걸린다.

소거에 대한 저항력에 있어서 이러한 다양한 강화계획의 유형 간에 어떤 차이점이 있을까? 고정계획과 변동계획에 주목하라. 변동계획에서 무엇인가가 잘못되어 가고 있다는 것을 알아차리기가 더 어렵지 않을까? 고정계획에서는 고정된 반응 횟수나 고정된 시간간격 이후에 강화물이 제시되지 않는다는 것을 더 쉽게 알아차릴 수 있다. 하지만 변동계획에서는 강화물이 사라져도 그것을 감지하기가 힘들다. 쥐가 레버를 누르는 변동비율 계획의 예를 생각해보면, 보여야만 하는 고정된 반응 횟수가 없기 때문에 쥐는 그 반응이 소거되고 있다는 것을 인식하지 못한다. 이러한 불확실성 때문에 변동 계획이 고정계획보다 훨씬 더 소거에 저항적이다.

동기, 행동, 강화

지금까지 어떻게 강화가 작용하는지와 부분적 강화계획이 얼마나 효과가 있는지에 대해 알아보았다. 하지만 무엇이 우리의 행동을 시작하게 하고 강화를 획득하는 쪽으로 우리 행동을 이끄는 것일까? 바로 우리의 행동에 힘을 싣고 목표를 향해 나아가도록 하는 내적 요소와 외적 요소인 **동기**(motivation)이다. 동기는 *movere*라는 일련의 움직임이라는 라틴어에서 유래되었다. 동기는 우리의 목표 중심적 행동을 시작하게 하고 이끌어냄으로써 강화 쪽으로 우리를 이동시킨다. 어떻게 동기가 작동하는지에 대해 몇 가지 예시를 통해 설명할 수 있다. 우리는 먼저 동기화된 행동에 대한 몇 가지 이론에 대해 살펴보고, 내적 동기와 외적 동기, 내적 강화와 외적 강화의 차이에 대해서 알아보겠다.

동기 이론 동기에 관한 하나의 이론은 **추동감소 이론**(drive-reduction theory)이다. 먼저 신체적 욕구(배고픔)가 신체적 긴장상태인 추동을 일으키면, 우리의 동기화된 행동(음식을 찾음)은 이 욕구를 제거하고 우리 몸을 내적 평형상태로 되돌리기 위해 강화(음식)를 얻어 이러한 추동을 감소시키도록 작동한다. 즉, 추동은 이러한 신체 균형의 분열인 것이다. 우리는 이러한 불쾌한 추동상태 때문에 어떠한 행위를 취하도록 강요받으며 그러한 추동을 감소시키기 위해 행동을 동기화한다. 추동감소 이론은 특히 배고픔이나 목마름과 같은 생물학적 욕구와 관련한 동기화된 행동에 대한 설명을 하는 데 큰 역할을 한다. 하지만 추동감소 이론이 모든 동기화된 행동을 설명하지는 못한다. 우리 행동은 추동의 감소 외에도 여러 다른 요소에 의해 동기화되기 때문이다. 우리가 음식을 먹고 물을 마시는 행동을 한다고 해도 그것이 항상 추동감소에 대한 동기에 의한 것이라고 볼 수는 없다. 만약 당신이 이미 점심식사를 마쳐서 몹시 배가 부른 상태이지만 평소에 데이트하고 싶고, 점심식사를 같이해보고 싶었던 상대를 우연히 만났다면 어떻게 하겠는가? 아마도 점심을 한 끼 더 먹지 않겠는가? 우리는 배고픔이라는 이유 외에 다른 이유로도 음식을 먹을 수 있다. 이

동기 우리 행동에 활력을 불어넣고, 목표를 향해 그 행동을 하도록 이끌어내는 내적 요소와 외적 요소의 집합

추동감소 이론 우리의 행동이 내적 균형 상태로 몸을 되돌리려는 신체적 욕구에 의해 형성된 추동(신체적 긴장상태)을 감소시키기 위해 동기화된다고 주장하는 동기 이론

와 유사하게 극심하게 목이 마르지 않을 때도 무언가를 마시기도 한다는 것은 분명한 사실이다. 또한 꼭 지식에 대한 목마름 때문에 공부하는 행동을 동기화하는가? 이와 같은 행동에 대한 설명을 보충할 수 있는 이론이 동기의 유인 이론이다.

내적 추동상태에서 행위를 하도록 강요받는 추동감소 이론과는 대조적으로 동기의 **유인 이론**(incentive theory)은 추동의 감소와는 관련이 없는 외부의 환경적 자극, 즉 유인가에 의해 우리가 행위를 하는 방향으로 나아가게 된다는 것이다. 유인 이론에 의하면 동기의 근원은 그 사람의 밖에 있다. 돈은 거의 대부분의 사람들에게 유인가로서의 역할을 한다. 또한 좋은 성적과 타인에게 받는 존경은 당신이 공부하고 열심히 일하는 행동을 하게 동기화하는 유인가가 된다. 당신의 행동은 강화를 얻는 것을 향해 직결되어 있다.

각성 이론(arousal theory)은 동기에 대한 또 다른 설명을 제공한다. 이 이론은 추동감소 이론에서 중요시하는 균형 잡힌 내부 환경이라는 요소를 생리적 각성수준과 동기화된 행동의 통제라는 개념까지 확장시켰다. 이 이론에 따르면 우리 행동은 최적의 각성수준을 유지하는 것에 동기화되고, 이 최적의 수준이라는 것은 개인마다 다양하다(Zuckerman, 1979). 최적의 수준보다 아래에 있을 때 우리 행동은 각성을 최적의 수준까지 높이는 것에 동기화된다는 것이다. 이때 우리는 자극을 추구한다. 액션 영화를 보러 가는 것이 예가 된다. 만약 지나치게 각성되면 우리 행동은 그 각성수준을 낮추는 것에 동기화될 것이다. 이 경우에 우리는 이완을 추구하게 되므로 낮잠을 자거나 조용히 산책을 할 것이다. 그러므로 각성 이론에서 말하는 동기는 추동감소 이론에서처럼 항상 각성을 줄이는 것이 아니라 그 양을 조절하고 통제하는 것을 의미한다. 이때 조절과 통제는 아주 많지도 아주 적지도 않다.

유인 이론 강화와 연합을 학습한 외부의 환경적 자극, 즉 유인가에 의해 우리의 행동이 동기화된다고 주장하는 동기 이론

각성 이론 최적의 생리적 각성수준을 유지하기 위해 우리 행동이 동기화된다고 주장한 동기 이론

여키스-도슨의 법칙 각성과 과업에 대한 수행의 질 사이의 관계를 설명하는 법칙. 각성수준이 어떤 최적의 수준까지 증가하면 과업에서의 수행의 질도 증가하지만, 이 지점을 지나서까지 각성이 증가하게 되면 수행에 해로울 수 있음

또한 각성 이론은 각성수준이 과업의 수행수준에 영향을 미친다고 주장한다. '각성수준'과 '과업을 수행함에 있어서의 우수한 정도' 간의 관계를 나타내는 **여키스-도슨의 법칙**(Yerkes-Dodson law)은 로버트 여키스와 제임스 도슨(1908)이 처음으로 제안했다고 해서 그렇게 부르는데, 그 원리는 단순하다. 그림 4.9에서 볼 수 있듯이 이 관계는 알파벳 U자를 거꾸로 뒤집어 놓은 듯한 모양이다. 각성은 증가되다가 각성의 양이 최적을 뜻하는 이 곡선의 꼭짓점에서 수행을 돕게 되며, 여기에서 각성이 더욱 증가하면 수행수준을 감소시키는 결과를 낳는다. 예를 들어 시험을 생각해보

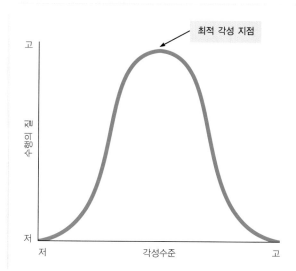

최적 각성 지점

고

수행의 질

저

저 ——— 각성수준 ——— 고

그림 4.9 여키스-도슨의 법칙

여키스-도슨의 법칙은 매우 단순하다. 각성이 증가함에 따라 최적의 각성 지점까지 수행의 질은 증가한다. 각성이 더 증가하게 되면 수행에 부정적이다.

표 4.4	동기 이론
이론	설명
추동감소 이론	신체적으로 충족되지 않은 욕구를 균형 잡힌 상태로 돌리고자 하는 데서 비롯된 추동(신체적 긴장상태)을 감소하기 위해서 행동하도록 동기화된다.
유인 이론	인간의 행동은 강화물과 연합하도록 학습된 외부자극 유인가에 의해 동기화된다.
각성 이론	인간의 행동은 신체 각성의 최적의 상태를 유지하려고 동기화된다.

자. 우리는 시험을 잘 보아야 한다는 것에 각성되어야 하지만 우리가 지나치게 각성될 경우에는 그 수행에 부정적 영향을 미칠지도 모른다.

이 모든 세 가지 동기 이론에 대한 이해를 다질 수 있도록 표 4.4에 요약하였다.

외재적 동기와 내재적 동기 동기를 연구하는 학자들은 외부에 있는 강화물을 얻거나 외부의 혐오 자극을 피하기 위해 행동을 하려고 하는 욕구, 즉 **외재적 동기**(extrinsic motivation)와 행위 그 자체를 위해 행동을 한다는 개념인 **내재적 동기**(intrinsic moti-vation) 사이의 차이점을 구분하고 있다. 외재적 동기의 경우 강화는 행위가 아닌 행위의 결과

> **외재적 동기** 외부의 강화를 얻기 위해 어떤 행동을 수행하려는 욕구
>
> **내재적 동기** 행위 그 자체를 위해 행동을 수행하려는 욕구

로 얻어진다. 한편 내재적 동기에서의 강화는 행동 그 자체로 얻는다. 당신이 지금 무엇을 하고 있는지 생각해보자. 당신이 이 책을 공부하는 동기는 무엇인가? 대부분의 학생들과 마찬가지로 당신도 심리학 수업에서 좋은 성적을 얻기를 바랄 것이다. 그렇다면 당신은 좋은 성적이라는 외재적 강화물을 얻기 위해 공부하므로 당신의 행동은 외재적으로 동기화된 것이다. 하지만 당신이 심리학책 읽는 것을 매우 좋아한다거나 공부하는 것 그 자체를 좋아해서 좋은 성적만을 위해 공부하지 않는 사람이라면, 당신이 공부하는 행동은 내재적으로 동기화된 것이다. 그렇다고 동기가 둘 중 하나를 선택하는 것이라는 의미는 아니다. 두 가지 유형의 동기 모두 당신의 공부행동과 관련이 있겠지만 사람마다 어떤 유형이 더 영향을 많이 미치는지 그 기여 정도는 매우 다양하다.

음식, 돈, 상과 같은 외재적 동기를 일으키는 강화물을 외재적 강화물이라고 한다. 외재적 강화물은 과제 그 자체로부터 나오는 것이 아니라 외재적 원인으로부터 온다. 반면에 행위로부터의 즐거움과 과제의 성취감을 느끼는 것을 내재적 동기라고 한다. 역설적으로 들릴지 모르지만 동기 연구가들은 외재적 강화물이 내재적으로 동기화된 행동을 약화시킨다는 점을 발견했다(Deci, Koestner, & Ryan, 1999; Lepper & Henderlong, 2000; Tang & Hall, 1995). 이것을 **과잉 정당화 효과**(overjustification effect)라고 하는데, 외재적으로 강화된 어떤 행동에 강화물이 지속되지 않을 경우 내재적으로 동기화된 행동이 감소하는 현상을 말한다.

과잉 정당화 효과는 모든 연령층의 사람들을 통해 증명되어 왔는데, 보육원에 다니는 아이들을 대상으로 한 연구의 예를 들어보겠다(Lepper, Greene, & Nisbett, 1973). 사인펜으로 그림 그리기 활동을 좋아하는 아이들에게 놀이시간 동안 그림을 그리도록 했다. 이렇게 설정한 후 한 집단의 아이들에게는 그림에 대한 외재적 강화물로 리본 달린 '참 잘했어요 상'을 주었다. 다른 한 집단의 아이들은 이 외재적 강화물을 받지 못했다. 일주일이 흐른 뒤 사인펜으로 그린 그림에 대한 어떤 보상도 제공하지 않았을 때 외재적으로 강화되지 않았던 아이들은 계속해서 그림을 그렸지만 외재적으로 강화되었던 아이들은 아주 적은 시간 동안 그림을 그리는 과잉 정당화 효과를 보였다. 이러한 결과가 생긴 원인은 무엇일까?

과잉 정당화 효과 외재적으로 강화된 어떤 행동에 강화물이 지속되지 않을 경우 내재적으로 동기화된 행동이 감소하는 현상

앞의 예시에서 외재적 강화(아이들에게 제공한 상)가 내재적으로 동기화된 행동(사인펜으로 그림을 그리는 것)을 하는 데 불필요한 정당화를 제공하기 때문이다. 사람이 어떤 행동을 하는 데 있어서 내재적 즐거움만으로도 충분한 정당성은 제공된다. 그러

나 외재적 동기가 추가됨으로써 그 과제를 지나치게 정당화하여 인식하게 되며, 외재적 동기와 내재적 동기 중에서 무엇이 진짜 동기인지 알아보려고 할 것이다. 즉, 인지적 분석이 일어나서 행동에 착수하도록 하는 힘을 감소시킨다. 이러한 인지적 분석은 행동에서 지나치게 외재적 동기의 중요성을 강조한다. 예를 들어 어떤 사람은 외적 강화를 자신의 행동을 통제하기 위한 시도로 인식할 수 있고, 그들은 선택권이 있다는 느낌을 유지하기 위해 활동 참여를 중단할 수 있다. 어떤 사람은 또한 그 강화가 활동을 놀이(자신을 위해 하는 일)보다 일(외적 강화를 위해 하는 일)과 더 비슷하게 만들어 활동에 대한 즐거움을 감소시키고 그것에 참여하는 것을 그만두게 한다고 생각할 수도 있다.

과잉 정당화 효과는 인지과정이 행동에 영향을 미칠 수 있다는 것과 그러한 인지과정이 외부적 강화물의 효과를 줄일 수도 있다는 것을 말해준다. 그러나 여러분이 공부하는 것을 즐기고 있다면 여러분의 공부 습관에 영향을 주는 과잉 정당화 효과에 대해서 걱정할 필요는 없다. 한 연구는 성과 중심적인 특성이 있는 '학점'과 같은 성과 의존적인 외재적 강화물은 공부행동을 약화시키지 않을 것 같다고 밝혔다(Eisenberger & Cameron, 1996; Tang & Hall, 1995). 이는 외재적 강화가 무언가를 잘 해내는 것에 달려 있을 경우 외재적 강화가 내재적 동기 자체에 영향을 주지 않을 수 있음을 의미한다.

과잉 정당화 효과는 조작적 조건형성 자체의 한계, 또한 그것을 적용할 수 있는 분야에서 나타나는 조작적 조건형성의 효과의 한계까지도 내포하고 있다. 그러므로 조작적 조건형성을 사용할 때는 그것이 내재적 동기를 약화시키지 않도록 주의를 기울일 필요가 있으며, 앞서 논의했듯이 외재적 동기를 사용할 때도 나타날 수 있는 인지적 결과들을 모두 고려해야만 한다. 다음 절에서는 학습에서 몇 가지 생물적 한계를 먼저 살펴보고, 학습에서 강화가 항상 필요한 것은 아니라는 사실을 보여주는 연구에 대해 알아볼 것이다.

요약

이 절에서는 조작적 조건형성과 그것이 우리 환경에서 어떻게 작용하는지에 대해 배웠다. 특정한 반응에 만족스러운 결과인 강화를 얻는다면 그 반응률은 증가하지만 만약 특정 반응이 불만족스러운 결과, 처벌을 받는다면 그 반응률은 감소한다. 정적 강화에서는 매력적 자극이 제시되고, 부적 강화에서는 혐오 자극이 제거된다. 정적 처벌에서는 혐오 자극이 제시되고, 부적 처벌에서는 매력적 자극이 제거된다.

조작적 조건형성에서 반응률에 대한 시각적 자료인 누적기록은 행동을 보고하는 데 사용된다. 강화는 누적기록에서 증가되는 반응률로 나타나고, 강화가 더 이상 제시되지 않을 때 일어나는 소거는 누적기록에서 반응률이 점점 줄어들다가 평평해지는 형태로 나타난다. 소거기간의 휴식 이후에는 고전적 조건형성에서처럼 자발적 회복도 관찰된다. 자극 변별과 자극 일반화는 반응이 강화될 때 자극의 존재와 관련이 있다. 그러므로 자극 변별은 반응이 강화될 때의 학습과 관련이 있다. 자극 일반화에서는 원래 자극과 비슷할수록 반응이 더 극대화된다.

우리는 네 가지 부분적 강화계획인 고정비율, 변동비율, 고정간격, 변동간격 계획에 대해서도 배웠다. 이 부분적 강화계획 모두는 계속적 강화계획보다 소거에 더 저항적인데, 고정계획보다는 변동계획이 특히 더 그렇다. 이것이 부분적 강화효과이다. 또한 비율계획은 간격계획보다 반응 속도가 빠르며, 변동계획은 반응 중 일시중지 횟수가 적다는 사실을 알게 되었다. 또한 목표 지향적 행동을 시작하고 안내함으로써 우리를 강화시키는 동기에 대해 배웠다.

우리는 동기에 대한 세 가지 이론을 고려하였다. 첫째, 추동감소 이론은 불쾌한 내부의 긴장상태가 긴장을 감소시키게 하기 위하여 우리의 행동을 강화시키도록 유도한다고 제안한다. 둘째, 유인 이론은 우리의 행동이 강화와 환경 자극과 같은 유인가에 의해 동기화하게 된다고 주장한다. 셋째, 각성 이론은 생리적 각성의 중요성과 동기화에 대한 조절을 강조한다. 우리의 행동은 최적의 각성수준을 유지하기 위해 동기화된다. 또한 각성수준은 우리가 과제를 얼마나 잘 수행하고 문제를 해결하는지에 영향을 미친다. 여키스–도슨의 법칙에 따르면 최적의 양까지 각성이 증가하는 것은 수행에 도움이 되지만 이 지점을 초과하는 각성은 수행에 해롭다.

또한 외재적 강화물이 때때로 내재적으로 동기화된 행동, 즉 그 행위 자체를 위해 행동하려는 욕구를 약화시킨다는 과잉 정당화 효과에 대해서도 배웠다. 과잉 정당화 효과에서 이러한 행동이 외적으로 강화되고 나서 강화가 중단된 후 내재적으로 동기화된 행동은 크게 감소한다. 이 효과는 한 개인이 자신의 행동에 대한 진정한 동기를 결정하기 위해 수행하는 인지분석의 결과인 것으로 보인다. 인지분석은 외재적 강화의 중요성을 지나치게 강조하여 그 사람의 행동을 멈추게 한다. 따라서 과잉 정당화 효과는 조작적 조건화와 그 효과에 인지적 제한을 가한다.

개념점검 | 2

- 정적 강화와 정적 처벌에서 '정적'이란 단어의 의미와 부적 강화와 부적 처벌에서의 '부적'이란 단어의 의미가 무엇인지 설명하라.
- 조작적 반응은 변별 자극의 통제하에서 발생한다고 하는 이유를 설명하라.
- 어떤 반응이 소거되는 과정 중에 있을 때 누적기록이 평평해지는 이유를 설명하라.
- 부분적 강화효과가 강화의 고정계획보다 변동계획에서 더 큰 이유를 설명하라.
- 과잉 정당화 효과가 조작적 조건형성의 인지적 한계인 이유에 대해 설명하라.

학습의 생물적 관점과 인지적 관점

감정의 반응에 관한 고전적 조건형성에 대한 논의에서 특정한 공포를 학습하는 생물적 기질에 대해 언급한 적이 있다. 인간은 장난감 블록이나 커튼 같은 것에 대한 공포보다는 동물이나 높은 곳에 대한 공포를 학습할 준비가 더 되어 있는 것처럼 보인다. 뱀이나 거미 같은 동물은 장난감 블록보다는 더 위험하다고 인식하고, 그런 공포를 보이는 진화적 감각을 만들어낸다(Seligman, 1971). 고전적 조건형성에 영향을 미치는 어떤 다른 경향이나 조작적 조건형성에 있어서 어떤 생물적 영향이 있을까? 이 절에서는 학습의 생물적 관점에 대한 이러한 질문에 대한 답을 생각해보고, "학습을 하는 데 강화가 반드시 필요한 것인가?"와 관련하여 잠재적 학습과 모방을 통한 학습에 관한 인지적 관점에 대해서도 논의하려고 한다. 학습에 대한 생물적 관점의 연구부터 알아보도록 하자.

학습과 관련된 생물적 준비

언젠가 어떤 음식을 먹거나 음료를 마신 후 심하게 아팠던 경험 때문에 더 이상 먹지 않게 된 음식들이 있지 않은가? 만약 당신이 정말 강한 혐오감을 가지고 있다면 그 음식이나 음료수를 생각만 해도 아플지 모른다. 만약 아팠던 경험이 특정 레스토랑의 음식이었다면 당신은 그 레스토랑에 대한 혐오감을 일반화해 버렸을 수도 있다. 인간은 다른 동물보다 특정한 공포를 더 잘 학습하도록 준비되어 있는 것과 마찬가지로 혐오를 학습하는 것에도 준비되어 있다(Öhman & Mineka, 2001). 위험한 대상에 대한 공포를 학습하거나 우리를 아프게 하는 음식과 음료를 피하려는 우리의 준비는 '적응'적 관점에서 중요성을 지닌다. 그러한 학습은 우리의 생존 가능성을 증진시킨다. 더 나아가서 그러한 학습의 경향을 가져야만 한다는 생물적 감각을 만들어낸다. 어떻게 심리학자들이 그러한 경향들을 연구해 왔는지 알아보기 위해 '미각 혐오'에 대한 초기 연구들을 자세히 살펴보자.

미각 혐오　1960년대에 존 가르시아라는 학자와 동료들은 미각 혐오와 관련한 매우 중요한 초기 연구 중 몇 가지를 수행했다. 그들의 연구결과는 그 당시 광범위하게 받아들여졌던 행동주의자들의 주장인 동물의 조건형성이 생물적 조건에 의해 제한받지 않는다는 주장에 도전하는 것이었다(Garcia, 2003). 가르시아는 방사선이 쥐에게 미치는 영향을 연구하던 중에 우연히 아래와 같은 사실을 발견하게 되는 성과를 거두었다 (Garcia, Kimeldorf, Hunt, & Davies, 1956). 쥐들은 방사능 노출 실험을 위해서 원래 살던 우리에서 실험우리로 옮겨졌다. 방사능에 노출된 쥐들은 메스꺼움을 느꼈고, 그들이 원래 살던 우리로 돌아온 후에 매우 고통스러워했다. 쥐들은 여전히 방사능에 노출되었던 실험우리로 돌아가기는 하지만 그 실험실에 있는 물은 더 이상 마시지 않았다. 왜 그랬을까? 실험우리에 있던 물병은 원래 살던 우리에 있었던 것과 다른 재질로 만들어졌다(하나는 플라스틱, 다른 하나는 유리). 그래서 실험우리에서 마셨던 물은 원래 살던 우리에서 마셨던 것과 다른 맛이 났고, 그로 인해 쥐는 빠르게 혐오를 학습하게 된 것이다. 쥐들은 다른 맛과 그들이 후에 아팠던 것을 짝지었다. 쥐들에게는 방사능에 노출되었다는 것과 그 방사능 때문에 자신들이 아팠다는 것을 인지할 수 있는 능력이 없다. 쥐들이 방사능에 노출되거나 물을 마신 후에 즉시 아프지 않았다는 사실에 주목하자. 메스꺼운 증상은 몇 시간 후에 나타났다. 이것은 미각 혐오를 학습하는 것이 고전적 조건형성에서 학습이 일어나기 위해서는 무조건자극(아픔)이 반드시 조건자극(물맛의 차이) 바로 뒤에 따라와야 한다는 주장에 대한 극적인 반례가 된다는 것을 의미한다(Etscorn & Stephens, 1973). 사실 상했거나 독성이 있는 음식으로 동물이 탈이 나려면 시간이 좀 지나야 하기 때문에 조건자극과 무조건자극 간격이 몇 분 미만일 때는 미각 혐오학습은 일어나지 않는다(Schafe, Sollars, & Bernstin, 1995).

가르시아와 동료학자들은 어떻게 쥐의 미각 혐오 실험결과를 학습의 생물적 준비성을 증명하는 데 사용했을까? 가르시아와 코엘링(1966)은 쥐들이 암시와 결과를 짝지음으로써 그러한 혐오를 학습한 것이 아니라는 것을 밝혀냈다. 생물적 감각이 생성될 수 있는 것(아픔과 짝지어진 다른 맛의 물)은 쉽게 학습했지만, 생물적 감각이 형성되지 않은 다른 짝들은 학습조차 불가능해 보였다. 예를 들어 그들은 방사능 노출을 통해 아플 수 있는 두 가지 원인으로 (1) 단맛이 나는 물, (2) 쥐가 물을 마실 때마다 소음이 딸깍거리고 불이 번쩍이도록 설정해 두고, 아무 맛도 없는 물을 실험에 사용했다. 단맛이 나는 물을 마셨던 쥐들은 물에 혐오감을 쉽게 학습했던 반면, 소음과 불빛을 함께 받으며 아무 맛이 없는 물을 마신 쥐들은 학습하지 못했다. 쥐들은 실험 후에 아팠던 사실과 그들이 처했던 환경에서 청각적 · 시각적 신호들을 짝지을 수 없었던 것이다. 이렇게 짝을 짓는 것이 쥐에게 어떤 생물적 감각을 만들지 못했기 때문이다. 쥐를 아프게 할 수도 있는 음식과 물을 피하도록 학습하는 것은 중요하지만 자연환경에서 소음과 불빛은 전형적으로 쥐에게 아픔을 야기하지 않는다.

이러한 연구결과가 다른 동물들도 청각적, 혹은 시각적 혐오반응을 학습하는 경향이 없다는 것을 의미하지는 않는다. 메추라기를 비롯한 많은 새들은 시각적 혐오를 다소 빨리 학습하는 것 같다. 동물들의 학습 경향성에 있어서의 이러한 차이점을 증명한 좋은 연구가 있다. 이 연구에서는 메추라기와 쥐, 두 동물에게 짙은 파란색의 신맛이 나는 물을 마시게 했다(Wilcoxon, Dragoin, & Kral, 1971). 나중에 그 두 동물에게 물을 선택하도록 했을 때 메추라기만이 짙은 파란색의 물을 피했고, 쥐들은 신맛의 물만을 피했다. 일반적으로 동물은 생물적으로 생존에 중요하고 살아가는 환경과 직접적으로 관련이 있는 연합(짝)을 더 쉽게 학습하는 생물적 경향을 지닌다(Staddon & Ettinger, 1989). 쥐들은 썩은 고기를 먹는 동물에 속하므로 어떤 것이나 닥치는 대로 먹는다. 쥐는 새로운 음식을 많이 발견하고, 그러한 발견은 그들의 생존 가능성을 높이기 위해 미각 혐오를 학습하기 위한 준비를 해야만 하므로 생물적 감각을 갖도록 만든다. 한편 새는 시각을 이용해서 사냥을 하므로 시각적 혐오가 그들의 생존과 더 관련되어 있다. 또한 생물적 준비 효과는 조작적 조건형성에서도 발견된다. 이제 매우 중요한 개념인 본능적 경향에 대해 알아보자.

본능적 경향 스키너의 제자였던 켈러 브렐런드와 매리언 브렐런드는 조작적 조건형성에 있어서 생물적 준비 효과를 발견했다. 동물 조련사가 된 그들은 수천 마리의 동물들이 모든 종류의 묘기를 부릴 수 있도록 훈련시키기 위해 조작적 조건형성을 사용했다. 이 훈련 방법을 사용하면서 그들은 **본능적 경향**(instinctual drift)으로 알려진 개념을 발견했다. 본능적 경향이란 동물이 어떤 대상에 대해 조작적으로 학습된 반응으로부터 타고난 본능적 반응으로 되돌아가는 경향을 말한다. 예를 들어 두 사람은 아주 큰 동전을 잡아 저금통에 넣는 묘기를 훈련시키기 위해 음식을 강화물로 사용했다. 그들은 음식을 사용해서 돼지와 너구리를 훈련했는데, 동전이 음식 강화물과 함께 제공될 때 그 두 동물은 각자 음식을 모으려는 행동, 즉 본능적 반응으로 돌아갔다. 돼지는 코로 그 동전들을 밀기 시작했고 너구리는 두 앞발을 함께 사용해서 동전을 문지르기 시작했다. 이러한 자연적 반응은 두 조련사의 훈련을 방해했다.

이 발견의 중요한 점은 생물적으로 본능적인 반응이 가끔은 다른 반응이나 자연스럽지 못한 반응을 조건형성할 수 있는 우리 능력을 제한하거나 막을 수 있다는 것이다. 두 조련사의 경험은 조작적 조건형성에 있어서 생물적 준비 효과를 증명했다. 생물적 경향들은 동물들이 본능적

본능적 경향 동물이 어떤 대상에 대해 조작적으로 학습된 반응에서 타고난 본능적 반응으로 되돌아가는 경향

사진에서 보듯이 생물적으로 돼지는 음식을 파서 먹고, 너구리는 음식을 씻어 먹는 성향이 있다. 따라서 브렐런드 부부가 조작적 조건화를 통해 돼지와 너구리에게 커다란 동전을 정해진 구멍에 넣어서 음식을 받아 먹을 수 있도록 했을 때 두 동물은 가끔 오류행동(음식을 모으는 그들의 본능적 반응으로 돌아가려는)을 하였다. 돼지는 자신의 코로 동전을 파듯이 밀어냈고, 너구리는 앞발로 동전을 문질렀다. 학습된 조작적 반응에서 선천적이고 본능적인 반응으로 되돌아가려는 것을 본능적 경향이라고 한다.

행동과 관련된 연합을 본능적 행동과 많은 관련이 없는 연합보다 더 쉽게 학습할 것이라는 사실을 보여준다. 또한 돼지와 너구리가 보인 본능적 반응은 조련사가 강화를 주지 않아도 계속되었다는 점을 주목할 필요가 있다. 이러한 결과는 이제부터 논의하고자 하는 "우리는 강화 없이도 학습할 수 있는가?"에 대한 일반적인 질문과 관련되어 있다.

잠재학습과 관찰학습

인지 중심의 학습 연구자들은 학습과 관련한 정신과정들에 관심이 있다. 이 연구자들은 잠재학습과 관찰학습에서 "우리는 강화 없이도 학습할 수 있는가"라는 주제로 연구한다. 이제 학습의 두 가지 유형에 있어 전통적인 연구 몇 가지를 소개하려고 한다.

잠재학습 수강하는 수업에서 시험을 본다고 생각해보자. 여러분이 무엇을 학습했는지는 시험으로 테스트될 때까지 공개적으로 증명되지 않는다. 여러분은 학습을 하지만 학습을 증명하기 위한 강화(예 : 좋은 점수)가 이용 가능할 때까지는 학습을 증명하지 못한다. 이것이 심리학자들이 잠재학습이라고 부르는 예이다. 즉, **잠재학습**(latent learning)이란 학습이 일어나기는 하지만 유인가가 있기 전까지는 증명되지 않는 학습을 말한다. 에드워드 톨먼은 쥐를 대상으로 한 잠재학습에 대해 이와 같은 연구를 했다.

잠재학습 학습이 이루어지기는 했지만 유인가가 있을 때까지 증명되지 않는 학습이 연구에서 음식을 박탈당한 쥐가 미로를 빠져나가게 하고, 쥐가 잘못 찾은 방향들의 횟수를 기록했다. 한 연구에서는 쥐를 세 집단으로 나누고 매일 한 번씩 17일 동안 미로를 빠져나가는 과제를 수행하도록 했다. 강화물인 음식은 한 집단에게는 항상 미로의 끝인 목표지점에 놓인 상자에서 얻을 수 있도록 하고, 두 번째 집단의 쥐들은 음식을 얻을 수 없도록 설정했다. 세 번째 집단의 쥐들에게는 11일이 될 때까지 음식을 얻지 못하도록 했다. 어떤 일이 일어났을까? 첫째, 과제 수행이 거듭됨에 따라 세 집단의 쥐들 모두 실수하는 횟수가 줄었는데, 음식을 강화물로 받은 그룹의 실수 횟수가 처음 10번의 수행에서 훨씬 더 빨리 감소했다. 둘째, 11일째에 음식을 얻은 집단의 수행은 바로 다음날 즉시 음식을 처음부터 얻어 오던 집단만큼 향상되었다(그림 4.10 참조). 세 번째 집단은 미로를 처음부터 학습하고 있었지만 음식 강화물이 가능할 때까지 학습 능력을 보여주지 않았다. 쥐의 학습은 잠재적이었다. 그들은 미로에 대한 인지적 지도(정신적으로 표현되는) 그리기를 학습했고, 그 지도를 사용해야 했을 때(음식을 얻을 수 있게 되었을 때) 그것을 비로소 사용했다. 이러한 사실은 목표지점의 상자에 이르는 최적의 경로를 막고 그다음으로 좋은 경로를 찾기 위해서 쥐가 인지적 지도를 사용하는지 알아보기 위한 실험에까지 적용되었는데, 결론은 쥐는 인지적 지도를 사용한다고 밝혀졌다.

어떻게 쥐의 뇌에 그러한 지도가 만들어지고, 미로와 같은 복잡한 환경에서 길을 찾아갈 수 있을까? 톨먼의 연구가 끝난 후 몇십 년이 지나서야 의문점이 풀렸다. 그 답은

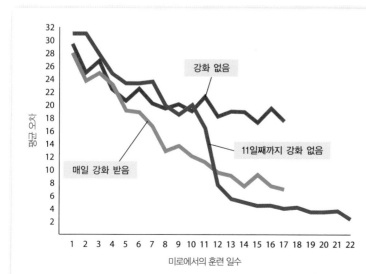

그림 4.10 잠재학습

세 집단의 쥐가 있다. 그리고 각 쥐는 하루에 한 번씩 미로 찾기 실험을 했다. 11일째까지 강화물을 받지 않았던 쥐들에게서 잠재학습이 나타났다. 미로 끝 목표상자에서 먹이 강화물이 주어지자 이 쥐들은 정기적으로 강화된 쥐들과 마찬가지로 처음 11일 동안 미로에 대한 학습을 즉시(12일째에) 수행하여 시연하는 모습을 보여주었다. 그들은 미로에 대한 인지적 지도를 학습해 놓은 것이며, 강화를 받자마자 인지적 지도를 사용했다. 분명하진 않지만 이 학습은 미로 찾기 행동이 강화될 때까지 잠재되어 있었다.

출처 : Tolman, E. C., & Honzik, C. K. (1930c). Introduction and removal of reward, and maze performance in rats. *University of California Publications in Psychology*, 4, 257–275.

장소세포와 격자세포라는 뇌에 있는 두 가지 유형의 신경세포의 발견으로 이루어졌다. 생리심리학자인 존 오키프는 환경의 내부지도를 만드는 기능을 하는 해마에 위치한 장소세포를 찾아냈으며(O'Keefe, 1976; O'Keefe & Dostrovsky, 1971), 메이브리트와 에드바르 모세르는 해마 옆의 피질 영역인 내후각피질에 위치한 격자세포를 확인했다. 이 격자세포는 좌표계를 생성하는 일종의 내부 GPS이다(Fyhn, Molden, Witter, Moser, & Moser, 2004; Hafting, Fyhn, Molden, Moser, & Moser, 2005; Moser and Moser, 2016; Sargolini et al., 2006). 존 오키프와 메이브리트, 에드바르 모세르는 이 시스템을 이해하는 데 기여한 주요 공헌으로 2014년 노벨 생리학·의학상을 공동 수상했다. 뇌영상 연구와 함께 신경외과 수술을 받는 환자에 대한 연구는 인간의 뇌에도 장소세포와 격자세포가 존재한다는 증거를 제공했으며 쥐의 뇌와 같이 작동하여 우리에게 내부 GPS를 제공하였다(Ekstrom et al., 2003; Jacobs et al., 2013). 다른 연구에 따르면 이것은 박쥐와 원숭이에게도 해당되는 것으로 나타났다(Finkelstein et al., 2014). 이러한 탐색 시스템은 포유류 진화 초기에 발생했으며 유사한 신경 위치 알고리즘이 다양한 포유류에서 사용될 수 있음을 시사한다.

관찰학습 인간에 의한 많은 학습은 본질적으로 더 인지적이고 직접적인 경험을 통한 조건화는 포함하지 않는다. 모델링이라고도 하는 관찰학습이 좋은 예이다. 모델(관찰대상)을 보면서 우리는 직접적인 조건화 없이 대리 강화와 처벌을 통해 배운다. 우리는 우리가 관찰한 것과 같은 상황에서 행동의 결과를 예측하는 법을 배운다. 다른 사람을 관찰하거나 다른 사람의 행동을 모방함으로써 학습하는 **관찰학습(모델링)**(observational learning, modeling)은 인간의 학습에서 주요한 역할을 한다(Bandura, 1973). 예를 들어 관찰학습은 우리가 어떻게 운동을 하는지, 알파벳의 철자를 어떻게 쓰는지, 어떻게 운전을 하는지를 학습하도록 돕는다. 우리는 다른 사람들을 관찰하고 그들의 행동을 모방하기 위해 최선을 다한다. 또한 우리 태도를 학습하기도 하고, 좋고 나쁜 모델들을 관찰함으로써 우리 감정을 드러내는 적절한 방법을 학습한다. 오늘날 운동선수나 영화배우들은 그러한 학습을 위한 영향력 있는 모델들이라고 할 수 있겠다. 요컨대 모방은 인간, 심지어 유아에게도 만연해 있다(Jones, 2007).

모델링을 통한 학습과 관련한 앨버트 반두라의 유명한 연구들에는 크게 부풀려진 광대 인형인 보보라는 인형이 사용되었고, 참여자로는 유치원에 다니는 아이들이 투입되었다(Bandura, 1965;

관찰학습(모델링) 다른 사람들과 그들의 행동을 모방함으로써 학습하는 것

Bandura, Ross, & Ross, 1961, 1963a,b). 한 실험에서는 그 아이들 중 일부는 보보 인형을 때리고, 발로 차고, 고함치는 어른들을 보고 있게 했다. 이러한 행동을 관찰한 후에 예쁜 인형들이 많은 방에 한 아이를 데려다 놓고, 실험자는 이 인형들은 다른 아이들을 위해 구해 놓은 것이라고 말해 아이의 마음을 어지럽게 했다. 그러고 나서 그 아이를 보보 인형 및 다른 인형들이 있는 방에 데려다 놓았다. 어떤 일이 일어났을까? 그 아이는 어른 모델이 했던 것과 똑같이 보보 인형을 때리기 시작했고, 심지어 어른들이 보보 인형을 때리면서 사용했던 거친 말들까지 똑같이 따라 했다. 그러나 욕설을 퍼붓는 어른들을 관찰한 적이 없는 다른 아이들은 그런 행동을 거의 하지 않았다.

앨버트 반두라

하지만 만약 보보 인형을 부드럽게 다루는 모델을 본 아이는 어떻게 할까? 또 다른 실험에서 반두라는 공격적 모델을 관찰한 아이들, 온화한 모델을 관찰한 아이들, 혹은 어떤 모델도 없이 실험한 아이들로 나누어 실험했다. 보보 인형이 있는 방에서 놀도록 했을 때 어떤 일이 일어났겠는가? 공격적 모델을 관찰했던 아이들은 아무 모델도 보지 않았던 아이들보다 훨씬 더 공격적인 행동을 했고, 온화한 모델을 관찰했던 아이들은 아무 모델도 보지 않은 아이들보다 훨씬 부드럽게 인형을 다뤘다. 대체적으로 인형을 가지고 논 아이들의 행동은 모델의 행동에 따라 달랐다. 그러나 이 실험에서 모델들은 그들의 행동에 대해 강화되거나 처벌되지 않았다. 이로 인해 어떤 차이가 나타날까?

반두라는 또 하나의 실험을 더 함으로써 이 질문에 대한 답을 찾았다. 어린아이들에

어른 모델이 보보 인형에게 폭력적인 행동을 하는 것을 본 아이들이 그 행동을 모방하고 있는 것을 담고 있는 사진이다. 관찰학습의 막강한 영향력을 보여주고 있다.

게 보보 인형에게 공격적인 행동을 하는 어른들이 나오는 영화를 보여줬는데, 그 영화를 세 가지 다른 버전으로 나누었다. 첫 번째 버전에서는 어른들의 행동이 보상되었고, 두 번째 버전에서는 처벌되었으며, 세 번째 버전에서는 어떤 결과물도 제공하지 않았다. 아이들의 보보 인형과의 상호작용은 그 아이들이 어떤 버전의 영화를 보았는지에 따라 다양하게 나타났다. 인형에게 공격적 행동을 하고 보상을 받은 어른을 관찰한 아이들은 어떤 결과물도 받지 않은 모델을 관찰한 아이들보다 훨씬 더 공격적인 행동을 보였다. 또한 처벌을 받은 어른을 관찰한 아이들은 공격적 행동에도 불구하고 어떤 결과물도 받지 않은 모델보다 훨씬 덜 공격적으로 행동했다. 그 아이들의 행동은 영화에서 봤던 결과에 의해 영향을 받았다. 그 후에 반두라는 그 아이들이 과자(강화)를 받기 위해 영화에서 나온 행동을 모방할 수 있겠는지 물어보았다. 모든 아이들이 그렇게 할 수 있었다. 이것은 아이들이 모두 그 행동이 강화되든, 처벌되든, 어떠한 결과가 없든지 관계없이 관찰을 통해서 행동을 학습할 수 있다는 것을 의미하므로 매우 중요하다.

Lansford(2012)에 따르면 연구자들은 두 가지 맥락과 관련하여 반두라의 발견을 일반화할 수 있는지에 대해 의문을 제기했다. 실험실 환경에서 연구가 수행된 것과 성인 모델에 대한 아이들의 관찰과 공격성 사이의 시간적 근접성에 대한 의문이었다(연구에서 시간적 근접성이 가까웠다). 아이들이 다른 환경에서 공격성을 모방하면 지연시간이 길어지는가? 이는 그러한 것으로 밝혀졌다. 최근 연구에서는 아이들이 공격성을 모방한다는 반두라의 발견은 다양한 실험실 환경에서 발견되며, 공격성이 관찰된 후 다음 공격적 행동 사이에 지연이 오래 유지된다는 것을 발견했다.

관찰학습에 관한 반두라의 선구적인 연구가 이루어진 이래 관찰학습 연구는 과연 사람들이 공격적으로 행동하는 것이 미디어에서 보여주는 폭력에 노출되기 때문인가라는 의문에 초점을 두었다. TV나 여러 미디어에는 확실히 폭력이 난무한다. TV만으로도 아이들은 초등학교를 마칠 때까지 평균 8,000건의 살해와 100,000건의 폭행 형태의 사건을 보게 되는 것으로 추정되었다(Huston et al., 1992). 더 최근에 이루어진 연구를 보면 Huston의 연구 이후로 TV와 다른 미디어로부터 노출되는 폭력의 정도가 더욱 증가하였음을 알 수 있다. 이 중 한 예로 학부모 방송감시위원회는 1998년과 2006년 사이에 TV 시청이 가장 많은 시간대에 폭력이 75% 증가한 것을 알아냈고, 미국 내 TV 폭력연구회는 거의 10,000시간에 달하는 방송 프로그램 중 61%가 인간 간의 폭력을 담고 있으며, 대부분의 프로그램이 폭력을 재미있는 것으로, 또는 미화하여 방송하였으며, 가장 높은 비율로 폭력장면을 내보내는 것은 아동 프로그램이었다(American Academy of Pediatrics, 2009). 그러나 TV나 다른 매체에서 나오는 폭력장면을 본다고 사람들이 더욱 공격적이 될까?

말 그대로 수백 개의 연구가 이 의문에 답을 찾고자 하였다. 쉽게 예상할 수 있듯이 모든 연구에서 나온 결과는 확실하지 않았으며 논란의 여지가 많았다. 저명한 과학자들이 이 연구들을 검토한 후 전체적으로 내놓은 결론은 폭력적인 TV 프로그램, 영화, 비디오 게임, 음악을 대상으로 이루어진 모든 연구들이 매체에서 보이는 폭력으로 인하여 즉시 또는 오랜 시간 후에 폭력행동이 나타날 가능성이 있음을 뒷받침하는 증거들을 내놓았지만 이들은 서로 일치하지 않았다(Anderson et al., 2003). 이와 비슷하게 한 연구자는 동양과 서양 문화권을 모두 통틀어 비디오 게임에 대한 130건에 달하는 연구의 총 130,296명의 참가자들을 상대로 메타분석을 하였는데, 폭력적인 비디오 게임에 노출되는 것은 공격행동 증가, 공격인지, 공격적인 결과와 공감 감소, 친사회적 행동 감소의 원인이 되는 위험요소라고 결론 내렸다(Anderson et al., 2010). Huesmann(2010, p. 179)은 이 메타분석 연구에서 비디오 게임의 폭력에 노출되면 사람은 더 공격적으로 행동하며 앞으로도 계속 폭력적으로 행동할 것이라고 단순히 이성적으로 의심을 품는 정도를 넘어섰다고 주장한다(Ferguson & Kilburn, 2010). 마지막으로 Huesmann(2007)은 1960년대 이후의 TV, 영화, 비디오 게임, 휴대전화, 인터넷의 폭력물에 노출되는 것에 대한 전체 연구결과를 검토한 후 이러한 폭력에 노출되는 것이 그것을 시청하거나 게임을 한 사람에게서 폭력행동이 나타날 위험을 확실하게 증가시킨다는 결론을 내렸고, 그 효과크기는 공중보건을 위협하는 수준으로 여길 만하다고 하였다(Ferguson & Kilburn, 2009). Bushman과 Huesmann(2001)이 보여준 여러 다른 보통 공중보건 위협요소당 효과크기를 보면 미디어 폭력과 공격성에 노출되는 것보다 더 큰 효과크기를 보이는 것으로 나타난 것은 흡연과 폐암이다.

미디어 폭력에의 노출과 공격행동 증가가 서로 관련 있다고 하는 경험적 증거는 확실한 것 같다(예 : Murray, 2008; Grimes, Anderson, & Bergen, 2008). 하지만 다른 학습된 행동과 마찬가지로 공격성 증가에는 개인 요인, 가족 요인, 지역사회 요인 등 다양한 요인이 영향을 미친다. 또 염두에 두어야 할 점은 미디어에 노출되는 것이 폭력의 필요충분원인이 아니라는 것이다. 모든 시청자가 폭력적이 되는 것은 아니며 일부 취약한 시청자가 영향을 받는다. 그러나 담배 연기에 노출되는 것은 폐암 위험을 증가시키고 공중보건을 위협하는 것은 사실이다. 시간이 지나면서 노출이 축적됨에 따라 공격성이 증가한다는 것을 확인하는 것도 쉽지 않다(Hasan, Bègue, Scharkow, &

Bushman, 2013). 그럼에도 불구하고 한 가지 확실한 점은 미디어 폭력에 노출되는 것이 공격성의 위험요인이라는 것이다. 이와 같은 맥락에서 미국소아과학회(American Academy of Pediatrics, 2009, p. 1222)는 "TV, 영화, 음악, 비디오 게임 등의 미디어에서 보이는 폭력에 노출되는 것은 아동과 청소년의 건강에 심각한 위험요소"라고 결론을 내렸다.

최근 연구들은 관찰학습의 뇌신경적 근거를 들 수 있는 신경세포를 알아냈다. 바로 **거울신경세포**(mirror neurons)인데, 이 세포는 행동을 수행할 때 활성화되는 것과 똑같이 그 행동을 다른 사람이 수행하는 것을 관찰할 때도 활성화된다. 다른 사람이 어떤 행동을 하는 모습을 관찰할 때 관찰을 하는 나의 뇌와 행동 수행 중인 사람의 뇌에서도 똑같은 신경세포가 활성화되는 것이다. 따라서 나의 뇌에 있는 거울신경세포는 관찰대상이 되는 사람의 행동을 '거울로 비춰 보여'준다고 할 수 있다. 거울신경세포는 1990년대 중반 파르마대학교에서 자코모 리촐라티와 동료학자들이 짧은꼬리원숭이들의 전극반응을 기록하면서 처음 발견하였다(Iacoboni, 2009). 그러나 인간의 신경세포 하나를 연구하려면 뇌에 있는 신경세포에 직접 전극을 부착해야 하는데, 이것은 보통 할 수 있는 작업이 아니므로 인간의 신경세포에 대한 대부분의 증거는 간접적으로 얻게 된다. 예를 들어 신경과학자들은 fMRI(기능성자기공명영상법)와 기타 스캐닝 기술을 사용하여 인간의 동일한 피질 영역이 행동을 수행할 때와 마찬가지로 그 행동을 관찰할 때도 활성화된다는 것을 발견했다(Rizzolatti & Craighero, 2004). 이 연구에서 발견된 대뇌피질 영역의 신경세포가 개별적으로 각각 활성화되는 것이 아니라 여러 신경세포가 동시에 활성화되는 것을 보였기 때문에 이 영역을 거울신경세포 시스템이라 부른다. 그러나 최근 연구에서는 개별 신경세포의 활동을 기록함으로써 인간의 거울신경세포에 대한 직접적인 증거를 제공한다고 주장했다(Mukamel, Ekstrom, Kaplan, Iacoboni, & Fried, 2010). Mukamel과 동료학자들은 21명의 난치성 간질치료 중인 환자들의 뇌에 있는 거울신경세포로부터 자료를 수집하였다. 이 환자들은 수술치료를 받기 위해 발작부위를 알아내려고 뇌에 전극을 심었다. 환자들의 동의를 받고 이미 심어져 있는 전극을 연구에 이용한 것이다. 연구자들은 거울신경세포처럼 활동하는 신경세포를 발견하였고, 이 신경세포들은 환자가 과제를 수행할 때와 다른 사람이 그 과제를 수행하는 것을 관찰할 때 가장 활발하게 활동하였다. 그러나 거의 동시에 이루어진 다른 인간 연구(Lingnau, Gesierich, & Caramazza, 2009)에서 거울신경세포가 거울신경세포로만 기능해야 한다는 증거는 발

거울신경세포 어떤 행동을 수행할 때와 그 동일한 행동을 다른 사람이 수행하는 것을 관찰할 때 모두 활성화되는 신경세포

견되지 않았다. 특히 세포는 동일한 움직임을 반복해서 보고 실행하는 것에 적응하는 모습을 나타내지 않았다. 요컨대 연구자들은 인간의 거울신경세포 시스템의 존재 여부뿐만 아니라 이것이 존재한다면 정확히 무엇을 하는지에 대해서도 의견이 분분하다 (Hickok, 2014; Jarrett, 2015).

마지막으로 잠재학습과 비슷한 관찰학습은 학습에서의 인지과정의 역할을 강조한다. 이미 제시된 여러 예에서 보았듯이 톨먼의 쥐가 미로에 대한 인지적 지도를 그렸던 것처럼 반두라의 아이들은 어른 모델들의 행동과 그 결과에 대한 인지적 모델을 그렸던 것 같다. 인지심리학자들은 그러한 정신적 개념화의 발달과 인간의 기억체계가 어떻게 작동하는지 이해하기 위해 기억의 저장 및 기억 이후의 인출을 연구해 왔다. 인간의 기억체계에 대해서는 제5장에서 자세히 살펴보도록 하겠다.

요약

이 절에서는 학습에 있어서 생물적 준비성의 효과와 직접적인 강화가 불필요한 잠재학습 및 관찰학습에 대해 살펴보았다. 미각 혐오에 대한 연구에서는 쥐가 고통을 느끼게 된 것과 물맛이 달랐던 것을 짝지어 혐오를 쉽게 학습할 수 있었지만, 고통스러웠던 경험을 청각신호나 시각신호와 짝짓는 것을 학습할 수 없었다는 것을 알 수 있었다. 이 결과는 동물들이 임의의 연합보다는 그들의 생존에 중요한 연합을 생물적으로 더 쉽게 학습하는 경향을 지닌다는 것을 나타낸다. 이와 유사하게 조련사들은 동물 묘기 훈련에서 조건형성된 임의의 반응으로부터 동물의 본능적 반응으로 되돌아간다는 것, 즉 본능적 경향을 발견했다. 이러한 실험결과들은 학습에 있어서 생물학적 경향성의 중요성을 강조한다고 볼 수 있다.

학습이 발생하는 데 강화가 불필요하다는 연구도 있었다. 톨먼은 강화 없이도 쥐들이 미로의 끝에서 강화물을 얻을 수 있게 되면 매우 효율적으로 사용할 수 있는 인지적 지도를 학습할 수 있다는 것을 보여주었다. 이것은 유인가가 있을 때까지는 학습이 일어났는지 증명되지 않는 잠재학습의 예가 된다. 관찰학습과 관련한 앨버트 반두라의 선구자적 연구도 인간 학습의 많은 부분은 직접 경험과는 관련이 없다는 것을 보여주었다. 그의 연구에서 모든 아이들은 모델의 행동이 강화되든, 처벌되든, 어떠한 결과물도 얻지 못하든 상관없이 관찰을 통해서만 학습했다. 반두라의 선구적 연구 이후에 나타난 관찰학습 연구들은 미디어에서 보여주는 폭력에 노출되는 것과 시청자들의 공격성이 높아질 가능성과 서로 관련지어 반두라의 연구의 폭을 넓혔다. 최근 신경과학자들의 연구에서 거울신경세포 시스템이 관찰학습의 신경학적인 근거를 마련하였다. 그러나 인간에서의 거울신경세포의 존재와 기능은 아직 논란이 있으며, 지금까지 연구결과로 밝혀진 것은 없다.

개념점검 | 3

- 미각 혐오학습의 용이성이 인간에게 생물적으로 적응성이 있다고 하는 이유를 설명하라.

- 단맛 물 단서 후 메스꺼움을 느낀 쥐와 딸깍거리는 소리, 번쩍이는 빛과 함께 제시된 보통 물맛 단서 후 메스꺼움을 느낀 쥐를 서로 비교했던 가르시아와 코엘링(1966)의 실험에서 얻은 결과를 고려하여, 이들은 이 실험에서 했던 물 단서 제시 후 시간이 지나서야 느끼는 메스꺼움을 관찰하는 대신에 물 단서 제시 후 즉시 느끼는 결과인 전기쇼크 실험도 해본 후 이 두 가지 연구를 비교하여 무엇을 알아보고자 한 것일까? 학습의 생물적 준비성 면에서 자신의 설명을 정당화하라.

- 동물에게 본능적인 행동을 조작적으로 조건형성하는 것이 본능적이지 않은 행동을 조작형성하는 것보다 훨씬 쉬운 이유를 설명하라.

- 잠재학습과 강화와의 관계를 설명하라.

- 반두라의 관찰학습 연구에서 모델을 강화하고 처벌하는 것이 아이들의 행동에 어떻게 영향을 미쳤는지 설명하라.

학습 가이드

핵심용어

여러분은 다음 핵심용어를 명확하게 정의할 수 있어야 한다. 분명하게 정의할 수 없는 것이 있으면, 책을 다시 읽어서라도 이해해둬야 할 것이다. 모든 용어를 이해했다고 판단되면, 연습문제를 풀어보라.

각성 이론	본능적 경향	정적 처벌
강화	부분적 강화계획	조건반응
강화물	부분적 강화효과	조건자극
거울신경세포	부적 강화	조작적 조건형성
계속적 강화계획	부적 처벌	조형
고전적 조건형성	소거(고전적 조건형성에서)	중성자극
고정간격 계획	소거(조작적 조건형성에서)	지연 조건형성
고정비율 계획	여키스-도슨의 법칙	처벌
과잉 정당화 효과	외재적 동기	처벌제
관찰학습(모델링)	유인 이론	추동감소 이론
내재적 동기	이차적 강화물	평가 고전적 조건형성
누적기록	일차적 강화물	프리맥 원리
동기	자극 변별(고전적 조건형성에서)	행동 수정
매력적 자극	자극 변별(조작적 조건형성에서)	혐오 자극
무조건반응	자극 일반화(고전적 조건형성에서)	획득(고전적 조건형성에서)
무조건자극	자극 일반화(조작적 조건형성에서)	획득(조작적 조건형성에서)
반사	자발적 회복(고전적 조건형성에서)	효과의 법칙
변동간격 계획	자발적 회복(조작적 조건형성에서)	흔적 조건형성
변동비율 계획	잠재학습	
변별 자극(조작적 조건형성에서)	정적 강화	

핵심용어 문제

다음 각 진술이 정의하는 용어를 적으라.

1. 조건자극에 의해서만 조건반응을 이끌어내는 것 혹은 조건자극을 포함한 매우 비슷한 자극의 집단에 대해서만 조건반응을 이끌어내는 것

   _____

2. 학습을 통해 강화적 속성을 얻는 자극

   _____

3. 조작적 조건형성에서 변별 자극과 유사한 자극이 제시될 때 조작적 반응을 보이는 것

   _____

4. 고전적 조건형성에서 새로운 반응을 이끌어내는 자극

   _____

5. 계속적 강화계획에서 강화된 조작적 반응보다 부분적 강화계획에서 강화된 조작적 반응들이 소거에 더 저항적이라는 연구결과

_____

6. 불만족스러운 자극

_____

7. 연구자가 원하는 반응에 성공적으로 근접하도록 강화함으로써 동물이나 사람이 어떤 조작적 반응을 보이도록 하는 훈련

_____

8. 전체 시행을 통틀어 정해진 숫자로 평균을 이루게 하는 부분적 강화계획의 하나

_____

9. 부분적 강화계획의 하나로 반응 이후 강화물을 받기 전까지의 시간간격이 시행과 시행 간에 매번 다르나, 하나의 정해진 시간 안에서 이루어진 시행들의 전체로 보았을 때는 평균 시간이 되는 것

_____

10. 원하는 행동을 가르치고, 원하지 않는 행동을 제거하기 위한 고전적 조건형성과 조작적 조건형성의 원리 적용

_____

11. 외적인 강화를 받고자 행동을 수행하려는 욕구

_____

12. 혐오 자극을 주는 처벌

_____

13. 에드워드 손다이크가 내놓은 원리로 만족스러운 결과를 가져오는 모든 행동은 반복되는 경향이 있으며 불만족스러운 결과를 가져오는 모든 행동은 반복되지 않는 경향이 있음을 설명하는 원리

_____

14. 소거 훈련 중에 공백 이후 조건화된 반응 효과가 부분적으로 회복하는 현상

_____

15. 더 이상 강화되지 않게 되면 조작적 반응이 줄어드는 것

_____

연습문제

다음은 이 장의 내용에 관한 선다형 연습문제이다. 해답은 개념점검 모범답안 뒤에 있다.

1. 파블로프의 고전적 조건형성 연구에서 소리는 _____으로 사용되었고, 입에 주입된 고깃가루는 _____으로 사용되었다.
   a. 무조건자극, 조건자극
   b. 조건자극, 무조건자극
   c. 무조건반응, 조건반응
   d. 조건반응, 무조건반응

2. 고전적 조건형성에서 무조건자극이 제거된 이후 조건반응이 감소되는 것을 _____(이)라고 한다.
   a. 획득
   b. 변별
   c. 소거
   d. 일반화

3. 고전적 조건형성의 자극 일반화에서 조건반응의 강도는 일반화 자극과 _____의 유사성이 증가할 때 _____ .
   a. 조건자극, 증가한다
   b. 조건자극, 감소한다
   c. 무조건자극, 증가한다
   d. 무조건자극, 감소한다

4. 강화로 인해 행동의 가능성(개연성)은 _____ 처벌을 통해 행동의 개연성은 _____ .
   a. 증가하고, 증가한다
   b. 증가하고, 감소한다
   c. 감소하고, 증가한다
   d. 감소하고, 감소한다

5. 부적 강화는 _____ 자극이 _____될 때 발생한다.
   a. 매력적, 제시
   b. 매력적, 제거

c. 혐오, 제시

d. 혐오, 제거

6. 다음 중 일차적 강화물의 가장 좋은 예는 무엇인가?

a. 치즈버거

b. 시험에서 A학점 받기

c. 교사로부터의 칭찬

d. 복권 당첨

7. 조작적 조건형성에서 특정 자극의 제시에만 어떤 반응이 강화될 때 그 자극을 _____ 자극이라고 한다.

a. 일반화

b. 변별

c. 획득

d. 소거

8. 게임의 다음 단계로 진출하기 위해 정해진 수의 토큰을 수집해야 하는 비디오 게임은 강화의 _____ 계획의 예인 반면 슬롯머신은 _____ 계획의 예이다.

a. 변동비율, 고정간격

b. 고정간격, 변동비율

c. 고정비율, 변동비율

d. 변동비율, 고정비율

9. 동물을 조련(훈련)하는 데 브렐런드가 겪은 어려움은 _____의 결과이다.

a. 부분적 강화효과

b. 본능적 경향

c. 토큰경제

d. 잠재학습

10. 톨먼의 미로에 갇힌 쥐 연구는 _____의 발생을 나타낸다.

a. 관찰학습

b. 잠재학습

c. 부분적 강화효과

d. 본능적 경향

11. 다음 중 이차 강화물의 예가 되는 것은?

a. 돈

b. 송금수표

c. 수표

d. 위의 보기 모두

12. _____ 효과는 외재적 강화를 받고 그것이 지속되지 않을 경우 내재 동기화된 행동이 감소하는 것을 말한다.

a. 정당화

b. 부분 강화

c. 조형

d. 본능적 경향

13. 조작적 조건형성에서 경사가 급한 누적기록은 _____를 나타내고, 평평한 누적기록은 _____을(를) 나타낸다.

a. 느린 반응 속도, 무반응

b. 느린 반응 속도, 빠른 반응 속도

c. 빠른 반응 속도, 무반응

d. 빠른 반응 속도, 느린 반응 속도

14. 반두라의 보보 인형 실험결과는 _____을(를) 나타내며 톨먼과 혼지크의 잠재학습 연구는 쥐의 미로학습에서 _____의 중요성을 보이는 것이다.

a. 관찰학습, 정당화 효과

b. 관찰학습, 인지도

c. 부분적 강화효과, 정당화 효과

d. 부분적 강화효과, 인지도

15. 두통을 경감시켜 주기 때문에 애드빌을 계속 복용하는 것은 _____의 예이며, 부정주차를 하여 벌금을 내면 돈을 잃는 것이므로 '주차금지' 구역에 주차를 하지 않게 되는 것은 _____의 예이다.

a. 정적 처벌, 정적 강화

b. 정적 강화, 정적 처벌

c. 부적 처벌, 부적 강화

d. 부적 강화, 부적 처벌

개념점검 1의 모범답안

• 무조건자극은 참여자들의 무릎을 망치로 치는 것, 무조건반응은 망치로 치는 것에 대한 참여자들의 무릎반사이다. 조건자극은 벨이 울리는 것, 조건반응은 이 벨소리에 참여자들이 무릎반사 반응을 보이는 것이다.

• 일반화와 변별은 반대라고 생각할 수 있는데, 일반화는 다른 자극들에 대해서까지 조건반응을 보이도록 넓히는

반면, 변별은 무조건자극에 따라오는 자극 및 그 자극과 구별할 수 없을 정도로 비슷한 자극들에 대해서만 반응을 보이도록 그 범위를 좁히는 것이다.

- 소거는 자극 변별 훈련 동안 사용된다. 무조건자극이 더 이상 어떤 자극도 따르지 않기 때문에 원래의 조건자극을 제외한 모든 자극에 대한 반응이 줄어든다. 하지만 자극이 조건자극과 구별될 수 없다면 그 자극에 대한 반응은 소거되지 않는다.

개념점검 2의 모범답안

- '정적'이란 자극의 제시를 뜻한다. 그러므로 정적 강화는 매력적 자극이 제시되는 것이고, 정적 처벌은 혐오 자극이 제시된다. 반면 '부적'이란 자극의 제거를 뜻한다. 그러므로 부적 강화에서는 혐오 자극이 제거되며, 부적 처벌에서는 매력적 자극이 제거된다.
- 조작적 반응은 변별 자극의 통제하에서 발생하는데 반응이 변별 자극의 제시에만 주어지기 때문이다. 동물이나 사람은 강화가 변별 자극의 제시가 가능할 때 이루어진다는 것을 학습한다.
- 반응이 더 이상 발생하지 않으므로 반응이 소거될 때 누적기록은 평평해진다. 누적된 총반응은 시간이 지남에 따라 같게 유지된다. 그러므로 누적기록은 이 전체 반응의 수가 전혀 증가하지 않기 때문에 평평해진다. 총반응의 수는 증가할 수만 있으므로 누적기록은 절대 감소할 수 없다는 사실을 기억하자.
- 부분적 강화효과는 고정계획보다는 변동계획에서 더 크게 나타나는데, 사람이나 동물이 강화물을 획득하기 위해 얼마나 많은 반응들이 필요한지, 혹은 얼마나 많은 시간이 경과되어야만 하는지를 알 수 있는 방법이 없기 때문이다. 그러므로 그들은 강화가 철회되었다는 것을 알아차리기가 어렵고, 그래서 반응은 소거에 더 저항적이 된다. 그러나 고정계획에서는 반응의 횟수나 시간의 양이 정해져 있기 때문에 여러분은 얼마나 많은 반응을 보여야만 하는지 혹은 얼마나 긴 시간이 경과해야 하는지 알고 있다. 그러므로 강화가 철회되었음을 더 쉽게 감지할 수 있고, 그러한 이유로 고정계획이 소거에 덜 저항적이라고 할 수 있다.
- 과잉 정당화 효과는 조작적 조건형성에 있어서의 인지

적 한계인데, 그것이 누군가가 어떤 활동에 몰입하기 위한 진짜 동기(외재적 대 내재적)에 대한 인지적 분석의 결과이기 때문이다. 이 분석에서 그 사람은 내재적 강화의 중요성을 지나치게 강조한다. 예를 들어 그 사람은 외재적 강화를 그 행동을 통제하는 시도로 보고, 선택 감각을 유지하기 위해 그 행동을 중단할지도 모른다.

개념점검 3의 모범답안

- 미각 혐오학습은 빠르고 쉽게 적응성을 보이는데, 그것은 우리가 생존할 가능성을 증가시키기 때문이다. 우리를 심각하게 아프게 하는 무언가를 먹거나 마신다면, 우리는 죽을 수도 있기 때문에 그 음식이나 음료를 더 이상은 섭취하지 않겠다고 적응하게 된다. 그러한 혐오적인 것들을 쉽게 학습한다면 우리는 더 높은 생존 가능성을 얻게 된다.
- 딸깍거리는 소음과 번쩍이는 빛과 함께 맛이 첨가되지 않은 보통 물을 마신 후 쥐에게 즉시 전기쇼크를 주면 물을 마시지 말아야 한다는 것을 쉽게 학습하지만, 단맛이 나는 물 단서에 전기쇼크가 결과로 이어지도록 하면 물을 마시지 말아야 한다고 학습하지 않는다. 생물적 준비성의 개념에서 볼 때 앞 실험은 생명 작용과 관련이 있지만 후 실험은 생명 작용과 관련이 없다. 자연환경에서 소리자극과 시각자극의 변화는 전형적으로 외부의 위험요소를 알리는 것이지만 단맛의 물은 전형적으로 외부의 위험요소와 관련이 없다. 외부단서(소음, 깜박이는 빛)에 외부위험(쇼크)이 결과로서 연관되는 것이 내부단서(맛)에 외부위험(쇼크)이 결부되는 것보다 생명현상과 관련하여 더 의미가 있다. 학습이 일어나게 하려면 외부단서는 외부결과와 결부되어야 하고 내부단서는 내부결과와 짝지어져야 한다.
- '본능적인' 반응을 조작적으로 조건형성하는 것이 더 쉬운데, 그 이유는 본능적 경향이 조건형성을 방해할 가능성이 더 작기 때문이다. 동물이 대상에 대한 본능적 반응을 이미 하고 있다면 다른 반응은 없을 것이다. 또한 대상에 대한 본능적 반응은 조형하기가 쉬운데, 본능적이지 않은 반응보다 더 빠르고 더 빈번하게 주어질 수 있기 때문이다.
- 잠재학습은 직접적 강화 없이 일어나지만, 그러한 학습

은 학습된 행동에 대한 강화가 가능할 때까지 증명되지 않는다.

- 반두라의 연구에서 모델을 강화하는 것은 관찰된 행동이 나타나는 가능성을 증가시켰으며, 모델을 처벌하는 것은 관찰된 행동이 겉으로 나타나는 가능성을 감소시켰다. 그러나 반두라는 이 두 경우에서 그 행동이 학습되었다는 것을 증명했다. 강화나 처벌은 단지 그것이 겉으로 나타나는가에만 영향을 미치는 것이다.

핵심용어 문제의 답

1. 자극 변별(고전적 조건형성에서)
2. 이차적 강화물
3. 자극 일반화(조작적 조건형성에서)
4. 조건자극
5. 부분적 강화효과
6. 혐오 자극
7. 조형
8. 변동비율 계획
9. 변동간격 계획
10. 행동 수정
11. 외재적 동기
12. 정적 처벌
13. 효과의 법칙
14. 자발적 회복(고전적 조건형성에서)
15. 소거(조작적 조건형성에서)

연습문제의 답

1. b
2. c
3. a
4. b
5. d
6. a
7. b
8. c
9. b
10. b
11. d
12. a
13. c
14. b
15. d

Jackie Saccoccio and Van Doren Waxter, NY.

5 | 기억

기억이 없다면 우리 삶이 어떨지 상상해보자. 우리에게 과거경험이 없어지게 되므로 삶에서 마주치는 모든 것이 늘 새롭게 느껴질 것이다. 또한 하향처리 과정이 사라질 것이다. 우리가 알고 있는 것, 세상을 해석하기 위해 필요한 기억을 사용할 수 없기 때문에 우리가 살고 있는 현재는 아주 큰 혼란상태가 되어 버릴지도 모른다. 그러므로 어떤 사실을 망각할 때, 기억에 대해 비판적이기보다는 망각할 수 있다는 사실에 고마워해야 한다. 기억은 우리를 망쳐 놓기도 하지만, 현재도 기억을 경험하고 있듯이 삶을 영위하는 데 반드시 필요한 것이다. 기억이 없다면 현재를 살아가는 데 무척 혼란스러울 것이다.

기억에 대한 연구는 제3장에서 논의했던 감각과 인식에 대한 연구의 확장일 뿐만 아니라 제4장에서 논의한 학습절차 연구의 확장이기도 하다. 제5장에서는 학습에 있어 필수적인 기억의 절차에 초점을 둘 것이다. 제5장에서 논의하는 자료는 실용적이어서 기억이 어떻게 작용하는지 알게 하여 당신의 기억을 향상시킬 수 있을 것이다.

기억이 어떻게 작용하는지에 대한 이해를 돕기 위해 기억체계의 가장 영향력 있는 기억의 3단계 모델에 대해 먼저 알아야 한다. 그리고 나서 우리의 기억체계 내로 어떻게 정보를 모으는지(부호화 과정)에 대한 주제로 옮겨 가려고 한다. 이 절에서는 부호화를 더 잘해서 기억을 향상시킬 수 있는 방법에 대해 다룰 것이다. 그 후에는 부호화와 쌍을 이루는 과정, 기억으로부터 정보를 끌어내는 인출에 대해 생각해 볼 것이다. 인출에 대한 절에서는 기억이 구성적 과정이라는 것과 조작될 수 있다는 것을 배울 것이고, "기억에 저장된 정보를 잃어버리기도 하는가?"라는 질문에 대해서도 알아볼 것이다. 어떤 정보를 더 이상 이용할 수 없다거나 특정한 때에 그 정보에 접근할 수 없는가? 이 질문과 관련하여 잘못된 기억과 어린 시절의 학대 경험으로부터 억압된 기억의 개념에 대해서도 논의할 것이다. 그러나 기억의 복잡한 주제들을 공부하기 전에 먼저 기억체계가 어떻게 작동하는지에 대해 3단계 모델을 기본으로 하여 살펴보기로 하자.

기억의 3단계 모델

기억체계의 3단계 모델은 1960년대 후반부터 기억에 대한 대부분의 연구에 대한 방향을 제시했다(Atkinson & Shiffrin, 1968, 1971). 이 기억 모델을 표현하는 도표는 기억 절차의 단계들을 나타내는 몇 개의 박스로 되어 있고, 그 박스들을 연결하는 화살표는 기억체계 내 정보의 흐름을 표현한다. 그림 5.1은 기억의 3단계 모델에서 이러한 정보의 흐름을 나타내는 도표이다. 일반적으로 정보는 감각을 통해 물리적 환경으로부터 감각기억으로 들어가고, 감각기억으로부터 단기기억으로, 또 장기기억으로 흐르며, 기억을 사용해야 할 때에는 단기기억으로 되돌아가기도 한다. 이 절에서는 정보처리의 각 단계에서 어떤 작용이 일어나는지, 어떻게 그 단계들이 기억과 상호작용하는지 자세히 알아보도록 하자. 기억절차의 시작 단계인 감각기억은 제3장에서 다뤘던 '감각'과 대략 비슷한 개념이다. 이 단계에서 정보는 아직 인식되지 않은 상향식 감각입력이다. 기억

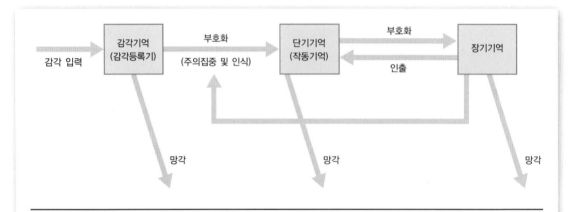

그림 5.1 기억의 3단계 모델

물리적 환경으로부터 들어오는 정보는 우리가 가진 오감(시각, 청각, 후각, 촉각, 미각)을 통해 감각등록기로 들어온다. 이 감각등록기들의 모임을 총칭하여 감각기억(SM)이라고 한다. 이 등록기들은 감각기억 정보들이 주의집중되고 인식되고 기억체계를 따라 다음 단계로 이동할 때까지 머무는 일시적인 저장소라고 할 수 있다. 주의집중되지 않은 감각정보는 재빨리 망각된다. 각각의 등록기에 있는 우리가 주의집중한 정보는 인식된 후, 기억의 두 번째 단계인 단기기억으로 들어간다. 단기기억 내에 있는 정보 중에서 주의집중된 것들은 나중에 사용될 때를 위해 장기기억에 부호화될 것이다. 이때도 주의집중되지 못한 정보들은 망각된다. 장기기억에 저장된 정보를 사용하기 위해서는 그 정보를 꺼내서 단기기억에 다시 보내야 하는데, 이것을 인출이라고 한다. 우리가 정보를 인출할 수 없다면 그것을 망각이라고 한다. 망각에 대한 설명은 이 장의 뒷부분에서 언급하기로 한다.

을 연구하는 학자들이 감각기억 단계가 존재하고 정보가 처리되는 과정을 어떻게 증명해 왔는지에 대해서 우선 알아보자.

감각기억

감각기억(sensory memory, SM)은 우리가 정보에 주의를 기울이고, 정보를 인식하며, 기억의 다음 단계인 단기기억으로 옮겨갈 때까지 물리적 환경으로부터 들어오는 감각정보를 일시적으로 저장하는 장소인 감각등록기로 구성되어 있다. 우리가 갖고 있는 각각의 감각(시각, 청각, 미각, 후각, 촉각)에는 하나씩의 등록기가 있다. 이 감각등록기에 저장된 감각정보는 처음에는 인식되지 않다가 우리가 의식적으로 알게 되면, 그 정보는 기억의 그다음 단계인 단기기억으로 이동한다. 이들 감각등록기의 작동방식에 대한 이해를 돕기 위해 우리의 주요 감각인 시각, 흔히 **영상기억**(iconic memory)이라고 부르는 시각적 감각등록기에 초점을 두어 설명해보겠다.

감각기억(SM) 우리가 가지고 있는 감각들에 대해 하나씩 있는 감각등록기들의 집합으로 감각기억은 입력되는 감각정보를 주의집중되고, 인식되고, 단기기억으로 부호화될 때까지 보유하고 있음

영상기억 입력되는 시각정보의 정확한 복사물을 1초가 채 안 되는 아주 짧은 시간 동안만 보유하고 있는 시각 감각등록기

영상기억은 1초보다 짧은 시간 동안만 유지되는 포토그래픽 메모리(photographic memory, 사진으로 찍은 것처럼 정확한 기억)

와 같다. 시각정보의 정확한 복사물은 영상기억에 있게 되지만, 매우 짧은 시간 동안뿐이다. 우리는 우리가 보는 모든 것에 관심을 기울일 수 없다. 그러므로 우리가 주목하는 영상기억 내의 시각정보는 인식되어 단기기억으로 이동되지만, 감각등록기에 있는데도 주목을 받지 못한 정보는 희미해지다가 재빨리 망각된다. 장기기억(하향식 처리) 내 정보는 인식이 발생하는 데 분명히 필요하다. 이는 그림 5.1에 장기기억에서 감각기억(이 경우 영상기억)과 단기기억 사이에 인식과정으로 돌아가는 화살표가 있는 이유다. 인식과정(제3장에서 지각을 의미)은 단기기억 내 영상기억으로부터 정보를 부호화하는 기제다.

앞에서 영상기억은 1초 이하로 지속된다고 했었다. 이것은 주의를 기울이지 않은 기억정보가 지속되는 시간은 1초도 채 되지 않는다는 의미이다. 이것을 어떻게 알 수 있을까? 이러한 '지속시간'에 대한 질문과 얼마나 많은 정보를 동시에 저장할 수 있는가라는 '용량'에 관한 질문에 대해 실험심리학자들은 어떻게 대답하고 있는지에 대해 알아보자. 직접적인 실험과 간접적인 실험, 두 가지 실험절차가 사용되었는데, 순간적 통합과정인 직접적인 실험이 더 이해하기 쉬우므로 먼저 이야기해보자.

시간적 통합법 시간적 통합법(temporal integration procedure)에서는 2개의 의미 없는 무작위 점자도안을 같은 위치에 연속적으로 제시한다. 이때 두 점자도안이 제시되는 시간간격을 매우 짧게 하면 의미 없는 2개의 도안이 통합되어 의미 있는 도안이 생기게 된다. 그렇게 했을 때 의미 있는 도안이 인식된다면, 그 도안은 우리 기억체계에서 통합된 것이 틀림없다(두 도안이 동시에 제시되지 않았기 때문에 나중에 통합된 것이다).

어떻게 이러한 작용이 일어나는지에 대해 알아보기 위해서 예를 들어 설명해보겠다. 그림 5.2의 ⓐ와 ⓑ에 있는 2개의 점자도안을 살펴보자. 각각은 의미 없는 점자도안이다. 하지만 두 도안이 ⓒ에서처럼 합해진다면 알파벳 철자 V O H라는 의미 있는 형태가 된다. 만약 스크린에 ⓐ와 ⓑ가 동시에 같은 위치에 제시되었다면 V O H였다는 것을 바로 알 수 있을 것이다. 하지만 그 두 도안이 연속적으로 제시될 때 V O H를 볼 수 있는 한 가지 방법은 우리 기억체계 내 어딘가에서 이 두 도안이 통합되는 것밖에는 없다. 두 도안은 영상기억(시각 감각등록기)에서 통합된다. 그러나 이것은 두 도안이 제시되는 간격이 1초 이하로 매우 짧을 때만 발생한다(Eriksen & Collins, 1967). 이 실험에 참여한 사람들은 두 도안이 1초 이상의 시간간격을 두고 제시되면 의미 있는 형태를 보

> **시간적 통합법** 합쳐질 때만 의미를 갖게 되는 아무런 의미를 지니지 않은 2개의 시각적 도안을 시간간격을 다양하게 하여 연속적으로 제시하는 실험절차

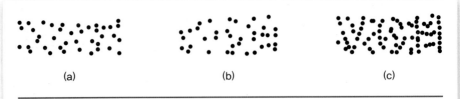

그림 5.2 시간적 통합법의 예

이 실험절차에서는 2개의 의미 없는 무작위 도안이 같은 위치에 연속적으로 제시된다. 만약 두 도안 (a)와 (b) 사이의 시간간격이 1초보다 짧으면, 의미 있는 형태인 알파벳 V O H가 보이게 된다. 의미를 지니는 도안 (C)는 2개의 다른 도안이 통합될 때만 인식될 수 있으므로 이러한 통합은 시각 감각등록기 혹은 영상기억이라고 하는 우리 기억체계 내에서 반드시 일어나야 한다.

지 못했다. 첫 번째 도안은 이미 영상기억에서 희미해진 상태이므로 영상기억에서 두 번째 도안과 통합될 수 없었던 것이다.

시간적 통합법을 사용한 결과는 더 크고 더 복잡한 도안에서도 관찰된다. 사람들은 아무 의미 없고 더 크고 복잡한 점자 도안들도 1초 이하 간격으로 제시되면, 의미를 지 닌 통합된 도안으로 인식한다. 우리의 영상기억의 용량은 상당히 크거나 이렇게 더 복 잡한 도안들은 통합될 수 없을 것이다. 결과적으로 영상기억의 용량은 크지만 지속시 간은 1초 이하로 매우 짧다.

스펄링의 전체보고법 및 부분보고법 조지 스펄링(1960)이 고안한 다른 실험절차들을 통 해서도 영상기억의 지속기간과 용량에 대한 같은 결과를 얻을 수 있다. 스펄링의 연구 에서는 매 시행에서 참여자들에게 0.05초 동안 전혀 관련이 없는 자음문자를 한 쌍씩 제시했는데, 0.05초(1/20초)는 매우 짧은 간격이었지만 시각정보를 처리하는 데는 충 분한 시간이었다. 관련없는 자음문자가 사용되어 문자배열에 두문자어, 음절 또는 단 어를 포함시키지 않았다. 그의 실험에서는 또한 크기가 다른 많은 배열들이 사용되었 지만 여기에서는 그림 5.3에 나온 것처럼 3×3의 9개 문자로 된 배열의 예를 살펴보기 로 하자. 각각의 시행에서 배열의 문자를 아주 짧은 시간 동안 비춰 주었으나 스펄링은 두 가지 서로 다른 보고 방법을 사용했다. **스펄링의 전체보고법**(Sperling's full-report procedure)에서는 참가자에게 모든 문자를 보고하게 했다. 피험 자가 문자 배열을 배울 수 없도록 시험마다 3×3의 다른 문자로된 배열을 사용하였다. 참가자들은 평균 4.5개의 문자를 기억했는데, 첫 줄에 있는 문자들과 둘째 줄의 왼쪽에 위치한 문자들이 대부분

스펄링의 전체보고법 관련이 없는 철자 들의 행렬을 짧게 제시한 후에 참가자들이 그 행렬에 있는 철자들의 전부를 회상하도 록 하는 실험절차

L   Z   Q

R   B   P

S   K   N

그림 5.3 스펄링의 영상기억 연구에 사용된 것과 비슷한 3×3 알파벳 행렬

각각의 실험에서 서로 다른 철자 행렬이 0.05초 동안 제시된다. 전체보고 절차에서 참가자들은 행렬에서 제시된 모든 철자를 회상하도록 노력한다. 부분보고 절차에서는 참가자들이 행렬이 제시된 뒤에 청각신호를 받게 되는데, 그 청각신호는 어떤 열이 보고되어야 하는지를 나타내주는 것이다(높은 음은 첫 번째 열, 중간 높이의 소리는 중간 열, 낮은 소리는 바닥에 있는 열을 나타낸다). 시행에 따라 무작위로 다양하게 신호가 제시되므로 참가자들은 어떤 열이 특정한 시행에서 제시되는지 알 방법이 없다. 또한 행렬의 철자가 보이는 것과 청각신호 간의 시간간격 또한 다양하다.

이었다. 그러나 참가자들은 제시된 문자 전체를 지각했지만 4개나 5개의 문자를 말하는 사이에 지각했던 것들이 기억에서 사라져 버렸다고 보고했다. 이것은 앞에서 배운 영상기억 같지 않은가? 실제로 문자들이 영상기억에는 있는데도 보고되지 않았다는 것을 스펄링은 추론을 통해 간접적으로 증명했는데, 그 추론 방법을 부분보고법이라고 한다.

스펄링의 부분보고법(Sperling's partial-report procedure)에서는 청각신호를 이용하여 참가자들에게 각각의 시행에 문자 배열 중 일부만을 보고하게 했다. 높은 소리는 가장 윗줄, 중간 높이의 소리는 두 번째 줄, 낮은 높이의 소리는 맨 아랫줄을 나타냈다. 이러한 소리들은 구별하기 쉬웠기 때문에 참가자들은 어떤 줄의 문자를 기억해내야 하는지를 판단하는 데 어려움이 없었다. 전체보고법처럼 문자 배열은 매 시행에서 다르게 제시되었다. 또한 신호로 제시되는 열은 시행이 계속됨에 따라 다양했기 때문에 참가자들은 특정한 시행에서 어떤 열의 문자를 기억해야 할지 알 수 없었다. 문자 배열을 매우 짧게 보여준 다음 즉시 청각신호를 제시했을 때 참가자들은 기억해내야 하는 문자를 100% 회상해냈다. 이러한 결과는 모든 줄에 대한 정보가 영상기억에 있었음을 반영한다. 즉, 문자 배열에 대한 정확한 복사판이 영상기억에 있었음은 틀림없다는 것이다.

시간적 통합법과 관련한 실험결과에 기초해볼 때 스펄링이 문자 배열과 청각신호 사이에 시간간격을 더 지연시킨다면 어떤 일이 일어날까? 영상기억의 지속시간은 1초가 채 되지 않는다고 했었다. 스펄링은 시간간격을 1초 이상으로 지연시키면 참가자의 회상(recall)이 매우 저조해진다는 것을 발견했다. 그러므로 이제까지 살펴본 매우 다른 두

스펄링의 부분보고법 관련이 없는 철자들의 행렬을 짧게 제시한 후에 참가자들에게 그 행렬 중 어느 열을 회상하게 할지에 대한 청각신호를 주는 실험절차

3개나 4개 이상의 번개가 우리의 영상기억에서 겹쳐지기 때문에 우리는 하나의 연속적인 번개로 인식하게 된다.

실험(시간적 통합법 및 스펄링의 실험)에 기초해볼 때 우리 기억에는 영상기억이 있으며, 그것은 시각자극에 대한 정확한 복사판을 보유할 만한 큰 용량이지만 지속시간은 매우 짧아 1초 이하의 시간 동안만 유지될 뿐이다.

Sheingold(1973)는 5, 8, 11세 아동과 성인을 대상으로 스펄링의 연구결과를 재현했다. 그는 영상기억의 초기 용량은 나이에 따라 변하지 않는다고 주장했다. 좀 더 최근에는 Blaser와 Kaldy(2010)는 수정된 부분보고법(modified partial-report techniques)을 사용하여 생후 6개월이 되면 유아의 영상기억 용량이 성인과 대부분 일치하는 것을 발견했다. 초기 발달에 대한 이러한 결과를 고려할 때 영상기억은 유연하고 다각적인 시각체계의 필수 구성요소인 것으로 보인다. 우리는 제7장에서 유아의 시각기억에 대해 배울 것이다.

실험실이 아닌 상황에서 영상기억이 어떻게 작동하는지 알고 싶다면 우리가 번개를 볼 때를 생각하면 간단하다. 번개는 한 번의 연속적인 것이 아니다. 우리는 그것을 단한 번의 번쩍임으로 인식하지만 실제로는 우리 영상기억에서 3개 이상의 번개가 겹쳐진 것이다. 또 다른 예로 모든 불빛을 다 끄고 불빛이 나오는 전등을 둥글게 회전시켜 보면 불빛이 원 모양이 되는 것을 볼 수 있다. 불빛이 연속적으로 흐르는 것이 아님에도 불구하고 당신은 마치 그렇다고 보았다. 왜 그럴까? 다시 말하지만 바로 영상기억이 작동하고 있기 때문이다. 이 현상은 많은 것들을 함축하고 있다. 우리가 세상을 단편적이 아닌 연결된 것으로 보도록 하는 것이 바로 영상기억이다.

영상기억 외에 연구된 다른 감각등록기 또한 큰 용량과 짧은 지속시간을 보인다. 감각등록기에 따라 지속시간은 얼마나 차이가 있을까? 예컨대 청각정보를 처리하는 청각 감각등록기는 음향기억(echoic memory)이라고도 하는데, 지속시간이 4초 정도로 영상기억 지속시간보다 조금 길다(Darwin, Turvey, & Crowder, 1972; Glucksberg & Cowen, 1970). 음향기억의 지속기간이 다른 감각등록기에 비해 더 긴 이유는 청각정보의 특성 때문이다(Radvansky, 2017). 청각정보는 시각정보처럼 동시에 존재하지 않는다. 시간이 지남에 따라 늘어난다. 따라서 제대로 분석되려면 음향기억에 더 오래 머물러야 한다. 촉각정보를 처리하는 촉각 감각등록기는 지속시간이 2초 미만으로 추정된다(Shih, Darbrowski, & Carnahan, 2009). 이 감각등록기들의 집단은 총체적으로 3단계 기억 모델에서 정보를 처리하는 첫 번째 단계인 감각기억을 구성한다. 그러나 우리가 일반적으로 '기억'이라고 말할 때는 감각기억을 떠올리지 않는다. 좀 더 긴 기억, 즉 지속시간이 긴 기억을 생각한다. 그러면 기억체계에서 두 번째 과정으로 조금 더 긴 지속시간을 지닌 단기기억에 대해 알아보자.

> **단기기억(STM)** 우리가 의식적으로 인식하고 있으며, 문제를 해결하고, 추론하고, 결정을 내리는 활동을 하는 작은 용량(7±2)과 지속시간(30초 이하)이 짧은 기억의 단계
>
> **기억폭 과제** 참가자들이 한 번에 하나씩 제시되는 일련의 아이템을 보고, 그것이 제시된 순서대로 기억해야 하는 기억 과제
>
> **기억폭** 일련의 기억 범위 실험들을 통틀어 한 개인이 기억할 수 있는 아이템 수의 평균

단기기억

단기기억(short-term memory, STM)은 감각기억으로부터의 정보가 인식 속으로 들어오는 기억단계이다. 우리는 단기기억에서 정보를 시연해서 영구적인 저장소인 장기기억에 옮길 수 있고, 나중에 그것을 기억해낼 수 있다. 또 우리는 장기기억에 있는 정보를 단기기억으로 되돌려 보내서 시연을 촉진시키고, 문제를 해결하고, 결정을 내리는 데 사용할 수 있다. 그래서 단기기억을 흔히 작업기억이라고도 한다(Baddeley, 2012; Engle, 2002). 그것은 기억체계에서 작업대의 역할을 한다. 작업기억에서 당신이 현재 의식하고 있는 인지과정이 일어나고 있다. 이 문장을 읽으면서 지금 생각하고 있는 것이 있다면 그것도 단기기억 내에서 이루어지고 있는 것이다. 당신이 단기 작업기억을 사용하고 있기 때문에 책을 읽으면서 내용을 이해하고 기억하는 일을 할 수 있는 것이다. 인간은 의식 내에서 많은 양의 정보를 한꺼번에 처리할 수 없는데, 그 이유는 단기 작업기억이 다소 작은 용량을 가지고 있기 때문이다. 또한 단기기억에서의 새로운 정보는 다소 약한 상태에 있어서 30초 내에 기억에서 없어진다. 단기기억이라고 불리는 이유도 그 때문이다. 단기기억의 특징에 대한 일반적 이해를 바탕으로 단기기억의 용량과 지속시간에 대해 어떤 연구가 이루어졌고, 어떻게 이루어져 왔는지 살펴보자.

단기기억의 용량 단기기억의 용량을 측정하기 위해 연구자들은 **기억폭 과제**(memory span task)를 사용해 왔다. 이 과제를 수행하기 위해 참가자는 한 번에 하나씩 제시되는 몇 개의 서로 무관한 문자들이나 단어들을 보고, 그것들이 제시된 순서대로 기억해내야 한다. 그 아이템 목록은 시행을 할 때마다 바뀌게 되어 있다. 예를 들어 기억폭 과제에서 단어 목록을 사용한다면 각각의 시행에서 서로 다른 단어들을 제시하는 것이다. 연구자들은 무엇을 발견했을까? 조지 밀러는 1956년 논문 '마법의 숫자 7±2 : 정보처리 능력의 한계'에서 그 해답을 제공했다. 여러분의 **기억폭**(memory span)은 몇 번의 기

억폭 시행에 걸쳐 여러분이 기억할 수 있는 아이템의 평균 개수라고 정의할 수 있다. 기억폭 과제에서 사람들은 7±2개, 즉 적게는 5개부터 많게는 9개까지의 정보 다발, 즉 5~9개의 **청크**를 기억한다. 밀러가 말한 '청크'라는 용어의 의미가 무엇인지 알기 위해서는 우선 기억폭 과제가 무엇인지 알아보아야 한다.

　기억폭 과제에서는 다양한 유형의 아이템이 사용된다. 관련이 없는 알파벳 철자들을 아이템으로 사용한다면, 대부분의 참가자는 5~9개의 서로 무관한 철자만을 기억할 것이다. 그러나 그 아이템들이 3개의 철자로 구성된 두문자어(ABC나 USA처럼 의미 있는 형태의 축약형 문자)이거나 우리가 잘 알고 있는 단어(dog나 boy)라면, 참가자들은 5~9개의 3개의 철자로 된 두문자어나 단어를 알게 되는데, 이때 철자의 개수는 15~27개로 대폭 늘어난다. 이 두 가지 경우 중에서 두문자어나 단어로 과제를 수행할 때가 첫 번째 경우보다 참가자들이 기억할 수 있는 단어 철자의 수가 훨씬 많은데, 철자들을 의미가 있는 집합들로 묶었을 뿐 결과적으로는 같은 개수를 기억하는 것이다. 이것이 '청크'라는 용어의 개념이다. 기억에서 **청크**(chunk)는 의미를 지닌 단위라는 뜻이다. 그러므로 청크의 관점에서 볼 때 단기기억에서 제한되는 용량은 7±2개의 청크이다. 그래서 만약 청크가 특정 유형에서 더 크다면 우리는 더 많은 정보를 기억할 수 있다. 체스선수처럼 특정한 분야의 전문가들은 전문 영역 내의 정보에 대해서는 더 큰 청크를 가지고 있다(Chase & Simon, 1973). 예를 들어 체스선수에게는 체스판 위의 몇 개의 말이 모여서 하나의 청크를 이루지만 초보자의 경우에는 하나의 말이 하나의 청크를 이룬다.

단기기억의 지속　이제 단기기억의 지속시간에 대해 알아보자. 단기기억이 우리가 인식하는 작업 공간과 같다면 지속시간은 왜 30초 이하인가? 만약 우리가 그렇게 하기로 선택한다면 30초 이상은 당연히 지속할 수 있고, 원하는 만큼 긴 시간 동안 정보를 유지할 수 있을 것이다. 지속시간이란 우리가 정보에 대한 주의집중을 할 수 없을 때, 얼마나 오랫동안 단기기억에 정보를 저장할 수 있는가를 말한다. 이러한 지속시간을 측정하기 위해 연구자들은 교란과제를 고안했다(Brown, 1958; Peterson & Peterson, 1959).

청크 한 개인의 기억에 있어서 의미를 지닌 단위

교란과제 적은 양의 정보가 짧게 제시된 후 참가자가 그 정보를 다양한 시간 길이 동안 시연을 교란하게 하고 그 후에 그 정보를 회상하게 하는 기억과제

교란과제(distractor task)란 CWZ처럼 3개의 무관한 자음 같은 적은 양의 정보가 제시되고, 참가자들이 아주 짧은 시간 정보에 집중할 수 있게 하다가 즉시 혼란스럽게 만든 후, 그 정보를 회상해 내게 하는 과제이다. 이때 참가자들을 어떻게 교란시킬까? 어떤 숫자를 제시하면 참가자들은 재빨리 큰 소리를 내어 그 숫자를 거

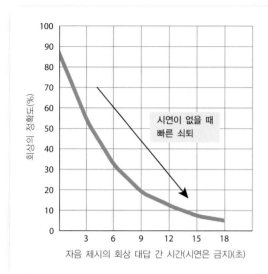

그림 5.4 단기기억 교란과제의 결과

이 표는 시간이 흐름에 따라 단기기억에서 망각이 어떻게 일어나는지를 보여준다. 교란을 주는 시간의 길이가 증가함에 따라 망각도 급속히 증가한다. 30초 이상에서 회상의 양은 0이다.

출처 : Peterson, L. R., & Peterson, M. J. (1959). Short term retention of individual verbal items. *Journal of Experimental Psychology, 58,* 193–198.

꾸로 세어야 한다. 숫자를 빨리 거꾸로 세는 것은 단기기억의 작업공간을 재빨리 채우게 되기 때문에 참가자들은 3개의 철자에 주의를 집중하지 못하게 된다. 실험자는 이 혼란을 경험하는 시간의 길이를 다양하게 한다. 이 교란 시간이 끝나면 참가자들은 그 철자들을 기억해내려고 노력해야 한다. 어떤 일이 일어날까? 그림 5.4에 몇 가지 전형적인 결과와 수치를 제시하였다.

그림 5.4에서 볼 수 있듯이 단기기억에서 측정된 정보의 지속시간은 30초 이하로 다소 짧다. 이것을 우리 일상생활과 관련지어 본다면 친구가 당신에게 새로운 전화번호를 주는 상황에 무슨 일이 일어날지 상상해보라. 친구는 당신에게 번호를 말해주고 그 번호는 당신의 음향기억에 들어가고 당신은 그 번호에 주의를 집중할 것이며 번호를 인식하게 된다. 그렇게 되면 그 번호는 단기기억으로 이동한다. 당신은 번호에 주의집중하기 시작하므로 그 번호를 폰 연락처에 입력할 수 있다. 그런데 밖에서 누군가의 비명을 듣고 그쪽으로 달려가 본다면 그 번호는 어떻게 될까? 앞에서 언급한 실험에서 교란과제를 사용했을 때 참가자들이 3개의 자음을 잊어버렸던 것처럼 당신도 그 번호를 잊어버려서 친구에게 번호를 다시 받아야 할지도 모른다. 단기기억의 정보는 일시적인 저장상태에 있으므로 그 정보를 잃어버리지 않도록 주의를 집중해야 한다. 그렇게 하기 위해 우리는 일반적으로 유지시연을 사용한다. **유지시연** (maintenance rehearsal)은 단기기억에 있는 정보를 되풀이하여 반복하는 것이다. 전화번호의 경우라면 그 번호를 연락처에 저장하

유지시연 정보를 유지하기 위해서 단기기억에 있는 정보를 계속적으로 되풀이하는 시연의 한 유형

작업기억 단기기억이 작업을 수행할 수 있도록 하는 메커니즘을 포함하는 단기기억의 상세한 형태

는 과정을 완료할 때까지 되풀이해서 암송하는 것이다.

유지시연은 단기기억에서 수행되는 정보를 통제하고 처리하는 작업의 유형 중 하나다. 앞서 지적했듯이 단기기억에서 모든 다양한 유형의 작업이 수행되기 때문에 보통 **작업기억**(working memory)이라 부른다. 여기서 우리의 목적을 위해 당신은 작업기억이 단기기억이 일을 수행하도록 허락하는 기제를 포함하는 단기기억에 대한 보다 자세한 설명으로 생각할 수 있다. 작업기억이 어떻게 이를 수행하는지 설명하기 위해 연구자들은 작업기억 기제의 다른 모델을 제안했다(Miyake & Shah, 1999). 가장 영향력 있는 설명 모델은 앨런 배들리(2007, 2012; Baddeley & Hitch, 1974)의 모델이다. 간단히 말해 배들리는 작업기억은 네 가지 구성요소로 이루어지며 각 구성요소를 (1) 음운고리(phonological loop), (2) 시공간 메모장(visuospatial sketchpad), (3) 임시완충기(episodic buffer), (4) 중앙집행기(central executive)로 제시하였다. 음운고리를 사용하면 짧은 시간 동안 언어정보로 작업할 수 있다. 유지시연 예제에서와 같이 전화번호를 기억하기 위해 계속 반복할 수 있다. 마찬가지로 시공간 메모장은 이 책의 페이지 안에 있는 표나 그림, 페이지 안에서의 공간적 위치와 같은 시각적 및 공간적 정보와 함께 작동한다. 임시완충기는 음운고리, 시공간 메모장, 장기기억에서 얻은 정보를 통합한다. 예를 들어 교사가 칠판에 쓰는 시각정보, 강의에서 얻은 언어정보, 장기기억으로부터 입력된 모든 정보를 통합하는 것이다. 임시완충기는 어느 순간에 일어나는 일을 통합하여 표현하기 위한 임시 저장장치(temporary storage)를 의미한다. 마지막으로 중앙집행기의 구성요소는 작업(정보처리 및 조작)이 최적으로 수행될 수 있도록 다른 세 구성요소의 활동을 조정하고 자원을 분배하는 역할을 한다. 이는 또한 우리의 주의를 통제하고 장기기억과 상호작용하는 기제이기도 하다. 즉, 중앙집행기는 작업기억의 CEO다.

이제 단기기억에 대해 더 잘 이해하였기에 우리가 학습할 때 우리의 목표가 무엇인지 생각해봐야 한다. 단기기억에 정보를 유지시키는 것이 우리의 목표는 아니다. 우리의 목표는 미래에 정보를 인출하고 사용할 수 있게 장기기억에 정보를 저장하는 것이다. 그리고 단기기억은 이러한 과제에 큰 역할을 수행한다. 이 장의 남은 두 절에서는 단기기억에서 장기기억으로 정보를 부호화하는 과정과 나중에 그 정보를 인출하는 과정에 대해 다루어 보겠다. 그 전에 기억의 3단계 모델의 마지막 단계인 장기기억을 먼저 알아보자.

장기기억

우리가 일반적으로 사용하는 '기억'이라는 단어는 심리학자들이 장기기억이라고 부르는 것을 의미한다. **장기기억**(long-term memory, LTM)은 긴 시간 어쩌면 영원히 정보를 저장할 수 있고 용량은 무한하다. 인간의 두뇌에는 몇조 개나 되는 시냅스들이 연결되어 있다고 제2장에서 다룬 바 있다. 인간의 기억은 영상기록기처럼 작동하지는 않지만, 그렇게 작동한다고 상상하면 장기기억 용량의 엄청난 크기를 더 잘 이해할 수 있다. 인간의 기억이 영상기록기처럼 작동한다면 3백만 시간의 TV쇼를 기록할 수 있다(Reber, 2010). 저장공간을 모두 사용하려면 300년 이상 TV가 계속 켜져 있어야 한다. 장기기억은 용량이 엄청나지만 영상기록기처럼 작동하지는 않는다(Lilienfeld, Lynn, Ruscio, & Beyerstein, 2010). 그러나 최근 조사에 따르면 약 50%가 그러한 방식으로 작동한다고 믿는다(Simons & Chabris, 2011, 2012). 왜 이러한 오해가 존재하는지에 대한 이유는 확실하지 않다. 장기기억은 우리가 경험하는 정확한 복제와는 거리가 멀다는 점은 분명하다. 장기기억은 정보를 복원할 수 있지만 생산할 수는 없다. 이 장의 마지막에서 '망각'에 대해 다룰 때 장기기억에 있는 정보의 지속시간과 영속성에 대해 살펴보기로 하고, 여기에서는 다양한 유형의 장기기억에 대해 알아보자.

기억의 3단계의 지속시간과 용량이 표 5.1에 요약되어 있다. 이 표를 복습하여 기억의 3단계가 각각 어떻게 다른지 잘 알아놓자. 이제 장기기억의 종류에 대해 살펴보도록 하겠다.

장기기억의 종류 기억을 연구하는 학자들은 다양한 종류의 장기기억 간의 차이를 구별한다(Squire, 2004). 첫 번째는 우리가 의식적으로 회상하고 서술적 문장을 만들어야 하

표 5.1	기억의 3단계의 지속시간과 용량	
기억의 단계	지속시간	용량
감각기억	영상기억 : 1초 미만 음향기억 : 4~5초 감각기억 : 2초 미만	큰 용량
단기기억	시연하지 않고 30초까지	7±2개의 청크
장기기억	아주 오랜 시간(영원할 수 있음)	용량 제한 없음

는 기억과 의식적 회상이나 서술적 문장을 필요로 하지 않는 기억 간의 구별이다(그림 5.5 참조). 어떤 사람이 당신에게 "미국의 초대 대통령은 누구입니까?"라고 묻는다면, 당신은 장기기억에서 그 대답을 인출해서 의식적으로 '조지 워싱턴'이라고 말할 것이다. 이것을 **외현적 기억**(explicit memory) 또는 **서술적 기억**(declarative memory)이라고 하는데, 사실적 지식과 개인의 경험에 대한 장기기억이다.

Tulving(1972)은 외현적 기억 안에서 기억의 종류를 사실적 지식에 대한 **의미기억** (semantic memory)과 개인의 일상경험들에 대한 **일화적 기억**(episodic memory)으로 나누었다. 조지 워싱턴이 미국의 초대 대통령이라는 사실(의미기억)은 당신이 첫 키스를 기억하는 것(일화적 기억)과는 매우 다르다. 의미기억과 일화적 기억은 자서전적 기억 (autobiographical memory)으로 조합된다(Williams, Conway, & Cohen, 2008). 개인의 과거경험인 일화적 기억은 당연히 자서전적 기억 중 하나이며, 자신의 생일이나 다녔던 고등학교 이름 등 개인 역사의 사실적, 의미론적 기억이기도 하다.

외현적 기억은 비서술적 기억(non-declarative memory)으로 불리는 **암묵적 기억** (implicit memory)과 대조된다. 암묵적 기억은 우리 행동에 영향을 주기는 하지만 의식적인 인식이나 서술적 명시를 필요로 하지 않는 장기기억이다. 차 운전하는 방법을 기억하는 것을 예로 들면 우리는 의식적으로 회상하거나 설명하지 않아도 운전할 수 있다. 운전이나 테니스 경기처럼 암묵적 기억은 정해진 움직임을 시행하는 절차적인 특성이 있기 때문에 **절차적 기억**(procedural memory)이라고도 한다. 서술적·외현적 기억과 절차적·암묵적 기억을 대조하는 것은 '어떻게'를 아는 것과, '무엇'을 아는 것에 관한 것이다. 하지만 절차적 기억이 전부 암묵적 기억은 아니다(그림 5.5 참조). 우리는 제4장에서 또 하나의 암묵적 기억인 고전적 조건형성에 관해 다루었다. 고전적 조건형성에서 조건자극에 의해 자동적으로 유발되는 조건반응 또한 암묵적 기억이다.

또 다른 비절차적 암묵기억은 **점화**(priming)이다. 점화란 선행자극이 후행자극에 수반되는 반응에 영향을 미치는 것을 의미한다. 점화가 암묵적 기억으로 분류되는 것은 점화로 자극받는 것을 의식적으로 기억하는 것이 아니기 때문이다. 점화에 대해서 알아볼 수 있는 실험 절차들이 다양한데, 이들 중에 반복 점화(repetition priming)에 대해 알아보고 점화가 어떻게 작용하는

외현적 기억(서술적 기억) 사실적 지식과 개인의 경험에 대한 장기기억. 이 기억은 기억을 위한 의식적 노력을 필요로 하고, 기억되는 정보를 명확히 하는 것을 포함함

의미기억 사실적 지식에 대한 명시적 기억

일화적 기억 개인적 경험에 대한 명시적 기억

암묵적 기억 절차적인 것, 인지적 과제와 조건형성의 효과와 관련된 장기기억. 우리 행동에 영향을 주기는 하지만 기억된 정보에 대한 의식적인 인식이나 서술적 명시를 필요로 하지 않는 기억

절차적 기억 인지적인 과제나 움직임이 있는 절차적 과제들을 다루는 암묵적 기억

점화 이전에 제시된 자극이 나중 자극의 반응에 주는 암묵적 영향. 이 영향은 이전 자극에 대한 의식적 기억과는 무관

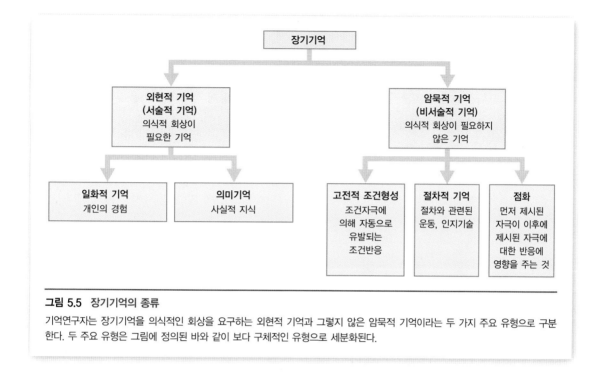

그림 5.5 장기기억의 종류

기억연구자는 장기기억을 의식적인 회상을 요구하는 외현적 기억과 그렇지 않은 암묵적 기억이라는 두 가지 주요 유형으로 구분한다. 두 주요 유형은 그림에 정의된 바와 같이 보다 구체적인 유형으로 세분화된다.

지 이해해보자. 반복 점화를 해보려면 먼저 참가자에게 일련의 (영어)단어들을 숙지하게 하고 시간이 지난 후, 첫 번째 철자와 나머지 철자 일부만 적혀 있는 단어 목록을 제시하여 첫 번째 철자를 보고 생각난 철자들로 빠진 자리를 채워 단어 목록을 완성하게 하는 것이다. 예로 단어 첫 철자와 철자 한 개만 남기고 s _ c _ _ _ 으로 제시한다. 참가자가 's o c c e r'나 's o c k e t'과 같은 식으로 빠진 곳의 철자를 채울 수도 있겠지만, 이 단어들은 실험단어 목록에 없었기 때문에 점화되지 않아서 참가자들이 이런 단어들을 생각해내기보다는 'social' (실험단어 목록 중에 있었기 때문에 점화된 단어)을 생각해낼 가능성이 더 크다. 이와 같은 점화는 선행된 단어 인지검사에서 목록에 있는 단어들을 의식적으로 인지하지 않았더라도 일어난다(Tulving, Schacter, & Stark, 1982). 따라서 점화는 단어에 대한 외현적 기억 없이도 가능하기 때문에 자신도 모르게 일어나는 무의식적인 암묵적 절차라는 것을 알 수 있다. Graf 등(1984)은 점화가 암묵적이며 무의식적 기억임을 다시금 보여주었다. 이들은 기억상실증에 걸려서 새로운 정보에 대해서는 외현적 기억이 전혀 없는 사람들도 점화 실험에서 반복 점화 단어완성 과제(repetition priming word fragment task)를 정상인처럼 수행할 수 있다는 것을 알아냈다. 이 실험에서 기억상실증 환자들은 실험에 사용되었던 단어들을 본 적이 있다는 것을 의식적으로는 기억하지 못했다.

다음은 뇌 수술이나 부상으로 기억력에 심각한 결함이 생긴 **기억상실증 환자** (amnesics)를 대상으로 한 기억연구들로부터 어떻게 외현적 기억과 암묵적 기억을 더 확실하게 구분할 수 있게 되었으며, 더 나아가 어떻게 각각의 기억을 관장하는 뇌 부위를 발견하게 되었는지를 살펴보겠다.

기억상실, 장기기억의 손실 기억상실증 환자를 대상으로 한 연구로부터 외현적 기억과 암묵적 기억이 뇌의 다른 부분에서 처리된다는 주장에 대한 몇 가지 근거가 있다. 기억 상실증 환자 연구에 대한 이번 장의 논의에서는 제1장에서도 짧게 소개되었던, 심리학 분야의 기억상실증 환자 연구에서 가장 많이 연구대상이 된 HM을 중점적으로 다루고 자 한다. HM은 7세 때 자전거에 치인 사고 때문에 생긴 뇌 부상으로 고생하다 청소년 기가 되어 심각한 간질성 발작이 나타나게 되었다(Hilts, 1995). 1953년에 27세의 나이 였던 HM은 간질 발작을 줄이기 위해 해마와 측두엽을 둘러싸고 있는 영역을 제거하 는 수술을 받았다(Corkin, Amaral, Gonzalez, Johnson, & Hyman, 1997). 발작은 줄었 지만 그 수술은 그의 장기기억에 상당한 영향을 끼쳤다. 그는 수술 받기 전에 정상적인 단기기억과 장기기억을 가지고 있었지만 수술을 받은 후에 단기기억은 정상이었던 반 면, 장기기억에 새로운 정보를 저장할 수 없는 것 같았다(Scoville & Milner, 1957). 그는 같은 잡지를 반복해서 읽었고, 읽을 때마다 새로운 잡지라고 생각했다. TV 프로그램을 보면서 그 프로그램의 이야기를 따라가지 못했는데, 프로그램 중간중간 들어가는 광고 가 시청 중이던 프로그램 내용을 기억하는 것을 방해했던 것이다. 또한 수술하기 전에 알고 지내던 사람이 아닌 처음 보는 사람의 경우 자신을 소개하고 방을 잠깐 나갔다가 다시 들어오면 HM은 그 사람을 알아보지 못했다. 수십 년 동안 HM을 연구했던 두 명 의 신경과학자 브렌다 밀너와 수잔 코킨도 HM을 만날 때마다 자 신들을 새로이 소개해야 했다.

HM은 뇌에 치명적인 손상을 입었거나 수술 이후에 외현적 장 기기억(explicit long-term memory)을 새롭게 만들어내지 못하는 **전진형 기억상실증**(anterograde amnesia)을 겪었다. 이와 대조적 으로 **후진형 기억상실증**(reterograde amnesia)은 과거에 대한 기억 중에서도 수술이나 충격적 사건 바로 전에 있었던 일화적 기억이 파괴된다. 뇌진탕에 걸리게 되면 전형적으로 후진형 기억상실증

기억상실증 환자 뇌 수술이나 뇌 손상 후 에 심각한 기억 결함을 겪는 사람

전진형 기억상실증 뇌에 치명적인 손상 을 입었거나 뇌 수술 이후의 사건에 대한 새로운 명시적 장기기억을 만들어내지 못 하는 증상. 수술이나 손상 이전에 형성된 명시적 기억들은 손상되지 않은 채로 남아 있음

후진형 기억상실증 과거, 특히 뇌 수술 바로 이전의 사건들에 대한 일화적 정보가 손상되는 증상

에 걸린다. HM도 특히 수술하기 전 며칠 동안 후진형 기억상실을 약간 보였지만 이 것은 이미 그에게 전반적으로 더 심각했던 전진형 기억상실증에 비하면 미미했다.

Jenni Ogden.

기억해 두어야 할 점은 지금까지 알아 본 것처럼 기억상실증 환자가 암묵적 반복 점화 효과를 보인다는 것이다. 그렇다면 HM은 어떤가? 외현적 장기기억은 새로이 형성하지 않으면서[O'Kane, Kensinger, Corkin(2004)의 연구와 Skotko 등(2004)의 연구 참조], 암묵적 기억은 새롭게 형성했던 것인가? 대답은 전적으로

사진 속의 헨리 몰레이슨은 신경과학 역사상 가장 유명하고 많이 연구된 사람이다. 그는 2008년에 82세의 나이로 세상을 떠났다. 그가 살아 있는 동안 비밀을 유지하기 위해 그의 이니셜인 HM만이 그가 50년 이상 참여한 수백 개의 연구에서 그를 확인하는 데 사용되었다. 그가 죽은 이후 연구자들은 뇌를 보존하고 가상 3D 디지털 모델로 만들 수 있는 디지털 이미지화를 위해 그의 뇌를 2,400개의 면도날처럼 얇은 조각으로 잘랐다(Annese et al., 2014).

'그렇다'이다(Corkin, 2013). 그렇다면 지금부터 이를 증명하는 연구를 짧게 소개하겠다. HM은 거울상 따라 그리기(mirror-tracing) 과제를 수행함으로써 암묵적 절차기억이 형성됨을 보였다. 거울상 따라 그리기 과제는 거울을 통해 보이는 도안의 선을 따라 그리는 것이다. 이때 도안을 따라 그리는 손도 볼 수 있는데 거울에 비친 손은 실제 움직이는 방향과 반대로 움직인다. 이 과제는 어려운 운동성 과제지만 연습효과가 있어서 연습하면 할수록 실수가 줄어든다. 이 운동성 과제를 HM은 중간에 몇 달의 공백 기간 후에도 정상적인 연습효과를 보이면서 과제를 수행하였다(Gabrieli, Corkin, Mickel, & Growdon, 1993). 그런데 이 과제를 자신이 수행했다는 것은 기억하지 못했으며 과제 수행 전에 매번 지시를 받아야 했다. Corkin(1968)은 HM이 다른 종류의 수작업 과제를 하면서 연습과 함께 그 수행이 향상됨을 발견하였다. 또 다른 작업은 돌아가는 회전판 위에 작은 점이 표시되어 있는데 그 점 위로 바늘같이 가는 침을 연속으로 올려놓는 것이었다. HM은 연습을 통해 이 과제를 잘 수행하게 되었지만 수행 향상에 기여한 이전 연습들은 기억하지 못했다.

이에 더하여 HM은 단어완성 과제를 수행하면서 선행 점화된 단어들을 의식적으로 알아보지 못한 채 암묵적 반복 점화 효과를 보였으며(Corkin, 2002), 암묵적 기억인 고전적 조건형성이 된 눈 깜박임 반응(Woodruff-Pak, 1993)도 했다. 후자의 경우에 어떤 소리를 들으면 눈을 깜박이도록 고전적 조건형성된 이후에도 자신의 고전적 조건형성 일화를 의식적으로 기억하지는 못했지만 소리와 눈 깜박임 반응 간의 연합이 암묵적

거울상 따라 그리기 과제 금속재질로 된 바늘 끝으로 별 모양(또는 다른 도안들) 가장자리를 따라 그리는 것으로, 별 도안과 따라 그리는 손은 거울로만 볼 수 있다. 따라서 실제 별을 따라 그리는 손의 방향은 거울에 비친 손의 방향과 반대가 되어야 한다. 뾰족한 침이 별의 가장자리를 벗어나면(주어진 도안의 가장자리를 벗어난 선은 빨갛다) 바늘 침은 도안이 그려져 있는 알루미늄판과 전기접전하여 실수가 발생한 횟수를 기록한다. 별 도안 가장자리에는 부전도 테이프도 붙어 있어 바늘침이 알루미늄판에 닿아 있는 한 전기접전은 일어나지 않는다. 일반인과 마찬가지로 HM도 회를 거듭할수록 과제 경험이 늘어남에 따라 향상된 수행을 보였다(실수 횟수가 줄어듦). 단, 우리와 다른 점은 이전 과제 수행에 대한 기억이 전혀 없다는 점과 따라서 매회 과제 설명을 해주어야 했다는 점이다. 본문에 논의되어 있는 것과 같이 이 과제 수행이 우리에게 보여주는 것은 그가 과제를 어떻게 수행할지에 대한 새로운 암묵적 절차기억을 형성했지만, 과제를 수행했다는 사실을 기억하는 새로운 외현적 일화기억은 형성하지 못했다는 것이다.

기억으로 저장된 것이다. 이것은 그가 소리를 듣고 눈을 깜박였지만 자기가 왜 그러는지는 전혀 알지 못했다는 의미이다. LeDoux(1996)도 HM의 기억 결함 같은 양상을 보이는 여성 기억상실증 환자를 대상으로 한 연구에서 비슷한 결과를 얻었다고 보고하였다. 그 여자 환자도 자신의 의사(에두아르 클라파레데)를 알아보지 못해 클라파레데는 만날 때마다 악수하면서 자신을 소개하였다. 하루는 손에 압정을 숨겨 쥐고 악수를 하면서 그녀의 손을 찔렀다. 그 이후에 다시 만나서 의사가 자신을 소개하고 악수를 하려고 하자, 그 여자 환자는 악수하는 것을 거절하였지만 자신이 왜 거절하는지는 몰랐다. 이 환자는 외현적 지각 없이 조건형성된 것이다.

HM과 같은 기억상실증 환자들은 어떻게 외현적 기억은 새롭게 형성하지 못하면서 암묵적 기억은 새롭게 형성할 수 있는 것일까? 연구로 밝혀진 바에 의하면 암묵적 기억을 형성하고 저장하는 데에는 해마가 아니라 소뇌(cerebellum), 기저핵(basal ganglia)과 같은 다른 뇌 부위가 중요하다(Green & Woodruff-Pak, 2000; Knowlton et al., 1996; Krebs, Hogan, Hening, Adamovich, & Poizner, 2001; Krupa, Thopson, & Thompson, 1993; Squire, 2004). 기억에 필요한 이들의 소뇌, 기저핵과 다른 뇌 부위는 손상되지 않았기 때문에 암묵적 기억형성이 가능하지만, 외현적 기억형성은 해마가 제거되었기 때문에 기능할 수 없다.

해마에 근거한 설명은 우리가 어른이 되면 3세 이전에 일어났던 사건들에 대한 기억을 하지 못하는 **유아/아동 기억상실증**(infantile/child amnesia)을 설명하기 위해 제안된 것 중 하나이다. 이 설명에 따르면 3세 이전에는 일화적, 외현적 기억의 장기기억을 형성하는 데 중요한 역할을 하는 해마가 온전히 발달하지 못했기 때문에 대부분의 사람은 그때의 경험을 기억할 수 없다. 제2장에서 언급했듯이 새로운 신경세포의 발생인 **신경생성**(neurogenesis)은 해마에서 일어난다는 것을 기억해야 한다. 유아기 동안 해마가 발달하기 때문에 신경생성 수준이 높다. Akers 등(2014)은 높은 수준의 신경생성이 해마와 관련된 기억을 방해하여 해마의 기능저하를 유발한다는 것을 발견했다. 중요한 것은 외현적 장기기억 형성에 해마가 결정적이기는 하지만 최종적인 목적지가 아닌 잠시 머무는 장소임을 알아야 한다. 외현적 기억이 노화해 가면서 해마의 관여가 줄어들게 된다(Smith & Squire, 2009). 외현적 기억은 장기기억을 변환하는 기억 응고화(memory consolidation)로 불리는 과정을 수행하는 피질 전체로 분배된다. 어떻게 이렇게 되는 것인지, 또 어떻게 이 기억들이 다시 나타나게 되는 것인지에 대한 해답을 찾지 못한 채 의문으로 남아 있다(Miller, 2005).

단기기억과 장기기억 차이에 대한 증거 HM 같은 기억상실증 환자들에 대한 결과는 단기기억과 장기기억이 각각 기억체계의 다른 단계에 있다는 것을 말해준다. 그의 기억폭이 일반적인 범위에 속해 있는 것을 보면 HM의 단기기억이 수술 이후 심각한 손상을 입지 않았다는 것을 알 수 있다. HM은 어렵지 않게 전화번호를 반복할 수 있었다. 자유회상 과제를 실험하는 연구자들은 장기기억과 단기기억이 다른 단계에 있다는 추가 증거를 발견했다. **자유회상 과제**(free recall task)에 참여하는 사람들은 단어목록을 한 번에 하나씩 받게 되고, 그들이 원하는 순서대로 그 단어들을 회상해내야 한다. Kirkpatrick(1894)이 처음으로 자유회상 과제를 도입하였으며 단어 중 다른 단어들에 비해 훨씬 쉽게 회상될 수 있는 목록상의 위치가 있다는 점을 언급하였다. 만약 그 단어들을 회상한 결과를 단어들이 제시된 순서(그 목록에 있는 그 단어들의 위치)에 따라 나눠 보면 그림 5.6처럼 독특한 모양을 하게 될 것이다. 그 목록의 끝에 나온 단어들이 중간에 제시된 단어들보다 훨씬 더 자주 회상된다. 목록의 첫 부분에 대한 회상이 우수한 것을 **초두효과**(primary effect)라고 하며, 목록의 뒷부분에서 우수한 회상능력을 보이는 것을 **최신효과**

유아/아동 기억상실증 3세 이전에 일어났던 사건들에 대해 어른이 되었을 때 기억할 수 없는 것

자유회상 과제 단어 목록을 한 번에 하나씩 받은 후 어떤 순서이든 자유롭게 회상해내는 기억 과제

초두효과 한 번의 자유회상 과제에서 목록의 중간에 비해 첫 부분에 대한 회상이 우수한 것

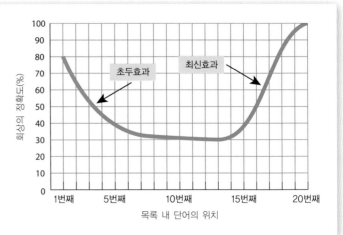

그림 5.6 자유회상 과제에서 결과들의 위치
중간에 제시된 것들보다 처음 제시된 몇 개의 목록에 대한 회상이 상대적으로 더 우세한 현상을 초두효과라고 한다. 이 효과는 목록의 첫 부분에 있는 단어들이 더 잘 학습되므로 회상을 위해서도 장기기억에 저장될 확률이 높다는 사실 때문에 발생한다. 최신효과는 목록의 중간에 위치한 단어보다 뒤에서 제시된 몇 개의 단어들에 대한 회상이 더 우세한 현상을 말한다. 이 효과는 회상 시점을 기준으로 가장 최근에 제시되어 단기기억에서 즉각적으로 쉽게 회상해낼 수 있기 때문에 생긴다.

(recency effect)라고 한다.

초두효과와 최신효과가 단기기억과 장기기억의 차이에 어떤 관련이 있을까? 최신효과는 단기기억으로부터의 회상에 의해 생긴다. 목록 뒷부분에 제시되는 단어들은 가장 최근의 것으로 잊혀지지 않고 단기기억에 있을 가능성이 크다. 그래서 즉각적이고도 매우 정확하게 회상되는 것이다. 하지만 초두효과는 처음 몇 개의 단어에 대한 우수한 장기기억의 결과이다(Rundus & Atkinson, 1970). 이 과제에서는 단어들이 한 번에 하나씩 제시된다. 단기기억이 비어 있는 상태에 첫 번째 단어가 들어가는 셈인데, 그 말은 참가자가 그 단어에 100% 주의집중할 수 있다는 뜻이다. 두 번째 단어가 제시되면 첫 번째 단어와 함께 시연되어야 하므로 주의는 각 단어에 50%씩 나누어진다. 이러한 과정은 단기기억의 용량(5~9개의 청크)이 다 차서 단기기억에 있던 단어가 새로운 단어에 의해 밀려날 때까지 계속된다. 결국 처음에 제시된 단어들이 중간이나 끝에 제시된 단어들보다 더 많이 시연되므로 장기기억에 저장될 가능성이 커진다. 목록 중간에 있는 단어들은 이미 꽉 차 버린 단기기억으로 들어가게 되므로 더 적게 시연되고 장기기억에 저장될 가능성과 회상될 가능성 모두 작아진다.

이 현상을 어떻게 알 수 있을까? 연구자들은 초두효과와 최신효과가 독립적으로 조작될 수 있다는 것을 증명함으로써 이 두 효과에 관여하는 기억의 단계가 다르다는 것을 밝혀냈다. 참가자들에게 어떤 수치(예 : 452)를 제시하고 그 수치에서 3씩 빼내는 작업을 30초 동안 수행하게 함으로써 회상을 지연시키면 최신효과는 제거되지만 초두효과는 남는다(Glanzer &

최신효과 한 번의 자유회상 과제에서 목록의 중간에 비해 뒷부분에 대한 회상이 우수한 것

Cunitz, 1966). 그러므로 교란과제 수행시간은 단기기억으로부터의 회상만 어렵게 만든다. 이와 유사하게 참가자들에게 각각의 단어를 똑같이 시연하게 함으로써 최신효과는 남아 있게 하면서 초두효과를 제거할 수 있다. 시연을 동일하게 하면 참가자들이 처음과 중간에 제시된 단어들을 동등한 정도로 회상하게 되므로 초두효과는 사실상 사라진다. 그러나 단기기억으로부터의 회상에는 시연이 결정적이지는 않기 때문에 최신효과는 조금 적지만 남아 있기는 하다. 게다가 최근 기능성자기공명영상(fMRI) 신경촬영법(neuroimaging)에서 얻은 자료를 살펴보면 단기기억과 장기기억 모두 계열위치효과(serial position effect)와 연관된다(Talmi, Grady, Goshen-Gottstein, & Moscovitch, 2005). 특이하게도 목록 초반에 있는 항목을 인지하는 것은 전통적으로 장기기억과 연합되어 있는 뇌 부분을 활성화시키지만 목록 후반 항목을 재생할 때는 목록 초반 항목에 의해 활성화되었던 뇌 부분 중 한 군데도 활성화되지 않았다.

자유회상 과제에서 관찰된 초두효과와 최신효과를 고려할 때 HM과 같은 기억상실증 환자들에게 자유회상 과제로 시행되는 결과가 어떨 것이라고 예상할 수 있는가? HM은 해마와 주변 측두엽 부분을 제거했고, 장기기억을 형성하는 능력의 결함이 있다는 것을 기억하라. 만약 HM과 같은 기억상실증 환자가 정상적인 초두효과를 보이지만 정상적인 최신효과를 나타내지 않을 것이라고 예측했다면 정확하다. 전진형 기억상실증 환자는 외현적 장기기억의 결함 때문에 자유회상 목록의 중요한 부분에 대한 기억은 거의 없지만, 단기기억은 여전히 온전하고 기능하기에 단기기억에 의존하여 최신효과를 보인다(Baddeley & Warrington, 1970; Carlesimo, Marfia, Loasses, & Caltagirone, 1996).

시연을 많이 할수록 장기기억이 더 우수해진다는 것을 알았지만 기억을 더 잘한다는 것이 단순히 시연을 더 많이 하는 문제(더 많은 시간 공부하기)에 그치는 것일까? 이 문제는 단기기억에서 장기기억으로 이동하는 정보(공부할 때 무엇을 하려고 노력하는가)에 대해 논의하는 다음 절에서 자세히 다룰 것이며, 여러분이 사용하고 있는 시연의 유형(공부 방법)이 좋은 방법인가에 대해서도 알아볼 것이다. 그러므로 다음 절의 정보들은 더 효과적인 공부전략과 우수한 기억력을 갖도록 하는 데 도움을 줄 것이다.

요약

이 절에서는 물리적 환경으로부터 감각을 통해 기억체계로 들어오는 정보처리 과정을 설명해주는 기억의 3단계 모델에 대해 알아보았다. 일반적으로 감각정보는 첫 번째 처리과정인 감각기억을 구성하는 감각등록기들로 들어간다. 이 임시 저장소는 용량이 엄청날 뿐만 아니라 우리가 정보에 주의 집중할 수 있고 그것을 처리할 수 있게 될 때까지 그 정보와 똑같은 복사물들을 보유하고 있다. 하지만 시각 감각등록기(영상기억)의 지속시간은 매우 짧다. 그래서 기억체계 안에 들어가도록 그 정보들을 처리할 때, 각각의 등록기에 있는 정보의 일부에만 주의집중할 수밖에 없다. 남은 정보들은 빨리 사라지고 망각된다.

주의집중한 정보들은 인식되고, 기억의 3단계 모델에서 두 번째 단계에 해당하는 단기기억으로 이동한다. 단기기억은 의식적인 작업 공간과 같다. 단기기억은 용량(7±2개의 정보 청크)도 작고 지속시간(30초 이하)도 짧다. 단기기억은 흔히 작업기억이라고도 하는데, 이곳은 바로 장기기억으로 새로운 정보를 부호화해 보내는 곳이면서, 문제를 풀거나 결정을 내리는 등의 다른 모든 의식적 활동을 하는 데 필요한 작업을 하는 곳이기 때문이다. 작업기억은 이러한 작업을 수행할 수 있는 단기기억의 기제들의 집합으로 생각할 수 있다. 배들리의 작업기업 모델에 따르면 기제에는 음운고리, 시공간 메모장, 임시완충기, 중앙집행기가 있다. 중앙집행기는 다른 세 가지 구성요소의 활동과 장기기억으로부터 정보의 저장과 인출을 조정한다.

정보처리 과정의 세 번째 단계인 장기기억은 우리가 일반적으로 사용하는 '기억'을 의미한다. 그것은 장기적이고 어쩌면 영원히 지속될 수 있는 정보의 창고이다. 또한 장기기억의 용량에는 한계가 없다. 장기기억에는 다양한 유형이 있는데, 주요한 차이점은 의식적 회상과 서술을 필요로 하는 외현적 기억과 의식적 회상과 서술을 필요로 하지 않는 암묵적 기억 사이에 있다. 외현적 기억에는 사실적 지식에 기초한 의미기억과 일상생활에서 경험하는 것들에 대한 일화적 기억 두 가지가 있다. 암묵적 기억은 세 가지로 물리적 절차나 인지적 절차와 관련된 절차적 기억과 고전적 조건형성 기억 그리고 점화 효과로 이어지는 기억이 있다.

해마에 손상을 입은 기억상실증 환자들에 대한 연구결과들은 해마가 외현적 기억의 형성에 중요한 역할을 하지만 암묵적 기억에는 그렇지 않다는 것을 말해준다. 이러한 결과들은 기억상실증 환자들이 상대적으로 일반적인 단기기억을 가지고 있기 때문에 단기기억과 장기기억의 차이점에 대한 주장도 뒷받침해 주고 있다. 자유회상에 있어서의 초두효과와 최신효과에 의해 단기기억과 장기기억에 대한 더 많은 증거들을 확보하게 되었다. 이 두 효과가 독립적으로 작동하고 있다는 것은 그 효과들이 기억체계 내의 서로 다른 단계에서부터 회상하는 결과들이기 때문이다.

개념점검 | 1

- 감각기억에 있는 정보는 상황처리 정보로, 장기기억에 있는 정보는 하향처리 정보로 간주해도 되는 이유를 설명하라.
- 매우 짧은 영상기억의 지속시간이 일반적인 시각 인식을 위해 필요한 이유를 설명하라.
- 단기기억의 용량인 7±2개의 청크와 관련하여 '청크'라는 용어가 의미하는 바를 설명하라.
- 해마를 제거하거나 해마에 손상을 입어 기억상실증을 겪게 된 환자들에 대한 연구들이 어떻게 외현적 장기기억과 암묵적 장기기억 간의 차이점에 대해 설명할 수 있는지에 대해 말해보라.

기억으로 정보를 부호화하기

기억체계에는 세 가지 필수적인 정보처리 과정, 즉 부호화, 저장, 인출이 있다. **부호화**(encoding)는 정보가 하나의 기억 단계로부터 다음 단계로 이동하는 과정(감각기억에서 단기기억으로, 단기기억에서 장기기억으로)이다. **저장**(storage)은 특정한 기억 단계에서 정보를 유지하는 과정이다. 저장은 장기기억에서의 경우를 제외하고는 일시적이다. **인출**(retrieval)은 장기기억에 저장된 정보를 단기기억의 의식수준으로 끌어내는 과정이다. 그림 5.1로 되돌아가 보자. 부호화와 인출은 기억의 3단계 체계 내에서 정보의 흐름을 결정짓는다. 먼저 정보는 감각에서 일시적으로 저장되는 단기기억으로 부호화된다. 그다음에 정보가 더 오랫동안 저장되는 장기기억으로 부호화되지만, 언제든 그 정보를 사용해야 할 때는 인출하여 단기기억으로 가지고 올 수도 있다.

이 단락에서는 부호화와 단기기억으로부터 장기기억으로 정보가 이동할 때 부호화의 역할에 대해서 다룰 것이다. 또한 이러한 정보 이동을 이끄는 가장 좋은 방법에 초점을 맞출 것이다. 우선 일반적인 부호화 전략들에 대해 살펴보자.

정보를 부호화하는 방법

먼저 자동적 처리와 노력을 필요로 하는 처리 간의 차이를 생각해보자(Hasher & Zacks, 1979). **자동적 처리**(automatic processing)는 무의식적으로 일어나는 과정으로 주의집중을 요하지 않는다. **통제적 처리**(effortful processing)는 의식적으로 일어나는 과정으로 주의집중을 필요로 한다. 특정 유형의 절차가 자동화되려면 많은 연습이 필요하다. 독서는 이에 대한 좋은 예이다. 책을 읽는 것을 학습하는 것은 매우 많은 노력이 필요하지만 몇 년간의 연습을 거치면 훨씬 쉽고 더욱 자동적이 된다. 만약 우리에게 공부하는 것이 자동적 처리과정이라면 그보다 좋을 수는 없지 않을까? 공부하는 것은 독서만큼 자동적이 될 수는 없을 것 같지만 좋은 부호화 전략을 사용하고 이 전략들을 연습함으로써 부호화를 더 잘할 수는 있다. 이 단락에서는 부호화를 더 잘할 수 있는 방법에 대해 알아보려고 한다. 그런 부호화 방법을 연습하면 부호화 기술은 물론이고 기억력도 향상될 수 있을 것이다.

부호화 하나의 기억 단계에서 다음으로(감각기억에서 단기기억으로 혹은 단기기억에서 장기기억으로) 정보가 이동하는 과정

저장 기억 단계에서 정보를 유지하는 과정

인출 장기기억에서 저장된 정보를 단기기억으로 끌어내는 과정

자동적 처리 무의식적으로 일어나며 주의집중을 요하지 않는 과정

통제적 처리 의식적으로 일어나며 주의집중을 요하는 과정

처리수준 이론 부호화는 우리 기억의 단계에서 다른 단계로 정보를 이동시키는 과정이라는 것을 기억하자. 단기기억에서 장기기

처리수준 이론 의미과정, 특히 정교화된 의미과정이 더 나은 장기기억을 만들어낸다고 주장하는 기억의 정보처리 이론

억으로의 부호화에 대해 이야기해보자. 장기기억으로 정보를 부호화하는 것은 장기기억에서 정보를 인출하는 것과 관계가 있다. 몇 가지 부호화의 유형은 인출을 더 잘할 수 있게 한다. **처리수준 이론**(levels-of-processing theory)은 부호화가 더 나은 인출을 가능하게 한다고 설명한다 (Craik & Lockhart, 1972). 이 이론은 투입되는 정보들이 다른 수준들(단순한 물리적 수준에서 더 나은 기억을 가능하게 하는 정교한 의미가 부여된 수준으로)에서 처리될 수 있다고 가정한다. 이 이론에 따르면 정보처리에는 일반적으로 물리적 · 청각적 · 의미적 수준의 세 가지 수준이 있다. 이 세 가지 수준의 차이를 이해하기 위해 'brain'이라는 단어를 예로 들어 처리하는 과정을 생각해보자. 첫째, 우리는 소문자들의 모음으로 그것을 처리할 수 있다. 그렇다면 이것은 물리적 수준이 될 것이다. 둘째, 소리가 나는 대로 '브레인'이라고 처리한다면 그것은 물리적 수준보다는 약간 더 깊이 있는 청각적 수준이다. 마지막으로 우리는 'brain', 즉 '두뇌'라는 단어가 의미하는 바를 처리하고, 두뇌와 두뇌의 화학작용에 대해 우리가 알고 있는 것과 'brain'이라는 단어를 연결시켜 의미를 정교화시킬 수도 있다. 이 이론은 기억 흔적(memory trace)의 강도가 관련된 심도처리의 함수라고 가정한다. 표면적인 세부사항만 포함하는 얕은 처리(예 : 단어가 이탤릭체인지의 여부)는 취약한 기억흔적과 낮은 기억력으로 이어지는 반면, 의미적인 세부사항과 이러한 세부사항에 대한 정교함을 포함하는 심도처리는 강하고 오래가는 기억흔적과 메모리 좋은 기억력으로 이어진다. 다음으로 비록 의도하지 않았지만 이러한 가정을 명확하게 뒷받침하는 실험을 살펴보자.

Craik와 Tulving(1975, 실험 2)은 참가자들에게 목록에 있는 단어들을 한 번에 하나씩 제시했는데, 각각의 단어에 수행될 수 있는 과제를 만들어서 그 단어의 처리수준을 조정했다. 각각의 단어에서 세 가지 질문 중 하나를 대답하도록 했다. 한 가지 유형의 질문(예 : 이 단어에 대문자가 있습니까?)은 물리적 수준에서 그 단어를 처리하도록 했다. 두 번째 유형의 질문(예 : 그 단어는 'bear'와 운율이 맞습니까?)은 청각적 과정을 사용해야 하는 것이었다. 세 번째 유형의 질문(예 : "그 남자

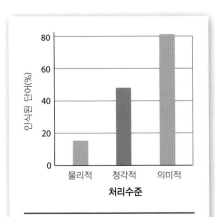

그림 5.7 다른 수준에서 처리된 단어들이 보이는 재인기억의 차이

실험 참가자들에게 긴 단어 목록을 한 번에 하나씩 보여주고 목록에 있는 각 단어에 관한 질문에 답하도록 하였다. 질문의 유형에 따라 처리수준을 다르게 해야 하는데 물리적(단어가 어떻게 인쇄되었는가), 청각적(소리를 어떻게 냈는가), 의미적(단어가 의미하는 것이 무엇인가)의 세 가지 다른 수준으로 처리하였다. 그 단어가 목록에 있었는지 후에 재인하는 능력은 처리수준이 다른 것에 상당한 영향을 받았다.

출처 : Craik, F. I. M., & Tulving, E. (1975). Depth of processing and the retention of words in episodic memory. *Journal of Experimental Psychology: General, 104*, 268–294.

가 _____ 를 책상 위에 놓았다."라는 문장의 빈칸에 그 단어가 들어갈 수 있습니까?)은 의미 부여의 과정을 요했다. 참가자들은 단지 각각의 단어에 대한 질문에 답해야만 한다고 생각했을 뿐 그 단어에 대한 기억검사를 받고 있는지 모르고 실험에 참여했고, 나중에 실험자는 참가자들에게 기억검사였다고 말해주었다. 처리수준 이론에 대한 기본적 개념만으로 예상해봐도 의미를 부여해 처리해야 했던 단어에 대한 기억이 가장 좋고, 청각적으로 처리한 단어들이 그다음, 물리적으로 처리한 단어들의 기억이 가장 나쁠 것 같다. 바로 이것이 실험에서 나타난 결과와 정확히 일치한다(그림 5.7 참조). 장기기억은 의미적으로 부호화된 단어들에 있어서 가장 좋았고, 청각적 부호화가 그다음, 물리적 부호화가 가장 낮은 수준을 나타냈다. 즉, 심도처리는 더 나은 기억력을 이끌어내었다.

장기기억에서 인출에 성공하려면 효과적이고 정교한 의미처리가 수반된다는 것을 이해했다. 이번에는 성공적인 부호화를 위한 핵심인 정교한 시연에 대해 알아보자.

정교화 시연　단기기억에 있는 정보의 반복적 순환인 유지시연에 대해서는 앞 장에서 이야기한 바 있다. 이러한 유형의 시연은 단기기억에서 정보를 유지하도록 돕는다. 하지만 처리수준 이론은 이러한 시연을 아주 얕은 수준의 청각적 시연으로 보고 있다. 유지시연은 좋은 장기기억을 만들어내는 데 그렇게 효과적이지는 않다. 의미를 부여한 처리과정이 훨씬 더 좋은 방법이다. 일단 의미를 부여하는 수준으로 정보를 처리한다면, 새로운 정보를 장기기억에 이미 저장되어 있는 정보와 관련지어 시연하는 **정교화 시연**(elaborative rehearsal)에 포함시켜야 한다. 기존의 정보에 새로운 정보가 통합됨으로써 생긴, 기억의 조직화는 더 얕은 수준의 처리보다 훨씬 더 성공적인 정보 인출을 가능하게 한다. 이 조직화는 더 많은 인출을 위한 암시들(장기기억에 있는 다른 정보들과 연결되어 있는)을 새로운 정보에 제공하여, 정보의 인출을 촉진시키게 된다. 예컨대 '정교화 시연'이라는 개념을 정교하게 부호화하기 위해서 당신은 "정교화 시연은 유지시연과 어떻게 다른가?", "정교화 시연은 처리수준 이론과 어떤 관련이 있는가?", "어떻게 노작적 처리과정의 예가 될 수 있는가?"와 같은 최근에 배운 것들을 생각하면서 '정교화 시연'이라는 새로운 개념과 연결시킬 수 있을 것이다. 그러한 정교화는 장기기억을 훨씬 더 좋게 만든다.

정교화 시연에서 핵심은 새로운 정보를 장기기억에 있는 여러분이 잘 알고 있는 정보와 연관시키는 것이다. 또한 자기가 자

> **정교화 시연**　투입되는 정보를 장기기억으로 부호화하기 위해 장기기억으로부터의 정보와 관련시키는 시연

기 자신을 가장 잘 알기 때문에 새로운 정보를 자신에게 묶는 작업을 통해 정교화해야
만 한다. 새로운 개념을 학습할 때는 자기만의 경험 안에서 그러한 개념의 예들은 없
는지 생각하면서 자기만의 것으로 받아들이면 더욱 좋다. 이것을 **자기-참조 효과**(self
-reference effect)라고 하는데, 매우 잘 설계된 연구의 결과물이다(Symons & Johnson,
1997). 연구자들은 사람들이 자신과 관련 있는 단어일수록 더 많이 기억할 수 있다는
결과를 얻었다. 참가자들에게 '관대한' 같은 단어 목록을 그들 자신에게 적용할 것인지
아닌지를 물어보았다. 나중에 그 단어들의 회상은 매우 좋았는데, 그것은 의미부여 수
준에서 처리했던 단어들보다 훨씬 더 좋은 정도였다. 어떻게 이런 일이 일어났는지 생
각해보자. '정직한'이란 단어의 경우는 어떨까? 여러분은 삶을 살면서 정직했던 사건과
그렇지 못했던 사건을 생각하기 시작할 것이다. 그 단어는 이런 모든 사건과 연결되어
나중에 회상을 촉진시킬 것이다. 그러므로 새로운 개념을 공부할 때 여러분이 잘 알고
있는 개념과 새로운 개념을 연관시키는 것과 더불어 여러분 삶 속에서 '정직'에 대한 예
를 생각해보아야 한다. 물론 어떤 개념은 삶에 쉽게 적용할 수 있지만 그렇지 않은 것
들도 있다. 하지만 그러한 연결을 지어 보는 노력은 자기-참조 효과를 통해 어떤 개념
을 기억하는 것을 돕기 때문에 충분한 가치가 있다.

환경이 부호화에 미치는 효과　　정교화 시연이 기억을 향상시킨다는 사실은 더 큰 원리인
부호화 구체성 원리(encoding specificity principle)로부터 시작되었다(Tulving, 1983). 단
순한 관점에서 부호화 구체성 원리란 부호화할 때의 단서가 가장 좋은 인출단서라는
원리이다. 정교화 시연을 할 때 새로운 개념과 관계있는 다양한 개념과 예를 생각해보
는 것이 그 새 개념을 오랫동안 기억할 수 있도록 하는 것도 그 때문이다. 그러한 개념
과 예는 부호화할 때 가용했기 때문에 좋은 인출단서로서의 역할을 수행한다. 좋은 인
출단서는 내적 환경단서로서 리허설 중에 생각한 것을 의미하는 내적 인지과정을 말
한다. 부호화 특수성은 부호화하는 동안 존재하는 외부 환경 단서에도 적용될 수 있

자기-참조 효과　장기기억으로 부호화할
때 자신과 관련이 있는 정보에 대해 장기
기억이 우수함

부호화 구체성 원리　정보가 장기기억으
로 부호화될 때 제시되는 환경적 단서들
(내적, 외적)이 그 정보에 대한 가장 좋은
인출단서로서의 역할을 한다는 원리

다. 많은 조사 연구들은 물리적 공간과 실험 환경이 가능한 한 비
슷할 때의 장기기억이 더 좋다는 것을 보여주었다. 극단적인 예
를 하나 들어보면, 참가자들을 두 집단으로 나누고 한 집단은 물
속에서, 다른 한 집단은 땅 위에서 학습하는 실험을 했다(Godden
& Baddeley, 1975). 두 집단의 참가자들은 그들의 학습-검사 환
경이 뒤바뀌었을 때보다 학습 환경이 동일할 때 훨씬 더 잘 기억

해냈다. 그러나 무턱대고 공부를 할 때에도 교실에서 해야 한다고 결론지을 필요는 없다. 대학 시험결과에 있어서는 교실 환경 효과는 별로 강하게 나타나지 않았다(Saufley, Otaka, & Bavaresco, 1985). 왜 그럴까? 학습을 위한 외부 환경 효과는 학습이 여러 환경에서 일어날 때 감소되기 때문이다. 시험의 경우 학생들은 교실에서부터 교실이 아닌 환경(도서관, 기숙사 방 등)까지 다양한 환경에서 관련 지식과 정보를 학습하기 때문에 교실 환경의 효과가 사라진다.

우리는 내적 환경에 대한 논의를 부호화할 때 일어나는 정신적 활동들에 한정시켰다. 그러나

"나에게 길 좀 안내해 주겠나? 이 동네에서는 술 취하지 않고 맨정신으로 돌아다녀 본 적이 한 번도 없어서 잘 모르겠네."

생리적 상태나 기분 같은 더 넓은 의미의 내부 환경 요인들도 부호화와 인출에 영향을 미친다. 이러한 결과는 부호화와 인출을 할 때 사람의 생리적 상태에 의존하는 **상태-의존 기억**(state-dependent memory)이라고 하는 현상을 야기한다. 부호화할 때와 똑같은 상태에서 인출할 때 기억은 가장 우수하다. 이를테면 부호화하는 시기에 술에 취해 있었던 사람은 인출을 할 때도 술에 취해 있을 때 가장 좋은 회상을 보인다는 것이다. 그러나 주목해야 할 것은 인출하는 시기의 상태와는 관계없이 술에 취하면 기억 자체가 우수하지 못하다는 점이다. 부호화와 인출은 모두 술을 마시지 않은 상태에서 최고 수준이 될 수 있을 것이다.

부호화와 인출을 할 때 행복했다거나 슬펐다거나 하는 것처럼 사람의 감정상태 간의 관계에 의존하는 기억이 있다. 사람의 기분이 개입되기 때문에 이 효과를 부호화와 인출이 같은 기분에서 이뤄질 때 기억이 더 좋아진다는 **기분-의존 기억**(mood-dependent memory) 효과라고 한다. 상태-의존 효과처럼 기분-의존 효과도 부호화 구체성 원리를 뒷받침한다. 현재 기분과 일치하는 경험에 대한 기억을 더 잘할 수 있다는 현상, 즉 **기분-일치 효과**(mood-congruence effect)도 있다. 특정한 기분은 그 기분과 일치하는 기억들에 단서를 제공한다는 것이다(Eich, 1995). 우리는 기분이 좋을 때 긍정적인 사건들을 기억하고, 기분이 가라앉아 있을 때는 부정적 사건들을 떠올리는 경향이 있다. 이러한 사건들은 감정을

상태-의존 기억 정보의 부호화를 할 때와 인출을 할 때 개인의 생리적 상태가 같을 경우 장기기억 인출이 최상인 것

기분-의존 기억 장기기억의 인출이 정보의 부호화와 인출 시 개인의 기분이 같을 때 최상인 것

기분-일치 효과 개인의 현재 기분과 일치하는 경험과 정보를 인출하는 경향이 있는 것

수반하는 것과 연관되어 있으므로 감정이 그 사건에 대한 인출단서로 작용하게 된다. 이러한 일치 효과는 우울증에 걸린 사람들의 회복을 방해하기도 하는데, 그들은 기분에 따라 부정적인 사건들만 기억하고 긍정적인 사건들은 기억하지 않으려고 하는 경향이 있기 때문이다. 우울증 환자들은 우울증이 없는 사람들보다 질병, 상처, 죽음과 관련된 기억을 훨씬 더 많이 이야기한다(Schacter, 2000). 모든 것을 긍정적으로 생각해보자. 그러면 기분-일치 효과는 긍정적인 태도를 유지하는 데 도움을 줄 것이다.

앞서 설명한 부호화에 관한 환경적 영향에 대한 논의를 통해 학습방식의 개념을 떠올릴 수 있다. 이 개념은 다른 학생들이 언어, 시각, 청각 또는 운동감각 학습자처럼 선호하는 학습방식이 서로 다르다고 주장한다. 학습방식의 옹호자들은 학생들이 선호하는 학습방식에 맞춘 교육방식이 학습을 향상시킬 수 있다고 믿는다(Riner & Willingham, 2010) 그러나 이러한 주장에 대한 광범위한 연구는 학생들의 선호 학습방식에 교육방식을 맞추는 것이 더 나은 성과로 이어지지 않는다는 것을 분명히 보여주었다(Massa & Mayer, 2006; Rogowsky, Calhun, & Tallal, 2015; Pashler, McDaniel, Rohrer, & Bjork, 2008). 학습방식 연구문헌을 철저히 검토한 후 Pashler 등(2008)은 "일반 교육 실무 현장에 학습방식 평가를 통합하는 것을 정당화할 충분한 근거가 없다."고 결론을 내렸다(p. 105). 사실 학습방식에 대한 이러한 주장은 교육적 통념으로 확인되었다(Holmes, 2016; Lilienfeld et al., 2010). 좋은 가르침은 학생들이 선호하는 학습방식에 기초하지 않고 일반적으로 자료의 특성에 기초하는 다양한 방법을 포함한다.

흥미롭게도 Husmann과 O'Loughlin(2019)은 심지어 대부분의 학생들이 자기보고 학습방식과 일치하는 공부전략과 학업적 이점을 보여주지 않음을 발견했다. 비록 학생들이 학습방식이 성적에 영향을 미친다고 생각할지라도 학습방식이 성적에 영향을 미치지 않음은 분명하다. Husmann과 O'Loughlin은 또한 대부분의 학생이 정보의 효과적인 부호화와 정보유지에 적합하지 않은 공부전략을 사용하고 있다는 것을 발견했다. 그들은 학생들이 보고한 학습전략(예 : 플래시카드 만들기 또는 노트 필기)과 학습 성과 사이의 부적 상관관계를 관찰했다. 기억 연구자들이 개발한 지식을 습득하고 유지하는 것을 강화하는 여러 가지 전략이 있다. 우리는 이미 그러한 전략 중 하나인 정교한 시연에 대해 배웠다. 다음 절에서는 부호화를 향상시키는 방법에 대해 알아보기로 한다.

요약하면 정교한 시연은 부호화를 위한 가장 효과적인 전략이다. 한 연구에 따르면 배우들은 대사를 외우는 데 기분-일치 효과와 자기-참조 효과를 포함한 정교화 시연을 사용한다(Noice & Noice, 1997, 2006). 배우들은 얕은 처리를 사용하지 않고 행만 암기한다. 여러분도 공부할 때 얕은 처리를 사용하지 않아야 한다. 공부한 내용을 즉시 다시 읽는 것은 효과적인 학습전략이 아니다(Callander & McDaniel, 2009; Phillips, Mills, D'Mello, & Risko, 2016). 곧바로 다시 읽는 것은 너무 수동적이기에 생각이 헤매게 되어 불완전하고 얕은 시연을 하게 된다. 적어도 시간간격을 두고 읽어야 하며 한 번에 많이 읽지 않아야 한다. 반면 정교화 시연은 더 효과적인 학습을 가능하게 하는 중요한 열쇠이기에 정교화 시연을 연습하는 것이 중요하다. 여러분이 새로 학습해야 하는 정보가 있다면 최대한 노력을 다해 이미 가지고 있던 정보들과 통합해야 한다. 특히 자신과 관련된 정보나 경험일 경우 더 좋다. 정교화 시연 연습을 통해 전보다 많은 것을 기억할 수 있고 학습하는 과정이 더 쉬워질 것이다. 정교화 시연은 수업 영상을 학습할 때도 효과적이다. 수업 영상을 바로 다시 보는 것은 학습에 도움이 되지 않는다(Martin, Mills, D'Mello, & Risko, 2018). 즉시 다시 읽는 것과 마찬가지로 생각이 헤매는 경향을 보일 것이다. 수업 영상 안의 내용을 학습할 때 정교화 시연을 연습해야 한다. 또한 다음 소절에서 배우겠지만 반복적으로 공부한 내용을 스스로 시험을 보는 것이 더 나은 학습으로 이어진다. 따라서 수업 영상의 내용(그리고 교과서와 수업 노트)을 토대로 계속해서 시험을 봐야 한다. 이 과정은 학습에 도움이 될 뿐만 아니라 여러분이 모르는 것과 배워야 할 것이 무엇인지 알게 해준다. 다음으로 더 효과적인 학습자가 되기 위해 무엇을 할 수 있는지 알아보자

어떻게 부호화 능력을 향상시킬 수 있을까

이 소절에서는 시험을 준비하는 데 적합한 방법을 포함하여 기억을 향상시킬 수 있는 몇 가지 방법에 대해 더 자세히 알아보려고 한다. 먼저 목록화되어 있거나 조직화되어 있는 개념에 대한 기억을 향상시키는 방법부터 알아보자. 이 기술은 **기억술**(mnemonic)이라는 방법이다. 기억술은 목록화되어 있는 정보, 특히 명단, 연설, 긴 지문을 기억하는 데 유용한 방법이다. 고대 그리스 연설가들이 연설문을 외울 때 이 방법을 사용했다고 알려지고 있다.

고대 그리스 연설가들은 **장소법**(method of loci)으로 알려진 기억술을 사용했다(Yates, 1966). 'loci'는 장소 혹은 위치를 의미하는 'locus'라는 단어의 복수형이다. 장소법에서는 기억해야 하는 연속적인 정보들을 자신에게 익숙한 방이나 장소에 연속적인 위치들을 설정해 놓고 그 정보들과 연결시키는 것이다. 그런 다음에 마

기억술 기억을 돕는 방법

장소법 기억해야 하는 연속적 정보들을 익숙한 공간(장소)에 연합시킨 후, 정신적으로 그 공간(장소)을 계속해서 돌아다니면서 정보들을 인출해낸 뒤, 각각의 장소에 있는 정보를 인출하는 것

기 억 학 교

기억술

"여러분은 '탁자'와 3,476,029처럼 숫자와 단어를 간단히 연결시킨다."

음속으로 그 장소를 돌아다니면서 각각의 위치에 저장시킨 정보들을 인출해낸다. 고대 그리스 연설가들은 자신이 연설하게 될 공간에 연속적인 장소들을 설정해 두고 연설 내용 중에서 중요한 개념을 그 장소에 마음속으로 저장했다. 그런 다음 실제로 연설을 할 때는 그 연설하는 공간 내에 있는 장소와 장소를 돌아다니면서 저장해 두었던 중요 개념들을 인출했다. 만약 여러분이 목록화해 정리해 둔 정보들을 시험시간에 기억해내야 한다면, 시험을 보게 될 강의실의 장소를 정하고, 정보의 목록을 하나하나씩 체계적으로 저장해 둔 다음, 시험을 볼 때 마음속으로 그 공간들을 돌아다니며 저장된 정보를 인출할 수 있다. 장소법은 정신적 상상을 이용한 일종의 정교화 시연이다. 당신이 회상할 때 이용할 수 있는 장소들이나 이미 잘 알고 있는 장소들과 나중에 기억해야 하는 정보들을 정교화하는 것이다.

모든 기억술은 정교화 방법을 사용함으로써 작용하게 된다. 또 다른 기억술은 **걸이못 기억법**(peg-word system)이다. 이 기억술은 먼저 특정 목록을 암기한 다음, 회상해야 하는 정보들을 이미 암기해 두었던 그 목록과 시각적으로 연결시키는 방법이다. 가령 '1번 빵, 2번 신발, 3번 나무, 4번 문, 5번 벌집, 6번 지팡이, 7번 하늘, 8번 대문, 9번 돼지, 10번 병아리' 같은 식이다. 목록의 첫 번째 단어는 빵이라는 정신적 이미지와 시각적으로 연결이 되는 것이다. 만약 '개'라는 단어를 기억해야 한다면, 큰 빵의 이미지를 만들어 놓고 그 속에 개가 들어가 있는 것을 생각하는 것이다. 당신이 걸이못들을 따라가다 보면 관련된 이미지들을 인출하게 되고, 기억해야만 하는 목록의 단어들도 함께 인출할 수 있다.

어떤 사람은 이러한 기억술을 사용하는 것이 외울 정보만 기억하는 것보다 훨씬 더 많은 노력을 요구한다고 생각할지도 모르겠다. 하지만 연구자들은 기억술을 사용하는 사람들이 기억술을 사용하지 않고 암기하는 사람들보다 훨씬 더 우수한 수행을 보인다고 주장한다. 왜 그럴까? 앞에서 이야기했듯이 정교화 시연이 장기기억으로 부호화하는 데 효과적인 방법이기 때문이다. 뛰어난 기억 전문가들은 지력이 출중하다거나 뇌의 구조가 남다르거

걸이못 기억법 특정 목록을 우선 암기한 다음, 회상해야 할 정보들을 이미 암기해 둔 그 목록과 시각적으로 연결시키는 기억술

나 한 것이 아니라 그들만의 독특한 기억술이 있고 그것을 활용하는 것이 뛰어난 것이다(Maguire, Valentine, Wilding, & Kapur, 2003). 앞에서 언급한 것과 동일한 그들의 기억법 모두가 본질적으로 정교화를 이용한 부호화가 기반이다. 기억 전문가들의 짜릿한 세계를 경험하고자 한다면 한 번 읽기 시작하면 중단할 수 없는 조수아 포어의 책 1년 만에 기억력 천재가 된 남자(*Moonwalking with Einstein*: *The art and science of remembering everything*)(2011)를 읽어 보기 바란다. 포어는 기억 전문가들의 지도하에 보통 기억력을 지닌 평범한 저널리스트였다가 2006년 미국 기억챔피언십대회 우승자가 되어 기억술의 효과를 증언하였다.

정교화를 이용하지 않는 기억술은 효과가 그다지 좋지 않은 것으로 나타났다. 대표적인 예가 바로 글자 대입법(first-letter technique)이다(Gruneberg & Herrmann, 1997). 첫 글자 대입법은 외워야만 하는 단어들의 처음 철자만 따서 단어, 두문자어, 문장 등을 만드는 방법이다. 제3장에서 스펙트럼의 색깔을 기억하기 위해 사용하라고 했던 기억술(**Red, Orange, Yellow, Green, Blue, Indigo, Violet**의 맨 첫 글자를 따서 만든 ROY G. BIV라는 이름)은 이 방법의 예이다. 이 방법은 도움이 되기는 하지만 좀 더 복잡하고 좀 더 많이 정교화 시연을 사용하는 기억술들에 비해서는 그다지 효과적이지 않다.

부호화를 향상시키는 방법을 학생으로서 여러분에게 중요한 수업 환경과 연관시켜 보면, 수업에서 정보를 부호화하기 위한 필수 구성요소는 필기이다. 많은 학생들이 손으로 필기하지 않고 대신 노트북에 메모한다. 이는 더 상세하고 정확한 메모를 할 수 있는 좋은 전략처럼 보인다. 그러나 연구자들은 손으로 직접 필기하는 것보다 노트북에 메모하는 것이 시험에서 더 나쁜 결과를 초래한다고 밝혔다(Dynarski, 2017; Mueller & Oppenheimer, 2014; Pett-O'Malley, Liesz, & Sisodia, 2017). 왜 그럴까? 노트북에 정보를 타이핑하면 생각하지 않고 정보를 글로 옮기기만 하는 경향이 있다. 즉, 학생들은 타이핑할 때 정보를 생각지 않고 합성하는 경향이 있다. 대신 단순히 노트북에 정보를 그대로 옮겨 적는다. 타이핑은 일반적으로 메모는 더 상세하지만 학생들이 그 정보에 주의를 기울이지 않기 때문에 손으로 필기할 때처럼 정보를 부호화하지 않는다는 것을 의미한다. Mueller와 Oppenheimer(2014)는 학생들이 단어를 글자 그대로 따라 쓸수록 회상검사 점수가 떨어지는 것을 밝혔다. 따라서 노트북에 타이핑하기 때문에 가진 정보의 양은 많지만 손으로 쓴 메모들에 비해 효과가 낮았다. 요약하자면 여러분은 손으로 더 세심한 메모를 해야 한다. 또한 수업 전에 수업 관련 자료를 공부하는 것이 좋다. 수업용 자료에 대한 선행연구는 수업시간에 제시된 정보를 더 쉽게 부호화할 뿐만 아니라 더 좋고 세심한 메모하기로 이어진다. 왜 그럴까? 부호화에 매우 효과적인 정교한 시연은 여러분이 배우려고 하는 정보를 가능한 한 많은 다른 정보와 통합함을 포함한다는 것을 기억하라. 따라서 여러분이 수업 전에 자료를 공부했다면 수업시간에 제시된 관련 정보를 부호화하기 위해 더 관련 있는 지식 기반을 갖게 될 것이고, 이것은 결과적으로 더 나은, 더 세심한 메모를 하도록 할 것이다.

여러분은 자신의 행동이 수업 내용을 부호화하는 데 영향을 끼치지 않는다고 생각하지만 실제로는 수업시간 동안 여러분의 행동이 부호화에 영향을 끼치는 것이 확실하다. 수업 중에 노트북, 태블릿, 휴대전화와 같은 전자기기를 문자, 게임 등의 수업과 관련 없는 목적으로 사용하는 것이 이후 시험 성적에 부정적인 영향을 미친다는 연구결과가 있다(Glass & Kang, 2019). 여러분이 전자기기를 사용하면서 수업을 듣는 것이 집중력을 분산시킴으로써 수업 내용을 부호화하는 것을 방해하고 장기기억을 감소시킨다. 간단히 말해 수업 중 멀티태스킹은 학습과 학업 성취를 저해한다(Holmes, 2016). 수업과 수업 외에 보내는 시간을 최대한 활용하라. 관련 수업 내용을 잘 부호화할 수 있도록 수업 전에 나눠준 자료를 읽고 공부하라. 손으로 필기하라. 수업 시간에 전자기기를 치워둠으로써 수업에 집중하라. 공부 중에는 멀티태스킹을 피하라. 집중은 제한된 자원이기 때문에 여러분이 공부하고 있는 자료에 더 많이 집중할수록 그 자료를 쉽게 부호화하고 나중에 더 잘 인출할 수 있다.

부호화와 인출을 향상시킬 수 있는 다른 방법에는 또 어떤 것이 있을까? 도움이 될 세 가지 방법이 있다. 세 가지 방법은 (1) 벼락치기보다 공부할 분량을 나누어 하는 것, (2) 연습을 완벽히 하는 것, (3) 지속적인 시험을 통해 기억을 강화하는 것이다. 나누어 공부하는 것이 벼락치기 공부보다 훨씬 효과적이다. 더 우수한 장기기억을 만들어내는 이러한 현상을 **분산효과**[spacing (distributed study) effect]라고 한다. 전체 시험 준비 기간 안에서 공부를 분산시키는 것이 시험 바로 전날 벼락치기 하는 것보다 훨씬 기억이 잘 된다(Payne & Wenger, 1996). 수백 건의 연구가 분산학습이 주는 혜택을 증명해 보였다(Cepeda, Pashler, Vul, Wixted, & Rohrer, 2006). 사실 가장 좋은 것은 공부할 분량을 나눠서 공부도 하고, 시험 전에 벼락치기도 하는 것이다. 더 많은 시간을 공부할수록 더 많이 학습할 수 있기 때문이다. 처음에 학습한 내용에 자료들을 계속 추가해 충분히 공부하는 것은 당연히 기억을 향상시킨다(Rohrer & Taylor, 2006). 앞에서 연습과 자동적 처리과정에 대해 논의했던 것을 생각해보면 계속되는 연습이 자동적인 인출을

분산효과 3시간을 연달아 공부하는 것보다 하루에 1시간씩 3일에 나누어 공부하는 것이 더 우수한 장기기억을 만들어내는 현상

더 가능하게 할 것이다. 그러한 연습이 여러분을 '완벽'하게는 만들지 못할지라도 실력을 더 갖추게 만들 것임은 분명하다. 마지막으로 그저 공부만 하지 말라는 것이다. 분산학습을 하면서 끊임없이 스스로 시험문제를 만들어 대답해 보는 것을 같이하라. 이렇게 하면 스스로 인출하는 것을 연습하게 되는데, 이것이 바로 시험에서 요구하는 것이다(Roediger & Karpicke, 2006). 본 시험에서만 인출 실력을 테스트하지 말자. 공부하면서 정기적으로 인출하는 것을 시험해보라. 이렇게 하면 인출을 연습할 수 있을 뿐 아니라 배운 것과 배우지 않은 것을 짚어 가면서 학습 방향을 스스로 잡을 수 있게 된다.

요약

이 절에서는 가장 효과적인 부호화 전략인 정교화 시연에 대해 이야기했다. 정교화 시연은 장기기억에 있는 이미 알고 있는 정보들과 새로운 정보를 연결시키는 전략이다. 정교화 시연은 우리 자신의 경험과 새로운 정보를 관련시킬 수 있을 때, 즉 자기-참조 효과를 사용할 때 가장 효과적이다. 또한 정교화 시연은 새로운 정보들을 잘 알고 있는 정보들과 통합하여 높은 수준의 인출단서를 만들 때 기억을 더욱 향상시킨다. 이것은 부호화 구체성 원리와 관련이 있는데, 상태-의존 기억과 기분-의존 기억, 기분-일치 효과가 부호화 구체성 원리의 예라는 것도 알아보았다. 이러한 원리들에서 보면 생리적 상태와 감정적 기분이 강력한 인출단서를 제공한다. 교육방식이 학생들의 선호학습 방식에 따라 달라져야 한다는 증거가 없으며, 좋은 교육방식은 학생들이 선호하는 학습방식이 아니라 일반적으로 자료의 특성에 따라 다양한 방법을 포함한다고 지적했다. 실제로 수업방식을 학생들의 선호학습 방식에 맞추는 것이 학습을 향상시킬 것이라는 믿음은 신화로 드러났다. 수업시간 행동과 관련하여 노트북 메모보다 손으로 필기하는 것이 더 좋은 시험결과를 내는 이유와 수업시간에 문자나 게임 등의 비학업적인 목적으로 전자기기를 사용하는 것이 어떻게 시험 성적 악화를 초래하는지 살펴보았다. 이러한 결과는 공부시간 동안 멀티태스킹을 하는 것에서도 마찬가지이다.

기억술과 기억을 돕는 방법들이 목록이나 연설, 교과서 같은 잘 정리된 정보들을 기억하는 데 효과적인 이유에 대해서도 알아보았다. 고대 그리스에서 유래된 장소법과 걸이못 기억법은 정교화와 시각적 상상을 사용하기 때문에 매우 효과적인 방법이다. 게다가 수업시간에 필기할 때, 최근 연구는 손으로 필기하는 것이 노트북에 타이핑하는 것에 비해 정보를 더 잘 부호화하는 것을 보여주었다. 그리고 벼락치기보다는 시간을 오랫동안 두고 공부할 분량을 나누어 공부하는 것이 기억을 향상시키는 데 훨씬 효과적이다. 약간 넘치게 학습하는 것과 스스로 시험문제를 만들어 대답해 보기도 효과적인 방법이다.

개념점검 | 2

- 정교화된 부호화가 그냥 암기하는 것보다 효과적인 이유를 설명하라.
- 상태-의존 기억과 기분-의존 기억이 어떻게 부호화 구체성 원리에서 유래된 것인지 설명하라.
- 장소법과 걸이못 기억법의 공통점이 무엇인지 설명하라.

기억으로부터 정보 인출하기

앞 절에서는 장기기억으로 정보를 부호화하는 방법에 대해 알아보았다. 이 절에서는 부호화된 정보를 어떻게 인출하는지 알아보자. 우선 인출이 측정되는 다양한 방법에 대해 생각해볼 것이다. 그다음에 스키마(도식)의 역할, 정보의 잘못된 귀인, 잘못된 정보효과에 대해 생각해봄으로써 인출의 재구성적 특성에 대해 생각해볼 것이다. 마지막으로 잘못된 기억의 문제점에 대해서도 다루어 볼 예정이다.

어떻게 인출을 측정할 수 있는가

장기기억에 있는 정보를 인출하는 능력을 측정하는 세 가지 주된 방법에는 재생, 재인, 그리고 재학습이 있다. **회상**(recall)은 어떠한 인출단서도 없는 정보의 재현을 요구하는 인출을 말한다. 일반적으로 재생은 짧은 대답이나 에세이 시험의 질문 같은 것이다. **재인**(recognition)은 인출단서가 있는 정보의 식별만을 필요로 한다. 재인검사에서는 정보를 재현할 필요는 없고 단지 구별할 수만 있으면 된다. 객관식 시험이나 양쪽의 답을 연결시키도록 하는 질문 형식이 재인 문항들의 예가 된다. 보통 그런 질문들은 정보를 기억할 수 있도록 하는 인출단서가 있기 때문에 훨씬 쉽게 대답할 수 있다. 세 번째, **재학습**(relearning)은 절약 방법(savings method)이라고도 하는데, 두 번째로 정보를 학습할 때 학습에 걸리는 시간의 양을 절약할 수 있기 때문이다. 학생들에게 있어서 재학습과 가장 밀접한 관련이 있는 예를 찾아보면, 수업의 맨 마지막에 있는 종합 기말시험이 될 수 있을 것이다. 학생들은 수업시간에 다루었던 내용을 재학습해야만 하는데, 분명히 처음 공부할 때보다 시간이 덜 걸릴 것이다. 하지만 얼마나 시간이 절약되는가는 처음에 공부할 때 얼마나 확실하게 학습했는가에 따라 다르다.

헤르만 에빙하우스는 100년 전 독일에서 재학습 방법을 사용하여 처음으로 인간의 기억에 대해 연구했던 사람이다(Ebbinghaus, 1885/1964). 그는 의미가 없는 세 음절을 모아 놓은 목록을 연구 자료로 사용했는데, BAV처럼 자음–모음–자음으로 구성된 3개의 철자를 묶어 놓은 두문자어들의 목록이었다. 그가 아무 의미가 없는 음절들을 사용했던 이유는 그 단어들에 대한 순수한 기억만을 연구하고 싶었기 때문이다. 알고 있는 단어나 이미 잘 알려진 두문자어는 학습하고 기억하는 데 영향을 미칠 수 있다는 것이 그의 생각이었다. 실험절차는 다음과 같

회상 인출단서 없이 정보의 재현을 요구하는 장기기억의 인출

재인 인출단서가 있는 정보의 식별만이 요구되는 장기기억의 인출

재학습 두 번째로 정보를 학습할 때 학습에 소요되는 시간의 양을 절약할 수 있어 절약 방법이라고도 함

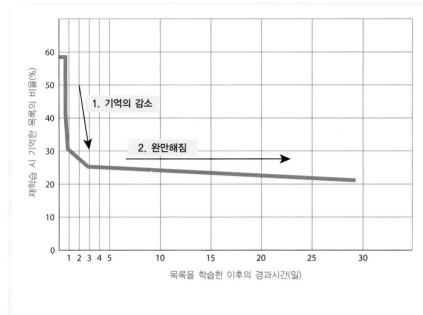

출처 : Ebbinghaus, H. (1964). *Memory: A contribution to experimental psychology* (H. A. Ruger & C. E. Bussenius, Trans.). New York, NY: Dover. (Original work published in 1885.)

그림 5.8 장기기억의 망각곡선

장기기억이 망각되는 과정은 보통 이렇게 가파른 기울기로 감소했다가 완만하게 감소하는 모양을 나타낸다. 처음 이틀 동안에는 급격히 감소했다가 완만해진다. 의미 없는 음절들을 사용했던 에빙하우스의 기억실험에서 그가 학습자료를 재학습하여 절약한 시간의 양은 초기학습 후 첫 이틀 동안에는 급격하게 감소하다가 그다음에는 완만해졌다.

이 매우 간단했다. 그는 어떠한 머뭇거림 없이 그 목록 전체를 정확하게 암송할 수 있을 때까지 그 의미 없는 음절들을 공부했다. 그리고 나서 더 이상 학습하지 않고 그 목록을 옆에 놔두고는 어느 정도의 시간(20분에서 31일까지)을 기다린 다음, 똑같은 평가기준(머뭇거림 없이 한 번에 암송하는 것)을 목표로 하여 그 목록을 재학습했다.

재학습의 측정을 위해 그는 목표한 기준에 도달할 때까지 걸린 암송 시행의 횟수가 얼마만큼 감소했는지를 점수로 나타내어 수치화했다. 예를 들어 처음에는 머뭇거림 없이 그 목록을 다 암송할 때까지 10번의 시행이 걸렸지만 5번의 재학습을 통해서 5번의 시행만으로도 완벽한 암송을 할 수 있게 되었다. 즉, 50%의 시행을 절약할 수 있었던 것이다. 그는 다양한 목록을 사용했으며, 초기학습과 재학습 사이에 시간간격도 다양하게 하여 그 실험을 진행했다. 실험결과는 그림 5.8에서 확인할 수 있다. 그림에서 볼 수 있듯이 처음에는 엄청난 양의 망각이 급격하게 진행되다가 점차 완만해지는 것을 확인할 수 있다. 그의 경우에는 이틀이 지나면 망각이 거의 발생하지 않았다. 그 이후에도 수많은 기억연구들이 있었는데, 그 연구의 결과들에서도 계속적으로 이러한 형태의 망각곡선을 얻을 수 있었다. 무엇이 이러한 망각을 일으키는 것일까? 가능한 설명에 대해 더 생각해보자.

우리는 왜 망각하는가

우리가 망각한다는 것에는 의심의 여지가 없다. 분명히 망각은 일어난다. 대부분의 사람들은 시험을 볼 때 외웠던 정보를 잊어버리고는 시험이 끝나고 나서야 그 정보를 인출할 수 있었던 경험이 있을 것이다. 망각을 이해하기 위해서 두 가지 질문에 대해 생각해보아야 하는데, 첫째는 "왜 우리는 망각하는가?" 하는 것이고, 둘째는 "우리는 정보를 완전히 망각하는 것인가 아니면 특정한 시간에 정보 인출에 실패하는 것인가?" 하는 것이다. 이 질문에 답하기 위해서 먼저 망각에 대한 네 가지 이론, 즉 부호화 실패 이론, 저장 소멸 이론, 망각의 간섭 이론, 단서 의존 이론을 알아볼 것이다.

부호화 실패 이론(encoding failure theory)은 망각이 부호화의 실패일 뿐 정말 잊어버리는 것은 아니라는 이론이다. 장기기억으로 부호화한 적이 없는 정보를 망각할 수는 없는 것이다. 정보가 장기기억에 없는 것이다. 이것은 마치 도서관에서 구입한 적도 없는 책을 그 도서관 어딘가에서 찾으려고 하는 것과 같다. 동전과 숫자 키패드와 같은 일상적인 대상의 세부사항조차 부호화 실패를 발견한 많은 연구들이 있다(Rinck, 1999; Rubin & Kontis, 1983). Nickerson과 Adams(1979)의 고전적 연구를 살펴보자. 그들은 흔한 동전을 기억하고 회상하고 재인하는 것이 어렵다는 것을 발견했다. 믿기 힘들겠지만 연구 참가자들은 동전의 앞면과 뒷면을 그리는 것을 어려워했다. Nickerson과 Adams는 1페니 동전에 있는 결정적인 8가지 특징 중 사람들이 정확하게 그려낸 특징 개수의 중앙값은 딱 3이었다는 것을 알아냈다. 다음으로 그들은 다른 참가자들에게 진짜 동전과 가짜 동전이 섞인 동전의 배열로부터 진짜 동전을 찾도록 요청했다. Nickerson과 Adams(1979)는 대부분 참가자가 가짜 동전 사이에서 진짜 동전을 고르지 못했다고 보고했다. 왜 그럴까? 사람들은 아마도 동전의 세세한 부분들을 부호화할 생각이 없었던 것 같다. 정보를 부호화하여 장기기억으로 넘기지 않으면 기억해낼 수 없는 것은 당연하다.

이제 동전보다 단순한 디자인의 일상적인 대상이자 세계에서 가장 알아보기 쉬운 로고 중 하나로 언급되는 애플 로고를 사용하여 기억력을 시험해보려고 한다. 근처에 있을지도 모르는 애플 제품을 몰래 흘끗 보지 말고, 기억 속 애플 로고를 그려보라. 로고를 그렸으면 온라인에서 로고를 검색하여 정확한지 확인하라. (닮지 않았더라도) 기분 나쁘게 생각하지 마라. Blake 등(2015)은 애플 사용자인 UCLA 학생 일부에게 먼저 기억에서 애플 로고를 회상하여 그린 다음, 애플 로고와 유사하지만 다른 로고를 포함한 배열에서 올바른 애플

부호화 실패 이론 망각은 정보를 장기기억으로 부호화하는 데 실패한 것일 뿐이라는 망각 이론

로고를 재인하도록 요청했다. 85명 중 1명의 학생만이 로고를 올바르게 그릴 수 있었고, 50% 미만이 유사한 로고 배열에서 로고를 구분할 수 있었다. 동전의 세세한 부분을 부호화하지 않았던 Nickerson과 Adams의 참가자들처럼 UCLA 학생들은 애플 로고의 세부사항을 부호화하지 않았다. 우리가 의식적으로 그것들을 부호화하려고 노력하지 않는 이상 세부사항을 기억하지 못하는 것 같다. 따라서 시험공부를 할 때 세부사항을 부호화하도록 하라. 세부정보가 부호화되지 않으면 기억할 수 없다.

다른 세 가지 망각 이론은 장기기억에 부호화되기는 했지만 우리가 인출할 수 없는 정보에 대해 다루고 있다. **저장 소멸 이론**(storage decay theory)은 정보가 시간이 지날수록 점차 소멸되고, 정보를 정기적으로 사용하는 것만이 정보를 유지하는 데 도움이 된다고 가정한다. 정보의 정기적 사용이라는 가정은 "사용하라, 아니면 잊어버리게 될 것이다."라는 원리를 반영한 것이다. 이 이론은 정보가 더 이상 장기기억에서 사용될 수 없기 때문에 망각되는 것이라고 주장한다. 우리가 어떻게 해서라도 기억할 수 없다면 망각하는 것이다. 기억의 흔적이 소멸되어 버리는 것이다. 이 경우는 도서관에서 책을 찾을 수는 있지만 그 책의 내용물이 너덜너덜해서 볼 수 없게 되는 것과 같다. 반면 저장 소멸이 감각기억과 단기기억을 망각하는 데 기여한다는 실험적 근거는 없으며 저장 소멸이 장기기억에 대한 망각의 원인이라는 신뢰할 수 있는 근거 또한 없다 (Slamecka, 1992). 하지만 그도 그럴 수밖에 없는 게 이론의 가정을 고려할 때 근거를 얻는 것이 극도로 어렵다는 것을 주목하는 것이 중요하다.

하지만 인출문제로 인해 망각하게 된다고 주장하는 2개의 망각 이론은 많은 근거를 가지고 있다. 그 두 이론은 망각된 정보는 여전히 장기기억에서 이용 가능한 상태로 남아 있지만 인출될 수는 없음을 이야기한다. **간섭 이론**(interference theory)은 다른 정보들이 망각된 정보를 간섭하여 그것에 접근할 수 없도록 만든다고 주장한다. 이 이론의 경우는 도서관에 책이 있기는 하지만, 다른 수많은 책이 박스로 쌓여 있어서 그 책이 있는 장소까지 갈 수 없는 것과 같다. 이 이론은 간섭에는 두 가지 종류, 즉 전진형 간섭과 후진형 간섭이 있다고 말한다. **전진형 간섭**(proactive interference)은 새로운 정보의 인출에서 이전에 이루어진 학습 내용이 혼란스러워지는 현상을 일컫는 반면, **후진형 간섭**(retroactive interference)은 이전에 학습한 정보들의 인출에서 새로운 학습이 혼란스러워지는 것을 말한다. 몇 가지 예를 들어 전진형 간섭과 후

저장 소멸 이론 정보는 시간이 지날수록 점차 소멸되므로 정보의 정기적 사용만이 정보를 유지하는 데 도움이 된다고 가정하는 망각 이론

간섭 이론 다른 정보들이 망각된 정보를 간섭하여 그것에 접근할 수 없도록 만든다고 주장하는 망각 이론

전진형 간섭 새로운 정보를 인출하는 데 있어서 이전에 이루어진 학습 내용이 혼란스러워지는 현상

후진형 간섭 새로운 학습이 이전에 학습한 정보들의 인출을 혼란스럽게 하는 현상

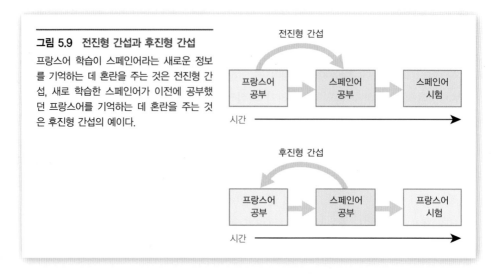

그림 5.9 전진형 간섭과 후진형 간섭
프랑스어 학습이 스페인어라는 새로운 정보를 기억하는 데 혼란을 주는 것은 전진형 간섭, 새로 학습한 스페인어가 이전에 공부했던 프랑스어를 기억하는 데 혼란을 주는 것은 후진형 간섭의 예이다.

진형 간섭의 개념을 익혀 보자. 몇 년 동안 사용했던 전화번호를 바꿨다고 생각하자. 누군가가 전화번호를 물어봤을 때 기억하고 있는 예전 번호가 새로운 번호의 인출을 간섭할 수 있다. 이것이 전진형 간섭이다. 혼란스러운 결과는 이전의 학습 때문에 생긴 것이다. 당신이 모르는 사람들이 많이 있는 파티에 갔다고 생각해보자. 나중에 꼭 대화를 나눠 보고 싶은 숙녀를 만나 인사를 나눈 후에 다른 몇 명의 사람들을 소개받았다. 그러다 보니 이제 그녀의 이름을 기억하지 못하게 되었다. 당신이 그녀와 인사를 나눈 뒤에 만난 사람들의 이름이 그녀의 이름이 인출되는 것을 간섭한 것이다. 새로운 학습이 이전 학습의 인출을 방해하는 현상, 이것이 바로 후진형 간섭이다. 각각의 경우에 대한 예를 그림 5.9에 실어 두었다.

단서-의존 이론(cue-dependent theory)도 망각은 원하는 정보를 얻을 수 없는데서 기인한다고 본다(Tulving, 1974). 이 이론에 따르면 인출에 필요한 단서들이 이용 가능하지 않기 때문에 우리는 망각한다. 즉, 정보를 이용할 수 있기는 하지만 그것이 어디에 있는지 모르기 때문에 접근할 수 없다. 이것은 도서관 서가에 대한 지도와 책의 일련번호 없이 특정한 책을 찾겠다는 것과 같다. 그 책이 있는 장소를 찾기 위해 필요한 단서들이 없기 때문에 찾을 수 없다. 성공적인 인출은 인출단서들의 이용 가능성에 달려 있다. 누구나 다 경험했을 법한데 단서가 부족하여 원하는 정보를 인출하지 못해서 잊어버리게 되는 예에는 **설단현상**(tip-of-the-tongue, TOT)이 있다. 이것은 무엇인가를 거의 다 회상한 듯한데 기억이 끝내 나지 않는 것

단서-의존 이론 인출에 필요한 단서들이 이용 가능하지 않으므로 우리가 망각한다는 이론. 정보를 이용할 수 있기는 하지만 그것이 어디에 있는지 모르기 때문에 접근할 수 없다고 주장하는 망각 이론

설단현상 부분 회상과 결합된 기억에서 특별한 정보의 회상 실패가 지금 막 회상이 될 듯한 느낌

을 말한다(Brown & McNeill, 1966). 이 현상에 붙여진 이름은 사람들이 흔히 '혀끝에서 맴돈다'라고 하는 말에서 온 것이다. 그 닿을 수 없는 정보가 아는 듯이 느껴지면서 거의 다 회상해 놓은 듯하다. 개인 일기를 연구해 보니 대학생들은 일주일에 1, 2번 정도 설단현상을 경험하고, 이에 비해 노인들은 2~4번 경험한다. 중년 성인은 그 사이에 위치한다(Schacter, 2000). 설단현상은 사람 이름을 기억해내려 할 때 가장 흔하게 나타난다. 그 이름의 첫 글자가 생각날지라도 이름 전부를 회상해내지는 못한다. 안다고 확신을 하지만 결국에는 기억에서 꺼내지 못한다. 생각나는 이름 부분이 설단현상 상태를 해결할 수 있는

Speed Bump — Dave Coverly

단서를 주게 됨으로써 확실하게 이름을 회상해낼 수 있게 되기도 한다.

　이미 설명한 망각의 네 가지 주요 원인은 표 5.2에 요약되어 있다. 그런데 망각의 주요 원인을 아는 것이 우리 학습에 어떻게 도움을 주는 것일까? 첫째, 장기기억으로 정보를 부호화하지 못해서 망각한다. 기말고사를 준비할 때 이렇게 되지 않도록 특별히 주의하자. 시험시간에 인출 실패를 막기 위해서는 철저하고 꼼꼼하게 공부해야 하겠다. 둘째, 장기기억에 부호화하여 저장한 정보들을 정기적으로 회상하고 새롭게 하지 않기 때문에 망각한다. 즉, 정보는 시간이 지날수록 희미해진다. 대학생활을 하면서 이제까

표 5.2	네 가지 망각 이론
이론	망각에 대한 설명
부호화 실패 이론	망각은 정보를 부호화하여 장기기억으로 저장하는 것을 실패해서 일어난다.
저장 소멸 이론	망각은 장기기억에서 생물적으로 정보를 표상해내는 것이 소멸되어 일어난다.
간섭 이론	망각은 장기기억에서 다른 정보가 간섭하여 잊은 정보에 닿을 수 없도록 하기 때문에 일어난다.
단서-의존 이론	망각은 장기기억에서 정보를 찾는 데 필요한 회상단서를 이용하지 못하여 일어난다.

지 들었던 다양한 수업에서 배웠던 내용을 떠올려 보자. 수업 하나가 끝나고 나면 가끔은 그 수업 내용이 거의 남아 있지 않은 것처럼 느껴지기도 한다. 수업에서 배운 내용을 더 오랫동안 남아 있게 하고자 한다면 규칙적으로 회상하고 그 내용들을 사용해야 한다. 셋째, 인출하려고 하는 정보는 여전히 그 자리에 있지만 다른 정보들이 그 정보의 인출을 간섭하거나 인출에 필요한 단서들을 가지고 있지 않기 때문에 망각한다. 부호화와 반복학습 동안에 정교화를 하게 되면 이러한 인출문제들을 줄일 수 있을 것이다.

다음 소절에서는 우리가 인출해내는 정보에 관련된 내용이다. 그 정보라는 것은 정확한가, 아니면 왜곡되는가? 정답은 정보가 종종 왜곡된다는 것이다. 왜 그런 일이 발생할까? 이 질문에 대한 답은 인출은 재구성되며 정확하지 않기 때문이라고 볼 수 있을 것이다. 이제는 인출되는 정보가 지닌 재구성적 특성이 어떻게 우리 기억을 왜곡하는지 알아보자.

인출의 재구성적 특성

기억하는 활동은 재구성하는 활동이라고 봐도 될 것이다. 기억은 테이프 녹음기나 비디오 녹음기 같이 작동하지 않는다. 인출은 녹음 재생 장치가 아니다. 아침에 읽은 신문의 내용을 거기서 사용된 단어 그대로 기억해낼 수 있는가? 우리는 보통 그 이야기가 강조하는 바와 함께 중심 요지와 주제를 부호화한다. 그리고 나서 기억으로부터 정보를 인출할 때는 그 주제나 강조점들을 중심으로 기억을 재구성한다.

정보를 재구성하여 인출하는 이유는 우리가 사람, 사물, 사건, 그리고 행동 등에 대한 지식의 참조틀인 **도식**(schemas)을 가지고 있기 때문이다. 이러한 도식들은 우리가 우리 주변을 둘러싼 세계를 조직화하도록 돕는다. 예를 들어 치과에 갈 때나 식당에 식사하러 갈 때를 떠올려 보자. 여러분은 이 사건들과 관련된 기억을 하기 위한 도식을 가지고 있다. 그 도식은 그곳에서 보통 어떤 일들이 일어나는지 말해준다. 식당에서 식사하는 경우를 예로 생각해보자. 먼저 자리에 앉고 나면 차림표를 받게 된다. 시간이 좀 지나면 웨이터가 와서 음료와 식사와 관련한 주문을 받을 것이다. 음식이 나오면 음식을 먹고, 식사가 끝나면 계산서를 받아 계산을 할 것이다. 그리고 그 식당을 나설 것이다. 이러한 도식은 주변 환경에서 우리가 취해야 하는 좀 더 조직화되고 효율적인 태도에 대한 정보를 부호화하고 인출할 수 있게 한다.

도식 사람, 사물, 사건, 그리고 행동 등에 대해 개인이 지닌 지식의 참조틀

기억에 있어서 도식과 그 효과를 연구한 첫 번째 실험은 20세기 초·중반에 프레더릭 바틀릿 경이 시행하였다(Bartlett, 1932). 그

는 실험에 참여한 사람들이 다소 생소한 이야기를 공부하도록 한 다음, 다양한 시간간
격으로 그 이야기에 대한 기억을 측정하는 실험을 했다. 이야기를 회상하도록 했을 때,
그들은 세상에 대한 그들 자신만의 도식과 더 일치하도록 그 이야기를 만들어내는 것을
확인할 수 있었다. 예컨대 원래의 이야기에는 어느 누구도 전쟁에서 다쳤다는 내용이
없었지만, 참가자들은 전쟁에 대한 그들의 도식에 맞춰서 많은 남자들이 부상을 입었다
고 말했다. 또한 예외적인 내용은 일반적으로 바뀌어 있었는데, 가령 원래 그 이야기에
서 남자들이 바다표범을 사냥하는 것으로 되어 있었는데 참가자들은 남자들이 고기를
잡았다고 부정확하게 회상했다. 그리고 길이에 있어서도 매우 짧게 단축되어 있었다.
신기한 것은 참가자들은 자신들이 그 이야기의 세세한 부분을 바꾸고 있다는 사실을 인
식조차 하지 못했다는 점이다. 오히려 그들이 바꾼 내용은 자신들의 기억이 정확하다며
가장 뿌듯해하는 부분이기까지 했다.

　실험에 참가한 사람들은 자신들의 도식을 사용하여 이야기를 재구성했지만 인식조
차 하지 못했다. 그들이 기억해낸 주제는 자신들의 도식을 사용해 왜곡시킨 줄거리였
다. 이유는 무엇일까? 부호화하고 인출하는 데 도식이 영향을 미치기 때문이다. 우리
삶에서 일어나는 모든 사건에 대한 정확하고도 세세한 내용을 부호화하고 인출한다는
것은 불가능한 일일지도 모른다. 그러므로 조직화한 도식이 일어난 일에 대한 정확한
복사판을 제공하지는 못한다 할지라도, 우리가 갖고 있는 도식을 계속적으로 조직화할
필요가 있다. 도식과 관련하여 기억을 조직화함으로써 얻을 수 있는 이익에 비하면 그
에 요구되는 노력은 아주 작다.

　기억은 정보원 오인과 오도효과에 의해서 더욱 왜곡될 수도 있다. **정보원 오인**
(source misattribution)은 정확한 정보원을 기억하지 못해서 생기는 기억의 오류이다.
꿈을 꿨는데 그것이 진짜 일어난 일이라고 잘못 기억하는 경우가 있다. 정보를 꿈에서
일어난 것이 아니라 실제 일어난 일이라고 귀인하는 것이다. 정보원에 대한 사람들의
기억은 그렇게 좋지 않다. 리포트를 쓸 때 이러한 현상을 조심할 필요가 있다. 다른 사
람의 생각을 무심결에 도용하고 자신 것이라고 생각하고는 그 정보에 대해 망각한다면
이 잘못된 귀인현상은 고의로 한 행동은 아니었지만 '표절'이 된다. 정보원 오인은 데
자뷰를 설명하는 데 도움이 된다. 데자뷰는 이전과 정확히 같은 상황에 있었던 적이 있
다고 느끼지만 실제로는 그렇지 않다(Cleary, 2008). 여러분은 이
전에 다른 맥락에서 그 상황 안의 요소들을 경험해 보았기 때문에
친숙함을 느끼지만, 요소들에 대한 올바른 정보 기인을 할 수 없

정보원 오인　기억에 대한 진짜 정보를 기
억하지 못하여 잘못된 정보를 기억의 원인
으로 생각(왜곡)하는 것

다. 따라서 데자뷰는 정보원을 제대로 확인하는 것 없이 새로운 상황에서 발생하는 친숙한 느낌에서 비롯될 수 있다.

정보원 오인은 또한 다른 문제들을 초래할 수 있다. 저명한 발달심리학자 장 피아제와 관련한 유명한 '정보원 오인'의 예가 있다(Loftus & Ketcham, 1991). 피아제는 어릴 때 납치될 뻔한 적이 있었는데, 그는 나이가 꽤 들어 어른이 되어서까지 유모가 그의 납치를 막았다고 믿고 살았다. 그는 유모의 행동은 물론 사건의 아주 세세한 사항까지 모두 기억하고 있었다. 유모가 마침내 그 이야기를 꾸며낸 것이었다고 시인했을 때, 그녀는 피아제를 구한 것에 대한 보상을 바라고 그렇게 했다고 말했다. 실제로 그녀는 보상을 받았다. 피아제의 부모는 그녀에게 금으로 된 스위스 시계를 주었고, 그녀는 13년 후 그녀가 납치 미수 이야기를 꾸며냈다는 설명과 함께 시계를 돌려주었다. 그녀는 구세군에 들어갔고 피아제의 부모에게 털어놓기로 결심했다. 피아제는 납치시도가 일어나지 않았다는 것을 믿을 수가 없었다. 그는 유모가 그 이야기를 할 때마다 그 사건을 재구성했으며, 그 정보를 실재하는 사건으로 잘못 귀인시켰던 것이다. 정보원에 대한 잘못된 귀인은 정확한 기억만큼이나 실제라고 느끼지만 사실은 부정확한 기억인 **잘못된 기억**(false memory)을 야기한다. 잘못된 기억은 상상팽창과 관찰팽창 현상과 오도효과 때문에 생기기도 한다.

상상팽창(imagination inflation)은 한 사건을 반복해서 상상하여 그 사건에 대해 잘못된 기억을 생성하고 그 잘못된 기억으로 자신감이 증진되는 것이다. 이를테면 어떤 행동을 하고 있다고 상상하는 것만으로도 그 행동을 실제 해보았다고 잘못 기억하게 되는 것이다(Garry, Manning, Loftus, & Sherman, 1996; Goff & Roediger, 1998). 반복해서 상상하는 것만으로 실제 그 행동을 해봤다는 자신감에 차게 되는데, 이것이 상상팽창이다. 무엇 때문에 이런 말도 안 되는 기억 실패(memory failure)가 일어나는 것일까? 잘못된 기억을 형성하는 데는 몇 가지 요소가 있다. 첫째, 어떤 것을 실제로 지각할 때와 그것을 상상할 때 뇌의 같은 부분이 활성화되어 비슷한 신경 활동이 일어나기 때문에 그 일이 실제 일어난 것인지, 상상한 것인지 혼란스러워지는 것이다(Gonsalves et al., 2004). 둘째, 한 사건을 반복해서 상상하게 되면 그 일이 상당이 익숙한 것으로 느껴지게 된다. 이렇게 해서 생긴 낯익은 느낌은 그 일이 실제로 일어났다고 믿을 수 있는 증거로 잘못 해석할 수 있다(Sharman, Garry, & Beuke, 2004). 어떤 사건에 대한 상상이 생생하면 생생할수록 상상의 사건이 점점 더 진짜 사건처럼 느껴지게 된다(Loftus, 2001; Thomas, Bulevich, &

잘못된 기억 정확한 기억만큼 실제적이라고 느끼지만 사실은 부정확한 기억

Loftus, 2003).

타인의 행동을 관찰하는 것만으로도 그 행동을 자기가 실제 했다고 거짓 기억하게 되는 거짓기억 효과와 비슷한 효과를 보인다는 것이 증명되었다(Lindner, Echterhoff, Davidson, & Brand, 2010). 이는 상상팽창 효과와 비슷한 점을 들어 관찰팽창 효과(observation inflation effect)라 이름 붙여졌다. 이 현상은 어떻게 설명할 수 있을까? 제4장에서 다루었던 논쟁이 많은 거울

엘리자베스 로프터스 박사는 목격자 증언과 관련한 기억의 오류에 대해 30여 년 동안 연구해 왔다. 200여 회가 넘게 법정에서 이와 관련한 전문가로서 증언을 하였고, 그중에는 유명한 연쇄살인범인 테드 번디의 재판도 포함되어 있다(Neimark, 1996).

신경계와 연관이 있을 수 있다. 일부 거울신경 연구를 보면 타인의 행동을 관찰하면서 그 행동을 마음속으로 따라 해보게 되고 이후 그 행동을 몸짓으로 다시 표현하게 된다고 기술한다(Iacoboni, 2009). 거울신경에 비추어진 행동을 따라 해보는 것과 관련 있는 신경 상관이 그 행동을 직접 할 때의 신경 상관과 비슷하다는 증거도 있다(Senfor, Van Pettern, & Kutas, 2002). 관찰해 둔 행동을 실제로 해보는 테스트를 하면 거울신경계에 비춰진 행동의 재현은 약간 다르게 표현될 수 있는데 이것이 관찰팽창 효과이다(Lindner et al., 2010).

잘못된 정보에 연속적으로 노출됨으로써 기억이 왜곡되면 **오도효과**(misinformation effect)를 보인다(Loftus, 2005). 이 효과는 엘리자베스 로프터스와 그녀의 동료들이 지난 40년 동안 수천 명의 실험 대상자들로부터 이 효과에 대해서 여러 번 증명해냈다(Frenda, Nichols, & Loftus, 2011). 이 연구에는 보통 사건을 목격한 다음 사건의 기억에 대해 검사를 받을 때 잘못된 정보를 제공하는 것도 포함된다. 일례를 보자. 엘리자베스 로프터스와 존 팔머(1974)는 실험에 참여한 사람들에게 차 사고 현장이 담긴 영상을 보여주고 그 사건에 대해 기억을 하도록 질문을 했다. 그 질문들은 잘못된 정보 또한 포함하고 있었는데, 어떤 사람에게는 "그 차들이 부딪쳐서 완전히 박살났을 때 얼마나 빨리 달리고 있었나요?"라고 묻고, 어떤 사람에게는 "그 차들이 서로 부딪쳤을 때, 얼마나 빨리 달리고 있었나요?"라고 묻는 것이었다. 결과적으로 '완전히 박살났다'는 단어로 질문을 받았던 사람

오도효과 잘못된 정보에 노출됨으로써 일어나는 기억의 왜곡

들이 '부딪쳤다'는 단어로 질문을 받은 사람들보다 훨씬 더 높은 속도를 보고했다. 또한 일주일 후 그 참가자들을 대상으로 다시 실험했을 때 '완전히 박살났다'는 단어로 질문을 받았던 사람들은 실제로 영상 속에서는 있지도 않았던 깨진 유리를 보았다고 이야기했다.

잘못된 기억들은 범죄 현장에 목격자를 투입한다거나 억압되었다가 성인이 된 이후에 회복된, 아동기 성적 학대에 대한 기억들에 대한 논쟁에 중요한 의미를 시사한다. 로프터스와 팔머의 연구는 목격자 증언이 잘못되거나 틀린 정보에 의해서 조작될 수 있다는 사실을 보여주는 예가 되기 때문이다. 1989년과 2007년 사이에 미국에서 201명의 죄수가 유전자 증거로 풀려났고, 이 풀려난 죄수의 77%가 목격자들에 의해서 죄수로 잘못 지목되었다(Hallinan, 2009). 결과가 180도로 바뀐 사건들을 보면 모두 다 둘 이상의 목격자가 한 실수 증언을 바탕으로 판결이 내려졌다. 목격자들이 무고한 사람들을 범죄자로 잘못 지목하는 것뿐 아니라 자신의 지목에 엄청난 자신감을 보이고, 배심원들은 주로 목격자가 보이는 자신감으로 그 증언의 믿을 만한 정도를 가늠한다.

특정한 유형의 심문이 잘못된 기억을 만들어낼 수 있다는 것이 분명하다. 억압된 기억에 대한 논쟁과 관련해서도 많은 기억 연구자들은 회의적일 뿐만 아니라, 이 '되찾은' 기억들이 일어나지도 않았던 사건들(피아제가 어릴 때 납치당할 뻔했다고 생각한 것처럼)을 묘사하고 있을지도 모른다고 생각한다. 잘못된 기억들은 치료과정 중에 생겼거나 심지어는 치료사의 실수로 불어넣은 치료사의 생각일 수도 있다. 사실상 연구자들은 그러한 생각의 주입이 가능하다고 주장하고 있다(Loftus, Coan, & Pickrell, 1996; Loftus & Ketcham, 1994). 하지만 아동기에 성적으로 학대받았던 모든 기억이 거짓이라고 할 수는 없다는 점은 분명히 해둘 필요가 있다. 모든 종류의 성적 학대는 불행히도 너무 사실적인 것들이다. 우리에게 중요한 것은 잘못된 기억들에 대한 연구가 회복된 기억에 대한 주장들에 대해 대안적 설명을 할 수 있도록 경험적 증거를 제시해주었다는 것과 거짓으로부터 사실을 분류하도록 도울 수 있다는 점이다.

요약

인출을 측정하는 방법에는 재생, 재인, 재학습 세 가지가 있다. 재생에서는 정보를 재생산해야만 하지만 재인에서는 그 정보인지만 구별해내면 된다. 재학습을 통해 절약한 시간이 기억을 측정할 수 있는 방법이 된다. 장기기억으로부터 망각은 처음에는 아주 급속하게 진행되다가 점차 완만해진다.

망각의 이유에 대한 이론에는 네 가지가 있다. 부호화 실패 이론은 정보가 장기기억에 부호화된 적이 없기 때문에 인출도 되지 않는다는 이론이다. 저장 소멸 이론은 정보가 부호화는 되었지만 더 이상 인출되는 데 사용될 수 없기 때문에 소멸되어 버린다고 주장한다. 나머지 2개의 이론은 여전히 장기기억에 정보들이 이용 가능한 채로 존재하지만 평가될 수는 없다는 이론이다. 간섭 이론은 인출 실패가 다른 정보가 인출을 방해하기 때문이라고 가정한다. 기존의 정보가 새로운 정보의 인출을 간섭하면 전진형 간섭이라고 하고, 새로운 정보가 기존의 정보의 인출을 간섭하면 후진형 간섭이라고 한다. 마지막 이론은 단서-의존 이론인데, 장기기억에 있는 정보를 찾을 수가 없어서 인출에 필요한 단서들을 이용할 수 없기 때문에 망각이 일어난다고 가정한다.

기억은 도식(세상에 대한 지식의 조직적인 틀)에 의해 일어나는 재구성 과정이다. 정보원에 대한 잘못된 귀인이나 오도효과에 따라 도식을 사용하게 되면 실제 기억만큼이나 진짜라고 느끼는 부정확한 기억인 잘못된 기억을 만들게 된다. 그러한 잘못된 기억들은 목격자 증언의 정확성이나 아동기 학대에 대한 억압된 기억의 타당성에 대해 질문을 던지고 있다.

개념점검 | 3

- 회상과 재인의 차이점에 대해 설명하라.
- 망각의 네 가지 이론이 어떻게 다른지, 망각된 정보의 이용 가능성과 접근 가능성에 기초하여 설명하라.
- 도식이 어떻게 잘못된 기억을 만들어내는지 설명하라.
- 정보원 오인과 오도효과가 어떻게 잘못된 기억을 만들어내는지 설명하라.

학습 가이드

핵심용어

여러분은 다음 핵심용어를 명확하게 정의할 수 있어야 한다. 분명하게 정의할 수 없는 것이 있으면, 책을 다시 읽어서라도 이해해둬야 할 것이다. 모든 용어를 이해했다고 판단되면, 연습문제를 풀어보라.

간섭이론	부호화 구체성 원리	의미기억	전진형 간섭
감각기억	부호화 실패 이론	인출	전진형 기억상실증
걸이못 기억법	분산효과	일화적 기억	절차적 기억
교란과제	상태-의존 기억	자기-참조 효과	점화
기분-의존 기억	설단현상	자동적 처리	정교화 시연
기분-일치 효과	스펄링의 부분보고법	자유회상 과제	정보원 오인
기억상실증 환자	스펄링의 전체보고법	작업기억	처리수준 이론
기억술	시간적 통합법	잘못된 기억	청크
기억폭	암묵적 기억	장기기억(LTM)	초두효과
기억폭 과제	영상기억	장소법	최신효과
단기기억(STM)	오도효과	재인	통제적 처리
단서-의존 이론	외현적 기억(서술적 기억)	재학습	회상
도식	유아/아동 기억상실증	저장	후진형 간섭
부호화	유지시연	저장 소멸 이론	후진형 기억상실증

핵심용어 문제

다음 각 진술이 정의하는 용어를 적으라.

1. 장기기억으로 부호화해서 저장할 때의 단서들(내적, 외적)이 그 정보에 대한 가장 좋은 인출단서가 된다는 원리

2. 인출단서 없이 정보의 재현을 요구하는 장기기억 인출

3. 이전 정보의 인출에 있어서 새로운 학습이 방해가 되는 현상

4. 투입되는 시간적 정보의 정확한 복사물은 유지하지만 매우 짧은 시간 동안만 유지되는 시각 감각등록기

5. 기억의 의미 단위

6. 기억하기 위한 의식적인 노력을 요구하고, 기억되는 정보에 대해 명시(서술)를 수반하는 사실적 지식과 개인적 경험에 대한 장기기억

7. 뇌 수술이나 심각한 뇌 손상 이후에 사건들에 대한 새로운 외현적 장기기억을 형성하는 능력을 잃게 되는 것

8. 들어오는 정보를 장기기억의 정보와 관련짓도록 하는 단기기억 시연의 한 종류

_____

9. 벼락치기 하는 것보다 시간적 여유를 가지고 학습할 때 더 우수해지는 장기기억

_____

10. 사람, 사물, 사건, 행동과 관련된 주변 세계에 대한 정보를 조직하고 해석하도록 하는 지식의 참조틀

_____

11. 개인적 경험에 대한 외현적 기억

_____

12. 망각은 장기기억에 있는 정보를 지정하는 데 필요한 인출단서가 가용하지 않기 때문이라고 제안하는 망각 이론

_____

13. 관련성이 없는 자음행렬을 아주 짧은 시간 동안 제시한 후에 피험자에게 행렬 중의 한 줄에 청각단서를 주고 그 줄의 자음들을 회상하게 하는 실험절차

_____

14. 성인이 3세 이전에 일어난 사건에 대해 기억하지 못함

_____

15. 피험자에게 일련의 항목을 한 번에 제시한 후 제시된 순서대로 그 항목을 회상하게 하는 기억과제

_____

연습문제

다음은 이 장의 내용에 관한 선다형 연습문제이다. 해답은 개념점검 모범답안 뒤에 있다.

1. 우리가 정보에 주의를 기울이고, 그것을 인식할 때까지 감각적 입력을 유지하는 기억의 유형은 무엇인가?
   a. 단기기억   b. 감각기억
   c. 의미기억   d. 일화적 기억

2. 우리의 단기기억 용량은?
   a. 3   b. 5
   c. 7   d. 9

3. 다음 기억의 유형 중 지속시간이 가장 짧은 것은?
   a. 감각기억   b. 단기기억
   c. 의미기억   d. 일화적 기억

4. 절차적 기억은 _____ 기억이므로 아마도 _____ 에서 진행된다.
   a. 외현적, 해마   b. 외현적, 소뇌
   c. 암묵적, 해마   d. 암묵적, 소뇌

5. 다음 중 가장 우수한 장기기억을 이끌어낼 수 있는 것은?
   a. 유지시연   b. 정교화 시연
   c. 물리적 처리   d. 청각적 처리

6. 자유회상에서 초두효과와 최신효과는 우리가 어떤 목록의 _____에 위치한 단어들을 회상하는 것을 가장 어려워한다는 것을 보여준다.
   a. 처음   b. 끝
   c. 중간   d. 처음과 끝

7. 다음 중 기억술이 아닌 것은?
   a. 장소법   b. 걸이못 기억법
   c. 시간적 통합법   d. 첫 글자 대입법

8. 서술형 시험은 _____을 측정하는 것이고, 선다(객관식)형 시험은 _____을 측정하는 것이다.
   a. 재생, 재생   b. 재생, 재인
   c. 재인, 재생   d. 재인, 재인

9. 망각된 정보는 장기기억에 있기는 하지만 더 이상 이용이 불가능하다고 주장한 망각 이론은 무엇인가?
   a. 부호화 실패 이론
   b. 저장 소멸 이론
   c. 간섭 이론
   d. 단서-의존 이론

10. 피아제의 어릴 적 납치에 대한 잘못된 기억은 _____의 결과이다.
    a. 유아/아동 기억상실증
    b. 정보원 오인
    c. 부호화 실패
    d. 저장 소멸

11. 피자스쿨 가게의 전화번호를 학습한 후에 밥은 지난주에 학습한 알볼로 피자 가게의 전화번호를 기억할 수

없다. LA에서 3년간 생활한 후에 짐은 LA에 이사 오기 10년 전에 살았던 고향 주변의 길을 기억할 수 없다. 밥은 _____ 간섭효과를 경험하고 있으며, 짐은 _____ 간섭효과를 경험하고 있다.

a. 전진형, 전진형

b. 전진형, 후진형

c. 후진형, 전진형

d. 후진형, 후진형

12. 처리수준 이론 관점에서 오늘 '우울한(depressed)'이라는 단어를 보고 다음 중 어느 질문을 받으면 내일 가장 정확하게 잘 기억하게 될까?

a. 그 단어가 당신을 잘 기술하는가?

b. 그 단어가 10개의 문자로 구성되어 있는가?

c. 그 단어가 대문자로 쓰여 있는가?

d. 그 단어가 '집착한(obsessed)'의 운조인가?(즉, depressed와 obsessed의 각운이 같음)

13. 에빙하우스가 무의미 철자로 재학습에 대한 연구를 했을 때 장기기억의 망각곡선은 다음 중 무엇을 나타내는가?

a. 엄청난 양의 망각이 매우 빠른 시간에 일어나고 그 후에는 수평상태로 유지된다.

b. 적은 양의 망각이 매우 빠르게 일어나고 엄청난 양의 망각은 상당한 기간의 기억저장 이후에 일어난다.

c. 망각은 학습 후 일률적인 비율로 일어난다.

d. 늘 적은 양의 망각이 일어난다.

14. 로프터스와 팔머의 실험에서 피험자에게 차사고에 대한 영상을 보여주고 그 후에 그 영상에 대한 기억을 검사했다. 그 검사문항에 사용된 특별한 단어에 따라 기억에 차이가 났다는 것은 무엇을 예시하는가?

a. 상태-의존 기억

b. 정보원 오인

c. 자기-참조 효과

d. 오도효과

15. 육지에 대한 단어목록이나 수중 관련 단어목록을 공부한 후에 육지 혹은 수중에 대한 단어회상을 하게 한 실험결과는 무엇에 대한 증거를 제공하는가?

a. 정보원 오인

b. 부호화 구체성

c. 전진형 간섭

d. 후진형 간섭

개념점검 1의 모범답안

• 제3장에서 다뤘듯이 상향처리는 물리적 환경으로부터 투입되는 감각정보를 처리한다. 이것은 감각기억을 차지하는 것으로 상향정보라고 한다. 또 제3장에서 언급했듯이 하향처리는 하향정보를 해석하기 위해 장기적 지식을 기초로 정보를 사용한다. 그러므로 장기기억은 위에서 아래로의 투입을 제공한다고 생각할 수 있는데, 이곳이 우리의 과거 경험과 기본적 지식의 저장소이기 때문이다.

• 우리의 시각 감각등록기는 등록기에서 시각적 이미지들을 계속해서 겹쳐지게 하면서, 빨리 과부화되기 때문에 영상기억의 지속시간은 매우 짧다. 이렇듯 우리를 둘러싼 주변 세계는 겹쳐진 이미지들의 지속적인 혼합이므로 우리는 세계를 객관적으로 인식하지 않는다.

• '청크'는 장기기억의 의미단위이다. 이를테면 하나의 문자, 두문자어, 각각의 단어는 7±2개의 관련이 없는 문자, 두문자어, 단어이다.

• HM은 거울상 따라 그리기 과제와 회전판 위에서 도는 작은 점에 바늘같이 가는 침을 연속으로 올려놓는 수작업 학습 과제에서 연습효과를 입증했지만 두 과제를 시행했다는 것을 의식적으로 기억하지는 못했다. 이는 그가 과제에 대한 경험을 쌓을수록 수행능력이 향상되었기 때문에 과제를 수행하는 방법에 대한 새로운 암묵적 장기기억을 형성했지만 과제를 수행했다는 사실을 기억하지 못하였기 때문에 실제로 그 과제를 수행했다는 것에 대한 새로운 외현적 장기기억을 형성하지는 않았다는 것을 보여준다. 또한 HM은 앞서 보여준 점화된 단어들을 의식적으로 알아차리지 않고서 단어완성 과제에서 반복 점화 효과를 입증했다. 따라서 그는 단어완성 과제에서 단어에 대한 암묵적 장기기억을 보여주었지만 단어를 전에 본 적이 있다는 사실을 기억하지 못했기에 외현적 장기기억을 형성하지는 않았다. 또 다른 연구에서 그는 어떤 소리를 들으면 눈 깜박임 반응을 하도록 고전적 조건형성이 되었다. 고전적 조건형성이 된 이후에도 그는 소리를 들을 때마다 눈을 깜박였지만 의식적으로

조건형성되었다는 것을 기억할 수는 없었다. 이러한 연구결과는 그가 소리와 눈 깜박임 반응 간의 연합에 대한 새로운 암묵적 장기기억을 형성했지만 조건형성 일화에 대한 새로운 외현적 장기기억을 형성하지 않았다는 것을 보여준다.

개념점검 2의 모범답안

- 정교화된 부호화는 그냥 암기하는 것보다 훨씬 효과적인데, 왜냐하면 정교화 과정이 새로운 정보를 더 오래되고 잘 알려진 정보와 연결하는 역할을 하기 때문이다. 그러므로 정교화된 부호화는 단순한 암기보다 더 많고 좋은 인출단서를 제공한다.
- 상태-의존 기억과 기분-의존 기억은 모두 부호화 구체성 원리의 작동 예시이다. 그 이유는 상태나 기분이 최고조일 때 최상의 장기기억으로 이어지기 때문이다.
- 두 가지 기억술은 잘 알려진 연속적인 정보에 새로운 정보를 관련시킨다. 장소법의 경우에 잘 알려진 공간이나 빌딩 내의 연속적인 장소들이 사용되는 반면, 걸이못 기억법에서는 그 단계들이 먼저 잘 학습된 징글(jingle)의 부분이 된다. 이 두 가지 기억술은 모두 정교화 시연을 사용하는 것이다.

개념점검 3의 모범답안

- 회상에서의 정보는 재현되어야 하지만 재인에서의 정보는 단지 확인되기만 하면 된다.
- 부호화 실패 이론과 저장 소멸 이론은 망각된 정보는 장기기억에서 이용하지 못한다고 가정한다. 망각의 간섭 이론과 단서-의존 이론은 망각된 정보가 여전히 이용 가능하기는 하지만 접근할 수는 없다고 주장한다.
- 도식은 잘못된 기억을 생성하는 데 도움을 주는데, 이를 사용해서 우리는 도식이 나타내는 상황에서 실제로 일어났던 상황을 전형적으로 일어나는 상황으로 대체하는

경향이 있다. 즉, 도식이 우리의 기억을 일반화하는 경향이 있으며 일어났던 사건을 있는 그대로가 아닌 일반적으로 일어나는 상황으로 기억하도록 한다는 것을 알 수 있다.
- 정보원 오인은 잘못된 기억을 만들어내는데, 우리는 진짜 그 기억의 출처를 잘 모르기 때문이다. 사건은 실제로 일어나지 않았을지 모르지만 그 기억의 출처를 정확히 입증할 수 없기 때문에 우리는 그것이 일어났다고 생각한다. 오도효과는 인출 시에 주어지는 잘못된 정보의 역할로 인해 잘못된 기억을 야기한다. 즉, 우리는 사건에 대한 왜곡된 정보를 우리 기억에 통합시키고 잘못된 기억을 만들어낸다.

핵심용어 문제의 답

1. 부호화 구체성 원리
2. 회상
3. 후진형 간섭
4. 영상기억
5. 청크
6. 외현적 기억
7. 전진형 기억상실증
8. 정교화 시연
9. 분산효과
10. 도식
11. 일화적 기억
12. 단서-의존 이론
13. 스펠링의 부분보고법
14. 유아/아동 기억상실증
15. 기억폭 과제

연습문제의 답

1. b
2. c
3. a
4. d
5. b
6. c
7. c
8. b
9. b
10. b
11. d
12. a
13. a
14. d
15. b

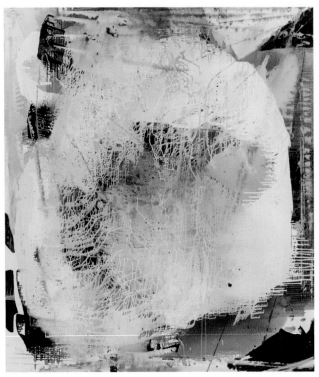

Jackie Saccoccio and Van Doren Waxter, NY.

6 사고와 지능

이 장에서는 사람들이 생각을 할 때 기억 속 정보가 어떻게 이용되는지를 고려한다. **사고**(thinking)란 문제를 해결하고 추리를 하고 결정을 짓고 판단을 내리는 등등의 작업에서 벌어지는 정보처리 과정을 일컫는다. 이들 작업은 지적 활동의 중요한 측면이다. 따라서 지능검사와 지능이라는 개념을 둘러싼 논쟁의 일부도 고려할 것이다. 먼저 고차적 인지활동인 문제해결 과정부터 논의하기로 하자. 여러 가지 문제를 풀어보라는 요구가 있을 것이다. 문제해결 과정에 관한 내용을 읽기 전에 이들 문제를 해결해보면 더 많은 것을 배우게 될 것이다.

문제해결

문제란 목표가 있는데 그 목표를 달성할 확실한 방법을 모르고 있을 때 발생한다. 문제에는 분명한 문제도 있고 분명하지 않은 문제도 있다(Gilhooly, 1996). **분명한 문제**(well-defined problem)는 출발상태(현재 위치)와 목표상태(원하는 위치) 그리고 현재상태에서 목표상태로 가는 과정(현재 위치에서 원하는 위치로 가는 방식)을 분명하게 명시할 수 있는 문제를 말한다. **불분명한 문제**(ill-defined problem)는 출발상태와 목표상태 그리고 현재상태에서 목표상태로 가는 과정을 하나라도 분명하게 명시할 수 없는 문제를 말한다. 낱말 맞추기와 그림 맞추기 같은 문제는 분명한 문제에 속한다. 이런 문제에서는 출발상태와 목표상태 그리고 출발상태에서 목표상태로 가는 과정(예 : 게임 규칙)이 분명하게 명시되어 있기 때문이다. 그러나 친구로 하여금 방을 청소하도록 하는 문제의 경우 출발상태와 목표상태는 비교적 분명하지만 출발상태에서 목표상태로 가는 과정이 분명하지 않기 때문에 이 문제는 불분명한 문제에 속한다. 일상생활에서 만나는 대부분의 문제는 불분명한 문제들이다. 때문에 일상생활의 문제를 해결하기 위해서는 분명하지 않은 부분을 분명하게 만드는 작업이 필수적이다. 문제해결을 어렵게 만드는 장애물은 문제를 정의하는 바로 이 단계, 즉 문제해결을 시도하기 전 단계에서부터 발생할 수 있다.

문제해결을 어렵게 만드는 이런 장애물을 학습하기 전에 다음 문제부터 풀어보기 바란다. 제1장에서 만났던 계열완성 문제가 생각날 수도 있다. 문제가 어렵다고 실망할 필요는 없다. 대부분의 사람들은 이 문제가 어렵다고 말한다. 그 이유는 나중에 보기로 하고 문제부터 풀어보기 바란다.

사고 문제해결, 판단 및 결정을 내리기 위해 전개되는 정보처리 과정

분명한 문제 출발상태와 목표상태 그리고 목표상태에 이르는 과정이 명확한 문제

불분명한 문제 출발상태와 목표상태 그리고 목표상태에 이르는 과정 중 어느 것 하나라도 명확하지 않은 문제

(가) 다음 계열완성 문제에서 여러분의 목표는 맨 마지막 문자 다음에 올 문자를 예상하는 것이다. 첫 번째 계열의 경우 그 답은 'O'가 아니다.

OTTFFSS?

EOEREXN?

(나) 다음 9개의 점을 4개의 직선으로 연결시켜 보라. 단, 연필을 종이에서 떼서는 안 되며, 왔던 길을 되돌아가서도 안 된다. 동일한 문제를 여러 개 만들어 놓고 몇 번째 시도에서 성공하는지를 헤아려 보라. 4개의 직선으로 연결시키는 문제가 해결되었으면, 다음 목표는 3개의 직선으로 이들 점을 연결시키는 것이다. 물론 제약 조건은 직선 4개로 연결하는 문제와 동일하다.

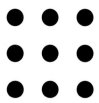

문제해결의 장애물

문제해결의 과정은 크게 두 단계, (1) 문제를 이해(해석)하는 단계와 (2) 문제를 해결하기 위해 노력하는 단계로 나뉜다. 많은 문제에서 해결책으로 가는 통로는 문제해결 과정의 첫 단계에서 막힌다. 이 난관은 문제를 잘못 해석하는 데서 발생한다. 답을 너무 빨리 말하는 바람에 답을 하고 나서 문제를 잘못 이해했다는 것을 깨닫는 경우가 이런 경우에 해당한다. 잘못 이해한 문제에 바른 답을 댄다는 것은 기대할 수 없는 일이다. 위에서 소개한 점 9개 문제도 잘못 이해하기 쉬운 문제로 알려져 있다.

문제 해석하기   4개의 직선으로 점 9개를 연결하려다 실패한 답지를 다시 살펴보라. 혹시 선을 그을 때, 이들 9개의 점으로 구성된 가상의 사각형을 생각하고 그 안에서만 선을 그으려 하지 않았는지 살펴보라. 대부분의 사람들은 이 가상의 사각형 안에서만 선을 그으려 하기 때문에 이 문제를 해결하지 못한다(Wickelgren, 1974). 대부분의 사람들은 이런 잘못된 해석을 범할 뿐만 아니라 그 때문에 문제를 해결하지 못하는데도 이 해석을 고수하려 한다. '사각형의 밖을 생각하지' 못하고 그래서 문제를 새롭게 해석하지 못하는 이러한 현상을 **고착**(fixation)이라 한다. 문제를 다시 읽어보라. 어디에도 이 맘속 사각형 안에서만 선을 그어야 한다는 제약은 없다. 어떤 선이든 사각형을 벗어날 수 있다는 뜻이다. 제약은 선이 직선이어야 한다는 것과 점 9개가 모두 연결되어 있어야 한다는 것뿐이다. 알았으면 문제를 다시 한 번 풀어보라. 우선 아랫줄 중간점과 중간줄 오른쪽 점을 지나가는 긴 선분을 그어보라. 그다음 맨 윗줄 왼쪽 점에서 맨 아랫줄 왼쪽 점을 지나가는 수직선을 그어 내려가다가 앞서 그어놓은 대각선을 만나면 거기서 그 대각선을 따라 우상측으로 가는 선을 그어보라. 그렇게 하면 문제가 풀리기 시작할 것이다. 그러나 아직도 어려울 수 있다(Weisberg & Alba, 1981).

3개의 직선으로 점 9개 모두를 연결하는 문제는 어떤가? 해결하지 못했다면 이 문제를 처음 해석할 때 생각했던 가정/전제를 살펴보라. 이 문제가 더 어려울 수 있는 이유는 이 문제를 해석할 때 다음 두 가지 실수를 범하고는 그 해석에 고착되어 있을 수 있기 때문이다. 첫째, 4개의 직선으로 이어야 하는 문제에서와 같이 선을 그을 때는 사각형 안에서만 그어야 한다는 가정을 했을 수도 있다. 둘째, 아마 각 직선이 이들 점의 중앙을 통과해야 한다는 가정을 했을 수도 있다. 그러나 이 두 가정 모두 그릇된 가정이다. 이 두 가지 가정이 모두 잘못되었다는 것을 알았으니 이제 다시 한 번 시도해보라. 일단 각 점의 중앙을 통과하지 않는 선을 그어 맘속 사각형 밖에까지 그어보라. 선을 그을 때 아주 긴 자를 이용하면 도움이 될 수도 있다. 아직도 해결되지 않으면, 이 장의 끝에 있는 풀이를 보라.

문제해결의 또 다른 장애물은 기능적 고착이다. **기능적 고착**(functional fixedness)이란 어떤 물체의 기능을 생각할 때 그 물체의 전형적인 기능 외에는 생각해내지 못하는 현상을 일컫는다. 어떤 대상을 새로운 방식으로 활용해야만 해결되는 문제를 어렵게 만드는 것이 기능적 고착이다(Duncker, 1945). 이러한 유형의 고착도 문제를 정의하는 단계에서 발생한다. 이러한 경우는 일상생활에서 자주 발생한다. 나사못을 뽑는 도구 스크루드라이버가 필요한데 지금 당장은 없다고 하자. 그러면 우리는 동전과 같은 다른 물건을 이용해야 하는데, 동전을 전혀 엉뚱한 기능을 하는 나사못 뽑는 도구로 생각하기가 쉽지 않다. 이러한 기능적 고착에 빠지지 않기 위해서는 문제 장면에서 만나는 다양한 물체의 새로운 용도에 대해 체계적으로 생각해보는 습관을 길러야 한다. 그래야만 일상생활에서 마주치는 많은 문제를 해결하는 능력이 향상된다.

고착 어떤 문제를 새롭게 해석할 수 없는 상태

기능적 고착 문제해결 장면에서 어떤 대상의 전형적인 기능 외의 기능을 고려하지 못하는 상태

문제 해결하기 문제를 잘못 해석하는 일과 기능적 고착은 과거경

정신적 올무 당면 문제에 적절한 전략을 고려하지 못하고 과거의 성공적이었던 전략만을 사용하려는 경향

통찰 문제를 새롭게 해석함으로써 해결책을 즉각적으로 깨닫는 현상

험 때문에 현재 문제를 해결하는 능력이 훼손될 수 있다는 것을 보여준다. 문제해결과 관련된 경험은 정신적 올무라는 좋지 않은 현상을 유발할 수 있다. **정신적 올무**(mental set)란 과거에 성공적이었던 문제해결 전략을 현재 문제에 적용시키려 고집함으로써 적절한 해결책을 만들어내지 못하는 경향성을 일컫는다. 특히 최근에 성공했던 전략에 대한 정신적 올무는 매우 강하다. 앞서 제시되었던 문자-계열 문제를 고려해보자. 이 문제가 어려웠다면 그 이유는 정신적 올무에 있을 것이다(Griggs, 2003). 각각의 문자는 독립적일 수(예 : 각각의 이름을 가짐) 있기 때문에 여러분도 각 줄의 문자를 각각 독립적인 개체가 나열된 것으로 생각했을 것이고, 그들 개체 간에서 관계를 찾으려 했을 것이다. 이런 생각 (또는 전략) 때문에 각 문자를 보다 큰 개체인 단어의 일부로 간주하기가 어려워지고, 이 올무에서 벗어나지 못하는 한 이 문제는 풀리지 않는다. 첫 번째 문자열은 1, 2, 3,… 을 영어 단어로 적어 두고(One, Two, Three,…) 각 단어의 첫 문자를 생각해보라.

그러면 S 다음에는 E가 와야 한다는 것을 금방 알게 될 것이다. 그러면 두 번째 열은 어떤가? 첫째 열에 대한 풀이가 도움이 되었는가? 여기서도 조심할 것은 정신적 올무다. 이 열의 각 문자도 연속적으로 이어지는 또 다른 단어들의 첫 문자일 것으로 생각했다면 여러분은 이미 정신적 올무에 빠진 것이다. 이 문제를 해결하기 위해서는 이 올무에서 벗어나 새로운 해결책을 찾아야 하는데, 올무가 놓아주지 않는다. 이번에는 앞서 적어 놓았던 영어 단어 onE, twO, threE,…의 마지막 문자를 눈여겨보라. 그러면 두 번째 문제의 N 다음에는 T가 와야 한다는 것을 금방 알 수 있을 것이다. 여기서 여러분은 무얼 배웠는가? 과거에는 성공적인 전략이었더라도 현재 문제해결에 도움이 되지 않으면, 즉각 포기하고 새로운 전략을 모색해야 한다.

어떤 문제에 대한 새로운 해결책을 탐색할 때 우리는 통찰을 경험하기도 있다. **통찰**(insight)이란 주어진 문제에 대한 새로운 해석 덕분에 해결책이 즉각 떠오르는 현상을 말한다. 문제를 새롭게 이해하는 것이 해결의 열쇠가 된 것이다. 통찰은 '아하!' 또는 '유레카!(Eureka!)'라는 느낌을 유발하기도 한다. Knoblich와 Oelinger(2006)에서 따온 다음 문제를 풀다 보면 여러분도 통찰을 경험할 수 있을 것이다.

아래 제시된 등식은 성립되지 않는다. 성냥개비 하나만 옮겨(빼버리는 건 안 된다) 바른 등식을 만들어보라. 등식에는 로마 숫자와 연산 기호 3개(+, −, =)만 허용된다.

성냥개비 문제와 같은 통찰을 요하는 문제를 해결하려 할 경우에는 전두피질(기획, 판단, 평가, 결정 같은 관리기능을 관장하는 곳)이 통찰을 촉진하기보다 억제할 수도 있다(Restak & Kim, 2010). Reverberi 등(2005)은 전두피질 외측에 손상을 입은 환자들이 건강한 사람들보다 통찰문제 해결력이 뛰어나다는 사실을 발견했다. 매우 어려운 성냥개비 문제의 경우 건강한 사람들 중에서는 43%만 해결할 수 있었는데, 전두엽에 손상을 입은 환자들 중에서는 82%가 해결할 수 있었다. 이 발견에는 온전한 전두엽이 통찰문제 해결에 필요한 최적의 전략구사를 제한한다(일종의 정신적 올무 효과)는 뜻이 담겨 있다. Reverberi 등의 연구에서 전두엽 손상 환자들은 이런 제한을 받지 않았고, 그래서 문제를 보다 성공적으로 해결했을 가능성이 컸다고 할 수 있다. 따라서 통찰문제 해결에는 전두엽보다 뇌의 다른 영역이 더 중요하게 작용할 가능성도 있다. 이제 "상자 밖을 생각하라!"는 충고를 "전두엽 밖을 생각하라!"로 바꿔야 할지도 모르겠다.

최근의 연구에서는 우반구 측두엽 전측(오른쪽 귀 바로 위쪽)이 그러한 영역일 가능성이 제기되었다. Chi와 Snyder(2011)는 측두엽 전측에다 경두개직류자극을 가하여 좌반구 측두엽 전측은 억제하고 우반구 측두엽 전측은 활성화시키면 통찰문제 해결이 촉진된다는 사실을 발견하였다. 이 자극은 어려운 성냥개비 문제를 해결할 수 있는 능력을 3배나 향상시켰다. Chi와 Snyder(2012)는 측두엽 전측에 가한 이 경두개직류자극이 점-아홉 문제의 해결을 촉진시킨다는 사실도 발견하였다. 그 자극을 받기 전에는 참여자 중 누구도 그 문제를 해결하지 못했다. 그러나 그 자극을 받은 후에는 33명 중 14명이 그 문제를 해결했다. 33명 중 14명이 그 문제를 우연히 해결했을 확률은 10^9분의 1보다 낮다는 게 Chi와 Snyder의 계산이었다. 그럼 "상자 밖을 생각하라!"와 같은 규

"어떤 사람들에게는 익숙한 생각의 틀에서 벗어나는 것이 쉽지 않다. 계속 노력하라!"

범적 충고는 타당성이 있는 것일까? 우리는 이와 같은 은유(metaphor)를 구체적인 신체적 경험과 창의적 문제해결 간에는 관련성이 존재한다는 암시로 생각해볼 수 있다. 다시 말해 이 은유의 의미를 실제로 구현해보면, 창의적 문제해결력이 향상될 것이라고 예상해볼 수도 있다. Leung 등(2012)은 그러한 구현(embodiment)이 실제로 창의적 인지과정을 활성화시킬 수 있다는 최초의 증거를 내놓았다. 이를테면 혁신적인 과제를 해결하려는 실험 참가자들에게 상자(플라스틱 파이프와 판지로 만든 약 3.4m³ 크기의 상자) 안보다 밖에 앉아서 생각하게 했을 때 수행수준이 훨씬 높은 것으로 드러났다. 이와 비슷한 결과가 다른 과제에서도 발견되었다. 이 과제에서는 바닥에다 테이프를 붙여 직사각형 통로(넓이가 4m²를 약간 상회하는 직사각형 '상자'를 그려놓은 공간)를 만들어 놓고, 참가자들로 하여금 그 통로를 따라 걷게 하거나 그 밖에서 자유롭게 걷게 하였다. 물론 훨씬 더 많은 연구가 수행돼야 하겠지만, 이들 발견은 '상자 밖에서' 생각하라는 말을 케케묵은 말로만 받아들일 게 아니라 실행에 옮겨볼 가치가 충분한 말이라고 암시한다.

위에서는 문제해결을 어렵게 하는 여러 가지 장애물을 논의하였다. 그리고 그런 장애물을 극복하기 위해서는 매우 체계적인 노력을 해야 한다는 것도 알았다. 어떻게 한다고? 다음과 같은 질문을 자신에게 던져보라. 문제의 의미를 지나치게 축소 해석한 건 아닐까? 문제 속 대상을 새로운 방법으로 이용할 수는 없을까? 새로운 종류의 문제해결 전략이 필요한 건 아닐까? 이러한 노력을 하지 않고 문제를 해결하려는 행동을 무작정 행동, 즉 문제 장면을 꼼꼼히 따져보지 않고 하던 대로 하는 습관성 행동이라고도 한다(Langer, 1989, 1997). 문제를 잘 해결하는 사람이 되기 위해서는 문제를 여러 가지로 해석할 수 있어야 하며, 문제해결에 필요한 대상을 새롭게 이용할 수도 있어야 한다. 또한 다양하고 많은 문제해결 전략을 개발하는 것도 필요하다.

해결전략

문제해결 과정을 두 단계로 구분할 수 있듯이 문제해결 전략도 두 종류, 즉 알고리즘과 휴리스틱으로 구분할 수 있다. **알고리즘**(algorithm)이란 제대로만 따라 가면 정답이 보장되는 단계별 절차를 말한다. 예컨대 여러 단계를 거쳐야 해결되는 나눗셈 문제를 풀 때 이용되는 것이 알고리즘이다. 각 단계를 실수 없이 거치기만 하면 정답을 찾을 수 있기 때문이다. 그러나 문제해결에 필요한 알고리즘을 모를 때도 많고, 아예 알고리즘이 없는 문제도 많다.

알고리즘 그 절차만 제대로 따르면 정답이 보장되는 문제해결 전략

이러한 문제를 해결하고자 할 때는 과거의 경험, 특히 비슷한 문제를 해결해본 과거경험에 비추어 그럴듯해 보이는 해결전략, 즉 **휴리스틱**(heuristic)을 이용하게 된다. 휴리스틱이란 최상의 추측과 같다.

휴리스틱 과거의 경험으로 보아 그럴듯해 보이지만 정답은 보장하지 못하는 문제 해결 전략

어떤 문제의 경우 알고리즘을 알고 있을 수도 있지만, 그 알고리즘을 따르는 데 너무 많은 시간이 소요될 수도 있다. 그런 경우 알고리즘을 이용하지 않고 휴리스틱을 이용하면 시간을 절약할 수도 있다. 하지만 엉뚱한 답을 얻을 수도 있고 또는 답을 구하지 못할 수도 있다. 이 점이 바로 알고리즘과 휴리스틱의 핵심적 차이이다. 즉, 알고리즘은 그대로 실행하기만 하면 정답을 보장하지만 시간과 노력이 많이 들 수 있는데, 휴리스틱은 시간과 노력은 많이 들지 않지만 정답을 보장하지는 않는다. 예를 들어 살펴보자. 단어 맞히기라는 수수께끼(anagram)에서는 단어 속의 문자(낱자)를 뒤섞어 놓은 것을 재배열하여 원래 단어를 만들어내야 한다. 이 수수께끼를 푸는 알고리즘은 주어진 문자로 만들 수 있는 모든 조합을 만들어 보고, 그중에서 단어가 되는 것을 찾는 것이다. 간단한 일일 것 같지만 사실은 그렇지 않다. 주어진 문자가 7개라면 가능한 조합의 개수는 5,000가지가 넘는다. 주어진 문자가 몇 개 되지 않으면 몰라도 그렇지 않은 한 우리는 우리가 알고 있는 단어지식을 이용하는 휴리스틱을 사용하게 된다. 예를 들어보자. 영어단어의 경우 문자 Q 다음에는 대개 문자 U가 온다. 그리고 B와 C가 연이어 나타나는 경우는 없다. 우리는 이러한 지식을 이용하여 가능한 단어를 만들어 보려고 노력한다. 이 전략에 대한 이해들 돕기 위해 예를 들어보기로 한다. 다음 문제를 풀면서 어떤 전략을 사용하고 있는지를 생각해보라.

다음 두 세트의 문자를 재배열하여 각각 의미 있는 영어 단어를 만들어 보라.

1. LOSOGCYHYP   2. TERALBAY

1번 문제는 쉬울 것이다. 답이 이 교과서와 관련되어 있다. 답은 PSYCHOLOGY이다. 여러분이 사용한 휴리스틱이 성공했기 때문에 문제를 금방 풀 수 있었다. 2번 문제는 좀 어려울 것인데, 여러분이 사용한 휴리스틱이 실패하여 답을 찾을 수 없기 때문이다. 그런데도 아무도 휴리스틱을 포기하고 알고리즘을 따르려 하지 않았을 것이다. 이 예에서 보았듯이 휴리스틱을 이용하면 짧은 시간 내에 문제가 해결되기도 하지만 문제가 해결되지 않기도 한다. 이제 알고리즘을 고려해보자. 2번 문제에는 문자가 8개이기 때문에 이들 문자로 만들어낼 수 있는 문자열의 개수는 40,000가지가 넘는다. 이들 문

자열을 만들어 가며 단어가 되는지를 점검하는 일에는 많은 시간이 소요될 것이고 누구도 이런 수수께끼를 풀기 위해 그 많은 시간을 소비하려 하지 않을 것이다. 하지만 그 일을 끝까지 실수 없이 했다면 2번의 답 BETRAYAL을 찾아낼 수 있었을 것이다. 이제 문제해결에 자주 이용되는 세 가지 휴리스틱 선추정-후조절법, 후진작업법, 수단-목적 분석법을 고려해보기로 하자.

선추정-후조절법   이 휴리스틱을 이해하기 위해 먼저 Plous(1993)에서 따온 추정문제를 풀어보기로 하자. 이 문제를 풀어보려 할 필요도 없고 풀 수도 없을 것이다. 이 문제는 사람들이 추정을 어떻게 하는지를 검토하기 위해 만들어 놓은 가상의 문제일 뿐이다.

두께가 0.1mm인 종이를 100번 접으면 그 두께는 얼마나 될까?

대부분의 사람들은 '2~3m 되겠지'라고 생각한다. 그러나 그 답은 $0.1mm \times 2^{100}$으로 이는 지구와 태양 간 거리의 8×10^{14}배나 된다(Plous, 1993). 사람들이 이렇게 엄청난 과소 추정을 하는 이유는 무엇일까? 사람들이 **선추정-후조절법**(anchoring and adjustment)이라는 휴리스틱을 사용하기 때문이다. 이 전략은 먼저 선추정치를 정한 후 그 선추정치를 아래위로 조절하는 휴리스틱이다. 이 전략의 문제는 사람들이 선추정치를 너무 중시한 나머지 후조절을 충분히 고려하지 못한다는 데 있다(Tversky & Kahneman, 1974). 위의 종이접기 문제가 이 휴리스틱의 함정을 잘 예시하고 있다. 종이의 두께를 몇 차례 배가하더라도 그 두께는 여전히 별로 크지 않다. 사람들은 이 두께를 선추정치로 설정한 후 조절을 하는데, 이 조절을 충분히 하지 않았기 때문에 기껏해야 2~3m라는 터무니없는 추정치를 만들어내게 된다는 설명이다. 이 휴리스틱을 사용했기 때문에 사람들은 제곱을 하면 작은 수치도 엄청나게 빨리 커진다는 사실을 무시하고 말았다.

위의 추정문제는 가상의 연습일 뿐이었다. 그러나 이 문제를 통해 사람들은 일단 선추정치를 정하면 그 추정치를 크게 조절하지 않는다는 것을 알았다. 선추정-후조절법은 매우 견강한 심리적 현상이다. 선추정의 효과는 7.3km와 7,300m처럼 동일한 물리적 길이(양)를 나타낼 경우에도 관찰되었다. Wong과 Kwong(2000)은 선추정치로 7.3km를 이용한 집단이 7,300m를 이용한 집단보다 다른 물건(최고급 신형버스)의 값을 더 낮게 추정한다는 사실을 발견하였다. 이밖에도 선추정은 신체적 상해(Chapman & Bornstein, 1996), 협상(Ritov,

선추정-후조절법 추정문제에 이용되는 휴리스틱으로 먼저 추정치를 정한 다음 그 추정치를 아래위로 조절하는 전략

1996), 증권거래(Paulos, 2003) 등 다양한 판단에 영향을 미치는 것으로 밝혀졌다. 실생활에서 벌어지는 선추정은 손해를 유발할 수도 있다. 그 좋은 예로 신용카드 발급 신청서에 최소 지급 금액을 기입해야 하는 경우를 생각해보자. 이 최소 지급액이 심리적 선추정치로 작용할 수 있다(Stewart. 2009; Thaler & Sunstein, 2008). 최소 지급 금액 명시 여부를 조작한 가상의 실험에서 Stewart(2009)는 이 정보를 기입하도록 했을 때 분할 지급 금액이 크게 줄어든다는 사실을 발견했다. 그러나 분할 지급 금액이 줄어들면 실제로는 이자로 더 많은 돈을 갚아야 한다. 사람들과의 만남에서도 선추정-후조절의 함정을 조심해야 할 것이다. 첫인상이 바로 이런 선추정치 설정과 비슷하기 때문이다. 사람들에 대한 후속정보를 충분히 활용하여 첫인상(선추정)을 조절하는 일을 게을리하지 말아야 할 것이다. 선추정-후조절이 적용될 경우 우리는 선추정치를 크게 바꾸지 않는다는 사실을 명심하라. 판단이나 결정을 내릴 때 선추정치를 지나치게 고수하는 일을 삼가야 할 것이다.

후진작업법   후진작업은 아마 수학시간에 배웠을 수도 있는 휴리스틱이다. **후진작업법** (working backward)이란 목표상태에서 시작하여 출발상태로의 역행을 통해 문제를 해결하려는 시도를 말한다(Wickelgren, 1974). 수학문제의 경우 문제의 답에서 시작하여 주어진 정보 쪽으로 진행하는 것과 같다. 다음 문제를 가지고 후진작업법을 고려해보자(Sternberg & Davidson, 1982).

> 연못에서 자라는 어떤 잡초는 24시간에 그 영역을 2배로 확장시킨다. 어느 봄날 그 잡초 한 잎이 그 연못에 모습을 드러냈다. 60일 후 연못은 이 잡초로 완전히 덮이고 말았다. 그 연못의 절반이 이 잡초로 덮인 날은 그 잡초가 모습을 드러낸 며칠 후였을까?

이 문제는 전진작업으로는 해결되지 않는 문제이다. 그러나 그 잡초가 연못을 완전히 잠식하는 데 60일이 걸렸다는 사실에서 역행을 해보면 문제를 쉽게 풀 수도 있다. 59일째에 연못의 얼마만큼이 그 잡초로 덮여 있었을까를 생각해보라. 60일째에 완전히 덮였으니까 그 전날에는 절반이 덮여 있었어야 한다. 이 전략은 출발상태에서 목표상태로 진행하는 통로는 많은데 비해, 목표상태에서 출발상태로 역행하는 통로는 하나 또는 소수인 문제를 해결하는 데 특히 유용한 전략이다.

후진작업법   목표상태에서 출발상태로 역행함으로써 문제를 해결하려는 전략

수단-목적 분석법   출발상태에서 목표상태를 찾아가는 전략 중

수단-목적 분석법 하위목표를 설정함으로써 목표상태까지의 괴리를 작게 나누어 하위목표부터 하나씩 차례로 달성함으로써 목표상태에 이르려는 문제해결 전략

하나가 수단-목적 분석법이다. **수단-목적 분석법**(means-end analysis)에서는 문제를 잘게 나누어 여러 개의 하위목표를 설정한 후, 이들 하위목표를 하나씩 성취함으로써 출발상태와 목표상태 간의 괴리를 좁혀 나간다. 하노이 탑 문제를 가지고 이 전략을 고려해보자. 하노이 탑 문제는 분명한 문제에 속한다. 출발상태와 목표상태 그리고 출발상태에서 목표상태로 이동하는 규칙이 모두 분명하게 정의되어 있기 때문이다.

기둥 A에 3개의 원반이 쌓여 있다(아래 그림 참조). 문제는 이들 원반을 기둥 C에 쌓되 각 원반의 아래위 위치는 출발상태인 기둥 A에서와 동일해야 한다. 원반을 옮길 때는 한 번에 하나씩만 옮겨야 하며, 큰 원반을 작은 원반 위에 놓아서도 안 된다. 하나의 원반을 옮기는 것을 한 수로 계산하여 최소한의 수로 이 과제를 완성해보라. 그 최소한의 수는 일곱 수이다.

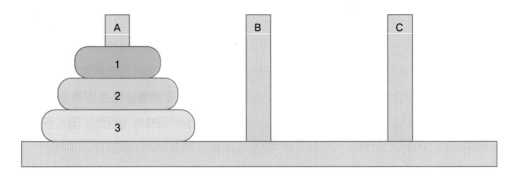

수단-목적 분석법을 이용하여 이 문제를 해결해보자. 첫 번째 하위목표를 어떻게 설정해야 할까? 3번 원반을 기둥 C로 옮겨야만 한다. 그러나 이 목표를 곧바로 달성할 수는 없다. 때문에 또 하나의 하위목표를 설정해야 한다. 그 하위목표는 기둥 B에다 원반 2번과 1번을 차례로 쌓는 것일 것이다. 그러나 이 역시 한 번의 수로 성취되는 목표가 아니다. 즉, 2번 원반을 기둥 B로 옮겨 놓아야 하는 또 하나의 하위목표가 설정되어야 한다. 지금쯤 이 문제를 해결하는 방법을 눈치 챘을 것이니 홀로 해결해보기 바란다. 일곱 수만에 이 문제를 해결할 수 있어야 한다. (일곱 수만에 끝내는 방법/절차는 이 장의 끝에서 발견된다). 이 문제를 수단-목적 분석법을 이용해 해결하려면 하위목표를 반복해서 설정해야만 한다. 다시 말해 원반 3개인 문제를 해결하기 위해서는 원반 2개인 문제 둘을 해결해야 하고, 원반 4개인 문제를 해결하기 위해서는 원반 3개인 문제 둘(이들 각각은 원반 2개인 문제를 둘씩 해결해야만 해결된다)을 해결해야만 한다는 말이다. 단적으로 이 전략을 이용하면 최종적으로 쌓아야 할 탑을 쌓기 전에 그보다 작

은 탑을 여러 차례 쌓아야만 한다(Cohen & Eichenbaum, 1993). 하노이 탑 문제를 해결할 때 수단−목적 분석법을 이용(하위목표를 설정하는 등)하려면 계획을 세워야 한다. 계획을 수립하는 데는 전두엽이 주된 역할을 수행한다는 사실을 제2장에서 배웠다. 때문에 전두엽에 손상을 입은 사람들은 하노이 탑 문제를 해결하는 데 어려움을 겪을 것이라고 예상해볼 수 있는데, 이 예상과 일치하는 결과가 Goal과 Grafman(1995)의 연구와 Morris, Miotto, Feigenbaum, Bullock, 그리고 Polkey(1997)의 연구에서 발견되었다.

하노이 탑 문제를 해결하는 구체적인 단계/절차는 원반의 개수와 출발상태(원반이 놓여 있는 기둥) 및 목표상태(원반을 옮겨놓아야 할 기둥)를 어떻게 설정하느냐에 따라 달라진다. 사실 이 문제는 원반의 개수는 일정하고 출발상태와 목표상태만 조작해도 문제해결의 구체적인 절차가 바뀐다. 이런 식으로 여러 개의 동형 문제를 만들어 놓고 나면, 이 문제를 해결해본 경험/연습에 따라 문제해결 능력이 향상되는지를 점검할 수 있게 된다. 예상했겠지만 실제로 이 문제에서도 연습효과는 발생한다. 연습을 하면 문제를 더 쉽게 풀게 된다는 말이다. 그러나 Xu와 Corkin(2001)의 연구에서는 전진형 기억상실증 환자(예 : 제5장에서 소개했던 HM)들은 수단−목적 분석을 반복적으로 사용하는 이 전략을 배울 수 없고, 연습효과도 보이지 않는 것으로 드러났다. 이를 기초로 Xu와 Corkin은 이 전략학습에는 운동학습과 인지학습 둘 다가 관여하기 때문에 암묵적 비서술(절차) 기억은 물론 외현적 일화기억도 필요하다고 결론지었다. 따라서 하노이 탑 문제의 경우 전진형 기억상실증 환자들은 외현적 일화기억을 생성할 수 없기 때문에 이 전략을 배울 수 없었고 연습효과 역시 기록되지 않는 것이다.

원반이 3개인 하노이 탑 문제가 이렇게 복잡한데, 원반이 64개인 하노이 탑 문제는 어떨 것 같은가? 옮겨야 하는 원반이 3개가 아닌 64개라는 점 외에는 모든 것이 똑같다. 이 64개의 원반으로 구성된 하노이 탑 문제를 해결하는 데 필요한 최소한의 수는 몇 수나 될 것 같은가? 여기서 잠시 멈추고 이 질문의 답을 추측해보기 바란다.

이 값을 추정할 때 앞서 소개한 선추정−후조절법을 이용했다면 아마 크게 과소 추정했을 것이다. 즉, 원반 3개의 경우에 필요한 수가 일곱 수였으니까, 이를 기초로 추정한 후 충분한 조절을 하지 못했을 것이다. 하노이 탑 문제를 해결하는 데 필요한 최소의 수는 2^n-1이며, 여기서 n은 원반의 개수이다(Raphael, 1976). 따라서 원반이 3개인 경우에는 최소한의 수가 2^3-1로 일곱 수이고, 원반이 64개인 경우에는 최소한의 수가 $2^{64}-1$이 된다. 놀랍지 않은가? 선추정−후조절법 때문에 전혀 엉뚱한 답을 내놓게 된다는 것을 또다시 경험했을 것이다.

우리가 일상생활에서 마주치는 문제는 하노이 탑 문제처럼 분명한 문제가 아니라 불분명한 문제들이 대부분이다. 확실하지도 않다. 일어날 가능성(확률)도 천차만별이다. 때문에 확률적인 세상사에 관한 생각을 하는 법도 배워야 하는 것이다. 그러한 사고는 일이 벌어질 확률(개연성) 또는 불확실성에 대한 추정을 필요로 한다. 지금까지 논의한 휴리스틱은 이러한 확률추정에는 이용할 수 없다. 이러한 확률추정에 이용되는 휴리스틱, 즉 불확실한 상태에서 벌어지는 사람들의 사고방식은 다음 절에서 소개할 것이다.

요약

이 절에서는 분명한 문제와 불분명한 문제의 차이를 논의하였다. 분명한 문제는 출발상태와 목표상태 그리고 출발상태에서 목표상태로 이동하는 과정이 분명하게 정의된다. 그러나 불분명한 문제는 이들 세 가지 중 적어도 하나가 명확하지 않다. 일상생활의 문제는 대개 불분명한 문제들이다. 그러므로 당사자가 문제를 해석해야만 하는데, 그 해석이 문제해결을 어렵게 만들곤 한다. 문제해결을 어렵게 만드는 장애물은 문제에 대한 오해, 기능적 고착, 또는 정신적 올무 때문에 발생한다. 이들 장애물은 모두 과거경험이 문제해결에 미치는 악영향이라고 할 수 있다. 이 때문에 이러한 장애물을 극복하기 위한 적극적인 노력을 하지 않으면 문제해결이 어려워지곤 한다.

문제를 해결하려 할 때 우리는 정답이 보장되는 알고리즘을 이용하기도 하고, 정답을 금방 구할 수도 있지만 정답을 찾지 못할 수도 있는 휴리스틱을 이용하기도 한다. 휴리스틱을 선호하는 주된 이유는 문제해결에 소요되는 시간이 크게 절약되기 때문이다. 또한 특정 문제를 해결하는 데 필요한 알고리즘을 모르거나 아예 그런 알고리즘이 없기 때문에 휴리스틱이 이용되기도 한다. 휴리스틱을 이용하면 오류를 범할 수도 있다. 그 좋은 보기로 선추정-후조절법이라는 휴리스틱을 통해 산출되는 추정치를 꼽을 수 있다. 이때의 오류는 추정을 먼저 한 후 조절을 충분히 하지 못했기 때문이라는 것도 알았다.

또 다른 휴리스틱인 후진작업법은 출발상태에서 목표상태로 가는 통로는 많으나 목표상태에서 출발상태로 역행하는 통로는 하나 또는 소수일 때 특히 유용한 전략이다. 수단-목적 분석법은 거의 모든 문제에 유용한 전략이다. 수단-목적 분석법은 목표상태와 출발상태 사이의 괴리를 좁히기 위해 하위목표를 설정한 후 이들 하위목표부터 차례로 공략하는 전략이다.

개념점검 | 1

- 기능적 고착 및 정신적 올무가 과거경험의 부정적 효과라는 사실을 예를 들어 설명하라.
- 알고리즘을 적용하면 정답이 보장되는데도 알고리즘 대신 휴리스틱을 애용하는 이유를 설명하라.
- 선추정-후조절법을 이용하면 추정이 크게 잘못될 수 있는 이유를 설명하라.

불확실한 조건에서의 사고

우리가 살고 있는 세상은 불확실한 곳이다. 그런데도 확실하다는 착각(확실성에 대한 정서적 욕구)으로 고통을 겪고 있다. 확실성에 대한 이러한 욕구는 인간이 벌이는 사고 활동의 근본적 특징인 것 같다. 우리는 또한 Gigerenzer(2002)가 말하는 통계적 무지 때문에 고통을 겪기도 한다. 불확실한 조건에서 감행하는 우리의 추리가 잘못되기 일쑤라는 뜻이다. 그러한 추리를 제대로 하기 위해서는 확률에 대한 이해력도 있어야 하고 또 확률(가능성)에 대한 판단/추정도 할 수 있어야 한다. 따라서 먼저 확률부터 논의한 후, 우리가 살고 있는 이 불확실한 세상에서 사람들은 그런 확률/가능성을 어떻게 추정하는지를 소개하기로 한다.

세상에서 벌어지는 모든 일은 확률적이다. 예를 들어 내일 비가 올 가능성은 클 수도 있고 작을 수도 있다. 여러분이 이 과목에서 A학점을 딸 가능성 역시 클 수도 있고 작을 수도 있다. 어떤 일이 벌어질 확률이란 그 일이 일어날 가능성을 뜻한다. 확률은 0에서 1까지의 값으로 확률이 0이란 절대 그 일이 일어나지 않는다는 뜻이며, 확률이 1이라면 반드시 그 일은 벌어진다는 뜻이다. 일어날 확률이 0이거나 1인 사건에는 불확실성이 없다. 확률이 0.5인 일/사건의 불확실성이 가장 높다. 그 일이 일어날 가능성과 일어나지 않을 가능성이 반반이기 때문이다. 우리는 이처럼 불확실한 일이 가득한 세상에 살고 있다. 때문에 여러 가지 일, 특히 중요한 일이 벌어질 확률(불확실성)을 추정하는 능력은 매우 중요하다. 그러면 우리는 그런 불확실성을 어떻게 추정하는 것일까?

영어 단어에서 r이 첫 문자인 단어(예 : receiver)와 세 번째 문자인 단어(예 : certain) 중 어느 것이 더 많을까? 이 문제에 답하기 위해서는 r이 단어의 첫 문자일 가능성(확률)과 세 번째 문자일 가능성(확률)을 추정한 후, 둘 중 어느 쪽이 큰지를 판단해야만 한다. 사람들은 이런 확률을 어떻게 추정할까? 한 가지 방법은 r이 첫 문자인 단어와 세 번째 문자인 단어를 얼마나 쉽게 떠올릴 수 있는가를 고려하는 방법이다. 그렇게 하면 아마도 r로 시작하는 단어를 떠올리기가 훨씬 수월할 것이고, 따라서 r로 시작하는 단어가 더 많을 것이라고 생각하게 된다. 만약 여러분도 이와 같은 방식을 따랐다면, 여러분은 확률문제의 답을 구하기 위해 휴리스틱(쉽게 기억해낼 수 있는 것이 더 많을 것이라는)을 이용하고 있는 것이다. 이 문제에 대한 이야기는 잠시 후 확률추정에 이용되는 주요 휴리스틱을 논의할 때 다시 하게 될 것이다. 그때 이 휴리스틱이 얼마나 정확한 답을 제공하는지도 알게 될 것이다.

아모스 트버스키   대니얼 카너먼

대니얼 카너먼은 여기에서 소개되는 일부 휴리스틱에 관한 획기적인 연구 업적으로 2002년 노벨 경제학상을 수상했다. 그와 함께 연구한 아모스 트버스키도 공동 수상자가 되어야 하지만 그는 1996년에 사망했고, 죽은 사람에게는 노벨상을 수여하지 않는다. 곧 알게 되겠지만 보통 사람들은 결정을 내릴 때 완벽한 합리적인 분석보다는 휴리스틱을 자주 이용한다는 것이 카너먼과 트버스키의 연구에서 입증되었다. 카너먼이 노벨 경제학상을 수상한 것은 이 연구가 경제학 이론발달에 중요한 기여를 했고, 또 노벨상에는 심리학 분야가 없기 때문이었다. 이런저런 이유로 카너먼은 심리학과에서 박사학위를 취득한 사람으로는 맨 처음 노벨상을 수상한 사람이 되었다. 30년 가까이 지속된 트버스키와 카너먼의 공동연구 및 우정에 관한 뒷이야기는 마이클 루이스의 2017년 저서 *The Undoing Project: A Friendship That Changed Our Minds*에서 읽을 수 있다.

우리는 세상에서 벌어지는 불확실한 사건의 확률을 추정해야 하는 일 외에도 다양한 사건/일들이 서로 관련된 정도를 찾아내어 세상사의 불확실성을 줄이려는 노력도 한다. 일례로 관절 통증은 날씨에 따라 달라지는 것일까? 이런 문제의 답을 구하기 위해서는 이들 두 사건 간 관계가 어떠한지에 관한 가설을 설정하고 검증해봐야 한다. 이러한 가설검증을 통해 우리는 세상사가 전개되는 방식을 배우게 된다. 이 세상에 관한 대부분의 지식은 이러한 가설검증을 통해 누적된다. 그러나 사람들은 이러한 가설을 검증할 때 심리학자들이 실험실에서 수행하는 것과 같은, 엄격한 절차를 따르지 않고 주관적이고 비공식적인 절차를 따른다. 비과학적 방법으로 확보된 지식인만큼 그러한 지식의 정확성은 의심받을 수밖에 없다. 그 대표적인 예가 과학적으로 입증할 수 없는 천리안이니 텔레파시 같은 현상에 대한 믿음이다. 그러나 제3장에서 보았듯이 그러한 현상의 경우 과학적으로 입증된 증거는 하나도 없다. 주관적 가설검증을 따르면 그러한 잘못된 믿음이 쉽게 형성될 수 있다는 사실을 곧 알게 될 것이다. 그러나 먼저 우리가 자주 이용하는 확률추정 방법과 그런 확률추정에서 오류가 발생하는 방식부터 살펴보기로 하자.

확률 판단

인지심리학자 아모스 트버스키와 대니얼 카너먼은 사람들이 확률을 추정할 때 자주 이용하는 두 가지 휴리스틱(대표성 휴리스틱과 가용성 휴리스틱)을 찾아냈다(Tversky & Kahneman, 1974). 이 두 가지 휴리스틱을 이용하면 대개는 상당히 훌륭한 판단을 내리게 된다. 하지만 그 판단이 잘못될 때도 있다. 그 주된 이유는 이 휴리스틱 때문에 확률 추정에 극히 중요한 정보를 무시해 버리는 일이 벌어지기 때문이다. 다음 문제를 고려해보자(Tversky & Kahneman, 1983).

> 과제는 민주 씨에 대한 간단한 소개를 읽은 후, 민주 씨에 대한 판단을 내리는 것입니다. 민주 씨에 대한 소개글은 다음과 같습니다.
>
> 민주 씨는 외향적이며 아주 총명한 31세의 독신녀이다. 대학에서는 철학을 전공했고, 대학 시절에는 불평등 문제해결과 사회적 정의구현에 깊은 관심을 가졌고 반핵시위에도 가담했었다.
>
> 민주 씨에 관한 다음 진술 중 어느 것이 더 그럴듯한가?
>
> 민주 씨는 은행원이다.
>
> 민주 씨는 은행원이면서 활발한 여권 신장 운동가이다.

대표성 휴리스틱　어느 진술이 보다 더 그럴듯한지를 결정할 때 대부분의 사람들은 대표성 휴리스틱을 이용한다. **대표성 휴리스틱**(representative heuristic)이란 어떤 대상이 특정 범주의 구성원일 가능성을 추정할 때 그 대상이 그 범주를 대표하는 정도(또는 닮은 정도)를 기초로 판단하는 어림짐작을 일컫는다. 대표하는 또는 닮은 정도가 클수록 구성원일 가능성도 커진다는 법칙이다. 위 문제를 만난 대학생, 대학원생, 교수를 포함한 대부분의 사람들은 이 휴리스틱을 이용하여, 두 번째 진술이 첫 번째 진술보다 더 그럴듯하다고 판단한다(Tversky & Kahneman, 1983). 그 이유는 민주 씨가 은행원보다는 활발한 여권 신장 운동가와 유사하기 때문이다. 그러나 두 번째 진술이 첫 번째 진술보다 더 그럴듯할 수가 없다. 왜? 민주 씨에 관한 소개와 확률추정은 전혀 무관하기 때문이다.

　그림 6.1의 다이어그램을 보자. 이 다이어그램은 두 가지 불확정 사상(이 경우 은행 직원이면서 여성 운동가)에 관한 공접법칙을 나타낸다. 공접법칙에 의하면 두 사상이 겹칠 확률(그림에서 겹친 부분)은 두 사상 각각이 일어날 확률보다 클 수가 없다. 왜냐하면 겹

대표성 휴리스틱 어떤 대상이 특정 범주의 구성원일 가능성을 판단할 때 그 대상이 범주를 대표하는 정도를 기초로 판단하는 전략

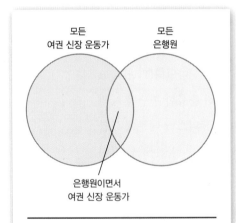

그림 6.1 민주 씨 문제의 공접법칙을 보여주는 다이어그램

각 원은 각각의 사상/일이 벌어질 확률을 나타내고 두 원이 겹치는 부분은 불확실한 두 가지 사상/일이 겹쳐서 일어날 확률을 나타낸다. 이 겹치는 부분은 각 사상(원)의 부분집합이기 때문에 이들 두 사상이 겹쳐서 일어날 확률은 각각의 사상이 일어날 확률보다 낮을 수밖에 없다.

친 부분은 각 사상의 부분에 해당하기 때문이다. 따라서 여권 신장 운동에 참여하는 은행원은 모든 은행원의 일부에 불과하다. 모든 은행원은 여권 신장 운동에 참여하는 은행원보다 더 많기 때문에 어떤 사람이 그냥 은행원일 가능성은 어떤 사람이 은행원이면서 여권 신장 운동가일 가능성보다 크다고 해야 한다. 그런데도 민주 씨를 그냥 은행원일 가능성보다 여권 신장 운동가이면서 은행원일 가능성이 더 크다고 판단하는 것은 공접오류에 해당한다. **공접오류**(conjunction fallacy)란 불확실한 두 가지 사건이 겹쳐서 일어날 확률이 각각의 사건이 따로따로 일어날 확률보다 크다는 오판을 뜻한다. 대표성 휴리스틱을 이용하기 때문에 사람들은 공접법칙이라는 아주 간단한 확률법칙을 간과하게 된 것이다. 여기서 여러분은 그러한 휴리스틱의 단점, 즉 그런 어림짐작을 이용하면 확률추정에 필수적인 정보를 무시하게 될 수도 있다는 것을 알았을 것이다.

대표성 휴리스틱을 사용하면 이른바 **도박사의 오류**(gambler's fallacy)도 범하게 된다. 한동안 일어나지 않았던 일이 지금까지 자주 일어났던 일보다 앞으로는 더 자주 일어날 것이라는 엉뚱한 믿음을 갖게 된다는 말이다. 어떤 사람이 동전을 8번 던졌는데 8차례 모두 앞면이 나왔다고 하자. 9번째 던진 동전의 결과에 10만원씩 걸기로 한다면 앞면에 걸겠는가, 뒷면에 걸겠는가? 많은 사람들은 뒷면에 걸려고 한다. 앞면보다는 뒷면이 나올 가능성이 크다고 판단하기 때문이다. 그러나 앞면과 뒷면이 나올 실제 확률은 똑같이 2분의 1이다. 도박사의 오류를 보여주는 유명한 사건 중 하나는 1913년 몬테카를로의 카지노에서 일어났다. 룰렛 휠이 26번이나 연달아 흑색구역에 멈추는 일이 벌어졌다(Lehrer, 2009). 그 26번째 판에 대부분의 사람은 적색구역에 돈을 걸었다. 적색에 멈출 때가 됐다고 느꼈던 것이다. 다시 말해 대다수의 사람은 룰렛이 그때까지의 불균형을 바로잡기 위해 휠을 적색구역에 정지시킬 것이라고 가정했다는 뜻이다. 카지노에서 수백만 프랑을 버는 일로 이 사건은 끝이 났다. "휠에는 마음이 없다. 영혼도 없고, 공정성에 대한 감도 없다. … 그런데도 우리는 그 반대로 생각하곤 한다."(Vyse, 1997, p. 98). 그러면 사람들이 도박사의 오류를 범하는 이유는 무엇일까? 그

공접오류 두 사건/일이 겹쳐 일어날 가능성이 각각의 일/사건이 별개로 일어날 가능성보다 크다고 잘못 생각하는 것

도박사의 오류 한동안 일어나지 않은 일/사건일수록 다음에 일어날 가능성이 커진다는 잘못된 믿음

이유 역시 대표성 휴리스틱을 이용하는 데 있다(Tversky & Kahneman, 1971). 사람들은 수차례에 걸쳐 벌어지는 일(동전을 9차례 던진 결과)도 장기적 확률 법칙을 따른다고 생각한다. 간단히 말해 사람들은 무선적인 계열(random sequence)은 길든 짧든 무선적으로 보여야 한다고 믿는다. 그러나 이는 사실과 다르다. 확률과 평균 법칙은 단기적인 계열이 아닌 장기적인 계열에서만 성립된다. 여기서 말하는 장기적이란 '무한대로 장기적'을 뜻한다. 그러나 대표성 휴리스틱 때문에 우리는 이런 사실을 잊고 살아간다.

그러면 왜 사람들은 대표성 휴리스틱을 함부로 이용하며 또 특정 범주의 구성원과 유사하다는 정보만을 기초로 판단을 내리는 것일까? 그 이유는 사람들의 마음이 정보를 자동적으로 범주화한다는 데 있다. 범주화란 명칭만 다를 뿐 그 과정은 형태인식의 과정과 동일하다. 형태인식이 자동적인 과정이라는 사실은 제3장에서 소개한 바 있다. 우리의 뇌는 세상을 구성하는 대상(사람, 사물, 사건 등)을 끊임없이 인식(범주화)한다. 범주화는 우리 뇌의 기본 작동 원리에 해당한다. 이는 사람들이 대상의 범주를 판단할 때도 형태를 인식할 때처럼 확률(그럴듯한 정도)을 기초로 판단한다는 뜻이다. 이런 방식(사물을 그럴듯한 정도를 바탕으로 범주화하는 방식)이 바로 뇌의 정상적 작동방식이란 말이다. 확률에 기초한 판단도 그렇지만, 대표성 휴리스틱도 마주치는 사람에 대한 우리의 판단을 어렵게 만든다. 사람에 대한 첫인상이 대부분 범주 유사성/대표성을 기초로 형성되기 때문이다. 사람을 범주화할 때 우리는 그들과의 첫 만남에서 수집되는 얼마 되지 않는 정보를 기초로 범주화한다. 초기의 이 판단은 선추정에 불과하기 때문에 첫 만남 이후에 수집되는 정보를 주의 깊게 처리하여 그 사람에 대한 오판을 하지 않도록 극히 조심해야 한다.

가용성 휴리스틱 앞서 풀었던 문제, 즉 영어 단어에서 r로 시작하는 단어가 더 많은지 아니면 r이 세 번째 문자인 단어가 더 많은지를 판단해야 했던 문제로 되돌아가 보자. 실제로는 r이 세 번째 문자인 단어가 첫 번째 문자인 단어보다 두 배나 더 많다. 하지만 대부분의 사람들은 가용성 휴리스틱을 이용하기 때문에 r로 시작하는 단어가 더 많다고 생각한다. **가용성 휴리스틱**(availability heuristic)이란 기억에 보다 쉽게 떠올릴 수 있는 일/사건을 더 자주 일어나는 사건/일로 판단하는 전략이다 (Tversky & Kahneman, 1973). r이 세 번째 문자인 단어를 기억해 내는 일보다 r로 시작하는 단어를 기억해내는 일이 훨씬 수월하다. 기억 속에 저장된 단어는 시작하는 문자별로 조직되어 있기

> **가용성 휴리스틱** 어떤 일/사건이 일어날 가능성에 대한 판단을, 그런 일/사건을 기억해내기 쉬운 정도를 기초로 내리는 판단 전략

비행기 추락사고는 시각적으로 매우 극적이고, 대중매체에 크게 알려지기 때문에 우리는 기억 속에서 비행기 사고가 발생할 가능성이 크다고 여기게 된다. 이러한 가능성은 우리로 하여금 비행기 추락으로 죽을지도 모른다는 생각을 심하게 극대화시킨다.

때문이다. r로 시작하는 단어를 더 많이 기억하고 있어서가 아니고 r로 시작하는 단어를 기억해내기가 쉬울 뿐이다(Tversky & Kahneman, 1973).

휴리스틱은 정답을 보장하지 않는다는 사실을 기억할 것이다. 가용성 휴리스틱으로도 정답을 만들어낼 수 있을 때가 많다. 그러나 위의 문자 r 문제에서처럼 세상사에 대한 기억은 그 일이 자주 일어나기 때문에 쉽게 인출되기도 하지만 엉뚱한 이유 때문에 더 잘 인출되기도 한다. 예를 들어 어떤 일은 최근에 일어났기 때문에 더 쉽게 인출되기도 하고, 또 어떤 일은 놀랍거나 그 일에 대한 기억이 생생하기 때문에 더 쉽게 생각나기도 한다. 이러한 경우 가용성 휴리스틱을 적용하면 그릇된 판단을 내리게 된다. 사망 원인에 대한 확률 판단을 고려해보자. 비행기 사고, 화재, 상어의 공격 등은 매스컴에 많이 보도되기 때문에 특히 그런 사건이 최근에 벌어졌다면, 기억에서 쉽게 인출될 가능성이 매우 크다. 때문에 가용성 휴리스틱을 이용하면 이들 사고로 사망하는 사람들이 폐기종이나 당뇨 같은 질환으로 사망하는 사람들보다 더 많다고 판단하게 된다. 그러나 실제로는 그런 사고보다는 이들 질병으로 사망하는 사람이 더 많다. 그런데도 이런 사실이 매스컴에 보도가 덜 되기 때문에 이런 질환이 사망의 원인이라는 것을 기억해내기가 어려운 것이다(Lichtenstein, Slovic, Fischoff, Layman, & Combs, 1978). 사실인 즉, 떨어지는 비행기 부품에 맞아 죽을 가능성이 상어에 물려 죽을 가능성보다 30

배나 더 크다(Plous, 1993). 이상의 논의가 주는 교훈은 기억 속의 가용성이 곧 확률을 반영하는 것은 아니라는 것이다.

기억 속 가용성은 위험 부담(dread risk)에도 중요하게 작용한다. 위험 부담은 그 일이 일어날 확률은 낮지만, 일어났다 하면 한 번에 많은 사람의 생명을 앗아가는 재난성 사건에서 발생한다. 사람들은 특히 두려움과 통제력 상실 때문에 그런 위험을 극히 혐오한다. 피해가 매우 큰 사건의 보기로는 테러와 비행기 사고를 꼽을 수 있다. 이런 사건은 직접적인 피해도 막대하지만 그 사건에 대한 심리적 반응으로 인한 부수적인 피해도 발생한다. 그 예로 2001년에 발생한 9 · 11 테러에 대한 미국인의 반응을 꼽을 수 있다(Gigerenzer, 2004). 그 사건에 대한 기억이 너무나 생생했기 때문에 비행기 테러를 통해 죽을 수도 있다는 두려움이 증폭되어 많은 사람들이 비행기 여행 대신 자동차 여행을 택했다. 그 결과 치명적인 자동차 사고가 평상시보다 훨씬 많이 일어나는 기현상이 발생했다. 한 추정에 의하면 이들 사고 때문에 죽지 않았어도 될 사람들이 1,600명이나 더 죽은 것으로 집계되었다(Gigerenzer, 2006). 이들의 생명은 위험 부담에 반응하지 않았더라도 구할 수 있었던 목숨이었다는 사실을 주목하라. 자동차 여행보다는 비행기 여행이 훨씬 더 안전하다는 사실을 많은 사람들이 알아차리지 못했던 것 같다. 테러가 있었던 2001년 미국안전위원회 자료에 따르면 자동차 사고로 죽을 확률이 민영비행기 사고로 죽을 확률보다 37배나 높았다(Myers, 2001). 그럼 테러를 당해 죽을 위험은 어떨까? 미국의 대표적 일간지 **워싱턴 포스트**(Shaver, 2015)에 실린 보고에 의하면 2001년 테러가 발생한 후 몇 년 동안은 테러를 당해 죽을 가능성이 떨어지는 가구에 부딪쳐 죽을 가능성보다 낮았던 것으로 드러났다.

그럼 가용성 휴리스틱 같은 휴리스틱이 우리를 오도할 때가 많은데 우리는 왜 휴리스틱을 그처럼 자주 이용하는 것일까? 그 이유는 첫째, 휴리스틱은 사용하기도 쉽고 또 옳은 판단을 유도할 때도 많기 때문이다. 둘째, 휴리스틱은 이른바 인지심리학자들이 말하는 시스템 1 처리(자동적 처리)에 기인하기 때문이다(Evans, 2008, 2010; Stanovich & West, 2000). 시스템 1 처리는 이중처리 시스템의 한 부분으로 시스템 2 처리(반성적 처리)에 대비되는 부분이다. 노벨상 수상자 대니얼 카너먼(2011)은 신속하고 직관적이며 거의 무의식적으로 전개되는 사고를 시스템 1이라 일컫고, 느리고 분석적이며 노작적인 사고를 시스템 2라 일컫는다. 시스템 2는 보다 합리적인 처리를 책임지고 있고 시스템 1을 억제할 수도 있지만 게으르다는 단점이 있다. 시스템 2는 신뢰성이 낮은 시스템 1의 답을 기꺼이 수용하는 편이다. 확률(불확실성) 추정에 이용되는 시스템 1의 휴리스틱에는 장점도 있지만 단점도 있다. 따라서 우리는 시스템 2 처리를 이용하기 위한 노력을 해야 한다. 생각의 속도를 늦추고 보다 분석적으로 생각하기 위해 노력하라는 뜻이다. 예컨대 대표성 휴리스틱을 이용할 때는 적절한 확률정보를 간과하지는 않았는지를 되새겨 보고, 가용성 휴리스틱을 사용할 때는 기억해내기 쉬운 정도 이 외의 다른 점도 고려해야 한다. 한마디로 '성급한 판단'을 자제하라는 말이다. 이제 세상사에 관한 불확실성을 줄이고 세상사를 배울 때 우리가 자주 사용하는 가설검증의 방식에서도 그런 단점이 있는지를 고려해보기로 하자.

가설검증

심리학자들이 인간의 행동과 정신과정에 관한 가설을 검증할 때는 실험법을 사용한다. 실험법에 대해서는 제1장에서 논의했었다. 심리학자들과 마찬가지로 일반 사람들도 주변에서 발견되는 변인 간의 관계에 관해 특정한 믿음을 가지고 있고, 그런 믿음(가설)을 검증하기 위해 자료를 수집한다. 그러나 보통 사람들은 제1장에서 소개했던 그런 실험법은 이용하지 않는다. 그러면 일반 사람들은 가설(믿음)을 어떻게 검증하여 세상사에 관한 불확실성을 줄이는 것일까? 영국의 심리학자 피터 웨이슨은 바로 이 문제의 답을 구하기 위해 2-4-6 과제와 카드선별 과제를 고안하였다.

확인편파 2-4-6 과제는 참가자에게 숫자 열 '2-4-6'을 제시하고, 실험자가 이 숫자 열을 만들 때 어떤 법칙을 사용했을 것 같은지를 맞혀보라는 문제였다(Wason, 1960). 참가자는 최종 답(가설)을 내놓기 전에 3개의 숫자로 구성된 숫자 열을 스스로 만들어, 그 숫자 열도 실험자가 이용한 그 법칙에 맞게 만들어졌는지를 실험자에게 물어볼 수 있고, 이런 확인과정은 참가자가 원하는 만큼 여러 차례 반복할 수 있었다. 그런 후 답(그 법칙)을 알아냈다고 판단되면, 실험자에게 그 답(법칙)을 말하면 끝나는 과제였다. 아래 소개되는 다른 사람들의 반응을 읽기 전에 여러분 추측에는 이 숫자 열 생성에 이용된 법칙이 무엇일 것 같은지, 그리고 이 추측(가설)을 검증하기 위해 만들어 볼 숫자 열은 어떤 것일지를 생각해보라.

대부분의 사람들은 바른 법칙을 찾아내지 못한다. 사람들은 가설(예 : 2씩 증가하는 수열)을 고안하고는 그들이 고안해낸 그 가설을 검증한다. 그런데 문제는 이 가설검증을 위해 만들어 보는 숫자 열에 있다. 사람들은 이 검증을 위한 숫자 열을 만들 때 모두 그들이 고안해낸 가설(법칙)에 맞는 숫자 열을 만든다(예 : 8-10-12). 다시 말해 가설을 검증할 때 자기들이 만들어낸 가설이 옳다는 것을 확인하는 데 필요한 증거를 찾으려 한다. 위의 해보기에서 여러분은 어떠했는가? 사람들은 자신들이 만들어낸 가설이 옳지 않다는 것을 입증하

는 데 필요한 증거를 찾으려 하지 않는다. '2씩 증가하는 수열'을 가설로 세웠다면, '8-10-12'라는 숫자 열을 만들지 '8-9-10'이라는 숫자 열은 만들지 않는다는 말이다. 자기 믿음/가설의 옳음을 확인시켜 주는 증거를 수집하려는 사람들의 이러한 경향성을 **확인편파**(confirmation bias)라 한다. 일상생활에서 전개되는 사람들의 가설검증에는 이 편파가 널리 확산돼 있다. 따라서 이 편파가 2-4-6 과제 수행에서도 나타나는 것은 전혀 이상한 일이 아니다. 2-4-6 과제는 확인편파가 가설검증 방법으로는 부적절하다는 점을 부각시켜 준다. 진정한 가설검증 방법은 그 가설의 옳지 않음, 즉 부당성을 입증하는 방법이다. 다시 말해 자신의 가설이 옳지 않다는 것을 입증하려고 노력해야 한다는 말이다. 2-4-6 과제는 아주 간단하면서도 일반적인 법칙을 기초로 만들어진 것이다. 때문에 사람들이 만들어 보는 대부분의 숫자 열은 그 법칙과 맞아떨어진다. 이 과제는 '증가하는 3개의 수'라는 법칙을 기초로 만들어진 것이다. 그러니까 두 숫자 간의 간격(차이)은 아무런 문제가 되지 않는다.

이제 카드선별 과제를 살펴보자(Wason, 1966, 1968). 먼저 아래에 제시된 문제부터 해결해보기 바란다.

아래에 제시된 넉 장의 카드에는 양면 모두에 정보가 적혀 있다. 한 면에는 문자가 적혀 있고 다른 면에는 숫자가 적혀 있다.

과제는 '카드의 한 면에 모음이 적혀 있으면, 그 뒷면에는 짝수가 적혀 있다'는 규칙이 옳은지 그른지를 판단하기 위해 반드시 뒤집어 봐야만 하는 카드를 골라내는 것이다.

대부분의 사람들은 옳은 카드를 골라내지 못한다. 올바른 카드를 고르는 사람은 10% 미만이다(Griggs & Cox, 1982). 가장 잦은 오류는 A가 적힌 카드와 4가 적힌 카드를 뒤집어야 한다는 판단이다. 카드 A를 선정한 것은 옳은 행동이다. 그러나 4가 적힌 카드를 선정한 것은 잘못이다. A가 적힌 카드와 7이 적힌 카드를 선정했어야 한다. 왜냐하면 그 규칙의 옳지 않음을 입증할 수 있는 카드를 선정해야 하기 때문이다. 규칙을 다시 보라. 그 규칙은 카드의 한 면에 모음이 적혀 있으면, 그 이면에는 짝수가 적혀 있어

야 한다고 말하고 있다. 그러므로 모음이 적혀 있는 카드의 이면에 홀수가 적혀 있으면, 이 규칙은 옳지 않은 규칙이 된다. 이제 A가 적힌 카드와 7이 적힌 카드를 뒤집어야 하는 이유를 알겠는가? A가 적힌 카드 뒷면에 자음이 적혀 있으면, 이 규칙의 옳지 않음이 입증되고 또 7이 적힌 카드의 이면에 모음이 적혀 있으면, 이 규칙의 그릇됨이 입증되기 때문이다. 그러나 4가 적힌 카드 뒷면이나 K가 적힌 카드의 이면에는 어떤 문자나 숫자가 적혀 있더라도 이 규칙은 틀리지 않는다.

그렇다면 사람들이 A와 4를 선정하는 이유는 무엇일까? 2-4-6 과제에서와 마찬가지로 사람들은 확인편파에 빠져 그 규칙이 옳다는 증거를 찾으려 하기 때문이다. 사람들은 그 규칙을 양방 조건 규칙으로 잘못 해석하고, 자기들이 해석한 규칙의 타당성을 입증하려고 노력하기 때문에 이런 오류를 범한다는 뜻이다. A가 적힌 카드를 뒤집는 이유는 그 이면에 짝수가 적혀 있는지를 확인하기 위함이고, 4가 적힌 카드를 뒤집는 이유는 그 뒷면에 모음이 적혀 있음을 확인하기 위함이다. 즉, 규칙이 옳지 않다는 것을 입증하려는 대신 규칙이 옳다는 것을 입증하려고만 노력하는 확인편파의 덫에 빠진 것이다. 하지만 그 규칙이 자기에게 불리하거나 자기의 의견과는 맞지 않아 그 규칙을 수용할 수 없다고 생각할 경우에는 이야기가 달라진다. 이런 경우 사람들은 그 규칙의 부당성을 입증하기 위해 노력하게 되고, 그 결과 카드선별 과제의 수행수준이 향상된다는 증거도 있다(Dawson, Gilovich, & Regan, 2002). 그러나 이들의 과제 수행은 그런 규칙의 부당성을 입증하기 위해 노력해야 한다는 논리를 기초로 이루진 것이 아니고 그런 규칙에 대한 부정적인 개인적 느낌에 의해 유발된 것이다. 어떻게 아냐고? 이 사람들에게 숫자와 문자 같은 추상적인 내용이 담긴 카드선별 과제를 부과하게 되면, 이들도 대부분 확인편파라는 '늪'에서 빠져나오지 못하고 4가 적힌 카드와 A가 적힌 카드를 선정하는 오류를 범하기 때문이다.

2-4-6 과제와 카드선별 과제를 이용한 연구결과, 사람들에게는 자기가 설정한 가설을 확인하려고 노력하는 경향성이 있음이 드러난 것이다. 확인편파는 이들 두 가지 과제에서만 나타나는 것이 아니라 판사의 판결, 의사의 진단, 정부 정책의 정당화 같은 일상사의 다양한 측면에서 일어난다(Nickerson, 1998). 이뿐만이 아니라 다른 인지적 문제를 유발하기도 한다. 예를 들어 확인편파 때문에 우리는 주변에서 벌어지는 사건/일들 사이에서 착각성 상관을 만들어내기도 한다(Chapman, 1967; Chapman & Chapman, 1967). **착각성 상관**(illusory correlation)이란 서로 관계가 없는 두 가지 변인(사건) 사이에 상

착각성 상관 상호 독립적인 두 가지 변인을 서로 관련된 것으로 간주하는 잘못된 믿음

관이 존재한다는 잘못된 믿음을 일컫는다. 두 가지 일(변인) 사이에 상관이 있다고 믿게 되면 사람들은 그 관계를 확정시켜 주는 증거나 사례만을 알아차리고 기억하는 경향성을 가지게 된다. 예를 들어보자.

많은 사람들은 날씨와 관절통 사이에 상관이 있다는 엉뚱한 믿음을 가지고 있다. 왜냐하면 그런 사람들은 날씨가 변할 때 관절통이 증가하는 경우만을 기억하기 때문이다. 날씨와 관절통 사이에 상관이 있는지를 검증하기 위해서는 이 관계를 확정시켜 주는 두 가지 경우의 빈도와 그런 상관이 존재하지 않는다는 것을 입증하는 두 가지 경우의 빈도를 모두 검토해야 한다. 이 예에서 상관을 확정시켜 주는 두 가지 경우는 (1) 날씨가 변함에 따라 통증도 변하는 경우와 (2) 날씨가 변하지 않으면 통증도 변하지 않는 경우이다. 그리고 이들 사이에 관계가 없음을 입증하는 두 가지 경우는 (1) 날씨는 변하는데도 통증은 변하지 않는 경우와 (2) 날씨는 변하지 않는데도 통증은 변하는 경우가 된다. 이들 네 가지 경우가 일어나는 빈도를 검토해보면 날씨와 관절통 사이에는 아무런 관계가 없는 것으로 드러난다. 즉, 상관을 확정시켜 주는 경우의 빈도와 그 관계를 부정하는 경우의 빈도에서 차이가 나지 않는다(Redelmeier & Tversky, 1996). 따라서 관절통과 날씨 사이에 상관관계가 있다는 느낌은 착각성 상관일 뿐이다. 우연히도 최근의 연구에서는 환자들의 주관적 보고와는 달리 강수량, 바람, 습도 등등의 기상조건이 바뀌어도 관절이나 허리 통증은 악화되지 않았다고 보고하였다(Beilken, Hancock, Maher, Li, & Steffens, 2017; Ferreira et al., 2016; Jena, Olenski, Molitor, & Miller, 2017).

사람들이 여러 가지 그릇된 믿음을 가지게 된 이유 중 하나가 확인편파일 가능성도 크다. 보다 합리적인 믿음을 제공하는 것은 과학적 가설검증이지 비공식적이며 편파적인 가설검증이 아니다. 따라서 과학적으로 입증할 수 없는 믿음이 그렇듯 우리의 믿음과 과학이 상치될 때는 우리의 믿음이 형성된 과정과 과학자들의 가설검증 과정을 비교 분석해볼 필요가 있다. 우리는 우리의 믿음을 확인시켜 주는 그런 증거만을 수집했을 수도 있다. 때문에 우리는 우리의 믿음이 잘못되었을 수도 있다는 점을 항상 염두에 두어야 한다. 이 일도 말만큼 쉽지가 않다. 사람들은 너나 할 것 없이 **신념집착**(belief perseverance)이란 경향성, 즉 사람들은 반대 증거가 있는데도 자신의 믿음에 집착하는 경향성이 강하기 때문이다(Anderson, Lepper, & Ross, 1980). 우리의 정체성 대부분은 우리의 신념으로 채워져 있다. 때문에 우리가 잘못되었다는 것을 받아들이기가 그만큼 어려운 것이다. 사례위주 추리를 통해서도 사람들은 자신의 믿음과 상반되는 사실이나 증거를 부정하려

신념집착 자신의 믿음과 상치되는 증거가 있음에도 그 믿음에 집착하는 경향성

사례위주 추리 일반적인 법칙과 불일치하는 사례를 들어 그 법칙을 의심하는 일

한다. **사례위주 추리**(person-who reasoning)란 거의 확실한 사실조차도 그 사실을 위배하는 사례(사람)가 있다는 것 때문에 그 사실을 의심하는 행위를 일컫는다(Nisbett & Ross, 1980; Stanovich, 2010). 사례위주 추리의 대표적인 예는 자기가 아는 사람은 오랫동안 줄담배를 즐겨 왔는데도 아직도 건강하다는 사실을 기초로 흡연이 건강에 해롭다는 거의 확실한 사실의 타당성을 의심하는 경우이다. 이러한 추리를 한다는 것은 과학적 연구는 확률을 따진다는 사실을 모른다는 뜻이기도 하다. 과학적 연구를 기초로 내린 결론도 확실한 것이 아니어서 항상 옳은 것은 아니다. 이 결론과 맞지 않는 예외가 있을 수 있다. 사례위주 추리는 합리적인 추리법이 아니다. 이러한 추리를 하는 일이 없도록 해야 한다.

요약

이 절에서는 사람들이 확률적 판단을 내릴 때 가용성 휴리스틱과 대표성 휴리스틱을 자주 사용한다는 사실을 알았다. 대표성 휴리스틱이란 어떤 대상이 특정 범주의 구성원일 가능성을 판단할 때는 그 대상이 그 범주를 대표하는 구성원과 닮은 정도를 기초로, 닮은 정도가 클수록 그 범주의 일원일 가능성이 높다고, 판단하는 전략을 일컫는다. 이 휴리스틱을 이용하다 보면 그런 판단에 아주 중요한 확률정보(예 : 공접법칙)를 무시하기 십상이다. 가용성 휴리스틱이란 어떤 사건/일이 일어날 가능성을 추정할 때 그런 사건/일을 얼마나 쉽게 기억에 떠올릴 수 있느냐를 기초로 판단하는 전략이다. 어떤 일/사건을 기억에 떠올리기 쉬운 정도는 그 사건이 자주 일어났기 때문만이 아니라 그런 사건이 언제 일어났었는지 그리고 그런 사건이 얼마나 생생한지에 따라서도 달라지기 때문에 이 휴리스틱은 오류를 유발하곤 한다. 이들 휴리스틱이 자주 이용되는 이유는 우리가 시스템 1(자동적이고 직관적인) 정보처리를 선호하기 때문이다. 따라서 우리의 판단력을 향상시키기 위해서는 생각을 꼼꼼히 하는 시스템 2(노작적이고 분석적인) 정보처리를 게을리하지 말아야 한다.

우리는 우리의 신념에 관한 가설을 검증할 때 확인편파(우리의 믿음이 옳다는 것을 확인시켜 주는 증거만 찾는 경향성)에 빠지곤 한다. 이 편파 때문에 우리는 실제로는 관계가 없는데도 관계가 있는 것으로 믿는, 착각성 상관에 기초한 그릇된 믿음을 갖게 되기도 한다. 이러한 오류를 예방하기 위해서는 자신의 믿음(또는 가설)이 옳음을 입증하려 애쓰지 말고 자신의 믿음(또는 가설)이 옳지 않음을 입증하기 위해 노력해야 한다. 우리는 자신의 믿음(또는 가설)과 상반되는 증거가 누적되는데도 사람들은 자신의 믿음(또는 가설)을 버리지 않고, 자신의 믿음(또는 가설)과 상치되는 증거를 무시하기도 하고 또 사례위주 추리(즉, 자신이 잘 알고 있는 예외를 근거로 과학적으로 거의 확실시되는 연구결과를 부정하는 추리)를 통해 그런 상치되는 증거를 부정하려 하기도 한다.

개념점검 | 2

- 대표성 휴리스틱을 이용하면 어떻게 해서 공접오류를 범할 가능성이 커지는 것일까?
- 가용성 휴리스틱을 이용하면 왜 사망 원인에 대한 확률 추정이 잘못되는지를 설명하라.
- 확인편파가 어떻게 착각성 상관을 유발하는지를 설명하라.

지적 사고

지금까지 논의된 여러 가지 유형의 사고인 문제해결, 가능성 판단, 가설검증은 지적 능력(또는 지능)의 중요한 측면에 해당한다. 우리는 지능이 무엇인지에 대해 많은 것을 알고 있고 또 지적인 사고와 지적이지 못한 사고를 구별할 수도 있다. 그러나 거의 모든 심리학자들이 동의할 만한 지능의 정의를 찾기란 쉽지 않다. 지능의 정의에 관해서도 논란의 여지가 많지만, 지능검사와 지능검사의 활용에 관한 논란의 여지는 더욱 크다. 지능검사의 공평성과 유용성에 대한 문제가 끊임없이 제기되고 있다. 이 절에서는 지능과 지능검사와 관련된 주요 문제 두 가지만 고려하기로 하자. 첫 번째 문제는 '지능을 한 가지 일반적인 능력이라고 해야 할까, 아니면 여러 가지 구체적인 정신능력의 집합이라고 해야 할까?'라는 문제이다. 두 번째 문제는 '지능은 유전으로 결정되는 것일까, 아니면 경험으로 결정되는 것일까?'이다. 이 두 가지 문제를 적절하게 고려하기 위해서는 먼저 지능검사의 발달과정과 좋은 지능검사의 특징부터 따져볼 필요가 있다.

지능검사

지능검사를 개발하기 위한 첫 시도는 19세기 말 영국과 20세기 초 프랑스에서 전개되었다. 처음부터 지능검사는 지능이 유전에 의해 선천적으로 결정된 것인가, 아니면 환경 및 경험에 의해 후천적으로 양육되는 것인가라는 이른바 선천성-후천성 논쟁에 휘말리고 말았다. 주요 지능 이론가마다 이들 두 가지 중 한 가지를 선호한다는 사실을 알게 될 것이다. 각 이론가의 업적을 소개하면서 그들이 취한 입장을 지목하기로 하자.

지능검사의 역사 19세기 말 영국의 프랜시스 골턴은 인간의 능력을 향상시키기 위한 선별적 번식을 목적으로 지능검사를 개발하려고 하였다(Fancher, 1985). 골턴은 선천성-후천성 논쟁에서 선천성을 옹호하였다. 그는 지능이 유전에 의해 결정된다고 믿었으며, 인간 뇌와 신경계의 여러 속성을 측정함으로써 인간의 지능을 측정할 수 있다고 생각했었다. 골턴은 지적인 사람일수록 감각기관이 더 예민할 것이고 신체도 강건하고 자극에 대한 반응시간도 더 빠를 것이라고 가정했다. 이 가정을 기초로 그는 이들 신체적 특질을 측정하는 일련의 검사를 만들어 수천 명을 대상으로 실시해보았다. 여러분도 예상했겠지만 골턴의 검사결과는 지적 사고력을 정확하게 예측하지 못했다. 골턴의 발명에서 더 중요했던 것은 상관관계의 기반이 되는 수학적 발명일 것이다. 그가 상관관계(co-relations)라고 칭한 이 수학은 유전의 기여도 평가에서부터 검사의 타당성 검증에 이르기까지 검사의 다양한 측면에 이용되고 있다(Gardner, Kornhaber, & Wake, 1996). 골턴 이전에는 상관관계를 분석하는 통계학이 존재하지 않았다. 기실 우리가 이책의 제1장에서 만났던 상관계수를 계산할 수 있게 된 것은 그의 제자 칼 피어슨이 자기 스승의 아이디어를 공식화한 데서 비롯되었다(Fancher, 1985).

프랑스에서는 20세기 초 알프레드 비네와 테오필 시몬이 정신지체에 관한 문제를 연구하고 있었다. 그 당시 프랑스에서는 대중교육이 도입되었고, 프랑스 정부는 비네와 시몬에게 지능발달이 정상 이하인 아동들과 학교에서 또래 아동들을 따라갈 수 없는 아동들을 선별해내는 검사를 개발할 것을 부탁하였다. 비네-시몬 검사로 알려진 이 검사는 1905년에 발행되었고, 최초의 지능검사로 인정되었다(Fancher, 1985). 비네-시몬 검사는 아동들의 수행을 지적 수준 또는 정신연령으로 계산하여 학습지진아를 진단할 수 있도록 되어 있었다. 정신연령은 아동의 검사점수에 따라 결정되며, 특정 아동의 정신연령이 역연령(실제 나이)보다 낮으면 보충 교육이 필요한 것으로 간주되었다. 비네가 '정신 정형술(mental orthopedics)' 개발을 도왔다는 사실은 그가 선천성-후천성 논쟁에서 후천성을 옹호했다는 증거로 간주된다. 정신 정형술이란 정상 이하인 아동들의 지능을 향상시킬 목적으로 고안된 정신 훈련술이기 때문이다. 비네-시몬 검사는 1908년에 1차 개정되었다. 그리고 1911년(비네가 54세의 나이에 알 수 없는 질병으로 사망한 해)에 다시 개정되었다(Fancher, 1985). 비네가 사망한 후 10년도 되지 않아 비네-시몬 검사는 전 세계에서 이용되고 있었다(Miller, 1962). 그러나 이상하게도 프랑스에서는 이 검사가 1940년대, 당시 미국에서 일하고 있던 프랑스인 사회사업가가 이 검사의 미국판을 프랑스로 가져올 때까지 널리 이용되지 않고 있었다(Kaufman, 2009; Miller, 1962).

지능검사 개발에서 또 다른 주요 인물은 루이스 터만이다. 그는 골턴의 우생학에 관심을 가질 정도로 선천성 쪽으로 기울어진 인물이었다. 그런데도 비네와 시몬의 검사를 이용하였다. 스탠퍼드대학교에서 근무한 터만은 비네-시몬 지능검사를 미국 학생들에게 이용할 수 있도록 수정하였다. 1916년에 발행된 이 개정판은 스탠퍼드-비네 검사로

알려지게 되었다(Terman, 1916). 터만은 이 검사의 결과를 보고할
때 독일 심리학자 빌리암 슈테른이 제안한 지능지수 공식을 이용

> **지능지수(IQ)** (정신연령/역연령)×100

하였다. 슈테른이 제안한 **지능지수**(intelligence quotient, IQ) 공식은 IQ = (정신연령/역
연령) × 100이었다. 이 공식에 100을 넣은 것은 척도의 중앙점이 100이 되도록 하기 위
한 것이었다. 검사로 평정된 아동의 정신연령이 역연령(실제 연령)보다 높으면 아동의
IQ는 100 이상이 되고 정신연령이 역연령보다 낮으면 IQ는 100 이하가 된다. 그러나
현재는 스탠퍼드–비네 검사점수를 계산할 때 이 공식이 이용되지 않는다. 나이(역연
령)를 한 살 더 많게 하는 날짜 수 365일은 나이가 많아져도 변하지 않지만 정신능력(정
신연령)이 높아지는 정도는 연령대에 관계없이 동일하다고 주장할 수 없기 때문이다.
이를테면 정신능력은 나이와 함께 향상되다가 일정한 수준이 되면 더 이상 향상되지 않
지만 나이는 여전히 많아진다. 오늘날의 지능검사 점수가 계산되는 방식에 대한 설명은
지능검사 개발에서 또 다른 주요 인물인 데이비드 웩슬러에 대한 논의에서 소개된다.

데이비드 웩슬러는 1930년대 뉴욕시의 벨뷰병원에서 심리학자로 일하고 있었다.
그때 그는 다양한 배경의 성인 환자 수천 명을 검사해야 하는 책임을 맡고 있었다
(Fancher, 1985). 비네와 마찬가지로 웩슬러도 지능은 사람이 처한 환경에 따라 달라진
다고 믿었다. 그가 담당한 대부분의 환자들이 교육을 제대로 받지 못한 사람들이었기
때문에 그들의 능력을 제대로 측정하기 위해서는 당시 가용했던 방법보다 훨씬 다양한
방법을 이용해야 한다고 생각했다. 스탠퍼드–비네 검사는 학습관련 수행능력(IQ)을
하나의 수치로 나타낼 뿐, 성인들의 지능을 평가하기 위해 고안된 것이 아니었기 때문
에 그의 이러한 믿음과는 맞지 않는 검사였다. 특히 성인들의 경우 IQ가 적절하지 못한
이유는 역연령은 계속해서 증가하는데 반해 정신연령은 어느 시점에서 감소하기 시작
한다는 사실이었다. 이 때문에 정신능력과 관계없이 사람들의 IQ는 일정 연령대를 지
나면서 자동적으로 감소할 수밖에 없다.

이러한 문제들 때문에 웩슬러는 1939년 웩슬러 벨뷰 척도라는 새로운 검사를 내놓았
다(Gardner et al., 1996). 이 검사가 1955년에는 16세 이상의 성인들에게 적절한 웩슬러
성인지능검사(WAIS)로 알려지게 되었다. 웩슬러는 1949년 6~16세 사이 아동의 지능을
측정하기 위한 웩슬러 아동지능검사(WISC)도 개발하였다. 이 두 검사(WAIS와 WISC)
는 일반적 지능점수만 제공하는 게 아니라 보다 정밀하게 분석한 결과도 제공한다. 예
컨대 WAIS는 피검자 각자의 어문이해 점수, 지각추리 점수, 작업기억 점수, 처리속도
점수까지 제공한다. WAIS는 지금 4판까지 개정되어 있고 WISC와 스탠퍼드–비네 검

사는 각각 5판까지 개정되어 있다. 웩슬러가 개발한 두 검사에서와 마찬가지로 스탠퍼드-비네의 최근 판은 하위검사로 비어문적 검사를 포함시키는 등 지능을 보다 폭넓게 평가하려 하고 있다.

편차 IQ 점수 웩슬러는 지능검사 결과를 보고하는 보다 나은 방법을 고안하기도 했다. 편차 IQ 점수를 고안한 것이다. 지금은 표준화된 IQ 검사에서 가장 많이 이용하는 편차 IQ 점수란 특정인의 IQ 검사 점수가 그 검사의 평균치로부터 얼마나 떨어져 있는지를 나타내는 절댓값이다. 이 값을 구하기 위해서는 각자의 점수를 해석하는 데 필요한 규준을 만드는 작업, 즉 **표준화**(standardization)를 거쳐야 한다. 검사를 표준화하기 위해서는 나중에 그 검사를 받을 가능성이 있는 모든 사람(모집단)을 대표할 수 있는 표본부터 뽑아야 한다. 그리고 나서 그 표본에 속한 사람들을 대상으로 검사를 실시한 후 이들의 점수를 해석에 필요한 규준으로 삼는다. 웩슬러는 다양한 연령층의 성인집단을 대상으로 표준화에 필요한 자료를 수집하였다. 각 연령층에서 수집되어 검사규준으로 이용되는 점수는 정규분포를 형성한다(그림 6.2 참조).

어떤 사람의 편차 IQ 점수를 계산하기 위해 웩슬러는 그 사람의 원점수를 그 사람이 속하는 연령집단에서 확보한 원점수의 정규분포와 비교하였다. 그 사람의 원점수가 그 사람이 속한 집단의 원점수 평균에서 떨어진 정도를 표준편차 단위로 계산한 것이다. 이 편차점수를 IQ 공

표준화 검사점수를 검사규준에 맞추어 해석할 수 있도록 변환하는 과정

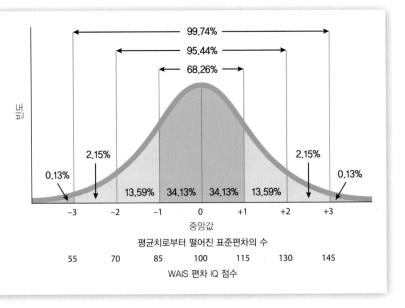

그림 6.2 WAIS에 이용되는 편차 IQ 점수
WAIS 검사의 편차 IQ 점수 중 평균치(100)와 그 아래위 1, 2, 3 표준편차 떨어진 곳의 점수가 적혀 있다. 편차 IQ 점수를 IQ 점수와 비슷하게 하기 위해 평균치는 100, 표준편차는 15로 설정해 두었다.

식을 이용해 계산한 점수와 비슷하게 하기 위해 웩슬러는 검사규준으로 이용된 원점수의 평균치를 100점, 표준편차를 15점으로 설정하였다. 그리고는 그 사람의 **편차 IQ 점수**(deviation IQ score)를 100+/−(15×그 사람이 속한 집단의 원점수 평균에서 그 사람의 원점수가 떨어진 정도를 표준편차 단위로 계산한 값)으로 정의하였다. 예를 들어 보자. 어떤 사람의 원점수가 그 사람이 속한 집단의 원점수 평균보다 1 표준편차 위에 위치한다면, 그 사람의 편차 IQ 점수는 115(100+15×1)가 된다. 그림 6.2는 WAIS의 편차 IQ 점수 척도를 보여준다. WISC에서도 이와 동일한 척도가 이용된다. 그러나 표준화에 이용된 자료는 아동들의 나이에 따라 다르다. 스탠퍼드−비네 검사의 경우 4판까지는 표준편차가 16점으로 설정됐었으나 최신판인 5판에서는 평균치 100점, 표준편차 15점으로 설정해 두었다.

신뢰도와 타당도 훌륭한 검사가 되기 위해서는 표준화되어야 할 뿐 아니라 신뢰도와 타당도도 높아야 한다. **신뢰도**(reliability)란 검사점수가 한결같은 정도를 일컫는다. 신뢰도는 여러 가지 방식으로 측정된다. 검사−재검사법을 이용하는 경우에는 검사를 동일한 표본에 두 번 실시하고, 거기서 확보된 두 세트의 점수 간 상관계수를 계산한다. 이 상관계수가 +1.0에 접근할수록 검사의 신뢰도는 높은 것으로 판단된다. 대개는 이 계수가 +.90 이상일 경우에 신뢰로운 검사로 인정된다. WAIS, WISC, 스탠퍼드−비네 등 주요 지능검사의 신뢰도가 이 정도에 속한다(Kaufman, 2000).

검사의 유형이 여러 가지이면 동형−검사 신뢰도를 측정하기도 한다. 동형−검사 신뢰도를 측정할 때는 동일한 집단의 사람들에게 상이한 유형의 검사를 상이한 시간에 실시하고 이 두 세트의 검사 간 상관계수를 계산한다. 신뢰도를 측정하는 세 번째 방법은 검사의 내적 일관성을 측정하는 것이다. 검사가 내적 일관성을 갖기 위해서는 검사를 둘로(예로 검사를 짝수 문항과 홀수 문항으로) 나누어 채점했을 때, 이들 두 세트의 점수 사이에 강한 정적 상관관계가 발견되어야 한다. 검사를 절반씩 나누어 측정한 이러한 신뢰도를 반분신뢰도라고 한다.

검사는 신뢰도도 높아야 하지만 타당도도 높아야 한다. **타당도**(validity)란 그 검사가 측정하고자 한 것을 측정하는 정도 또는 예측하고자 했던 것을 예측하는 정도를 일컫는다. 전자의 타당도를 내용 타당도라 하고 후자의 타당도를 예측 타당도라 한다. 내용 타당도란 그 검사에서 다루고자 했던 내용이 다루어졌느냐를 따

편차 IQ 점수 100 +/−(15×어떤 사람의 점수가 표준화 집단의 원점수 평균치에서 떨어진 정도를 표준편차로 계산한 값)

신뢰도 검사점수가 일관성 있게 나타나는 정도

타당도 검사가 측정하고자 했던 것 또는 예측하고자 했던 것을 측정하는 정도

지므로 내용 타당도는 전문가들이 결정한다. 모든 학과 시험은 내용 타당도가 높아야 한다. 즉, 강의에서 다루었던 내용이 포함되어야 한다. 예측 타당도는 검사에서 측정하고자 한 것과 관련된 행동을 예측하느냐를 따진다. 예를 들어 지능검사는 아이들의 학교 성적을 예측할 수 있어야 한다. 평균적으로 봤을 때 지능검사 점수가 높은 학생들은 낮은 학생들보다 학교 성적도 높아야 한다는 말이다. 지금까지 논의된 지능검사는 실제로 이러한 예측 타당도가 높다. 이들 검사는 모두 신뢰도도 높으며, 특히 학업 성적의 경우 예측 타당도도 높다. 검사의 타당도가 높으면 신뢰도도 높아진다. 그러나 신뢰도가 높다고 해서 타당도까지 높아지지는 않는다. 머리의 둘레를 측정하여 지능지수로 삼는 경우를 생각해보자. 두 번에 걸쳐 측정한 머리의 둘레는 일관성이 높을 것이기 때문에 신뢰도는 높게 나타날 것이다. 그러나 머리의 크기로 예측한 학교 성적은 성공 확률이 낮을 것이기 때문에 예측 타당도는 높을 수가 없다.

지능검사 점수는 학업 성취도와 직장에서의 직무수행 수준을 예측하는 데 가장 타당도가 높은 측정치에 속한다. 직무수행 성취도에 대한 높은 예측력은 지금까지 연구된 거의 모든 직업에서 기록되었다(Neisser et al., 1996; Sackett, Schmitt, Ellingson, & Kabin, 2001; Schmidt & Hunter, 1998). 그뿐 아니라 남녀에 대한 편파도 인종에 대한 편파도 드러나지 않는다. 지능검사의 예측 타당도는 누구에게나 동등하게 적용된다는 뜻이다. 달리 말해 그 타당도는 남녀, 인종, 민족에 관계없이 거의 동일하다. 그러니까 검사점수에서 나는 이들 집단 간 차이는 학업 성취도 및 직무수행 수준에서도 거의 그대로 나타난다는 말이다. 많은 사람들이 이들 검사가 남성과 백인에게 유리하도록 제작되었다고 믿고 있다. 하지만 Lilienfeld, Lynn, Ruscio, Beyerstein(2010)은 지능검사는 물론 SAT 같은 다른 어떤 표준화 검사도 여성이나 소수민족에게 불리하도록 만들어지지 않았다고 밝혔다. 미국심리학회 대책위원회(Neisser et al., 1996)에서도 그리고 미국학술원의 심사단(Hartigan & Wigdor, 1989; Wigdor & Garner, 1982)에서도 동일한 결론을 내렸다. 요약건대 지능검사의 편향에 대한 논쟁은 적어도 과학적 방법이 허용하는 범위 내에서는 확실하게 마무리되었다(Gottfredson, 1997, 2009; Sackett, Bornerman, & Connelly, 2008).

지능검사가 예측할 수 있어야 하는 것이 무엇이어야 하는가에 대해서는 많은 심리학자들이 의견을 같이한다. 그러나 지능을 어떻게 정의할 것이냐에 관해서는 의견을 달리한다. 지능이란 하나의 일반적인 능력일까 아니면 많은 구체적인 능력일까? 지능에는 정신능력 이외의 것도 포함되어 있을까? 지능의 유형도 여러 가지가 있을까? 지능을 어

떻게 정의하느냐에 따라 이들 문제에 대한 답은 달라진다. 앞에서

> **요인분석** 동일한 능력(요인)을 측정하는 검사문항을 집단으로 묶어내는 통계기법

도 보았듯이 지능과 관련된 또 다른 논쟁은 지능의 근본이 선천적이냐 아니면 후천적이냐는 점이다. 골턴의 연구에서 시작된 이 논쟁은 100년이 지난 오늘까지 계속되고 있다. 이제 이 두 가지 쟁점을 고려하기로 하자.

지능에 관한 논쟁

지능을 하나의 일반적인 능력으로 봐야 할 것인지 아니면 여러 가지 구체적인 능력의 집합으로 봐야 할 것인지에 관한 논쟁은 100여 년 이상 지속되고 있다. 많은 학자들은 지능을 여러 구체적인 능력의 집합으로 봐야 한다고 주장한다. 그러나 제안된 구체적인 지능의 개수 또는 유형의 개수는 적게는 2개에서 많게는 100여 개가 넘기도 한다. 여기서는 저명한 이론 몇 가지만을 고려하기로 하자. 먼저 지능을 하나 또는 그 이상의 지적 능력이라고 주장하는 이론을 살펴본 다음, 지능을 단순한 지적 능력 이상으로 보다 폭넓게 정의하는 이론 두 가지를 고려하기로 하자.

지능 이론   지능을 지적 능력으로 보는 이론은 찰스 스피어만(1927)에서 시작되었다. 그는 지능검사의 점수는 두 가지 요인 (1) g 요인(일반적 지능)과 (2) s 요인(추리와 같은 구체적인 지적 능력)에 의해 결정된다고 주장하였다. 스피어만은 g 요인이 더 중요하다고 생각했다. 그는 g 요인은 지능검사가 측정하는 다양한 지적 능력 모두와 관련되어 있는데, s 요인은 지능검사를 구성하는 구체적인 하위검사에만 적용된다고 생각했다. 스피어만의 이론은 지능검사를 구성하는 한 가지 하위검사의 점수가 높은 사람들은 대개 다른 하위검사의 점수도 높으며, 한 하위검사의 점수가 낮은 사람들은 대개 다른 하위검사의 점수도 낮다는 사실에 그 기초를 두고 있다. 하지만 한 가지 하위검사에서 점수가 높은 사람이라고 해서 다른 모든 하위검사의 점수가 높은 것은 아니었다. 이는 s 요인 또는 구체적인 능력이 하위검사에서 부차적인 역할을 담당한다는 뜻이다. 근래 연구에서는 학교 성적 및 작업 수행에 관한 g 요인의 예측력이 강한 것으로 드러났다(Gottfreson, 2002a, b).

　루이스 L. 서스톤(1938)은 스피어만과는 달리 구체적인 정신능력(스피어만의 s 요인)이 더 중요하다고 주장하였다. 서스톤은 우리의 정신능력이 어문이해력, 수리능력, 공간능력, 지각 속도, 단어 유창성, 결합 기억력, 추리력이라고 하는 7가지 일차적 정신능력으로 구성된다고 주장했다. 그리고 **요인분석**(factor analysis)이라고 하는 통계적 기법

을 이용하여 이들 일차적 능력을 분석해냈다. 요인분석이란 검사 문항 중 동일한 능력 (요인)을 측정하는 문항을 집단으로 묶어내는 기법이다. 스피어만도 요인분석법을 이용했었다. 그런데도 상이한 주장을 하는 것은 서로가 강조한 분석의 측면이 달랐기 때문이다. 서스톤은 구체적인 요인의 결집(묶음)을 강조한데 반해, 스피어만은 이 결집 사이의 상관관계를 강조했던 것이다.

그 후 레이몬드 카텔(스피어만의 제자)과 존 혼은 이들과는 다소 다른 정신능력 이론을 제안했고, 이 이론은 노화 연구에 주된 영향을 미쳤다(Cattell, 19787; Horn & Cattell, 1966, 1967). 이들은 g 요인을 두 가지 유형 (1) 유동지능과 (2) 결정지능으로 봐야 한다고 주장했다. 유동지능(fluid intelligence)은 습득한 지식과는 무관한 추상적 추리력, 기억력 및 정보처리 속도를 가리키며, 결정지능(crystallized intelligence)은 축적된 지식과 어문기능 및 수리기능을 일컫는다. 이 이론이 노화 연구에 영향을 미치게 된 연유는 결정지능은 경험과 교육정도 그리고 연령의 증가에 따라 향상되는데 반해, 유동지능은 이러한 요인의 영향을 받지 않고 심지어는 나이가 많아짐에 따라 감소하기 때문이다. 하지만 최근 실시된 대규모 연구결과 이러한 구분은 지나친 단순화이며, 지능을 구성하는 다양한 지적 능력이 그 정점에 도달하는 나이도 다른 것으로 밝혀졌다 (Hartshorne & Germaine, 2015). 이 이론은 제7장에서 생애 전반에 걸친 지능의 변화를 고려할 때 다시 거론될 것이다.

지금까지 논의된 이론은 모두 지능을 스탠퍼드-비네 검사나 WAIS 같은 표준 지능 검사로 측정되는 정신능력으로 정의하고 있다. 한편 하워드 가드너(1983, 1993, 1999) 와 로버트 스턴버그(1985, 1988, 1999), 키스 스타노비치(2009a, b) 등 현대 학자들은 이 정의를 확장하여 다른 유형의 능력까지 포함시키고 있다. 가드너의 이론부터 살펴보기로 하자. 가드너의 다중지능 이론은 언어, 논리-수학, 공간, 음악, 신체-운동, 개인 내, 개인 간, 자연적 지능 등 8가지의 독립적인 지능을 상정하고 있다. 표 6.1은 이들 지능을 간략하게 기술하고 있다. 언어적 지능과 논리-수학적 지능은 지능을 정신능력으로 간주하는 다른 정의와 별로 다르지 않은 것 같다. 그러나 나머지 6가지는 논란의 대상이 되고 있다. 많은 심리학자들은 이들 6가지는 기능이나 재능일 뿐 일반적으로 말하는 지능과는 거리가 멀다고 본다. 또한 예를 들어 개인 내 지능과 같은 것은 수량화하기가 어려워 어떻게 측정할 것이냐는 문제도 남아 있다.

스턴버그의 삼원이론은 세 가지 유형인 분석적, 실용적, 창의적 지능을 주장한다. 분석적 지능은 표준 지능검사에서 측정되는 것과 근본적으로 같다. 즉, 성공적 학업에 필

표 6.1	가드너의 여덟 가지 지능에 대한 간략한 설명
언어	읽기, 쓰기, 말하기 등의 언어적 능력
논리-수학	수학적 문제해결과 과학적 분석능력
공간	시각적 공간관계와 관련된 사고력
음악	음악을 작곡하고 이해하는 것 같은 음악적 기능
신체-운동	몸놀림과 물건을 다루는 기능
개인 내	자신을 이해하는 능력
개인 간	다른 사람들을 이해하는 능력
자연적	자연적인 형태를 변별하는 능력

수적인 기능이다. 그러나 나머지 두 유형은 표준 지능검사로는 측정되지 않는다. 실용적 지능은 세상을 잘 살아가는 능력이고, 창의적 지능은 새로운 문제를 해결하는 능력으로 평상시와는 다른 상황에 대처하는 능력이라고 할 수 있다. 스턴버그가 말하는 지능은 모든 유형의 정신능력이다. 그러나 이 능력에다 실용적 지능과 창의적 지능을 포함시킴으로써 지능의 개념을 크게 확장시켜 놓았다. 새로이 포함된 이 두 가지 능력은 학업 이외의 세상사에 보다 적절한 정신능력들이다.

키스 스타노비치(2009a, b)도 지능을 중요하고 유용한 구성개념으로 생각한다. 그러나 가드너나 스턴버그와는 달리 그는 지능의 정의를 확장하는 일에는 관심이 없다. 그는 지능은 생각을 잘 하는 데 필요한 한 가지 요소일 뿐이다. 따라서 지능만으로는 사고력을 충분히 설명할 수 없다고 주장한다. 그가 주장하는 또 하나의 결정적 요소는 합리적으로 생각하고 행동하는 능력이다. 그런데 이 두 번째 요소는 표준형 지능검사로는 측정되지 않는다. 그리고 이 두 가지 요소는 별개의 능력이기 때문에 지능은 높은데도 합리적으로 행동하지 못할 수도 있고, 행동은 합리적으로 하는데도 지능은 높지 않을 수 있다고 주장한다. 이 때문에 똑똑한 사람이 가끔 바보 같은 짓을 하기도 하는 것이다. 스타노비치는 지능은 낮지 않은데도 생각도 행동도 합리적으로 하지 못하는 조건을 일컫기 위해 이성장애(dysrationalia)라는 용어를 만들기도 했다.

이성장애의 원인 중 하나는 우리가 가진 인지적 구두쇠 경향, 즉 시스템 1(반성적이지 않아 빠르게 전개되는 시스템)을 너무 많이 이용한다는 점이다. 이 구두쇠 경향 때문에 우리는 우리가 감행해야만 하는 반성적, 분석적 생각을 줄이기 위해 많은 휴리스

표 6.2	지능 이론
주창자	간략한 이론 내용
스피어만	지능이란 주로 일반적 요인(*g* 요인)의 기능이다.
서스톤	지능은 일차적 정신능력 7가지, 즉 언어이해력, 수리력, 공간능력, 지각 속도, 단어 유창성, 결합성 기억력, 추리력이다.
카텔과 혼	지능에는 두 가지 유형이 있다. 결정지능은 언어기능 및 수리기능 같은 습득된 지식을 일컫고, 유동지능은 추상적 추리, 논리적 문제해결 능력, 정보처리 속도 등 습득된 지식과는 별개의 능력을 일컫는다.
가드너	지능은 8가지 독립적 지능으로 정의한다. 언어, 논리-수학, 공간, 음악, 신체-운동, 개인 내, 개인 간, 자연적 지능
스턴버그	지능을 세 가지, 즉 분석적 지능, 창의적 지능, 실용적 지능으로 나누어 정의한다.
스타노비치	지능만으로는 생각을 잘할 수 없다. 생각을 잘하는 데는 지능과는 별개인 합리성도 필요하다.

틱(예 : 앞서 논의됐던 선추정-후조절법, 대표성 휴리스틱, 확인편파 등)을 개발해 놓았다는 것이다. 이미 알고 있겠지만 이들 지름길 전략은 쉬운 답을 금방 제공하기도 하는데, 그 답이 옳을 때도 있지만 그를 때도 있다. 스타노비치는 이성장애의 또 다른 원인으로 정신도구 결함(mindware gap)을 꼽는데, 이 결함은 적절한 정신도구(즉, 합리적으로 생각하는 데 필요한 정신적 도구로 확률에 대한 이해 같은 구체적 지식과 과학적 사고방식 같은 인지원리 및 전략)를 갖추지 못했을 때 생기는 조건이다. 스타노비치에 따르면 지능이 높은 사람들 중에도 적절한 정신도구를 익히지 못한 사람이 많다. 하지만 그는 합리적으로 생각하고 행동하는 법을 가르칠 수 있다고 믿는다. 그리고 각 학교에서는 합리적 사고 및 행동을 가르쳐야 한다고 주장한다. 리처드 니스벳(2015)은 저서 *Mindware: Tools for Smart Thinking*에서 가장 기본적인 정신도구와 함께 이들 도구를 적용하기 위해서는 일반적인 문제를 어떻게 해석/이해해야 하는지도 소개하고 있다.

표 6.2는 위에서 소개한 지능 이론 여섯 가지를 요약하고 있다. 다음에서는 지능의 근본을 둘러싼 논쟁, 선천성 대 후천성 논쟁이 고려될 것이다.

선천성 대 후천성 심리학자들은 지능의 정의뿐 아니라 지능의 근원에 관해서도 상이한 주장을 펼치고 있다. 앞서도 언급한 바 있는 선천성 대 후천성 논쟁은 100여 년 전 선천성을 강력하게 옹호했던 골턴에 의해 유명해졌다. 대부분의 현대 심리학자들은 유전

(선천성)도 중요하지만 환경과 경험(후천성) 또한 중요하다고 믿는다. 현대 논쟁의 초점은 선천성과 후천성 중 어느 쪽이 지능에 더 크게 기여하느냐에 있다. 이러한 논쟁을 잠재우기 위한 심리학자들의 노력을 간략히 살펴보기로 하자.

먼저 유전적 유사성 연구부터 고려해보자. 유전적 유사성 정도는 일란성 쌍둥이의 100% 동일에서부터 이란성 쌍둥이와 자매지간의 50% 동일 그리고 전혀 무관한 사람들 사이의 0% 동일에 이르기까지 다양하다. 만약 지능이 유전에 의해 결정된다면 지능검사 점수 간 평균 상관계수는 유전적 유사성이 증가함에 따라 높아져야 한다. 연구결과는 이 예측과 일치하는 것으로 드러났다(Bouchard & McGue, 1981). 무관한 사람들의 경우 평균 상관계수가 0인데 반해, 일란성 쌍둥이의 경우 +.86으로 드러난 것이다. 하지만 이 연구결과는 환경의 영향도 무시할 수 없다는 사실도 보여준다. 예를 들어 일란성 쌍둥이가 함께 자라지 못한 경우에는 평균 상관계수가 +.72로 감소했다. 성장 환경도 중요하다는 증거이다.

두 가지 사실을 더 고려해보자. 동일한 환경에서 자란 이란성 쌍둥이 사이의 상관계수 평균은 +.60으로 상이한 환경에서 자란 일란성 쌍둥이 사이의 상관계수 평균 +.72보다 낮았다. 이 차이는 유전의 중요성을 반영한다. 하지만 같은 환경에서 자란 일반 남매 사이의 상관계수 평균 +.47보다는 높았다. 이 차이는 환경의 중요성을 대변한다. 이란성 쌍둥이의 유전적 유사성은 일반 남매간 유전적 유사성과 똑같은 50%라는 점을 유념하라. 때문에 이란성 쌍둥이 사이의 상관계수 평균 .60과 일반 남매 사이 상관계수 평균 .47에서 나는 차이는 환경에 의해 유발된 차이라고 봐야 한다. 쌍둥이는 나이가 같기 때문에 나이가 다른 남매들보다 경험한 환경이 더 비슷하다. 이 두 가지 발견이 지적하듯 지능검사 점수는 유전과 환경의 상호작용에 의해 결정된다고 보는 것이 더 타당하다고 하겠다.

연구자들은 입양아들을 연구하여 그 아이들과 생부모와의 상관관계 그리고 그 아이들과 양부모와의 상관관계도 검토하였다. 지능검사 점수에서 발견된 아이들과 양부모 사이의 약한 상관관계는 아이들의 나이가 들어가면서 사라져 버렸다(McGue, Bouchard, Iacono, & Lykken, 1993). 그러나 이 아이들과 생부모 간의 지능검사 점수 상관은 그 반대 양상을 보였다. 즉, 아이들의 나이가 들어감에 따라 이들 간의 상관관계는 더욱 밀접해졌다(Plomin, DeFries, McClean, & Rutter, 1997). 입양된 아이들과 생부모의 지능검사 점수에서 발견된 이러한 강력한 상관관계는 지능을 결정하는 요인으로 환경보다는 유전이 더 중요하다는 의미를 갖는다.

지능의 유전적 유사성을 다룬 연구결과는 지능의 유전성을 추정하는 데도 이용될 수 있다. **유전성**(heritability)이란 특정 집단 내에서 관찰되는 특질(여기서는 지능)의 차이 중 얼마만큼이 유전 때문인지를 나타내는 지표이다. 이 추정치는 대략 50~70% 사이에 놓인다(Bouchard, Lykken, McGue, Segal, & Tellegen, 1990). 이는 특정 집단의 경우 그들의 지능검사 점수에서 나는 차이 중 50~70%가 유전 때문에 야기된 것임을 뜻한다. 유전성이 100%가 아니라는 사실은 지능이 유전과 환경의 공동 작업에 의해 결정된다는 뜻이다(유전의 영향력이 더 클지는 모르지만). 이러한 사실 때문에 최근의 연구는 유전과 환경의 상호작용 방식에 그 초점을 맞추고 있다. 이들 연구는 **반응범위**(reaction range), 즉 특정인의 지능이 발달할 수 있는 한계는 유전적으로 결정된다는 가정을 기반에 두고 있다. 특정인 지능의 상 한계와 하 한계는 유전에 의해 결정되지만, 그 사람의 지능이 이 범위 내의 어느 지점에 정착할지는 그 사람이 처한 환경에 의해 결정된다는 생각이다. 이 원리는 아주 간단하다. 가지고 태어난 반응범위 내에서 특정인의 환경 여건이 양호할수록 그 사람의 지능은 높아진다는 원리이다.

여기서 유전성에 관한 두 가지 점을 분명하게 명시할 필요가 있다. 첫째, 이 연구결과는 집단을 대상으로 한 통계치이기 때문에 개별 사례와는 무관하다. 예를 들어 특정 집단의 경우 유전성 추정치가 50%였다고 하더라도, 이것을 기초로 그 집단에 속한 특정인의 지능 중 50%는 유전에 의해 결정되고 나머지 50%는 환경에 의해 결정되었다고 말할 수는 없다는 말이다. 이 통계치가 의미하는 바는 이 집단 내 사람들에서 발견되는 지능검사 점수의 변산도 중 50%는 유전 때문이고 나머지 50%는 환경 때문이라는 뜻일 뿐이다. 둘째, 유전성은 집단 간에서 발견되는 차이, 예를 들어 아시아계 학생들과 미국계 학생들 사이에서 발견되는 점수의 차이와는 전혀 무관하다는 사실이다. 유전성은 집단 내에서 발견되는 차이에만 적용될 뿐 집단 간 차이에는 적용되지 않는다. 집단 간 차이는 이와는 다른 방법으로 분석되어야 한다.

아시아계 학생들과 미국계 학생들 사이에서 발견되는 괴리가 어떻게 분석되는지를 고려해보자(Stevenson, Chen, & Lee, 1993; Stevenson & Stigler, 1992). 이들 연구에서는 상이한 연령의 아동을 대상으로 집단 간 차이를 검토한 후 아시아계 아동들이 더 높은 점수를 받는 이유가 아시아 국가에서 교육을 더 중요하게 생각하기 때문인 것 같다는 결론을 내렸다. 그 이유는 이들 두 집단 간 차이가 아동들이 학교에 입학하기 전에는 발견되지 않다가, 학교에 입학하면서 나타나기 시작하고 학년이 올라갈수록 커지는 것으로

유전성 어떤 집단 내 특정 특성의 변산성이 유전 때문일 가능성을 나타내는 지수

반응범위 유전에 의해 결정되는 지능의 상 한계와 하 한계

나타났기 때문이다. 아시아 문화권에서는 교육을 높이 평가하기 때문에 아이들은 공부에 더 많은 시간을 보내며 더 열심히 노력하고, 그 결과 학교 성적도 높아지고 검사점수도 높아진다는 해석이 다. 이 두 집단 간 차이는 주로 환경적 요인에서 유발되었다는 뜻이기도 하다.

그럼 아시아계 미국인 학생들의 학업 성취도 가 백인 미국인 학생들의 학업 성취도보다 우월 한 것도 환경적 요인으로 설명될 수 있을까? 그 럴 수도 있을 것 같다. 예를 들어 이 두 집단 간 차이가 아시아계 미국인 학생들의 인지능력 또 는 사회인구통계적 특징 때문에 나는 게 아니라

"대박! 수학 A 받았어! 그래도 다른 나라에 가면 D밖에 안 돼."

공부에 더 많은 공을 들이기 때문이라는 증거가 Hsin과 Xie(2014)에 의해 발견되었다. 투자하는 노력에서 차이가 나는 이유는 노력과 성취도를 잇는 고리에 관한 문화적 믿 음이 다르기 때문이다. 예컨대 아시아계 미국인 부모들의 양육방식은 동기, 인내심, 주 의력 같은 특질이 발달하는 데 유리하고, 이들 특질은 학업수행에 긍정적인 영향을 미 친다. 그리고 아시아계 미국인 부모들의 자식 교육에 대한 기대가 백인 부모들보다 더 높은 것도 사실이다. 따라서 아시아계 학생들과 백인 학생들 사이에서 발견되는 학업 성취수준의 차이는 환경적 요인의 작용만으로도 충분히 설명될 수 있다고 할 것이다.

지능에 관한 논쟁과 문제는 아직도 해결되지 않은 점이 많다. 그런데 최근에는 또 다 른 신기한 점이 추가되었다. 지능을 연구하는 제임스 플린에 의해 유명해졌기 때문에 '플린 효과'로 알려진 현상이다. **플린 효과**(Flynn effect)는 미국과 서구 산업국가에서 는 지능검사 점수 평균이 지난 한 세기 동안 꾸준히 상승했다는 사실을 말한다(Flynn, 1987, 1999, 2007, 2012). 예를 들어 1918년의 평균 점수를 최근의 표준화된 규준으로 환산했을 때 76점이 된다. 이렇게 환산하면 10년마다 평균이 스탠퍼드-비네 검사 및 웩슬러 지능검사에서 3점씩 향상된 것이다. 플린 등(2014)의 메타분석도 10년마다 약 3 점씩 향상됐다는 플린의 추정을 지지하는 것으로 드러났다. 285편의 연구(N=14,031) 가 이용된 이 분석에 이용된 지능검사 점수는 플린의 분석에서보 다 더 광범한 지능검사에서 확보된 점수였다. 100년이 넘는 동안 (1909~2013) 31개 국가에서 400만 명에 이르는 피검자를 대상으

플린 효과 미국과 서구 산업국가에서 지 능검사 점수 평균이 지난 한 세기 동안 꾸 준히 상승한 현상

로 수집된 지능검사 점수를 이용한 메타분석에서도 10년마다 3점씩 향상되었던 것으로 드러났다(Pietschnig & Voracek, 2015).

플린 효과를 설명하기 위해 여러 가지 환경 요인이 제안되었다. 영양상태, 위생상태, 의료지원 시스템의 향상에서부터 양질의 교육 및 식구의 감소에 이르기까지 다양한 요인이 제안되었지만, 이에 대한 설명은 이 효과에 많은 요인이 작용할 가능성과 함께 여전히 논쟁의 불씨를 안고 있다(Mingroni, 2014; Neisser, 1998; Williams, 2013). 이 논쟁에 합류한 플린(2007, 2012)도 이 효과는 사람들이 전반적으로 더 똑똑해져서 생긴 효과가 아니라고 주장했다. 그보다는 요즘 사람들이 특히 추상화 능력 및 과학적 사고력같이 우리 사회에서 더욱 중요해진 기능이 더 향상됐기 때문이라고 주장했다. 우리 사회는 농업기반 사회에서 산업기반 사회로 산업기반 사회에서 다시 정보기반 사회로 바뀌었다. 이런 시대적 변화에 따라 추상화 능력과 과학적 사고력 개발이 더욱 필요하게 되었다. 플린의 이러한 가설을 지지하는 증거는 모든 유형의 인지기능이 크게 향상된 것은 아니라는 사실이다. 예를 들어 추상화 능력과 과학적 사고력을 측정하는 하위검사에서는 그 점수가 크게 향상됐는데, 전통적인 학습능력인 어휘력, 일반 지식, 산수능력 등을 측정하는 하위검사 점수는 별로 높아지지 않았다. 플린의 이러한 주장과 일치하는 증거가 Pietschnig과 Voracek(2015)에 의해 발견되었다. 지난 100년 동안 유동지능(추상적 추리력같이 학습된 지식과는 무관한 능력)이 향상된 정도가 결정지능(학습된 지식과 어문능력 및 수리능력)이 향상된 정도보다 큰 것으로 드러난 것이다.

Pietschnig과 Voracek(2015)은 지난 몇십 년 동안 지능검사 점수가 향상되기는 했지만, 향상되는 정도는 점점 감소했다는 사실도 발견했다. 또 다른 연구에서도 이와 일치하는 증거가 발견되었다. 일부 산업국가(예 : 덴마크와 노르웨이)에서는 플린 효과가 이미 끝났는데 반해, 미국과 독일 그리고 영연방을 구성하는 국가들에서는 아직도 계속되고 있다(Flynn, 2012; Kaufman, 2009). 하지만 이들 발견은 선진국에서 벌어진 일이다. 개발도상국에서 실시된 지능검사 점수에서도 플린 효과가 관찰될까? 관찰된다면 그 양상은 선진국에서 발견된 양상과 비슷할까, 다를까? 이 질문에 대한 답은 Wongupparaj, Kumari, Morris(2015)의 연구에서 발견된다. 이들이 실시한 메타분석에는 64년 동안(1950~2014) 개발도상국(주로 아프리카, 아시아, 남아메리카)과 선진국에서 레이븐 메트릭스 검사(Raven's Progressive Matrices, 물체를 맘속으로 조작하는 능력, 논리적 추론능력, 기타 추상적 추리력을 측정하는 비어문적 지능검사)로 측정된 점수가 이용되었다. 그 결과 개발도상국이나 선진국 모두에서 플린 효과가 발견되었다. 지능검사 점수 평균은 언제나 선진국이 높았다. 하지만 시간이 지나면서 향상되는 정도는 개발도상국에서 더 컸고, 2014년에는 이 두 부류의 국가 간 차이가 약 3점으로 좁아졌다. Wongupparaj, Kumari, Morris(2015)는 개발도상국에서 기록된 이 향상을 설명하기 위해 몇 가지 원인을 거론하였지만, 이들이 제안한 요인은 선진국에서 발견된 플린 효과를 설명하기 위해 제안된 요인과 근본적으로 다르지 않다. 따라서 개발도상국에서 발견된 플린 효과를 설명하는 일도 선진국에서 발견된 플린 효과를 설명하는 일만큼이나 쉽지 않아 보인다.

요약

이 절에서는 19세기 말 영국의 골턴 그리고 20세기 초 프랑스의 비네와 시몬이 시도한 최초의 지능검사 개발에 관해 논의하였다. 골턴의 시도는 실패로 끝났다. 그러나 프랑스 정부의 요청으로 학교공부에 어려움을 겪게 될 아동을 분류해낼 검사를 제작한 비네와 시몬은 1905년 최초의 지능검사 개발에 성공하였다. 스탠퍼드대학교의 루이스 터만은 비네-시몬 검사를 개정하여 1916년에는 미국 아동들을 대상으로 그 검사를 실시했다. 이 개정판은 스탠퍼드-비네 검사로 알려지게 되었다. 스탠퍼드-비네의 검사결과 보고에는 슈테른의 IQ 공식(IQ=정신연령/역연령×100)이 이용되었다. 그 후 데이비드 웩슬러는 성인용 지능검사 WAIS와 아동용 지능검사 WISC를 개발하였다. 스탠퍼드-비네 검사와는 달리 웩슬러 검사는 언어영역 검사와 비언어영역 검사라는 두 가지 하위검사로 구성되었다. 또한 웩슬러는 검사결과를 보고할 때 종래의 IQ 점수 대신 편차 IQ 점수를 제시하였다. 편차 IQ 점수는 각 개인의 원점수가 그 개인이 속한 집단의 원점수 평균과 떨어진 정도를 표준편차 단위로 제시한 점수이다. 웩슬러는 검사결과에 대한 이러한 보고가 종래의 IQ와 비슷하게 보이도록 하기 위해 평균은 100, 표준편차는 15로 설정해 두었다.

또한 이들 지능검사는 신뢰도(측정치의 일관성)도 높고 예측 타당도(검사점수로 예측하고자 했던 것을 예측하는 정도)도 높다는 것 그리고 특히 학업 성취수준 및 직업 성취수준에 대한 예측 타당도가 가장 높다는 것도 알았다. 이들 검사가 여성 및 소수민족에게 불리하도록 제작되었다는 믿음은 근거가 없는 것으로 밝혀졌다.

이 절에서는 주요 지능 이론도 몇 가지 소개되었다. 이들 이론은 대부분 지능을 정신능력이라고 정의하지만, 그런 능력이 몇 가지나 되는지에 대해서는 서로 다른 주장을 펼친다. 스피어만은 요인분석 결과를 기초로 하나의 일반 요인(g 요인)이 가장 중요하다고 생각했다. 그러나 서스톤을 위시한 다른 이론가들은 여러 가지의 구체적인 능력을 더 강조하였다. 지능의 개념은 최근에 제안된 두 가지 이론에 의해 더욱 확대되었다. 최근 제안된 또 하나의 이론은 지능으로 훌륭한 사고력을 충분히 설명할 수 없다는 점을 강조하였다. 하워드 가드너는 여덟 가지의 지적 능력을 가정하는 지능 이론을 주장했는데, 이들 중 일부는 지능이라기보다는 재능 또는 기능일 뿐이라는 비판을 받고 있다. 로버트 스턴버그는 삼원 이론을 통해 지능의 개념을 확대시키려고 하였다. 삼원 이론은 지능을 분석적 지능, 창의적 지능, 실용적 지능으로 구분한다. 그중 창의적 지능과 실용적 지능은 학업 이외의 환경에서 보다 적절한 지능이다. 키스 스타노비치는 지능이란 개념을 확장시키려 하지 않고, 훌륭한 사고력을 설명하기 위해서는 지능 이외에 합리성도 필요하다고 강조하였다.

마지막 절에서는 지능의 근원이 고려되었다. 유전적 유사성에 관한 연구결과 우리의 지능은 유전(선천성)은 물론 환경(후천성)에 따라서도 달라진다고 밝혀졌다. 그러나 유전성 추정에 관한 연구도 또 입양아에 관한 연구도 환경보다는 유전이 지능을 결정하는 데 더 중요한 것 같다고 말한다. 유전과 환경이 각 개인의 지능에 미치는 영향에서 벌어지는 서로 간 상호작용을 설명하기 위해 최근에는 반응범위라는 개념이 도입되었다. 이 개념에 따르면 우리 각자의 지능이 발달할 수 있는 상 한계와 하 한계는 유전에 의해 결정되고, 그 한계(범위) 내에서 얼마만큼 발전되느냐는 환경에 의해 결정된다. 끝으로 플린 효과가 소개되었다. 플린 효과란 지난 한 세기 동안 미국 및 서구 산업국가에서 지능검사에 의해 평정된 지능은 극적으로(10년마다 약 3점씩) 향상되었다는 사실을 일컫는다. 이 효과를 설명하기 위해 많은 환경 요인이 제안되었다. 하지만 여러 가지 요인이 개입되었을 가능성이 큰 이 효과에 대한 설명은 여전이 논쟁의 불씨로 남아 있다. 최근 플린은 이 효과를 두고 사람들이 더 똑똑해져서 생긴 효과가 아니라고 주장했다. 그보다 지난 100년 동안 사람들이 특히 추상화 능력 및 과학적 사고력 같이 우리 사회에 더욱 중요해진 기능에 더 영리해졌기 때문이라고 주장했다. 플린의 이 주장은 지난 한 세기 동안 유동성 지능보다는 결정성 지능의 향상 정도가 더 컸다는 사실의 지지를 받고 있다. 최근의 다른 연구에서는 선진국에서 기록된 효과의 크기가 지난 수십 년 동안 감소한다는 사실 그리고 일부 국가에서는 플린 효과가 이미 끝났다는 증거도 발견하였다. 한편 개발도상국의 지능검사 점수 평균은 지난 몇십 년 동안 크게 증가한 것으로 밝혀졌다. 지능검사 점수 평균에서 나는 개발도상국과 선진국 간 차이는 이제 약 3점도 되지 않는다. 이들 발견에 대한 설명 역시 논쟁거리가 되었다.

개념점검 | 3

- 검사의 표준화가 필요한 이유는 무엇인가?
- 편차 IQ 점수는 무엇이며 IQ 점수와 다른 점은 무엇인가?
- 유전적 유사성이 지능에 미치는 영향에 대한 연구결과를 기초로 선천성-후천성 문제를 설명하라.
- 최근 제안된 지능 이론인 가드너의 이론, 스턴버그의 이론, 그리고 스타노비치의 이론이 전통적 지능 이론(예 : 스피어만과 서스톤이 제안한 이론)과 어떻게 다른지를 설명하라.

학습 가이드

핵심용어

여러분은 다음 핵심용어를 명확하게 정의할 수 있어야 한다. 분명하게 정의할 수 없는 것이 있으면, 책을 다시 읽어서라도 이해해둬야 할 것이다. 모든 용어를 이해했다고 판단되면, 연습문제를 풀어보라.

가용성 휴리스틱	불분명한 문제	요인분석	표준화
고착	사고	유전성	플린 효과
공접오류	사례위주 추리	정신적 올무	확인편파
기능적 고착	선추정-후조절법	지능지수(IQ)	후진 작업법
대표성 휴리스틱	수단-목적 분석법	착각성 상관	휴리스틱
도박사의 오류	신념집착	타당도	
반응범위	신뢰도	통찰	
분명한 문제	알고리즘	편차 IQ 점수	

핵심용어 문제

다음 각 진술이 정의하는 용어를 적으라.

1. 두 가지 불확실한 사상/일 각각이 일어날 확률보다 두 사상/일이 겹쳐 일어날 확률이 높다고 잘못 판단하는 일

   _____

2. 검사가 측정하고자 했던 것을 측정하는 정도 또는 예측하고자 했던 행동을 예측하는 정도

   _____

3. 문제를 새롭게 해석함으로써 해결책을 즉각 발견하게 되는 일

   _____

4. 거의 확실한 연구결과를 자기가 아는 사람/사례가 그 결과와 맞지 않는다는 이유로 믿지 않는 일

   _____

5. 개인의 지능에서 유전에 의해 결정되는 한계

6. 문제를 여러 개의 하위목표로 나누어 하위목표를 차례로 공략함으로써 목표상태와 현재상태 간 괴리를 좁혀가는 문제해결 전략

   _____

7. 현재 문제에 보다 적절한 전략이 있을 수 있는데도 과거에 성공적이었던 전략만을 계속 이용하려는 고집스러운 경향성

   _____

8. 특정 집단 내에서 발견되는 특질의 차이가 유전에 의해 야기되는 정도를 나타내는 지수

   _____

9. 검사규준을 제공하여 그에 따라 검사점수의 의미를 해석할 수 있게 하는 과정

   _____

10. 우연이란 스스로를 고쳐 나가는 것이기 때문에 다음 차례에서는 그동안 자주 일어나던 일/사상보다 오랫동안 일어나지 않은 일/사상이 벌어질 확률이 더 높다고 판단하는 잘못된 믿음

_____

11. 문제공간을 구성하는 출발상태, 목표상태, 그리고 목표상태에 도달하는 과정 중 하나라도 명확하지 않은 문제

_____

12. 추정 문제에 적용되는 휴리스틱으로 먼저 일정한 추정치를 정한 후 그 값을 늘리거나 줄이는 전략(대개의 경우 줄이고 늘리는 정도가 충분하지 못함)

_____

13. 문제해결 전략 중 하나로 목표상태에서 시작하여 출발상태를 찾아가는 휴리스틱

_____

14. 반대 증거가 충분한데도 불구하고 자신의 신념을 굽히지 않으려는 경향성

_____

15. 통계적 기법으로 동일한 능력(요인)을 측정하는 문항을 함께 묶어내는 기법

_____

연습문제

다음은 이 장의 내용에 관한 선다형 연습문제이다. 해답은 개념점검 모범답안 뒤에 있다.

1. 특정 문제 장면에서 대상/물체의 가장 전형적 사용방식만을 생각하게 되는 경향성은?
   a. 고착　　　　　　b. 정신적 올무
   c. 기능적 고착　　　d. 확인편파

2. 방의 면적을 계산할 때, '길이×넓이＝면적'이라는 공식을 이용하는 사람의 전략은?
   a. 알고리즘　　　　b. 휴리스틱
   c. 공접법칙　　　　d. 선추정-후조절법

3. 대표성 휴리스틱을 사용하면, 우리는 _____
   a. 사상/일의 확률을 판단할 때 기억에 떠올리기 쉬운 정도를 이용한다.
   b. 특정 범주의 구성원일 가능성을 판단할 때 범주 정의와 닮은 정도를 이용한다.
   c. 우리의 믿음을 확인시켜 주는 증거만을 찾는다.
   d. 우리의 믿음과 상치되는 증거가 있는데도 우리의 믿음을 포기하지 않는다.

4. 비행기 사고로 사망할 확률을 과대 추정하는 것은 _____을 사용하기 때문일 것이다.
   a. 대표성 휴리스틱　　b. 가용성 휴리스틱
   c. 선추정-후조절법　　d. 공접법칙

5. 2-4-6 문제 풀이를 보면, 사람들의 가설검증 과정에는 _____(이)라는 것이 작용함을 알 수 있다.
   a. 정신적 올무　　　b. 확인편파
   c. 사례위주 추리　　d. 신념집착

6. 두 가지 사상/일이 서로 관련되어 있다는 잘못된 믿음은 _____이다.
   a. 기능적 고착　　　b. 착각성 상관
   c. 플린 효과　　　　d. 공접오류

7. 검사의 신뢰도와 타당도에 관한 진술로 잘못된 것은?
   a. 신뢰로우면서 동시에 타당한 검사도 있다.
   b. 신뢰롭지만 타당하지 않은 검사도 있다.
   c. 타당하지만 신뢰롭지 않은 검사도 있다.
   d. 신뢰롭지도 타당하지도 않은 검사도 있다.

8. 다음 중 지능검사 점수 간에 상관이 가장 높은 것은?
   a. 떨어져 자란 일란성 쌍둥이
   b. 함께 자란 이란성 쌍둥이
   c. 함께 자란 형제자매
   d. 떨어져 자란 남남

9. 다음 중 g 요인을 강조한 인물은?
   a. 스턴버그　　　　b. 가드너
   c. 스피어만　　　　d. 서스톤

10. 플린 효과란 지난 1세기 동안 미국을 비롯한 서구 산업국가의 지능검사 평균치가 _____한 것을 일컫는다.
    a. 증가　　　　　b. 감소
    c. 불변　　　　　d. 증가했다가 감소

11. 다음 중 분석적 지능, 창의적 지능, 실용적 지능이라는 세 가지 유형의 지능을 제안한 학자는?

    a. 스턴버그   b. 가드너

    c. 서스톤   d. 스피어만

12. 얇은 종이를 100번 접었을 때 그 두께가 얼마나 될 것 같은지를 추정해보라는 문제는 우리가 그 추정치를 엄청나게 과소 추정할 수 있음을 보여준다. 이런 문제를 해결할 때 우리가 사용하는 휴리스틱이 어떤 휴리스틱이기에 그런 오류가 발생하는 것일까?

    a. 대표성 휴리스틱

    b. 가용성 휴리스틱

    c. 선추정-후조절법

    d. 공접법칙

13. 자신이 아는 사람 중에 평생을 담배를 피우고도 건강한 사람이 있다는 사실을 기초로 흡연이 건강에 해롭다는 연구결과의 타당성을 믿으려 하지 않는 사람이 있다. 이 사람이 사용하는 휴리스틱은?

    a. 대표성 휴리스틱

    b. 가용성 휴리스틱

    c. 사례위주 추리

    d. 추리통계법

14. 특정 집단 내에서의 유전성 추정치가 100%라는 말의 의미는 그 집단 내 사람들의 지능이 서로 다른 것은 _____에 의해 결정된다는 뜻이다.

    a. 유전

    b. 경험

    c. 50% 유전, 50% 경험

    d. 75% 유전, 25% 경험

15. 사람의 직업을 추정하는 문제에서 그 사람이 은행원이면서 여권 신장 운동가일 확률이 그 사람이 은행원일 가능성보다 크다고 판단하는 사람이 있다면, 그 사람이 사용하는 휴리스틱은 _____이고 그 사람이 범하는 오류는 _____이다.

    a. 가용성, 도박사

    b. 가용성, 공접

    c. 대표성, 도박사

    d. 대표성, 공접

개념점검 1의 모범답안

- 기능적 고착이란 과거 경험을 통해 알게 된 특정 대상의 정상적인 기능만을 생각하게 되는 현상을 말한다. 이는 그 대상과의 과거경험이 그 대상을 새롭게 활용할 수 있는 방법을 보지 못하게 막는 일일 수 있다. 마찬가지로 정신적 올무이란 어떤 문제를 해결하려 할 때 그 문제와 비슷한 문제를 해결했던 과거의 방법/전략을 계속 이용하려는 경향성을 일컫는다. 이 경향성 때문에 우리는 새로운 방법을 개발하지 못한다고 할 수 있다.

- 알고리즘보다 휴리스틱을 애용하는 주된 이유는 알고리즘은 시간이 많이 걸리고 사용하기가 어렵기 때문이다. 우리가 그 알고리즘을 알면서도 시간이 너무 많이 걸리기 때문에 그 문제를 해결할 때 알고리즘을 사용하지 않는 대표적인 문제로는 문자 수수께끼를 들 수 있다.

- 선추정-후조절법을 이용했을 경우 선추정치를 정한 후 조절을 할 때 그 폭을 충분히 고려하지 않으면 우리가 추정한 값은 사실과 엄청나게 다를 수 있다. 이러한 오류를 보여주는 좋은 보기로 종이접기 문제를 들 수 있다.

개념점검 2의 모범답안

- 대표성 휴리스틱을 이용하면 공접오류를 범하기 쉽다. 두 가지 불확실한 사건/일이 겹쳐서 일어날 확률을 추정할 때 공접법칙을 무시하게 되기 때문이다. 민주 씨의 문제에 이용된 휴리스틱에서 이런 일을 알 수 있었다. 이때 우리는 민주 씨가 여권 운동가와 유사한 정도에만 주의를 기울인 나머지 민주 씨가 은행원일 가능성이 민주 씨가 은행원이면서 여권 신장을 위해 활동하는 사람일 가능성보다 더 크다는 공접법칙을 무시했었다.

- 가용성 휴리스틱을 이용하게 되면 매스컴에 자주 보도된 사건/일(예 : 비행기 사고, 화재, 상어 공격)을 사망 원인으로 간주할 확률은 과대 추정되고 그렇지 않은 일/사건(예 : 당뇨나 폐기종)을 사망 원인으로 간주할 확률은 과소 추정된다. 매스컴을 타는 등 자주 공론화된 사건/일을 기억해 내기가 그렇지 않은 일/사건을 기억해 내기보다 쉽기 때문이다.

- 확인편파는 우리로 하여금 우리의 믿음과 상치하는 증거는 무시하고 우리의 믿음을 확인시켜 주는 증거만을 강조하게 한다. 이러한 경향성 때문에 우리는 서로 무관

한 사건/일 사이에 상관이 있다는 잘못된 믿음, 즉 착각성 상관을 갖게 되기도 한다. 실제 상관이 존재하는지를 검토하기 위해 우리는 우리의 믿음과 일치하는 증거뿐 아니라 우리의 믿음과 상치되는 증거도 함께 고려해봐야만 한다.

개념점검 3의 모범답안

• 검사의 표준화는 검사결과를 해석하는 데 필수적인 작업이다. 검사를 표준화할 때는 검사대상 집단을 대표할 수 있는 적절한 표본을 표집한 후, 그들을 대상으로 검사를 실시하여 그 결과를 기초로 규준을 만든다. 특정 개인의 검사점수는 이 표준화된 집단의 점수와 비교하여 상대적으로 결정된다. 예컨대 지능검사의 경우 각 개인의 검사점수는 그 사람과 같은 연령대의 사람들을 대표하는 표본의 점수와 비교된다.

• 편차 IQ 점수는 지능검사를 이용한 모집단을 대상으로 수집된 정규분포를 기초로 계산된다. 첫째, 개인의 검사점수가 그 규준 집단의 평균치로부터 위/아래로 떨어진 정도를 표준편차 단위로 산출한다. 그런 후 표준편차 단위로 산출된 이 점수를 IQ 점수와 비슷하게 환산한다. 예컨대 WAIS의 경우 평균치는 100, 표준편차는 15로 설정되어 있기 때문에 평균치보다 1 표준편차 높은 사람의 지능지수는 100 + 15 × 1 = 115가 된다. 전통적 IQ 점수는 다음과 같은 공식으로 계산되었다: IQ = (정신연령/역연령) × 100. 편차 IQ 점수는 각 개인의 점수를 그가 속한 집단의 표준화된 자료를 기초로 평가한 상대적 위치를 가르쳐 준다. 그러나 전통적 IQ 점수는 각자의 실제 나이를 기초로 그 사람이 얼마나 잘했는지를 가르쳐 준다.

• 유전적 유사성 연구의 결과는 지능의 선천성 설명을 지지한다. 유전적 유사성이 감소할수록 지능검사 점수와의 상관관계도 감소하는 것으로 나타났기 때문이다. 평균 상관계수는 일란성 쌍둥이에서 가장 높은(.90) 것으로 밝혀졌다. 그러나 이 결과는 환경도 지능발달에 중요한 역할을 수행한다고 말하고 있다. 예를 들어 일란성 쌍둥이일지라도 입양에 의해 서로 상이한 환경에서 자랐을 때는 지능검사 점수에서 발견된 상관계수가 낮아졌기 때문이다. 일란성 쌍둥이는 유전적으로 100% 동일하기 때문에 양육 환경에 따라 지능지수가 달라진다는 사실을 환경의 영향 때문이라고 봐야 한다.

• 가드너의 지능 이론과 스턴버그의 지능 이론이 다른 지능 이론과 다른 점은 이 두 이론은 WAIS나 스탠퍼드-비네 같은 종래의 지능검사에서는 측정하지 않은 지능의 유형을 제안했다는 점이다. 가드너가 제안한 여덟 가지 지능 중 여섯 가지가 이런 새로운 유형의 지능에 속하며, 스턴버그가 제안한 세 가지 중에서는 두 가지가 이런 유형에 속한다. 그러나 스턴버그가 제안한 세 가지는 모두 정신능력인 반면, 가드너가 제안한 여덟 가지 모두는 정신능력으로 간주되지 않는다. 스타노비치가 제안한 이론의 경우 가드너나 스턴버그와는 달리 지능의 개념을 확장하려 하지 않고 지능이란 개념의 적용 범위를 제한하는 데 초점을 맞추고 있다. 그는 지능을 생각을 잘하는 데 필요한 하나의 요소일 뿐이라고 주장한다. 생각을 잘하는 데 필요한 또 다른 요소는 과학적 사고력과 합리적 행동력인데, 이런 능력은 지능검사에 측정되지 않는다고 주장한다.

핵심용어 문제 정답

1. 공접오류
2. 타당도
3. 통찰(력)
4. 사례위주 추리
5. 반응범위
6. 수단-목적 분석법
7. 정신적 올무
8. 유전성
9. 표준화
10. 도박사의 오류
11. 불분명한 문제
12. 선추정-후조절법
13. 후진 작업법
14. 신념집착
15. 요인분석

연습문제 정답

1. c
2. a
3. b
4. b
5. b
6. b
7. c
8. a
9. c
10. a
11. a
12. c
13. c
14. a
15. d

점-아홉 문제의 해결책

직선 4개 해결책의 경우 반드시 이 모양을 취하는 것은 아니다. 시작하는 선분을 4개의 꼭짓점 중 어느 것에서 시작해도 된다. 그리고 오른쪽의 직선 3개의 해결책은 Adams(1986)에서 따온 것이다.

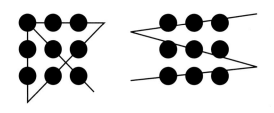

하노이 탑 문제의 가장 효율적인 해결책

수 1 : 원반 1을 기둥 C로 옮긴다.

수 2 : 원반 2를 기둥 B로 옮긴다.

수 3 : 원반 1을 기둥 B로 옮긴다.

수 4 : 원반 3을 기둥 C로 옮긴다.

수 5 : 원반 1을 기둥 A로 옮긴다.

수 6 : 원반 2를 기둥 C로 옮긴다.

수 7 : 원반 1을 기둥 C로 옮긴다.

통찰문제의 해결책

Knoblich와 Oellinger(2006)가 설명하듯 대부분의 사람들은 이 등식을 수정할 때 수치를 바꾸는 성냥개비를 옮기려 한다. 아마 학교에서 산수/수학 시간에 풀어본 거의 모든 문제가 양을 조절하는 문제였기 때문일 것이다. 하지만 이런 지식(경험) 때문에 통찰에 필요한 눈이 멀게 되었을 것이다. 이 문제에서 통찰을 경험하려면 해결책에 관한 관점을 바꾸어야 한다. 즉, 바꿀 수 있는 것은 수치만 아니고, 연산 기호도 바뀔 수 있다는 사실을 깨달아야 한다. 해결책은 아래 그림에 소개되어 있다.

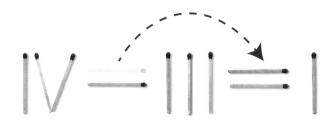

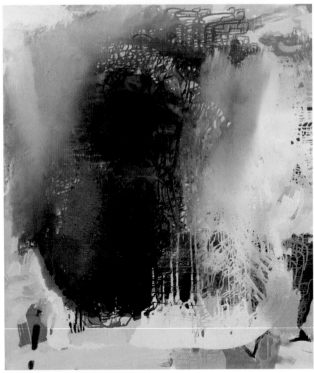

7

발달심리학

우리는 지금까지 감각, 인지, 학습, 기억, 사고 그리고 지능에 대해서는 논의했지만 인간의 전 생애에 걸쳐 이러한 과정이 어떻게 발달해 가는지에 대해서는 살펴보지 않았다. 이것은 발달심리학자들의 연구 영역인데, 그들은 우리가 나이 들어감에 따라 어떻게 변화하는지 그리고 변화의 원인은 무엇인지를 연구한다. 또한 발달심리학자들은 수태에서부터 사망할 때까지 사람들의 행동과 정신과정을 조사한다. **발달심리학**(developmental psychology)은 인간의 전 생애에 걸친 생물적, 인지적, 사회적, 성격적 발달을 과학적으로 연구하는 학문이다. 이 장에서는 생물적·인지적·사회적 발달이라는 세 가지 주요한 발달 유형에 초점을 맞추어 살펴볼 것이다(성격적 발달은 다음 장에서 다룰 것이다).

역사적으로 볼 때 끊임없이 제기되었던 발달심리학의 주요 논쟁점은 천성(nature) 대 양육(nurture)의 문제였다. 오늘날 대부분의 심리학자들은 지능에서처럼 천성과 양육 두 측면이 서로 상호작용함으로써 발달에 영향을 미친다고 본다. 천성과 양육이 정확히 어떻게 상호작용하는지, 그리고 다양한 인간 발달 양상에 있어서 이 두 가지 중 어떤 것이 더 중요한 요인인지와 같은 질문은 지금도 계속되고 있다(Harris, 1998). 이 천성 대 양육의 문제는 이 장의 다른 부분에서 다시 살펴볼 것이다.

발달심리학자들은 보통 인간의 전 생애를 태아기부터 시작하여 후기 성인기까지 몇 개의 단계로 나눈다. 표 7.1은 일반적으로 사용되는 발달단계의 형태를 보여주고 있는데 각각의 발달단계는 서로 다른 생물적·인지적·사회적 변화에 의해 구분된다. 앞으로 논의될 발달심리학의 주요 이론은 대부분 이러한 단계 이론들이다. 단계 이론은 특정한 유형의 행동과 인지기능이 나타날 것으로 예상되는 각각의 연령대를 제시함으로써 발달적 변화를 체계화한다. 하지만 발달단계가 시작되고 끝나는 시점의 나이는 개인별로 다를 수 있고, 단계의 변경은 급작스럽게 일어나기보다는 점진적으로 일어나며, 속해 있는 문화에 따라 각 단계에 대한 정의가 다를 수 있다는 점을 염두에 두어야 한다.

이 장은 각각의 발달 유형에 대한 논의로 나누어져 있는데, 이러한 각 측면에 있어서의 발달은 동시에 일어나는 것이며 서로 다른 영역에 영향을 미치고 있다는 사실을 기억해 두는 것이 중요하다. 발달이 생애 초기에 어떻게 시작되고 진행되는지 이해하기 위해 인간발달의 첫 두 단계인 태아기와 유아기에 대해 우선 살펴보려고 한다. 먼저 신체적 발달, 그중에서도 특히 감각과 운동발달에 대해 알아볼 것이다. 이어

> **발달심리학** 인간의 전 생애에 걸친 생물적·사회적·성격적 발달에 대해 과학적으로 연구하는 심리학의 한 분야

표 7.1	발달단계에 따른 전 생애의 분류
단계	연령
태아기	임신에서 출생까지
유아기	출생 후 2세까지
아동기	2~12세
청소년기	12~18세
초기 성인기	18~40세
중기 성인기	40~65세
후기 성인기	65세 이후

서 초기 언어발달에 대한 논의를 통해 출생에서부터 성인기까지의 인지적 발달을 살펴볼 것이다. 잘 알려진 장 피아제의 인지발달 이론과 레프 비고츠키의 발달에 대한 사회문화적 접근을 살펴보고, 인간이 노화되어 감에 따라 지적 능력도 감퇴되는가에 대한 의문도 다루어볼 것이다.

이 장의 마지막 단락에서는 사회성 발달을 고려해볼 것인데, 로렌스 콜버그의 도덕적 추론에 대한 발달 이론을 우선 살펴보고, 초기 사회적 발달에 관한 애착 형성과 양육방식에 대한 연구를 알아보며 마지막으로 에릭 에릭슨의 전 생애에 걸친 사회적 성격발달 단계 이론을 기술함으로써 결론을 맺을 것이다. 여러분은 이 장을 통해 자신이 발달단계의 어디에 위치하고 있는지와 그 단계에 어떻게 도달했는지, 그리고 앞으로 경험하게 될 발달과정이 어떤 것일지에 대해 보다 깊이 이해할 수 있을 것이다.

태아기 발달과 유아기

아기는 태어나기 전에 어떤 환경 속에 있을까? 우리는 태어날 때 어떤 감각능력을 지니고 있을까? 우리의 뇌는 태어날 때부터 완전히 발달되어 있을까? 이러한 것들이 우리가 이번 장에서 제기할 의문들이다. 예를 들어 우리는 신생아의 뇌가 완전히 발달해 있지 않다는 것을 이미 알고 있다. 우리는 기억에 관한 장에서 출생 후 한참이 지날 때까지 해마(hippocampus)가 완전히 발달하지 않기 때문에 이 시기 동안에 일어난 일들에 대한 외현적 장기기억(explicit long-term memory)을 가질 수 없다는 것을 배웠다. 태아기와 유아기 단계에 대한 아무런 기억이 없다는 바로 그 사실 때문이라도 이후에 논의될 부분은 우리 모두에게 대단히 흥미로울 것이다. 그러면 이제부터 모든 발달의 시작인 정자와 난자의 만남부터 살펴보도록 하자.

태아기 발달

인간의 임신은 정자(남성 생식세포)가 난자(여성 생식세포)의 난막을 통과하면서 시작된다. 각각의 생식세포들은 필요한 유전정보를 담고 있다. 이 세포 둘이 결합할 때 아버지와 어머니로부터 각각 절반씩 받은 완전한 유전정보들이 조합된다. 정자와 난자세포의 결합으로 형성되어 수정된 난을 **수정란**(zygote)이라 한다. 인간 신체의 다른 모든 세포들은 이 하나의 세포에서부터 발생하며, 각각의 복제된 세포는 원수정란의 유전정보의 복사본을 갖게 된다. 수정란은 세포가 분열함에 따라 점점 성장하는 배아로 발달한다.

수정란 인간생식 과정에서 정자와 난자의 결합으로 형성되는 수정된 난
유전자 유전정보를 담고 있는 기본 단위

유전자(gene)는 유전정보를 담고 있는 기본 단위이다. 유전자는 DNA(deoxyribonu-cleic acid)의 분자이며, 우리 신체의 모든 세포

를 위한 유전정보를 가지고 있는 **염색체**(chromosome)를 이루는 한 부분이다. 생식세포(정자와 난자)를 제외한 인간의 모든 세포는, 각각 하나는 어머니로부터, 다른 하나는 아버지로부터 받은 23쌍의 염색체를 가지고 있다. 아버지의 생식세포인 정자와 어머니의 생식세포인 난자는 각각 부모의 온전한 23개의 염색체를 지니고 있다. 이것은 정자와 난자가 수정될 때 수정란은 완전한 46개의 염색체를 갖게 된다는 것을 의미한다. 인간의 성을 결정하는 것은 23번째 염색체 쌍이다. 여성에게는 2개의 X 모양의 염색체가 있고(XX), 남성에게는 X 모양의 염색체 하나와 더 작은 Y 모양의 염색체 하나가 있다(XY). 남성으로 발달되도록 만드는 것은 Y염색체이다. 그러므로 수정란의 성별은 어떤 정자(X 또는 Y)가 난자와 수정하는가에 의해서 결정된다.

어떤 경우에는 복제된 세포의 분열하는 배아가 발달 초기에 분리되어 동일한 유전자를 가진 2개의 배아가 되는 경우가 있다. 이 배아들은 **일란성 쌍둥이**[identical (monozygotic) twin]가 된다. 일란성 쌍둥이들은 같은 수정란에서 생겨났기 때문에 서로 동일하다. **이란성 쌍둥이**[fraternal (dizygotic) twin]는 거의 같은 시기에 수정된 2개의 수정란으로부터 유래한 것이다. 그러므로 이란성 쌍둥이는 서로 똑같지 않으며 성이 다를 수도 있다. 또한 이들은 다른 형제자매만큼이나 서로 다르다. 여러분은 부모가 같은 두 아이의 외모가 어째서 그렇게 다를 수 있는지 궁금할 것이다. 그 이유는 부모가 다른 아이들의 외모가 서로 다른 이유와 같은데, 23쌍의 염색체 중 어떤 것이 생식세포로 가게 되는지에 따라 달라진다. 이것은 각각의 부모에게서 온 하나의 생식세포가 2²³개(8백만 개 정도)의 다른 염색체를 가질 가능성을 지니고 있다는 것을 의미한다. 게다가 2개의 생식세포가 수정란을 이루기 위해 결합했을 때 이 둘은 수정란의 독특성(uniqueness)을 더 증가시키기 위해 서로 상호작용한다. 이것이 바로 같은 부모에게서 태어난 아이들이 서로 매우 다르게 보일 수 있는 이유이다.

태아기 발달(임신에서 출생까지)은 발달 초기단계, 배아기단계, 태아단계의 세 단계로 구분된다. 발달 초기단계는 수정란의 형성에서부터 수정란에서 발달하던 배아세포의 바깥 부분이 자궁벽에 부착되는 착상단계까지의 약 2주의 기간을 말한다. 이러한 착상을 통해 어머니로부터 산소와 영양분을 받아들이고 노폐물을 내보낼 수 있는 태반과 탯줄이 만들어진다. 그리고 수정란의 안쪽 부분은 계속해서 분화하며 발달해 가는 배아(embryo)가 된다. 배아기단계(2주에서 약 2개월까지)에서 신체의 주요 구조와 기관이 발달하게 되고, 배아는 점점 인간의 모습을 갖추어 가게 된다. 태

염색체 신체의 모든 세포에 대한 유전정보를 가지고 있는 DNA 분자

일란성 쌍둥이 같은 수정란에서 생겨난 쌍둥이

이란성 쌍둥이 거의 같은 시간에 수정된 2개의 수정란에서 생겨난 쌍둥이

아기단계(임신 후 2개월부터 출산까지) 동안에는 태아(fetus)라고 불리는 발달 진행 중인 유기체가 매우 급격히 성장하며 신체구조와 조직이 완성된다.

유전적 요인과 환경적 요인 모두 태아기 발달에 영향을 미친다. 천성 대 양육의 논쟁은 태아기 발달과정에서도 제기될 수 있다. 인간은 수정란이 이미 가지고 있는 불변의 유전적 코드(천성)를 따라 발달해 나가지만, 환경(양육) 또한 나름의 역할을 수행한다. 태아기 발달은 어머니의 환경에 의해 영향을 받는다. **기형발생물질**(teratogens)에는 여러 가지 요인이 있는데, 약물이나 바이러스와 같은 환경적 요인이나 독일홍역과 같은 질병, 영양실조와 같은 신체적 조건들은 태아기 발달에 손상을 입히고 출생장애나 심지어 죽음까지 불러일으킬 수 있다. 음주 및 흡연을 하거나 약물을 복용하는 임산부는 발달 중인 자신의 태아를 아주 심각한 위험에 처하도록 한다. **태아 알코올 증후군**(fetal alcohol syndrome, FAS)은 엄마가 임신 중에 알코올을 섭취할 때 발생하며, 아이에게 지적장애나 안면기형 등을 포함한 일련의 심각한 결과를 유발한다. 알코올을 많이 섭취할수록 태아 알코올 증후군이 발생할 가능성 또한 증가하는 경향을 보인다. 알코올 섭취에 관해서도 어느 정도까지가 안전한 제한량인지에 관해 알려진 바가 없으므로 임신 기간 중에는 알코올을 피하는 것이 가장 좋다. 또한 다른 기형발생물질은 태아의 발달과정 중 어느 시기에 이 발생물질에 노출되었느냐에 따라 다양한 결과로 나타난다. 태아가 임신 초기에 기형발생물질에 노출되면 눈이 형성되는 과정에 영향을 받고, 반면에 임신 후기에 노출될 경우에는 뇌 발달에 영향을 받게 된다.

임신 중 아세트아미노펜(타이레놀) 계열의 약물을 복용하는 것은 논란의 대상이 되고 있다. 대다수 임산부가 치료하지 않으면 태아의 발육에 해로운 발열과 통증을 줄이기 위해 비교적 안전하다고 여겨진 아세트아미노펜을 사용해 왔다. 그러나 최근 연구에 의하면 임신 중 아세트아미노펜의 지속적인 사용은 자녀의 주의력결핍/과잉행동장애(ADHD)와 자폐스펙트럼장애(ASD)의 위험성 증가와 연관성이 있는 것으로 나타났다(Stergiakouli, Thapara, & Smith, 2016; Ystrom et al., 2017). Masarwa와 연구진(2018)은 3년에서 11년 기간에 132,738명의 엄마와 아이 쌍을 대상으로 잠재적 연관성을 조사하기 위해 연구자료 및 메타분석을 실시했다. Masarwa와 연구진은 임신 중 아세트아미노펜 계열 약물을 장기간 사용하는 것이 ADHD와 ASD의 위험 증가와 관련이 있다고 결론지었다. 그러나 Masarwa와 연구진은 그들이 실시한 연구와 결과물이 외부 요인의 영향을 받았을 수 있으므로 다소 신중하게

기형발생물질 태아기 발달에 손상을 입히고 출생장애나 심지어 죽음까지 불러일으킬 수 있는 약물, 바이러스, 질병 또는 물리적 조건들과 같은 환경적 요인

태아 알코올 증후군 임신부가 알코올을 섭취함으로써 태어난 아이에게 지적장애나 안면기형 등과 같은 정신적/신체적 이상을 일으키는 선천성 증후군

해석할 필요가 있다고 지적했다. 태아에게 발열과 통증으로 인한 해로운 영향이 미칠 수 있기 때문에 아세트아미노펜을 단기간 복용시킬 수는 있지만 그 이상의 추가 치료에 관해서는 의사의 진찰을 받아야 한다고 권고했다.

태아기 발달에 영향을 미치는 다른 요인은 산모의 나이다. 산모의 나이가 15세 이하로 너무 어리거나 35세 이상으로 너무 많을 경우 태아의 건강상 위험요인의 가능성이 증가하게 된다(Andersen, Wohlfahrt, Christens, Olsen, & Melbe, 2000; Phipps, Blume, & DeMonner, 2002). 신생아에게 미칠 수 있는 또 다른 위험요인으로는 조산이나 저체중 출산이 있다. 37주 전에 태어난 조산아의 경우 조산의 정도에 따라 증가할 수도 있는 여러 가지 문제를 지니고 있다. 조산아의 주요 문제로는 폐, 소화기관, 면역체계의 미성숙 등을 들 수 있다. 또한 조산아의 저체중 문제도 생각해볼 수 있는데, 저체중 문제는 정상적으로 임신 기간을 다 채운 유아들에게도 나타날 수 있다. 저체중 현상은 유아에게 신경학적 장애를 일으키거나 사망 가능성을 증가시킨다(Holsti, Grunau, & Whitfield, 2002). 위에서 논의한 많은 기형발생물질이 조산 가능성을 증가시키지만 약 50%의 경우는 확인되지 않은 원인들 때문에 일어난다. 태아에게 긍정적인 환경을 제공하는 건강한 여성이 건강한 아이를 낳을 가능성이 더 크다는 것을 기억하기 바란다.

그동안의 연구는 태아의 생명 작용에 영향을 미치는 모성 요인에 초점을 맞췄지만, 임신이 산모의 생명 작용에 어떠한 영향을 미치는지에 대해서는 논의되지 않았다. 임신은 특히 에스트로겐과 프로게스테론과 같은 성 스테로이드 호르몬의 급증뿐만 아니라 발육기간 내내 태아를 유지할 수 있도록 준비하기 위한 신체적 변형을 겪는 등의 생물적 적응을 수반한다. 이러한 생물적 변화는 잘 입증되었지만, 최근까지도 임신이 산모의 뇌에 미치는 영향은 사실상 알려지지 않았다. Hoekzema와 연구진(2016)은 임신 전후의 초산모 뇌 스캔을 비교한 결과 여성의 뇌가 모성을 준비하도록 변화한다는 것을 발견했다. 임신 전후 fMRI 뇌 스캔 비교를 통해 다른 사람이 생각하고 느끼는 것을 알아내는 것과 관련된 뇌 부위의 회백질 부피가 상당히 감소한다는 것을 발견한 것이다. 이 능력은 초산모가 신생아를 돌보는 데 필수적일 것으로 보인다. 영향을 받은 뇌 부위에 있는 시냅스의 가지치기로 인한 회백질의 손실은 여성의 모성을 준비시키는 것으로 보인다. 성호르몬의 급격한 증가가 뇌를 구조적으로 변화시킨다는 것을 고려하면 이것은 일리가 있다. 예컨대 청소년기에 발생하는 호르몬 급증은 10대가 되는 사회적, 감정적, 인지적 격동에 대비하는 것으로 여겨지는 몇몇 뇌 영역의 회백질 감소로 이어진다. 임신은 분명 산모에게 격동의 시기이다. 또한 Hoekzema와 연구진은 산모의 이러한 뇌 변화가 최소 2년 동안 지속되지만 학습과 기억에 중요하다고 알려진 해마는 이 같은 변화에 해당하지 않음을 발견했다. 해마의 빠른 회복은 새로운 산모들에게 필요한 모든 정보를 학습하는 데 필수적일지도 모른다. 분명히 이것은 모성 현상이다. 뇌의 변화는 처음 아빠가 된 사람들에게서는 관찰되지 않았다.

유아기 동안 어떻게 발달하는가

운동신경 발달과 감각/인지발달은 유아기 동안 이루어지는 두 가지 주요 발달 영역이다. 먼저 출생할 때 우리가 가지고 있는 능력들을 개략적으로 살펴본 후 유아기 동안 어떻게 발달하는지에 대해 논의할 것이다.

Picture Partners/AGE Fotostock.

운동신경 발달　신생아는 몇 가지 운동반사를 가지고 있는데, 이러한 반응들은 학습을 통해 얻어진 것이 아닌 타고나는 것들이다. 우리에게 산소를 공급해주는 호흡반사는 생존하기 위해서 반드시 필요하기 때문에 영구적인 가치가 있지만 생존에 중요하지 않은 다른 반사들은 출생 후 1년 내에 사라진다. 이러한 반사에 대한 예로 바빈스키 반사(Babinski reflex)와 쥐기 반사(palmar grasp reflex)를 들 수 있다. 바빈스키 반사는 누군가가 유아의 발을 건드렸을 때 보이는 반사행동으로 발가락을 위를 향해 부채꼴로 쫙 펴는 반사이고, 쥐기 반사는 유아들이 손바닥을 건드리는 것이 있으면 어떤 물건이든 꽉 쥐는 것을 말한다. 다른 두 가지 운동반사는 빨기 반사와 젖 찾기 반사이다. 이 두 가지 반사는 영양섭취와 연관되어 있기 때문에 생존과 분명한 관련이 있다. **빨기 반사**(sucking reflex)는 유아가 자신의 입술에 닿는 것은 무엇이든지 빨려고 반응하는 것을 말하고, **젖 찾기 반사**(rooting reflex)는 유아가 자신의 뺨에 닿는 것을 입 쪽으로 가져가고 무엇인가를 빨기 위해서 찾는 반응을 보이는 것을 말한다.

태어난 지 1년쯤 되면서부터 유아들은 앉고, 서고, 걷는 것을 배운다. 이것은 순서대로 이루어지는데, 각각의 새로운 운동행동은 이전의 행동을 토대로 이루어진다. 유아들은 지지대를 잡고 몸을 일으키는 것과 몸을 지탱하는 것, 도움 없이 앉는 것, 그다음에는 무언가에 의지해서 서는 것을 배운다. 그 후에는 기어 다니며 도움 없이 일어선다. 그리고 마침내 생후 12개월 정도 되었을 때는 도움 없이 걷는 것을 배운다. 과거에는 운동능력의 발달이 유전적 프로그램에 따라 자

빨기 반사　사람의 타고난 반사작용으로 유아들이 그들의 입술에 닿는 것은 무엇이든 빨려고 하는 것

젖 찾기 반사　사람의 타고난 반사작용으로 유아들이 자신의 뺨에 닿는 것을 입 쪽으로 가져가도록 하고 무언가 빨 것을 찾는 것

연스럽게 성숙의 과정에 맞추어 이루어지는 것이라고 생각했다. 하지만 모든 운동능력 발달의 성취과정은 이것보다 더 복잡한 일로 보인다. 예를 들어 유아가 걷는 법을 배우는 과정을 살펴보면 힘의 증가, 몸의 비율과 균형감각의 향상 등 다양한 요인의 상호작용을 통해 걷게 되는 것임을 알 수 있다(Thelen, 1995). 실제로 자기 혼자서 주변을 돌아다니며 움직이는 것을 배우는 유아들은 그 경험을 통해 깊이지각을 인식하는 능력(멀리 있는 물체를 인식할 수 있는 능력)의 변화를 경험하게 된다. 또한 첫 1년 동안 유아들은 인지능력을 발달시키며 지각된 정보에 따라 자신의 신체를 움직이는 방법을 배운다. 이것이 바로 지각기술이 어떻게 발달하게 되는가를 고려해보아야 하는 이유이다. 기어 다니기 시작한 유아의 경우는 높이와 떨어지는 것에 대한 두려움도 깨닫게 되지만, 반면에 같은 연령대의 아직 기어 다니지 않는 유아의 경우는 이런 두려움을 나타내지 않는다(Campos et al., 2000).

감각지각 발달 심리학자들은 말을 하지 못하는 유아들의 지각능력을 연구하기 위해 많은 실험기법들을 발전시켜 왔다. 어떤 것을 선호해서 바라보는지를 알아보는 실험법, 즉 유아의 시각과정을 연구하기 위해 사용한 이 방법은 놀랄 만큼 간단하다(Fantz, 1961, 1963). 연구자는 유아에게 2개의 선명한 자극을 나란히 보여준 후 유아들이 얼마나 오랫동안 각각의 자극물을 바라보는지를 기록한다. 유아들이 한 자극물을 더 오래 본다는 것은 유아가 두 자극 간의 차이를 발견해낼 수 있으며, 두 자극 중에 더 선호하는 것(더 오래 쳐다본 것)이 있는 것이라고 추론한다. 다른 연구기법은 **습관화**(habituation) 기법이다. 습관화는 한 번 익숙해진 자극에 대해 물리적 반응이 감소하는 것을 말하는데, 유아가 새롭고 낯선 자극을 접하게 되었을 때 유아의 흥미는 그 자극에 익숙해지면서 점차 줄어드는 것처럼 보인다. 유아들은 동일한 자극에 곧 지루함을 느낀다. 그래서 유아들이 익숙한 자극물보다 새로운 것을 더 오래 바라본다면, 그들이 두 자극물 사이에 차이점을 인지할 수 있는 것이라고 추론할 수 있다. 연구자들은 유아들이 자극물을 보는 시간을 재는 것 이외의 다른 측정방법도 사용하였다. 예를 들면 유아들은 새롭고 익숙하지 않은 자극물이 제시되면 자신의 입에 물고 있던 고무 젖꼭지를 더욱 세차게 빤다. 그 낯선 자극물에 익숙해지면 젖꼭지를 빠는 속도가 정상으로 되돌아온다. 이와 유사한 방법으로 몇몇 발달연구자들은 유아의 인지행동을 표시하기 위해 심장박동 비율과 같은 생물적 기제의 변화를 사용하기도 한다.

습관화 한 자극물이 친숙해지면 그것에 대한 심리적 반응이 감소하는 것

우리는 이러한 창의적인 기법들을 통해 아기들이 오감이 완벽하게 발달하지 않았다 할지라도 출생 순간부터 어느 정도 오감이 기능하고 있다는 것을 발견했다. 인간의 주요 감각인 시각은 출생 때 가장 덜 발달되어 있다. 신생아들은 대상을 명확하게 볼 수 없다. 그들의 시각적 예민함(시력의 결정)은 약 20/400에서 20/800인 것으로 추정된다 (Kellman & Banks, 1998). 이 시력은 20/20의 정상적 시력을 가진 사람이 120~240미터 밖에 있는 것을 볼 때 알아보는 정도를 유아는 6미터 멀리 있는 것을 볼 때 경험하게 된다는 것을 의미한다. 유아의 시력 결여는 눈과 뇌 사이의 불완전한 연결 때문에 발생하지만 빠르게 발달된다. 시각적 예민함은 어느 정도 빠르게 발달해서 생후 1년 내에 20/20 수준에 도달하게 된다. 색을 구분하는 시각은 보다 빠르게 발달하는데, 생후 2~3개월 사이에 성인의 색채 구분능력과 비슷한 정도로 발달한다(Kellman & Arterberry, 1998). 이와 같이 깊이감각도 빠르게 발전한다(Gibson & Walk, 1960).

깊이감각이 빠르게 발달한다는 것을 입증하는 데에는 '시각절벽'이라는 장치가 사용된다. '시각절벽'은 한쪽 끝에는 매우 가파른(벼랑 같은) 절벽이, 다른 쪽 끝은 깊이가 얕은 절벽이 존재하는 것 같은 착각을 주는 유리 상판 테이블이다. 양쪽 끝 사이에는 중앙판이 있다. 시각절벽장치를 이용한 실험에서는 유아를 중앙판에 배치하고, 유아의 엄마를 양쪽 끝 중 한쪽에 위치시켜 유아가 엄마에게 기어가게 한다. 유아가 가파른 절벽을 향해 기어가는 것은 거부하고 얕아 보이는 절벽 위는 기어가는 행동을 통해 유아의 깊이감각을 확인할 수 있다. Gibson과 Walk는 6~14개월 사이의 유아들을 대상으로 실험을 진행했다. 모든 유아가 얕아 보이는 절벽 위를 기어서 엄마에게 간 반면, 가파른 절벽 위로는 거의 어느 유아도 기어오르지 않았다. 이러한 발견은 깊이감각이 유아기 초기에 발달하고 부분적으로 선천적일 수 있음을 암시한다. 그러나 보다 최근의 연구는 보행기 경험의 형태로 학습이 유아들의 깊이감각 발달에 분명한 역할을 한다는 것을 보여준다(Adolph, Kretch, & LoBue, 2014). 시각절벽의 깊은 쪽에 놓였을 때 기어가는 유아들은 공포 반응으로 심박수가 빨라지지만, 아직 기어 다니지 못하는 유아들은 그렇지 않

Mark Richards / Photo Edit.

시각절벽 이 사진은 시각절벽장치의 중앙보드에 있는 한 유아와 그의 어머니가 가파른 낙하를 넘어 그녀를 향해 기어오도록 유혹하는 모습이다. 연구는 6~14개월 사이의 거의 모든 유아가 기어가지 않을 것이라는 것을 보여주었다.

다(Campos, Bertenthal, & Kermoian, 1992). 또한 유아들은 시각절벽의 깊은 부분을 기어가기 전에 몇 주간의 보행기 경험이 필요하다(Bertenthal, Campos, & Barrett, 1984). 보행기 경험을 통해 유아들의 움직임이 점점 더 자유로워지면서 그들은 공포스러운 높이에 다가갈 수 있게 된다.

또한 유아들은 시각적으로 바로 자신의 엄마와 비슷한 얼굴을 더 선호하고 시각적으로 복잡한 자극을 선호한다(Field, Cohen, Garcia, & Greenberg, 1984; Valenza, Simion, Assia, & Umilta, 1996). 유아가 시각적으로 복잡한 자극을 선호하게 되는 것은 그런 대상이 유아기의 시각적 전달 통로와 대뇌피질의 적절한 발달에 필요한 자극들이기 때문이다(Greenough, Black, & Wallace, 1987). 얼굴에 대한 시각적 선호에 더하여 최근 연구에서는 바른 방향으로 놓인 얼굴의 윤곽 정보(즉, 얼굴 위 각각의 특징 간의 구조적 관계)를 처리하는 능력이 출생 시에 이미 주어져 있을 수 있다는 점을 보고하였다(Leo & Simion, 2009). Leo와 Simion(2009)은 이를 증명하는 방법으로 피터 톰슨(1980)이 영국의 전 수상 마가렛 대처의 얼굴로 착시효과를 보이게 했던 대처화(Thatcherization)를 사용했다는 점이 흥미롭다. 대처화는 눈과 입을 얼굴상 내에서 180도 회전시켜서 얼굴을 기괴하게 만드는 방법이다(그림 7.1 참조). 위에 있는 두 사진은 대처의 사진이 거꾸로 되어 있는 것처럼 보이는 반면, 아래 열의 왼쪽 사진은 대처처럼 보이지만 오른쪽 사진은 기괴하게 변형되어 보인다(이 그림은 대처화됨). 비록 위의 오른쪽 사진에 나타난 대처는 괜찮아 보이지만, 사실 그렇지 않다. 이는 아래쪽 오른쪽의 사진을 수직으로 뒤집어 놓은 사진이다. 책을 뒤집어서 보면 변형된 대처의 모습으로 보일 것이다.

이 얼굴 사진들이 똑바로 되어 있을 때에는 성인들은 이미 대처화 때문에 나타난 얼굴 패턴의 변화를 감지하지만, 거꾸로 되어 있을 때에는 감지하지 못한다(Thompson, 1980). 거꾸로 보일 때에 변형되지 않은 얼굴과 대처화된 얼굴을 빠르게 구별하지 못하는 것은 윤곽 처리과정이 분열되었기 때문에 나타난다고 여겨지고, 대처화에서 나타나는 구조적 변화는 더 이상 보이지 않게 된다(Bartlett & Searcy, 1993). Leo와 Simion(2009)은 신생아들도 이런 얼굴에 성인과 같이 반응하는지에 대해 알아보고자 하였다. 이들은 습관화 패러다임을 사용하여 신생아들이 정상 얼굴과 대처화된 얼굴이 똑바로, 그리고 거꾸로 주어졌을 때 구별할 수 있는지 실험하였다. 신생아들은 사진이 똑바로 있을 때(그림 7.1의 아래 사진들)는 구분할 수 있었지만 얼굴이 거꾸로(그림 7.1의 위 사진들) 나타날 때에는 구분하지 못했다. 이는 성인에서 관찰된 역전효과와 동일하다. 따라서 Leo와 Simion은 신생아들이 얼굴의 윤곽정보에 민감하다고 결론지었다.

그림 7.1 마가렛 대처 착시

위와 아래 열에 놓인 마가렛 대처 전 수상의 사진은 서로 같지만 수직으로 뒤집어 놓은 것이다. 위 열의 사진들은 대처의 사진이 거꾸로 되어 있는 것처럼 보인다. 그렇지만 아래 열의 왼쪽은 대처처럼 보이고 반면에 오른쪽은 괴기스럽게 변형된 것처럼 보인다. 위 열의 오른쪽에 있는 대처 사진도 전체 얼굴은 거꾸로 되어 있지만 눈과 입술은 바르게 뒤집어져 있기 때문에 변형된 대처의 모습이라는 것은 알아채지 못했을 것이다.

출처 : Peter Thompson, from Thompson, P. (1980). Margaret Thatcher: A new illusion. *Perception*, 9, 383–384.

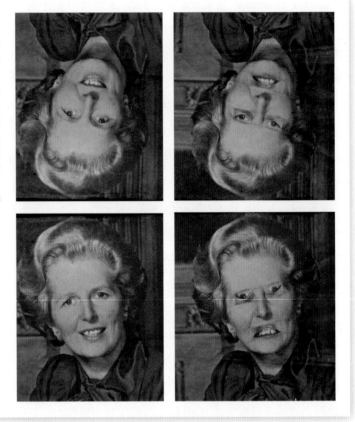

그렇다면 얼굴과 같은 자극에 대한 시각적 시스템의 선호는 선천적일까? 초음파 기술의 발전으로 임신 마지막 3개월 동안 태아의 시각적 행동에 대한 평가가 가능해져 연구자들은 궁금함을 해결할 수 있었다. Reid와 연구진(2017)은 태아가 인식할 수 있는 지각 정보를 전달하는 빛을 자궁내시경을 통해 자궁벽으로 투사하였다. 태아의 머리가 직립 또는 반전된 얼굴 모양(입과 두 눈처럼 보이도록 구성된 3개의 빨간색 점)으로 표현되는 자극을 제시했고, 얼굴의 윤곽정보에 대한 신생아의 선호가 선천적일 수 있음을 나타낸 Leo와 Simion이 관찰한 결과와 유사하게 태아가 똑바로 있는 얼굴의 자극에 반응할 가능성이 더 높음을 발견했다.

갓 태어났을 때 청각은 시각보다 좀 더 잘 발달되어 있다. 사실 신생아들은 엄마의 목소리를 다른 사람의 목소리와 구별해낼 수 있다(DeCasper & Fifer, 1980). 우리는 연구자료를 통해 신생아에게 청각 구별능력이 있다는 것과 출생 전 자궁 안에서부터 발달한 특정 대상에 대한 청각적 선호도를 발견할 수 있다(Dirix, Jijhuis, Jongsma, &

Hornstra, 2009). 출생 직후 유아에게서 나타나는 태아기에 학습한 것으로 보이는 청각 선호도에 관한 유명한 연구 하나를 간단히 살펴보도록 하자(DeCasper & Spence, 1986). 산모는 임신 기간의 마지막 16주 동안 닥터 수스의 **모자 속의 고양이**를 하루에 두 번씩 크게 읽었다. 연구자들은 아이 출생 후 고무 젖꼭지를 빨게 하였다. 그리고 아이의 젖 꼭지 빠는 패턴이 언제 활성화되는지를 관찰하기 위해서 한 번은 어머니의 목소리로 녹음된 닥터 수스의 테이프를 들려주었고 또 한 번은 소리 내어 읽어준 적이 없었던 다른 이야기를 들려주었다. 대부분 유아들의 빨기는 **모자 속의 고양이** 이야기를 들려주었을 때 더 활성화되었다. 유아들은 자궁 안에 있을 때 어머니가 읽어주었던 친숙한 이야기를 선호했던 것이다. 또한 유아들은 다른 유형의 소리보다 인간의 음성과 같이 말하는 소리를 선호하였다. Spence와 Freeman(1996)은 이와 유사하지만 태내에서 들리는 소리와 더 비슷하게 하기 위해 녹음된 여성의 음성을 약하게 줄이는 저주파 통과 필터를 사용하여 실험을 하였다. 유아들은 다른 여성들의 음성보다 엄마의 여과된 음성을 선호하는 태내 학습의 효과를 보여주었다. 유아들은 또한 어떤 유형의 소리보다 육성과 언어음을 선호하였다(shultz & Vouloumanos, 2010). 생후 6개월이 되면 청각지각 능력은 여전히 미성숙하지만 청각자극의 강도, 빈도 및 일시적인 자극에 대한 유아의 처리는 거의 어른과 같아진다(Werner, 2007). 청각지각 능력은 아동기 및 청소년기까지 지속적으로 발전된다.

유아들이 지닌 청각능력에서 가장 우수한 점으로는 음성지각 능력이 있다. **음소**(phoneme)는 언어에서 소리를 분별해주는 가장 작은 단위이다. 음소를 통해 우리는 서로 다른 단어들을 구분해낼 수 있다. 예컨대 'pat'이라는 단어와 'bat'이라는 단어 사이의 차이점은 'pa'와 'ba'라는 음소 때문이다. 언어를 습득하기 위해서 유아는 음소 사이의 이러한 미세한 차이점들을 구분해낼 수 있어야 하는데, 유아들은 태어나자마자 곧바로 이것을 구분해낼 수 있다. 서로 다른 언어들은 똑같은 음소를 사용하는 것이 아니기 때문에 특정 언어의 원어민이 아닌 사람들은 그 언어에서 사용하는 음소를 구분해내는 데 어려움을 겪는다. 예를 들어 일본인들은 영어의 /r/와 /l/ 소리 구별을 어려워한다. 이와는 반대로 유아들은 다른 언어에 노출된 경험이 있든 없든 간에 이런 모든 음소를 구별해낼 수 있다. 하지만 12개월 무렵쯤 되면 유아들 또한 자신이 모국어로 사용하지 않는 언어의 음소 구별을 더 이상 쉽게 할 수 없게 된다 (Kuhl, 2004). 한편으로 흥미로운 것은 사회적 상호작용을 통해 자신의 모국어가 아닌 언어에 조금이라도 노출이 될 경우에는 아동

음소 언어에 있어서 구별 가능한 최소의 소리 단위

이 새로운 언어의 음소를 구분해내는 능력을 계속해서 유지할 수 있다는 점이다. 이러한 발견은 유아들이 자신이 세상에서 부딪히게 될 그 어떤 언어라도 습득할 수 있는 만반의 준비를 갖춰서 세상에 태어나며, 이러한 능력은 발달과정을 통해 미세하게 조정되어 간다는 점을 보여준다.

후각과 미각 그리고 촉각 역시 출생 때 상당히 잘 발달되어 있다. 유아는 타인과 엄마의 체취를 구분할 수 있다. 이를 증명하기 위해서 연구자들은 유아의 한쪽 옆에는 엄마가 쓰던 아기담요를 두고, 반대쪽에는 다른 여성이 쓰던 아기담요를 두고서 아기가 각 방향으로 얼마나 오랫동안 돌아누워 있는지를 측정하였다. 그 결과 유아들은 엄마의 아기담요 쪽으로 더 오랫동안 돌아누워 있었다(MacFarlane, 1975).

최근의 일부 연구들은 유아들이 물리적 세계를 이해하는 것과 그들의 인지능력이 이전의 연구에서 나타난 것보다 더 뛰어날 수도 있다는 것을 보여준다. 연구자들은 매우 어린 유아들이 물체의 움직임에 대해 타고난 개념적 이해를 가지고 있다고 주장하였다. 예를 들어 유아들은 한 물체의 딱딱한 표면은 다른 물체가 쉽게 관통할 수 없다는 것을 알고 있다(Baillargeon, 1993, 2002). 어떤 연구자들은 유아들이 더하기와 빼기 같은 간단한 산수 연산을 할 수 있다고 주장한다(Wynn, 1992). 하지만 이러한 주장에는 당연히 논쟁이 뒤따른다. 언어를 아직 사용하지 못하는 유아의 정신을 이해하는 것은 쉬운 일이 아니기 때문이다(Cohen & Marks, 2002).

유아의 인지능력과 지적 능력의 발달은 뇌의 발달과 깊은 관련이 있다. 뇌는 출생 시에 약 1,000억 개의 신경세포를 가지고 태어나지만 유아의 뇌는 아직 덜 성장하였고 신경세포 간의 연결(신경 연결망)이 형성될 필요가 있다. 생의 첫 몇 개월 동안 신경세포 사이의 연결이 폭발적으로 일어나며, 그중에서도 특별히 지각과 인지를 통제하는 기능을 담당하는 대뇌피질 부분이 급격히 성장한다. 각각의 신경세포에 수천 개의 새로운 조합이 생겨나게 되는 것이다. 망막과 뇌 사이의 연결은 그 좋은 예이다. 시각경험이 주어지지 않으면 시각경로가 발달되지 않고 결국에는 시력을 영원히 잃게 될 것이다(Kalat, 2007). 그렇기 때문에 백내장을 가지고 태어난 아이는 정상 시력을 발달시켜나갈 수 있도록 가능한 한 빨리 시력의 발달을 막는 수정체 혼탁을 제거해주어야 한다. 유아기 동안 사용되는 신경세포 연결망은 점점 강해지고, 사용되지 않는 것은 사라지게 된다(Thompson, 2000).

요약

태아기 발달은 임신, 즉 수정란을 형성하기 위한 정자와 난자의 수정으로 시작되고, 발생기(첫 2주), 배아기(2주~2개월), 태아기(2개월~출생)의 과정을 통해 진행된다. 태아기 발달은 수정란의 유전적 코드(천성)에 의해 이루어지지만 기형발생물질(약물이나 바이러스, 질병, 영양부족과 같은 환경 요인)이 태아기 환경에 영향을 미쳐(양육) 선천적 결함이나 심지어 죽음까지 유발할 수도 있다. 아기가 태어나기 전의 발달에 영향을 미치는 다른 요인들에는 태아 알코올 증후군과 엄마의 나이가 포함된다. 조산과 저체중 출산 또한 신생아에게 위험한 요소이다. 임신 중에 아세트아미노펜을 장기간 복용하는 것 또한 아이들의 ADHD와 ASD 발병 위험을 높일 수 있다는 것이 밝혀졌다. 산모들은 또한 성 스테로이드 호르몬의 급증뿐만 아니라 초산모들에게 발생하는 회백질 부피의 감소 등으로 인해 생물적 영향을 받는다.

신생아는 여러 가지 운동반사를 가지고 태어나는데 젖 찾기 반사나 빨기 반사와 같이 생존에 매우 중요한 영양을 섭취하게 하는 것도 있고, 쥐기 반사와 같이 생존에 있어 그다지 중요하지 않기에 생후 1년 안에 사라지는 것도 있다. 생후 1년 동안 모든 유아는 정해진 순서에 따라 앉고 서고 걷는 법을 배운다. 각각의 운동행위는 이전의 행동을 토대로 형성된다. 유아는 또한 그들의 신체 움직임과 감각자극을 조정하는 법을 배운다.

오감은 완전히 발달되지는 않았을지라도 태어날 때부터 기능하는데, 그중에서 시각이 가장 적게 발달되어 있다. 아직 말을 하지 못하는 유아의 초기 감각/인지능력을 연구하기 위해 연구자들은 유아들이 무엇을 구별할 수 있는지를 판단할 수 있는 특별한 실험법들을 발전시켰다. 이러한 연구가 말해주듯이 유아들은 언어의 가장 작은 단위인 음소를 구분해내는 탁월한 능력을 가지고 있다. 감각/인지발달은 망막과 뇌 사이와 같이 신경망의 급격한 발달 형태로 나타나는 뇌 발달에 의해 좌우된다. 유아기에 이러한 시각적 연결통로가 발달되지 않는다면 결국엔 시력을 영원히 잃게 될 것이다. 사용되는 신경망은 점점 더 자라며 성장하지만, 사용되지 않는 신경망들은 사라지게 된다.

개념점검 | 1

- 기형발생물질의 영향이 천성에 속한 것이 아니라 양육에 의한 것이라는 점을 설명하라.
- 유아의 감각/인지기술을 연구하는 데 어떻게 습관화가 이용되는지를 설명하라.

우리는 평생 어떻게 사고하는가

우리는 이제부터 사고, 언어와 같은 우리의 인지능력이 어떻게 발달하는지에 대해 살펴볼 것이다. 인간은 언어적 동물이며 이러한 복잡한 언어능력으로 인해 다른 동물들과 구별된다. 먼저 언어능력이 어떻게 발달되는지를 살펴볼 것인데, 다시 한 번 이 문제와 관련해서 천성 대 양육 논쟁을 생각해보게 될 것이다. 그다음에는 심리학에 있어 가장 중요한 이론적 공헌 중 하나인 스위스 심리학자 장 피아제의 인지발달 이론을 개괄해볼 것이다. 피아제는 우리 모두가 출생하면서 질적으로 상이한 4단계의 인지발달단계를 거친다고 주장한다. 또한 우리는 러시아 심리학자 레프 비고츠키의 인지발달에 대한 사회문화적 접근도 살펴볼 것이다. 비고츠키의 접근법은 최근에 매우 대중적 인기를 얻게 되었는데, 그 이유는 그의 이론이 발달에 있어 사회문화적 맥락의 중요성을 강조하였기 때문이다. 마지막으로 우리는 일생 중 성인기를 거치면서 지능이 왜 쇠퇴하는지에 대한 의문을 풀어볼 것이다.

우리는 어떻게 언어를 학습하는가

언어를 사용하는 능력은 인간을 대단히 독특한 존재로 만들어 준다. 다른 어떤 동물도 인간과 같이 언어능력을 습득하고 발달시키지 못했다. 비록 태어났을 때는 말을 하지 못하지만, 우리의 언어사용 능력은 곧이어 발달하기 시작한다. 다른 문화에 속한 아동은 다른 언어를 배우고 사용하게 되지만 그들은 모두 같은 단계의 언어습득 과정을 거치는 것으로 보인다. 우리는 이러한 언어습득 발달단계를 기술하고 언어습득이 어떻게 일어나는지를 설명하면서 천성 대 양육 논쟁에 대해 생각해볼 것이다.

우선 신생아가 언어를 어떻게 발달시키는지에 대해 알아보자. 유아는 말을 하지는 못하지만 울음을 통해 의사를 전달한다. 유아는 배고픔이나 고통을 표현할 때 각각 다르게 운다. 울음은 움직임과 얼굴표정과 함께 유아들이 의사소통을 제법 잘할 수 있도록 도와준다. 유아는 또한 **유아어**(baby talk) 또는 **모성어**(motherese, parentese)를 선호하는데, 이것은 성인이 아기와 대화할 때 쓰는 평소 때보다 더 높고 선율적인 음조를 지닌 짧은 문장을 사용한 말을 의미한다. 실제로 이처럼 부모가 유아들에게 말할 때 사용하는 과장된 언어 선율은 유아들이 화자의 의도를 알아채는 데 도움을 준다. Fernald(1993)는 영어를 사용하는 가정의 5개월 된 유아를 일반적인 영어 모성어로는 말이 되지 않는 독일어, 이탈리아어로 표현된 승인과 금지의 단어들에 노출시켰다. 유아에게 이 말들을 모두 횡설수설하여 말했을 때에도 유아는 금지를 들었을 때에는 울고, 승인을 들었을 때에는 웃어 보이며 적절한 감정으로 반응하였다. 따라서 선율 음조는 유아에게 메시지를 전달하지만 모성어의 내용은 그렇지 않다.

생후 2개월 즈음에 유아는 쿠잉(cooing, '우'나 '아' 같은 모음소리를 반복하는 것)이나 웃음 같은 보다 의미 있는 소리를 만든다. 유아는 부모와 언어적 상호작용을 할 때 쿠잉을 통해 반응한다. 생후 6개월이나 7개월쯤에 자음과 모음을 포함한 다양한 음절을 리듬감 있게 반복하

유아어(또는 모성어) 성인이 유아들과 대화할 때 쓰는 평소 때보다 더 높고 선율적인 음조를 지닌 짧은 문장을 사용한 말

는 **옹알이**(babbling)가 시작된다. 처음 옹알거리는 음절은 유아가 그때까지 들어온 소리나 부모의 언어에 따라 달라지지 않고 유아들은 거의 비슷한 옹알이 소리를 낸다. 그러나 초기 옹알이는 이후 6개월 동안 유아 자신의 언어에서 나온 소리를 점점 더 많이 포함하게 된다. 또 유아는 이제 '엄마'나 '아빠'와 같은 단어를 이해할 수 있게 된다. 예를 들어 "엄마 어디 있니?"라는 질문에 유아는 자신의 엄마를 쳐다보게 된다.

생후 1년이 되면 유아는 몇 가지 단어를 말하기 시작한다. 유아의 첫 단어는 대개 자신을 돌봐주는 사람이나 일상적인 환경 속의 대상을 언급하는 것들이다. 유아는 때때로 완결된 생

Savage Chickens by Doug Savage

언어의 발달

ㄱㄱㄱㄱㄱㄱ ㄱㄱㄱㄱㄱㄱ

전언어기

ㄱ!

음운론

공!

단어

공을 주세요.

문법

!#공을 주세요.

비속어

Savage Chickens/Doug Savage.

각을 한 단어로 표현하는 **일어문**(holophrase)을 사용한다. 유아가 문에 서서 "빠이, 빠이"라고 말하는 것이 그에 대한 좋은 예이다. 어휘력은 생후 18개월까지 서서히 증가하다가 그 후 한 달에 100개 이상의 단어를 습득하는 어휘 폭발현상(vocabulary spurt)이 일어난다. 이 시기에는 또한 과대 확장과 과소 확장이 일어나기도 한다. **과대 확장**(overextension)은 새롭게 배운 단어를 그 단어의 의미와 상관없는 대상에 적용시키는 것이다. **과소 확장**(underextension)은 새로운 단어의 의미를 적절하게 확장시키지 못해서 단어의 의미가 확장될 수 있는 대상에 단어를 적용하지 못하는 것을 말한다. 두 가지 사례가 이 개념들을 보다 명확하게 해줄 것이다. 과대 확장에 관한 좋은 사례로는 유아들이 모든 남자를 '아빠'라고 부름으로써 단어를 과대 확장하고 진짜 아버지의 기분을 상하게 하는 일이다. 과소 확장은 유아들이 '강아지'나 '고양이'라는 범주를 자기 가족의 강아지나 고양이 이상으로 확장하지 않는 것을 통해 볼 수 있다. 그래서 자기 집의 강아지만 '강아지'라고 여기게 된다. 단어를 매우 좁은 범위에 적용하는 것이다. 그러나 점점 더 많은 단어를 습득하게 될수록 과대 확장과 과소 확장의 발생 빈도는 줄어든다.

유아는 새로운 개념을 습득하면서 그것과 함께 사물들의 이름을 배우게 되고 이것이 인지적 성장에 영향을 주면서 어휘량은 급속도로 늘어나게 된다. 유아가 단어를 습득할 때 직면하게 되는

옹알이 자음과 모음을 포함하는 다양한 음절들의 리듬감 있는 반복

일어문 유아가 말하는 완결된 생각을 표현하는 한 단어

과대 확장 새롭게 배운 단어를 그 단어가 포함하지 않는 대상에 적용시키는 것

과소 확장 새로운 단어를 그 단어가 의미하고 있는 범위 내의 다른 대상에 일반화시켜 적용하는 데 실패하는 것

어려움 중 하나는 단어가 들어 있는 문장이 모호한 경우 그 문장 안에서 단어의 의미를 결정해야 하는 일이다. 예컨대 만약 엄마가 머리 위에 나는 새를 가리키며 "저 새 좀 보렴!"이라고 소리칠 때 유아는 '새'라는 단어의 잠재적인 의미를 알기 위해 많은 가능성을 고려해야 한다. '새'라는 단어는 머리 위에 있는 어떤 사물을 가리킬 수도 있고 또는 하늘에 있는 어떤 사물을 가리킬 수도 있다. 하지만 연구결과에 따르면 유아는 화자가 의도한 '새'라는 단어의 의미를 이해하기 위해 여러 가지 다양한 유형의 신호를 사용한다고 한다. 어떤 연구자들은 화자가 새로운 단어를 사용할 때 유아들은 그 단어의 의미를 파악하기 위해 화자가 바라보는 곳이나, 가리키는 곳, 감정적인 반응과 같은 사회적 신호들을 특별히 잘 사용한다고 보고한다(Baldwin & Moses, 2001; Brooks & Meltzoff, 2008; Golinkoff & Hirsh-Pasek, 2006). 한 예로 몇몇 연구자들은 유아는 화자가 말하는 새로운 사물을 알기 위해서 화자의 감정적 반응을 사용할 수 있다는 사실을 실험을 통해 보여주었다(Tomasello, Strosberg, & Akhtar, 1996). 실험에서 실험자는 18개월 된 유아에게 'toma'(새로운 사물)를 찾아야 한다고 말했다. 실험자가 새로운 어떤 사물을 집어 올리면서 이것을 거부하는 표정을 짓고 매우 실망스러운 듯이 행동했다. 그런 뒤 실험자는 두 번째 새로운 사물을 집어 들고 매우 기뻐하듯 행동했다. 실험자는 두 사물 중 어느 것에도 그 이름을 명명하지 않았다. 이제 실험자는 유아에게 이 두 사물을 동시에 보여준 후 'toma'를 달라고 요청해 보았다. 만약 유아가 어떤 사물이 'toma'인지를 결정하는 데 실험자의 감정적 반응을 사용할 수 있다면, 유아는 실험자가 기쁘게 반응했던 사물을 선택할 것이다. 대부분의 18개월 된 유아는 감정적 반응에 의거하여 예측한 대로 선택을 할 수 있었다.

언어발달의 다음 단계는 단어를 조합하여 문장으로 만드는 것이다. 이것은 생후 18~24개월 사이에 습득한 단어가 폭발적으로 증가함으로써 시작된다. 유아들은 **간결한 이야기**(telegraphic speech)라 불리는, 주로 명사와 동사로 이루어진 문장을 사용한다. 문장이 전보처럼 간결하고 직접적이기 때문에 간결한 이야기라고 불린다. "아빠가 간다.", "공을 던진다."와 같은 문장들이 간결한 이야기의 예이다. 이러한 두 단어 문장 말하기는 점점 증가하기 시작하여 2~5세에 모국어의 문법을 습득하게 된다. 모든 문화의 유아는 이런 언어적 규칙을 특별한 가르침 없이도 타고난 능력을 통해 어느 정도 예측 가능한 순서 속에서 본능적으로 습득해 나간다. 우리는 여기서 다시 천성 대 양육 논쟁으로 돌아가게 된다.

간결한 이야기 주로 명사와 동사로 이루어진 두 단어로 된 문장

유아들이 직접적인 가르침 없이도 언어를 빠르고 쉽게 배우는

이러한 습득과정은 다른 언어를 쓰는 여러 문화권에서도 동일하게 나타나는 것으로 보인다. 이 때문에 언어발달은 유전적으로 계획된 능력 중의 하나라는 주장에 많은 사람들이 지지를 보내고 있다(Chomsky, 1965; Pinker, 1994). 그러나 유아들은 인간의 말에 노출되지 않고는 정상적인 언어를 발달시키지 못한다. 경험이 언어습득에서 중요한 역할을 담당하기 때문에 양육자가 유아들의 언어발달을 촉진하고 강화시킬 수 있다는 것 또한 분명한 사실이다. 천성 대 양육 논쟁의 경우에도 각각의 측면을 지지하는 듯한 몇 가지 증거들이 있다. 천성과 양육은 상호작용하며 영향력을 미친다(Elman et al., 1996).

유아가 언어를 학습하는 데 특별한 기술이 있다는 것을 보여주는 가장 좋은 예 중 하나는 유아에게는 언어를 습득하는 데 있어 결정적 시기가 존재한다는 점이다. 결정적 시기란 어떤 특별한 기술을 배울 때 가장 쉽게 습득할 수 있는 시기로, 발달에 있어서는 생물적인 영향(뇌의 성숙)을 반영하는 것으로도 여겨진다. 만일 아동이 대개 사춘기라고 여겨지는, 혹은 그보다 더 이른 어떤 특정한 나이가 될 때까지 언어를 습득하지 못하게 되는 경우에는 나이를 먹어도 언어습득 능력이 나아지지 않고 자신들보다 더 어린 아동들과 비교해서도 말을 잘 하지 못하게 되는 것이 관찰되었다. 예를 들면 사춘기 이전에 사람들과의 접촉 없이 홀로 떨어졌던 아동의 경우 나중에 사람들을 접하고 몇 년이 지나도 언어를 배우는 데 여전히 어려움을 경험하게 된다. 이와 관련해서 가장 잘 알려진 예는 '지니'라고 알려진 한 소녀의 이야기이다. 지니는 그녀 인생의 첫 13년간의 대부분의 시간을 유아용 변기의자에 묶여 있었다. 이 시기 동안 지니가 들은 언어는 미미한 수준이었으며, 사람들과의 사회적 상호작용 또한 매우 빈약했다. 지니가 구조된 후에 연구진과 치료사가 지니를 치료하기 위해 많은 노력을 했지만 이후 몇 년간의 시도에도 불구하고 어느 정도 언어가 향상되고, 몇백 개의 단어를 배울 수 있었을 뿐 문법적인 발달은 일반적인 발달수준에도 도달할 수가 없었다. 심지어는 미국 수화를 배우는 아동에게도 이와 비슷한 결정적 시기가 존재한다. 청각장애 아동 중 비청각장애 부모를 둔 아동의 경우와 부모가 모두 청각장애여서 귀가 들리지 않는 경우를 비교해보았을 때 전자는 후자에 비해 수화에 능통하지 못한데, 그 이유는 부모가 원래 수화로 말하는 사람들이 아니었고, 그 때문에 수화를 비교적 늦게 배우게 되기 때문으로 보인다(Newport, 1991; Senghas & Coppola, 2001). 제2외국어를 배우는 것에도 결정적 시기는 존재한다. 제2외국어를 배우기 위해 노력했던 경험들을 통해서 알 수 있듯이 아동이 어른보다 제2외국어를 훨씬 더 쉽게 습득한다(Birdsong & Molis, 2001; Johnson & Newport, 1989).

또한 언어발달은 사고나 추론과 같이 대뇌와 인지능력이 발달하는 시기인 생후 1년 동안에 일어난다. 아동이 말하기 시작하면 그들을 작은 어른이라고 생각하기 쉽지만 이것은 커다란 실수이다. 아동의 인지능력은 많은 부분에서 어른과 다르다. 인지능력이 어떻게 발달하는지 알아보기 위해 말을 못하는 신생아가 어떻게 인지적으로 복잡한 기능을 소화해내는 성인이 되어 가는지를 피아제의 인지발달 단계 이론을 통해 살펴볼 것이다.

피아제의 인지발달 이론

장 피아제는 21세기 스위스 심리학자로 그의 아동의 사고에 대한 연구는 인지발달 이론에 획기적인 사건으로 여겨진다. 그는 1999년 미국 시사주간지 타임이 선정한 20세기 가장 영향력 있는 20명의 사상가 중 한 명으로 뽑혔다. 피아제는 지능검사를 표준화한 테오필 시몬(비네-시몬의 지능 측정으로 유명한)과 함께 프랑스에서 연구를 시작하며 그의 경력을 쌓기 시작했는데, 곧 스위스로 돌아와 어린이들이 어떻게 사고하는지에 대한 연구를 계속하였다(Hunt, 1993). 피아제는 틀에 박힌 실험을 하지 않고 최대한 자연스러운 상황 속에서 인터뷰를 통해 아이들에게 풀어야 할 문제를 제시하고(그는 연구 초기에 3명의 친자녀를 관찰하였다) 그들의 행동을 주의 깊게 관찰하며 해결책에 대해 물었다. 특히 피아제는 아동들이 저지르는 실수에 대해 관심이 많았다. 그는 실수를 통해 아동들의 사고가 성인의 사고와 어떻게 다른지에 대한 통찰을 얻을 수 있을 것이라 생각하였다. 피아제는 같은 연령대에 속한 아동들이 똑같은 패턴으로 틀린 답을 제시하는 것을 발견하였다. 그는 그러한 자료들을 통해 인지발달 이론을 발전시켰다. 이 이론은 어린이의 사고와 발달에 대한 우리의 이해를 한 차원 높여주었다(Piaget, 1926/1929, 1936/1952, 1983).

피아제의 인지 이론은 그의 두 가지 관심사였던 생물학과 철학을 통합시킨 것이었다. 그는 인지발달이 아동의 환경에 대한 적응으로부터 생겨난다고 추정하였다. 또한 아동들은 환경에 대해 알려고 노력함으로써 자신들의 생존력을 높인다고 보았다. 이 말은 아동은 지식을 얻기 위한 적극적인 탐구자이며, 배운 지식을 활용하는 과정을 통해서 세상을 더 이해해 나간다는 것을 의미한다. 아동들의 이러한 지식을 피아제는 도식(scheme)이라는 틀로 조직화했다. 도식은 인간과 물체, 사건, 그리고 행동에 대한 우리의 지식의 뼈대가 된다. 우리는 이미 제5장에서 도식이 이 세상에 대한 정보를 조직하고 해석하는 기본 단위라는 것을 공부하였다. 우리의 장기기억에는 개념(책이나 개

등), 사건(레스토랑이나 치과 가기 등), 행동(자전거 타기 등)에 대한 도식이 담겨 있다.

피아제에 의하면 인지적응은 동화와 조절이라는 두 가지 작용과 관련되어 있는데, 이 두 작용은 도식의 발달에 영향을 줌으로써 학습에 영향을 미친다. **동화**(assimilation)는 우리가 이미 가지고 있는 도식에 의해 새로운 경험을 해석하는 것이고, **조절**(accomodation)은 현재 가지고 있는 도식을 새로운 경험에 맞도록 수정하는 것을 말한다. 과대 확장에 대한 앞의 예(유아가 모든 남자를 "아빠"라고 부르는 것)는 동화작용을 하려는 어린이의 시도를 보여준다. 그러나 아동들은 자신의 도식을 조정하고 바꿀 필요가 있음을 곧바로 학습하게 된다. 세상에는 남자들이 많이 있지만 자신의 아빠는 오직 한 사람뿐인 것을 알게 된다. 아동의 도식 수와 복잡성이 조절을 통해 증가하고 학습이 일어나게 되는 것이다. 조절을 하는 동안 새로운 도식이 한 사람의 현재 도식에 맞지 않는 정보를 위해 생성되기도 하고 존재하던 도식이 새로운 정보를 포함시키기 위해 수정되기도 한다(아빠와 다른 남자의 경우와 같은).

장 피아제가 문제를 해결하려고 노력하는 아동을 지켜보고 있다. 그의 실험은 엄격하게 구조화된 것은 아니었다.

또한 피아제는 각 단계에서 아동들의 사고에 큰 변화가 일어나며, 각 단계에서 특정하고 제한된 종류의 사고가 나타나고, 다른 단계와는 질적으로 다른 인지기능이 나타난다고 주장하였다. 더 나아가서 그는 모든 아동이 같은 순서의 단계를 거친다고 추측하였다. 그는 표 7.2에 개괄적으로 표시된 네 단계를 제안하였다. 표에 나와 있는 각 단계의 설명을 읽어 나갈 때 여러분의 도식이 새로운 정보들로 인해 조정되면서 피아제 이론에 따라 바뀌고 있다는 것을 자각해보기 바란다. 당신이 각 단계에 대하여 읽은 후에 다시 표 7.2를 보라. 각 단계에 대한 설명을 여러분의 수정된 피아제 이론의 도식에 쉽게 동화시킬 수 있을 것이다.

동화 우리가 이미 가지고 있는 도식에 의해 새로운 경험을 해석한다는 피아제의 용어

조절 현재의 도식을 새로운 경험에 맞게 조절한다는 피아제의 용어

감각운동기 피아제의 인지발달 이론의 첫 번째 단계로 출생에서 2세까지 유아가 세상을 배워 나가는 데 그들의 감각과 운동을 통한 상호작용을 사용하며 대상 영속성을 발달시키는 시기

감각운동기 감각운동기(sensorimotor stage)는 출생에서 2세까지를 가리키며, 이때 유아는 자신의 감각과 운동의 상호작용을 통해

표 7.2	피아제의 인지발달 단계
단계(연령 범위)	단계 설명
감각운동기(출생~2세)	감각과 운동능력을 이용해 세계를 배우며 대상 영속성이 발달함
전조작기(2~6세)	세계를 이해하기 위해 상징적 사고를 하지만, 자기중심적이고 논리적 사고를 할 정신기능이 부족함
구체적 조작기(6~12세)	구체적 사건에 관한 논리적 사고를 위해 인지기능을 사용할 수 있고, 보존성을 이해함. 수학적 연산을 할 수 있으나 추상적인 추론을 하지는 못함
형식적 조작기(12세~성인기)	청소년기에는 추상적 사고와 가설적 연역 추론을 할 수 있게 하는 인지기능이 더욱 발달함

세상을 배우게 된다. 우리가 이미 논의했던 단순한 반사작용에서 시작하여 유아는 보기, 듣기, 빨기, 쥐기, 조작하기를 통해 주변 세계를 알게 된다. 8~12개월 미만의 유아는 대상 영속성이 부족하다. **대상 영속성**(object permanence)이란 대상이 자신의 지각을 통한 접촉과는 상관없이 독립적으로 존재한다는 개념이다. 그런데 아직 유아는 장난감이 더 이상 보이지 않는다 하더라도 그것이 계속 존재한다는 것을 이해하지 못한다. 대상 영속성은 생후 2년 동안 발달한다. 아주 어린 아기들은 눈앞에서 사라진 장난감은 더 이상 찾지 않는다. 그러나 생후 4~8개월이 되면 때때로 사라진 장난감을 찾으려는 행동을 보이는데, 특히 물건이 부분적으로 보일 때 더 그렇다. 생후 8~12개월에는 장난감이 완전히 숨겨져 있거나 보이지 않아도 장난감을 찾게 되는데, 이것은 유아가 더 이상 장난감을 볼 수 없다 하더라도 장난감이 여전히 존재한다는 사실을 깨달았다는 것을 의미한다. 유아는 대상 영속성에 대한 이해를 점점 발전시켜 2세쯤 되면 거의 완전히 이해하게 된다. 이와 유사하게 대상과 사건에 대한 상징적 표상(symbolic representation)은 감각운동기의 후반에 발달하기 시작한다. 유아는 약 18개월이 되면 알고 있는 대상을 나타내는 상징으로서 단어를 사용하기 시작하고, 18~24개월이 되면 간결한 이야기를 할 수 있게 된다. 이것은 상징적 표상의 발달이 계속되고 있음을 나타낸다.

대상 영속성 대상이 지각적인 접촉과는 상관없이 독립적으로 존재한다는 개념

전조작기 피아제의 인지발달 이론의 두 번째 단계로 2~6세 기간에 유아의 사고는 점점 더 상징적이고 언어를 바탕으로 하게 되지만, 여전히 자기중심적이고 논리적 사고를 가능케 하는 정신기능이 부족한 시기

전조작기 2~6세에 걸친 **전조작기**(preoperational stage)에는 아동의 사고가 점점 상징적으로 변하고 언어를 바탕으로 하게 되지만, 여전히 자기중심적이며 논리적 사고를 할 수 있도록 해주는

정신기능이 부족하다. 전조작기의 아동은 가장할 수 있고, 상상도 하며, 역할을 나누어 소꿉놀이도 한다. 아동들은 하나의 대상물을 다른 대상을 상징해주는 것으로 변화시키기도 한다. 전조작기의 아동은 빗자루를 타는 말이라고 가정하거나 혹은 자신의 손가락을 칫솔처럼 여길 수도 있다. 그들은 더 이상 대상에 대해 생

> **자기중심성** 자기 자신의 지각, 사고, 감정을 다른 사람의 것과 구별하지 못하는 것
>
> **보존성** 외형적 변화에도 불구하고 대상의 양적 특성(질량이나 수와 같은)은 변하지 않는다는 것

각하기 위해 그 대상과 직접적으로 상호작용할 필요가 없는 것이다. 예를 들어 아동은 이제 개가 그려진 그림을 가리키며 '강아지'라고 말하거나 자신이 마치 개인 것처럼 가장하고 바닥을 기어 다니거나 짖어댄다. 또한 단어학습은 빠른 속도로 계속 진행되며, 전조작기의 후반에는 수천 가지의 단어를 알게 된다. 그리고 이야기를 만들어내거나 이야기처럼 차례를 만들어 과거의 사건을 묘사하는 법을 배우게 된다. 그러나 전조작기 아동의 사고는 여전히 큰 한계를 지니고 있다. 먼저 그들의 사고가 자기중심적 (egocentric)이라는 것이 무엇을 의미하는 것인지 알아보도록 하자.

자기중심성(egocentrism)은 자기 자신의 지각, 사고, 감정을 다른 사람의 것과 구별하지 못하는 것을 말한다. 이것은 전조작기의 아동은 다른 사람의 관점에서 세상을 바라보지 못한다는 것을 의미한다. 예를 들어 전조작기 아동은 다른 사람이 보고 있는 텔레비전 화면을 자신이 막았을 때 자신이 무슨 짓을 하는지 정확히 알지 못한다. 그 이유는 다른 사람의 관점도 자신들의 것과 같다고 생각하고 있기 때문이다. 이러한 전조작기 아동의 자기중심적 행동은 이기심이나 배려심의 부족에서 생겨나는 것이 아니라 단지 다른 사람의 관점을 볼 수 있는 인지능력이 아직 발달되지 않았기 때문이다. 자녀들이 전조작기를 통과할 때 이러한 인지적 한계를 가지고 있다는 점을 깨닫는 것은 부모들에게 매우 중요하다. 부모들이 이 점을 모른다면 자녀들의 행동을 부정적으로 잘못 해석해서 아이들에게 부당한 처벌을 줄 수도 있기 때문이다.

다음으로 피아제가 말한 보존성에 대해 살펴볼 차례이다. 아동의 논리적 사고를 제한하는 정신적 조작의 부족이 무엇을 의미하는지 생각해보자. 전조작기 후기와 구체적 조작기 초기를 살펴보면 어떤 아동은 보존성에 대한 개념을 이해하기 시작하고 있음을 알 수 있다. **보존성**(conservation)이란 외형적 변화에도 불구하고 대상의 양적 특성(질량이나 수와 같은)은 남아 있다고 보는 개념이다. 간단히

THE FAMILY CIRCUS　　By Bil Keane

Family Circus © 1984 Bil Keane, Inc. King Features Syndicate.

"할머니, 제가 하고 있는 걸 한번 보세요."

이 만화에서 아동은 자기중심적인 행동을 보여주고 있는데, 이는 피아제의 인지발달 시기 중 전조작기에 해당한다. 아동이 보여주는 자기중심적 행동을 살펴보면, 아동은 요요를 하고 있는 장면을 자신이 볼 수 있기 때문에 다른 사람들이 어디에 있든지 상관없이 그들 또한 자신이 요요하는 것을 볼 수 있다고 생각한다.

다양한 유형의 보존성 실험

보존성 유형	최초 제시	조작	질문	전조작기 아동들의 대답
동일량	같은 양의 액체가 든 똑같은 모양의 비커 2개	한쪽 비커의 액체를 더 길고 더 좁은 비커에 부음	어떤 비커가 더 많은 액체를 담고 있을까?	더 긴 쪽이요.
수	똑같이 생긴 바둑알 2줄	한쪽 줄의 바둑알을 보다 듬성듬성 배열	어떤 줄에 바둑알이 더 많을까?	더 긴 줄이요.
부피	비슷한 찰흙덩이 2개	한 덩이를 더 길게 늘임	어떤 모양에 더 많은 찰흙이 있나요?	더 길쭉한 것이요.
길이	같은 길이의 막대기 2개	한 막대기를 옮김	어떤 막대기가 더 길어요?	오른쪽으로 더 나온 막대기요.

그림 7.2 보존성 실험
위의 실험들은 동일량, 수, 부피, 길이에 대한 보존성을 시험하는 예들이다. 마지막 열에는 전조작기 아동들의 전형적인 반응을 소개하고 있다.

말해서 대상의 양적 특성은 외형이 바뀌어도 변하지 않는다는 것이다. 피아제의 보존성 실험에는 여러 가지가 있는데, 잘 알려진 실험 중의 하나가 액체/비커 문제이다(그림 7.2 참조). 이 실험에서 아동은 처음에 같은 양의 액체가 담긴 짧고 굵은 모양 2개의 비커를 보게 된다. 아동이 보고 있는 동안 하나의 비커에 든 액체를 더 길고 가는 비커에 붓는다. 그런 후에 아동에게 2개의 비커에 같은 양의 액체가 담겨 있는지 아니면 하나의 비커에 더 많은 액체가 담겨 있는지를 물어본다. 보존성을 이해한다면 액체를 더 하거나 빼지 않았기 때문에 각각 다른 모양의 두 비커이지만 같은 양의 액체가 담겨 있다고 말할 수 있을 것이다. 그러나 전조작기 아동은 2개의 비커에 담긴 액체는 각각 양이 다르다고 대답할 것이며, 보통 길고 좁은 비커에 더 많은 양이 들어 있다고 말할 것이다. 자기중심적 사고의 경우처럼 아동이 보존성을 이해하지 못한다는 사실은 아동이 단지 정보를 조금 적게 가지고 있는 성인의 축소물은 아니라는 사실을 예증한다. 이것은 피아제의 이론이 시사하는 중요한 내용이다. 아동의 사고과정은 성인과는 매우 다르며 어떻게 다르게 나타나는가는 아동이 현재 거쳐 가고 있는 인지발달 단계에 의해 결정된다.

전조작기 아동들이 보존성을 이해하지 못하는 주된 이유는 **가역성**(reversibility)에 대한 이해가 부족하기 때문이다. 가역성이란 변형된 상태를 다시 되돌려 놓음으로써 변형 이전의 상태로 돌아갈 수 있다는 개념이다. 성인들은 긴 비커의 액체를 짧은 비커에 다시 부음으로써 처음 상태로 쉽게 돌아갈 수 있다는 것을 알고 있다. 전조작기의 아동은 이러한 가역성 작용을 잘 이해하지 못한다. 또한 전조작기 아동의 사고는 **중심화**(centration)를 반영하는데, 중심화란 한 번에 문제의 한 측면에만 초점을 두는 경향을 말한다. 예를 들어 액체/비커 문제에서 아동은 오직 비커의 높이에

"엄마, 여러 조각으로 잘라주세요.
전 지금 무척 배고프단 말이에요."

만 초점을 맞추고 긴 비커가 더 크기 때문에 액체가 많이 들어 있다고 결론을 내린다. 정확한 판단을 내리기 위해서는 비커의 높이와 넓이를 모두 고려해야 한다는 것을 아직 모르는 것이다. 액체/비커 문제와 더불어 다른 피아제 지지자들의 보존성 실험이 그림 7.2에 삽화로 나타나 있다. 3~4세의 전조작기 아동을 찾아 이 실험을 해보라. 여러분은 아이들의 반응에 놀랄 뿐만 아니라 전조작기 발달단계의 인지적 한계를 바로 이해할 수 있게 될 것이다.

구체적 조작기와 형식적 조작기 6~12세 사이의 아동들이 거치는 **구체적 조작기**(concrete operational stage)에는 보존성에 대한 개념과 논리적 사고기능이 점점 발달한다. 하지만 이러한 논리적 사고기능은 구체적 사건들에 한해서만 가능한 것으로 보인다. 보존성에 대한 개념도 그것이 어떠한 대상에 관한 보존성 개념인가에 따라 각기 다른 시기에 발달하게 되는 것으로 보인다. 예를 들어 수량, 숫자, 부피에 대한 보존성은 비교적 일찍 습득되지만, 길이에 대한 보존성은 습득하기가 더 어려워서 구체적 조작기의 후반에 얻게 된다. 구체적 조작기의 아동은 보존성 기능과 더불어 이행성(A > B이고 B > C이라면 A > C이다), 또는 서열화(연필을 길이에 따라 놓기 같은 자극물을 양적 성질에 따라 정렬하는 능력)와 같이 논리적 추론을 가능하게 하는 정신기능을 키워 나간다.

가역성 변형을 역방향으로 전환함으로써 변형 이전의 상태로 돌아갈 수 있다는 개념

중심화 한 번에 문제의 한 가지 면밖에 고려하지 못하는 경향

구체적 조작기 피아제의 인지발달 이론의 세 번째 단계로 6~12세 동안 아동들은 보존성과 논리적으로 사고할 수 있게 하는 정신적 작용에 대해 더욱 완전히 이해하지만 구체적인 사건에 대해서만 그러함

그러나 이러한 모든 논리적 추론은 구체적인 사건에 대한 것으로 제한된다. 가령 이행성 추론은 길이가 다른 막대기 3개와 같이 실제로 존재하는 대상이 있을 때만 가능하다. 아동들은 볼 수 있고 만질 수 있는 막대기가 존재하지 않는다면 이행성 문제를 풀지 못할 수 있다. 이와 유사하게 수량이 변하지 않는다는 것을 알아차리는 보존성 문제를 풀기 위해서도 구체적 대상(액체가 담긴 비커 같은)이 필요하다. 이러한 점은 구체적 조작기 아동의 추론은 즉각적인 현실성(그들 앞에 있으며 실체적인 것)에 대해서만 일어나며 가능성과 관련한 가설적 세계에 대해서는 일어나지 않는다는 것을 의미한다. 구체적 조작기의 아동은 가정(what-if), 조건(if-then)의 문제나 추상적 사고를 처리하지 못한다. 또한 그들은 문제를 해결하기 위해 체계화된 연역법을 사용하기보다는 계획되지 않은 시행착오를 거친다.

형식적 조작기(formal operational stage)인 12세쯤이 되면 아동들은 가설적 연역 사고를 할 수 있는 능력을 지니게 된다. 피아제는 이 능력이 청소년에게 가설적 사고를 하게 할 뿐만 아니라 체계화된 연역법과 가설검증을 가능하게 하는 과학적 사고의 발달로까지 이어진다고 보았다. 피아제는 구체적 조작기와 형식적 조작기 사이 아동의 사고 차이를 알아보기 위해 다양한 과학적 사고문제를 사용하였다(Inhelder & Piaget, 1958).

이러한 과제 중 하나는 아동들이나 청소년에게 비슷해 보이는 깨끗한 액체를 담은 여러 개의 플라스크를 보여준 후 이 액체 중 두 가지를 섞으면 파란 액체가 만들어진다고 말해준다. 이때의 과제는 파란 액체를 만들기 위해 어떤 것을 조합할지를 결정하는 것이다. 구체적 조작기의 아동들은 서로 다른 깨끗한 액체를 아무렇게나 뒤섞기 시작한다. 그러나 형식적 조작기의 청소년들은 이 문제에 매우 다르게 접근해 나간다. 그들은 플라스크의 액체를 가지고 가능한 모든 조합을 추정(정확한 조합을 위한 가설)해보고 정확한 조합을 찾기 위해 체계적인 계획을 세워 나간다. 그 이후에 각각의 경우를 체계적으로 평가하는데, 이 계획에 따라서 하나의 비커에 담긴 액체를 다른 액체들과 섞어 본다. 형식적 조작기의 청소년들은 조합한 것 중 어떤 것도 파란 액체가 되지 못한다면 비커에 담긴 액체가 그들이 찾는 조합과 관련이 없다고 추론할 것이다. 그리고 정확한 조합을 찾아낼 때까지 같은 방법으로 실험해볼 것이다.

형식적 조작기의 청소년은 구체적 상황을 보지 않고도 다른 사람이 한 말의 논리를 평가할 수 있는 반면, 구체적 조작기의 아동들은 구체적 증거들이 있어야만 논리적 평가를 할 수 있다. 일례로 구체적 조작기에 관한 한 연구에서 실험자는 색깔이 있는 포

형식적 조작기 피아제의 인지발달 이론의 마지막 단계로 보통 12세 이상의 청소년은 가설적 연역 사고를 할 수 있는 능력을 지니게 됨

커 칩들에 관해 진술하는 명제가 참인지 거짓인지 또는 알 수 없는지를 물어보았다 (Osherson & Markman, 1975). 실험자가 손에 칩을 숨긴 채 "칩은 빨간색이거나 빨간색이 아니다."라는 명제를 말했을 때, 형식적 조작기의 청소년은 숨긴 칩의 색깔에 관계없이 그 명제가 참이라는 것을 알아차렸지만 구체적 조작기의 아동은 실험자의 말에 대해서 참, 거짓을 확실히 판단하지 못하였다. 즉, 형식적 조작기 청소년은 실험자가 한 말의 이중적 논리를 이해했지만, 구체적 조작기의 아동은 그렇지 못했던 것이다. 또한 구체적 조작기의 아동은 현실과 반대되는 내용이 주어지면 연역적 논리를 전개하는 데 어려움을 보였다(Moshman & Franks, 1986). 예컨대 구체적 조작기의 아동은 "고양이가 말보다 크고 말이 쥐보다 크다면, 고양이는 쥐보다 크다."와 같은 추론이 잘못되었다고 판단할 것이다. 왜냐하면 고양이가 말보다 크다는 첫 번째 관계가 현실에서는 성립되지 않기 때문이다. 구체적 조작기의 아동은 논리적 추론을 할 때 내용의 맥락이 현실에서 가능한 것이어야 하지만 형식적 조작기의 청소년은 그렇지 않다.

피아제 이론의 평가　최근의 연구는 피아제가 말한 단계별 특징(대상 연속성 같은)들의 시작이 그가 제시한 것보다 더 이른 나이에 나타나기 시작한다는 것을 보여준다 (Lourenco & Machado, 1996). 이는 피아제의 이론이 인지발달의 일반적인 특성에 대해 정확하게 담아낸 것처럼 보인다는 것을 뜻한다. 그렇지만 피아제의 단계 이론의 세부적인 부분들에는 많은 문제가 있다. 최근의 연구에서는 피아제의 핵심 개념을 지지하는 기초 원리 중 상당수가 피아제의 제안보다 이른 시기에 나타날 수도 있다는 것을 증명하였다. 실제로 유아와 아동들은 피아제가 이론화한 것보다 인지적으로 더 나은 능력을 가지고 있는 것으로 보인다. 피아제가 수행한 아동의 개념 이해에 대한 실험들은 너무나 완벽한 조건을 요구했기 때문에 개념에 대한 부분적 지식의 가능성을 간과하였다. 예컨대 피아제는 대상 영속성 실험에서 유아들이 잠깐 보였다 안 보이는 대상을 찾기 위해 손을 뻗어야만 유아들이 대상 영속성을 인식하였다고 보았다. 하지만 이때 유아들은 손을 뻗는 행동을 하기 전에 실험자가 잘 알아차릴 수 없는 다른 움직임들을 보인 후에 대상을 찾는다는 사실에 대해서는 알지 못하였다. 결국 최근에 행해진 유아의 눈동자 움직임을 추적하는 연구를 통해 유아(생후 3개월 정도)는 대상이 시야에서 사라지면 그 사라진 곳을 계속 응시한다는 결과가 나왔고, 이것은 유아가 어느 정도의 대상 영속성을 인식하고 있음을 보여주는 증거가 되는 것이다(Baillargeon, 1987).

　형식적 조작기에 관한 최근의 연구에서는 모든 사람이 이 단계의 사고능력 수준에 도달하는 것은 아니라는 것을 분명하게 보여준다. 특히 이러한 결과는 사고를 별로 강조하지 않는 문화에 속한 사람들에게서 더욱 뚜렷이 나타나며, 설령 이 단계에 도달하였다 하더라도 항상 그러한 사고를 하고 있는 것은 아니라는 것이 증명되었다(Dasen 1994; McKinnon & Renner, 1971). 비서구 문화권 사람들은 피아제가 사용하였던 특정한 과학적 추론을 통한 문제해결 과제를 잘 해내지 못한다. 하지만 자신들에게 친숙하거나 자신들의 문화를 담고 있는 과제에서는 형식적 조작기에 행해지는 논리적 사고를 사용하여 탁월한 성과를 나타낸다. 심지어 피아제 자신조차 노년기에 형식적 사고기능을 잘 수행하기 어렵다는 것을 깨달았다고 한다(Piaget, 1972).

일부 인지발달 연구자들은 명확하게 단계별로 특징지어지는 피아제의 인지발달 단계과정이 옳은가에 대해 의문을 제기한다. 특히 인지발달에 있어 정보처리 접근법은 피아제의 인지발달 단계에 대해 의문을 제기하며 인지발달은 뚜렷이 구분되는 개별적인 단계로 구성되는 것이 아닌 연속해서 이루어지는 과정이라고 주장한다. 그렇다면 **인지발달에서의 정보처리 접근법**(information-processing approach to cognitive development)에 근거하여 해석하는 심리학자들은 아동의 인지능력 향상을 어떻게 설명하는가? 그들은 아동의 인지발달을 아동의 정보처리 능력(어떻게 정보를 받아들이고, 저장하며, 정보를 사용하는지)이 발달해 가는 변화과정으로써 바라본다. 정보처리 접근법은 아동의 사고과정을 컴퓨터에 빗대어 설명한다. 마치 컴퓨터가 문제를 해결하기 위해 기억을 해야 하고, 특정한 처리단계를 필요로 하듯이 아동이 문제를 해결하는 것 또한 이와 유사한 정보처리 과정을 포함한다고 본다. 예로써 진행 속도의 진보(Kail, 1991), 정보저장용량(Pascual-Leone, 1989), 지식기반(Schneider, 1993)과 같은 것들 모두 아동의 기억과 사고를 발달시키는 데 영향을 미치는 것으로 밝혀졌다. 아동은 점점 자라면서 정보처리에 더욱 능통해진다.

최근 다른 연구들에서도 인지발달이 피아제가 제시한 발달단계 안에서 진행되는 것처럼 보인다는 결과가 나왔다(Lourenco & Machado, 1996). 이것은 피아제의 이론이 인지발달의 일반적 성질을 정확히 나타내고 있음을 보여준다. 그러나 피아제의 단계 이론에는 두 가지 중요한 문제점이 있다. 한 가지 문제는 피아제가 인지발달에 관한 사회문화적 환경의 영향을 충분히 고려하지 않았다는 점이다(Miller, 2011; Segall, Dasen, Berry, & Poortinga, 1990). 또 다른 문제는 피아제의 발달단계 이론이 청소년기에서 끝이 난다는 점이다. 우리는 이 두 가지 문제

인지발달에서의 정보처리 접근법 인지발달을 연구하는 접근법으로, 이 접근법에서 가정하는 것은 인지발달은 계속해서 이루어지며, 아동이 정보를 처리하는 일(정보를 받아들이고, 저장하며, 저장된 정보를 사용함)에 점점 더 능숙해짐에 따라 인지발달 또한 이루어지게 된다고 본다.

를 인지발달의 사회문화적 측면을 강조하는 이론을 주창한 러시아의 심리학자 레프 비고츠키의 연구를 살펴보며 논할 것이다. 그 이후에는 인간의 지능이 청소년기에서 노년기에 이를 때까지 어떻게 변화하는지에 대한 질문에 답을 찾아볼 것이다. 인간의 지능은 나이가 들어감에 따라 감퇴될까? 우리는 이 질문에 대한 논의를 통해 발달심리학자들이 사용하는 두 가지 주요한 연구방법인 횡단적 연구(cross-sectional study)와 종단적 연구(longitudinal study)에 대해 고찰해볼 것이다.

비고츠키의 발달에 대한 사회문화적 접근

레프 비고츠키는 러시아의 발달심리학자로서 피아제와 동시대 사람이었다. 두 사람 다 1896년에 태어났지만 비고츠키는 37세라는 젊은 나이에 결핵으로 사망하여 자신의 이론을 완성시킬 수 있는 충분한 기회가 없었다. 비고츠키의 연구도 피아제의 연구와 마찬가지로 1960년대에 이르기까지는 서구 사회에서 큰 관심을 받지 못했으나 최근 들어 다시 비고츠키의 이론이 각광을 받고 있다. 이유는 그가 발달에 있어서 바로 사회문화적 요인을 강조했기 때문이다.

비고츠키(1930, 1933, 1935/1978, 1934/1986)는 인지능력은 자신의 문화에서 공유되는 지식을 나타내는 것으로서 타인과의 상호작용을 통해 발달한다는 점을 강조하였다. 비고츠키가 말하는 사회적 측면은 비교적 단순하다. 사회적 동물인 우리는 대부분의 학습을 사회적 상호작용을 통해 배우게 된다는 것이다. 간단히 말해서 우리는 부모, 형제자매, 친구, 교사와 같은 타인에게서 영향을 받는다. 이처럼 비고츠키는 아동의 인지발달이 문화적 맥락 속에서 일어나기 때문에 인지발달 과정과 내용에 문화가 중요한 영향을 미친다고 주장하였다. 비고츠키 이론에 대해 간단히 살펴보았으니 이제 그의 두 가지 주요 이론적 개념인 근접발달 영역과 발판 놓기에 대해 자세히 살펴보도록 하자.

비고츠키의 **근접발달 영역**(zone of proximal development)은 아동이 직접 실제로 할 수 있는 것과 타인의 도움을 받아 할 수 있는 것 사이의 차이를 뜻한다. 비고츠키의 용어를 빌리자면 아동의 실제적 발달과 잠재적 발달의 차이라고 할 수 있겠다. 즉, 아동이 타인의 도움이 있으면 해낼 수 있지만 독립적으로는 수행해내지 못하는 사고기술이 있다는 것을 의미한다. 또한 근접발달 영역 개념은 **발판 놓기**(scaffolding) 또는 비계라고 하는 교육방법을 이끌어내게 된다. 발판 놓기 교육(비계교수법)에서 교사는 아동의 수행능력에 따라 도

근접발달 영역 아동이 실제로 할 수 있는 것과 다른 사람의 도움을 받아야만 할 수 있는 것 사이의 차이를 설명하는 비고츠키의 개념

발판 놓기(비계) 비고츠키에 의해 발달한 개념으로 아동의 수행 정도에 따라 교사는 도움을 주는 수준을 조절하여 아동의 학습 발달을 높은 근접발달 영역수준으로 가도록 돕는 교육과정

움을 주는 수준을 조절하면서 아동의 학습발달을 근접발달 영역의 최상위 수준으로 이끌어 간다. 교사는 이때 학습자의 필요를 바탕으로 하여 어느 정도의 도움을 제공할지를 판단한다. 학습은 아동이 독립적으로 각 단계를 성취해 가며 배우도록 단계적으로 구조화되어 있지만 학습과정에서 교사의 지도와 도움 또한 필요하다.

위의 두 가지 개념과 비고츠키의 이론을 설명하기 위해 그림 맞추기 퍼즐(jigsaw puzzle)을 풀려고 애쓰는 아동의 경우를 살펴보도록 하자(Berger, 2006). 아동은 그림 맞추기 퍼즐을 풀 수 없을 것처럼 보인다. 그러나 비고츠키는 이러한 문제를 해결할 때 아동은 스스로는 해결하지 못하지만 조금만 도움을 주면 해결이 가능한 근접발달 영역 내에 있다고 말한다. 아동은 자신의 과제에 발판을 놓아줄 교사가 필요한 것이다. 발판 놓기는 어떻게 진행할 수 있을까? 교사는 과제를 다루기 쉬운 단위로 나누어 줄 것이다. 예를 들어 교사는 아동에게 퍼즐의 특정한 부분에 맞는 조각을 찾아보라고 하면서 연관된 퍼즐 조각의 크기, 모양, 색깔 등을 구체적으로 제시해준다. 이것이 효과가 없다면 교사는 실제로 몇 개의 조각을 적절한 장소에 놓거나 연관된 조각들을 정확한 위치로 옮겨 놓는 작업을 직접 해보인다. 그렇게 함으로써 아동은 조각들의 관련성을 더 명확하게 알아갈 수 있다. 교사는 이러한 발판 놓기 과정에서 아동의 발달을 전적으로 지지해주어야 한다. 또한 아동이 퍼즐을 푸는 데 필요한 도움의 정도와 아동이 곧 맞닥뜨릴 다음 단계의 문제를 해결하도록 돕는 가장 좋은 지침이 무엇인지에 대해 민감해야 한다. 교사는 이미 퍼즐을 푼 아동에게 다시 한 번 해보라고 하면서 이번에는 전보다 도움을 적게 준다. 아동은 곧 독립적으로 퍼즐을 완성할 수 있게 될 것이다. 교사는 아동의 학습이 가능하도록 발판을 놓은 것이다. 이렇게 한 번 학습이 이루어지면 발판은 더 이상 필요 없어진다.

여러분이 보존성에 대한 피아제의 실험을 직접 해보았다면 이번에도 아동에게 비고츠키의 발판 놓기 방법을 사용하여 그림 맞추기 퍼즐을 풀어보게 하라. 여러분은 이 실험을 통해 이러한 교육방법뿐만 아니라 비고츠키가 강조한 학습의 사회적 측면까지도 쉽게 이해하게 될 것이다.

성인기에 지능은 어떻게 변화하는가

피아제의 지능발달에 대한 설명은 청소년기에 나타나는 형식적 조작(가설적 사고와 체계화된 추론)의 시작과 함께 멈추지만, 지능이 청년기부터 노년기까지를 포함하는 성인기에 다양한 단계를 거치면서 어떻게 변화되어 가는지를 알아보는 것은 중요하다.

우리의 인지능력은 성인기, 특히 노년기에 정말로 급격히 감퇴하는 것일까? 이 물음에 답을 찾으려는 노력 가운데 발달심리학에서의 두 가지 주요 연구방법인 횡단적 연구법과 종단적 연구법에서 차이가 나타나기 시작한다. **횡단적 연구법**(cross-sectional study)에서는 다른 나이의 사람들을 연구하고 그들을 서로 비교한다. **종단적 연구법**(longitudinal study)에서는 동일한 사람들을 오랜 기간에 걸쳐 연구한다. 여기에는 같은 사람들을 대상으로 나이가 들어감에 따라 주기적으로 데이터를 수집하는 것도 포함된다. 종단적 연구는 시간이 지나면서 사람들에게서 나타나는 변화를 평가하는 반면, 횡단적 연구는 때에 맞춰 특정 시점에서 연령집단 간의 차이점을 평가한다. 우리는 전 생애의 지능변화에 대한 연구에 사용되었던 이러한 발달 연구방법들을 살펴보고 각각의 장점과 단점을 알아볼 것이다.

횡단적 연구법 일생에 걸친 지능변화에 대한 초기 연구는 횡단적 연구법을 사용하였다. 다양한 연령의 사람들을 표본으로 사용한 이 연구에서는 지능이 나이에 따라 일관되게 감퇴한다는 사실을 발견하였다. 그러나 이후에 종단적 연구법을 사용한 연구들에서 연구자들은 동일한 사람들을 수년 동안 반복 측정하고 그 결과로 지능은 나이에 따라 감퇴하지 않는다는 것을 밝혀냈다. 지능은 비교적 안정적으로 유지되며 감퇴를 보이는 아주 늦은 나이가 되기 전까지는 계속 증진될 가능성이 있다는 것을 알게 된 것이다. 여기서 지능의 변화에 두 가지 다른 대답이 존재하는 이유에 대해 생각해보도록 하자. 먼저 횡단적 연구의 본질과 이 연구법에 있을 만한 문제점들을 생각해보자. 횡단적 연구는 다른 연령뿐만 아니라 다른 세대의 사람들을 비교한다. 이런 세대 간의 차이는 **동시대 집단 효과**(cohort effect)를 유발한다. 동시대 집단 효과란 특정 연령대 사람들은 그 세대만의 독특한 요인에 의해 영향을 받으며, 이것이 세대 간의 행동에 차이를 일으킨다는 것이다. 예를 들어 20세기에 들어 다양한 세대 간에는 교육 정도와 교육 기회에서 다양하고 급격한 차이가 있는 것으로 보인다. 20세기 초반에 태어난 세대들은 일반적으로 교육을 적게 받았는데, 이것이 횡단적 연구를 통해 관찰된 지능 감퇴의 가장 중요한 원인이 되었을 수도 있을 것이다. 그렇다면 연구자들이 이러한 동시대 집단 효과의 가능성에도 불구하고 횡단적 연구법을 계속 사용하는 이유는 무엇일까? 그것은 횡단적 연구가 종단적 연구에 비해 시간과 비용이 적게 들며, 종단적 연구들에서처럼 반복적인 검사와 재검사가

> **횡단적 연구법** 다른 연령대의 참가자 집단들의 수행이 서로 비교되는 연구
>
> **종단적 연구법** 같은 참가자 집단의 수행이 각기 다른 연령에서 측정되는 연구
>
> **동시대 집단 효과** 특정 연령대의 사람들은 세대 간의 행동에 차이를 일으키는, 그 세대만의 독특한 요인으로 인해 수행에 영향을 받는다는 것

필요하지 않기 때문이다.

종단적 연구법 이제 종단적 연구법에 대해 알아보자. 앞에서 살펴본 횡단적 연구법의 장점이 바로 종단적 연구법의 단점이 된다. 종단적 연구법은 시간이 오래 걸리고 비용이 많이 들며 반복적인 검사가 수행되어야 한다. 그리고 실험 참가자들이 실험을 계속할 수 없게 되거나 사망할 수도 있다. 즉, 시간이 흐름에 따라 실험표본에 변화가 생기며, 이로 인해 연구결과에 영향을 미칠 수도 있다는 것이 단점이다. 이렇듯 변화하는 표본을 두고 지능이 상당히 안정적으로 유지된다는 결과가 어떻게 나올 수 있었을까? 한 가지 설명으로는 지능이 감퇴하지 않은 지적이며 건강한 사람들만 나이가 들어서도 생존하여 계속해서 그 실험에 참여했을 것이라는 가정이다. 이것은 곧 지능이 감퇴했을 가능성이 큰 피실험자들은 연구대상에서 점점 제외되어 갔을 것이라는 뜻이 된다. 이러한 두 연구방법의 단점들로 인하여(표 7.3 참조) 일생에 걸친 지능변화의 의문을 풀어 줄 수 있는 명확한 답을 얻는 것은 상당히 어렵다는 것이 증명되었다.

또한 검사하는 지능의 유형도 매우 중요하며 이것은 답을 찾는 것을 더욱 복잡하게 만든다. 앞선 장에서 지능의 유형을 살펴보며 유동지능(fluid intelligence)과 결정지능(crystallized intelligence)을 구별했던 것을 기억해보자. 결정지능은 축적된 지식, 언어적 기술 그리고 수리적 기술과 같이 나이가 들어감에 따라 증진하는 지능을 말하며, 유동지능은 추상적 사고, 논리적 문제해결, 공간적 추론처럼 나이가 들어감에 따라 감퇴하는 지능을 말한다(Horn, 1982). 두 지능의 차이는 과학자들이 젊은 나이에 주요한 업적을 이루는 것에 반해, 역사가들과 철학자들은 경력 후반부에 위대한 업적을 이루는 원

표 7.3	횡단적 연구법과 종단적 연구법의 장점과 단점		
연구방법	설명	장점	단점
횡단적 연구법	한 시기에 다양한 연령대의 사람들을 포함한 집단을 연구한다.	• 재실험을 지속적으로 할 필요가 없다. • 시간이 오래 걸리지 않으며, 연구비가 상대적으로 적게 든다.	• 다시 검사를 계속할 필요가 없다. • 동시대 집단 효과(다양한 연령대의 집단이 생겨남으로써 발생할 수 있는 세대차이 등)로 인해서 혼란이 일어날 수 있다.
종단적 연구법	동일한 집단의 연구 대상자들을 오랫동안 반복적으로 연구한다.	동시대 집단 효과의 가능성이 없다.	• 시간이 오래 걸리며, 연구비가 상대적으로 많이 든다. • 반복적인 검사를 수행해야 한다. • 시간이 지나면서 집단 구성원의 변화로 인한 혼란이 일어날 수 있다.

인을 설명하는 데 도움을 준다.

시애틀 종단연구는 지능이 나이가 들어감에 따라 감소하는지의 여부에 답해 보려는 중요한 시도 중 하나이다(Schaie, 1994, 1995). 이 연구는 성인기 전체에 걸쳐 다양한 지적 능력(귀납적 추론, 언어 유창성, 지각 속도)에 관한 대규모의 종단적 연구이다. 이 연구에서는 5,000명 이상의 참가자들이 1956년부터 1998년까지 7년을 주기로 한 번씩 실험에 참여하였다. 이 연구는 새로운 참가자들이 주기적으로 추가되었기 때문에 실제적으로는 종단적 연구법과 횡단적 연구법을 결합한 연구였다고 할 수 있다. 이 실험을 통해서 연구자들은 두 가지 연구법에 존재할 수 있는 단점을 확인할 수 있었다.

일반적으로 연구자들은 60세가 될 때까지 대부분의 지적 능력이 어느 정도 감퇴되지만, 80세가 되기 전까지는 눈에 띄게 감퇴되지 않는다는(나이가 들어감에 따라 확실히 감소하는 수행 속도와 관련된 능력은 제외) 사실을 발견하였다. 하지만 여기에는 커다란 개인차가 존재한다. 지능이 가장 적게 감퇴한 참가자들은 대부분 신체적으로 건강한 사람들이었고 사회경제적으로 상류층에 속해 있었으며 여전히 지적으로 자극을 받는 환경 속에서 살고 있었다. 간단히 말해서 건강을 유지하며 끊임없이 지적인 자극을 받으려고 노력한다면, 노년기의 가장 후반에 이르기까지 인지적 능력에서의 큰 결함으로 고통받지 않을 것이다.

요약

우리는 태어날 때부터 말을 할 수는 없지만 언어능력은 곧 발달하기 시작한다. 아동들은 다양한 문화 속에서 다양한 언어를 배우지만 모두 비슷한 언어습득의 단계를 거친다. 생후 12개월쯤 되면 유아는 몇 마디 단어를 말하기 시작하고, 그 이후엔 완성된 생각을 표현하는 단어인 일어문을 사용한다. 유아의 어휘력은 천천히 증가하면서 단어 의미의 과대 확장과 과소 확장이 일어난다. 그러다 생후 18개월경에는 단어수가 폭발적으로 증가하여, 주로 명사와 동사의 두 단어로 이루어진 문장을 사용하여 간결한 이야기를 하기 시작한다. 이러한 간결하게 말하기는 2~5세 동안에 증가하기 시작하여, 모국어의 문법을 습득하게 된다. 아동들은 직접적인 가르침 없이 이른 나이에 쉽게 언어를 배우는데, 이러한 과정은 모든 아동들에게 보편적으로 나타난다. 언어발달이 유전적으로 타고나는 능력이라는 주장을 지지하는 많은 증거가 있다. 하지만 아동의 언어발달을 위해 특정한 환경적 경험(인간의 말에 노출되어야 함)은 필수적이며, 양육자가 아동의 언어발달을 촉진하고 강화시킨다는 점은 명백한 사실로 밝혀졌다.

일반적으로 인지발달은 장 피아제가 제안한 이론과 같이 보편적인 단계들을 순서대로 거치면서 나타난다. 피아제의 이론은 아동이 지식에 대한 능동적 탐구자이며 환경에 적응하려 한다는 것을 강조한다. 이러한 세계에 대한 지식은 도식으로 체계화되고 이러한 도식들은 동화와 조절과정을 통해서 발달된다.

감각운동기(출생~2세)에 아동은 자신의 감각과 운동의 상호작용을 통해서만 자신들의 세계에 대해 배우고 알게 된다. 이 시기에 언어, 대상과 사건에 관한 상징적 재현과 함께 대상 영속성이 발달된다. 전조작기(2~6세)에 아동의 사고는 보다 더 상징적이고 언어를 통해서 이루어지게 되지만 여전히 자기중심적이며, 논리적 사고를 가능하게 만드는 정신기능은 부족하다. 예를 들어 아동은 가역성 개념이 충분히 발달되지 않았기 때문에 보존성을 이해하지 못한다. 구체적 조작기(6~12세)에 아동은 보존성과 논리적 사고에 필요한 정신기능에 대해 보다 자세히 이해하게 되지만 이는 구체적 사건들에 국한된다. 마지막 단계인 형식적 조작기(12세~성인기)에 개개인은 가설적이고 연역적인 생각을 할 수 있게 된다.

최근의 연구는 피아제가 생각한 것보다 아동들이 인지적으로 더 일찍 또 더 뛰어난 발달을 보여준다는 것을 밝혀냈다. 인지발달은 피아제가 제시한 순서에 의해 진행되는 것으로 나타났지만, 모든 인간이 형식적 조작기의 사고에 도달하는 것은 아니며, 그러한 사고를 모든 사람이 계속하고 있는 것 또한 아니라는 사실이 밝혀졌다. 특별히 형식적 조작기에 해당하는 사고를 강조하지 않는 문화에서는 모든 사람들이 형식적 조작기에 도달하지 않는다는 점이 명백하다. 그리고 형식적 조작기 사고를 하는 사람일지라도 항상 그러한 사고를 사용하는 것은 아니다. 게다가 인지발달에서의 정보처리 접근법에서는 피아제가 제시한 인지발달 단계에 의문을 제기하며 인지발달은 특별한 단계로 구성되어 있는 것이 아니고, 점진적인 발달과정이라고 주장한다. 정보처리 접근법에서는 인지발달이 아동의 정보처리 능력(어떻게 정보를 받아들이고, 저장하며, 저장된 정보를 사용하는가)이 발달함에 따른 것이라고 주장한다.

피아제는 인지발달에서 사회문화적 측면에 대해 고려하지 않았지만, 러시아의 심리학자 레프 비고츠키는 고려했다. 비고츠키는 인지능력은 타인과의 상호작용을 통해 발달되며 시대적으로 문화 속에 공유되어 있는 지식을 나타낸다고 주장했다. 그가 말한 아동의 근접발달 영역은 아동이 실제로 할 수 있는 것과 타인의 도움을 받아 할 수 있는 차이를 말하는 개념이다. 비고츠키는 아동의 근접발달 영역을 돕기 위해 발판 놓기(비계)라고 하는 교육방식을 추천하였다. 이 교육방식은 아동이 독립적으로 각 단계를 학습할 수 있도록 교사가 아동의 학습을 단계별로 체계화하는 것이다. 이때 교사는 아동이 근접발달 영역의 상위수준으로 갈 수 있도록 이끌어주고 지지해주어야 한다.

피아제는 일생에 걸친 인지능력의 변화들을 실제로 연구하지는 않았지만 다른 발달 연구가들은 이 부분에 대한 연구를 수행하였다. 그들은 연구를 위해 횡단적 연구법과 종단적 연구법을 각각 사용하기도 하고 두 연구법을 결합하기도 했다. 발달 연구가들은 결정지능에 관련된 능력은 나이가 들어감에 따라 증진하는 반면, 유동지능에 관련된 능력은 감퇴하는 패턴을 보인다는 것을 밝혀냈다. 그러나 수행 속도와 관련 없는 인지능력은 80세가 되기 전에는 급격한 감퇴를 보이지 않는다. 또한 중요한 것은 커다란 개인차가 존재한다는 것이다. 건강을 유지한 사람들과 사회경제적으로 높은 수준에 있으며 여전히 지적으로 자극받는 환경 속에 있는 사람들은 나이가 들어도 지능이 적게 감퇴하는 경향이 있다.

개념점검 | 2

- 언어발달에서의 과대 확장과 과소 확장이 피아제의 도식발달에서 동화와 조절 개념과 어떻게 관련되어 있는가를 설명하라.
- 인지발달에서 전조작기에 속하는 아동이 8조각으로 자른 피자가 6조각으로 자른 피자보다 양이 더 많다고 생각하는 이유를 설명하라.
- 비고츠키의 근접발달 영역과 발판 놓기(비계)가 학습 및 교육에 어떻게 연관되는지를 설명하라.
- 횡단적 연구법과 종단적 연구법의 차이를 설명하라.

도덕적 발달과 사회적 발달

우리는 인지적·사회적 발달을 동시에 경험하기 때문에 이 두 가지 유형의 발달을 분리해서 생각하는 것은 어렵다. 인지발달은 비고츠키가 강조한 것처럼 사회적 맥락 안에서 가장 잘 이해할 수 있다. 우리는 이번 단락에서 도덕적 발달과 사회적 발달에 대해 논의할 것이다. 도덕적 발달과 사회적 발달은 인지적 발달과 동시에 일어나며, 그에 의해 영향을 받고 각각의 발달이 상호작용하며 일어난다는 것을 기억할 필요가 있다. 사회적·인지적 요소를 모두 포함하는 도덕적 추론은 이러한 상호작용 발달의 좋은 예이다. 예를 들면 아동이 자기중심적인 사고에서 벗어나기 전까지는 특정한 행동에 대해 도덕성을 추론할 때 다른 사람의 관점으로 생각해보는 것은 어려운 일일 것이다. 우리는 도덕적 발달에 관한 주요 이론인 콜버그의 도덕적 추론단계 이론을 살펴보며 사회적 발달에 대한 논의를 시작할 것이다. 그 이후에 애착 형성, 양육 태도를 통한 초기의 사회적 발달에 대해서도 알아볼 것이다. 마지막으로 출생에서 노년기까지의 일생에 걸친 사회적 성격발달을 다룬 에릭 에릭슨의 발달단계 이론에 대해 살펴보며 이 장을 맺을 것이다.

콜버그의 도덕적 추론 이론

로렌스 콜버그의 단계 이론은 도덕적 추론에 관한 가장 영향력 있는 이론이다 (Kohlberg, 1976, 1984). 콜버그는 피아제(1932)가 제시한 도덕적 추론 이론을 바탕으로 하여 자신의 이론을 발전시켰다. 그는 아동이나 성인의 도덕적 추론수준을 살펴보기 위해 도덕적 딜레마를 담은 이야기를 활용하였다. 도덕적 딜레마에 익숙해지기 위해 콜버그의 가장 널리 알려진 이야기인 암으로 죽어 가는 아내를 둔 하인즈의 딜레마에 대해 알아보자. 간단히 이야기하면 이 암에는 오직 한 가지 치료법밖에는 없었다. 어떤 지방의 한 약사가 치료법을 개발했지만 그는 약을 적정 가격보다 훨씬 비싸게 팔았고, 이 돈은 하인즈가 도저히 지불할 수 없을 만큼 큰 액수였다. 하인즈는 약을 사기 위해 돈을 빌리려 했지만 약값의 절반밖에 구하지 못했다. 그는 약사에게 나중에 돈을 마저 갚을 테니 일단 약을 싸게 팔라고 말했지만 약사는 그의 요구를 거절했다. 절망에 빠진 나머지 하인즈는 약사의 가게에 침입하여 부인을 낫게 해줄 약을 훔쳤다. 사람들에게 이 이야기를 들려준 다음 하인즈가 약을 훔쳐야만 했는지, 그렇다면 그 이유는 무엇이고 그렇지 않다면 그 이유는 무엇이라고 생각하는지 물어보았다.

표 7.4	콜버그의 도덕적 추론의 단계 이론	
수준 I	전인습적 도덕	
1단계	처벌 지향	처벌을 피하기 위해 규칙에 순응
2단계	보상 지향	보상을 얻고 자신의 필요를 충족하기 위해 규칙에 순응
수준 II	인습적 도덕	
3단계	착한 아이 지향	타인의 승인을 얻기 위해 행동을 수행함
4단계	법과 질서 지향	이익이 되는 법과 규칙을 유지하는 데 도움이 되는 의무에 따라 행동
수준 III	후인습적 도덕	
5단계	사회적 접촉 지향	사회적 질서를 위해 필요하기 때문에 규칙을 지키지만 규칙 또한 상대적이라는 것을 이해함
6단계	보편적 윤리 원칙 지향	인간의 권리를 기초로 한 보편적 윤리 원칙을 위반하는 데 대해 양심의 가책을 염려함

이 이야기를 비롯하여 다른 이야기에서 나타나는 도덕적 딜레마에 대한 반응과 설명을 사용하여 콜버그는 도덕적 추론에는 전인습적, 인습적, 후인습적 이렇게 세 가지 수준이 있음을 발견하였다. 표 7.4에 이 수준들에 대해서 간단히 설명해 놓았다. 각각의 수준은 2개의 하위단계로 이루어져 있다. 도덕적 추론의 **전인습적 수준**(pre-conventional level)에서 주로 강조하는 것은 처벌을 피하고 자신의 행복과 필요를 채우고자 노력하는 것과 관련 있다. 즉, 도덕적 추론은 자기를 중심으로 해서 결정된다. 도덕적 추론의 **인습적 수준**(conventional level)에서는 사회적 규범과 법을 바탕으로 추론이 이루어진다. 이 수준에서는 사회적 승인을 얻고 올바른 시민이 되는 것이 중요하다. 가장 높은 단계인 도덕적 추론의 **후인습적 수준**(postconventional level)에서의 추론은 법률에 우선하는 인간의 권리와 스스로 선택한 보편적 윤리 원칙과 그러한 원칙을 위반함으로써 느끼는 양심의 가책을 회피하려는 노력을 바탕으로 한다.

콜버그는 딜레마에 대한 사람들의 반응이 옳다 또는 그르다 중 어떤 것을 선택하는지는 한 인간의 도덕적 수준을 결정하는 데 그다지 중요하지 않다고 보았다. 예를 들어 하인즈 딜레마에서 그가 약을 훔쳐야만 했다거나 그러지 말았어야 했다고 대답하는 것은 한 인간의 도덕적 수준을 결정하는 것과는 별 상관이 없다는 것이다. 중요한 것은 왜 그러한 주장을 하는지에 대해 설명하는 과정

전인습적 수준 콜버그 이론의 첫 번째 수준으로, 도덕적 추론은 자기 지향적이고 처벌을 피하며 자신의 행복과 필요를 추구하는 것에 근거하고 있음

인습적 수준 콜버그 이론의 두 번째 수준으로, 도덕적 추론은 사회적 규범과 법을 바탕으로 이루어짐

후인습적 수준 콜버그 이론의 마지막 수준으로, 도덕적 추론은 법률에 우선하는 인간의 권리와 함께하는 스스로 선택한 보편적 윤리 원칙과 그러한 원칙을 위반함으로써 양심의 가책을 느끼는 것에 대한 기피를 바탕으로 함

에서 그 사람이 사용하는 추론이다. 콜버그는 각 수준에서 사용된 추론을 잘 설명하기 위해 각 단계의 전형적인 예를 들었다. 콜버그가 4단계 추론반응의 표본으로 제시한 예를 살펴보도록 하자. 훔치는 것을 찬성하는 쪽의 의견은 이렇다. 결혼한 하인즈는 부인을 보호해야 할 의무가 있다는 점을 주로 강조한다. 그러나 훔치는 것은 잘못이므로 하인즈는 나중에라도 돈을 지불할 생각을 하면서 약을 가져가야 하며 법을 어긴 것에 대한 처벌을 받아들여야 한다. 약을 훔치는 것을 반대하는 쪽은 개인이 어떻게 느끼고 상황이 어떠한가에 상관없이 정해진 규칙을 따라야만 한다는 점을 주로 강조할 것이다. 아내가 결국 죽게 된다고 하더라도 법을 지켜야 하는 것은 시민으로서의 의무이다. 만약 모든 사람이 그러한 이유로 법을 어기기 시작한다면 사회는 한없이 혼란스러워질 것이다. 보다시피 앞의 두 가지 의견은 모두 이러한 단계의 법과 질서 지향을 강조한다. 법을 어기면 벌을 받아야 하는 것이다.

콜버그는 사람들의 도덕적 추론이 아동일 때 전인습적 단계에서 시작해서 점점 발달하게 되고, 특히 인지적 성장을 통해 도덕적 추론의 상위단계로 점차 올라가게 된다고 보았다. 그러나 피아제가 말한 인지발달 단계의 경우처럼 발달과정에서 거쳐 가는 순서는 크게 변하지 않지만, 모든 사람이 마지막 단계까지 도달하는 것은 아니다. 연구를 통해 단계의 순서는 불변함을, 그리고 인간의 도덕적 추론의 수준은 나이와 관련되어 있다는 (특히 인지발달과 매우 연관되어 있다는) 사실이 보고되었다.

또한 여러 문화의 사람들을 연구해보았을 때 대부분의 사람들은 성인이 될 때까지 인습적 수준까지 도달하지만, 후인습적 수준에 대한 부분은 명확히 밝혀지지 않았다 (Snarey, 1985). 또 다른 문제점도 있다. 먼저 콜버그가 도덕적 행동이 아닌 도덕적 추론을 연구하였다는 사실을 깨닫는 것이 중요하다. 사회심리학을 다룬 제9장에서 보겠지만 생각과 행동이 언제나 일치하는 것은 아니다. 즉, 윤리적 생각이 윤리적 행동을 항상 수반하지는 않는다는 것이다. 두 번째로 몇몇 연구가들은 콜버그의 이론이 여성의 도덕성을 나타내는 데는 부적절하다고 비판하였다. 그들은 여성의 도덕적 추론은 콜버그의 이론에서처럼 정의나 공정성을 따지는 도덕성보다는 다른 사람의 필요를 채워 주고 대인관계에서의 상대방에 대한 배려와 같은 도덕적 측면과 더욱 연관되어 있다고 주장하였다. 또한 상위단계로 갈수록 도덕성을 판단할 때 서구적 가치 기준에 치우쳤다는 비판을 받기도 하였다. 요약하면 콜버그의 이론은 지지와 비판을 동시에 받고 있지만, 그래도 의미가 있는 이유는 이 이론이 도덕적 발달에 대한 우리의 이해를 증진시키는 연구를 계속해서 촉진시켜 왔기 때문이다.

안타깝게도 콜버그의 삶은 비극적으로 끝났다. 1971년, 벨리즈에서 연구를 하는 동안 콜버그는 열대 기생충에 감염되었고, 이로 인해 평생 고통과 우울증을 겪었다. 1987년, 59세의 나이에 그는 얼어붙은 보스턴 항구에서 물에 뛰어들어 자살했다. 그의 시신은 로건공항 갯벌에 밀려왔을 때 발견되었다. 콜버그가 발달심리학에 기여한 값진 업적을 기념하기 위해 다양한 전문 학술지의 특별호가 발행되었다.

애착과 양육 태도

앞에서 살펴본 것처럼 인간은 사회적 동물이다. 유아가 경험하는 최초의 사회적 관계(최초의 양육자와의 관계)는 매우 중요하기 때문에 발달심리학자들은 이에 대한 연구를 주의 깊게 수행해 왔다(Bowlby, 1969). 유아와 부모, 혹은 다른 양육자들 사이에 평생 존재하게 되는 정서적 유대는 생후 6개월 동안에 형성되며 **애착**(attachment)이라 불린다. 전통적으로 최초의 양육자는 유아의 어머니였지만 시대가 변함에 따라 오늘날에는 어머니, 아버지, 할아버지와 할머니, 보모, 어린이집 선생님 등이 최초의 양육자가 될 수 있다. 애착은 이후의 아동발달과 관련이 있기 때문에 어린 나이에 어린이집에 맡겨지는 아동들이 집에서 양육되는 아동들에 비해 채워지지 않거나 부족한 부분이 무엇인지를 살펴보는 것은 중요한 일일 것이다. 애착에 관한 이전의 연구를 알아보면서 이 문제에 대한 해답을 찾을 수 있을 것이다. 먼저 우리는 왜 애착이 형성되는가에 대해 생각해볼 것이다. 혹시 양육자가 아이에게 먹을 것을 주는 것과 같은 반복적인 강화의 결과물로써 애착이 형성되는 것일까?

애착과 할로우의 원숭이　해리 할로우는 이러한 의문을 가지고 갓 태어난 원숭이를 이용하여 그의 유명한 연구를 시작하였다(Harlow, 1959; Harlow & Harlow, 1962; Harlow & Zimmerman, 1959). 사실 여기서 소개되는 애착연구는 할로우가 새끼 원숭이를 대상으로 학습연구를 수행하는 과정에서 우연히 발견하게 된 것이었다. 면역력이 약한 새끼 원숭이는 어미와 함께 있게 되면 병에 걸리기 쉽기 때문에 할로우는 새끼 원숭이를 어미로부터 격리시켰다. 그는 혼자 격리된 새끼 원숭이에게 무명천으로 된 담요를 주었다. 그러자 새끼 원숭이는 이 담요에 찰싹 달라붙었고, 새끼 원숭이는 이 '안전' 담요가 없어지면 아주 불안해하였다.

　　이를 관찰한 후 할로우는 새끼 원숭이를 태어나자마자 어미와 격리시켜 2개의 대리모(하나는 철사로 만들었고 다른 하나는 모직

애착　부모 또는 주요 돌봄 제공자와의 관계에서 생후 6개월 안에 형성되어 평생 존재하는 정서적인 유대

그림 7.3 할로우의 어미 없는 새끼 원숭이와 대리모
해리 할로우는 애착 형성 과정에서 먹이 주기의 중요성에 관한 연구에서 접촉 위안이 먹이 주기보다 새끼 원숭이의 애착 형성에 더 중요한 요인임을 밝혀냈다. 어미 없는 새끼 원숭이는 먹이 제공과 상관없이 대부분의 시간을 모직천으로 만들어진 어미와 함께 보냈다. 그림에서 보듯이 새끼 원숭이는 철사 어미에게서 먹이를 먹을 때에도 모직천 어미에게 붙어 있곤 하였다.

천으로 만들어진)가 있는 우리에 넣었다. 그림 7.3은 이 대리모와 어미가 없는 원숭이의 모습을 보여준다. 원숭이 중 절반은 철사로 된 어미에 달린 우유 공급기를 통해서, 그리고 나머지 절반은 모직 천으로 된 어미에게 부착된 우유 공급기를 통해서 양분을 섭취하였다. 그러나 어느 어미가 음식을 주는가에 상관없이 모든 원숭이는 천으로 된 어미를 더 선호하였다. 철사 어미에 싫증이 난 원숭이들은 젖을 먹을 때에만 철사 어미에게 갔다가 다시 천으로 된 어미에게로 돌아오곤 하였다. 그림 7.3과 같이 새끼 원숭이들은 가능하다면 철사 어미로부터 음식을 섭취하는 동안에도 종종 천 어미에게 매달려 있었다. 요약하면 새끼 원숭이는 대부분의 시간을 천으로 된 어미 위에서 보냈다. 원숭이들은 분명히 천 어미를 더 사랑하게 된 것이다. 할로우는 애착 형성에 있어 가장 중요한 요소는 영양 공급을 통한 강화가 아닌 '접촉 위안(contact comfort)'(신체적 접촉과 안정감)이라고 결론지었다.

게다가 새끼 원숭이들은 대리모 없이 낯선 장소(여러 가지 장난감으로 가득한 친숙하지 않은 방)에 놓이게 되었을 때는 공포로 위축되었고, 천으로 만든 대리모를 낯선 장소 안에 들여놓자 공포감을 덜기 위해 곧바로 모직천으로 된 어미에게 매달렸다. 그 이후에 새끼 원숭이는 새로운 환경을 관찰하기 시작했고 결국에는 장난감을 갖고 놀게 되었다. 할로우는 대리모의 존재가 원숭이들을 안심시키고 낯선 장소를 살펴볼 수 있는 충분한 자신감을 주게 된 것이라고 결론지었다. 이 상황은 메리 에인스워스가 유아의 애착관계를 연구하기 위해 고안한 낯선 장소와 매우 흡사하다(Ainsworth, 1979; Ainsworth, Blehar, Waters, & Wall, 1978). 이 연구에서는 유아를 장난감이 있는 낯선 방에 두고 정해진 순서대로 친어머니와 낯선 사람(모르는 여성)이 방을 출입할 때 보이는 유아의 행동을 관찰하였다. 관찰의 핵심은 엄마와 낯선 사람이 각기 방에 있을 때와 없을 때의 유아의 반응을 살펴보면서 유아가 그 낯선 상황(방과 안에 있는 장난감)을 어떻게 탐색해 나가는가에 초점을 맞추었다.

애착 유형　에인스워스와 그녀의 동료들은 세 가지 유형, 즉 안정 애착, 불안정 회피 애착, 불안정 양가 애착을 발견하였다. **안정 애착**(secure attachment)은 어머니가 있을 때는 유아가 자유롭게 주위를 탐색해 나가지만 어머니가 주위에서 떠나면 걱정하는 모습을 보이다가 다시 어머니가 돌아오면 두드러지게 긍정적인 반응을 하는 것으로 나타난다. **불안정 회피 애착**(insecure-avoidant attachment)은 어머니에게 최소한의 관심을 보이면서 주변을 탐색하다 어머니가 떠나면 걱정하는 듯한 모습을 약간 보인다. 그러다가 어머니가 다시 돌아오면 엄마를 피하는 형태의 반응을 나타낸다. **불안정 양가 애착**(insecure-ambivalent attachment)은 유아가 어머니와 가까이 있으려고만 할 뿐 주위 상황에는 관심이 없으며, 어머니가 방을 나가면 매우 심하게 불안해하고 고통스러워한다. 어머니가 다시 돌아오면 매달리기와 밀어내기를 번갈아 가며 하는 형태를 나타낸다. 약 3분의 2 정도의 유아가 안정 애착을 보이고 나머지 3분의 1은 불안정 애착을 보이는 것으로 밝혀졌다. 다문화 연구를 통해서 그 비율은 문화마다 다른 것으로 나타나지만, 전 세계적으로 대다수의 유아들이 안정 애착을 형성하게 된다는 것이 밝혀졌다. 이후의 연구를 통해서 애착의 네 번째 형태인 **불안정 혼란 애착**[insecure-disorganized (disoriented) attachment]이 더해졌다. 불안정 혼란 애착은 어머니가 나가고 들어올 때 유아가 혼란을 느끼는 것으로 나타난다. 유아는 상황에 압도된 것처럼 보이며 혼란스러워하고 그 상황을 일관된 방법으로 극복해 나가지 못한다(Main & Solomon, 1990).

연구자들은 낯선 장소 실험을 실시하기 전 생후 6개월 동안 유

안정 애착　어머니가 있을 때는 유아가 자유롭게 상황을 탐구하지만, 어머니가 떠나면 괴로운 모습을 보이고 그러다 어머니가 다시 돌아오면 열렬히 반응함

불안정 회피 애착　어머니가 있을 때도 아주 약간의 관심만을 가지다가 어머니가 나가면 고통스러워하지만, 돌아오면 어머니를 피하는 것

불안정 양가 애착　유아가 어머니와 가까이 있으려 할 뿐 주위 상황에는 관심이 없으며, 어머니가 방을 나가면 매우 강한 고통을 표현하고 어머니가 돌아오면 매달렸다가 밀어내는 일을 번갈아 가며 하는 것

불안정 혼란 애착　어머니가 나가고 들어올 때 유아는 혼란스러운 행동을 보이며 상황에 압도되어 그것을 극복해 나가는 지속적인 방법을 보여주지 못하는 경우

아의 가정에서 유아와 어머니와의 관계를 관찰하였다. 관찰결과 양육자의 민감성이 애착관계의 질을 형성하는 데 중요한 결정 요인인 것으로 밝혀졌다. 유아의 욕구에 민감하게 반응하는 양육자는 유아와 안정 애착을 형성하는 경향이 있었다. 그렇다면 양육자의 유형이 가장 중요하다는 의미가 될 수 있는데, 이것이 유아의 특성 또한 애착 형성에 한 요인으로 작용하지는 않을까? 정답은 '그렇다'이다. 우리는 각기 특정한 방식으로 행동하게 하는 타고난 경향이나 성향인 **기질**(temperament)을 가지고 있다. 기질은 성격발달과 타인과의 상호작용(사회적 발달)의 기본적인 틀을 제공한다. 유아의 기질은 매우 다양하다. 어떤 유아들은 다른 유아들에 비해 더 민감하고 적극적이며 행복해한다. 애착관계를 형성할 때 유아의 기질이 양육자의 성격과 자녀 양육의 방향성에 어떻게 부합하는가가 중요하며 양육자와 유아 간의 좋은 조화는 안정 애착 형성의 가능성을 높인다.

이렇게 만들어진 애착 유형은 이후의 발달에 중요한 영향을 미친다. 안정 애착은 아동기의 높은 수준의 인지적 기능과 사회적 능력을 발달시키는 데 관련이 있는 것으로 보고되고 있다(Jacobsen & Hoffman, 1997; Schneider, Atkinson, & Tardif, 2001). 그러나 이러한 결과가 한 번 만들어진 애착 유형은 변화할 수 없다거나 불안정 애착은 이후에 극복될 수 없다는 것을 의미하는 것은 아니다. 가정환경이 변함에 따라 상호작용도 달라지게 되고 애착 유형도 바뀌게 된다. 예를 들어 부모가 이혼을 하게 되면 아이는 어린이집에 맡겨질 것이고, 재혼을 하는 경우에는 가정 내에 새로운 양육자가 생기게 된다. 이것은 일하는 어머니와 편모/편부가 많아지는 오늘날의 사회에서 매우 중요한 문제일 수도 있다. 어린이집이 유아가 안정 애착을 형성하는 데 과연 걸림돌로 작용하고 그로 인해 아이의 인지적·사회적 발달에도 해를 입히게 되는 것일까? 일반적인 대답은 '아니다'이다. 일반적으로 어린이집에 맡겨지는 아이들도 가정에서 길러지는 아이들만큼이나 좋은 발달 결과를 보이는 것으로 나타났다(Erel, Oberman, & Yirmiya, 2000; NICHD Early Child Care Research Network, 1997, 2001). 게다가 어린이집에서 자란 아이들과 가정에서 자란 아이들을 비교할 때 학교생활 후반의 사회적 능력에는 큰 차이가 없는 것 같다(NICHD Early Child Care Research Network, 2008). 그러나 아동에 대한 어린이집의 효과는 아동의 나이, 어린이집을 이용하기 시작한 시기, 주당 어린이집 사용시간, 보육 서비스의 질 등 다양한 변수에 따라 달라진다. 연구자들은 모두 질이 좋은 어린이집에 있는 아이들이 질이 낮은 어린이집에 있는 아이들보다 학교에서나 사회에서 더 잘 적

기질 특정한 방식으로 행동하게 하는 일련의 타고난 경향이나 성향

응할 것이라는 점에서 어린이집의 질이 중요하다는 한 가지에 대해 동의한다(Belsky et al., 2007; Li, Farkas, Duncan, Burchinal, & Vandell, 2013). 질이 좋은 어린이집이란 무엇일까? Berger(2016)에 따르면 질이 좋은 어린이집은 각각의 아동에 대한 적절한 관심, 언어 및 감각운동 발달 격려, 아동의 건강과 안전에 대한 관심, 유아교육 경험과 학위/인증을 받은 전문 간병인, 따뜻한 보살핌으로 돌보는 곳이다.

양육방식   유아의 애착 형성은 이후의 발달과정에 매우 중요한 작용을 한다는 점을 살펴보았다. 그렇다면 부모의 양육방식이 어린이와 청소년 발달에는 어떠한 영향을 주는 것일까? 연구자들은 부모의 양육방식을 권위주의적, 권위적, 허용적, 방임적 이렇게 네 가지로 나누었다(Baumrind, 1971, 1991). **권위주의적인 부모**(authoritarian parents)는 아이들에게 많은 요구를 하고, 이의를 제기하지 않고 무조건 복종하기를 기대한다. 하지만 부모들은 자녀들의 요구에 반응하지 않으며 아이들과 대화도 잘 하지 않는다. **권위적인 부모**(authoritative parents)도 아이들에게 많은 요구를 하지만 해야 할 일과 하지 말아야 할 일들에 대해 아이들과 합리적인 타협점을 설정하며 아이들과 대화를 자주 한다. 부모들은 아이들의 관점을 고려하고 아이들에게 규칙에 대해 이유를 설명하며 지속적으로 시행한다. **허용적인 부모**(permissive parents)는 자식들에게 많은 요구를 하지 않으며 자녀들의 요구를 지나치게 잘 들어주는 편이며, 아이들이 하고 싶은 대로 하게 내버려 둔다. 몇 가지 규칙이 있지만 처벌은 드물다. **방임적인 부모**(uninvolved parents)는 자녀들과 함께 보내는 시간이나 감정적으로 연관되는 일이 극히

권위주의적인 부모 자녀들에게 요구가 많고, 이의를 제기하지 않는 복종을 기대하며 자녀들의 요구에 민감하지 않고 잘 대화하지 않는 부모

권위적인 부모 자녀들에게 요구가 많지만 그들과 합리적인 한계를 설정하며 잘 대화하는 부모

허용적인 부모 자녀들에게 별로 많은 요구를 하지 않으며 자식들의 요구에 지나치게 민감하고, 자식들이 하고 싶은 대로 하게 하는 부모

방임적인 부모 자녀들과 함께 보내는 시간이나 감정적으로 연관되는 일이 극히 적고 자녀들의 기본적인 욕구만 채워주는 부모

적다. 이러한 부모는 자녀들의 아주 기본적 욕구만 채워줄 뿐 그 이상의 도움을 제공하지 않는다. 이러한 양육방식은 인지적·사회적 발달에서의 차이로 나타나게 된다. 연구에 의하면 권위적 부모가 아동의 발달에 가장 긍정적인 영향을 미치는 것으로 보인다(Baumrind, 1996). 권위적인 부모의 자녀들은 가장 독립적이며 행복할 뿐만 아니라 사회적으로 유능하고 학문적으로도 성공할 가능성이 크다. 수십 년간의 연구는 권위적 육아방식이 사회적, 학문적으로 역량과 관련이 있다는 것을 일관되게 보여준다. 이러한 부모의 양육방식과 아동발달 사이의 강한 관계는 주로 백인 중산층 가정에서 형성된다. 따라서 아동발달은 직계가족뿐만 아니라 아동이 살고 있는 더 광범위한 문화적 맥락에 의해서도 영향을

받기 때문에 양육방식 효과는 인종 및 문화 집단에 따라 다를 수 있다(Bronfenbrenner, 1993) 그럼에도 불구하고 전 세계 200개 이상의 문화권에서 가족을 대상으로 한 연구는 권위적인 양육방식의 사회 및 학문적 이점을 보여주고 있다(Sorkhabi, 2005). 이 발견들이 얼마나 압도적이든 간에 이러한 발견은 본질적으로 상관관계가 있기 때문에 우리는 주의를 기울일 필요가 있다. 연구자들은 권위적인 양육방식과 아동기의 성공적인 성과 사이의 강한 긍정적 관계를 발견했다. 따라서 제1장에서 학습한 바와 같이 권위적인 양육방식과 아동의 역량 사이의 관계에 세 번째 변수가 포함될 수 있다. 이 관계에서 가능한 인과 요인에 대한 실험 데이터를 수집하는 것이 윤리적으로 불가능한 상황임을 인식하는 것도 중요하다. 따라서 상관연구는 이 관계를 조사하기 위한 최고의 정보이다.

이제까지는 애착과 양육방식을 중점적으로 살펴보며 유아와 아동의 사회적 발달에 대해 논의하였다. 사회적 발달은 친구나 교사와 같은 타인과 관련되어 있고 발달은 우리의 전 생애를 걸쳐 진행된다. 친구의 중요성은 아동이 나이가 들어감에 따라 점점 더 커지며 발달과정의 다양한 측면에 영향을 미치는 것으로 보인다(Furman & Bierman, 1984; Simpkins, Parke, Flyr, & Wild, 2006). 초기 아동기에는 친구관계가 놀이 취향이 비슷하거나 서로 가까운 곳에 살기 때문에 맺어진다면, 청소년기로 접근해 감에 따라 친구관계의 특성은 중요한 감정적인 욕구를 충족시켜 주거나 서로에게 정서적 지지를 제공해주는 측면으로 확대된다. 친구관계의 중요성과 영향력이 증가해 감에도 불구하고 여전히 청소년들은 직업이나 교육 같은 몇몇 중요한 문제에 있어서는 부모의 기준에 부응하려 노력하며 부모와의 관계 또한 소중히 생각한다. 친구관계에 덧붙여서 아동들은 사회적 상황이 서로 다른 다양한 사람들로 구성된 좀 더 큰 사회적 관계망의 한 일원이 되기도 한다(Asher, 1983; Jiang & Cillessen, 2005). 또래 친구들에게 인기가 많은 아동들은 대부분의 아동들이 가까이 하고 싶어 하며, 본인 스스로도 훌륭한 사회적 기술을 지니고 있다. 반면에 또래 친구들에게서 거부되는 아동들은 이러한 사회적 기술이 부족하며, 종종 공격적인 성향을 띠거나 아니면 사회적 관계로부터 후퇴하는 경향을 보인다. 친구관계에서 소외되는 아동들은 감정적으로나 사회적으로 어려움이 증폭되는 위험에 처하기도 한다(Buhs & Ladd, 2001).

마음 이론

초기 유아기에 발생하는 가장 중요한 사회적 발달은 **마음 이론**(theory of mind)이라고 불리는 사회적 인지발달이다. 마음 이론

마음 이론 자기 자신과 타인의 정신적·정서적 상태에 대한 이해

은 나와 타인의 정신적 상태와 정서적 상태에 대해 이해하게 되는 것을 가리킨다. 이러한 마음 이론을 형성하기 위해서 아이들은 다른 사람들이 반드시 자신과 같은 생각을 하고, 같은 믿음을 지니고, 또는 같은 감정을 느끼게 되는 것은 아니라는 점을 깨달아야만 한다. 다른 사람과 상호작용을 할 때 우리는 다른 사람의 신념, 욕구, 감정에 근거해서 그들의 행동을 해석하고 설명하려고 한다. 만약 한 친구가 화가 났을 경우 우리는 그(그녀)의 내적인 신념에 거슬리는 무언가를 했기 때문이라고 생각하고 그(그녀)의 화난 상태를 해결해보려고 할 것이다. 만일 우리가 다른 사람의 정서적 상태나 정신적 상태에 대해 추론해낼 수 없다면 사회적인 관계가 가능할지 상상하기 어려울 것이다.

유아기와 초기 아동기에 시작되는 마음 이론의 발달에 관여하는 다양한 측면이 존재하지만 그중 한 가지 중대한 성과는 보통 4~5세 사이에 나타나는 틀린 신념(false belief)(다른 사람들이 세상에 대한 잘못된 믿음을 가질 수 있다는 깨달음)에 대한 이해를 증진시킨 점이다. 이에 대한 이해를 검증하기 위해 연구자들은 아동이 틀린 것이라고 알고 있는 어떤 일에 대해 다른 사람들은 사실이라고 믿는 '틀린 신념 과제'를 사용했다. 문제의 요지는 다른 사람이 자신들의 틀린 신념에 따라 행동할지 혹은 아동들이 옳다고 여기는 대로 행동할 것인지에 대해 아동들이 어떻게 생각하고 있느냐 하는 점이다. 이 문제는 다른 사람들이 같은 상황에서도 자신과는 다른 신념을 가질 수 있다는 가능성을 이해하고 있는지를 확인해볼 수 있게 해준다. 예를 들어 낯선 상황 실험을 통해 틀린 신념에 대한 이해를 평가할 수 있다. 아동은 빅 버드가 공을 박스에 숨기는 것을 보며, 빅 버드는 밖에서 놀기 위해 방을 나간다. 다음으로 아동은 쿠키 몬스터가 다시 그 공을 장난감 상자로 옮기는 것을 본다. 이제 아동은 빅 버드가 밖에서 놀다가 방에 들어온 후 공이 어디에 있을 것이라고 생각할까라는 질문을 받는다.

5세 아동은 정확하게 빅 버드는 공이 원래 박스 자리에 있을 것이라고 추측을 하는데, 이때의 아동은 공이 실제로는 장난감 상자에 있다는 것을 알고 있음에도 불구하고 이렇게 대답한다. 즉, 이러한 경우의 아동은 같은 상황에 처해 있을지라도 다른 사람은 다른 신념을 지닐 수 있다는 사실에 대해 이해하고 있는 것이다. 하지만 3세 아동은 자신이 생각하는 대로, 즉 공이 장난감 상자 안에 있다고 믿는 바대로 빅 버드 또한 공이 장난감 상자 안에 있을 것이라고 여긴다. 더 어린 아동은 마음 이론에 대해 이해하지 못하며, 즉 부정확하게 예측하며 모든 사람이 자기가 생각하는 것처럼 다른 사람들 또한 생각할 것이라고 여긴다. 이러한 연구결과는 다른 문제 상황이나 서로 다른 문화권에서도 지속적으로 동일하게 보고되고 있다(Wellman, Cross, & Watson, 2001).

마음 이론이 등장했을 초기에는 몇몇 연구자들이 마음 이론을 뒷받침할 만한 생물학적인 근거를 보고하기도 하였다(Baron-Cohen, 2000). 사회적 상호작용에 있어서의 어려움을 호소하는 발달장애 중 하나인 자폐증은 이러한 마음 이론에 대한 생물학적인 견해를 지지한다(Firth, 2003). 마음 이론 발달에 있어 생물학적인 기반이란 무엇일까? 기억해보자. 제4장에서 우리는 모방행동을 하는 데에 신경계의 기반이 되는 거울신경세포 시스템이 있다는 사실에 대해 배웠는데, 이것은 다른 사람의 감정과 의도를 이해하며 공감할 때 중요한 역할을 한다. 따라서 초기 거울신경세포 시스템의 부족은 모방행동의 발달에 장애를 초래하며 마음 이론의 발달에도 장애를 일으키게 되고, 그 결과 자폐증이 발병하게 된다고 본다(Iacoboni

개구쟁이 데니스

"나는 내가 무엇을 생각하는지 알아. 그러나 중요한 건 내가 생각하는 걸 엄마가 어떻게 생각하느냐는 거지!"

& Dapretto, 2006; Williams, Whiten, Suddendorf, & Perrett, 2001). 예컨대 Dapretto 등(2006)은 경증 자폐증 아동들과 대조군인 정상 아동들이 정서적 표현을 모방하는 동안 fMRI 촬영을 시도했다. 자폐증 아동의 경우 거울신경세포와 연계된 뇌의 영역에서 활동이 적게 나타나는 것을 발견하였다. 하지만 정상 아동의 경우에는 거울신경세포와 관련 있는 뇌의 영역이 활동적이었으며, 이것은 자폐증에서 보이는 사회성 부족의 원인으로 거울신경세포 시스템의 기능장애를 시사하는 증거가 될 수도 있다. 하지만 현재로서는 이러한 가능성은 가설단계에 있으며, 제4장에서 논의한 것과 같이 연구자들은 인간의 거울신경세포 시스템의 존재에 대해 동의하지 않을 뿐만 아니라 존재한다 해도 정확히 어떤 역할을 하는지에 대해서도 동의하지 않았다. 마음 이론의 생물학적 근거에 대한 확실한 결론을 위해서 더 많은 연구가 수행되어야 한다는 점만이 분명할 따름이다.

우리는 주로 아동기와 청소년기 사회성 발달 부분에 초점을 맞춰 왔지만 사실 사회성 발달은 우리 삶을 통틀어 계속되는 과정이다. 그렇기 때문에 지금부터 출생부터 노년까지 전 생애에 걸쳐 인간이 어떻게 발달하는지에 대한 에릭 에릭슨의 단계 이론을 살펴볼 것이다.

에릭슨의 심리사회적 발달 이론

에릭 에릭슨의 심리사회적 발달단계 이론은 전 생애를 다루고 있다. 비고츠키처럼 에릭슨도 발달에 있어서 사회와 문화의 영향력을 강조했지만, 에릭슨의 이론은 사회적 발달뿐만 아니라 성격발달까지 다루었다는 점에서 차이가 있다. 에릭슨의 이론은 발달이론이기 때문에 성격 이론을 다루게 될 다음 장보다는 여기에서 논의하는 것이 좋겠다. 사실 에릭슨이 아동기와 청소년기에 그치지 않고 3단계에 걸친 성인의 발달과정을 그의 이론에 포함시킨 것은 전 생애에 걸친 발달연구가 더욱 많이 수행되도록 하는 데 중요한 역할을 하였다. 그러나 에릭슨의 이론은 이론을 뒷받침할 만한 구체적인 실험적 증거가 부족하고 또 이론을 형성하는 과정에서 관찰을 통해 얻은 자료들만 사용하였기 때문에 비판을 받고 있다. 이러한 비판은 대부분의 다른 성격 이론들에 적용되는 것이기도 하다.

에릭슨은 전 생애를 표 7.5에 요약된 것처럼 8개의 발달단계로 나누었다(Erikson, 1950, 1963, 1968, 1980). 처음 5단계는 유아기, 아동기, 청소년기가 해당되는데, 이 단계에는 프로이트의 성격발달 이론(다음 장에서 논의)과 피아제의 인지발달 이론이 기

표 7.5	에릭슨의 심리사회적 발달 단계
단계(연령 범위)	단계 설명
기본적 신뢰 대 불신(출생~1세)	유아는 그들의 기본적 요구를 돌봐주는 타인을 신뢰하거나 불신하는 것을 배운다.
자율성 대 수치심과 의심(1~2세)	아동은 배변훈련, 걸음마, 탐구와 같은 많은 활동을 통해 자부심을 느낀다. 그러나 아동은 지나친 제약을 받게 되면 자신의 능력을 의심하고 수치심을 느낀다.
주도성 대 죄의식(3~5세)	아동은 주도성을 갖게 되고 이어서 책임감을 느끼는 것에 대해 배운다. 그러나 부모가 정해 놓은 한계를 넘게 되면 죄의식을 느낀다.
자신감 대 열등감(5세~사춘기)	아동은 새로운 지적, 사회적, 물리적 기술을 완전히 습득함으로써 자신감을 갖게 되지만 그러지 못하면 열등감을 느낀다.
정체성 대 역할 혼미(청소년기)	청소년은 다양한 역할을 실험해봄으로써 정체성을 발달시킨다. 역할 실험을 하지 못하면 역할 혼란을 느끼게 된다.
친밀감 대 고립감(초기 성인기)	젊은 성인들은 타인과의 친밀한 관계를 형성하고 그러지 못하면 고립감을 느끼게 된다.
생산성 대 침체감(중기 성인기)	중년의 성인은 자신의 일과 자녀 양육을 통해 다음 세대에 도움을 주고 있다고 느낀다. 도움이 되지 못한다고 느끼면 침체감에 빠진다.
자아통합감 대 절망(후기 성인기)	노년기의 인간은 자신의 삶을 평가하고 자신의 인생이 의미 있는 것이었음을 발견하여 완결성을 느끼는 한편 인생이 의미 없어 보이면 절망감에 빠진다

술한 내용이 포함되어 있다. 에릭슨의 나머지 3개의 발달단계는 프로이트와 피아제의 발달단계를 넘어서 3단계에 걸친 성인기(초기, 중기, 후기)를 다루고 있다.

에릭슨은 사회적 성격을 우리가 일상생활을 통해 경험하는 사회적 상호작용과 선택의 산물이라고 보았다. 단계마다 해결해야 할 중요한 심리사회적 문제나 위기가 존재한다. 각각의 단계에서 우리는 마치 갈림길에 서 있는 사람처럼 선택을 해야 하고, 이 선택은 우리의 발달에 큰 영향을 미치게 된다고 생각해보라. 각각의 단계는 그 단계와 연관된 두 가지 문제에 따라 이름이 붙여졌다. 예를 들어 첫 단계는 신뢰 대 불신이다. 이 단계에서 생후 1년 동안 유아는 자신을 돌봐주는 타인을 믿을 수 있는가 없는가의 문제에 부딪힌다. 각 단계의 해결은 대립하는 문제의 한쪽 측면으로 결론이 남으로써 이루어진다. 유아는 일반적으로 첫 단계에서 주변의 세계를 일반적으로 신뢰하거나 불신하는 것으로 위기를 벗어나게 되고 문제가 성공적으로 해결되었을 때 개인의 사회적 능력이 향상된다. 에릭슨은 각 단계의 해결이 우리의 성격발달에 큰 영향을 미친다고 보았다. 표 7.5에는 각 단계에 가능한 해결방안들이 포함되어 있다.

에릭슨의 가장 널리 알려진 개념인 정체성 위기는 다섯 번째 단계에서 경험하게 되는 문제이다. 이 단계의 주된 과제는 나는 누구인가, 무엇을 소중히 여기는가, 인생에서 어디를 향해 나아가고 있는가 등을 고민하게 되는 정체성의 발달이다. 청소년기에 우리는 자신의 정체성에 대해 혼란스러워한다. 이러한 혼란으로 만들어진 스트레스가 바로 에릭슨이 의미한 정체성의 위기이다. 그러나 대부분의 청소년들에게 이러한 과정은 위기라기보다는 탐색 또는 탐구에 가깝다. 청소년들은 자신의 정체성을 찾기 위해 여러 가지 다른 정체성을 시험해본다. 여러분이 여느 대학생들과 같은 나이라면 이제 막 이러한 탐구를 시작했거나 이미 경험하고 있을 것이다. 대학에 입학하여 전공과 진로를 탐색하는 과정은 이 단계가 보다 더 길어지도록 만들 것이다. 진정한 우리 자신을 찾는 것은 결코 쉬운 일이 아니지만 우리는 우리가 만족할 수 있는 진정한 정체성을 찾을 때까지 수많은 대안적 정체성을 발견해 나간다.

정체성 단계는 생산적인 성인이 되어 가는 데 매우 중요한 단계이지만 발달은 여기서 멈추지 않는다. 에릭슨 이론의 가장 큰 공헌은 이 이론이 발달심리학의 연구를 청소년기를 넘어서 성인기의 단계(초기, 중기, 후기)까지 확대시켰다는 데 있다. 초기 성인기(청소년기가 끝나고 중년이 될 때까지)에 사람들은 부모로부터 독립하여 성숙하고 생산적인 성인으로서 기능하기 시작한다. 자신의 정체성을 확립하고 타인과 친밀한 관계 속에서 정체성을 공유할 준비가 되는 것도 바로 이 시기이다. 에릭슨 이론의 이러한 순서(정체성 확립 문제 이후에 오는 친밀성 문제)는 남성과 직업을 가진 여성에게 가장 잘 적용될 수 있는 것으로 밝혀졌다(Dyk & Adams, 1990). 많은 여성들은 이 두 문제를 순서가 뒤바뀐 채로, 또는 동시에 해결한다. 여성이 결혼해서 아이를 낳고 이 아이가 어른이 되어 독립한 이후에야 자신의 정체성을 고민하게 되는 경우를 그 예로 생각해 볼 수 있다.

중기 성인기(40~60세)의 위기는 생산성 대 침체감과 관계가 있다. '생산성'이란 다음 세대와 사회에 공헌할 만한 가치를 만들어내는 것이다. 생산성은 다양한 형태로 나타난다. 생산적 활동에는 보통 사람들이 하기 힘든 지속적인 사회 공헌을 하는 것 외에도 아이 기르기, 의미 있는 일에 종사하기, 후임 직원 교육하기, 시민 사회를 구성하는 데 공헌하는 일 등이 포함된다. 에릭슨 이론의 마지막 단계인 후기 성인기에는 자신의 삶을 반성하고 되돌아보면서 삶을 얼마나 충실하게 살았는지에 대해 생각한다. 자신의 삶에 만족하는 사람들은 인생의 완결성을 느끼면서 죽음에 직면할 수 있는 힘을 지니게 된다. 그러나 자신의 삶에 만족하지 못하는 사람들은 절망에 빠진 채 자신의 삶을 슬픔과 후회로 되돌아보며 죽음을 두려워하게 될 것이다.

요약

도덕적 발달에 있어 가장 영향력 있는 이론은 콜버그의 도덕적 추론단계이다. 콜버그는 도덕적 딜레마를 이용하여 세 가지 도덕적 추론단계, 즉 전인습적 · 인습적 · 후인습적 수준이 있다고 주장하였다. 처음 전인습적 수준은 자기중심적이며 처벌을 피하고 자신의 욕구를 성취하는 것을 중요시한다. 인습적 수준은 사회적 승인을 받고 성실한 시민이 되는 것을 지향한다. 가장 높은 후인습적 수준에서는 도덕성은 보편적 윤리 원칙에 바탕을 둔 것이고 사회의 법은 단지 사회적 계약일 뿐이라고 본다. 사회적 계약이 더 광범위한 법칙을 위반한다면 깨질 수도 있다는 것을 인식할 필요가 있다. 연구를 통해 도덕적 추론의 발달 수준은 나이와 인지발달 모두와 관련이 있으며, 대부분의 사람은 추론의 후인습적 단계에 도달하지 못한다는 것이 밝혀졌다. 한편으로 이 이론은 도덕적 행동이 아닌 도덕적 추론(이 둘은 아주 다르기 때문에)에 기반하고 있기 때문에 비판을 받는다. 또한 대인관계에서 나타나는 배려와 같은 도덕성보다는 정의나 공평과 같은 특정한 도덕적 측면에 더 초점을 맞추고 있기 때문에 여성이 생각하는 도덕성과는 차이가 있으며, 서구의 도덕적 가치에 너무 치우쳐 있다는 비판을 받는다.

사회적 발달은 유아와 초기 양육자 사이에 형성되는 강한 정서적 유대인 애착에서 시작된다. 해리 할로우의 새끼 원숭이와 대리모를 이용한 실험을 통해 영양 공급을 통한 강화가 아닌 신체적인 접촉 위안이 애착 형성에 결정적인 요소라는 것이 밝혀졌다. 연구자들은 낯선 장소 실험과정을 통하여 안정, 불안정 회피, 불안정 양가, 불안정 혼란이라는 네 가지 애착 형태를 발견하였다. 애착 형성에서 중요한 것은 유아에 대한 양육자의 민감성과 유아의 기질이 자녀 양육의 목표와 양육자의 성격과 얼마나 잘 맞는가 하는 것이다. 전 세계 대부분의 유아는 안정 애착을 형성하며, 이 애착 유형은 아동기의 사회적 능력과 인지기능의 상위수준과 관련이 있다. 양육방식에 있어서는 부모가 아이에게 많은 요구를 하지만 자녀를 위해 합리적으로 한계점을 설정하고 대화를 잘하는 권위적인 부모의 양육방식이 사회적·인지적 발달에 가장 긍정적인 영향을 주는 것으로 나타났다. 최근의 연구는 부모 양육방식이 미치는 영향이 인종 및 문화 집단 간에 다양할 수 있다는 점을 보여준다. 사회성 발달에 미치는 친구의 영향력은 대단히 중요하며, 청소년기에는 친구관계를 통해 정서적 욕구를 충족시키기 때문에 이 시기의 친구관계는 더 중요하다.

초기 유아 시절에 형성되는 사회성 발달에 있어 가장 중요한 것으로는 나와 다른 사람의 정신적, 감정적인 상태를 이해하는 마음 이론의 발달이다. 아동이 마음 이론을 발달시켜 가는 과정에서 성취하게 되는 중요한 성과는 약 4~5세 시기에 이루어지는 틀린 신념에 대한 이해능력이다. 아동의 틀린 신념에 대한 이해도를 평가해보기 위해 연구자들은 틀린 신념에 대한 문제를 사용했는데, 이러한 문제의 예는 아동은 틀린 사실이라는 점을 알고 있는데 다른 사람은 틀린 사실을 알지 못하고 옳다고 믿고 있는 상황과 관련한 문제이다. 만약 아동이 틀린 신념에 대한 이해능력을 지니고 있다면, 다른 사람은 아동 자신이 맞는다고 여기는 상황 판단에 따르지 않고, 그(그녀)의 틀린 신념에 따라 행동할 것이라고 예측할 수 있을 것이다. 틀린 신념에 대한 이해가 없는 아동은 이와 반대의 예측을 할 것이다. 초기 마음 이론이 등장했을 당시 몇몇 연구자들은 마음 이론을 뒷받침할 만한 생물학적인 근거가 있다는 것을 시사했다. 거울신경세포 시스템이 이러한 주장을 뒷받침할 만한 가능성인데, 이것은 모방학습을 위한 신경학적인 토대를 제공하며, 다른 사람의 의도와 감정을 이해하고 공감하는 데 중요한 역할을 한다. 따라서 초기 거울신경세포 시스템 부족이 모방학습을 위한 발달상의 장애를 일으킬 수 있으며, 이것은 마음발달 이론에 영향을 미치고, 그 결과 자폐증이 발병하게 된다고 보고 있다.

에릭 에릭슨은 전 생애에 걸친 사회적 발달을 심리사회적 성격발달의 8단계 이론으로 발전시켰다. 각 단계에는 해결해야 하는 두 가지 측면의 심리사회적 문제가 있다. 개인이 각 단계를 성공적으로 해결한다는 것은 그 단계의 문제에서 긍정적인 측면을 취하게 된다는 것을 의미한다. 예를 들어 유아는 생후 1년 동안 세상을 신뢰할 것인지 불신할 것인지의 문제에 부딪히게 된다. 이 문제가 성공적으로 해결된다면 유아는 세상을 신뢰하면서 다음 단계로 넘어가게 될 것이다. 에릭슨은 다섯 번째 단계에서 청소년기에 발달되어야 하는 정체성을 강조했다. 정체성 위기가 이 단계에서 나타난다. 에릭슨의 이론은 특이하게 성인기의 발달단계를 세 단계 포함하고 있는데, 이 성인기 발달단계의 포함은 다른 발달심리학자들의 연구 초점이 인생 전반에 걸친 발달로 확대되는 데에 중요한 역할을 하였다.

개념점검 | 3

- 콜버그에 의하면 하인즈가 약을 훔치지 말았어야 할 이유를 다음과 같이 설명하는 경우를 어떤 단계로 분류할 것인지 말해보라. "당신은 약을 훔치면 안 된다. 그렇게 하면 당신은 잡혀서 감옥에 가게 될 것이기 때문이다. 당신이 설사 도망갈 수 있다고 하더라도 당신의 양심은 언제든지 경찰에 잡힐지 모른다는 생각으로 당신을 괴롭힐 것이다."
- 유아의 기질이 애착 형성 과정에 중요한 이유를 설명하라.
- 권위주의적인 양육과 권위적인 양육의 차이를 설명하라.
- 틀린 신념 질문에서 틀린 신념의 개념을 발달시킨 아동과 그것을 아직 발달시키지 못한 아동들은 빅 버드가 공이 있을 것이라고 기대하는 장소에 대한 예측을 서로 다르게 하였다. 왜 이러한 차이가 생기는지 설명하라.
- 에릭슨이 말한 심리사회적 문제 또는 위기는 무엇을 의미하는지 설명하라.

학습 가이드

핵심용어

여러분은 다음 핵심용어를 명확하게 정의할 수 있어야 한다. 분명하게 정의할 수 없는 것이 있으면, 책을 다시 읽어서라도 이해해둬야 할 것이다. 모든 용어를 이해했다고 판단되면, 연습문제를 풀어보라.

가역성	발판 놓기(비계)	인습적 수준
간결한 이야기	방임적인 부모	인지발달에서의 정보처리 접근법
감각운동기	보존성	일란성 쌍둥이
과대 확장	불안정 양가 애착	일어문
과소 확장	불안정 혼란 애착	자기중심성
구체적 조작기	불안정 회피 애착	전인습적 수준
권위적인 부모	빨기 반사	전조작기
권위주의적인 부모	수정란	젖 찾기 반사
근접발달 영역	습관화	조절
기질	안정 애착	종단적 연구법
기형발생물질	애착	중심화
대상 영속성	염색체	태아 알코올 증후군
동시대 집단 효과	옹알이	허용적인 부모
동화	유아어	형식적 조작기
마음 이론	유전자	횡단적 연구법
모성어	음소	후인습적 수준
발달심리학	이란성 쌍둥이	

핵심용어 문제

다음 각 진술이 정의하는 용어를 적으라.

1. 대상이 지각을 통한 접촉과는 상관없이 독립적으로 존재한다는 개념

    _____

2. 유아들이 자신의 볼에 닿는 것을 입 쪽으로 가져가거나 입으로 빨 것을 찾도록 하는 인간의 타고난 반사

    _____

3. 인간의 생식과정에 있어 정자와 난자세포의 융합으로 형성된 수정된 난자

    _____

4. 새로운 경험에 적응하기 위해 현재 도식을 수정한다는 것을 뜻하는 피아제의 용어

    _____

5. 부모가 자식에 대해 요구적이지만, 자식들을 위해 합리적 한계를 설정하고 원활한 대화로써 양육하는 방식

    _____

6. 에인스워스의 낯선 장소 실험에서 유아가 어머니와 함께 있으면 자유롭게 주변을 탐색하지만 어머니가 사라지면 불안해하는 것처럼 보이고 다시 어머니가 나타나

면 두드러지게 반응하는 애착 유형

_____

7. 어른들이 유아들에게 이야기할 때 높고 선율적인 톤으로 짧은 문장을 사용하여 말하는 형식

_____

8. 태아기의 발달을 해치고, 출생 결함이나 때때로 죽음으로까지 이르게 하는 약, 바이러스, 질병, 신체적 조건과 같은 동인

_____

9. 동일 참여 집단의 성과를 서로 다른 연령대를 조사하여 알아내는 연구방법

_____

10. 비고츠키가 언급한 것으로 아동들이 실제로 할 수 있는 것과 타인의 도움을 받아 할 수 있는 것과의 차이

_____

11. 언어에서 다른 것들과 구별되는 가장 작은 소리 단위

_____

12. 두 단어로 이루어진 문장을 사용하는 것

_____

13. 사물의 형태가 변해도 양적인 특성은 유지된다는 인식

_____

14. 학생의 근접발달 영역수준의 향상을 목표로 하면서 교사가 학생의 수행수준과 관련지어 도움수준을 조절하는 교수기법

_____

15. 사람을 특정한 방식으로 행동하게끔 만드는 내적인 경향이나 기질적인 부분

_____

연습문제

다음은 이 장의 내용에 관한 선다형 연습문제이다. 해답은 개념점검 모범답안 뒤에 있다.

1. 인간의 임신에 있어서 수정된 난자의 다른 이름은 _____이다.
   a. 유전자　　　　　　　b. 수정란

   c. 염색체　　　　　　　d. 기형발생물질

2. 약 6~7개월 된 유아는 다양한 음절을 주기적으로 반복하기 시작한다. 이것을 _____(이)라 부른다.
   a. 유아어　　　　　　　b. 일어문
   c. 간결한 이야기　　　　d. 옹알이

3. 피아제의 인지발달 이론에 따르면 아동들이 상징적인 능력은 있지만 보존성이 부족한 단계를 _____라고 한다.
   a. 감각운동기　　　　　b. 전조작기
   c. 구체적 조작기　　　　d. 형식적 조작기

4. 피아제의 이론에 따르면 _____은(는) 현재의 도식으로 새로운 경험을 해석하는 것이고, _____은(는) 새로운 경험에 맞추어 현재의 도식을 수정하는 것이다.
   a. 동화, 조절　　　　　b. 조절, 동화
   c. 가역성, 중심화　　　d. 중심화, 가역성

5. 유아들이 실제 할 수 있는 것과 타인의 도움을 받아 할 수 있는 것과의 차이를 뜻하는 비고츠키의 용어는 _____이다.
   a. 근접발달 영역　　　　b. 성감대
   c. 발판 놓기(비계)　　　d. 동시대 집단 효과

6. 서로 다른 연령대의 사람들이 어떠한 기간 내에 한 시점에서 연구되어 서로 비교하는 연구방식을 _____(이)라 한다.
   a. 횡단적 연구법　　　　b. 종단적 연구법
   c. 습관화　　　　　　　d. 발판 놓기(비계)

7. 콜버그에 따르면 한 사람이 벌 받는 것을 피하기 위해 규칙과 법을 따르는 것을 _____ 윤리단계에 있다고 말한다.
   a. 전인습적　　　　　　b. 인습적
   c. 후인습적　　　　　　d. 애착

8. 에인스워스에 의하면 아이가 낯선 장소에서 어머니가 사라졌을 때 거의 걱정하는 것처럼 보이지 않다가 어머니가 돌아왔을 때 어머니를 무시하는 유형을 _____ 애착이라고 한다.
   a. 안정　　　　　　　　b. 불안정 혼란
   c. 불안정 양가　　　　　d. 불안정 회피

9. 다음 중 어떤 양육방식이 자녀들의 학구적인 성공, 행복함, 독립심, 자신감 등과 가장 긍정적으로 연관되어 있는가?

a. 권위적인 양육
b. 권위주의적인 양육
c. 허용적인 양육
d. 방임적인 양육

10. 에릭슨의 심리사회적 발달단계 이론에 따르면 _____은(는) 사람이 사춘기 동안에 직면하게 되는 문제이다.

a. 주도성 대 죄의식
b. 자신감 대 열등감
c. 정체성 대 역할 혼미
d. 친밀감 대 고립감

11. 태아기 발달 시기의 (임신 후 대략 두 달 뒤에 시작되는) _____ 동안 신체의 구조와 기관이 성장을 완료한다.

a. 배아기
b. 태아기
c. (발달) 초기
d. 수정란

12. 어떠한 자극에 대해 한 번 익숙해지면 신체적 반응이 줄어들게 되는 것을 _____(이)라고 부른다.

a. 동화
b. 중심화
c. 습관화
d. 보존성

13. 4살 된 조니가 여러분이 보고 있는 텔레비전을 가로막은 채 여러분 앞에 서 있다. 조니는 자신이 하고 있는 행동에 대해 인식하지 못하고 있다. 그가 생각하기에, 그가 보는 것을 여러분도 그대로 볼 것이라고 생각한다. 조니의 행동이 보여주는 것은 _____이며, 피아제의 인지발달 이론 중 _____ 단계에 있다.

a. 자기중심성, 구체적 조작기
b. 자기중심성, 전조작기
c. 중심성, 구체적 조작기
d. 중심성, 전조작기

14. 18개월 된 미셸에게는 샘이라는 반려견이 있다. 미셸은 모든 강아지를 다 샘이라고 부른다. 미셸의 행동이 보여주는 것은 _____이다.

a. 옹알이
b. 일어문
c. 확장 부족
d. 과대 확장

15. 성인기 때 지식의 연구에서 유동지능 능력은 나이가 들어가면서 _____하고, 결정지능 능력은 나이가 들어가면서 _____하는 연구결과를 보여준다.

a. 증가, 증가
b. 증가, 감소
c. 감소, 증가
d. 증가, 감소

개념점검 1의 모범답안

• 기형발생물질들은 약물이나 바이러스, 그리고 질병과 영양실조처럼 태내의 발달을 저해하고 출산문제를 일으키거나 심지어는 죽음에 이르도록 할 수 있는 조건들이다. 이것들은 태내의 환경적 요인, 즉 유전(천성) 때문에 일어나는 것이므로 양육과 관련이 있다.

• 습관화는 자극이 친숙해지면서 생리적인 반응이 감소하는 것을 말하며 유아가 어떤 자극을 지각하여 구분할 수 있는지 결정하는 데 사용되었다. 다시 말하면 유아가 새로운 어떤 자극을 이전의 자극보다 오랫동안 바라본다면 유아는 두 자극 간의 차이를 지각할 수 있다는 뜻이 된다. 연구자들은 이러한 바라보는 행동뿐만 아니라 젖꼭지를 빠는 정도의 변화나 심장박동의 변화도 측정하여 사용한다.

개념점검 2의 모범답안

• 언어발달 과정에 있어서 과대 확장과 과소 확장은 단어를 너무 광범위하게 사용하는가 아니면 너무 좁은 뜻으로 사용하는가와 관련이 있다. 한 단어의 뜻을 정확하게 확장시켜 사용하는 법을 우리는 경험을 통해 배우게 된다. 과대 확장은 과대 동화(조절이 필요한 경우임에도 불구하고 부정확하게 새로운 대상을 이미 존재하는 그 단어의 도식에 동화시키려 시도함)로 볼 수 있다. 과소 확장은 과소 동화(새로운 대상을 존재하고 있는 그 단어의 도식에 동화시키는 데 실패함)로 볼 수 있다. 과대 확장에서 아동은 조절이 필요한 상황에서 동화를 하였고 과소 확장에서 아동은 동화가 필요한 상황에서 동화를 하지 않았다.

• 피자를 8조각으로 나누면 6조각으로 나눌 때보다 양이 더 많아진다고 생각한 아동은 아마도 전조작기에 해당하는 아동일 것이다. 왜냐하면 그 아동은 보존성의 개념을 이해하고 있지 못하기 때문이다. 그 아동은 자신의 주의를 조각의 수에만 집중하고 각 조각의 크기에는 주의를 기울이지 못하고 있는 것이다.

• 근접발달 영역과 발판 놓기(비계) 두 개념을 통합하여

교육방법을 개발할 수 있다. 첫째, 근접발달 영역(아동이 실제로 할 수 있는 것과 도움을 받으면 할 수 있는 것 간의 차이)을 결정한다. 그러고는 발판 놓기(비계)(제공하는 도움의 정도를 아동의 수행수준에 따라 조절해감)를 통해 아동이 근접발달 영역의 상위수준으로 향할 수 있도록 학습의 구조를 조정하고 안내를 제공한다.

- 횡단적 연구에서는 다른 연령대의 참가자 집단을 일회적으로 연구하는 데 반해 종단적 연구에서는 일련의 참가자 집단을 오랜 시간에 걸쳐 나이가 들어감에 따라 여러 차례 연구한다. 횡단적 연구는 시간과 비용이 적게 들지만 연구에 참여한 집단 세대가 공유하는 독특한 특성에 의해 생길 수 있는 동시대 집단 효과에 취약하다. 종단적 연구는 같은 참가자들이 다른 연령에서 측정되기 때문에 동시대 집단 효과에 영향을 받지는 않는다. 하지만 참가자가 사망하는 경우처럼 표본집단이 시간이 지나면서 변화할 수 있기 때문에 결과에 영향을 미칠 수도 있다.

을 감춰 버린 장소인 장난감 상자에서 빅 버드가 공을 찾을 것이라고 예측하는데, 이것은 아동이 다른 사람들이 자신과는 다른 의견을 가질 수 있다는 것에 대해 이해하지 못하기 때문이다. 만약 아동이 틀린 신념에 대한 이해를 한다면, 그는 빅 버드가 이전에 공을 넣은 장소인 상자에서 공을 찾을 것이라고 예측할 것이다. 왜냐하면 그는 다른 사람이 자신과는 다른 믿음을 가질 수 있다는 것을 인식하기 때문이다.

- 에릭슨은 발달단계마다 해결되어야만 하는 중요한 심리사회적 문제 또는 위기(예 : 정체감 대 역할 혼미)가 있고, 문제의 해결과정은 한 사람의 발달과정에 지대한 영향을 미친다고 생각했다. 각각의 위기에는 긍정적 · 적응적 해결책과 부정적이며 부적응적인 해결책이 있다고 보았다. 이슈가 긍정적으로 해결된 경우는 사회적 능력이 향상되고 다음에 맞닥뜨릴 문제보다 적절히 준비된 상태가 된다.

개념점검 3의 모범답안

- 하인즈는 잡혀서 감옥에 갈 수 있기 때문에 약을 훔쳐서는 안 된다고 말하고 있다 — 처벌. 잡히지 않는다 하더라도 그의 양심은 여전히 그에게 벌을 줄 것이다. 그러므로 콜버그는 약을 훔치면 안 되는 이유에 대한 이러한 대답을 사람들은 벌을 면하기 위해서 규칙을 준수해야 한다고 하는 1단계(처벌 지향)의 대답으로 분류할 것이다.

- 유아의 기질은 특정한 방식으로 행동하도록 이끄는 타고난 방향성이다. 그것은 유아가 자신을 돌보는 사람과 관계하는 동안 보이는 반응성이나 얼마나 행복해하는가, 얼마나 우는가 등을 결정한다. 유아의 기질은 매우 다양하다. 유아의 기질이 부모의 양육 기대와 부모의 성격과 잘 맞게 되면 애착 형성에 유리하게 작용한다. 만약 그 반대라면 물론 불리하게 작용할 것이다.

- 권위주의적인 부모는 질문 없는 완전한 복종을 기대하고 요구하며 자녀들의 욕구에 대하여 반응하지 않고 대화도 잘 하지 않는다. 권위적인 부모들은 요구를 하되 논리적인 범위 내에서 한다. 맹종을 요구하기보다는 규칙에 깔려 있는 논리를 설명해준다. 권위주의적 부모들과 달리 자녀들의 욕구에 반응하고 잘 대화한다.

- 틀린 신념에 대한 이해가 없는 아동은 쿠키 몬스터가 공

핵심용어 문제의 답

1. 대상 영속성	9. 종단적 연구법
2. 젖 찾기 반사	10. 근접발달 영역
3. 수정란	11. 음소
4. 조절	12. 간결한 이야기
5. 권위적인 양육	13. 보존성
6. 안정 애착	14. 발판 놓기(비계)
7. 유아어	15. 기질
8. 기형발생물질	

연습문제의 답

1. b	9. a
2. d	10. c
3. b	11. b
4. a	12. c
5. a	13. b
6. a	14. d
7. a	15. c
8. d	

Jackie Saccoccio and Van Doren Waxter, NY.

8 | 성격 이론과 성격 평가

지능과 마찬가지로 성격에 대한 정의를 내리는 것은 대단히 어렵다. 성격에 대해 심리학자들 모두가 동의할 만한 정의를 내리기 어려운 이유는 성격이라는 용어를 일상생활에서 제각각 사용하고 있고, 또 그 의미에 대해 자기 나름대로 알고 있다고 생각하기 때문이다. 우리가 일반적으로 말하는 '성격'이란 개인의 특성이 되는 행동과 사고의 양식이다. 만약 누가 여러분의 가장 친한 친구나 어머니의 성격에 대해 설명해보도록 요청한다면, 여러분은 개인의 행동 특징(두드러지는 성질)을 정의하기 위해 아마 '상냥한' 이나 '독립적인' 그리고 '정직한'과 같은 일련의 형용사로 대답할 것이다. 또한 이러한 행동으로 나타난 개인의 특징은 그 개인의 내부로부터 표출된 것이며 개인의 본질적인 특징을 나타낸다고 가정할 것이다. 일단 이러한 정의(개인 내부에 기초한 행동과 사고의 특징적인 방식)는 이 장에서 말하고자 하는 **성격**(personality)에 대한 적절한 정의라고 할 수 있겠다.

> **성격** 개인 내부에 기초한 행동과 사고의 특성

    심리학자들은 이러한 내면적인 특징들을 성격 특질(personality traits)이라고 부른다. 각 특질은 그 정도에 따라 양극단을 가진 연속적인 어떤 것으로 이해해볼 수 있고, 개인은 이러한 연속선상의 어딘가에 위치하는 정도의 특질을 가진 것으로 생각해볼 수 있다. 예를 들면 친절함의 양극단은 '매우 친절함'과 '매우 불친절함'이라 할 수 있는데, 개인은 이러한 친절함의 가상적 연속선상 어딘가에 위치하는 정도의 친절함을 가지고 있을 것이다. 이러한 특질의 차원들이 모여서 개인의 성격을 이루고 있는 기본적 구성요소들이 만들어진다고 할 수 있다. 결국 개인의 성격은 각 성격 특질들이 어떤 형태로 패턴을 이루어 나타나고 있는가에 의해 결정되는데, 그 결과 나타나는 다양한 패턴은 성격에서의 개인차가 나타나도록 만든다. 그렇다면 이렇게 사람이 서로 제각각 다른 원인은 무엇일까? 각각의 사람들을 특징짓는 그 고유함은 과연 무엇에서 비롯된 것일까?

    성격차에 대한 이론들은 인류 역사를 통해 계속 제시되었다. 예컨대 고대 그리스인들은 인간의 정신건강(성격)은 네 가지 체액, 즉 흑담즙, 황담즙, 혈액, 점액들이 어떻게 몸속에서 균형을 이루는가에 의해 결정된다고 생각했다. 19세기 초 프란츠 갈은 골상학 이론을 통해 성격은 개인의 머리 외형과 두상에 따라 결정된다고 주장하였다. 20세기에 들어 윌리엄 셸던은 그 사람이 가지고 있는 체형에 따라 그 사람의 성격이 결정된다고 제안하였다. 그럼에도 불구하고 어떠한 이론도 성격차에 대한 설명을 명확히 제시하지는 못했다.

    오늘날 성격에 관한 많은 이론적인 접근이 있지만 우리의 논의는 네 가지, 즉 정신분석적 접근, 인본주의적 접근, 사회인지적 접근, 특질 이론으로 제한될 것이다. 이 이론들은 성격의 차이를 설명하는 방식과 강조점, 연구하는 내용 면에서 매우 큰 차이가 있다. 정신분석적 이론은 무의식적인 힘과 어린 시절의 경험이 어떻게 상호작용하여 성격을 결정하는지 강조한다. 인본주의적 이론은 인간의 성장 동기를 강조한다. 사회인지적 이론은 사고의 과정과 타인과의 상호작용의 중요성을 강조한다. 특질 이론은 기본적인 성격 차원의 역할을 강조한다. 앞으로 우리는 각 이론이 강조하고 있는 내용들에 초점을 두고 공부해 나갈 것이므로 여러분이 생각하는 것만큼 이론

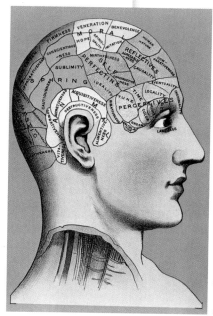

19세기 초에 프란츠 갈은 골상학 이론(phrenology theory)이라는 성격 이론을 주장하였다. 그에 따르면 사람의 성격은 두개골의 형태와 관련이 깊고 들어간 부분과 나온 부분의 형태를 측정하면 성격을 알 수 있다고 하였다. 이 그림은 그가 특정 성격 특질과 관련이 있다고 보았던 두개골의 부분을 그림으로 나타낸 것이다. 제2장에서 배운 것처럼 뇌에서 언어를 담당하는 특정 영역이 있다는 사실과 같이 프란츠 갈의 이론이 일부 들어맞는 부분도 있지만 사실 두개골의 튀어나온 정도나 영역은 성격과는 별로 관련이 없다.

간의 연속성은 많지 않을 것이다. 그러나 이 점은 이론들의 다양한 접근방법을 생각해볼 때 어쩔 수 없는 측면이다.

또한 네 가지 접근 중 앞의 세 가지 접근법은 성격발달 과정에 생기는 문제점에 초점을 두고 있다. 따라서 이 세 가지 이론은 그러한 문제점을 다루기 위한 치료법(이론에 기초한)의 발달에 영향을 미쳤다. 대표적인 예가 프로이트가 발전시킨 정신분석적 접근이다. 그리고 인본주의적 접근과 사회인지적 접근에서 발전시킨 유명한 치료법도 있다. 우리는 제10장에서 이러한 치료법들을 논의할 것이다.

특질 이론은 치료적인 접근은 아니다. 이것은 성격에 대한 기술적인 접근이다. 주요 목적은 인간의 성격을 묘사하는 데 필요한 행동의 각 요인의 특질군을 확인해 내는 것이다. 특질 이론은 치료법을 제안하는 대신, 그들이 이론화한 성격의 각 요인을 측정하기 위해 구조화된 성격검사를 개발하였다. 그래서 우리는 이번 장의 마지막 부분에서 특질 이론과 성격 평가를 함께 짝지어 공부하게 될 것이다. 우리는 먼저 세 가지 이론적인 접근(정신분석적 접근, 인본주의적 접근, 사회인지적 접근)에 대해서 배울 것이다. 인본주의적 접근과 사회인지적 접근은 초기 정신분석적 접근과 행동주의적 접근에 대한 반발로 일어났다. 그렇기 때문에 우리는 이 두 이론을 두 번째 단락에서 함께 다루었다. 성격에 대한 초기 행동적 접근은 보다 광범위한 사회인지적 접근 부분에 포함하였다. 먼저 프로이트의 정신분석적 이론부터 살펴보기 시작할 텐데 정신분석적 이론은 성격 이론뿐만 아니라 20세기 문화 전반에 지대한 영향을 미쳤다.

정신분석적 접근

프로이트는 19세기 초부터 시작해 1939년 사망할 때까지 지속적으로 성격에 대한 정신분석적 이론을 발달시켰고 그의 이름은 정신분석의 상징처럼 간주되고 있다. 그의 첫 번째 단독 저서인 꿈의 분석(*The Interpretation of Dream*)은 1900년에 발표되었고 20권 이상의 다른 저서들이 뒤를 이어 발표되었다. 프로이트의 정신분석 이론을 통해 소개된 다수의 중요한 개념들(원초아, 자아, 방어기제, 오이디푸스 갈등, 실언 등)이 현대 문화의 중심에 자리 잡고 있다는 것은 그 이론의 지대한 영향력을 가늠해볼 수 있는 부분이다. 프로이트의 이론은 보통 고전적 정신분석 이론이라고 불린다. 이것은 프로이트의 제자들에 의해 발전된 정신분석 이론들, 그리고 동시대 다른 정신분석 이론들과 구분하기 위한 것이다. 프로이트의 제자들은 보통 신('neo'는 그리스어로 'new'라는 뜻) 프로이트학파(neo-Freudian)라고 불린다. 신프로이트학파 이론들은 고전적 정신분석 이론과 맥을 같이하는 부분이 많았고, 이후에 보다 다양하게 발전하게 된다. 현대의 정신분석적 이론들은 프로이트의 초기 연구 내용으로부터 여러 가지 면에서 점점 멀어진 것이 사실이다. 또한 어린 시절 경험의 중요성, 무의식적인 사고과정, 내적 역동의 발현을 강조하지만 프로이트의 결정론적 인간관의 개념을 많이 사용하지도 않고 성격의 기원으로서 성에 초점을 두지도 않는다. 이 단락에서는 우선 프로이트의 고전적 정신분석 이론에 대해 논의할 것이고, 그 후 신프로이트학파 이론 중에서 중요한 내용들을 살펴볼 것이다.

지그문트 프로이트

고전적 정신분석 이론

프로이트는 비엔나대학교에서 의학박사 학위를 받고 정서적인 장애가 있는 환자를 치료하는 임상신경의로서 병원을 개업했다. 이런 환자들을 돌보면서 프로이트는 성이 정서적인 문제에서 중요한 원인이 된다는 사실을 확신하게 되었다(Freud, 1905/1953b). 유아의 성욕을 중요하게 보는 성에 대한 그의 생각은 그의 성격 이론의 핵심 요소가 되었다(Freud, 1900/1953a, 1901/1960, 1916 & 1917/1963, 1933/1964). 신프로이트학파는 프로이트만큼 성을 강조하지는 않았다. 프로이트의 이론에 대한 이해를 돕기 위해 다음 세 가지 주요 요소를 고려해보겠다. (1) 무의식의 역할이 특히 강조되는 의식의 다른 수준들, (2) 성격의 세 부분, 즉 원초아, 자아, 초자아 간의 역동적인 상호작용, (3) 성격발달에서의 심리성적 발달 이론.

의식의 세 수준　프로이트에 따르면 정신세계에는 세 가지 의식수준이 있으며, 이는 의식, 전의식, 무의식으로 나뉜다(그림 8.1 참조). 이러한 의식의 세 가지 수준은 프로이트의 유명한 빙산 모델로 비유할 수 있다. 빙산이 보이는 수면 위의 부분이 **의식**(conscious mind)이다. 이것은 우리가 현재 의식하고 있는 것이다. 기억 중에서도 이것은 단기기억에 해당된다. 바로 지금 우리가 생각하고 있는 것이다. 수면의 바로 아래에 있는 부분은 **전의식**(preconscious mind)이다. 이는 현재 인식하고 있지는 않지만 원하면 인식할 수 있는 기억이다. 이것은 장기기억에 해당된다. 예를 들면 여러분은 지금 여러분의 생일에 대해 생각하고 있지 않지만 만약 누군가가 여러분의 생일에 대해 물으면, 그 정보를 전의식에서 의식의 수준으로 끌어올릴 수 있다.

　의식의 세 번째 수준인 **무의식**(unconscious mind)은 프로이트가 그의 이론에서 가장 강조한 부분이다. 빙산 모델에서 보면 수면 아래 깊이 숨겨져 있는 빙산의 가장 큰 부분이다. 이는 우리가 자유롭게 접근할 수 없는 부분이기도 하다. 프로이트에 의하면 이 영역은 생물적으로 본능적인 추동(식욕/성욕)을 포함한 모든 행

의식　현재 인식하고 있는 것을 지칭하는 프로이트의 용어

전의식　현재 인식되고 있지는 않지만 접근 가능하고 인식에 이르게 할 수 있는 내용에 대한 프로이트의 용어

무의식　인식할 수 없는 정신 영역을 지칭하는 프로이트의 용어

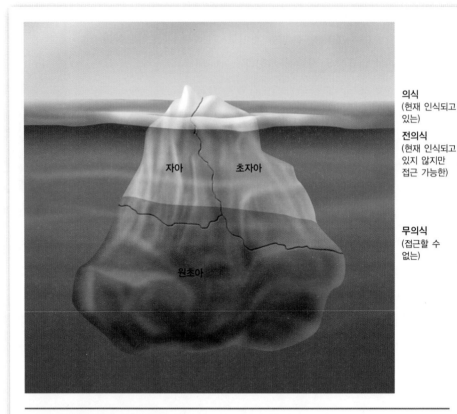

그림 8.1 프로이트의 의식의 빙산 모델

빙산 모델에서 수면 위의 작은 부분이 의식이다. 표면 바로 아랫부분이 전의식이고, 가장 중요한 부분인 수면 아래의 큰 부분이 무의식이다. 개인은 자신의 의식과 전의식의 수준에만 접근할 수 있다. 의식은 개인이 현재 생각하고 있는 것이고 전의식은 의식으로 이끌어낼 수 있는 정보들이다.

동과 감정에 대한 중요한 동기, 수용할 수 없는 억압된 생각과 기억, 감정, 그리고 특히 생애 초기 경험 가운데 미해결된 갈등을 포함하는 영역이다. 이러한 동기들을 더 잘 이해하기 위해서 프로이트가 말한 성격의 구조 이론과 심리성적 발달 이론에 대해 더 자세히 알아야 할 필요가 있다.

성격 구조의 세 부분   프로이트는 성격의 구조를 원초아, 자아, 초자아로 나누었다. 그는 이 세 구조의 역동적인 상호작용에 의해 성격이 만들어진다고 생각했다. **원초아(id)**는 성격의 근원적인 부분으로 이것만이 출생 때부터 존재하고 나머지 두 구조는 원초아에서 비롯된다. 그림 8.1과 같이 원초아는 인간정신의 무의식 전 부분에 걸쳐 존재한다. 원초아는 생물적 본

원초아 출생 시부터 존재하는 성격의 한 부분으로 본능적인 추동을 만족시키려고 하는 무의식의 전 영역에 위치해 있는 것

능의 추동이며, 무의식에 위치하는 성격의 원시적인 요소이다. 프로이트는 이 본능적인 추동을 삶의 본능(생존, 생식, 음식/물/성과 같은 것을 추구하는 쾌락의 원리)과 죽음의 본능(생존을 어렵게 하는 파괴성과 공격성)으로 나누었다. 프로이트는 자신의 이론에서 죽음의 본능은 그리 중요하지 않은 것으로 보고 삶의 본능을 더 강조했는데, 특히 '성'을 강조했다. 원초아는 정신 에너지를 포함하고 있는데, 이는 결과를 고려하지 않고 생겨나는 추동을 즉각적으로 만족하는 **쾌락원리**(pleasure principle)에 의해 본능적인 추동을 만족시키려 한다. 따라서 원초아는 전적으로 자기중심적이고 마치 추동을 만족시키는 데에만 집중하는 '버릇없는 아이'와 같다. 예를 들어 여러분이 배가 고프다면 쾌락원리를 사용하는 원초아는 그 음식이 누구의 것이든지, 먹어서 어떤 결과가 나타나든지 개의치 않고 그 음식을 당장 먹도록 만들 것이다.

원초아를 완전히 만족시키며 살아갈 수 없다는 것은 분명하다. 우리는 원초아의 본능적 추동을 만족시키기 위해 원하는 모든 것을 마음대로 다 가질 수는 없다. 우리의 행동은 사회적 규범과 법에 의해 제한된다. 성격은 사회적인 제한 범위 내에서 우리의 필요를 충족시키는 방법을 발견함으로써 발달하게 된다. 성격 구조의 두 번째 부분인 **자아**(ego)는 생후 1년부터 발달하기 시작해서 생의 나머지 동안 원초아의 요구에 대하여 현실적인 가이드라인을 그려 나간다. 이론적으로 자아는 원초아에서 비롯되기 때문에 원초아로부터 사용할 정신 에너지를 끌어낸다. 자아는 원초아의 추동을 적절히 만족시키면서 동시에 성격을 보호하는 일을 담당한다.

자아는 성격의 실용적 측면을 대변한다. 이것은 행동하기 전에 그 행동의 위험성을 저울질해보는 역할을 한다. 자아는 **현실원리**(reality principle)를 사용하는데, 이는 현실적인 제한(사회적 규범과 법) 범위 내에서 본능적인 추동을 만족시키는 방법을 발견하도록 만든다. 이를 위해서 자아는 의식의 세 부분 모두에 걸쳐 작용하고 있다(그림 8.1 참조). 자아는 원초아와 접해 있기 때문에 무의식에도 위치해야 하고, 현실(외부 세계)에 접해 있기 때문에 의식과 전의식에도 위치해야 한다. 자아는 자신의 역할을 수행하기 위해 기억과 합리성 같은 의식적인 사고과정을 사용한다.

자아는 성격의 관리자나 집행자로서의 기능을 한다. 자아는 원초아의 본능적인 추동과 현실 사이에서, 그리고 추동과 세 번째 성격 구조인 초자아 사이에서 중재하는 역할을 감당해야 하는데, 이 **초자아**(superego)는 양심을 대변하고, 특히 사회·문화적으로

쾌락원리 결과를 고려하지 않고 본능적인 추동을 즉각적으로 만족시키려고 하는 원리

자아 생후 1년부터 발달하기 시작해서 생의 나머지 동안 원초아의 본능적인 추동에 대한 현실적인 가이드라인을 제시해 나가는 성격의 한 부분

현실원리 현실적인 제한(사회 규범) 범위 내에서 본능적인 추동을 만족시키려는 원리

초자아 개인의 양심과 행동의 이상적인 기준을 나타내는 성격의 한 부분

이상화된 행동의 기준을 나타낸다. 초자아는 어린 시절에 발달하고 자아와 같이 원초아에서 비롯되며, 의식의 모든 수준에 걸쳐 영향을 주고받는다. 이것은 자아가 어떻게 움직여야 마땅한가를 말해준다. 따라서 초자아는 도덕원리에 따라 행동하도록 자아에게 지시하는 역할을 하는 것이다. 예를 들면 원초아는 식욕이 만족되기를 원하고, 자아가 그 음식을 훔치더라도 잡히지 않는 방법을 발견했다고 한다면, 초자아는 그러한 행동을 하는 것에 대해 죄책감이 들게 하고 비난함으로써 그 개인을 압박하며 그런 행동을 하지 못하도록 위협할 것이다. 결국 초자아와 원초아의 요구는 갈등을 일으키게 될 것이고, 자아는 현실의 제한적 범위 내에서 이 갈등을 해결해야 할 것이다. 이러한 갈등 해결자로서의 역할은 쉬운 일이 아니다.

자아의 임무가 어려운 이유가 여기에 있다. 부모님이 여러분에게 하는 여러 가지 요구로 인해 갈등이 생겨나고 있다고 상상해보라. 예컨대 당신이 어떤 대학에 들어갈 것인지를 결정하고자 할 때, 아버지는 학비가 싼 국립대학에 입학하기를 원하고 어머니는 자신의 모교인 유명 사립대학에 입학하기를 원하며, 여러분의 남자친구(또는 여자친구)는 지방에 있는 대학에 들어가서 함께 학교에 다니자고 한다. 여러분은 이 세 가지 요구를 모두 만족시키기를 원하지만, 이 요구들은 서로 상충되기 때문에 모두 만족시키는 것은 사실상 불가능하다. 이것은 세 주인(원초아, 초자아, 현실) 사이에서 중재자로서 역할을 해야 하는 자아가 종종 겪게 되는 문제이다. 불안에 압도되는 것을 피하기 위해 자아는 프로이트가 말한 **방어기제**(defense mechanism)를 사용하는데, 이는 현실을 왜곡해서 불안으로부터 우리를 보호하는 과정이다(Freud, 1936). 자아는 억압, 전위, 합리화 등을 포함한 자기기만을 위한 다양한 방어기제를 가지고 있다. 표 8.1에 몇 가지 방어기제에 대한 설명과 예가 제시되어 있다.

프로이트는 방어기제 중 억압을 가장 기본적인 것으로 생각했다. 만약 우리가 (무의식에서 비롯된) 수용할 수 없는 감정, 기억, 사고를 인식하지 못한다면, 우리는 그것에 대해 불안을 느끼지 않을 것이다. 여기에서 억압은 자동으로 (의식적인 인식 없이) 일어난다고 한 프로이트의 말을 기억하는 것이 중요하다. 일단 억압이 일어나면 우리는 사고, 사건, 충동에 대해 의식적으로 기억할 수 없게 된다. 프로이트는 방어기제가 불안을 다루어 준다고 생각했지만 방어기제에만 의존하게 되면 현실을 직시하지 않게 될 수도 있다. 방어기제는 우리가 직면한 문제들을 해결하는 것을 방해할 수도 있다. 그래서 가장 좋은 방어기제는 방어기제를 전혀 사용하지 않는 것이다. 문제에 직면하는 것은 현실이 우리가 걱정

방어기제 현실을 왜곡시켜 불안으로부터 개인을 보호하기 위해 자아가 사용하는 과정

표 8.1	프로이트의 방어기제	
방어기제	정의	예
억압	고통스러운 기억이나 생각을 무의식적으로 의식에 떠오르지 않게 하는 것	목격한 범죄에 대해 충격적인 사건을 기억하지 못함
퇴행	현재보다 어린 시절의 미성숙한 행동으로 후퇴하는 것	자신이 원하는 방식대로 되지 않을 때 격렬하게 화를 냄
부인	불안을 일으키는 현실에 대해 인정하기를 거부하는 것	배우자가 다른 사람과 사랑에 빠졌다는 증거에 대해 받아들이지 않음
전위	용납할 수 없는 감정을 원래 감정을 일으킨 대상보다 덜 위험한 대상에게 발산하는 것	직장 상사에 대한 분노를 상사에게 표출하지 않고 배우자나 자녀들에게 고함을 지름으로써 나타냄
승화	사회적으로 용납할 수 없는 충동을 인정되는 행동으로 전환시키는 것	공격 욕구를 축구 게임으로 바꾸거나 부적절한 성적 욕구를 예술활동으로 바꿈
반동 형성	용납할 수 없는 충동에 반대되는 태도나 행동을 보이는 것	원하지 않았던 아이에 대해 과도하고 무절제하게 관심을 가짐
투사	자신의 용납할 수 없는 감정을 자신이 아닌 타인에게 책임지우는 것	자신이 바람을 피우고 싶다는 감정을 느끼고 남자친구가 바람을 피운다고 비난함
합리화	용납할 수 없는 감정, 사고, 행동에 대해 거짓으로 변명하는 것	모두가 시험에서 부정행위를 한다고 말함으로써 자신의 부정행위를 정당화함

한 것만큼 나쁘지 않다는 것을 깨닫게 하고, 현실을 왜곡하는 것보다는 그 현실을 변화시키기 위해 의식적으로 노력하는 것이 더 유익하다는 것을 배우게 한다.

프로이트는 건강하지 않은 성격은 우리가 방어기제에 너무 의존할 때뿐만 아니라 원초아와 초자아가 너무 강하거나 또는 자아가 너무 약할 때도 발달한다고 생각했다. 이러한 경우에는 원초아와 초자아를 중재해야만 하는 자아의 역할이 혼란스러워지게 된다. 예를 들면 자아가 약한 사람은 자기중심적인 성격이 되어 원초아의 욕구를 막을 수 없을 것이다. 또한 초자아가 너무 강한 사람은 죄책감에 얽매인 성격이 되어 도덕적인 것에 너무 치중할 수도 있다. 건강한 성격이란 원초아, 자아, 초자아가 조화롭게 상호작용하여 세 가지 중 어느 하나에 의해 지배되지 않는 성격이다.

이 세 가지 성격 간의 균형에 더해 프로이트는 성인기의 성격 특성을 결정하는 생애 초기 6년간 경험의 중요성을 강조했다. 초기 아동기 경험이 성격에 영향을 미친다는 프로이트의 이론을 정확히 이해하기 위해 이제 그의 심리성적 발달단계 이론을 살펴보도록 하겠다.

"이봐요, 그것을 '부인'이라고 부르고 싶다면 그렇게 해요. 하지만 내 사생활은 내가 상관할 바가 아니거든요!"

프로이트의 심리성적 발달단계 이론 프로이트는 자신의 심리성적 발달단계 이론을 발전시키면서 아동들을 관찰하는 데 그리 많은 시간을 보내지는 않았다. 심리성적 발달단계 이론은 프로이트 자신의 어린 시절에 대한 기억과 부모와의 상호작용 경험, 그리고 환자들이 말해준 그들의 어린 시절에 관한 기억을 바탕으로 모은 사례들로부터 발전되었다.

심리성적 이론의 두 가지 주요 개념은 성감대(성적 쾌감을 얻는 부위)와 고착이다. **성감대**(erogeneous zone)는 심리성적 발달의 각 단계 동안에 원초아의 쾌락추구 에너지가 초점을 두게 되는 신체의 특정 부위로서 성감대는 자극을 받게 될 때 쾌감을 느끼고 본능적인 만족감을 경험하게 해준다. 각 단계는 성적인 만족을 얻는 이러한 신체부위의 위치에 따라 이름 지어지고 각 부위의 변화는 새로운 단계의 시작을 의미하게 된다. 첫 번째 단계는 구강기인데 성적 만족을 얻는 부위가 입이며 성적 쾌락은 빨기와 같은 입의 행동으로 얻게 된다. 프로이트는 심리성적 발달단계로 구강기, 항문기, 남근기, 잠복기, 성기기의 5단계를 제시했다. 각 단계에 대한 성감대는 표 8.2에 나타나 있다.

프로이트의 고착 개념은 어린 시절의 경험이 성인의 성격 형성에 어떻게 영향을 미치는가에 대한 프로이트의 생각을 이해하는 데 중요한 역할을 한다. 각 발달단계 동안 본능적인 욕구가 과도하게 충족되거나 좌절되면 원초아의 쾌락추구 에너지의 일부가 그대로 남게 되는데, 이때 **고착**(fixation)이 일어난다고 본다. 욕구가 과도하게 충족된 사람은 그 단계에 계속 머무르려고 하고 다음 단계로 가지 않으려고 하는 반면, 욕구를 채우지 못하고 좌절된 사람은 그 욕구가 충족될 때까지 다음 단계로 넘어갈 수 없다.

성감대 특정한 심리성적 발달단계 동안 원초아의 쾌락추구 에너지가 초점을 두게 되는 신체의 특정 부위

고착 발달단계에서 너무 많은 만족을 느끼거나 좌절을 느끼면 원초아의 욕구가 해소되지 않아 다음 단계의 발달로 자연스럽게 넘어가지 못하는 상태

고착의 정도가 심할수록 원초아의 쾌락추구 에너지는 해당 단계에 더 많이 남아 있게 된다. 그러한 고착은 평생 계속되고 그 사람의 행동과 성격 특성에 영향을 미친다. 예를 들면 과도한 욕구 충족으로 구강기에 고착된 사람은 흡연, 섭식, 음주와 같은 구강행동에 집착한다. 입을 통한 욕구가 과도하게 충족된 사람들은 계속되는 자신의 욕구를 충족하기 위해 타인에게 의존할 것이고 이러

표 8.2	프로이트의 성격발달의 심리성적 발달단계	
단계(연령대)	성감대	행동 초점
구강기(출생~18개월)	입, 입술, 혀	빨기, 물기, 씹기
항문기(18개월~3세)	항문	배변, 용변 참기와 용변 보기
남근기(3~6세)	생식기	성기를 자극하고 반대 성을 지닌 부모에게 관심을 갖고 도덕성과 성 역할을 배우기 위해 동성 부모에 동일시
잠복기(6세~사춘기)	성감대 없음	인지적·사회적 발달
성기기(사춘기 이후~성인기)	생식기	성숙한 성 정체성과 친밀한 관계의 경험

한 패턴은 의존적인 성격이 되도록 할 것이다. 또한 이러한 이들은 잘 속아 넘어가거나 무엇이든 '경솔하게 믿는' 사람이 될 가능성도 있다. 앞으로 우리는 각 단계에 따른 고착의 다른 예도 살펴볼 것이다.

　구강기(oral stage)(출생~18개월)는 성적 만족을 얻는 부위가 입, 입술, 혀이며 아이들은 빨기, 물기, 씹기 등의 구강행동을 통해 쾌감을 얻는다. 앞서 지적했듯이 고착은 흡연, 껌 씹기, 과식, 수다와 같은 구강행동에 집중 또는 열중하게 만든다. 프로이트 자신도 흡연이라는 고착적인 행동을 한 사람이었다. 그는 하루에 20개비나 되는 담배를 피웠고 급기야는 구강암에 걸려 수술을 여러 차례 받기도 했으며, 결국 이 때문에 사망에 이르렀다(Larsen & Buss, 2000). 그 밖에 사람들에게 나타나는 여러 가지 성격 특성이 구강기의 고착에서 비롯된다. 일례로 욕구가 충분히 충족되지 못하면 고착이 일어나 다른 사람들을 과도하게 불신하는 사람이 될 수 있다. 또한 무엇인가 채워지지 않고 빼앗긴 것만 같은 박탈감을 계속 느끼는 유아는 자신의 기본적인 욕구를 만족시켜 주지 않는 세상을 믿지 못하게 될 수도 있다.

　항문기(anal stage)(18개월~3세)는 성적 만족을 얻는 부위가 바로 항문이다. 아이들은 배변을 참아 내거나 배출하는 과정에서 항문 근처에 생기는 자극을 통해 쾌감을 얻는다. 아이가 스스로 배변을 통제할 수 있도록 훈련시키는 일은 이 단계에서 완수해야 하는 중요한 과업이다. 이 단계에서 부모는 배변훈련을 통해 아이가 스스로 자신을 통제할 수 있도록 하기 위해 노력한다. 프로이트는 이때의 훈련이 어떻게 이루어지느냐에 따라 고착의 유무가 결정된다고 믿었다. 항문기

구강기 성적 만족을 얻는 부위는 입, 입술, 혀이며 빨기, 물기, 씹기 등 구강행동을 통해 쾌락을 느끼는 첫 번째 단계(출생~18개월)

항문기 성적 만족을 얻는 부위는 항문이며 배변을 보유하거나 배설함으로써 항문 자극을 통해 쾌락을 느끼는 두 번째 단계(18개월~3세)

"아빠, 저의 다음 발달단계 동안에는 엄마랑 더 가까워질 거예요.
제가 10대가 되면 아빠에게 돌아올게요."

고착은 두 가지 성격으로 나타날 수 있는데, 바로 항문보유적 성격과 항문공격적 성격이다. 두 가지 성격 모두 아이가 배변훈련을 실패했을 때 부모가 지나친 훈계와 처벌을 했거나 너무 엄격한 배변훈련을 요구했을 경우에 나타나는 반응들이다. 만약 아이가 부모를 기쁘게 하기 위해서 엄격한 배변훈련에 기대 이상으로 순응하고 변을 참으려고 한다면 항문보유적 성격으로 나타날 수 있다. 이 성격의 특징은 정리정돈, 청결, 인색함, 완고함이다. 항문공격적 성격은 아이가 엄격한 훈련을 잘 따르지 않고 반항하면서 자기 마음대로 변을 배설할 때 생겨난다. 이러한 아이들은 단정하지 못한 사람, 무질서한 사람, 파괴적이고 잔인한 성격의 사람으로 자라날 가능성이 있다.

남근기(phallic stage)(3~6세)는 성적 만족을 얻는 부위가 생식기에 위치하게 되고, 아이는 생식기의 자극을 통해 쾌감을 얻는다. 프로이트에 따르면 이 시기에는 오이디푸스 콤플렉스를 포함하여 많은 심리적인 갈등이 시작된다. **오이디푸스 콤플렉스**(oedipus conflict)는 남자아이가 자신의 어머니에게 성적인 애정을 품으면서 동시에 라이벌인 아버지에 의해 자신의 성기가 잘릴지도 모른다는 두려움을 느끼게 되는 것을 말한다. 이것은 그리스 비극 중의 하나인 '오이디푸스 왕'이 모티브이다. 오이디푸스는 아무것도 모른 채 왕인 아버지를 살해하고 자신이 대신 왕이 되어 여왕이었던 어머니와 결혼한 후, 뒤늦게 자신의 잘못을 깨닫고는 극심한 죄책감에 빠져 자신의 눈을 뽑아 버린다. 프로이트는 여자아이도 남자의 성기를 갖고 싶어 하는 욕구(남근 선망)가 있기 때문에 그러한 남근을 줄 수 있는 대상으로 간주되는 아버지에게 애정을 느낀다는 엘렉트라 콤플렉스를 언급했다. 하지만 이에 대해서는 프로이트 자신도 확신이 부족했기에 그리 강조하지는 않았다.

남근기 성적 만족을 얻는 부위가 성기이며 성기 자극을 통해 쾌락을 느끼는 세 번째 단계(3~6세)

오이디푸스 콤플렉스 남아가 자신의 어머니에게 성적인 애정을 느끼면서 아버지가 이를 알고 자신의 성기를 잘라 버릴지도 모른다는 공포를 느끼는 남근기의 갈등

동일시 동성 부모의 특성과 성 역할, 도덕성을 배워 나가는 과정

프로이트는 아동이 이성의 부모를 향한 욕구를 표현하고 자신을 동성 부모와 **동일시**(identification)함으로써 이 시기의 갈등을 해결한다고 생각했다. 이를 통해 아동들은 동성 부모의 특성과 성 역할을 배워 나가는 동일시의 과정을 거치게 된다. 예컨대 남자아이는 아버지의 행동을 따라 하면서 아버지의 특성을 닮아 간다.

프로이트에 의하면 이 시기의 갈등을 성공적으로 해결하지 못한 아동은 성 역할과 이성과의 성행동에 있어서 혼란을 겪게 되고 동성애자가 될 가능성이 있다. 부모와의 동일시 과정에서 아이들은 부모의 태도와 가치관으로부터 도덕성을 배워 나가고 그러면서 초자아도 발달하게 된다.

프로이트는 아동의 성격 형성에서 심리성적 발달단계의 마지막 두 단계는 비교적 중요하지 않다고 생각했다. 그는 아동이 경험하게 되는 초기의 세 단계가 성인이 되었을 때의 성격을 결정짓는 데 가장 큰 영향을 미친다고 생각했다. **잠복기**(latency stage)(6세 ~사춘기)에는 성적 만족을 얻는 부위가 특별히 없고, 성적 충동도 활발히 일어나지 않는다. 반면 아동의 인지적·사회적 발달에 주로 초점이 맞춰진다. 그래서 이 시기의 아이들은 학업, 스포츠, 취미활동, 동성 친구와의 관계 맺기 등에 가장 많은 관심을 보인다. **성기기**(genital stage)(사춘기 이후~성인기)에 성적 만족을 얻는 부위는 다시 생식기가 된다. 이 시기에는 이성과의 성적 접촉을 통해서 친밀한 관계를 발전시킨다.

프로이트의 정신분석 이론에 대한 평가 프로이트가 처음 자신의 이론을 발표했을 당시 많은 사람들의 거센 비판과 논쟁이 뒤따랐다. 그뿐 아니라 한 세기가 지난 지금까지도 그의 이론은 여전한 논쟁과 관심의 대상이 되고 있다. 그의 주요 개념에 대한 몇 가지 비판점을 생각해보자. 첫째, 프로이트가 의식을 설명하는 세 가지 수준 중 '무의식'에 대한 문제이다. 이 '무의식'이라는 개념은 아무도 접근할 수 없고 실험적으로 증명해 보일 수 있는 부분도 아니기 때문에 과학적으로 설명할 수 없다. 그리고 무의식은 우리가 쉽게 인식할 수 없는 것이기 때문에 관찰할 수 없고 연구할 수도 없다. 그러나 이러한 비판은 무의식 과정이 인간의 사고와 행동에 큰 영향을 미친다는 프로이트의 주장을 모두 부인하려는 말은 아니다. 감각과 지각(제3장)과 기억(제5장)으로 돌아가 생각해보자. 살펴보았듯이 이러한 과정에서 우리가 인식할 수 있는 의식의 수준은 프로이트가 언급한 '빙산의 일각' 개념, 즉 수면 위로 드러나 있는 작은 부분에 지나지 않는다. 그러나 우리는 프로이트가 말한 것처럼 이 빙산이 오로지 본능적인 추동과 갈등, 또는 억압된 기억과 욕구들로만 가득 찬 창고가 아니라는 것 또한 배웠다. 그것은 인간의 모든 인지활동 과정과 우리가 사용하는 지식들의 자원이 위치하는 곳이다. 즉, 정보처리 과정의 중심이 위치하는 자리인 것이다. 무의식적 과정의 중요성을 지적했다는 점에서는 프로이트가 옳지만 무의식의 역할과 중요성

잠복기 성적 만족을 얻는 부위가 없고 성적 충동들도 억압되며 인지적·사회적 발달이 주가 되는 네 번째 단계(6세~사춘기)

성기기 성적 만족을 얻는 부위가 다시 성기이며 성적 접촉을 통해 친밀한 관계를 발전시키는 다섯 번째 단계(사춘기 이후~성인기)

의 본질에 대한 설명은 명확하지 않았다.

또한 프로이트가 초기 아동기 경험의 중요성을 지적한 점은 높이 평가되지만 그 중요성의 본질에 대해서는 많이 빗나간 것이 사실이다. 심리성적 발달단계가 성격 형성에 영향을 미친다는 증거가 있기는 하지만, 앞 장에서 논의한 많은 개념들(유아가 부모에게 어떤 형태의 애착을 형성하는가와 부모의 양육방식이 어떻게 함께 작용하는가)이 중요하다는 증거들도 있다. 프로이트의 방어기제 중 하나인 억압에 대해 생각해보자. 기억을 연구하는 연구자들은 만약 억압이 일어난다고 하더라도 아주 드물게 일어난다고 말한다(Holmes, 1990; Loftus & Ketcham, 1994; McNally, 2003). 제5장에서 살펴보았던 '회복된 기억'에 대해 떠올려 보자. 오늘날 우리는 프로이트가 치료과정에서 던지는 질문이 어떻게 그의 환자들로 하여금 '억압되었던' 기억이라는 것을 창조해내도록 만드는지 이해할 수 있다.

프로이트가 자신의 이론을 처음 발표했던 시대는 100년 전으로 거슬러 올라간다. 그 당시의 사회적 상황은 지금과는 매우 달랐고, 심리학적 연구지식의 수준 또한 매우 달랐다는 것을 염두에 두어야 할 필요가 있다. 그래서 오늘날 프로이트의 이론이 설득력이 부족하다는 평을 받는 것은 그리 놀랍지 않다. 하지만 정말 놀라운 것은 그가 이렇게 빈약하고 부족한 데이터를 가지고서도 우리의 사고와 문화에 엄청난 영향을 끼친 이론을 만들어냈다는 점이다. 1999년, 프로이트는 20세기 최고의 사상가와 과학자들을 기념하는 타임 특별판의 커버를 장식하기도 했다. 만약 그가 1890년이 아닌 1990년에 연구를 시작했더라면 얼마나 대단한 이론을 만들어낼 수 있었을까 잠시 상상해보게 된다.

신프로이트학파 이론

프로이트와 함께 연구를 했던 정신분석학자들조차도 프로이트의 이론 중 어떤 부분에서는 동의하지 않았다. 이러한 의견의 불일치는 결국 프로이트 이론의 기본 개념 대부분을 받아들이지만 몇몇 중요한 부분에서 차이를 보이는 정신분석 이론들이 발달하는 계기가 되었다. 이러한 이론적 특징을 보이는 사람들을 가리켜 신프로이트학파라고 부른다. 대표적인 이론가로는 앞 장에서 심리사회적 성격발달 단계 이론으로 소개된 에릭 에릭슨을 비롯하여 칼 융, 알프레드 아들러, 카렌 호나이 등이 있다. 에릭슨의 주장처럼 나머지 3명의 이론가도 프로이트가 심리성적 발달과 성적 추동을 너무 지나치게 강조했고 성격발달에 있어서 사회·문화적 영향을 간과했다고 생각했다. 정신분석 이론가로서 프로이트를 제외하면 가장 많이 알려진 칼 융의 이론을 먼저 살펴보자.

융의 집단 무의식 칼 융은 각 개인의 본능적인 추동과 억압된 기억, 갈등을 의미하는 개인 무의식(personal unconscious)뿐만 아니라 인류의 보편적인 경험이 축적되어 나타나는 집단 무의식(collective unconscious)의 개념을 소개하면서 프로이트의 무의식 개념을 확장했다. 인간은 보편적 인간 경험의 내용을 담고 있는 무의식적 창고를 물려받고 태어난다. 이것은 원형(archetype)이나 상(image), 그리고 인류 역사에서 중요한 상징(symbols, 신, 어머니, 영웅 등)으로 나타난다. 집단 무의식의 원형이라는 개념은 서로 상이한 문화에서 같은 주제나 공통점을 가지는 신화와 전설이 발견되는 현상을 잘 설명해준다. 이와 같은 보편적인 인간 원형의 공유와 함께 사람들은 자신의 성격발달을 이끌어 가는 더 구체적인 원형들도 물려받는다. 융의 이론적인 개념들은 과학적이라기보다는 신비주의적이고, 집단 무의식이나 원형과 같은 개념들은 경험적인 검증을 하기 어려운 것들이다. 이러한 융 이론의 상징적이고 신비한 측면은 그의 이론이 심리학에서보다 종교계와 인류학, 문학 등에서 더 인기가 있는 이유일 것이다.

융 이론의 일부 특히 심리학적 유형론은 심리학자들의 흥미를 끌었다. 융은 성격적 태도의 두 가지 유형으로 외향(extraversion)과 내향(introversion)을 제안했다. 사람들의 태도는 객관적인 세계인 외부(외향)를 더 중요시하거나 주관적인 세계인 내부(내향)를 더 중요시하는 것으로 나뉜다. 이러한 구분과 함께 융은 정보를 수집하는 네 가지 기능(또는 인지방식)을 감각, 직관, 사고, 감정으로 나누었다. 감각은 주변 세계를 주의 깊고 현실적으로 인식하는 기능이고, 직관은 주관적인 지각기능이며, 사고는 합리적으로 추론하는 기능이고, 감정은 주관적인 정서기능이다. 이 두 가지 태도와 네 가지 기능은 조합되어 총 8가지 성격 유형을 만든다. 이 8가지 유형은 성격 검사인 MBTI의 기초를 형성했고, 1920년대와 1930년대에 캐서린 브릭스와 그녀의 딸 이사벨 브릭스 마이어스가 개발하였으며 1943년에 처음으로 출판되었다. 저자는 지각과 판단의 이분법을 추가하여 성격 유형의 수를 16개로 늘렸다. 16가지 유형은 외향 대 내향, 감각 대 직관, 사고 대 감정, 판단 대 인식 순서로 네 가지 이분법의 끝에 해당하는 단어의 첫 글자를 사용하여 4개의 문자 약자로 구분된다. 단어 중 두 개는 문자 I로 시작하므로 N은 직관(intuiting)에 사용된다. 예를 들어 ENTJ는 성격 유형인 외향(extraverted), 직관(intuiting), 사고(thinking), 판단(judging)을 나타낸다. MBTI 응시자는 응답에 따라 이러한 16가지 유형 중 하나가 할당된다.

MBTI는 사람들이 자신의 학습, 의사소통, 사회적 상호작용 스타일을 더 잘 이해할 수 있도록 도와주고 자기 발견의 길을 안내하기 위해 고안되었다. 이 점을 고려하여 학

교와 기업의 인사과, 심지어 정부기관에서 개인의 직업 선택과 어떤 성격 유형이 특정 직업에 가장 적합한지 평가하기 위해 사용되어 왔다. MBTI가 널리 사용되고는 있지만 검사의 비평가들은 MBTI가 검사 채점 방법부터 수용할 만한 신뢰도 및 타당도의 부족까지 수많은 단점을 가지고 있다고 주장한다(Hogan, 2007; Paul, 2004). 예를 들어 Pittenger(2005)는 신뢰도 측면에서 검사-재검사의 간격이 매우 짧더라도 두 번째 검사에서 50%의 피험자들은 다른 성격 유형으로 나타났고, 타당도 측면에서 MBTI 유형과 직업 내 성공 사이에 긍정적인 관계를 보여주는 증거가 거의 없다고 보고하였다. 다시 말해 MBTI는 과학적 신빙성에 대해 심각한 의문이 제기되어 비판을 받고 있지만 심리학 밖에서는 여전히 널리 사용되는 검사이다.

아들러의 우월성의 추구 신프로이트학파의 이론가 중 한 사람인 알프레드 아들러는 성격발달을 이루는 주요 동기가 성적인 충동의 만족이라는 프로이트의 생각에 동의하지 않았다. 아들러가 생각한 가장 중요한 동기는 바로 '우월성의 추구'였다. 혼자서는 아무것도 할 수 없기 때문에 타인의 도움에 의존해야만 하는 유아기 때부터 우리는 그러한 상황에서부터 생기는 열등감을 극복하고 우월해지고자 하는 욕구를 지닌다. 아들러는 열등감은 인간의 기본적인 동기로서 개인을 성장시키고 성공으로 이끄는 동력이 된다고 생각하였다. 건강한 사람은 이러한 열등감을 다루는 방법을 배우고 경쟁을 할 줄 알게 되며 자기존중감을 발달시킨다. 한편 부모의 사랑과 지지는 아동으로 하여금 이러한 열등감을 극복할 수 있도록 도와준다. 생애 초기에 아동들은 열등감을 결코 극복할 수 없을 것이라고 느끼게 되는데, 아들러는 이것을 '열등 콤플렉스(inferiority complex)'라는 말로 설명하고 있다. 열등감을 심하게 느끼고 있는 사람들은 부모와 타인을 사랑하지 못하고, 무관심한 부모가 될 가능성이 크다. 또한 자신을 무가치하게 여기거나 타인에 대한 불신감을 갖게 되기도 한다. 아들러는 '우월 콤플렉스(superiority complex)'에 대해서도 언급했는데, 이것은 자신의 능력에 대해 과장된 신념을 갖는 것으로서 자기중심적이고 자만하는 사람이 되게 하기도 한다.

호나이와 안전감의 추구 카렌 호나이도 아들러처럼 본능적인 생물학적 추동보다는 부모와 함께한 초기의 사회적 경험에 더 많은 관심을 가졌다. 아들러와의 차이점은 호나이는 열등감보다는 안전에 대한 욕구를 더 중요하게 보았다는 것이다. 앞 장에서 인간

발달에 있어서 유아에게 안전감을 느끼도록 하는 것이 중요하다고 한 내용을 기억하는가? 호나이의 이론에 따르면 보호자는 아이의 건강한 성격발달을 위해 기본적인 안전감을 제공해야 한다. 부모에게서 안전감을 느끼지 못한 아이들은 호나이가 말한 '기본적 불안'으로 고통받을 수 있는데, 이 '기본적 불안'은 세상을 적대적인 것으로 받아들이는 동시에 무력감과 불안전감을 느끼게 되는 것이다. 대인관계에서의 이러한 기본적 불안은 신경증적 행동과 병적인 성격을 야기할 수 있다(Horney, 1937). 호나이는 세 가지 신경증적 성격 패턴, 즉 대인지향적 성격(유순하고 복종적인 사람), 대인적대적 성격(공격적이고 지배적인 사람), 대인회피적 성격(고립적이고 냉담한 사람)으로 구분했다. 호나이와 다른 신프로이트학파 이론가들이 주장한 아동기와 성인기의 대인관계의 중요성은 오늘날의 정신분석 이론 가운데에서도 여전히 지지받고 있다(Westen, 1998).

요약

19세기 후반과 20세기 초에 걸쳐 프로이트는 성격에서의 정신분석 이론을 발전시켰다. 그는 의식을 세 수준, 즉 의식, 전의식, 무의식으로 나누었는데, 그중 무의식(우리가 접근할 수 없는 부분)은 그의 성격 이론에서 가장 중요한 개념이다. 무의식은 우리의 모든 행동과 감정의 중요한 동기로 작용하는 삶과 죽음에 대한 본능을 포함한다. 또한 성격의 구조에는 세 부분이 있는데 바로 원초아(본능적인 추동을 포함하고 있고 무의식에 존재함)와 자아(성격의 관리자), 초자아(양심과 도덕성)이다. 자아는 초자아와 현실(사회의 법과 규범)이 제한하는 범위 내에서 원초아의 본능적인 추동을 만족시키려고 노력한다. 자아가 이러한 중재자의 역할을 제대로 수행할 수 없을 때 우리는 불안을 느끼게 된다. 프로이트는 이러한 불안을 제거하기 위한 목적으로 사람들이 방어기제를 사용한다고 생각했는데, 방어기제란 혼란스러운 현실 때문에 발생한 불안으로부터 자신을 보호하기 위한 것이다. 가장 기본적인 방어기제는 억압으로 불쾌한 기억이나 생각이 떠오르지 않도록 무의식적으로 억누르는 것을 말한다. 이 억압을 사용해서 불쾌한 생각들이 더 이상 우리를 괴롭히지 않도록 자신을 보호한다.

또한 프로이트는 초기 아동기 경험의 중요성을 매우 강조했다. 프로이트는 성격발달에 중요한 영향을 미치는 심리성적 발달 5단계를 통해 아동들이 어떻게 성공적으로 성장할 수 있는가를 설명했다. 프로이트는 이들 5단계 중 처음 3단계가 성격발달에 더욱 중요하다고 보았다. 이 5단계의 순서[변화해 가는 성감대(쾌락 중추)를 나타낸다]는 구강기(입), 항문기(항문), 남근기(생식기), 잠복기(성감대 없음), 성기기(생식기)이다. 원초아의 쾌락추구 에너지가 과도하게 또는 불충분하게 충족되면 에너지의 일부가 해당 단계에 남게 되는데, 이러한 현상을 고착이라고 하며 개인이 일생 하게 되는 행동과 성격에 영향을 미친다. 예를 들면 구강기에 고착된 사람은 입을 통한 활동(흡연)으로 신체적인 쾌락을 얻으며 지나치게 의존적이고 잘 속는 사람이 될 가능성이 있다. 남자아이의 오이디푸스 콤플렉스(여아는 엘렉트라 콤플렉스)는 3~6세의 남근기 동안 일어난다. 이러한 갈등은 아이가 자신을 동성 부모와 동일시하고, 적절한 성 역할과 도덕성을 배울 때 해결된다.

신프로이트학파 이론가들은 프로이트 이론의 많은 부분을 인정하면서도 중요한 몇몇 가정에서는 의

견차를 보이는 정신분석 이론가들이다. 이들은 정신분석적 이론의 틀 안에서 자신들의 고유한 영역을 발전시켜 나갔다. 칼 융은 인간은 개인 무의식과 함께 인류의 축적된 경험을 담고 있는 집단 무의식을 가지고 있다고 주장했다. 알프레드 아들러는 인간발달의 주요 동기는 성욕이 아니라 유아가 자연적으로 경험하게 되는 열등감을 극복해 나가는 과정에서 생겨나는 우월성의 추구 욕구라고 생각했다. 그래서 실패는 열등 콤플렉스를 야기한다. 카렌 호나이는 열등감보다는 유아기 때 느끼는 안전감의 욕구에 초점을 맞추었다. 그녀는 만약 유아가 보호자에게 안전감을 느끼지 못한 채 성장하게 되면 원초적 불안으로 고통받게 되며 다양한 유형의 성격문제를 야기한다고 주장했다.

개념점검 | 1

- 프로이트 이론에 따라 자아의 역할이 어려운 이유를 설명하라.
- 프로이트의 방어기제에서 반동 형성과 투사의 차이점을 설명하라.
- 심리성적 발달에서 고착이 성인의 행동과 성격에 어떻게 영향을 미치는가를 설명하라.

인본주의적 접근과 사회인지적 접근

인본주의 이론(humanistic theory)은 1960년대에 일어난 심리학 전반에 걸친 광범위한 인본주의 운동의 한 부분으로서 발전하기 시작하였다. 이러한 인본주의 운동은 그 당시 심리학과 성격연구의 주류를 이루었던 정신분석의 결정론적인 접근과 행동주의의 경험적 접근에 대한 반발로 일어났다. 앞에서 이야기했듯이 고전적 정신분석 접근에 의하면 성격은 무의식적으로 일어나는 원초아의 본능적 추동이 어떻게 만족을 얻어 가는가에 따라서 결정된다. 특히 심리성적 발달의 처음 3단계를 가장 중요한 기간인 것으로 가정한다. 행동주의적 접근은 성격과 행동이 고전적 · 조작적 조건화의 결과(제4장에서 논의)일 뿐이며 환경의 산물이라고 가정한다. 그래서 성격은 개인의 행동에 의해 결정되며, 그 행동은 결국 외부의 자극이나 사건에 대해 조건화된 개인의 반응인 것이다. 이 두 가지 접근에 의하면 우리는 자신의 행동이나 성격발달을 결정할 능력이 없다. 정신분석적 접근에 따르면 쾌락원리와 같은 무의식에서 비롯되는 본능적 추동이 우리의 행동과 성격발달에 주요한 동인이 된다. 행동주의적 접근에 따르면 환경이 우리의 행동을 동기화하거나 조정하는 역할을 한다. 이와는 대조적으로 인본주의적 접근은 개인의 행동에 영향을 주는 자유의지와 개인의 독특성, 개인의 성장을 강조한다. 성격발달의 부정적인 문제에 초점을 맞춘 정신분석적 접근과는 달리 인본주의적 접근은 행동과 발달, 특히 그 가운데 개인의 성장을 돕는 긍정적인 동기에 관심을 집중하고 있

다. 이제 인본주의 이론들 가운데 특히 중요한 위치를 차지하고 있는
에이브러햄 매슬로와 칼 로저스의 이론을 공부하면서 인본주의 이론에
대해 더 자세하게 알아보자.

에이브러햄 매슬로

인본주의 이론가들이 점차 목소리를 내기 시작할 무렵, 사회인지 이
론가들도 성격발달에 관한 행동주의적 접근의 독선적 이론에 대해 반
기를 들었다. 행동주의적 접근은 행동(성격)을 습득하는 방법으로 고전
적 · 조작적 조건화와 관련된 요소들만 인정함으로써 스스로를 제한시
켰다. 사회인지 이론가들은 조건화를 통한 학습이 중요하지만 조건화
이외의 요소들 역시 중요하다고 보았다. 제4장에서 배운 사회(관찰)학습
에 대한 앨버트 반두라의 연구는 경험을 직접 하지 않아도 간접 경험, 즉
타인의 경험을 보고 배울 수 있는 인간의 능력에 대해 소개하였다. 이는 사회인지적 요
소가 학습과 밀접하게 관련되어 있음을 의미하는 것이다. 사회인지적 접근은 성격발달
을 설명하는 데 행동주의에서 말하는 조건화와 함께 사회적 · 인지적 요소들을 포함시킨
다. 따라서 행동주의적 접근은 더 포괄적이고 광범위한 사회인지적 접근에 포함될 수 있
는 것이다. 이 때문에 사회인지적 접근은 종종 사회학습적 접근이나 인지행동적 접근이
라 불리기도 하며, 성격발달에서 이러한 두 가지 요소를 강조하기 위해 사회인지적 접근
이라고도 한다. 이제 성격발달에서 사회인지적 요소가 왜 중요한지 설명하기 위해 대표
적 사회인지 이론가인 앨버트 반두라와 줄리언 로터의 이론적 개념들을 살펴볼 것이다.

인본주의적 접근

에이브러햄 매슬로는 인본주의 운동의 아버지로 여겨진다. 그는 성격 이론을 발전시키
는 과정에서 프로이트와는 달리 매우 건강하고 창조적인 사람들의 삶을 연구했다. 그
의 이론은 심리적인 건강과 개인의 잠재력을 충분히 실현시키는 것 등에 대하여 특별
히 강조하고 있다. 매슬로는 그의 연구를 통해 인간의 행동을 동기화시키는 욕구의 위
계를 제안하였다. 다양한 종류의 필요가 사람들을 동기화시키는
역할을 한다고 보기 때문에 매슬로의 성격 이론을 흔히 동기에 대
한 이론으로 간주하기도 한다.

매슬로의 욕구의 위계 피라미드 형태로 묘사되는 매슬로의 **욕구의
위계**(hierarchy of needs) 이론에 대한 개관은 그림 8.2에 소개되어

> **욕구의 위계** 행동을 동기화시키는 선천
> 적인 욕구들이 피라미드 형태로 위계적으
> 로 배열되어 있다는 매슬로의 성격 이론
> 에서 제시된 동기적인 요소. 맨 밑에서부
> 터 가장 꼭대기층의 순으로 생리적 욕구,
> 안전 욕구, 소속감과 사랑 욕구, 존중감 욕
> 구, 자아실현 욕구로 이루어진다.

그림 8.2 매슬로의 욕구의 위계

욕구는 피라미드 아래쪽의 훨씬 절박한 기본적인 욕구를 바탕으로 위계적으로 이루어진다. 개인이 만족을 얻기 위해 최대한 노력을 기울이는 단계가 그 순간 그 사람에게는 가장 중요하다.

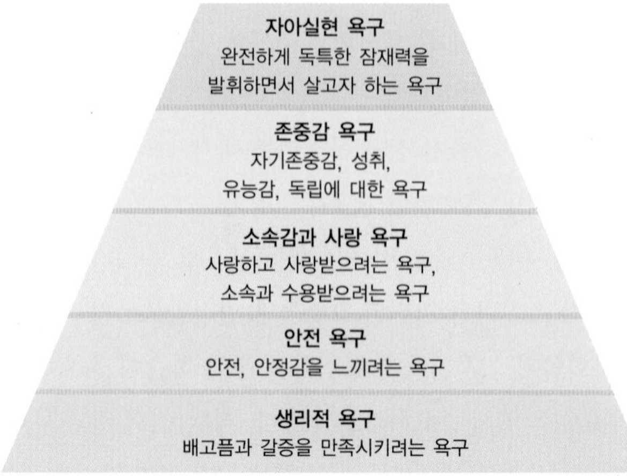

자아실현 욕구
완전하게 독특한 잠재력을
발휘하면서 살고자 하는 욕구

존중감 욕구
자기존중감, 성취,
유능감, 독립에 대한 욕구

소속감과 사랑 욕구
사랑하고 사랑받으려는 욕구,
소속과 수용받으려는 욕구

안전 욕구
안전, 안정감을 느끼려는 욕구

생리적 욕구
배고픔과 갈증을 만족시키려는 욕구

있다. 욕구의 위계는 행동을 동기화시키는 선천적인 욕구들의 배열을 말하는데, 피라미드의 가장 아래에는 보통 가장 강력한 욕구가 위치하고 피라미드의 가장 꼭대기에는 가장 약한 욕구가 위치한다(Maslow, 1968, 1970). 가장 아래에서부터 꼭대기까지 위치하는 욕구들을 보면 생리적 욕구, 안전 욕구, 소속감과 사랑 욕구, 존중감 욕구, 자아실현 욕구의 순서이다. 유기체의 실존적 이유에 의해 만족을 얻기 위한 노력은 욕구 위계의 가장 아래 단계에서부터 진행되는데, 낮은 단계의 욕구일수록 더 긴급하며 이것이 충분히 만족되어야 더 높은 단계에 위치한 욕구를 만족시키려는 고려가 시작될 수 있다. 일반적으로 사람들은 위계의 순서에 따라 차례로 만족을 추구해 가지만 몇 단계에서는 동시에 만족을 추구하기도 한다. 개인이 만족을 얻기 위해 가장 노력을 기울이는 바로 그 단계가 그 시점에 개인에게 가장 중요한 것이다.

피라미드의 상층부에 위치한 욕구일수록 더욱 고차원적이며 인간적이 되어 가고 덜 기본적이며 덜 원초적이다. 가장 기본적인 욕구는 생리적 욕구(음식, 물)이다. 이러한 욕구는 피라미드의 기초를 형성한다. 다음 단계의 안전, 안정, 위험으로부터 벗어나려는 욕구는 생존과 관련이 있고 그다음 단계에서부터는 사회적인 욕구를 포함하기 시작한다. 소속감과 사랑 욕구(애정, 수용, 가족관계, 우정)는 다른 사람들과의 상호작용을 통해 충족된다. 피라미드에서 존중감 욕구는 긍정적인 자기상의 개발과 성취, 능숙함, 타인으로부터의 인정 획득과 관련이 있다.

자아실현 자신의 잠재력을 완전히 개발한 상태

피라미드의 가장 상층부에 위치한 **자아실현**(self-actualization) 욕구는 성장 지향적인 욕구인 반면, 처음 네 가지 단계의 욕구는 박탈에서 기인하며 결핍을 충족시키기 위한 욕구이다. 자아실현은 자신의 잠재성을 충분히 인식하고 그 잠재성을 실현시킨 자기가 되는 것을 의미한다. 매슬로에 따르면 자아실현을 이룬 사람은 자신과 타인, 그리고 자신들이 속해 있는 세계를 수용한다. 이는 개인적 자유에 대한 욕구, 소수의 사람들과 친밀하고 감정적인 관계를 형성하는 것, 그리고 자율적이며 독립적이 되는 것, 민주적이고 매우 창조적인 것 등을 포함한다. 게다가 자아실현을 이룬 사람들은 매슬로가 말한 '극치의 경험/절정 경험(peak experience)'을 하는 사람들인데, 자신이 경험하는 것들에 대해 깊은 통찰을 가지고 최대한 그리고 충분히 경험하는 상태이다. 극치의 경험을 하게 되면 여러분이 하는 행동에 깊이 몰입하고 탄성과 경외심을 느끼게 된다. 극치의 경험은 매우 아름다운 음악과 예술품, 또는 깊은 사랑을 경험할 때 일어난다.

매슬로는 '자아실현'을 이룬 것으로 보이는 50명의 사람에 대한 사례연구를 수행하면서 자아실현이라는 개념에 대한 설명을 시작했다. 앨버트 아인슈타인과 엘레노어 루스벨트의 경우에는 인터뷰와 성격검사를 통해서 연구하였고, 토머스 제퍼슨과 에이브러햄 링컨과 같은 사람들은 전기와 역사적 기록을 통해 연구하였다. 매슬로는 자신이 어떻게 연구를 수행하였는지 명확히 밝히지는 않았다. 그의 이론을 비판하는 사람들은 그의 연구가 실증적이지도 않으며 주관적으로 선택된, 자아실현을 한 것으로 보이는 소수의 사람들을 대상으로 모호하게 수행된 것이었음을 지적한다(Smith, 1978). 그의 이론은 자신의 생각에 따라 주관적으로 선택한 연구대상들 때문에 실제로 편향적이었을지도 모른다. 하지만 이러한 비판을 감안하더라도 매슬로의 이론은 인본주의 운동을 대중화시켰고, 많은 심리학자들이 인간의 잠재성과 긍정적인 측면에 초점을 맞추도록 하는 데 일조하였음은 부인할 수 없는 사실이다.

매슬로는 1970년에 치명적인 심장마비를 겪었고, 욕구의 동기 위계 이론과 위계의 꼭대기에 위치한 자아실현 개념을 남기고 세상을 떠났다. 이후 연구자들은 욕구 위계와 관련해 다양한 욕구수준의 정확한 순서와 중요도가 문화와 개인에 따라 다르다는 점에서 위계가 보편적이지 않음을 입증했다(Sheldon, Elliot, Kim, & Kasser, 2011; Tay & Diener, 2011). 매슬로의 자아실현 개념은 점진적으로 나아졌다. 최근 스콧 배리 카우프만(2019)은 매슬로가 제안한 평정, 목적, 인본주의, 진정성 등 자아를 실현한 사람들이 보여주는 10가지 특성을 이용해 자아실현의 개념을 되살리고 척도를 만들었다. 카우프만의 '자아실현 특성 척도'는 30문항으로 구성된 설문지로 10가지 특성을 각각 3문항으로 다루고 있다. 이 척도는 카우프만의 웹사이트(https://scottbarrykaufman.

칼 로저스

com/characteristics-of-self-actualization-scale)에서 볼 수 있다. 카우프만은 500명 이상을 대상으로 설문을 진행한 후 자아실현이 10가지 특성으로 구성된 타당한 개념이라는 증거를 발견했다. 그는 계속해서 척도 데이터를 수집하였고, 자아실현 검사의 점수가 정상분포를 나타내며 성별이나 교육적 성취와는 관련이 없어 보인다는 것을 발견했다. 가장 중요한 것은 매슬로 성격의 동기 이론을 21세기에 접목하여, 이것이 어떻게 현대의 성격 이론과 관련되는지를 보다 객관적으로 살펴볼 수 있게 했다는 점이다.

인본주의적 접근의 또 다른 주요 지지자인 칼 로저스 역시 자아실현에 초점을 두었다. 그러나 매슬로와 달리 로저스의 이론은 임상적 작업에 기반을 두었다. 로저스의 이론에 대해 논의해보자.

로저스의 자기 이론　프로이트의 정신분석 이론은 성격문제로 고통받는 사람들을 돕기 위한 심리치료로서 정신분석학을 사용하였다. 이와 달리 칼 로저스의 자기심리학은 내담자 중심(인간 중심)의 심리치료 방식을 이끌어냈는데, 제10장에서 더 자세히 논의할 것이다(Rogers, 1951, 1961). 로저스가 자신의 이론을 발전시키는 동안 학계에서 활발하게 활동하는 임상가였다는 사실은 흥미로운 일이다(Schultz, 2001). 그의 내담자들은 개인심리치료에서 심리치료사들이 치료하는 보편적인 내담자들과는 달랐다. 그는 주로 젊고 건강하나 잠시 적응문제를 경험하고 있는 사람들을 치료했다. 로저스는 임상적인 경험을 토대로 자신의 이론을 발전시켰다. 로저스 이론을 대할 때는 이 점을 유념하자.

매슬로와 같이 로저스는 인간이 잠재력을 완전히 개발한 상태인 자아실현을 강조했다. 그는 이러한 자아실현을 이루고자 하는 동기는 인간이 가지고 있는 기초적인 동기라고 믿었다. 때때로 우리는 이러한 자아실현 과정에 어려움을 경험하게 되는데, 이것은 성격문제의 근본적인 원인이 되기도 한다. 왜 이런 일이 일어날까? 로저스도 프로이트와 같이 생애 초기의 경험이 중요하다고 생각했지만 그가 생각한 이유는 프로이트와는 매우 다르다. 그는 모든 인간은 타인, 특히 자신의 삶에 중요한 영향을 미치는 주변 사람들로부터 애정을 받고 싶어 하는 긍정적인 수용에 대한 강한 욕구를 가지고 있다고 생각했다. 부모가 아이에게 주는 긍정적인 수용은 무조건적으로 이루어지는 것이 아니라 아이의 행동이 부모의 기대에 부응하거나 기준에 부합할 때, 즉 아이가 부모의 **가치의 조건**(conditions

가치의 조건　부모나 타인들의 기대에 부응하는 행동과 태도를 긍정적으로 수용하는 것

of wort h)을 충족해줄 때 이루어진다. 유아나 아동들은 타인으로부터 인정받고 자신이 가치 있는 존재임을 느끼기 원하기 때문에 자신을 조건화된 가치에 맞추어 가면서 자기개념을 발전시켜 나간다.

가치의 조건들을 충족시키려는 노력은 전 생애에 걸쳐 계속된다. 우리는 다른 사람들에게 수용받기를 원하고 이것 때문에 그들이 원하는 조건에 부합하기 위해 노력한다. 그러나 문제가 있다. 타인에게 수용받기 위해서 그들의 조건과 기준을 따라가다 보면, 다른 사람들이 원하고 생각하는 방식으로 자기개념을 발전시킬 가능성이 있다. 문제는 이러한 자기개념이 실제와는 다른, 이상화된 자아상이기 때문에 진실된 자아실현을 해나가는 데에는 방해가 될 수도 있다는 점이다. 결국 이러한 갈등은 조건적으로 주어지는 타인의 긍정적 수용에 의해 일어나기 때문에 로저스는 조건 없는 받아들임과 수용을 뜻하는 **무조건적 긍정적 존중**(unconditional positive regard)이라는 개념을 발전시켰다. 우리가 무조건적 긍정(그 사람의 조건과 상관없이 그 사람을 긍정해주고 좋아해줌)을 다른 사람으로부터 받는 것과 공감(상대방의 감정을 진실하게 이해할 수 있는 능력)을 받고 자신의 진정한 감정에 진솔해지는 것은 건강한 성격발달에 특히 중요하다. 이러한 개념은 제10장에서 살

"아들아, 이걸 기억하렴. 네가 이기고 지는 것은 별로 중요한 일이 아니란다. 네가 아빠의 사랑을 받고 싶지 않다면 말이야."

무조건적 긍정적 존중 타인에게 조건 없이 받아들여지고 수용되는 것

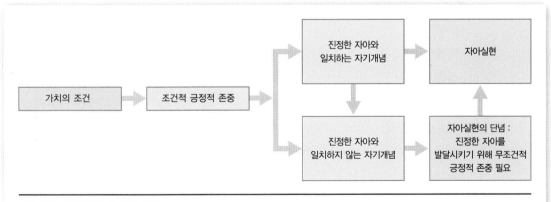

그림 8.3 칼 로저스의 자기 이론

칼 로저스에 따르면 자기개념의 계발은 우리가 중요하다고 여기는 사람들이 만든 가치의 조건들에 영향을 받는다. 그들의 조건적이고 긍정적인 관심은 진정한 자기 모습과 일치하는 자기개념을 발달시키고, 우리를 자아실현을 할 수 있도록 이끌어줄 것이다. 혹은 이미 계발시킨 자기개념과 진정한 자신의 모습 사이에서 갈등을 일으키게 만들 수도 있다. 만약 갈등이 있다면 진정한 자아 계발과 자아실현을 위해서 무조건적인 긍정적 존중이 필요할 것이다.

펴볼 내용과 같이 로저스의 내담자 중심치료의 중요한 특징이 된다. 로저스의 자기 이론은 그림 8.3에 요약되어 있다.

프로이트의 이론처럼 로저스의 이론은 임상적인 경험에 기초하고 있고 심리치료에 실제로 적용될 수 있기 때문에 그 의미는 매우 크다. 두 이론 모두 과학적 연구에 기초하고 있는 것은 아니다. 하지만 로저스의 이론은 다음에 논의할 연구를 토대로 한 이론들인 인지적 접근, 행동주의적 접근, 사회문화적 접근의 주요 요인들을 통합적으로 포함하고 있다. 사회인지적 접근에서는 성격발달이 사회적인 맥락 속에서 인지과정을 통해 일어나는 학습과 관련되어 있음을 강조하고 있다.

사회인지적 접근

사회인지 이론가들은 조건화된 환경 속에서 얻은 학습이 성격발달에 영향을 미친다는 행동주의 이론가들의 생각에 동의한다. 그러나 이들은 사회학습(모델링) 그리고 사고나 지각과 같은 인지과정 또한 성격발달과 관련이 있으며, 사실은 이러한 것들이 더 중요한 요인들이라고 생각한다. 모델링과 인지과정이 성격발달과 어떻게 연관되어 있는지를 이해하기 위해 우리는 먼저 사회인지적 접근의 선구자 중 한 사람인 앨버트 반두라의 연구를 살펴볼 것이다.

반두라의 자기체계 반두라는 인간의 성격을 나타내주는 행동들은 개인마다 가지고 있는 자기체계에 의해 만들어진다고 주장했다(Bandura, 1973, 1986). **자기체계**(self-system)는 사람들이 자신의 행동을 관찰하고 평가하고 규제하는 모든 인지과정들을 모아 놓은 하나의 집합체이다. 사회학습은 이러한 체계가 어떻게 작용하는지를 잘 설명해준다. 아동들은 자신들이 속한 사회적 환경에서 모델, 특히 부모의 다양한 행동을 관찰하고 학습하게 된다. 이러한 관찰학습이 일어난 후에 아동들은 관찰한 행동을 모방하기로 결심하게 되고 이러한 모방행동은 유사한 행동에 대해 이전에 강화 받았던 경험이 있을 경우 더 쉽게 나타난다. 만약 이러한 행동들이 계속 강화 받게 되면, 아동들은 자신의 성격에 그 관찰한 행동들을 점차 통합시켜 나가게 될 것이다. 이것은 자기체계 이론이 자신의 성격발달의 방향성을 자기 스스로 결정해 나간다는 관점을 포함하고 있다는 의미이다(아동이 자신이 모방할 행동을 의식적으로 선택함). 아동들의 행동은 환경적인 자극에 의해 자동으로 유도된 것이 아니다. 사람들은 자기 행동의 효과를 관찰하고 해석할 뿐만

자기체계 사람들이 자신의 행동을 관찰하고 평가하고 규제하는 인지적 과정들의 집합체

아니라 타인 행동의 효과까지도 관찰하고 해석한다. 그러고는 그 행동이 강화될 것인지 아닌지에 대한 평가에 따라 자신의 반응을 결정한다. 우리는 환경에 기계적으로 반응하는 것이 아니다. 강화 받을 것인가 아니면 처벌 받을 것인가에 대한 예측에 기초하여 행동을 선택하고 있는 것이다.

반두라는 또한 사람들은 자신이 가지고 있는 기준에 근거하여 자신의 행동을 관찰하고 그 효과를 평가한다고 제안했다(Bandura, 1997). 이 자기평가 과정은 **자기효능감**(self-efficacy)에 영향을 미치는데, 자기효능감은 자신이 특별한 상황을 얼마나 효과적으로 처리할 수 있을 것인가에 대해 내린 판단이다. 성공은 자기효능감을 증가시키고, 실패는 자기효능감을 감소시킨다. 반두라에 의하면 자기효능감은 행동을 결정할 때 매우 중요한 역할을 한다. 일반적으로 자기효능감이 낮은 사람들은 우울하고 불안하며 무능력하다는 느낌을 갖는다. 자기효능감이 높은 사람들은 자신의 미래에 대해 보다 긍정적이고 자신이 있으며 자기의심을 덜 한다. 이들은 또한 더욱 끈기 있게 목표를 성취하기 위해 노력하고, 보통 자기효능감이 낮은 사람들보다 더 큰 성공을 이뤄내곤 한다. 자기효능감은 '하면 된다'라는 표어와 일맥상통한다. 어떤 일을 성취하기 위해서는 할 수 있다는 생각을 먼저 해야 한다.

로터의 통제 소재 이론   반두라의 자기효능감 개념은 또 다른 사회인지 이론가인 줄리언 로터가 제시한 통제 소재(locus of control) 개념과 유사하다. 로터에 따르면 통제 소재는 우리에게 일어나는 일을 우리가 얼마나 통제할 수 있다고 느끼는가와 관련이 있다 (Rotter, 1966, 1990). '소재'란 위치를 의미하고 통제가 위치하는 곳은 내부와 외부가 있다는 주장이다. **외적 통제 소재**(external locus of control)는 자신이 통제할 수 있는 범위를 넘어서는 기회나 외부 요인이 자신의 운명을 결정짓는다는 인식을 말한다. **내적 통제 소재**(internal locus of control)는 자신이 자신의 운명을 통제할 수 있다는 인식을 뜻한다. 통제 소재와 자기효능감은 어떤 차이가 있을까? 내적 통제 소재를 가진 사람들은 성공은 나 하기 나름이라고 인식하지만 다양한 상황 속에서 성공적인 결과를 이끌어낼 수 있다는 효능감은 느낄 수도 있고 느끼지 않을 수도 있다. 예를 들면 학생들은 학습태도가 시험결과를 결정지을 것이라고 생각할 수도 있지만 자신이 시험에서 좋은 결과를 받을 수 있을 정도로 뛰어난 학업능력은 가지고 있지 않다고 생각할 수도 있다. 외적 통제 소재를 가진 사람들은 자신의 행동과 뒤

자기효능감   특별한 상황에서 자신의 유능감에 대한 평가

외적 통제 소재   자신이 통제할 수 있는 범위를 넘어서는 기회나 외부 요인이 자신의 운명을 통제한다는 인식

내적 통제 소재   자신이 자신의 운명을 통제할 수 있다는 인식

따르는 결과는 별 상관이 없다고 믿기 때문에 이들에게 자기효능감의 개념은 그리 중요치 않다.

로터의 통제 소재 개념이 중요한 이유는 무엇일까? 연구에 의하면 내적 통제 소재를 가진 사람들이 외적 통제 소재를 가진 사람들보다 심리적으로 그리고 신체적으로도 더 건강한 것으로 나타났다. 내적 통제 소재를 가진 사람들은 학교생활을 더 잘하고 건강하며, 일상생활에서도 스트레스 대처를 잘한다(Lachman & Weaver, 1998). 계속적인 외적 통제 소재는 **학습된 무기력**(learned helplessness)의 원인이 되기도 한다. 이는 자신에게 일어나는 불쾌한 사건들을 자신이 전혀 통제할 수 없다는 생각에서 비롯되는 무력감을 뜻한다(Seligman, 1975). 이러한 무력감은 왜 생기는 것일까? 무력감을 느끼는 사람들의 마음속에서는 어떤 과정들이 진행되는 것일까? 이를 알아보기 위해서 먼저 자기지각과 귀인과정을 살펴보자.

자기지각 자기효능감과 통제 소재를 살펴보면서 우리는 긍정적으로 자신을 인식하는 것이 매우 중요하고 이러한 인식이 건강한 행동으로까지 이어짐을 알 수 있었다. 그러나 우리는 현실생활에서 실제로 부정적인 결과도 경험하게 되는데, 우리가 부정적인 결과를 맞이하게 되었을 때 이러한 상황을 어떻게 다루고 긍정적인 자기인식을 유지할 수 있는가 하는 것도 대단히 중요하다. 이를 알아보기 위해서는 귀인 개념을 살펴보아야 하는데, **귀인**(attribution)이란 우리가 우리 자신의 행동이나 다른 사람의 행동을 어떻게 설명하고 있는가 하는 것이다. 귀인에는 내부 귀인(internal attribution)과 외부 귀인(external attribution)이 있다. 내부 귀인은 어떠한 일의 결과를 보고 그 원인을 그 사람에게서 찾는 것을 의미한다. 반대로 외부 귀인은 어떠한 일의 결과를 보고 그 사람이 아닌 외부 요인에서 원인을 찾는 것을 의미한다. 예를 들어 생각해보자. 여러분은 심리학 시험에 낙제를 했다. 왜인가? 만약 여러분이 내부 귀인을 하는 사람이라면 자신에게 비난의 화살을 돌릴 것이다. 즉, 여러분은 "나는 공부를 충분히 하지 않았어."라고 말할 것이다. 외부 귀인을 하는 사람이라면 자신이 아닌 다른 외부적인 것에서 비난할 거리를 찾을 것이다. 즉, 여러분은 "나는 시험공부를 충분히 했지만 시험이 불공정했어."라고 말할 것이다. 그렇다면 우리는 왜 외부 귀인을 하게 되는 것일까?

우리는 자신의 자기존중감(self-esteem)을 보호하기 위해 부정적인 결과에 대한 책임을 자신보다 외부 요인에 돌리려 한다. 이

학습된 무기력 자신에게 일어난 불쾌한 사건들을 자신이 통제할 수 없다는 생각에서 비롯되는 무력감
귀인 자신과 타인의 행동의 원인을 설명하는 과정

것을 **자기본위적 편향**(self-serving bias)이라고 하는데, 사람들이 자기 자신을 호의적으로 인식하기 위해서 모든 일을 자신에게 유리하도록 귀인시키려고 하는 것을 말한다. 만약 결과가 긍정적이면 우리는 그 공을 자신에게 돌리고(내부 귀인), 반대로 결과가 부정적이면 우리는 다른 곳에 그 책임을 돌린다(외부 귀인). 이와 관련한 여러 연구는 사람들이 자기본위적 편향을 과도하게 사용하고 있음을 보여주고 있다(Mezulis, Abramson, Hyde, & Hankin, 2004). 잘 생각해보면 스스로 자신을 평가할 때 지능, 매력 그리고 다른 좋은 점들에 있어서 평균 이상의 점수를 주고 있지 않은가? 하지만 모든 사람의 수준이 평균 이상일 수는 없다. 그렇지 않은가? 이러한 자기호의적 인식은 자기존중감을 유지하려는 자기본위적 편향으로부터 일어난다. 이 편향은 학습된 무기력과 우울증에 빠지는 것을 막아주는 역할을 하기 때문에 적응적이라고 볼 수 있다. 부정적인 사건이 일어날 때 우리는 자신을 비난하지 않으려고 외부 귀인을 하거나 다른 곳에 책임을 돌린다.

그렇다면 무엇이 우리를 학습된 무기력과 우울증에 빠지게 하는 것일까? 물음에 대한 한 가지 답은 바로 비관적인 해석이다(Peterson, Maier, & Seligman, 1993). 비관적인 해석을 하는 사람들은 자기본위적 편향을 자주 사용하는 사람들과는 반대되는 패턴을 보여주었다. 부정적인 결과에 대해서는 내부적인 해석("나는 아무런 능력도 가지고 있지 않아.")을 하고, 긍정적인 결과에 대해 외부적인 해석("나는 단지 운이 좋았어.")을 한다. 이보다 심각한 측면은 비관적인 해석 양식은 비교적 지속적(사람들은 결과가 영구적이라고 생각한다)이고 보편적(원인은 대부분의 상황에 영향을 미친다)인 경향이 있다는 것이다. 계속되는 부정적인 사건들을 겪고 이에 대해 비관적인 해석을 내리는 사람을 생각해보자. 이 사람은 자신을 비난할 뿐만 아니라(내부), 부정적인 사건이 앞으로도 계속 일어날 것이라고(지속적), 또 자신의 삶에 전반적으로 지대한 영향을 미칠 것(보편적)이라고 생각할 것이다. 이러한 생각은 외적 통제 소재 인식과 우울감으로 이어지고 결국 학습된 무기력으로 이어질 수 있다. 실제로 많은 연구들이 귀인, 무력감, 우울증 사이의 관계를 뒷받침하고 있다(Peterson & Seligman, 1984; Rotenberg, Costa, Trueman, & Lattimore, 2012; Seligman et al., 1988). 또한 통제할 수 없는 부정적 상황에 노출된 쥐들에게서 세로토닌과 노르에피네프린 활동이 감소하는 것으로 밝혀졌는데(Wu et al., 1999), 이는 우울증으로 진단된 사람들의 뇌에서 관찰된 신경전달물질의 활동 패턴과 동일했다.

자기본위적 편향 자신을 호의적으로 인식하기 위해 귀인을 하는 것

요약

성격연구에서 인본주의적 접근은 1960년대 인본주의 운동의 한 형태로서, 1960년대 당시 심리학계를 지배했던 정신분석적 접근과 행동주의적 접근에 대한 반발로 일어났다. 그 당시의 이론적 접근과는 대조적으로 인본주의 이론가들은 인간행동의 주요한 동기로서 의식적인 자유의지의 발달과 자아실현의 중요성, 잠재력의 완전한 인식 등을 강조했다. 인본주의 이론가인 에이브러햄 매슬로는 건강하고 창의적인 사람들에 대한 연구를 기초로 하여, 행동과 발달을 동기화하는 욕구의 위계 이론을 발전시켰다. 위계의 아래에서부터 위까지를 순서대로 살펴보면 생리적 욕구, 안전 욕구, 소속감과 사랑 욕구, 존중감 욕구, 자아실현 욕구이다. 사람들은 상대적으로 낮은 수준의 욕구가 충족되고 나서야 가장 높은 수준의 욕구인 자아실현을 향해 나아갈 수 있기 때문에 동기화는 위계의 맨 아래에서부터 위를 향해 진행된다. 또 다른 주요 인본주의 이론가인 칼 로저스 또한 인간의 주요 동기로서 자아실현에 초점을 맞추었다. 로저스는 사람들이 자아실현을 이루기 위해서 삶 속에서 무조건적 긍정적 존중을 받아야 한다고 했다. 이는 조건 없는 허용과 수용을 의미하는 것이며, 사람들로 하여금 진정한 자기를 알고 발전시켜 자아를 실현시키도록 한다.

성격연구에서의 사회인지적 접근은 행동주의적 접근에 대한 회의에서 시작되었다. 사회인지 이론가들은 행동주의에서 말하는 조건화를 통한 학습의 중요성을 인정하기는 하지만, 성격발달에서는 사회학습(모델링)과 인지과정이 더 중요한 역할을 한다고 주장한다. 앨버트 반두라는 관찰을 통해 발생하는 인지과정의 한 부분인 자기체계가 자신의 행동을 평가하고 규제한다고 생각했다. 자기효능감(특별한 상황에서 자신의 유능감에 대한 평가)은 반두라 이론에서 건강한 성격을 유지하기 위한 방법이다.

줄리언 로터의 통제 소재 개념 또한 심리적으로 건강한 인지과정의 중요성을 설명한다. 외적 통제 소재는 개인의 범위를 넘어선 기회나 외부의 힘이 자신의 운명을 통제한다는 개념이다. 내적 통제 소재는 자신의 운명을 자신이 통제할 수 있다는 개념이다. 내적 통제 소재를 가진 사람은 학교생활을 더 잘하고 건강하며 삶의 스트레스에 더 유연하게 대처한다. 긍정적인 자기평가를 유지하기 위해 우리는 또한 우리의 행동에 대한 설명에서 자기본위적인 편향을 사용한다. 결과가 긍정적이라면 그 공을 자신에게 돌리고, 결과가 부정적이면 그렇게 하지 않는다. 이러한 편향은 적응하기 위해서 자연스럽게 나타나는 것으로서 우울증으로부터 우리를 보호한다. 부정적인 결과는 자신이, 긍정적인 결과는 남이 한 일이라 생각하고 이러한 생각을 꾸준하고 보편적으로 하는 비관적인 기대형 사람들은 부적응적이고 학습된 무기력감과 우울증이 생길 수 있다.

개념점검 | 2

- 매슬로의 이론에 의하면 개인이 자아실현에 대해 고민하기 전에 먼저 만족되어야 하는 욕구는 어떤 것들이 있는지 설명하라.
- 로저스의 자기개념 이론에 따라 무조건적 긍정적 존중이 중요한 이유를 설명하라.
- 사회인지적 접근에서 말하는 자기효능감과 통제 소재의 유사점을 설명하라.

특질 이론과 성격 평가

이 장의 서론에서 이미 지적했듯이 개인 내부에 기초하는 성격 **특질**(trait)은 개인의 성격을 기술해주는 비교적 안정적인 특성 (characteristic)이다. 이러한 특질은 그 정도에 있어서 연속적인 차

> **특질** 개인 내부에 기초하여 개인의 성격 을 정의해주는 비교적 안정적인 특성

원이며, 사람들은 그 차원에 따라 서로 다른 성격을 보인다. 그렇다면 인간의 성격을 구성하는 이러한 특질들은 구체적으로 무엇일까? 한 사람을 묘사할 수 있는 형용사들 을 모두 생각해보라. 수천 개의 형용사가 있지만 성격을 묘사하기 위해 이 모든 형용사 가 필요하지는 않다. 사실 특질 이론은 사람의 성격들을 표현하기 위해서 얼마나 많은 특질들이 필요한지를 정확하게 알아내려고 한다. 여러분은 중요한 특질 이론이 사람의 성격을 이루는 데 필요하다고 제시한 기본적 특질의 개수가 그리 많지 않은 것을 보고 놀라게 될 것이다. 이러한 특질의 개수는 어떻게 도출되었을까?

특질 이론가들은 성격을 기술해주는 요인(특질)은 어떠한 것들이 있는지, 그리고 필 요한 요인의 가짓수가 몇 개인지 알아내기 위해 요인분석(과 다른 통계적 기법)을 사용 한다. 요인분석은 제6장에서 지능이 단일능력인지 아니면 다중능력인지에 대해서 알 아볼 때 지능 이론가들이 사용했던 통계적 도구였음을 기억하자. 요인분석은 검사항목 (성격검사의 질문들)이 동일한 요인(특질)을 측정하는 경우 그것을 하나의 군(cluster) 으로 묶어 나타내줄 수 있다. Allport와 Odbert(1936)는 인간을 묘사하는 데 사용되는 18,000개의 단어를 가지고 최초로 요인분석을 실시하였고, 이를 통해 200개의 특질군 을 남겼다. 특질 연구가들은 이 숫자를 더 많이 감소시켰는데 현재 가장 널리 퍼진 이 론에서는 성격을 묘사하는 데 꼭 필요한 특질로 5개를 제안한다.

이제 우리는 성격 이론을 발전시킨 주요 특질 이론을 살펴볼 것이다. 또한 이론가들 이 연구한 성격의 기본적인 특질을 평가하기 위해 개발된 성격 평가에 대해서도 공부 해볼 것이다. 성격검사가 사용되는 주요 목적이 성격의 문제를 진단하는 것이므로 이 를 위해 사용되고 있는 두 가지 중요한 객관적 성격검사와 투사검사에 초점을 맞출 것 이다.

특질 이론

특질 이론가들에 따르면 기본적인 특질은 성격의 구성단위이다. 각 특질은 모든 사람 에게서 관찰되며, 각 성격 특질은 드러나는 강도에 따라 차원의 이쪽 끝에서 저쪽 끝까

지 양 끝을 연결하는 연속적인 개념으로 보고 있다. 각 개인은 특질의 양극단에 위치하거나 양극단을 연결하는 개념적 연속선상의 어딘가에 위치할 정도의 특질을 가지고 있는 것이다. 성격은 그 사람이 가지고 있는 특질들의 강도(양)가 모여서 통합적으로 형성시키는 패턴에 의해 결정된다. 이것은 제3장에서 논의한 삼원색 이론과도 유사하다. 삼원색 이론에 따르면 우리가 인식할 수 있는 수천 가지 각기 다른 색들은 세 가지 원색(빨강, 초록, 파랑)에서 비롯된다. 특질 이론에서도 마찬가지로 다양한 성격은 서로 상이한 기본 특질이 어떠한 비율로 섞여 존재하느냐에 따라 다르게 나타난다.

성격 특질의 수와 종류 이론가들은 성격 특질에 어떠한 것들이 있는지에 대해 각기 다른 답을 제시했다. 제6장에서 지능 이론에 대한 우리의 논의에서 찰스 스피어만이 지능의 일반적인 요인(g 요인)을 제안했다는 것을 기억하라. 성격의 일반적인 요인을 제안하는 비슷한 성격 이론이 있을까? 일부 성격 이론가들은 그러한 일반적인 요인이 있다고 주장해 왔다. 예를 들어 Musek(2007, 2017)은 위계적 성격 특성 구조에서 스피어만의 g 요인과 유사하게 위계적 성격 특질 구조의 상위를 차지하는 성격의 일반적인 요인(general factor of personality, GFP)이 있다고 주장했다. 성격 이론에서 이것은 하나의 중요한 특질(차원)을 의미하는데, GFP 이론에 따르면 '좋은' 성격 대 '어려운' 성격의 상식적인 개념에 대한 과학적 대응이다. 따라서 그것은 개인의 사회적 효과의 일반적인 척도로 여겨질 수 있다. GFP의 존재와 가능한 유용성에 대한 몇 가지 증거가 있는 것처럼 보이지만(van der Linden, Nijenhuis, & Bakker, 2010), GFP와 그 예측치는 논쟁의 여지가 있는 주제이다. 간단히 말해서 대부분의 성격 이론가들은 성격을 만족스럽게 묘사하는 데 필요한 특징의 수가 하나 이상이라고 생각한다. 그러므로 우리는 좀 더 수용되는 다특성 이론에 대해 논할 것이다.

초기 특질 연구가인 레이몬드 B. 카텔은 요인분석을 사용하여 성격을 결정하는 데는 16가지 특질로 나뉜다고 밝혔다(Cattell, 1950, 1965). 이후에 역시 요인분석을 사용하여 한스 아이젱크는 단지 세 가지 차원만 있으면 된다고 주장하였다(Eysenck, 1982; Eysenck & Eysenck, 1985). 이처럼 서로 다른 결과가 나온 이유는 크게 두 가지를 들수 있는데, 바로 요인 추출의 수준이 다르고 사용된 데이터의 형태가 달랐기 때문이다. 첫째, 특질의 수는 요인분석에서 어떤 수준으로 범주화를 시키는가에 따라 다르게 나타날 수 있다. 이를테면 여러분이 카텔이 주장한 16가지 특질을 가지고 계속 요인분석을 실시한다면 결국은 아이젱크의 3요인과 비슷한 3개의 가장 중요한 요인으로 압축한 결과를 얻을 수 있을 것이다(Digman, 1990). 이것은 카텔의 이론보다 아이 젱크의 이론이 더 보편적이고 포괄적 수준에서 이루어졌음을 의미한다. 더 중요한 점 은 특질의 수는 연구자들이 요인분석을 사용할 때 어떠한 데이터베이스와 데이터의 형태를 사용했느냐에 따라 달라질 수도 있다는 것이다. 사실 서로 다른 데이터는 다 른 특질 수뿐만 아니라 다른 종류의 특질을 이끌어낼 수도 있다. 놀랍게도 현대의 특 질 연구들은 성격의 기본적인 특질의 수와 특성에 대해 대체로 합의된 결론에 도달 했다. 아이젱크가 제안했던 3요인 이론은 충분하지 못하고, 카텔의 16요인 이론은 불 필요하게 복잡했다(McCrae, 2011). 합의된 수는 5개로, 5개의 특질(요인)을 'Big 5'라 고 부른다. Big 5의 특질에 기초한 성격 5요인 모델은 가장 타당한 성격 모델로 떠올 랐다. 결과적으로 오늘날 대부분의 성격연구들은 이 모델을 기초로 사용한다. 따라서 우리는 이 모델에 대해 자세히 논의할 것이며, 그 전에 (다수의 특질 이론가들과는 달 리) 많은 연구의 초점이었던 특질에 대한 생물학적 인과적 설명을 제안한 아이젱크의 3요인 이론에 대해 논할 것이다. 이 두 가지 성격 특질 모델에 대한 논의에 이어 특질 또는 상황이 사람의 행동을 잘 예측하는지와 관련된 사람-상황 논쟁에 대해 간략하게 논할 것이다.

아이젱크의 3요인 이론   한스 아이젱크의 세 가지 특질 차원은 외향성-내향성, 신경증- 정서적 안정성, 정신병-충동 통제이다. 이 세 가지 차원은 양극단을 잇는 하나의 연속선 상에 존재한다고 생각하기 때문에 외향성, 신경증, 정신병 차원은 각각의 연속선상에서 한쪽 극단을 이르는 말이다. 아이젱크는 이 세 가지 특질이 유전에 의해 결정된다고 보 았고, 각 특질의 발달에는 생물적인 원인이 중요한 작용을 한다고 주장하였다(Eysenck, 1990, 1997). 우리는 왜 이것이 성격의 생물적 특질 이론인지 알기 위해 아이젱크의 세 가지 특질 차원으로 제안된 생물적 메커니즘에 대해 간략하게 살펴볼 것이다.

외향성과 내향성 차원은 보다 정상적 의미가 강한 차원이며 사회성의 차이로 나타 난다. 외향적인 사람은 사교적이며 친구를 많이 사귀는 사람들이고, 내향적인 사람은 조용하고 내성적이며 사회적 상호작용을 회피하려 한다. 대학에 진학하는 학생 중 외 향적인 학생들은 내향적인 학생들에 비해 더 빨리 새로운 친구들을 사귄다(Asendorpf, & Wilpers, 1998). 외향성-내향성 특질의 주요 생물적인 기초는 대뇌피질의 각성(신경 세포의 활동성)수준의 차이이다. 아이젱크에 따르면 내향적인 사람은 망상체(reticular formation)의 차이 때문에 보통 외향적인 사람보다 뇌의 각성수준이 높고 더 활동적이다. 제2장에서 다루었듯이 망상체는 우리의 다양한 각성수준을 담당한다는 것을 숙지해야 한다. 아이젱크에 따르면 내향적인 사람의 뇌는 정상적으로 충분히 활동적이지만, 외향적인 사람은 뇌의 각성수준을 최적의 수준으로 끌어올리기 위해서는 외부 자극을 찾아야 한다. 뇌 영상연구는 일반적으로 이러한 논쟁을 뒷받침해주었다. 내향적인 사람은 일반적으로 외향적인 사람에 비해 더 많은 대뇌피질 각성을 보인다 (Hagemann et al., 2009).

신경증-정서적 안정성 차원이 높은 사람들(신경증적)은 과도한 불안과 감정적으로 불안정하고 당황하는 경향이 많은 것이 특징이고, 반대로 낮은 사람들(정서적 안정성) 은 침착하며 감정적으로 안정적이다. 이 특질 차원이 높은 사람들은 일상에서 부정적인 감정상태가 더 오래 지속되는 것을 경험하고 불안과 우울증을 겪는 비율이 더 높다 (Widiger, 2009). 아이젱크는 감정을 조절하는 데 중요한 역할을 하는 변연계, 스트레스 상황에서 신체를 조절하는 교감신경계의 차이가 특질의 주요 생물적 메커니즘이라고 제안한다. 신경증 특질이 높은 사람들은 변연계에서 활동을 더 많이 하고 더 반응적인 교감신경계를 갖는 경향이 있어 평균적으로 더 불안해지며 위협을 받거나 스트레스 상황에 처했을 때 더욱 감정적으로 흥분하고 화를 낸다.

정신병-충동 통제 차원은 공격성, 충동성, 공감(타인의 시각으로 상황을 이해하기), 반사회적 행동과 관련되어 있다. Krueger와 Walton(2008)에 따르면 정신병리에 대한 과장된 이미지를 감안할 때, 정신병(psychoticism)은 적절치 못하게 선택된 분류인 것으로 보이며, 탈억제(disinhibition)가 더 높은 차원을 위한 적절한 분류가 될 수 있다. 아이젱크는 이러한 특질에 관련된 생물적 메커니즘은 개인의 테스토스테론과 신경전달물질 억제제인 모노아민산(monoamine oxidase, MAO)을 포함한다고 가정한다. 높은 테스토스테론 수준과 낮은 MAO 수준은 공격적, 충동적, 반사회적 또는 공감이 부족한 행동 (더 높은 차원을 반영한 탈억제 행동)을 유발한다.

아이젱크의 독특한 생물적 가정은 실험적으로 이론을 평가해볼 수 있도록 한다. 이점은 이 이론에 대한 수천 개의 연구를 촉진하였고(Geen, 1997), 연구결과들은 상당히 지지적인 것으로 나타났다. 그러나 성격 특질에 관한 대부분의 연구는 성격 묘사에 3요인보다 5요인이 더 타당하다는 것을 보여준다(Funder, 2001; Goldberg, 1990; John, 1990; McCrae & Costa, 2003; Wiggins, 1996). 아이젱크와 달리 5요인 이론가들은 요인을 확인하기 위해 각 특질 차원의 높은 수준의 극단만을 사용한다. 그렇다면 아이젱크의 3요인에서 어떻게 5요인을 얻어낼 수 있을까? 아이젱크의 외향성과 신경증 요인은 그대로 유지되고, 정신병 요인은 성실성과 우호성이라는 두 부분으로 나뉜다. 그리고 새로운 개방성 요인이 추가된다(Nettle, 2007). 지금부터 성격의 5요인 모델을 자세히 살펴보도록 한다.

성격의 5요인 모델 성격의 5요인 모델은 로버트 맥크래와 폴 코스타(McCrae & Costa, 1999)가 제안하였다. 5요인에 대한 자세한 설명은 조금씩 다를 수 있겠지만, 표 8.3에 나와 있는 다섯 가지 성격 특질 요인과 각각의 높고 낮은 수준에 대한 특징들은 5요인 차원을 무난하게 이해하는 데 도움이 될 것이다. 5요인을 쉽게 기억하는 방법으로 각 단어의 첫 번째 문자를 따와서 두문자어를 만들어볼 수 있다. 순서는 중요하지 않다. OCEAN[개방성(openness), 성실성(conscientiousness), 외향성(extraversion), 우호성(agreeableness), 신경증(neuroticism)] 또는 CANOE(성실성, 우호성, 신경증, 개방성, 외향성)라는 두문자어를 사용해볼 수 있다.

우리는 이미 아이젱크의 요인 이론을 설명하면서 외향성과 신경증에 대해 간략하게 살펴보았다. 따라서 성실성, 개방성, 우호성은 무엇인지, 그리고 이것들이 현실 세계에서는 어떤 행동과 관련되는지에 대해 살펴보자. 성실성은 자기훈련, 독립성과 체계성을 보이는 경향이 있고 즉흥적인 행동보다는 계획적인 것을 선호한다. 성실성은 고등학교와 대학교 성적과 정적 관계가 있다(Noftle & Robins, 2007). 또한 건강하게 장수하는 것과도 연관이 있다(Bogg & Roberts, 2004; Kern & Friedman, 2008; Roberts, Smith, Jackson, & Edmonds, 2009). 개방성은 (종종 경험에 대한 개방성으로 언급됨) 개인의 지적 호기심, 창의성, 그리고 참신함과 다양함에 대한 선호도의 정도를 반영한다. 개

표 8.3	Big 5 성격 특질 차원	
낮은 점수	차원	높은 점수
독립적, 상상력이 풍부함, 흥미 영역이 광범위함, 새로운 생각을 잘 수용함	개방성	규칙을 잘 따름, 관습적, 흥미 영역이 제한됨, 새로운 생각에 폐쇄적
체계적, 신뢰할 수 있음, 신중함, 정돈됨	성실성	무질서함, 믿을 수 없음, 부주의함, 충동적임
사교적, 말하기를 좋아함, 친절함, 모험적	외향성	은둔하는, 조용함, 냉담함, 조심성 있음
동정심 있음, 예의 바름, 성격이 좋음, 마음이 따뜻함	우호성	완고함, 무례함, 화를 잘 냄, 무정함
감정적, 불안정, 신경질적임, 자기연민	신경증	평온, 안정, 이완, 자기충족

방성 요인의 점수가 높은 사람은 새로운 것을 시도하기를 좋아하고, 상상력이 풍부하며, 진보적인 가치를 지향하거나 편견이 없는 경향이 있다(McCrae & Sutin, 2009). 또한 지능검사와 수학능력시험에서 언어 영역 점수가 높은 경향이 있다(Noftle & Robins, 2007; Sharp, Reynolds, Pedersen, & Gatz, 2010). 우호성은 타인에 대해 의심이 많거나 적대적이기보다는 연민을 느끼고 협력하려는 경향이 있다. 우호성 요인에서 높은 점수를 받는 사람들은 친절하고, 이타적이고, 공감적인 경향이 있고 인간 본성에 대해 낙관적인 관점을 지닌다(Graziano, Habashi, Sheese, & Tobin, 2007). 우호성에서의 차이는 또한 성인의 경우에 사회인지 이론의 마음기능의 차이와 상관관계가 있다. 즉, 우호성에서 높은 점수를 받으면 마음 이론의 과업을 더욱 잘 수행한다(Nettle & Liddle, 2008).

코스타와 맥크래(1993, p. 302)에 의하면 5요인 모델은 "안정성, 유전성, 합의적 확인, 비교문화적 불변성, 예측 타당도가 마치 장식처럼 달려 있는 크리스마스 트리와 유사하다." 실제로 최근 연구들은 5요인 모델이 광범위하게 적용될 수 있음을 보여주고 있다. 이 요인은 서구 산업사회에만 국한되는 것이 아니라 성별이나 다양한 언어(영어, 한국어, 터키어 등), 문화(미국, 히스패닉, 유럽, 아시아 문화)의 차이 등을 초월해서 보편적으로 관찰된다(McCrae & Costa, 1997, 2001; McCrae et al., 2004; Schmidt, Allik, McCrae, & Benet-Martinez, 2007). 게다가 연구에 의하면 몇몇 문화에 걸쳐서 5요인 모델이 약 50% 정도로 유전되는 것으로 밝혀졌다(Bouchard & McGue, 2003; Jang et al., 2006; Loehlin, 1992; Loehlin, McCrae, Costa, & John, 1998). 즉, 강한 유전적인 근거를 나타낸다. 5요인 성격 특질은 30세부터 후기 성인기까지도 지속적으로 나타나는 것 같다(Costa & McCrae, 1988). 그리고 환경에 걸쳐 대부분 일관된다(Buss, 2001). 시간과 환경에 걸쳐 대부분 일관되게 나타나는 것을 고려해 몇몇 심리학자들은 각 특질이 구체적인 뇌의 행동 패턴 또는 구조와 관련이 있을 것이라고 생각한다(Canli, 2006). 사실 DeYoung 등(2010)은 5요인 성격 특질의 생물적 근거에 관한 이론을 제안하였고, MRI를 사용하여 5요인 중 네 가지에서 이를 뒷받침하는 증거를 발견하였다. 성격과 관련한 5요인 모델의 중요성을 고려하여 로버트 맥크래와 폴 코스타는 NEO-PI-R, NEO-PI-3, NEO-FFI와 같은 성격검사 평가도구를 개발했다. 이것은 5요인 모델의 성격적인 측면을 제공한다(Costa & McCrae, 1985, 1992, 2008; McCrae, Costa, & Martin, 2005). Rammstedt와 John(2007)은 10항목으로 구성되어 1분 또는 그 이하의 시간이 요구되는 NEO-PI-R을 개발하였는데, 상당 수준의 신뢰도와 타당도를 보인다. 이 검사의 개정판이 표 8.4에 나와 있다. 이 검사를 한번 시행해보면 5요인 성격 특질뿐 아니라 성격

| 표 8.4 | Big 5 목록-10(BFI-10) |

지시사항 : 아래에 제시된 각 10문항이 당신의 성격을 얼마나 잘 묘사하는지에 따라 1(매우 동의하지 않음)부터 5(매우 동의함)의 점수를 매긴다.

나는 스스로가 ~사람이라고 본다.	매우 동의하지 않음	약간 동의하지 않음	보통	약간 동의함	매우 동의함
1. 내성적인	1	2	3	4	5
2. 일반적으로 사람을 믿는	1	2	3	4	5
3. 게을러지는 경향이 있는	1	2	3	4	5
4. 느긋하고 스트레스를 잘 다루는	1	2	3	4	5
5. 약간의 예술적 흥미가 있는	1	2	3	4	5
6. 외향적이고 사교적인	1	2	3	4	5
7. 다른 사람의 단점을 찾는 경향이 있는	1	2	3	4	5
8. 일을 철저하게 하는	1	2	3	4	5
9. 쉽게 초조해지는	1	2	3	4	5
10. 창의적인	1	2	3	4	5

성격의 5요인 모델의 5가지 요인에 대한 경향을 평가하기 위해서는 다음의 채점 지시사항에 따른다. 각 요인에 대한 점수는 2점(낮음)에서 10점(높음)으로 달라질 수 있다.

외향성	1R, 6(R은 이 항목이 1=5, 2=5, 3=3, 4=1, 5=1로 바뀌어야 한다는 것을 뜻한다. 예를 들면 항목 1에서 1점이고 항목 6에서 5점이라면, 10점으로 높은 외향성 점수를 의미한다.)
우호성	2, 7R
성실성	3R, 8
신경증	4R, 9
개방성	5R, 10

출처 : Rammstedt, B., & John, O. P. (2007). Measuring personality in one minute or less: A 10-item version of the Big Five Inventory in English and German. *Journal of Research in Personality, 41,* 203–212.

검사들의 전반에 대해서, 그리고 이 외에 잘 알려진 투사적 성격검사와 어떻게 다른지를 이해하는 데 도움이 될 것이다. 검사를 해본 다음 성격 평가에 관하여 글을 더 읽기 전에 우리가 지금껏 논의해 왔던 성격에 관한 이론적 접근에 대해 요약해 놓은 표 8.5를 검토해보면 다양한 성격심리학자들과 그들이 소개하는 주요 개념에 대해 이해하는 데 좀 더 수월할 것이다.

표 8.5	주요 성격 이론	
이론적 접근	**이론가**	**주요 개념**
정신분석 이론	지그문트 프로이트	• 원초아, 자아, 초자아 • 의식, 전의식, 무의식 • 쾌락원리, 현실원리 • 방어기제 • 심리성적 발달단계 : 구강기, 항문기, 남근기, 잠복기, 생식기 • 성감대, 고착
	칼 융	• 집단 무의식, 원형
	알프레드 아들러	• 우월성의 추구, 열등 콤플렉스
	카렌 호나이	• 안정감의 추구, 기본 불안
인본주의 이론	에이브러햄 매슬로	• 욕구의 위계설, 자아실현
	칼 로저스	• 가치의 조건, 무조건적 긍정적 존중, 자아실현
사회인지 이론	앨버트 반두라	• 자기체계, 자기효능감
	줄리언 로터	• 통제 소재

특질 이론	한스 아이젱크	• 3요인 모델
		  – 외향성-내향성
		  – 신경증-정서적 안정성
		  – 정신병-충동 통제

	로버트 맥크래, 폴 코스타	• 5요인 모델
		  – 개방성
		  – 성실성
		  – 외향성
		  – 우호성
		  – 신경증

사람-상황 논쟁 1968년, 성격 이론가 월터 미셀은 성격의 특질이 아닌 상황이 사람의 행동을 결정한다고 주장했다. 미셀은 성격 연구를 통해 개인의 평가된 특질과 행동 사이의 상관관계가 매우 약하고 사람의 행동이 상황에 따라 달라진다고 지적했다. 미셀의 연구는 성격 이론에서 사람-상황 논쟁으로 알려진 문제로 이어졌다. 특질이나 상황은 행동을 가장 잘 예측하는가? 세이무어 엡스타인(1979)은 미셀의 결론이 실험실 연구에서 사람의 작은 행동 부분과 특질 사이의 관계를 살피는 데 기반을 두고 있다는 점을 지적함으로써 미셀의 비판에 답했다. 엡스타인은 사람의 특질과 행동 사이의 관계를 정확하게 평가하려면 시간과 상황에 걸친 평균적인 행동은 그 사람의 특질을 반영하기에 한 가지 행동 사례가 아니라 시간에 따른 행동과 다양한 상황에 대한 평가

가 필요하다고 주장했다. 엡스타인은 또한 특질은 일반적인 행동 경향이며, 행동의 변하지 않는 예측변수는 아니라고 주장했다. 이후 연구는 엡스타인의 주장을 뒷받침하고 있다(Funder, 2001). 연구는 또한 특질이 어린 시절부터 시간에 걸쳐 비교적 안정적이라는 것을 발견했다(Roberts & DelVecchio, 2000). 하지만 이것이 특질이 불변하다는 것을 의미하는 것은 아니라는 점에 유의하여야 한다. 특질은 일반적으로 시간에 걸쳐 지속적이지만, 아동기부터 성인 초기에 이르는 동안 특히 발달의 후반 단계에서 변하고(Caspi, Roberts, & Shiner, 2005), 중년기부터는 더 작게 변화한다는 증거가 있다(Helson, Jones, & Kwan, 2002).

성격 평가

성격검사(personality test)는 성격 특질 연구의 중요한 도구이기도 하지만, 가장 중요한 목적은 상담과 심리치료 과정에서 성격문제를 보이는 사람들을 진단하거나, 기업체에서 적절한 사람을 선발하고 배치하는 인사업무를 돕기 위한 것이다. 많은 유형의 성격검사가 있지만 우리는 객관적 성격검사(personality inventory)와 투사검사(projection test)에 초점을 맞출 것이다. 이들 외의 다른 성격검사들은 보통 제한적 목적으로 사용되고 있다. 예를 들면 칼 로저스와 다른 인본주의 심리학자들은 자기개념 하나만 측정하는 질문지를 개발했고, 줄리언 로터는 통제 소재만을 구체적으로 평가하는 검사를 개발했다.

객관적 성격검사 객관적 성격검사(personality inventory)는 성격의 다양한 특질, 또는 어떤 경우에는 장애를 측정하기 위해 고안되었다. 이러한 검사들은 보통 질문이나 진술문이 제시되고 피검자들은 제시된 문항들이 자신들에게 해당되는지 또는 해당되지 않는지를 대답하도록 하는 형태이다. 전형적인 응답 형식은 '그렇다-아니다' 또는 '예-아니요'이다. 가끔 세 번째 선택지인 '말할 수 없음' 또는 '모름' 등이 포함되기도 한다. 검사의 기본적 가정은 피검자들이 비교적 정확한 자기보고를 할 수 있으며 그렇게 할 것이라는 것이다. 이 검사들은 특정 행동, 태도, 흥미, 가치관 등에 대해 물어보는 항목들을 포함한다. 이제 가장 대표적인 검사인 MMPI(Minnesota Multiphasic Personality Inventory, Hathaway & McKinley, 1943)와 1989년에 개정된 MMPI-2(Butcher, Dahlstrom, Graham, Tellegen, & Kaemmer, 1989)에 대해 알아보도록 하자. 이것은 전 세계적

> **객관적 성격검사** 제시된 문항들이 자신에게 해당되는지 또는 해당되지 않는지를 일련의 질문이나 진술문을 사용하여 응답하는 객관적 성격검사

으로 가장 많이 사용되는 표준화된 성격검사이고 100개 이상의 언어로 번역되어 있다 (Weiner & Greene, 2008).

MMPI-2는 567개의 간단한 진술문("나는 요리하는 것을 좋아한다." 등)에 대해 '그렇다-아니다-모름' 중 하나를 택하여 답하도록 구성되어 있으며, 검사를 끝마치는 데 약 60~90분이 소요된다. 진술문의 대부분은 MMPI에서 가져온 것이다. 원래의 진술문 중 어떤 것은 너무 오래전에 사용되었던 용어들이라서 현대 사람들이 이해하기 쉽도록 고치고 성차별적인 단어들을 제외시켰으며 종교와 성적인 습관과 관계된 질문들은 삭제했다(Ben-Porath & Butcher, 1989). MMPI는 우울증이나 조현병을 포함하는 10개의 임상 척도와 같은 이상 성격을 측정하기 위해 개발되었다. 검사 진술문은 "나는 누군가가 나를 해칠 음모를 꾸미고 있다고 믿는다."와 같이 장애와 확실히 관련되어 있는 문항이 여러 개 있고 "내 체중은 늘지도 줄지도 않고 있다."와 같이 단순하고 일상적인 문항들도 포함되어 있다.

MMPI 검사 진술문들은 비네와 시몬이 최초로 타당한 지능검사를 개발할 당시 문항 선정 과정에 사용했던 방식으로 선택되었다(제6장에서 논의). 비네와 시몬은 사용 가능할 것으로 보이는 검사항목들을 대단히 많이 만들어서 학생들에게 먼저 사용해보고, 그 문항 중에서 학생들의 학습 속도가 빠른지 느린지를 구별해줄 수 있는 항목들만을 선택하여 지능검사를 만들었다. 유사하게 MMPI 개발과정에서도 검사에 사용할 수 있을 만한 항목을 많이 만들어서(모든 유형에서 간단한 진술문) 검사를 실시해본 후 각각의 해당 집단(특정한 장애로 고통받고 있는 집단 대 정상적인 집단)에서 확실히 서로 다른 대답을 하는 항목들만 선택하여 검사로 만들었다. 각 집단이 어떠한 응답을 했고 또 진술 내용이 무엇인지는 중요하지 않다. 중요한 것은 장애가 있는 사람들과 없는 사람들이 같은 문항에 대해 응답한 내용이 서로 상반된다는 점이다. 따라서 검사 개발자들은 이 항목들에서 집단 간에 다른 응답이 '왜' 나왔는지가 아니라, 응답이 '달랐는지 아닌지'만 관심을 두었다. 이러한 정보를 가지고 검사 개발자들은 10가지 상이한 장애(우울증과 조현병과 같은)를 가진 사람들을 구분해낼 수 있는 척도로써 문항을 나누고 응답 패턴을 정리할 수 있게 되었다. MMPI와 MMPI-2는 컴퓨터로 채점되고 이후 결과를 가지고 10개의 임상(장애)척도에 대한 피검자의 프로파일을 만든다.

MMPI-2는 세 가지 기본적인 타당도를 측정할 수 있는 10개의 진술문을 포함하고 있는데, 자신의 문제를 감추고 프로파일이 정확하게 나타나지 않게 하려는 목적을 가지고 속이려고 하거나 응답을 성의 없이 하는 피검자들을 탐지하기 위한 것이다. 예를 들면 피검자들이 특정한 검사 프로파일을 만들어내기 위해서 거짓으로 답하고 있는지를 평가할 수 있는 거짓말 탐지 척도가 있다. 거짓말 척도는 "나는 가끔 화를 낸다."와 같이 대부분의 사람들이 '그렇다'로 응답하는 검사문항들에 대해 피검자가 하는 반응

을 종합적으로 측정해서 알아볼 수 있다. 이러한 질문에 계속 '아니다'라고 답하는 사람의 프로파일은 타당도가 낮게 나온다.

MMPI-2와 같은 성격검사는 객관적인 검사로서 컴퓨터로 채점한다. 컴퓨터는 피검자의 응답을 검사자가 측정하고자 하는 성격 특질이나 장애 차원과 관련한 프로파일로 변환시킨다. 이 점은 MMPI가 성격문제를 진단해야만 하는 임상/상담치료 장면의 전문가들 사이에서 널리 사용될 수 있었던 이유이다. 앞에서 소개한 MMPI의 개발방법은 각 임상척도들의 예측 타당도를 높여주었고(Garb, Florio, & Grove, 1998), 검사의 객관적인 채점절차는 해석의 신뢰도를 높여주었다. 다음에 논의할 투사검사는 타당도와 신뢰도는 낮지만 광범위하게 사용되는 성격검사이다.

투사검사 성격검사를 언급할 때 여러분은 투사성격검사인 로르샤흐 잉크반점 검사를 생각할 것이다. 성격검사와는 대조적으로 **투사검사**(projective test)는 피검자가 잉크반점과 같은 일련의 모호한 자극을 보고 자신이 지각하는 바에 대해 이야기하는 방식으로 이루어진다. 객관식의 응답 유형은 사용되지 않고 단지 피검자들은 주어지는 자극에 대해 기술하고 자기 나름대로 이야기를 구성해낸다. 가장 많이 사용되는 두 가지 투사검사인 로르샤흐 잉크반점 검사와 주제통각검사(TAT)에 대해 논의해보자.

투사검사는 MMPI나 MMPI-2 등의 객관적 성격검사와는 다른 방식으로 채점되고 해석된다. 그래서 투사검사는 객관성이 떨어지는데, 특히 해석의 문제에 있어서 더

로르샤흐의 부모

난 확실히 낙타가 나비와 씨름하는 걸로 보여. 다른 모양은 아니야.

흠… 여자가 파인애플을 들고 있는 게 보이지 않으세요? 어떻게 그게 안 보일 수 있단 말이죠?

Roz Chast The New Yorker Collection/The Cartoon Bank.

Stanley Goldblatt/Science Source.

로르샤흐 잉크반점 검사 10개의 잉크반점 중 하나

욱 그렇다. 가장 대중적이고 광범위하게 사용되는 투사검사로는 로르샤흐 잉크반점 검사가 있는데, 이 검사는 스위스 정신과 의사인 헤르만 로르샤흐가 개발하여 1921년 논문(Rorschach, 1921/1942)의 일부에 포함시켰다. 사실 로르샤흐는 이 검사를 성격검사가 아니라 조현병의 진단도구로 사용하려고 개발했다. 안타깝게도 그는 논문을 출판한 다음해 1922년, 맹장염으로 37세의 나이에 세상을 떠나게 된다. 이 검사에는 10개의 대칭으로 이루어진 잉크반점만 있다. 5장은 검은색, 2장은 검은색과 붉은색, 나머지 3장은 여러 색으로 구성되어 있다. 배경은 모두 흰색이다. 잉크반점들은 모호하고 고유한 의미가 없지만 피검자는 각 잉크반점이 자신에게는 무엇처럼 보이는지에 대해 답해야 한다. 또한 검사자는 잉크반점의 어떠한 부분이 피검자로 하여금 그러한 대답을 하도록 만들었는지를 자세하고 명확하게 물어본다.

이 검사의 기본적인 가정은 피검자들의 반응이 내면의 갈등과 성격의 역동성에 기인한 투사의 결과일 것이라는 점이다. 이는 피검자의 반응이 해석되어야 하며 다양한 응답에 대해 주관적인 해석이 실시되어야 하고 검사결과가 서로 다르게 나올 수도 있다는 것을 뜻한다. 사실 투사검사에서 중요한 부분은 바로 검사 채점자의 해석이라고 할 수 있다. 로르샤흐 잉크반점 검사는 광범위하게 쓰이고 있지만(Watkins, Campbell,

Science Source.

TAT에서 사용되는 모호한 그림카드 중 하나

Nieberding, & Hallmark, 1995), 그러나 많은 연구자들은 채점 시스템과 그에 따른 신뢰성과 타당성에 의문을 제기했고(Dawes, 1994; Lilienfeld, Wood, & Garb, 2000), 사용에 대한 유예를 요구했다(Garb, 1999). 그러나 최근 Mihura, Meyer, Dumitrascu 및 Bombel(2013)은 로르샤흐가 평가한 65개의 주요 변수에 대해 외부적으로 평가된 기준(예 : 정신과적 진단)을 사용하여 타당도 연구의 메타분석에 관한 결과를 보고했다. 결과적으로 측정된 타당도 계수는 이러한 변수의 대다수에 매우 도움이 되었다. 지각과 같은 인지과정을 대상으로 하는 변수에 대해 가장 강력한 타당성이 관찰되었다.

로르샤흐의 주요 비평가들은 Mihura 등의 메타분석 결과와 타당성 주장에 신속하게 대응했다. Wood, Garb, Nezworski, Lilienfeld 및 Duke(2015; Mihura, Meyer, Bombel, & Dumitrascu, 2015)는 Mihura 등의 인지변수(예 : 세상을 다른 사람들과 같이 인식하는 경향을 평가하는 관습적 형태)에 대한 메타분석을 신뢰할 수 있다고 결론지었고, 따라서 연구 및 적용 환경에서 이러한 변수의 사용에 대한 유예를 해제했다. 그러나 그들이 수행한 일부 새로운 메타분석의 결과를 고려할 때 Wood 등은 Mihura 등이 다양한 수준의 지지를 발견한 비인지변수(예 : 자살 위험을 평가하는 **자살지표**)의 사용에 대한 유예는 해제하지 않았다. 이런 변수들에 대한 지지가 일부 있지만 여전히 불충분하다고 생각했다. 따라서 이러한 비인지변수의 타당성은 여전히 논쟁의 여지가 있다

이제 1930년대 헨리 머리와 동료들이 개발하였고 오늘날에도 널리 사용되고 있는 투사검사인 주제통각검사(Thematic Apperception Test, TAT)에 대해 알아보자(Morgan & Murray, 1935). TAT 검사는 31장의 카드(원래는 20장)로 구성되어 있다. 이 중 30장은 흑백의 모호한 그림이 그려져 있고 나머지 한 장은 검은 카드(모호함의 절정)이다. 개인 검사 환경에서는 31장의 카드 중 10장 정도만 사용된다. 우선 검사자는 피검자에게 각 카드의 그림을 보고 연상되는 이야기를 지어내야 한다고 말한다. 피검자는 카드의 그림을 보고 그림 속의 사람들에게 일어났던 과거의 일과 현재 일어나고 있는 일, 그리고 사람들이 무엇을 느끼며 생각하고 있는지, 또 사건들이 어떻게 진행될 것인지에 대해서 이야기하도록 요구받는다. 피검자의 이야기를 다 들은 채점자는 각 카드에 제시된 그림을 설명하는 피검자의 이야기 속 등장인물들의 감정, 관계, 동기 가운데 반복되고 있는 주제들을 찾는다. 로르샤흐 잉크반점 검사처럼 TAT 해석이 신뢰할 수 있고 타당한지에 대한 연구는 아직 충분하지 않다(Lilienfeld, Wood, & Garb, 2000). 아마도 여러분은 TAT가 신뢰도나 타당도를 입증하지 못했고, 로르샤흐 잉크반점 검사에서 필수적인 검사 요소가 최근에야 일부 변수에 대해 입증되었음에도 이 두 가지 투사검사가 왜 그렇게 많이 사용되고 있는지 궁금할 것이다. 이 검사를 사용하는 임상가들은 이러한 투사검사들이 신뢰할 수 있고 타당하다고 평가되는 객관적인 성격검사들로는 측정해내기 어려운 성격의 복잡한 면을 발견할 수 있다고 믿는다. 이러한 임상가들은 검사의 주관성을 문제 삼기보다는 투사에 더 많은 의미를 부여하는 정신분석학자인 경우가 많다.

요약

특질 이론적 접근은 사람들의 성격을 기술하는 데 있어서 그것을 결정하는 기본 특질(차원)을 알아내고자 한다. 이러한 특질은 성격의 기본적 구성단위로 간주된다. 기본 특질에 대한 설명에서 알 수 있듯이 각 사람의 성격은 이러한 기본 성격 차원들이 어떻게 자신만의 독특한 조합을 이루고 있는지에 따라 달라진다. 요인분석을 비롯한 통계기법들을 사용하는 특질 이론가들은 성격을 설명하는 기본 차원의 수가 다양하다고 생각했다. 한스 아이젱크는 3요인, 즉 정신병, 외향성, 신경증을 제시했고 최근의 특질에 관한 연구는 5요인(개방성, 성실성, 외향성, 우호성, 신경증)이 필요하다고 이야기하고 있다. 이러한 5요인은 성인 초기에 특질이 변화할 가능성이 크고, 성인기 동안에는 비교적 안정적이다. 5요인은 성별과 다양한 언어권 그리고 문화를 뛰어넘어 보편적으로 나타난다.

성격을 평가하기 위해 심리학자들은 객관적 성격검사와 투사검사를 사용한다. 객관적 성격검사는 피검자들이 각 문항이 자신에게 해당되는지 또는 해당되지 않는지를 표시해야 하는 일련의 질문지 또는 진술문이다. 이러한 객관적인 검사들은 보통 '그렇다-아니다-모름'의 형태를 취한다. 가장 많이 사용되는 성격검사는 MMPI-2이다. 이 검사는 성격문제를 진단하는 데 예측 타당도가 높기 때문에 10개 장애의 임상척도로 쓰일 수 있다. 다른 성격의 검사들은 비슷한 방식으로 개발되어 예측 타당도가 검사에 포함되어 있다.

투사검사는 피검자가 일련의 모호한 자극에 대해서 자신이 지각하는 내용을 응답해야 하는 주관적인 검사이다. 투사검사의 기본적인 가정은 피검자들의 응답은 자신의 갈등과 성격의 역동성에 대한 투사일 것이라는 점이다. 투사검사가 광범위하게 사용되고는 있지만 검사별로 신뢰도와 타당도의 차이가 크다. 우리가 논의한 두 가지 중 로르샤흐 잉크반점 검사는 측정하는 일부 변수(주로 인지-지각 변수)에 대해 신뢰할 수 있고 타당한 것으로 밝혀졌지만 여전히 이 두 가지 차원에서 전반적으로 부족하다. 그러나 로르샤흐 잉크반점 검사에 대한 새로운 평가 시스템인 R-PAS가 최근에 개발되었다. 이는 경험적으로 지원되는 변수만 사용하며, 이는 향후 연구에서 시험의 신뢰도와 타당도를 높이는 데 도움이 될 것이다. 우리가 논의한 다른 주요 투사검사인 TAT는 아직 신뢰도와 타당도가 명확히 입증되지는 않았다. 그러나 이러한 투사검사의 많은 사용자는 정신분석적 지향성을 가지고 있기 때문에 주관적 성격에 대해 걱정하지 않으므로 투사가 유의미하며, 객관적 성격검사가 다루고 있지 않은 개인의 성격을 통찰할 수 있다고 믿는다는 점에 유의해야 한다.

개념점검 | 3

- 기본적인 성격의 차원을 확인하기 위해 같은 요인분석을 사용하였는데 왜 다른 수의 요인들이 보고되고 있는가?
- MMPI를 개발하는 데 사용된 구조화 기법이 검사의 예측 타당도를 어떻게 담보해줄 수 있는지 설명하라.

학습 가이드

핵심용어

여러분은 다음 핵심용어를 명확하게 정의할 수 있어야 한다. 분명하게 정의할 수 없는 것이 있으면, 책을 다시 읽어서라도 이해해둬야 할 것이다. 모든 용어를 이해했다고 판단되면, 연습문제를 풀어보라.

가치의 조건	무조건적 긍정적 존중	의식	쾌락원리
객관적 성격검사	방어기제	자기본위적 편향	투사검사
고착	성감대	자기체계	특질
구강기	성격	자기효능감	학습된 무기력
귀인	성기기	자아	항문기
남근기	오이디푸스 콤플렉스	자아실현	현실원리
내적 통제 소재	외적 통제 소재	잠복기	
동일시	욕구의 위계	전의식	
무의식	원초아	초자아	

핵심용어 문제

다음 각 진술이 정의하는 용어를 적으라.

1. 현실을 왜곡하여 불안으로부터 개인을 보호하기 위해 자아가 사용하는 방법

2. 다른 사람에 의해 개인이 무조건적으로 수용되고 받아들여지는 것

3. 특별한 상황을 다룰 때 자신의 효능성에 대해 평가하는 것

4. 프로이트 이론의 세 번째(3~6세)에 나타나는 심리성적 단계로 성적 만족을 주는 부위가 성기에 있고, 아이들이 성기 자극에 의해 만족을 얻음

5. 현실적인 제한(사회규범)의 범위 내에서 본능적인 추동의 만족을 추구하는 원리

6. 개인이 타고난 성격의 일부로서 생리-본능적 추동을 담고 있고 무의식에 위치함

7. 아이들이 동성 부모의 특성을 받아들이기를 선택하고 성 역할과 도덕성을 배우는 과정

8. 자신에 대해 호의적으로 지각하려는 귀인 경향성

9. 모호한 자극을 사용하여 피검자가 그 자극에 대해 지각하는 것을 보고하도록 하는 성격검사

10. 개인의 통제력을 벗어나는 운 또는 외부적인 힘이 자신의 운명을 결정한다는 생각

11. 특정한 심리성적 발달 시기 동안에 원초아의 쾌락을 추구하는 에너지가 집중되는 신체부위를 뜻하는 프로이트의 용어

_____

12. 부모로부터 시작되는, 긍정적인 존중을 보여주는 타인의 행동과 태도

_____

13. 현재 인식할 수는 없으나 접근이 가능한 것으로 기억에 저장되어 있는 것을 의미하는 프로이트의 용어

_____

14. 우리 자신의 행동과 다른 사람의 행동을 설명하는 과정

_____

15. 개인의 양심과 이상화된 행동 기준을 나타내는 성격의 부분을 의미하는 프로이트의 용어

_____

연습문제

다음은 이 장의 내용에 관한 선다형 연습문제이다. 해답은 개념점검 모범답안 뒤에 있다.

1. 프로이트에 따르면 성격의 집행자인 _____는 _____에 위치한다.
   a. 자아, 무의식 전체
   b. 자아, 의식의 세 가지 수준 모두
   c. 초자아, 무의식 전체
   d. 초자아, 의식의 세 가지 수준 모두

2. 여성은 어머니에 대해 수용할 수 없는 적대감(적개심)을 가지면서도 어머니에게 아낌없는 관심과 사랑을 표현한다. 프로이트는 이것을 _____의 한 예라고 했다.
   a. 투사   b. 반동 형성
   c. 전이   d. 승화

3. 성격발달의 주요 동기로 '우월성의 추구'를 주장한 신프로이트학파 이론가는?
   a. 칼 융   b. 카렌 호나이
   c. 알프레드 아들러   d. 에릭 에릭슨

4. 매슬로의 욕구의 위계에서 _____ 욕구는 위계의 맨 아래에 있는 욕구이며 _____ 욕구는 맨 위에 있다.
   a. 생리적, 자아실현
   b. 자아실현, 생리적
   c. 안전, 소속감과 사랑
   d. 소속감과 사랑, 안전

5. 로저스의 자아(자기) 이론에서 자아실현(화)에 큰 기여를 하는 것은 무엇인가?
   a. 조건적 긍정적 존중
   b. 무조건적 긍정적 존중
   c. 내적 통제 소재
   d. 외적 통제 소재

6. 다음 질문 중 정답이 '자기효능감'인 것은?
   a. 개인의 잠재력을 완전히 (충분히) 깨닫는 것은?
   b. 어떤 특별한 상황을 다룰 때 자신의 효능성에 대해 평가하는 것은?
   c. 자신의 운명은 자신이 통제할 수 있다는 지각은?
   d. 자신에 대해 호의적으로 귀인하려는 경향은?

7. 테니스 게임에서 지고 난 후 자기본위적 편향 상태의 사람이 할 것 같은 말은 무엇인가?
   a. "나는 연습을 더 많이 해야 했어."
   b. "나는 자책 실수를 너무 많이 했어."
   c. "상대방은 홈코트에서 경기를 해서 유리했어."
   d. "내 집중력이 부족했어."

8. 인간의 성격을 기술하고 설명하는 데 필요한 여러 요인의 수를 정하기 위해 요인분석 기법을 사용하는 이론적 접근은 무엇인가?
   a. 정신분석학적 접근
   b. 특질 이론
   c. 인본주의적 접근
   d. 사회인지적 접근

9. 아이젱크의 3요인 중 하나이지만 'Big 5' 요인에 속하지 않는 것은?
   a. 개방성   b. 신경증
   c. 정신병   d. 우호성

10. '그렇다-아니다'로 대답하도록 하고 검사결과로 피검자의 프로파일을 10개의 임상척도로 보고하는 성격검사는 무엇인가?

a. MMPI-2

b. 로르샤흐 잉크반점 검사

c. TAT

d. 위 세 가지 모두

11. 사회인지 이론가에 따르면 다음의 보기 중 우울증으로 이끄는 것 중 해당사항이 가장 먼 것은?

a. 낮은 자아존중감

b. 자기본위적 편향

c. 외적 통제 소재

d. 학습된 무기력

12. 다음의 보기 중 'Big 5' 성격 차원 명명에 해당하는 특질 차원은 무엇인가?

a. 공격성　　　　　b. 효율성

c. 명랑성　　　　　d. 개방성

13. 열등 콤플렉스는 _____의 주요 이론이고, 기본적 불안은 _____의 주요 이론이다.

a. 아들러, 호나이　　　b. 호나이, 아들러

c. 융, 호나이　　　　　d. 호나이, 융

14. 심각한 질병 진단을 받은 어떤 환자가 있다고 상상해보라. 줄리언 로터에 의하면 환자가 강한 내적 통제 소재를 가지고 있는 경우 이 상황에서 환자가 보일 수 있는 반응은 무엇일까?

a. "무슨 일이 생기든 그건 신의 손에 달린 일이지."

b. "난 의사선생님의 말씀에 따를 거야. 그분의 판단을 믿어."

c. "내가 병에서 나을 수 있을지는 운에 달렸어."

d. "난 이 병에 대해 잘 알아. 이 병과 싸워 이기기 위해 최선을 다할 거야."

15. 글렌의 방은 마치 폭풍이 휘몰아친 듯이 보인다. 방은 엄청 지저분하다. 그의 차 안에는 오래전에 먹은 피자 박스와 지난달 신문, 더러운 빨래들이 가득하다. 프로이트에 따르면 _____ 단계에 고착되어 있는 것 같다.

a. 남근기　　　　　b. 구강기

c. 항문기　　　　　d. 성기기

개념점검 1의 모범답안

- 프로이트에 따르면 자아는 현실(사회규범)의 범위 내에서 수용할 수 있는 방법을 찾아야 하는 성격의 집행자이며 원초아의 본능적 충동을 만족시키기 위해서 초자아를 억제한다. 원초아를 억제하는 것은 쉽지 않은 일이라서 자아는 종종 이러한 조절자로서의 역할을 완수하지 못하기도 한다.

- 반동 형성에서 자아는 수용할 수 없는 충동과 행동을 반대 형태로 전환시킨다. 투사에서는 그러한 충동과 행동을 타인에게 투사한다. 예를 들어 여성의 동성애적인 생각을 살펴보자. 반동 형성에서 이 여성은 남성에게 과도하게 로맨틱한 행동을 하게 될 것이다. 그러나 투사에서는 동성애적인 감정은 다른 여성을 향해 투사된다. 그녀는 상대방 여성에게 동성애적인 경향이 있다고 생각하고 자신은 그렇지 않다고 생각할 것이다.

- 프로이트에 따르면 아동은 심리성적 발달의 처음 3단계(구강기, 항문기, 남근기)를 통해 발달하기 때문에 각 단계에서 해결되지 않은 갈등이 있으면 그 단계에 고착될 수 있다. 고착이 되면 원초아의 쾌락추구 에너지는 그 단계의 성감대에 남아 있어 개인의 전 생애를 통해 계속해서 작용한다. 그리하여 이 에너지는 아동의 성인기 성격에 드러날 것이다. 예를 들면 항문기 고착은 항문보유적 성격과 항문공격적 성격 형태의 원인이 될 것이다.

개념점검 2의 모범답안

- 매슬로의 욕구 위계에서 생리적 욕구, 안전 욕구, 소속감과 사랑 욕구, 존중감 욕구는 가장 높은 단계인 자아실현 욕구가 충족되기 전에 만족되어야 한다.

- 긍정적인 존중은 무조건적인 것이기 때문에 개인은 진정한 자기를 개발할 수 있고, 이에 자아실현으로 나아갈 수 있다. 만약 긍정적인 존중이 조건적이라면(개인의 가치가 조건에 달려 있음), 개인은 타인이 그러해야 한다고 생각하는 대로 자기개념을 발달시킨다. 이러한 자기는 진정한 자기와는 매우 다를 것이며 따라서 이것은 자아실현을 방해한다.

- 자기효능감과 통제 소재는 삶에서 일어나는 상황을 다룰 때 자신의 효능감에 대한 인지적인 판단이다. 자기효능감은 특별한 상황을 다룰 때 자신의 효능감에 대한 판

단인 반면, 통제 소재는 개인에게 일어난 사건들을 얼마나 많이 통제할 수 있는가에 대한 좀 더 보편적인 판단이다. 일반적으로 낮은 가치효능감과 외적 통제 소재(즉, 자신의 통제 범위 이상의 힘이 자신의 운명을 결정한다는 지각)는 때로 우울증의 원인이 될 수 있다.

개념점검 3의 모범답안

- 기본적인 성격의 차원들을 확인하기 위해 요인분석을 사용한 경우 왜 다른 수의 요인들이 나타나는가에 대한 이유는 크게 두 가지로 나누어 생각해볼 수 있다. 첫째, 이론가들이 분류의 차원을 얼마나 세밀하게 하는가와 관련이 있다. 어떤 이론가들(카텔)은 분석의 수준을 요인 간의 상관이 어느 정도 존재하는가에 따라 나누고, 또 다른 이론가들(아이젱크)은 두 요인 간의 상관관계가 아주 적게 존재하는 선에서 구분한다. 따라서 어느 정도의 선에서 이러한 성격 요인들을 구분해 따로 독립적인 요인으로 인정하는가 하는 점이 중요하게 작용하고, 이론가에 따라서 보다 더 포괄적인 기준을 사용하여 요인을 제시하는 경우보다 적은 수의 성격 요인들이 나오게 되는 것이다. 둘째, 이러한 성격의 요인분석 과정에서 사용된 자료의 독립성과 관련이 있다. 어떤 이론가들은 서로 다른 자료들을 분석하였는데, 확실히 다양한 입력자료는 같은 분석방법을 사용하더라도 서로 다른 결과를 가져오게 한다.
- MMPI를 개발하는 데 사용된 검사의 구조화 기법은 항목을 구성할 때 근본적으로 구별되는 두 성격 집단에서 확연히 다르게 반응하는 질문 문항만을 선택해서 검사를 만드는 것을 포함한다. MMPI의 경우 특정 장애와 관련한 검사항목은 10개의 서로 다른 장애 중 바로 그 장애를 가지고 있는 사람 대 정상인의 대표적인 표본을 비교해서 서로 상이한 반응을 나타내는 문항을 골라 검사 문항으로 선택한다. 따라서 예측 타당도가 보장되는데, 왜냐하면 검사의 목적에 따라 피검자를 명확하게 구분 짓는 검사항목만 선택되었기 때문이다. MMPI를 예로 들면 우울증이나 조현병 등의 다양한 임상적 성격문제는 피검자의 반응 패턴과 실제 장애를 가진 사람들의 반응을 비교해봄으로써 탐지해낼 수 있음을 의미한다.

핵심용어 문제의 답

1. 방어기제	9. 투사검사
2. 무조건적 긍정적 존중	10. 외적 통제 소재
3. 자기효능감	11. 성감대
4. 남근기	12. 가치의 조건화
5. 현실원리	13. 전의식
6. 원초아	14. 귀인
7. 동일시	15. 초자아
8. 자기본위적 편향	

연습문제의 답

1. b	9. c
2. b	10. a
3. c	11. b
4. a	12. d
5. b	13. a
6. b	14. d
7. c	15. c
8. b	

Jackie Saccoccio and Van Doren Waxter, NY.

9 사회심리학

인간은 사회적 동물이다. 우리들 각자는 서로의 생각과 행동에 영향을 미치는데, 어떻게 이것이 가능한가에 관한 것이 바로 이 장의 주제이며 이것과 관련된 연구 분야가 바로 사회심리학이다. **사회심리학**(social psychology)은 사람들이 서로의 행동과 사고에 어떻게 영향을 미치는지에 대한 과학적 연구이다. 사회적

영향이 무엇을 의미하는지 이해하기 위해서 사회적 힘이 사람들의 행동에 영향을 미친 예로 2개의 실제 사건을 우선 소개하고, 이 장의 후반부에서 각각의 사건에 대해 사회심리학자들이 어떻게 설명하고 있는지 살펴볼 것이다.

첫 번째로 살펴볼 사건은 1964년 뉴욕에서 키티 제노비스라는 여성이 끔찍하게 살해된 사건이다. 어느 늦은 밤, 한 괴한이 일을 마치고 집으로 돌아오던 키티를 그녀의 아파트 바로 앞에서 공격했다. 괴한의 공격은 30분 이상 지속되었고, 괴한은 자리를 떠났다가 다시 돌아오기를 한 차례 이상 반복했다. 키티는 도와달라고 비명을 지르며 칼을 휘두르는 괴한과 사투를 벌였고, 많은 아파트 주민들이 그녀의 도와달라는 간청을 듣고 창밖을 내다보았다. 얼마나 많은 아파트 주민들이 이 공격 사건을 목격했는지에 관해서는 정확하지 않다. Manning, Levine, Collins(2007)는 이 사건과 관련된 법원 녹취록, 기타 법적 문서와 지역 역사가와 변호사가 수행한 일부 연구결과를 분석한 결과, 제1장에 나온 뉴욕 타임스 기사에

키티 제노비스

서 묘사된 것과는 전혀 다른 내용을 보여주었다. 다른 연구자들(Lemann, 2014)의 분석과 그들의 분석에 따르면 실제로 공격을 본 목격자수가 38명보다 훨씬 적은 6명 정도였고, 실제로 찌르는 것을 본 사람은 없으며 단지 몇 사람이 소리를 들었을 뿐이었다. 첫 번째 공격이 매우 짧았던 이유는 가해자가 최소한 한 명의 목격자의 고함소리에 겁을 먹고 도망갔기 때문이다. 두 번째 공격은 치명적이었으며, 더 오래 지속되었고, 한 명의 목격자를 제외한 모든 목격자가 보고 들을 수 있는 거리에서 범행이 발생했지만 누구도 개입하지 않았다. 첫 번째 공격 이후에 목격자 중 한 명이 경찰에 신고했지만 경찰은 전화를 받지 않았다. 키티의 이웃인 70세의 여성은 집에서 나와서 살인이 일어나고 있는지도 모른 채 범죄현장으로 갔다. 경찰에 처음 전화를 건 것과 관련해서 1964년에는 911 시스템이 없었고, 이 구역에는 문제를 많이 일으키는 술집이 있었기 때문에 경찰들은 이 구역에서 오는 전화를 달가워하지 않았다. 즉, 뉴욕 타임스의 살인 사건 보도의 주요 특징은 모두 부정확했다. 어쨌든 키티의 도움을 요청하는 외침은 범행이 끝날 때까지 어떤 응답도 받지 못했다. 범인이 떠난 후 누군가 경찰에 신고했고, 이번에는 경찰이 출동했지만 키티는 병원으로 가던 중 숨졌다. 1964년의 사회심리학 연구자들은 뉴욕 타임스 보도가 오류투성이라는 것을 알지 못했다는 사실을 깨닫는 것이 중요하다. 따라서 그들은 왜 38명의 목격자가 살인자가 여성을 스토킹하고 30분 이상의 장시간 동안 찌른 것을 보고도, 단 한 명도 경찰에 신고하거나 범행이 끝날 때까지 개입하지 않았는지를 설명하기 위해 연구를 진행했다. 언론은 많은 방관자들이 돕지 않은 이유를 대도시 문화에 의해 형성된 무관심 탓으로 돌렸다(Rosenthal, 1964). 그러나 그들의 실험을 바탕으로 사회심리학 연구자들은 방관자들의 행동에 대해 매우 다른 설명을 제공했다. 우리는 뒷부분에서 사회적 힘의 영향 중 방관자 개입에 대해서 논의할 때 키티 사건을 다시 언급할 것이다. 한편 키티

제노비스를 살해한 윈스턴 모즐리는 2016년 감옥에서 사망했다. 당시 81세였고 52년간 투옥되었다.

두 번째 사건은 1978년에 남미 가이아나 존스타운에서 발생한 짐 존스 목사가 이끈 사교 집단 구성원의 집단자살 사건이다. 이 사건은 약 900명이 넘는 사람들이 청산가리가 든 음료수를 마시고 집단자살한 끔찍한 사건이었다. 자살한 사람들은 1977년에 존스 목사와 함께 미국 샌프란시스코에서 남미 가이아나 존스타운으로 옮겨 온 미국인들이었다. 이 집단 구성원 중 아이를 데리고 간 부모는 어린 자녀들에게까지 딸기 맛의 독약을 마시게 했다. 그런데 이상한 점은 한 사람이 독약을 마신 후 나머지 사람들이 너무나 질서정연하게 집단자살을 했다는 것이다. 그렇게 수백 명의 사람들이 독약을 마시고 경련을 일으키며 몇 분 안에 죽어 갔지만 아주 극히 적은 수의 사람들만이 이 일률적인 집단자살 행동을 따르지 않았다. 왜 이 소수의 사람은 존스의 명령에 불복종했을까? 사회적 힘 부분 중 복종에 대해 설명할 때 이 질문에 대한 답을 살펴볼 것이다.

여러분이 키티의 살인을 목격한 38명 중 1명이었다면 어떻게 했을까? 경찰을 불렀겠는가? 여러분을 비롯해 대부분의 사람은 경찰을 불렀을 것이라고 대답할 것이다. 그러나 실제로 일어난 사건을 살펴보면 아무도 경찰을 부르지 않았다. 비슷하게 존스타운 사건에서도 대부분의 사람은 자신들만큼은 그곳에서 독약을 마시지 않았을 것이라고 말한다. 위의 사건들에서처럼 우리가 그렇게 했을 것이라고 말하는 것과 실제로 하는 행동 사이에 모순이 존재하는 이유는 무엇일까? 사회심리학자들은 우리가 어떤 상황에서 자신의 행동이 이러이러할 것이라고 상상할 때는 실제 상황에서 작용하는 사회적 힘을 받지 않지만, 실제로 그 상황에 처하게 되면 사회적 힘이 작용하기 때문에 우리가 생각했던 것과는 다른 방향으로 행동할 수 있다고 말한다. 결과적으로 상황에 따른 사회적 힘이 인간의 행동과 사고에 크게 영향을 미친다는 것이다. 이 장에서는 사회적 영향과 사회적 사고의 다양한 유형에 대해 논의할 것이며, 기억해 두어야 할 점은 상황에 따른 사회적 힘이 인간의 행동과 사고에 중대한 영향을 미친다는 점이다.

타인은 어떻게 우리의 행동에 영향을 미치는가

사회적 영향 연구에서는 타인과 사회적 힘이 어떻게 각 사람의 행동에 영향을 미치는지를 알아본다. 동조, 응종, 복종과 같은 집단 영향을 비롯하여 많은 형태의 사회적 영향이 있는데, 이 단락에서는 이러한 다양한 유형의 사회적 영향에 대해 살펴볼 것이다. 먼저 동조란 무엇인지부터 알아보자.

우리가 동조하는 이유

동조(conformity)는 인간이 집단의 규범을 따르기 위해 자신의 행동이나 신념, 또는 그 둘 다를 바꾸는 것이라고 정의할 수 있는데, 이는 대개 실제적인 집단압력 또는 상상된 집단압력의 결과로 나타난다. 동조라는 단어는 부정적인 의미를 내포하고 있으며, 사람들은 자신이 동조자라고 생각되는 것을 좋아하지 않는다. 그러나 동조연구는 인간이

동조 실제적인 또는 상상된 집단압력의 결과로 인간이 집단의 규범을 따르기 위해 자신의 행동이나 신념, 또는 그 둘 다를 바꾸는 것

동조하려는 강한 경향성을 띠고 있음을 보여준다. 동조를 이끌어내는 사회적 영향에는 정보적·사회적 영향과 규범적·사회적 영향이라는 두 가지 핵심 유형이 있다. 이 유형들을 이해하기 위해서 고전적 연구인 무자퍼 셰리프의 자동운동효과와 솔로몬 애쉬의 선 길이 맞히기 실험을 살펴보려고 한다.

셰리프의 연구와 정보적·사회적 영향 셰리프의 연구에 참여한 피험자들은 실험이 실시되기 전에 자신들이 시각적 인지실험에 참여하게 되는 것으로 알고 있었다(Sherif, 1937). 이 실험에서 피험자들은 완전한 암실 안에서 고정된 광점을 본 후 그 빛이 움직인 거리를 추정해야 했다. 피험자들은 자동운동효과(autokinetic effect)라고 하는 착시현상에 의해 고정된 광점이 암실에서 움직이는 것처럼 느꼈다. 이 실험에서는 어떠한 준거기준도 없었는데, 인간의 눈은 계속 자발적인 움직임을 하고 있기에 더욱 그러했다. 피험자들은 제각각 광점이 움직인 거리와 방향에 대해 다른 의견을 말했다. 셰리프 실험의 첫 번째 회기에서 각각의 피험자는 암실에서 혼자 판단을 내려야 했지만, 그 이후

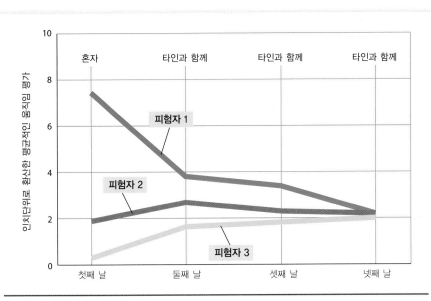

그림 9.1 셰리프의 동조실험 결과
처음 셰리프의 실험 상황 첫날, 3명의 실험 참가자는 각각 홀로 연구실에 배치되었고, 정지해 있는 빛의 움직임 상황에 대한 그들의 평가는 아주 크게 달랐다. 하지만 둘째 날부터 넷째 날까지는 실험실에 함께 있으면서 서로의 의견을 들을 수 있게 되자 참가자들의 의견이 점점 같은 답으로 모아지기 시작했다. 넷째 날이 되자 모두 똑같은 판단을 내리게 되었다.

출처 : Sherif, M., & Sherif, C. W. (1969). *Social psychology*. New York: Harper and Row.

정보적·사회적 영향 옳은 행동이나 판단이 불확실한 상황에서 정보를 얻고자 하는 욕구에서 비롯된 영향

세 번의 회기에서는 처음과 달리 한 피험자가 다른 2명의 피험자와 함께 암실에 있었다. 그래서 피험자들은 처음 회기 때 방 안에서 혼자 보았던 광점의 움직임을 추정했던 것과는 달리, 그 이후에 있었던 세 번의 회기에서는 함께 있던 두 사람이 추정한 결과를 들을 수 있었다. 어떤 일이 일어났을 것이라고 예측하는가?

첫 번째 회기에서는 피험자 개개인의 추정결과가 무척이나 다양했지만, 그 이후 세 번의 집단회기를 거치면서 각 개인의 추정은 점점 공통된 집단적 기준에 부합해 가기 시작했다(그림 9.1 참조). 결국 실험의 마지막에서는 각 집단의 모든 피험자가 똑같은 추정치를 보고하게 되었다. 1년 후에 이 피험자들을 다시 동일한 실험에 참여하게 하고, 암실에 혼자 있을 때 광점의 움직임을 추정하게 한다면, 어떤 결과가 나올 것이라고 보는가? 피험자가 1년 전에 암실에 혼자 있을 때 스스로 내렸던 추정으로 되돌아갈 것이라고 생각하는가, 아니면 계속 집단적 기준을 유지할 것이라고 보는가? 놀랍게도 결과는 피험자들은 계속 집단의 기준을 따르는 것으로 나타났다(Rohrer, Baron, Hoffman, & Swander, 1954).

우리는 **정보적·사회적 영향**(informational social influence)을 살펴봄으로써 셰리프의 연구에서 관찰되는 동조의 이유를 이해할 수 있다. 이와 같은 동조는 정보가 더 필요하고 무엇이 적절한 행동이고 바른 결정인지가 모호한 상황에서 틀리지 않고자 하는 욕구가 반영된 것에서 비롯된 것으로 보인다. 셰리프의 연구에서 피험자들은 착시적인 판단이라는 특징으로 인해 정보를 필요로 했고, 그들의 동조는 정보적·사회적 영향 때문이라고 할 수 있다. 정확하길 원하지만 어떠한 일이 모호하고 판단하기 어려운 상황일 때 우리는 타인으로부터 정보를 얻을 수 있기를 기대한다. 그렇다면 앞의 경우와는 달리 정확한 판단을 위해 정보가 필요하지 않은 상황일 때 동조는 어떻게 해서 일어나게 되는 것일까? 애쉬의 선 길이 맞히기 실험과 규범적·사회적 영향을 살펴봄으로써 이러한 상황에서 일어나는 동조의 유형을 이해해보고자 한다.

애쉬의 선 길이 맞히기 실험과 규범적·사회적 영향 학생 피험자들은 그림 9.2와 같이 비슷한 선들의 길이를 알아맞히는 애쉬의 실험에 참가하였다(Asch, 1955, 1956). 이 실험은 매우 쉬웠기 때문에 피험자가 혼자 있을 때 판단을 내리도록 하면 절대 실수를 범하지 않는다.

그러나 애쉬의 실험에서 피험자들은 혼자가 아니었으며, 피험자로 가장한 실험 협

조자들과 함께 있었다. 실험 협조자들은 다양한 연구 상황에 따라 1명에서부터 15명까지 참여했다. 각각의 실험에서 답을 말할 때는 소리 내어 답하도록 되어 있었으며, 실험 협조자들인 가짜 피험자들이 먼저 대답을 하고 난 후 진짜 피험자는 맨 나중에 대답하도록 구성되어 있었다. 실험 협조자들은 연구 목적에 따라 답이 분명한 실험에서 일부러 틀린 대답을 했다. 애쉬는 진짜 피험자들이 확실히 틀린 대답을 대부분의 사람들이 하는 것을 볼 때 어떻게 반응하는지

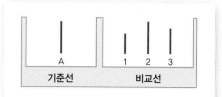

그림 9.2   애쉬의 선 길이 맞히기 실험의 예
비교대상인 1, 2, 3번 선 중에서 기준선과 가장 비슷한 길이의 선을 찾도록 하는 실험

를 알고자 했다. 다른 모든 피험자가 그림 9.2의 기준선과 같은 선이 1번이라고 대답한다면 당신은 무엇이라고 말하겠는가?

놀랍게도 실제 피험자들의 대다수가 실험 협조자가 내린 명백히 부정확한 판단에 동조하였다. 피험자의 약 75%가 최소 한 번은 동조하고, 전반적으로 참가자들은 37% 수준으로 동조했다. 틀린 대답을 들은 경우를 100으로 했을 때 37이 동조하였다. 애쉬의 실험결과는 다른 국가에서도 여러 번 동일하게 시행되었는데, 마찬가지의 결과를 보여주었다(Bond & Smith, 1996). 동조해야 할 분명한 이유는 없었다. 그리고 실험실에 있는 학생들은 서로 모르는 사이였으며 모두 학생이라는 같은 지위에 있었다. 그런데 동조가 이루어진 이유는 무엇일까?

애쉬의 실험에서 나타난 동조의 원인은 **규범적 · 사회적 영향**(normative social influence)으로서 타인에게 인정받고, 불인정은 피하려고 하는 욕구에서 비롯된 결과이다. 우리는 다른 사람

> **규범적 · 사회적 영향**   타인에게 인정을 받고, 불인정은 피하려고 하는 욕구에서 비롯된 영향

애쉬의 동조실험   애쉬의 동조실험과 관련한 사진이다. 이 사진의 중간에 있는 사람이 실제 참가자이다. 다른 두 사람은 실험 협조자들이다. 그림에서 볼 수 있듯이 이 실험에서 명백하게 틀린 답을 말하고 있는 실험 협조자들 때문에 당황해하는 실제 참가자의 모습을 볼 수 있다.

의 기대와 일치하고 타인의 인정을 얻고자 자신의 행동을 바꾸는데, 그 이유는 타인과 잘 어울리고자 하기 때문이다. 하지만 1996년 세상을 떠난 애쉬는 실험 참가자들이 정답이 틀렸다는 것을 알면서도 단지 규범적 필요에 의해서만 동조한 것인지, 상황이 주는 사회적 압박 때문에 집단에 동의하기 위해 자신들의 인식을 실제로 바꾼 것인지, 즉 실험 협조자들이 말한 것이 실험자들이 본 것 자체를 바꾸게 했는지 항상 궁금해했다 (Blakeslee, 2005). Berns 등(2005)은 후자가 더 가능성이 있을 것이라는 몇 가지 증거를 발견하였다. 이들은 fMRI(제2장 참조)를 사용하여 선 길이 맞히기 과제 대신 정신적 회전과제를 적용시킨 애쉬 유형의 동조실험을 진행하였고, 참가 대상자들의 뇌 활성을 스캔하였다. 그 결과 애쉬의 연구에서와 마찬가지로 동조를 발견하였다. 대상자들은 집단에 따라 41%에 달하는 틀린 대답을 말했다(즉, 동조하였다). 놀랍게도 동조 반응의 뇌 활성은 시각과 공간 인식을 담당하는 피질 영역에서 나타났는데, 이 부위는 지각을 담당한다. 그렇지만 독자적인 반응에 대한 뇌 활성은 편도체와 같이 감정을 담당하는 피질 영역에서 나타났으며, 이는 비동조가 감정적 비용을 불러일으킨다는 것을 의미한다. 이 결과로 그레고리 번스는 "우리는 우리가 보는 것을 믿는다고 생각하지만 연구결과는 우리는 집단이 우리에게 믿으라고 말한 것을 믿고 우리가 믿고 있는 그것을 보는 것임을 말해준다."라고 결론 내렸다(Blackeslee, 2005). 시각처리 과정이라는 정확한 본질이 표시된 뇌 영역에서의 활성을 이끈다고 판단한 한계점을 고려하면, 이 결론은 너무 과한 것으로 보인다. 동조와 비동조의 응답을 하는 동안 뇌의 다른 영역이 활성화된다고 결론지을 수는 있으나, 동조가 실제로 우리의 지각을 바꾼다고 결론 내릴 수는 없다.

독자적인 반응을 하기 위한 뇌 활성이 비동조가 감정적 비용을 불러일으킨다는 사실을 가리키는 것이라는 Berns 등(2005)의 연구결과는 사회에서 공유된 현실이 사회적 행동의 근거가 된다는 애쉬의 주장과 일치한다(Gilchrist, 2015). 그리고 사람들은 애쉬의 실험에서 동조를 요구받는 상황과 같이 사회적 기준이 위반되었을 때 매우 분노하게 된다. Gilchrist에 의하면 우리는 애쉬의 선 길이 맞히기 실험과 같이 공유된 현실의 아주 분명한 특성에 고립되어 있을 때 가장 고통을 느낀다고 한다. 흥미롭게도 Gilchrist는 애쉬의 중요한 실험과 제3장에서 이야기했던 'The Dress' 색깔 논쟁(흰색과 금색을 지각하는 사람 vs 청색과 검은색을 지각하는 사람)을 연결하였다. 옷의 색에 대한 극적으로 다른 인식은 옷의 광원에 대한 뇌의 결정에 의해 만들어진 색채 항등성 인식의 주관적인 차이에서 비롯되었다고 배웠었다. 우리는 색채를 아주 모호한 요소로 받아들인다. 그러므로 우리가 인식한 색과는 다른 색을 인식한 사람들과 직면하게 되면 우리가 공유하는 현실이 침해되고, 결국 옷의 색에 대한 뜨겁고 감정적인 논쟁이 일어나게 된다. 이와 비슷하게 애쉬의 실험 참가자들도 자신이 공유하는 현실과 다른 생각을 한 참가자들이 확실한 현실적 요소(선의 길이)에 대해 잘못된 판단을 했을 때 감정적으로 속상함을 느꼈다.

애쉬의 실험에서 동조는 규범적·사회적 영향에서 비롯된다는 증거를 발견했지만 많은 애쉬의 실험 참가자들은 동조를 요구받는 상황에서 독립적으로 (옳은 답을 말했다) 응답했다는 것을 기억해야 한다. 예를 들어 대답의 37%가 동조를 요구받는 상황에 동조해서 오답으로 응답했지만, 63%는 독립적으로 옳은 답으로 응답하였다(Asch, 1956). 추가적으로 애쉬는 25%의 참가자들은 동조를 전혀 하지 않았다고 보고했으며, 오직 5%가 동조를 요구하는 모든 상황에서 동조했다고 밝혔다. 그러므로 매번 동조했던 참가자들보다 5배가 넘는 참가자들이 매번 독립적으로 응답하였다. 그리고 비록 75%의 참가자들이 적어도 한 번은 동조했지만, 95%의 참가자들은 적어도 한 번 정도 독립적으로 응답했다. 요컨대 애쉬의 실험 참가자들은 확실히 동조하는 응답보다 독립적으로 응답한 경우가 훨씬 많았다. 애쉬 또한 독립적으로 응답한 비율을 보고 놀라워했다(Friend, Rafferty, & Bramel, 1990). Friend가 주장하기를 처음에 애쉬의 실험은 독립성의 힘에 관한 근거가 되었지만, 시간이 지날수록 동조성에 관한 연구로 변했다. 왜 변했을까? Jettten과 Hornsey(2014, 2017)에 따르면 사람들이 동조하게 되는 원인을 집단 압력에 이의를 제기하는 것보다는 사회심리학에서 더욱 관심을 가졌다는 것이 한 가지 이유가 될 수 있다. 결국 애쉬의 연구는 상호 보완적인 두 가지 발견을 했다. 어떤 사람들은 규범적·사회적 영향으로 확실한 과제에서도 동조를 할 수 있지만, 다수의 사람들은 비록 감정적으로 영향을 받는다 하더라도 이 영향으로 인해 자신들의 입장을 바꾸거나 동조하지 않는다. 다음으로 관찰된 동조의 양에 영향을 미치는 몇 가지 요인을 고려해보겠다.

동조에 영향을 미치는 상황적, 문화적, 성별 요인 애쉬와 다른 연구자들은 동조에 영향을 미치는 다양한 상황적 요인을 발견했다. 다음 세 가지를 살펴보자. (1) 집단의 만장일치는 중요하다. 집단에서 혼자 반대하기는 상당히 어렵다. 그러나 두 사람이 될 때는 상황이 상당히 다를 수 있다. 예를 들어 애쉬는 실험 협조자 중 단 1명이라도 그 집단의 나머지 가짜 피험자들과는 달리 옳은 답을 말하거나 다른 답을 제시했을 때 동조의 정도가 급격히 떨어지는 것을 관찰하였다. (2) 대답하는 형식(큰 소리로 투표 대 비밀투표) 또한 중요하다. 애쉬의 실험에서 진짜 피험자들이 집단 내 실험 협조자들의 대답을 들은 후에 자신의 차례에서 큰 소리로 답하는 것 대신 글로 답할 수 있었던 경우에는 동조의 정도가 크게 떨어졌다. 그러므로 여러분이 속해 있는 집단 속에서 집단 구성원들의 진실된 의견을 알기를 원한다면 어떤 문제를 표결할 때는 확실한 비밀투표를 통해야만 한다. (3) 낮은 지위에 있는 사람일수록 다른 사람의 의견에 더 많이 동조하는 것으로 나타났다. 또한 그 집단에 속하기를 원하거나 집단의 한 부분이 되기를 원하는 사람들에게서 동조는 더욱 쉽게 나타난다. 이런 상황적 요인들은 집단 회원으로서의 자격을 얻기까지 기다리는 동안 동조를 이끌어내는 데 특별한 영향을 주는 것으로 보인다.

문화적 요인도 관찰된 동조의 정도에 영향을 끼치는 것으로 보인다. Bond와 Smith (1996)는 동조의 정도가 시간에 따라 변하는지, 그리고 개인주의에서 집단주의까지 문화를 비교했을 때 이와 관련이 있는지를 조사하기 위해 애쉬의 선 길이 맞히기 실험을 사용하여 17개국에서 시행된 133개의 동조실험을 메타분석하였다. 대략 정의하자면 개인주의는 개인의 필요와 성취를 강조한다. 반대로 **집단주의**는 집단의 필요를 강조하기 때문에 동조를 조장하고 집단에 반대하는 것은 막는다. 미국 내에서 시행된 연구들만 분석하였을 때 동조의 정도는 문화가 개인주의로 변화함에 따라서 1950년대 이래로 감소하였다는 것을 발견하였다. 이와 유사하게 집단주의 국가들(예 : 홍콩)은 개인주의 국가(예 : 미국)에 비해 더 높은 정도의 동조를 보이는 경향이 있다는 것을 발견하였다. 애쉬의 기본적인 동조에 관한 연구결과는 다른 많은 국가들에서도 되풀이되었지만 관찰된 동조의 정도를 결정하는 데에 문화적 요인도 한 역할을 한다. Bond와 Smith(1996)는 메타분석 연구를 통해 동조에서 성별에 따른 차이가 있다는 증거를 발견하였다. 그들은 여성 참가자들에게서 동조의 정도가 더 높다는 것을 발견하였다. 이는 더 앞서 진행된 동조연구들의 결과와 일치할 뿐만 아니라(Eagly & Carli, 1981), 더욱 최근에는 Mori와 Arai(2010) 연구에서도 관찰되었다.

우리가 응종하는 이유

동조는 사람들이 집단규범을 지키기 위해 그들의 행동이나 태도를 바꾸는 사회적 영향의 한 형태이다. **응종**(compliance)은 타인 또는 집단의 직접적인 요구에 부응해서 행동하는 것을 말한다. 얼마나 자주 타인(부모, 룸메이트, 친구, 판매원 등)이 당신에게 무엇인가를 요구하는지 생각해보라. 사회심리학자들은 타인으로 하여금 자신의 요구에 응하도록 만들 수 있는

응종 타인 또는 집단의 직접적인 요구에 부응해서 행동하는 것

다양하고 효과적인 기법들을 밝혀냈다. 판매원, 모금자, 정치인 등 타인으로부터 "좋습니다."라는 대답을 얻길 원하는 모든 사람이 이러한 응종 유도 기법을 사용한다. 이 단락을 통해서 여러분은 자신의 필요에 따라 응종을 유도하려는 타인(특히 판매원)에 대하여 더 잘 이해하고 깨닫게 될 것이다. 물론 여러분 또한 여러분의 요구에 다른 사람들이 더 잘 응종하도록 만드는 방법을 습득할 수도 있을 것이다. 앞으로 응종 기법들을 설명하면서 각 사람이 두 가지 요구를 중심으로 어떻게 연관되어 있는지, 그리고 두 번째 요구가 어떻게 실제로 원하는 응종과 관련되어 있는지 살펴보게 될 것이다. 먼저 우리가 쉽게 이해할 수 있는 문간에 발 들여놓기라는 응종 기법부터 살펴보자.

문간에 발 들여놓기 기법　문간에 발 들여놓기 기법(foot-in-the-door technique)은 받아들이기 쉬운 작은 요구를 먼저 제시하고 점차 큰 요구를 들어주게 하는 것을 말한다. 작은 요구에 응종하는 사람들은 그다음에 제시되는 보다 큰 요구에도 응종하는 경향이 있다. 이 기법의 법칙을 간단히 말하면 작은 요구에서 시작하여 점차 더 큰 요구로 나아가라는 것이다. 이 기법과 관련한 고전적 실험은 안전운전에 관한 흉측하고 큰 간판을 어떤 사람 집 앞마당에 세우도록 만들었던 실험을 들 수 있다(Freedman & Fraser, 1966). 이 흉측한 간판을 자신의 집 앞마당에 두게 해달라는 요구를 받은 사람들 중 대다수는 그 요구를 거절했다. 반면에 2주 전에 그보다 훨씬 더 작은 요구에 응했던 사람들 중 대다수는 자기 집 앞마당에 그 간판을 두는 것에도 동의했다. 이처럼 두 가지 요구 중에서 더 작은 요구는 '문간에 발 들여놓기'로서 제공되고, 그 이후에 작은 요구에 응했던 사람들 중 대다수가 이전에 들어주었던 것보다 더 큰 요구(크고 보기 흉한 간판을 앞마당에 두기)를 받았을 때도 응종한 것을 볼 수 있다.

　다른 연구에서도 위와 같은 결과를 볼 수 있었다. 암 퇴치를 위한 자선모금 운동을 알리기 위해 사람들에게 우선 이 운동과 관련한 핀을 옷에 꽂아 달라는 요구를 하고, 그 이후에 암 자선모금에 기부해 달라는 요구를 하면 대부분의 사람들이 모금에 참가한다(Pliner, Hart, Kohl, & Saari, 1974). 이런 결과에서 보듯이 문간에 발 들여놓기 기법이 효과가 있는 이유는 무엇일까? 그 이유는 부분적으로 처음 요구에 응종한 우리의 행동 때문이다. 우리는 자신이 남을 잘 돕는 사람이며 스스로를 자비로운 사람으로 보이려는 태도가 있는데, 이러한 태도가 우리의 행동에 영향을 미친 것으로 본다. 또한 한 번 어떤 일에 개입하게 되면(안전운전을 위한 캠페인에 참여하는 서명을 해줌) 이것

문간에 발 들여놓기 기법　상대방이 받아들이기 쉬운 작은 요구들을 먼저 제시하고 점차 큰 요구를 제시해서 원하는 바를 이루는 것

때문에 일관되게 약속을 지켜 나가야 한다는 압력을 느끼게 되고, 결국 보기 흉하고 너무나 큰 간판도 집 앞마당에 세우도록 하는 응종을 가져오는 것이다.

이 기법은 한국전쟁 동안 중국 공산주의자들이 미군 전쟁포로들을 공산주의자로 세뇌시키는 데 사용되었다(Ornstein, 1991). 많은 전쟁포로들이 전쟁 후 고국에 되돌아가서도 중국 공산주의를 찬양했는데, 이 태도는 작은 일들을 먼저 하는 문간에 발 들여놓기 기법을 통해 교육된 것이다. 포로들은 우선 몇 개의 질문을 노트에 쓰고 친공산주의적 답을 쓰도록 요구받는다. 그 후에는 빈곤과 같은 다양한 문제들에 대해 공산주의 입장을 변호하는 에세이를 쓰도록 하는 일들로 점점 커져 갔을 것이다. Freedman과 Fraser 연구에서 피험자들의 태도가 바뀌면서 사람들이 나중에 보기 흉하고 매우 큰 간판을 자기 집 앞마당에 두는 것에 동의했듯이, 전쟁포로들도 공산주의에 대해 점점 호의적으로 변하게 된 것이다. 문간에 발 들여놓기 기법은 매우 강력한 기법이다. 점점 강도를 더해 가는 순응에 대한 요구를 주의하라. 처음부터 거부를 해야 일이 커지기 전에 방지할 수 있다.

면전의 문 기법　면전의 문 기법은 문간에 발 들여놓기 기법과 상반된다(Cialdini, Vincent, Lewis, Catalan, Wheeler, & Danby, 1975). **면전의 문 기법**(door-in-the-face technique)에서의 응종은 크고 거절할 만한 비합리적인 요구에서 시작되고, 그 뒤에 첫 번째 요구보다 더 합리적이고 작은 요구들을 제시함으로써 응종이 이루어지는 것이다. 사람들은 들어줄 수 없는 큰 요구를 받았을 때 상대의 면전에서 문을 닫아 버리는 것처럼 그 요구를 딱 잘라 거절한다. 그러나 두 가지 요구를 받았을 때는 더 작은 요구에는 응해주려고 한다. 예를 들어 친구가 여러분에게 여행을 떠나 있는 한 달 동안 반려동물을 봐 달라고 요구했다고 상상해보자. 아마 여러분은 정중히 거절할 것이다. 그러나 첫 번째의 큰 요구를 받은 후에 주말 동안만 반려동물을 봐 달라고 요구한다면 아마 그 요구를 받아들일 것이다. 사실 친구는 처음부터 한 달이 아닌 주말 동안만 반려동물을 돌봐줄 것을 원했던 것이다. 무슨 일이 일어난 것인지 알겠는가? 여러분은 면전의 문 기법에 넘어간 것이다.

면전의 문 기법이 성공하는 것은 아마도 상호관계를 위해 어느 정도 서로 양보하는 인간의 경향성에 기인한 것 같다. 요구를 하는 사람은 처음과 달리 훨씬 더 작은 요구로 기대를 낮춤으로써 양보를 하는 것처럼 보인다. 그렇다고 해서 우리가 더 작은 요구

면전의 문 기법　크고 거절할 만한 비합리적인 요구를 먼저 제시하고, 그 뒤에 더 합리적이고 작은 요구를 제시함으로써 응종이 이루어지는 것

에 보답하고 순응해야만 하는가? 응종 기법이 성공할 수 있는 것
은 우리의 두려움에 기인한다. 우리는 타인이 우리를 정당하지 않
거나, 남을 도울 줄 모르거나, 다른 사람을 생각할 줄 모르는 사람
으로 보면 어떡하나 하는 두려움이 있다. 면전의 문 기법은 워터

낮은 공 기법 매력적이고 낮은 가격으로
제시된 요구에 응종이 생기고 난 후 그 이
후에 보다 더 값비싼 요구에 대한 응종이
이어지게 되는 것

게이트 사건에서도 나타난다. 이 사건은 G. 고든 리디가 연루되었던 것으로 CREEP 위
원회에 의해 예산이 승인된 일을 말한다(Cialdini, 1993). 그 위원회는 처음에 제안되었
던 100만 달러와 50만 달러 예산 계획을 거절한 이후 25만 달러를 예산으로 제안한 리
디의 계획을 승인했다. 승인을 반대한 단 1명의 위원은 이전에 있었던 두 번의 매우 호
사스러웠던 미팅에 참석하지 않은 사람이었다. 따라서 그는 그 계획의 불합리성을 볼
수 있었고, 다른 위원회 구성원들이 느꼈던 면전의 문 기법으로 생겨난 상호관계의 영
향을 받지 않았던 것이다.

낮은 공 기법 다음 시나리오를 생각해보자(Cialdini, 1993). 새 차를 사기 위해 자동차 대
리점에 갔는데 판매원은 여러분이 기대했던 것보다 훨씬 더 낮은 가격을 제시한다. 여
러분은 판매원의 사무실로 들어가 판매양식을 작성하고 가격을 합의하기 시작한다. 그
런데 그때 판매원이 양식을 작성하기 전에 총괄 매니저로부터 승인을 받아야 하는 것
을 잊었다고 말한다. 판매원은 몇 분 동안 떠났다가 다소 시무룩한 표정으로 되돌아와
서는 매니저가 그 가격으로는 차를 팔 수 없다고 말했다며 미안한 듯 말을 전한다. 이
상황에서 여러분이 지불해야 할 자동차 가격은 더 높아지게 된다. 대부분의 사람들은
이런 상황에서 어떻게 반응할까? 아마 그 차를 사지 않을 것이라고 생각할 것이다. 그
러나 낮은 공 기법이라고 하는 응종 전략을 연구해보면 사람들은 이런 상황에서도 차
를 산다는 것을 알 수 있다(Cialdini, Cacioppo, Bassett, & Miller, 1978).

　　낮은 공 기법(low-ball technique)은 처음에 매력적이고 낮은 가격으로 제시된 요구

에 응종이 생기고 그 이후에 보다 더 값비싼 요구에 대한 응종이 이어지게 되는 것이다. 이 기법은 첫 번째 제시됐던 요구보다 두 번째 제시된 더 큰 요구가 사실 목표하고 있었던 요구였다는 점에서 문간에 발 들여놓기 기법과 유사하다. 그러나 낮은 공 기법은 문간에 발 들여놓기 기법과는 달리 첫 번째 요구가 매우 매력적이다. 낮은 공 기법의 상황에서는 문간에 발 들여놓기 기법에서처럼 양보를 할 필요 없이 어느 정도 좋은 조건에서 거래를 시작할 수 있다. 그러나 그 거래에서의 '좋은 부분'은 금방 사라져 버린다. 그런데도 낮은 공 기법이 효과를 보는 이유는 무엇일까? 그것은 사람들이 거래가 나쁜 조건으로 바뀌었을 때조차도 이전의 거래에 개입하고 동의했기 때문에 그 거래를 끝마쳐야 한다는 의무감을 갖기 때문이다. 이것은 문간에 발 들여놓기 기법에서 작용한, 처음에 약속한 것을 일관되게 유지하려는 압력과 유사하다. 만약 누군가가 여러분에게 낮은 공 기법 사용하기를 시도한다면 그냥 그 계약을 그만두라. 당신은 새로운 요구에 응종해야 할 아무런 의무가 없다.

그것이 전부가 아닙니다 기법   텔레비전 쇼핑 광고에서 자주 볼 수 있는 또 다른 응종 기법이 있다. 상품 가격을 제시한 후 바로 당신이 그것을 살지 안 살지 결정하기 전에 쇼핑 호스트가 "기다리십시오. 이것이 전부가 아닙니다. 더 많은 것이 있습니다."라고 말한다. 그리고 상품 가격을 할인해주기도 하고 환심을 살 만한 다른 경품을 덤으로 주거나 이 모두를 한꺼번에 제공하기도 한다. 심지어 어떤 경우는 가격을 바로 알려주지 않기도 한다. 쇼핑 호스트는 "여러분 이 놀랄 만한 상품에 얼마를 지불하시겠습니까?"라고 말하기도 한다. 이런 과정에서 여러분은 이미 그 물건과 구입에 관심을 갖게 되는 것이다. 낮은 공 기법에서처럼 나중에 제시되는 것은 처음부터 계획된 것이다. 우리는 좋은 조건이 곧바로 직접 제시되었을 때보다 이 기법에서처럼 차츰차츰 축적되어 만들어진 거래조건인 경우에 더 잘 받아들이고 응종하는 것으로 보인다(Burger, 1986). 이것은 **그것이 전부가 아닙니다 기법**(that's-not-all technique)으로서 첫 번째 요구에 대한 반응이 나타나기 전에 부가적 이득과 함께 미리 계획된 두 번째 요구가 제시되는 것이다. 판매원들은 면전의 문 기법과 함께 이 기법도 사용한다. 예컨대 자동차 판매원이 제시한 가격에 "예"나 "아니요"라고 대답하기 전에 판매원은 그 차를 살 경우 제시될 몇몇 보너스 옵션을 말해줄 것이다. 면전의 문 기법에서처럼 상호성은 여기에서도 영향을 미친다. 판매원은 보너스 옵션과 같은 호의적 약속을 먼저 하는 듯 보이는데, 우리가 그

그것이 전부가 아닙니다 기법 첫 번째 요구에 대한 반응이 나타나기 전에 부가적 이득과 함께 미리 계획된 두 번째 요구가 제시되는 것

표 9.1	네 가지 응종 기법		
기법	첫 번째 요구	두 번째 요구	응종하는 이유
문간에 발 들여놓기	작음	좀 더 커짐	일관성
면전의 문	큼	작아짐	호혜성
낮은 공	매력적임	덜 매력적임	일관성
그것이 전부가 아닙니다	매력적임	더 매력적임	호혜성

호의를 받아들여야만 하는가? 응종하지 않으면 안 되는가? 우리는 보통 판매원들의 이러한 제안을 받아들이고 만다.

　요약하자면 위에서 언급한 각각의 응종 유도 기법들은 두 가지 요구를 포함한다(표 9.1 참조). 문간에 발 들여놓기 기법은 작은 요구에 이어서 더 큰 요구가 따라온다. 면전의 문 기법은 큰 요구가 먼저 나오고 작은 요구가 나중에 나온다. 낮은 공 기법은 매력적으로 제시되었던 첫 번째 요구가 철회되고 덜 매력적인 요구가 뒤따라온다. 그것이 전부가 아닙니다 기법은 처음의 요구에 대한 반응을 하기 전에 더 매력적인 요구가 따라온다. 이러한 기법을 사용하는 사람은 첫 번째 요구를 하면서 당신을 자기 마음대로 조종하기 위해 교묘한 시도들을 할 것이다. 응종이 요구되는 것은 두 번째 요구이다. 문간에 발 들여놓기 기법과 낮은 공 기법에서 사람들은 처음 한 약속에 성실함을 유지하려는 압력을 느끼면 두 번째 요구에도 응할 것이라는 희망을 가지고 어떻게든 첫 번째 요구가 받아들여지도록 노력한다. 다른 두 가지 기법은 상호성의 법칙이 작용한다. 누군가 먼저 양보를 하거나 호의를 베푼다면 자신도 그에 걸맞은 보답을 해야 한다고 느끼는데, 이것이 두 번째 요구를 받아들이도록 하는 압력이 된다.

우리가 복종하는 이유

응종은 타인이 요구하는 것에 동의하는 것이지만 **복종**(obedience)은 권위를 가진 사람의 명령을 따르는 것이다. 복종은 때때로 건설적이고 유익하다. 예를 들어 법을 따르지 않고 사회생활을 하는 것은 불가능하다. 아동들은 자신의 행복을 위해 보살펴 주는 사람에게 복종해야 한다. 그렇지만 복종은 또한 파괴적일 수도 있다.

현실세계에서 복종의 파괴적인 특성에 관한 많은 예가 있다. 수백만 명의 무고한 사람들을 살해한 독일 나치나 수백 명의 죄 없는 아

복종 권위를 가진 사람의 명령을 따르는 것

스탠리 밀그램

이와 여성 그리고 노인들을 죽였던 베트남의 미라이 대학살에서의 미국 군인들을 생각해보라. 미라이 대학살에서 군인들은 무고한 마을 주민들을 총으로 쏘라는 명령을 받고 그대로 따랐다. "나는 단지 명령대로 했을 뿐입니다."라는 말은 끔찍한 학살을 자행했던 군인들에게 그 이유를 물었을 때 듣게된 말이다. 이러한 잔학한 행위에 직면했을 때 우리는 '어떤 사람들이 그렇게 끔찍한 일을 저지를 수 있을까?' 생각하게 된다. 사회심리학자들에 따르면 그러한 일이 벌어지는 것에 대한 책임은 사람이 아닌 상황에 있을 수 있다고 한다. 앞에서 우리를 동조하고 응종하게 이끌었던 여러 상황에 대해 배웠던 것처럼 그러한 사회적 힘이 우리로 하여금 파괴적인 복종을 하도록 만들 수 있을까? 이 질문에 대답하기 위해서 우리는 위 질문의 가능성을 검증하고자 시도했던 가장 큰 규모의 실증 연구인 스탠리 밀그램의 복종연구에 대해 논의할 것이다.

밀그램의 복종연구   1960년대 초반에 스탠리 밀그램은 예일대학교에서 사회적 힘이 파괴적인 복종을 야기하는 원인임을 지적하는 실험을 했다(Milgram, 1963, 1965, 1974). 아마도 이 실험은 심리학 역사상 가장 유명하고 많은 논쟁을 불러일으킨 실험일 것이다. 약 50년이 지났지만 이 연구의 윤리적, 방법론적, 이론적 이슈에 대한 논쟁은 누그러들 기미가 보이지 않는다. 2015년에 밀그램과 그의 연구에 관한 극장영화 '밀그램 프로젝트(Experimenter)'가 개봉하였으며, 피터 사즈가드와 위노나 라이더가 주연을 맡았다. 이처럼 심리학 밖의 영역에서도 밀그램의 연구에 대한 관심이 지속되고 있다. 이 연구는 심리학 안팎으로 악명이 높기 때문에 이 연구의 실험절차와 결과를 평소보다 더욱 자세히 설명할 것이다. 먼저 밀그램의 기본적인 실험절차를 살펴볼 것이다.

이 실험에 참가한 피험자의 관점으로 밀그램의 기본 실험과정을 서술해보도록 하겠다. 학습과 기억에 관한 실험에 피험자로 자원했다고 상상해보라. 당신은 실험 참여를 위해 정해진 시간에 정해진 장소로 찾아갔고, 실험자와 또 다른 피험자인 중년의 남자, 이렇게 두 사람을 그곳에서 만났다. 실험자는 이 실험이 학습에 있어서 처벌(전기충격을 통해 주어지는 처벌)의 효과가 무엇인지 알아보는 것이고, 학습해야 할 것은 짝지어진 단어 쌍들을 기억하는 것이라고 설명해주었다(예 : blue-box). 교사가 학습자에게 단어 쌍의 목록을 읽어주면 테스트는 시작된다. 실험이 시작되면 학습자는 단어 쌍 각각에서 첫 번째 단어를 기억하고 말해야만 한다. 교사는 학습자가 정답을 맞혔는지 알려준다. 학습자가 정답을 맞히지 못했다면 교사는 학습자에게 정답을 알려주고 나서 전기충격기로 전기충격을 가하고 난 뒤 다음 테스트를 진행한다. 실험자는 피험자 중 한 사람은 교사 역할을 하게 되고, 또 다른 한 사람은 학습자가 될 것이라고 말해준다. 여러분은 교사 역할을 부여받았고, 여러분이 있을 방 옆에 있는 다른 방에 학습자와 함께 가는데, 이곳에서 학습자는 전기충격장치 위에 한 팔이 고정된 채 의자에 가죽끈으로 묶여 있게 된다. 실험에서 가해질 수 있는 충격단계는 15V에서 450V까지 여러 단계이다. 이때쯤 실험자는 실험 효과를 정확하게 연구하기 위해 처벌로 사용할 충격은 높은 단계까지 필요하다고 설명한다. 실험자는 또한 여러분도 충격의 강도를 알아야 한다며 45V의 표본 충격을 경험하도록 해준다.

여러분은 실험자와 함께 다른 방으로 돌아오고 15V부터 450V까지 충격 강도가 표시된 스위치가 있는 전기충격장치 옆에 앉게 된다. 스위치 아래에는 미세한 충격, 매우 강한 충격, 위험 : 심각한 충격, 그리고 마지막 2개의 스위치에는 빨간색으로 'XXX'라는 몇 개의 표시가 붙어 있다. 실험자는 학습자가 단어 쌍을 맞히는 일에 실수를 하면 여러분이 적절한 스위치를 누름으로써 충격을 주어야 한다는 것을 상기시켜 준다. 여러분은 15V에서 시작하여 잘못된 대답이 나올 때마다 15V 이상으로 점점 더 강한 전기충격을 주어야 한다.

실험이 시작되고 학습자는 실수를 연발한다. 120V까지는 아무 일도 없었다가 120V가 되자 학습자는 고통스럽다고 외친다. 여러분은 충격수준이 높아짐에 따라 학습자가

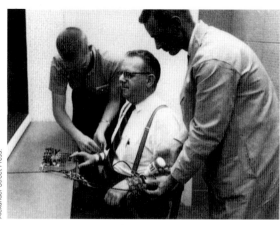

밀그램의 복종실험 사진이다. 위의 사진은 교사 역할을 한 사람이 학습자에게 충격을 줄 때 사용되었던 기계이고, 옆의 사진은 학습자 역할을 한 사람을 전선이 부착된 의자에 묶는 광경이다.

울부짖는 소리를 계속 듣게 되고, 학습자의 비명은 전압이 높아짐에 따라 단계적으로 더 커진다. 더 큰 충격단계로 넘어가자 학습자는 실험을 그만두겠다고 소리치며 항의하였다. 330V가 넘어가면서 학습자는 더 이상 주어진 질문에 반응하지 않았다. 여러분은 어떻게 해야 할지 몰라서 실험자를 찾아간다. 실험자는 학습자의 무반응을 잘못된 대답으로 취급하고 실험을 계속하라고 말한다. 학습자는 그 이후 다시는 질문에 대해 아무런 반응도 하지 않는다.

이것이 기본적으로 밀그램의 실험 참가자들이 직면했던 상황이다. 여러분이라면 어떻게 했겠는가? 만약 여러분이 대부분의 사람들과 같다면 아마 다소 낮은 충격수준에서 멈출 것이라고 말할 것이다. 이 실험이 실시되기 전에 밀그램은 대학생, 학생이 아닌 성인 그리고 정신과 의사 등 다양한 유형의 사람들에게 그들 자신과 다른 사람들이 어떻게 할지 추측해볼 것을 요청했다. 그들은 자신이 150V보다 훨씬 낮은 충격단계에서 멈출 것이고, 다른 사람들 또한 그렇게 할 것이며, 사실상 그 누구도 전기충격장치의 최고 단계까지는 가지 않을 것이라고 하였다. 정신과 의사들은 아마도 5,000명 중 1명 정도는 충격장치의 끝까지 갈 수도 있을 것이라고 말했다.

밀그램의 발견들　실제 밀그램 실험(1963)에서 나온 결과는 사람들이 예상했던 것과는 많이 달랐다. 앞에서 소개했던 실험 상황을 경험하게 했더니 3명 중 거의 2명(62.5%)은 연구자에게 복종하기 위해 전기충격을 계속해서 가했고, 가장 강한 충격인 450V까지 실행하였다. 밀그램은 또한 실험 상황이 참가자에게 상당한 정서적 긴장을 유발한다는 것을 알았다. 그리고 이 긴장을 다른 사람에게 해를 끼치지 않으려는 우리의 뿌리 깊은 성향과 권위에 복종하려는 경향 사이의 갈등 때문이라고 보았다. 밀그램은 학습자가 목소리로 항의를 하지 않고 대신에 300V에서 항의의 표시로 실험실 벽을 세게 치다가 315V를 넘어서자 벽 치기도 그만두고 반응을 멈춘 이전에 수행한 실험에서 유사한 65% 복종률을 관찰했다. 65%의 복종률이 학습자의 피드백이 제한적이어서 상당히 높아 보이지만 밀그램은 예비연구에서 청각적인 항의(구두 항의 또는 벽을 세게 치는 것)가 없었던 경우에도 사실상 거의 모든 참가자가 연구자에게 복종하고 가능한 최대의 충격까지 주었다는 것을 발견했다(Milgram, 1965).

4번의 실험 후 복종연구를 수행하는 연구실을 변경해야 했기 때문에 밀그램은 새로운 연구실이 그의 연구결과에 다른 영향을 미치지 않을지 판단하기 위해 처음 서술했던 조건을 바탕으로 반복 실험을 수행할 필요가 있음을 느꼈다(Milgram, 1974). 밀그램

표 9.2	밀그램의 복종연구에서 점점 더 거세지는 참가자들의 항의
120V	으악! 이봐, 정말 아프다고!
150V	으악! 실험자! 이제 그만 됐다고! 여기서 날 내보내 줘! 내가 심장질환이 있다고 당신에게 말했지. 내 심장이 아프기 시작한다고. 여기서 나가게 해줘, 제발. 내 심장이 아프단 말이야. 난 더 이상 하기 싫어. 나가게 해줘.
210V	으악! 실험자!! 여기서 날 나가게 해줘. 이 정도면 충분하다고. 더 이상은 실험을 하지 않을 거야.
270V	(고통스러운 듯한 비명소리) 여기서 나가게 해달란 말이야. 나가게 해줘. 나가게 해달라고. 나가게 해줘. 내 말 듣고 있는 거야? 나가게 해달란 말이야!
300V	(고통에 찬 비명소리) 더 이상은 대답하지 않겠어. 여기서 날 나가게 해줘. 날 여기에 계속 붙잡아 둘 수는 없어. 나가게 해줘. 나가게 해달란 말이야.
315V	(더 심해진 고통에 찬 비명소리) 더 이상 대답하지 않겠다고 말했어. 더 이상 난 이 실험에 참여하지 않아.
330V	(고통에 찬 비명소리가 더 심하고 길어짐) 나가게 해줘. 나가게 해달라고. 내 심장이 아파. 나가게 해달란 말이야. (히스테릭하게) 나가게 해줘. 내보내 줘. 네겐 날 여기에 계속 붙잡아 둘 권리가 없어. 내보내 줘! 보내달라고! 꺼내 줘! 여기서 나갈 거야! 나가게 해줘! 빼내달란 말이야!

전체 항의를 보려면 Milgram(1974, pp. 56–57)을 참조하라.

은 학습자의 대본에 작은 변화를 추가하고, 학습자는 실험 전에 자신의 심장질환에 관해 말하고 항의 중에 다시 한 번 언급한다(표 9.2 참조). 밀그램은 이 심장질환이 불복종에 대한 추가적인 정당화 사유로 작용할 것이라고 생각했다. 하지만 그렇지 않았다. 이번 실험에서 가장 강한 충격을 준 참가자 비율은 65%로 기록되었으며, 62.5%였던 원래의 연구결과가 반복되었다. 심장질환에 관한 언급은 복종률에 큰 영향을 미치지 않았다. 밀그램은 심장질환에 대한 언급과 그것으로 관찰된 복종률을 새로운 기준선 실험으로 사용했다. 따라서 우리는 밀그램의 연구에 대한 나머지 논의에서 65%를 기준선 복종률로 언급할 것이다.

밀그램이 복종을 얻어내기 위해 문간에 발 들여놓기 기법을 어떻게 이용했는지 깨달았는가(Gilbert, 1981)? 그는 참가자들이 매우 약한 충격인 15V에서 시작하여 아주 조금씩 단계를 높임으로써 전기충격 수준을 조정할 수 있도록 하였다. 학습자는 초기의 약한 전기충격에서는 항의하지 않았다. 교사 역할의 피험자는 120V에서 학습자가 항의를 시작했을 때쯤에는 이미 여러 차례 복종을 했고, 전기충격 수준이 매우 높아졌을 때는 이미 셀 수 없을 만큼 여러 번 복종한 상태였다. 밀그램의 연구결과는 교사 역할의 피험자가 실험을 시작할 때부터 이미 높은 단계의 전기충격을 주는 것으로 실험을 시작했는지, 또는 학습자가 처음의 낮은 전기충격에서부터 항의를 했는지에 따라 매우 다르게 나타난다.

밀그램 실험에서 여러분이 알아야 할 일부 추가적인 절차적 양상이 있다. 가장 중요한 것은 교사는 단지 그가 전기충격을 가하고 있다고 생각했을 뿐 실제로 학습자는 전기충격을 당하지 않았다. 실험에서 전기충격이 가해진 것은 실험이 시작되기 전 교사에게 시범적으로 가한 것이 유일하다. 모든 실험은 코네티컷주 브리지포트에서 실험한 두 번을 제외하고는 모두 예일대학교에서 이루어졌으며, 참가자는 여성 참가자를 대상으로 한 한 번의 실험을 제외하고는 모두 20~50세의 남성이었다. 이들은 뉴헤이븐 또는 브리지포트 커뮤니티에서 지원한 자원자들이며 사례로 4달러와 버스 요금 50센트를 받았다. 이것은 결코 많은 돈이 아니다. 하지만 1960년대 초기의 4달러는 지금으로 치면 30달러 정도의 가치가 있다. 제비뽑기는 조작되어서 두 쪽지에는 모두 '교사'가 적혀 있었기 때문에 처음 뽑는 사람은 항상 교사 역할을 하게끔 되어 있었다. 학습자와 실험자는 밀그램이 지역에서 고용한 사람들이었다. 실제 실험자는 31세의 고등학교 생물학 교사였고, 학습자는 47세의 회계사였다. 밀그램은 몇 주 동안 개인적으로 그들을 훈련시켜서 정말 그럴듯한 역할을 할 수 있는지 확인하였다. 하지만 표준화를 위해서 학습자의 전기충격은 테이프로 녹음되었고, 학습자의 반응은 사전에 결정된 옳고 그름의 답변 형태를 따랐다.

게다가 교사가 항의하거나 실험을 지속하는 게 맞는지에 대한 의심을 표현할 때 실험자는 참가자가 계속 실험에 참여하도록 격려하는 네 가지 표준화된 재촉을 하도록 정해져 있었다. 이러한 재촉은 "계속해주세요, 실험을 위해서 계속 진행해주시기 바랍니다, 당신이 계속하는 것이 실험을 위해서는 절대적으로 필요합니다, 당신에게는 다른 선택권이 없습니다. 계속하셔야 합니다."의 절차대로 진행되었다. 만약 참가자가 4번째 재촉 후에도 지속하기를 거절한다면, 그 참가자는 불복종한 것으로 분류되고 실험이 종료되며 참가자가 중단한 전압을 표시한다.

또한 특별한 상황에서 사용할 한두 가지 재촉이 있었다. 먼저 참가자가 학습자가 영구적인 신체 부상을 당할 가능성을 물어본다면 실험자는 "충격은 고통스러울 수 있지만 영구적인 조직 손상은 없으니 계속해달라."고 말하였다. 필요한 경우 2, 3, 4번 재촉이 뒤따랐다. 둘째, 참가자는 학습자가 계속하기를 원하지 않는다고 말할 경우 실험자는 다음과 같이 답하였다. "학습자가 좋든 싫든 간에 모든 단어 쌍을 올바르게 학습할 때까지 계속해야 합니다. 그러니 계속해주세요." 첫 번째와 마찬가지로 필요할 경우 2, 3, 4번 재촉이 뒤따랐다.

전체적으로 밀그램은 예비연구를 제외하고, 총 780명의 참가자를 대상으로 23건의 실험을 수행했다. Perry(2013)는 밀그램의 모든 실험에 대한 설명이 포함된 연대순 목록을 제공한다. 여성 참가자를 대상으로 한 실험(남성 학습자 및 남성 실험자 포함)에서는 기준 비율 65%가 반복되어 성별 차이가 없음을 나타냈다. 우리가 논의하지 않은 실험에서 밀그램은 관찰된 복종 속도에 대한 다양한 상황 요인의 영향을 결정하기 위해 기준 조건의 변형을 조사했다. 상황 요인의 영향은 기준 복종률 65%의 증가 또는 감소 정도에 따라 평가되었다.

교사는 학습자의 손을 충격장치에 강제로 올려 놓음으로써 전기충격을 주기도 하였는데, 이러한 상황에서도 최대 복종률은 30%를 유지하였다.

밀그램에 따르면 실험자(권위가 있는 사람)의 물리적 존재가 중요한 상황 요인이다. 실험자가 연구실이 아닌 전화를 통해 명령할 경우 복종률이 20.5%로 떨어졌다. 교사와 학습자의 근접성은 매우 중요했다. 기억할 것은 사실상 예비연구의 모든 참가자들은 학습자가 소리로 항의하거나 벽을 두드리지 않을 때는 최대의 충격을 가하였으나, 교사가 학습자의 항의 또는 벽을 두드리는 소리를 들을 수 있을 때는 단 2명만 최대의 충격을 가했다. 또 다른 실험에서 밀그램은 교사와 학습자를 같은 공간에 있게 하였고, 복종률은 40%로 떨어졌다. 교사가 충격판 위에 학습자의 손을 강제로 올려서 직접 충격을 주어야 했을 때 복종률은 30%로 떨어졌다. 이는 교사와 학습자가 신체적으로 가까워지게 되면 복종률이 감소한다는 것을 보여준다. 그렇지만 흥미롭게도 교사가 학습자에게 손을 댔을 때도 최대 복종률은 여전히 0%가 아닌 30%였다.

어떤 사람들은 명문 예일대학교라는 실험장소가 높은 최대치 복종률에 기여한 것이라고 생각했다. 이 가정을 검증하기 위해 밀그램은 예일대학교에서 멀리 떨어져 있는 코네티컷주의 브리지포트 근처에 위치한 사용되지 않는 사무실 건물에서 같은 기본적인 조건으로 실험을 수행하였다. 어떤 결과가 나타났을까? 최대 복종률은 조금 내려갔지만 그렇게 큰 차이가 나지는 않았다. 여기서도 밀그램은 47.5%라는 최대 복종률을 보였다. 명문대학이라는 환경이 주는 명성과 권위가 복종률에 어느 정도 영향을 미친 것은 인정하지만, 실험자가 주위에 있을 때 나타나는 효과나 교사와 학습자의 근접성의 효과는 장소가 바뀌어도 그리 달라지지 않았다. 피험자를 불복종하는 다른 교사 역할자와 함께 있도록 짝지었을 경우 복종률은 10%까지 낮아졌다. 복종률이 0%까지 떨어지도록 하기 위해 밀그램은 실험 도중에 어떤 부분에서는 동의하지 않는 2명의 실험자가 있는 상황을 설정했다. 연구자 한 사람이 실험을 계속하도록 명령했을 때, 다른 한 사람은 실험을 그만두라고 말했다. 이렇게 권위를 지닌 사람 중 1명이 실험을 그만 두라고 말했을 때 교사 역할을 하던 피험자들 모두는 실험을 그만두었다.

실험의 기준 조건을 변화시켜 더 높은 최대 복종률을 얻을 수 있을까? 밀그램은 피험자가 느낄 직접적인 책임감을 없애주는 상황을 시도해보았다. 이 실험에서 피험자는 학습자와 같은 방에 있는 다른 피험자(또 다른 실험 협조자)에게, 학습자에게 어느 정도의 전기충격을 줄 것인지 알려주는 역할을 하도록 하였다. 학습자에게 전기충격을 주는 직접적인 책임감이 피험자들에게서 사라지고 나자 교사로 참여한 피험자들의 92.5%가 실험자에게 복종했고, 최대치까지 전기충격을 주었다. 이 연구결과와 함께 우리가 논의한 다른 모든 것들을 비교할 수 있도록 표 9.3에 요약해 놓았다.

심장질환에 대한 언급 없이 기준 조건에 대한 발견을 기술한 복종실험의 첫 번째 출판물 이후(Milgram, 1963), 밀그램은 그의 동료들의 반응에 놀랐다(Baumrind, 1964). 왜냐하면 그것은 그의 결과물이 아니라 그의 참가자에 대한 치료와 방법론에 초점을 맞추었기 때문이다. 다이아나 바움린드는 참가자들에 대한 그의 비윤리적인 대우에 대해 밀그램을 심하게 비판했다. 그녀는 참가자들에게 회복할 수 없는 정신적 피해를 입혔으며, 참가자들이 다른 인간을 해치고 있다고 믿는 극도로 충격적인 상황에 놓였으며, 밀그램의 연구에서 얻은 지식이 그의 참가자들이 겪었던 고통보다 가치 있지 않다고 주장했다. 밀그램(1964)은 바움린드(1964)에 대한 반박에서 실험 회기가 끝났을 때 참가자들에게 즉시 보고를 했고, 학습자가 실제로 충격을 받은 것은 아니라고 말했다고 보고했다. 그는 또한 실험 참가자들에게 1년 후쯤 연구 보고서와 함께 보낸 설문지 결과를 보고하면서 실험 중 경험을 되새겨보라고 했다고 말했다. 밀그램은 대부분의 복종실험 참가자들이 자신들의 참여에 대해 긍정적인 감정을 가지고 있다고 보고했다. 대부분 참가자들의 실험에 대한 긍정적인 반응은 실험에서 겪었던 감정적인 긴장감을 고려할 때 아마 이상하게 보일 것이다. 왜 그들은 나중에 그러한 부정적인 경험에 대해 그렇게 긍정적으로 느꼈을까? 우리는 밀그램의 실험결과에서 나타난 적극적인 추종에 대해 논의할 때 이러한 의견상으로는 모순적인 응답에 대해 가능성 있는 설명을 기술할 것이다. 밀그램은 또한 9개월 뒤 이 실험으로 피해를 입었을 가능성이 있는 사람을 가려낼 목적으로 40명의 참가자를 면담했으며, 정신과 의사는 자신이 인터뷰한 참가자 중 누구에게서도 아무런 해를 발견하지 못했다고 보고했다고 전했다. 밀그램의 답변은 그의 비윤리적 방법들과 참가자들의 치료에 대한 바움린드와 다른 비판가들을 만족시

표 9.3	밀그램의 실험조건에 따른 결과

실험조건	관찰된 최대 복종률(%)
교사와 학습자가 다른 방에 있고, 청각적 신호가 없는 경우(예비연구)	100
교사가 전기충격을 직접적으로 가하지 않아도 되는 경우	92.5
다른 방에 교사와 학습자가 있고, 학습자는 300V에서 벽을 세게 치고 315V 이후로 벽 치는 행동과 반응을 중지한 경우	65
기본 조건 – 교사와 학습자가 다른 방에 있으며, 구두 항의가 점차 커지고, 330V 이후에 반응이 없어진 경우	62.5 (비슷한 조건으로 반복해 본 다른 실험에서는 65%)
기본 조건에 여성이 실험 참가자인 경우	65
코네티컷주 브리지포트(예일대학교 밖)의 폐쇄된 사무실 건물에서 실험을 한 경우	47.5
같은 방에 교사와 학습자가 있는 경우	40
같은 방에 교사와 학습자가 있고, 교사는 전기충격판 위에 학습자의 손을 강제로 놓음으로써 충격을 가해야만 하는 경우	30
연구자가 함께 있지 않은 경우	20.5
불복종하는 다른 교사 역할자와 짝지어진 경우	10
2명의 실험자가 서로 의견이 다른 경우	0

키지 못했고, 이 윤리적 논란은 1970년대와 그 이후에도 지속되었다.

바움린드(1964)는 또한 밀그램의 연구결과가 외적 타당성(다른 상황과 다른 사람들에게 일반화될 수 있는 범위)이 없기 때문에 밀그램의 주장과는 달리 홀로코스트와 같은 실제 만행을 설명하는 데 사용될 수 없다고 주장했다. Orne과 Holland(1968; 밀그램의 반박, 1972년)는 외적 타당성의 결여에 대해 바움린드의 의견에 동의하였다. 그들은 또한 밀그램이 사용한 실험방법론을 고려할 때 밀그램의 많은 참가자들이 학습자에게 실제로 충격을 가하고 있다고 믿지 않았을 가능성이 컸고, 그 결과 관찰된 바와 같은 높은 복종률이 나타났다고 주장했다. 이것은 밀그램이 자신이 연구하고 있다고 생각했던 바를 연구한 것이 아니라는 점에서 내적 타당성 또한 부족하다는 것을 가리킨다. 참가자들의 말에 의하면 밀그램은 참가자들의 행동에만 너무 많은 신경을 썼고, 참가자들이 상황을 자극하는 것에는 충분한 신경을 쓰지 않았다. 실험 참가자들은 좋은 실험 대상이 되는 것과 자신들이 인식하는, 자신들에게 기대되는 방식으로 행동하는 것에 영향을 받았다. Orne과 Holland는 Orne과 Evans(1965)가 수집한 자료를 보고했는데, 만약 참가자들이 질산처럼 보이는 것에서 동전을 꺼내는 것과 같이 실제 보이는 것과 전혀 다르다고 가정했기 때문에 실험에 참여했다고 생각했다면, 참가자 대다수(84%)가 위험한 작업을 수행하라는 지시에 따를 것이라는 보고였다. 그러나 실험에 참가한다는 말을 듣지 못한 참가자들은 이러한 작업을 수행하지 않았다. 따라서 밀그램의 연구에 참여한 사람들은 자신들이 과학 실험에 참여하고 있다는 것을 알았기에 그처럼 행동했을 가능성이 있다. 왜냐하면 그들은 자신들에게 보이는 것과는 다르게 학습자가 실제로는 충격을 받지 않고 있다고 추측했기 때문이다. 이것은 신뢰의 문제이다. 참가자들은 실험자와 예일대학교가 학습자에게 심각한 피해를 입히지 않을 것이라고 믿었다. 윤리적 비판과 마찬가지로 내적 또는 외적 타당성의 결함을 우려하는 비판도 수십 년간 이어졌다. 50년 이상이 지난 지금 새로운 윤리적이고 방법론적인 비판들이 최근 밀그램의 실험과 그에 대한 보고에 대한 몇몇 발견과 함께 발견되었다. 우리는 다음에 이에 대해 토론할 것이다.

밀그램의 복종실험에 대한 최근의 폭로   예일대학교 스털링 메모리얼 도서관에 있는 밀그램 기록 보관소의 자료들에 대한 분석들은 밀그램의 실험과 실험에 대한 밀그램의 보고에 대한 심각한 비판을 초래했다. 이러한 기록 자료에는 실제 실험에 대한 음성 녹음, 참가자의 정신과 의사와의 대화 내용, 참가자의 설문지 응답, 복종실험 동안 축적된 노트, 문서 및 서신 등이 포함되어 있었다. 심리학자 지나 페리는 이 기록물들에 대한 매우 철저한 연구를 수행했다. 그녀는 기록물 분석뿐만 아니라 당시 참가자와 연구에 정통한 전문가, 실험 대상자 및 학습자 역할을 한 남성의 가족들과 4년 넘게 개인 인터뷰를 진행했다. 그녀는 밀그램과 복종실험에 대해 자신이 발견한 사실과 비판을 요약하여 *Behind the Shock Machine*이라는 책으로 출간하였다(Perry, 2013). 우리는 페리의 주요 비판에 대해 논의하고 이와 함께 다른 기록 연구자들의 비판 중 일부를 다룰 것이다.

페리는 밀그램이 바움린드에 대한 답변에서와 그 후 복종실험의 대부분을 요약한 1974년의 책에서 주장했듯이 실험 회기가 끝났을 때 대다수의 피험자들이 적절한 설명을 듣지 못했음을 발견했다(Milgram, 1964). 페리에 따르면 대부분의 피험자들은 거의 1년이 지나도록 자신들이 실제로 학습자에게 충격을 주지 않았다는 사실을 알지 못했다. 실험이 종료되고 9개월 후에 밀그램이 참가자들에게 보낸 설문지에 대한 참가자들의 언급을 토대로 하면 참가자들의 4분의 3은 밀그램이 설문지와 함께 보낸 실험 보고서를 받기 전까지 실험의 전체 맥락을 들은 적이 없었다. 페리가 지적한 바와 같이 일부는 읽지도 못했거나 심지어 답신을 받지 못했을 수도 있다. 따라서 학습자가 실제로 충격을 받지 않았다는 것을 결코 몰랐을 것이다. 다른 기록 보관 연구자들 또한 밀그램이 자신의 보고 절차의 범위와 효과를 잘못 표현했다는 사실을 발견했다(Nicholson, 2011). 니콜라스에 따르면 밀그램은 책임 있는 연구자로서의 신뢰성과 복종실험의 윤리적 진실성과 가능한 미래를 보호하기 위해 출판된 연구에서 실험 후 보고를 의도적으로 잘못 전달했을 가능성이 크다. 왜 밀그램이 브리핑 과정을 잘못 전달했는지 확실히 알 수는 없겠지만 그는 분명히 그렇게 했다.

페리는 밀그램이 자신의 출판물에 보도한 내용과 실제 기록 자료에 드러난 것과 또 다른 중대한 불일치를 발견했다. 밀그램에 따르면 만약 교사가 항의를 하거나 계속하는 것에 대해 망설인다면, 실험자는 우리가 앞에서 설명한 네 가지 표준화된 재촉을 해야 했고, 4차 재촉 이후에도 참가자가 계속하기를 거부하면 회기가 종료되고, 참가자는 불복종으로 분류되었음을 기억하라. 실험의 녹음 테이프 일부를 분석한 페리는 이 오디오 테이프가 밀그램이 말한 것과는 매우 다른 실험자의 재촉에 대한 이야기를 들려준다는 것을 발견했다. 이 실험자는 종종 표준화된 네 가지 재촉과는 달리 교사들에게 실험을 계속할 것을 권하고 있었다. 이 대본에 없는 재촉은 실험 내 참가자와 페리가 분석한 오디오 테이프의 실험 사이에 다양했다. 그것은 교사의 성별이 여성인 실험에서 매우 흔했고, 어쩌면 복종에서 성별의 차이가 없다는 것을 알아내는 데 중요한 역할을 했을지도 모른다. 실험자는 교사들의 항의를 거부하고, 더 강압적인 재촉 방식을 만들어 교사를 압박했고, 실험을 계속하는 것에 대해 교사와 논쟁하였다. 예를 들어 실험자는 어느 한 여성에게 정해진 4번의 재촉 이후에 26번이나 실험을 계속 진행하라고 지시했다. 페리는 실험자의 재촉에 대한 밀그램의 설명과 실제 전이가 된 것에 대한 오디오 테이프 증거 사이에 분명한 불일치가 있다고 결론지었다.

Gibson(2013)과 Rusell(2009) 또한 밀그램 실험의 오디오 테이프에 대한 분석을 수행했으며, 그들의 연구결과는 실험자의 재촉이 4번으로 설정되어 있는 대본과 극히 다르다는 점에서 페리와의 주장과 일치한다. Rusell(2009)은 실험자가 종종 밀그램이 원하는 결과를 성취하려는 노력으로 훨씬 더 스트레스를 많이 주는 자신만의 재촉을 발명했다고 지적했다. 따라서 실험자의 대본 이탈은 **실험자 편향**(experimenter bias, 연구 수행자가 특정 결과를 얻기

실험자 편향 연구 수행자가 특정 결과를 얻기 위해 결과에 영향을 미치는 과정

위해 결과에 영향을 미치는 과정)에 의해 유발되었을 수 있다. 페리(2013)는 밀그램이 많은 실험 장면들을 관찰했다는 점에서 실험자가 즉흥적으로 행동했다는 것을암묵적으로 허용한 것으로 보인다고 언급했다. 비슷한 맥락에서 Rusell은 실험자가 대본에서 벗어난 규칙과 밀그램이 실험자를 교정하려고 시도한 적이 없는 것으로 보인다는 사실을 고려할 때 아마도 실험자의 행동을 허용했을 것이라고 지적했다. 요컨대 피험자를 재촉하는 실험자의 행동은 밀그램의 주장과는 다르게 명확하게 표준화되지 않았으며, 밀그램이 보고한 표준화된 재촉 절차에서의 실험자의 이탈은 실험자 편향에 의해 유발되었고 밀그램에 의해 암묵적으로 허용되었을 수 있다.

페리(2013)는 밀그램이 자신이 수행한 23개 실험의 모든 결과를 보고하지 않고, 결과에 대한 해석을 뒷받침하는 결과만 보고하기로 선택했을 수도 있다는 것을 발견했다. 특히 관심을 끄는 것은 보고되지 않은 관계 실험인데 Russell(2014)은 이 실험을 밀그램이 수행한 실험 중 가장 논란이 많은 실험일 수 있다고 언급했다. 밀그램은 코네티컷주 브리지포트에서 두 번째 실험을 했지만 보고를 하지 않았다. 피험자들은 어떤 식으로든 친분이 있거나(친척이거나, 지인이거나, 이웃이거나), 서로 잘 아는 남자 20쌍(한 명은 교사, 다른 한 명은 학습자 역할)이었다. 학습자가 묶여 있고 교사와 실험자가 방을 나간 후 밀그램이 들어와 학습자에게 실험방법에 대해 설명하고, 예상된 충격에 대응하여 학습자가 기본 조건에서 한 것처럼 말하는 방법을 지도했다. 이 실험과 밀그램이 수행한 다른 실험 사이에는 또 다른 중요한 차이가 있었다(Rochat & Blass, 2014). 사실 학습자의 실험은 실험자가 아니라 교사를 겨냥한 것이었다. 무슨 일이 일어났을까? 교사들은 친척, 친구, 이웃에게 고통을 주었을까? 그렇지 않았다! 밀그램은 85%의 높은 불복종률을 발견했는데, 이는 피험자들이 가까운 누군가가 다쳤다고 믿었을 때처럼 불복종했다는 것을 보여준다. 페리는 이 결과가 밀그램이 출판물들에서 복종에 대해 쓴 전체적인 강조와 모순될 뿐만 아니라 밀그램이 1963년에 보고한 연구로 야기된 윤리적 불똥을 감안할 때 윤리적으로 방어하기 어려울 것이라고 판단해 밀그램이 이 결과를 발표하지 않기로 결정했을 것이라고 주장했다.

마지막으로 페리(2013)는 기록 보관소에서 다수의 참가자들이 밀그램의 설문지에 대한 응답에서 실험 설계와 커버스토리에 대해 의구심을 표시했다는 증거를 발견했다. 이것은 앞에서 논의했던 Orne과 Holland의 신뢰 주장과 일치한다. 이 주장은 학습자가 실제로 전기충격을 받고 있다는 실험자들의 믿음이 복종률에 작용했을 것임을 예측하게 한다. 페리(2013)는 보관 자료에서 밀그램이 자신의 연구 조수인 다케토 무라타에게

이 예측과 관련된 분석을 작성하게 했지만 발표하지는 않았다. 이번 분석은 학습자가 충격을 받고 있다고 확신한 피험자와 이를 의심한 피험자가 받은 충격 정도를 실험별로 세분화한 것이다. 23건의 실험 중 18건에서 학습자가 전기충격을 받고 있다고 믿은 피험자가 학습자가 전기충격을 받고 있는 것인지 의문을 가진 피험자보다 학습자에게 더 낮은 수준의 전기충격을 주었다. 게다가 무라타는 23건의 실험 모두에서 복종하지 않을 가능성이 가장 큰 피험자들은 학습자가 충격을 받고 있다고 믿는 사람들이라는 것을 발견했다. 또 그 분석은 신뢰성이 조건에 따라 다양하다는 것을 밝혀냈으며, 흥미롭게도 새로운 실험의 피험자의 약 3분의 2는 전기충격이 진짜인지 의심했는데, 이것은 이 실험에서 65%의 복종률이 나타난 것과 동일한 맥락이다. 따라서 밀그램이 무라타의 분석을 발표하지 않기로 결정한 것은 놀랄 일이 아니다. 즉, 밀그램은 결과에 대한 그의 해석을 뒷받침하는 결과만을 보고한 것으로 보인다.

처음으로 밀그램에 대해 비판을 제기한 다이아나 바움린드(1964)는 페리의 저서를 검토했고, 페리의 연구결과를 고려할 때 밀그램이 실시한 복종실험은 "다시는 전부 진실로 받아들일 수 없다."는 결론을 내렸다. 여러분은 아마 밀그램이 복종실험 자료가 논문과 연구에서 기술한 내용과 모순될 뿐만 아니라 연구방법론적 문제와 편향 문제를 나타내고 있음에도 불구하고 왜 그 자료를 예일대학교 기록 보관소에 기증했는지 궁금할 것이다. 복종실험 자료는 밀그램이 기증한 것이 아니다. 밀그램의 아내가 밀그램이 51세에 심장마비로 사망한 지 1년도 안 된 1985년 7월에 기증하였다.

부분 반복연구와 새로운 설명　미국심리학회는 1973년 "인간 참가자들에 대한 연구 수행에서의 포괄적인 윤리 원칙"을 출간하여 연구를 위한 윤리 기준을 강화하였다. 연구자들은 이제 이 간행물을 기반으로 잠재적 참가자들로부터 정보에 근거한 동의를 얻어야 한다. 이는 실험자들이 피험자들에게 연구 참여 여부를 결정하기 전에 실험 목적과 실험에 포함되는 것들을 알려야 한다는 것을 의미했다. 심지어 피험자들이 실험 참여에 동의하고 실험이 시작되었을지라도 그들이 그만두고 싶을 때는 언제든 그만둘 수 있는 권리 또한 있다. 또한 1975년에 미국 보건부와 교육부, 복지부는 인간 참가자를 포함한 모든 연구를 실시하기 전에 기관의 검토와 승인을 받도록 요구하기 시작했다. 대학의 생명윤리위원회(IRB)는 피험자의 안녕을 보장하기 위해 인간 참가자를 포함하는 모든 연구 계획서를 심사하는 교수 및 교직원 위원회이다. 따라서 피험자들에게 해를 끼칠 수 있는 가능성과 피험자들의 동의를 고지하지 않는 속임수를 사용한 밀그램의 복종실험과 같은 연구는 줄어들게 되었다. 그러나 요르단, 서독과 같은 다른 국가에서 밀그램의 기준 조건으로 6개 정도의 반복연구가 수행된 바 있었다(Blass, 2004). 흥미롭게도 밀그램의 연구결과는 미국-호주에서처럼 재현되지 않았다(Kilham & Mann, 1974년). 전체 복종률은 28%에 불과했고 성별 차이가 관찰됐다. 남성의 복종률이 40%로 여성 복종률인 16%보다 월등히 높았다.

최근 일부 연구자들은 밀그램의 연구결과가 미국에서 반복될 수 있을지 궁금했다. 이 질문에 답하기 위해 Burger(2009)는 밀그램의 새로운 기준 실험의 일부를 재연했다. 참가자들은 현지에서 배포되는 신문 광고와 전단지에 응답한 남녀였다. 나이는 20~81세로 평균 42.9세였다. 당연하게도 산타클라라대학교 생명윤리위원회의 연구 수행 승인을 받기 위해서는 참가자들의 복지에 대한 약간의 수정이 필요했다(Burger, 2007). 예를 들어 임상심리학자가 스트레스에 특히 취약하다고 판단한 잠재적 참가자는 선발에서 배제되었다. 중요한 절차에서의 변화는 참가자가 150V 스위치를 누르고 다음 테스트 항목을 읽기 시작하면 실험이 중지된다는 것이었다. 밀그램의 연구에서 150V를 넘어서면 대부분의 사람이 최고 충격장치까지 계속 복종했기 때문이다. 따라서 Burger의 연구에서 150V를 초과한 참가자의 비율이 충격 발생기의 최고치까지 가는 비율의 좋은 추정치라는 것은 합리적인 가정이었다. 물론 참가자가 실험자의 재촉을 모두 듣고도 계속하기를 거부하면 실험자도 실험을 종료했다. 결과는 어땠을까? 남성의 67%가 150V 스위치를 눌렀고, 여성의 73%가 150V 스위치를 눌렀다. 비록 밀그램의 실험에서 150V를 넘긴 모든 참가자들이 최대한 복종한 것은 아니기 때문에 이 비율을 약간 낮춰야 하지만, 이 결과는 기준 조건에서 남성과 여성 모두가 65%의 비율로 복종한다는 밀그램의 발견과 매우 유사하다. 그러나 Burger는 참가자들이 복종한 것이 아니라 불복종한 것이라는 의아한 결론을 내렸다(Burger, Girgis, & Manning, 2011). 왜 이런 결론을 내렸을까?

Burger(2009)는 "다른 선택의 여지가 없다, 계속해야 한다."라는 네 번째 촉구만이 진정한 명령으로 여겨지며, 부분 반복연구(Burger et al., 2011)에서 참가자들의 의견과 반응을 분석한 결과 단 한 명의 참가자도 재촉을 받은 후 실험을 계속하지 않아 복종을 이끌어내지 못한 것으로 나타났다. 이 발견은 이것이 밀그램의 실험에서 발생했는지에 대한 의문을 불러일으킨다. 다행히 Gibson(2013)은 밀그램의 일부 실험에서 실험자와 참가자 사이의 기록된 상호작용을 수사학적으로 분석하여 이 질문에 대한 답을 제공했다. Burger의 결론과 일치하는 Gibson의 분석은 실험자의 가짜 명령 같은 재촉이 참가자들의 압도적인 저항을 받는다는 사실이다. 따라서 밀그램의 실험들은 밀그램의 참가자들이 권위 있는 사람들의 명령에 복종한다는 것을 보여주기보다는 반대되는 증거, 즉 권위자의 명령이 불복종을 초래하고 밀그램의 실험에서 관찰된 복종은 오히려 다른 요인들에 기인한다는 것을 보여준다고 할 수 있다.

　　Burger의 결론과 관련하여 사회심리학자 알렉스 해슬람과 스티브 레이처는 밀그램의 '복종하는' 참가자들이 명령에 의해서가 아니라 과학에 대한 호소에 의해 동기 부여되었으며, 그들의 행동은 권위에 대한 복종의 산물로서가 아닌 과학계와 참여 추종 행위로서 재개념화되어야 한다고 제안했다(Haslam, Reicher, & Birney, 2014; Haslam, Reicher, & Millard, 2015; Haslam, Reicher, Millard, & McDonald, 2015; Reicher, Haslam, & Smith, 2012). 따라서 밀그램의 각 실험에서 복종의 수준은 참가자가 실험자의 과학적 목표와 이러한 목표를 추구하기 위해 실험자가 보이는 리더십 정도를 참가자들이 받아들이는 정도에 따라 예측되며, 실험자가 보이는 리더십은 몇몇 참가자들이 실험자와 동일시하고 실험자가 과학적인 목표를 성취하도록 돕는 일에 참여하도록 이끄는 것을 포함한다. 해슬람과 레이처는 더 나아가 밀그램의 실험에 참여한 일부 참가자가 실험자가 아닌 학습자와 동일시하는 것을 선택했을 수도 있다고 제안했고, 이는 그들을 '불복종' 행동으로 이끌었다. 참가자가 주로 어떤 동일시를 하는 성향이 있는지는 주로 특정 실험상황에서 선호하는 동일시에 의해 결정되었다. 이 분석에 따라 해슬람과 레이처는 밀그램의 다양한 실험의 복종률(0~100%까지)에 대해 관찰된 변화량을 개별 실험의 상황적 요인이 동일시 유형(즉, 상대적으로 실험자와 동일시하는 정도 vs 학습자와 동일시하는 정도)에 얼마나 유리한지를 검토함으로써 설명할 수 있다고 언급했다. 실제로 레이처 등(2012)은 밀그램의 실험 15개의 설명에 대해 사회심리학 전문가들과 비전문가인 대학생들이 만든 피험자가 실험자에게 동일시하는 수준지표와 학습자에게 동일시하는 수준지표가 각 실험에서 관찰된 복종률을 예측하는 강력하고 중요한 예측변수임을 밝혔다. 참여-추종 설명과 일치하듯 실험자와의 동일시는 관찰된 복종 수준에 대한 강력한 긍정적 예측변수였고, 학습자와의 동일시는 관찰된 복종 수준에 대한 강력한 부정적 예측변수였다.

　　흥미롭게도 해슬람과 레이처의 참여-추종 제안은 밀그램의 결과와 Burger의 반복연구 결과에 대한 설명을 제공할 뿐만 아니라 앞서 설명한 참가자들의 극도의 스트레스와 적대적인 실험 경험과 긍정적인 경험 사이의 불일치에 대한 설명도 제공한다. 밀그램의 연구에서 얻은 예일대학교의 설문지 데이터를 분석한 결과 해슬람 등(2015)은 참가자들이 실험 과학에 참여했으며, 특히 명성이 높은 예일대학교의 과학을 '사회적으로 좋은 것'으로 보고, 사회적 기여를 한다는 생각이 그들을 기분 좋게 만들었다. 해슬람과 동료들이 지적한 바와 같이 실험 참가자들의 설문 응답은 참여 후 상당한 시간이 경과한 후 이루어졌으므로 거의 1년 전에 겪었던 실험 상황에서 겪은 높은 스트레스는 과거의 일이었으며, 설문지와 함께 제공된 디브리핑 보고서는 그들에게 연구의 과학적인 목표를 상기시켰다. 요약하자면 이 연구의 과학적 목표를 상기시킴으로써 참가자들은 마치 자신들이 과학 진보에 공헌한 것처럼 느꼈고, 이것은 그들의 연구 참여에 의미를 부여하며, 불쾌하고 스트레스 받은 실험 경험은 그들이 설문지를 완성했을 때 기분을 좋게 만드는 것으로 변화되었다.

밀그램의 복종실험이 매우 논란이 많았음은 분명한 사실이다. 예일대학교에 보관된 자료 분석을 기반으로 한 최근 비판은 밀그램의 연구와 보고에 대한 중요한 새로운 방법론적 및 윤리적 문제를 드러내며 실험의 타당성과 밀그램의 윤리보고에 의문을 제기했다. 최근의 또 다른 흥미로운 발전은 파괴적인 복종으로 이끈 권위적인 명령에 따르는 사람들의 관점에서 밀그램의 발견에 대한 해석이 이제 잘못된 것으로 보인다는 것이다. 반세기가 지난 후에도 밀그램의 복종실험과 연구결과의 윤리적, 방법론적, 이론적 측면에 대한 질문은 여전히 남아 있다. 그럼에도 불구하고 한 가지 확실한 점은 밀그램이 정말로 파괴적인 복종을 연구한 것은 아니라는 것이다. 그러한 복종은 의사와 간호사가 참여하는 실제 비실험실 환경에서 연구되었다. 연구가 어떻게 이루어졌고 무엇이 발견되었는지 확인해보자.

애스트로텐 연구   애스트로텐 연구의 흥미로운 점은 피험자들이 자신들이 연구에 참여하고 있다는 것조차 모른다는 것이다. 그렇기 때문에 연구결과가 실험의 의무감에서 기인한 것이라고 말하기 어렵다. 이 연구의 피험자들은 병원 병동에 홀로 남아 당직을 서던 간호사들이었다(Hofling, Brotzman, Dalrymple, Graves, & Pierce, 1966). 간호사들은 개인적으로는 알지 못하지만 (해당 병원 의사 명단에는 이름이 나와 있는) 그 병원 의사라는 사람으로부터 전화를 받았다. 의사는 간호사에게 병동의 실제 환자에게 허가받지 않은 약물(에스트로텐)을 하루 최대 투여량이 넘는 복용량으로 투여하라고 지시한다. 이 지시는 약물에 대한 처방은 전화를 통해서가 아니라 사람에게 직접 해야 한다는 병원 규칙을 위반한 것이었다. 또한 이 지시는 명백한 과잉 투여 지시였고, 해당 약물이 허가받지 않은 것이었다는 점에서도 병원의 규칙을 위반한 것이었다. 서로 다른 병원에서 각각 다른 시간에 22명의 간호사가 같은 지시를 받았다. 간호사들이 어떻게 했을 것이라고 보는가? 이것은 실험이 아닌 현실 상황이었다는 것을 상기하기 바란다. 그들은 병원에서 실제로 일을 하고 있던 간호사들이었다.

놀랍게도 결과는 22명의 간호사 중 21명이 그 지시에 아무런 질문도 하지 않고 환자에게 약물을 주기 위해 병실로 갔다는 것이다. 다행히 간호사가 환자에게 가기 전에 제지당했지만 말이다. 연구자들이 다른 간호사들과 간호학과 학생들에게 그들이 이런 상황에 처하게 된다면 어떻게 할 것인지 물었을 때 어떤 대답이 나왔을까? 물론 그들은 실험에서 나타난 간호사들의 행동과 자신의 행동은 정반대일 것이라고 말했다. 이것은 다시 한 번 복종에서의 상황에 따른 압력의 힘을 증명하는 것으로서 질문을 받은 사람들 중 거의 모두가(33명 중 31명) 자신은 약물 투여를 거절했을 것이라고 말했다.

하지만 밀그램의 연구와 마찬가지로 Hofling 연구진(1966년)의 애스트로텐 연구에도 문제가 있다. Rank와 Jacobson(1977)은 사람들이 자신들이 연구에 참여하는지도 모른 채 참여하는 등의 명백한 윤리적 문제 외에도 애스트로텐 연구의 다른 문제를 지적했다. 애스트로텐 연구에서 설정한 상황은 정상적인 병원 상황과는 거리가 멀었다. 간호사들은 관련된 약에 대한 지식이 없었고, 다른 간호사나 의사에게 조언을 구할 기회도 없었다. 그래서 Rank와 Jacobson은 애스트로텐 연구를 반복했지만 실험 상황을 평범한 병원 장면과 유사한 상황으로 수정했다. 실제 병원 직원으로 알려진 의사는 권장 복용량의 3배 용량으로 발륨을 투여하라는 지시를 전화로 전했고, 다른 간호사들은 전화를 받은 간호사가 전화 지시를 따르는 것을 선택할 경우 그가 다른 사람과 논의할 수 있도록 도움을 주었다. 그들의 발견은 애스트로텐 연구에서 발견된 것과는 확연히 달랐다. 총 18명의 간호사가 지시를 받았고, 18명 중 12명이 약을 입수하였으나 2명만이 전화 지시대로 약을 투여할 준비를 했다. 그들은 간호사들이 약물의 독성 효과를 알고 있고 다른 간호사 및 직원과 정상적으로 상호작용할 수 있다면 대부분의 간호사들은 단지 의사가 약물을 지시한다고 해서 약물을 과잉 투여하지 않을 것이라고 결론지었다. 그러나 최근에는 Krakow와 Blass(1995)가 등록 간호사를 대상으로 환자에게 해로운 결과를 초래할 수 있는 의사의 지시를 수행하는 연구를 실시했다. 설문조사를 마친 간호사의 절반 가까이(46%)가 이 지시를 수행했다고 보고했지만 대부분의 책임을 의사에게 두었다. 이러한 발견은 정말로 걱정스러운 일이다. 왜냐하면 이들은 실제 환자였고 맹목적인 복종을 통해 잠재적으로 생명을 위협받는 상황에 놓였기 때문이다. 따라서 이러한 모든 연구에 걸쳐 일부 간호사(약 11%에서 거의 100%)는 의사의 명령을 수행함

(파괴적인 복종)으로써 환자들을 해칠 수 있었다. 다음으로 우리는 참가자들이 다른 사람들(자녀들)뿐만 아니라 자신들에게까지 해를 끼친 파괴적인 복종의 실제 사례에 대해 논의할 것이다.

존스타운 대학살   이 모든 연구는 복종하는 것이 대단히 파괴적인 결과를 초래할 때조차도 권위자에게 복종하려는 경향이 있음을 지적해준다. 그렇기에 우리는 매우 카리스마 있는 짐 존스 목사의 주도에 의해 일어난 존스타운 집단자살에 대해서도 그리 놀라지 않을 수 있다. 사람들은 권위에 기꺼이 복종하려고 하는데, 특히 자신들과 매우 친하며 리더로 보이는 사람에게는 더욱 그렇다. 존스 목사는 다양한 응종 기법을 사용함으로써 사교집단 리더로서 사람들의 맹목적인 믿음을 발달시켰고 개개인의 독창성을 잃게 만들었다. 예를 들어 존스 목사는 문간에 발 들여놓기 기법을 사용함으로써 사교집단 구성원들이 원래 가지고 있던 모든 것을 내놓을 때까지 구성원들에게 요구하는 헌금의 양을 서서히 증가시켰다(Levine, 2003). 존스 목사는 구성원들을 모집하기 위해서 면전의 문 기법과 문간에 발 들여놓기 기법을 사용하였다(Ornstein, 1991). 존스 목사는 자신의 사교집단의 새 신도 모집단을 운영했는데, 모집자들은 사람들에게 가난한 사람들을 도와달라고 요구했다. 사람들이 그 제안을 거절하면 모집자들은 그때서야 사람들에게 봉투에 편지를 넣을 수 있도록 단지 5분의 시간만을 달라고 요구하였다(면전의

존스타운 대학살   이 사진은 짐 존스가 이끈 종교집단원 900여 명이 가이아나의 존스타운에서 집단자살한 모습이다. 이들은 청산가리를 탄 음료수를 마시고 집단자살하였다.

문 기법). 사람들이 자선사업과 관련된 이 작은 일에 동의하면, 그 후에 모집자들은 자선사업의 미래와 관련된 정보를 주었다. 사람들은 작은 일을 하고 난 후 문간에 발 들여놓기 기법에서 효과를 보았던 것과 같은 이유로 모집단의 요구를 들어주게 된다. 사람들이 자신의 시간을 투자하면 할수록 이 종교에 더 깊이 관여하게 되었고, 그 후에는 가입하라는 설득에 쉽게 넘어갔다.

카리스마 있는 리더인 존스라는 인물의 능력을 십분 인정한다 하더라도 존스타운 참극의 이해되지 않는 한 가지 상황 요인은 약 1,000명이나 되는 추종자들이 샌프란시스코를 떠나 친숙하지 않은 나라의 정글 속 낯선 환경인 가이아나 열대우림으로 이주해 갔다는 점이다(Cialdini, 1993). 불확실한 환경에 처하게 되면서 존스 목사의 추종자들은 타인의 행동을 더욱 주의 깊게 관찰하면서 따르려고 했을 것이다(정보적 · 사회적 영향). 존스타운 추종자들은 그 당시 존스를 도와 집단을 관리하던 정착지 리더와 그곳의 다른 추종자들의 행동을 살펴보고 따랐을 것이다. 이것을 염두에 두고 집단자살이 일어났던 그날을 생각해보자. 집단자살이 너무나 질서정연하게 이루어진 이유는 무엇일까? 왜 사람들은 자살을 기꺼이 받아들이고 원했던 것처럼 보일까? 가장 광신적인 추종자들이 맨 먼저 앞으로 걸어 나와서 독약을 마셨다. 사람들은 옳은 반응이 무엇인지 알기 위해 다른 사람들이 어떤 행동을 하는지 관심을 가졌을 것인데, 이것은 결국 그들이 독약이 든 'Kool-Aid'를 먼저 그리고 기꺼이 마신 사람들의 행동을 순순히 따랐을 것임을 의미한다. 다시 말하면 그 사람들에게는 독약을 마시는 것이 마땅히 해야 할 옳은 일처럼 보였을 것이다. 이 상황은 '군중심리(herd mentality)'를 반영한 것으로서 몇몇 구성원들의 방향을 조정하면 나머지는 마치 도살장에 끌려가는 가축들처럼 따라가게 되는 것을 말한다. 이후에 'Kool-Aid를 마시는 것'은 맹목적인 충성을 가리키는 말이 되었다. 900명 이상이 사망했는데 그중 3분의 1은 아동들이었다. 집단자살이 일어났을 때 총상을 입지 않고 가까스로 탈출하거나 영내를 탈출한 생존자는 약 30명이었다. 존스 목사는 'Kool-Aid'를 마셨을까? 아니다, 그는 자신의 머리에 총을 쏴 자살했다.

집단은 우리에게 어떻게 영향을 미치는가

우리는 집단에 대해 생각할 때 보통 위원회, 여학생이나 남학생 사교클럽, 동아리 또는 재판 배심원들과 같이 공식적인 집단을 생각한다. 그러나 사회심리학자들은 이런 공식적인 집단뿐만 아니라 어떤 행사에 모인 관객들처럼 보다 비공식적인 집단을 포함한 다양한 집단의 영향력을 연구했다. 집단 영향력에 대한 연구 중 비교적 초기에 시행된 연구인 사회적 촉진에 대해 먼저 살펴보려고 한다.

사회적 촉진　관중이 있는 경우와 같이 타인의 존재는 여러분의 행동에 어떤 영향을 주는가? 관중이 여러분의 행동에 도움이나 지장을 준다고 생각하는가? 이런 상황에 대한 초기 연구 중의 하나가 타인 앞에서 수행 향상이 나타난다는 사회적 촉진에 관한 것이다. 그러나 사회적 촉진의 결과는 간단한 산수문제를 푸는 것과 같이 반응이 자동적이고 익숙한 일인 경우에는 제한적으로 나타난다. 복잡한 미로에서 길을 찾는 것과 같이 익숙하지 않으며 어렵고 자신이 잘 모르는 일에 직면했을 때 수행은 타인의 존재로 인해 저하된다. 왜 그럴까? 한 가지 가능한 설명은 타인이 존재할 경우 사람의 추동과 각성이 증가한다는 사실과 관련이 있는데, 연구결과에 의하면 증가된 각성하에서 반응해야 할 경우 사람들은 우세한 반응(가장 쉽게 해버릴 수 있는 반응)을 하는 경향이 있다(Bond & Titus, 1983; Zajonc, 1965). 일이 아주 익숙하거나 간단하면 우세한 반응(숙련되어 가장 쉽게 할 수 있는 반응)이 더욱 정확할 것이기 때문에 수행은 향상된다. 반면에 일이 익숙하지 않거나 복잡한 경우 나타나는 우세한 반응은 정확하지 않은 반응일 것이기 때문에 수행은 저하된다. 이는 어떤 일에 아주 능숙한 사람일 경우는 관중이 있을수록 더욱 뛰어나게 잘하는 반면, 서투른 사람들은 관중 앞에서 더 잘하지 못하는 경향이 있는 이유를 설명해준다. **사회적 촉진**(social facilitation)은 사회적 자극의 결과 수행과제에 대해 우세한 반응이 촉진되는 현상으로 정의할 수 있으며, 타인이 존재할 때 간단하고 잘 학습된 일은 수행이 향상되고, 복잡하고 학습되지 않은 일은 수행이 저하되는 것을 뜻한다.

사회적 태만과 책임감 분산　사회적 촉진은 사람들이 개인적으로 평가받을 수 있는 수행과제에서 발생한다. 반면에 사회적 태만은 사람들이 공통된 목표를 달성하기 위하여 함께 노력을 기울이는 경우에 관찰된다(Karau & Williams, 1993). **사회적 태만**(social loafing)은 사람들이 개인적으로 책임이 주어져 있을 때보다 집단에서 공통된 목표를 향해 일할 때 노력을 더 적게 하게 되는 경향을 말한다. 사회적 태만은 그 일을 잘 해낼 수 있음에도 불구하고 아주 적은 노력을 기울이는 것이다. 학교나 학교 밖에서 참여하고 있는 다양한 집단 프로젝트를 생각해보라. 어떤 구성원들은 집단 전체의 수고에 비해 너무 적은 노력을 하고 있지는 않은가? 왜 그

사회적 촉진　사회적 자극의 결과 수행과제에 대해 우세한 반응이 촉진되는 현상. 타인이 존재할 때 단순하고 잘 학습된 일은 수행이 향상되고, 복잡하고 학습되지 않은 일은 수행이 저하되는 것

사회적 태만　사람들이 개인적으로 책임이 주어져 있을 때보다 집단에서 공통된 목표를 향해 일할 때 노력을 더 적게 하는 경향

럴까? 가장 큰 이유는 **책임감 분산**(diffusion of responsibility)이다. 일에 대한 책임감이 집단의 모든 구성원에게 분산되어 있기 때문에 개인적인 책임은 더 적어진다.

책임감 분산은 또한 집단이 커질수록 사회적 태만이 같이 증가하는 이유를 설명할 수 있다(Latané, Williams, & Harkins, 1979). 집단이 커질수록 사회적 태만자는 더 많아질 것이며 일에 대한 책임감은 더 분산될 것이다. 모두가 동일한 점수를 받는 집단 프로젝트를 함께 준비하는 학생들을 생각해보자. 사회적 태만은 집단 크기가 단지 2~3명일 때보다 7~8명일 때 더 커질 것이다. 그러나 신원을 확인할 수 있고 개별적인 기여도가 평가되는 집단 프로젝트에서는 사회적 태만이 감소된다(Williams, Harkins & Latané, 1981; Harkins, & Jackson, 1985). 따라서 점수나 결과가 공유되는 때라도 프로젝트의 각 부분이 집단 구성원 각각에게 개별적으로 할당되면 책임감이 더 생기므로 사회적 태만은 감소할 것이다.

방관자 효과와 키티 제노비스의 사례   이 장의 처음에서 논의했던 키티 제노비스에 대해 생각해보자. 38명의 사람이 아파트 창문을 통해 그 장면을 응시하고 있었으며, 괴한이 치명적인 공격을 계속하는 것을 보았다. 그러나 그 누구도 실제로 그녀를 돕지 않았다. 현장에 있던 어느 누구도 제때 경찰을 부르지 않았다. 왜 그랬을까? 많은 언론 기사에서 말한 것처럼 대도시의 무관심 때문이었을까? 사회심리학자들의 연구에 의하면 키티가 도움을 받지 못한 가장 큰 이유는 무관심이 아니라 책임감 분산에 의한 사회적 태만으로 보인다(Latané & Darley, 1970; Latané & Nida, 1981). 연구자들은 **방관자 효과**(bystander effect)를 증명할 만한 실험을 행했다. 결과는 사람들이 긴급상황에 직면했을 때, 그 장소 주변에 많은 사람들이 있는 것보다 오직 한 사람이 있을 때 도움 받을 확률이 더 높다는 것이었다.

이 효과를 이해하기 위해 Darley와 Latané은 위급상황에서 중재절차 모델을 개발했다. 이 모델에 따르면 한 개인이 위급상황에 개입하기 위해서 그는 하나가 아닌 여러 결정을 내려야 한다. 그리고 단 하나의 선택이 그를 행동하도록 만든다. 게다가 이러한 결정들은 스트레스, 위급함, 발생 가능한 위험의 위협이라는 조건 속에서 대개 이루어진다. 결정해야 할 것들로는 (1) 관계되는 사건을 인식하거나 또는 인식하지 못하거나, (2) 사건을 위급상황이라고 정의하거나 혹은 그렇지 않거나, (3) 개인적으로 도와야 한다는 책임감을 느끼거나 혹은 느끼지 않

책임감 분산 일에 대한 책임감이 집단의 모든 구성원에게 분산되어 있기 때문에 그 일에 대한 개인적인 책임이 감소되는 것

방관자 효과 긴급상황에서 다른 사람을 도울 다른 방관자가 있을 때보다 없을 때 개인이 도움받을 수 있는 확률이 더 높은 것

거나, (4) 어떻게 도울 것인가(직접적 또는 간접적 중재)이다. 만약 이 사건이 주목 받지 않거나, 위급상황이라고 여겨지지 않거나 혹은 주변 사람이 있으므로 자신이 도와줘야겠다는 책임감을 느끼지 않는다면, 그는 이 사건에 개입하지 않을 것이다. Darley와 Latané의 연구(Latané & Darley, 1986; Latané & Rodin, 1969)가 보여주는 것은 다른 행인의 존재 자체가 이러한 모든 결정에 부정적으로 영향을 미치게 되어, 그 결과 방관자 효과를 불러일으킨다는 점이다.

방관자 효과를 좀 더 이해하는 데 도움이 되는 실험 한 가지를 살펴보자(Darley & Latané, 1968). 지금 재학 중인 대학에 얼마나 잘 적응하고 있는지를 조사하는 연구에 참여해 달라는 요청을 받았다고 하자. 여러분은 실험에 참여하게 되었고 작은 방으로 안내되었다. 그리고 실험실에 장치된 통신장치를 통해 대학 적응문제에 대한 토론에 참여하게 될 것이라는 말을 듣는다. 여러분은 다른 참가자들의 말을 듣기 위해 이어폰을 끼었지만 그들을 볼 수는 없다. 실험자는 각 학생의 익명성을 보장하기 위한 것이라고 설명한다. 또한 실험자는 작은 방에 불이 켜지면 당신이 말할 차례라고 알려주었고, 토론의 방향이 실험자 때문에 영향을 받지 않도록 실험자는 토론과정을 듣지 않고 있을 것이라고 말해준다. 실험이 시작되고 첫 번째 학생이 학교에 들어온 이후로 얼마나 걱정을 많이 했는지에 대해 말하고, 가끔은 간질발작을 일으킬 정도로 너무나 불가항력적이었다고 말한다. 또 다른 여학생은 전공을 선택하는 데 어려움이 있다는 것과 대학에 다니기 위해 고향에 있는 남자친구와 떨어지게 되어 얼마나 그리운지에 대해서 말한다. 이제 여러분의 차례가 되어서 여러분은 적응문제에 대해 말한다. 다시 첫 번째 학생에게 차례가 돌아갔는데, 그 학생이 아주 불안해하기 시작하더니 갑자기 발작을 일으키며 도와달라고 소리친다. 여러분은 이런 상황에서 어떻게 반응할 것인가?

대부분의 사람들이 그렇듯이 여러분도 그를 도와줄 것이라고 말할 것이다. 그러나 이 대답은 연구자들의 실험결과와는 다르다. 피험자가 발작을 일으킨 학생을 도와줄 가능성은 피험자가 알고 있는 토론에 참가한 학생들 수에 의해 결정되었는데 토론에 참가한 학생들의 수가 많다고 생각하면 할수록, 즉 다시 말하면 발작을 일으킨 학생을 도와줄 수 있는 잠재적 방관자의 수가 많으면 많을수록 실제로 도움을 주러 가지 않았다(방관자 효과). Darley와 Latané은 도움을 줄 수 있는 사람의 수를 조작했는데 1명도 없을 때, 1명이 있을 때, 4명이 있을 때로 나누어 실험했다. 실제 실험상황에서는 피험자 외에는 다른 학생들은 아무도 없었고 토론 대화는 모두 테이프에 녹음되어 있던 것이었다. 예측되었던 바와 같이 방관자의 수가 증가할수록 도움을 주는 확률은 급격히 감소했다. 도움을 줄 수 있는 사람이 혼자라고 생각했을 때 도와줄 확률은 85%였지만, 도와줄 수 있는 4명의 다른 방관자가 있다고 생각했을 때는 31%까지 감소하였다. 도와줄 확률과 도와줘야 한다는 책임감이 다른 피험자들에게로 분산된 것이다. 그러나 도움을 주지 않은 피험자들은 무관심 때문에 그런 것이 아니었다. 비록 피험자들은 도움을 주기 위해 방을 떠나지는 않았지만, 매우 놀라고 갈등을 겪고 있는 것처럼 보였다. 또한 그들은 도와주기를 원하는 것처럼 보였지만 상황적 압력이 그런 행동을 어렵게 하는 것으로 보였다. 다른 방관자들이 당연히 존재한다는 생각으로 인해 책임감이 다른 방관자들에게도 넘어가므로 책임감은 여러 곳으로 분산된다.

방관자 효과는 많은 다른 긴급상황 유형에서 여러 번 같은 결과를 나타냈다. Latané과 Nida(1981)는 천 명의 참가자가 함께한 거의 50개나 되는 방관자 개입 연구를 분석했는데 약 90%의 상황에서, 다른 사람과 함께 있을 때보다 홀로 있을 때 방관자들이 도와줄 가능성이 더 크다는 것을 발견했다. 30년 후 Fischer 등(2011)은 총 참가자가 7,700명인 50년 동안 발표된 53개의 방관자 중재 연구의 데이터에 대한 메타분석을 실시하였다. 그들은 방관자 효과가 확실히 신뢰할 만한 현상이지만 구경꾼의 수, 긴급한 상황에 연루된 사람들 간의 관계, 긴급한 상황의 위험성에 대한 인식 정도, 참가자들의 성별과 같은 다른 변수들에 의해 그 효과가 달라진다는 것을 발견했다. 더 최근의 연구에서 Plötner 등(2015)은 방관자 효과가 5세 정도의 어린아이들에게도 나타난다는 것을 발견했다. 요약하자면 방관자 효과는 믿을 만한 현상이다.

이제 방관자 효과가 뉴욕 타임스에서 원래 출간되었던 키티 제노비스 살인 사건에 적용될 수 있는지 살펴보자. 도움을 주는 것에 대한 책임감은 공격을 목격한 38명에게 분산되었다. 방관자들은 또 다른 방관자와 소통하지 않았기 때문에 방관자들 개개인은 누군가가 경찰을 부를 것이라고 추측했고, 경찰을 불러야 할 필요성을 느끼지 않았다. 하지만 시간이 꽤 지나도 경찰은 오지 않았고, 방관자들 중에 한 사람이 아무도 개입하지 않은 것이라 생각하고 경찰에 신고했으나 때는 이미 너무 늦었다. 그러나 Darley와 Latané은 그 공격 초기에 경찰에 신고한 방관자를 어떻게 설명할까? 우리가 앞서 설명한 Darley와 Latané의 방관자 중재 모델에 따르면 방관자는 그가 중재를 할지 중재를 하지 않을지 결정하는 것은 의사결정 과정을 거쳐야 한다. 다른 방관자들과 달리 경찰을 부른 방관자는 도움을 주어야 한다는 책임감을 가지는 것으로 결정을 내렸고, 경찰에 신고함으로써 간접적으로 중재하기를 결정했다. 슬프게도 경찰은 오지 않았다. 마찬가지로 괴한이 처음 공격할 때 괴한을 향해 소리쳤던 방관자는 간접적인 중재를 하기로 결정했어야 했다.

긴급상황에서 방관하는 사람들은 스트레스를 받았고 긴급상황에서 결정을 내려야 했기 때문에 때때로 나중에 후회할 만한 결정을 내릴 수 있다는 것을 이해하는 것이 중요하다. 방관자들이 책임을 지는 것으로 결정하고 행동한다면, 직접적이든 간접적이든 개입하는 것은 극도로 어려운 일이다. 만약 직접적으로 개입한다면 그가 피해받을 수 있는 상황들이 생길 수 있기 때문이다. 실제로 아파트에서 나가 범죄현장으로 가서 직접적인 도움을 주고자 결정했던 나이 든 이웃들은 자신 스스로 위험을 감수하였다. 다행히도 살인자는 이미 달아난 뒤였다. 이러한 방관자 개입은 방관자 효과와는 들어 맞지 않는다. 방관자 효과는 대개 방관자의 수가 증가함에 따라 생길 수 있는 현상에 대해 설명한다. 하지만 방관자 효과는 항상 일어나는 것이 아니다. 기억하라. 그 살인 사건의 나머지 방관자들은 아무것도 하지 않았다. 예를 들어 두 번째 치명적인 공격이 있을 때 한 명의 목격자만이 경찰에 신고하지 않고 오히려 자신의 친구에게 전화해서 어떻게 해야 하는지 물었다. 그 친구는 그에게 거기서 나가라고 말했고, 그는 아파트 뒤 유리창으로 몰래 빠져나갔다(Lemann, 2014). 방관자들의 반응에 차이가 나타나는 이유가 무엇일까? 방관자들의 행동은 상황적인 힘에 완전히 통제되지 않는다. 성격과 같은 기질적인 요인들이 방관자들의 행동에 영향을 미친다. 앞 장에서 성격의 기질 이론의 논의에서 우리는 사람의 행동이 특정한 기질을 반영하는지의 여부에 상황적인 영향이 미친다는 얘기를 했다. 마찬가지로 상황적인 영향력을 강하게 받을 때 기질 또한 개인의 행동에 영향을 미친다. 방관자로서 기억해야 할 것은 다른 방관자들이 무엇을 하고 있는지 모르는 상황에서 다른 사람들이 도울 것이라고 가정해서는 안 된다는 것이다. 방관자 효과가 우리에게 말해주는 것은 이와 같은 가정이 아무도 돕지 않는 사태로 이끈다는 것이다.

키티 제노비스 이야기에는 아이러니한 종결이 있다. 이상한 운명의 장난처럼 키티를 살인한 윈스턴 모즐리는 키티를 살해한 후 5일 뒤 대낮에 이웃집에서 강도짓을 하다 두 명의 이웃에게 들켜 체포되었다(Kassin, 2017). 모즐리는 구경꾼들에게 이웃의 이사를 돕고 있다고 말했지만 그들은 모즐리를 믿지 않았다. 구경꾼 중 한 명은 모즐리의 차가 움직이지 못하도록 했고, 다른 한 명은 경찰에 신고했다. 경찰에 구금된 지 몇 시간 만에 모즐리는 키티를 포함한 다른 강도 사건과 세 건의 살인을 자백했다. 따라서 구경꾼들이 개입하지 않은 이유에 대해 수십 년 연구하도록 만든 사람은 일부 구경꾼들의 개입으로 체포되었다.

몰개성화 책임감의 분산은 또한 **몰개성화**(deindividuation)에 의해서도 일어나는 것처럼 보인다. 몰개성화란 각성과 익명성이 더욱 강해지는 집단상황에서 자기인식과 자제력을 잃어버리게 됨을 의미한다. 집단행동에서의 책임감은 집단 구성원 모두에게로 분산된다. 몰개성화는 사회적 태만으로 인해 감소된 의식과 사회적

촉진 때문에 증가된 각성이 결합된 것으로 볼 수 있다. 몰개성화된 사람들은 절제를 별로 느끼지 못하고, 도덕적 가치를 잊은 채 생각 없이 임의대로 행동할 수 있다. 몰개성화는 군중 폭력, 폭동, 예술문화 파괴행위 등에서 나타나는 결과처럼 막대한 손해를 초래할 수도 있다. 몰개성화에 대한 한 가지 실험에서는 미국의 인종차별주의자들인 큐클럭스클랜(KKK, 3K단)의 흰색 후드와 코트를 입고 자신의 신원이 노출되지 않았던 여대생이, 가면을 뒤집어 쓰지 않고 자신이 누구인지를 알려주는 이름표를 달고 있었던 비슷한 또래의 다른 여학생보다 사람들에게 두 배나 더 큰 전기충격 쇼크를 주었다는 결과가 보고되었다(Zimbardo, 1970). 인간이 개인의 책임감을 잃어버리고 익명성을 느끼는 가운데 각성하게 되면 생각지도 못한 끔찍한 일도 할 수 있게 되는 것이다.

집단극화와 집단사고 집단극화와 집단사고라는 두 가지 집단 영향력은 자문회의나 위원회와 같은 과업 지향적이고 더 구조화된 집단상황에 잘 적용된다. **집단극화**(group polarization)는 어떤 주제에 대해 집단토론이 전개되면 그 주제와 관련해서 집단 내에서 우세하였던 의견이 더욱 강화되는 경향을 말한다. 이 경우 집단 구성원들은 이미 문제에 대해 같은 의견을 공유하고 있었다. 그들이 문제를 논의하면 다른 구성원들로부터 자신의 의견을 뒷받침해줄 수 있는 더 많은 정보를 얻게 되므로 가지고 있었던 그 의견은 더 강화된다. 이것은 집단토론 후에 초기의 관점이 더 극화되는 것을 의미한다.

집단토론에는 정보 제공을 통한 영향력뿐만 아니라 규범적인 영향력의 유형도 있다. 우리는 다른 사람들이 우리와 같기를 원하기 때문에 다른 집단 구성원들과 자신의 의견

PAT SULLIVAN/AP Images.

몰개성화와 3K단 3K단 회원들의 유니폼. 특히 두건은 몰개성화를 조장하며, 흥분과 익명을 조장하는 단체 상황에서는 개인의 자기인식과 자제력을 잃게 만든다. 몰개성화는 회원들의 도덕적 가치를 잃게 만드는 가능성을 키울 것이며, 생각 없이 행동하게 만드는 가능성 또한 증폭시킨다.

말도 안 돼!

옷기시는군!

생각할 수도 없는 일이야!

맙소사 절대 안 되지!

아니요! 아니요! 백번 만번 아니요야!

"찬성하시는 분들은 "예"라고 답해주세요." "예" "예" "예" "예" "예" "예"

Henry Martin The New Yorker Collection/The Cartoon Bank.

이 같다는 것을 안 후에는 그 주제에 대해 더 강한 관점을 나타낼 수 있을 것이다. 정보적·규범적 영향력은 구성원들이 더 강하고 한쪽으로 치우친 의견을 가지도록 만든다. 이 강조 현상의 좋은 예는 미국에서 약 400만 명의 트위터 사용자들의 1억 5천만 개에 가까운 트윗을 분석한 Barbéra 등(2015)에 의해 발견되었다. 그들은 정치적인 문제, 특히 높은 세금을 부과하는 문제에서 주로 유사한 이념을 가진 사람들 간에 트윗과 리트윗이 교차하고, 사람들에게 자신들의 견해가 옳다고 설득된 그들은 더 양극화된 의견으로 그들을 이끌고 가는 주장을 제공하는 소셜 미디어 환경으로 사람들을 제한하는 것을 발견했다. 일부 집단에서 집단 양극화는 파괴적인 행동으로 이어질 수 있고, 집단 구성원의 상호적인 강화는 집단 구성원을 더욱 극단으로 가게 만든다. 예를 들어 지역사회의 폭력집단 내에서의 집단 양극화는 그들의 범죄 행동률을 증가시키는 경향이 있다. 테러 조직 내에서의 집단 양극화는 더욱 극단적인 폭력 행위를 이끈다. 그 대신에 퀼트 길드와 같은 조용하고 비폭력적인 집단과의 관계는 더욱 평화로운 행동과 조용함을 향한 사람의 경향성을 강화시킨다. 요약하자면 집단 양극화는 집단 구성원 사이의 우세한 태도를 과장하고 이는 더욱 극단적인 행동으로 이끈다.

집단사고(groupthink)는 의사결정을 저해하는 사고 유형으로 의사결정 과정에서 집단조화를 이루려는 욕구가 현실적인 평가를 하지 못하도록 하는 경우를 말한다. 이 과정에서 가장 중요한 목표는 집단합의를 유지하는 것이다. 이는 일치에 대한 환상에 빠진 채 집단 구성원들에게 집단의 관점에 찬성하도록 압력을 가하고, 집단의 관점에 동의하지 않는 외부의 정보는 억압시켜 버린다. 또한 집단의 결정은 절대 틀릴 수 없다는 절대 확실성의 환상에 빠지도록 만들기도 한다.

집단사고 의사결정을 저해하는 집단사고 유형으로 집단조화를 이루려는 욕구 때문에 의사결정 과정에서 필요한 현실적인 평가를 하지 못하는 것

비현실적인 사고의 측면을 고려해보면 집단사고가 문제를 해결하는 데에 있어 종종 최악의 결정이나 도움이 되지 않는 해결책을 제시한다는 사실도 그리 놀랄 일은 아니다(Janis, 1972, 1983). 예

BRUCE WEAVER/AP Images.

챌린저호 폭발사고 집단사고는 챌린저호의 폭발참사와 관련이 있다. NASA의 연구자들은 최고만 모인 자신들에게는 실패란 있을 수 없다는 환상을 가지고 있었고 로켓 연결부가 차가운 기온에 문제를 일으킬 수 있다는 기술자들의 경고를 쉽사리 무시해 버렸다.

상 가능했던 진주만 공습을 예상해 내지 못했던 일이나 쿠바 피그만 침공 작전의 완전한 실패, 챌린저 우주선 대참사 등은 집단사고와 연관되어 현실 속에서 빚어진 잘못된 결정들의 일부일 뿐이다. 챌린저 참사의 경우에는 우주왕복선의 엔진로켓을 만든 엔지니어들이 차가운 기온 때문에 로켓의 외부 틈 사이에 균열이 생길 수도 있음을 주장하며 우주선을 발사하는 것을 반대했었다(Esser & Lindoerfer, 1989). 그러나 엔지니어들은 절대 확실성의 착각에 빠진 미 항공우주국(NASA) 고위 관리들과의 논쟁에서 이기지 못했다. 이 관계자들은 합의의 환상을 유지하기 위해 엔지니어의 의견을 무시했고, 마지막 발사 결정을 내리는 NASA의 최고위층에게 사실을 보고하지도 않았다. 그 결과는 대참사이고 비극이었다.

슬프게도 NASA의 집단사고 방식은 최근에 컬럼비아 우주왕복선 참사에서 또 고개를 들고 나타났다. 이번에도 NASA의 고위 관리들은 일어날 수 있는 기술적 문제들에 대한 엔지니어들의 안전 경고를 완전히 무시했던 것으로 나타났다. 컬럼비아 사건 조사단은 NASA에 그들이 가지고 있는 '불패의 신화'를 바꾸어야 한다고 강력히 권고하였다. 집단사고가 집단 의사결정에 영향을 주는 것을 방지하기 위해서 집단은 집단사고와 위험성을 인식하고 있어야만 한다. 그 후에 소수 의견이나 비판, 제안된 집단행동의 방향, 다른 행동적 대안들이 모두에게 적절히 제시되고 공평하게 평가받을 수 있도록 하는 분명하고 자세한 단계들이 준비되어야만 한다.

요약

이 절에서는 사람과 사회적 힘이 사람들의 사고와 행동에 어떻게 영향을 미치는지와 다양한 유형의 사회적 영향에 대해 살펴보았다. 동조는 현실 또는 가상적인 집단압력의 결과에 따라 집단규범에 동의하기 위해 행동, 신념 또는 그 둘 다를 바꾸는 것이다. 동조는 대개 규범적·사회적 영향 또는 정보적·사회적 영향에서 비롯된다. 규범적·사회적 영향은 사람들이 타인에게 인정받고, 불인정은 피하려는 성향이 동조하도록 이끈다는 것이고, 정보적·사회적 영향은 사람들이 불확실한 상황 속에서 타인으로부터 정보를 얻음으로써 동조하도록 이끄는 것이다. 몇 개의 상황적 요인들은 동조의 비율에 영향을 미친다. 예를 들어 집단 구성원 간의 불일치는 동조의 확률을 감소시키며, 큰 소리로 말하고 반응할 때와는 달리 익명으로 반응할 때는 동조의 활동이 증가했다. 덧붙여 문화와 성별은 관찰된 동조의 정도에 영향을 끼친다. 집단주의적 문화는 개인주의적 문화보다, 그리고 여성이 남성보다 더 많은 동조를 이끄는 경향이 있다.

동조에서 사람들은 집단규범에 맞게 그들의 행동과 태도를 바꾼다. 응종은 타인이나 집단의 직접적인 요구에 일치하게 행동하는 것이다. 응종을 얻기 위해 사용되는 네 가지 기법을 논의했다. 각각의 기법은 2개의 요구를 포함하고 있고, 갈망했던 응종은 두 번째 요구였다. 문간에 발 들여놓기 기법에서는 작은 요구 뒤에 실제로 바라던 더 큰 요구가 뒤따라 나오고, 면전의 문 기법에서는 먼저 큰 요구를 제시하고 그다음에 실제 바라던 작은 요구가 뒤따라온다. 낮은 공 기법에서는 처음에는 바라던 매력적인 요구가 나오고 두 번째로 조금 덜 매력적인 요구가 제시된다. 그것이 전부가 아닙니다 기법에서는 초기의 요구에 대한 반응이 나타나기 이전에 처음 제시된 것보다 더 매력적이고 원하던 요구가 뒤이어 제시된다. 문간에 발 들여놓기와 낮은 공 기법은 사람이 첫 번째 요구와 연관된 이후에는 두 번째 요구에도 일관성을 가지고 응종하려는 경향을 이용한 것이다. 면전의 문 기법과 그것이 전부가 아닙니다 기법은 상호성의 법칙에 의해 작용한다. 상호작용에 의해 타인이 첫 번째 요구를 양보했기 때문에 두 번째 요구에는 응종하게 되는 것이다.

스탠리 밀그램은 1960년대 초에 예일대학교에서 실제적인 상황에서 파괴적인 복종을 연구하기 위한 시도로 23건의 실험을 실시하였다. 밀그램은 그의 발견들이 우리의 복종 행동이 다른 사람들에게 해를 끼치는 파괴적인 행동에 복종하는 우리의 의지를 보여준다고 주장하였다. 그는 또한 복종 정도에 미치는 수많은 상황적 요인들을 확인했다. 예를 들어 매우 높은 복종률은 자신의 행동에 대한 직접적인 책임이 없을 때 관찰되고, 낮은 복종률은 불복종하는 사람을 볼 때 관찰된다. 하지만 밀그램의 연구는 연구의 외적 타당성, 내적 타당성, 연구결과에 대한 밀그램의 설명, 연구에 대한 밀그램의 출판물에 대한 정확성 등 모두가 비판가들에 의해 의혹을 제기받았다는 점에서 논쟁의 여지가 있는 고전이 되었다. 이러한 비판의 대부분은 예일대학교의 기록 보관소에서 이용할 수 있는 실험의 오디오 테이프와 같은 실험 자료를 분석한 것에서 비롯되었다. 추가적으로 최근 밀그램의 연구를 부분적으로 반복한 연구, 원래의 실험, 최근에 관련된 경험적 연구결과를 분석한 결과 복종실험은 아마도 파괴적인 복종에 관한 것이 아니라 열성적인 추종력(followership)에 관한 것이었을 수 있음이 드러났다. 참가자들은 과학에 대한 호소에 의해 동기 부여되어 실험자가 과학적 목표를 달성할 수 있도록 행동한다는 것이다. 하지만 현실에서 복종연구, 특히 의사와 간호사의 관계에서 다양한 복종의 정도를 관찰했으며, 종합적인 결론은 간호사가 의사의 명령에 복종할 경우 환자에게 해를 끼칠 수 있다는 것이다.

타인의 존재가 우리의 행동에 영향을 미치는 것을 사회적 촉진이라고 하는데, 이것은 타인이 우리를 관찰하고 있을 때 간단하고 잘 학습되어 있는 과제의 수행은 향상되는 반면에 복잡하거나 학습되어 있지 않은 과제의 수행은 저하된다는 것이다. 어떤 집단 영향력은 일에 대한 책임감이 집단 구성원 모두에게로 분산될 때 발생한다. 예를 들어 사회적 태만은 사람들이 개별적으로 책임이 있을 때보다 집단에서 공통된 목표를 향해 일할 때 더 적은 노력을 하는 경향이 있음을 말한다. 사회적 태만은 집단의 크기가 증가하면 증가하고, 집단 노력에 있어서 자기 자신의 기여도에 더 큰 책임감을 느낄수록 감소한다. 책임감의 분산은 또한 방관자 효과에 기여하는데, 긴급상황에서 개인의 도움을 확실하게 얻을 확률은 많은 방관자가 있을 때가 아니라 단 한 사람의 방관자가 있을 때 더 높다. 또한 책임감 분산은 각성과 익명성을 조장하는 집단상황에서 자기인식과 자제력을 잃어버리는 몰개성화에 기여한다. 몰개성화의 결과로 군중 폭동과 반란 같은 비극적인 상황이 일어날 수도 있다.

집단극화와 집단사고라는 두 개의 다른 집단 영향력은 더 구조화되고 과업 지향적인 상황에 적용되며, 이 둘은 집단 의사결정에 영향을 미친다. 집단극화는 어떤 주제에 대한 집단토론 후에 집단 내의 지배적인 의견이 더 강화되는 것이다. 같은 의견을 가진 집단 구성원들은 자신들의 공유된 신념을 더 확고히 하며, 이는 집단 구성원들을 더 극단적인 태도와 행동으로 이끈다. 집단사고는 옳은 의사결정을 저해하는 사고의 한 유형으로 집단의 절대 확실성이라는 환상과 의사결정 선택 시에 현실적인 판단을 무시하고 종종 나쁜 결정을 하게 만드는 것으로 집단 일치에 대한 욕구에서 비롯된다.

개념점검 | 1

- 규범적 · 사회적 영향과 정보적 · 사회적 영향 사이의 차이를 설명하라.
- 문간에 발 들여놓기 기법과 그것이 전부가 아닙니다 기법에서 상호성의 법칙이 어떻게 연관되는지를 설명하라.
- 밀그램은 2명의 실험자 중 1명이 실험을 중지하라고 말했을 때 실험을 계속했던 피험자의 비율은 0%였다는 것을 발견했다. 그렇다면 이 연구결과를 기반으로 하여 다음 상황을 예상해보자. 만약 앞의 2명의 실험자 중 실험을 멈추라고 했던 실험자가 학습자의 역할이 되어 전기충격을 받아야 하는 상황이 된다면 어떤 결과가 나타날 것인가? 밀그램이 발견할 수 있는 것을 예측해보라.
- 자동차가 고속도로에서보다 여행자가 별로 없는 국도에서 고장났을 때 도움을 더 쉽게 받을 수 있을 것이라는 이유를 방관자 효과와 연관시켜 설명해보라.

우리는 우리 자신과 타인의 행동을 어떻게 생각하는가

사회적 사고는 우리가 자기 자신이나 타인의 태도와 행동을 어떻게 보고 있는지와 관련되어 있다. 이 절에서는 귀인과 태도라는 사회적 사고의 두 가지 큰 연구 영역에 대해 논의해보려고 한다. 먼저 우리가 자신의 행동과 타인의 행동을 설명하고자 할 때의 과정(제8장에서 간단히 논의함)인 **귀인**(attribution)을 살펴볼 것이다. 우리는 자신과 타인의 행동의 원인을 무엇이라고 지각하는가? 행동은 내적인 원인(사람)에 기인하는가, 아니면 외적인 원인

귀인 자신과 타인의 행동의 원인을 설명하는 과정

(상황)에 기인하는가? 우리는 자신의 행동을 설명할 때 자기본위적 편향을 보인다는 것을 살펴본 바 있다. 이 절의 중간 부분에서 우리는 이 편향에 대해 다시 논의할 것이고, 귀인과정의 두 가지 다른 편향(기본적 귀인 오류와 행위자-관찰자 편향)도 살펴볼 것이다. 두 번째로 논의될 중요한 주제는 우리의 태도와 행동 사이의 관계이다. 예를 들어 우리의 태도가 행동을 이끌어 가는지, 아니면 우리의 태도를 결정짓는지, 아니면 둘 다 복합적으로 영향을 주고받는 것인지를 알아볼 것이다. 또한 우리의 태도와 행동에 미치는 역할연기의 영향을 생각해볼 것이다.

우리는 어떻게 귀인을 하는가

어느 쌀쌀한 가을날 학생회관 커피 자판기 앞의 긴 줄에 서 있다고 상상해보라. 갑자기 맨 앞 줄에 있던 학생이 커피를 떨어뜨렸다. 여러분은 친구에게 "쟤 좀 봐. 무척 덤벙거리네."라고 말한다. 이 말은 그 컵을 떨어뜨리는 행동이 그 사람의 특질을 나타내고 있음을 뜻한다. 여러분은 그 사람에게 커피를 떨어뜨린 원인을 귀속시킴으로써 내적(성향적) 귀인을 하고 있는 것이다. 그러나 커피를 떨어뜨린 사람이 여러분이었다면 어떠했을까? 여러분은 "컵이 너무 뜨거워."라고 말했을 것이다. 이렇게 말하는 것은 커피를 떨어뜨린 것이 당신의 잘못이 아님을 언급하는 것으로서 외적(상황적) 귀인을 하고 있는 것이다. 우리는 우리가 관찰하는 행동과 우리 스스로 하는 행동의 귀인에 있어서 서로 다른 편향을 보인다. 먼저 관찰자의 입장에서 타인의 행동을 살펴보자.

타인의 행동에 대한 귀인   우리는 관찰자의 입장에서 기본적 귀인 오류를 범하는 경향이 있다(Ross, 1977). **기본적 귀인 오류**(fundamental attribution error)는 다른 사람의 행동에 대한 원인으로 내적 성향적 영향들은 과대평가하고 외적 상황적 영향들은 과소평가하는 관찰자로서의 경향이다. 간단하게 말하면 관찰자는 타인의 행동을 그들 자체의 내적 성향 때문인 것으로 여기고 그들이 처한 상황과는 연관시키지 않는 편향된 경향성을 보인다는 것이다. 앞서 예를 든 커피잔을 떨어뜨렸을 때와 같은 상황에서 우리는 커피를 떨어뜨린 사람이 덤벙거린다는 내적 귀인만 하였고, 컵이 너무 뜨거웠다거나 미끄러웠을 거라는 실현 가능한 상황적 요소들은 무시했다. 기본적 귀인 오류는 사람들이 특정한 행동을 일부러 하고 있다는 것을 알고 있을 때조차 나타나는 경향이 있다. 예를 들어 한 실험에서 참가자는 자신이 관찰하고 있는 사람이 우호적이거나 비우호적인 척 가장하

기본적 귀인 오류   타인의 행동에 대해 내적(성향적) 영향들은 과대평가하고 외적(상황적) 영향들은 과소평가하는 관찰자로서의 경향

도록 요구받았다는 말을 들었다(Napolitan & Goethals, 1979). 이러한 정보를 알고 있음에도 불구하고 실험 참가자들은 계속해서 관찰대상인 사람이 실제로도 그들이 행동하는 방식과 같이 우호적이거나 비우호적이라고 추측했다.

밀그램 복종실험의 피험자들을 생각해보라. 복종실험을 통해 나타난 피험자들의 행동을 처음 들었을 때 여러분은 교사 역할을 한 사람들이 정말 끔찍한 인간이라고 생각하거나 어떻게 인간이 인간을 그런 식으로 취급할 수 있었을까라고 생각하지 않았는가? 이 복종실험을 교사들의 입장에서 한번 생각해보자. 학습자가 실수를 연발했을 때 교사들은 학습자가 믿을 수 없을 정도로 멍청하기 때문에 전기충격을 받는 것이 마땅하다고 생각했는지도 모른다. 강간 피해자들은 때때로 강간을 하도록 상대를 자극했다는 비난을 받고, 노숙자들은 종종 그들의 가난에 대해 전적인 책임이 있다고 비난을 받기도 한다. 희생자들을 이렇게 비난하는 것은 세상이 공정하고 사람들은 그들이 노력한 만큼 대가를 얻는다는 **공정한 세상 가설**(just-world hypothesis)과 연관되어 있다(Lerner, 1980). 공정한 세상 가설을 조심하라. 이 가설은 타당하지 않을 뿐만 아니라 종종 타인을 냉혹하게 판단하도록 만든다.

기본적 귀인 오류는 타인에 대한 우리의 인상에 영향을 미친다. 타인에 대해 어떤 인상을 형성할 때 주의해야 하는 두 가지 연관된 개념이 있는데, 바로 초두효과와 자기충족적 예언이다. **초두효과**(primacy effect)는 타인에 대한 인상이 형성될 때 초기에 제시된 정보가 나중에 제시된 정보보다 더 큰 영향력을 끼친다는 것이다. 누군가 새로운 사람을 만날 때는 이 효과를 상기하라. 그리고 시간을 충분히 들여서 다양한 상황 속에서 많은 정보를 가지고 주의 깊게 그 사람에 대한 인상을 만들어 가라. 또한 사람들에게 보여주게 되는 첫인상에도 신경을 써야 한다. 여러분의 나중 행동이 어떠하든지 간에 초두효과의 힘 때문에 여러분에 대한 첫인상을 바꿀 수 없을지도 모른다. 초두효과가 보다 더 정확할 수 있도록 누군가를 처음 만날 때 자신의 진정한 모습을 보여주도록 최대한 노력하라.

자기충족적 예언(self-fulfilling prophecy)이란 우리가 가지고 있는 기대가 그 사람으로부터 기대된 행동을 실제로 이끌어냄으로써 우리의 기대를 확인해주는 것을 말한다. 다시 말해서 타인에 대한 사전 기대가 그 사람으로 하여금 기대된 행동을 하게 만드는 것이다(Jones, 1977; Rosenthal & Jacobson, 1968). 가령 여러분이 누군가가 비협조적일 것이라고 생각하면 여러분은 그 사람에

공정한 세상 가설 세상은 공정하고 사람들은 그들이 노력한 만큼 대가를 얻는다는 가정

초두효과 타인에 대한 인상이 형성될 때 초기에 제시된 정보가 나중에 제시된 정보보다 더 큰 영향력을 끼친다는 것

자기충족적 예언 타인에 대해 가지고 있는 기대에 따라 우리의 행동이 이끌리는 현상

게 비우호적으로 행동할 것이다. 그리고 결국엔 비협조적인 상호작용만 남게 될 것이다. 여러분이 적대적인 행동을 보였기에 상대방도 여러분의 기대를 더욱 굳게 하는 비협조적인 반응을 보인 것이다. 그러나 실제로는 상대방이 협조적인 태도를 보였음에도 불구하고 단지 여러분의 적대적인 행동에 대한 반응으로 비협조적으로 행동한 것인지도 모른다. 하지만 상대방이 비협조적일 것이라는 우리의 기대는 이런 식으로 확증되는 것이다. 제6장에서 언급한 대로 자기충족적 예언은 우리가 가설을 검증하는 데 있어서 확증 편향을 보이는 경향이 있다는 사실과 관련이 있다. 여러분의 기대를 확증하도록 하는 행동을 하지 말고 반대되는 방식으로 행동한 후 어떤 일이 벌어지는지를 살펴보라. 비우호적일 것이라고 기대되면 그 기대와 반대되게 더 우호적으로 대해 보는 것이다. 이렇게 해본다면 놀라운 결과를 발견할 수도 있을 것이다.

우리 자신의 행동에 대한 귀인　이제 우리 자신의 행동에 대해 우리가 어떻게 귀인하는지에 대해 생각해보고자 한다. 귀인과정은 자신이 관찰자가 아닌 행위자가 될 때 다른 방식으로 편향된다. 여러분이 행위자로서 커피를 떨어뜨렸다고 생각해보자. 여러분은 "나는 덤벙거린다."라는 내부(성향적) 귀인으로 생각하지 않고 "컵이 미끄럽네."라며 외부(상황적) 귀인으로 원인을 귀속시킬 것이다. 우리는 타인의 행동은 성향적 영향에 귀속시키면서도 행위자로서 자신의 행동은 상황적 영향에 귀속시키는 경향이 있는데, 이를 **행위자-관찰자 편향**(actor-observer bias)이라고 부른다. 왜 이러한 차이가 나는 것일까? 우리가 관찰자일 때 우리의 관심은 사람에게 집중되어 있고, 그래서 사람을 행동의 원인으로 보게 된다. 반면에 행위자일 때 우리의 관심은 상황에 초점이 맞춰져 있기 때문에 상황을 행동의 원인으로 본다. 우리는 관찰자일 때보다 행위자일 때 상황적 요소를 더 잘 알아차리게 된다. 이 설명은 자신이 잘 아는 친구나 친척과 같은 사람들에게는 성향적 귀인 편향을 더 적게 한다는 사실로도 뒷받침된다.

　　앞에서 자기본위적 편향(self-serving bias)에 대해서 살펴보았는데, 이것은 사람이 자신에게 유리한 쪽으로 인식하도록 귀인하는 경향을 말한다. 우리는 행위자로서 우리의 행동결과가 긍정적일 때는 내적(성향적) 영향을 과대평가하고, 행동결과가 부정적일 때는 외적(상황적) 영향을 과대평가하는 경향이 있다. 앞 장에서 우울증에 대항하는 방어기제로서 자기본위적 편향의 역할을 논의했다. 이 장에서 소개되는 자기본위적 편향은 행위자-관찰자 편향이라 할 수 있다. 자기본위적 편향은 우리가 행위자로서 우리

행위자-관찰자 편향　자신의 행동은 상황적 영향에 귀속시키지만, 타인의 행동은 성향적 영향에 귀속시켜 과대평가하는 경향

의 행동결과를 바탕으로 귀인하는 유형이다. 시험 성적에 대한 우리의 반응을 생각해 보자. 시험결과가 좋으면 자신이 공부를 열심히 했고 내용을 충분히 숙지했다고 생각 할 것이다. 이 둘 다 성향적 요인이다. 그러나 좋은 결과를 얻지 못했다면 그 시험과 출 제자를 비난할 것이다("시험이 까다로웠어.", "이 시험은 내가 공부한 걸 보여줄 수 있 는 좋은 지표가 될 수 없어."). 우리는 성공했을 때에만 그 책임을 받아들이려 한다. 교 사들 또한 이 편향을 가질 수 있는데, 예로 학생들이 시험을 형편없이 보았을 경우 교 사 본인은 시험문제를 잘 냈지만 학생들이 공부할 의욕이 없었다거나 공부를 하지 않 았다고 생각할 수 있다. 자기본위적 편향을 비롯한 여러 다른 귀인 편향은 우리가 하는 귀인 유형의 경향을 말해주는 것이지 귀인의 정확성을 말해 주는 것은 아니다. 즉, 우 리가 하는 귀인은 정확할 때도 있고 부정확할 때도 있다.

자기본위적 편향은 지능이나 매력 같은 긍정적인 요인들에 대해 우리 자신을 다른 사람과 비교할 때 스스로를 '평균 이상'으로 평가하도록 만든다. 따라서 우리는 스스 로를 비합리적으로 높게 평가하는 경향이 있다(Mezulis, 2004). 이에 대해 생각해보자. 만약 여러분의 지능을 타인과 비교하라는 요구를 받는다면 뭐라고 대답할 것인가? 여 러분이 보통 사람들처럼 반응한다면 '평균 이상'이라고 말할 것이다(Heck, Simons, & Chabris, 2018). 그러나 대부분의 사람은 '평균 이상'일 수가 없다. 우리 중의 대부분은 평균이거나 평균 아래의 지능을 가지고 있다. 지능과 같이 모든 사람이 가지고 있는 특 성은 대개 우리 중의 절반은 평균 이하이고 나머지 절반은 평균 이상이라는 것이다.

또한 자기본위적 편향은 타인도 자신처럼 생각하고 행동할 것이라고 판단하는 정 도에 영향을 미친다. 이것은 허구적 일치성 효과와 허구적 독특성 효과로 나타난다 (Myers, 2013). **허구적 일치성 효과**(false consensus effect)는 자신의 의견이나 성공적이 지 않았던 행동의 보편성을 과대평가하는 경향이 있는 것을 말한다. 두 가지 예를 살펴 보자. 클래식 음악을 좋아한다면 여러분은 클래식 음악을 좋아하는 사람들의 수를 과 대평가하는 경향이 있을 것이고, 중간고사에서 모두 낙제를 했다면 여러분은 또한 중 간고사를 모두 낙제한 학생의 수를 과대평가하는 경향을 보일 것이다. 여러분의 의견 과 부정적인 행동이 타인과 일치된 의견이고 행동이라고 생각하 는 경향이 있다는 것이다.

허구적 독특성 효과(false uniqueness effect)는 자신의 능력이나 성공한 행동의 보편성을 과소평가하는 경향이 있는 것을 말한다. 예를 들면 여러분이 제법 뛰어난 당구선수라면 여러분보다 잘하

허구적 일치성 효과 자신의 의견이나 성 공적이지 않았던 행동의 보편성을 과대평 가하는 경향
허구적 독특성 효과 자신의 능력이나 성 공한 행동의 보편성을 과소평가하는 경향

표 9.4	귀인 편향
편향	설명
기본적 귀인 오류	다른 사람의 행동을 평가할 때 성향적 요인을 과대평가하며 반대로 상황적인 요인은 과소평가하는 경향성
행위자-관찰자 편향	자신의 행동을 평가할 때 상황적 요인을 과대평가하며 다른 사람의 행동을 평가할 때는 성향적 요인을 과대평가하는 경향성(주의 : 행위자-관찰자 편향은 자신의 행동을 설명할 때 자기본위적 편향에 의해서도 설명할 수 있다.)
자기본위적 편향	우리는 자신의 행위 중 결과가 좋을 때는 성향적 요인을 과대평가하며, 결과가 나쁠 때는 상황적 요인을 과대평가하는 경향성이 있다. 자신을 우호적으로 바라보게 되는 귀인 경향성

태도 어떤 일, 사건 그리고 타인에 대한 긍정적인 혹은 부정적인 평가반응

는 사람은 거의 없다고 생각하려는 경향이 있다. 또한 심리학 시험에서 A⁺를 받으면 여러분은 소수의 학생들만이 A⁺를 받았을 것이라고 생각한다. 자신의 능력과 성공한 행동이 보편적이지 않고 대단히 독특하다고 생각한다. 허구적 일치성 효과와 허구적 독특성 효과는 자기본위적 편향의 자기보호적인 기능과 연관되어 있다. 우리는 자신의 의견과 자존감을 보호하고 강화하기를 원하기 때문에 이러한 경향들을 가지고 있다.

지금까지 서술한 귀인 편향은 표 9.4에 요약되어 있다(기본적 귀인 오류, 행위자-관찰자 편향, 자기본위적 편향).

우리의 행동은 어떻게 우리의 태도에 영향을 미치는가

이제 우리의 태도에 대해 생각해보려고 한다. **태도**(attitude)란 간단히 말하면 어떤 일, 사건 그리고 타인에 대한 긍정적 혹은 부정적인 평가 반응이다. 우리의 태도가 우리의 신념이며 소신이다. 미국 공화당이나 버락 오바마, 낙태, 트위터 또는 랩 음악에 대해서 어떻게 생각하는가? 여러분의 삶 속에서 당신의 태도를 변화시킨 것은 무엇이었나? 대학에 들어온 이후 특별히 변화된 것이 있는가? 대부분의 사람들은 태도의 변화를 경험한다. 우리의 행동은 보통 우리의 태도에 의해 결정되지만 항상 그런 것은 아니다.

우리의 행동이 우리의 태도와 모순되는 경우 우리가 가지고 있는 태도에 대한 느낌이 확실하고, 우리의 태도에 대해서 의식적으로 자각하고 있으며, 우리의 행동에 대한 외부의 영향이 크지 않을 때, 우리의 태도는 우리의 행동을 이끄는 경향이 있다. 예컨대 공부

하는 것이 학생에게 가장 중요한 일이라고 생각한다면 여러분은 다른 활동을 하기 전에 먼저 해야 할 공부를 마칠 것이다. 그러나 룸메이트나 친구들이 공부를 그만하고 밖에 나가자고 계속 조른다면 여러분은 공부를 중단하고 친구들을 따라갈지도 모른다. 그렇다면 우리의 태도가 우리의 행동을 이끌 수 있을 정도로 확실치 않고 우리의 행동에 대해 외부의 영향이 크지 않을 때는 어떤 일이 발생할까? 아래의 고전적인 연구를 살펴보면서 이 질문에 대한 답을 찾아보려고 한다(Festinger & Carlsmith, 1959).

여러분이 다음 실험의 피험자가 되었다고 상상해보라. 여러분은 지정된 시간에 실험실에 갔지만 그 실험은 너무나 지루했다. 여러분은 1시간 동안 붙박이 보드에 나무못을 반복해서 박거나 상자에 실뭉치들을 정리했다가 쏟고 다시 정리하는 등 여러 가지 지루한 일들을 수행했다. 실험자는 1시간이 지났을 무렵 이 실험이 사람들의 일 수행에 대한 기대효과와 연관된 것이었음을 설명해주며 여러분이 통제집단에 있었다고 알려준다. 실험자는 실험을 도와주기로 한 조교가 오지 않아서 기분이 별로 좋지 않았는데, 그 조교가 해야 했던 역할은 실험에 참여하는 학생으로 가장하고, 바깥에서 기다리고 있는 다음 차례의 피험자에게 실험이 정말 재미있다고 말해주는 것이었다. 실험자는 여러분에게 이 일을 대신해줄 수 있겠느냐고 물어보았고, 도와준다면 대가로 수당을 지불하겠다고 말하였다. 실험자는 실험비가 얼마 없어서 많이 줄 수 없다며 수당으로 1달러밖에 줄 수 없다고 말했다. 그럼에도 불구하고 여러분은 실험자를 돕기로 결정하고, 밖에 나가서 기다리고 있는 피험자들(실제로는 참가자가 아닌 실험 협조자)에게 이 실험이 얼마나 재미있고 흥미로운지에 대해 말한다.

여러분이 그곳을 떠나기 전에 이 실험에 대한 학생들의 반응을 조사하는 또 다른 사람이 가까이 온다. 그리고 여러분이 이전의 실험과제를 얼마나 즐겼는지에 대해 설문지를 작성해줄 것을 요구한다. 여러분은 지루해서 미칠 것 같았던 일을 어떻게 평가할 것 같은가? 실험과제가 실제로 따분했기에 아마도 지루했다고 평가할 것이라고 생각할지 모른다. 그러나 결과는 그렇지 않다. 참가자의 행동(과제에 대한 평가)은 그들의 태도(과제는 너무 지루했다)에 따라 나타나지 않았다. 실험을 도와주는 대가로 1달러를 받은 참가자는 자신이 했던 실험과제가 제법 즐길 만한 것이었다고 평가하였다(실험과제에 대한 거짓말을 다음 참가자에게 했다). 이러한 결과를 실험에 대해 거짓말을 함으로써 20달러를 받은 또 다른 피험자 집단의 결과와 비교해볼 필요가 있는데, 20달러를 받은 사람들의 행동은 그 일에 대한 그들의 태도와 일치한 것으로 나타났다. 20달러를 받은 피험자 집단은 그 일이 지루했다고 평가했다. 실험자를 도와 거짓말을 해달라는 요구를 전혀 받지 않은 또 다른 피험자 집단에서도 같은 결과가 나타났다. 그들 역시 그 일이 지루했다고 평가한 것이다. 그렇다면 첫 번째 집단의 피험자들은 왜 단 1달러에 그 일이 지루하지 않았다고 거짓말을 한 것일까?

이 질문에 답하기 전에 먼저 이 실험의 또 다른 측면을 살펴보기로 하자. 과제에 대해 평가를 한 후 실험 참가자들은 실험에 대한 전반적인 보고를 듣기 위해 실험자를 다시 만나게 되었고, 그때서야 비로소 연구의 본질에 대해 듣게 되었다. 실험자는 간단한 보고를 마친 후 여러분에게 지불했던 돈을 돌려달라는 요구를 덧붙였다. 여러분이 20달러를 받은 집단에 있었다면 어떻게 했을 것 같은가? 아마도 "안 돼요."라고 말했을지도 모른다. 실제로 어떤 일이 일어났겠는가? 1달러와 20달러라는 돈의 액수에 상관없이 돈을 받은 모든 피험자들이 돈을 돌려주었는데, 이는 권위를 가진 사람의 요구에 복종하고 응종하려는 우리의 경향을 다시 한 번 보여준다. 이제 1달러를 받은 집단이 20달러를 받은 집단보다 더 그 일이 흥미로웠다고 평가한 이유를 알아보자.

페스팅거의 인지 부조화 이론   위에 제시된 사람들의 행동은 레온 페스팅거의 인지 부조화 이론으로 설명할 수 있다. **인지 부조화 이론**(cognitive dissonance theory)은 자신의 태도와 행동 사이의 불일치로 야기되는 인지적 불안을 피하기 위해 자신의 태도를 변화시키는 것을 말한다(Festinger, 1957). 1달러에 거짓말을 한 실험 참가자에게 이 이론을 적용하기 전에 먼저 실제 생활에서의 예를 살펴보자. 흡연자들을 보면 대부분 흡연이 건강에 좋지 않다는 태도(신념)를 가지고 있지만 계속해서 담배를 피운다. 인지 부조화 이론에 비추어 보면 흡연자는 흡연이 건강에 나쁘다는 태도(신념)와 계속 담배를 피우는 자신의 행동 사이의 불일치로 인해 인지적 불안을 느끼게 된다. 이때 인지적 부조화를 감소시키기 위해서는 태도 아니면 행동이 변화되어야만 한다. 인지 부조화 이론에 따르면 많은 흡연자들이 자신의 태도를 바꿈으로써 더 이상 자신의 행동과의 불일치를 경험하지 않는다. 즉, 흡연자는 현재 나타난 의학적 증거가 완전한 결론에 도달한 것은 아니라고 믿을지도 모른다. 이러한 태도의 변화는 태도와 행동의 불일치로 야기되었던 부조화를 제거해준다. 자, 이제 인지 부조화 이론을 실제로 실험과제가 지루했지만 1달러를 받고 흥미로웠다고 거짓말을 했던 실험 참여자에게 적용시켜 보자. 이들은 왜 그 일이 흥미로웠다고 평가했을까? 그들의 태도는 확실히 실험과제가 너무나 지루했다는 것이었다. 그러나 행동은 태도와는 달리 1달러에 그 실험과제가 재미있다고

인지 부조화 이론 자신의 태도와 행동 사이의 불일치로 야기되는 인지적 불안을 피하기 위해 자신의 태도를 변화시킨다는 레온 페스팅거의 이론

거짓말을 한 것이었다. 이것은 태도와 행동 사이의 분명한 불일치이다. 이 불일치가 그들 내면에 인지 부조화를 만들어냈던 것이다. 피험자들은 이 부조화를 감소시키기 위하여 그 실험이 실제로 꽤 흥미로웠다며 태도를 바꾸었다. 이렇게 함으로써 결과적으로 불일치와 부조화는 사라지게 된 것이다.

인지 부조화 이론의 핵심은 우리가 실험에서 20달러를 받은 참가자들과 같이 우리의 행동에 대해 충분히 내세울 수 있는 명분을 가지고 있거나 우리의 행동을 누군가에게 강요당했을 때는 부조화로 인한 내적 불편함을 경험하지 않는다는 것이다. 또한 인지 부조화는 과거의 행동과 일치시키기 위하여 때때로 태도의 강도를 바꾸게도 한다. 예를 들어 어느 대학에 갈 것인지와 같이 여러분이 과거에 내렸던 중요한 결정들을 생각해보라. 인지 부조화 이론에 따르면 어려운 결정을 내려야 하는 상황에서 인지 부조화를 줄이기 위하여 여러분은 자신이 선택한 것에 대해 더 강한 의지를 내비칠 것이다. 다른 선택을 했을 경우의 장점은 부조화와 함께 사라져 갈 것이다.(더 나아가 가지 않은 다른 대학들이 왜 조금이라도 그때는 좋아 보였는지 도무지 이해가 가지 않을 것이다.) 지금 다니고 있는 학교의 장점(교수님들도 좋고 수업도 너무 좋다)을 발견해 가고 그 반대의 증거(실제로는 다른 학교보다 더 상위 랭킹의 학교도 아니다)를 무시하는 일련의 과정은 부조화가 사라질 때까지 계속될 것이다. 캐롤 타브리스와 엘리엇 아론슨(2007)은 *Mistakes Were Made(But Not by Me)*라는 책에서 이러한 인지 부조화에 영향을 받아 우리의 결정과 신념행동을 정당화하는 수많은 실례를 제공한다. Egan과 Santos, Bloom(2007)은 이와 같은 자기결정에 대한 합리화 경향성이 심지어는 아동들과 유인원들의 행동에서도 관찰되었다고 최근의 연구를 통해 보고하였다(Egan, Santos, & Bloom, 2007).

다릴 벰의 자기지각 이론 인지 부조화 이론과 관련한 수백 개의 실험들이 보고되고 있지만 이러한 현상에 대한 또 다른 이론적 설명으로는 다릴 벰의 **자기지각 이론**(self-perception theory)이 있다. 자기지각 이론은 우리가 자신의 태도에 대해 불확실할 때 우리의 행동과 그 행동이 발생한 배경을 조사함으로써 우리의 태도를 추정하는 것을 말한다(Bem, 1972). 즉, 우리는 인지 부조화를 줄이려고 노력하는 것이 아니라 이 장 앞에서 다룬 보통의 귀인과정을 수행하고 있다는 것이다. 우리는 계속해서 자기 귀인을 한다. 자기지각 이론은 지루한 실험과제 이후에 1달러를 받고 거짓말을 한 피험자는

자기지각 이론 자신의 태도에 대해 불확실할 때 행동과 그 행동이 발생한 배경을 조사함으로써 태도를 추정한다는 다릴 벰의 이론

그 실험에 대한 자신의 태도가 정말 어떤 것이었는지 확신하지 못했기 때문이라고 본다. 이 참가자들은 자신의 행동(1달러를 받고 거짓말을 했다)을 뒤돌아보면서 실험과제가 정말로 즐거웠을 것이라고 추측한다. 그렇지 않았다면 단지 1달러만 받고 거짓말을 했을 리는 없기 때문이다. 20달러를 받고 거짓말을 한 사람들은 그 대가로 너무나 많은 돈을 받았기 때문에 지루한 실험과제였다는 그들의 태도가 불확실할 수는 없었을 것이다. 자기지각 이론에 따르면 사람들은 자신의 행동 때문에 태도를 바꾸지는 않지만 자신의 행동을 통해서 자신의 태도를 추정해낸다. 또한 사람들은 부조화를 줄이는 것으로 동기화되어 있는 것이 아니라 자신의 행동을 설명하는 것으로 동기화되어 있다. 자기지각 이론에 따르면 감소되어야 할 부조화는 없다.

어떤 이론이 더 나은가? 어떤 한 이론도 다른 한 이론에 대하여 확실한 우위를 점하고 있지는 않다. 두 이론 모두 장점이 있고, 둘 다 각각 다른 상황에서 적용될 수 있는 것처럼 보인다. 이것은 앞의 제3장에서 논의했던 색채 이론 중 삼원색 이론 및 대립과정 이론과 유사하다. 삼원색 이론은 시각적 통로 안의 수용체 세포 단계에서 작용하고, 대립과정 이론은 수용체 세포 이후 단계에서 작용한다는 것을 기억하자. 인지 부조화 이론은 명확한 태도와 모순되는 행동에 대한 최고의 설명인 것처럼 보인다. 태도와 모순되는 행동은 정신적 불편함을 야기하므로 우리는 불편함을 줄이기 위해 태도를 바꾼다. 자기지각 이론은 우리의 태도가 명확하지 않은 상황을 설명한다. 우리는 우리의 행동으로부터 우리의 태도를 추정한다. 색채 이론과 마찬가지로 인지 부조화 이론과 자기지각 이론은 각각 다른 상황에 적용되는 것이다.

역할연기의 영향   이제 우리의 태도와 행동 사이의 복잡한 관계에 영향을 미치는 요인으로서 역할연기를 살펴보려고 한다. 우리는 모두 학생, 교사, 친구, 아들 또는 딸, 부모, 직원 등과 같이 다양한 사회적 역할을 맡고 있다. 각각의 역할은 사회적으로 기대되는 행동의 양상으로 정의되고, 이는 우리의 행동과 태도에 영향을 끼친다. 역할이 행동에 미치는 영향력을 고려해볼 때 매일 수행하는 다양한 역할이 여러분의 태도와 행동에 어떤 영향을 끼치는지 생각해보라. 그 영향력은 매우 강력하다. 사회심리학자 데이비드 마이어스가 관찰하였듯이, "우리는 행동하는 방식대로 생각할 뿐 아니라 또한 생각하는 대로 행동하게 되기도 한다."(Myers, 2002, p. 136).

1971년 필립 짐바르도가 스탠포드대학교에서 실시한 스탠포드 감옥실험(SPE)은 역할의 힘, 특히 간수와 수감자의 극단적인 예를 보여준다(Haney, Banks, & Zimbardo,

1973a,b; Zimbardo, 1972, 2007; Zimbardo, Haney, Banks, & Jaffe, 1973). 밀그램의 복종실험과 마찬가지로 SPE는 많은 논쟁과 비판의 대상이 되었으며, 영화를 통해서 대중에게 각인되었다는 점에서도 비슷하다. 이 실험은 빌리 크루덥이 짐바르도 역으로 출연한 2015년 극장영화 '더 스탠포드 프리즌 엑스페리먼트'로 각색되었다. 심지어 논쟁거리인 고전적인 실험의 두 창작자, 밀그램과 짐바르도는 브롱크스의 제임스 먼로 고등학교 동창(1940년대 후반)이다. 밀그램과 짐바르도가 유명한 사회심리학자가 되어 논란의 중심이 되는 연구를 할 것이라고 그 당시 누가 예측이나 했겠는가! 밀그램의 연구와 연구결과에 대한 그의 해석과 마찬가지로 SPE 자체와 그 결과에 대한 짐바로드의 해석에 많은 비판이 있었고, SPE의 과학적 타당성과 그 발견에 의문이 제기되었다. 그러므로 우리는 SPE에 대한 비판을 평소보다 더 자세히 설명할 것이다[또한 SPE의 비평에 관한 Bartels(2015)와 Griggs(2014)의 설명 참조]. 우리는 또한 BBC의 감옥연구와 같이 보다 최근의 감옥연구를 논의할 것이고, 그 결과가 SPE의 결과와 얼마나 다른지 논의할 것이다.

짐바르도가 SPE를 하나의 실험이라고 부르긴 했지만 제1장에서 설명했던 실험의 개념과는 맞지 않는다. 모의연구, 구체적으로는 수감 생활에서 심리적인 모의실험이라고 묘사하는 게 더 적절할 것이다. 짐바르도는 신문 광고를 통해서 연구에 참여할 남성 대학생들을 모집했고 스탠포드대학교 심리학 건물의 지하실을 모의감옥으로 개조했다. 범죄 경력이나 정신건강 문제, 의료 문제가 있는 지원자들은 제외하였다. 짐바르도(2007)에 따르면 심리 평가와 면담을 통해 75명의 지원자 중에 24명의 지원자가 선택되어 수감자 혹은 간수로서의 역할을 맡도록 선발되었다(12명의 수감자와 12명의 간수). 그러나 12명의 간수 중 9명만 끝까지 참여했다(3명씩 돌아가면서 8시간 교대 근무를 했다). 2명은 예비 간수로서 SPE가 시작되기 전날 간수 오리엔테이션에 참여했고, 수감자를 수감할 때 참석했고, 두번째 날 수감자들의 반란 진압을 돕기 위해 호출되었다. 나머지 한 명은 간수 예비 교육 후에 그만두었다. 수감자로 지정된 사람들은 SPE의 기록 문서에 12명이 아니라 11명만 기록되어 있고(Thibault Le Texier, 개인적 교신, 2018년 10월 1일), 이 11명 중에는 9명만이 참여했는데 3명의 수감자가 3개의 감옥 칸에 배치되었다. 한 명은 네번째 날 해방된 수감자의 대체로 들어왔고, 다른 한 명은 연구가 시작되기 직전에 직업을 찾았다는 이유로 그만두었다. 짐바르도의 학생 조수가 수감자 활동 정보에 대한 제보자로서 세번째 날과 네번째 날 수감자의 역할을 맡았다.

그래서 어떻게 되었을까? 짐바르도의 이야기에 대한 간단한 개요는 다음과 같다. 간수들은 간수 복장과 곤봉을 받았고 모의감옥의 규칙을 집행하라는 지시를 받았다. 수감자들은 체포되고 예정된 감옥에 갇혔으며 굴욕적인 복장을 입어야 했다(속옷 없이 입는 긴 상의). 무력한 수감자가 된 느낌을 주기 위해 선택된 복장이다. 수감자와 간수라는 역할이 참가자들의 태도와 행동에 어떤 영향을 주었을까? 짐바르도에 따르면 몇몇 참여자는 자신들의 역할을 너무 진지하게 받아들이기 시작했다. 역할연기를 한 지 하루가 지났을 때 어떤 간수들은 수감자들을 잔인하게 다루기 시작했다. 몇몇 수감자는 반란을 일으키기도 했고 다른 수감자들은 감정적으로 무너지기도 했다. 몇몇 간수들의 수감자 대우는 점점 가혹하고 모멸적인 방향으로 악화되었다. 짐바르도는 원래라면 2주간 진행할 계획이었지만 상황이 악화되자 6일 만에 연구를 중단해야 할 정도였다고 보고했다. 짐바르도는 상황적 역할의 힘 때문에 연구에 참여한 대학생들이 자신의 역할에 완전히 몰입해서 진짜 간수와 수감자가 '되어 버렸다'고 주장했다. 아마도 역할 자체가 그들의 태도와 행동을 변화시켰을 것이다. 짐바르도의 관점에서 폭력적인 간수들은 '나쁜 사과들'이 아니었다. 그들을 일시적으로 바꿔놓은 것은 스탠포드 감옥(모의상황)이라는 '나쁜 통'이었다.

스탠포드 감옥실험(SPE)에 대한 짐바르도의 상황 설명을 살펴보도록 하자. 첫째, SPE 참가자들이 짐바르도가 요구한 바대로 상황에 따른 역할 요건을 자연스럽게 수락했기 때문에, 또는 짐바르도가 제안한 적극적인 리더십 때문에(Banyard, 2007; Haslam, & Reicher, 2012) 자신들의 역할에 일치하게 행동하였는지는 명확하지 않다. 짐바르도는 감옥 감독관의 역할을 했고 간수들에게 오리엔테이션을 했는데, 이는 돌이켜보면 간수들이 어떻게 행동해야 하는지에 대한 명확한 지침을 제공하는 것처럼 보인다. 짐바르도(2007)는 오리엔테이션에서 다음과 같이 이야기했다.

우리는 지루함을 만들 수 있습니다. 절망감을 만들 수 있습니다. 우리는 그들에게 어느 정도의 두려움을 심어줄 수 있습니다. 우리는 그들이 삶을 지배하는 독단의 개념을 만들 수 있고, 이는 전적으로 우리가, 우리의 체제로, 여러분과 내가 통제하는 것입니다. 그들에게 사생활은 전혀 없고, 지속적인 감시하에 있을 것입니다. 감시받지 않으면서 그들이 할 수 있는 일은 아무것도 없습니다. 행동의 자유도 없을 것입니다. 우리가 허용하지 않는다면 어떤 행동이나 말도 할 수 없게 됩니다. 다양한 방법으로 그들의 개성을 앗아갈 것입니다. 이것은 그들에게 무력감을 안겨줄 것입니다. 이 상황에서 전적인 힘은 우리에게 있습니다. 그들에게는 아무것도 없습니다.(p. 55)

Banyard(2007)가 지적한 바대로 이 오리엔테이션에서 사용된 선언들을 주목해보자. 짐바르도는 자신을 간수들과 함께 두었고('우리'), '우리'가 '그들'에게 만들 적대적인 환경에 대해 명확한 지시를 주었다. 그렇기 때문에 SPE에서 짐바르도의 리더십에는 정당성이 부여된 압제가 있었을 것이다. Banyard는 "이는 짐바르도가 제안한 것처럼 간수들이 SPE라는 백지장에 자신들의 대본을 스스로 써 내려간 것이 아니라 짐바르도가 공포의 대본을 만들어낸 것이다."(2007, p. 494)라고 결론지었다. 짐바르도의 침묵은 폭력적인 간수들에게는 암묵적인 승인이었고, 간수로서 행동해야만 하는 방식으로 행동을 잘하고 있다는 확인이었다. 또한 그에게는 '나쁜' 간수처럼 행동하지 않으면 꾸짖고 더 폭력적이 되라고 격려하는 간수 소장(연구를 보조하는 학생)도 있었다(Zimbardo, 2007). SPE 내에서 짐바르도의 능동적인 역할과 관련해서 SPE의 간수 중 하나였던 존 마크의 최근의 몇몇 논평은 의미가 있다.

나는 그것이 2주 내내 계속될 것이라고 생각하지 않았습니다. 나는 짐바르도가 극적인 장면을 만들고, 가능한 한 빨리 끝내고 싶어 한다고 생각했습니다. 실험 동안 그는 자신이 원하는 것이 무엇인지 알고 있었고, 자신이 이미 정해놓은 결론에 맞게 실험을 구체화하려고 노력했습니다. 그는 대학생 및 중산층 출신 사람들이 단지 역할과 권력을 부여받은 사실만으로 서로를 배신할 것이라고 말할 수 있기를 원했습니다. 내 경험과 내가 본 것 그리고 내가 느낀 것을 근거로 보면 그것은 정말 큰 문제였습니다. 나는 실제 사건들이 기사와 일치하지 않는다고 생각합니다. 나는 결코 하지 않았고, 내 의견을 바꾸지도 않을 겁니다.

짐바르도의 강력한 개입과 지침은 SPE의 결과에 중요했을 것이라는 점은 호주에서 Lovibond, Mithiran, Adams(1979)가 실시한 연구에서 모의감옥 환경에 대한 몇 개의 결과가 이를 뒷받침한다. 이 연구자들은 실험감옥 체제의 변화가 간수와 수감자 사이의 관계에서 극적인 변화를 야기한다는 것을 발견하였다. 수감자들이 자기 존중감을 유지할 수 있게 하는 방식으로 보안이 유지되고, 수감자들을 한 개인으로서 대우하며 의사결정 과정에 포함시키는, 참여적이고 자유민주적인 감옥 환경에서는 간수와 수감자들의 행동이 다소 상냥했고, SPE에서 관찰된 극적인 행동결과와는 매우 달랐다.

간수들이 어떻게 행동하기를 원하는지 말해준 짐바르도의 간수 지침, 간수들의 이후의 학대행동에 대한 암묵적인 승인, 그리고 교도소장이 학대하지 않는 간수들에게 더 학대하라고 부추기는 대화들은 요구 특성의 예들이다(Orne, 1962). **요구 특성**

요구 특성 실험 환경에서 실험자가 피험자에게 기대하는 바와 어떻게 그 기대에 부응할 수 있는지를 알게 하는 단서들

(demanding characteristics)은 피험자들로 하여금 실험 환경에서 실험자가 무엇을 발견하기를 기대하는지와 참가자가 어떻게 행동하기를 기대하는지를 알 수 있게 하는 단서들이다. 요구 특성은 피험자들이 실험자의 기대에 부응하는 방향으로 자신의 행동을 바꿀 수 있기 때문에 실험결과에 영향을 미칠 수 있다. 그러므로 SPE의 노골적인 요구 특성의 관점에서 몇몇 간수들이 '나쁜' 간수가 된 것은 놀랄 일이 아니다.

Banuazizi와 Movahedi(1975)는 짐바르도가 연구에 적극적으로 개입하지 않았지만, SPE가 요구 특성에 의해 혼동되었을 수 있다는 것을 보여주는 데이터를 제공하였다. Banuazizi와 Movahedi는 그들의 연구에서 SPE에서 따른 절차에 대한 간략한 설명과 참가자들의 실험가정 및 실험결과에 대한 인식을 알기 위한 개방형 질문들을 포함하는 질문지를 우편 발송하였다. 150명의 학생이 이에 응답하였고, 압도적인 수가 실험 목적이 정상적인 사람들에게 간수와 수감자의 지위를 부여해서 실제로 간수와 수감자의 역할을 하도록 하는 것과 수감자를 향한 간수의 행동이 얼마나 억압적이고 적대적일지 예측하고, 수감자들이 순종적일지, 반항적일지 혹은 두 가지 방식 모두로 반응할 것인지를 예측하는 것임을 알아냈다. 이러한 결과는 SPE의 연구설계에 내재된 요구 특성이 매우 명백하고, SPE에서 일부 간수와 수감자들이 했던 행동들이 놀랄 일이 아니라는 것을 말해준다. SPE에서 이용할 수 있는 강력한 요구 특성과 짐바르도의 노골적인 지침을 고려할 때 놀랄 만한 것은 9명의 간수 중 오직 2명 또는 3명만이 일관적으로 '나쁜' 간수였다는 것이다(Zimbardo, 2007). 나머지는 '엄격하지만 공정'하거나 수감자들의 편을 들어줬던 '좋은' 간수였다. 이러한 발견은 SPE 결과에 대한 짐바르도의 단순한 상황 설명과는 명백히 상반되며, 실험결과에 성격 기질이라는 기질적 요인이 영향을 미친다는 것을 보여준다. 기질적 요인이 간수들의 행동에 역할을 했다는 것을 고려하면 '나쁜' 간수들은 짐바르도의 표현을 따라 '나쁜 사과들'인가? 즉, SPE와 같은 연구에 지원하는 사람의 유형에 대한 어떤 특이점이 있는가? 그렇다면 참가자 자기-선택은 SPE에서도 발생할 수 있다. 이것은 참여자들이 그들의 성격 때문에 감옥실험에 끌렸고 선택적으로 지원했다는 것을 의미한다. Carnahan과 McFarland(2007)의 연구결과는 이에 대한 뚜렷한 가능성에 대해 제안하고 있다. 이 연구자들은 두 가지 방법을 통해 학생들을 모집하였다. (1) SPE에서 사용된 것과 사실상 동일한 신문 광고를 이용하여 감옥 생활의 심리학 연구를 위한 모집, (2) 동일한 광고이지만 감옥 생활이라는 언급이 없는 광고를 사용한 단순 심리학 연구를 위한 모집이었다. Carnahan과 McFarland는 감옥 생활

연구에 참여하기 위해 자원한 학생들은 이보다 무해한 실험에 자원한 학생들보다 더욱 공격적이고, 권위주의적이고, 사회적으로 지배적이며 권모술수에 능하고, 덜 공감적이며 이타적이었다. 따라서 짐바르도의 의견과는 반대로 통('스탠포드 감옥')이 사과('간수')를 상하게 한 것이 아니라 통에 넣기 전에 이미 사과가 상했을 수 있다!

이전 SPE에 대한 비판적인 연구들과 달리 티보 르 텍시에는 짐바르도가 2011년 스탠포드대학 도서관에 기증한 SPE(수많은 문서와 수 시간의 영상 및 오디오 녹음)의 기록 자료를 철저히 분석했다. 텍시에는 SPE에 참가했던 15명을 인터뷰하면서 성취물들을 입증했다. 그의 연구결과는 SPE에 실험자의 편견과 요구 특성이 명백히 존재했다는 사실과 같이 SPE에 대한 이전의 비판들을 강력히 지지했을 뿐만 아니라 지금까지 알려지지 않았던 정보에 근거한 새로운 비판을 제시하는 등 SPE의 과학적 신뢰성을 더욱 떨어뜨리는 근거를 제공했다. 즉, 텍시에는 SPE의 데이터 수집이 편향되고 불완전했고, 부정확하게 보고되었다는 점, 감옥 규칙과 같은 SPE 방법은 짐바르도의 수업 중에 학생들이 고안하고 수행했던 감옥실험에서 착안했다는 점, 간수들은 수감자들을 어떻게 대해야 하는지에 대한 정확한 지침을 받았다는 점, 간수들에게 그들은 참가자가 아니라 연구진이라고 생각하게끔 만들었다는 점, 참가자들은 짐바르도의 주장과는 달리 그 상황에 완전히 몰입되지 않았었다는 점, 앞서 존 마크의 발언과 같이 짐바르도는 감옥이 매우 열악한 환경이며, 개혁이 심각히 필요하다는 선입견적인 신념을 설명하기 위해 SPE를 고안하였다는 점 등을 발견했다. 또한 텍시에는 학대를 가장 많이 했던 간수 2명은 자신들의 행동을 인정하고 학대하고 있다는 사실을 인지하고 있었다는 증거를 발견했다. 유사하게 신경쇠약에 걸려 이틀째에 감옥에서 풀려난 것으로 추정되는 수감자는 여러 경우에 그가 연기만 하고 있었다고 말했다. 가장 중요한 것은 텍시에의 모든 기록물은 SPE에 대한 짐바르도의 출판된 설명이나 연구결과들과 직접적인 충돌을 일으키고 있다.

SPE가 방법론적으로 치명적인 단점과 SPE에 대한 짐바르도의 보고의 결함이 있었다는 것은 분명하다. 요컨대 SPE는 명백하게 과학적인 신뢰도가 부족하고 따라서 그 결과로부터 어떤 온전한 결론도 내릴 수 없다. 그러나 SPE의 과학적 신뢰성이 부족하긴 하지만 사회적인

저는 인간본성에 대해 22명의 비무작위 남성들이 적극적으로 참여한 6일 간의 연구를 기초로 한 견해를 가지고 있어요.

zach@smbc-comics.com.

이것이 사람들이 짐바르도 감옥실험을 인용할 때 내가 듣는 말이다.

BBC 감옥연구에 참여한 죄수와 간수들

역할이 행동과 태도에 중요한 영향을 미친다는 사실은 부정할 수 없다. 그것은 확실히 영향력을 가지고 있다(Greenberg, Schmader, Arndt, & Landau, 2018). 단지 SPE가 사회적인 역할의 영향력을 설득력 있게 보여주지 못했을 뿐이다. 짐바르도가 이라크에 있는 미군 교도소인 아부그라이브에서 학대한 간수의 재판 중 전문가 증인으로 활동했다는 점도 주목할 만하다(Zimbardo, 2007). 그는 SPE에서 주장한 것처럼 상황적 압력이 병사를 학대하도록 이끌었다고 주장했다. 그러나 그의 주장은 유효하지 않았고, 학대한 간수는 가장 낮은 계급으로 강등되어 가혹한 징역형과 불명예제대를 선고받았다. 검사는 개인은 자신의 행동에 책임이 있으며, 학대하는 간수의 부도덕하고 악한 행동은 그들의 기질에서 비롯되었다는 주장으로 승리했다(그들은 '나쁜 사과'였다).

다음으로 여러분이 듣지 못했을 SPE보다 방법론적으로 더욱 건전한 최근의 감옥연구를 소개한다. 이곳에서 짐바르도의 SPE 결과가 관찰되지 않았다는 것은 놀랄 일이 아니다. 두 명의 영국 사회심리학자 알렉스 해슬람과 스티브 레이처는 BBC와 공동으로 SPE를 재탄생시켰다. 여기에서 다른 점은 참가자들에게 해를 입히지 않기 위해 윤리적 절차가 더해졌다는 것이다(Haslam & Reicher, 2005, Haslam & Reicher, 2012, Reicher & Haslam, 2006). 이 연구는 BBC 감옥연구로 알려져 있다. BBC에서 촬영하고 2002년 방영되었다. SPE에서와 같이 남성 참가 지원자들은 자체 제작된 감옥 환경에서 무작위로 간수와 수감자의 역할에 배정되었다. 그러나 짐바르도와 그의 동료들과는 다르게 해슬람과 레이처는 감옥 내에서의 역할을 가정하지 않았고 간수들이 어떻게 행동해야 하는지에 대해 덜 지시적이었다.

어떤 일이 발생했을까? SPE에서 나타난 것과는 대조적으로 간수들은 자신들의 역할을 확인하지 못했으며 권위를 내세우는 것에 주저하였다. 그러나 수감자들은 응집적 집단 정체성을 형성하여 반항하고 6일 후 그들의 체제를 성립하였다. 이런 이유로 잔인한 간수와 수동적인 수감자들보다는 양가감정이 있는 간수와 반항적인 수감자들이 실현되었다. 간수들과 수감자들은 하나의 자치적 평등주의 공동체를 형성했지만 몇몇 참가자들이 공동체의 규칙을 어긴 사람들을 징계하는 것을 원치 않았기 때문에 짧은 기간 후에 공동체는 무너졌다. 공동체 시스템이 붕괴된 후 전 수감자와 전 간수 중 몇몇은 더 강력하게 수감자와 간수의 경계를 나누고 무력을 행사하며, 이를 유지하는 새로운 간수가 될 수 있는 쿠데타를 제안하였다. 그 시점에서 해슬람과 레이처는 8일째에 연구를 종결하였다. 해슬람과 레이처는 권력은 공유된 정체성을 설립하는 집단의 능력에 있다는 사회 정체성 이론 측면에서 이 연구결과를 해석하였다. 이 집단력은 BBC 감옥연구의 수감자들이 조명한 것처럼 긍정적인 목적으로 사용될 수도 있지만, SPE의 간수들이 보여준 것처럼 부정적으로도 사용될 수 있다. 이 연구자들은 SPE의 상황적 요인으로 인해 우리가 제안했었던 것과 같이 사람들이 자신에게 주어진 역할을 자동적으로 가정하는 것이 아니라 정체성을 형성하지 못하고 무능할 경우 이 압제를 야기할 수 있다고 결론지었다. 물론 BBC 감옥연구의 간수들이 자신들의 행동이 촬영되고 TV에 방영될 것이기 때문에 SPE 간수들과 같은 잔혹성을 보여주지 못했다고 주장할 수도 있다. 이에 대해 해슬람과 레이처(2012)는 연구가 끝날 무렵 새로운 간수 무리는 그들의 역할을 자신과 동일시하게 되었고, 수감자들을 억압하고자 하는 의지가 매우 강했음을 언급했다. 실제 여기서 권력을 가지고 있던 세력은 SPE 때와 매우 흡사했다. 하지만 그것은 참가자들이 시행하고 있는 권위주의적인 체제를 믿었기 때문이지, 맹목적으로 역할을 준수했기 때문은 아니었다.

요약

이 절에서는 우리가 귀인을 어떻게 하는지 살펴봄으로써 사회적 사고에 대해 알아보았다. 그리고 우리 자신과 타인의 행동에 대한 설명과 우리의 태도와 행동 사이의 관계에 대해 살펴보았다. 귀인은 편향된 과정이다. 우리는 관찰자로서 기본적 귀인 오류에 개입하는데, 이것은 타인의 행동에 있어서 성향적 영향은 과대평가하고 상황적 영향은 과소평가하는 경향이 있다는 것이다. 이 오류는 사람에게 관찰의 초점을 맞추는 우리의 태도에서 비롯된 것으로 보고 우리는 이 오류를 행동의 원인으로 본다. 그러나 우리가 자신의 행동을 볼 때는 타인의 행동을 관찰했을 때 성향적 영향력에 초점을 맞추었던 것과는 달리 상황적 영향력에 귀속시키는 경향이 있다. 이것을 행위자-관찰자 편향이라고 한다. 행위자-관찰자 편향은 우리 자신이 아닌 상황 속에서 행위자로서의 우리의 태도에 초점을 맞춤으로써 기인한다.

　행위자-관찰자 편향은 자기본위적 편향으로 볼 수 있다. 자기본위적 편향이란 우리 자신을 호의적으로 인식하고 우리의 자존감을 지키는 방향으로 귀인하는 경향을 말한다. 행위자로서 우리는 자신의 행동 결과가 긍정적일 때는 성향적 영향을 과대평가하고, 부정적일 때는 상황적 영향을 과대평가하는 경향이 있다. 또한 자기본위적 편향은 지능, 매력과 같이 긍정적인 특성들에 대해 우리 자신을 다른 사람과 비교할 때 스스로를 '평균 이상'으로 평가하도록 이끈다. 게다가 자기본위적 편향은 허구적 일치성 효과와 허구적 독특성 효과라는 두 가지 다른 효과를 이끌어낸다. 허구적 일치성 효과는 자신의 태도와 실패한 행동의 보편성을 과대평가하는 것이고, 허구적 독특성 효과는 자신의 능력과 성공한 행동의 보편성을 과소평가하는 것이다.

태도는 어떤 일이나 사건 그리고 타인에 대한 긍정적이거나 부정적인 평가 반응이다. 태도는 우리가 그 태도에 대해 단호한 생각을 가지고 있을 때 우리의 행동을 이끌어내는 것과 같다. 또한 우리가 태도를 의식적으로 인지하고, 우리의 행동에 대한 외부의 영향력이 적을 때, 태도는 행동으로 더 잘 나타나는 듯하다. 그러나 때때로 우리의 행동은 우리의 태도와 상반된다. 그리고 이런 상황은 종종 태도의 변화를 이끈다. 인지 부조화 이론은 이러한 태도의 변화를 설명할 수 있는 주요 이론 중 하나이다. 인지 부조화 이론이란 태도와 행동 사이의 불일치로 야기된 인지적 부조화를 감소시키기 위하여 우리의 태도를 바꾸는 것을 말한다. 그러나 그러한 변화는 우리의 행동에 대해 충분한 명분을 가지고 있다면 발생하지 않는다. 인지 부조화 이론과 상충되는 이론으로는 자기지각 이론이 있다. 이 이론에서는 부조화가 태도의 변화와 관련이 없다고 주장한다. 자기지각 이론은 우리가 단지 우리의 태도에 대해 불확실하면 우리의 행동으로부터 그것을 추론한다고 말한다. 우리는 단지 귀인을 귀속시킬 뿐이다. 두 이론 모두 각각 다른 상황에서 작용한다. 명확한 태도에서는 인지 부조화 이론이 최선의 설명이며, 비교적 불명확한 태도에서는 자기지각 이론이 최선의 설명인 것 같다. 또한 우리의 태도와 행동 모두 우리가 행하는 역할에 의해 큰 영향을 받는 것으로 보인다. 이 역할들은 분명히 규정되고 이 규정들은 우리의 행동과 태도에 크게 영향을 미친다.

우리의 태도와 행동은 또한 우리가 하는 역할에 의해 크게 영향을 받는 것으로 보인다. 이 역할들은 정의되고, 이러한 정의들은 우리의 행동과 태도에 크게 영향을 미친다. 수감자와 간수의 역할이 대학교 남학생의 행동과 태도에 미치는 영향은 짐바르도의 SPE에서 극적으로 나타난다. 그렇지만 이런 연구 결과에 대한 짐바르도의 상황적 설명에 대한 비난이 최근 수면 위로 떠올랐다. 짐바르도는 남자 대학생들의 태도와 행동에 간수와 죄수 역할의 영향력이 SPE에서 극단적으로 묘사되었다고 주장했다. 하지만 SPE에 대한 많은 비판이 있었고, SPE의 과학적 가치와 짐바르도의 연구에 대한 설명과 결과들에 의문을 제기했다. 비판가들은 실험결과가 짐바르도가 주장하는 것과 같이 죄수와 간수의 사회적인 힘이 아니라 강력한 실험자 편향과 요구 특성과 같은 SPE의 방법론적인 결함의 결과라고 생각한다. 또 다른 감옥 연구는 보다 최근에 수행된 해슬람과 레이처의 BBC 감옥연구이다. BBC 감옥연구의 결과는 사람들은 짐바르도가 주장했던 것처럼 주어진 역할을 자동적으로 가정하지 않고, 권력이 없고 집단이 폭력 행위로 이어질 수 있는 정체성을 형성하는 것은 집단의 실패라고 주장한다.

개념점검 | 2

- 행위자-관찰자 편향이 기본적 귀인 오류를 어떻게 한정하고, 자기본위적 편향은 행위자-관찰자 편향을 어떻게 한정하는지에 대해 설명하라.
- 허구적 일치성 효과와 허구적 독특성 효과 간의 차이를 설명하라.
- 우리의 행동과 태도 간의 관계를 설명하는 데 있어서 인지 부조화 이론이 더 좋을 때와 자기지각 이론이 더 좋을 때를 설명하라.

학습 가이드

핵심용어

여러분은 다음 핵심용어를 명확하게 정의할 수 있어야 한다. 분명하게 정의할 수 없는 것이 있으면, 책을 다시 읽어서라도 이해해둬야 할 것이다. 모든 용어를 이해했다고 판단되면, 연습문제를 풀어보라.

공정한 세상 가설	방관자 효과	자기충족적 예언
귀인	복종	정보적 · 사회적 영향
규범적 · 사회적 영향	사회심리학	집단극화
그것이 전부가 아닙니다 기법	사회적 촉진	집단사고
기본적 귀인 오류	사회적 태만	책임감 분산
낮은 공 기법	실험자 편향	초두효과
동조	요구 특성	태도
면전의 문 기법	응종	행위자-관찰자 편향
몰개성화	인지 부조화 이론	허구적 독특성 효과
문간에 발 들여놓기 기법	자기지각 이론	허구적 일치성 효과

핵심용어 문제

다음 각 진술이 정의하는 용어를 적으라.

1. 매우 작은 요구가 선행되고 그 후에 큰 요구에 대한 응종을 얻게 되는 것

2. 정확한 행동이나 판단이 불확실한 상황에서 정보가 필요할 때 발생되는 영향력

3. 자신의 능력과 성공한 행동의 공통점을 과소평가하는 경향

4. 의사결정에 있어서 집단조화를 이루려는 욕구가 현실적인 가치판단을 무시하게 하는 집단사고의 유형

5. 각성과 익명성이 조장되는 집단상황에서의 자기인식과 자제력이 감소되는 것

6. 어떤 목표를 두고 개인이 혼자 일할 때보다 한 집단 속에서 일할 때 노력을 더 적게 하는 경향

7. 권위자의 명령을 따르는 것

8. 긴급상황에서 도움을 받을 수 있는 확률이 주위에 다른 방관자가 많을 때보다 다른 방관자가 없을 때 더 높은 것

9. 관찰자로서 타인의 행동 원인으로 성향적 영향은 과대 평가하고 상황적 영향은 과소평가하는 경향

_____

10. 페스팅거가 발달시킨 이론으로 사람들은 자신의 태도와 행동에 부조화가 일어났을 때 인지적 불편함을 줄이기 위해 그들의 태도를 바꾸는 경향이 있다고 추정한 것

_____

11. 세상은 공평하고 사람들은 자신이 노력한 만큼 얻는다는 가정

_____

12. 인상 형성에서 초기에 수집된 정보가 나중에 수집된 정보보다 타인에 대한 인상을 형성하는 데 있어 더 큰 비중을 차지하는 것

_____

13. 처음에는 할 만하고 덜 힘든 요구를 하여 응종을 얻어내고 점차 더 어려운 요구를 하여 응종을 얻어내는 것

_____

14. 업무의 책임이 집단의 모든 집단 구성원 간에 분산될 때, 한 개인의 업무에 대한 책임감은 줄어드는 현상

_____

15. 실제적인 또는 상상된 집단 압력의 결과로서 인간이 집단의 규범을 따르기 위해 자신의 행동이나 신념, 또는 둘 다를 바꾸는 것

_____

연습문제

다음은 이 장의 내용에 관한 선다형 연습문제이다. 해답은 개념점검 모범답안 뒤에 있다.

1. 자동운동효과를 이용한 셰리프의 연구에서 나타난 동조는 _____ 에서 비롯된 것이다.
   a. 행위자–관찰자 편향
   b. 자기본위적 편향
   c. 정보적 · 사회적 영향
   d. 규범적 · 사회적 영향

2. 다음 중 동조를 증가시키는 요인은 무엇인가?
   a. 집단이 만장일치가 아닌 경우
   b. 비밀스럽게 대답할 수 있는 경우
   c. 불안정하고 무능력하다고 느끼는 경우
   d. 다른 집단 구성원보다 자신이 높은 지위에 있는 경우

3. 다음 응종 기법 중에서 작은 요구가 먼저 나오고 그 후에 더 큰 요구가 나옴으로써 응종을 얻어내는 기법은 무엇인가?
   a. 그것이 전부가 아닙니다 기법
   b. 면전의 문 기법
   c. 낮은 공 기법
   d. 문간에 발 들여놓기 기법

4. 밀그램의 전기충격 실험의 상황적 요인 중에서 가장 높은 복종률을 나타낸 것은 무엇인가?
   a. 폐쇄된 사무실 건물에서 진행되었을 때
   b. 2명의 교사가 실험자에게 불복종했을 때
   c. 실험자가 자리에 없을 때
   d. 교사가 전기충격판 위에 학습자의 손을 놓아야만 했을 때

5. 어떤 주제에 대한 집단의 우세한 의견이 집단토론을 거친 후 더 강화되는 경향을 _____ (이)라고 한다.
   a. 몰개성화   b. 집단극화
   c. 집단사고   d. 사회적 촉진

6. 어떤 일을 할 때 사회적 각성에 의해 우세한 반응이 촉진되는 것을 _____ (이)라고 한다.
   a. 몰개성화   b. 사회적 촉진
   c. 사회적 태만   d. 방관자 효과

7. 우리는 기본적 귀인 오류를 행할 때 성향적 요인 영향은 _____하고, 상황적 요인 영향은 _____하는 경향이 있다.
   a. 과대평가, 과대평가
   b. 과대평가, 과소평가
   c. 과소평가, 과대평가
   d. 과소평가, 과소평가

8. 자기본위적 편향에 의하면 우리는 우리의 실패는 _____ 귀인으로 돌리고 우리의 성공은 _____ 귀인으로 귀속시키는 경향이 있다.

a. 성향적, 성향적

b. 성향적, 상황적

c. 상황적, 성향적

d. 상황적, 상황적

9. 빌은 컨트리 음악을 좋아한다. 그러므로 그는 대부분의 사람들도 이 음악 종류를 좋아할 것이라고 생각한다. 빌의 태도는 _____의 예이다.

a. 기본적 귀인 오류

b. 행위자-관찰자 편향

c. 허구적 일치성 효과

d. 허구적 독특성 효과

10. 놀이방에 있는 두 집단의 아이들에게 매우 흥미로운 장난감을 주되 가지고 놀지 말라고 했다. 한 집단에게는 매우 엄격하게 말했고, 또 다른 집단에게는 부드럽게 전했다. 결과적으로 어느 집단도 장난감을 가지고 놀지는 않았다. 인지 부조화 이론에 따르면 어떤 집단이 나중에 이 흥미로운 장난감을 가져야 한다고 생각하는가?

a. 엄격하게 위협받은 집단

b. 부드럽게 위협받은 집단

c. 두 집단 모두 아님

d. 두 집단 모두

11. 상호 호혜성 원리를 포함하는 두 가지 응종 기법은 무엇인가?

a. 문간에 발 들여놓기 그리고 면전의 문 기법

b. 낮은 공 기법 그리고 그것이 전부가 아닙니다 기법

c. 문간에 발 들여놓기 그리고 낮은 공 기법

d. 면전의 문 기법 그리고 그것이 전부가 아닙니다 기법

12. 개인의 동조행동이 높아지는 것은 속해 있는 집단이 동조를 요청하는 이의 말을 함께 _____ 경우에 더 높게 나타났으며, 집단 내에서의 지위가 _____은 사람일수록 더 쉽게 동조하는 것으로 나타났다.

a. 들은, 낮   b. 듣지 않은, 낮

c. 들은, 높   d. 듣지 않은, 높

13. 방관자 효과란 긴급상황을 관찰하는 사람이 만일 _____라면 도와줄 가능성이 덜 한 현상을 지칭한다.

a. 긴급사태가 대도시에서 발생했을 경우

b. 긴급사태를 다른 사람이 보고 있을 경우

c. 관찰자들이 좌절한 경험을 그저 견뎠을 경우

d. 관찰자들이 과거 이전에도 이와 비슷한 긴급사태를 경험했던 경우

14. 다음의 보기 중 집단사고를 특징으로 하는 집단의 리더가 대답할 가능성이 가장 큰 문항은 무엇인가?

a. "우리는 과거에도 문제를 풀기 위해 협력했었고 난 이 관행이 계속되길 희망해."

b. "우리는 우리의 결정을 비판적으로 분석해줄 외부 분석가가 필요해."

c. "우리 각자가 이 문제에 대해 비판적으로 생각해보는 것이 중요해."

d. "아마도 우리는 소집단으로 나누어서 각자 결론에 도달해야 할 것 같아."

15. 한 개인이 타인으로부터 자신의 기대에 부응하는 반응을 이끌어낸 경우 그것을 _____ (이)라고 한다.

a. 자기본위적 편향

b. 행위자-관찰자 편향

c. 몰개성화

d. 자기충족적 예언

개념점검 1의 모범답안

• 규범적·사회적 영향과 정보적·사회적 영향의 가장 주요한 차이는 정보의 필요에 관련한 것이다. 규범적·사회적 영향이 작용할 때는 결정을 내리는 데 있어서 정보가 반드시 필요한 것은 아니다. 예를 들면 선 길이 맞히기는 애쉬의 실험과 같은 경우 어떤 것이 정답이고 어떤 행동이 맞는가 하는 것은 상당히 명확하다. 사람들은 집단 내의 다른 사람들로부터 받아들여지고 배척당하지 않기 위해 동조한다. 정보적·사회적 영향이 작용하는 경우 사람들은 어떤 것이 정확한 답이며 어떤 행동이 바른 것인지 알기 위해서 정보를 필요로 한다. 이때 나타나는 동조는 우리의 행동을 안내해줄 수 있는 정보가 필요한 데서 비롯된 것이다.

• 면전의 문 기법은 상대의 첫 번째 요구를 여러분이 거부함으로써 두 번째의 보다 작은 요구에 더 잘 응하게 되는 상황과 관련이 있는데, 이때 상대방이 실제로 여러분으로부터 얻고자 한 것은 두 번째로 한 요구이다. 그것이 전부가 아닙니다 기법은 상대가 계속해서 더 좋은 조

건을 덧붙여줌으로써 여러분으로 하여금 이득을 보았다고 생각하게 만드는 경우로서 이때도 역시 여러분은 두 번째 조건을 더 잘 받아들이게 되는 상태가 된다.

• 만약 결과가 동일할 것이라고(0%의 복종) 예측했다면 틀린 것이다. 결과는 밀그램의 원래 실험조건의 경우와 동일한 최대 복종률 65%로 나타난다. 그 이유는 아마도 우리가 권위를 잃어버린 사람들에 대하여 어떻게 느끼는가와 관련이 있을 것이다. 그 실험자는 학습자가 되기로 동의하면서 그가 가지고 있던 권위를 포기해 버렸고, 전기충격을 주게 되는 피험자인 교사는 학습자가 되어 버린 그 사람을 더 이상 권위 있는 인물로 보지 않게 되는 것이다.

• 방관자 효과에 의하면 통행자가 별로 없는 국도에서 여러분은 더욱 쉽게 도움을 얻을 수 있다. 왜냐하면 차가 드문 국도에서 사람들은 여러분을 도와야 한다는 책임감을 더 많이 느끼게 되기 때문이다. 아마 도와줄 다른 사람이 별로 없다는 것을 알고 있기 때문에 실제로 도움을 제공할 것이다. 차들의 통행이 많은 고속도로에서는 지나다니는 수많은 차들로 인해 개인이 느끼는 책임감이 줄어들고, 사람들은 누군가 다른 사람이 돕겠지 하고 생각할 것이다.

개념점검 2의 모범답안

• 행위자-관찰자 편향은 기본적 귀인 오류와 관련 있다. 왜냐하면 이 경우 우리가 하게 되는 귀인은 우리가 행위자이고 우리 자신의 행동에 대하여 귀인하는가, 아니면 타인의 행동을 우리가 관찰한 것으로 귀인하는가에 따라 결과가 달라지기 때문이다. 행위자-관찰자 편향은 우리가 행위자였을 때는 상황적 귀인을 하도록 만들고 관찰자일 때는 성향적 귀인을 하도록 만든다. 행위자-관찰자 편향은 자기본위적 편향이라고도 하는데, 우리가 한 행동에 대한 귀인은 행동의 결과가 긍정적인가 부정적인가에 따라 달라지기도 하기 때문이다. 만약 결과가 긍정적이면 우리는 성향적 귀인을 하는 경향을 나타내고 결과가 부정적이면 상황적 귀인을 하게 되는 경향이 있다.

• 허구적 일치성 효과는 우리가 우리의 의견이나 성공적이지 못했던 행동들의 일반성을 과대평가하는 경우에 일어난다. 허구적 독특성 효과는 우리의 능력이나 성공적이었던 행동들의 일반성을 과소평가하는 경우에 나타난다. 이러한 효과들에 의하면 우리는 다른 사람들이 우리의 의견이나 성공적이지 못했던 행동들은 많이 공유하고 있지만 우리가 가지고 있는 능력이나 성공적인 행동들은 쉽게 찾아볼 수 없다고 생각한다. 이러한 효과들은 자기본위적 편향으로서 우리의 자존감을 보호해주는 기능을 한다.

• 인지 부조화 이론은 우리의 태도가 잘 정리된 상황에 대한 설명으로 더 적합하다. 우리의 태도가 명확하면 그에 맞지 않는 행동을 우리가 하게 될 때 부조화를 느끼도록 만들고, 그 결과 우리가 하는 행동에 맞도록 태도를 바꾸게 된다. 우리의 태도가 분명치 않은 상황에서는 자기지각 이론이 더 적절한 설명을 제공해줄 수 있는데, 이런 경우 우리는 행동을 통해 우리의 태도를 유추하는 자기귀인을 사용한다.

핵심용어 문제의 답

1. 문간에 발 들여놓기 기법
2. 정보적 · 사회적 영향
3. 허구적 독특성 효과
4. 집단사고
5. 몰개성화
6. 사회적 태만
7. 복종
8. 방관자 효과
9. 기본적 귀인 오류
10. 인지 부조화 이론
11. 공정한 세상 가설
12. 초두효과
13. 낮은 공 기법
14. 책임감 분산
15. 동조

연습문제의 답

1. c
2. c
3. d
4. a
5. b
6. b
7. b
8. c
9. c
10. a
11. d
12. a
13. b
14. a
15. d

Jackie Saccoccio and Van Doren Waxter, NY.

10 이상심리학

정신장애와 그 치료에 대한 과학적 연구를 **이상심리학**(abnormal psychology) 이라고 부른다. 이 장에서는 몇 가지 종류의 주요 정신장애에 대해 살펴보고 이를 치료하기 위해 사용되는 다양한 종류의 치료접근에 대하여 설명할 것이다. 또한 이러한 치료접근들이 장애를 치료하는 데 실제로 효과적인지 아닌지에 대한 중요한 질문들을 함께 다루어볼 것이다. 그러기 위해서는 우선 병에 대한 진단과 분류과정들을 이해해야 하는데, 이를 통해 병적인 행동과 사고가 어떻게 발견될 수 있는지 알 수 있기 때문이다.

> **이상심리학** 정신장애와 그 치료에 대해 과학적으로 연구하는 심리학의 분야

정신장애의 진단과 분류

정신건강 전문가들은 누군가의 행동이나 사고에 대해 어디까지가 정상이고 어디서부 터는 이상이라고 어떻게 결정지을 수 있는 것일까? 그들은 이러한 판단을 내리는 데 도움을 주는 네 가지 핵심 준거를 사용한다. 기억해야 할 중요한 사실은 어떤 사람의 행동이나 사고가 이러한 준거들 중 하나 또는 그 이상과 맞아떨어진다 하더라도 이것만으로는 그 사람이 정신장애를 가지고 있다고 단언할 수는 없다는 것이다. 이러한 사실은 이 제부터 질문형식으로 소개될 각각의 준거들을 살펴봄으로써 보다 명확해질 것이다.

첫째, 그 행동이나 사고가 일반적이지 않은(통계적으로 드문) 것인가? 물론 통계적으로 드문 행동이나 사고가 모두 이상한 것은 아니다. 스카이다이빙을 생각해보자. 우리 사회에서는 스카이다이빙이 일반적인 것은 아니지만 그렇다고 해서 스카이다이버들이 정신질환이 있는 것은 아니다. 하지만 환각을 경험하는 것은 일반적이지 않으면서 정신질환을 나타내는 행동이 될 수 있다.

둘째, 그 행동이나 사고가 부적응적인가? 부적응적 행동 또는 사고는 개인이 삶의 여러 가지 필요에 성공적으로 기능하고 적응하는 것을 방해한다. 따라서 장애를 가진 사람은 일상생활에서 적절히 기능할 수 없다. 예를 들면 집 밖으로 나가기를 두려워하는 것은 일반적이지 않으면서 동시에 부적응적인 것으로서 일상생활을 영위하지 못하도록 방해하는 행동일 것이다.

셋째, 그 행동이나 사고에 의해 자신이나 타인이 불편함을 경험하는가? 어떤 젊은이가 거리에서 특이한 곡예를 보임으로써 생활비를 벌어 보려고 시도했으나 돈을 버는 데 실패하였다고 가정해보자. 그의 행동은 특이하고 부적응적(돈이 금방 다 떨어질 것이다)이지만, 그의 행동이 고통스럽거나 다른 사람을 방해하는 것이 아니라면 그를 정신질환자로 볼 수 없다.

넷째, 그 행동이나 사고가 논리적인가? 예를 들어 새에 대한 두려움이 너무 심해서 새를 생각하는 것만으로도 심한 불안을 경험한다고 하자. 그는 이러한 자신의 행동이 대단히 특이하고, 부적응적이며, 고통스러운 공포가 논리적이지 않다는 것을 잘 알면서도 여전히 불안감을 가라앉힐 수 없다면 정신적인 병을 앓고 있다고 볼 수 있을 것이다. 이러한 준거들은 개인의 행동이나 사고가 '이상'이라고 결정 내리는 데 유용한 것들이다. 그렇다면 그 개인이 가지고 있는 병을 어떻게 정확히 알 수 있을까? 이러한 결정을 내리기 위해 전문가들은 우리가 다음 내용에서 논의하려는 진단 분류체계를 사용한다.

진단 및 통계편람

미국 정신의학회(APA)에서 2013년 발행한 **정신질환의 진단 및 통계편람, 제5판** (*Diagnostic and Statistical manual of Mental Disorders*, Fifth Edition, DSM-5)은 현재 가장 널리 사용되고 있는 정신장애 진단체계이고 비공식적으로는 '정신장애의 성경'이라고 불린다. DSM-5의 목표는 정신장애를 정확하게 진단하고 치료할 수 있도록 안내지침을 제공하는 것이다. DSM은 각 장애를 행동 및 심리 증상에 기초하여 분류하고 있고, 각 장애에 대한 진단 가이드라인을 규정한다. APA는 DSM-5를 이미 출판하였으나 새로운 연구가 보충됨에 따라 그 내용을 업데이트할 수 있도록 '살아 있는 문서'로 발행하려는 계획이 있다. 업데이트된 내용은 새로운 버전이 보강 증보될 때까지 온라인 버전으로 소개될 것이며 DSM-5.1, DSM-5.2와 같이 소수점으로 표기할 예정이다. DSM-5 이전 버전을 표기할 때는 로마 숫자를 사용하였으나(예 : DSM-IV), 계속되는 수정을 용이하게 하기 위해 아라비아 숫자 형식으로 바꾸었다.

정신질환의 진단 및 통계편람(DSM)이 1952년에 처음 출판되었을 때는 86페이지에 60여 가지의 정신장애에 대해서만 기술하였다(Cordón, 2005). 반면에 DSM-5는 거의 1,000페이지에 달하고 대략 400여 가지의 정신장애에 대해 기술한다. 그렇다면 DSM에 수록된 장애의 가짓수가 이렇게 극적으로 증가해서 처음에는 스프링으로 제본된 책이 제5판에 이르러서는 어떻게 이렇게 두꺼운 책이 될 수 있었을까? 그 이유는 지난 60여 년간 DSM이 계속해서 개정되면서 다양한 장애에 대한 지식이 증가되고 또 어떻게 구분되는지 밝혀짐에 따라 더 많은 장애들이 분류될 수 있었기 때문이다. 장애를 더욱 잘 구분짓게 되면서 진단 신뢰도도 높아졌다. 실제로 DSM-5의 조직위원들은 이 매뉴얼을 개발할 때 신뢰도

정신질환의 진단 및 통계편람, 제5판 (DSM-5) 미국 정신의학회에서 발행한 정신장애에 대한 진단 및 분류 가이드라인

를 높이고자 절차에 따라 엄격하게 작업하였다(Regier, Narrow, Kuhl, & Kupfer, 2011). 방대한 연구자료를 검토했고, 진단 어려움에 대해서는 수많은 임상가들과 면담했으며, 이전 판에서는 신뢰하지 못했던 범주에 대한 새로운 진단 준거와 범주를 개발하였다. 이로써 DSM-5는 이를 사용하는 임상가들이 좀 더 안심하고 진단할 수 있는 분류체계를 만들 수 있었다. 이는 임상가들이 특정한 환자들에게 특정한 진단을 내리는데 보다 쉽게 동의할 수 있게 되었다는 의미이기도 하다. DSM-5 조직위원들은 DSM-5의 타당성을 보장하기 위해 광범위한 연구를 수행했다. 그들은 DSM-5의 다양한 장애범주로 분류된 사람들의 미래 증상 및 행동을 예측할 수 있는 예측 타당성에 주된 관심을 기울였다. 따라서 DSM-5의 타당성과 신뢰성은 이전 개정판보다 높아야 한다. 그러나 DSM-5 조직위원의 노력

DSM-5(2013년 발간)는 정신장애 진단 및 통계편람 최신판으로 정신장애 진단체계로 가장 널리 사용되고 있다. DSM-5는 새로운 연구가 나오면 계속 업데이트될 살아 있는 문서이다.

에도 불구하고 일부 비판가들은 여전히 DSM-5의 신뢰성과 타당성에 우려를 표하고 있다(Frances, 2013; Freedman et al., 2013).

이러한 신뢰성과 타당성에 대한 우려와 더불어 DSM-5는 다른 차원에서 크게 비판을 받아 정신건강 전문가들 사이에 상당한 동요를 일으켰다(Frances, 2013; Greenberg, 2013). 주요 비판은 DSM-5의 진단분류가 통제를 벗어나 결국 정상행동 및 평범한 삶의 많은 측면들이 정신장애 진단기준에 포함되었다는 것이다. 예컨대 정상적인 노화를 다소 넘어서는 수준의 정신쇠퇴가 새로운 DSM-5에는 '경도 신경인지장애'로 진단된다는 것이다('깜빡하는 것'에 임상적 중요성을 둠). 그리고 반복되는 분노발작이 있는 아이들은 새로운 DSM-5에서 '파괴적 기분조절부전장애'의 기준에 들어가게 되었다. DSM-5는 주요우울장애 진단에서 사별 배제조항을 삭제하기도 했다. DSM 이전 판에서는 사랑하는 사람을 잃은 사람들은 사별 후 첫 2개월 동안은 이 진단을 받는 것에서 배제되었다. 따라서 사랑하는 사람을 잃은 정상적인 슬픔 반응을 겪는 많은 사람들도 이제는 주요우울장애 진단을 받을 수 있다. DSM-IV 대책위원장을 지낸 앨런 프랜시스는 DSM-5의 새로운 진단에 따르면 "일상의 불안과 기이한 행동, 망각, 그리고 나쁜 식이습관은 정신장애가 될 수 있다."고 주장한다(Frances, 2013, pp. xv-xvi). 프랜시스에

간결성 By Guy & Rodd

저는 복잡한 수많은 출입구가 있는 55개 방이 있는 빌딩 같다는 망상에 빠져 있어요.

그렇군요. 당신은 '이 장애와 이 장애, 그리고 이 장애'의 전형적인 케이스 때문에 고통받고 있군요.

GoComics.com/brevity 2-5
©2013 Universal Uclick

이것은 DSM-5의 저자들이 미처 생각하지 못한 장애이다.

의하면 이런 과진단은 제약산업에 금광을 안겨주는 것일 뿐 아니라 모든 위양성 환자들(정신장애가 있다고 거짓으로 진단된 사람들)에게 엄청난 비용을 발생시킬 것이다.

이런 단점들에도 불구하고 DSM-5는 많은 유용한 목적을 제공한다. DSM-5는 임상가와 임상 연구자들이 정신장애를 설명, 논의, 평가, 치료하고 이에 관한 연구수행을 하는 데에 필요한 공통 언어와 사용 가능한 분류체계를 제공한다. 이에 더하여 중요한 현실적인 목적을 위해 사용되기도 하는데, 건강보험회사들이 심리치료 비용을 지불하기 전에 DSM-5 진단 분류명을 요구하기 때문이다. DSM-5는 여전히 진행 중인 작업으로 여겨져야 할 것이다. 정신장애에 대한 우리의 지식이 진화함에 따라 DSM도 진화할 것이다. 그러나 현재로서는 DSM-5가 사용 중인 분류체계이다. 어떻게 사용되는가?

DSM-5는 임상의가 개인의 현재 증상과 장애의 심각성에 관한 판단과 함께 개인의 증상이 나타내는 장애(또는 장애들)를 식별하도록 요구한다. DSM-5는 400여 개의 장애들에 대한 구체적인 진단범주, 주요 임상적 특징, 유병률과 같은 배경 정보를 제공한다. 몇몇 장애들은 특정 증상들을 공유하기 때문에 DSM-5는 이런 장애들을 주요 범주로 묶었다. 예컨대 불안이라는 증상을 공유하는 공포증과 공황장애와 같은 여러 장애들은 불안장애로 분류된다. DSM-5에는 이와 같은 20여 개의 주요 범주들이 있다. 우리는 이 범주 중 불안장애, 강박 및 관련장애, 우울장애, 양극성 및 관련장애, 조현병 스펙트럼 및 기타 정신병적 장애, 그리고 성격장애를 살펴볼 것이다. DSM-5 분류체계는 개인이 아니라 증상의 양상에 적용되는 것이기 때문에 '조현병자'가 아니라 '조현병이 있는 사람'이라고 언급한다는 것을 기억하자.

정신장애가 있는 사람들에게 진단명 내리기

장애를 분류할 때 정신장애라는 진단명이 사람들에게 낙인이 될 수 있는데, 이는 사람들에 대한 우리의 지각을 그들이 받은 진단명으로 편향하여 해석하는 부정적인 영향으로 이어질 수 있다. 우리의 인식은 더 이상 객관적이지 않을 수 있다. 비견한 예로 정신장애가 있는 사람들에 대해 보통 사람들이 사용하는 '미친', '정신 나간', '돌아 버린'과 같은 용어들을 생각해보자. 이러한 용어들은 단어 자체가 아주 강하고 부정적인 느낌을 드러낸다. 마찬가지로 진단명 역시 부정적인 느낌을 주며, 그러한 진단을 받은 사람들의 행동을 그 진단명에 근거해서 해석하기도 한다. 이러한 낙인은 우리의 인식을 좌우한다. 요컨대 낙인효과를 불러일으킬 수 있다는 주장은 설득력 있는 것처럼 보이는데, 실제로도 그렇다는 증거가 있는가?

지각적 편향을 일으키는 낙인효과를 증명해낸 유명한 실험이 있다(Rosenhan, 1973). 제9장에서 논의된 밀그램의 복종실험이나 짐바르도의 스탠포드 감옥연구처럼 "정신나간 장소에서 제정신이 되는 것에 관한" 연구는 논쟁을 초래한다. 스와드모어대학의 심리학과 교수인 데이비드 L. 로젠한은 1969~1972년에 심리학과 대학원생, 심리학자 3명, 소아과 의사, 가정주부, 화가, 총 7명과 함께 5개 주에 있는 다른 병원으로 가서 입원허가를 신청했다. 이들은 조현병의 주요 증상인 환청이 들린다고 거짓 보고하였다. 이들은 '공허해', '무의미해', '젠장' 같은 소리가 들린다고 말했다. 이 외에는 보통 사람과 전혀 다르지 않게 행동하였고 자신이 정말 누구인지에 대한 것은 밝히지 않았다. 첫째, 연구자들은 자신이 보고하는 단 한 가지의 증상에 의해서도 입원이 될 수 있는지를 알아보고자 하였다. 둘째, 입원을 하고 난 다음에 자신들에게 무슨 일이 일어날 것인지를 알고자 하였다. 만약 자신들이 정상인처럼 행동하고, 더 이상 목소리가 들리지 않으며, 다시 정상인인 것처럼 느껴진다고 말한다면 어떻게 될 것인지를 알아보고자 하였다. 로젠한에 따르면 다음과 같은 일이 일어났다. 가짜 환자들은 조현병으로 모두 입원이 되었고, 8일에서 52일 동안 정신병동에 갇혀 있어야만 했다. 로젠한은 환자들이 이후에 보인 정상행동은 모두 조현병에 입각해서 해석되었다고 주장하였다. 이를테면 연구자 중 한 사람은 계속 노트에 메모를 하였는데 사실상 이 메모는 연구진행 과정에 관한 것이었음에도 불구하고 병증으로 해석되었다. 그들은 어떤 치료를 받았을까? 대부분은 항정신성 약물을 처방받았다. 대략 2,100정을 처방받았으나 단 2알만 복용하였다. 이 가짜 환자들은 약을 먹는 척하였고 주머니에 넣어 변기에 버렸다. 흥미롭게도 연구자들이 가짜 환자임을 알아차린 것은 병원 직원들이 아닌 실제 환자들이었다. 심지어 가짜 환자들이 퇴원할 때에도(평균 19일을 입원함) 퇴원 기록에 정신과적인 진단명이 붙어 있었다.

로젠한의 연구결과와 대담한 해석은 의심의 여지가 없었다. Ruscio(2004, 2015)가 지적한 것처럼 이 사실은 1973년 사이언스에 연재된 일련의 서한을 시작으로 1975년 로젠한의 논쟁에 대한 대응을 중점적으로 다루는 이상심리학 저널 특집으로 이어질 정도로 반응이 쇄도했다. Millon(1975), Spitzer(1975, 1976), Weiner(1975), 그리고 동료들로부터 세부적인 비판도 뒤따랐다. Ruscio에 따르면 이러한 비평은 로젠한이 심각한 결함이 있는 방법론을 사용하고, 관련 데이터를 무시하며, 불건전한 결론에 도달했다고 지적했다. 또한 로젠한의 결론을 받아들이는 데 가장 큰 어려움은 가짜 환자들의 퇴원 진단을 중심으로 이루어졌다는 것이다. 한 명을 제외하고 모두 "정신분열증(조현병)이 차도가 있음"으로 진단받았다. 다른 가짜 환자 한 명은 "조울증이 차도가 있음"으로 진단받았다. Spitzer(1976)는 로젠한이 연구할 당시에는 정신과 병원에서 이러한 분류가 거의 사용되지 않았음을 나타내는 자료를 내놓았다. 이를 감안할 때 Spitzer는 진단가가 각기 다른 병원에 소속되었음에도 불구하고 환자에 대한 진단이 일치한 것은 (1) 진단은 신뢰할 수 없다는 로젠한의 주장과 모순되며, (2) 퇴원 진단이 환자의 정신병적 증상이 없어졌다는 관찰에 기초하여 퇴원이 이루어졌기 때문에 의사들의 초기 정신질환 진단에서 크게 벗어날 수 없었다고 주장한다. 비판가들에 따르면 로젠한의 연구결과는 가짜 환자에 대한 임상적 결정이 초기 진단보다 진단 후의 행동에 더 의존했음을 시사한다. Spitzer는 로젠한에게 자신의 결론을 증명하기 위해 자료를 요청했지만 결코 받지 못했다는 점에 주목할 필요가 있다. 게다가 정신과적인 진단명이 사람들에게 낙인을 찍어 해를 끼친다는 주장은 근거 없는 믿음이라는 것을 나타내는 실질적인 연구 기관이 있다(Lilienfeld, Lynn, Ruscio, & Beyerstein, 2010). 이것은 정신질환의 낙인이 존재하지 않는다는 것을 의미하는 것이 아니라 낙인은 진단명 그 자체가 아닌 정신과적인 행동과 같은 다른 요소의 산물이라는 것이다(Ruscio, 2004). 결론적으로 모든 비판에도 불구하고 로젠한의 연구는 정신질환의 분류(진단 및 진단명 달기)에서 발생할 수 있는 문제를 환기시켰다는 점에서 의의가 있다. 이미 논의된 바와 같이 이러한 문제의 주장은 DSM의 역사 내내 존재했고, 특히 DSM-5에서 일반적인 것으로 나타났다(Frances, 2013; Greenberg, 2013).

그러나 로젠한의 연구에서 대개 잘 언급되지 않는 두 번째 연구가 있는데, 이 연구는 우리가 제3장에서 논의한 지각적 세트를 명확하게 보여주고 있기에 흥미롭다. 로젠한의 초기 연구결과를 알고 있던 유명한 연구의 스태프와 교육병원 직원들은 자신들의 병원에서 유사한 오류가 발생하지 않을 것이라고 주장했다. 이에 따라 로젠한은 그들을 위한 실험을 설계하였다. 로젠한은 그들에게 3개월에 걸쳐 한 명 이상의 가짜 환자가 병원 입원을 시도할 것이며, 병원 직원들은 환자가 가짜 환자일 가능성을 염두에 두고 입원하는 모든 환자를 진단해야 한다고 안내했다. 결과는 어땠을까? 장애 증세로 입원한 193명의 실제 환자 중 83명(43%)은 정신과 의사나 직원 1명 이상에게 의심받거나 확신을 가진 가짜 환자 판정을 받았다. 그러나 로젠한은 어떤 가짜 환자도 보내지 않았다. 병원 직원들이 가짜 환자일 것이라 의심하거나 판정했던 모든 환자는 진짜 환자였다. 로젠한은 정신과 의사들과 병원 직원들이 가짜 환자를 보도록 했고, 그들은 가짜 환자가 아무도 병원에 오지 않았을 때도 그렇게 보았다. 제3장에서 말한 것처럼 보는 것이 믿는 것이지만, 보는 것이 반드시 옳은 것은 아님을 기억하자.

이러한 정신장애인들에 대한 편견은 TV와 미디어에서 종종 잘못 묘사되면서 더욱 복잡한 양상을 띠게 되었다. 대부분의 정신장애인이 자신을 제외한 다른 사람들에게 위협적이지 않음에도 불구하고 종종 폭력적이거나 다른 사람들에게 위험한 존재로 묘사되곤 한다(Applebaum, 2004; Lilienfeld et al., 2010; Teplin, 1985). 또한 이러한 미디어의 묘사는 전형적으로 매우 극적이기 때문에 우리 기억 속에 고착되는 경향이 있고, 따라서 그러한 사건이 실제보다 더 널리 퍼져 있다고 생각하게 만들 수 있다. 이는 우리가 제6장에서 논의했던 가용성 휴리스틱을 사용하기 때문이다. 실제로는 그러한 사건이 널리 퍼지지 않았다. 우리는 또한 이러한 사건들이 정신장애가 있는 대부분의 사람을 대표하지 않는다는 것을 알아야 한다. 대부분의 정신장애인은 그들의 생활에서 어려운 시기를 지나거나 적응하는 데 어려움이 있음을 발견하게 된다. 진단명은 정신장애를 가진 사람들을 치료하는 방법을 알고, 건강 전문가들이 그러한 장애에 대해 서로 의사소통할 수 있도록 하며, 연구를 수행하기 위해서는 필요하지만 사람에게는 진단명보다 훨씬 많은 것이 있다. 개인과 그 개인의 병에 대한 진단명은 항상 구분되어야 한다는 것을 기억해야 한다.

오늘날 우리는 진단범주 체계에 대하여 그리고 그 약점에 대하여 상당히 이해하게 되었다. 이제 이러한 몇몇 주요 임상적 장애에 대해 살펴보도록 하겠다.

요약

우리는 먼저 이상행동과 사고를 분류하는 준거와 정신장애가 어떻게 진단되고 분류되는지에 대해 살펴보았다. 이상성은 행동과 사고가 비전형적이고, 부적응적이며, 불편을 야기하고 논리적이지 않음을 기준으로 한다. 가장 널리 사용되는 진단체계는 정신질환의 진단 및 통계편람, 제5판(DSM-5)이다. DSM-5

는 분류의 근거를 행동 및 심리학적 증상에 두고 대략 400여 가지의 장애에 대한 진단 안내지침을 제공한다. 몇몇 장애들이 특정 증상들을 공유하기 때문에, DSM-5는 이런 장애들을 불안장애, 우울장애와 같은 20가지의 주요 장애범주로 분류하였다. DSM-5는 여전히 진행 중인 작업으로 이해해야 하며 살아있는 문서로서 이후 새로운 연구결과들이 나타남에 따라 DSM-5.1, DSM-5.2 등이 출판될 예정이다.

DSM-5의 주요 강점은 이전의 DSM보다 신뢰성이 높아졌다는 것이다. 그럼에도 불구하고 DSM-5는 진단명을 너무 넓게 잡아 정상행동이 비정상으로 분류될 가능성이 있다는 비판을 받았다. 이러한 단점이 있긴 하지만 DSM-5는 정신장애에 대한 우리의 현 지식을 반영하고 임상현장과 연구에서 매우 중요한 기능을 한다. 임상가와 임상 연구자들이 정신장애를 설명, 논의, 평가, 치료하고 이에 관한 연구수행을 하는 데에 필요한 공통 언어와 사용 가능한 분류체계를 제공한다. 더하여 중요한 현실적인 목적을 위해 사용되기도 하는데, 건강보험회사들이 심리치료의 비용을 지불하기 전에 DSM-5 진단분류명을 요구하기 때문이다. 따라서 장애 분류는 많은 목적 때문에 필수적이다. 또한 장애 분류(사람들에게 정신의학적인 진단명을 붙이는 것)는 사람들에게 낙인찍음으로써 해를 끼치지 않는다는 것을 기억하는 것도 중요하다. 그러나 장애가 있는 사람들에 대한 우리의 인식은 대부분의 사람들이 그들 자신을 제외하고 그누구에게도 위협이 되지 않는다는 점에도 불구하고 장애를 가진 사람들을 폭력적이고 위험하다는 미디어의 잘못된 표현으로 인해 편향된다.

- DSM-5가 무엇인지 설명하라.
- 여러 논란이 있지만 정신장애에 진단명을 붙여서 분류하는 것이 필요한 이유가 무엇인지 설명하라.

정신장애의 여섯 가지 주요 범주

이 단락을 읽으면서 주의해야 할 것은 '의대생 증후군'이다. 이것은 장애(또는 질환) 증상에 대해 읽으면서 사람들 스스로가 이러한 장애를 가지고 있는 것으로 생각하게 되는 경향성을 말한다. 증상(symptom)은 행동 또는 정신적 과정으로서 장애의 존재를 나타내는 것들을 말한다. 많은 장애 증상은 종종 우리 모두가 경험하는 행동이나 생각과 관련하여 나타나고, 우리로 하여금 이러한 장애를 가지고 있다고 생각하게 할 수 있다. 이러한 잘못된 진단을 피하기 위해서는 이상행동과 이상사고를 구분하는 준거들을 기억해야 한다. 예를 들면 우리 모두는 일상의 다양한 상황 가운데 대중 앞에서 발표할 시기가 가까워 오거나 가족이 사망하는 등의 이유로 불안감이나 우울함(다수의 다양한 장애 증상)을 경험할 수 있다. 그러나 이러한 불안감과 우울감이 우리의 정상적인 기능을 방해할 때에만 장애 증상으로 간주될 수 있다. 삶의 여러 가지 도전에 대한 우리의

표 10.1	임상장애의 여섯 가지 주요 범주와 각 범주 내의 특정 장애
주요 범주	범주 내의 특정 장애
불안장애	특정공포증, 사회불안장애(사회공포증), 광장공포증, 공황장애, 범불안장애
강박 및 관련장애	강박장애, 수집광, 피부뜯기장애, 발모광(털뽑기장애)
우울장애	주요우울장애
양극성 및 관련장애	양극성 장애
조현병 스펙트럼 및 기타 정신병적 장애	조현병
성격장애	회피성 성격장애, 조현성 성격장애, 반사회성 성격장애

반응이 장애로 인해 비전형적이거나 부적응적, 비합리적이 되는 등 방해를 받게 되면 고통을 경험하게 된다.

무엇이 이러한 이상행동과 이상사고를 일으키는 것일까? 대부분 정신장애의 원인은 4개의 주요한 연구 접근법, 즉 생물적, 행동적, 인지적, 사회문화적 접근으로 설명된다. 이러한 접근 중 어느 하나가 다른 것들보다 장애의 모든 측면을 더 잘 설명해준다는 증거는 없다. 그러나 특정 접근이 특정한 상황에서 특정한 장애를 설명하는 데 더 용이하기는 하다. 하지만 그런 경우에도 하나 이상의 다양한 원인을 통해 장애를 설명하고자 하는 노력이 적절하다. 이러한 접근을 **생물-심리-사회적 접근**(biopsychosocial approach)이라고 하는데 생물적, 심리적, 사회문화적 요인 간의 상호작용의 결과로 이상심리를 설명하는 접근이다. 다양한 장애를 살펴보면서 이러한 접근의 예를 제시하도록 하겠다. 표 10.1은 여섯 가지 주요 장애를 제시하면서 우리가 살펴볼 각 분류에 속하는 특정 장애들을 소개하고 있다.

불안장애

우리 모두는 불안을 경험한다. 여러분도 시험 기간, 특히 기말고사 기간에는 더 불안해지지 않는가? 대부분의 학생들은 시험에 대한 불안을 경험한다. 중요한 발표가 있기 직전은 어떠한가? 아마도 불안을 다시 느끼게 될 것이다. 이러한 불안은 병의 증상이 아니라 아주 자연스러운 반응이다. **불안장애**(anxiety disorders)는 극도의 공포, 불안 및 회피성 행동과 같은 관련된 행동장애의 특징을 공유하는 장애이다

생물-심리-사회적 접근 생물적, 심리적 (행동과 인지), 사회문화적 요인 간의 상호 작용의 결과로 이상심리를 설명하는 접근

불안장애 극도의 불안을 경험하는 개인 이 그 불안으로 인해 고통과 비전형적, 부 적응적, 비합리적 행동을 나타내는 장애

(APA, 2013). 불안장애의 경우 불안과 공포는 이유 없이 나타나고, 개인의 일상생활의 정상기능을 심각하게 방해할 정도로 강력하게 나타난다. 특정 불안장애들은 과도한 공포와 불안을 야기하는 그 대상과 상황이 서로 다르다. 불안장애가 미국 내에서 가장 일반적인 장애이기 때문에(Hollander & Simeon, 2011) 불안장애에 속하는 특정공포증인 사회불안장애(사회공포증), 광장공포증, 공황장애, 범불안장애를 살펴볼 것이다.

특정공포증 DSM-5에 의하면 **특정공포증**(specific phobia)은 특정 대상이나 상황(뱀이나 높은 장소)에 대한 확연하고 지속적인 공포가 과도하고 비현실적으로 나타나는 것을 말한다. 특정공포증의 전반적인 유병률은 7~9%이고, 청소년에게서 더 높고 노인에게서 더 낮게 나타난다(APA, 2013). 또한 특정공포증은 남성보다 여성에게서 약 2배 더 흔하다. 특정공포증의 종류는 표 10.2에 제시되어 있다. 특정공포증을 겪는 사람은 그러한 공포가 과도하고 비현실적이라는 것을 알지만 조절할 수가 없다. 대상이나 상황에 대한 회피 또는 대상을 접하게 될까 봐 과도하게 불안해하는 것 등이 정상적인 생활을 방해한다. 중요한 것은 우리 대부분이 뱀, 거미 등과 같은 특정 대상에 대하여 두려움을 나타내거나 높은 장소에서 공포를 느끼는 고소공포증을 가지고 있지만, 이것이 장애가 있다는 의미는 아니다. 이러한 불안이나 공포가 정상적인 기능을 방해할 정도라거나 비적응적 또는 비논리적 행동을 하도록 만들지는 않기 때문이다.

이러한 차이를 더욱 잘 이해하기 위해 새에 대한 특정공포증을 가지고 있는 여성에 대한 간단한 사례를 살펴보자. 이 여성은 새와 마주치게 될까 두려워서 집에만 갇혀 있게 되었다. 집에서 무슨 소리라도 들릴라치면 새가 집에 들어온 것으로 생각하였다. 실제로 새를 보지 않더라도 보게 될 것이라는 두려움 때문에 그녀의 행동은 심각하게 영향을 받게 되었다. 집을 나설 때는 새를 치지 않기 위해 조심스럽게 후진해서 나오는데, 혹시라도 새를 치게 된다면 새들이 그녀에게 복수하게 될 것이라는 두려움을 가지고 있었다. 복수라는 인지적인 활동은 새들의 지능을 넘어서는 것이라고 알고 있기는 하지만 여전히 새에 대한 공포는 떨쳐버릴 수가 없었다. 그녀의 행동과 생각은 확실히 비정상적인 것이었다.

무엇이 이러한 특정공포증을 일으키는 것일까? 생물-심리-사회적 접근은 행동적 측면과 생물적 요인이 함께 관여하는 것으로 설명하고 있다. 우리는 공포감을 고전적 조건형성의 과정을 통해서 학습하는데, 생물적 요인이 더 쉽게 특정한 종류의 공포를 학습하도록 미리 준비

특정공포증 특정 대상이나 상황에 대한 확연하고 지속적인 공포가 과도하고 비현실적으로 나타나는 불안장애

표 10.2	특정공포증 종류
공포증	특정 공포대상
고소공포증	높은 곳
비행공포증	비행
광장공포증	길 건너는 것
거미공포증	거미
폐쇄공포증	폐쇄공간
개공포증	강아지
결혼공포증	결혼
교량공포증	다리 건너기
공수병	물
뱀공포증	뱀
새공포증	새
공화증, 불공포증	불
사망공포(증)	죽음
외국인공포증	외국인
동물공포증	동물

하게 만든다는 것이다. 요컨대 우리는 특정 대상이나 상황에 더 쉽게 공포를 학습하도록 조건형성되어 있다. 제4장에서 소개한 왓슨과 레이너가 어린 앨버트를 대상으로 흰쥐에 대해 공포를 학습하도록 고전적 조건형성시킨 실험을 기억하는가? 행동주의 심리학자들은 특정공포증에서 나타나는 공포반응은 고전적 조건형성의 방법으로 학습되며, 실제 상황에서 스트레스가 되는 경험, 특히 어린 시절의 경험을 통해 생겨난다고 본다. 예를 들면 앞에 소개한 새공포증을 가지고 있는 여성의 경우는 아마도 어린 시절 유명한 알프레드 히치콕 감독의 영화 '새(The Birds)'(새들이 인간을 야만스럽게 공격)를 관람하는 동안 경험한 스트레스에 기인하는 것일지도 모른다. 여러분은 또한 제4장에서 소개한 생물적 준비성이 학습을 좌우한다는 사실을 기억할 것이다. 특정 연합(미각과 고통)은 쉽게 학습되는 반면 다른 종류의 연합(미각과 전기충격)은 학습이 어렵다. 이러한 생물적 준비성은 생물로 하여금 특정 대상(높은 장소 또는 동물)에 대하여

그러한 공포를 가짐으로써 보다 잘 살아남아 자신의 후손을 전파시킬 수 있을 만한 생물에게 더 잘 나타나는 경향이 있다(McNally, 1987). 유기체의 생존율을 높이는 공포반응은 소거해내기가 더 어렵다(Davey, 1995).

사회불안장애(사회공포증)와 광장공포증　대부분의 공포증은 특정공포증으로 분류되지만 DSM-5는 2개의 더 넓은 유형의 공포증을 설명하고 있다. 바로 사회불안장애(DSM-IV에서 사회공포증으로 분류)와 광장공포증이다. **사회불안장애**(social anxiety disorder)는 낯선 사람을 만나거나 타인이 자신의 행동을 관찰할 수 있는 하나 또는 그 이상의 사회적 활동 상황에서 나타나는 강하고 지속적인 공포를 말한다. 이러한 공포는 연설을 하기 전에 느끼는 긴장감과는 다르다. 이 상황에서 환자가 느끼는 공포는 대단히 극심하고 비논리적이며 일상생활을 위한 기능을 유지하기 어렵게 만든다. 예를 들면 공공장소에서 음식 먹기를 두려워하는 어떤 사람은 직장에서 식사하기도 어려울 것이고, 점심이나 저녁식사의 초대도 모두 거절할 것이며, 그 결과 사회적으로 성공할 기회가 대단히 축소되어 버릴 것이다. 이런 환자가 느끼는 공포는 어떤 특정한 사회적 상황(공공장소에서 식사하는 것)에 국한된 것일 수도 있고, 보다 일반적 상황(타인 앞에서 적절한 행동을 하지 못할지도 모른다는 두려움)과 관련되어 모든 종류의 사회적 상황을 피하도록 만들 수도 있다.

　사회공포증은 **광장공포증**(agoraphobia)과는 다르다. 광장공포증은 도피하기 어렵거나 부끄러운 상황 또는 장소에 처하게 될 것을 두려워하는 것이다. 이 장애의 이름은 문자적으로 시장(그리스어로 'agora'는 '시장, 광장'이고 'phobia'는 '공포'를 의미)에 대한 공포이다. 시장과 함께 보통 광장공포증 환자들이 일반적으로 두려워하는 상황은 군중 사이에 있게 되거나, 기다리느라 줄을 서거나, 사람이 가득 찬 버스 또는 지하철을 타거나, 차가 많이 막히는 도로에 정체해 있는 상황이다. 이러한 상황들을 회피하기 위해서 광장공포증 환자들은 안전한 자신의 집을 잘 떠나려 하지 않는다. 조사에 의하면 미국 내 인구의 약 7%가 사회불안장애를 겪고 있으며, 이들 중 약 2%만이 광장공포증을 겪는다(Kessler, Ruscio, Shear, & Wittchen, 2010; NIMH, 2011). 특정공포증과 마찬가지로 행동 진화적 설명은 광장공포증에 해당하는 것으로 보인다. 그러나 사회불안장애의 가장 중요한 이유는 인지이다. 즉, 이 장애를 가진 사람은 스스로가 사회에 부적절하고 사회적 상황에서 자신들

사회불안장애　낯선 사람을 만나거나 타인이 자신의 행동을 관찰하는 하나 또는 그 이상의 사회적 활동 상황에서 강하고 지속적인 공포가 나타나는 불안장애

광장공포증　도피하기 어렵거나 부끄러운 상황 또는 장소에서 강하고 지속적인 공포가 나타나는 불안장애

의 행동은 반드시 엄청난 불행을 가져올 것이라
고 생각하는 것과 같은 부정적인 사회신념을 가
지고 있다(Heimberg, Brozovich, & Rapee, 2010;
Rosenberg, Ledley, & Heimberg, 2010). 큰 불행이
일어날 것이라고 생각하기 때문에 사회불안장애
가 있는 사람들은 사회적 상황을 피하려고 한다.
만일 사회적 상황에 놓이게 되면, 불안이 급증하
게 되고 이는 자신들이 얼마나 부적절하게 행동
했는지에 대한 부정적 평가를 이끌어내며, 결과
적으로 이후 사회적 상황에 대한 불안을 증가시
킨다.

공황장애　광장공포증은 보통 공황장애와 함께 일어난다. **공황장애**(panic disorder)
는 공황발작(갑작스러운 극도의 공포감)을 반복적으로 경험하는 장애이다. 공황발작
(panic attack)은 몸 떨림, 땀 흘림, 심장박동의 빨라짐, 가슴의 통증, 숨 가쁨, 목이 졸리
는 느낌, 어지러움 등의 증상을 동반한다. 이때 환자는 불안과 공포로 탈진하게 된다.
어떤 경우에는 환자가 두려워하는 상황(예 : 연설을 하는 상황)에 처하게 될 때 공황발
작을 경험하게 되지만 특별한 이유 없이 오는 경우도 있다. 공황장애의 유병률은 약
2~3%에 불과하지만 남성보다 여성의 경우 2배 정도 흔하다(APA, 2013).

　공황장애에 대한 생물학적 설명은 신경전달물질, 특히 노르에피네프린의 이상활동,
그리고 공황 뇌 회로(편도체, 시상하부 외에 뇌의 몇몇 부위 포함)의 기능이상이 포함
된다. 인지적으로는 신체감각에 매우 민감한 공황에 취약한 사람들과 관련이 있다고
본다. 즉, 이런 신체감각들을 의학적인 재앙의 신호로 오해석하여 공황발작에 빠지게
된다. 공황장애는 종종 광장공포증을 동반한다. 광장공포증을 동반한 공황장애를 설명
하는 유력한 이론은 공포에 대한 공포가설(fear-of-fear hypothesis)이다. 광장공포증은
많은 사람들이 보는 공공장소에서 공황발작을 일으킬지도 모른다는 두려움에서 생겨
난다고 보는 이론이다. 이 가설에 따르면 광장공포증은 최초의 공황발작에 대하여 공
포회피 반응이 조건화된 고전적 조건형성의 결과라는 것이다.

> **공황장애**　공황발작을 반복적으로 경험하
> 는 불안장애

범불안장애　공황장애에서 공황발작은 갑자기 발생한다. 범불안장

Album/Oronoz/Superstock and Artists Rights Society.

뭉크의 '비명'은 일반적으로 공황장애의 끔찍한 공포를 나타내는 그림으로 해석된다. 이 그림은 실제 뭉크의 삶에서 기인한 것이다. 뭉크와 두 친구가 해지는 저녁에 다리를 건너가고 있었는데, 이때 뭉크는 실제 거대하고 무서운 공포를 체험하게 되었으며, 이 경험을 그림으로 재현시켜 놓았다.

범불안장애 적어도 6개월 이상 지속되는 통제 불가능하고 전반적이며 과도한 불안을 경험하는 불안장애

애에서 불안은 만성적이며 수개월 동안 지속된다. **범불안장애**(generalized anxiety disorder)를 경험하는 개인은 통제 불가능하고 전반적이며 과도한 불안을 경험하며, 이러한 증상이 적어도 6개월 이상 나타나야 한다(APA, 2013). 이 장애를 겪는 사람은 걱정을 멈출 수 없고 광범위한 불안감에 시달린다. 이러한 불안감은 공포증과는 달리 어떤 특정 대상이나 상황에 국한되어 나타나지는 않는다. 이 장애는 때때로 부동불안(free-floating anxiety)으로 설명되기도 한다. 범불안장애의 유병률은 약 6%이고, 남성보다 여성에게서 2배 이상 자주 진단된다(APA, 2013). 최근의 생물학적 연구에 의하면 범불안장애는 뇌 속에서 분비되는 GABA(제2장에서 논의됨)라는 신경전달물질과 연관된 것으로 알려지고 있다. 기억하다시피 GABA는 뇌 속에서 분비되는 대표적인 억제성 신경전달물질이다. 즉, GABA는 신경세포가 자극전달을 더 이상 하지 못하도록 하는 역할을 한다. 불안과 공포를 경험하는 상황의 경우는 더욱더 많은 신경세포가 흥분하게 된다. 이러한 흥분 상황이 일정 기간 지속되면 다시 GABA가 방출되어서 신경세포의 자극을 억제하고 정상으로 돌아가도록 만들어 불안감을 감소시키는 역할을 하게 된다. 범불안장애가 있는 사람은 이러한 GABA의 활성화 과정에 문제가 있어서 불안감이 줄어들지 않는 것이 아닌가 하고 추측한다.

강박 및 관련장애

DSM-5에서 새로 추가된 주요 범주인 강박 및 관련장애는 DSM-IV에서는 불안장애로 분류되었다. 새로운 범주에서 강박장애는 피부뜯기장애와 발모광(털뽑기장애)과 같은 몇몇 관련장애와 함께 분류된다. 이 장애들은 수반된 행동들의 강박적이고 이런 행동들을 촉발시키는 떨쳐낼 수 없는 염려 때문에 강박장애와 관계가 있다. 우리는 강박장애에 대해 살펴보고 관련장애 몇 가지에 대해 간략하게 설명할 것이다. 이 범주에 있는

장애들은 앞서 언급한 불안장애처럼 일반적이지는 않다.

강박장애　**강박장애**(obsessive-compulsive disorder)를 겪는 사람은 강박사고와 강박행동을 반복적으로 경험한다. 본인 스스로 그러한 사고와 행동이 너무 심하고 비정상적이라는 것을 알고 있음에도 불구하고 많은 시간을 이러한 사고와 행동에 소모하게 되고, 그 결과 일상생활을 방해할 정도의 심각한 스트레스와 고통을 겪는다. 강박행동만 경험하는 강박장애 환자들도 있고 강박사고만 경험하는 강박장애 환자들도 있다. 하지만 대부분의 경우에는 이 둘 모두를 경험한다. **강박사고**(obsession)는 불안을 야기하는 지속적이고 통제하기 힘든 사고, 아이디어, 충동, 또는 상상 등을 말한다. **강박행동**(compulsion)은 불안을 감소시키기 위해 꼭 해야만 하는 반복적이고 정해진 행동을 의미한다. 가장 흔한 강박사고는 세균이나 먼지 또는 여러 종류의 독극물에 감염되거나 오염되어 죽거나 심하게 앓을지도 모른다는 극심한 공포이고, 이로 인해 끊임없이 손을 씻거나 목욕을 하거나 머리를 빗거나 하는 행동을 반복한다(Rapoport, 1989). 강박장애의 유병률은 1.2%에 불과하다(APA, 2013).

많은 사람들이 가벼운 강박사고(앞으로 닥칠 시험에 대한 걱정) 또는 강박행동(책상을 일정한 방식으로 정리정돈하기)을 보이기는 하지만 이러한 것들이 곧 강박장애라는 의미는 아니라는 것을 기억할 필요가 있다. 강박장애 환자들은 강박사고와 강박행동으로 하루의 대부분을 소모하기 때문에 일상생활을 정상적으로 영위해 나가기가 어렵다. 보통 사람들은 난로의 불이 꺼졌는지 확인하기 위해 한두 번 점검하고 마는데, 강박장애 환자들은 50번가량 똑같은 방법으로 의식을 행하듯 확인한다. 이러한 행동을 일컬어 확인강박행동이라고 부른다. 이 경우 환자는 같은 것을 확인하고 또다시 확인한다. 보통 동일한 순서의 같은 행동을 일정 수만큼 계속 반복한다. 씻기강박행동이 있는 사람들은 계속 자신의 몸을 씻어야만 할 것 같은 충동을 느낀다. 이들은 손이나 몸을 씻는 데 하루를 다 보내기도 한다. 강박행동은 보통 강박사고와 연결되어 일어난다. 예컨대 씻기강박행동은 보통 오염강박사고와 함께 나타나는데, 환자들은 오염되거나 감염되는

강박장애　강박사고와 강박행동을 반복적으로 경험하는 불안장애. 그러한 사고와 행동이 과도하고 비합리적이라는 것을 인지하지만 일상생활을 방해할 정도의 심각한 스트레스와 고통을 겪음

강박사고　불안을 야기하는 지속적이고 막기 힘든 사고, 아이디어, 충동, 또는 상상

강박행동　불안을 감소시키기 위해 꼭 해야만 하는 반복적이고 정해진 행동

것을 극도로 걱정하며 피하려고 애쓴다. 이들은 오염에 대한 공포로 시작되어 점점 강해지는 불안을 감소시키기 위해 씻기를 무한 반복한다.

강박장애의 원인은 아직 정확히 알려진 바 없지만 최근의 연구에 의하면 세로토닌과 같은 신경전달물질의 불균형이 원인일 것으로 추측한다. 항우울제(SSRI)처럼 세로토닌의 활동을 증가시키는 프로작과 같은 약물은 수많은 강박장애 환자들에게도 도움이 되고 있다(Rapoport, 1991). 세로토닌 활성은 강박장애와 관련이 있는 것으로 보이는 대뇌의 두 영역으로 안와전두엽 영역(orbital frontal region, 눈 위의 대뇌피질 영역), 미상핵(caudate nucleus, 기저핵에 위치한 영역)과 연관되어 있는 것으로 보인다. PET 스캔으로 이 두 영역을 찍어 보면 강박장애 환자들의 경우 보통 사람들보다 훨씬 더 많은 활성이 이 영역에서 일어나고 있음을 확인할 수 있다. 이 두 영역은 뇌의 연결부위로서 불필요한 정보를 걸러내고 주의집중 상태에서 주의를 다시 다른 데로 전환할 수 있도록 하는 등의 역할을 하는데, 확실히 강박장애와 깊이 관련되어 있는 영역이다(Seligman, Walker, & Rosenhan, 2001). 한 가지 가능한 설명은 세로토닌이 이 영역의 안정에 중요한 역할을 하고 있다는 것이다.

강박관련장애 수집광, 피부뜯기장애, 발모광(털뽑기장애)에 대해 간략히 알아볼 것이다. 현재 이 관련장애의 원인에 대한 설명은 앞서 강박장애에서 언급된 것들과 비슷하다. DSM-5에서 강박장애와 같이 분류되었으므로 앞으로 이 장애에 대한 연구가 더욱 활발하게 진행되어 더 구체적인 이해가 가능해질 것으로 기대된다.

수집광은 물건을 모으고자 하는 욕구와 관련된 고충 때문에 물건을 버리거나 내놓는 것에 대한 지속적인 어려움을 나타낸다. 물건을 모으고자 하는 욕구는 잡동사니들이 엄청나게 축적되는 결과를 만든다. 잡동사니 더미로 꽉 차 있기 때문에 집의 어느 부분은 접근이 불가능할 수도 있다. 모아둔 물건들이 쌓여 있기 때문에 소파, 침대 외 가구들을 사용할 수 없을 수도 있다. 이런 잡동사니들은 개인적인 기능뿐 아니라 사회적인 기능을 손상시키고, 또한 화재 위험을 증가시키며 위생상태도 열악하게 만든다. 수집광의 유병률은 현재 알려지지 않았지만 초기 성인기보다 후기 성인기에서 더 높은 것으로 보인다(APA, 2013). 수집광장애가 있는 사람들의 약 75%가 불안이나 우울장애가 있으며, 가장 흔한 동반이환은 주요우울장애이다(APA, 2013). 함께 나타나는 다른 장애들은 종종 상담사를 찾게 되는 주요 원인이 되기 때문에 중요하다.

피부뜯기장애가 있는 사람은 자신의 피부를 계속 뜯기 때문에 상처나 다른 피부질환,

심지어는 피부병변을 일으키게 된다. 이 장애가 있는 대부분의 사람은 손을 사용하여 피부를 뜯고 신체의 한 부위, 가장 흔하게는 얼굴에 주의를 집중한다. 하지만 팔이나 다리와 같이 다른 신체 부위들도 이 장애의 주요 초점이 된다. 피부뜯기는 보통 불안과 스트레스로 촉발되고 이를 동반한다. 피부뜯기장애가 있는 사람들은 흔히 뜯기 행동을 하는 데 상당한 시간을 소비하고, 때로는 하루에 몇 시간을 보낸다. 피부뜯기장애의 평생 유병률은 1~2%이고, 이 장애가 있는 사람들의 75% 또는 그 이상이 여성이다(APA, 2013).

발모광(털뽑기장애)이 있는 사람은 두피나 신체 이외 부위의 털을 지속적으로 뽑는다. 털뽑기는 보통 신체의 한 부위에 집중되는데, 두피, 눈썹, 속눈썹이 가장 흔하며 한 번에 하나의 털을 뽑는다. 때로는 의식적인 방식으로 뽑기도 한다. 피부뜯기와 마찬가지로 발모광은 불안 또는 스트레스로 촉발되고 이를 동반한다. 털뽑기는 하루에 잠깐씩 일어날 수도 있고 좀 더 낮은 빈도로 몇 시간 지속되기도 한다. 여성이 남성에 비해 10 : 1 정도의 높은 비율로 더 많이 이환된다(APA, 2013).

우울장애

우울장애(depressive disorder)는 슬픔, 공허함, 또는 과민한 기분과 관련이 있고, 개인의 기능에 상당한 영향을 미치는 신체 및 인지적 변화가 동반된다. 가끔 단극성 우울증이라고 불리기도 하는 주요우울장애는 이 범주를 대표하는 전형적인 질환이기 때문에 이 우울장애에 대해 살펴볼 것이다.

주요우울장애　사람들이 보통 우울하다고 말할 때는 스트레스를 주는 생활사건들(가족의 죽음, 관계의 단절, 실직 등)의 결과로 경험하게 되는 슬픈 감정이나 침체되는 기분에 대해 말하는 것이다. 그러한 기분의 변화는 어쩌면 당연한 것이고 그것 자체로는 정상적인 반응인 경우가 많다. 그러나 심각한 주요우울장애는 개인 생활의 모든 측면에 영향을 미치고, 적절한 반응이 아닌 부적절한 경우의 우울함을 말한다. **주요우울장애**(major depressive disorder)로 진단하기 위해서는 환자가 1회 이상의 주요우울삽화를 경험해야 한다. **주요우울삽화**(major depressive episode)는 강한 무기력감과 낮은 자존감, 무가치감, 심한 피로감, 섭식과 수면행동에서의 극적인 변화, 집중능력의 감퇴, 2주 이상 동안 가족과 친구, 활동에서 흥미가 현저히 감소되는 것과 같은

> **우울장애** 슬픔, 공허함, 또는 과민한 기분과 관련이 있고, 개인의 기능에 상당한 영향을 미치는 신체 및 인지적 변화가 동반됨
>
> **주요우울장애** 1회 이상의 주요 우울삽화를 경험한 기분장애
>
> **주요우울삽화** 강한 무기력감과 낮은 자존감, 무가치감, 심한 피로감, 섭식과 수면행동에서의 극적인 변화, 집중능력의 감퇴, 2주 이상 동안 가족과 친구, 활동에서 현저히 감소된 흥미와 같은 증상으로 특징지어지는 삽화

증상으로 특징지어진다. 이들은 단지 침체상태에 빠져 있는 것이 아니라 마치 눈덩이가 비탈길을 굴러 가면서 점점 커져 가듯이 몇 주 동안 지속적인 기분의 하강을 경험하고 있다고 할 수 있다. 그들은 주위 모든 것에 대한 흥미를 잃어버리는데, 심지어는 살고 싶어 하지도 않는다. 자살은 우울과 매우 관련이 깊고, 주요우울삽화가 있는 동안이나 그 이후 어떤 때라도 일어날 수 있다. 주요우울장애로 고통받고 있는 사람들이 자살에 대해 이야기할 때는 매우 심각하게 받아들여야 한다.

주요우울장애의 한 해 유병률은 7%이고, 18~29세 집단에서 60세 이상 집단보다 유병률이 3배 이상 높다(APA, 2013). 주요우울장애는 또한 부유한 사람보다 가난한 사람에게서 더 흔하게 나타난다(Sareen, Afifi, McMillan, & Asmundson, 2011). 성인의 19%는 자신의 일생에서 한 번쯤 주요우울장애를 경험할 수 있다. 여성은 남성에 비해 2배 더 주요우울장애를 경험할 가능성이 큰데(Kessler et al., 2003), 이러한 성차는 전 세계적으로 동일하게 나타난다(Weissman et al., 1996). 최근 연구는 우울증에서의 성차가 생물학적인 차이에 기인한 것임을 보여주고 있다(Westly, 2010). 성 호르몬인 에스트로겐과 테스토스테론은 기분에 관여하는 신경전달물질(세로토닌, 노르에피네프린, 도파민)에 각기 다른 영향을 미친다. 그 결과 남성과 여성에게 있어 다른 정서적 반응과 증상들을 유발하는데, 여성에게 있어 주요한 정서적 반응은 슬픔이다. 그러나 남성에게는 짜증이 섞인 화가 주요 정서적 반응이다. 이 때문에 여성 우울증의 경우에는 우울증으로 보이는 데 반해, 남성 우울증의 경우에는 일반적으로 좌절이나 짜증과 같은 다른 정서상의 문제로 잘못 보일 수도 있다. 따라서 남성의 경우 실제 심각한 우울증 자체로서는 보이지 않게 되는 것이다. 또한 여성은 남성에 비해 도움을 더 쉽게 구한다는 사실도 임상적으로 알려진 남녀 간 우울증 비율의 차이에 분명 한몫을 한다.

생물적 요인과 심리적 요인 모두가 주요우울장애의 원인으로 제시되고 있다. 먼저 주요우울장애에 대한 유전 경향성의 근거가 있다. 예를 들어 주요우울장애의 일치율에 대한 쌍둥이 연구에서는 쌍둥이 중 한 명이 질병에 걸렸을 때 다른 쌍둥이도 그 질병에 걸릴 가능성을 일치율이라 한다. 이란성 쌍둥이에 대한 일치율도 같은 방법으로 계산된다. McGuffin, Katz, Watkins와 Rutherford(1996)는 거의 200쌍의 쌍둥이에게서 주요우울장애 일치율이 나타나는 것을 확인했고, 일란성 쌍둥이의 일치율은 46%였다. 이는 이란성 쌍둥이의 20%보다 훨씬 큰 일치율로서 이 질병의 유전 경향성을 보여주고 있다. 입양연구 역시 주요우울장애에 대한 유전 경향성을 보여주고 있는데, 주요우울장애로 진단된 입양아의 생물적 친부모는 진단받지 않은 입양아의 생물적 친부모보다 심각한 우울증 발생률이 더 높은 것으로 나타났다. 주요우울장애에 유전적 요인이 개입되어 있는 것은 분명하지만 정확히 어떻게 개입하는지에 대해서는 확실치 않다. 주요우울장애를 일으킬 수 있는 생물적 기제들에 대해 다양한 설명이 제시되었다. 우리는 그중 몇 가지 내용에 대해 알아볼 것이다.

가장 주된 생물학적 설명은 신경전달물질의 불균형인데, 이는 충분치 않은 세로토닌과 노르에피네프린 활동 정도가 주요우울장애의 증상을 일으킨다는 것이다. 이러한 낮은 활동 정도는 신경전달물질(세로토닌, 노르에피네프린) 생성 실패로 인한 불충분한 공급이나 재흡수 과정에서의 시냅스 활동의 문제로 인한 것일 수 있다. 항우울제 약물들은 위에서 언급했던 신경전달물질의 양을 늘리면서 우울증을 완화하는 방식으로 작동한다. 우리는 이러한 약물에 대해서 이 장의 후반부에서 다룰 것이고, 몇몇 학자들이 항우울제가 우울증을 치료하는 것이 우리가 제1장에서 배웠던 위약효과라고 말하는 것에 대해 배울 것이다. 이 설명에 대한 또 다른 비판은 항우울제 약물이 우울증의 증상만을 약화시킬 뿐 그 원인을 바로잡지 못하고 약물이 없으면 신경전달물질의 부족이 다시 나타날 것이라고 말한다. 그럼에도 불구하고 항우울제 약물은 주요우울장애의 주요한 생물학적 치료법으로 사용된다.

또 다른 생물학적 설명은 뇌 회로의 오작동이 주요우울장애로 나타난다고 보는 관점이다(Treadway & Pizzagalli, 2014). 뇌 영상에 대한 연구는 해마, 편도체, 전두엽, 뇌량 아래의 대뇌피질에 위치한 뇌 영역인 브로드만 25와 관련이 있다고 지적한다. 여러 연구에서 뇌 회로의 전 영역이 주요우울장애에 영향을 미치는 것으로 지적하지만 정확한 역할에 대해서는 알려진 바가 없다. 브로드만 25 영역의 역할에 집중한 많은 연구들이 발표되었고(Eggers, 2014; Schiferle, 2013), 이 영역의 활성은 우울삽화와 함께 쇠퇴하는 것으로 보인다. 우울증이 가라앉으면 이 영역의 활성이 줄어들고, 우울증이 재발하면 활성이 늘어난다. 브로드만 25 영역에 대한 뇌심부자극술은 심각한 우울증을 치료하는 데 효과적일 수 있다는 증거가 있다(Mayberg et al., 2005). 뇌심부자극술은 브로드만 25 영역의 활성을 정상으로 만듦으로써 이러한 효과를 얻을 수 있다. 그러나 이 시술은 성공 사례가 한정적이어서 이 치료법을 사용한 연구는 논란이 있다.

또한 이 장애가 완전히 생물적인 기원은 아니라는 증거도 있다. 심리적 요인도 이 장애의 원인으로 여겨진다. 예를 들어 인지적 요인이 중요한 것으로 밝혀졌다. 개인의 잘못된 지각과정과 인지과정은 우울을 야기하는 것으로 보인다. 우리는 그러한 잘못된 인지과정의 예에 대해 제8장에서 논의했다. 어떤 개인이 상황을 설명할 때 내부적(자신의 잘못이나 실수라고 생각하는 것)이고, 지속적(현재 상태가 앞으로도 계속될 것이라고 보는 것)이며, 보편적(삶의 모든 측면이 다 이럴 것이라고 생각)인 관점으로 사건과 상황을 설명하는 비관적인 설명양식을 사용할 수 있다는 것을 기억하라. 개인의 삶에서 일어나는 일련의 부정적인 사건들과 짝을 이루는 이러한 설명양식은 학습된 무기력감과 우울증을 야기할 수 있다. 따라서 우울은 그 개인의 사고방식의 결과이며, 어떤 일의 원인을 어떻게 귀인하는가와 관련이 있다. 이 장의 후반부에서 논의할 인지치료자들은 부적응적인 사고를, 우울을 야기하지 않는 더 적응적인 사고로 대체하도록 돕는 전문가들이다. 이러한 치료법은 우울증을 치료하는 데 약물치료만큼이나 효과적인 것으로 인식되고 있다(DeRubeis et al., 2005).

양극성 및 관련장애

때때로 주요우울장애는 양극성 장애와 대조되어 단극성 장애로 불린다. 양극성 장애는 개인의 기분이 우울과 조증 사이를 오락가락하며 극적인 변화를 보이는 또 다른 기분장애의 하나이다. 조증은 단순히 '고양'이 되는 경험을 하는 것이 아니다. **조증삽화**(manic episode)는 비정상적으로 고양되는 기분이 최소한 1주일 동안 계속되며, 과대망상에 따른 과장된 자존감, 수면욕구 감소, 끊임없는 말하기, 주의산만, 불안정, 판단력 상실과 같은 증상을 경험하는 것을 말한다.

조증삽화를 경험하는 어떤 사람의 행동을 살펴보자. 조증을 경험하게 된 어떤 우체부는 밤새도록 자지 않고 깨어 있다가 아침에 출근을 했다. 그날 아침에 직장에 사표를 내고는 집으로 돌아와서 가족예금을 모두 인출하고는 수족관에 가서 물고기를 사는데 돈을 다 쓴다. 그날 저녁 그는 아내에게 물고기를 영원히 살 수 있게 하는 방법을 발견했다고 자랑하고는 그 방법을 이웃에게 팔겠다고 매매협상을 하기 위해서 달려 나간다. 이 사람은 판단력 상실과 수면욕구의 감소를 보이고 있고, 그의 행동은 일상적인 기능을 혼란스럽게(사직) 만들었다. 조증삽화가 가속화되고 행동이 심하게 악화되기 전의 초기 조증삽화의 단계에서 어떤 환자들은 때때로 더 의욕적일 뿐만 아니라 더 창조적이기도 하다.

조증만 있을 때는 장애진단이 내려지지 않는다. 조증은 우울삽화와 조증삽화가 주기적으로 반복되어 나타나는 **양극성 장애**(bipolar disorder)의 일부이다. 양극성 장애는 정서의 롤러코스터로서 기분이 고조되는 조증으로부터 침체되는 우울 사이를 왔다

조증삽화 적어도 1주일 이상 동안 지속적으로 과대망상에 따른 과장된 자존감, 수면욕구의 감소, 끊임없는 말하기, 주의산만, 불안정, 판단력 상실과 같은 증상을 경험하는 비정상적으로 고양된 기분으로 특징지어지는 삽화

양극성 장애 기분이 우울과 조증 사이를 오락가락하며 극적인 변화를 보이는 기분장애

갔다하는 그녀와 같다. 양극성 장애라 불리는 조울증에는 크게 두 가지 형태가 있다. I형 양극성 장애에서 개인은 주요조증삽화와 우울삽화 둘 다를 경험하고, II형 양극성 장애에서 개인은 심한 우울삽화를 경험하지만 조증삽화의 강도는 비교적 약하다. I형 양극성 장애가 II형보다 흔하지만, 두 가지 다 희귀한 장애로 인구의 약 1%가 이 장애에 시달린다(APA, 2013; Kessler et al., 1994).

양극성 장애에서 일란성 쌍둥이의 일치율은 70%(Tsuang & Faraone, 1990)로 매우 높기 때문에 생물학적인 설명이 가장 일반적이다. 사실 최근의 연구들은 개인을 양극성 장애에 취약하게

"이제 우울증상태로 되돌아왔습니다. 조증상태에서 제가 한 일들에 대해서는 정말 죄송하게 생각하고 있어요."

만드는 특정 유전자가 무엇인지를 확인하는 데 초점을 두고 있다. 주요우울장애와 마찬가지로 생물학적인 소인(predisposition)은 신경전달물질의 불균형으로 나타난다. 이 경우에 불균형이란 부족한 활동성(우울)과 너무 과도한 활동성(조증) 사이를 오락가락하는 것이다. 약물치료가 주로 사용되며, 사용되는 약물은 이 장의 후반부에서 논의할 것이다.

조현병 스펙트럼 및 기타 정신병적 장애

이 범주에서 우리는 조현병에 대해서만 다룰 것이다. 이 장애는 보통 사람들이 '미쳤다', '정신착란이다'라고 말하는 정신장애이다. 조현병을 겪는 사람들은 다른 어떤 장애보다 장기입원 상태에 많이 있고, 어떤 장애보다 치료가 어렵다. 그나마 다행인 것은 인구 대비 1%만이 이 병으로 고통받고 있다는 것이다(Gottesman, 1991). 조현병의 발병은 보통 청소년기 후기 또는 성인기 초기에 시작된다. 남녀의 발병률은 비슷한 정도로 나타나지만 보통 남자들에서 보다 어린 나이에 시작되고 더욱 심각하게 진행되는 것으로 보인다(Lindenmayer & Khan, 2012). 조현병은 사회경제적 수준이 낮은 사람들에게서 더 흔하게 나타나며, 독신이나 별거 또는 이혼상태인 사람들에게서 더 자주 관찰된다(Sareen, Afifi, McMillan, & Asmundson, 2011). 덧붙여 조현병이 있는 사람은 25%가 자살을 시도하기 때문에 자살 위험성도 매우 높다(Kasckow, Flemet, & Zisook, 2011).

조현병은 현실감각을 잃어버리는 병의 특성 때문에 **정신증적 장애**(psychotic disorder)로 분류된다. 조현병을 뜻하는 *schizophrenia*라는 단어는 그리스어 의미 그대로 '분열된 마음'이라는 뜻이다. 이러한 이름은 이 장애의 특성을 잘 설명해주는데, 이 장애를 겪는 사람의 정신기능은 유기적인 통일성을 유지하지 못하고 각기 분열되어 현실과 동떨어져 있는 것으로 보이기 때문이다. 보통 이 장애를 경험하는 사람은 병으로 인해 생겨난 자신만의 왜곡된 세계관과 실재하는 현실을 구별해내는 데 어려움을 겪는다. 분열된 마음이라는 뜻의 이름은 또한 분열형 성격(split personality) 또는 다중인격장애(multiple personality disorder, 현재 DSM-5에서 해리성 정체감장애로 분류)와 쉽게 혼동되기도 하는데, 이들은 서로 완전히 다른 장애이다. 조현병에서의 분열은 정신적 기능과 그들이 경험하는 현실 간의 분열을 뜻하나, 다중인격장애는 한 사람의 성격이 둘 또는 그 이상으로 분리되어 전혀 다른 성격을 함께 갖게 된다는 의미에서의 분리이다.

조현병의 증상　조현병의 증상은 매우 다양한데 일반적으로 임상전문가들은 세 가지 범주, 즉 양성증상, 음성증상, 해체형증상으로 나눈다. 이러한 양성, 음성 등의 용어는 이 책 제4장의 학습과정에서 소개된 정적, 부적 개념과 유사하게 사용된다. 양성이라는 의미는 어떤 것이 더해졌다는 뜻이며, 음성이라는 의미는 있어야 할 것이 사라졌다는 뜻이다.

양성증상은 보다 활동성 증상으로서 정상적 사고 또는 행동이 극단적이거나 왜곡되는 반응으로서 **환각**(hallucination)과 **망상**(delusion)을 포함한다. 환각은 환청(auditory hallucination)이 흔한데, 실재하지 않는 소리 또는 목소리를 듣게 되는 경우이다. 데이비드 로젠한의 가짜 정신질환자 실험을 기억하는가? 그 실험에서 가짜 정신질환자들은 목소리가 들린다고 보고하고 병원에 입원한 후에 조현병 계열의 진단을 받았다. 망상은 몇 가지 범주로 분류될 수 있는데, 자신이 어떤 음모의 피해자라고 믿는 피해망상(delusion of persecution), 또는 자신이 예수님이나 나폴레옹과 같은 대단히 중요한 사람이라고 믿는 과대망상(delusion of grandeur) 등으로 나눌 수 있다. 환각과 망상은 정상의 경우라면 없어야 하는 것이 더해졌다는 의미로 양성증상이라고 부른다.

음성증상은 정상의 경우 있어야 하는 것이 없다는 의미를 내포하고 있다. 정서, 말하기, 활력의 정도, 사회적 활동뿐만 아니라 심지어 기본적인 욕구인 식욕이나 갈증의 경우에도 손상이나 감퇴가 나타난다. 다수의 조현병을 겪는 사람들은 정서표현이 상당

정신증적 장애　현실 감각을 잃어버리는 것으로 특징지어지는 장애
환각　왜곡된 비현실적 감각지각
망상　왜곡된 신념

히 손상되어 있는 둔마된 정동(flat affect)을 경험한다. 그들의 얼굴에는 아무런 표정이 없고 말할 때도 똑같은 톤으로 말한다. 말의 질과 양에 있어서도 심각한 결손을 보이기도 한다. 조현병을 겪는 사람들은 무력해지는 느낌을 경험하기도 하고 무감각(어떤 일을 시작하거나 끝마치기가 어려움)해지기도 한다.

알아들을 수 없는 말이나 행동을 하거나 상황에 적절치 않은 정서상태를 보일 때 이 것을 해체형증상(disorganized symptom)이라고 한다. 해체형증상으로 말비빔(word salad) 현상이 나타날 수 있는데, 이 경우 서로 연결되지 않는 단어들이 일관성 없이 단 편적으로 나열되어 사용되고 말의 주제가 어떤 뚜렷한 연결성이 없는 다른 주제로 전환되기도 한다. 하나의 생각이 다른 생각을 따라가지 못한다. 적절치 못한 정서표현을 하는 경우는 대단히 슬픈 소식을 들었는데도 웃음을 보인다거나 하는 행동과 관련이 있다. 이러한 정서표현은 상황에는 적절치 않음에도 불구하고 나타나는 것이다.

행동은 또한 긴장형(신체 움직임이 어떤 목적을 위한 것으로 보이지 않을 때)으로 나타날 수 있는데, 이러한 경우는 오랜 시간 동안 특정하고 때로는 기묘한 자세를 유지한 채 움직임 없이 있는 경우이다. 긴장형 행동은 움직이지 않는 부동자세에서부터 쉴 새 없이 계속 떠는 것과 같은 과행동증상까지 다양한 형태로 나타난다.

DSM-5에 의하면 **조현병**(schizophrenia)은 환각, 망상, 와해된 언어, 심하게 와해된 행동이나 긴장형 행동 또는 음성증상(정서의 상실) 중 두 가지(또는 이상) 증상이 1개월 중 상당 기간 존재하는 경우 진단이 내려진다. 이러한 증상 중 적어도 하나는 환각, 망상 또는 무질서한 말이 나타나야 한다. 이에 덧붙여 증상의 발현 이전 일상생활의 기능이 현저하게 감소되고, 이런 장애의 징후가 2개 이상의 증상이 있는 최소 1개월의 기간을 포함하여 적어도 6개월 동안 나타나야 한다.

임상가들은 조현병 증상의 다양한 유형과 그 발달과정을 사용하여 조현병의 유형을 구분하였다. 만성과 급성 조현병을 나눌 때 사용하는 기준은 증상이 얼마나 빨리 발달했는가이다. 만성 조현병의 경우는 증상이 수년에 걸쳐 오랜 시간 동안 천천히 나타나며 환자의 행동이나 사고가 점차적으로 나빠진다. 급성 조현병의 경우는 갑작스러운 증상이 개인의 생활사적 위기와 함께 나타나게 되며, 보통 그러한 위기를 경험하기 이전에는 병에 대한 별다른 징후가 없는 경우가 많다. 그래서 급성 조현병은 반응적 장애이며 회복 가능성도 더 큰 것으로 알려져 있다.

또 다른 조현병의 분류는 I 유형과 II 유형으로 나누는 것이다 (Crow, 1985). I 유형은 양성증상이 II 유형은 음성증상이 주로 나

조현병 정신증적 장애로서 환각, 망상, 와해된 언어, 와해된 혹은 긴장형 행동, 또는 정서표현의 감소 중 두 가지 이상의 증상이 1개월 중 상당 기간 나타나야 한다.

타난다. I 유형은 급성 조현병과 유사한데, 이러한 유형은 환자의 병전 기능이 비교적 높고 회복 가능성도 크다. I 유형 환자들은 II 유형 환자들보다 약물치료에 비교적 더 잘 반응한다. 이러한 차이는 아마도 I 유형의 양성증상이 뇌의 신경전달물질의 불균형 때문에 일어나서 약물치료에 더 효과를 보이는 데 반하여 II 유형에서 보이는 음성증상 들은 뇌의 영구적인 손상 때문에 일어나서 약물치료에 별다른 효과를 보이지 않기 때 문인 것으로 추정된다.

조현병의 원인   조현병은 다양한 원인으로 발병하는 것으로 보이나 아직도 이러한 각 각의 원인에 대하여 충분히 알려져 있지 않다. 유전적 또는 생물적 요인들은 병의 원 인을 찾고자 할 때 빼놓을 수 없는 부분이다. 어떤 조현병 사례를 보면 분명히 유전적 요인이 작용하고 있는 것으로 보인다. 일란성 쌍둥이 연구를 보면 주요우울장애의 경 우와 유사하게 50% 정도의 유병률을 보이는 것으로 보아 가족 안에서 유전되는 것으 로 보인다(DeLisi, 1997; Gottesman, 1991). 이는 이란성 쌍둥이에게서 나타나는 17% 의 일치율보다 유의하게 크다. 최근 정신질환에 대한 대규모 유전자 연구는 인간 게놈 108개 영역에서 조현병과 관련된 128개의 유전자 변이를 확인했다(Schizophrenic Working Group of the Psychiatric Genomics Consortium, 2014). 이 연구 프로프젝트 는 조현병을 겪는 37,000여 명의 게놈과 113,000명 이상의 정상인의 게놈과 비교했다. Dhindsa와 Goldstein은 'C4'라 불리는 유전자의 돌연변이가 있는 경우에 조현병 발생 률이 높은 것을 발견하였다. 이 유전자는 청소년기와 성인기에 더 이상 필요하지 않은 약하고 불충분한 연결의 삭제를 통해 인지적인 과정의 속도를 높이는 시냅스 가지치기 에 중요한 역할을 한다. 돌연변이 C4 유전자는 그러나 이러한 가지치기 과정을 지나치 게 많이 해서 인지적 기능(정신명료, 기억 등의 급작스러운 하락)의 퇴화를 일으킨다. 이러한 과도한 가지치기는 조현병을 가진 사람들이 전전두엽 피질에서와 같은 특정 뇌 부위에서 시냅스 연결을 더 적게 가지고 있다는 뇌 영상의 발견과도 부합한다. 청소년 기와 초기 성인기 동안의 가지치기는 사고와 계획 기술이 집중된 전두엽 피질에서 주 로 일어나기 때문이다.

　　그러나 지나치게 적극적으로 가지치기하는 결함이 있는 유전자를 가지고 있다고 해 서 조현병에서 나타나는 행동과 사고의 모든 형태를 설명하기에는 여전히 불충분하다. 조현병 관련 유전자 변종이 128개인 점을 감안할 때 조현병은 유전자 결함의 조합에 의 한 다발성 질환일 가능성이 크다(Sanders, Duan, & Gejman, 2012). 또한 조현병은 유전적인 요소가 강한 질환이지만 비유전적인 요인도 관여하는 것이 분명하다. 임신 합병증(임신 중, 분만 중, 응급 제왕절개로 인한 산후 생활 초기에 발생하는 부작용)이 조현병 위험을 증가시킨다는 증거가 있다. Ursini와 동료들(2018)은 조현병에 대한 다유전자 위험 점수가 높고 어머니가 임신 합병증을 앓은 사람이 단지 다유전자 위험 점수가 높은 사람보다 조현병이 발병할 가능성이 최소 5배 이상 높았다는 것을 발견했다. 요약건대 조현병의 높은 유전적 위험과 비유전적 임신 합병증의 상호작용이 조현병 발병률을 높인다는 것은 알고 있지만, 조현병을 유발하는 이러한 상호작용에 따른 생물적 영향은 이해할 수 없다.

바이러스성 감염과 같은 다른 종류의 태아 인자들 또한 조현병의 발병에 영향을 미치는 것으로 보인다. 연구에 의하면 태아가 형성되는 시기에 독감이 유행했던 해에 태어난 사람들은 조현병의 위험이 더 높은 것으로 나타났다(Takei, Van Os, & Murray, 1995; Wright, Takei, Rifkin, & Murray, 1995). 태어난 달에 따른 영향도 있는 것으로 보인다. 독감이 유행했던 가을/겨울 다음의 겨울/봄(1~4월)에 태어난 사람들에서 조현병 증상자들이 많은데, 아마도 태아의 발달과정에서 독감 바이러스에 감염되었을 확률이 더 높기 때문일 것이다(Torrey, Miller, Rawlings, & Yolken, 1997). 바이러스 감염 가설에 의하면 태아가 바이러스에 감염되면 뇌의 발달이 손상을 입고 이후 조현병의 발병에 취약해지는 것으로 보인다.

태내기 또는 출생 초기에 기타 심각한 바이러스(예 : 단순포진바이러스)에 노출되는 것도 이후 조현병의 발달과 관련이 있었다(Brown, 2006; Washington, 2015; Yolken & Torrey, 1995). 심지어 반려묘에 노출되는 것도 조현병 발달의 위험요인으로 제안되었다(Torrey, Rawlings, & Yolken, 2000; Torrey & Yolken, 1995; Yolken, Dickerson, & Torrey, 2009). 반려묘에게 있는 전염성 기생충인 톡소포자충(*Toxoplasma gondii*, *T. gondii*)은 감염된 고양이의 배설물이 튀어 있는 고양이 배변상자나 다른 곳의 기생충란이 입으로 들어가거나 또는 흡입되면서 전염된다. 예를 들어 정원일을 하거나 고양이 배변상자를 청소하는 등의 작업을 하면서 손에서 입으로 접촉되어 발생한다. 이런 바이러스성 동물원성감염 가설에 따르면 톡소포자충은 뇌에 침투하여 화학반응의 혼란을 야기하여 조현병과 같은 정신병적 행동을 일으키게 한다. 말도 안 되는 것처럼 들릴 수 있지만 이 가설을 지지하는 많은 유의미한 상관관계 결과들이 관찰되었다. 조현병이 있는 사람들에서 혈액 내에 톡소포자충에 대한 항체 발생률이 높게 나타난 것이다(Torrey, Bartko, Lun, & Yolken, 2007; Torrey, Bartko, & Yolken, 2012; Torrey & Yolken,

2003). 이런 높은 발생률은 태내기와 출생 초기에 톡소포자충에 노출된 경우 모두에서 발견되었다(Mortensen et al., 2007). 그렇다면 반려묘 주인들은 모두 공포에 떨어야 할까? 그렇지 않을 것이다. 하지만 기본적인 위생적 예방조치들을 염두에 두기를 강력히 권장한다.

이러한 유전적, 태내기적 요인, 출생 초기의 요인들 외에 조현병을 발달시키는 소인으로 어떤 유기체적 문제를 생각해볼 수 있을까? 아마도 신경전달물질의 불균형과 뇌의 이상을 들 수 있을 것이다. 조현병을 겪는 사람들은 뇌의 특정 부위에서 상승된 도파민 활성을 보인다(Davis, Kahn, Ko, & Davidson, 1991). 부검과 뇌 영상자료를 통한 연구들은 조현병이 있었던 사람들의 뇌에 극도로 많은 도파민 수용체가 있었음을 보고하고 있다. 또한 도파민 활성을 줄이는 약물은 조현병 증상을 감소시키고, 도파민 활성을 증가시키는 약물은 조현병 증상을 더 심하게 하거나 조현병이 없는 사람에게 조현병 증상이 생기도록 하기도 한다. 이러한 발견은 도파민 길항제(antagonist, 도파민 활동을 감소시키는 역할의 약물)를 정신병 약물로 사용할 수 있도록 길을 열었고 수많은 조현병, 특히 I 유형 사람들의 증상 조절에 도움을 주었다. 항정신병 약물과 최근에 개발된 정신병 약에 대해서는 이 장의 후반 생의학적 치료에 대해서 살펴볼 때 보다 자세히 설명하도록 하겠다.

두 가지의 환각성 약물 펜시클리딘(PCP)과 케타민(ketamine)도 조현병의 신경화학에 대한 어느 정도의 통찰력을 제공하고 있다(Julien, 2011). 이 두 약물은 전반적인 운동성이 더뎌짐, 언어능력의 감소 외에 인지적 결함과 같은 조현병 유형 증상들을 발생시킨다. 이 약물의 근본적인 신경화학적 작용은 길항작용이고, 특히 뇌 발달과 전반적인 신경처리의 중요한 역할을 하는 수용기인 글루탐산 수용기를 막는다(Javitt & Coyle, 2007). 제2장에서 배웠듯이 글루탐산은 우리 신경계의 주요 흥분성 신경전달물질이다. PCP와 케타민이 조현병 유형 증상을 유발한다는 사실을 유추해볼 때 이러한 약물이 조현병을 겪는 사람들의 뇌에서 똑같이 작용함으로써 장애가 발생된다. 그러므로 글루탐산의 기능장애는 조현병, 특히 음성증상과 관찰된 인지적 손상의 발생 기여인자로 제안되어 왔다(Goff & Coyle, 2001). 이 가설에 의하면 과도한 글루탐산 방출은 특히 전두엽의 신경세포를 파괴하여, 피질의 손상을 야기하고 조현병에서 볼 수 있는 정신 황폐화를 유발한다. 그렇기에 글루탐산 신경전달물질은 항정신성 약물의 개발에서 유망한 목표물이 되었다(Advokat, Comaty, & Julien, 2019).

여러 종류와 형태의 뇌이상이 조현병이 있는 사람들에게서 발견되었는데, 특히 만

성적인 II 유형 조현병에서 더욱 두드러지게 나타났다(Buchanan & Carpenter, 1997; Weyandt, 2006). 예를 들어 뇌 스캔 촬영사진을 보면 조현병이 있는 사람들의 경우는 종종 대뇌피질이 줄어들어 있는 것을 발견할 수 있고, 그 결과로 뇌의 중앙에 뇌수가 모이는 영역이 확장되어 커 보이는 증상을 발견할 수 있다. 또한 특정 뇌 부위(시상, thalamus)가 정상인보다 작은 것을 발견할 수 있고 전두엽이 보다 덜 활성화되어 있는 모습이 관찰된다. 태내의 문제를 경험하며 난산으로 태어난 아이는 산소 부족과 같은 경험을 했을 가능성이 있고, 그 결과 대뇌의 정상적인 발달이 방해받았을 가능성도 있다(Cannon, 1997; Wright et al., 1995).

이러한 다수의 생물학적 소인에 대한 증거들에도 불구하고 생물-심리-사회적 관점은 조현병에 관한 다양한 증거들을 종합해서 이해하는 데 반드시 필요한 관점이다. 가장 널리 알려진 생물-심리-사회적 설명은 **취약성 스트레스 모델**(vulnerability-stress model)이다. 유전적 소인, 태내에서의 상태, 생후의 생물적 요인들이 한 개인으로 하여금 일정한 정도의 조현병에 대한 취약성을 갖도록 하지만 환경적 스트레스가 조현병을 발병시킬지 아닐지를 결정한다고 보는 모델이다(Gottesman, 1991). 취약성 스트레스 모델에 의하면 사람은 조현병에 대해 각기 다른 정도의 취약성을 가지고 있다. 사람들이 가지고 있는 취약성은 스트레스를 주는 사회인지적 사건에 대하여 상호작용하면서 높아지기도 하고 낮아지기도 하며, 그 결과 조현병이 시작될지의 여부가 결정된다. 조현병이 흔히 청소년기 후기 또는 성인기 초기에 시작되는 것을 기억한다면 이러한 시기가 보통 대단히 많은 스트레스를 받게 되는 시기라는 것도 쉽게 알 수 있을 것이다. 문제가 있는 역기능적 가정환경이 심각한 스트레스 요인으로 작용하여 조현병의 발병에 영향을 미친다는 증거들도 제시되고 있다(Fowles, 1992).

요약해보면 조현병의 원인에 대한 연구는 많지만 아직도 정확한 해답은 찾지 못하고 있다. 한 가지 확실한 것은 조현병은 다양한 원인으로 발병하는 정신장애라는 것이다. DSM-5에서 지적한 바와 같이 조현병은 이질적인 정신장애이고 조현병 증상을 보이는 사람들은 그 증상학적 측면에서 상당히 다양할 것이다. 원인에 대한 설명으로 생물적 요인을 빼놓을 수 없고, 그 결과 약물치료가 가장 보편적으로 사용된다. 이 항정신병 약물들은 조현병에 효과가 있지만 많은 사람에게 부작용이 나타나 1년 정도 후에 복용을 중단한다. 하지만 최근 연구(Morrison et al., 2014)는 약물을 중단한 이들을 위한 정신치료를 이용한 치료프로그램이 정신치료를

취약성 스트레스 모델 조현병에 대한 생물-심리-사회적 설명으로 유전적 소인, 태내에서의 상태, 생후의 생물적 요인들이 한 개인으로 하여금 조현병에 대한 취약성을 갖도록 하지만 조현병의 발병 여부는 환경적 스트레스가 결정하는 것으로 보는 모델

받지 않은 사람과 비교해서 주요한 향상을 가져왔다는 것을 발견했다. 게다가 Kane 등 (2015)은 혼합적인 인지행동치료법과 약물치료의 조합은 약물치료만을 사용한 경우보다 조현병으로 처음 진단된 사람을 위한 치료법으로 더 우수했다는 것을 발견했다. 이러한 최근 연구들은 정신치료와 약물치료의 조합이 특히 치료 초기단계에서 할 수 있는 최고의 방법일 수도 있다는 것을 보여준다. 우리는 다양한 종류의 정신치료와 약물치료에 대해 다음 절에서 다룰 것이다.

성격장애

성격장애(personality disorder)는 문화에서 일반적이라고 여겨지는 기준에서 편향되고 고통이나 손상을 초래하는 경직되고 오래 지속되는 성격이 특징이다. DSM-5는 증상에 따라 세 가지 군으로 나뉘는 10개의 성격장애를 설명하고 있다(APA, 2013). 세 가지 장애인 회피성, 의존성, 강박적 성격장애를 포함하는 한 군은 극도로 불안하거나 두려워하는 행동 양상을 수반한다. 예를 들어 회피성 성격장애가 있는 사람은 부적응 및 거절감에 너무나 압도되어 사회적 상황들을 피한다. 세 가지 장애인 편집성, 조현성, 조현형 성격장애로 이루어지는 두 번째 군은 기이하거나 이상한 행동 양상을 수반한다. 예를 들어 조현성 성격장애가 있는 사람은 사회관계와 접촉을 철저하게 피한다. 네 가지 장애인 반사회성, 경계성, 연극성, 자기애성 성격장애가 포함된 마지막 군은 과도하게 극단적, 감정적, 또는 불규칙적인 행동 양상을 수반한다. 예컨대 반사회성 성격장애가 있는 사람은 타인의 권리와 문화의 도덕적 규칙을 완전히 묵살한다. 반사회성 성격장애가 있는 사람은 사이코패스나 소시오패스로 불리기도 했다. 이 장애들에 대해 더 자세히 배우고자 한다면 Millon, Millon, Meagher 및 Grossman(2004)이 10개의 모든 성격장애와 그 발달에 대해 상세하게 다루고 있으므로 이를 참고하기 바란다.

성격장애는 보통 아동기나 청소년기에 시작되고 성년기 전체에 걸쳐 안정적으로 지속된다. 미국 내 성인의 9~13%가 성격장애를 겪는 것으로 추산되었다. 성격장애는 치료와 변화에 상당히 저항적이다. 그러나 이들은 임상가에게 환자의 행동에 대해 더 온전하게 이해할 수 있게 하고 또 다른 정신장애를 가진 환자들에 대한 치료를 복잡하게 만들 수도 있기 때문에 진단되어야 한다. 덧붙여 10개의 성격장애 증상이 상당히 많이 겹치기 때문에 임상가들은 때로 한 사람에게 하나 이상의 성격장애를 진단하기도 한다. 증상이 겹치는 것은 또한 임상가들로 하여금 성격장애가 올바른 진단인지에 대하여 동

성격장애 사회적 기능을 손상시키고 문화적 규범에서 편향하는 행동을 유발하는 경직되고 오래 지속되는 성격 특성이 특징인 장애

의하지 못하도록 만들고, 결과적으로 이 장애에 대한 DSM-5의 정의에 대한 신뢰성에 의구심을 갖게 만들 수 있다.

요약

이 절에서는 불안장애, 강박 및 관련장애, 우울장애, 양극성 및 관련장애, 조현병 스펙트럼 및 기타 정신병적 장애, 그리고 성격장애라는 정신장애의 6개 주요 범주에 대해 살펴보았다. 불안장애는 과도한 공포와 불안을 수반한다. 각각의 불안장애를 살펴보면 불안은 다양한 형태로 나타난다. 불안과 공포에 압도된 공황발작은 공황장애에서 갑작스럽게 나타나지만, 범불안장애에서 불안은 만성적이고 전반적으로 나타난다. 특정공포증 장애에서 불안은 과도하고 비합리적으로 특정 물체나 상황에 대해 현저하고 지속적으로 나타난다. 두 가지 일반적 형태의 공포증에는 사회불안장애와 광장공포증이 있다. 사회불안장애는 친숙하지 않은 사람에게 노출되거나 타인에게 면밀하게 관찰될 수 있는 사회적 상황을 두려워하는 것이다. 불안장애의 인과적 설명은 보통 행동 및 생물적 요인이 모두 포함된다.

강박장애가 있는 사람들은 반복되는 강박사고(불안을 일으키는 지속적인 사고)와 강박행동(불안을 감소시키기 위해 반드시 해야만 하는 반복적이고 정해진 행동)을 경험한다. 강박장애를 일으키는 원인에 대해서는 아직 밝혀지지 않았지만, 최근의 연구는 뇌의 여러 부위에서 세로토닌 활성의 생화학적 결핍을 보여주고 있다. 강박 관련장애에는 수집광, 피부뜯기장애, 발모광(털뽑기장애)이 포함된다.

우울장애는 슬픔, 공허함, 또는 과민한 기분과 관련된 것으로 개인의 기능역량에 영향을 끼친다. 우울장애가 있는 사람의 감정적 기분의 변화는 과도하고 부적절하다. 가장 흔한 우울장애는 주요우울장애로 적어도 한 번의 주요우울삽화가 나타난다. 이 장애는 남성보다 여성에서 2배 더 높은 유병률을 보인다. 이 장애는 종종 우울과 조증(고양된 기분)의 지속적인 순환이 특징인 양극성 장애와 대조하기 위해 단극성 우울증이라고 부르기도 한다. 일치율(일란성 쌍둥이 중 한 명에게 장애가 나타날 경우 다른 일란성 쌍둥이도 같은 장애가 나타날 가능성)은 우울증 50%, 양극성 장애는 70%로 두 장애 모두에서 상당히 높다. 신경전달물질의 불균형이 두 장애와 관련되는 것으로 보이고, 주요우울장애에는 인지적 요인도 포함되어 있다.

조현병은 소개한 정신장애 중 가장 심각한 장애이다. 조현병은 현실감을 잃어버리는 정신병적 장애이다. 임상가는 조현병의 증상들을 세 가지 범주, 즉 양성증상, 음성증상, 해체형증상으로 나눈다. 조현병은 다양한 원인이 있는 매우 이질적인 장애인 것으로 보인다. 조현병이 있는 사람들의 생물학적 이상성의 범위는 높은 도파민 활성수준에서 줄어든 대뇌조직에 이르고, 그뿐만 아니라 태내기 바이러스 감염과 난산의 요인들도 관련될 수 있다는 근거들이 있다. 가장 널리 알려진 조현병의 원인은 취약성 스트레스 모델로 설명할 수 있다. 이 모델은 유전적, 태내적 요인, 출생 후 생물적 요인 등이 복합적으로 조현병에 대한 취약성을 만들며, 이후 경험하는 환경적 스트레스의 정도에 따라 조현병의 발병 여부가 결정된다고 본다.

성격장애는 사회기능을 손상시키고 문화에서 일반적으로 기대되는 바로부터 편향된 행동을 이끄는 지속적이고 경직되어 있는 성격 특성이 특징이다. DSM-5는 10개의 성격장애를 설명하고 있다. 이 장애는 세 가지 군으로 나누고 각 장애는 문제성 성격 증상 집단으로 특징짓는다. 한 군에는 극도로 불안하거나 두려워하는 행동 양상, 다른 군은 기이하고 특이한 행동 양상, 그리고 나머지 한 군에는 극도로 과도하고, 감정적이며, 불규칙한 행동 양상과 관련된다. 성격장애는 치료와 변화에 상당히 저항적이다.

개념점검 | 2

- 생물-심리-사회적 접근이 무엇인지 설명하고 특정공포증을 설명하는 데 이 이론을 사용해서 기술해보라.
- 두 종류의 불안장애인 특정공포증과 범불안장애가 어떻게 다른지 설명하라.
- 일란성 쌍둥이의 일치율이 조현병과 주요우울장애의 경우 어떻게 나타나는지 설명하고, 조현병이 왜 우울증보다 더 생물적 요인의 영향을 받는지 설명하라.
- 조현병과 다중인격의 차이를 설명하라.

정신장애의 치료

정신장애의 치료접근들을 논의하기 전에 우선 정신장애를 치료하는 분야에 종사하는 다양한 전문가 집단에 대해서 살펴볼 필요가 있다. 표 10.3에는 가장 주축이 되는 정신건강 전문가들의 유형과 전문가가 되기 위해서 필요한 자격, 보통 중점적으로 다루는 문제들에 대한 설명이 제시되어 있다. 보통 정신건강 전문가에 대한 자격은 각기 다른데 '상담사'와 같은 용어는 특정한 조건 없이 보편적으로 사용되고 있다. 그러므로 상담치료를 받고자 한다면 상담을 해줄 전문가가 어떠한 자격을 가지고 있는지 관심을 가지고 확인해보는 것이 중요하다. 정신과 의사들과 다른 정신건강 전문가들 사이에는 한 가지 유념해야 할 중요한 차이가 있는데 그것은 정신과 의사는 의학을 전공한 전문가라는 것이다. 즉, 정신과 의사들은 환자의 치료를 위한 약을 처방할 수 있다. 이 점

표 10.3	정신건강 전문가의 다양한 유형
유형	자격과 직업 기술
임상심리학자	임상심리학 박사이며 정신장애를 지닌 사람들에게 심리치료를 제공한다.
상담심리학자	심리적 또는 교육적 상담 분야의 박사학위 소지자. 학업, 직업, 관계 문제와 같은 일상문제들에 대한 상담을 주로 제공한다.
정신과 의사	의학을 전공하고 정신과 레지던트 이상을 말한다. 정신장애를 지닌 사람들에게 심리치료를 제공하고 약물을 처방하며 생의학적 치료를 제공한다.
정신분석가	위의 세 가지 유형 중 하나를 가지고 정신분석 교육기관에서 정신분석을 훈련받은 경우로 심리장애를 지닌 사람들에게 정신분석을 제공한다.
임상사회복지사	사회복지학으로 석사 또는 박사학위를 받고 정신건강 영역에 수련을 받은 경우로 사회문제, 가족문제 등의 해결에 도움을 제공한다.

이 중요한 이유는 약물치료가 다양한 치료접근과 함께 중요한 방법의 하나로 많은 정신적 질환의 치료에 사용되고 있기 때문이다. 처방전 작성문제를 해결하기 위해 정신과 의사가 아닌 정신건강 전문가들은 보통 의사들과 공동작업현장에서 협업한다.

> **생의학적 치료** 정신장애 치료를 위해 약물과 같은 생물학적 개입을 적용하는 것
>
> **심리치료** 정신장애 치료를 위해 심리적 개입을 적용하는 것

두 가지 중요한 치료접근으로 생의학적 치료와 심리치료가 있다. **생의학적 치료**(biomedical therapy)는 정신장애를 치료하기 위해 약물과 같은 생물학적 개입을 적용하는 것이고, **심리치료**(psychotherapy)는 심리적 개입을 적용하는 것이다. 심리치료는 보통 우리가 생각하는 정신과적 치료와 비슷하다. 보통 내담자와 심리치료사 간의 대화와 상호작용이 그 과정에서 이루어진다. 서로 대화를 나눔으로써 개입하는 심리치료를 '대화치료(talk therapy)'라고 부르기도 하는 이유이다. '대화' 종류는 심리치료사가 적용하고 있는 이론적 배경에 따라 다르게 나타날 수 있다. 행동주의적 접근, 인지적 접근, 정신분석적 접근 그리고 인본주의적 접근 등의 이론적 배경이 있다. 생의학적 치료에서는 이러한 접근 대신에 약물과 여러 형태의 생물학적 개입이 사용된다. 이때 사용되는 내담자와 심리치료사의 상호작용은 개인적 상호작용이라기보다는 생물학적인 것이다. 심리치료가 여러 종류이듯이 생의학적 접근도 약물치료, 전기충격치료, 경두개자기자극치료, 정신외과수술 등 여러 종류가 있다. 그렇지만 우리는 심리치료가 뇌 속에서 발생하는 변화를 이끌어낸다는 사실 때문에 생의학적 치료와 심리적 치료 간의 양자택일이 모호하다는 것을 기억해야 할 것이다. 따라서 결과를 이끌어내는 수단은 다를 수 있으나 두 종류의 치료결과(뇌의 변화)는 동일하다. 생의학적 치료를 살펴보고 난 뒤에 주요 심리치료에 대해 알아볼 것이다.

생의학적 치료

정신장애를 위한 생의학적 치료들은 수백 년이 넘는 오랜 역사를 가지고 있다. 과거에 사용되었던 치료들은 비인간적이고 잔인해 보이기도 한다. 하지만 기억해야 할 점은 이러한 치료접근들이 있었기에 지금 우리가 현재 이용하고 있는 의학적·심리학적 지식을 가지고 평가할 수 있다는 것과 당시는 우리가 알고 있는 정도의 지식조차 알려져 있지 않았던 때라는 점이다. 이제 몇 가지 예들을 살펴보기로 하자.

가장 초기에 사용된 것으로 보이는 정신장애에 대한 생물학적 치료는 중세기 또는 그 이전부터 사용된 것으로 보이는 천공술(trephining)이라는 것이다. 이것은 관상톱(trephine)이라는 돌로 만든 연장으로 환자의 두개골의 일부를 제거하여 구멍을 뚫음으

원시적인 생물학적 치료 고대 두개골에 뚫어져 있는 이 2개의 구멍은 천공의 흔적을 보여준다. 사람의 두개골에 구멍을 내어 나쁜 악령이 피와 함께 몸을 빠져나가게 하고, 그 결과 그 사람이 질병으로부터 자유로워진다는 믿음으로 실시한 치료행위이다.

진정용 의자 이 치료장치는 1800년대 초에 '미국 정신의학의 아버지'라고 불리는 벤자민 러시가 고안한 것으로 환자의 뇌에 혈류의 흐름을 제한함으로써 환자의 활동과 자극이 제한받게 되면 안정효과를 불러일으킬 것이라는 가정에 근거하여 만들어진 것이다. 오늘날에는 이 장치가 야만적으로 보일 수도 있지만, 이 장치는 그 당시 재킷 모양의 옷보다 더 인도적인 대안으로 고안된 것이다. 실제 이 기구는 어떠한 피해나 이익도 주지 않는다.

로써 환자의 몸속에 있는 악령이 빠져나가도록 하는 원시적 방법이었다. 1800년대 초반에 널리 사용된 치료도구는 '진정용 의자(tranquilizing chair)'라고 불렸으며 벤자민 러시가 고안한 것이었다. 사실 러시는 정신질환자들의 치료가 보다 인도주의적으로 개혁되는 데 기여한 사람이기도 하다(Gamwell & Tomes, 1995). 이 치료는 환자를 진정용 의자에 묶어 두고 머리를 조그만 상자 안에 집어넣어 오랫동안 놔두는 것이었다. 아무런 활동을 할 수 없고 자극도 없어서 환자가 진정하도록 도와줄 것이라는 것이 이 치료의 기본 가정이었다. 이러한 소위 '치료법'들은 오늘날의 관점에서 보면 터무니없어 보이지만, 19세기에도 많은 정신질환자들이 정신병동에서 체인으로 묶여 있거나 치료를 제대로 받지 못했다는 사실을 기억하라. 이러한 치료의 역사는 대단히 안타까운 것이기도 하다.

비교적 현대적인 생의학적 치료 중에서도 어떤 것들은 여전히 논쟁의 대상이 되고 있다. 대부분의 사람들이 충격치료에 강한 부정적 반응을 나타내고 가장 흔하게 사용되는 약물치료에 대해서도 갈등을 느끼며 그다지 달가워하지 않는다(Barber, 2008; Moncrieff, 2009; Valenstein, 1988). 왜 그럴까? 생의학적 치료들은 보통의 심리치료와는 아주 다른 방법으로 시행된다. 직접적인 생물학적 개입에는 강력한 단점이 있는데, 바로 심각한 의학적 부작용이 발생할 수 있다는 것이다. 예를 들면 혈액 속에 어떤 약이 너무 많이 주입되면 중독효과를 나타내고 심지어는 사망할 수도 있다. 이 때문에 자세한 관찰은 매우 중요하다. 주요한 생의학적 치료들을 좀 더 깊이 있게 살펴보면서 이러한 잠재적인 문제들을 더 자세히 다루어 보자. 그럼 약물치료부터 살펴보겠다.

약물치료 정신장애를 치료하는 데 사용되는 약물은 향정신성 약물이라고 부른다. 이 약물들은 약물회사의 제품 중에서도 가장 잘 팔리는 약물들로 미국에서 매년 이 약물에 대해 3억 장의 처방전이 작성된다(Frances, 2013). 놀랍게도 정신과 의사가 아닌 1차 진료 제공자가 이러한 처방의 대부분을 작성한다(DuBosar,2009). 주요 향정신성 의약품은 항정신병 약물, 항우울제 및 항불안제이다. 리튬 또한 많이 처방되지만, 그것은 약물이라기보다 자연에서 찾을 수 있는 광물질과 비슷한 물질이다. 우리는 리튬을 시작으로 이 약물들에 대해 알아볼 것이다.

　리튬(lithium)은 조울증의 치료제로 사용된다. 1940년에는 소금 대신에 사용되기도 하였는데, 치명적인 중독성과 몇몇 사람의 사망 원인으로 추측되면서부터 더 이상 사용되지 않았다(Valenstein, 1988). 리튬이 조울증치료에 효과가 있다는 발견은 아주 우연히 이루어졌다(Julien, 2011). 1950년경에 오스트레일리아의 정신과 의사인 존 케이드가 기니피그라는 실험용 동물에 조증을 일으키는 원인이라 생각되었던 요산(uric acid)을 투여하는 과정에서 요산이 잘 녹도록 리튬을 혼합해서 투여하게 되었다. 그 결과 기니피그는 조증을 일으키는 대신에 무기력해지고 말았다. 이후에 사람에게 실험해본 결과 리튬은 조울증이 있는 환자들의 기분을 안정시키는 효과를 보여주었다. 아직 리튬이 어떤 이유로 이러한 효과를 나타내는지 정확히 알려지지는 않았지만(Lambert & Kinsley, 2005; Paulus, 2007), 대부분의 환자들에게서 1~2주 정도의 짧은 기간 안에 기분을 안정시키는 효과를 나타내고 있다. 혈액 속의 리튬 농도는 아주 조심스럽게 확인되어야 하는데, 리튬의 양이 과다해지면 속이 메스껍거나 발작 또는 사망에 이르는 등의 중독 위험이 있기 때문이다(Montcrieff, 1997). 이러한 잠재적인 부작용 때문에 간질 발작을 억제하는 데 사용되는 항경련제가 때때로 조울증 환자들에게 대신 처방되기도 한다. 항경련제는 조울

리튬 조울증의 치료제로 쓰이는 자연에서 찾을 수 있는 물질(광물염)

증의 증상을 완화하는 효능이 있고, 잠재적인 부작용 위험도 적다.

항우울제(antidepressant drug)는 우울장애치료에 사용된다. 여러 종류의 다양한 약물이 있는데, 모노아민산 억제제[monoamine oxidase (MAO) inhibitor, 이하 MAO 억제제] 계열과 물질 분자의 생김새가 3개의 고리처럼 보인다 하여 삼환계(tricyclics)라고 부르는 약물들이 가장 먼저 사용되었다. MAO 억제제는 신경전달물질인 노르에피네프린과 세로토닌의 뇌 속의 가용량을 증가시켜 재흡수 도중에 모노아민산 효소 억제제로 인해서 이 신경전달물질들의 분해를 예방한다(Advokat et al., 2019). 삼환계 약물은 시냅스의 활동과정에서 노르에피네프린, 세로토닌, 도파민(도파민도 우리의 기분과 관련 있다)이 재흡수되는 것을 막음으로써 가용량이 많아지도록 한다(Advokat et al., 2019). 리튬처럼 두 종류의 항우울제도 다른 목적을 위한 실험과정에서 우연히 우울증상의 완화 효과가 발견되었다. MAO 억제제는 결핵(tuberculosis)치료를 위한 약으로 실험되었는데 환자들을 더 기분 좋게 만드는 효과가 있음이 발견되었다. 삼환계 약물의 경우는 조현병 치료에 사용되다가 항우울 효과가 발견되었다.

연구에 의하면 MAO 억제제는 우울증상을 완화시키는 데 상당히 효과가 있음에도 불구하고 잠재적으로 치명적인 부작용이 있을 수 있어서 많이 사용되지는 않고 있다. 음식물이나 음료와의 상호작용을 통해서 혈압이 매우 상승될 수 있기 때문이다.(역자 주 : 이 때문에 이 약을 복용하는 사람들은 특정 음식물과 음료를 먹지 못하게 한다.) 삼환계 약물은 MAO 억제제보다 더 자주 사용되는데, 이유는 MAO 억제제가 유발할 수 있는 심각한 부작용이 없기 때문이다. 가장 흔히 처방되고 사용되는 항우울제 약물은 좀 더 최근에 개발된 선택적 세로토닌 재흡수 억제제(SSRI)이다. 이 책의 제2장에서 소개된 SSRI에 대한 설명을 기억하는가? 시냅스상 선택적으로 세로토닌이 축삭 종말에 재흡수되는 것을 막아서 세로토닌이 계속적으로 활성화되게 만들고 가용량을 증가시키는 역할을 통해 기분이 우울해지는 것을 막는다. SSRI의 가장 잘 알려진 항우울제는 프로작(Prozac), 졸로프트(Zoloft), 팍실(Paxil) 등이다. SSRI는 삼환계와 비슷한 정도의 항우울 효과를 보이는데, 부작용이 다른 약물에 비해 적어서 의사들이 더 많이 처방하고 있다. 수백만의 SSRI 처방전이 지속적으로 쓰이고 있고, 그에 따른 판매수입도 수십억 달러에 이르고 있다. 심발타(Cymbalta)와 이펙사(Effexor) 같은 보다 최근에 개발된 선택적 세로토닌, 노르에피네프린 재흡수 억제제(SSNRI) 처방전은 우리가 제2장에서 논의한 바 있지만 역시 증가 추세에 있다. 이러한 항우울제들은 복용 후 바로 효과가 나타나는 것이 아니라 보통 3~6주 정도의

항우울제 우울장애 치료에 사용되는 약물

기간이 지나야 효과가 나타난다.

질병통제예방센터에서 12,000여 명을 대상으로 한 최근 설문연구는 항우울제 사용에 대한 흥미로운 결과를 보여주었다(Pratt, Brody, & Gu, 2011). 첫째, 항우울제의 사용은 1988년 이래로 400% 가까이 증가해 왔고, 덕분에 18~44세 연령에서 가장 빈번히 사용되는 약물이 되었다. 연구 기간인 2005~2008년 동안 12세 이상의 미국인 10명 중 한 명이 항우울제를 복용하고 있었다. 예상한 바와 같이 남성보다 여성에서 우울증 유병률이 2배 정도로 높기 때문에

"물론 아빠는 널 사랑하셔. 프로작을 드시고 계셔서 모든 사람을 사랑하신단다."

남성보다 여성이 항우울제를 복용할 가능성이 더 컸고, 이러한 사실은 우울 심각도의 모든 수준에서도 동일하게 적용되었다. 또한 40세에서 59세의 여성 4명 중의 거의 한 명이 항우울제를 복용하고 있었는데, 이는 어떤 연령-성별 집단보다 높은 수치이다. 한 가지 중요한 점은 항우울제를 복용한 사람의 3분의 1 이하와 여러 항우울제를 복용한 사람들의 2분의 1 이하가 항우울제 복용 전 해에 정신건강 전문가를 만나 보았다는 사실이다. 이는 후속관리의 부족을 드러낸다. 이러한 사실은 항우울제는 보통 장기적으로 복용한다는 사실 때문에 문제가 더욱 복잡하다. 항우울제를 복용하는 사람의 약 60% 정도가 2년 또는 그 이상을 복용하고, 14%는 무려 10년 이상 복용한다.

항우울제의 효과에 대해 논란이 있는 것도 사실이다. 최근의 한 연구에 의하면 항우울제의 복용으로 인한 효과의 상당 부분은 약을 복용하였으니 나아질 것이라는 기대로 나타나는 위약효과(placebo effect)라는 것이다(Kirsch, 2010; Kirsch et al., 2008). 이 책의 제1장에서 위약은 비활성약물이나 치료로서 자신의 문제에 대한 진짜 치료법이 될 것이라고 믿는 환자들에게 주어진다고 기술한 바 있다. 특히 흥미로운 발견은 위약이라도 실제로 신체적인 부작용을 경험하게 되는 경우는 그 정도가 심할수록 위약효과도 더 강하게 나타난다는 것이다. 이러한 위약효과는 때때로 항우울제를 사용한 경우 나타나는 효과에 필적할 만한 결과를 나타내기도 한다(Kirsch, 2010). 어떤 연구자들은 이러한 현상을 보면서 항우울제 약물이 나타내는 효과의 많은 부분이 위약효과 때문이라고 믿는다. 그러나 약물과 위약효과의 차이는 증상 심각성과 함수관계에 따라 매우 상이하다(Khan, Broadhead, Kolts, & Brown, 2005). 항우울제 효과와 우울증 심각도에 관한 최근 메타분석에 의하면 위약과 비교하여 항우울제 이점의 규모는 우울증상의 심각

성에 따라 증가하고 매우 심각한 우울증에서는 매우 크다(Fournier et al., 2010). 이 이점은 경도와 중등도 증상을 보이는 환자에게 아주 적거나 안 나타날 수도 있지만, 매우 심각한 우울증 환자에게는 상당한 효과가 있을 수 있다.

그렇다면 우리는 어떻게 이러한 위약효과를 제대로 이해할 수 있을까? 하나의 가능성은 성인의 해마에서 관찰된 새로운 신경의 성장과 관련 있는 신경발생학(neurogenesis)에서 찾아볼 수 있다(Jacobs et al., 2000a, 2000b). **우울증의 신경발생학적 이론**(neurogenesis theory of depression)은 해마에서 이루어지는 새로운 신경세포의 발생이 우울증 기간에는 멈추게 되며 신경발생이 다시 시작되면 우울증상이 완화된다는 사실을 관찰함으로써 생겨나게 되었다(Jacobs, 2004). 그렇다면 따라오게 되는 질문은 "어떻게 신경발생을 다시 시작하도록 할 것인가?"와 관련된다. 여러 가지 방법이 있을 수 있는데, 연구를 통해 SSRI가 다른 동물들의 신경발생을 증가시키는 것으로 나타났다. 프로작이 투여된 쥐와 원숭이는 그렇지 않은 쥐와 원숭이보다 더 많은 신경세포를 만들어냈다(Perera et al., 2011). 덧붙여 항우울제를 복용하는 사람의 경우에도 마찬가지인 것처럼 보인다(Boldrini et al., 2009; Malberg & Schechter, 2005). 시간적으로 볼 때도 신경발생학적 이론이 잘 들어맞는데, SSRI 약물을 먹은 후 효과를 보는 데 걸리는 시간과 신경세포가 성장하는 시간이 거의 맞아떨어진다. 새로운 세포가 성숙하려면 보통 3~6주가 걸리는데, 우울증 환자가 SSRI 항우울제를 먹고 기분이 나아지는 데도 이 정도의 시간이 걸리는 것이다. 이러한 사실은 아마도 SSRI 약물에 의해 증가된 세로토닌이 기분을 호전시켜서 신경발생 작용을 다시 시작하게 하는 것이 아닌가 추측하게 한다.

하지만 꼭 기억해야 하는 것은 이러한 모든 것이 생물-심리-사회적 현상이라는 점이다. 심리적 요인들이 신경발생 과정에 지대한 영향을 미칠 수 있다는 것도 간과해서는 안 된다. 강력한 위약효과를 나타낼 만한 긍정적 사고 또한 신경세포 발생을 촉진할 수 있다. 인지심리치료를 통해 상담자가 내담자의 부정적 사고를 보다 긍정적인 것으로 바꾸어 가는 과정에서 일어나는 인지적 변화 또한 비슷한 효과를 일으킬 수 있다. 신경발생학적 이론은 걸음마 단계에 있지만 약물치료, 위약치료, 심리치료 등의 다양한 치료접근이 보여주는 효과성에 대해 통합적이고 일관된 설명을 제공해주고 있다.

항불안제(antianxiety drug)는 불안과 관련된 문제와 장애를 치료하는 데 사용한다. 가장 잘 알려진 항불안제는 발륨

우울증의 신경발생학적 이론 우울증 기간에는 해마에서 이루어지는 새로운 신경세포의 발생이 정지되고 세포의 발생이 다시 시작되면 우울증의 증상이 완화된다는 우울증에 대한 설명

항불안제 불안과 관련된 문제와 장애를 치료하는 데 사용되는 약물

(Valium)과 자낙스(Xanax) 등과 같은 벤조디아제핀 계열의 약물이다. 벤조디아제핀(benzodiazepine)은 GABA라는 주요 억제성 신경전달물질을 활성화시킴으로써 불안을 감소시키는 역할을 한다. 벤조디아제핀은 GABA 수용체에서 GABA 결합을 촉진하여 작용 효과를 달성한다(Advokat et al., 2019). GABA가 활성화되면 뇌 속의 신경전달 활동을 억제하거나 느리게 만들어서 정상수준으로 회복되게 한다. 불행히도 최근의 연구에 의하면 벤조디아제핀은 신체적 의존증상, 알코올과 함께 복용 시의 치명적인 효과 등 잠재적으로 위험한 부작용이 있는 것으로 보고되었고, 벤조디아제핀 계열이 아닌 부작용이 더 적은 다른 약물들이 개발되었다. 또한 항우울제, 특히 SSRI 약물들이 불안증의 치료에 대단히 효과적인 것으로 밝혀지면서 널리 사용되게 되었다.

항정신병 약물(antipsychotic drug)은 정신병적 증상을 완화시키는 데 사용되는 약물이다. 최초의 항정신병 약물은 1950년대부터 사용되었는데, 이는 이 책의 제2장에서 언급한 것처럼 도파민 수용기를 전반적으로 막는 길항작용을 하므로 도파민 활성을 감소시킨다. 이 약물들은 조현병의 양성증상을 현저히 감소시켜 준 반면, 음성증상에는 별로 효과를 보이지 못했다. 항정신병 약물은 조현병 치료를 혁신하고 정신병원에 오랜 기간 입원해 지내는 조현병이 있는 사람들의 수를 상당히 감소시키는 데 큰 역할을 하였다. 이때부터 1980년대까지 발전해 온 항정신병 약물들은 요즘 새로 개발되어 나온 새로운 세대의 항정신병 약물들과 구분하여 전통적 약물이라 부르고 있다.

전통적 약물(예 : 소라진과 스텔라진)은 파킨슨병에서 흔히 볼 수 있는 것과 같이 운동, 움직임과 관련한 부작용이 나타날 수 있다. 게다가 항정신병 약물을 오랫동안 복용하는 경우에 **지연성 운동장애**(tardive dyskinesia) 부작용이 나타나게 되는데, 환자의 얼굴에 멈출 수 없는 틱이 생긴다거나 계속 찌푸리게 된다거나 입술이나 턱 또는 혀가 본인의 의도와는 달리 움직인다거나 하는 증상을 동반한다. 신세대 항정신병 약물(예 : 클로자릴과 리스페리달)은 뇌 속에서 도파민의 활성을 감소시키는 부위가 보다 구체적이어서 지연성 운동장애와 같은 심각한 부작용을 일으키지 않는다. 또한 조현병을 겪는 어떤 사람에게는 음성증상까지도 완화시켜 주는 효과를 나타내기도 하는데, 아마도 세로토닌의 활성화 수준을 함께 감소시키기 때문에 이러한 효과가 일어나는 것이 아닌가 생각된다.

안타깝게도 신세대 항정신병 약물은 다른 종류의 심각한 부작용을 일으킬 가능성이 있으므로 지속적인 관찰이 필요하다(Folsom, Fleisher, & Depp, 2006). 관찰활동에는 비용이 많이 드는

항정신병 약물 정신병적 증상을 치료하는 데 사용되는 약물

지연성 운동장애 전통적인 항정신병 약물의 사용으로 환자의 얼굴에 멈출 수 없는 틱이 생긴다거나 계속 찌푸리게 된다거나 입술이나 턱 또는 혀가 본인의 의도와는 달리 움직인다거나 하는 부작용을 장기간 경험하는 증상

데, 이때문에 전통적 항정신병 약물이 대신 처방되기도 한다. 덧붙여 신세대 약물에 대해 초반에 나타났던 긍정적인 전망은 이 약물들이 본래 생각했던 것처럼 많은 개선을 이끌어 오지 못한다는 연구결과들에 의해 다소 약해졌다(Jones et al., 2006; Lieberman, Stroup, et al., 2005). 장기 항정신적 치료 및 뇌 부피에 대한 최근의 한 실험은 전통 및 신세대 정신병적 약물 모두에 대한 부정적 효과를 발견하였다(Ho, Andreasen, Ziebell, Pierson, & Magnotta, 2011). 항정신적 치료가 장기적으로 이루어지면 뇌조직과 회백질의 부피가 감소된다. 다른 연구에서는 단기치료에서 유사한 회백질에서의 감소를 발견하기도 하였다(Dazzan et al., 2005; Lieberman, Tollefson, et al., 2005). 따라서 항정신병 약물은 조현병으로 발생하는 뇌조직의 손실을 이끌거나 뇌 부피의 축소를 악화시킬 수도 있다.

최근에 새로운 항정신병 약물의 다른 유형인 상표명 아빌리파이(Abilify)가 시중에 나왔다. 신경화학적 기능 때문에 아빌리파이는 종종 '제3세대' 항정신병 약물이라고 지칭된다. 아빌리파이는 뇌의 특정 영역에서 도파민과 세로토닌 활성화를 안정시킴으로써 효과를 발휘하는데, 이 두 신경전달물질의 활성수준이 너무 높을 때는 수용기를 차단하고, 활성수준이 너무 낮을 때는 수용기를 자극하는 식의 상황에 따라 그에 반하는 작용을 함으로써 효과를 나타낸다. 이때문에 '도파민-세로토닌 시스템 안정제'라고도 부른다. 아빌리파이에 대해 확고한 결론을 내리기에는 아직 이를 수도 있지만, 이제껏 알려진 임상결과에 의하면 다른 세대의 항정신병 약물만큼 효과적이며 부작용도 덜한 편이다(DeLeon, Patel, & Crismon, 2004; Rivas-Vasquez, 2003). 신경화학적인 특성에 따라 아빌리파이는 리튬에 반응하지 않았던 양극성 장애를 겪는 사람의 치료에 사용되거나 주요우울장애의 우울치료에 추가되어 사용되기도 한다(Julien, 2011).

전기충격치료 또 다른 생의학적 치료로 **전기충격치료**(electrocon-vulsive therapy, ECT)가 있다. 일반적으로 심각한 우울증에 대하여 최후의 수단으로 사용되는데, 전기충격을 짧은 시간 동안 뇌에 통하게 함으로써 발작을 유발하게 되며, 그래서 충격치료(shock therapy)라고도 한다. ECT는 1938년에 조현병에 대한 치료방법으로 소개되었는데, 이후에 우울증에만 효과가 있는 것으로 밝혀졌다(Impastato, 1960). 미국 내에서 ECT가 처음으로 사용된 사례는 수년 후인 1940년대였다(Pulver, 1961). ECT는 어떻게 실행되는 것일까? 전선에 연결된 전극을 머리의 양쪽에 부착하고 아주 짧은 시간 전기

전기충격치료 전기충격을 짧은 시간 동안 뇌에 통하게 하여 발작을 유발함으로써 심각한 우울증을 치료하는 생의학적 치료법

충격을 주면 뇌는 발작을 일으키게 되고, 환자로 하여금 몇 분 동안 경련을 일으키도록 만든다. 환자들은 미리 마취제를 맞은 후라서 이러한 치료과정 중에는 의식이 없는 상태이고 근육이완제도 투여받아서 경련도 최소화시킨 상태이다.

ECT 치료를 받는 경우 대략 80%의 우울증 환자들의 증상이 호전되었고(Glass, 2001), 항우울제보다 더욱 빠른 효과를 나타냈다 (Seligman, 1994). 이처럼 빠른 효과는 자살 충동이 있거나 심각한 우울증 환자, 특히 항

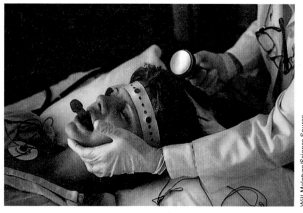

전기충격치료 안정제를 주사받기 때문에 전기충격치료 시에 환자는 의식이 없는 상태이고 근이완제를 맞아서 근육도 이완된 상태이다.

우울제가 별로 도움이 되지 않는 환자들에게 ECT가 가치 있게 사용될 수 있는 이유이기도 하다. 이상하게 들릴지 모르지만 사용된 지 50년이 흐른 지금까지도 ECT가 우울증에 어떠한 이유로 효과를 보이는지 알려져 있지 않다. 한 가지 가능한 설명은 아마도 ECT가 항우울제처럼 세로토닌과 노르에피네프린의 활동을 증가시킴으로써 기분을 나아지게 하는 것이 아닌가 하는 것이다. ECT의 효과는 또한 신경발생학적 이론과도 연결되는 것으로 보인다. SSRI 약물처럼 쥐에게 ECT를 가했을 때 신경발생이 더 증가하였다(Scott, Wojtowicz, & Burnham, 2000). 이러한 발견은 ECT가 신경발생에 항우울제보다 빠르게 영향을 미치는 것이 아닌가 추측해보게 한다. 최근의 연구는 ECT가 보다 안전하다는 증거를 제시하는데, 눈에 띄는 뇌 손상이나 장기간의 인지적 손상은 일으키지 않는다는 보고가 있다. 다만 치료를 받기 직전과 직후에 일어난 일에 대한 기억을 잃게 되는 부작용이 있는 것으로 보고된다(Calev, Guardino, Squires, Zervas, & Fink, 1995). 심한 우울증치료에 대한 확실한 효과와 그로 인해 수많은 생명을 자살로부터 구해내었을 것이라는 공로에도 불구하고 ECT는 여전히 대단한 논쟁거리가 되고 있는데, 아마도 이 치료접근이 주는 야만적인 느낌 때문일 것이다. 흥미롭게도 ECT(전기충격요법)를 경험한 환자들의 경우에는 ECT를 크게 부정적이라고 생각하지 않으며, 대부분의 환자들은 우울증이 다시 재발하면 한 번 더 ECT를 사용할 것이라고 대답했다 (Goodman, Krahn, Smith, Rummans, & Pileggi, 1999; Pettinati, Tamburello, Ruetsch, & Kaplan, 1994). ECT에 대한 대중의 오해는 부정확한 미디어의 보도 때문이다(Lilienfeld et al., 2010).

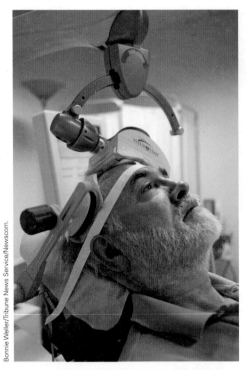

이 사람은 우울증치료를 위해 경두개 자기자극(TMS)치료를 받는 중이다. 그의 왼쪽 전두엽 위에 있는 전자기 코일은 그의 왼쪽 전두엽으로 자기장을 보내는 역할을 하게 된다.

경두개 자기자극 왼쪽 전두엽에서의 신경자극 치료는 환자의 두피에 위치한 자기장 단자에 전자기 코일을 통해 자기장을 일으키게 된다. 이 치료요법은 전통적인 치료방법에서 도움을 받지 못한 심한 우울증 환자의 경우에만 허용된다.

정신외과수술 정신장애나 질병을 치료하기 위해 뇌의 특정 부위를 떼어내거나 손상시키는 생의학적 치료법

백질절제술 뇌의 전두엽에서부터 뇌의 하위 부분으로 통하는 신경 연결을 잘라내는 정신외과수술

ECT에 대한 부정적인 이미지 때문에 심각한 우울에 대한 대안적 신경자극(neurostimulation) 치료가 발전해 왔으며, 그중 하나가 바로 **경두개 자기자극**(transcranial magnetic stimulation, TMS)치료이다. 전기충격을 가하는 ECT와는 대조적으로 TMS는 환자의 왼쪽 전두엽에 위치한 두피에 자기장을 전자기 코일을 통해 전달하게 된다. 뇌의 이 부위는 우울증 환자의 뇌 스캔에서는 상대적으로 비활성상태로 나타나기 때문에 이러한 자기장을 통한 자극이 도움을 주기도 한다. 일반적으로 환자는 4~6주 동안 주 5회의 치료를 받는다. ECT와는 다르게 TMS 과정에서는 환자들이 깨어 있고, 어떤 기억상실이나 다른 주요한 부작용도 보이지 않는다. ETC와 마찬가지로 TMS가 어떻게 우울증을 완화시키는지에 대해서 정확히 알지는 못하나, 우울증 환자들의 경우 비교적 비활성상태인 왼쪽 전두엽의 신경활동을 활성화시킴으로써 그 완화에 효과가 있는 것으로 여겨진다. 몇몇 연구들은 TMS가 전통적인 치료법으로 도움을 받지 못한 심각한 우울증 환자에게 ETC만큼 효과적일 수 있다고 말하고 있으며(Grunhaus, Schreiber, Dolberg, Polak, & Dannon, 2003), 이러한 목적으로 TMS의 사용을 허가했다. 그렇다 해도 이 치료법과 효과에 대한 연구가 더 많이 이루어져야 함은 분명하다.

정신외과수술 ECT보다 더 심한 논쟁거리가 되고 있는 생의학적 치료접근이 바로 **정신외과수술**(psychosurgery)이다. 정신장애나 질병을 치료하기 위해 뇌의 특정 부위를 떼어내거나 손상시키는 수술로서 오늘날은 거의 사용되지 않고 있다. 가장 유명한 종류의 정신외과수술은 **백질절제술**(lobotomy)인데, 뇌의 전두엽에서부터 뇌의 하위 부분으로 통하는 신경연결 부위를 잘라내는 수술이다. 포르투갈 출신 신경외과 의사 에가스 모니스가 **정신외과수술**이라는 말을 최초로 사용하면서 조현병의 치료에 백질절제술을 사용하기 시작했다(Valenstein, 1986). 실제로 1949년에는 이러한 공

로를 인정받아 노벨상을 받기도 했다. 그러나 모든 일이 모니스에게 잘된 것만은 아니었다. 10년 전, 그가 전두엽을 이식한 환자는 아니었지만 환자 중 한 명에게 살해당할 뻔했다(Valenstein, 1986). 환자는 그를 네 차례 총으로 쐈고, 총알 하나가 척추에 박혀서 척추를 손상시킬 위험 때문에 제거할 수 없었다. 이 때문에 평생 휠체어에 의존해야 했다(Jarrett, 2015). 모니스 외에 다른 연구자에게서 백질절제술이 효과가 있다거나 과학적 근거가 있다는 어떠한 증거도 제시된 적이 없다. 그럼에도 불구하고 월터 프리먼 박사 등의 주

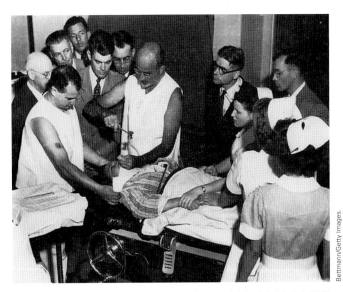

경안와백질절제술 1949년 신경외과 의사인 월터 프리먼이 경안와백질절제술을 실시하고 있다. 송곳 모양의 도구를 안와(눈구멍)를 통해 환자의 뇌 안으로 진입시키고 있다. 일단 그가 환자의 뇌 속으로 접근할 수 있게 되면 송곳 모양의 도구를 회전시켜 뇌조직을 파괴시킨다.

도로 1940년에서 1950년 사이 미국에서는 수천 건의 백질절제술이 시행되었다(El-Hai, 2005). 1945년에 프리먼은 경안와백질절제술(transorbital lobotomy technique)이라고 불리는 수술을 하였다. 이 수술은 안구 뒤에 위치하고 있는 전두엽과 중뇌를 연결하는 신경들을 안구 뒤로 얼음 깨는 칼 비슷한 기구를 집어넣고 양쪽으로 휘저어 절단하는 방법으로 시행되었다(Valenstein, 1986). 프리먼은 이러한 수술을 병원 수술실에서 하지도 않았다. 정신병원으로 가방 하나만 들고 가서 하루에도 몇 건의 즉석수술을 실시하였다. 프리먼은 20여 개의 주에서 이 수술을 하기 위해 수천 마일을 여행하며 거의 3,500건의 백질절제술을 집도하였다(El-Hai, 2001). 다행히 1950년대에 항정신병 약물이 소개되면서 백질절제술은 조현병의 치료기법으로서의 자리를 항정신병 약물에 내주게 되었다. 그러나 그때는 이미 이러한 야만적인 수술 때문에 수천 명의 희생자들이 좀비 같은 퇴행 상태에 이르게 된 이후였다.

정신외과수술은 현재도 사용되고 있지만 과거와 같은 야만적인 전두엽 백질절제술과는 거리가 멀다(Vertosick, 1997). 예를 들면 대상속절개술과 같은 수술은 1원짜리 동전 크기의 구멍을 전두엽의 특정 부위에 만드는 것으로서 다른 치료에 효과를 보이지 않는 심각한 우울증이나 강박증 환자들에게 실시한다. 띠 모양의 뇌회(cingulated gyrus)는 뇌의 전두엽과 (대뇌)변연계 사이에 있는 경로로 감정적인 반응을 통제한다.

이러한 수술은 앞에서 말한 원시적 형태의 수술과는 전혀 다른 형태이다. 수술실에서 자기공명측정기를 통해 컴퓨터가 전극을 조정하여 목표 부위를 태움으로써 아주 짧은 시간 안에 끝이 난다. 정신외과수술은 되돌릴 수 없는 뇌 손상을 초래하기 때문에 오늘날은 아주 드물게 시행된다. 이러한 수술은 다른 모든 방법이 실패한 경우 환자의 동의 하에 실시된다.

심리치료

우리는 지그문트 프로이트에 의해 1900년대 초에 시작된 정신분석에 대해 이미 논의한 바 있다(제8장 참조). 정신분석을 생각할 때 우리는 흔히 환자가 긴 카우치에 앉아 있고 심리치료사는 환자의 뒤쪽에 앉아서 환자의 꿈 이야기와 자유연상에 대하여 받아 적고 있는 모습을 떠올리게 된다. 이러한 이미지는 사실 전통적 정신분석 치료에 대한 상당히 정확한 묘사이긴 하지만 대부분의 심리치료는 이러한 모습으로 진행되지 않는다. 우선 정신분석을 가장 먼저 살펴본 다음에 세 가지 정도의 중요한 심리치료 접근, 즉 인본주의, 행동주의, 인지주의에 대해서 알아보도록 하겠다. 네 종류의 심리치료로 나누는 것은 그 치료접근이 사고에 더 초점을 맞추고 있는가 아니면 활동에 더 관심을 두고 있는가에 따른 것이기도 하다. 정신분석과 인본주의 치료는 사고치료라고도 부를 수 있을 만큼 내담자로 하여금 자신의 행동과 생각의 원인에 대한 깨달음을 얻도록 하는 데 강조점을 둔다. 반면에 행동치료 또는 인지치료는 활동치료라고 불릴 만큼 내담자의 행동과 사고를 바꿀 수 있도록 하는 활동에 더 관심을 갖는다.

정신분석　정신분석(psychoanalysis)은 지그문트 프로이트에 의해 시작된 심리치료의 형태로서 내담자로 하여금 자신이 가진 문제의 무의식적인 근원을 깨닫게 도와주는 치료이다. 전통적 정신분석은 프로이트에 의해 소개된 것처럼 대단히 오랜 기간이 필요하고 비용이 많이 드는 치료접근이다. 환자는 자신이 문제의 근원을 이해하기 위해 보통 1~2년 동안 매주 다수의 상담회기를 받아야 한다. 이 책의 제8장에서 프로이트는 문제의 원인을 어린 시절의 억압된 기억과 고착 그리고 해결되지 않은 갈등에서 찾았던 것을 기억하고 있는가? 그러한 문제들은 무의식 아래로 억압되어 있지만 계속해서 개인의 행동과 사고에 영향을 미치고 있다고 하였다. 정신분석가는 이러한 무의식에 억압되어 있는 문제들을 찾아내고 내담자로 하여금 그 문제에 대한 깨달음을 얻도록 도와주는

정신분석　지그문트 프로이트에 의해 처음 시작된 심리치료의 형태로서 내담자로 하여금 자신이 가진 문제의 무의식적인 근원을 깨닫게 도와주는 치료

역할을 하게 된다. 어려운 점은 내담자 자신도 자신의 무의식 문제를 알지 못한다는 데 있다. 그렇기 때문에 심리치료사도 감추어져 있던 문제들이 의식상으로 드러난 것만을 찾아서 반영해보고 해석할 수밖에 없다. 정신분석가의 가장 중요한 과제는 개인이 가진 문제의 무의식적인 뿌리를 찾기 위해 최대한 다양한 자료들(자유연상, 방어, 꿈, 전이 등)을 해석해보는 것이다.

　자유연상(free association)은 환자가 떠오르는 모든 생각과 느낌 그리고 이미지를 고치지 않고 바로바로 보고하도록 하는 기법이다. 정신분석가에게 자유연상은 언어를 사용하여 행하는 투사검사와 같다. 정신분석가들은 자유연상이 아무 생각이나 무작위로 떠오르는 것이 아니라 환자의 문제와 맞닿아 있는 무의식적 갈등을 알 수 있는 단서를 제공한다고 믿는다. 자유연상 과정에서 나타나는 저항은 이러한 가정을 더욱 지지하는 증거가 될 수 있다. **저항**(resistance)은 환자가 특정한 주제에 대해 이야기하기를 꺼리는 경우에 나타난다. 예를 들어 한 환자가 자유연상 과정에서 '어머니'라는 단어를 말할 수도 있다. 이 단어와 관련하여 생기는(어머니에 대한) 저항은 환자로 하여금 연상과정을 갑자기 어렵게 하거나 침묵하도록 만들기도 한다. 환자는 어떤 주제(예 : 그의 어머니)에 대해 대화하기 싫어 상담회기를 빠져 버리거나 상담 중에 갑자기 이야기 주제를 다른 방향으로 돌리려 하기도 한다. 정신분석가들은 치료과정에서 이러한 저항을 찾아내 해석하는 일을 한다.

　정신분석가들은 환자의 꿈에 대한 분석도 한다. 왜냐하면 꿈은 환자에게 내재되어 있지만 드러나지 않는 문제들에 대한 단서를 제공해줄 수도 있기 때문이다. 프로이트는 잠을 자는 동안에는 심리적 방어가 약해지기 때문에 무의식적 갈등이 꿈속에서 상징적인 모습으로 드러나게 된다고 주장한다. 이것은 꿈이 두 차원의 의미를 가질 수 있다는 말인데 **표면적 의미**(manifest content), 즉 꿈을 통해 직접적으로 제시되는 내용과 **내재적 의미**(latent content), 즉 감추어진 꿈의 진정한 의미가 바로 그것이다. 정말 중요한 것은 바로 꿈에 감추어진 내용이다. 예컨대 꿈속에 나온 왕과 왕비는 꿈을 꾼 사람의 부모를 상징할 수 있고, 이가 빠지는 꿈은 거세에 대한 상징일 수도 있다. 또 다른 중요한 심리치료의 도구는 **전이**(transference) 과정인데, 환자가 심리치료사를 마치 자신의 부모나 자신의 삶에서 중요한 인물로 여기면서 그들에게 대했던 또는 대하는 방식을 표현할 때 일어난다. 만약 환자가 어렸을 때 자신의 아버지를 증

자유연상 환자가 떠오르는 모든 생각과 느낌 그리고 이미지들을 고치지 않고 바로바로 보고하도록 하는 기법

저항 환자가 특정한 주제에 대해 이야기하기를 꺼림

표면적 의미 꿈의 외재적인 의미를 지칭하는 프로이트의 용어

내재적 의미 꿈의 감추어진 진정한 의미를 지칭하는 프로이트의 용어

전이 환자가 부모와 같이 자신의 삶에서 중요한 인물을 대하는 방식으로 심리치료사를 대하는 현상

오했다면 아마 이러한 증오 감정을 심리치료 과정에서 치료자에게 전이하게 될 것이다. 이러한 전이를 통해 환자는 자신의 삶에 있어서 중요한 인물과의 과거나 현재의 갈등을 다시 끌어낼 수 있다. 환자가 중요한 대상에 대해 느끼고 있는 갈등이 심리치료사에게 그대로 전달되고 심리치료사는 이러한 전이들을 찾아내고 해석하게 된다.

정신분석은 많은 시간이 필요하다. 심리치료사가 환자의 문제를 해석하기 위해 수많은 간접적 단서들을 모아서 사용해야 하기 때문이다. 수사관이 무기나 지문, DNA 증거 등의 확실한 단서 없이 수사를 해결하고자 하는 상황과 비슷하다. 가지고 있는 것은 모호한 상황적 증거들뿐이다. 이러한 증거를 사용하여 심리치료사는 환자로 하여금 자신의 문제에 대한 적절한 인식을 얻을 수 있도록 도와주는 해석을 제공해야 한다. 이와 같은 전형적인 정신분석은 강한 비판을 받아 왔고, 효과성을 지지하는 실증적 근거들은 적다. 그러나 보통 정신역동치료라고 불리는 현대의 정신분석치료는 성공적이라는 것이 입증되고 있다(Shedler, 2010). 정신역동치료는 프로이트의 정신분석과는 매우 다르다. 환자들은 소파에 눕지 않고 의자에 앉아 있으며, 회기는 일주일에 1회 또는 2회 정도이며, 치료는 수년이 아니라 수개월 안에 종결된다. 덧붙여 정신역동치료를 받은 환자들의 경우 치료효과가 지속되며 치료가 종결된 이후에도 지속적으로 개선되는 것으로 보인다.

내담자 중심치료 가장 영향력 있는 인본주의 치료는 인간 중심치료라고도 부르는 칼 로저스의 내담자 중심치료일 것이다(Raskin & Rogers, 1995; Rogers, 1951). **내담자 중심치료**(client-centered therapy)는 심리치료의 한 형태로서 심리치료사는 무조건적 긍정적 존중(unconditional positive regard), 진솔성(genuineness), 공감(empathy) 등을 통해서 내담자로 하여금 자신의 진실한 자아상을 찾도록 도와준다. 로저스와 인본주의 치료자들은 환자라는 호칭보다 내담자 또는 개인이라는 호칭을 더 선호하는데, 환자는 병이라는 의미를 수반하는 반면에 내담자 또는 개인은 내담자 자신의 주관적인 관점에 더 무게를 두기 때문이다. 제8장에서 로저스는 주변 사람들에 의하여 정해진 가치는 그에 부합하지 못할 경우 일그러진 자아상을 형성하게 만들고, 이러한 개인의 자신에 대한 자각

내담자 중심치료 심리치료사가 무조건적 긍정적 존중, 진솔함, 공감 등을 통해서 내담자로 하여금 자신의 진실한 자아상을 찾도록 도와주는 칼 로저스가 고안한 심리치료

은 성격 형성과 자아실현(개인이 가진 잠재성을 만족스럽게 실현)에 지대한 영향을 미친다고 말한 바 있다. 내담자 중심치료의 치료 목표는 내담자로 하여금 이러한 자아실현의 길에 들어서도록 돕는 데 있다. 이러한 목표를 달성하기 위하여 상담자는 비지시적

이어야 하며 대화의 방향을 한쪽으로 이끌고 가서는 안 된다. 그 대신 내담자가 각 회기의 방향을 이끌고 나가야 한다. 상담자의 역할은 내담자가 자신의 진정한 감정과 자아상을 스스로 발견할 수 있도록 주변 여건을 만들어주는 것이다.

이러한 여건들은 제8장에서 설명한 건강한 성격발달에 필요한 조건들과 대단히 유사하다. 상담자는 내담자를 있는 그대로 받아들이고 진솔하게 대하며 공감해주어야 한다. 상담자는 내담자에게 무조건적 긍정적 존중(내담자를 특정한 행동적 조건 없이 받아들여 주는 것)을 제공함으로써 포용하는 환경을 만들어 나간다. 상담자는 솔직한 자신의 생각과 느낌을 내담자와 이야기함으로써 진솔성을 나눈다. 내담자의 감정에 대한 공감적 이해를 얻기 위해 상담자는 적극적 경청을 하고 거울반영(미러링)을 통해서 내담자의 감정을 되돌려준다. 이러한 과정을 통해서 내담자는 자신이 가지고 있는 진정한 감정을 보다 명확하고 또렷하게 이해하게 된다. 이렇게 자신의 진실된 감정을 이해하게 되면서 내담자는 개인적 성숙과 자아실현의 길을 계속 걸을 수 있게 된다고 본다. 지지적 환경을 만들어주는 이러한 방식의 상담 접근은 임상적인 질병이 없는 자기성장과 깨달음을 원하는 내담자들에게 가장 효과적인 것으로 보인다.

행동치료 행동치료(behavioral therapy)는 고전적 조건형성과 조작적 조건형성의 원리를 사용하여 내담자의 행동이 부적응적 행동에서 적응적 행동으로 변화하도록 돕는 심리치료이다. 이 이론이 가정하는 것은 행동적 증상(비정상적으로 새를 두려워하는 특정공포증이 있는 여성) 자체가 문제라는 것이다. 부적응적 행동은 학습된 것이므로 탈학습될 수 있고, 대신 보다 더 적응적인 행동을 학습할 수 있다고 본다. 행동치료는 고전적 조건형성 또는 조작적 조건형성의 원리에 근거를 두고 있다. 우선 고전적 조건형성에 근거한 치료의 예를 들어보도록 하겠다.

앞에서 공포증을 설명하면서 소개한 왓슨과 레이너의 어린 앨버트 연구를 기억하는가? 제4장에서 소개한 앨버트의 흰쥐에 대한 공포반응은 결국 탈조건화될 기회를 얻지 못했지만 왓슨의 제자 중 하나였던 메리 커버 존스는 이후에 이러한 공포증은 탈학습될 수 있고 보다 더 적응적인 이완반응으로 대체될 수 있다는 것을 보여주었다(Jones, 1924). 예로 3세 소년 피터는 토끼공포증이 있었는데, 공포증을 제거하기 위해 피터가 맛있는 음식을 먹을 때마다 토끼를 점차적으로 보여주었고, 그 결과 공포증이 사라졌다. 피터가 좋아하는 음식을 먹으면서 느꼈던 즐거움은 공포반응과 함께 존재할 수 없었

행동치료 고전적 조건형성과 조작적 조건형성의 원리를 사용하여 내담자의 행동이 부적응적 행동에서 적응적 행동으로 변화하도록 돕는 심리치료

다. 점차 시간이 지나면서 피터는 토끼가 있음에도 불구하고 이완하는 법을 배울 수 있게 되었다. 혹자는 이 사례를 최초의 성공한 행동치료로 간주한다. 존스의 연구는 역조건화 기법이라고 부르는 일련의 고전적 조건형성 치료의 발전을 가져오는 계기가 되었다. **역조건화**(counterconditioning)에서는 부적응적 반응이 함께 일어날 수 없는 적응적 반응으로 대체된다. 체계적 둔감법, 가상현실 치료, 홍수법과 같은 역조건화 기법들은 특히 불안장애 치료에서 효과적이다. 이 세 가지 역조건화 치료들은 환자가 어느 시점에서는 불안의 근원에 노출이 되기 때문에 노출치료라고도 한다.

공포반응과 이완반응이 함께 일어날 수 없을 것이라는 존스의 생각을 적용하여, 조셉 볼프는 체계적 둔감법이라는 공포증에 대단히 효과적인 행동치료를 개발하였다(Wolpe, 1958). **체계적 둔감법**(systematic desensitization)은 역조건화 기법으로서 어떤 대상이나 상황에 대하여 나타나는 공포반응이 낮은 공포 상황에서부터 높은 공포 상황으로 증가하며 제시되는 과정 동안 이완반응을 계속 유지하게 함으로써 이완반응으로 전환되어 가는 것을 말한다. 이 치료과정에서 환자는 우선 공포반응을 일으키는 상황의 위계를 정하는데, 가장 적은 공포를 일으키는 상황에서 가장 견디기 힘든 공포를 일으키는 상황까지 정한다. 거미를 두려워하는 특정공포증이 있는 한 사람의 예를 들어 보자. 소풍은 약간의 공포를 일으키게 되는 상황인데, 거미와 마주칠 가능성이 있기 때문이다. 거미의 사진을 보는 것은 보다 더 공포를 느끼는 상황이며, 실제로 5~6m 앞의 벽에 붙어 있는 거미를 보는 것은 매우 높은 공포 상황일 것이다. 실제로 거미가 몸 위를 기어 다니는 상황은 아마도 위계상 최고의 공포 상황일 것이다. 이러한 상황들은 보다 더 세분화된 위계로 만들 수도 있다. 위계는 공포반응이 점차 강해져 갈수록 더 세분화된 단계들로 만들어진다.

일단 위계가 정해지면 환자들에게 어떻게 이완반응을 하는지에 대한 다양한 기술을 가르친다. 이러한 이완기술들이 습득이 되면 치료가 시작된다. 환자는 위계의 가장 낮은 단계부터 경험하면서 각 단계에서 동시에 이완하는 연습을 한다. 먼저 위계를 따라 상상 속의 상황에서 이완하고 이후에는 실제 상황에서 이완을 한다. 상상과 실제 상황 모두에서 불안 정도는 서서히 높아진다. 후반부에는 환자와 성별이 같고 나이가 비슷한 사람이 모델로 등장하여 특정한 행동을 환자에게 시범으로 보여준다. 예를 들면 모델은 책 속의 거미 사진을 먼저 만지는 시범을 보이고는 환자에게 그렇게 해보도록 용기를 북돋워준다. 간단

역조건화 부적응적 반응이 함께 일어날 수 없는 적응적 반응으로 대체되는 행동치료의 유형

체계적 둔감법 역조건화 기법으로서 어떤 대상이나 상황에 대하여 나타나게 되는 공포반응이 공포가 느껴지는 상황을 낮은 공포 상황에서부터 높은 공포 상황으로 증가하여 제시하는 과정 동안 이완반응을 계속 유지하게 함으로써 이완반응으로 전환되어 가는 것

히 말하면 체계적 둔감법은 공포 상황 단계를 점점 높여 가면서 이완반응을 통해 공포를 극복해 나가도록 가르치는 것이다.

가상현실 치료(virtual reality therapy)는 체계적 둔감법과 비슷한데, 환자는 컴퓨터 시뮬레이션을 통해 자신을 불안하게 하는 대상을 접하게 된다. 동작을 감지하는 헬멧을 쓰면 3차원 가상현실이 나타나고, 체계적 둔감법에서 사용하는 상상하기 혹은 실제 상황에서 경험하는 것과는 달리 환자는 컴퓨터로 재생이 된 진짜 같은 이미지만 보게 된다. 환자가 이완상태가 되면 더 두려운 대상이나 상황에서도 이완되고 편안한 상태가 될 때까지 실험장면을 점점 더 공포스럽게 조작한다. 가상현실 치료는 특정공포증, 사회공포증, 그리고 다른 불안장애를 치료하기 위해 성공적으로 사용된 기법이다 (Krijn, Emmelkamp, Olafsson, & Biemond, 2004). Freeman과 동료들(2018)은 음성인식 기술을 활용하여 참가자가 가상코치와 상호작용하는 방식으로 고소공포증을 위한 가상현실 치료가 이루어질 수 있다는 것을 발견했다. 모든 참가자의 고소공포증 평균 감소율은 68%로 나타났고, 이는 치료사가 직접 대면하는 일반적인 가상현실 치료보다 나은 결과이다.

또 다른 역조건화 치료는 홍수법이라고 부르는 것인데 체계적 둔감법에서의 점진적 방법은 사용되지 않는다. **홍수법**(flooding)에서 환자는 공포 대상이나 상황에 곧바로 노출된다. 거미공포증이 있는 환자의 경우 환자를 곧바로 살아 있는 거미와 함께 있도록 만든다. 홍수법은 환자의 공포가 너무 심해서 체계적 둔감법을 통해서는 별다른 성과를 거두지 못하는 경우에 사용된다.

조작적 조건형성의 원리를 사용하는 행동치료는 원하는 행동은 강화하고 원하지 않는 행동은 소거시킨다. 제4장에서 다룬 토큰경제(token economy)가 좋은 예이다. 토큰경제는 원하는 행동은 토큰(이차적 강화물로서 별표라든가 스티커와 같은 것들)을 주어서 강화시키는데, 토큰은 이후에 사탕이나 TV를 볼 수 있는 권리 등과 교환이 가능하다. 이 기법은 정신병원에 입원해 있는 환자들에게 자주 사용된다. 지적장애, 자폐증 아동의 증상을 조절하거나 조현병이 있는 사람들의 행동을 수정하는 데 주로 사용된다. 만약 잠자리를 준비하는 행동을 배우도록 하고 싶다면 그러한 행동을 할 때마다 나중에 맛있는 음식이나 원하는 특권과 교환할 수 있는 토큰을 주면 된다. 토큰경제는 환자들을 완치시키는 방법이라기보다는 일과적 행동을 관리하도록 돕는 방법이다. 하지만 기억해야 할 것은 행동치료사들은 부적응적

가상현실 치료 역조건화 노출치료의 하나로서 환자가 공포를 경험하는 대상이나 상황에 점차적으로 가까워지는 컴퓨터 시뮬레이션을 단계적으로 경험하게 되는 치료

홍수법 환자를 공포 대상이나 상황에 곧바로 노출시키는 행동치료

행동 자체가 문제(질병)라고 생각한다는 것이다.

인지치료　행동치료사들이 개인의 행동을 변화시키려고 노력한다면 인지치료사들은 개인의 생각을 변화시키려고 노력한다. **인지치료**(cognitive therapy)는 개인의 생각을 부적응적인 것에서 적응적인 것으로 변화시키는 것을 목적으로 하는 심리치료이다. 이 치료접근이 가정하는 것은 개인의 생각과 신념이 부적응적이고 변화할 필요가 있다는 것이다. 인지치료에서는 변화가 필요한 개인의 비논리적 생각과 비현실적 신념을 찾아내 개인이 이를 변화시킬 수 있도록 돕는다. 인지치료의 대표적 인물 두 사람은 합리적 정서치료의 앨버트 앨리스(Ellis, 1962, 1993, 1995)와 인지치료의 아론 벡이다(Beck, 1976; Beck & Beck, 1995).

　앨리스의 **합리적 정서치료**(rational-emotive therapy)에서는 치료사가 내담자의 비합리적 생각과 신념에 직면하고 도전하여 그것이 비합리적이라는 것을 깨닫게 한다. 이러한 비합리적·비현실적 신념들은 보통 ~해야만 한다, 항상 그리고 모든과 같은 단어들과 함께 표현된다. 다음의 예를 살펴보자. 어떤 사람이 자신이 하는 모든 일은 항상 완벽해야 한다고 믿는다고 하자. 이러한 믿음은 비현실적이다. 아마 얼마 가지 않아서 실패하고 좌절할 것이다. 왜냐하면 그 누구도 자신이 하는 모든 일에 완벽할 수는 없기 때문이다. 그러나 사람들은 보통 자신의 비현실적인 신념을 바꾸기보다는 실패에 대하여 자기 스스로를 비난하고 우울해한다. 합리적 정서치료는 그러한 비현실적 신념과 생각을 직시하게 하고 그러한 생각과 신념을 보다 현실적인 것으로 바꾸도록 돕는다. 이러한 치료 목적은 앨리스가 말하는 ABC 모델에 의하여 성취될 수 있다. A는 일어난 사건(Activating event)을 말하는데, 여기서는 모든 일을 완벽하게 처리하지 못한 것이 될 수 있다. B는 일어난 사건에 관련한 신념(Belief)인데, 여기서는 "나는 실패자야.", "성공하지 못한 것은 내 탓이야."와 같은 신념이다. C는 신념에 의하여 생겨나게 되는 정서적 결과(Consequence)로서 이 경우에는 우울감이 될 수 있다. 앨리스에 의하면 A가 C의 원인이 아니라 B가 C의 원인이라는 것이다. 합리적 정서치료를 통해 내담자는 사건에 대한 자신의 해석을 바꿈으로써 자신이 느끼는 정서적 결과들을 변화시킬 수 있다는 것을 배운다.

　합리적 치료자는 매우 직접적이고 직면적인 방법으로 내담자가 자신의 사고과정에서 저지르게 되는 실수들을 찾아내게 한다. 앨리스는 상담자와 내담자 간의 따뜻한 관계가 효과적인 심리치료

인지치료　개인의 생각을 부적응적인 것에서 적응적인 것으로 변화시키는 것을 목적으로 하는 심리치료

합리적 정서치료　치료자가 내담자의 비현실적인 생각에 직면하고 도전하여 그것이 비합리적이라는 것을 깨닫게 한다는 앨버트 앨리스가 고안한 인지치료

의 필수요소라고 생각하지는 않는다고 말했다. 아론 벡의 인지치료 또한 앨리스의 합리적 정서치료와 치료 목표는 비슷하지만 치료 스타일은 앨리스의 접근처럼 직면적이지는 않다. **벡의 인지치료**(Beck's cognitive theraphy)를 적용하는 상담자는 내담자와 따뜻한 관계를 만들고자 노력하며 내담자가 가진 사고의 오류를 발견하도록 자신의 신념들을 뒷받침하는 객관적 증거가 있는지 생각해보게 한다. 예를 들면 완벽한 학점을 받지 못해 의대에 들어갈 수 있는 기회를 날려 버렸다고 생각하고 우울증에 빠진 학생을 치료하기 위해 상담자는 실제로 얼마나 많은 학생들이 완벽한 학점으로 졸업하는지 그리고 학점이 얼마나 되어야 의학대학원에 입학할 수 있는지 통계를 알아보도록 요구할 수도 있다. 이때 상담자는 좋은 선생님과 같아서 문제를 내담자 스스로 생각해서 해결해내도록 돕는다. 스타일의 차이는 있지만 두 인지치료 모두 우울장애를 겪는 사람들의 치료에 매우 효과적이다.

심리치료는 효과가 있는가 여러분은 심리치료의 대표적인 네 가지 접근에 대해 알게 되었다. 이제 과연 심리치료는 효과가 있는가 하는 질문을 해보도록 하자. 심리치료의 효과성을 측정하기 위해서 우리는 **자발적 경감**(spontaneous remission)에 대해 먼저 고려해야 한다. 자발적 경감은 일정 시간이 지나면 특정한 치료를 받지 않았음에도 불구하고 증상이 개선되는 현상을 말한다. 즉, 심리치료의 효과는 통계적으로 유의미하게 자발적 경감의 정도보다 더 커야 한다는 것이다. 이러한 질문에 대답하기 위해 연구자들은 메타분석(meta-analysis)이라는 통계적 기법을 사용해 왔다. 메타분석은 다수의 개별적 실험연구의 결과들을 모아서 하나의 전반적인 효과 측정치로 만들어 결론을 내리는 통계적 기법이다. 다양한 유형의 심리치료 결과들을 보고한 실험적 연구 475개를 모아서 살펴본 결과 심리치료는 효과가 있는 것으로 나타났다(그림 10.1 참조). 심리치료를 받은 내담자들의 평균점수는 심리치료를 받지 않은 사람들의 상위 80%에 위치하고 있었다(Smith, Glass, & Miller, 1980). 심리치료 효과성 연구에 대한 최근의 메타분석 또한 심리치료가 도움이 된다는 것을 확증해주고 있다(Shadish, Matt, Navarro, & Phillips, 2000).

　하나의 특정한 심리치료 접근이 다른 것들보다 낫다는 증거는 없다. 하지만 특정 장애의 치료에 더욱 효과가 있는 특정 심리치료 접근은 있다. 예를 들면 행동치료는 공포증이나 다른 불안장애에 대단히 효과가 있었다. 또한 인지치료는 우울증에 효과가 있는

벡의 인지치료 상담자는 내담자와 따뜻한 관계를 만들고자 노력하며 내담자가 가진 사고의 오류를 확인하기 위해 자신의 신념들을 뒷받침하는 증거가 있는지 신중하게 고려해보아야 한다는 아론 벡이 고안한 인지치료

자발적 경감 특정한 치료를 받지 않았음에도 불구하고 일정 시간이 지남에 따라 증상이 개선되는 현상

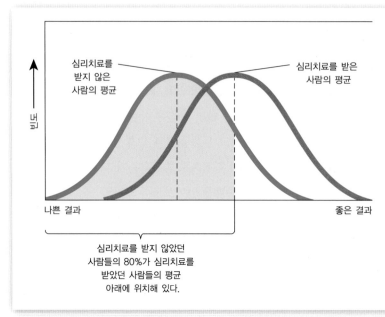

심리치료를
받지 않은
사람의 평균

심리치료를 받은
사람의 평균

효과

나쁜 결과

좋은 결과

심리치료를 받지 않았던
사람들의 80%가 심리치료를
받았던 사람들의 평균
아래에 위치해 있다.

그림 10.1 심리치료 대 무치료
정규분포곡선 2개는 심리치료의 효과
성에 관한 475개의 연구를 모아 메타
분석한 결과이다. 심리치료를 받은 내
담자들의 평균수치가 아무 치료도 받
지 않았던 사람들의 80%보다 높다.
즉, 심리치료는 효과가 있는 것으로
나타났다.

출처 : Smith, M. L., Glass, G. V., & Miller, T. I. (1980).
The benefits of psychotherapy. Baltimore, MD:
Johns Hopkins University Press.

것으로 나타났다. 하지만 어떤 심리치료도 조현병의 치료에는 그렇게 성공적이지 못한 것으로 보인다.

요약

치료에는 크게 두 종류, 즉 생의학적 치료와 심리치료가 있다. 생의학적 치료는 생물학적 치료를 말하는데 약물을 치료에 사용한다. 심리치료는 심리적 개입을 장애의 치료에 사용하는 것을 말한다. 우리가 보통 생각하는 상담치료가 바로 심리치료이다. 심리치료에는 치료사와 내담자 간의 상호관계가 중요하다. 생의학적 치료에서의 치료는 생물학적으로 이루어진다. 생의학적 치료의 세 가지 주요요소를 든다면 약물치료, 충격치료, 경두개 자기자극(TMS), 정신외과수술을 들 수 있다. 심리치료의 주요한 네 가지 접근을 든다면 정신분석, 인본주의 치료, 행동치료, 인지치료를 들 수 있다.

가장 많이 쓰이는 약물은 리튬, 항우울제와 항불안제, 그리고 항정신병 약물이다. 리튬은 자연에서 얻을 수 있는 무기염류와 같은 광물로서 양극성 장애를 호전시키는 데 효과가 있다. 세 가지 중요한 항우울제로 MAO 억제제, 삼환계 약물, SSRI 약물이 있다. SSRI 약물들은 세로토닌의 재흡수를 막아서 시냅스상에 사용 가능한 세로토닌의 양을 증가시킴으로써 우울증을 호전시키는데, 앞에서 언급한 약물 중 가장 흔히 사용된다. 항불안제 약물은 벤조디아제핀 계열의 약물로서 GABA의 활동을 촉진시켜 불안을 줄이도록 하는 약물이다.

항정신병 약물은 크게 두 종류가 있는데 전통적(1950년대에서 1980년대 사이 개발된) 약물과 신세대(1990년대 이후에 개발된) 약물이다. 전통적 약물은 도파민 수용기를 막는 작용을 하는데, 이 때문에 전통적 항정신병 약물들은 복용자들에게 몸의 움직임에 불편(파킨슨병에서 보이는 것과 비슷한)을 느끼게 만드는 부작용도 경험하게 한다. 또한 오랜 기간 복용하는 경우 지연성 안면마비라고 불리는 돌이킬 수 없는 부작용도 얻게 되는데, 이러한 부작용으로 얼굴근육의 움직임을 마음대로 조절할 수 없다. 신세대 항정신병 약물들은 이러한 부작용이 없으나 다른 위험한 부작용이 있을 수 있기 때문에 항상 가까이서 관찰해야 한다. 이러한 관리과정은 돈이 많이 들기 때문에 전통적 항정신병 약물이 대신 처방되기도 한다.

전기충격치료(ECT)는 전기충격을 뇌에 주어 짧은 발작을 일으켜서 치료하는 것으로서 보통 심각한 우울증의 경우에만 사용한다. 아직까지 어떻게 그리고 왜 이러한 방법이 도움이 되는지 알지 못하지만 다른 치료들에서 효과를 얻지 못하는 심한 우울증 환자들에게는 약보다 빠르게 효과를 얻을 수 있어서 도움이 된다. 그럼에도 불구하고 이러한 치료방법은 여전히 논란의 대상이 되고 있다. 심각한 우울증 환자를 위한 경두개 자기자극(TMS)은 ECT만큼 논란을 불러일으키지 않으며, 주요한 부작용을 발생시키지 않는 대안적인 신경자극 치료이다. 하지만 TMS 효과성에 관한 더 많은 연구가 필요하다.

보다 많은 논란을 불러일으키는 치료로 정신외과수술이 있다. 이것은 뇌의 특정 부위를 수술을 통해 제거하는 것으로서, 가장 많이 알려진 수술은 전두엽과 뇌의 하부 영역을 연결하는 신경들을 절제하는 수술이었던 백질절제술이었다. 이러한 수술이 효과가 있을 것이라는 이론적 근거는 제시된 바가 없으며 어떤 이유로 실시되었는지도 알지 못한다. 1950년대에 항정신병 약물이 개발되면서 백질절제술은 조현병 치료방법에서 사라지게 되었다. 정신외과수술은 아직도 시행되고 있기는 하지만 이전과는 아주 다른 방식으로 매우 드물게 시행되고 있으며 다른 모든 방법이 실패한 경우에만 사용된다.

심리치료는 크게 사고 중심과 행동 중심의 두 가지 범주로 나눌 수 있다. 정신분석과 인본주의 심리치료는 사고와 깨달음에 관심을 두고 있는 치료이다. 이 치료들은 개인이 자신의 생각과 행동의 원인에 대해 충분히 자각하게 되는 것을 치료 목표로 삼고 있다. 행동치료와 인지치료는 개인의 행동에 초점을 맞추고 있다. 그래서 개인의 행동과 사고의 방식을 바꾸는 데 목표를 두고 있다. 정신분석의 주된 목표는 프로이트에 의해 제안된 것처럼 내담자의 문제에 숨겨진 무의식적 원인을 발견해내고 해석(자유연상, 꿈, 저항과 전이의 분석을 통해)하는 데 있다. 이러한 해석과정을 통해 치료사는 내담자가 문제의 무의식적 원인을 깨닫도록 도와준다. 이러한 고전적 정신분석 과정은 시간이 많이 걸리기 때문에 최근의 정신분석가들은 이전보다 내담자들과 직접적이고 상호적인 관계를 맺으며, 치료 기간을 단축시키기 위해 과거보다는 현재에 더 많은 비중을 둔다.

가장 영향력 있는 인본주의 심리치료는 로저스의 내담자 중심치료이다. 상담자는 무조건적 긍정적 존중, 진솔함과 공감을 제공하여 내담자로 하여금 자신의 진정한 자아를 깨닫게 하고 자아실현의 길을 갈 수 있도록 도와주는 것을 목표로 삼는다. 이 치료는 내담자가 중심이 되어 이루어지기 때문에 심리치료사의 태도는 비지시적이고 내담자가 각 회기의 방향성을 결정하게 된다. 심리치료사의 주요 역할은 내담자가 자신의 진정한 자아개념과 감정을 발견해 나갈 수 있도록 적절한 환경을 만들어주는 것이다.

행동치료에서는 심리치료사가 고전적 조건형성과 조작적 조건형성의 원리를 이용하여 내담자의 부적응적인 행동을 적응적인 행동으로 바꿀 수 있도록 돕는 역할을 한다. 즉, 부적응적인 행동 자체를 문제로 삼는 것이다. 행동치료의 가정은 이러한 부적응적 행동은 학습된 것이며, 그래서 탈학습과정을 거쳐 잘못된 행동을 제거하고 보다 적응적인 행동을 학습하도록 도울 수 있다는 것이다. 역조건화 치료기법인 체계적 둔감법, 가상현실 치료, 홍수법이 특히 공포증과 같은 불안장애의 치료에 효과적인 것으로 보고되고 있다. 개인의 행동을 변화시키는 대신 인지치료자들은 개인의 사고를 부적응적인 것에서 보다 적응적인 것으로 바꾸려고 노력한다. 인지치료는 크게 앨리스의 합리적 정서치료와 벡의 인지치료로 나뉜다. 둘 다 같은 치료 목표를 가지고 있는데 그것은 내담자의 사고를 보다 논리적인 것으로 바꾸는 데 있다. 그러나 치료 스타일은 서로 달라서 합리적 정서치료는 인지치료보다 대단히 직면적이고 지시적이다. 두 접근 모두 우울증의 치료에 효과가 큰 것으로 보고되고 있다.

통계적 기법으로 통합하여 결론을 도출하는 메타분석을 통해 여러 가지 연구결과의 전반적인 효과성을 검증해보고, 연구자들은 심리치료를 받는 편이 받지 않는 편보다 더 도움이 된다는 결론을 얻었다. 모든 장애에 적용되는 단 하나의 심리치료는 존재하지 않지만 특정 장애에 다른 치료기법보다 효과적인 심리치료는 있는 것으로 나타났다. 예를 들면 행동치료는 불안장애 치료에 효과적이고, 인지치료는 우울증 치료에 효과적이다.

개념점검 | 3

- 생의학적 치료와 심리치료의 차이를 설명하라.
- 우울증의 신경발생학적 이론은 어떻게 생물-심리-사회적 이론으로 설명 가능한지 설명하라.
- 왜 정신분석이 수사과정과 비슷한지 설명하라.
- 행동치료와 인지치료의 차이를 설명하라.
- 심리치료의 효과성을 측정하는 과정에서 왜 자발적 경감 요인이 적절히 통제되고 고려되어야 하는지 이유를 설명하라.

학습 가이드

핵심용어

여러분은 다음 핵심용어를 명확하게 정의할 수 있어야 한다. 분명하게 정의할 수 없는 것이 있으면, 책을 다시 읽어서라도 이해해둬야 할 것이다. 모든 용어를 이해했다고 판단되면, 연습문제를 풀어보라.

가상현실 치료	생의학적 치료	정신질환의 진단 및 통계편람, 제5판
강박사고	성격장애	조증삽화
강박장애	심리치료	조현병
강박행동	양극성 장애	주요우울삽화
경두개 자기자극	역조건화	주요우울장애
공황장애	우울장애	지연성 운동장애
광장공포증	우울증의 신경발생학적 이론	체계적 둔감법
내담자 중심치료	이상심리학	취약성 스트레스 모델
내재적 의미	인지치료	특정공포증
리튬	자발적 경감	표면적 의미
망상	자유연상	합리적 정서치료
백질절제술	저항	항불안제
범불안장애	전기충격치료	항우울제
벡의 인지치료	전이	항정신병 약물
불안장애	정신증적 장애	행동치료
사회불안장애	정신분석	홍수법
생물-심리-사회적 접근	정신외과수술	환각

핵심용어 문제

다음 각 진술이 정의하는 용어를 적으라.

1. 불안을 감소시키기 위해 어떤 수행에 있어서 꼭 해야 만 한다고 느끼고 하는 반복적이고 경직된 행동

   _____

2. 탈출이 어렵거나 곤란한 장소 또는 상황에서 현저하고 지속적인 공포감에 의해 나타나는 불안장애

   _____

3. 유전적 요인, 출생 전 요인, 출생 후 생물적 요인이 개 인을 조현병에 취약하게 만들지만 환경적인 스트레스

가 병의 발병 여부를 결정한다고 하는 조현병에 대한 설명

4. 개인이 진정한 자기개념에 대한 통찰을 얻도록 돕기 위해 무조건적 긍정적 수용, 진솔성, 공감을 사용하는 치료자인 칼 로저스가 발전시킨 심리치료 방식

   _____

5. 공포를 야기하는 수준이 점진적으로 상승하는 일련의 단계에서 어떤 대상이나 상황에 대한 공포반응을 이완반응으로 대체하는 역조건화 치료

_____

6. 치료를 받지 않고도 시간의 경과에 따라 호전되는 것

_____

7. 비합리성을 보여주는 개인의 비현실적인 사고와 신념에 치료자가 직접적으로 직면시키고 도전하는 앨버트 앨리스에 의해 발전된 인지치료 방식

_____

8. 사회적 기능을 손상시키고 문화 규범에서 일탈하는 행동을 야기하는 불변하고 지속적인 성격에 의해 특징지어지는 장애

_____

9. 잘못된 감각 인식

_____

10. 우울과 조증삽화가 정기적으로 순환하여 일어나는 기분장애

_____

11. 정신과적 질병에 대한 미국심리학회의 진단과 분류기준 지침이 되는 정신질환의 진단 및 통계편람은 몇 번째 개정판이 현재 사용되고 있는가?

_____

12. 이상행동을 생물학적, 심리적(행동적인 것과 인지적인 것), 그리고 사회문화적인 인간의 상호작용의 결과로 설명하는 것

_____

13. 우울증을 설명하는 한 방식으로서 우울한 시기에는 해마에서 새로운 뉴런이 생성되는 것이 중단되며, 뉴런이 생성되기 시작하면 우울증이 완화된다는 것

_____

14. 심리치료를 받는 내담자가 자신의 인생에서 중요한 인물(예 : 부모에게)에게 하던 방식으로 치료자에게 행동하는 것

_____

15. 전통적인 항정신병 약물의 장기 복용의 부작용으로 개인이 통제할 수 없는 얼굴 틱, 인상 찌푸림, 입술, 턱, 그리고 혀의 불수의적 움직임을 일으키는 장애

_____

연습문제

다음은 이 장의 내용에 관한 선다형 연습문제이다. 해답은 개념점검 모범답안 뒤에 있다.

1. 다음 중 성격장애에 해당되는 것은?
   a. 조현병
   b. 반사회적 성격
   c. 양극성 장애
   d. 범불안장애

2. _____은(는) 탈출이 어렵거나 곤란한 장소 또는 상황에 처한 것에 대한 공포이다.
   a. 특정공포증
   b. 광장공포증
   c. 사회공포증
   d. 공황장애

3. 다음 중 일란성 쌍둥이의 공동 유병률이 가장 높은 장애는?
   a. 양극성 장애
   b. 조현병
   c. 주요우울장애
   d. 위 세 가지 모두

4. 다음 중 정신증적 장애는?
   a. 강박장애
   b. 주요우울장애
   c. 조현병
   d. 위 세 가지 모두

5. 잘못된 감각 인식은 _____이고, 잘못된 신념은 _____이다.
   a. 강박사고, 강박행동
   b. 강박행동, 강박사고
   c. 환각, 망상
   d. 망상, 환각

6. 다음 중 양극성 장애 치료에 가장 많이 사용하는 것은?
   a. SSRI
   b. 리튬
   c. 새로운 항정신병 약물
   d. MAO 억제제

7. 지연성 운동장애는 _____의 장기 복용의 부작용 이다.
   a. SSRI
   b. 전통적인 항정신병 약물
   c. 리튬
   d. 삼환계 약물

8. _____ 치료사들은 개인에게 잠재되어 있는 문제를 발견하기 위해 저항과 전이를 해석한다.
   a. 정신분석
   b. 내담자 중심
   c. 행동
   d. 인지

9. _____가 _____에서 비롯되듯이 부적응적 행동은 부적응적 사고에서 비롯된다.
   a. 정신분석치료, 내담자 중심치료
   b. 내담자 중심치료, 정신분석치료
   c. 행동치료, 인지치료
   d. 인지치료, 행동치료

10. 심리치료사들이 공포증을 치료하는 데 가장 효과적인 것은?
    a. 정신분석치료
    b. 인지치료
    c. 행동치료
    d. 내담자 중심치료

11. 한 개인이 적어도 6개월 동안 통제할 수 없는 광범위한 불안과 걱정이 지나칠 경우 _____(이)라고 진단한다.
    a. 광장공포증
    b. 사회공포증
    c. 범불안장애
    d. 공황장애

12. 다음의 보기 중 합리적 정서치료 부분에 해당하는 것은 무엇인가?
    a. ABC 모델
    b. 토큰경제
    c. 자유연상
    d. 홍수법

13. 다음에서 설명하는 개념과 관련된 치료기법은?
    _____무조건적 긍정과 공감 _____저항과 전이
    a. 합리적 정서치료, 벡의 인지치료
    b. 벡의 인지치료, 합리적 정서치료
    c. 정신분석치료, 내담자 중심치료
    d. 내담자 중심치료, 정신분석치료

14. 다음의 보기 중 정신과 질환을 설명하는 데 생물–심리–사회적인 설명으로 가장 알맞은 예는 무엇인가?
    a. ABC 모델
    b. 취약성 스트레스 모델
    c. 역조건화
    d. 메타분석

15. 다음 중 강박관련장애로 분류되는 장애는?
    a. 공황장애
    b. 발모광
    c. 광장공포증
    d. 사회불안장애

개념점검 1의 모범답안

• 미국정신의학회(APA)에서 출판된 정신장애 진단 및 통계편람, 제5판(DSM-5)은 정신장애를 분류하는 데 있어서 가장 광범위하게 사용되는 진단체계이다. 이는 특정 증상을 공유하여 주요 범주로 분류된 약 400개의 장애를 행동 및 심리적 증상에 기반하여 분류함으로써 정신장애에 대한 신뢰할 수 있는 진단 지침을 제공한다.

• 정신장애의 원인을 파악하고 치료방법을 알고 정신건강 전문가들이 서로 의사소통하고 정신장애에 대한 연구를 수행하기 위해서는 정신장애에 대한 진단명이 필요하다. 이러한 연구는 각 장애에 대한 가장 성공적인 치료법을 찾는 데 도움이 된다. 진단명이 없으면 정신장애의 식별, 의사소통, 연구, 치료는 불가능할 것이다.

개념점검 2의 모범답안

- 장애에 대한 생물-심리-사회적 설명은 생물적 요인과 심리적 요인(행동과 인지), 사회문화적 요인의 상호작용의 결과로서 문제를 설명하는 것이다. 좋은 예는 특정한 공포를 더 쉽게 학습할 수 있는 생물학적 경향에 따라 행동 요인의 관점(고전적 조건화)에서 특정공포증을 설명한 것이다. 따라서 심리적 요인은 공포를 학습하는 것과 관련이 있지만 생물학적 요인은 공포를 더 쉽게 학습하는 것을 결정한다. 또 다른 예는 조현병에 대한 취약성 스트레스 모델인데, 이것은 조현병에 대한 개인의 취약성 수준은 생물학적 요인에 의해 결정되지만 개인이 장애로 고통을 받는가 여부는 개인이 얼마나 많은 스트레스를 경험하는지 그리고 개인이 스트레스에 심리적으로 어떻게 대처하는지에 따라 결정된다는 설명이다.
- 특정공포증에서 불안과 공포는 진단으로써 정확하게 나타나 있다. 불안과 공포는 어떠한 대상과 상황에 대해 특정적이다. 그러나 일반적인 불안장애에서 불안과 공포는 특정적이기보다는 일반적이다. 이들은 대부분의 시간 동안 과도한 불안과 걱정을 하고 있고 이 불안은 특별한 어떤 것과 관련되어 있지 않다.
- 주요우울장애와 조현병에서 일란성 쌍둥이의 일치율은 2쌍 중 1쌍 정도에 지나지 않는다(50%). 만약 생물적 유전 요인만이 이 장애의 원인이라면 일치율은 100%가 되어야 할 것이다. 따라서 심리적 요인과 사회문화적 요인이 이 장애를 일으키는 데 역할을 하고 있는 것이다.
- 조현병은 정신증적 장애이다. 이것은 개인이 현실 검증력을 잃어버렸음을 의미한다. 이로 인해 개인의 정신기능(인지, 신념, 언어)과 현실 사이에 분열이 있다. 과거에는 다중인격장애라고 불렸고, 현재 DSM-5에서 해리성 정체감장애라고 하는 '분열형 성격'은 개인의 성격이 둘 또는 그 이상의 다른 성격으로 분리되는 것이다.

개념점검 3의 모범답안

- 생의학적인 치료는 신경계에 생화학적으로 영향을 미치는 약물치료나 전기충격치료, 또는 뇌의 일부분을 실제로 잘라내는 정신외과술 등 직접적인 생물학적 개입을 한다. 심리치료에서는 내담자에게 직접적인 생물학적 개입을 하지 않는다. 심리적 개인치료(대화치료)는 장애를 치료하는 데 사용된다. 그러나 성공적인 심리치료는 더 긍정적인 사고를 통해 신경화학적인 측면에서 간접적인 방식으로 생리적인 변화를 이끈다.
- 우울증에 대한 신경발생학적 이론은 생물-심리-사회적 설명을 고려할 수 있다. 왜냐하면 생물적 요인과 심리적 요인 모두가 우울증을 제거한다고 가정할 수 있는 신경발생적 과정에 영향을 미칠 수 있기 때문이다. 상반되는 효과를 내는 세로토닌과 노르에피네프린 항우울제는 생물적 요인의 가능성에 대한 좋은 예이며, 인지치료에 의해 창출해낸 긍정적인 사고는 심리적 요인의 예이다.
- 정신분석학자들은 내담자의 문제에서 많은 단서들을 해석해야 하기 때문에 탐색가로 여겨질 수 있다. 내담자의 문제를 바라보는 시각은 사건을 해결할 때의 그것과 같다. 정신분석학자들의 단서의 근원은 자유연상 자료와 저항, 꿈 분석과 전이이다. 치료사들은 이러한 단서들을 내담자의 문제를 해석하고, 내담자들이 자기 문제의 근원에 대해 통찰을 얻는 것을 돕기 위한 해석에 사용한다.
- 이 두 가지 유형의 치료접근은 매우 직접적이다. 그러나 행동치료사들은 내담자의 행동이 부적응적이므로 더 적응적인 행동으로 교체해야 한다고 가정한다. 반면 인지치료사들은 내담자의 사고가 부적응적이므로 더 적응적인 사고로 교체해야 한다고 생각한다. 즉, 행동치료사들은 내담자의 행동을 변화시키고 인지치료사들은 내담자의 사고를 변화시킨다.
- 자발적 경감은 어떠한 치료를 받지 않고도 시간의 경과에 따라 호전되는 것이다. 따라서 만약 치료효과가 평가될 때 이것이 고려되지 않으면 연구자는 호전이 자발적 경감이 아니라 치료 때문이라는 잘못된 가정을 내릴 수 있다. 이것은 심리치료를 한 집단의 호전이 자발적 경감된 통제집단보다 유의미하게(통계적으로) 더 많은 호전을 보여야 하는 이유이다. 만약 그렇다면 단순히 자발적 경감 때문이 아니라 심리치료가 호전을 시킨 것이다.

핵심용어 문제의 답

1. 강박행동
2. 광장공포증
3. 취약성 스트레스 모델
4. 내담자 중심치료
5. 체계적 둔감법
6. 자발적 경감
7. 합리적 정서치료
8. 성격장애
9. 환각
10. 양극성 장애
11. DSM-5
12. 생물-심리-사회적 접근
13. 우울증의 신경발생학적 이론
14. 전이
15. 지연성 운동장애

연습문제의 답

1. b
2. b
3. a
4. c
5. c
6. b
7. b
8. a
9. c
10. c
11. c
12. a
13. d
14. b
15. b

용어해설

가법혼합 상이한 파장의 빛이 혼합되어 모든 파장이 함께 망막을 자극하는 조건

가상현실 치료 역조건화 노출치료의 하나로서 환자가 공포를 경험하는 대상이나 상황에 점차적으로 가까워지는 컴퓨터 시뮬레이션을 단계적으로 경험하게 되는 치료

가역성 변형을 역방향으로 전환함으로써 변형 이전의 상태로 돌아갈 수 있다는 개념

가용성 휴리스틱 어떤 일/사건이 일어날 가능성에 대한 판단을, 그런 일/사건을 기억해내기 쉬운 정도를 기초로 내리는 판단 전략

가치의 조건 부모나 타인들의 기대에 부응하는 행동과 태도를 긍정적으로 수용하는 것

각성 이론 최적의 생리적 각성수준을 유지하기 위해 우리 행동이 동기화된다고 주장한 동기 이론

간결한 이야기 주로 명사와 동사로 이루어진 두 단어로 된 문장

간상체 망막에 있는 수용기 세포로 빛이 약한 조건과 주변 시야의 시각처리를 담당함

간섭 이론 다른 정보들이 망각된 정보를 간섭하여 그것에 접근할 수 없도록 만든다고 주장하는 망각 이론

감각과정 감각자극이 감각기관에 의해 수집되고 부호화되는 초기 과정

감각기억(SM) 우리가 가지고 있는 감각들에 대해 하나씩 있는 감각등록기들의 집합으로 감각기억은 입력되는 감각정보를 주의집중되고, 인식되고, 단기기억으로 부호화될 때까지 보유하고 있음

감각신경세포 감각수용기, 근육 및 내분비샘에서 중추신경계로 정보를 전달하는 말초신경계의 신경세포

감각운동기 피아제의 인지발달 이론의 첫 번째 단계로 출생에서 2세까지 유아가 세상을 배워 나가는 데 그들의 감각과 운동을 통한 상호작용을 사용하며 대상 영속성을 발달시키는 시기

감각적응 변하지 않고 반복적으로 제시되는 자극에 대한 민감도가 서서히 낮아지는 현상

감법혼합 상이한 파장을 반사하는 물감이 혼합되어 그

파장 중 일부는 흡수되고 나머지 일부만 망막을 자극하는 조건

강박사고 불안을 야기하는 지속적이고 막기 힘든 사고, 아이디어, 충동, 또는 상상

강박장애 강박사고와 강박행동을 반복적으로 경험하는 불안장애. 그러한 사고와 행동이 과도하고 비합리적이라는 것을 인지하지만 일상생활을 방해할 정도의 심각한 스트레스와 고통을 겪음

강박행동 불안을 감소시키기 위해 꼭 해야만 하는 반복적이고 정해진 행동

강화 강화물이 제시됨으로써 어떤 반응이 일어날 가능성이 증가하는 과정

강화물 이전에 발생했던 반응의 발생 가능성을 증가시키는 자극

객관적 성격검사 제시된 문항들이 자신에게 해당되는지 또는 해당되지 않는지를 일련의 질문이나 진술문을 사용하여 응답하는 객관적 성격검사

거울신경세포 어떤 행동을 수행할 때와 그 동일한 행동을 다른 사람이 수행하는 것을 관찰할 때 모두 활성화되는 신경세포

걸이못 기억법 특정 목록을 우선 암기한 다음, 회상해야 할 정보들을 이미 암기해 둔 그 목록과 시각적으로 연결시키는 기억술

겹침 한 물체가 다른 물체의 일부를 가리면 가리는 물체까지의 거리가 더 가깝다는 사실을 일컫는 단안 깊이단서

경두개 자기자극 왼쪽 전두엽에서의 신경자극 치료는 환자의 두피에 위치한 자기장 단자에 전자기 코일을 통해 자기장을 일으키게 된다. 이 치료요법은 전통적인 치료방법에서 도움을 받지 못한 심한 우울증 환자의 경우에만 허용된다.

계속적 강화계획 조작적 조건형성에서 연구자가 원하는 조작적 반응을 보일 때마다 강화하는 것

고전적 조건형성 이전까지 중립적이었던 자극인 조건자극(CS)이 짝지음을 통해서 무조건자극(UCS)의 도착

을 알리는 신호가 됨으로써 그 자극(CS)에 대한 새로운 반응(CR)을 얻도록 하는 과정

고정간격 계획 부분적 강화계획의 하나로 강화물은 일정 간격의 시간이 경과한 이후 첫 번째 반응에 따라 제공됨

고정비율 계획 부분적 강화계획 중 하나로 고정된 횟수의 반응이 발생할 때마다 강화물이 제시된다. 여기서 고정된 반응 횟수는 한 번 이상인 어떤 수라도 가능함

고착 발달단계에서 너무 많은 만족을 느끼거나 좌절을 느끼면 원초아의 욕구가 해소되지 않아 다음 단계의 발달로 자연스럽게 넘어가지 못하는 상태

고착 어떤 문제를 새롭게 해석할 수 없는 상태

공접오류 두 사건/일이 겹쳐 일어날 가능성이 각각의 일/사건이 별개로 일어날 가능성보다 크다고 잘못 생각하는 것

공정한 세상 가설 세상은 공정하고 사람들은 그들이 노력한 만큼 대가를 얻는다는 가정

공황장애 공황발작을 반복적으로 경험하는 불안장애

과대 확장 새롭게 배운 단어를 그 단어가 포함하지 않는 대상에 적용시키는 것

과소 확장 새로운 단어를 그 단어가 의미하고 있는 범위 내의 다른 대상에 일반화시켜 적용하는 데 실패하는 것

과잉 정당화 효과 외재적으로 강화된 어떤 행동에 강화물이 지속되지 않을 경우 내재적으로 동기화된 행동이 감소하는 현상

관찰학습(모델링) 다른 사람들과 그들의 행동을 모방함으로써 학습하는 것

광장공포증 도피하기 어렵거나 부끄러운 상황 또는 장소에서 강하고 지속적인 공포가 나타나는 불안장애

교감신경계 위급한 방어행동이 필요한 상태에서의 통제 주도권을 행사하는 자율신경계의 일부

교뇌 뇌줄기의 일부로 대뇌와 뇌의 나머지 영역을 연결해주는 다리 역할을 하는 구조물이며 수면과 꿈에 관여함

교란과제 적은 양의 정보가 짧게 제시된 후 참가자가 그 정보를 다양한 시간 길이 동안 시연을 교란하게 하고 그 후에 그 정보를 회상하게 하는 기억과제

교세포 신경계 내에서 신경세포 지지 시스템을 구성하는 세포

구강기 성적 만족을 얻는 부위는 입, 입술, 혀이며 빨기,

물기, 씹기 등 구강행동을 통해 쾌락을 느끼는 첫 번째 단계(출생~18개월)

구체적 조작기 피아제의 인지발달 이론의 세 번째 단계로 6~12세 동안 아동들은 보존성과 논리적으로 사고할 수 있게 하는 정신적 작용에 대해 더욱 완전히 이해하지만 구체적인 사건에 대해서만 그러함

권위적인 부모 자녀들에게 요구가 많지만 그들과 합리적인 한계를 설정하며 잘 대화하는 부모

권위주의적인 부모 자녀들에게 요구가 많고, 이의를 제기하지 않는 복종을 기대하며 자녀들의 요구에 민감하지 않고 잘 대화하지 않는 부모

귀인 자신과 타인의 행동의 원인을 설명하는 과정

규범적·사회적 영향 타인에게 인정을 받고, 불인정은 피하려고 하는 욕구에서 비롯된 영향

그것이 전부가 아닙니다 기법 첫 번째 요구에 대한 반응이 나타나기 전에 부가적 이득과 함께 미리 계획된 두 번째 요구가 제시되는 것

근시 멀리 있는 물체에 의해 반사된 빛의 초점이 망막 앞에 맺혀 그 물체가 흐리게 보이는 시각장애

근접발달 영역 아동이 실제로 할 수 있는 것과 다른 사람의 도움을 받아야만 할 수 있는 것 사이의 차이를 설명하는 비고츠키의 개념

글루탐산 신경계에 있는 주요 흥분성 신경전달물질. 기억 저장, 통증 지각, 뇌졸중, 조현병(정신분열증)과 연관되어 있음

기능성자기공명영상법 뇌 내 여러 영역의 활동 정도를 이들 각 영역에 모인 산소의 양을 측정하여 시각화한 영상

기능적 고착 문제해결 장면에서 어떤 대상의 전형적인 기능 외의 기능을 고려하지 못하는 상태

기본적 귀인 오류 타인의 행동에 대해 내적(성향적) 영향들은 과대평가하고 외적(상황적) 영향들은 과소평가하는 관찰자로서의 경향

기분-의존 기억 장기기억의 인출이 정보의 부호화와 인출 시 개인의 기분이 같을 때 최상인 것

기분-일치 효과 개인의 현재 기분과 일치하는 경험과 정보를 인출하는 경향이 있는 것

기술연구법 행동과 정신과정을 객관적이고도 상세하게 묘사하는 일을 주된 목적으로 하는 연구방법

기술통계 연구결과를 간략한 형태로 요약 정리하는 통

계적 기법

기억상실증 환자 뇌 수술이나 뇌 손상 후에 심각한 기억 결함을 겪는 사람

기억술 기억을 돕는 방법

기억폭 과제 참가자들이 한 번에 하나씩 제시되는 일련의 아이템을 보고, 그것이 제시된 순서대로 기억해내야 하는 기억 과제

기억폭 일련의 기억 범위 실험들을 통틀어 한 개인이 기억할 수 있는 아이템 수의 평균

기저핵 몸놀림을 시작하고 이행하는 일에 관여하는 뇌의 부위

기질 특정한 방식으로 행동하게 하는 일련의 타고난 경향이나 성향

기형발생물질 태아기 발달에 손상을 입히고 출생장애나 심지어 죽음까지 불러일으킬 수 있는 약물, 바이러스, 질병 또는 물리적 조건들과 같은 환경적 요인

깊이지각 물체 간 간격 및 관찰자로부터 물체까지의 거리를 판단하는 일

남근기 성적 만족을 얻는 부위가 성기이며 성기 자극을 통해 쾌락을 느끼는 세 번째 단계(3~6세)

낮은 공 기법 매력적이고 낮은 가격으로 제시된 요구에 응종이 생기고 난 후 그 이후에 보다 더 값비싼 요구에 대한 응종이 이어지게 되는 것

내담자 중심치료 심리치료사가 무조건적 긍정적 존중, 진실함, 공감 등을 통해서 내담자로 하여금 자신의 진실한 자아상을 찾도록 도와주는 칼 로저스가 고안한 심리치료

내분비계 호르몬을 혈관에 방출시켜 그 목적을 달성하는 신체 내의 또 다른 커뮤니케이션 시스템

내재적 동기 행위 그 자체를 위해 행동을 수행하려는 욕구

내재적 의미 꿈의 감추어진 진정한 의미를 지칭하는 프로이트의 용어

내적 통제 소재 자신이 자신의 운명을 통제할 수 있다는 인식

뇌량 좌반구와 우반구를 연결시켜 주는 교량

뇌하수체 내분비계에서 가장 영향력이 큰 내분비샘으로 주로 성장 호르몬과 다른 내분비샘을 자극하는 호르몬을 방출함

누적기록 반응률을 시각적으로 나타내는 기록으로 시간에 따라 누적되는 조작적 반응의 총수치 기록

단기기억(STM) 우리가 의식적으로 인식하고 있으며, 문제를 해결하고, 추론하고, 결정을 내리는 활동을 하는 작은 용량(7±2)과 지속시간(30초 이하)이 짧은 기억의 단계

단서-의존 이론 인출에 필요한 단서들이 이용 가능하지 않으므로 우리가 망각한다는 이론. 정보를 이용할 수 있기는 하지만 그것이 어디에 있는지 모르기 때문에 접근할 수 없다고 주장하는 망각 이론

닫힘 형태주의 심리학자들의 지각 조직화 원리로 우리의 뇌는 불완전한 도형을 완전하게 만듦으로써 의미가 생기도록 한다는 과정

대뇌피질 좌우반구를 덮고 있는 신경세포들의 연결망으로 신경계 내의 정보처리 중추로 작용하며 지각, 기억, 사고, 언어, 의사결정 등 고등 정신기능을 관장함

대립과정 이론 우리의 눈에 세 가지 유형의 세포 시스템(적-녹, 청-황, 흑-백)이 있고 각 시스템을 구성하는 두 가지 색은 서로를 억제한다고 주장하는 색채지각 이론

대상 영속성 대상이 지각적인 접촉과는 상관없이 독립적으로 존재한다는 개념

대표성 휴리스틱 어떤 대상이 특정 범주의 구성원일 가능성을 판단할 때 그 대상이 범주를 대표하는 정도를 기초로 판단하는 전략

대항제 신경전달물질의 효과를 감소시키는 약물이나 독물

도박사의 오류 한동안 일어나지 않은 일/사건일수록 다음에 일어날 가능성이 커진다는 잘못된 믿음

도식 사람, 사물, 사건, 그리고 행동 등에 대해 개인이 지닌 지식의 참조틀

도파민 주의, 사고과정, 보상중추 및 몸놀림에 관여하는 신경전달물질

독립변인 실험에서 원인이 될 것으로 가정하고 실험자가 그 값을 조작하는 변인

동기 우리 행동에 활력을 불어넣고, 목표를 향해 그 행동을 하도록 이끌어내는 내적 요소와 외적 요소의 집합

동시대 집단 효과 특정 연령대의 사람들은 세대 간의 행동에 차이를 일으키는, 그 세대만의 독특한 요인으로 인해 수행에 영향을 받는다는 것

동일시　동성 부모의 특성과 성 역할, 도덕성을 배워 나가는 과정

동조　실제적인 또는 상상된 집단압력의 결과로 인간이 집단의 규범을 따르기 위해 자신의 행동이나 신념, 또는 그 둘 다를 바꾸는 것

동화　우리가 이미 가지고 있는 도식에 의해 새로운 경험을 해석한다는 피아제의 용어

두정엽(마루엽)　대뇌 각 반구에서 중앙 열의 뒤쪽, 외측 열의 위쪽에 위치하며 체성감각피질이 있는 영역

리튬　조울증의 치료제로 쓰이는 자연에서 찾을 수 있는 물질(광물염)

마음 이론　자기 자신과 타인의 정신적·정서적 상태에 대한 이해

말초신경계　중추신경계를 신체의 수용기와 근육 및 내분비샘과 연결하는 신경계

망막　수용기 세포(추상체와 간상체), 양극세포, 신경절 세포로 구성된 얇은 막으로 안구의 뒷벽에 붙어 있음

망막부등　두 눈에 맺힌 특정시야 상에서 발견되는 양눈 간 차이가 크면 클수록 그 물체까지의 거리가 가까워진다는 사실을 알려주는 양안 깊이단서

망상　왜곡된 신념

망상체　뇌줄기의 중심부에 위치한 신경세포의 연결망으로 각성과 의식에 관여함

매력적자극　만족스러운 자극

맥락효과　감각정보에 대한 의미부여가 주어진 맥락에 따라 달라지는 현상

맹시　눈이 멀어 볼 수 없다고 말하면서도 특정 시각과제를 수행할 수 있는 사람

메타분석　한 문제를 연구한 여러 편의 실험결과를 조합하여 그 문제에 대한 전반적인 결론(답)을 도출하는 통계적 기법

면전의 문 기법　크고 거절할 만한 비합리적인 요구를 먼저 제시하고, 그 뒤에 더 합리적이고 작은 요구를 제시함으로써 응종이 이루어지는 것

모집단　연구자가 연구대상으로 삼은 모든 사람

몰개성화　각성과 익명성이 촉진되는 집단상황에서 자기인식과 자제력이 감소되는 것

무선배치　실험의 각 집단에 따라 참여자의 특성이 달라질 가능성을 줄이기 위해 참여자를 각 집단에 무작위로 분배하는 절차

무선표집　모집단 구성원 각자가 표본에 뽑힐 확률을 동일하게 하여 모집단을 대표할 수 있는 표본을 추출하는 표집방법

무의식　인식할 수 없는 정신 영역을 지칭하는 프로이트의 용어

무조건반응(UCR)　무조건자극에 의해 자동으로 일어나는 반사작용에서의 반응

무조건자극(UCS)　무조건반응이 자동으로 일어나는 반사에서 사용된 자극

무조건적 긍정적 존중　타인에게 조건 없이 받아들여지고 수용되는 것

문간에 발 들여놓기 기법　상대방이 받아들이기 쉬운 작은 요구들을 먼저 제시하고 점차 큰 요구를 제시해서 원하는 바를 이루는 것

반사　무조건자극이 무조건반응을 자동으로 이끌어내는 자극-반응 쌍

반응범위　유전에 의해 결정되는 지능의 상 한계와 하 한계

발달심리학　인간의 전 생애에 걸친 생물적·사회적·성격적 발달에 대해 과학적으로 연구하는 심리학의 한 분야

발판 놓기(비계)　비고츠키에 의해 발달한 개념으로 아동의 수행 정도에 따라 교사는 도움을 주는 수준을 조절하여 아동의 학습발달을 높은 근접발달 영역수준으로 가도록 돕는 교육과정

방관자 효과　긴급상황에서 다른 사람을 도울 다른 방관자가 있을 때보다 없을 때 개인이 도움받을 수 있는 확률이 더 높은 것

방어기제　현실을 왜곡시켜 불안으로부터 개인을 보호하기 위해 자아가 사용하는 과정

방임적인 부모　자녀들과 함께 보내는 시간이나 감정적으로 연관되는 일이 극히 적고 자녀들의 기본적인 욕구만 채워주는 부모

백분위　점수분포에서 특정 점수보다 낮은 점수들의 백분율

백질절제술　뇌의 전두엽에서부터 뇌의 하위 부분으로 통하는 신경 연결을 잘라내는 정신외과수술

범불안장애　적어도 6개월 이상 지속되는 통제 불가능하고 전반적이며 과도한 불안을 경험하는 불안장애

베르니케 영역　언어이해를 담당하는 피질의 한 영역으로 대개는 좌반구 측두엽에 위치함

베버의 법칙　차이식역을 측정에 이용된 기준자극의 강도로 나누면 일정한 상수가 된다는 법칙. 이 상수의 크기는 자극의 종류에 따라 달라짐

벡의 인지치료　상담자는 내담자와 따뜻한 관계를 만들고자 노력하며 내담자가 가진 사고의 오류를 확인하기 위해 자신의 신념들을 뒷받침하는 증거가 있는지 신중하게 고려해보아야 한다는 아론 벡이 고안한 인지치료

변동간격 계획　부분적 강화계획의 하나로 각각의 시행에서 어떤 반응이 강화물을 얻기 이전에 경과해야만 하는 시간은 시행에 따라 다양하지만 전체 시행을 통틀어 보았을 때 정해진 시간간격은 평균을 이룸

변동비율 계획　부분적 강화계획의 하나로 강화물을 얻기 위한 반응의 횟수는 시행마다 다양하지만 전체 시행을 통틀어 보았을 때 특정 횟수로 평균을 이룸

변별 자극　(조작적 조건형성에서) 조작적 반응을 강화하거나 처벌하기 위해 제시되어야만 하는 자극

변연계　시상하부, 해마, 편도체 등으로 구성되어 생존, 기억, 정서에 중요한 역할을 담당하는 뇌의 구조물

변인　둘 이상의 값을 가질 수 있는 요인

변환　물리적 에너지가 뇌가 이해할 수 있는 신경신호로 바뀌는 일

보색　두 개를 합했을 때 그 색이 회색이 되는 빛의 파장

보존성　외형적 변화에도 불구하고 대상의 양적 특성(질량이나 수와 같은)은 변하지 않는다는 것

복종　권위를 가진 사람의 명령을 따르는 것

본능적 경향　동물이 어떤 대상에 대해 조작적으로 학습된 반응에서 타고난 본능적 반응으로 되돌아가는 경향

부교감신경계　위급상황이 종료된 후 우리의 몸을 정상상태로 되돌리는 일을 맡은 자율신경계의 일부

부분적 강화계획　조작적 조건형성에서 원하는 조작적 반응을 보이는 전체 시간 중 일부에만 강화하는 것

부분적 강화효과　계속적 강화계획에 의해 강화된 반응보다 부분적 강화계획에 강화된 조작적 반응이 소거에 대해 더 저항이 강하다는 연구결과

부적 강화　혐오 자극을 제거시키는 강화

부적 상관　두 변인의 값이 반비례하는 관계

부적 처벌　매력적 자극을 제거시키는 처벌

부호화 구체성 원리　정보가 장기기억으로 부호화될 때 제시되는 환경적 단서들(내적, 외적)이 그 정보에 대한 가장 좋은 인출단서로서의 역할을 한다는 원리

부호화 실패 이론　망각은 정보를 장기기억으로 부호화하는 데 실패한 것일 뿐이라는 망각 이론

부호화　하나의 기억 단계에서 다음으로(감각기억에서 단기기억으로 혹은 단기기억에서 장기기억으로) 정보가 이동하는 과정

분명한 문제　출발상태와 목표상태 그리고 목표상태에 이르는 과정이 명확한 문제

분산효과　3시간을 연달아 공부하는 것보다 하루에 1시간씩 3일에 나누어 공부하는 것이 더 우수한 장기기억을 만들어내는 현상

불분명한 문제　출발상태와 목표상태 그리고 목표상태에 이르는 과정 중 어느 것 하나라도 명확하지 않은 문제

불안장애　극도의 불안을 경험하는 개인이 그 불안으로 인해 고통과 비전형적, 부적응적, 비합리적 행동을 나타내는 장애

불안정 양가 애착　유아가 어머니와 가까이 있으려 할 뿐 주위 상황에는 관심이 없으며, 어머니가 방을 나가면 매우 강한 고통을 표현하고 어머니가 돌아오면 매달렸다가 밀어내는 일을 번갈아 가며 하는 것

불안정 혼란 애착　어머니가 나가고 들어올 때 유아는 혼란스러운 행동을 보이며 상황에 압도되어 그것을 극복해 나가는 지속적인 방법을 보여주지 못하는 경우

불안정 회피 애착　어머니가 있을 때도 아주 약간의 관심만을 가지다가 어머니가 나가면 고통스러워지만, 돌아오면 어머니를 피하는 것

브로카 영역　언어생성을 담당하는 피질의 한 영역으로 대개는 좌반구 전두엽에 위치함

빈도분포　특정 변인의 각 점수를 받은 사람의 수를 표나 그림으로 정리한 것

빨기 반사　사람의 타고난 반사작용으로 유아들이 그들의 입술에 닿는 것은 무엇이든지 빨려고 하는 것

사고　문제해결, 판단 및 결정을 내리기 위해 전개되는 정보처리 과정

사례연구법　특정 개인의 행동을 오랜 시간에 걸쳐 깊이 있게 탐구하는 연구

사례위주 추리　일반적인 법칙과 불일치하는 사례를 들어

그 법칙을 의심하는 일

사이신경세포 중추신경계 내에서 정보를 통합하는 신경세포

사회문화적 관점 타인과 문화가 인간의 행동 및 정신과정에다 미치는 영향에 설명의 초점을 맞추는 관점

사회불안장애 낯선 사람을 만나거나 타인이 자신의 행동을 관찰하는 하나 또는 그 이상의 사회적 활동 상황에서 강하고 지속적인 공포가 나타나는 불안장애

사회심리학 사람들이 어떻게 서로의 행동과 사고에 영향을 미치는지에 대해 과학적으로 연구하는 심리학의 한 분야

사회적 촉진 사회적 자극의 결과 수행과제에 대해 우세한 반응이 촉진되는 현상. 타인이 존재할 때 단순하고 잘 학습된 일은 수행이 향상되고, 복잡하고 학습되지 않은 일은 수행이 저하되는 것

사회적 태만 사람들이 개인적으로 책임이 주어져 있을 때보다 집단에서 공통된 목표를 향해 일할 때 노력을 더 적게 하는 경향

산포도 상관연구의 자료를 시각적으로 묘사한 그림

삼원색 이론 세 가지 원추체가 있고, 각각은 청색, 녹색, 적색에 해당하는 광파에만 반응하며, 우리가 보는 모든 색은 이들 세 가지 원추체의 상대적 반응 강도에 따라 결정된다고 주장하는 색채지각 이론

상관계수 두 변인 간 관계의 유형과 강도를 나타내는 통계치

상관연구 두 변인을 측정하여 두 변인 간 관계가 얼마나 밀접한지를 검토하는 연구

상태-의존 기억 정보의 부호화를 할 때와 인출을 할 때 개인의 생리적 상태가 같을 경우 장기기억 인출이 최상인 것

상향처리 감각정보가 감각기관에서 뇌로 전달되는 과정에서 벌어지는 처리

생물-심리-사회적 접근 생물적, 심리적(행동과 인지), 사회문화적 요인 간의 상호작용의 결과로 이상심리를 설명하는 접근

생물적 관점 뇌와 신경계 및 기타 생리적 기제가 행동과 정신과정을 유발하는 방식에다 설명의 초점을 맞추는 관점

생의학적 치료 정신장애 치료를 위해 약물과 같은 생물

학적 개입을 적용하는 것

샥터-싱어의 2-요인 이론 정서경험은 생리적 각성 및 외부 환경 전체에 대한 해석을 통해 결정된다는 정서 이론

선별적 세로토닌-노르에피네프린 재흡수 억제제 세로토닌과 노르에피네프린의 재흡수를 선택적으로 차단함으로써 작용제 효과를 나타내는 항우울제

선별적 세로토닌 재흡수 억제제 세로토닌의 재흡수를 차단함으로써 세로토닌 작용제 효과를 나타내는 약물

선추정-후조절법 추정문제에 이용되는 휴리스틱으로 먼저 추정치를 정한 다음 그 추정치를 아래위로 조절하는 전략

선형원근 두 개의 평행선이 눈앞에서 멀어짐에 따라 먼 쪽의 간격이 좁아지는(수렴하는) 사실을 일컫는 단안깊이단서

설단현상 부분 회상과 결합된 기억에서 특별한 정보의 회상 실패가 지금 막 회상이 될 듯한 느낌

설문연구법 특정 집단을 대상으로 질문지와 면담을 통해 그들의 행동, 신념, 태도 등에 관한 정보를 수집하는 연구

섬모세포 와우관 속 기저막 위에 줄지어 배열되어 있는 청각 수용기 세포

성감대 특정한 심리성적 발달단계 동안 원초아의 쾌락 추구 에너지가 초점을 두게 되는 신체의 특정 부위

성격 개인 내부에 기초한 행동과 사고의 특성

성격장애 사회적 기능을 손상시키고 문화적 규범에서 편향하는 행동을 유발하는 경직되고 오래 지속되는 성격 특성이 특징인 장애

성기기 성적 만족을 얻는 부위가 다시 성기이며 성적 접촉을 통해 친밀한 관계를 발전시키는 다섯 번째 단계(사춘기 이후~성인기)

세로토닌, 노르에피네프린 각성/흥분 수준과 기분에 관여하는 신경전달물질

세포체 세포의 핵과 그 세포가 살아가는 데 필요한 생물성 기계장치를 담고 있는 부분. 세포체는 수상돌기로부터 받아들인 정보를 다른 신경세포로 전달해야 할 것인지 말아야 할 것인지를 결정함

소거 (고전적 조건형성에서) 무조건자극(UCS)이 더 이상 조건자극(CS)에 뒤따라오지 않을 때 조건반응(CR)

이 줄어드는 것

소거 (조작적 조건형성에서) 반응이 더 이상 강화받지 않을 때 그 조작적 반응이 감소되는 것

소뇌 몸놀림 조절, 균형감각, 운동학습에 관여하는 뇌의 일부

수단-목적 분석법 하위목표를 설정함으로써 목표상태까지의 괴리를 작게 나누어 하위목표부터 하나씩 차례로 달성함으로써 목표상태에 이르려는 문제해결 전략

수상돌기 신경세포의 세포체에서 뻗어 나온 섬유로 다른 신경세포로부터 신호를 받아들이는 일을 함

수정란 인간생식 과정에서 정자와 난자의 결합으로 형성되는 수정된 난

수초 신경세포 내 신호전달을 빠르게 하기 위해 축삭을 덮어 분리시킨 막

숨뇌 심장박동, 호흡, 혈압, 소화, 삼키기 등 원초적 신체기능에 관여하는 뇌줄기의 일부

스티븐스의 지수법칙 지각된 자극의 크기는 그 자극의 물리적 크기를 일정한 값으로 제곱한 크기와 같다는 법칙

스펄링의 부분보고법 관련이 없는 철자들의 행렬을 짧게 제시한 후에 참가자들에게 그 행렬 중 어느 열을 회상하게 할지에 대한 청각신호를 주는 실험절차

스펄링의 전체보고법 관련이 없는 철자들의 행렬을 짧게 제시한 후에 참가자들이 그 행렬에 있는 철자들의 전부를 회상하도록 하는 실험절차

습관화 한 자극물이 친숙해지면 그것에 대한 심리적 반응이 감소하는 것

시간적 통합법 합쳐질 때만 의미를 갖게 되는 아무런 의미를 지니지 않은 2개의 시각적 도안을 시간간격을 다양하게 하여 연속적으로 제시하는 실험절차

시냅스 간극 신경세포와 신경세포 사이의 미세간격으로, 신경전달물질에 의한 신경세포 간 신호전달이 이루어지는 곳

시상 뇌로 들어오는 감각정보의 중계소 역할을 담당하는 뇌의 일부

시상하부 원초적 추동을 담당하는 뇌의 부위로 뇌하수체 통제를 통해 내분비샘을 관장함

신경과학 뇌와 신경계에 관한 과학적 탐구

신경성 농 속귀의 섬모세포나 청신경이 손상되어 생기는 청각장애

신경세포 신경계 내에서 정보전달을 담당하는 신경세포

신경전달물질 신경세포 간 신호전달을 위해 특화된 화학물질로 신경계 내에서 자연적으로 생성됨

신념집착 자신의 믿음과 상치되는 증거가 있음에도 그 믿음에 집착하는 경향성

신뢰도 검사점수가 일관성 있게 나타나는 정도

신호탐지 이론 아주 약한 자극을 탐지하는 능력은 그 자극에 대한 민감도뿐만 아니라 관찰자의 판단준거에 따라 달라진다고 가정하는 이론

실험 연구자가 종속변인에 영향을 미칠 수 있는 기타 변인을 모두 통제한 상태에서 독립변인을 조작하고 그 효과를 종속변인에서 관찰/측정하는 일

실험실 관찰법 실험실에 초대된 관찰대상의 행동을 관찰대상이 관찰당한다는 사실을 모르는 상태에서 관찰하여 기록하는 기법

실험자 편향 연구 수행자가 특정 결과를 얻기 위해 결과에 영향을 미치는 과정

실험집단 독립변인의 조작/처치에 노출된 집단

심리치료 정신장애 치료를 위해 심리적 개입을 적용하는 것

아세틸콜린 기억과 근육 움직임에 관여하는 신경전달물질

안정 애착 어머니가 있을 때는 유아가 자유롭게 상황을 탐구하지만, 어머니가 떠나면 괴로운 모습을 보이고 그러다 어머니가 다시 돌아오면 열렬히 반응함

알고리즘 그 절차만 제대로 따르면 정답이 보장되는 문제해결 전략

암묵적 기억 절차적인 것, 인지적 과제와 조건형성의 효과와 관련된 장기기억. 우리행동에 영향을 주기는 하지만 기억된 정보에 대한 의식적인 인식이나 서술적 명시를 필요로 하지 않는 기억

암적응 어둠 속에서 벌어지는 원추체와 간상체 속의 화학작용으로 원추체와 간상체의 빛에 대한 민감도가 점증하는 과정

애착 부모 또는 주요 돌봄 제공자와의 관계에서 생후 6개월 안에 형성되어 평생 존재하는 정서적인 유대

양극성 장애 기분이 우울과 조증 사이를 오락가락하며 극적인 변화를 보이는 기분장애

양전자방출단층촬영법 방사성 포도당이 대사활동을 통해 변형되어 방출되는 양전자의 양을 측정하여 뇌 속 각

영역이 활동했던 정도를 시각화한 영상

엔도르핀 통증 지각 및 안정감에 관여하는 일군의 신경전달물질

여키스-도슨의 법칙 각성과 과업에 대한 수행의 질 사이의 관계를 설명하는 법칙. 각성수준이 어떤 최적의 수준까지 증가하면 과업에서의 수행의 질도 증가하지만, 이 지점을 지나서까지 각성이 증가하게 되면 수행에 해로울 수 있음

역조건화 부적응적 반응이 함께 일어날 수 없는 적응적 반응으로 대체되는 행동치료의 유형

연사원리 일군의 세포가 하나씩 차례로 반응함으로써 자극의 변화에 대한 반응효율을 향상시키는 원리

연합피질 일차 감각처리 및 일차 운동처리에 관여하는 피질 외의 모든 영역으로 모든 고등 정신활동이 이곳에서 벌어지는 것으로 알려져 있음

염색체 신체의 모든 세포에 대한 유전정보를 가지고 있는 DNA 분자

영상기억 입력되는 시각정보의 정확한 복사물을 1초가채 안 되는 아주 짧은 시간 동안만 보유하고 있는 시각 감각등록기

오도효과 잘못된 정보에 노출됨으로써 일어나는 기억의 왜곡

오이디푸스 콤플렉스 남아가 자신의 어머니에게 성적인 애정을 느끼면서 아버지가 이를 알고 자신의 성기를 잘라 버릴지도 모른다는 공포를 느끼는 남근기의 갈등

옹알이 자음과 모음을 포함하는 다양한 음절들의 리듬감 있는 반복

와우관(달팽이관) 속귀를 구성하는 달팽이 모양의 구조물로 청각 수용기 세포를 담고 있다.

외재적 동기 외부의 강화를 얻기 위해 어떤 행동을 수행하려는 욕구

외적 통제 소재 자신이 통제할 수 있는 범위를 넘어서는 기회나 외부 요인이 자신의 운명을 통제한다는 인식

외현적 기억(서술적 기억) 사실적 지식과 개인의 경험에 대한 장기기억. 이 기억은 기억을 위한 의식적 노력을 필요로 하고, 기억되는 정보를 명확히 하는 것을 포함함

요구 특성 실험 환경에서 실험자가 피험자에게 기대하는 바와 어떻게 그 기대에 부응할 수 있는지를 알게 하는 단서들

요인분석 동일한 능력(요인)을 측정하는 검사문항을 집단으로 묶어내는 통계기법

욕구의 위계 행동을 동기화시키는 선천적인 욕구들이 피라미드 형태로 위계적으로 배열되어 있다는 매슬로의 성격 이론에서 제시된 동기적인 요소. 맨 밑에서부터 가장 꼭대기층의 순으로 생리적 욕구, 안전 욕구, 소속감과 사랑 욕구, 존중감 욕구, 자아실현 욕구로 이루어진다.

우울장애 슬픔, 공허함, 또는 과민한 기분과 관련이 있고, 개인의 기능에 상당한 영향을 미치는 신체 및 인지적 변화가 동반됨

우울증의 신경발생학적 이론 우울증 기간에는 해마에서 이루어지는 새로운 신경세포의 발생이 정지되고 세포 발생이 다시 시작되면 우울증의 증상이 완화된다는 우울증에 대한 설명

우측편포 소수의 극히 높은 점수를 가진 비대칭형 빈도 분포로 평균치가 중앙치보다 큼

운동신경세포 중추신경계의 운동명령을 신체로 전달하는 말초신경계의 신경세포

운동피질 대뇌 각 반구에서 중앙 열 바로 앞쪽에 위치하며 몸놀림을 관장하는 피질의 일부

원시 가까이 있는 물체에 의해 반사된 빛의 초점이 망막 뒤에 맺혀 그 물체가 흐리게 보이는 시각장애

원초아 출생 시부터 존재하는 성격의 한 부분으로 본능적인 추동을 만족시키려고 하는 무의식의 전 영역에 위치해 있는 것

위약 실제로는 효과가 없는 것으로 알려진 약물이나 처치

위약집단 위약효과를 통제하기 위해 마련한 집단으로 실험처치를 받지 않는데도 받는다고 믿는 집단

위약효과 처치를 받았기 때문에 향상될 것이라는 기대 덕분에 생기는 향상

유아/아동 기억상실증 3세 이전에 일어났던 사건들에 대해 어른이 되었을 때 기억할 수 없는 것

유아어(또는 모성어) 성인이 유아들과 대화할 때 쓰는 평소 때보다 더 높고 선율적인 음조를 지닌 짧은 문장을 사용한 말

유인 이론 강화와 연합을 학습한 외부의 환경적 자극, 즉 유인가에 의해 우리의 행동이 동기화된다고 주장하는 동기 이론

유전성   어떤 집단 내 특정 특성의 변산성이 유전 때문일
가능성을 나타내는 지수

유전자   유전정보를 담고 있는 기본 단위

유지시연   정보를 유지하기 위해서 단기기억에 있는 정
보를 계속적으로 되풀이하는 시연의 한 유형

음소   언어에 있어서 구별 가능한 최소의 소리 단위

응종   타인 또는 집단의 직접적인 요구에 부응해서 행동
하는 것

의미기억   사실적 지식에 대한 명시적 기억

의식   자신의 사고와 느낌 및 외부 환경에 대한 자신만
의 앎

의식   현재 인식하고 있는 것을 지칭하는 프로이트의 용어

이란성 쌍둥이   거의 같은 시간에 수정된 2개의 수정란에
서 생겨난 쌍둥이

이상심리학   정신장애와 그 치료에 대해 과학적으로 연
구하는 심리학의 분야

이중맹목법   참여자는 물론 실험자도 어느 집단이 실험집
단이고 어느 집단이 위약집단인지를 모르게 하는 방법

이차적 강화물   학습을 통해 강화하는 특성을 얻게 된 자극

인습적 수준   콜버그 이론의 두 번째 수준으로, 도덕적 추
론은 사회적 규범과 법을 바탕으로 이루어짐

인지 부조화 이론   자신의 태도와 행동 사이의 불일치로
야기되는 인지적 불안을 피하기 위해 자신의 태도를
변화시킨다는 레온 페스팅거의 이론

인지발달에서의 정보처리 접근법   인지발달을 연구하는 접
근법으로, 이 접근법에서 가정하는 것은 인지발달은
계속해서 이루어지며, 아동이 정보를 처리하는 일(정
보를 받아들이고, 저장하며, 저장된 정보를 사용함)에
점점 더 능숙해짐에 따라 인지발달 또한 이루어지게
된다고 본다.

인지적 관점   지각, 기억, 문제해결 같은 정신과정이 작동
하는 방식과 이들이 행동에 영향을 미치는 방식에다
설명의 초점을 맞추는 관점

인지치료   개인의 생각을 부적응적인 것에서 적응적인
것으로 변화시키는 것을 목적으로 하는 심리치료

인출   장기기억에서 저장된 정보를 단기기억으로 끌어
내는 과정

일란성 쌍둥이   같은 수정란에서 생겨난 쌍둥이

일어문   유아가 말하는 완결된 생각을 표현하는 한 단어

일차적 강화물   본래 강화하는 특성을 지닌 자극

일화적 기억   개인적 경험에 대한 명시적 기억

자극 변별   (고전적 조건형성에서) 조건자극에 의해서만 조
건반응을 이끌어내는 것, 혹은 조건자극을 포함한 매우
비슷한 자극에 대해서만 조건반응을 이끌어내는 것

자극 변별   (조작적 조건형성에서) 변별 자극이 제시될
때만 조작적 반응을 나타내도록 하는 학습

자극 일반화   (고전적 조건형성에서) 조건화된 자극과 유
사한 자극에서 조건화된 반응을 이끌어내는 것. 자극
이 비슷하면 비슷할수록 더 강한 반응을 얻음

자극 일반화   (조작적 조건형성에서) 변별 자극과 비슷한
자극이 주어질 때 유기체가 조작적 반응을 보이는 것,
자극이 변별 자극과 유사할수록 조작적 반응률이 높음

자기본위적 편향   자신을 호의적으로 인식하기 위해 귀인
을 하는 것

자기중심성   자기 자신의 지각, 사고, 감정을 다른 사람
의 것과 구별하지 못하는 것

자기지각 이론   자신의 태도에 대해 불확실할 때 행동과
그 행동이 발생한 배경을 조사함으로써 태도를 추정한
다는 다릴 벰의 이론

자기-참조 효과   장기기억으로 부호화할 때 자신과 관련
이 있는 정보에 대해 장기기억이 우수함

자기체계   사람들이 자신의 행동을 관찰하고 평가하고
규제하는 인지적 과정들의 집합체

자기충족적 예언   타인에 대해 가지고 있는 기대에 따라
우리의 행동이 이끌리는 현상

자기효능감   특별한 상황에서 자신의 유능감에 대한 평가

자동적 처리   무의식적으로 일어나며 주의집중을 요하지
않는 과정

자발적 경감   특정한 치료를 받지 않았음에도 불구하고
일정 시간이 지남에 따라 증상이 개선되는 현상

자발적 회복   (고전적 조건형성에서) 소거가 진행되는 동
안 휴식을 취한 후 조건반응의 강도가 부분적으로 회
복되는 것

자발적 회복   (조작적 조건형성에서) 소거 훈련 동안의 휴
식기간 이후 따라오는 반응의 일시적 회복

자아   생후 1년부터 발달하기 시작해서 생의 나머지 동
안 원초아의 본능적인 추동에 대한 현실적인 가이드라
인을 제시해 나가는 성격의 한 부분

자아실현 자신의 잠재력을 완전히 개발한 상태

자연 관찰법 자연적인 조건에서 벌어지는 행동을 관찰자의 개입 없이 있는 그대로 관찰하고 기록하는 방법

자유연상 환자가 떠오르는 모든 생각과 느낌 그리고 이미지들을 고치지 않고 바로바로 보고하도록 하는 기법

자유회상 과제 단어 목록을 한 번에 하나씩 받은 후 어떤 순서이든 자유롭게 회상해내는 기억 과제

자율신경계 신체 내부 환경 조절을 담당하는 말초신경계의 일부

작업기억 단기기억이 작업을 수행할 수 있도록 하는 메커니즘을 포함하는 단기기억의 상세한 형태

작용제 신경전달물질의 효과를 증가시키는 약물이나 독물

잘못된 기억 정확한 기억만큼 실제적이라고 느끼지만 사실은 부정확한 기억

잠복기 성적 만족을 얻는 부위가 없고 성적 충동들도 억압되며 인지적·사회적 발달이 주가 되는 네 번째 단계(6세~사춘기)

잠재학습 학습이 이루어지기는 했지만 유인가가 있을 때까지 증명되지 않는 학습

장기기억(LTM) 긴 시간 동안(어쩌면 영원히) 정보가 저장되고, 그 정보의 용량이 무한한 기억의 단계

장소 이론 소리의 주파수에 따라 기저막에서 가장 활발하게 반응하는 부위(장소)가 달라지는 데서 우리의 뇌는 그 소리의 주파수에 관한 정보를 찾는다고 주장하는 음고지각 이론

장소법 기억해야 하는 연속적 정보들을 익숙한 공간(장소)에 연합시킨 후, 정신적으로 그 공간(장소)을 계속해서 돌아다니면서 정보들을 인출해낸 뒤, 각각의 장소에 있는 정보를 인출하는 것

재인 인출단서가 있는 정보의 식별만이 요구되는 장기기억의 인출

재학습 두 번째로 정보를 학습할 때 학습에 소요되는 시간의 양을 절약할 수 있어 절약 방법이라고도 함

저장 소멸 이론 정보는 시간이 지날수록 점차 소멸되므로 정보의 정기적 사용만이 정보를 유지하는 데 도움이 된다고 가정하는 망각 이론

저장 기억 단계에서 정보를 유지하는 과정

저항 환자가 특정한 주제에 대해 이야기하기를 꺼림

전경-배경 원리 형태주의 심리학자들의 지각 조직화 원리로 우리의 뇌는 감각정보를 전경과 배경으로 구분한다는 가정

전기충격치료 전기충격을 짧은 시간 동안 뇌에 통하게 하여 발작을 유발함으로써 심각한 우울증을 치료하는 생의학적 치료법

전도성 농 청각정보를 속귀로 전달하는 기계적 장치 중 일부가 손상되어 생기는 청각장애

전두엽(이마엽) 대뇌 각 반구에서 중앙 열의 앞쪽, 외측 열의 위쪽에 위치하며 운동피질이 있는 영역

전범위 분포를 구성하는 점수 중에서 가장 높은 점수와 가장 낮은 점수 사이의 간격

전의식 현재 인식되고 있지는 않지만 접근 가능하고 인식에 이르게 할 수 있는 내용에 대한 프로이트의 용어

전이 환자가 부모와 같이 자신의 삶에서 중요한 인물을 대하는 방식으로 심리치료사를 대하는 현상

전인습적 수준 콜버그 이론의 첫 번째 수준으로, 도덕적 추론은 자기 지향적이고 처벌을 피하며 자신의 행복과 필요를 추구하는 것에 근거하고 있음

전조작기 피아제의 인지발달 이론의 두 번째 단계로 2~6세 기간에 유아의 사고는 점점 더 상징적이고 언어를 바탕으로 하게 되지만, 여전히 자기중심적이고 논리적 사고를 가능케 하는 정신기능이 부족한 시기

전진형 간섭 새로운 정보를 인출하는 데 있어서 이전에 이루어진 학습 내용이 혼란스러워지는 현상

전진형 기억상실증 뇌에 치명적인 손상을 입었거나 뇌 수술 이후의 사건에 대한 새로운 명시적 장기기억을 만들어내지 못하는 증상. 수술이나 손상 이전에 형성된 명시적 기억들은 손상되지 않은 채로 남아 있음

절대식역 제시된 자극의 강도가 약해 탐지될 확률이 50%인 조건에서 측정된 자극의 강도

절차적 기억 인지적인 과제나 움직임이 있는 절차적 과제들을 다루는 암묵적 기억

점화 이전에 제시된 자극이 나중 자극의 반응에 주는 암묵적 영향. 이 영향은 이전 자극에 대한 의식적 기억과는 무관

정교화 시연 투입되는 정보를 장기기억으로 부호화하기 위해 장기기억으로부터의 정보와 관련시키는 시연

정보원 오인 기억에 대한 진짜 정보를 기억하지 못하여

잘못된 정보를 기억의 원인으로 생각(왜곡)하는 것

정보적·사회적 영향 옳은 행동이나 판단이 불확실한 상황에서 정보를 얻고자 하는 욕구에서 비롯된 영향

정상분포 종 모양의 빈도분포로 전체 점수의 약 68%는 평균치로부터 1 표준편차 이내에, 약 95%는 2 표준편차 이내에, 그리고 약 99%는 3 표준편차 이내에 속함

정서 생리적 각성, 행동적 표현, 상황에 대한 인지적 평가 등이 복합적으로 관여하는 마음상태

정신분석 지그문트 프로이트에 의해 처음 시작된 심리치료의 형태로서 내담자로 하여금 자신이 가진 문제의 무의식적인 근원을 깨닫게 도와주는 치료

정신외과수술 정신장애나 질병을 치료하기 위해 뇌의 특정 부위를 떼어내거나 손상시키는 생의학적 치료법

정신적 올무 당면 문제에 적절한 전략을 고려하지 못하고 과거의 성공적이었던 전략만을 사용하려는 경향

정신증적 장애 현실 감각을 잃어버리는 것으로 특징지어지는 장애

정신질환의 진단 및 통계편람, 제5판(DSM-5) 미국 정신의학회에서 발행한 정신장애에 대한 진단 및 분류 가이드라인

정적 강화 매력적 자극이 제시되는 강화

정적 상관 두 변인의 값이 정비례하는 관계

정적 처벌 혐오 자극이 제시되는 처벌

젖 찾기 반사 사람의 타고난 반사작용으로 유아들이 자신의 뺨에 닿는 것을 입 쪽으로 가져가도록 하고 무언가 빨 것을 찾는 것

제3변인 문제 두 변인 간의 상관관계가 제3의 변인 때문에 관찰되었을 가능성에서 야기되는 해석의 어려움

제임스-랑게 이론 생리적 각성과 신체적 반응에 대한 인지적 해석을 통해 정서경험이 결정된다는 정서 이론

조건반응(CR) 조건화된 자극에 의해 일어나는 반응

조건자극(CS) 고전적 조건형성에서 새로운 반응(조건반응)을 이끌어내는 자극

조작적 정의 특정 변인을 조작하거나 측정하는 절차에 대한 기술

조작적 조건형성 행동과 행동의 결과를 연합시키는 학습. 만족스러운 결과를 얻어 강화된 행동은 강해지고, 불만족스러운 결과, 즉 처벌받은 행동은 약해짐

조절 물체에 의해 반사된 빛의 초점이 망막 위에 맺히도록 수정체의 두께가 바뀌는 과정

조절 현재의 도식을 새로운 경험에 맞게 조절한다는 피아제의 용어

조증삽화 적어도 1주일 이상 동안 지속적으로 과대망상에 따른 과장된 자존감, 수면욕구의 감소, 끊임없는 말하기, 주의산만, 불안정, 판단력 상실과 같은 증상을 경험하는 비정상적으로 고양된 기분으로 특징지어지는 삽화

조현병 정신증적 장애로서 환각, 망상, 와해된 언어, 와해된 혹은 긴장형 행동, 또는 정서표현의 감소 중 두 가지 이상의 증상이 1개월 중 상당 기간 나타나야 한다.

조형 사람이나 동물을 연구자가 기대하는 반응에 연속적으로 접근하도록 강화함으로써 어떤 조작적 반응을 하도록 하는 훈련

종단적 연구법 같은 참가자 집단의 수행이 각기 다른 연령에서 측정되는 연구

종속변인 독립변인의 영향을 받을 것으로 가정하고 그 값을 측정하는 변인

좌측편포 소수의 극히 낮은 점수를 가진 비대칭형 빈도분포로 평균치가 중앙치보다 작음

주관적 윤곽 실제로는 존재하지 않는데도 존재하는 것처럼 보이는 도형이나 선분

주요우울삽화 강한 무기력감과 낮은 자존감, 무가치감, 심한 피로감, 섭식과 수면행동에서의 극적인 변화, 집중능력의 감퇴, 2주 이상 동안 가족과 친구, 활동에서 현저히 감소된 흥미와 같은 증상으로 특징지어지는 삽화

주요우울장애 1회 이상의 주요 우울삽화를 경험한 기분장애

주파수 이론 들리는 소리의 주파수에 관한 정보를 기저막 위에 있는 섬모세포의 발화율에서 찾는다고 주장하는 음고지각 이론

주파수 파의 주기가 1초 동안 반복되는 횟수

중성자극(NS) 고전적 조건화에서 조건화될 반응을 자연적으로 이끌어내지 않는 자극

중심와 망막의 중앙에 위치한 작은 홈으로 원추체만 밀집된 곳

중심화 한 번에 문제의 한 가지 면밖에 고려하지 못하는 경향

중앙치 모든 점수를 크기에 따라 낮은 점수부터 높은 점

수로 정렬했을 때 이들 점수를 상하 절반으로 나누는 점수

중추신경계 뇌와 척수

지각 경향성 모호한 감각자극에 대한 지각이 그런 자극에 대한 과거의 방식대로 전개되는 경향성

지각 항등성 친숙한 대상의 크기와 모양 및 색상지각이 그 대상을 바라보는 각도나 거리 또는 조명상태가 달라져도 변하지 않는 현상

지각과정 감각정보가 뇌에서 해석되는 과정

지능지수(IQ) (정신연령/역연령)×100

지연 조건형성 고전적 조건형성 중 하나로 조건자극이 무조건자극에 선행하되 무조건자극이 제시된 이후까지 조건자극이 남아 있는 절차로 이는 두 자극이 함께 발생하도록 하기 위함임

지연성 운동장애 전통적인 항정신병 약물의 사용으로 환자의 얼굴에 멈출 수 없는 틱이 생긴다거나 계속 찌푸리게 된다거나 입술이나 턱 또는 혀가 본인의 의도와는 달리 움직인다거나 하는 부작용을 장기간 경험하는 증상

진폭 이어지는 파의 가장 낮은 꼭짓점과 가장 높은 꼭짓점 간의 간격

집단극화 어떤 주제에 대해 집단토론이 전개되면 그 주제와 관련해서 집단 내에서 우세하였던 의견이 더욱 강화되는 경향

집단사고 의사결정을 저해하는 집단사고 유형으로 집단 조화를 이루려는 욕구 때문에 의사결정 과정에서 필요한 현실적인 평가를 하지 못하는 것

차이식역 일정한 차이가 있는 두 자극이 다른 자극으로 지각될 확률이 50%가 되는 차이

착각성 상관 상호 독립적인 두 가지 변인을 서로 관련된 것으로 간주하는 잘못된 믿음

참여 관찰법 관찰자가 관찰대상 집단의 구성원이 되어 관찰하는 연구방법

책임감 분산 일에 대한 책임감이 집단의 모든 구성원에게 분산되어 있기 때문에 그 일에 대한 개인적인 책임이 감소되는 것

처리수준 이론 의미과정, 특히 정교화된 의미과정이 더 나은 장기기억을 만들어낸다고 주장하는 기억의 정보처리 이론

처벌 처벌제가 제시됨으로써 어떤 반응이 일어날 가능성이 감소하는 과정

처벌제 이전의 반응이 발생할 가능성을 줄이는 자극

척수 뇌와 말초신경계 사이에서 들어오는 감각정보와 나가는 몸놀림 명령을 전달하는 경로

척수반사 무릎반사와 같이 뇌의 관여 없이 척수에서만 벌어지는 자율활동

청크 한 개인의 기억에 있어서 의미를 지닌 단위

체계적 둔감법 역조건화 기법으로서 어떤 대상이나 상황에 대하여 나타나게 되는 공포반응이 공포가 느껴지는 상황을 낮은 공포 상황에서부터 높은 공포 상황으로 증가하여 제시하는 과정 동안 이완반응을 계속 유지하게 함으로써 이완반응으로 전환되어 가는 것

체성/골격신경계 감각입력을 중추신경계로 전달하고 중추신경계로부터 근육 움직임 명령을 골격근으로 내보내는 말초신경계의 일부

체성감각피질 대뇌 각 반구에서 중앙 열 바로 뒤쪽에 위치하며 신체의 각 부위에서 일어나는 일을 감지하는 피질의 일부

초두효과 타인에 대한 인상이 형성될 때 초기에 제시된 정보가 나중에 제시된 정보보다 더 큰 영향력을 끼친다는 것

초두효과 한 번의 자유회상 과제에서 목록의 중간에 비해 첫 부분에 대한 회상이 우수한 것

초자아 개인의 양심과 행동의 이상적인 기준을 나타내는 성격의 한 부분

최빈치 점수분포를 구성하는 점수 중에서 가장 많이 발견되는 점수

최신효과 한 번의 자유회상 과제에서 목록의 중간에 비해 뒷부분에 대한 회상이 우수한 것

추동감소 이론 우리의 행동이 내적 균형상태로 몸을 되돌리려는 신체적 욕구에 의해 형성된 추동(신체적 긴장상태)을 감소시키기 위해 동기화된다고 주장하는 동기 이론

추리통계적 분석 연구결과가 우연에 의해 산출되었을 확률을 기초로 그 결과에 관한 결론을 내리는 과정. 이 확률이 .05 이하이면 통계적으로 유의하다고 한다.

추상체 망막에 있는 수용기 세포로 빛이 강한 조건과 색상지각을 담당함

축삭 세포체에서 기다랗게 뻗어나온 섬유. 축삭의 끝은 여러 개의 종말단추로 나뉜다. 축삭의 주된 기능은 정보를 세포체로부터 종말단추까지 전송함으로써 정보가 다음 신경세포로 전달되도록 돕는 것임

취약성 스트레스 모델 조현병에 대한 생물-심리-사회적 설명으로 유전적 소인, 태내에서의 상태, 생후의 생물적 요인들이 한 개인으로 하여금 조현병에 대한 취약성을 갖도록 하지만 조현병의 발병 여부는 환경적 스트레스가 결정하는 것으로 보는 모델

측두엽(관자엽) 대뇌 각 반구에서 외측 열 아래쪽에 위치하며 일차 청각피질이 있는 영역

캐넌-바드 이론 동시에 전개되는 생리적 각성, 신체적 반응, 인지적 해석에 의해 정서경험이 결정된다는 정서 이론

쾌락원리 결과를 고려하지 않고 본능적인 추동을 즉각적으로 만족시키려고 하는 원리

타당도 검사가 측정하고자 했던 것 또는 예측하고자 했던 것을 측정하는 정도

태도 어떤 일, 사건 그리고 타인에 대한 긍정적인 혹은 부정적인 평가반응

태아 알코올 증후군 임신부가 알코올을 섭취함으로써 태어난 아이에게 지적장애나 안면기형 등과 같은 정신적/신체적 이상을 일으키는 선천성 증후군

통제적 처리 의식적으로 일어나며 주의집중을 요하는 과정

통제집단 독립변인의 조작/처치에 노출되지 않은 집단

통찰 문제를 새롭게 해석함으로써 해결책을 즉각적으로 깨닫는 현상

투사검사 자극을 보고 자신이 지각하는 것에 대해 이야기하는 방식으로 이루어지는 일련의 모호한 자극을 사용하는 성격검사

특정공포증 특정 대상이나 상황에 대한 확연하고 지속적인 공포가 과도하고 비현실적으로 나타나는 불안장애

특질 개인 내부에 기초하여 개인의 성격을 정의해주는 비교적 안정적인 특성

파장 이어지는 파의 한 꼭짓점에서 그다음 꼭짓점까지의 거리

파킨슨병 몸놀림의 어려움이 주된 증상으로 기저핵에서 벌어지는 도파민의 활동이 부족하여 발생하는 질환

편도체 공격, 분노, 두려움 등의 정서에 관여하는 뇌의 부위로 기억 속의 정서를 일깨우고 얼굴표정에 담긴 정서를 해석하는 데 관여함

편차 IQ 점수 100 +/−(15×어떤 사람의 점수가 표준화 집단의 원점수 평균치에서 떨어진 정도를 표준편차로 계산한 값)

평가 고전적 조건형성 해당 자극을 다른 긍정적 또는 부정적인 자극과 결합함으로써 발생하는 자극에 대한 호감도의 변화

평균치 점수분포의 산술평균

표면적 의미 꿈의 외재적인 의미를 지칭하는 프로이트의 용어

표본 연구에 실제로 참여한 모집단의 일부(부분집합)

표준편차 특정 분포의 점수들이 그 분포의 평균치로부터 떨어진 정도의 평균

표준화 검사점수를 검사규준에 맞추어 해석할 수 있도록 변환하는 과정

프리맥 원리 높은 빈도의 행동을 하는 상황을 이용하여 빈도가 낮은 행동을 강화한다는 원리

플린 효과 미국과 서구 산업국가에서 지능검사 점수 평균이 지난 한 세기 동안 꾸준히 상승한 현상

피상적 상관 두 변인 간의 상관관계가 인과관계로 직결된 것이 아니라 여타 변인과의 관계를 통해 간접적으로 형성된 상관관계

하향처리 입력되는 감각정보의 해석에 지식, 믿음, 기대 등이 활용되는 과정

학습된 무기력 자신에게 일어난 불쾌한 사건들을 자신이 통제할 수 없다는 생각에서 비롯되는 무력감

합리적 정서치료 치료자가 내담자의 비현실적인 생각에 직면하고 도전하여 그것이 비합리적이라는 것을 깨닫게 한다는 앨버트 엘리스가 고안한 인지치료

항문기 성적 만족을 얻는 부위는 항문이며 배변을 보유하거나 배설함으로써 항문 자극을 통해 쾌락을 느끼는 두 번째 단계(18개월~3세)

항불안제 불안과 관련된 문제와 장애를 치료하는 데 사용되는 약물

항우울제 우울장애 치료에 사용되는 약물

항정신병 약물 정신병적 증상을 치료하는 데 사용되는 약물

해마 기억 형성에 관여하는 뇌의 부위

행동 수정 바람직하지 않은 행동은 제거시키고 더 바람직한 행동을 가르치기 위해 고전적 조건형성과 조작적 조건형성의 법칙을 적용하는 것

행동적 관점 외부 환경이 행동을 조형하는 과정에다 설명의 초점을 맞추는 관점

행동치료 고전적 조건형성과 조작적 조건형성의 원리를 사용하여 내담자의 행동이 부적응적 행동에서 적응적 행동으로 변화하도록 돕는 심리치료

행위자-관찰자 편향 자신의 행동은 상황적 영향에 귀속시키지만, 타인의 행동은 성향적 영향에 귀속시켜 과대평가하는 경향

허구적 독특성 효과 자신의 능력이나 성공한 행동의 보편성을 과소평가하는 경향

허구적 일치성 효과 자신의 의견이나 성공적이지 않았던 행동의 보편성을 과대평가하는 경향

허용적인 부모 자녀들에게 별로 많은 요구를 하지 않으며 자식들의 욕구에 지나치게 민감하고, 자식들이 하고 싶은 대로 하게 하는 부모

현실원리 현실적인 제한(사회 규범) 범위 내에서 본능적인 추동을 만족시키려는 원리

혈-뇌장벽 위험한 물질이 미세혈관을 통해 뇌에 잠입하는 것을 예방하는 기제

혐오자극 불만족스러운 자극

형식적 조작기 피아제의 인지발달 이론의 마지막 단계로 보통 12세 이상의 청소년은 가설적 연역 사고를 할 수 있는 능력을 지니게 됨

혜안편파 결과를 알고 난 후에는 자기도 그 결과를 예측할 수 있었다고 자신의 능력을 과대평가하는 경향성

호르몬 내분비샘에서 분비되어 혈관을 따라 이동하는 전령 역할을 수행하는 화학물질

홍수법 환자를 공포 대상이나 상황에 곧바로 노출시키는 행동치료

확인편파 자신의 믿음이 옳음을 확신시켜 주는 증거만을 찾는 경향

환각 왜곡된 비현실적 감각지각

회상 인출단서 없이 정보의 재현을 요구하는 장기기억의 인출

획득 (고전적 조건형성에서) 조건자극(CS)에 대해 새로운 반응(CR)을 얻는 것

획득 (조작적 조건형성에서) 강화된 조작적 반응을 더 강하게 하는 것

횡단적 연구법 다른 연령대의 참가자 집단들의 수행이 서로 비교되는 연구

효과의 법칙 만족스러운 결과를 얻은 행동은 반복되는 경향이 있고 불만족스러운 결과를 얻은 행동은 반복되지 않는 경향이 있다고 말한 에드워드 손다이크에 의해 발전된 법칙

후두엽(뒤통수엽) 대뇌 각 반구에서 뒤쪽에 위치하며 일차 시각피질이 있는 영역

후인습적 수준 콜버그 이론의 마지막 수준으로, 도덕적 추론은 법률에 우선하는 인간의 권리와 함께하는 스스로 선택한 보편적 윤리 원칙과 그러한 원칙을 위반함으로써 양심의 가책을 느끼는 것에 대한 기피를 바탕으로 함

후진작업법 목표상태에서 출발상태로 역행함으로써 문제를 해결하려는 전략

후진형 간섭 새로운 학습이 이전에 학습한 정보들의 인출을 혼란스럽게 하는 현상

후진형 기억상실증 과거, 특히 뇌 수술 바로 이전의 사건들에 대한 일화적 정보가 손상되는 증상

휴리스틱 과거의 경험으로 보아 그럴듯해 보이지만 정답은 보장하지 못하는 문제해결 전략

흔적 조건형성 또 다른 고전적 조건형성의 절차로서 두 자극이 함께 발생하지 않도록 하기 위해 조건자극이 무조건자극에 선행하지만 무조건자극이 제시되기 전에 조건자극이 제거되도록 하는 것

GABA 각성 및 불안수준을 낮추고 몸놀림 조절에 관여하는 대표적인 억제성 신경전달물질

L-도파 파킨슨병을 치료하기 위해 개발된 도파민 선구물질을 포함하는 약물로 뇌에 들어간 후 도파민으로 변화됨

REM 수면 안구가 빠르게 움직이고 뇌파가 각성상태의 뇌파와 흡사하며 대부분의 꿈이 일어나는 수면의 한 단계

참고문헌

Abraham, C. (2001). *Possessing genius: The bizarre odyssey of Einstein's brain.* Cambridge, UK: Icon Books Ltd.

Adams, J. L. (1986). *Conceptual blockbusting* (3rd ed.). Reading, MA: Addison-Wesley.

Adolph, K. E., Kretch, K. S., & LoBue, V. (2014). Fear of heights in infants? *Current Directions in Psychological Science, 23,* 60–66.

Advokat, C. D., Comaty, J. E., & Julien, R. M. (2019). *Julien's primer of drug action: A comprehensive guide to the actions, uses, and side effects of psychoactive drugs* (14th ed.). New York: Worth.

Ainsworth, M. D. S. (1979). Infant-mother attachment. *American Psychologist, 34,* 932–937.

Ainsworth, M. D. S., Blehar, M. C., Waters, E., & Wall, S. (1978). *Patterns of attachment: A psychological study of the Strange Situation.* Hillsdale, NJ: Erlbaum.

Akers, K. G., Martinez-Canabal, A., Restivo, L., Yiu, A. P., De Cristofaro, A., Hsiang, H.-L., . . . Frankland, P. W. (2014). Hippocampal neurogenesis regulates forgetting during adulthood and infancy. *Science, 344,* 598–602.

Allen, C. T., & Shimp, T. A. (1990). On using classical conditioning methods for researching the impact of ad-evoked feelings. In S. J. Agnes, J. A. Edell, & T. M. Dubitsky (Eds.), *Emotion in advertising: Theoretical and practical explanations* (pp. 19–34). New York: Quorum Books.

Allport, G. W., & Odbert, H. S. (1936). Trait-names: A psycholexical study. *Psychological Monographs, 47* (1) Whole issue.

Allyon, T., & Azrin, N. H. (1968). *The token economy.* New York: Appleton-Century-Crofts.

American Academy of Pediatrics. (2009). Policy statement—Media violence. *Pediatrics, 124,* 1495–1503. doi:10.1542/peds.2009.2146

American Psychiatric Association. (2013). *Diagnostic and statistical manual of mental disorders* (5th ed.). Washington, DC: Author.

American Psychological Association. (2016). Guidelines for the undergraduate psychology major: Version 2.0. *American Psychologist, 71,* 102–111.

Andersen, A. N., Wohlfahrt, J., Christens, P., Olsen, J., & Melbe, M. (2000). Maternal age and fetal loss: Population based linkage study. *British Medical Journal, 320,* 1708–1712.

Anderson, C. A., Berkowitz, L., Donnerstein, E., Huesmann, L. R., Johnson, J. D., Linz, D., . . . Wartella, E. (2003). The influence of media violence on youth. *Psychological Science in the Public Interest, 4*(3) [Whole issue].

Anderson, C. A., Lepper, M. R., & Ross, L. (1980). Perseverance of social theories: The role of explanations in the persistence of discredited information. *Journal of Personality and Social Psychology, 39,* 1037–1049.

Anderson, C. A., Shibuya, A., Ihori, N., Swing, E. L., Bushman, B. J., Sakamoto, A., . . . Saleem, M. (2010). Violent video game effects on aggression, empathy, and prosocial behavior in Eastern and Western countries. *Psychological Bulletin, 136,* 151–173.

Annese, J., Schenker-Ahmed, N. M., Bartsch, H., Maechler, P., Sheh, C., Thomas, N., . . . Corkin, S. (2014). Postmortem examination of patient H. M.'s brain based on histological sectioning and digital 3D reconstruction. *Nature Communications, 5* (3122). doi:10.1038/ncomms4122

Applebaum, P. S. (2004). One madman keeping loaded guns: Misconceptions of mental illness and their legal consequences. *Psychiatric Services, 55,* 1105–1106.

Asch, S. E. (1955, November). Opinions and social pressure. *Scientific American, 193,* 31–35.

Asch, S. E. (1956). Studies of independence and conformity: A minority of one against a unanimous majority. *Psychological Monographs: General and Applied, 70* (416) Whole issue.

Asendorpf, J. B., & Wilpers, S. (1998). Personality effects on social relationships. *Journal of Personality and Social Psychology, 74,* 1531–1544.

Asher, S. R. (1983). Social competence and peer status: Recent advances and future directions. *Child Development, 54,* 1427–1434.

Atkinson, R. C., & Shiffrin, R. M. (1968). Human memory: A proposed system and its control processes. In K. W. Spence & J. T. Spence (Eds.), *The psychology of learning and motivation: Advances in research and theory* (Vol. 2, pp. 89–195). New York: Academic Press.

Atkinson, R. C., & Shiffrin, R. M. (1971, August). The control of short-term memory. *Scientific American, 225,* 82–90.

Azevedo, F. A., Carvalho, L. R. B., Grinberg, L. T., Farfel, J. M., Ferretti, R. E., Leite, R. E., . . . Herculano-Houzel, S. (2009). Equal numbers of neuronal and nonneuronal cells make the human brain an isometrically scaled-up primate brain. *Journal of Comparative Neurology,*

513, 532–541.

Baddeley, A. D. (2007). *Working memory, thought, and action*. New York: Oxford University Press.

Baddeley, A. D. (2012). Working memory: Theories, models, and controversies. *Annual Review of Psychology, 63*, 1–29.

Baddeley, A. D., & Hitch, G. J. (1974). Working memory. In G. Bower (Ed.), *Recent advances in learning and memory* (Vol. 8, pp. 47–90). New York: Academic Press.

Baddeley, A. D., & Warrington, E. K. (1970). Amnesia and the distinction between long- and short-term memory. *Journal of Verbal Learning and Verbal Behavior, 9*, 176–189.

Bahrick, H. P. (1984). Semantic memory content in permastore: Fifty years of memory for Spanish learned in school. *Journal of Experimental Psychology: General, 113*, 1–29.

Baillargeon, R. (1987). Object permanence in 3.5- and 4.5-month-old infants. *Developmental Psychology, 23*, 655–664.

Baillargeon, R. (1993). The object-concept revisited: New directions in the investigation of infants' physical knowledge. In C. E. Granrud (Ed.), *Visual perception and cognition in infancy* (pp. 265–315). Hillsdale, NJ: Erlbaum.

Baillargeon, R. (2002). The acquisition of physical knowledge in infancy: A summary in eight lessons. In U. Goswami (Ed.), *Handbook of childhood cognitive development* (pp. 47–83). Malden, MA: Blackwell.

Baldwin, D. A., & Moses, L. J. (2001). Links between social understanding and early word learning: Challenges to current accounts. *Social Development, 10*, 309–329.

Bandura, A. (1965). Influences of models' reinforcement contingencies on the acquisition of imitative responses. *Journal of Personality and Social Psychology, 1*, 589–593.

Bandura, A. (1973). *Social learning theory*. Englewood Cliffs, NJ: Prentice Hall.

Bandura, A. (1986). *Social functions of thought and action: A social-cognitive theory*. Englewood Cliffs, NJ: Prentice Hall.

Bandura, A. (1997). *Self-efficacy: The exercise of control*. New York: W. H. Freeman.

Bandura, A., Ross, D., & Ross, S. A. (1961). Transmission of aggression through imitation of aggressive models. *Journal of Abnormal and Social Psychology, 63*, 575–582.

Bandura, A., Ross, D., & Ross, S. A. (1963a). Imitation of film-mediated aggressive models. *Journal of Abnormal and Social Psychology, 66*, 3–11.

Bandura, A., Ross, D., & Ross, S. A. (1963b). Vicarious reinforcement and imitative learning. *Journal of Abnormal and Social Psychology, 67*, 601–607.

Banuazizi, A., & Movahedi, S. (1975). Interpersonal dynamics in a simulated prison: A methodological analysis. *American Psychologist, 30*, 152–160.

Banyard, P. (2007). Tyranny and the tyrant: From Stanford to Abu Ghraib. [Review of the book *The Lucifer effect: Understanding how good people turn evil*, by P. Zimbardo]. *The Psychologist, 20*, 494–495.

Bar, M., & Biederman, I. (1998). Subliminal visual priming. *Psychological Science, 9*, 464–469.

Barber, C. (2008). *Comfortably numb: How psychiatry is medicating a nation*. New York: Pantheon Books.

Barberá, P., Jost, J. T., Nagler, J., Tucker, J. A., & Bonneau, R. (2015). Tweeting from left to right: Is online political communication more than an echo chamber? *Psychological Science , 26*, 1531–1542.

Bard, P. (1934). On emotional expression after decortication with some remarks on certain theoretical views. *Psychological Review, 41*, 309–329.

Baron-Cohen, S. (2000). Theory of mind and autism: A fifteen year review. In S. Baron-Cohen, H. Tager-Flusberg, & D. J. Cohen (Eds.), *Understanding other minds: Perspectives from developmental cognitive neuroscience* (pp. 3–20). New York: Oxford University Press.

Barres, B. A. (2008). The mystery and magic of glia: A perspective on their roles in health and disease. *Neuron, 60*, 430–440.

Bartels, J. M. (2015). The Stanford prison experiment in introductory psychology textbooks: A content analysis. *Psychology Learning & Teaching, 14*, 36–50.

Bartlett, F. C. (1932). *Remembering: A study in experimental and social psychology*. Cambridge, UK: Cambridge University Press.

Bartlett, J. C., & Searcy, J. (1993). Inversion and configuration of faces. *Cognitive Psychology, 25*, 281–316.

Bartlett, T. (2014, June 6). The search for psychology's lost boy. *Chronicle of Higher Education, 60*, B6–B10.

Bates, S. C. (2004). Coverage: Findings from a national survey of introductory psychology syllabi. In D. V. Doty (Chair), *What to leave in and out of introductory psychology*. Symposium conducted at the 112th convention of the American Psychological Association, Honolulu, Hawaii.

Baumrind, D. (1964). Some thoughts on ethics of research: After reading Milgram's "Behavioral study of obedience." *American Psychologist, 19*, 421–423.

Baumrind, D. (1971). Current patterns of parental authority. *Developmental Psychology Monograph, 4*, 1–103.

Baumrind, D. (1991). The influence of parenting style on adolescent competence and substance abuse. *Journal of Early Adolescence, 11*, 56–95.

Baumrind, D. (1996). The discipline controversy revisited. *Family Relations, 45*, 405–414.

Baumrind, D. (2015). When subjects become objects: The lies behind the Milgram legend. *Theory & Psychology, 25,* 690–698.

Beck, A. T. (1976). *Cognitive therapy and the emotional disorders.* New York: International Universities Press.

Beck, J. S. (1995). *Cognitive therapy: Basics and beyond* (2nd ed.). New York: Guilford.

Beilken, K., Hancock, M. J., Maher, C. G., Li, Q., & Steffens, D. (2017). Acute low back pain? Do not blame the weather—A case-crossover study. *Pain Medicine, 18,* 1139–1144.

Békésy, G. von (1960). *Experiments in hearing.* New York: McGraw-Hill.

Bellisi, M., Pfister-Genskow, M., Maret, S., Keles, S., Tonino, G., & Cirelli, C. (2013). Effects of sleep and wake on oligodentrocytes and their precursors. *Journal of Neuroscience, 33,* 14288–14300.

Belmont, L., & Marolla, F. A. (1973). Birth order, family size and intelligence. *Science, 182,* 1096–1101.

Belsky, J., Vandell, D. L., Burchinal, M., Clarke-Stewart, K. A., McCartney, K., & Tresch Owen, M. (2007). Are there long-term effects of early child care? *Child Development, 78,* 681–701.

Bem, D. J. (1972). Self-perception theory. In L. Berkowitz (Ed.), *Advances in experimental social psychology* (Vol. 6, pp. 1–62). New York: Academic Press.

Benedetti, F. (2014). *Placebo effects* (2nd ed.). New York: Oxford University Press.

Ben-Porath, Y. S., & Butcher, J. N. (1989). The comparability of MMPI and MMPI-2 scales and profiles. *Psychological Assessment: A Journal of Consulting and Clinical Psychology, 1,* 345–347.

Berger, K. S. (2006). *The developing person through childhood* (4th ed.). New York: Worth.

Berger, K. S. (2016). *The developing person through childhood* (7th ed.). New York: Worth.

Berns, G. S., Chappelow, J., Zin, C. F., Pagnoni, G., Martin-Skurski, M. E., & Richards, J. (2005). Neurobiological correlates of social conformity and independence during mental rotation. *Biological Psychiatry, 58,* 245–253.

Bertenthal, B. I., Campos, J. J., & Barrett, K. C. (1984). Self-produced locomotion: An organizer of emotional, cognitive, and social development in infancy. In R. N. Emde & R. J. Harmon (Eds.), *Continuities and discontinuities in development* (pp. 175–210). New York: Plenum Press.

Besson, M., Faita, F., Peretz, L., Bonnel, A. M., & Requin, J. (1998). Singing in the brain: Independence of lyrics and tunes. *Psychological Science, 9,* 494–498.

Bigelow, H. J. (1850). Dr. Harlow's case of recovery from the passage of an iron bar through the head. *American Journal of the Medical Sciences, 20,* 13–22.

Birdsong, D., & Molis, M. (2001). On the evidence for maturational constraints in second-language acquisition. *Journal of Memory and Language, 44,* 235–249.

Blake, A. B., Nazarian, M., & Castel, A. D. (2015). The Apple of the mind's eye: Everyday attention, metamemory, and reconstructive memory for the Apple logo. *The Quarterly Journal of Experimental Psychology, 68,* 858–865.

Blakeslee, S. (2005, June 28). What other people say may change what you see. *The New York Times.* Retrieved from www.nytimes.com/2005/06/28/science/28brai.html

Blakeslee, S. & Blakeslee, M. (2008). *The body has a mind of its own.* New York: Random House.

Blank, H., Musch, J., & Pohl, R. F. (2007). Hindsight bias: On being wise after the event. *Social Cognition, 25,* 1–9.

Blaser, E., & Kaldy, Z. (2010). Infants get five stars on iconic memory tests: A partial report test of 6-month-old infants' iconic memory. *Psychological Science, 21,* 1643–1645.

Blass, T. (2004). *The man who shocked the world: The life and legacy of Stanley Milgram.* New York: Basic Books.

Blastland, M., & Dilnot, A. (2009). *The numbers game: The commonsense guide to understanding numbers in the news, in politics, and in life.* New York: Gotham Books.

Bogg, T., & Roberts, B. W. (2004). Conscientiousness and health-related behaviors: A meta-analysis of the leading behavioral contributors to mortality. *Psychological Bulletin, 130,* 887–919.

Boldrini, M., Underwood, M. D., Hen, R., Rosoklija, G. B., Dwork, A. J., Mann, J. J., & Arango, V. (2009). Antidepressants increase neural progenitor cells in the human hippocampus. *Neuropsychopharmacology, 34,* 2376–2389.

Bond, C. E., Jr., & Titus, L. J. (1983). Social facilitation: A meta-analysis of 24 studies. *Psychological Bulletin, 94,* 265–292.

Bond, R., & Smith, P. B. (1996). Culture and conformity: A meta-analysis of studies using Asch's (1952b, 1956) line judgment task. *Psychological Bulletin, 119,* 111–137.

Bouchard, T. J., Jr., Lykken, D. T., McGue, M., Segal, N. L., & Tellegen, A. (1990). Sources of human psychological differences: The Minnesota Study of Twins Reared Apart. *Science, 250,* 223–228.

Bouchard, T. J., Jr., & McGue, M. (1981). Familial studies of intelligence: A review. *Science, 212,* 1055–1059.

Bouchard, T. J., Jr., & McGue, M. (2003). Genetic and environmental influences on human psychological differences. *Journal of Neurobiology, 54,* 4–45.

Bouton, M. E. (1994). Context, ambiguity, and classical conditioning. *Current Directions in Psychological Science, 13,* 148–151.

Bower, J. M., & Parsons, L. M. (2007). Rethinking the "lesser brain." In F. E. Bloom (Ed.), *Best of the brain from Scientific American: Mind, matter, and tomorrow's brain* (pp. 90–101). New York: Dana Press.

Bowlby, J. (1969). *Attachment and loss: Vol. 1. Attachment.* New York: Basic Books.

Boynton, R. M. (1988). Color vision. *Annual Review of Psychology, 39,* 69–100.

Bradley, D. R., Dumais, S. T., & Petry, H. M. (1976). Reply to Cavonius. *Nature, 261,* 78.

Brang, D., & Ramachandran, V. S. (2011). Survival of the synesthesia gene: Why do people hear colors and taste words? *PLoS Biology 9*(11), e1001205. doi:10.1371/journal. pbio.1001205

Bregman, E. O. (1934). An attempt to modify the emotional attitudes of infants by the conditioned response technique. *Journal of Genetic Psychology, 45,* 169–198.

Breland, K., & Breland, M. (1961). The misbehavior of organisms. *American Psychologist, 16,* 681–684.

Bronfenbrenner, U. (1993). The ecology of cognitive development: Research models and fugitive findings. In R. H. Wozniak & K. W. Fischer (Eds.), *Development in context* (pp. 3–44). Hillsdale, NJ: Erlbaum.

Bronfenbrenner, U., & Mahoney, M. A. (1975). The structure and verification of hypotheses. In U. Bronfenbrenner & M. A. Mahoney (Eds.), *Influences on human development* (2nd ed., pp. 3–39). Hillsdale, IL: Dryden Press.

Brooks, R., & Meltzoff, A. N. (2008). Infant gaze following and pointing predict accelerated vocabulary growth through two years of age: A longitudinal, growth curve modeling study. *Journal of Child Language, 35,* 207–220.

Brown, A. S. (2006). Prenatal infection as a risk factor for schizophrenia. *Schizophrenia Bulletin, 32,* 200–202.

Brown, J. (1958). Some tests of the decay theory of immediate memory. *Quarterly Journal of Experimental Psychology, 10,* 12–21.

Brown, R., & McNeill, D. (1966). The "tip-of-the-tongue" phenomenon. *Journal of Verbal Learning and Verbal Behavior, 5,* 325–337.

Brynie, F. H. (2009). *Brain sense: The science of the senses and how we process the world around us.* New York: AMACOM.

Buchanan, R. W., & Carpenter, W. T. (1997). The neuroanatomies of schizophrenia. *Schizophrenia Bulletin, 23,* 367–372.

Buckley, K. W. (1989). *Mechanical man: John Broadus Watson and the beginning of behaviorism.* New York: Guilford.

Buhs, E., & Ladd, G. (2001). Peer rejection as an antecedent of young children's school adjustment: An examination of mediating processes. *Developmental Psychology, 37,* 550–560.

Buonomano, D. (2011). *Brain bugs: How the brain's flaws shape our lives.* New York: W. W. Norton.

Burger, J. M. (1986). Increasing compliance by improving the deal: The that's-not-all technique. *Journal of Personality and Social Psychology, 51,* 277–283.

Burger, J. M. (2007, December). Replicating Milgram. *APS Observer, 20,* 15–17.

Burger, J. M. (2009). Replicating Milgram: Would people still obey today? *American Psychologist, 64,* 1–11.

Burger, J. M., Girgis, Z. M., & Manning, C. C. (2011). In their own words: Explaining obedience to authority through an examination of participants' comments. *Social Psychological and Personality Science, 2,* 460–466.

Burt, R. K., Balabanov, R., Han, X., Sharrack, B., Morgan, A., Quigley, K., . . . Burman, J. (2015). Association of nonmyeloablative hematopoietic stem cell transplantation with neurological disability in patients with relapsing-remitting multiple sclerosis. *JAMA, 313,* 275–284.

Bushman, B. J., & Huesmann, L. R. (2001). Effects of televised violence on aggression. In D. Singer & J. Singer (Eds.), *Handbook of children and the media* (pp. 223–254). Thousand Oaks, CA: Sage.

Bushman, B. J., & Huesmann, L. R. (2010). Aggression. In S. T. Fiske, D. T. Gilbert, & G. Lindsey (Eds.), *Handbook of social psychology* (5th ed., pp. 833–863). New York: Wiley.

Buss, A. H. (2001). *Psychological dimensions of the self.* Thousand Oaks, CA: Sage.

Butcher, J. N., Dahlstrom, W. G., Graham, J. R., Tellegen, A., & Kaemmer, B. (1989). *Manual for the restandardized Minnesota Multiphasic Personality Inventory: MMPI-2.* Minneapolis, MN: University of Minnesota Press.

Calev, A., Gaudino, E. A., Squires, N. K., Zervas, I. M., & Fink, M. (1995). ECT and non-memory cognition: A review. *British Journal of Clinical Psychology, 34,* 505–515.

Callender, A. A., & McDaniel, M. A. (2009). The limited benefits of rereading educational texts. *Contemporary Educational Psychology, 34,* 30–41.

Campos, J. J., Anderson, D., Barbu-Roth, M., Hubbard, E., Hertenstein, M., & Witherington, D. (2000). Travel broadens the mind. *Infancy, 1,* 149–219.

Campos, J. J., Bertenthal, B. I., & Kermoian, R. (1992). Early experience and emotional development: The emergence of wariness of heights. *Psychological Science, 3,*

61–64.

Canli, T. (2006). *Biology of personality and individual differences.* New York: Guilford Press.

Cannon, T. D. (1997). On the nature and mechanisms of obstetric influence in schizophrenia: A review and synthesis of epidemiologic studies. *International Review of Psychiatry, 9,* 387–397.

Cannon, W. B. (1927). The James-Lange theory of emotions: A critical examination and an alternative theory. *American Journal of Psychology, 39,* 106–124.

Carlesimo, G. A., Marfia, G. A., Loasses, A., & Caltagirone, C. (1996). Recency effect in anterograde amnesia: Evidence for distinct memory stores underlying enhanced items in immediate and delayed recall paradigms. *Neuropsychologia, 34,* 177–184.

Carnahan, T., & McFarland, S. (2007). Revisiting the Stanford Prison Experiment: Could participants' self-selection have led to the cruelty? *Personality and Social Psychology Bulletin, 33,* 603–614.

Caspi, A., Roberts, B. W., & Shiner, R. L. (2005). Personality development: Stability and change. *Annual Review of Psychology, 56,* 453–484.

Cattell, R. B. (1950). *Personality: A systematic, theoretical, and factual study.* New York: McGraw-Hill.

Cattell, R. B. (1965). *The scientific analysis of personality.* Baltimore, MD: Penguin.

Cattell, R. B. (1987). *Intelligence: Its structure, growth and action.* Amsterdam: Elsevier.

Cepeda, N. J., Pashler, H., Vul, E., Wixted, J. T., & Rohrer, D. (2006). Distributed practice in verbal recall tasks: A review and quantitative synthesis. *Psychological Bulletin, 132,* 354–380.

Chapman, G. B., & Bornstein, B. H. (1996). The more you ask for, the more you get: Anchoring in personal injury verdicts. *Applied Cognitive Psychology, 10,* 519–540.

Chapman, L. J. (1967). Illusory correlation in observational report. *Journal of Verbal Learning and Verbal Behavior, 6,* 151–155.

Chapman, L. J., & Chapman, J. P. (1967). Genesis of popular but erroneous psychodiagnostic observations. *Journal of Abnormal Psychology, 72,* 193–204.

Chase, W. G., & Simon, H. A. (1973). Perception in chess. *Cognitive Psychology, 4,* 55–81.

Chi, R. P., & Snyder, A. W. (2011). Facilitate insight by non-invasive brain stimulation. *PLoS ONE 6*(2), e16655. doi:10.1371/journal.pone.0016655

Chi, R. P., & Snyder, A. W. (2012). Brain stimulation enables the solution of an inherently difficult problem. *Neuroscience Letters, 515,* 121–124.

Chomsky, N. (1965). *Aspects of the theory of syntax.*

Cambridge, MA: MIT Press.

Churchland, P. S., & Ramachandran, V. S. (1996). Filling in: Why Dennett is wrong. In K. Atkins (Ed.), *Perception* (pp. 132–157). Oxford, UK: Oxford University Press.

Cialdini, R. B. (1993). *Influence: Science and practice* (3rd ed.). New York: HarperCollins.

Cialdini, R. B., Cacioppo, J. T., Bassett, R., & Miller, J. A. (1978). Low-ball procedure for producing compliance: Commitment then cost. *Journal of Personality and Social Psychology, 36,* 463–476.

Cialdini, R. B., Vincent, J. E., Lewis, S. K., Catalan, J., Wheeler, D., & Danby, B. L. (1975). Reciprocal concession procedure for inducing compliance: The door-in-the-face technique. *Journal of Personality and Social Psychology, 31,* 206–215.

Cleary, A. M. (2008). Recognition memory, familiarity, and déjà vu experiences. *Current Directions in Psychological Science, 17,* 353–357.

Cohen, L. B., & Marks, K. S. (2002). How infants process addition and subtraction events. *Developmental Science, 5,* 186–201.

Cohen, N. J., & Eichenbaum, H. (1993). *Memory, amnesia, and the hippocampal system.* Cambridge, MA: MIT Press.

Corballis, M. C. (2007). The dual-brain myth. In S. Della Sala (Ed.), *Tall tales about the mind and brain: Separating fact from fiction* (pp. 291–314). New York: Oxford University Press.

Cordón, L. A. (2005). *Popular psychology: An encyclopedia.* Westport, CT: Greenwood Press.

Coren, S. (1993). *Sleep thieves: An eye-opening exploration into the science and mysteries of sleep.* New York: Free Press.

Coren, S., Ward, L. M., & Enns, J. T. (2004). *Sensation and perception* (6th ed.). New York: Wiley.

Corina, D. P. (1998). The processing of sign language: Evidence from aphasia. In B. Stemmer & H. A. Whittaker (Eds.), *Handbook of neurolinguistics* (pp. 313–329). San Diego, CA: Academic Press.

Corkin, S. (1968). Acquisition of a motor skill after bilateral medial temporal lobe excision. *Neuropsychologia, 6,* 255–265.

Corkin, S. (1984). Lasting consequences of bilateral and medial temporal lobectomy: Clinical course and experimental findings in H. M. *Seminars in Neurology, 4,* 249–259.

Corkin, S. (2002). What's new with the amnesic patient H. M.? *Nature Reviews Neuroscience, 3,* 153–160.

Corkin, S. (2013). *Permanent present tense: The unforgettable life of the amnesic patient, H. M.* New York: Basic Books.

Corkin, S., Amaral, D., Gonzalez, A., Johnson, K., & Hyman, B. (1997). H. M.'s medial temporal lobe lesion: Findings from magnetic resonance imaging. *Journal of Neuroscience, 17*, 3964–3979.

Costa, P. T., Jr., & McCrae, R. R. (1985). *The NEO Personality Inventory manual*. Odessa, FL: Psychological Assessment Resources.

Costa, P. T., Jr., & McCrae, R. R. (1988). Personality in adulthood: A six-year longitudinal study of self-reports and spouse ratings on the NEO Personality Inventory. *Journal of Personality and Social Psychology, 54*, 853–863.

Costa, P. T., Jr., & McCrae, R. R. (1992). *Revised NEO Personality Inventory (NEO PI) and NEO Five Factor Inventory (NEO FFI) professional manual*. Odessa, FL: Psychological Assessment Resources.

Costa, P. T., Jr., & McCrae, R. R. (1993). Bullish on personality psychology. *The Psychologist, 6*, 302–303.

Costa, P. T., Jr., & McCrae, R. R. (2008). The NEO inventories. In R. P. Archer & S. R. Smith (Eds.), *Personality assessment* (pp. 213–246). New York: Routledge.

Cowey, A. (2010). The blindsight saga. *Experimental Brain Research, 200*, 3–24.

Craik, F. I. M., & Lockhart, R. S. (1972). Levels of processing: A framework for memory research. *Journal of Verbal Learning and Verbal Behavior, 11*, 671–684.

Craik, F. I. M., & Tulving, E. (1975). Depth of processing and the retention of words in episodic memory. *Journal of Experimental Psychology: General, 104*, 268–294.

Crow, T. J. (1985). The two-syndrome concept: Origins and current status. *Schizophrenia Bulletin, 11*, 471–485.

Damasio, A. R., Grabowski, T. J., Bechara, A., Damasio, H., Ponto, L., Parvizi, J., & Hichma, R. D. (2000). Subcortical and cortical brain activity during the feeling of self-generated emotions. *Nature Neuroscience, 3*, 1049–1056.

Dapretto, M., Davies, M. S., Pfeifer, J. H., Scott, A. A., Sigman, M., Bookheimer, S. Y., & Iacoboni, M. (2006). Understanding emotions in others: Mirror neuron dysfunction in children with autism spectrum disorders. *Nature Neuroscience, 9*, 28–30.

Darley, J. M., & Latané, B. (1968). Bystander intervention in emergencies: Diffusion of responsibility. *Journal of Personality and Social Psychology, 8*, 377–383.

Darwin, C. J., Turvey, M. T., & Crowder, R. G. (1972). An auditory analogue of the Sperling partial-report procedure. *Cognitive Psychology, 3*, 255–267.

Dasen, P. R. (1994). Culture and cognitive development from a Piagetian perspective. In W. J. Lonner & R. S. Malpass (Eds.), *Psychology and culture* (pp. 145–149). Needham Heights, MA: Allyn & Bacon.

Davey, G. C. L. (1995). Classical conditioning and the acquisition of human fears and phobias: A review and synthesis of the literature. *Advances in Behavior Research and Therapy, 14*, 29–66.

Davis, K. L., Kahn, R. S., Ko, G., & Davidson, M. (1991). Dopamine in schizophrenia: A review and reconceptualization. *American Journal of Psychiatry, 148*, 1474–1486.

Dawes, R. M. (1994). *House of cards: Psychology and psychotherapy built on myth*. New York: Free Press.

Dawson, E., Gilovich, T., & Regan, D. T. (2002). Motivated reasoning and performance on the Wason selection task. *Personality and Social Psychology Bulletin, 28*, 1379–1387.

Dazzan, P., Morgan, K. D., Orr, K., Hutchinson, G., Chitnis, X., Suckling, J., . . . Murray, R. M. (2005). Different effects of typical and atypical antipsychotics on grey matter in first episode psychosis: The Aesop study. *Neuropsychopharmacology, 30*, 765–774.

DeCasper, A. J., & Fifer, W. P. (1980). Of human bonding: Newborns prefer their mothers' voices. *Science, 208*, 1174–1176.

DeCasper, A. J., & Spence, M. J. (1986). Prenatal maternal speech influences newborns' perception of speech sounds. *Infant Behavior and Development, 9*, 133–150.

Deci, E. L., Koestner, R., & Ryan, R. M. (1999). A meta-analytic review of experiments examining the effect of extrinsic rewards on intrinsic motivation. *Psychological Bulletin, 125*, 637–668.

DeLeon, A., Patel, N. C., & Crismon, M. L. (2004). Aripiprazole: A comprehensive review of its pharmacology, clinical efficacy, and tolerability. *Clinical Therapeutics, 26*, 649–666.

Delis, D. C., Robertson, L. C., & Efron, R. (1986). Hemispheric specialization of memory for visual hierarchical stimuli. *Neuropsychologica, 24*, 205–214.

DeLisi, L. E. (1997). The genetics of schizophrenia. *Schizophrenia Research, 28*, 163–175.

Dement, W. C. (1999). *The promise of sleep*. New York: Delacorte Press.

DeRubeis, R. J., Hollon, S., Amsterdam, J., Shelton, R., Young, P., Salomon, R., . . . Gallop, R. (2005). Cognitive therapy vs medications in the treatment of moderate to severe depression. *Archives of General Psychiatry, 62*, 409–416.

DeValois, R. L., & DeValois, K. K. (1975). Neural coding of color. In E. C. Carterette & M. P. Friedman (Eds.), *Handbook of perception* (Vol. 5, pp. 117–166). New York: Academic Press.

DeYoung, C. G., Hirsh, J. B., Shane, M. S., Papadermetris, X., Rajeevan, N., & Gray, J. R. (2010). Testing predictions from personality neuroscience:

Brain structure and the Big Five. *Psychological Science, 2,* 820–828.

Dhindsa, R. S., & Goldstein, D. B. (2016, January 27). Schizophrenia: From genetics to physiology at last. *Nature, 530,* 162–163.

Diamond, M. C., Scheibel, A. B., Murphy, G. M., & Harvey, T. (1985). On the brain of a scientist: Albert Einstein. *Experimental Neurology, 88,* 198–204.

Digman, J. M. (1990). Personality structure: Emergence of the five-factor model. *Annual Review of Psychology, 41,* 417–440.

Dinberg, U., & Thunberg, M. (1998). Rapid facial reactions to emotional facial expressions. *Psychological Science, 11,* 86–89.

Dirix, C. E. H., Nijhuis, J. G., Jongsma, H. W., & Hornstra, G. (2009). Aspects of fetal learning and memory. *Child Development, 80,* 1251–1258.

Dolgin, E. (2015). The myopia boom. *Nature, 519,* 276–278.

Domhoff, G. W. (1996). *Finding meaning in dreams: A quantitative approach.* New York: Plenum.

Domhoff, G. W. (2003). *The scientific study of dreams: Neural networks, cognitive development, and content analysis.* Washington, DC: American Psychological Association.

Domhoff, G. W. (2011). The neural substrate for dreaming: Is it a subsystem of the default network? *Consciousness and Cognition, 20,* 1163–1174.

Dowling, J. E. (1998). *Creating mind: How the brain works.* New York: Norton.

Druckman, D., & Swets, J. A. (1988). *Enhancing human performance: Issues, theories, and techniques.* Washington, DC: National Academy Press.

DuBosar, R. (2009, November). Psychotropic drug prescriptions by medical specialty. *ACP Internist.* Retrieved from www.acpinternist.org/archives/2009/11/national-trends.htm

DuJardin, J., Guerrien, A., & LeConte, P. (1990). Sleep, brain activation, and cognition. *Physiology and Behavior, 47,* 1271–1278.

Duncker, K. (1945). On problem solving. *Psychological Monographs, 58* (270) Whole issue.

Dyk, P. H., & Adams, G. R. (1990). Identity and intimacy: An initial investigation of three theoretical models using cross-lag panel correlations. *Journal of Youth and Adolescence, 19,* 91–100.

Dynarski, S. (2017, November 22). Laptops are great. But not during a lecture or a meeting. *New York Times, p.* BU4.

Eagleman, D. (2011). *Incognito: The secret lives of the brain.* New York: Pantheon Books.

Eagly, A. H., & Carli, L. L. (1981). Sex of researchers and sex-typed communication as determinants of sex differences in influenceability: A meta-analysis of social influence studies. *Psychological Bulletin, 90,* 1–20.

Ebbinghaus, H. (1964). *Memory: A contribution to experimental psychology* (H. A. Ruger & C. E. Bussenius, Trans.). New York: Dover. (Original work published 1885)

Egan, L. C., Santos, L. R., & Bloom, P. (2007). The origins of cognitive dissonance: Evidence from children and monkeys. *Psychological Science, 18,* 978–983.

Eggers, A. E. (2014). Treatment of depression with deep brain stimulation works by altering in specific ways the conscious perception of the core symptoms of sadness or anhedonia, not by modulating network circuitry. *Medical Hypotheses, 83,* 62–64.

Eich, E. (1995). Searching for mood dependent memory. *Psychological Science, 6,* 67–75.

Eisenberger, R., & Cameron, J. (1996). Detrimental effects of rewards: Reality or myth? *American Psychologist, 51,* 1153–1166.

Ekstrom, A. D., Kahana, M. J., Caplan, J. B., Fields, T. A., Isham, E. A., Newman, E. L., & Fried, I. (2003). Cellular networks underlying human spatial navigation. *Nature, 425,* 184–188.

El-Hai, J. (2001, February). The lobotomist. *Washington Post Magazine, 124*(55), 16–20, 30–31.

El-Hai, J. (2005). *The lobotomist: A maverick medical genius and his tragic quest to rid the world of mental illness.* Hoboken, NJ: Wiley.

Ellis, A. (1962). *Reason and emotion in psychotherapy.* New York: Lyle Stuart.

Ellis, A. (1993). Reflections on rational-emotive therapy. *Journal of Counseling and Clinical Psychology, 61,* 199–201.

Ellis, A. (1995). Rational emotive behavior therapy. In R. J. Corsini & D. Wedding (Eds.), *Current psychotherapies* (5th ed., pp. 162–196). Itasca, IL: Peacock.

Elman, J. L., Bates, E. A., Johnson, M., Karmiloff-Smith, A., Paisi, D., & Plunkett, K. (1996). *Rethinking innateness: A connectionist perspective on development.* Cambridge, MA: MIT Press.

Engel, S. A. (1999). Using neuroimaging to measure mental representations: Finding color-opponent neurons in visual cortex. *Current Directions in Psychological Science, 8,* 23–27.

Engle, R. W. (2002). Working memory capacity as executive attention. *Current Directions in Psychological Science, 11,* 19–23.

Epstein, S. (1979). The stability of behavior. I. On predicting most of the people much of the time. *Journal of*

Personality and Social Psychology, 37, 1097–1126.

Erel, O., Oberman, Y., & Yirmiya, N. (2000). Maternal versus nonmaternal care and seven domains of children's development. *Psychological Bulletin, 126,* 727–747.

Eriksen, C. W., & Collins, J. F. (1967). Some temporal characteristics of visual pattern recognition. *Journal of Experimental Psychology, 74,* 476–484.

Erikson, E. H. (1950). *Childhood and society.* New York: Norton.

Erikson, E. H. (1963). *Childhood and society* (2nd ed.). New York: Norton.

Erikson, E. H. (1968). *Identity: Youth and crisis.* New York: Norton.

Erikson, E. H. (1980). *Identity and the life cycle.* New York: Norton.

Eriksson, P. S., Perfilieva, E., Björk-Eriksson, T., Alborn, A., Nordborg, C., Peterson, D. A., & Gage, F. H. (1998). Neurogenesis in the adult human hippocampus. *Nature Medicine, 4,* 1313–1317.

Esser, J. K., & Lindoerfer, J. S. (1989). Groupthink and the space shuttle *Challenger* accident: Toward a quantitative case analysis. *Journal of Behavioral Decision Making, 2,* 167–177.

Etscorn, E., & Stephens, R. (1973). Establishment of conditioned taste aversions with a 24-hour CS-US interval. *Physiological Psychology, 1,* 251–253.

Evans, J. St B. T. (2008). Dual-processing accounts of reasoning, judgment, and social cognition. *Annual Review of Psychology, 59,* 255–278.

Evans, J. St B. T. (2010). *Thinking twice: Two minds in one brain.* New York: Oxford University Press.

Eveleth, R. (2013, February 20). What kind of dog was Pavlov's dog? Retrieved from https://www.smithsonianmag.com/smart-news/what-kind-of-dog-was-pavlovs-dog-22159544/

Eysenck, H. J. (1982). *Personality, genetics, and behavior.* New York: Praeger.

Eysenck, H. J. (1990). Biological dimensions of personality. In L. A. Pervin (Ed.), *Handbook of personality: Theory and research* (pp. 244–276). New York: Guilford Press.

Eysenck, H. J. (1997). Personality and experimental psychology: The unification of psychology and the possibility of a paradigm. *Journal of Personality and Social Psychology, 73,* 1224–1237.

Eysenck, H. J., & Eysenck, M. W. (1985). *Personality and individual differences.* New York: Plenum.

Falk, D., Lepore, F. E., & Noe, A. (2013). The cerebral cortex of Albert Einstein: A description and preliminary analysis of unpublished photographs. *Brain, 136,* 1304–1327. doi:10.1093/brain/aws295

Fancher, R. E. (1985). *The intelligence men: Makers of the IQ controversy.* New York: Norton.

Fantz, R. L. (1961, May). The origin of form perception. *Scientific American, 204,* 66–72.

Fantz, R. L. (1963). Pattern vision in newborn infants. *Science, 140,* 296–297.

Ferguson, C. J., & Kilburn, J. (2009). The public health risks of media violence: A meta-analytic review. *Journal of Pediatrics, 154,* 759–763.

Ferguson, C. J., & Kilburn, J. (2010). Much ado about nothing: The misestimation and overinterpretation of violent video game effects in Eastern and Western nations: Comment on Anderson et al. (2010). *Psychological Bulletin, 136,* 174–178.

Fernald, A. (1993). Approval and disapproval: Infant responsiveness to vocal affect in familiar and unfamiliar languages. *Child Development, 64,* 657–674.

Ferreira, M. L., Zhang, Y., Metcalf, B., Makovey, J., Bennell, K. L., & March, L. (2016). The influence of weather on the risk of pain exacerbation in patients with knee osteoarthritis—a case-crossover study. *Osteoarthritis and Cartilage, 24,* 2042–2047.

Festinger, L. (1957). *A theory of cognitive dissonance.* Stanford, CA: Stanford University Press.

Festinger, L., & Carlsmith, J. M. (1959). Cognitive consequences of forced compliance. *Journal of Abnormal and Social Psychology, 38,* 203–210.

Field, T. M., Cohen, D., Garcia, R., & Greenberg, R. (1984). Mother-stranger face discrimination by the newborn. *Infant Behavior and Development, 7,* 19–25.

Fields, R. D. (2009). *The other brain: From dementia to schizophrenia, how new discoveries about the brain are revolutionizing medicine and science.* New York: Simon & Schuster.

Fields, R. D. (2011, May/June). The hidden brain. *Scientific American MIND, 22,* 52–59.

Fineman, M. (1996). *The nature of visual illusion.* Mineola, NY: Dover Publications.

Fink, G. R., Halligan, P. W., Marshall, J. C., Frith, C. D., Frackowiak, R. S. J., & Dolan, R. J. (1996). Where in the brain does visual attention select the forest and the trees? *Nature, 382,* 626–628.

Finkelstein, A., Derdikman, D., Rubin, A., Foerster, J. N., Las, L., & Ulanovsky, N. (2014). Three-dimensional head-direction coding in the bat brain. *Nature, 517,* 159–164.

Fischer, P., Krueger, J. I., Greitemeyer, T., Vogrincic, C., Kasternmüller, A., Frey, D., . . . Kainbacher, M. (2011). The bystander effect: A meta-analytic review on bystander intervention in dangerous and non-dangerous emergencies. *Psychological Bulletin, 137,* 517–537.

Fleischman, J. (2002). *Phineas Gage: A gruesome but true story about brain science.* Boston: Houghton Mifflin.

Flynn, J. R. (1987). Massive IQ gains in 14 nations: What IQ tests really measure. *Psychological Bulletin, 101,* 171–191.

Flynn, J. R. (1999). Searching for justice: The discovery of IQ gains over time. *American Psychologist, 54,* 5–20.

Flynn, J. R. (2007). *What is intelligence? Beyond the Flynn effect.* New York: Cambridge University Press.

Flynn, J. R. (2012). *Are we getting smarter? Rising IQ in the twenty-first century.* New York: Cambridge University Press.

Foer, J. (2011). *Moonwalking with Einstein: The art and science of remembering everything.* New York: Penguin Press.

Folsom, D. P., Fleisher, A. S., & Depp, C. A. (2006). Schizophrenia. In D. V. Jeste & J. H. Friedman (Eds.), *Psychiatry for neurologists* (pp. 59–66). Totowa, NJ: Humana Press.

Fossey, D. (1983). *Gorillas in the mist.* Boston: Houghton Mifflin.

Fournier, J. C., DeRubeis, R. J., Hollon, S. D., Dimidjian, S., Amsterdam, J. D., Shelton, R. C., & Fawcett, J. (2010). Antidepressant drug effects and depression severity: A patient-level meta-analysis. *JAMA, 303,* 47–53.

Fowles, D. C. (1992). Schizophrenia: Diathesis-stress revisited. *Annual Review of Psychology, 43,* 303–336.

Frances, A. (2013). *Saving normal: An insider's revolt against out-of-control psychiatric diagnosis, DSM-5, big pharma, and the medicalization of ordinary life.* New York: HarperCollins.

Freedman, J. L., & Fraser, S. C. (1966). Compliance without pressure: The foot-in-the-door technique. *Journal of Personality and Social Psychology, 4,* 195–202.

Freedman, R., Lewis, D. A., Michels, R., Pine, D. S., Schultz, S. K., Tamminga, C. A., . . . Yager, J. (2013). The initial field trials of DSM-5: New blooms and old thorns. *American Journal of Psychiatry, 170,* 1–5.

Freeman, D., Haselton, P., Freeman, J., Spanland, B., Kishore, S., Albery, E., . . . Nickless, A. (2018). Automated psychological therapy using immersive virtual reality for treatment of fear of heights: A single-blind, parallel group, randomised controlled trial. *Lancet Psychiatry, 5,* 625–632.

Frenda, S. J., Nichols, R. M., & Loftus, E. F. (2011). Current issues and advances in misinformation research. *Current Directions in Psychological Science, 20,* 20–23.

Freud, A. (1936). *The ego and the mechanisms of defense* (C. Baines, Trans.). New York: International Universities Press.

Freud, S. (1953a). The interpretation of dreams. In J. Strachey (Ed. & Trans.), *The standard edition of the complete psychological works of Sigmund Freud* (Vols. 4 & 5). London: Hogarth. (Original work published 1900)

Freud, S. (1953b). Three essays on sexuality. In J. Strachey (Ed. & Trans.), *The standard edition of the complete psychological works of Sigmund Freud* (Vol. 7). London: Hogarth. (Original work published 1905)

Freud, S. (1960). Psychopathology of everyday life. In J. Strachey (Ed. & Trans.), *The standard edition of the complete psychological works of Sigmund Freud* (Vol. 6). London: Hogarth. (Original work published 1901)

Freud, S. (1963). Introductory lectures on psychoanalysis. In J. Strachey (Ed. & Trans.), *The standard edition of the complete psychological works of Sigmund Freud* (Vols. 15 & 16). London: Hogarth. (Original work published 1916 & 1917)

Freud, S. (1964). New introductory lectures on psycho-analysis. In J. Strachey (Ed. & Trans.), *The standard edition of the complete psychological works of Sigmund Freud* (Vol. 22). London: Hogarth. (Original work published 1933)

Friend, R., Rafferty, Y., & Bramel, D. (1990). A puzzling misinterpretation of the Asch "conformity" study. *European Journal of Social Psychology, 20,* 29–44.

Frith, U. (2003). *Autism: Explaining the enigma* (2nd ed.). New York: Wiley-Blackwell.

Fromkin, V., Krasjen, S., Curtiss, S., Rigler, D., & Rigler, M. (1974). The development of language in Genie: A case of language acquisition beyond the "critical period." *Brain & Language, 1,* 81–107.

Funder, D. C. (2001). Personality. *Annual Review of Psychology, 52,* 197–221.

Furman, W., & Biermam, K. L. (1984). Children's conceptions of friendship: A multi-method study of developmental changes. *Developmental Psychology, 20,* 925–931.

Fyhn, M., Molden, S., Witter, M. P., Moser, E. I., & Moser, M. B. (2004) Spatial representation in the entorhinal cortex. *Science, 305,* 1258–1264.

Gabrieli, J. D. E., Corkin, S., Mickel, S. F., & Growdon, J. H. (1993). Intact acquisition and long-term retention of mirror-tracing skill in Alzheimer's disease and in global amnesia. *Behavioral Neuroscience, 107,* 899–910.

Gage, F. H. (2003, September). Brain, repair yourself. *Scientific American, 289,* 46–53.

Galak, J., LeBoeuf, R. A., Nelson, L. D., & Simmons, J. P. (2012). Correcting the past: Failures to replicate psi. *Journal of Personality and Social Psychology, 103,* 933–948.

Galanter, E. (1962). Contemporary psychophysics. In R. Brown, E. Galanter, E. H. Hess, & G. Mandler (Eds.), *New directions in psychology* (Vol. 1, pp. 87–156). New York: Holt, Rinehart, & Winston.

Gamwell, L., & Tomes, N. (1995). *Madness in America: Cultural and medicinal perceptions of mental illness before 1914.* Ithaca, NY: Cornell University Press.

Gansberg, M. (1964, March 27). 37 who saw murder didn't call the police: Apathy at stabbing of Queens woman shocks inspector. *The New York Times,* p. 1.

Garb, H. N. (1999). Call for a moratorium on the use of the Rorschach inkblot test in clinical and forensic settings. *Assessment, 6,* 313–315.

Garb, H. N., Florio, C. M., & Grove, W. M. (1998). The validity of the Rorschach and the Minnesota Multiphasic Personality Inventory: Results from meta-analyses. *Psychological Science, 9,* 402–404.

Garcia, J. (2003). Psychology is not an enclave. In R. J. Sternberg (Ed.), *Defying the crowd: Stories of those who battled the establishment and won* (pp. 67–77). Washington, DC: American Psychological Association.

Garcia, J., Kimeldorf, D. J., Hunt, E. L., & Davies, B. P. (1956). Food and water consumption of rats during exposure to gamma radiation. *Radiation Research, 4,* 33–41.

Garcia, J., & Koelling, R. A. (1966). Relation of cue to consequence in avoidance learning. *Psychonomic Science, 4,* 123–124.

Gardner, H. (1983). *Frames of mind: The theory of multiple intelligences.* New York: Basic Books.

Gardner, H. (1993). *Multiple intelligences: The theory in practice.* New York: Basic Books.

Gardner, H. (1999). *Intelligence reframed.* New York: Basic Books.

Gardner, H., Kornhaber, M. L., & Wake, W. K. (1996). *Intelligence: Multiple perspectives.* Fort Worth, TX: Harcourt.

Garfield, B. (1994). CAA casts perfect spell in latest Coca-Cola ads. *Advertising Age,* February 14.

Garry, M., Manning, C. G., Loftus, E. F., & Sherman, S. J. (1996). Imagination inflation: Imagining a childhood event inflates confidence that it occurred. *Psychonomic Bulletin & Review, 3,* 208–214.

Gazzaniga, M. S. (1992). *Nature's mind.* New York: Basic Books.

Gazzaniga, M. S. (2005). Forty-five years of split-brain research and still going strong. *Nature Reviews Neuroscience, 6,* 653–659.

Gazzaniga, M. S. (2008). *Human: The science behind what makes us unique.* New York: HarperCollins.

Gazzaniga, M. S. (2015). *Tales from both sides of the brain: A life in neuroscience.* New York: HarperCollins.

Gazzaniga, M. S., Bogen, J. E., & Sperry, R. W. (1962). Some functional effects of sectioning the cerebral commissures in man. *PNAS, 48,* 1765–1769.

Gazzaniga, M. S., Fendrich, R., & Wesainger, C. M. (1994). Blindsight reconsidered. *Current Directions in Psychological Science, 3,* 93–95.

Geen, R. G. (1997). Psychophysiological approaches to personality. In R. Hogan, J. Johnson, & S. Briggs (Eds.), *Handbook of personality psychology* (pp. 387–414). San Diego, CA: Academic Press.

Gegenfurtner, K. R., & Kiper, D. C. (2003). Color vision. *Annual Review of Neuroscience, 26,* 181–206.

Gescheider, G. A. (1976). *Psychophysics: Method and theory.* Hillsdale, NJ: Erlbaum.

Ghim, H. (1990). Evidence for perceptual organization in infants: Perception of subjective contours by young infants. *Infant Behavior and Development, 13,* 221–248.

Gibson, E. J., & Walk, R. D. (1960, April). The "visual cliff." *Scientific American, 202,* 80–92.

Gibson, S. (2013). Milgram's obedience experiments: A rhetorical analysis. *British Journal of Social Psychology, 52,* 290–309.

Gigerenzer, G. (2002). *Calculated risks: How to know when numbers deceive you.* New York: Simon & Schuster.

Gigerenzer, G. (2004). Dread risk, September 11, and fatal traffic accidents. *Psychological Science, 15,* 286–287.

Gigerenzer, G. (2006). Out of the frying pan into the fire: Behavioral reactions to terrorist attacks. *Risk Analysis, 26,* 347–351.

Gilbert, S. J. (1981). Another look at the Milgram obedience studies: The role of the gradated series of shocks. *Personality and Social Psychology Bulletin, 7,* 690–695.

Gilchrist, A. (2015). Perception and the social psychology of "The Dress." *Perception, 44,* 229–231. doi:10.1068/p4403ed

Gilhooly, K. J. (1996). *Thinking: Directed, undirected and creative* (3rd ed.). London: Academic Press.

Glanzer, M., & Cunitz, A. R. (1966). Two storage mechanisms in free recall. *Journal of Verbal Learning and Verbal Behavior, 5,* 351–360.

Glass, A. L., & Kang, M. (2019). Dividing attention in the classroom reduces exam performance. *Educational Psychology, 39,* 395–408.

Glass, R. M. (2001). Electroconvulsive therapy: Time to bring it out of the shadows. *JAMA, 285,* 1346–1348.

Gluck, M. A., Mercado, E., & Myers, C. E. (2011). *Learning and memory: From brain to behavior* (2nd ed.). New York: Worth.

Glucksberg, S., & Cowen, G. N., Jr. (1970). Memory for nonattended auditory material. *Cognitive Psychology, 1,* 149–156.

Godden, D. R., & Baddeley, A. D. (1975). Context-dependent memory in two natural environments: On land and underwater. *British Journal of Psychology, 66,* 325–331.

Goel, V., & Grafman, J. (1995). Are the frontal lobes implicated in "planning" functions? Interpreting data from the Tower of Hanoi. *Neuropsychologica, 33,* 623–642.

Goff, D. C., & Coyle, J. T. (2001). The emerging role of glutamate in the pathophysiology and treatment of schizophrenia. *American Journal of Psychiatry, 158,* 1367–1377.

Goff, L. M., & Roediger, H. L., III. (1998). Imagination inflation for action events: Repeated imaginings lead to illusory recollections. *Memory & Cognition, 26,* 20–33.

Goldberg, L. R. (1990). An alternative "description of personality": The big-five factor structure. *Journal of Social and Personality Psychology, 59,* 1216–1229.

Golinkoff, R. M., & Hirsch-Pasek, K. (2006). Baby wordsmith: From associationist to social sophisticate. *Current Directions in Psychological Science, 15,* 30–33.

Gonsalves, B., Reber, P. J., Gitelman, D. R., Parrish, T. B., Mesulam, M.-M., & Paller, K. A. (2004). Neural evidence that vivid imagining can lead to false remembering. *Psychological Science, 15,* 655–659.

Goodall, J. (1986). *The chimpanzees of Gombe: Patterns of behavior.* Boston: Belknap Press of Harvard University Press.

Goodman, J. A., Krahn, L. E., Smith, G. E., Rummans, T. A., & Pileggi, T. S. (1999, October). Patient satisfaction with electroconvulsive therapy. *Mayo Clinic Proceedings, 74,* 967–971.

Gottesman, I. I. (1991). *Schizophrenia genesis.* New York: W. H. Freeman.

Gottfredson, L. S. (1997). Mainstream science on intelligence: An editorial with 52 signatories, history, and bibliography. *Intelligence, 24,* 13–23.

Gottfredson, L. S. (2002a). Where and why g matters: Not a mystery. *Human Performance, 15,* 25–46.

Gottfredson, L. S. (2002b). g: Highly general and highly practiced. In R. J. Sternberg & E. L. Grigorenko (Eds.), *The general factor of intelligence: How general is it?* (pp. 331–380). Mahwah, NJ: Erlbaum.

Gottfredson, L. S. (2009). Logical fallacies used to dismiss evidence on intelligence testing. In R. Phelps (Ed.), *Correcting fallacies about educational and psychological testing* (pp. 11–65). Washington, DC: American Psychological Association.

Gould, S. J. (1985, June). The median isn't the message.

Discover, 6, 40–42.

Graf, P., Squire, L. R., & Mandler, G. (1984). The information that amnesic patients do not forget. *Journal of Experimental Psychology: Learning, Memory, and Cognition, 10,* 164–178.

Graziano, W. G., Habashi, M. M., Sheese, B. E., & Tobin, R. M. (2007). Agreeableness, empathy, and helping: A person x situation perspective. *Journal of Personality and Social Psychology, 93,* 583–599.

Green, D. M., & Swets, J. A. (1966). *Signal detection theory and psychophysics.* New York: Wiley.

Green, J. T., & Woodruff-Pak, D. S. (2000). Eyeblink classical conditioning: Hippocampal formation is for neutral stimulus associations as cerebellum is for association-response. *Psychological Bulletin, 126,* 138–158.

Greenberg, G. (2013). *The book of woe and the unmaking of psychiatry.* New York: Penguin.

Greenberg, J., Schmader, T., Arndt, J., & Landau, M. (2018). *Social psychology: The science of everyday life* (2nd ed.). New York: Worth.

Greenough, W. T., Black, J. E., & Wallace, C. S. (1987). Experience and brain development. *Child Development, 58,* 539–559.

Greenwald, A. G., Draine, S. C., & Abrams, R. L. (1996). Three cognitive markers of unconscious semantic activation. *Science, 273,* 1699–1702.

Greenwald, A. G., Klinger, M. R., & Schuh, E. S. (1995). Activation by marginally perceptible ("subliminal") stimuli: Dissociation of unconscious from conscious cognition. *Journal of Experimental Psychology: General, 124,* 22–42.

Greenwald, A. G., Spangenberg, E. R., Pratkanis, A. R., & Eskenazi, J. (1991). Double-blind tests of subliminal self-help audiotapes. *Psychological Science, 2,* 119–122.

Gregory, R. L. (1968, November). Visual illusions. *Scientific American, 219,* 66–76.

Gregory, R. L. (1970). *The intelligent eye.* New York: McGraw-Hill.

Gregory, R. L. (2009). *Seeing through illusions.* New York: Oxford University Press.

Greuter, T. (2007, August/September). Forgetting faces. *Scientific American MIND, 18,* 68–73.

Griggs, R. A. (2003). Helping students gain insight into mental set. *Teaching of Psychology, 30,* 143–145.

Griggs, R. A. (2014). Coverage of the Stanford prison experiment in introductory psychology textbooks. *Teaching of Psychology, 41,* 195–203.

Griggs, R. A. (2015). Psychology's lost boy: Will the real Little Albert please stand up? *Teaching of Psychology, 42,* 14–18.

Griggs, R. A., & Cox, J. R. (1982). The elusive thematic materials effect in Wason's selection task. *British Journal of Psychology, 73,* 407–420.

Grimes, T., Anderson, J. A., & Bergen, L. (2008). *Media violence and aggression: Science and ideology.* Thousand Oaks, CA: Sage.

Grossman, R. P., & Till, B. D. (1998). The persistence of classically conditioned brand attitudes. *Journal of Advertising, 27,* 23–31.

Gruneberg, M. M., & Herrmann, D. J. (1997). *Your memory for life.* London: Blanford.

Grunhaus, L., Schreiber, S., Dolberg, O. T., Polak, D., & Dannon, P. N. (2003). A randomized controlled comparison of electroconvulsive therapy and repetitive transcranial magnetic stimulation in severe and resistant nonpsychotic major depression. *Biological Psychiatry, 53,* 324–331.

Guerra, N. G., Huesmann, L. R., & Spindler, A. (2003). Community violence exposure, social cognition, and aggression among urban elementary school children. *Child Development, 74,* 1561–1576.

Gurung, R. A. R., Hackathorn, J., Enns, C., Frantz, S., Cacioppo, J. T., & Freeman, J. E. (2016). Strengthening introductory psychology: A new model for teaching the introductory course. *American Psychologist, 71,* 112–124.

Hadjikhani, N., & de Gelder, B. (2002). Neural basis of prosopagnosia: An fMRI study. *Human Brain Mapping, 16,* 176–182.

Hafting, T., Fyhn, M., Molden, S., Moser, M. B., & Moser, E. I. (2005). Microstructure of spatial map in the entorhinal cortex. *Nature, 436,* 801–806.

Hagemann, D., Hewig, J., Walker, C., Schankin, A., Danner, D., & Naumann, E. (2009). Positive evidence for Eysenck's arousal hypothesis: A combined EEG and MRI study with multiple measurement occasions. *Personality and Individual Differences, 47,* 717–721.

Hallinan, J. T. (2009). *Why we make mistakes: How we look without seeing, forget things in seconds, and are all pretty sure we are above average.* New York: Broadway Books.

Haney, C., Banks, C., & Zimbardo, P. (1973a). A study of prisoners and guards in a simulated prison. *Naval Research Reviews, 9,* 1–17. Washington, DC: Office of Naval Research. [Reprinted in E. Aronson (Ed.), *Readings about the social animal* (3rd ed., pp. 52–67). San Francisco: W. H. Freeman.]

Haney, C., Banks, C., & Zimbardo, P. (1973b). Interpersonal dynamics in a simulated prison. *International Journal of Criminology and Penology, 1,* 69–97.

Harkins, S. G., & Jackson, J. M. (1985). The role of evaluation in eliminating social loafing. *Personality and*

Social Psychology Bulletin, 11, 457–465.

Harlow, H. F. (1959, June). Love in infant monkeys. *Scientific American, 200,* 68–74.

Harlow, H. F., & Harlow, M. K. (1962, November). Social deprivation in monkeys. *Scientific American, 207,* 136–146.

Harlow, H. F., & Zimmerman, R. R. (1959). Affectional responses in the infant monkey. *Science, 130,* 421–432.

Harris, J. R. (1998). *The nurture assumption: Why children turn out the way they do.* New York: Free Press.

Hartigan, J. A., & Wigdor, A. K. (Eds.). (1989). *Fairness in employment testing: Validity generalization, minority issues, and the General Aptitude Test Battery.* Washington, DC: National Academy Press.

Hartshorne, J. K., & Germine, L. T. (2015). When does cognitive functioning peak? The asynchronous rise and fall of different cognitive abilities across the life span. *Psychological Science, 26,* 433–443.

Hasan, Y., Bègue, L., Scharkow, M., & Bushman, B. J. (2013). The more you play, the more aggressive you become: A long-term experimental study of cumulative violent video game effects on hostile expectations and aggressive behavior. *Journal of Experimental Social Psychology, 49,* 224–227.

Hasher, L., & Zacks, R. T. (1979). Automatic and effortful processes in memory. *Journal of Experimental Psychology: General, 108,* 356–388.

Haslam, S. A., & Reicher, S. (2005, October). The psychology of tyranny. *Scientific American MIND, 6,* 41–51.

Haslam, S. A., & Reicher, S. (2012). Tyranny: Revisiting Zimbardo's Stanford prison experiment. In J. R. Smith & S. A. Haslam (Eds.), *Social psychology: Revisiting the classic studies* (pp. 126–141). Thousand Oaks, CA: Sage.

Haslam, S. A., Reicher, S., & Birney, M. E. (2014). Nothing by mere authority: Evidence that in an experimental analogue of the Milgram paradigm participants are motivated not by orders but by appeals to science. *Journal of Social Issues, 70,* 473–488.

Haslam, S. A., Reicher, S., & Millard, K. (2015, March). Shock treatment: Using immersive digital realism to restage and re-examine Milgram's 'Obedience to Authority' research. *PLoS ONE, 10*(3), e109015. doi:10.1271/journal/pone.0109015

Haslam, S. A., Reicher, S., Millard, K., & McDonald, R. (2015). "Happy to have been of service": The Yale archive as a window into the engaged followership of participants in Milgram's "obedience" experiments. *British Journal of Social Psychology, 54,* 55–83.

Hathaway, S. R., & McKinley, J. C. (1943). *MMPI manual.* New York: Psychological Corporation.

Heck, P. R., Simons, D. J., & Chabris, C. F. (2018). 65%

of Americans believe they are above average in intelligence: Results of two nationally representative surveys. *PLoS ONE, 13*(7), e0200103. doi:10.1371/journal.pone.0200103

Heimberg, R. G., Brozovich, F. A., & Rapee, R. M. (2010). A cognitive-behavioral model of social anxiety disorder: Update and extension. In S. G. Hofmann & P. M. DiBartolo (Eds.), *Social anxiety: Clinical, developmental, and social perspectives* (2nd ed., pp. 395–422). New York: Academic Press.

Hellige, J. B. (1993). Unity of thought and action: Varieties of interaction between the left and right cerebral hemispheres. *Current Directions in Psychological Science, 2,* 21–25.

Helson, R. C., Jones, C., & Kwan, V. (2002). Personality change over 40 years of adulthood: Hierarchical linear modeling analyses of two longitudinal samples. *Journal of Personality and Social Psychology, 89,* 752–766.

Herculano-Houzel, S. (2014). The glia/neuron ratio: How it varies uniformly across brain structures and what that means for brain physiology and evolution. *Glia, 62,* 1377–1391.

Herrnstein, R. J., & Murray, C. (1994). *The bell curve: Intelligence and class in American life.* New York: Free Press.

Hickok, G. (2014). *The myth of mirror neurons: The real neuroscience of communication and cognition.* New York: W. W. Norton.

Hilgetag, C. C., & Barbas, H. (2009). Are there ten times more glia than neurons in the brain? *Brain Structure and Function, 213,* 365–366.

Hilts, P. F. (1995). *Memory's ghost: The strange tale of Mr. M and the nature of memory.* New York: Simon & Schuster.

Hite, S. (1987). *Women and love: A cultural revolution in progress.* New York: Knopf.

Ho, B.-C., Andreasen, N. C., Ziebell, S., Pierson, R., & Magnotta, V. (2011). Long-term antipsychotic treatment and brain volumes: A longitudinal study of first-episode schizophrenia. *Archives of General Psychiatry, 68,* 127–138.

Hobson, J. A. (2003). *Dreaming: An introduction to the science of sleep.* New York: Oxford.

Hobson, J. A., & McCarley, R. W. (1977). The brain as a dream generator: An activation-synthesis hypothesis of the dream process. *American Journal of Psychiatry, 134,* 1335–1348.

Hobson, J. A., Pace-Scott, E. F., & Stickgold, R. (2000). Dreaming and the brain: Toward a cognitive neuroscience of conscious states. *Behavioral and Brain Sciences, 23,* 793–842.

Hoekzema, E., Barba-Müller, E., Pozzobon, C., Picado, M., Lucco, F., Garcia-Garcia, D., . . . Vilarroya, O. (2017). Pregnancy leads to long-lasting changes in human brain structure. *Nature Neuroscience, 20,* 287–296.

doi:10.1038/nn.4458

Hofling, C. K., Brotzman, E., Dalrymple, S., Graves, N., & Pierce, C. M. (1966). An experimental study in nurse-physician relationships. *Journal of Nervous and Mental Disease, 143,* 171–180.

Hoffman, D. D. (1998). *Visual intelligence: How we create what we see.* New York: W. W. Norton.

Hoffman, D. D. (2015). Human vision as a reality engine. In M. A. Gernsbacher & J. R. Pomerantz (Eds.), *Psychology and the real world: Essays illustrating fundamental contributions to society* (2nd ed., pp. 4–47). New York: Worth.

Hofmann, W., De Houwer, J., Perugini, M., Baeyens, F., & Crombez, G. (2010). Evaluative conditioning in humans: A meta-analysis. *Psychological Bulletin, 136,* 390–421.

Hogan, R. (2007). *Personality and the fate of organizations.* Mahwah, NJ: Lawrence Erlbaum Associates.

Hogben, J. H., & Di Lollo, V. (1974). Perceptual integration and perceptual segregation of brief visual stimuli. *Vision Research, 14,* 1059–1069.

Holden, B. A., Fricke, T. R., Wilson, D. A., Jong, M., Naidoo, K. S., Sankaridurg, P., . . . Resnikoff, S. (2016). Global prevalence of myopia and high myopia and temporal trends from 2000 through 2050. *American Academy of Ophthalmology, 123,* 1036–1042.

Hollander, E., & Simeon, D. (2011). Anxiety disorders. In R. E. Hales, S. C. Yudofsky, & G. O. Gabbard (Eds.), *Essentials of psychiatry* (3rd ed., pp. 185–228). Arlington, VA: American Psychiatric Association.

Holmes, D. S. (1990). The evidence for repression: An examination of sixty years of research. In J. L. Singer (Ed.), *Repression and dissociation: Implications for personality theory, psychopathology, and health* (pp. 85–102). Chicago: University of Chicago Press.

Holmes, J. D. (2016). *Great myths in education and learning.* West Sussex, UK: Wiley.

Holsti, L., Grunau, R., & Whitfield, M. (2002). Developmental coordination disorder in extremely low birth weight children at nine years. *Journal of Developmental and Behavioral Pediatrics, 23,* 9–15.

Hood, B. M. (2009). *Supersense: Why we believe in the unbelievable.* New York: HarperCollins.

Horn, J. (1982). The aging of cognitive abilities. In B. B. Wolman (Ed.), *Handbook of developmental psychology* (pp. 847–870). Englewood Cliffs, NJ: Prentice Hall.

Horn, J., & Cattell, R. B. (1966). Refinement and test of the theory of fluid and crystallized general intelligences. *Journal of Educational Psychology, 57,* 253–270.

Horn, J. L., & Cattell, R. B. (1967). Age differences in fluid and crystallized intelligence. *Acta Psychologica, 26*, 107–129.

Horney, K. (1937). *The neurotic personality of our time.* New York: Norton.

Hsin, A., & Xie, Y. (2014, June 10). Explaining Asian American's academic advantage over whites. *PNAS, 111*, 8416–8421.

Huesmann, L. R. (2007). The impact of electronic media violence: Scientific theory and research. *Journal of Adolescent Health, 41*(6, Suppl. 1), S6–S13.

Huesmann, L. R. (2010). Nailing the coffin shut on doubts that violent video games stimulate aggression: Comment on Anderson et al. (2010). *Psychological Bulletin, 136*, 179–181.

Huff, D. (1954). *How to lie with statistics.* New York: Norton.

Hunt, M. (1993). *The story of psychology.* New York: Doubleday.

Hurvich, L. M., & Jameson, D. (1957). An opponent-process theory of color vision. *Psychological Review, 63*, 384–404.

Husmann, P. R., & O'Loughlin, V. D. (2019). Another nail in the coffin for learning styles? Disparities among undergraduate anatomy students' study strategies, class performance, and reported VARK learning styles. *Anatomical Sciences Education, 12*(1), 6–19. doi:10.1002/ase.1777

Huston, A. C., Donnerstein, E., Fairchild, H., Feshbach, N. D., Katz, P. A., & Murray, J. P., . . . Zuckerman, D. (1992). *Big world, small screen: The role of television in American Society.* Lincoln, NE: University of Nebraska Press.

Iacoboni, M. (2009). *Mirroring people: The science of empathy and how we connect with others.* New York: Picador.

Iacoboni, M., & Dapretto, M. (2006). The mirror neuron system and the consequences of its dysfunction. *Nature Reviews Neuroscience, 7*, 942–951.

Impastato, D. J. (1960). The story of the first electroshock treatment. *American Journal of Psychiatry, 116*, 1113–1114.

Inhelder, B., & Piaget, J. (1958). *The growth of logical thinking from childhood to adolescence* (A. Parsons & S. Milgram, Trans.). New York: Basic Books.

Izard, C. E. (1990). Facial expressions and the regulation of emotions. *Journal of Personality and Social Psychology, 58*, 487–498.

Jackson, S. L. (2016). *Research methods and statistics: A critical thinking approach* (5th ed.). Boston, MA: Cengage Learning.

Jacobs, B. L. (2004). Depression: The brain finally gets into the act. *Current Directions in Psychological Science, 13*, 103–106.

Jacobs, B. L., van Praag, H., & Gage, F. H. (2000a). Adult brain neurogenesis and psychiatry: A novel theory of depression. *Molecular Psychiatry, 5*, 262–269.

Jacobs, B. L., van Praag, H., & Gage, F. H. (2000b, July/August). Depression and the birth and death of brain cells. *American Scientist, 88*, 340–345.

Jacobs, J., Weidemann, C. T., Miller, J. F., Solway, A., Burke, J. F., Wei, X.-X., . . . Kahana, M. J. (2013). Direct recordings of grid-like neuronal activity in human spatial navigation. *Nature Neuroscience, 16*, 1188–1190.

Jacobsen, T., & Hoffman, V. (1997). Children's attachment representations: Longitudinal relations to school behavior and academic competency in middle childhood and adolescence. *Developmental Psychology, 33*, 703–710.

Jang, K. L., Livesley, W. J., Ando, J., Yamagata, S., Suzuki, A., Angleitner, A., . . . Spinath, F. (2006). Behavioral genetics of the higher-order factors of the Big Five. *Personality and Individual Differences, 41*, 261–272.

Janis, I. L. (1972). *Victims of groupthink.* Boston: Houghton Mifflin.

Janis, I. L. (1983). *Groupthink: Psychological studies of policy decisions and fiascoes* (2nd ed.). Boston: Houghton Mifflin.

Jarrett, C. (2015). *Great myths of the brain.* West Sussex, UK: Wiley-Blackwell.

Javitt, D. C., & Coyle, J. T. (2007). Decoding schizophrenia. In F. E. Bloom (Ed.), *Best of the brain from Scientific American: Mind, matter, and tomorrow's brain* (pp. 157–168). New York: Dana Press.

Jena, A. B., Olenski, A. R., Molitor, D., & Miller, N. (2017). Association between rainfall and diagnoses of joint or back pain: Retrospective claims analysis. *The British Medical Journal.* Retrieved from https://www.bmj.com/content/359/bmj.j5326

Jetten, J., & Hornsey, M. J. (2014). Deviance and dissent in groups. *Annual Review of Psychology, 65*, 46–85.

Jetten, J., & Hornsey, M. J. (2017). Conformity: Revisiting Asch's line-judgment studies. In J. R. Smith & S. A. Haslam (Eds.), *Social psychology: Revisiting the classic studies* (2nd ed., pp. 77–92). Thousand Oaks, CA: Sage.

Jiang, X., & Cillessen, A. (2005). Stability of continuous measures of sociometric status: A meta-analysis. *Developmental Review, 25*, 1–25.

John, O. P. (1990). The "Big Five" factor taxonomy: Dimensions of personality in the natural language and in questionnaires. In L. A. Pervin (Ed.), *Handbook of personality: Theory and research* (pp. 66–100). New York: Guilford.

Johnson, J., & Newport, E. (1989). Critical period effects in second language learning: The influence of maturational state on the acquisition of English as a second language. *Cognitive Psychology, 21,* 60–99.

Jones, M. C. (1924). A laboratory study of fear: The case of Peter. *Pedagogical Seminary, 31,* 308–315.

Jones, P. B., Davies, L. M., Barnes, T. R. E., Davies, L., Dunn, G., Lloyd, H., . . . Lewis, S. W. (2006). Randomized controlled trial of effect on quality of life of second generation versus first generation antipsychotic drugs in schizophrenia (CUtLASS 1). *Archives of General Psychiatry, 63,* 1079–1087.

Jones, R. A. (1977). *Self-fulfilling prophecies.* Hillsdale, NJ: Erlbaum.

Jones, S. S. (2007). Imitation in infancy: The development of mimicry. *Psychological Science, 18,* 593–599.

Julien, R. M. (2011). *A primer of drug action* (12th ed.). New York: W. H. Freeman.

Kahneman, D. (2011). *Thinking, fast and slow.* New York: Farrar, Straus and Giroux.

Kail, R. (1991). Developmental change in speed of processing during childhood and adolescence. *Psychological Bulletin, 109,* 490–501.

Kamali, M., & McInnis, M. G. (2011). Genetics of mood disorders: General principles and potential applications for treatment resistant depression. In J. F. Greden, M. B. Riba, & M. G. McInnis (Eds.), *Treatment resistant depression: A roadmap for effective care* (pp. 293–308). Arlington, VA: American Psychiatric Association.

Kane, J. M., Robinson, D. G., Schooler, N. R., Mueser, K. T., Penn, D. L., Rosenheck, R. A., . . . Heinssen, R. K. (2015). Comprehensive versus usual community care for first-episode psychosis: 2-year outcomes from the NIMH RAISE early treatment program. *The American Journal of Psychiatry Online.* Retrieved from http://ajp.psychiatryonline.org/doi/10.1176/appi.ajp.2015.15050632

Kanizsa, G. (1976, April). Subjective contours. *Scientific American, 234,* 48–52.

Kanwisher, N. (2006). Neuroscience: What's in a face? *Science, 311,* 617–618.

Kanwisher, N., McDermott, J., & Chun, M. M. (1997). The fusiform face area: A module in human extrastriate cortex specialized for face perception. *Journal of Neuroscience, 17,* 4302–4311.

Kanwisher, N., & Yovel, G. (2009). Cortical specialization for face perception in humans. In G. G. Berntson & J. T. Cacioppo (Eds.), *Handbook of neuroscience for the behavioral sciences* (Vol. 2, pp. 841–851). Hoboken, NJ: Wiley.

Karau, S. J., & Williams, K. D. (1993). Social loafing: A meta-analytic review and theoretical integration. *Journal of Personality and Social Psychology, 65,* 681–706.

Kasckow, J., Felmet, K., & Zisook, S. (2011). Managing suicide risk in patients with schizophrenia. *CNS Drugs, 25,* 129–143.

Kassin, S. M. (2017). The killing of Kitty Genovese: What else does this case tell us? *Perspectives on Psychological Science, 12,* 374–381.

Kaufman, A. S. (2000). Tests of intelligence. In R. J. Sternberg (Ed.), *Handbook of intelligence* (pp. 445–476). New York: Cambridge University Press.

Kaufman, A. S. (2009). *IQ testing 101.* New York: Springer.

Kaufman, S. B. (2019). Self-actualizing people in the 21st century: Integration with contemporary theory and research on personality and well-being. *Journal of Humanistic Psychology.* Retrieved from https://journals.sagepub.com/doi/abs/10.1177/0022167818809187

Kazdin, A. E. (2001). *Behavior modification in applied settings* (6th ed.). Belmont, CA: Wadsworth.

Kean, S. (2014). Phineas Gage, neuroscience's most famous patient. Retrieved from http://www.slate.com/articles/health_and_science/science/2014/05/phineas_gage_neuroscience_case_true_story_of_famous_frontal_lobe_patient.html

Kellman, P. J., & Arterberry, M. E. (1998). *The cradle of knowledge: Development of perception in infancy.* Cambridge, MA: MIT Press.

Kellman, P. J., & Banks, M. S. (1998). Infant visual perception. In W. Damon (Series Ed.) & R. Siegler & D. Kuhn (Vol. Eds.), *Handbook of child psychology: Vol. 2. Cognition, perception, and language* (5th ed., pp. 103–146). New York: Wiley.

Kempermann, G., & Gage, F. H. (1999, May). New nerve cells for the adult brain. *Scientific American, 280,* 48–53.

Kern, M. I., & Friedman, H. S. (2008). Do conscientious individuals live longer? A quantitative review. *Health Psychology, 27,* 505–512.

Kessler, R. C., Berglund, P., Demler, O., Jin, R., Koretz, D., Merikangas, K. R., . . . Wang, P. S. (2003). The epidemiology of major depressive disorder: Results from the National Comorbidity Survey Replication (NCS-R). *JAMA, 289,* 3095–3105.

Kessler, R. C., McGonagle, K. A., Zhao, S., Nelson, C. B., Hughes, M., Eshleman, S., . . . Kendler, K. S. (1994). Lifetime and 12-month prevalence of DSM-III-R psychiatric disorders in the United States. *Archives of General Psychology, 51,* 8–19.

Kessler, R. C., Ruscio, A. M., Shear, K., & Wittchen, H.-U. (2010). Epidemiology of anxiety disorders. In M. B. Stein & T. Steckler (Eds.), *Behavioral neurobiology of anxiety and its treatment: Current topics in behavioral neurosciences* (pp. 21–35). New York: Springer Science +

Business Media.

Khan, A., Brodhead, A. E., Kolts, R. L., & Brown, W. A. (2005). Severity of depressive symptoms and response to antidepressants and placebo in antidepressant trials. *Journal of Psychiatric Research, 39,* 146–150.

Kilham, W., & Mann, L. (1974). Level of destructive obedience as a function of transmitter and executant roles in the Milgram obedience paradigm. *Journal of Personality and Social Psychology, 29,* 696–702.

Kim, M. J., Neta, M., Davis, F. C., Ruberry, E. J., Dinescu, D., Heatherton, T. F., . . . Whalen, P. J. (2014). Botulinum toxin-induced facial muscle paralysis affects amygdala responses to the perception of emotional expressions: preliminary findings from an A-B-A design. *Biology of Mood & Anxiety Disorders, 4*(11). Retrieved from https://biolmoodanxietydisord.biomedcentral.com/track/pdf/10.1186/2045-5380-4-11

Kingdom, F. A. A., Yoonessi, A., & Gheorghiu, E. (2007). The leaning tower illusion: A new illusion of perspective. *Perception, 36,* 475–477.

Kirkpatrick, E. A. (1894). An experimental study of memory. *Psychological Review, 1,* 602–609.

Kirsch, I. (2010). *The emperor's new drugs: Exploding the antidepressant myth.* New York: Basic Books.

Kirsch, I., Deacon, B. J., Huedo-Medina, T. B., Scoboria, A., Moore, T. J., & Johnson, B. T. (2008). Initial severity and antidepressant benefits: A meta-analysis of data submitted to the Food and Drug Administration. *PLoS Medicine, 5*(2), e45.

Klein, S. B., & Kihlstrom, J. F. (1998). On bridging the gap between social-personality psychology and neuropsychology. *Personality and Social Psychology Review, 2,* 228–242.

Klüver, H., & Bucy, P. C. (1939). Preliminary analysis of functions of the temporal lobes in monkeys. *Archives of Neurology and Psychiatry, 42,* 979–1000.

Knoblich, G., & Oellinger, M. (2006, October/November). Aha! The Eureka moment. *Scientific American MIND, 17,* 38–43.

Knowlton, B. J., Squire, L. R., Paulsen, J. S., Swerdlow, N. R., Swenson, M., & Butters, N. (1996). Dissociations within nondeclarative memory in Huntington's disease. *Neuropsychology, 10,* 538–548.

Kohlberg, L. (1976). Moral stages and moralization: The cognitive-developmental approach. In T. Lickona (Ed.), *Moral development and behavior: Theory, research, and social issues* (pp. 31–53). New York: Holt, Rinehart, & Winston.

Kohlberg, L. (1984). *Essays on moral development, Vol. 2. The psychology of moral development: The nature and validity of moral stages.* San Francisco: Harper & Row.

Kolb, B., & Whishaw, I. Q. (2001). *An introduction to brain and behavior.* New York: Worth.

Koob, A. (2009). *The root of thought.* Upper Saddle River, NJ: Pearson Education.

Kotowicz, Z. (2007). The strange case of Phineas Gage. *History of the Human Sciences, 10,* 115–131.

Krackow, A., & Blass, T. (1995). When nurses obey or defy inappropriate physician orders: Attributional differences. *Journal of Social Behavior, 10,* 585–594.

Kraut, A. M. (2003). *Goldberger's war: The life and work of a public health crusader.* New York: Hill and Wang.

Krebs, H., Hogan, N., Hening, W., Adamovich, S., & Poizner, H. (2001). Procedural motor learning in Parkinson's disease. *Experimental Brain Research, 141,* 425–437.

Krijn, M., Emmelkamp, P. M. G., Olafsson, R. P., & Biemond, R. (2004). Virtual reality therapy of anxiety disorders: A review. *Clinical Psychology Review, 24,* 259–281.

Krueger, R. F., & Walton, K. E. (2008). Introduction to the special issue. In R. F. Krueger & K. E. Walton (Eds.), A neo-Eysenckian personality psychology for the 21st century: Conceptualization, etiology, structure, and clinical implications [Special issue]. *Journal of Personality, 76,* 1347–1354.

Krupa, D. J., Thompson, J. K., & Thompson, R. F. (1993). Localization of a memory trace in the mammalian brain. *Science, 260,* 989–991.

Kuhl, P. K. (2004). Early language acquisition: Cracking the speech code. *Nature Reviews Neuroscience, 5,* 831–843.

Kuhl, P. K., Tsao, F.-M., & Liu, H.-M. (2003). Foreign-language experience in infancy: Effects of short-term exposure and social interaction on phonetic learning. *PNAS, 100,* 9096–9101.

Kwon, D. (2017, July/August). Losing focus. *Scientific American MIND, 29,* 62–67.

Lachman, M. E., & Weaver, S. L. (1998). The sense of control as a moderator of social class differences in health and well-being. *Journal of Personality and Social Psychology, 74,* 763–773.

Lafer-Sousa, R., Hermann, K. L., & Conway, B. R. (2015). Striking individual differences in color perception uncovered by "the dress" photograph. *Current Biology, 25,* R545–R546.

Lambert, K., & Kinsley, C. H. (2005). *Clinical neuroscience: The neurobiological foundations of mental health.* New York: Worth.

Lang, P. J. (1994). The varieties of emotional experience: A meditation on the James-Lange theory. *Psychological Review, 101,* 211–221.

Lange, C. G., & James, W. (1922). *The emotions* (I. A. Haupt, Trans.). Baltimore, MD: Williams & Wilkins.

Langer, E. J. (1989). *Mindfulness.* Reading, MA: Addison-Wesley.

Langer, E. J. (1997). *The power of mindful learning.* Reading, MA: Addison-Wesley.

Lansford, J. E. (2012). Aggression: Beyond Bandura's Bobo doll studies. In A. M. Slater & P. C. Quinn (Eds.), *Developmental psychology: Revisiting the classic studies* (pp. 176–190). Thousand Oaks, CA: Sage.

Larsen, R. J., & Buss, D. M. (2000). *Personality psychology: Domains of knowledge about human nature.* New York: McGraw-Hill.

Latané, B., & Darley, J. M. (1968). Group inhibition of bystander intervention. *Journal of Personality and Social Psychology, 10,* 215–221.

Latané, B., & Darley, J. M. (1970). *The unresponsive bystander: Why doesn't he help?* New York: Appleton-Century-Crofts.

Latané, B., & Nida, S. (1981). Ten years of research on group size and helping. *Psychological Bulletin, 89,* 308–324.

Latané, B., & Rodin, J. (1969). A lady in distress: Inhibiting effects of friends and strangers on bystander intervention. *Journal of Experimental Social Psychology, 5,* 189–202.

Latané, B., Williams, K. D., & Harkins, S. G. (1979). Many hands make light work: The causes and consequences of social loafing. *Journal of Personality and Social Psychology, 37,* 822–832.

Lazarov, O., & Hollands, C. (2016). Hippocampal neurogenesis: Learning to remember. *Progress in Neurobiology, 138–140,* 1–18.

LeDoux, J. E. (1996). *The emotional brain: The mysterious underpinnings of emotional life.* New York: Simon & Schuster.

LeDoux, J. E. (2000). Emotional circuits in the brain. *Annual Review of Neuroscience, 23,* 155–184.

LeDoux, J. E. (2002). *Synaptic self: How our brains become who we are.* New York: Viking Penguin.

Lehrer, J. (2007). *Proust was a neuroscientist.* New York: Houghton Mifflin Harcourt.

Lehrer, J. (2009). *How we decide.* New York: Houghton Mifflin Harcourt.

Lemann, N. (2014, March 10). A call for help. *The New Yorker, 90,* 73.

Leo, I., & Simion, F. (2009). Face processing at birth: A Thatcher illusion study. *Developmental Science, 12,* 492–498.

Lepore, F. E. (2001, Winter). Dissecting genius: Einstein's brain and the search for the neural basis of intellect.

Cerebrum, 3, 11–26. Retrieved from www.dana.org/news/cerebrum/detail.aspx?id=3032

Lepper, M. R., Greene, D., & Nisbett, R. E. (1973). Undermining children's intrinsic interest with extrinsic rewards. *Journal of Personality and Social Psychology, 28,* 129–137.

Lepper, M. R., & Henderlong, J. (2000). Turning "play" into "work" and "work" into "play": 25 years of research on intrinsic versus extrinsic motivation. In C. Sansone & J. M. Havackiewicz (Eds.), *Intrinsic and extrinsic motivation: The search for optimal motivation and performance* (pp. 257–307). San Diego, CA: Academic Press.

Lerner, M. J. (1980). *The belief in a just world: A fundamental delusion.* New York: Plenum.

Le Texier, T. (2019, August 5). Debunking the Stanford Prison Experiment. *American Psychologist.* Advance online publication. http://dx.doi.org/10.1037/amp0000401

Leung, A. K.-y., Kim, S., Polman, E., Ong, L. S., Qiu, L., Goncalo, J. A., & Sanchez-Burks, J. (2012). Embodied metaphors and creative "acts." *Psychological Science, 23,* 502–509.

Levenson, R. W. (1992). Autonomic nervous system differences among emotions. *Psychological Science, 3,* 23–27.

Levine, R. (2003). *The power of persuasion: How we're bought and sold.* New York: Wiley.

Levinson, D. E., & Nichols, W. E. (2014). *Major depression and genetics.* Stanford, CA: Stanford School of Medicine.

Lewis, M. (2017). *The undoing project: A friendship that changed our minds.* New York: Norton.

Li, C. (1975). *Path analysis: A primer.* Pacific Grove, CA: Boxwood Press.

Li, W., Farkas, G., Duncan, G. J., Burchinal, M. R., & Vandell, D. L. (2013). Timing of high-quality day care and cognitive, language, and preacademic development. *Developmental Psychology, 49,* 1440–1451.

Lichtenstein, S., Slovic, P., Fischhoff, B., Layman, M., & Combs, B. (1978). Judged frequency of lethal events. *Journal of Experimental Psychology: Human Learning and Memory, 4,* 551–578.

Lieberman, J. A., Stroup, T. S., McEvoy, J. P., Swartz, M. S., Rosenheck, R. A., Perkins, D. O., . . . Lewis, S. W. (2005). Effectiveness of antipsychotic drugs in patients with chronic schizophrenia. *New England Journal of Medicine, 353,* 1209–1223.

Lieberman, J. A., Tollefson, G. D., Charles, C., Zipursky, R., Sharma, T., Kahn, R. S., . . . Tohen, M. (2005). Antipsychotic drug effects on brain morphology in first-episode psychosis. *Archives of General Psychiatry, 62,* 361–370.

Lilienfeld, S. O., Lynn, S. J., Ruscio, J., & Beyerstein, B. L. (2010). *50 great myths of popular psychology: Shattering widespread misconceptions about human behavior.* Malden, MA: Wiley-Blackwell.

Lilienfeld, S. O., Wood, J. M., & Garb, H. N. (2000). The scientific status of projective techniques. *Psychological Science in the Public Interest, 1,* 27–66.

Lindenmayer, J. P., & Khan, A. (2012). Psychopathology. In J. A. Lieberman, T. S. Stroup, & D. O. Perkins (Eds.), *Essentials of schizophrenia* (pp. 11–54). Arlington, VA: American Psychiatric Publishing.

Lindner, I., Echterhoff, G., Davidson, P. S. R., & Brand, M. (2010). Observation inflation: Your actions become mine. *Psychological Science, 21,* 1291–1299.

Lingnau, A., Gesierich, B., & Caramazza, A. (2009). Asymmetric fMRI adaptation reveals no evidence for mirror neurons in humans. *PNAS, 106,* 9925–9930.

Linn, R. L. (1982). Admissions testing on trial. *American Psychologist, 37,* 279–291.

Livingstone, M. (2002). *Vision and art: The biology of seeing.* New York: Abrams.

Loehlin, J. C. (1992). *Genes and environment in personality development.* Newbury Park, CA: Sage.

Loehlin, J. C., McCrae, R. R., Costa, P. T., Jr., & John, O. P. (1998). Heritabilities of common and measure-specific components of the Big Five personality factors. *Journal of Research in Personality, 32,* 431–453.

Loftus, E. F. (2001, November). Imagining the past. *The Psychologist, 14,* 584–587.

Loftus, E. F. (2005). Planting misinformation in the human mind: A 30-year investigation of the malleability of memory. *Learning and Memory, 12,* 361–366.

Loftus, E. F., Coan, J., & Pickrell, J. E. (1996). Manufacturing false memories using bits of reality. In L. Reder (Ed.), *Implicit memory and metacognition* (pp. 195–220). Mahwah, NJ: Erlbaum.

Loftus, E. F., & Ketcham, K. (1991). *Witness for the defense.* New York: St. Martin's.

Loftus, E. F., & Ketcham, K. (1994). *The myth of repressed memory: False memories and accusations of sexual abuse.* New York: St. Martin's.

Loftus, E. F., & Palmer, J. C. (1974). Reconstruction of automobile destruction: An example of the interaction between language and memory. *Journal of Verbal Learning and Verbal Behavior, 13,* 585–589.

Lourenco, O., & Machado, A. (1996). In defense of Piaget's theory: A reply to 10 common criticisms. *Psychological Review, 103,* 143–164.

Lovibond, S. H., Mithiran, X., & Adams, W. G. (1979). The effects of three experimental prison environments on the behavior of non-convict volunteer subjects. *Australian Psychologist, 14,* 273–287.

Lynch, G., & Granger, R. (2008). *Big brain: The origins and future of human intelligence.* New York: Palgrave Macmillan.

MacFarlane, A. (1975). Olfaction in the development of social preferences in the human neonate. *Parent-infant interaction* (CIBA Foundation Symposium, No. 33). Amsterdam: Elsevier.

Macknik, S. L., & Martinez-Conde, S. (2015, July/August). Unraveling "The Dress." *Scientific American MIND, 26,* 19–21.

Macmillan, M. (2000). *An odd kind of fame: Stories of Phineas Gage.* Cambridge, MA: MIT Press.

Macmillan, M., & Lena, M. L. (2010). Rehabilitating Phineas Gage. *Neuropsychological Rehabilitation, 20,* 641–658.

Maguire, E. A., Valentine, E. R., Wilding, J. M., & Kapur, N. (2003). Routes to remembering: The brains behind superior memory. *Nature Neuroscience, 6,* 90–95.

Mahler, D. A., Cunningham, L. N., Skrinar, G. S., Kraemer, W. J., & Colice, G. L. (1989). Beta-endorphin activity and hypercapnic ventilatory responsiveness after marathon running. *Journal of Applied Physiology, 66,* 2431–2436.

Main, M., & Solomon, J. (1990). Procedures for identifying infants as disorganized/disoriented during the Ainsworth Strange Situation. In M. T. Greenberg, D. Cicchetti, & E. M. Cummings (Eds.), *Attachment in the preschool years* (pp. 121–160). Chicago: University of Chicago Press.

Malberg, J. E., & Schechter, L. E. (2005). Increasing hippocampal neurogenesis: A novel mechanism for antidepressant drugs. *Current Pharmaceutical Design, 11,* 145–155.

Manning, R., Levine, M., & Collins, A. (2007). The Kitty Genovese murder and the social psychology of helping: The parable of 38 witnesses. *American Psychologist, 62,* 555–562.

Marcel, A. (1983). Conscious and unconscious perception: Experiments on visual masking and word recognition. *Cognitive Psychology, 15,* 197–237.

Marmor, M. F. (2006). Ophthalmology and art: Simulation of Monet's cataracts and Degas' retinal disease. *Archives of Ophthalmology, 124,* 1764–1769.

Martin, L., Mills, C., D'Mello, S. K., & Risko, E. F. (2018). Re-watching lectures as a study strategy and its effect on mind wandering. *Experimental Psychology, 65,* 297–305.

Martinez-Conde, S., & Macknik, S. L. (2010, Summer).

The neuroscience of illusion. *Scientific American MIND, 20,* 4–7.

Martín-Moro, J. G., Garrido, F. P., Sanz, F. G., Vega, I. F., Rebollo, M. C., & Martin, P. M. (2018, April). Which are the colors of the dress? Review of an atypical optic illusion. *Archivos de la Sociedad Española de Ofalmología (English Ed.), 93,* 186–192.

Masarwa, R., Levine, H., Gorelik, E., Reif, S., Perlman, A., & Matok, I. (2018). Prenatal exposure to acetaminophen and risk for attention-deficit hyperactivity disorder and autistic spectrum disorder: A systematic review, meta-analysis, and meta-regression analysis of cohort studies. *American Journal of Epidemiology, 187,* 1817–1827.

Maslow, A. H. (1968). *Toward a psychology of being* (2nd ed.). New York: Harper & Row.

Maslow, A. H. (1970). *Motivation and personality* (2nd ed.). New York: Harper & Row.

Massa, L. J., & Mayer (2006). Testing the ATI hypothesis: Should multimedia instruction accommodate verbalizer-visualizer cognitive style? *Learning and Individual Differences, 16,* 321–335.

Matlin, M. W., & Foley, H. J. (1997). *Sensation and perception* (4th ed.). Needham Heights, MA: Allyn & Bacon.

Mayberg, H. S., Lozano, A. M., Voon, V., McNeely, H. E., Seminowicz, D., Hamani, C., . . . Kennedy, S. H. (2005). Deep brain stimulation for treatment-resistant depression. *Neuron, 45,* 651–660.

Mazur, J. E. (1998). *Learning and behavior* (4th ed.). Upper Saddle River, NJ: Prentice-Hall.

McCrae, R. R. (2011). Personality theories for the 21st century. *Teaching of Psychology, 38,* 209–214.

McCrae, R. R., & Costa, P. T., Jr. (1997). Personality trait structure as a human universal. *American Psychologist, 52,* 509–516.

McCrae, R. R., & Costa, P. T., Jr. (1999). A five-factor theory of personality. In L. A. Perrin & O. P. John (Eds.), *Handbook of personality: Theory and research* (pp. 139–153). New York: Guilford.

McCrae, R. R., & Costa, P. T., Jr. (2003). *Personality in adulthood: A five-factor theory perspective* (2nd ed.). New York: Guilford.

McCrae, R. R., Costa, P. T., Jr., & Martin, T. A. (2005). The NEO-PI-3: A more readable revised NEO personality inventory. *Journal of Personality Assessment, 84,* 261–270.

McCrae, R. R., Costa, P. T., Jr., Martin, T. A., Oryol, V. E., Rukavishnikow, A. A., Senin, I. G., . . . Urbanek, T. (2004). Consensual validation of personality traits across cultures. *Journal of Research in Personality, 38,* 179–201.

McCrae, R. R., & Sutin, A. R. (2009). Openness to experience. In M. R. Leary & R. H. Hoyle (Eds.), *Handbook of individual differences in social behavior* (pp. 257–273). New York: Guilford.

McGue, M., Bouchard, T. J., Jr., Iacono, W. G., & Lykken, D. T. (1993). Behavioral genetics of cognitive ability: A life-span perspective. In R. Plomin & G. E. McClearn (Eds.), *Nature, nurture, and psychology* (pp. 59–76). Washington, DC: American Psychological Association.

McGuffin, P., Katz, R., Watkins, S., & Rutherford, J. (1996). A hospital-based twin study of the heritability of DSM-IV unipolar depression. *Archives of General Psychiatry, 53,* 129–136.

McGurk, H., & MacDonald, J. (1976). Hearing lips and seeing voices. *Nature, 264,* 746–748.

McKinnon, J. W., & Renner, J. W. (1971). Are colleges concerned with intellectual development? *American Journal of Psychology, 39,* 1047–1052.

McNally, R. J. (1987). Preparedness and phobias: A review. *Psychological Bulletin, 101,* 283–303.

McNally, R. J. (2003). *Remembering trauma.* Cambridge, MA: Harvard University Press.

Meyer, G. J., Viglione, D. J., Mihura, J. L., Erard, R. E., & Erdberg, P. (2011). *Rorschach Performance Assessment System: Administration, coding, interpretation, and technical manual.* Toledo, OH: Author.

Mezulis, A. H., Abramson, L. Y., Hyde, J. S., & Hankin, B. L. (2004). Is there a universal positivity bias in attributions? A meta-analytic review of individual, developmental, and cultural differences in self-serving attributional bias. *Psychological Bulletin, 130,* 711–747.

Milgram, S. (1963). Behavioral study of obedience. *Journal of Abnormal and Social Psychology, 67,* 371–378.

Milgram, S. (1964). Issues in the study of obedience: A reply to Baumrind. *American Psychologist, 19,* 848–852.

Milgram, S. (1965). Some conditions of obedience and disobedience. *Human Relations, 18,* 57–76.

Milgram, S. (1972). Interpreting obedience: Error and evidence—a reply to Orne and Holland. In A. G. Miller (Ed.), *The social psychology of psychological research* (pp. 138–154). New York: Free Press.

Milgram, S. (1974). *Obedience to authority.* New York: Harper & Row.

Mihura, J. L., Meyer, G. J., Bombel, G., & Dumitrascu, N. (2015). Standards, accuracy, and questions of bias in Rorschach meta-analyses: Reply to Wood, Garb, Nezworski, Lilienfeld, and Duke (2015). *Psychological Bulletin, 141,* 250–260.

Mihura, J. L., Meyer, G. J., Dumitrascu, N., & Bombel, G. (2013). The validity of individual Rorschach variables: Systematic reviews and meta-analyses of the comprehensive system. *Psychological Bulletin, 139,* 548–605.

Miller, B., & Gentile, B. F. (1998). Introductory course content and goals. *Teaching of Psychology, 25,* 89–96.

Miller, G. (2005). How are memories stored and retrieved? *Science, 309,* 92.

Miller, G. A. (1956). The magical number seven, plus or minus two: Some limits on our capacity for processing information. *Psychological Review, 63,* 81–97.

Miller, G. A. (1962). *Psychology: The science of mental life.* New York: Penguin Books.

Miller, P. H. (2011). *Theories of developmental psychology* (5th ed.). New York: Worth.

Millon, T. (1975). Reflections of Rosenhan's "On being sane in insane places." *Journal of Abnormal Psychology, 84,* 456–461.

Millon, T., Millon, C. M., Meagher, S., & Grossman, S. (2004). *Personality disorders in modern life* (2nd ed.). New York: Wiley.

Milton, J., & Wiseman, R. (1999). Does psi exist? Lack of replication of an anomalous process of information transfer. *Psychological Bulletin, 125,* 387–391.

Mingroni, M. A. (2014). Future efforts in Flynn effect research: Balancing reductionism with holism. *Journal of Intelligence, 2,* 122–155.

Mischel, W. (1968). *Personality and assessment.* New York: Wiley.

Miyake, A., & Shah, P. (Eds.). (1999). *Models of working memory: Mechanisms of active maintenance and executive control.* New York: Cambridge University Press.

Moncrieff, J. (1997). Lithium: Evidence reconsidered. *British Journal of Psychiatry, 171,* 113–119.

Moncrieff, J. (2009). *The myth of the chemical cure: A critique of psychiatric drug treatment* (Rev. ed.). New York: Palgrave Macmillan.

Moonesinghe, R., Khoury, M. J., & Janssens, A. C. J. W. (2007). Most published research findings are false—But a little replication goes a long way. *PLoS Med 4*(2), e28. doi:10.1371/journal.pmed.0040028

Moore, T. E. (1988). The case against subliminal manipulation. *Psychology and Marketing, 5,* 297–316.

Moore, T. E. (1992, November/December). Subliminal perception: Facts and fallacies. *Skeptical Inquirer, 16,* 273–281.

Morgan, C. D., & Murray, H. A. (1935). A method for investigating fantasies: The Thematic Apperception Test. *Archives of Neurology and Psychiatry, 34,* 289–306.

Mori, K., & Arai, M. (2010). No need to fake it: Reproduction of the Asch experiment without confederates. *International Journal of Psychology, 45,* 390–397.

Morris, R. G., Miotto, E. C., Feigenbaum, J. D., Bullock, P., & Polkey, C. E. (1997). The effect of goal-subgoal conflict on planning ability after frontal- and temporal-lobe lesions in humans. *Neuropsychologica, 35,* 1147–1157.

Morrison, A. P., Turkington, D., Pyle, M., Spencer, H., Brabban, A., Dunn, G., . . .Hutton, P. (2014). Cognitive therapy for people with schizophrenia spectrum disorders not taking antipsychotic drugs: A single-blind randomized trial. *The Lancet, 383,* 1395–1403.

Mortensen, P. B., Norgaard-Pedersen, B., Waltoft, B. L., Sorensen, T. L., Hougaard, D., & Yolken, R. H. (2007). Early infections of *Toxoplasma gondii* and the later development of schizophrenia. *Schizophrenia Bulletin, 33,* 741–744.

Moruzzi, G., & Magoun, H. W. (1949). Brain stem reticular formation and activation of the EEG. *Electroencephalography and Clinical Neurophysiology, 1,* 455–473.

Moser, M.-B., & Moser, E. L. (2016, January). Where am I? Where am I going? *Scientific American, 314,* 26–33.

Moshman, D., & Franks, B. A. (1986). Development of the concept of inferential validity. *Child Development, 57,* 153–165.

Mountjoy, E., Davies, N. M., Plotnikov, D., Smith G. D., Rodriguez, S., Williams, C. E., . . . Atan, D. (2018, July 4). Education and myopia: assessing the direction of causality by mendelian randomization. *BMJ, 362,* k2932. doi:10.1136/bmj

Mueller, P. A., & Oppenheimer, D. M. (2014). The pen is mightier than the keyboard: Advantages of longhand over laptop note taking. *Psychological Science, 25,* 1159–1168.

Mukamel, R., Ekstrom, A. D., Kaplan, J., Iacoboni, M., & Fried, I. (2010). Single-neuron responses in humans during execution and observation of actions. *Current Biology, 20,* 750–756.

Murray, J. P. (2008). Media violence: The effects are both real and strong. *American Behavioral Scientist, 51,* 1212–1230.

Musek, J. (2007). A general factor of personality: Evidence for the Big One in the five-factor model. *Journal of Research in Personality, 41,* 1213–1233.

Musek, J. (2017). The general factor of personality: Ten years after. *Psychological Topics, 26,* 61–87.

Myers, D. G. (2001, December). Do we fear the right things? *APS Observer, 14,* 3.

Myers, D. G. (2002). *Social psychology* (7th ed.). New York: McGraw-Hill.

Myers, D. G. (2013). *Social psychology* (11th ed.). New York: McGraw-Hill.

Napolitan, D. A., & Goethals, G. R. (1979). The attribution of friendliness. *Journal of Experimental Social*

Psychology, 15, 105–113.

Navon, D. (1977). Forest before trees: The precedence of global features in visual perception. *Cognitive Psychology, 9,* 353–383.

Neimark, J. (1996, January). The diva of disclosure, memory researcher Elizabeth Loftus. *Psychology Today, 29,* 48–80.

Neisser, U. (Ed.). (1998). *The rising curve: Long-term gains in IQ and related measures.* Washington, DC: American Psychological Association.

Neisser, U., Boodoo, G., Bouchard, T. J., Jr., Boykin, A. W., Brody, N., Ceci, S. J., . . . Urbina, S. (1996). Intelligence: Knowns and unknowns. *American Psychologist, 51,* 77–101.

Nettle, D. (2007). *Personality: What makes you the way you are.* New York: Oxford University Press.

Nettle, D., & Liddle, B. (2008). Agreeableness is related to social-cognitive, but not social-perceptual, theory of mind. *European Journal of Personality, 22,* 323–335.

Newport, E. (1991). Contrasting concepts of the critical period for language. In S. Carey & R. Gelman (Eds.), *The epigenesis of mind: Essays on biology and cognition* (pp. 111–132). Hillsdale, NJ: Erlbaum.

NICHD Early Child Care Research Network. (1997). The effects of infant child care on infant-mother attachment security: Results of the NICHD Study of Early Child Care. *Child Development, 68,* 860–879.

NICHD Early Child Care Research Network. (2001). Child-care and family predictors of preschool attachment and stability from infancy. *Developmental Psychology, 37,* 347–862.

NICHD Early Child Care Research Network. (2008). Social competence with peers in third grade: Associations with earlier peer experiences in child care. *Social Development, 17,* 419–453.

Nicholls, M. E. R., Churches, O., & Loetscher, T. (2018, August 23). Perception of an ambiguous figure is affected by own-age social biases. *Scientific Reports, 8,* 12661. doi:10.1038/s41598-018-31129-7

Nicholson, I. (2011). "Torture at Yale": Experimental subjects, laboratory torment and the "rehabilitation" of Milgram's "Obedience to Authority." *Theory & Psychology, 21,* 737–761.

Nickerson, R. S. (1998). Confirmation bias: A ubiquitous phenomenon in many guises. *Review of General Psychology, 2,* 175–220.

Nickerson, R. S., & Adams, M. J. (1979). Long-term memory for a common object. *Cognitive Psychology, 11,* 287–307.

Nielsen, J. A., Zielinski, B. A., Ferguson, M. A., Lainhart, J. E., & Anderson, J. S. (2013). An evaluation of the left-brain vs. right-brain hypothesis with resting state connectivity magnetic resonance imaging. *PLoS ONE, 8*(8), e71275. doi:10.1371/journal.pone.0071275

NIMH (National Institute of Mental Health). (2011). *Agoraphobia among adults.* Bethesda, MD: Author.

Nir, Y., & Tononi, G. (2010). Dreaming and the brain: From phenomenology to neurophysiology. *Trends in Cognitive Science, 14,* 88–100.

Nisbett, R. E. (2015). *Mindware: Tools for smart thinking.* New York: Farrar, Straus and Giroux.

Nisbett, R. E., & Ross, L. (1980). *Human inference: Strategies and shortcomings of social judgment.* Englewood Cliffs, NJ: Prentice-Hall.

Noftle, E. E., & Robins, R. W. (2007). Personality predictors of academic outcomes: Big Five correlates of GPS and SAT scores. *Journal of Personality and Social Psychology, 93,* 116–130.

Noice, H., & Noice, T. (2006). What studies of actors and acting can tell us about memory and cognitive functioning. *Current Directions in Psychological Science, 15,* 14–18.

Noice, T., & Noice, H. (1997). *The nature of expertise in professional acting: A cognitive view.* Mahwah, NJ: Erlbaum.

Oatley, K., & Duncan, E. (1994). The experience of emotions in everyday life. *Cognition and Emotion, 8,* 369–381.

Öhman, A., & Mineka, S. (2001). Fear, phobias, and preparedness: Toward an evolved module of fear and fear learning. *Psychology Review, 108,* 483–522.

O'Kane, G., Kensinger, E. A., & Corkin, S. (2004). Evidence for semantic learning in profound amnesia: An investigation with patient H. M. *Hippocampus, 14,* 417–425.

O'Keefe, J. (1976). Place units in the hippocampus of the freely moving rat. *Experimental Neurology, 51,* 78–109.

O'Keefe, J., & Dostrovsky, J. (1971). The hippocampus as a spatial map. Preliminary evidence from unit activity in the freely-moving rat. *Brain Research, 34,* 171–175.

Olson, M. A., & Fazio, R. H. (2001). Implicit attitude formation through classical conditioning. *Psychological Science, 12,* 413–417.

Orne, M. T. (1962) On the social psychology of the psychological experiment: With particular references to demand characteristics and their implications. *American Psychologist, 17,* 776–783.

Orne, M. T., & Evans, F. J. (1965). Social control in the psychological experiment: Antisocial behavior and hypnosis. *Journal of Personality and Social Psychology, 1,* 189–200.

Orne, M. T., & Holland, C. C. (1968). On the ecological

validity of laboratory deceptions. *International Journal of Psychiatry, 6,* 282–293.

Ornstein, R. (1991). *The evolution of consciousness: Of Darwin, Freud, and cranial fire—the origins of the way we think.* Englewood Cliffs, NJ: Prentice-Hall.

Osherson, D. N., & Markman, E. M. (1975). Language and the ability to evaluate contradictions and tautologies. *Cognition, 2,* 213–226.

Otsuka, Y., Yanagi, K., & Watanabe, S. (2009). Discriminative and reinforcing stimulus properties of music for rats. *Behavioural Processes, 80,* 121–127.

Papanastasiou, E., Stone, J. M., & Shergill, S. (2013). When the drugs don't work: The potential of glutamatergic antipsychotics in schizophrenia. *British Journal of Psychiatry, 202,* 91–93.

Parents Television Council. (2007, January 10). *Dying to entertain: Violence on prime time broadcast TV, 1998 to 2006* [Special Report]. Retrieved from w2.parentstv.org

Pascual-Leone, J. (1989). Constructive problems for constructive theories: The current relevance of Piaget's work and a critique of information-processing simulation psychology. In R. Kluwe & H. Spada (Eds.), *Developmental models of thinking* (pp. 263–296). New York: Academic Press.

Pashler, H., McDaniel, M., Rohrer, D., & Bjork, R. (2008). Learning styles: Concepts and evidence. *Psychological Science in the Public Interest, 9,* 105–119.

Paterniti, M. (2000). *Driving Mr. Albert: A trip across America with Einstein's brain.* New York: Random House.

Paul, A. M. (2004). *The cult of personality testing: How personality tests are leading us to miseducate our children, mismanage our companies, and misunderstand ourselves.* New York: Free Press.

Paulos, J. A. (2003). *A mathematician plays the stock market.* New York: Basic Books.

Paulus, J. (2007, April/May). Lithium's healing power. *Scientific American MIND, 18,* 70–75.

Pavlov, I. P. (1960). *Conditioned reflexes: An investigation of the physiological activity of the cerebral cortex* (G.V. Anrep, Trans.). New York: Dover. (Original work published 1927)

Payne, D. G., & Wenger, M. J. (1996). Practice effects in memory: Data, theory, and unanswered questions. In D. Herrmann, C. McEvoy, C. Hertzog, P. Hertel, & M. K. Johnson (Eds.), *Basic and applied memory research: Practical applications* (Vol. 2, pp. 123–138). Mahwah, NJ: Erlbaum.

Penfield, W., & Boldrey, E. (1937). Somatic motor and sensory representation in the cerebral cortex of man as studied by electrical stimulation. *Brain, 60,* 389.

Penfield, W., & Rasmussen, T. (1968). *The cerebral cortex of man: A clinical study of localization of function.* New York: Hafner.

Perera, T. D., Dwork, A. J., Keegan, K. A., Thirumangalakudi, L., Lipira, C. M., Joyce, N., . . . Coplan, J. D. (2011). Necessity of hippocampal neurogenesis for the therapeutic action of antidepressants in adult nonhuman primates. *PLoS ONE, 6*(4), e17600. doi:10.1371/journal.pone.0017600

Perry, G. (2013). *Behind the shock machine: The untold story of the notorious Milgram psychology experiments.* New York: The New Press.

Pert, C. B. (1997). *Molecules of emotion.* New York: Simon & Schuster.

Pert, C. B., & Snyder, S. H. (1973). Opiate receptors: Demonstration in the nervous tissue. *Science, 179,* 1011–1014.

Peterson, C., Maier, S. F., & Seligman, M. E. P. (1993). *Learned helplessness: A theory for the age of personal control.* New York: Oxford University Press.

Peterson, C., & Seligman, M. E. P. (1984). Causal explanations as a risk factor for depression: Theory and evidence. *Psychological Review, 91,* 347–374.

Peterson, L. R., & Peterson, M. J. (1959). Short-term retention of individual verbal items. *Journal of Experimental Psychology, 58,* 193–198.

Pettinati, H. M., Tamburello, B. A., Ruetsch, C. R., & Kaplan, F. N. (1994). Patient attitudes toward electroconvulsive therapy. *Psychopharmacology Bulletin, 30,* 471–475.

Pettit-O'Malley, K. L., Liesz, T. J., & Sisodiya, S. R. (2017). The relative efficacy of handwritten versus electronic student classroom notes. *Business Education Innovation Journal, 9,* 110–120.

Phillips, N. E., Mills, C., D'Mello, S. K., & Risko, E. F. (2016). On the influence of re-reading on mind wandering. *The Quarterly Journal of Experimental Psychology, 69,* 2338–2357.

Phipps, M., Blume, J., & DeMonner, S. (2002). Young maternal age associated with increased risk of post-neonatal death. *Obstetrics and Gynecology, 100,* 481–486.

Piaget, J. (1929). *The child's conception of the world.* New York: Harcourt, Brace. (Original work published 1926)

Piaget, J. (1932). *The moral judgment of the child.* New York: Harcourt, Brace.

Piaget, J. (1952). *The origins of intelligence in children.* New York: International Universities Press. (Original work published 1936)

Piaget, J. (1972). Intellectual evolution from adolescence to adulthood. *Human Development, 15,* 1–12.

Piaget, J. (1983). Piaget's theory. In P. H. Mussen

(Series Ed.) and W. Kessen (Vol. Ed.), *Handbook of child psychology: Vol. 1. History, theory, and methods* (4th ed., pp. 103–126). New York: Wiley.

Pietschnig, J., & Voracek, M. (2015). One century of global IQ gains: A formal meta-analysis of the Flynn effect (1909–2013). *Perspectives on Psychological Science, 10,* 282–306.

Pinker, S. (1994). *The language instinct: How the mind creates language.* New York: William Morrow.

Pittenger, D. J. (2005). Cautionary comments regarding the Myers-Briggs type indicator. *Consulting Psychology Journal: Practice and Research, 57,* 210–221.

Pliner, P., Hart, H., Kohl, J., & Saari, D. (1974). Compliance without pressure: Some further data on the foot-in-the-door technique. *Journal of Experimental Social Psychology, 10,* 17–22.

Plomin, R., DeFries, J. C., McClearn, G. E., & Rutter, M. (1997). *Behavioral genetics.* New York: W. H. Freeman.

Plötner, M., Over, H., Carpenter, M., & Tomasello, M. (2015). Young children show the bystander effect in helping situations. *Psychological Science, 26,* 499–506.

Plous, S. (1993). *The psychology of judgment and decision making.* New York: McGraw-Hill.

Porter, D., & Neuringer, A. (1984). Musical discriminations by pigeons. *Journal of Experimental Psychology: Animal Behavior Processes, 10,* 138–148.

Powell, R. A., Digdon, N., Harris, B., & Smithson, C. (2014). Correcting the record on Watson, Rayner, and Little Albert: Albert Barger as "psychology's lost boy." *American Psychologist, 69,* 600–611.

Powell, R. A., Symbaluk, D. G., & MacDonald, S. E. (2002). *Introduction to learning & behavior.* Belmont, CA: Wadsworth

Pratkanis, A. R. (1992, Spring). The cargo-cult science of subliminal persuasion. *Skeptical Inquirer, 16,* 260–272.

Pratkanis, A. R., & Greenwald, A. G. (1988). Recent perspectives on unconscious processing: Still no marketing applications. *Psychology and Marketing, 5,* 337–353.

Pratt, L. A., Brody, D. J., & Gu, Q. (2011, October). *Antidepressant use in persons aged 12 and over: United States, 2005–2008* (NCHS data brief No. 76). Hyattsville, MD: National Center for Health Statistics. Retrieved from http://www.cdc.gov/nchs/data/databriefs/db76.htm

Premack, D. (1959). Toward empirical behavior laws: I. Positive reinforcement. *Psychological Review, 66,* 219–233.

Premack, D. (1965). Reinforcement theory. In D. Levine (Ed.), *Nebraska Symposium on Motivation* (Vol. 13, pp. 123–180). Lincoln, NE: University of Nebraska.

Ptito, A., & Leh, S. E. (2007). Neural substrates of blindsight after hemispherectomy. *Neuroscientist, 13,* 506–518.

Pulver, S. E. (1961). The first electroconvulsive treatment given in the United States. *American Journal of Psychiatry, 117,* 845.

Radvansky, G. A. (2017). *Human memory* (3rd ed.). New York: Routledge.

Ramachandran, V. W. (1992, May). Blind spots. *Scientific American, 266,* 86–91.

Ramachandran, V. W., & Blakeslee, S. (1998). *Phantoms in the brain: Probing the mysteries of the human mind.* New York: William Morrow.

Ramachandran, V. W., & Gregory, R. L. (1991). Perceptual filling in of artificially induced scotomas in human vision. *Nature, 350,* 699–702.

Rammstedt, B., & John, O. P. (2007). Measuring personality in one minute or less: A 10-item short version of the Big Five Inventory in English and German. *Journal of Research in Personality, 41,* 203–212.

Rank, S. G., & Jacobson, C. K. (1977). Hospital nurses' compliance with medication overdose orders: A failure to replicate. *Journal of Health and Social Behavior, 18,* 188–193.

Raphael, B. (1976). *The thinking computer.* San Francisco: W. H. Freeman.

Rapoport, J. L. (1989, March). The biology of obsessions and compulsions. *Scientific American, 260,* 83–89.

Rapoport, J. L. (1991). Recent advances in obsessive-compulsive disorder. *Neuropsychopharmacology, 5,* 1–10.

Raskin, N. J., & Rogers, C. R. (1995). Person-centered therapy. In R. J. Corsini & D. Wedding (Eds.), *Current psychotherapies* (5th ed., pp. 144–149). Itasca, IL: Peacock.

Ratey, J. J. (2001). *A user's guide to the brain: Perception, attention, and the four theaters of the brain.* New York: Pantheon.

Ratiu, P., Talos, I.-F., Haker, S., Lieberman, D., & Everett, P. (2004). The tale of Phineas Gage, digitally remastered. *Journal of Neurotrauma, 21,* 637–643.

Ratnesar, R. (2011, July/August). The menace within. *Stanford Alumni Magazine.* Retrieved from http://alumni.stanford.edu/get/page/magazine/article/?article_id=40741

Reber, P. (2010, May/June). Ask the Brains. *Scientific American MIND, 21,* 70.

Redelmeier, D. A., & Tversky, A. (1996). On the belief that arthritis pain is related to the weather. *PNAS, 93,* 2895–2896.

Regier, D. A., Narrow, W. E., Kuhl, E. A., & Kupfer, D. J. (Eds.). (2011). *The conceptual evolution of DSM-5.* Arlington, VA: American Psychiatric Association.

Reicher, S., & Haslam, S. A. (2006). Rethinking the psychology of tyranny: The BBC prison study. *British*

Journal of Social Psychology, 45, 1–40.

Reicher, S., Haslam, S. A., & Smith, J. R. (2012). Working toward the experimenter: Reconceptualizing obedience within the Milgram paradigm as identification-based followership. *Perspectives on Psychological Science, 7,* 315–324.

Reid, V. M., Dunn, K., Young, R. J., Amu, J., Donovan, T., & Reissland, N. (2017). The human fetus preferentially engages with face-like visual stimuli. *Current Biology, 27,* 1825–1828.

Rescorla, R. A. (1996). Preservation of Pavlovian associations through extinction. *Quarterly Journal of Experimental Psychology, 49B,* 245–258.

Restak, R., & Kim, S. (2010). *The playful brain: The surprising science of how puzzles improve your mind.* New York: Penguin Group.

Restle, F. (1970). Moon illusion explained on the basis of relative size. *Science, 167,* 1092–1096.

Reuter-Lorenz, P. A., & Miller, A. C. (1998). The cognitive neuroscience of human laterality: Lessons from the bisected brain. *Current Directions in Psychological Science, 15,* 15–20.

Reverberi, C., Toraldo, A., D'Agostini, S., & Skrap, M. (2005). Better without (lateral) frontal cortex? Insight problems solved by frontal patients. *Brain, 128,* 2882–2890.

Ridley-Johnson, R., Cooper, H., & Chance, J. (1983). The relation of children's television viewing to school achievement and IQ. *Journal of Educational Research, 76,* 294–297.

Riener, C. & Willingham, D. (2010). The myth of learning styles. *Change: The Magazine of Higher Learning, 42,* 32–35.

Rilling, J. K., & Insel, T. R. (1998). Evolution of the cerebellum in primates: Differences in relative volume among monkeys, apes, and humans. *Brain, Behavior, and Evolution, 52,* 308.

Rinck, M. (1999). Memory for everyday objects: Where are the digits on numerical keypads? *Applied Cognitive Psychology, 13,* 329–350.

Ritov, I. (1996). Anchoring in simulated competitive market negotiation. *Organizational Behavior and Human Decision Processes, 67,* 16–25.

Rivas-Vasquez, R. A. (2003). Aripiprazole: A novel antipsychotic with dopamine stabilizing properties. *Professional Psychology: Research and Practice, 34,* 108–111.

Rizzolatti, G., & Craighero, L. (2004). The mirror-neuron system. *Annual Review of Neuroscience, 27,* 169–192.

Roberts, B. W., & DelVecchio, W. F. (2000). The rank-order consistency of personality traits from childhood to old age: A quantitative review of longitudinal studies.

Psychological Bulletin, 126, 3–25.

Roberts, B. W., Smith, J., Jackson, J. J., & Edmonds, G. (2009). Compensatory conscientiousness and health in older couples. *Psychological Science, 20,* 553–559.

Rochat, F., & Blass, T. (2014). The "Bring a Friend" condition: A report and analysis of Milgram's unpublished Condition 24. *Journal of Social Issues, 70,* 456–472.

Roediger, H. L., & Karpicke, J. D. (2006). Test-enhanced learning: Taking memory tests improves long-term retention. *Psychological Science, 17,* 249–255.

Roese, N. J., & Vohs, K. D. (2012). Hindsight bias. *Perspectives on Psychological Science, 7,* 411–426.

Rogers, C. R. (1951). *Client-centered therapy: Its current practices, implications, and theory.* Boston: Houghton Mifflin.

Rogers, C. R. (1961). *On becoming a person: A therapist's view of psychotherapy.* Boston: Houghton Mifflin.

Rogers, T. B., Kuiper, N. A., & Kirker, W. S. (1977). Self-reference and the encoding of personal information. *Journal of Personality and Social Psychology, 35,* 677–688.

Rogowsky, B. A., Calhoun, B. M., & Tallal, P. (2015). Matching learning style to instructional method: Effects on comprehension. *Journal of Educational Psychology, 107,* 64–78.

Rohrer, D., & Taylor, K. (2006). The effects of overlapping and distributed practise on the retention of mathematics knowledge. *Applied Cognitive Psychology, 20,* 1209–1224.

Rohrer, J. H., Baron, S. H., Hoffman, E. L., & Swander, D. V. (1954). The stability of autokinetic judgments. *Journal of Abnormal and Social Psychology, 49,* 595–597.

Rorschach, H. (1942). *Psychodiagnostik* (Hans Huber, Trans.). Bern, Switzerland: Verlag. (Original work published in 1921)

Rosch, E. H. (1973). Natural categories. *Cognitive Psychology, 4,* 328–350.

Rosenberg, A., Ledley, D. R., & Heimberg, R. G. (2010). Social anxiety disorder. In D. McKay, J. S. Abramowitz, & S. Taylor (Eds.), *Cognitive-behavioral therapy for refractory cases: Turning failure into success* (pp. 65–88). Washington, DC: American Psychological Association.

Rosenhan, D. L. (1973). On being sane in insane places. *Science, 179,* 250–258.

Rosenthal, A. M. (1964). *Thirty-eight witnesses: The Kitty Genovese case.* New York: McGraw-Hill.

Rosenthal, R. (1966). *Experimenter effects in behavioral research.* New York: Appleton-Century-Crofts.

Rosenthal, R. (1994). Interpersonal expectancy effects: A 30-year perspective. *Current Directions in Psychological Science, 3,* 176–179.

Rosenthal, R., & Jacobson, L. (1968). *Pygmalion in the classroom: Teacher expectation and pupils' intellectual development.* New York: Holt, Rinehart & Winston.

Ross, L. (1977). The intuitive psychologist and his shortcomings: Distortions in the attribution process. In L. Berkowitz (Ed.), *Advances in experimental social psychology* (Vol. 10, pp. 173–220). New York: Academic Press.

Rotenberg, K. J., Costa, P., Trueman, M., & Lattimore, P. (2012). An interactional test of the reformulated helplessness theory of depression in women receiving clinical treatment for eating disorders. *Eating Behaviors, 13,* 264–266.

Rotter, J. B. (1966). Generalized expectancies for internal versus external control of reinforcement. *Psychological Monographs, 80*(609) Whole issue.

Rotter, J. B. (1990). Internal versus external control of reinforcement: A case history of a variable. *American Psychologist, 45,* 489–493.

Rubin, D. C., & Kontis, T. C. (1983). A schema for common cents. *Memory & Cognition, 11,* 335–341.

Rubin, E. (2001). Figure and ground. In S. Yantis (Ed.), *Visual perception: Essential readings* (pp. 225–230). Philadelphia: Psychology Press. (Original work published 1921)

Rubin, N. (2001). Figure and ground in the brain. *Nature Neuroscience, 4,* 857–858.

Rundus, D., & Atkinson, R. C. (1970). Rehearsal processes in free recall: A procedure for direct observation. *Journal of Verbal Learning and Verbal Behavior, 9,* 99–105.

Ruscio, J. (2004). Diagnosis and the behaviors they denote: A critical evaluation of the labeling theory of mental illness. *The Scientific Review of Mental Health Practice, 3,* 5–22.

Ruscio, J. (2015). Rosenhan pseudopatient study. In R. L. Cautin & S. O. Lilienfeld (Eds.), *The encyclopedia of clinical psychology* (p. 425). New York: Wiley.

Russell, N. (2009). *Stanley Milgram's obedience to authority experiments: Towards an understanding of their relevance in explaining aspects of the Nazi Holocaust.* University of Wellington, Australia. Retrieved from http://researcharchive.vuw.ac.nz/handle/10063/1091

Russell, N. (2014). Stanley Milgram's obedience to authority "relationship" condition: Some methodological and theoretical implications. *Social Sciences, 3,* 194–214.

Sabbagh, L. (2006, August/September). The teen brain, hard at work. No, Really. *Scientific American MIND, 17,* 20–25.

Sackett, P. R., Bornerman, M. J., & Connelly, B. J. (2008). High-stakes testing in higher education and employment: Appraising the evidence for validity and fairness. *American Psychologist, 63,* 215–227.

Sackett, P. R., Schmitt, N., Ellingson, J. E., & Kabin, M. B. (2001). High-stakes testing in employment, credentialing, and higher education: Prospects in a post-affirmative action world. *American Psychologist, 56,* 302–318.

Sanders, A. R., Duan, J., & Gejman, P. V. (2012). Schizophrenia genetics: What have we learned from genome-wide association studies? In A. S. Brown & P. H. Patterson (Eds.), *The origins of schizophrenia* (pp. 175–209). New York: Columbia University Press.

Sareen, J., Afifi, T. O., McMillan, K. A., & Asmundson, G. J. G. (2011). Relationship between household income and mental disorders: Findings from a population-based longitudinal study. *Archives of General Psychiatry, 68,* 419–426.

Sargolini, F., Fyhn, M., Hafting, T., McNaughton, B. L., Witter, M. P., Moser, M. B., & Moser, E. I. (2006). Conjunctive representation of position, direction, and velocity in the entorhinal cortex. *Science, 312,* 758–762.

Saufley, W. H., Otaka, S. R., & Bavaresco, J. L. (1985). Context effects: Classroom tests and context independence. *Memory and Cognition, 13,* 522–528.

Schachter, S., & Singer, J. E. (1962). Cognitive, social, and physiological determinants of emotional state. *Psychological Review, 69,* 379–399.

Schacter, D. L. (1996). *Searching for memory: The brain, the mind, and the past.* New York: Basic Books.

Schacter, D. L. (2000). *The seven sins of memory: How the mind forgets and remembers.* New York: Houghton Mifflin.

Schafe, G. E., Sollars, S. I., & Bernstein, I. L. (1995). The CS-UCS interval and taste aversion learning: A brief look. *Behavioral Neuroscience, 109,* 799–802.

Schaie, K. W. (1994). The life course of adult intellectual development. *American Psychologist, 49,* 304–313.

Schaie, K. W. (1995). *Intellectual development in adulthood: The Seattle Longitudinal Study.* New York: Cambridge University Press.

Schank, R. C., & Abelson, R. P. (1977). *Scripts, plans, goals, and understanding: An inquiry into human knowledge structures.* Hillsdale, NJ: Erlbaum.

Schiferle, E. (2013). An impulse of hope for individuals with treatment-resistant depression. *Columbia Science Review.* Retrieved from http://csrspreadscience.wordpress.com/2013/11/05

Schizophrenia Working Group of the Psychiatric Genomics Consortium. (2014). Biological insights from 108 schizophrenia-associated genetic loci. *Nature, 511,* 421–427.

Schmid, M. C., Mrowka, S. W., Turchi, J., Saunders, R. C., Wilke, M., Peters, A. J., . . . Leopold, D. A. (2010). Blindsight depends on the lateral geniculate nucleus.

Nature, 466, 373–377.

Schmidt, D. P., Allik, J., McCrae, R. R., & Benet-Martinez, V. (2007). The geographic distribution of big five personality traits: Patterns and profiles of human self-description across 56 nations. *Journal of Cross-Cultural Psychology, 38,* 173–212.

Schmidt, F. L., & Hunter, J. E. (1998). The validity and utility of selection methods in personnel psychology: Practical and theoretical implications of 85 years of research findings. *Psychological Bulletin, 124,* 262–274.

Schneider, B. H., Atkinson, L., & Tardif, C. (2001). Child-parent attachment and children's peer relations: A quantitative review. *Developmental Psychology, 37,* 86–100.

Schneider, W. (1993). Domain-specific knowledge and memory performance in children. *Educational Psychology Review, 5,* 257–273.

Schultz, D. (2001). *Theories of personality* (7th ed.). Pacific Grove, CA: Brooks/Cole.

Schwartz, N. (1999). Self-reports: How the questions shape the answers. *American Psychologist, 54,* 93–105.

Scott, B. W., Wojtowicz, J. M., & Burnham, W. M. (2000). Neurogenesis in the dentate gyrus of the rat following electroconvulsive shock seizures. *Experimental Neurology, 165,* 231–236.

Scoville, W. B., & Milner, B. (1957). Loss of recent memory after bilateral hippocampal lesions. *Journal of Neurology, Neurosurgery and Psychiatry, 20,* 11–21.

Segall, M. H., Campbell, D. T., & Herskovits, M. J. (1963). Cultural differences in the perception of geometric illusions. *Science, 193,* 769–771.

Segall, M. H., Campbell, D. T., & Herskovits, M. J. (1966). *The influence of culture on visual perception.* Indianapolis, IN: Bobbs-Merrill.

Segall, M. H., Dasen, P. R., Berry, J. W., & Poortinga, Y. H. (1990). *Human behavior in a global perspective: An introduction to cross-cultural psychology.* New York: Pergamon.

Seligman, M. E. P. (1971). Phobias and preparedness. *Behavior Therapy, 2,* 307–320.

Seligman, M. E. P. (1975). *Helplessness: On depression, development, and death.* San Francisco: W. H. Freeman.

Seligman, M. E. P. (1994). *What you can change and what you can't: The ultimate guide to self-improvement.* New York: Knopf.

Seligman, M. E. P., Castellon, C., Cacciola, J., Schulman, P., Luborsky, L., Ollove, M., & Downing, R. (1988). Explanatory style change during cognitive therapy for unipolar depression. *Journal of Abnormal Psychology, 97,* 13–18.

Seligman, M. E. P., Walker, E. F., & Rosenhan, D. L.

(2001). *Abnormal psychology* (4th ed.). New York: Norton.

Senfor, A. J., Van Petten, C., & Kutas, M. (2002). Episodic action memory for real objects: An ERP investigation with perform, watch and imagine action encoding tasks versus a non-action encoding task. *Journal of Cognitive Neuroscience, 14,* 402–419.

Senghas, A., & Coppola, M. (2001). Children creating language: How Nicaraguan sign language acquired a spatial grammar. *Psychological Science, 12,* 323–328.

Sergent, J., Ohta, S., & MacDonald, B. (1992). Functional neuroanatomy of face and object processing: A positron emission tomography study. *Brain, 115,* 15–36.

Seung, S. (2012). *Connectome: How the brain's wiring makes us who we are.* New York: Houghton Mifflin Harcourt.

Shadish, W. R., Matt, G. E., Navarro, A. M., & Phillips, G. (2000). The effects of psychological therapies under clinically representative conditions: A meta-analysis. *Psychological Bulletin, 126,* 512–529.

Sharman, S. J., Garry, M., & Beuke, C. J. (2004). Imagination or exposure causes imagination inflation. *American Journal of Psychology, 117,* 157–168.

Sharp, E. S., Reynolds, C. A., Pedersen, N. L., & Gatz, M. (2010). Cognitive engagement and cognitive aging: Is openness protective? *Psychology and Aging, 25,* 60–73.

Shaver, A. (2015, November 23). You're more likely to be crushed by furniture than killed by a terrorist. *The Washington Post.* Retrieved from https://www.washingtonpost.com/news/monkey-cage/wp/2015/11/23/youre-more-likely-to-be-fatally-crushed-by-furniture-than-killed-by-a-terrorist/?noredirect=on&utm_term=.c36b915d6b7d

Shedler, J. (2010). The efficacy of psychodynamic psychotherapy. *American Psychologist, 63,* 98–109.

Sheingold, K. (1973). Developmental differences in intake and storage of visual information. *Journal of Experimental Child Psychology, 16,* 1–11.

Sheldon, K. M., Elliot, A. J., Kim, Y., & Kasser, T. (2001). What is satisfying about satisfying events? Testing 10 candidate psychological needs. *Journal of Personality and Social Psychology, 80,* 325–339.

Shepard, R. N. (1990). *Mind sights: Original visual illusions, ambiguities, and other anomalies, with a commentary on the play of mind in perception and art.* New York: W. H. Freeman.

Sherif, M. (1937). An experimental approach to the study of attitudes. *Sociometry, 1,* 90–98.

Sherif, M., & Sherif, C. W. (1969). *Social psychology.* New York: Harper and Row.

Shih, R., Dabrowski, A., & Carnahan, H. *(2009). Evidence for haptic memory. In World Haptics 2009— Third*

Joint EuroHaptics Conference and Symposium on Haptic Interfaces for Virtual Environment and Teleoperator Systems (pp. 145–149). *New York: IEEE.* doi:10.1109/WHC.2009.4810867

Shultz, S., & Vouloumanos, A. (2010). Three-month-olds prefer speech to other naturally occurring signals. *Language Learning and Development, 6,* 241–257.

Silver, N. (2012). *The signal and the noise: Why so many predictions fail–but some don't.* New York: Penguin.

Simons, D. J., & Chabris, C. F. (2011). What people believe about how memory works: A representative survey of the U.S. population. *PLoS ONE, 6*(8), e22757. doi:10.1371/journal.pone.0022757

Simons, D. J., & Chabris, C. F. (2012). Common (mis) beliefs about memory: A replication and comparison of telephone and mechanical Turk survey methods. *PLoS ONE, 7*(12), e51876. doi:10.1371/journal.pone.0051876

Simpkins, S., Parke, R., Flyr, M., & Wild, M. (2006). Similarities in children's and early adolescents' perceptions of friendship qualities across development, gender, and friendship qualities. *Journal of Early Adolescence, 26,* 491–508.

Skinner, B. F. (1938). *The behavior of organisms: An experimental analysis.* New York: Appleton-Century-Crofts.

Skinner, B. F. (1956). A case history in the scientific method. *American Psychologist, 45,* 1206–1210.

Skotko, B. G., Kensinger, E. A., Locascio, J. J., Einstein, G., Rubin, D. C., Tupler, L. A., . . . Corkin, S. (2004). Puzzling thoughts for H. M.: Can new semantic information be anchored to old semantic memories? *Neuropsychology, 18,* 756–769.

Slamecka, N. J. (1992). Forgetting. In L. R. Squire (Ed.), *Encyclopedia of learning and memory.* New York: Macmillan.

Slater, M. D., Henry, K. L., Swaim, R. C., & Anderson, L. L. (2003). Violent media content and aggressiveness in adolescents: A downward spiral model. *Communication Research, 30,* 713–736.

Slovic, P., & Fischhoff, B. (1977). On the psychology of experimental surprises. *Journal of Experimental Psychology: Human Perception and Performance, 3,* 544–551.

Smith, C. N., & Squire, L. R. (2009). Medial temporal lobe activity during retrieval of semantic memory is related to the age of the memory. *The Journal of Neuroscience, 29,* 930–938.

Smith, M. B. (1978). Psychology and values. *Journal of Social Issues, 34,* 181–199.

Smith, M. L., Glass, G. V., & Miller, T. I. (1980). *The benefits of psychotherapy.* Baltimore, MD: Johns Hopkins University Press.

Smith, S. M., Glenberg, A., & Bjork, R. A. (1978).

Environmental context and human memory. *Memory and Cognition, 6,* 342–353.

Snarey, J. R. (1985). Cross-cultural universality of social-moral development: A critical review of Kohlbergian research. *Psychological Bulletin, 97,* 202–232.

Sorkhabi, N. (2005). Applicability of Baumrind's parent typology to collective cultures: Analysis of cultural explanations of parent socialization effects. *International Journal of Behavioral Development, 29,* 552–563.

Soussignan, R. (2002). Duchenne smile, emotional experience, and autonomic reactivity: A test of the facial-feedback hypothesis. *Emotion, 2,* 52–74.

Spearman, C. (1927). *The abilities of man.* New York: Macmillan.

Specter, M. (2014, November 24). Drool: Ivan Pavlov's real quest. [Review of the book *Ivan Pavlov: A Russian life in science,* by D. P. Todes]. *The New Yorker, 90*(37), 123–126.

Spence, M. J., & Freeman, M. S. (1996). Newborn infants prefer the low-pass filtered voice, but not the maternal whispered voice. *Infant Behavior and Development, 19,* 199–212.

Sperling, G. (1960). The information available in brief visual presentations. *Psychological Monographs, 74* (498) Whole issue.

Spitzer, R. L. (1975). On pseudoscience in science, logic in remission, and psychiatric diagnosis: A critique of Rosenhan's "On being sane in insane places." *Journal of Abnormal Psychology, 84,* 442–452.

Spitzer, R. L. (1976). More on pseudoscience in science and the case for psychiatric diagnosis: A critique of D. L. Rosenhan's "On being sane in insane places" and "The contextual nature of psychiatric diagnosis." *Archives of General Psychiatry, 33,* 459–470.

Springer, S. P., & Deutsch, G. (1998). *Left brain, right brain* (5th ed.). New York: W. H. Freeman.

Squire, L. R. (2004). Memory systems of the brain: A brief history and current perspective. *Neurobiology of Learning and Memory, 82,* 171–177.

Squire, L. R. (2009). The legacy of patient H. M. for neuroscience. *Neuron, 61,* 6–9.

Staddon, J. E. R., & Ettinger, R. H. (1989). *Learning: An introduction to the principles of adaptive behavior.* San Diego, CA: Harcourt.

Stanovich, K. E. (2009a, November/December). Rational and irrational thought: The thinking that IQ tests miss. *Scientific American MIND, 20,* 34–39.

Stanovich, K. E. (2009b). *What intelligence tests miss: The psychology of rational thought.* New Haven, CT: Yale University Press.

Stanovich, K. E. (2010). *How to think straight about psychology* (9th ed.). Needham Heights, MA: Allyn & Bacon.

Stanovich, K. E., & West, R. F. (2000). Individual differences in reasoning: Implications for the rationality debate. *Behavioral and Brain Sciences, 23,* 645–665.

Stergiakouli, E., Thapara, A., & Smith, G. D. (2016). Association of acetaminophen use during pregnancy with behavioral problems in childhood evidence against confounding. *JAMA Pediatrics, 170,* 964–970.

Stern, W. (1914). *The psychological methods of testing intelligence* (G. M. Whipple, Trans.). Baltimore, MD: Warrick and York.

Sternberg, R. J. (1985). *Beyond IQ: A triarchic theory of intelligence.* New York: Cambridge University Press.

Sternberg, R. J. (1988). *The triarchic mind: A new theory of human intelligence.* New York: Viking.

Sternberg, R. J. (1999). The theory of successful intelligence. *Review of General Psychology, 3,* 292–316.

Sternberg, R. J., & Davidson, J. E. (1982, June). The mind of the puzzler. *Psychology Today, 16,* 37–44.

Stevens, S. S. (1962). The surprising simplicity of sensory metrics. *American Psychologist, 17,* 29–39.

Stevens, S. S. (1975). *Psychophysics: Introduction to its perceptual, neural, and social prospects.* New York: Wiley.

Stevenson, H. W., Chen, C., & Lee, S. (1993). Mathematics achievement of Chinese, Japanese, and American schoolchildren: Ten years later. *Science, 259,* 53–58.

Stevenson, H. W., & Stigler, J. W. (1992). *The learning gap.* New York: Summit.

Stewart, N. (2009). The cost of anchoring. *Psychological Science, 20,* 39–41.

Stewart, V. M. (1973). Tests of the "carpentered world" hypothesis by race and environment in America and Zambia. *International Journal of Psychology, 8,* 83–94.

Stickgold, R., & Ellenbogen, J. M. (2009, August/September). Quiet! Sleeping brain at work. *Scientific American MIND, 19,* 22–29.

Stickgold, R., Hobson, J. A., Fosse, R., & Fosse, M. (2001). Sleep, learning, and dreams: Off-line memory reprocessing. *Science, 294,* 1052–1057.

Stone, J. M. (2011). Glutamatergic antipsychotic drugs: A new dawn in the treatment of schizophrenia? *Therapeutic Advances in Psychopharmacology, 1,* 5–18.

Stone, V. E., Nisenson, L., Eliassen, J. C., & Gazzaniga, M. S. (1996). Left hemisphere representations of emotional facial expressions. *Neuropsychologica, 34,* 23–29.

Sweeney, M. S. (2009). *Brain: The complete mind.* Washington, DC: National Geographic.

Sweeney, M. S. (2011). *Brain works: The mind-bending science of how you see, what you think, and who you are.* Washington, DC: National Geographic.

Swets, J. A. (1964). *Signal detection and recognition by human observers.* New York: Wiley.

Symons, C. S., & Johnson, B. T. (1997). The self-reference effect in memory: A meta-analysis. *Psychological Bulletin, 121,* 371–394.

Takei, N., Van Os, J., & Murray, R. M. (1995). Maternal exposure to influenza and risk of schizophrenia: A 22 year study from the Netherlands. *Journal of Psychiatric Research, 29,* 435–445.

Talmi, D., Grady, C. L., Goshen-Gottstein, Y., & Moscovitch, M. (2005). Neuroimaging the serial position curve: A test of single-store versus dual-store models. *Psychological Science, 16,* 716–723.

Tammet, D. (2009). *Embracing the wide sky: A tour across the horizons of the mind.* New York: Free Press.

Tang, S., & Hall, V. C. (1995). The overjustification effect: A meta-analysis. *Applied Cognitive Psychology, 9,* 365–404.

Tavris, C., & Aronson, E. (2007). *Mistakes were made (but not by me): Why we justify foolish beliefs, bad decisions, and hurtful acts.* New York: Harcourt.

Tay, L., & Diener, E. (2011). Needs and subjective well-being around the world. *Journal of Personality and Social Psychology, 101,* 354–365.

Teghtsoonian, R. (1971). On the exponents in Stevens's law and the constant in Ekman's law. *Psychological Review, 78,* 71–80.

Teigen, K. H. (1986). Old truths or fresh insights? A study of students' evaluation of proverbs. *British Journal of Social Psychology, 25,* 43–50.

Teplin, L. A. (1985). The criminality of the mentally ill: A deadly misconception. *American Journal of Psychiatry, 142,* 593–598.

Terman, L. M. (1916). *The measurement of intelligence.* Boston: Houghton Mifflin.

Thaler, R., & Sunstein, C. (2008). *Nudge: Improving decisions about health, wealth, and happiness.* New Haven, CT: Yale University Press.

Thelen, E. (1995). Motor development: A new synthesis. *American Psychologist, 50,* 79–95.

Thomas, A. K., Bulevich, J. B., & Loftus, E. F. (2003). Exploring the role of repetition and sensory elaboration in the imagination inflation effect. *Memory & Cognition, 31,* 630–640.

Thomas, R. K. (1997). Correcting some Pavloviana regarding "Pavlov's bell" and Pavlov's "mugging." *American Journal of Psychology, 110,* 115–125.

Thompson, P. (1980). Margaret Thatcher: A new illusion.

Perception, 9, 483–484.

Thompson, R. F. (2000). *The brain: A neuroscience primer* (3rd ed.). New York: Worth.

Thorndike, E. L. (1898). Animal intelligence: An experimental study of the associative processes in animals. *Psychological Review Monograph Supplement, 2*(8).

Thorndike, E. L. (1911). *Animal intelligence: Experimental studies.* New York: Macmillan.

Thurstone, L. L. (1938). *Primary mental abilities.* Chicago: University of Chicago Press.

Todes, D. P. (2014). *Ivan Pavlov: A Russian life in science.* New York: Oxford University Press.

Tolman, E. C., & Honzik, C. H. (1930a). Degrees of hunger, reward and non-reward, and maze learning in rats. *University of California Publications in Psychology, 4,* 241–256.

Tolman, E. C., & Honzik, C. H. (1930b). "Insight" in rats. *University of California Publications in Psychology, 4,* 215–232.

Tolman, E. C., & Honzik, C. H. (1930c). Introduction and removal of reward, and maze performance in rats. *University of California Publications in Psychology, 4,* 257–275.

Tomasello, M. (2003). *Constructing a language: A usage-based theory of language acquisition.* Cambridge, MA: Harvard University Press.

Tomasello, M., Strosberg, R., & Akhtar, N. (1996). Eighteen-month-old children learn words in non-ostensive contexts. *Journal of Child Language, 23,* 157–176.

Tong, F., Nakayama, K., Moscovitch, M., Weinrib, O., & Kanwisher, N. (2000). Response properties of the human fusiform face area. *Cognitive Neuropsychology, 17,* 257–279.

Torrey, E. F., Bartko, J. J., Lun, Z.-R., & Yolken, R. H. (2007). Antibodies to *Toxoplasma gondii* in patients with schizophrenia: A meta-analysis. *Schizophrenia Bulletin, 33,* 729–736.

Torrey, E. F., Bartko, J. J., & Yolken, R. H. (2012). *Toxoplasma gondii* and other risk factors for schizophrenia: An update. *Schizophrenia Bulletin, 38,* 642–647.

Torrey, E. F., Miller, J., Rawlings, R., & Yolken, R. H. (1997). Seasonality of births in schizophrenia and bipolar disorder: A review of the literature. *Schizophrenia Research, 28,* 1–38.

Torrey, E. F., Rawlings, R., & Yolken, R. H. (2000). The antecedents of psychoses: A case-control study of selected risk factors. *Schizophrenia Research, 46,* 17–23.

Torrey, E. F., & Yolken, R. H. (1995). Could schizophrenia be a viral zoonosis transmitted from house cats? *Schizophrenia Bulletin, 21,* 167–171.

Torrey, E. F., & Yolken, R. H. (2003). *Toxoplasma gondii*

and schizophrenia. *Emerging Infectious Diseases, 9,* 1375–1380.

Toscani, M., Gegenfurtner, K. R., & Doerschner, K. (2017). Differences in illumination estimation in #thedress. *Journal of Vision, 17*(1), 1–14.

Tovee, M. J., Rolls, E., & Ramachandran, V. S. (1996). Rapid visual learning in neurons in the primate visual cortex. *Neuroreport, 7,* 2757–2760.

Trahan, L., Stuebing, K. K., Hiscock, M. K., & Fletcher, J. M. (2014). The Flynn effect: A meta-analysis. *Psychological Bulletin, 140,* 1332–1360.

Trappey, C. (1996). A meta-analysis of consumer choice and subliminal advertising. *Psychology and Marketing, 13,* 517–530.

Treadway, M. T., & Pizzagalli, D. A. (2014). Imaging the pathophysiology of major depressive disorder—from localist models to circuit-based analysis. *Biology of Mood & Anxiety Disorders, 4,* 5.

Tsuang, M. T., & Faraone, S. V. (1990). *The genetics of mood disorders.* Baltimore, MD: Johns Hopkins University Press.

Tuddenham, R. D. (1948). Soldier intelligence in World Wars I and II. *American Psychologist, 3,* 54–56.

Tully, T. (2003, February 18). Pavlov's dogs. *Current Biology, 13,* R117–R119.

Tulving, E. (1972). Episodic and semantic memory. In E. Tulving & W. Donaldson (Eds.), *Organization of memory* (pp. 381–403). New York: Academic Press.

Tulving, E. (1974, January/February). Cue-dependent forgetting. *American Scientist, 62,* 74–82.

Tulving, E. (1983). *Elements of episodic memory.* New York: Oxford University Press.

Tulving, E., Schacter, D. L., & Stark, H. (1982). Priming effects in word-fragment completion are independent of recognition memory. *Journal of Experimental Psychology: Learning, Memory, and Cognition, 8,* 336–342.

Tversky, A., & Kahneman, D. (1971). Belief in the law of small numbers. *Psychological Bulletin, 76,* 105–110.

Tversky, A., & Kahneman, D. (1973). Availability: A heuristic for judging frequency and probability. *Cognitive Psychology, 5,* 207–232.

Tversky, A., & Kahneman, D. (1974). Judgment under uncertainty: Heuristics and biases. *Science, 185,* 1124–1131.

Tversky, A., & Kahneman, D. (1983). Extensional versus intuitive reasoning: The conjunction fallacy in probability judgment. *Psychological Review, 90,* 293–315.

Twitmyer, E. B. (1974). A study of the knee jerk. *Journal of Experimental Psychology, 103,* 1047–1066.

Ursini, G., Punzi, G., Chen, Q., Marenco, S., Robinson, J. F., Porcelli, A., . . . Weinberger, D. R. (2018).

Convergence of placenta biology and genetic risk for schizophrenia. *Nature Medicine, 24,* 792–801.

Valenstein, E. S. (1986). *Great and desperate cures: The rise and decline of psychosurgery and other radical treatments.* New York: Basic Books.

Valenstein, E. S. (1988). *Blaming the brain: The truth about drugs and mental health.* New York: Free Press.

Valenstein, E. S. (2005). *The war of the soups and sparks: The discovery of neurotransmitters and the dispute over how nerves communicate.* New York: Columbia University Press.

Valenza, E., Simion, F., Cassia, V. M., & Umiltà, C. (1996). Face preferences at birth. *Journal of Experimental Psychology: Human Perception & Performance, 22,* 892–903.

van der Linden, D., te Nijenhuis, J., & Bakker, A. B. (2010). The general factor of personality: A meta-analysis of Big Five intercorrelations and a criterion-related validity study. *Journal of Research in Personality, 44,* 315–327.

Van Horn, J. D., Irinia, A., Torgerson, C. M., Chambers, M., Kikinis, R., & Toga, A. W. (2012). Mapping connectivity damage in the case of Phineas Gage. *PLoS ONE, 7*(5), e37454. doi:10.1371/journal.pone.0037454

van Praag, H., Schinder, A. F., Christie, B. R., Toni, N., Palmer, T. D., & Gage, F. H. (2002). Functional neurogenesis in the adult hippocampus. *Nature, 415,* 1030–1034.

Vertosick, F. T., Jr. (1997, October). Lobotomy's back. *Discover, 18,* 66–68, 70–72.

von Bartheld, C. S. (2018). Myths and truths about the cellular composition of the human brain: A review of influential concepts. *Journal of Chemical Neuroanatomy, 93,* 2–15.

von Bartheld, C. S., Bahney, J., & Herculano-Houzel, S. (2016). The search for the true numbers of neurons and glial cells in the human brain: A review of 150 years of cell counting. *The Journal of Comparative Neurology, 524,* 3865–3895.

von der Heydt, R., Peterhans, E., & Baumgartner, G. (1984). Illusory contours and cortical neuron responses. *Science, 224,* 1260–1262.

Vygotsky, L. S. (1978). *Mind in society: The development of higher psychological processes.* Cambridge, MA: Harvard University Press. (Original work published 1930, 1933, & 1935)

Vygotsky, L. S. (1986). *Thought and language.* Cambridge, MA: MIT Press. (Original work published 1934)

Vyse, S. A. (1997). *Believing in magic: The psychology of superstition.* New York: Oxford University Press.

Wagenmakers, E.-J., Beek, T., Dijkhoff, L., Gronau, Q. F., Acosta, A., Adams, Jr., R. B., . . . Zwaan, R. A. (2016). Registered replication report: Strack, Martin, & Stepper (1988). *Perspectives on Psychological Science, 11,* 917–928.

Wald, G. (1964). The receptors of human color vision. *Science, 145,* 1007–1017.

Waldman, M., Nicholson, S., Adilov, N., & Williams, J. (2008). Autism prevalence and precipitation rates in California, Oregon, and Washington counties. *Archives of Pediatric and Adolescent Medicine, 162,* 1026–1034.

Walker, M. (2017). *Why we sleep: Unlocking the power of sleep and dreams.* New York: Scribner.

Wallisch, P. (2017). Illumination assumptions account for individual differences in the perceptual interpretation of a profoundly ambiguous stimulus in the color domain: "The dress." *Journal of Vision, 17*(4), 1–14.

Washington, H. A. (2015). *Infectious madness: The surprising science of how we "catch" mental illness.* New York: Little, Brown & Co.

Wason, P. C. (1960). On the failure to eliminate hypotheses in a conceptual task. *The Quarterly Journal of Experimental Psychology, 12,* 129–140.

Wason, P. C. (1966). Reasoning. In B. M. Foss (Ed.), *New horizons in psychology* (pp. 135–151). Harmonds- worth, UK: Penguin.

Wason, P. C. (1968). Reasoning about a rule. *The Quarterly Journal of Experimental Psychology, 20,* 273–281.

Watanabe, S., Sakamoto, J., & Wakita, M. (1995). Pigeons' discrimination of painting by Monet and Picasso. *Journal of the Experimental Analysis of Behavior, 63,* 165–174.

Watkins, C. E., Campbell, V. L., Nieberding, R., & Hallmark, R. (1995). Contemporary practice of psychological assessment by clinical psychologists. *Professional Psychology: Research and Practice, 26,* 54–60.

Watson, J. B. (1913). Psychology as the behaviorist views it. *Psychological Review, 20,* 158–177.

Watson, J. B. (1919). *Psychology from the standpoint of the behaviorist.* Philadelphia: Lippincott.

Watson, J. B., & Rayner, R. (1920). Conditioned emotional reactions. *Journal of Experimental Psychology, 3,* 1–14.

Weiner, B. (1975). "On being sane in insane places": A process (attributional) analysis and critique. *Journal of Abnormal Psychology, 84,* 433–441.

Weiner, I. B., & Greene, R. L. (2008). *Handbook of personality assessment.* New York: Wiley.

Weisberg, R., & Alba, J. W. (1981). An examination of the alleged role of "fixation" in the solution of several "insight" problems. *Journal of Experimental Psychology: General, 110,* 169–192.

Weiskrantz, L. (2009). *Blindsight: A case study spanning 35 years and new developments.* New York: Oxford University

Press.

Weiskrantz, L., Warrington, E. K., Sanders, M. D., & Marshall, J. (1974). Visual capacity in the hemianopic field following a restricted occipital ablation. *Brain, 97,* 709–728.

Weissman, M. M., Bland, R. C., Canino, G. J., Faravelli, C., Greenwald, S., Hwu, H. G., . . . Yeh, E. K. (1996). Cross-national epidemiology of major depression and bipolar disorder. *Journal of the American Medical Association, 276,* 293–299.

Wellman, H. M., Cross, D., & Watson, J. (2001). Meta-analysis of theory-of-mind development: The truth about false belief. *Child Development, 72,* 655–684.

Werner, L. A. (2007). Human auditory development. In P. Dallos & D. Oertel (Eds.), *The senses: A comprehensive reference: Vol. 3. Audition* (pp. 871–894). St. Louis, MO: Elsevier.

Westen, D. (1998). The scientific legacy of Sigmund Freud: Toward a psychodynamically informed psychological science. *Psychological Bulletin, 124,* 333–371.

Westly, E. (2010, May/June). Different shades of blue. *Scientific American MIND, 21,* 30–37.

Weyandt, L. L. (2006). *The physiological basis of cognitive and behavioral disorders.* Mahwah, NJ: Erlbaum.

Wheelan, C. (2013). *Naked statistics: Stripping the dread from the data.* New York: Norton.

Whitehurst, G. J., & Valdez-Menchaca, M. C. (1988). What is the role of reinforcement in early language acquisition? *Child Development, 59,* 430–440.

Wickelgren, W. A. (1974). *How to solve problems: Elements of a theory of problems and problem solving.* San Francisco: W. H. Freeman.

Widiger, T. A. (2009). Neuroticism. In M. R. Leary & R. H. Hoyle (Eds.), *Handbook of individual differences in social behavior* (pp. 129–146). New York: Guilford.

Wigdor, A. K., & Garner, W. R. (Eds.). (1982). *Ability testing: Uses, consequences, and controversies.* Washington, DC: National Academy Press.

Wiggins, J. S. (Ed.). (1996). *The five-factor model of personality: Theoretical perspectives.* New York: Guilford.

Wilcoxon, H. C., Dragoin, W. B., & Kral, P. A. (1971). Illness-induced aversions in rats and quail: Relative salience of visual and gustatory cues. *Science, 171,* 826–828.

Wilgus, B., & Wilgus, J. (2009). Face to face with Phineas Gage. *Journal of the History of the Neurosciences, 18,* 340–345.

Williams, H., Conway, M. A., & Cohen, G. (2008). Autobiographical memory. In G. Cohen & M. A. Conway (Eds.), *Memory in the real world* (pp. 21–90). New York: Psychology Press.

Williams, J. H., Whiten, A., Suddendorf, T., & Perrett, D. I. (2001). Imitation, mirror neurons and autism. *Neuroscience and Biobehavioral Review, 25,* 287–295.

Williams, K. D., Harkins, S. G., & Latané, B. (1981). Identifiability as a deterrent to social loafing: Two cheering experiments. *Journal of Personality and Social Psychology, 40,* 303–311.

Williams, R. L. (2013). Overview of the Flynn effect. *Intelligence, 41,* 753–764.

Witelson, S. F., Kigar, D. L., & Harvey, T. (1999). The exceptional brain of Albert Einstein. *Lancet, 363,* 2149–2158.

Wolpe, J. (1958). *Psychotherapy by reciprocal inhibition.* Stanford, CA: Stanford University Press.

Wong, K. F. E., & Kwong, J. Y. Y. (2000). Is 7300 m equal to 7.3 km? Same semantics but different anchoring effects. *Organizational Behavior and Human Decision Processes, 82,* 314–333.

Wongupparaj, P., Kumari, V., & Morris, R. G. (2015). A cross-temporal meta-analysis of Raven's Progressive Matrices: Age groups and developing and developed countries. *Intelligence, 49,* 1–9.

Wood, J. M., Garb, H. N., Nezworski, M. T., Lilienfeld, S. O., & Duke, M. C. (2015). A second look at the validity of widely used Rorschach indices: Comment on Mihura, Meyer, Dumitrascu, and Bombel (2013). *Psychological Bulletin, 141,* 236–249.

Woodruff-Pak, D. S. (1993). Eyeblink classical conditioning in H. M.: Delay and trace paradigms. *Behavioral Neuroscience, 107,* 911–925.

Wright, P., Takei, N., Rifkin, L., & Murray, R. M. (1995). Maternal influenza, obstetric complications, and schizophrenia. *American Journal of Psychiatry, 152,* 1714–1720.

Wu, J., Kramer, G. L., Kram, M., Steciuk, M., Crawford, I. L., & Petty, F. (1999). Serotonin and learned helplessness: A regional study of 5-HR-sub(1A), 5-HT-sub(2A) receptors and the serotonin transport site in rat brain. *Journal of Psychiatric Research, 33,* 17–22.

Wynn, K. (1992). Addition and subtraction by human infants. *Nature, 358,* 749–750.

Xie, L., Kang, H., Xu, Q., Chen, M. J., Liao, Y., Thiyagarajan, M., . . . Nedergaard, M. (2013). Sleep drives metabolic clearance from the adult brain. *Science, 342,* 373–377.

Xu, Y., & Corkin, S. (2001). H. M. revisits the Tower of Hanoi puzzle. *Neuropsychology, 15,* 69–79.

Yantis, S. (2014). *Sensation and perception.* New York: Worth.

Yates, F. A. (1966). *The art of memory.* Chicago: University of Chicago Press.

Yau, S., Li, A., & So, K.-F. (2015). Involvement of adult hippocampal neurogenesis in learning and forgetting. *Neural Plasticity,* art. ID 727958. Retrieved from https://www.hindawi.com/journals/np/2015/717958/

Yerkes, R. M., & Dodson, J. D. (1908). The relation of strength of stimulus to rapidity of habit-formation. *Journal of Comparative and Neurological Psychology, 18,* 459–482.

Yolken, R. H., Dickerson, F. B., & Torrey, E. F. (2009). Toxoplasma and schizophrenia. *Parasite Immunology, 31,* 706–715.

Yolken, R. H., & Torrey, E. F. (1995). Viruses, schizophrenia, and bipolar disorder. *Clinical Microbiology Reviews, 8,* 131–145.

Youyou, W., Schwarz, H. A., Stillwell, D., & Kosinski, M. (2017). Birds of a feather do flock together: Behavior-based personality-assessment method reveals personality similarity among couples and friends. *Psychological Science, 28,* 276–284.

Yovel, G., Tambini, A., & Brandman, T. (2008). The asymmetry of the fusiform face area is a stable characteristic that underlies the left-visual field superiority for faces. *Neuropsychologia, 46,* 3061–3068.

Ystrom, E., Gustavson, K., Brandistuen, R. E., Knudsen, G. P., Magnus, P., Susser, E., . . . Reichborn-Kjennerud, T. (2017, November). Prenatal exposure to acetaminophen and risk of ADHD. *Pediatrics, 140*(5), e20163840.

Yuhas, D., & Jabr, F. (2012, June 13). Know your neurons: What is the ratio of glia to neurons in the brain? Retrieved from http://blogs.scientificamerican.com/brainwaves/know-your-neurons-what-is-the-ratio-of-glia-to-neurons-in-the-brain/

Zajonc, R. B. (1965). Social facilitation. *Science, 149,* 269–274.

Zimbardo, P. G. (1970). The human choice: Individuation, reason, and order versus deindividuation, impulse, and chaos. In W. J. Arnold & D. Levine (Eds.), *Nebraska Symposium on Motivation, 1969* (pp. 237–307). Lincoln, NE: University of Nebraska Press.

Zimbardo, P. G. (1972, April). The pathology of imprisonment. *Society, 9,* 4, 6, 8. Posted at: http://zimbardo.com/downloads

Zimbardo, P. (2007). *The Lucifer effect: Understanding how good people turn evil.* New York: Random House.

Zimbardo, P. G., Haney, C., Banks, W. C., & Jaffe, D. (1973, April 8). The mind is a formidable jailer: A Pirandellian prison. *The New York Times Magazine,* pp. 38ff. Posted at http://zimbardo.com/downloads

Zuckerman, M. (1979). *Sensation seeking: Beyond the optimal level of arousal.* Hillsdale, NJ: Erlbaum.

Zwislocki, J. J. (1981, March/April). Sound analysis in the ear: A history of discoveries. *American Scientist, 69,* 184–192.

찾아보기

옮긴이

신성만
한동대학교 상담심리학과 및 상담심리대학원 교수
미국 위스콘신(매디슨)대학교 심리학 석사
미국 보스턴대학교 상담학 박사(정신재활상담 전공)

박권생
계명대학교 심리학과 명예교수
미국 위스콘신(매디슨)대학교 심리학 석사
미국 텍사스A&M대학교 심리학 박사(감각 및 지각 전공)

박승호
계명문화대학교 총장
서울대학교 심리학 석사
미국 미시간대학교 교육심리학 박사(학습 및 동기 전공)